COLLINS

GERMAN

TRAVEL DICTIONARY

HarperCollins*Publishers*

first published in this edition 1996

©HarperCollins Publishers 1996

ISBN 0 00 471016-9

A catalogue record for this book is available from the British Library

Typeset by Morton Word Processing Ltd, Scarborough
Printed and bound in Great Britain by
Caledonian International Book Manufacturing Ltd, Glasgow, G64

Contents

Note on trademarks

Words which we have reason to believe constitute trademarks have been designated as such. However, neither the presence nor the absence of such designation should be regarded as affecting the legal status of any trademark.

Introduction

We are delighted you have decided to buy the **Collins German Travel Dictionary** and hope you will benefit from using it whether you are travelling abroad for pleasure or on business.

This dictionary provides up-to-date coverage of all the German you will need, in a clear and user-friendly layout. The emphasis is on contemporary language, with numerous examples of idiomatic usage which will enable you not only to understand but also to communicate with confidence.

A special feature of the dictionary is the KEYWORD entries which highlight the most frequently-used words in both languages and treat them in depth. In addition, pronunciation is shown throughout in the International Phonetic Alphabet to help you with unfamiliar words.

We hope that you enjoy using the dictionary and that you find it an ideal travelling companion.

Using the Dictionary

The various typefaces, type sizes, symbols, abbreviations and brackets used throughout this dictionary all convey useful information. Take time to establish what they indicate and this will help you get the most out of your dictionary.

Finding the word you want

The information above the line at the top of each page helps you to locate, quickly and easily, the entry you want to consult. At the outside margin, the first and last entries on that page are shown, separated by an arrow. Information about which side of the dictionary you are using is shown at the inside margin. For example:

anbelangen → anführen   *DEUTSCH-ENGLISCH*   10

Headwords

The words you look up in a dictionary are known as headwords and are printed in **bold** type. The phonetic spelling is given in square brackets immediately after the headword. An explanation of these symbols is given on page xiv. Information about the usage or register of certain headwords appears in round brackets, usually abbreviated and in italics eg (*umg*), (*comm*). Explanations of these are given on pages ix-xi.

Where appropriate, words related to headwords are grouped within the same entry in a slightly smaller type than the headword.

> **zweiteilig** *adj* (*Gruppe*) two-piece; (*Fernsehfilm*) two-part; (*Kleidung*) two-piece; **zweitens** *adv* secondly;

> **confuse** [...] *vt* virwirren; (*sth with sth*) verwechseln; ~**d** *adj* verwirrt; **confusing** *adj* virwirrend;

Translations

Headword translations are given in ordinary type and, where more than one meaning or usage exists, these are separated by a semi-colon. Often you will find other words in italics in brackets before the translations. These are called "indicators" and they offer suggested contexts in which the headword might appear, or provide synonyms.

> **eng** [...] *adj* narrow; (*Kleidung*) tight; (*fig: Horizont*) narrow, limited; (*Freundschaft, Verhältnis*) close...

> **paralyse** [...] (*BRIT*) *vt* (*MED*) lähmen, paralysieren; (*fig: organization, production etc*) lahmlegen

> **entscheiden** [...] *adj* decided; (*entschlossen*) resolute...

> **proportion** [...] *n* Verhältnis *nt*; (*share*) Teil *m* ...

Key words

Special treatment is given to certain German and English words which are considered "key" words in each language. The reason they are "key" is that they occur very frequently or have several types of usage (eg **sein, auch; get, that**).

Grammatical information

Parts of speech are given in abbreviated form in italics after the phonetic spellings of headwords, eg **Gewissen** [...] (**-s, -**) *nt*. A lozenge indicates a change in part of speech and different meanings are split into separate categories and numbered accordingly.

Adjectives are normally shown in their basic form (eg **rund** *adj*), but where they are only used attributively (ie before a noun) feminine and neuter endings follow in brackets (**hohe(r, s)** *adj attrib*).

A list of all the abbreviations used in the dictionary is given on pages ix-xi.

Compound blocks in German

Compound blocks are used to present as much information as possible about words with the same root form in a compact and logical manner. They function by listing certain words in smaller type under the root form to which they are related. The part of speech *zW* indicates the beginning of a compound block. For example, at **Haus**, **Hausfrau**, **hausgemacht** and **Haushalt** are included in the entry in a smaller typeface. Usually the root form is replaced by a swung dash where it recurs in the entry, thus Hausfrau, hausgemacht and Haushalt are shown as ~**frau**, **h**~**gemacht** and ~**halt**. Sometimes, however, it is more helpful to show the word in full, and where necessary this has been done.

All the related forms appear in alphabetical order. Where headwords which are not related to the root form interrupt the alphabetical order, any subsequent related forms are treated in a compound block (in alphabetical order) directly after those headwords.

> **Haus** [...] **(-es, Häser)** *nt* house; **nach** ~**e** home; **zu** ~**e** at home; ~**angestellte** *f* domestic servant; ~**apotheke** *f* medicine cabinet; ~**arbeit** *f* housework; *(SCH)* homework; ~**arzt** *m* family doctor; ~**aufgabe** *f* *(SCH)* homework; ~**besitzer(in)** *m(f)* house-owner; ~**besuch** *m* *(von Arzt)* house call
> **Häuserblock** [...] *m* block (of houses)
> **Häusermakler** [...] *m* estate agent *(BRIT)*, real estate agent *(US)*
> **Haus-** *zW*: ~**frau** *f* housewife; ~**flur** *m* hallway; **h**~**gemacht** *adj* home-made; ~**halt** *m* household; ...

Abbreviations

Abkürzung	*abk, abbr*	abbreviation
Akkusativ	*acc*	accusative
Adjektiv	*adj*	adjective
Adverb	*adv*	adverb
Landwirtschaft	*AGR*	agriculture
Akkusativ	*akk*	accusative
Anatomie	*ANAT*	anatomy
Architektur	*ARCHIT*	architecture
Astrologie	*ASTROL*	astrology
Astronomie	*ASTRON*	astronomy
attributiv	*attrib*	attributive
Kraftfahrzeuge	*AUT*	automobiles
Hilfsverb	*aux*	auxiliary
Luftfahrt	*AVIAT*	aviation
besonders	*bes*	especially
Biologie	*BIOL*	biology
Botanik	*BOT*	botany
britisch	*BRIT*	British
Chemie	*CHEM*	chemistry
Film	*CINE*	cinema
Handel	*COMM*	commerce
Komparativ	*compar*	comparative
Computer	*COMPUT*	computing
Konjunktion	*conj*	conjunction
Kochen und Backen	*COOK*	cooking
zusammengesetztes Wort	*cpd*	compound
Dativ	*dat*	dative
bestimmter Artikel	*def art*	definite article
Diminutiv	*dimin*	diminutive
kirchlich	*ECCL*	ecclesiastical
Eisenbahn	*EISENB*	railways
Elektrizität	*ELEK, ELEC*	electricity
besonders	*esp*	especially
und so weiter	*etc*	et cetera
etwas	*etw*	something
Euphemismus, Hüllwort	*euph*	euphemism
Interjektion, Ausruf	*excl*	exclamation
Femininum	*f*	feminine
übertragen	*fig*	figurative
Finanzwesen	*FIN*	finance
nicht getrennt gebraucht	*fus*	(phrasal verb) inseparable
Genitiv	*gen*	genitive
Geographie	*GEOG*	geography

Grammatik	GRAM	grammar
Geschichte	HIST	history
unpersönlich	impers	impersonal
unbestimmter Artikel	indef art	indefinite article
umgangssprachlich (! vulgär)	inf(!)	informal (! particularly offensive)
Infinitiv, Grundform	infin	infinitive
nicht getrennt gebraucht	insep	inseparable
unveränderlich	inv	invariable
unregelmäßig	irreg	irregular
jemand	jd	somebody
jemandem	jdm	(to) somebody
jemanden	jdn	somebody
jemandes	jds	somebody's
Rechtswesen	JUR	law
Kochen und Backen	KOCH	cooking
Komparativ	kompar	comparative
Konjunktion	konj	conjunction
Sprachwissenschaft	LING	linguistics
Literatur	LITER	of literature
Maskulinum	m	masculine
Mathematik	MATH	mathematics
Medizin	MED	medicine
Meteorologie	MET	meteorology
militärisch	MIL	military
Bergbau	MIN	mining
Musik	MUS	music
Substantiv, Hauptwort	n	noun
nautisch, Seefahrt	NAUT	nautical, naval
Nominativ	nom	nominative
Neutrum	nt	neuter
Zahlwort	num	numeral
Objekt	obj	object
oder	od	or
sich	o.s.	oneself
Parlament	PARL	parliament
abschätzig	pej	pejorative
Photographie	PHOT	photography
Physik	PHYS	physics
Plural	pl	plural
Politik	POL	politics
Partizip Perfekt	pp	past participle
Präposition	präp, prep	preposition

Typographie	*PRINT*	printing
Pronomen, Fürwort	*pron*	pronoun
Psychologie	*PSYCH*	psychology
1. Vergangenheit, Imperfekt	*pt*	past tense
Radio	*RAD*	radio
Eisenbahn	*RAIL*	railways
Religion	*REL*	religion
jemand (-en, -em)	*sb*	someone, somebody
Schulwesen	*SCH*	school
Naturwissenschaft	*SCI*	science
Singular, Einzahl	*sg*	singular
etwas	*sth*	something
Konjunktiv	*sub*	subjunctive
Subjekt	*subj*	(grammatical) subject
Superlativ	*superl*	superlative
Technik	*TECH*	technology
Nachrichtentechnik	*TEL*	telecommunications
Theater	*THEAT*	theatre
Fernsehen	*TV*	television
Typographie	*TYP*	printing
umgangssprachlich (! vulgär)	*umg(!)*	informal (! particularly offensive))
Hochschulwesen	*UNIV*	university
unpersönlich	*unpers*	impersonal
unregelmäßig	*unreg*	irregular
(nord)amerikanisch	*US*	(North) American
gewöhnlich	*usu*	usually
Verb	*vb*	verb
intransitives Verb	*vi*	intransitive verb
reflexives Verb	*vr*	reflexive verb
transitives Verb	*vt*	transitive verb
Zoologie	*ZOOL*	zoology
zusammengesetztes Wort	*zW*	compound
zwischen zwei Sprechern	*-*	change of speaker
ungefähre Entsprechung	*≈*	cultural equivalent
eingetragenes Warenzeichen	*®*	registered trademark

German Noun Endings

After many noun entries on the German-English side of the dictionary, you will find two pieces of grammatical information, separated by commas, to help you with the declension of the noun, eg -, -n or -(e)s, -e.

The first item shows you the genitive singular form, and the second gives the plural form. The hyphen stands for the word itself and the other letters are endings. Sometimes an umlaut is shown over the hyphen, which means an umlaut must be placed on the vowel of the word, eg:

dictionary entry	*genitive singular*	*plural*
Mann *m* **(e)s, ̈er**	**Mannes** *or* **Manns**	**Männer**
Jacht *f* **-, -en**	**Jacht**	**Jachten**

This information is not given when the noun has one of the regular German noun endings shown opposite, and you should refer to this table in such cases.

Similarly, genitive and plural endings are not shown when the German entry is a compound consisting of two or more words which are to be found elsewhere in the dictionary, since the compound form takes the endings of the LAST word of which it is formed, eg:

for **Nebenstraße**   see **Straße**
for **Schneeball**   see **Ball**

Regular German Noun Endings

nom		gen	pl
-ant	*m*	-anten	-anten
-anz	*f*	-anz	-anzen
-ar	*m*	-ar(e)s	-are
-chen	*nt*	-chens	-chen
-e	*f*	-e	-en
-ei	*f*	-ei	-eien
-elle	*f*	-elle	-ellen
-ent	*m*	-enten	-enten
-enz	*f*	-enz	-enzen
-ette	*f*	-ette	-etten
-eur	*m*	-eurs	-eure
-euse	*f*	-euse	-eusen
-heit	*f*	-heit	-heiten
-ie	*f*	-ie	-ien
-ik	*f*	-ik	-iken
-in	*f*	-in	-innen
-ine	*f*	-ine	-inen
-ion	*f*	-ion	-ionen
-ist	*m*	-isten	-isten
-ium	*nt*	-iums	-ien
-ius	*m*	-ius	-iusse
-ive	*f*	-ive	-iven
-keit	*f*	-keit	-keiten
-lein	*nt*	-leins	-lein
-ling	*m*	-lings	-linge
-ment	*nt*	-ments	-mente
-mus	*m*	-mus	-men
-schaft	*f*	-schaft	-schaften
-tät	*f*	-tät	-täten
-tor	*m*	-tors	-toren
-ung	*f*	-ung	-ungen
-ur	*f*	-ur	-uren

Phonetic Symbols

[:] length mark ['] stress mark
['] glottal stop
[*] r can be pronounced before a vowel

all vowel sounds are approximate only

l*ie*	[aɪ]	w*ei*t	d*ay*	[eɪ]	
n*ow*	[aʊ]	H*au*t	g*ir*l	[ɜː]	
*a*bove	[ə]	bitt*e*	b*oar*d	[ɔː]	
g*o*	[əʊ]	*o*ben	r*oo*t	[uː]	H*u*t
gr*ee*n	[iː]	v*ie*l	c*o*me	[ʌ]	B*u*tler
p*i*ty	[ɪ]	B*i*schof	sal*on*	[ɔ̃]	Champign*on*
			av*ant*	[ã]	*En*semble
r*o*t	[ɑ.ɔ]	P*o*st	(garde)		
f*u*ll	[ʊ]	P*u*lt	f*air*	[ɛə]	m*eh*r
			b*ee*r	[ɪə]	B*ie*r
b*e*t	[b]	*B*all	t*oy*	[ɔɪ]	H*eu*
*d*im	[d]	*d*ann	p*ure*	[ʊə]	
*f*ace	[f]	*F*aß	*w*ine	[w]	
*g*o	[g]	*G*ast	*th*in	[θ]	
*h*it	[h]	*H*err	*th*is	[ð]	
*y*ou	[j]	*j*a			
*c*at	[k]	*k*alt	H*a*st	[a]	m*a*sh
*l*ick	[l]	*L*ast	h*a*ben	[aː]	
*m*ust	[m]	*M*ast	*En*semble	[ã]	av*ant*
					(garde)
*n*ut	[n]	*N*uß	M*e*tall	[e]	m*e*ths
ba*ng*	[ŋ]	la*ng*	h*ä*ßlich	[ɛ]	
*p*epper	[p]	*P*akt	Cous*in*	[ɛ̃]	
*s*it	[s]	Ra*ss*e	v*i*tal	[i]	
*sh*ame	[ʃ]	*Sch*al	M*o*ral	[o]	
*t*ell	[t]	*T*al	Champign*on*	[õ]	sal*on*
			*ö*konomisch	[ø]	
*v*ine	[v]	*w*as	g*ö*nnen	[œ]	
			H*eu*	[ɔy]	t*oy*
lo*ch*	[x]	Ba*ch*	k*u*lant	[u]	
*z*ero	[z]	Ha*s*e	phy*s*isch	[y]	
lei*s*ure	[ʒ]	*G*enie	M*ü*ll	[ʏ]	
			i*ch*	[ç]	
b*a*t	[æ]				
*f*arm	[ɑː]	B*a*hn			
s*e*t	[e]	K*e*tte			

DEUTSCH - ENGLISCH
GERMAN - ENGLISH

A a

Aal [a:l] (-(e)s, -e) *m* eel
Aas [a:s] (-es, -e *od* Äser) *nt* carrion;
~**geier** *m* vulture

SCHLÜSSELWORT
---

ab [ap] *präp +dat* from; **Kinder ab 12 Jahren** children from the age of 12; **ab morgen** from tomorrow; **ab sofort** as of now
♦ *adv* **1** off; **links ab** to the left; **der Knopf
ist ab** the button has come off; **ab nach
Hause!** off you go home
2 *(zeitlich)*: **von da ab** from then on; **von
heute ab** from today, as of today
3 *(auf Fahrplänen)*: **München ab 12.20**
leaving Munich 12.20
4: **ab und zu** *od* **an** now and then *od*
again

Abänderung [ˈapˈɛndəruŋ] *f* alteration
Abbau [ˈapbau] (-(e)s) *m* (+*gen*) disman-
tling; *(Verminderung)* reduction (in); *(Verfall)* decline (in); *(MIN)* mining; quarrying;
(CHEM) decomposition; **a~en** *vt* to dismantle; *(MIN)* to mine; to quarry; *(verringern)* to reduce; *(CHEM)* to break down
abbeißen [ˈapbaisən] *(unreg) vt* to bite off
abbekommen [ˈapbəkɔmən] *(unreg) vt*
(Deckel, Schraube, Band) to loosen; **etwas
~** *(beschädigt werden)* to get damaged; (:
Person) to get injured
abbestellen [ˈapbəʃtɛlən] *vt* to cancel
abbezahlen [ˈapbətsa:lən] *vt* to pay off
abbiegen [ˈapbi:gən] *(unreg) vi* to turn off;
(Straße) to bend ♦ *vt* to bend; *(verhindern)*
to ward off
abbilden [ˈapbɪldən] *vt* to portray
Abbildung *f* illustration
abblenden [ˈapblɛndən] *vt, vi (AUT)* to dip
(BRIT), to dim *(US)*
Abblendlicht *nt* dipped *(BRIT) od* dimmed
(US) headlights *pl*
abbrechen [ˈapbrɛçən] *(unreg) vt, vi* to

break off; *(Gebäude)* to pull down; *(Zelt)* to
take down; *(aufhören)* to stop; *(COMPUT)*
to abort
abbrennen [ˈapbrɛnən] *(unreg) vt* to burn
off; *(Feuerwerk)* to let off ♦ *vi (aux sein)* to
burn down
abbringen [ˈapbrɪŋən] *(unreg) vt*: **jdn von
etw ~** to dissuade sb from sth; **jdn vom
Weg ~** to divert sb
abbröckeln [ˈapbrœkəln] *vt, vi* to crumble
off *od* away
Abbruch [ˈapbrʊx] *m (von Verhandlungen
etc)* breaking off; *(von Haus)* demolition;
jdm/etw ~ tun to harm sb/sth; **a~reif** *adj*
only fit for demolition
abbrühen [ˈapbry:ən] *vt* to scald; **abgebrüht** *(umg)* hard-boiled
abbuchen [ˈapbu:xən] *vt* to debit
abbürsten [ˈapbyrstən] *vt* to brush off
abdanken [ˈapdaŋkən] *vi* to resign; *(König)*
to abdicate
Abdankung *f* resignation; abdication
abdecken [ˈapdɛkən] *vt* to uncover; *(Tisch)*
to clear; *(Loch)* to cover
abdichten [ˈapdɪçtən] *vt* to seal; *(NAUT)* to
caulk
abdrehen [ˈapdre:ən] *vt (Gas)* to turn off;
(Licht) to switch off; *(Film)* to shoot ♦ *vi
(Schiff)* to change course
Abdruck [ˈapdrʊk] *m (Nachdrucken)* re-
printing; *(Gedrucktes)* reprint; *(Gips~,
Wachs~)* impression; *(Finger~)* print; **a~en**
vt to print, to publish
abdrücken [ˈapdrykən] *vt (Waffe)* to fire;
(Person) to hug, to squeeze
Abend [ˈa:bənt] (-s, -e) *m* evening; **guten
~** good evening; **zu ~ essen** to have dinner *od* supper; **a~** *adv*: **heute a~** this
evening; ~**brot** *nt* supper; ~**essen** *nt* supper; ~**kasse** *f* box office; ~**kleid** *nt* evening dress; ~**kurs** *m* evening classes *pl*;
~**land** *nt (Europa)* West; **a~lich** *adj* eve-

ning; ~**mahl** nt Holy Communion; ~**rot**
nt sunset; **a**~**s** adv in the evening

Abenteuer ['aːbəntɔyər] (**-s**, **-**) nt adventure; **a**~**lich** adj adventurous

Abenteurer (**-s**, **-**) m adventurer; ~**in** f adventuress

aber ['aːbər] konj but; (jedoch) however ♦ adv: **tausend und** ~ **tausend** thousands upon thousands; **das ist** ~ **schön** that's really nice; **nun ist** ~ **Schluß!** now that's enough!; **vielen Dank** — ~ **bitte!** thanks a lot — you're welcome; **A**~**glaube** m superstition; ~**gläubisch** adj superstitious

aberkennen ['ap'ɛrkɛnən] (unreg) vt (JUR): **jdm etw** ~ to deprive sb of sth, to take sth (away) from sb

abermals ['aːbərmaːls] adv once again

Abf. abk (= Abfahrt) dep.

abfahren ['apfaːrən] (unreg) vi to leave, to depart ♦ vt to take od cart away; (Strecke) to drive; (Reifen) to wear; (Fahrkarte) to use

Abfahrt ['apfaːrt] f departure; (SKI) descent; (Piste) run; ~**slauf** m (SKI) descent, run down; ~**szeit** f departure time

Abfall ['apfal] m waste; (von Speisen etc) rubbish (BRIT), garbage (US); (Neigung) slope; (Verschlechterung) decline; ~**eimer** m rubbish bin (BRIT), garbage can (US); **a**~**en** (unreg) vi (auch fig) to fall od drop off; (POL, vom Glauben) to break away; (sich neigen) to fall od drop away

abfällig ['apfɛlɪç] adj disparaging, deprecatory

abfangen ['apfaŋən] (unreg) vt to intercept; (Person) to catch; (unter Kontrolle bringen) to check

abfärben ['apfɛrbən] vi to lose its colour; (Wäsche) to run; (fig) to rub off

abfassen ['apfasən] vt to write, to draft

abfertigen ['apfɛrtɪgən] vt to prepare for dispatch, to process; (an der Grenze) to clear; (Kundschaft) to attend to

abfeuern ['apfɔyərn] vt to fire

abfinden ['apfɪndən] (unreg) vt to pay off ♦ vr to come to terms; **sich mit jdm** ~/**nicht** ~ to put up with/not get on with sb

Abfindung f (von Gläubigern) payment; (Geld) sum in settlement

abflauen ['apflauən] vi (Wind, Erregung) to die away, to subside; (Nachfrage, Geschäft) to fall od drop off

abfliegen ['apfliːgən] (unreg) vi (Flugzeug) to take off; (Passagier auch) to fly ♦ vt (Gebiet) to fly over

abfließen ['apfliːsən] (unreg) vi to drain away

Abflug ['apfluːk] m departure; (Start) take-off; ~**zeit** f departure time

Abfluss ['apflʊs] m draining away; (Öffnung) outlet

Abflußrohr nt drain pipe; (von sanitären

Anlagen auch) waste pipe

abfragen ['apfraːgən] vt (bes SCH) to test orally (on)

Abfuhr ['apfuːr] (**-**, **-en**) f removal; (fig) snub, rebuff

abführen ['apfyːrən] vt to lead away; (Gelder, Steuern) to pay ♦ vi (MED) to have a laxative effect

Abführmittel ['apfyːrmɪtəl] nt laxative, purgative

abfüllen ['apfʏlən] vt to draw off; (in Flaschen) to bottle

Abgabe ['apgaːbə] f handing in; (von Ball) pass; (Steuer) tax; (eines Amtes) giving up; (einer Erklärung) giving

Abgang ['apgaŋ] m (von Schule) leaving; (THEAT) exit; (MED: Ausscheiden) passing; (: Fehlgeburt) miscarriage; (Abfahrt) departure; (der Post, von Waren) dispatch

Abgas ['apgaːs] nt waste gas; (AUT) exhaust

abgeben ['apgeːbən] (unreg) vt (Gegenstand) to hand od give in; (Ball) to pass; (Wärme) to give off; (Amt) to hand over; (Schuß) to fire; (Erklärung, Urteil) to give; (darstellen, sein) to make ♦ vr: **sich mit jdm** /**etw** ~ to associate with sb/bother with sth; **jdm etw** ~ (überlassen) to let sb have sth

abgebrüht ['apgəbryːt] (umg) adj (skrupellos) hard-boiled

abgehen ['apgeːən] (unreg) vi to go away, to leave; (THEAT) to exit; (Baby) to be aborted; (Knopf etc) to come off; (abgezogen werden) to be taken off; (Straße) to branch off ♦ vt (Strecke) to go od walk along; **etw geht jdm ab** (fehlt) sb lacks sth

abgelegen ['apgəleːgən] adj remote

abgemacht ['apgəmaxt] adj fixed; ~**!** done!

abgeneigt ['apgənaɪkt] adj disinclined

Abgeordnete(r) ['apgəˈɔrdnətə(r)] mf member of parliament; elected representative

abgeschlossen ['apgəʃlɔsən] adj attrib (Wohnung) self-contained

abgeschmackt ['apgəʃmakt] adj tasteless

abgesehen ['apgəzeːən] adj: **es auf jdn/ etw** ~ **haben** to be after sb/sth; ~ **von** ... apart from ...

abgespannt ['apgəʃpant] adj tired out

abgestanden ['apgəʃtandən] adj stale; (Bier auch) flat

abgestorben ['apgəʃtɔrbən] adj numb; (BIOL, MED) dead

abgetragen ['apgətraːgən] adj shabby, worn out

abgewinnen ['apgəvɪnən] (unreg) vt: **einer Sache etw/Geschmack** ~ to get sth/ pleasure from sth

abgewöhnen ['apgəvøːnən] vt: **jdm/sich etw** ~ to cure sb of sth/give sth up

abgleiten ['apglaɪtən] (unreg) vi to slip,

slide

abgöttisch ['apgœtɪʃ] *adj:* ~ **lieben** to idolize

abgrenzen ['apgrɛntsən] *vt (auch fig)* to mark off; to fence off

Abgrund ['apgrʊnt] *m (auch fig)* abyss

abhacken ['aphakən] *vt* to chop off

abhaken ['apha:kən] *vt (auf Papier)* to tick off

abhalten ['aphaltən] *(unreg) vt (Versammlung)* to hold; **jdn von etw** ~ *(fernhalten)* to keep sb away from sth; *(hindern)* to keep sb from sth

abhanden [ap'handən] *adj:* ~ **kommen** to get lost

Abhandlung ['aphandlʊŋ] *f* treatise, discourse

Abhang ['aphaŋ] *m* slope

abhängen ['aphɛŋən] *vt (Bild)* to take down; *(Anhänger)* to uncouple; *(Verfolger)* to shake off ♦ *vi (unreg: Fleisch)* to hang; **von jdm/etw** ~ to depend on sb/sth

abhängig ['aphɛŋɪç] *adj:* ~ **(von)** dependent (on); **A~keit** *f:* **A~keit (von)** dependence (on)

abhärten ['aphɛrtən] *vt, vr* to toughen (o.s.) up; **sich gegen etw** ~ to inure o.s. to sth

abhauen ['aphauən] *(unreg) vt* to cut off; *(Baum)* to cut down ♦ *vi (umg)* to clear off *od* out

abheben ['aphe:bən] *(unreg) vt* to lift (up); *(Karten)* to cut; *(Masche)* to slip; *(Geld)* to withdraw, to take out ♦ *vi (Flugzeug)* to take off; *(Rakete)* to lift off; *(KARTEN)* to cut ♦ *vr* to stand out

abheften ['aphɛftən] *vt (Rechnungen etc)* to file away

abhetzen ['aphɛtsən] *vr* to wear *od* tire o.s. out

Abhilfe ['aphɪlfə] *f* remedy; ~ **schaffen** to put things right

abholen ['apho:lən] *vt (Gegenstand)* to fetch, to collect; *(Person)* to call for; *(am Bahnhof etc)* to pick up, to meet

abholzen ['apholtsən] *vt (Wald)* to clear

abhorchen ['aphɔrçən] *vt (MED)* to listen to a patient's chest

abhören ['aphø:rən] *vt (Vokabeln)* to test; *(Telefongespräch)* to tap; *(Tonband etc)* to listen to

Abhörgerät *nt* bug

Abitur [abi'tu:r] *(-s, -e) nt* German school-leaving examination; ~**i'ent(in)** *m(f)* candidate for school-leaving certificate

Abk. *abk (= Abkürzung)* abbr.

abkapseln ['apkapsəln] *vr* to shut *od* cut o.s. off

abkaufen ['apkaufən] *vt:* **jdm etw** ~ *(auch fig)* to buy sth from sb

abkehren ['apke:rən] *vt (Blick)* to avert, to turn away ♦ *vr* to turn away

abklingen ['apklɪŋən] *(unreg) vi* to die

away; *(Radio)* to fade out

abknöpfen ['apknœpfən] *vt* to unbutton; **jdm etw** ~ *(umg)* to get sth off sb

abkochen ['apkɔxən] *vt* to boil

abkommen ['apkɔmən] *(unreg) vi* to get away; **A~** *(-s, -) nt* agreement; **von der Straße/von einem Plan** ~ to leave the road/give up a plan

abkömmlich ['apkœmlɪç] *adj* available, free

abkratzen ['apkratsən] *vt* to scrape off ♦ *vi (umg)* to kick the bucket

abkühlen ['apky:lən] *vt* to cool down ♦ *vr (Mensch)* to cool down *od* off; *(Wetter)* to get cool; *(Zuneigung)* to cool

abkürzen ['apkʏrtsən] *vt* to shorten; *(Wort auch)* to abbreviate; **den Weg** ~ to take a short cut

Abkürzung *f (Wort)* abbreviation; *(Weg)* short cut

abladen ['apla:dən] *(unreg) vt* to unload

Ablage ['apla:gə] *f (für Akten)* tray; *(für Kleider)* cloakroom

ablassen ['aplasən] *(unreg) vt (Wasser, Dampf)* to let off; *(vom Preis)* to knock off ♦ *vi:* **von etw** ~ to give sth up, to abandon sth

Ablauf ['aplauf] *m (Abfluß)* drain; *(von Ereignissen)* course; *(einer Frist, Zeit)* expiry *(BRIT)*, expiration *(US)*; **a~en** *(unreg) vi (abfließen)* to drain away; *(Ereignisse)* to happen; *(Frist, Zeit, Paß)* to expire ♦ *vt (Sohlen)* to wear (down *od* out)

ablegen ['aple:gən] *vt* to put *od* lay down; *(Kleider)* to take off; *(Gewohnheit)* to get rid of; *(Prüfung)* to take, to sit; *(Zeugnis)* to give

Ableger *(-s, -) m* layer; *(fig)* branch, offshoot

ablehnen ['aple:nən] *vt* to reject; *(Einladung)* to decline, to refuse ♦ *vi* to decline, to refuse

ablehnend *adj (Haltung, Antwort)* negative; *(Geste)* disapproving; **ein ~er Bescheid** a rejection

Ablehnung *f* rejection; refusal

ableiten ['aplaitən] *vt (Wasser)* to divert; *(deduzieren)* to deduce; *(Wort)* to derive

Ableitung *f* diversion; deduction; derivation; *(Wort)* derivative

ablenken ['aplɛŋkən] *vt* to turn away, to deflect; *(zerstreuen)* to distract ♦ *vi* to change the subject

Ablenkung *f* distraction

ablesen ['aple:zən] *(unreg) vt* to read out; *(Meßgeräte)* to read

abliefern ['apli:fərn] *vt* to deliver; **etw bei jdm/einer Dienststelle** ~ to hand sth over to sb/in at an office

Ablieferung *f* delivery

abliegen ['apli:gən] *(unreg) vi* to be some distance away; *(fig)* to be far removed

ablösen ['aplø:zən] *vt (abtrennen)* to take

off, to remove; (*in Amt*) to take over from; (*Wache*) to relieve

Ablösung *f* removal; relieving

abmachen ['apmaxən] *vt* to take off; (*vereinbaren*) to agree

Abmachung *f* agreement

abmagern ['apma:gərn] *vi* to get thinner

Abmagerungskur *f* diet; **eine ~ machen** to go on a diet

Abmarsch ['apmarʃ] *m* departure

abmelden ['apmɛldən] *vt* (*Zeitungen*) to cancel; (*Auto*) to take off the road ♦ *vr* to give notice of one's departure; (*im Hotel*) to check out; **jdn bei der Polizei ~** to register sb's departure with the police

abmessen ['apmɛsən] (*unreg*) *vt* to measure

Abmessung *f* measurement

abmontieren ['apmɔnti:rən] *vt* to take off

abmühen ['apmy:ən] *vr* to wear o.s. out

Abnahme ['apna:mə] *f* (+*gen*) removal; (*COMM*) buying; (*Verringerung*) decrease (in)

abnehmen ['apne:mən] (*unreg*) *vt* to take off, to remove; (*Führerschein*) to take away; (*Prüfung*) to hold; (*Maschen*) to decrease ♦ *vi* to decrease; (*schlanker werden*) to lose weight; (*jdm*) **etw ~** (*Geld*) to get sth (out of sb); (*kaufen, umg: glauben*) to buy sth (from sb); **jdm Arbeit ~** to take work off sb's shoulders

Abnehmer (**-s, -**) *m* purchaser, customer

Abneigung ['apnaigʊŋ] *f* aversion, dislike

abnorm [ap'nɔrm] *adj* abnormal

abnutzen ['apnʊtsən] *vt* to wear out

Abnutzung *f* wear (and tear)

Abonnement [abɔn(ə)'mã:] (**-s, -s**) *nt* subscription

Abonnent(in) [abɔ'nɛnt(ɪn)] *m(f)* subscriber

abonnieren [abɔ'ni:rən] *vt* to subscribe to

Abordnung ['ap'ɔrdnʊŋ] *f* delegation

abpacken ['appakən] *vt* to pack

abpassen ['appasən] *vt* (*Person, Gelegenheit*) to wait for; (*in Größe: Stoff etc*) to adjust

abpfeifen ['appfaifən] (*unreg*) *vt, vi* (*SPORT*): **(das Spiel) ~** to blow the whistle (for the end of the game)

Abpfiff ['appfɪf] *m* final whistle

abplagen ['appla:gən] *vr* to wear o.s. out

abprallen ['appralən] *vi* to bounce off; to ricochet

abputzen ['apputsən] *vt* to clean

abraten ['apra:tən] (*unreg*) *vi*: **jdm von etw ~** to advise sb against sth, to warn sb against sth

abräumen ['aprɔʏmən] *vt* to clear up *od* away

abreagieren ['apreagi:rən] *vt*: **seinen Zorn (an jdm/etw) ~** to work one's anger off (on sb/sth) ♦ *vr* to calm down

abrechnen ['aprɛçnən] *vt* to deduct, to take off ♦ *vi* to settle up; (*fig*) to get even

Abrechnung *f* settlement; (*Rechnung*) bill

Abrede ['apre:də] *f*: **etw in ~ stellen** to deny *od* dispute sth

abregen ['apre:gən] (*umg*) *vr* to calm *od* cool down

Abreise ['apraizə] *nf* departure; **a~n** *vi* to leave, to set off

abreißen ['apraisən] (*unreg*) *vt* (*Haus*) to tear down; (*Blatt*) to tear off

abrichten ['aprɪçtən] *vt* to train

abriegeln ['apri:gəln] *vt* (*Tür*) to bolt; (*Straße, Gebiet*) to seal off

Abriß ['aprɪs] (**-sses, -sse**) *m* (*Übersicht*) outline

Abruf ['apru:f] *m*: **auf ~** on call; **a~en** (*unreg*) *vt* (*Mensch*) to call away; (*COMM: Ware*) to request delivery of

abrunden ['aprundən] *vt* to round off

abrüsten ['aprystən] *vi* to disarm

Abrüstung *f* disarmament

abrutschen ['aprutʃən] *vi* to slip; (*AVIAT*) to sideslip

Abs. *abk* (= *Absender*) sender, from

Absage ['apza:gə] *f* refusal; **a~n** *vt* to cancel, to call off; (*Einladung*) to turn down ♦ *vi* to cry off; (*ablehnen*) to decline

absägen ['apzɛ:gən] *vt* to saw off

absahnen ['apza:nən] *vt* to skim

Absatz ['apzats] *m* (*COMM*) sales *pl*; (*Bodensatz*) deposit; (*neuer Abschnitt*) paragraph; (*Treppen~*) landing; (*Schuh~*) heel; **~gebiet** *nt* (*COMM*) market

abschaben ['apʃa:bən] *vt* to scrape off; (*Möhren*) to scrape

abschaffen ['apʃafən] *vt* to abolish, to do away with

Abschaffung *f* abolition

abschalten ['apʃaltən] *vt, vi* (*auch umg*) to switch off

abschätzen ['apʃɛtsən] *vt* to estimate; (*Lage*) to assess; (*Person*) to size up

abschätzig ['apʃɛtsɪç] *adj* disparaging, derogatory

Abschaum ['apʃaʊm] (**-(e)s**) *m* scum

Abscheu ['apʃɔʏ] (**-(e)s**) *m* loathing, repugnance; **a~erregend** *adj* repulsive, loathsome; **a~lich** [ap'ʃɔʏlɪç] *adj* abominable

abschicken ['apʃɪkən] *vt* to send off

abschieben ['apʃi:bən] (*unreg*) *vt* to push away; (*Person*) to pack off; (: *POL*) to deport

Abschied ['apʃi:t] (**-(e)s, -e**) *m* parting; (*von Armee*) discharge; **(von jdm) nehmen** to say goodbye (to sb), to take one's leave (of sb); **seinen ~ nehmen** (*MIL*) to apply for discharge; **~sbrief** *m* farewell letter; **~sfeier** *f* farewell party

abschießen ['apʃi:sən] (*unreg*) *vt* (*Flugzeug*) to shoot down; (*Geschoß*) to fire; (*umg: Minister*) to get rid of

abschirmen ['apʃɪrmən] *vt* to screen

abschlagen ['apʃlaːgən] *(unreg) vt (abhacken, COMM)* to knock off; *(ablehnen)* to refuse; *(MIL)* to repel

abschlägig ['apʃlɛːgɪç] *adj* negative

Abschlagszahlung *f* interim payment

abschleifen ['apʃlaɪfən] *(unreg) vt* to grind down; *(Rost)* to polish off ♦ *vr* to wear off

Abschlepp- ['apʃlɛp] *zW:* **~dienst** *m (AUT)* breakdown service *(BRIT)*, towing company *(US)*; **a~en** *vt* to (take in) tow; **~seil** *nt* towrope

abschließen ['apʃliːsən] *(unreg) vt (Tür)* to lock; *(beenden)* to conclude, to finish; *(Vertrag, Handel)* to conclude ♦ *vr (sich isolieren)* to cut o.s. off; **~d** *adj* concluding

Abschluß ['apʃlus] *m (Beendigung)* close, conclusion; *(COMM: Bilanz)* balancing; *(von Vertrag, Handel)* conclusion; **zum ~** in conclusion; **~feier** *f (SCH)* end-of-term party; **~prüfung** *f* final exam

abschmieren ['apʃmiːrən] *vt (AUT)* to grease, to lubricate

abschneiden ['apʃnaɪdən] *(unreg) vt* to cut off ♦ *vi* to do, to come off

Abschnitt ['apʃnɪt] *m* section; *(MIL)* sector; *(Kontroll~)* counterfoil; *(MATH)* segment; *(Zeit~)* period

abschöpfen ['apʃœpfən] *vt* to skim off

abschrauben ['apʃraubən] *vt* to unscrew

abschrecken ['apʃrɛkən] *vt* to deter, to put off; *(mit kaltem Wasser)* to plunge in cold water; **~d** *adj* deterrent; **~des Beispiel** warning

abschreiben ['apʃraɪbən] *(unreg) vt* to copy; *(verlorengeben)* to write off; *(COMM)* to deduct

Abschrift ['apʃrɪft] *f* copy

Abschuß ['apʃus] *m (eines Geschützes)* firing; *(Herunterschießen)* shooting down; *(Tötung)* shooting

abschüssig ['apʃʏsɪç] *adj* steep

abschütteln ['apʃʏtəln] *vt* to shake off

Abschweifung [apʃvaifuŋ] *f* digression

abschwellen ['apʃvɛlən] *(unreg) vi (Geschwulst)* to go down; *(Lärm)* to die down

abschwören ['apʃvøːrən] *vi (+dat)* to renounce

absehbar *adj* foreseeable; **in ~er Zeit** in the foreseeable future; **das Ende ist ~** the end is in sight

absehen ['apzeːən] *(unreg) vt (Ende, Folgen)* to foresee ♦ *vi:* **von etw ~** to refrain from sth; *(nicht berücksichtigen)* to leave sth out of consideration

abseilen ['apzaɪlən] *vr (Bergsteiger)* to abseil (down)

abseits ['apzaɪts] *adv* out of the way ♦ *präp +gen* away from; **A~** *nt (SPORT)* offside

Absend- ['apzɛnd] *zW:* **a~en** *(unreg) vt* to send off, to dispatch; **~er (-s, -)** *m* sender

absetzen ['apzɛtsən] *vt (niederstellen, aussteigen lassen)* to put down; *(abnehmen)* to take off; *(COMM: verkaufen)* to sell; *(FIN: abziehen)* to deduct; *(entlassen)* to dismiss; *(König)* to depose; *(streichen)* to drop; *(hervorheben)* to pick out ♦ *vr (sich entfernen)* to clear off; *(sich ablagern)* to be deposited

Absetzung *f (FIN: Abzug)* deduction; *(Entlassung)* dismissal; *(von König)* deposing; *(Streichung)* dropping

absichern ['apzɪçərn] *vt* to make safe; *(schützen)* to safeguard ♦ *vr* to protect o.s.

Absicht ['apzɪçt] *f* intention; **mit ~** on purpose; **a~lich** *adj* intentional, deliberate

absinken ['apzɪŋkən] *(unreg) vi* to sink; *(Temperatur, Geschwindigkeit)* to decrease

absitzen ['apzɪtsən] *(unreg) vi* to dismount ♦ *vt (Strafe)* to serve

absolut [apzo'luːt] *adj* absolute; **A~ismus** [-'tɪsmus] *m* absolutism

absolvieren [apzɔl'viːrən] *vt (SCH)* to complete

absonder- [apzɔndər] *zW:* **~lich** *adj* odd, strange; **~n** *vt* to separate; *(ausscheiden)* to give off, to secrete ♦ *vr* to cut o.s. off; **A~ung** *f* separation; *(MED)* secretion

abspalten ['apʃpaltən] *vt* to split off

abspannen [apʃpanən] *vt (Pferde)* to unhitch; *(Wagen)* to uncouple

abspeisen ['apʃpaɪzən] *vt (fig)* to fob off

abspenstig ['apʃpɛnstɪç] *adj:* **(jdm) ~ machen** to lure away (from sb)

absperren ['apʃpɛrən] *vt* to block *od* close off; *(Tür)* to lock

Absperrung *f (Vorgang)* blocking *od* closing off; *(Sperre)* barricade

abspielen ['apʃpiːlən] *vt (Platte, Tonband)* to play; *(SPORT: Ball)* to pass ♦ *vr* to happen

absplittern ['apʃplɪtərn] *vt* to chip off

Absprache ['apʃpraːxə] *f* arrangement

absprechen ['apʃprɛçən] *(unreg) vt (vereinbaren)* to arrange; **jdm etw ~** to deny sb sth

abspringen ['apʃprɪŋən] *(unreg) vi* to jump down/off; *(Farbe, Lack)* to flake off; *(AVIAT)* to bale out; *(sich distanzieren)* to back out

Absprung ['apʃpruŋ] *m* jump

abspülen ['apʃpyːlən] *vt* to rinse; *(Geschirr)* to wash up

abstammen ['apʃtamən] *vi* to be descended; *(Wort)* to be derived

Abstammung *f* descent; derivation

Abstand ['apʃtant] *m* distance; *(zeitlich)* interval; **davon ~ nehmen, etw zu tun** to refrain from doing sth; **~ halten** *(AUT)* to keep one's distance; **mit ~ der beste** by far the best

abstatten ['apʃtatən] *vt (Dank)* to give; *(Besuch)* to pay

abstauben ['apʃtaubən] *vt*, *vi* to dust; (*umg: stehlen*) to pinch; (: *schnorren*) to scrounge

Abstecher ['apʃtɛçər] (**-s**, **-**) *m* detour

abstehen ['apʃteːən] (*unreg*) *vi* (*Ohren, Haare*) to stick out; (*entfernt sein*) to stand away

absteigen ['apʃtaigən] (*unreg*) *vi* (*vom Rad etc*) to get off, to dismount; **in einem Gasthof** ~ to put up at an inn; (**in die zweite Liga**) ~ to be relegated (to the second division)

abstellen ['apʃtɛlən] *vt* (*niederstellen*) to put down; (*entfernt stellen*) to pull out; (*hinstellen: Auto*) to park; (*ausschalten*) to turn *od* switch off; (*Mißstand, Unsitte*) to stop; (*ausrichten*): ~ **auf** +*akk* to gear to

Abstellgleis *nt* siding

Abstellkammer *f* boxroom

Abstellraum *m* storage room

abstempeln ['apʃtɛmpəln] *vt* to stamp

absterben ['apʃtɛrbən] (*unreg*) *vi* to die; (*Körperteil*) to go numb

Abstieg ['apʃtiːk] (**-(e)s**, **-e**) *m* descent; (*SPORT*) relegation; (*fig*) decline

abstimmen ['apʃtimən] *vi* to vote ♦ *vt*: ~ (**auf** +*akk*) (*Instrument*) to tune (to); (*Interessen*) to match (with); (*Termine, Ziele*) to fit in (with) ♦ *vr* to agree

Abstimmung *f* vote

Abstinenz [apsti'nɛnts] *f* abstinence; teetotalism; **~ler(in)** (**-s**, **-**) *m(f)* teetotaller

abstoßen ['apʃtoːsən] (*unreg*) *vt* to push off *od* away; (*verkaufen*) to unload; (*anekeln*) to repel, to repulse; **~d** *adj* repulsive

abstrakt [ap'strakt] *adj* abstract ♦ *adv* abstractly, in the abstract

abstreiten ['apʃtraitən] (*unreg*) *vt* to deny

Abstrich ['apʃtriç] *m* (*Abzug*) cut; (*MED*) smear; **~e machen** to lower one's sights

abstufen ['apʃtuːfən] *vt* (*Hang*) to terrace; (*Farben*) to shade; (*Gehälter*) to grade

abstumpfen ['apʃtumpfən] *vt* (*auch fig*) to dull, to blunt ♦ *vi* to become dulled

Absturz ['apʃturts] *m* fall; (*AVIAT*) crash

abstürzen ['apʃtyrtsən] *vi* to fall; (*AVIAT*) to crash

absuchen ['apzuːxən] *vt* to scour, to search

absurd [ap'zurt] *adj* absurd

Abszeß [aps'tsɛs] (**-sses**, **-sse**) *m* abscess

Abt [apt] (**-(e)s**, **-e**) *m* abbot

Abt. *abk* (= *Abteilung*) dept.

abtasten ['aptastən] *vt* to feel, to probe

abtauen ['aptauən] *vt*, *vi* to thaw

Abtei [ap'tai] (**-**, **-en**) *f* abbey

Abteil [ap'tail] (**-(e)s**, **-e**) *nt* compartment; **'a~en** *vt* to divide up; (*abtrennen*) to divide off; **~ung** *f* (*in Firma, Kaufhaus*) department; (*in Krankenhaus*) section; (*MIL*) unit

abtippen ['aptipən] *vt* (*Text*) to type up

abtransportieren ['aptransprtiːrən] *vt* to take away, to remove

abtreiben ['aptraibən] (*unreg*) *vt* (*Boot, Flugzeug*) to drive off course; (*Kind*) to abort ♦ *vi* to be driven off course; to abort

Abtreibung *f* abortion

abtrennen ['aptrɛnən] *vt* (*lostrennen*) to detach; (*entfernen*) to take off; (*abteilen*) to separate off

abtreten ['aptreːtən] (*unreg*) *vt* to wear out; (*überlassen*) to hand over, to cede ♦ *vi* to go off; (*zurücktreten*) to step down

Abtritt ['aptrit] *m* resignation

abtrocknen ['aptrɔknən] *vt*, *vi* to dry

abtun ['aptuːn] (*unreg*) *vt* to take off; (*Gewohnheit*) to give up; (*fig*) to dismiss

abwägen ['apvɛːgən] (*unreg*) *vt* to weigh up

abwälzen ['apvɛltsən] *vt* (*Schuld, Verantwortung*): ~ (**auf** +*acc*) to shift (onto)

abwandeln ['apvandəln] *vt* to adapt

abwandern ['apvandərn] *vi* to move away; (*FIN*) to be transferred

abwarten ['apvartən] *vt* to wait for ♦ *vi* to wait

abwärts ['apvɛrts] *adv* down

Abwasch ['apvaʃ] (**-(e)s**) *m* washing-up; **a~en** (*unreg*) *vt* (*Schmutz*) to wash off; (*Geschirr*) to wash (up)

Abwasser ['apvasər] (**-s**, **-wässer**) *nt* sewage

abwechseln ['apvɛksəln] *vi*, *vr* to alternate; (*Personen*) to take turns; **~d** *adj* alternate

Abwechslung *f* change

abwegig ['apveːgiç] *adj* wrong

Abwehr ['apveːr] (**-**) *f* defence; (*Schutz*) protection; (*~dienst*) counterintelligence (service); **a~en** *vt* to ward off; (*Ball*) to stop

abweichen ['apvaiçən] (*unreg*) *vi* to deviate; (*Meinung*) to differ

abweisen ['apvaizən] (*unreg*) *vt* to turn away; (*Antrag*) to turn down; **~d** *adj* (*Haltung*) cold

abwenden ['apvɛndən] (*unreg*) *vt* to avert ♦ *vr* to turn away

abwerfen ['apvɛrfən] (*unreg*) *vt* to throw off; (*Profit*) to yield; (*aus Flugzeug*) to drop; (*Spielkarte*) to discard

abwerten ['apveːrtən] *vt* (*FIN*) to devalue

abwertend *adj* (*Worte, Sinn*) pejorative

abwesend ['apveːzənt] *adj* absent

Abwesenheit ['apveːzənhait] *f* absence

abwickeln ['apvikəln] *vt* to unwind; (*Geschäft*) to wind up

abwimmeln ['apvimpəln] (*umg*) *vt* (*Menschen*) to get shot of

abwischen ['apviʃən] *vt* to wipe off *od* away; (*putzen*) to wipe

Abwurf ['apvurf] *m* throwing off; (*von Bomben etc*) dropping; (*von Reiter, SPORT*) throw

abwürgen ['apvyrgən] (*umg*) *vt* to scotch;

(*Motor*) to stall
abzahlen ['aptsa:lən] *vt* to pay off
abzählen ['aptsɛ:lən] *vt, vi* to count (up)
Abzahlung *f* repayment; **auf ~ kaufen** to buy on hire purchase
abzapfen ['aptsapfən] *vt* to draw off; **jdm Blut ~** to take blood from sb
abzäunen ['aptsɔʏnən] *vt* to fence off
Abzeichen ['aptsaɪçən] *nt* badge; (*Orden*) decoration
abzeichnen ['aptsaɪçnən] *vt* to draw, to copy; (*Dokument*) to initial ♦ *vr* to stand out; (*fig: bevorstehen*) to loom
Abziehbild *nt* transfer
abziehen ['aptsi:ən] (*unreg*) *vt* to take off; (*Tier*) to skin; (*Bett*) to strip; (*Truppen*) to withdraw; (*subtrahieren*) to take away, to subtract; (*kopieren*) to run off ♦ *vi* to go away; (*Truppen*) to withdraw
abzielen ['aptsi:lən] *vi*: **~ auf** +*akk* to be aimed at
Abzug ['aptsu:k] *m* departure; (*von Truppen*) withdrawal; (*Kopie*) copy; (*Subtraktion*) subtraction; (*Betrag*) deduction; (*Rauch~*) flue; (*von Waffen*) trigger
abzüglich ['aptsy:klɪç] *präp* +*gen* less
abzweigen ['aptsvaɪgən] *vi* to branch off ♦ *vt* to set aside
Abzweigung *f* junction
ach [ax] *excl* oh; **~ ja!** (oh) yes; **~ so!** I see; **mit A~ und Krach** by the skin of one's teeth
Achse ['aksə] *f* axis; (*AUT*) axle
Achsel ['aksəl] (-, -n) *f* shoulder; **~höhle** *f* armpit
acht [axt] *num* eight; **~ Tage** a week; **sich in ~ nehmen** (vor +*dat*) to be careful (of), to watch out (for); **etw außer ~ lassen** to disregard sth; **A~ (-, -en)** *f* eight; (*beim Eislaufen etc*) figure (of) eight; **a~bar** *adj* worthy; **~e(r, s)** *adj* eighth; **~el** *num* eighth; **a~en** *vt* to respect ♦ *vi*: **a~en (auf** +*akk*) to pay attention (to); **a~en, daß ...** to be careful that ...
ächten ['ɛçtən] *vt* to outlaw, to ban
Achterbahn ['axtər-] *f* roller coaster
Achterdeck *nt* (*NAUT*) afterdeck
acht- *zW*: **~fach** *adj* eightfold; **~geben** (*unreg*) *vi*: **~geben (auf** +*akk*) to pay attention (to); **~hundert** *num* eight hundred; **~los** *adj* careless; **~mal** *adv* eight times; **~sam** *adj* attentive
Achtung ['axtʊŋ] *f* attention; (*Ehrfurcht*) respect ♦ *excl* look out!; (*MIL*) attention!; **alle ~!** good for you/him *etc*
achtzehn *num* eighteen
achtzig *num* eighty
ächzen ['ɛçtsən] *vi* to groan
Acker ['akər] (-s, ⸗) *m* field; **~bau** *m* agriculture; **a~n** *vt, vi* to plough; (*umg*) to slog away

ADAC [a:de:'a'tse:] *abk* (= *Allgemeiner Deutscher Automobil-Club*) ≈ AA, RAC
addieren [a'di:rən] *vt* to add (up)
Addition [aditsi'o:n] *f* addition
ade [a'de:] *excl* bye!
Adel ['a:dəl] (-s) *m* nobility; **a~ig** *adj* noble
adeln *vt* to raise to the peerage
Ader ['a:dər] (-, -n) *f* vein
Adjektiv ['atjektif] (-s, -e) *nt* adjective
Adler ['a:dlər] (-s, -) *m* eagle
adlig *adj* noble
Admiral [atmi'ra:l] (-s, -e) *m* admiral
Adopt- *zW*: **a~ieren** [adɔp'ti:rən] *vt* to adopt; **~ion** [adɔptsi'o:n] *f* adoption; **~iveltern** [adɔp'ti:f-] *pl* adoptive parents; **~ivkind** *nt* adopted child
Adreßbuch *nt* directory; (*privat*) address book
Adress- *zW*: **~e** [a'drɛsə] *f* address; **a~ieren** [adrɛ'si:rən] *vt* **~ieren (an** +*akk*) to address (to)
Adria ['a:dria] (-) *f* Adriatic
Advent [at'vɛnt] (-(e)s, -e) *m* Advent; **~skalender** *m* Advent calendar; **~skranz** *m* Advent wreath
Adverb [at'vɛrp] *nt* adverb
aero- [aero] *präfix* aero-
Aerobic [ae'rɔbɪk] *nt* aerobics *sg*
Affäre [a'fɛ:rə] *f* affair
Affe ['afə] (-n, -n) *m* monkey
affektiert [afɛk'ti:rt] *adj* affected
Affen- *zW*: **a~artig** *adj* like a monkey; **mit a~artiger Geschwindigkeit** like a flash; **~hitze** (*umg*) *f* incredible heat; **~schande** (*umg*) *f* crying shame
affig ['afɪç] *adj* affected
Afrika ['a:frika] (-s) *nt* Africa; **~ner(in)** [-'ka:nər(ɪn)] (-s, -) *m(f)* African; **a~nisch** *adj* African
After ['aftər] (-s, -) *m* anus
AG [a:'ge:] *abk* (= *Aktiengesellschaft*) ≈ Ltd. (*BRIT*); ≈ Inc. (*US*)
Agent [a'gɛnt] *m* agent; **~ur** *f* agency
Aggregat [agre'ga:t] (-(e)s, -e) *nt* aggregate; (*TECH*) unit
Aggress- *zW*: **~ion** [agresi'o:n] *f* aggression; **a~iv** [agre'si:f] *adj* aggressive; **~ivität** [agresivi'tɛ:t] *f* aggressiveness
Agrarpolitik [a'gra:r-] *f* agricultural policy
Ägypt- [ɛ'gʏpt] *zW*: **~en** (-s) *nt* Egypt; **~er(in)** (-s, -) *m(f)* Egyptian; **ä~isch** *adj* Egyptian
ah [a:] *excl* ah
aha [a'ha:] *excl* aha
ähneln ['ɛ:nəln] *vi* +*dat* to be like, to resemble ♦ *vr* to be alike *od* similar
ahnen ['a:nən] *vt* to suspect; (*Tod, Gefahr*) to have a presentiment of
ähnlich ['ɛ:nlɪç] *adj* (+*dat*) similar (to); **Ä~keit** *f* similarity
Ahnung ['a:nʊŋ] *f* idea, suspicion; presentiment; **a~slos** *adj* unsuspecting

Ahorn ['a:hɔrn] (-s, -e) m maple
Ähre ['ɛ:rə] f ear
Aids [e:dz] nt AIDS sg
Akademie [akade'mi:] f academy
Akademiker(in) [aka'de:mikər(ın)] (-s, -) m(f) university graduate
akademisch adj academic
akklimatisieren [aklimati'zi:rən].vr to become acclimatized
Akkord [a'kɔrt] (-(e)s, -e) m (MUS) chord; **im ~ arbeiten** to do piecework
Akkordeon [a'kɔrdeɔn] (-s, -s) nt accordion
Akkusativ ['akuzati:f] (-s, -e) m accusative
Akne ['aknə] f acne
Akrobat(in) [akro'ba:t(ın)] (-en, -en) m(f) acrobat
Akt [akt] (-(e)s, -e) m act; (KUNST) nude
Akte ['aktə] f file; **~nkoffer** m attaché case; **a~nkundig** adj on the files; **~nschrank** m filing cabinet; **~ntasche** f briefcase
Aktie ['aktsiə] f share
Aktien- zW: **~gesellschaft** f joint-stock company; **~index** (-(es), -e od -indices) m share index; **~kurs** m share price
Aktion [aktsi'o:n] f campaign; (Polizei~, Such~) action; **~är** [-'nɛ:r] (-s, -e) m shareholder
aktiv [ak'ti:f] adj active; (MIL) regular; **~ieren** [-'vi:rən] vt to activate; **A~i'tät** f activity
Aktualität [aktuali'tɛ:t] f topicality; (einer Mode) up-to-dateness
aktuell [aktu'el] adj topical; up-to-date
Akupunktur [akupuŋk'tu:ər] f acupuncture
Akustik [a'kʊstık] f acoustics pl
akut [a'ku:t] adj acute
Akzent [ak'tsɛnt] m accent; (Betonung) stress
akzeptieren [aktsep'ti:rən] vt to accept
Alarm [a'larm] (-(e)s, -e) m alarm; **~anlage** f alarm system; **a~bereit** adj standing by; **~bereitschaft** f stand-by; **a~ieren** [-'mi:rən] vt to alarm
Alban- [al'ba:n] zW: **~er(in)** [al'ba:nər(m)] (-s, -) m(f) (GEOG) Albanian; **~ien** (-s) nt Albania; **a~isch** adj Albanian
albern ['albərn] adj silly
Album ['albʊm] (-s, Alben) nt album
Alge ['algə] f algae
Algebra ['algebra] (-) f algebra
Alger- [al'ge:r] zW: **~ien** (-s) nt Algeria; **~ier(in)** (-s, -) m(f) Algerian; **a~isch** adj Algerian
alias ['a:lias] adv alias
Alibi ['a:libi] (-s, -s) nt alibi
Alimente [ali'mɛntə] pl alimony sg
Alkohol ['alkoho:l] (-s, -e) m alcohol; **a~frei** adj non-alcoholic; **~iker(in)** [alko'ho:likər(ın)] (-s, -) m(f) alcoholic; **a~isch** adj alcoholic; **~verbot** nt ban on alcohol

All [al] (-s) nt universe; **a~'abendlich** adj every evening; **'a~bekannt** adj universally known

alle(r, s) ['alə(r, s)] adj **1** (sämtliche) all; ·**wir alle** all of us; **alle Kinder waren da** all the children were there; **alle Kinder mögen ...** all children like ...; **alle beide** both of us/them; **sie kamen alle** they all came; **alles Gute** all the best; **alles in allem** all in all
2 (mit Zeit- oder Maßangaben) every; **alle vier Jahre** every four years; **alle fünf Meter** every five metres
♦ pron everything; **alles was er sagt** everything he says, all that he says
♦ adv (zu Ende, aufgebraucht) finished; **die Milch ist alle** the milk's all gone, there's no milk left; **etw alle machen** to finish sth up

Allee [a'le:] f avenue
allein [a'laın] adv alone; (ohne Hilfe) on one's own, by oneself ♦ konj but, only; **nicht ~** (nicht nur) not only; **A~erziehende(r)** mf single parent; **A~gang** m: **im A~gang** on one's own; **~stehend** adj single
allemal ['alə'ma:l] adv (jedesmal) always; (ohne weiteres) with no bother; **ein für ~** once and for all
allenfalls ['alənfals] adv at all events; (höchstens) at most
aller- ['alər] zW: **~beste(r, s)** adj very best; **~dings** adv (zwar) admittedly; (gewiß) certainly
Allergie [aler'gi:] f allergy; **all'ergisch** adj allergic
aller- zW: **~hand** (umg) adj inv all sorts of; **das ist doch ~hand!** that's a bit much; **~hand!** (lobend) good show!; **A~'heiligen** nt All Saints' Day; **~höchstens** adv at the very most; **~lei** adj inv all sorts of; **~letzte(r, s)** adj very last; **~seits** adv on all sides; **prost ~seits!** cheers everyone!
Allerwelts- in zW (Durchschnitts-) common; (nichtssagend) commonplace
alles pron everything; **~ in allem** all in all; **~ Gute!** all the best!
Alleskleber (-s, -) m multi-purpose glue
allgemein ['algə'maın] adj general; **im ~en** in general; **~gültig** adj generally accepted
Allgemeinwissen nt general knowledge
Alliierte(r) [ali'i:rtə(r)] m ally
all- zW: **~jährlich** adj annual; **~mählich** adj gradual; **A~tag** m everyday life; **~täglich** adj, adv daily; (gewöhnlich) commonplace; **~tags** adv on weekdays; **~'wissend** adj omniscient; **~zu** adv all too; **~zuoft** adv all too often; **~zuviel** adv

too much

Allzweck- ['altsvɛk-] *in zW* multi-purpose

Alm [alm] (-, -en) *f* alpine pasture

Almosen ['almoːzən] (-s, -) *nt* alms *pl*

Alpen ['alpən] *pl* Alps

Alphabet [alfa'beːt] (-(e)s, -e) *nt* alphabet; **a~isch** *adj* alphabetical

Alptraum ['alptraum] *m* nightmare

─────── SCHLÜSSELWORT ───────

als [als] *konj* **1** *(zeitlich)* when; *(gleichzeitig)* as; **damals, als ...** (in the days) when ...; **gerade, als ...** just as ...

2 *(in der Eigenschaft)* than; **als Antwort** as an answer; **als Kind** as a child

3 *(bei Vergleichen)* than; **ich kam später als er** I came later than he (did) *od* later than him; **lieber ... als ...** rather ... than ...; **nichts als Ärger** nothing but trouble

4: **als ob/wenn** as if

also ['alzoː] *konj* so; *(folglich)* therefore; **~ gut** *od* **schön!** okay then; **~, so was!** well really!; **na ~!** there you are then!

Alt [alt] (-s, -e) *m* (*MUS*) alto

alt *adj* old; **alles beim ~en lassen** to leave everything as it was

Altar [al'taːr] (-(e)s, -äre) *m* altar

Altbau *m* old building

altbekannt *adj* long-known

Alt'eisen *nt* scrap iron

Alten(wohn)heim *nt* old people's home

Alter ['altər] (-s, -) *nt* age; *(hohes)* old age; **im ~ von** at the age of; **a~n** *vi* to grow old, to age

Alternativ- [alterna'tiːf] *in zW* alternative; **~e** *f* alternative

Alters- *zW*: **~grenze** *f* age limit; **~heim** *nt* old people's home; **~rente** *f* old age pension; **a~schwach** *adj* (*Mensch*) frail; **~versorgung** *f* old age pension

Altertum *nt* antiquity

alt- *zW*: **A~glas** *nt* glass for recycling; **A~glascontainer** *m* bottle bank; **~klug** *adj* precocious; **~modisch** *adj* old-fashioned; **A~papier** *nt* waste paper; **A~stadt** *f* old town

Alufolie ['aːlufoːliə] *f* aluminium foil

Aluminium [alu'miːnium] (-s) *nt* aluminium, aluminum (*US*); **~folie** *f* tinfoil

Alzheimer-Krankheit ['æltshaimə*-] *f* Alzheimer's (disease)

am [am] = **an dem**; **~ Schlafen** (*umg*) sleeping; **~ 15. März** on March 15th; **~ besten/schönsten** best/most beautiful

Amateur [ama'tøːr] *m* amateur

Amboß ['ambɔs] (-sses, -sse) *m* anvil

ambulant [ambu'lant] *adj* outpatient

Ambulanz [ambu'lants] *f* outpatients *sg*

Ameise ['aːmaizə] *f* ant

Ameisenhaufen *m* ant hill

Amerika [a'meːrika] (-s) *nt* America;

~ner(in) [-'kaːnər(in)] (-s, -) *m(f)* American; **a~nisch** [-'kaːniʃ] *adj* American

Amnestie [amnɛs'tiː] *f* amnesty

Ampel ['ampəl] (-, -n) *f* traffic lights *pl*

amputieren [ampu'tiːrən] *vt* to amputate

Amsel ['amzəl] (-, -n) *f* blackbird

Amt [amt] (-(e)s, *=*er) *nt* office; *(Pflicht)* duty; *(TEL)* exchange; **a~ieren** [am'tiːrən] *vi* to hold office; **a~lich** *adj* official

Amts- *zW*: **~richter** *m* district judge; **~stunden** *pl* office hours; **~zeit** *f* period of office

amüsant [amy'zant] *adj* amusing

amüsieren [amy'ziːrən] *vt* to amuse ♦ *vr* to enjoy o.s.

─────── SCHLÜSSELWORT ───────

an [an] *präp* +*dat* **1** *(räumlich: wo?)* at; *(auf, bei)* on; *(nahe bei)* near; **an diesem Ort** at this place; **an der Wand** on the wall; **zu nahe an etw** too near to sth; **unten am Fluß** down by the river; **Köln liegt am Rhein** Cologne is on the Rhine

2 *(zeitlich: wann?)* on; **an diesem Tag** on this day; **an Ostern** at Easter

3: **arm an Fett** low in fat; **an etw sterben** to die of sth; **an (und für) sich** actually

♦ *präp* +*akk* **1** *(räumlich: wohin?)* to; **er ging ans Fenster** he went (over) to the window; **etw an die Wand hängen/schreiben** to hang/write sth on the wall

2 *(zeitlich: woran?)*: **an etw denken** to think of sth

3 *(gerichtet an)* to; **ein Gruß/eine Frage an dich** greetings/a question to you

♦ *adv* **1** *(ungefähr)* about; **an die hundert** about a hundred

2 *(auf Fahrplänen)*: **Frankfurt an 18.30** arriving Frankfurt 18.30

3 *(ab)*: **von dort/heute an** from there/today onwards

4 *(angeschaltet, angezogen)* on; **das Licht ist an** the light is on; **ohne etwas an** with nothing on; *siehe auch* **am**

analog [ana'loːk] *adj* analogous; **A~ie** [-'giː] *f* analogy

Analyse [ana'lyːzə] *f* analysis

analysieren [analy'ziːrən] *vt* to analyse

Ananas ['ananas] (-, - *od* -se) *f* pineapple

Anarchie [anar'çiː] *f* anarchy

Anatomie [anato'miː] *f* anatomy

anbahnen ['anbaːnən] *vt, vr* to open up

Anbau ['anbau] *m* (*AGR*) cultivation; *(Gebäude)* extension; **a~en** *vt* (*AGR*) to cultivate; *(Gebäudeteil)* to build on

anbehalten ['anbəhaltən] (*unreg*) *vt* to keep on

anbei [an'bai] *adv* enclosed

anbeißen ['anbaisən] (*unreg*) *vt* to bite into ♦ *vi* to bite; *(fig)* to swallow the bait; **zum**

A~ (*umg*) good enough to eat

anbelangen ['anbəlaŋən] *vt* to concern; **was mich anbelangt** as far as I am concerned

anbeten ['anbeːtən] *vt* to worship

Anbetracht ['anbətraxt] *m*: **in ~** +*gen* in view of

anbiedern ['anbiːdərn] *vr*: **sich ~ (bei)** to make up (to)

anbieten ['anbiːtən] (*unreg*) *vt* to offer ♦ *vr* to volunteer

anbinden ['anbɪndən] (*unreg*) *vt* to tie up; **kurz angebunden** (*fig*) curt

Anblick ['anblɪk] *m* sight; **a~en** *vt* to look at

anbrechen ['anbrɛçən] (*unreg*) *vt* to start; (*Vorräte*) to break into ♦ *vi* to start; (*Tag*) to break; (*Nacht*) to fall

anbrennen ['anbrɛnən] (*unreg*) *vi* to catch fire; (*KOCH*) to burn

anbringen ['anbrɪŋən] (*unreg*) *vt* to bring; (*Ware*) to sell; (*festmachen*) to fasten

Anbruch ['anbrʊx] *m* beginning; **~ des Tages/der Nacht** dawn/nightfall

anbrüllen ['anbrʏlən] *vt* to roar at

Andacht ['andaxt] (-, -en) *f* devotion; (*Gottesdienst*) prayers *pl*

andächtig ['andɛçtɪç] *adj* devout

andauern ['andauərn] *vi* to last, to go on; **~d** *adj* continual

Anden ['andən] *pl* Andes

Andenken ['andɛŋkən] (-s, -) *nt* memory; souvenir

andere(r, s) ['andərə(r, s)] *adj* other; (*verschieden*) different; **ein ~s Mal** another time; **kein ~r** nobody else; **von etw ~m sprechen** to talk about something else; **~rseits** *adv* on the other hand

andermal ['andərmaːl]: **ein ~** some other time

ändern ['ɛndərn] *vt* to alter, to change ♦ *vr* to change

andernfalls ['andərnfals] *adv* otherwise

anders ['andərs] *adv*: **~ (als)** differently (from); **wer ~?** who else?; **jd/irgendwo ~** sb/somewhere else; **~ aussehen/klingen** to look/sound different; **~artig** *adj* different; **~herum** *adv* the other way round; **~wo** *adv* somewhere else; **~woher** *adv* from somewhere else

anderthalb ['andərt'halp] *adj* one and a half

Änderung ['ɛndərʊŋ] *f* alteration, change

anderweitig ['andər'vaɪtɪç] *adj* other ♦ *adv* otherwise; (*anderswo*) elsewhere

andeuten ['andɔytən] *vt* to indicate; (*Wink geben*) to hint at

Andeutung *f* indication; hint

Andrang ['andraŋ] *m* crush

andrehen ['andreːən] *vt* to turn *od* switch on; **jdm etw ~** (*umg*) to unload sth onto sb

androhen ['androːən] *vt*: **jdm etw ~** to threaten sb with sth

aneignen ['an'aɪgnən] *vt*: **sich** *dat* **etw ~** to acquire sth; (*widerrechtlich*) to appropriate sth

aneinander [an'aɪ'nandər] *adv* at /on/to *etc* one another *od* each other; **~geraten** (*unreg*) *vi* to clash

Anekdote [anɛk'doːtə] *f* anecdote

anekeln ['an'eːkəln] *vt* to disgust

Anemone [ane'moːnə] *f* anemone

anerkannt ['an'ɛrkant] *adj* recognized, acknowledged

anerkennen ['an'ɛrkɛnən] (*unreg*) *vt* to recognize, to acknowledge; (*würdigen*) to appreciate; **~d** *adj* appreciative

Anerkennung *f* recognition, acknowledgement; appreciation

anfachen ['anfaxən] *vt* to fan into flame; (*fig*) to kindle

anfahren ['anfaːrən] (*unreg*) *vt* to deliver; (*fahren gegen*) to hit; (*Hafen*) to put into; (*fig*) to bawl out ♦ *vi* to drive up; (*losfahren*) to drive off

Anfahrt ['anfaːrt] *f* (*Anfahrtsweg, Anfahrtszeit*) departure

Anfall ['anfal] *m* (*MED*) attack; **a~en** (*unreg*) *vt* to attack; (*fig*) to overcome ♦ *vi* (*Arbeit*) to come up; (*Produkt*) to be obtained

anfällig ['anfɛlɪç] *adj* delicate; **~ für etw** prone to sth

Anfang ['anfaŋ] (-(e)s, -fänge) *m* beginning, start; **von ~ an** right from the beginning; **zu ~** at the beginning; **~ Mai** at the beginning of May; **a~en** (*unreg*) *vt, vi* to begin, to start; (*machen*) to do

Anfänger(in) ['anfɛŋər(ɪn)] (-s, -) *m(f)* beginner

anfänglich ['anfɛŋlɪç] *adj* initial

anfangs *adv* at first; **A~buchstabe** *m* initial *od* first letter

anfassen ['anfasən] *vt* to handle; (*berühren*) to touch ♦ *vi* to lend a hand ♦ *vr* to feel

anfechten ['anfɛçtən] (*unreg*) *vt* to dispute; (*beunruhigen*) to trouble

anfertigen ['anfɛrtɪgən] *vt* to make

anfeuern ['anfɔyərn] *vt* (*fig*) to spur on

anflehen ['anfleːən] *vt* to implore

anfliegen ['anfliːgən] (*unreg*) *vt* to fly to

Anflug ['anfluːk] *m* (*AVIAT*) approach; (*Spur*) trace

anfordern ['anfɔrdərn] *vt* to demand; (*COMM*) to requisition

Anforderung *f* (+*gen*) demand (for)

Anfrage ['anfraːgə] *f* inquiry; **a~n** *vi* to inquire

anfreunden ['anfrɔyndən] *vr* to make friends

anfügen ['anfyːgən] *vt* to add; (*beifügen*) to enclose

anfühlen ['anfyːlən] *vt, vr* to feel

anführen ['anfyːrən] *vt* to lead; (*zitieren*) to quote; (*umg: betrügen*) to lead up the garden path

Anführer m leader

Anführung f leadership; (Zitat) quotation; **~szeichen** pl quotation marks, inverted commas

Angabe ['anga:bə] f statement; (TECH) specification; (umg: Prahlerei) boasting; (SPORT) service

angeben ['ange:bən] (unreg) vt to give; (anzeigen) to inform on; (bestimmen) to set ♦ vi (umg) to boast; (SPORT) to serve

Angeber (-s, -; umg) m show-off; **Angebe'rei** (umg) f showing off

angeblich ['ange:plɪç] adj alleged

angeboren ['angəbo:rən] adj inborn, innate

Angebot ['angəbo:t] nt offer; ~ (an +dat) (COMM) supply (of)

angebracht ['angəbraxt] adj appropriate, in order

angegriffen ['angəgrɪfən] adj exhausted

angeheitert ['angəhaɪtɔrt] adj tipsy

angehen ['ange:ən] (unreg) vt to concern; (angreifen) to attack; (bitten): **jdn ~ (um)** to approach sb (for) ♦ vi (Feuer) to light; (umg: beginnen) to begin; **~d** adj prospective

Angehörige(r) mf relative

Angeklagte(r) ['angəkla:kta(r)] mf accused

Angel ['aŋəl] (-, -n) f fishing rod; (Tür~) hinge

Angelegenheit ['angəle:gənhaɪt] f affair, matter

Angel- zW: **~haken** m fish hook; **a~n** vt to catch ♦ vi to fish; **~n** (-s) nt angling, fishing; **~rute** f fishing rod

angemessen ['angəmɛsən] adj appropriate, suitable

angenehm ['angəne:m] adj pleasant; **~!** (bei Vorstellung) pleased to meet you

angeregt ['angəre:kt] adj animated, lively

angesehen ['angəze:ən] adj respected

angesichts ['angəzɪçts] präp +gen in view of, considering

angespannt ['angəʃpant] adj (Aufmerksamkeit) close; (Arbeit) hard

Angestellte(r) ['angəʃtɛlta(r)] mf employee

angetan ['angəta:n] adj: **von jdm/etw ~ sein** to be impressed by sb/sth; **es jdm ~ haben** to appeal to sb

angetrunken ['angətruŋkən] adj tipsy

angewiesen ['angəvi:zən] adj: **auf jdn/etw ~ sein** to be dependent on sb/sth

angewöhnen ['angəvø:nən] vt: **jdm/sich etw ~** to get sb/become accustomed to sth

Angewohnheit ['angəvo:nhaɪt] f habit

angleichen ['anglaɪçən] (unreg) vt, vr to adjust

Angler ['aŋlər] (-s, -) m angler

angreifen ['angraɪfən] (unreg) vt to attack; (anfassen) to touch; (Arbeit) to tackle; (beschädigen) to damage

Angreifer (-s, -) m attacker

Angriff ['angrɪf] m attack; **etw in ~ nehmen** to make a start on sth

Angst [aŋst] (-, ⁼e) f fear: **jdm ist a~** sb is afraid od scared; **~ haben (vor +dat)** to be afraid od scared (of); **~ haben um jdn/etw** to be worried about sb/sth; **jdm a~ machen** to scare sb; **~hase** (umg) m chicken, scaredy-cat

ängst- ['ɛŋst] zW: **~igen** vt to frighten ♦ vr: **sich ~igen (vor +dat od um)** to worry (o.s.) (about); **~lich** adj nervous; (besorgt) worried; **Ä~lichkeit** f nervousness

anhaben ['anha:bən] (unreg) vt to have on; **er kann mir nichts ~** he can't hurt me

anhalt- ['anhalt] zW: **~en** (unreg) vt to stop ♦ vi to stop; (andauern) to persist; **(jdm) etw ~en** to hold sth up (against sb); **jdn zur Arbeit/Höflichkeit ~en** to make sb work/be polite; **~end** adj persistent; **A~er** (-s, -) m hitch-hiker; **per A~er fahren** to hitch-hike; **A~spunkt** m clue

anhand [an'hant] präp +gen with

Anhang ['anhaŋ] m appendix; (Leute) family; supporters pl

anhäng- ['anhɛŋ] zW: **~en** (unreg) vt to hang up; (Wagen) to couple up; (Zusatz) to add (on); **A~er** (-s, -) m supporter; (AUT) trailer; (am Koffer) tag; (Schmuck) pendant; **A~erschaft** f supporters pl; **~lich** adj devoted; **A~lichkeit** f devotion; **A~sel** (-s, -) nt appendage

Anhäufung ['anhɔyfuŋ] f accumulation

anheben ['anhe:bən] (unreg) vt to lift up; (Preise) to raise

anheizen ['anhaɪtsən] vt (Stimmung) to lift; (Morale) to boost

Anhieb ['anhi:b] m: **auf ~** at the very first go; (kurz entschlossen) on the spur of the moment

Anhöhe ['anhø:ə] f hill

anhören ['anhø:rən] vt to listen to; (anmerken) to hear ♦ vr to sound

animieren [ani'mi:rən] vt to encourage, urge on

Anis [a'ni:s] (-es, -e) m aniseed

Ank. abk (= Ankunft) arr.

Ankauf ['ankaof] m (von Wertpapieren, Devisen, Waren) purchase

ankaufen ['ankaofən] vt to purchase, to buy

Anker ['aŋkər] (-s, -) m anchor; **vor ~ gehen** to drop anchor; **a~n** vt, vi to anchor

Anklage ['ankla:gə] f accusation; (JUR) charge; **~bank** f dock; **a~n** vt to accuse; **jdn (eines Verbrechens) a~n** (JUR) to charge sb (with a crime)

Ankläger ['anklɛ:gər] m accuser

Anklang ['anklaŋ] m: **bei jdm ~ finden** to meet with sb's approval

Ankleidekabine f changing cubicle

ankleiden ['anklaɪdən] vt, vr to dress

anklopfen ['anklɔpfən] vi to knock

anknüpfen ['anknʏpfən] vt to fasten od tie on; (fig) to start ♦ vi (anschließen): ~ **an** +akk to refer to

ankommen ['ankɔmən] (unreg) vi to arrive; (näherkommen) to approach; (Anklang finden): **bei jdm (gut)** ~ to go down well with sb; **es kommt darauf an** it depends; (wichtig sein) that (is what) matters; **es darauf ~ lassen** to let things take their course; **gegen jdn/etw** ~ to cope with sb/sth; **bei jdm schlecht** ~ to go down badly with sb

ankreuzen ['ankrɔytsən] vt to mark with a cross; (hervorheben) to highlight

ankündigen ['ankʏndɪgən] vt to announce

Ankündigung f announcement

Ankunft ['ankʊnft] (-, -künfte) f arrival; ~**szeit** f time of arrival

ankurbeln ['ankʊrbəln] vt (AUT) to crank; (fig) to boost

Anlage ['anlaːgə] f disposition; (Begabung) talent; (Park) gardens pl; (Beilage) enclosure; (TECH) plant; (FIN) investment; (Entwurf) layout

Anlaß ['anlas] (-sses, -lässe) m: ~ **(zu)** cause (for); (Ereignis) occasion; **aus ~** +gen on the occasion of; ~ **zu etw geben** to give rise to sth; **etw zum ~ nehmen** to take the opportunity of sth

anlassen (unreg) vt to leave on; (Motor) to start ♦ vr (umg) to start off

Anlasser (-s, -) m (AUT) starter

anläßlich ['anleslɪç] präp +gen on the occasion of

Anlauf ['anlaʊf] m run-up; **a~en** (unreg) vi to begin; (neuer Film) to show; (SPORT) to run up; (Fenster) to mist up; (Metall) to tarnish ♦ vt to call at; **rot a~en** to blush; **angelaufen kommen** to come running up

anlegen ['anleːgən] vt to put; (anziehen) to put on; (gestalten) to lay out; (Geld) to invest ♦ vi to dock; **etw an etw** akk ~ to put sth against od on sth; **ein Gewehr** ~ **(auf** +akk) to aim a weapon (at); **es auf etw** akk ~ to be out for sth/to do sth; **sich mit jdm** ~ (umg) to quarrel with sb

Anlegestelle f landing place

anlehnen ['anleːnən] vt to lean; (Tür) to leave ajar; **(sich) an etw** akk ~ to lean on/against sth

Anleihe ['anlaɪə] f (FINANZ) loan

anleiten ['anlaɪtən] vt to instruct

Anleitung f instructions pl

anlernen ['anlɛrnən] vt to teach, to instruct

anliegen ['anliːgən] (unreg) vi (Kleidung) to cling; **A~** (-s, -) nt matter; (Wunsch) wish; ~**d** adj adjacent; (beigefügt) enclosed

Anlieger (-s, -) m resident; „~ **frei**" "residents only"

anmachen ['anmaxən] vt to attach; (Elektrisches) to put on; (Zigarette) to light; (Salat) to dress

anmaßen ['anmaːsən] vt: **sich** dat **etw** ~ (Recht) to lay claim to sth; ~**d** adj arrogant

Anmaßung f presumption

anmelden ['anmɛldən] vt to announce ♦ vr (sich ankündigen) to make an appointment; (polizeilich, für Kurs etc) to register

Anmeldung f announcement; appointment; registration

anmerken ['anmɛrkən] vt to observe; (anstreichen) to mark; **sich** dat **nichts** ~ **lassen** to not give anything away

Anmerkung f note

Anmut ['anmuːt] (-) f grace; **a~en** vt to give a feeling; **a~ig** adj charming

annähen ['anneːən] vt to sew on

annähern ['anneːərn] vr to get closer; ~**d** adj approximate

Annäherung f approach; ~**sversuch** m advances pl

Annahme ['annaːmə] f acceptance; (Vermutung) assumption

annehm- ['anneːm] zW: ~**bar** adj acceptable; ~**en** (unreg) vt to accept; (Namen) to take; (Kind) to adopt; (vermuten) to suppose, to assume ♦ vr (+gen) to take care (of); **A~lichkeit** f comfort

Annonce [a'nõːsə] f advertisement

annoncieren [anõ'siːrən] vt, vi to advertise

annullieren [anu'liːrən] vt to annul

Anode [a'noːdə] f anode

anonym [ano'nyːm] adj anonymous

Anorak ['anorak] (-s, -s) m anorak

anordnen ['anʔɔrdnən] vt to arrange; (befehlen) to order

Anordnung f arrangement; order

anorganisch ['anʔɔrgaːnɪʃ] adj inorganic

anpacken ['anpakən] vt to grasp; (fig) to tackle; **mit** ~ to lend a hand

anpassen ['anpasən] vt: **(jdm)** ~ to fit (on sb); (fig) to adapt ♦ vr to adapt

anpassungsfähig adj adaptable

Anpfiff ['anpfɪf] m (SPORT) (starting) whistle; kick-off; (umg) rocket

anprallen ['anpralən] vi: ~ **(gegen** od **an** +akk) to collide (with)

anprangern ['anpraŋərn] vt to denounce

anpreisen ['anpraɪzən] (unreg) vt to extol

Anprobe ['anproːbə] f trying on

anprobieren ['anprobiːrən] vt to try on

anrechnen ['anrɛçnən] vt to charge; (fig) to count; **jdm etw hoch** ~ to value sb's sth greatly

Anrecht ['anrɛçt] nt: ~ **(auf** +akk) right (to)

Anrede ['anreːdə] f form of address; **a~n** vt to address; (belästigen) to accost

anregen ['anreːgən] vt to stimulate; **angeregte Unterhaltung** lively discussion; ~**d** adj stimulating

Anregung f stimulation; (Vorschlag) suggestion

anreichern ['anraɪçərn] vt to enrich

Anreise ['anraɪzə] f journey; **a~n** vi to arrive

Anreiz ['anraɪts] *m* incentive

Anrichte ['anrɪçtə] *f* sideboard; **a~n** *vt* to serve up; **Unheil a~n** to make mischief

anrüchig ['anrʏçɪç] *adj* dubious

anrücken ['anrʏkən] *vi* to approach; *(MIL)* to advance

Anruf ['anruːf] *m* call; **a~en** *(unreg)* *vt* to call out to; *(bitten)* to call on; *(TEL)* to ring up, to phone, to call

ans [ans] = **an das**

Ansage ['anzaːgə] *f* announcement; **a~n** *vt* to announce ♦ *vr* to say one will come; **~r(in)** (-s, -) *m(f)* announcer

ansammeln ['anzaməln] *vt (Reichtümer)* to amass ♦ *vr (Menschen)* to gather, to assemble *(Wasser)* to collect

Ansammlung *f* collection; *(Leute)* crowd

ansässig ['anzɛsɪç] *adj* resident

Ansatz ['anzats] *m* start; *(Haar~)* hairline; *(Hals~)* base; *(Verlängerungsstück)* extension; *(Veranschlagung)* estimate; **~punkt** *m* starting point

anschaffen ['anʃafən] *vt* to buy, to purchase

Anschaffung *f* purchase

anschalten ['anʃaltən] *vt* to switch on

anschau- ['anʃau] *zW:* **~en** *vt* to look at; **~lich** *adj* illustrative; **A~ung** *f (Meinung)* view; **aus eigener A~ung** from one's own experience

Anschein ['anʃaɪn] *m* appearance; **allem ~ nach** to all appearances; **den ~ haben** to seem, to appear; **a~end** *adj* apparent

Anschlag ['anʃlaːk] *m* notice; *(Attentat)* attack; *(COMM)* estimate; *(auf Klavier)* touch; *(Schreibmaschine)* character; **a~en** ['anʃlaːgən] *(unreg)* *vt* to put up; *(beschädigen)* to chip; *(Akkord)* to strike; *(Kosten)* to estimate ♦ *vi* to hit; *(wirken)* to have an effect; *(Glocke)* to ring; *(Hund)* to bark; **an etw akk ~en** to hit against sth

anschließen ['anʃliːsən] *(unreg)* *vt* to connect up; *(Sender)* to link up ♦ *vi:* **an etw akk ~** to adjoin sth; *(zeitlich)* to follow sth ♦ *vr:* **sich jdm/etw ~** to join sb/sth; *(beipflichten)* to agree with sb/sth; **sich an etw akk ~** to adjoin sth; **~d** *adj* adjacent; *(zeitlich)* subsequent ♦ *adv* afterwards

Anschluß ['anʃlus] *m (ELEK, EISENB)* connection; *(von Wasser etc)* supply; **im ~ an** +*akk* following; **~ finden** to make friends

anschmiegsam ['anʃmiːkzaːm] *adj* affectionate

anschnallen ['anʃnalən] *vt* to buckle on ♦ *vr* to fasten one's seat belt

anschneiden ['anʃnaɪdən] *(unreg)* *vt* to cut into; *(Thema)* to introduce

anschreiben ['anʃraɪbən] *(unreg)* *vt* to write (up); *(COMM)* to charge up; *(benachrichtigen)* to write to

anschreien ['anʃraɪən] *(unreg)* *vt* to shout

at

Anschrift ['anʃrɪft] *f* address

Anschuldigung ['anʃuldɪguŋ] *f* accusation

anschwellen ['anʃvɛlən] *(unreg)* *vi* to swell (up)

anschwindeln ['anʃvɪndəln] *vt* to lie to

ansehen ['anzeːən] *(unreg)* *vt* to look at; **jdm etw ~** to see sth (from sb's face); **jdn/etw als etw ~** to look on sb/sth as sth; **~ für** to consider; **A~** (-s) *nt* respect; *(Ruf)* reputation

ansehnlich ['anzeːnlɪç] *adj* fine-looking; *(beträchtlich)* considerable

ansetzen ['anzɛtsən] *vt (festlegen)* to fix; *(entwickeln)* to develop; *(Fett)* to put on; *(Blätter)* to grow; *(zubereiten)* to prepare ♦ *vi (anfangen)* to start, to begin; *(Entwicklung)* to set in; *(dick werden)* to put on weight ♦ *vr (Rost etc)* to start to develop; **~ an** +*akk (anfügen)* to fix on to; *(anlegen, an Mund etc)* to put to

Ansicht ['anzɪçt] *f (Anblick)* sight; *(Meinung)* view, opinion; **zur ~** on approval; **meiner ~ nach** in my opinion; **~skarte** *f* picture postcard; **~ssache** *f* matter of opinion

anspannen ['anʃpanən] *vt* to harness; *(Muskel)* to strain

Anspannung *f* strain

anspielen ['anʃpiːlən] *vi (SPORT)* to start play; **auf etw** *akk* **~** to refer *od* allude to sth

Anspielung *f:* **~ (auf** +*akk*) reference (to), allusion (to)

Ansporn ['anʃpɔrn] (-(e)s) *m* incentive

Ansprache ['anʃpraːxə] *f* address

ansprechen ['anʃprɛçən] *(unreg)* *vt* to speak to; *(bitten, gefallen)* to appeal to ♦ *vi:* **(auf etw** *akk*) **~** to react (to sth); **jdn auf etw** *akk* **(hin) ~** to ask sb about sth; **~d** *adj* attractive

anspringen ['anʃprɪŋən] *(unreg)* *vi (AUT)* to start ♦ *vt* to jump at

Anspruch ['anʃprux] *m (Recht):* **~ (auf** +*akk)* claim (to); **hohe Ansprüche stellen/ haben** to demand/expect a lot; **jdn/etw in ~ nehmen** to occupy sb/take up sth; **a~slos** *adj* undemanding; **a~svoll** *adj* demanding

anstacheln ['anʃtaxəln] *vt* to spur on

Anstalt ['anʃtalt] (-, -en) *f* institution; **~en machen, etw zu tun** to prepare to do sth

Anstand ['anʃtant] *m* decency

anständig ['anʃtɛndɪç] *adj* decent; *(umg)* proper; *(groß)* considerable

anstandslos *adv* without any ado

anstarren ['anʃtarən] *vt* to stare at

anstatt [an'ʃtat] *präp* +*gen* instead of ♦ *konj:* **~ etw zu tun** instead of doing sth

Ansteck- ['anʃtɛndɪç] *zW:* **a~en** *vt* to pin on; *(MED)* to infect; *(Pfeife)* to light; *(Haus)* to set fire to ♦ *vr:* **ich habe mich bei ihm an-**

gesteckt I caught it from him ♦ *vi (fig)* to be infectious; **a~end** *adj* infectious; **~ung** *f* infection

anstehen ['anʃteːən] *(unreg) vi* to queue (up) *(BRIT)*, to line up *(US)*

ansteigen ['anʃtaɪgən] *vt (Straße)* to climb; *(Gelände, Temperatur, Preise)* to rise

anstelle [an'ʃtɛlə] *präp +gen* in place of; **~n** ['an-] *vt (einschalten)* to turn on; *(Arbeit geben)* to employ; *(machen)* to do ♦ *vr* to queue (up) *(BRIT)*, to line up *(US)*; *(umg)* to act

Anstellung *f* employment; *(Posten)* post, position

Anstieg ['anʃtiːk] (-(e)s, -e) *m (+gen)* climb; *(fig: von Preisen etc)* increase (in)

anstiften ['anʃtɪftən] *vt (Unglück)* to cause; **jdn zu etw ~** to put sb up to sth

Anstifter (-s, -) *m* instigator

anstimmen ['anʃtɪmən] *vt (Lied)* to strike up with; *(Geschrei)* to set up

Anstoß ['anʃtoːs] *m* impetus; *(Ärgernis)* offence; *(SPORT)* kick-off; **der erste ~** the initiative; **~ nehmen an** *+dat* to take offence at; **a~en** *(unreg) vt* to push; *(mit Fuß)* to kick ♦ *vi* to knock, to bump; *(mit der Zunge)* to lisp; *(mit Gläsern)*: **a~en** *(auf +akk)* to drink (to), to drink a toast (to)

anstößig ['anʃtøːsɪç] *adj* offensive, indecent

anstreichen ['anʃtraɪçən] *(unreg) vt* to paint

Anstreicher (-s, -) *m* painter

anstrengen ['anʃtrɛŋən] *vt* to strain; *(JUR)* to bring ♦ *vr* to make an effort; **angestrengt** *adv* as hard as one can; **~d** *adj* tiring

Anstrengung *f* effort

Anstrich ['anʃtrɪç] *m* coat of paint

Ansturm ['anʃtʊrm] *m* rush; *(MIL)* attack

Antarktis [ant'arktɪs] (-) *f* Antarctic

antasten ['antastən] *vt* to touch; *(Recht)* to infringe upon; *(Ehre)* to question

Anteil ['antaɪl] (-s, -e) *m* share; *(Mitgefühl)* sympathy; **~ nehmen an** *+dat* to share in; *(sich interessieren)* to take an interest in; **~nahme** (-) *f* sympathy

Antenne [an'tɛnə] *f* aerial

Anti- ['anti] *in zW* anti; **~alko'holiker** *m* teetotaller; **a~autori'tär** *adj* antiauthoritarian; **~biotikum** [antibi'oːtikʊm] (-s, -ka) *nt* antibiotic

antik [an'tiːk] *adj* antique; **A~e** *f (Zeitalter)* ancient world; *(Kunstgegenstand)* antique

Antilope [anti'loːpə] *f* antelope

Antiquariat [antikvari'aːt] (-(e)s, -e) *nt* secondhand bookshop

Antiquitäten [antikvi'tɛːtən] *pl* antiques; **~händler** *m* antique dealer

antiseptisch [-'zɛptɪʃ] *adj* antiseptic

Antrag ['antraːk] (-(e)s, -träge) *m* proposal; *(PARL)* motion; *(Gesuch)* application

antreffen ['antrɛfən] *(unreg) vt* to meet

antreiben ['antraɪbən] *(unreg) vt* to drive on; *(Motor)* to drive; *(anschwemmen)* to wash up ♦ *vi* to be washed up

antreten ['antreːtən] *(unreg) vt (Amt)* to take up; *(Erbschaft)* to come into; *(Beweis)* to offer; *(Reise)* to start, to begin ♦ *vi (MIL)* to fall in; *(SPORT)* to line up; **gegen jdn ~** to play/fight (against) sb

Antrieb ['antriːp] *m (auch fig)* drive; **aus eigenem ~** of one's own accord

antrinken ['antrɪŋkən] *(unreg) vt (Flasche, Glas)* to start to drink from; **sich** *dat* **Mut/einen Rausch ~** to give o.s. Dutch courage/get drunk; **angetrunken sein** to be tipsy

Antritt ['antrɪt] *m* beginning, commencement; *(eines Amts)* taking up

antun ['antuːn] *(unreg) vt*: **jdm etw ~** to do sth to sb; **sich** *dat* **Zwang ~** to force o.s.; **sich** *dat* **etwas ~** to (try to) take one's own life

Antwort ['antvɔrt] (-, -en) *f* answer, reply; **a~en** *vi* to answer, to reply

anvertrauen ['anfɛrtrauən] *vt*: **jdm etw ~** to entrust sb with sth; **sich jdm ~** to confide in sb

anwachsen ['anvaksən] *(unreg) vi* to grow; *(Pflanze)* to take root

Anwalt ['anvalt] (-(e)s, -wälte) *m* solicitor; lawyer; *(fig)* champion

Anwältin ['anvɛltɪn] *f siehe* Anwalt

Anwärter ['anvɛrtər] *m* candidate

anweisen ['anvaɪzən] *(unreg) vt* to instruct; *(zuteilen)* to assign

Anweisung *f* instruction; *(COMM)* remittance; *(Post~, Zahlungs~)* money order

anwend- ['anvɛnd] *zW*: **~bar** ['anvɛnt-] *adj* practicable, applicable; **~en** *(unreg) vt* to use, to employ; *(Gesetz, Regel)* to apply; **A~ung** *f* use; application

anwesend ['anveːzənt] *adj* present; **die A~en** those present

Anwesenheit *f* presence

anwidern ['anviːdərn] *vt* to disgust

Anwohner(in) ['anvoːnər(ɪn)] (-s, -) *m(f)* neighbour

Anzahl ['antsaːl] *f*: **~ (an** *+dat)* number (of); **a~en** *vt* to pay on account; **~ung** *f* deposit, payment on account

Anzeichen ['antsaɪçən] *nt* sign, indication

Anzeige ['antsaɪgə] *f (Zeitungs~)* announcement; *(Werbung)* advertisement; *(bei Polizei)* report; **~ erstatten gegen jdn** to report sb (to the police); **a~n** *vt (zu erkennen geben)* to show; *(bekanntgeben)* to announce; *(bei Polizei)* to report

anziehen ['antsiːən] *(unreg) vt* to attract; *(Kleidung)* to put on; *(Mensch)* to dress; *(Seil)* to pull tight; *(Schraube)* to tighten; *(Knie)* to draw up; *(Feuchtigkeit)* to absorb ♦ *vr* to get dressed; **~d** *adj* attractive

Anziehung *f (Reiz)* attraction; **~skraft** *f*

power of attraction; (*PHYS*) force of gravitation

Anzug ['antsu:k] *m* suit; (*Herankommen*): **im ~ sein** to be approaching

anzüglich ['antsy:klıç] *adj* personal; (*anstößig*) offensive; **A~keit** *f* offensiveness; (*Bemerkung*) personal remark

anzünden ['antsʏndən] *vt* to light

Anzünder *m* lighter

anzweifeln ['antsvaıfəln] *vt* to doubt

apathisch [a'pa:tıʃ] *adj* apathetic

Apfel ['apfəl] (-s, ⸚) *m* apple; **~saft** *m* apple juice; **~sine** ['-zi:nə] *f* orange

Apostel [a'pɔstəl] (-s, -) *m* apostle

Apotheke [apo'te:kə] *f* chemist's (shop), drugstore (*US*); **~r(in)** (-s, -) *m(f)* chemist, druggist (*US*)

Apparat [apa'ra:t] (-(e)s, -e) *m* piece of apparatus; camera; telephone; (*RADIO*, *TV*) set; **am ~!** speaking!; **~ur** [-'tu:r] *f* apparatus

Appartement [apartə'mã:] (-s, -s) *nt* flat

appellieren [ape'li:rən] *vi*: **~ (an** +*akk*) to appeal (to)

Appetit [ape'ti:t] (-(e)s, -e) *m* appetite; **guten ~** enjoy your meal; **a~lich** *adj* appetizing; **~losigkeit** *f* lack of appetite

Applaus ['ap'laus] (-es, -e) *m* applause

Aprikose [apri'ko:zə] *f* apricot

April [a'prıl] (-(s), -e) *m* April

Aquarell [akva'rɛl] (-s, -e) *nt* watercolour

Aquarium [a'kva:riʊm] *nt* aquarium

Äquator [ɛ'kva:tɔr] (-s, -en) *m* equator

Arab- ['arab] *zW*: **~er(in)** (-s, -) *m(f)* Arab; **~ien** [a'ra:biən] (-s) *nt* Arabia; **a~isch** [a'ra:bıʃ] *adj* Arabian

Arbeit ['arbaıt] (-, -en) *f* work *no art*; (*Stelle*) job; (*Erzeugnis*) piece of work; (*wissenschaftliche*) dissertation; (*Klassen~*) test; **das war eine ~** that was a hard job; **a~en** *vi* to work ♦ *vt* to work, to make; **~er(in)** (-s, -) *m(f)* worker; (*ungelernt*) labourer; **~erschaft** *f* workers *pl*, labour force; **~geber** (-s, -) *m* employer; **~nehmer** (-s, -) *m* employee

Arbeits- *in zW* labour; **arbeitsam** *adj* industrious; **~amt** *nt* employment exchange; **~erlaubnis** *f* work permit; **a~fähig** *adj* fit for work, able-bodied; **~gang** *m* operation; **~kräfte** *pl* (*Mitarbeiter*) workforce; **a~los** *adj* unemployed, out-of-work; **~lose(r)** *f(m)* unemployed person; **~losigkeit** *f* unemployment; **~markt** *m* job market; **~platz** *m* job; place of work; (*Großraumbüro*) workstation; **a~scheu** *adj* work-shy; **~tag** *m* work(ing) day; **a~unfähig** *adj* unfit for work; **~zeit** *f* working hours *pl*

Archäologe [arçεo'lo:gə] (-n, -n) *m* archaeologist

Architekt(in) [arçi'tɛkt(ın)] (-en, -en) *m(f)* architect; **~ur** [-'tu:r] *f* architecture

Archiv [ar'çi:f] (-s, -e) *nt* archive

arg [ark] *adj* bad, awful ♦ *adv* awfully, very

Argentin- [argɛn'ti:n] *zW*: **~ien** (-s) *nt* Argentina, the Argentine; **~ier(in)** (-s, -) *m(f)* Argentinian; **a~isch** *adj* Argentinian

Ärger ['ɛrgər] (-s) *m* (*Wut*) anger; (*Unannehmlichkeit*) trouble; **ä~lich** *adj* (*zornig*) angry; (*lästig*) annoying, aggravating; **ä~n** *vt* to annoy ♦ *vr* to get annoyed

arg- *zW*: **~listig** *adj* cunning, insidious; **~los** *adj* guileless, innocent

Argument [argu'mɛnt] *nt* argument

argwöhnisch *adj* suspicious

Arie ['a:riə] *f* aria

Aristokrat [arısto'kra:t] (-en, -en) *m* aristocrat; **~ie** ['ti:] *f* aristocracy

Arktis ['arktıs] (-) *f* Arctic

Arm [arm] (-(e)s, -e) *m* arm; (*Fluß~*) branch

arm *adj* poor

Armatur [arma'tu:r] *f* (*ELEK*) armature; **~enbrett** *nt* instrument panel; (*AUT*) dashboard

Armband *nt* bracelet; **~uhr** *f* (wrist) watch

Arme(r) *mf* poor man(woman); **die ~n** the poor

Armee [ar'me:] *f* army

Ärmel ['ɛrməl] (-s, -) *m* sleeve; **etw aus dem ~ schütteln** (*fig*) to produce sth just like that; **~kanal** *m* English Channel

ärmlich ['ɛrmlıç] *adj* poor

armselig *adj* wretched, miserable

Armut ['armu:t] (-) *f* poverty

Aroma [a'ro:ma] (-s, Aromen) *nt* aroma; **a~tisch** [aro'ma:tıʃ] *adj* aromatic

· arrangieren [arã'ʒi:rən] *vt* to arrange ♦ *vr* to come to an arrangement

Arrest [a'rɛst] (-(e)s, -e) *m* detention

arrogant [aro'gant] *adj* arrogant

Arsch [arʃ] (-(e)s, ⸚e; *umg!*) *m* arse (*BRIT!*), ass (*US!*)

Art [a:rt] (-, -en) *f* (*Weise*) way; (*Sorte*) kind, sort; (*BIOL*) species; **eine ~ (von) Frucht** a kind of fruit; **Häuser aller ~** houses of all kinds; **es ist nicht seine ~, das zu tun** it's not like him to do that; **ich mache das auf meine ~** I do that my (own) way

Arterie [ar'te:riə] *f* artery; **~nverkalkung** *f* arteriosclerosis

artig ['a:rtıç] *adj* good, well-behaved

Artikel [ar'ti:kəl] (-s, -) *m* article

Artillerie [artılə'ri:] *f* artillery

Artischocke [arti'ʃɔkə] *f* artichoke

Arznei [a:rts'naı] *f* medicine; **~mittel** *nt* medicine, medicament

Arzt [a:rtst] (-(e)s, ⸚e) *m* doctor

Ärztin ['ɛ:rtstın] *f* doctor

ärztlich ['ɛ:rtstlıç] *adj* medical

As [as] (-ses, -se) *nt* ace

Asche ['aʃə] *f* (-, -n) ash, cinder; **~nbahn** *f*

cinder track; **~nbecher** m ashtray; **~rmittwoch** m Ash Wednesday

Äser ['ɛːzər] pl von **Aas**

Asi- ['aːzi] zW: **~en** (-s) nt Asia; **~at(in)** [azi'aːt(ɪn)] (-en, -en) m(f) Asian; **a~atisch** [-'aːtɪʃ] adj Asian

asozial ['azotsiaːl] adj antisocial; (Familien) asocial

Aspekt [as'pɛkt] (-(e)s, -e) m aspect

Asphalt [as'falt] (-(e)s, -e) m asphalt; **a~ieren** vt [-'tiːrən] to asphalt

aß etc [aːs] vb siehe **essen**

Asse [asə] pl von **As**

Assistent(in) [asɪs'tɛnt(ɪn)] m(f) assistant

Assoziation [asotsiatsi'oːn] f association

Ast [ast] (-(e)s, ⸚e) m bough, branch

ästhetisch [ɛs'teːtɪʃ] adj aesthetic

Asthma ['astma] (-s) nt asthma; **~tiker(in)** [ast'maːtikər(ɪn)] (-s, -) m(f) asthmatic

Astro- [astro] zW: **~loge** (-n, -n) m astrologer; **~lo'gie** f astrology; **~'naut** (-en, -en) m astronaut; **~'nom** (-en, -en) m astronomer; **~no'mie** f astronomy

Asyl [a'zyːl] (-s, -e) nt asylum; (Heim) home; (Obdachlosen~) shelter

Atelier [atəli'eː] (-s, -s) nt studio

Atem ['aːtəm] (-s) m breath; **den ~ anhalten** to hold one's breath; **außer ~** out of breath; **a~beraubend** adj breath-taking; **a~los** adj breathless; **~pause** f breather; **~zug** m breath

Atheismus [ate'ɪsmʊs] m atheism

Atheist m atheist; **a~isch** adj atheistic

Athen [a'teːn] (-s) nt Athens

Äther ['ɛːtər] (-s, -) m ether

Äthiopien [ɛ'tioːpiən] (-s) nt Ethiopia

Athlet [at'leːt] (-en, -en) m athlete

Atlantik (-s) m Atlantic (Ocean)

atlantisch adj Atlantic

Atlas ['atlas] (- od -ses, -se od Atlanten) m atlas

atmen ['aːtmən] vt, vi to breathe

Atmosphäre [atmo'sfɛːrə] f atmosphere

atmosphärisch adj atmospheric

Atmung ['aːtmʊŋ] f respiration

Atom [a'toːm] (-s, -e) nt atom; **a~ar** [ato'maːr] adj atomic; **~bombe** f atom bomb; **~energie** f atomic od nuclear energy; **~kern** m atomic nucleus; **~kraftwerk** nt nuclear power station; **~krieg** m nuclear od atomic war; **~müll** m atomic waste; **~strom** m (electricity generated by) nuclear power; **~versuch** m atomic test; **~waffen** pl atomic weapons; **a~waffenfrei** adj nuclear-free; **~zeitalter** nt atomic age

Attentat ['atəntaːt] (-(e)s, -e) nt: **~ (auf +akk)** (attempted) assassination (of)

Attentäter ['atəntɛːtər] m (would-be) assassin

Attest [a'tɛst] (-(e)s, -e) nt certificate

Attraktion [atrak'tsioːn] f (Tourismus,

Zirkus) attraction

attraktiv [atrak'tiːf] adj attractive

Attrappe [a'trapə] f dummy

Attribut [atri'buːt] (-(e)s, -e) nt (GRAM) attribute

ätzen ['ɛtsən] vi to be caustic

ätzend adj (Säure) corrosive; (fig: Spott) cutting

au [au] excl ouch!; **~ ja!** oh yes!

SCHLÜSSELWORT

auch [aux] adv **1** (ebenfalls) also, too, as well; **das ist auch schön** that's nice too od as well; **er kommt - ich auch** he's coming - so am I, me too; **auch nicht** not ... either; **ich auch nicht** nor I, me neither; **oder auch** or; **auch das noch!** not that as well!

2 (selbst, sogar) even; **auch wenn das Wetter schlecht ist** even if the weather is bad; **ohne auch nur zu fragen** without even asking

3 (wirklich) really; **du siehst müde aus - bin ich auch** you look tired - (so) I am; **so sieht es auch aus** it looks like it too

4 (auch immer): **wer auch** whoever; **was auch** whatever; **wie dem auch sei** be that as it may; **wie sehr er sich auch bemühte** however much he tried

---

SCHLÜSSELWORT

auf [auf] präp +dat (wo?) on; **auf dem Tisch** on the table; **auf der Reise** on the way; **auf der Post/dem Fest** at the post office/party; **auf der Straße** on the road; **auf dem Land/der ganzen Welt** in the country/the whole world

♦ präp +akk **1** (wohin?) on(to); **auf den Tisch** on(to) the table; **auf die Post gehen** to go to the post office; **auf das Land** into the country; **etw auf einen Zettel schreiben** to write sth on a piece of paper

2: **auf deutsch** in German; **auf Lebenszeit** for my/his lifetime; **bis auf ihn** except for him; **auf einmal** at once; **auf seinen Vorschlag (hin)** at his suggestion

♦ adv **1** (offen) open; **das Fenster ist auf** the window is open

2 (hinauf) up; **auf und ab** up and down; **auf und davon** up and away; **auf!** (los!) come on!

3 (aufgestanden) up; **ist er schon auf?** is he up yet?

♦ konj: **auf daß** (so) that

---

aufatmen ['aufʔaːtmən] vi to heave a sigh of relief

aufbahren ['aufbaːrən] vt to lay out

Aufbau ['aufbau] m (Bauen) building, construction; (Struktur) structure; (aufgebautes Teil) superstructure; **a~en** vt to erect, to build (up); (*Existenz*) to make; (*gestalten*) to construct; **a~en (auf** +*dat*) (*gründen*) to found *od* base (on)

aufbauschen ['aʊfbaʊʃən] *vt* to puff out; (*fig*) to exaggerate

aufbekommen ['aʊfbəkɔmən] (*unreg*) *vt* (*öffnen*) to get open; (*Hausaufgaben*) to be given

aufbessern ['aʊfbɛsərn] *vt* (*Gehalt*) to increase

aufbewahren ['aʊfbəvaːrən] *vt* to keep; (*Gepäck*) to put in the left-luggage office (*BRIT*) *od* baggage check (*US*)

Aufbewahrung *f* (safe)keeping; (*Gepäck~*) left-luggage office (*BRIT*), baggage check (*US*)

aufbieten ['aʊfbiːtən] (*unreg*) *vt* (*Kraft*) to summon (up); (*Armee, Polizei*) to mobilize; (*Brautpaar*) to publish the banns of

aufblasen ['aʊfblaːzən] (*unreg*) *vt* to blow up, to inflate ♦ *vr* (*umg*) to become big-headed

aufbleiben ['aʊfblaɪbən] (*unreg*) *vi* (*Laden*) to remain open; (*Person*) to stay up

aufblenden ['aʊfblɛndən] *vt* (*Scheinwerfer*) to switch on full beam ♦ *vi* (*Fahrer*) to have the lights on full beam; (*AUT: Scheinwerfer*) to be on full beam

aufblicken ['aʊfblɪkən] *vi* to look up; **~ zu** to look up at; (*fig*) to look up to

aufblühen ['aʊfblyːən] *vi* to blossom, to flourish

aufbrauchen ['aʊfbraʊxən] *vt* to use up

aufbrausen ['aʊfbraʊzən] *vi* (*fig*) to flare up; **~d** *adj* hot-tempered

aufbrechen ['aʊfbrɛçən] (*unreg*) *vt* to break *od* prise (*BRIT*) open ♦ *vi* to burst open; (*gehen*) to start, to set off

aufbringen ['aʊfbrɪŋən] (*unreg*) *vt* (*öffnen*) to open; (*in Mode*) to bring into fashion; (*beschaffen*) to procure; (*FIN*) to raise; (*ärgern*) to irritate; **Verständnis für etw ~** to be able to understand sth

Aufbruch ['aʊfbrʊx] *m* departure

aufbrühen ['aʊfbryːən] *vt* (*Tee*) to make

aufbürden ['aʊfbʏrdən] *vt*: **jdm etw ~ to** burden sb with sth

aufdecken ['aʊfdɛkən] *vt* to uncover

aufdrängen ['aʊfdrɛŋən] *vt*: **jdm etw ~ to** force sth on sb ♦ *vr* (*Mensch*): **sich jdm ~** to intrude on sb

aufdrehen ['aʊfdreːən] *vt* (*Wasserhahn etc*) to turn on; (*Ventil*) to open up

aufdringlich ['aʊfdrɪŋlɪç] *adj* pushy

aufeinander [aʊfʔaɪ'nandər] *adv* on top of each other; (*schießen*) at each other; (*vertrauen*) each other; **~folgen** *vi* to follow one another; **~folgend** *adj* consecutive; **~prallen** *vi* to hit one another

Aufenthalt ['aʊfʔɛnthalt] *m* stay; (*Verzögerung*) delay; (*EISENB: Halten*) stop; (*Ort*) haunt

Aufenthaltserlaubnis *f* residence permit

auferlegen ['aʊfʔɛrleːgən] *vt*: **(jdm) ~ to** impose (upon sb)

Auferstehung ['aʊfʔɛrʃteːʊŋ] *f* resurrection

aufessen ['aʊfʔɛsən] (*unreg*) *vt* to eat up

auffahr- ['aʊffaːr] *zW*: **~en** (*unreg*) *vi* (*herankommen*) to draw up; (*hochfahren*) to jump up; (*wütend werden*) to flare up; (*in den Himmel*) to ascend ♦ *vt* (*Kanonen, Geschütz*) to bring up; **~en auf** +*akk* (*Auto*) to run *od* crash into; **~end** *adj* hot-tempered; **A~t** *f* (*Hausauffahrt*) drive; (*Autobahnauffahrt*) slip road (*BRIT*), (freeway) entrance (*US*); **A~unfall** *m* pile-up

auffallen ['aʊffalən] (*unreg*) *vi* to be noticeable; **jdm ~** to strike sb; **~d** *adj* striking

auffällig ['aʊffɛlɪç] *adj* conspicuous, striking

auffangen ['aʊffaŋən] (*unreg*) *vt* to catch; (*Funkspruch*) to intercept; (*Preise*) to peg

auffassen ['aʊffasən] *vt* to understand, to comprehend; (*auslegen*) to see, to view

Auffassung *f* (*Meinung*) opinion; (*Auslegung*) view, concept; (*auch: Auffassungsgabe*) grasp

auffindbar ['aʊffɪntbaːr] *adj* to be found

auffordern ['aʊffɔrdərn] *vt* (*befehlen*) to call upon, to order; (*bitten*) to ask

Aufforderung *f* (*Befehl*) order; (*Einladung*) invitation

auffrischen ['aʊffrɪʃən] *vt* to freshen up; (*Kenntnisse*) to brush up; (*Erinnerungen*) to reawaken ♦ *vi* (*Wind*) to freshen

aufführen ['aʊffyːrən] *vt* (*THEAT*) to perform; (*in einem Verzeichnis*) to list, to specify ♦ *vr* (*sich benehmen*) to behave

Aufführung *f* (*THEAT*) performance; (*Liste*) specification

Aufgabe ['aʊfgaːbə] *f* task; (*SCH*) exercise; (*Haus~*) homework; (*Verzicht*) giving up; (*von Gepäck*) registration; (*von Post*) posting; (*von Inserat*) insertion

Aufgang ['aʊfgaŋ] *m* ascent; (*Sonnen~*) rise; (*Treppe*) staircase

aufgeben ['aʊfgeːbən] (*unreg*) *vt* (*verzichten*) to give up; (*Paket*) to send, to post; (*Gepäck*) to register; (*Bestellung*) to give; (*Inserat*) to insert; (*Rätsel, Problem*) to set ♦ *vi* to give up

Aufgebot ['aʊfgəboːt] *nt* supply; (*Ehe~*) banns *pl*

aufgedunsen ['aʊfgədʊnzən] *adj* swollen, puffed up

aufgehen ['aʊfgeːən] (*unreg*) *vi* (*Sonne, Teig*) to rise; (*sich öffnen*) to open; (*klarwerden*) to become clear; (*MATH*) to come out exactly; **~ (in** +*dat*) (*sich widmen*) to be absorbed (in); **in Rauch/Flammen ~** to go up in smoke/flames

aufgelegt ['aʊfgəleːkt] *adj*: **gut/schlecht ~ sein** to be in a good/bad mood; **zu etw ~ sein** to be in the mood for sth

aufgeregt ['aʊfgəreːkt] *adj* excited

aufgeschlossen ['aʊfgəʃlɔsən] *adj* open, open-minded

aufgeweckt ['aʊfgəvɛkt] *adj* bright, intelligent

aufgießen ['aʊfgiːsən] (*unreg*) *vt* (*Wasser*) to pour over; (*Tee*) to infuse

aufgreifen ['aʊfgraɪfən] (*unreg*) *vt* (*Thema*) to take up; (*Verdächtige*) to pick up, to seize

aufgrund [aʊf'grʊnt] *präp +gen* on the basis of; (*wegen*) because of

aufhaben ['aʊfhaːbən] (*unreg*) *vt* to have on; (*Arbeit*) to have to do

aufhalsen ['aʊfhalzən] (*umg*) *vt*: jdm etw ~ to saddle *od* lumber sb with sth

aufhalten ['aʊfhaltən] (*unreg*) *vt* (*Person*) to detain; (*Entwicklung*) to check; (*Tür, Hand*) to hold open; (*Augen*) to keep open ♦ *vr* (*wohnen*) to live; (*bleiben*) to stay; **sich mit etw ~** to waste time over sth

aufhängen ['aʊfhɛŋən] (*unreg*) *vt* (*Wäsche*) to hang up; (*Menschen*) to hang ♦ *vr* to hang o.s.

Aufhänger (-s, -) *m* (*am Mantel*) loop; (*fig*) peg

aufheben ['aʊfheːbən] (*unreg*) *vt* (*hochheben*) to raise, to lift; (*Sitzung*) to wind up; (*Urteil*) to annul; (*Gesetz*) to repeal, to abolish; (*aufbewahren*) to keep ♦ *vr* to cancel itself out; **bei jdm gut aufgehoben sein** to be well looked after at sb's; **viel A~(s) machen (von)** to make a fuss (about)

aufheitern ['aʊfhaɪtərn] *vt*, *vr* (*Himmel, Miene*) to brighten; (*Mensch*) to cheer up

aufhellen ['aʊfhɛlən] *vt*, *vr* to clear up; (*Farbe, Haare*) to lighten

aufhetzen ['aʊfhɛtsən] *vt* to stir up

aufholen ['aʊfhoːlən] *vt* to make up ♦ *vi* to catch up

aufhorchen ['aʊfhɔrçən] *vi* to prick up one's ears

aufhören ['aʊfhøːrən] *vi* to stop; **~, etw zu tun** to stop doing sth

aufklappen ['aʊfklapən] *vt* to open

aufklären ['aʊfklɛːrən] *vt* (*Geheimnis etc*) to clear up; (*Person*) to enlighten; (*sexuell*) to tell the facts of life to; (*MIL*) to reconnoitre ♦ *vr* to clear up

Aufklärung *f* (*von Geheimnis*) clearing up; (*Unterrichtung, Zeitalter*) enlightenment; (*sexuell*) sex education; (*MIL, AVIAT*) reconnaissance

aufkleben ['aʊfkleːbən] *vt* to stick on

Aufkleber (-s, -) *m* sticker

aufknöpfen ['aʊfknœpfən] *vt* to unbutton

aufkommen ['aʊfkɔmən] (*unreg*) *vi* (*Wind*) to come up; (*Zweifel, Gefühl*) to arise; (*Mode*) to start; **für jdn/etw ~** to be liable *od* responsible for sb/sth

aufladen ['aʊflaːdən] (*unreg*) *vt* to load

Auflage ['aʊflaːgə] *f* edition; (*Zeitung*) circulation; (*Bedingung*) condition; **jdm etw**

zur ~ machen to make sth a condition for sb

auflassen ['aʊflasən] (*unreg*) *vt* (*offen*) to leave open; (*aufgesetzt*) to leave on

auflauern ['aʊflaʊərn] *vi*: **jdm ~** to lie in wait for sb

Auflauf ['aʊflaʊf] *m* (*KOCH*) pudding; (*Menschen~*) crowd

aufleben ['aʊfleːbən] *vi* (*Mensch, Gespräch*) to liven up; (*Interesse*) to revive

auflegen ['aʊfleːgən] *vt* to put on; (*Telefon*) to hang up; (*TYP*) to print

auflehnen ['aʊfleːnən] *vt* to lean on ♦ *vr* to rebel

Auflehnung *f* rebellion

auflesen ['aʊfleːzən] (*unreg*) *vt* to pick up

aufleuchten ['aʊflɔʏçtən] *vi* to light up

auflockern ['aʊflɔkərn] *vt* to loosen; (*fig: Eintönigkeit etc*) to liven up

auflösen ['aʊfløːzən] *vt* to dissolve; (*Haare etc*) to loosen; (*Mißverständnis*) to sort out ♦ *vr* to dissolve; to come undone; to be resolved; **(in Tränen) aufgelöst sein** to be in tears

Auflösung *f* dissolving; (*fig*) solution

aufmachen ['aʊfmaxən] *vt* to open; (*Kleidung*) to undo; (*zurechtmachen*) to do up ♦ *vr* to set out

Aufmachung *f* (*Kleidung*) outfit, get-up; (*Gestaltung*) format

aufmerksam ['aʊfmɛrkzaːm] *adj* attentive; **jdn auf etw *akk* ~ machen** to point sth out to sb; **A~keit** *f* attention, attentiveness

aufmuntern ['aʊfmʊntərn] *vt* (*ermutigen*) to encourage; (*erheitern*) to cheer up

Aufnahme ['aʊfnaːmə] *f* reception; (*Beginn*) beginning; (*in Verein etc*) admission; (*in Liste etc*) inclusion; (*Notieren*) taking down; (*PHOT*) shot; (*auf Tonband etc*) recording; **a~fähig** *adj* receptive; **~prüfung** *f* entrance test

aufnehmen ['aʊfneːmən] (*unreg*) *vt* to receive; (*hochheben*) to pick up; (*beginnen*) to take up; (*in Verein etc*) to admit; (*in Liste etc*) to include; (*fassen*) to hold; (*notieren*) to take down; (*fotografieren*) to photograph; (*auf Tonband, Platte*) to record; (*FIN: leihen*) to take out; **es mit jdm ~ können** to be able to compete with sb

aufopfern ['aʊfʔɔpfərn] *vt*, *vr* to sacrifice; **~d** *adj* selfless

aufpassen ['aʊfpasən] *vi* (*aufmerksam sein*) to pay attention; **auf jdn/etw ~** to look after *od* watch sb/sth; **aufgepaßt!** look out!

Aufprall ['aʊfpral] (-s, -e) *m* impact; **a~en** *vi* to hit, to strike

Aufpreis ['aʊfpraɪs] *m* extra charge

aufpumpen ['aʊfpʊmpən] *vt* to pump up

aufräumen ['aʊfrɔʏmən] *vt*, *vi* (*Dinge*) to clear away; (*Zimmer*) to tidy up

aufrecht ['aʊfrɛçt] *adj* (*auch fig*) upright; ~**erhalten** (*unreg*) *vt* to maintain

aufreg- ['aʊfreːg] *zW:* ~**en** *vt* to excite ♦ *vr* to get excited; ~**end** *adj* exciting; **A~ung** *f* excitement

aufreibend ['aʊfraɪbənt] *adj* strenuous

aufreißen ['aʊfraɪsən] (*unreg*) *vt* (*Umschlag*) to tear open; (*Augen*) to open wide; (*Tür*) to throw open; (*Straße*) to take up

aufreizen ['aʊfraɪtsən] *vt* to incite, to stir up; ~**d** *adj* exciting, stimulating

aufrichten ['aʊfrɪçtən] *vt* to put up, to erect; (*moralisch*) to console ♦ *vr* to rise; (*moralisch*): **sich** ~ (**an** +*dat*) to take heart (from)

aufrichtig ['aʊfrɪçtɪç] *adj* sincere, honest; **A~keit** *f* sincerity

aufrücken ['aʊfrʏkən] *vi* to move up; (*beruflich*) to be promoted

Aufruf ['aʊfruːf] *m* summons; (*zur Hilfe*) call; (*des Namens*) calling out; **a~en** (*unreg*) *vt* (*Namen*) to call out; (*auffordern*): **jdn a~en** (**zu**) to call upon sb (for)

Aufruhr ['aʊfruːr] (**-(e)s, -e**) *m* uprising, revolt

aufrührerisch ['aʊfryːrərɪʃ] *adj* rebellious

aufrunden ['aʊfrʊndən] *vt* (*Summe*) to round up

Aufrüstung ['aʊfrʏstʊŋ] *f* rearmament

aufrütteln ['aʊfrʏtəln] *vt* (*auch fig*) to shake up

aufs [aʊfs] = **auf das**

aufsagen ['aʊfzaːgən] *vt* (*Gedicht*) to recite

aufsammeln ['aʊfzaməln] *vt* to gather up

aufsässig ['aʊfzɛsɪç] *adj* rebellious

Aufsatz ['aʊfzats] *m* (*Geschriebenes*) essay; (*auf Schrank etc*) top

aufsaugen ['aʊfzaʊgən] (*unreg*) *vt* to soak up

aufschauen ['aʊfʃaʊən] *vi* to look up

aufscheuchen ['aʊfʃɔʏçən] *vt* to scare *od* frighten away

aufschieben ['aʊfʃiːbən] (*unreg*) *vt* to push open; (*verzögern*) to put off, to postpone

Aufschlag ['aʊfʃlaːk] *m* (*Ärmel~*) cuff; (*Jacken~*) lapel; (*Hosen~*) turn-up; (*Aufprall*) impact; (*Preis~*) surcharge; (*Tennis*) service; **a~en** [-gən] (*unreg*) *vt* (*öffnen*) to open; (*verwunden*) to cut; (*hochschlagen*) to turn up; (*aufbauen: Zelt, Lager*) to pitch, to erect; (*Wohnsitz*) to take up ♦ *vi* (*aufprallen*) to hit; (*teurer werden*) to go up; (*Tennis*) to serve

aufschließen ['aʊfʃliːsən] (*unreg*) *vt* to open up, to unlock ♦ *vi* (*aufrücken*) to close up

Aufschluß ['aʊfʃlʊs] *m* information; **a~reich** *adj* informative, illuminating

aufschnappen ['aʊfʃnapən] *vt* (*umg*) to pick up ♦ *vi* to fly open

aufschneiden ['aʊfʃnaɪdən] (*unreg*) *vt* to cut open; (*Brot*) to cut up; (*MED: Geschwür*) to lance ♦ *vi* to brag

Aufschneider (**-s, -**) *m* boaster, braggart

Aufschnitt ['aʊfʃnɪt] *m* (slices of) cold meat

aufschrauben ['aʊfʃraʊbən] *vt* (*fest~*) to screw on; (*lösen*) to unscrew

aufschrecken ['aʊfʃrɛkən] *vt* to startle ♦ *vi* (*unreg*) to start up

aufschreiben ['aʊfʃraɪbən] (*unreg*) *vt* to write down

aufschreien ['aʊfʃraɪən] (*unreg*) *vi* to cry out

Aufschrift ['aʊfʃrɪft] *f* (*Inschrift*) inscription; (*auf Etikett*) label

Aufschub ['aʊfʃuːp] (**-(e)s, -schübe**) *m* delay, postponement

Aufschwung ['aʊfʃvʊŋ] *m* (*Elan*) boost ♦ *nt* (*wirtschaftlich*) upturn, boom; (*SPORT*) circle

Aufsehen ['aʊfzeːən] (**-s**) *nt* sensation, stir

aufsehen (*unreg*) *vi* to look up; ~ **zu** to look up at; (*fig*) to look up to

aufsehenerregend *adj* sensational

Aufseher(in) (**-s, -** *m/f*) guard; (*im Betrieb*) supervisor; (*Museums~*) attendant; (*Park~*) keeper

aufsein ['aʊfzaɪn] (*unreg, umg*) *vi* (*Tür, Geschäft etc*) to be open; (*Mensch*) to be up

aufsetzen ['aʊfzɛtsən] *vt* to put on; (*Flugzeug*) to put down; (*Dokument*) to draw up ♦ *vr* to sit up(right) ♦ *vi* (*Flugzeug*) to touch down

Aufsicht ['aʊfzɪçt] *f* supervision; **die** ~ **haben** to be in charge

aufsitzen ['aʊfzɪtsən] (*unreg*) *vi* (*aufrecht hinsitzen*) to sit up; (*aufs Pferd, Motorrad*) to mount, to get on; (*Schiff*) to run aground; **jdm** ~ (*umg*) to be taken in by sb

aufsparen ['aʊfʃpaːrən] *vt* to save (up)

aufsperren ['aʊfʃpɛrən] *vt* to unlock; (*Mund*) to open wide

aufspielen ['aʊfʃpiːlən] *vr* to show off

aufspießen ['aʊfʃpiːsən] *vt* to spear

aufspringen ['aʊfʃprɪŋən] (*unreg*) *vi* (*hochspringen*) to jump up; (*sich öffnen*) to spring open; (*Hände, Lippen*) to become chapped; **auf etw** *akk* ~ to jump onto sth

aufspüren ['aʊfʃpyːrən] *vt* to track down, to trace

aufstacheln ['aʊfʃtaxəln] *vt* to incite

Aufstand ['aʊfʃtant] *m* insurrection, rebellion

aufständisch ['aʊfʃtɛndɪʃ] *adj* rebellious, mutinous

aufstecken ['aʊfʃtɛkən] *vt* to stick on, to pin up; (*umg*) to give up

aufstehen ['aʊfʃteːən] (*unreg*) *vi* to get up; (*Tür*) to be open

aufsteigen ['aʊfʃtaɪgən] (*unreg*) *vi* (*hochsteigen*) to climb; (*Rauch*) to rise; **auf etw** *akk* ~ to get onto sth

aufstellen ['aʊfʃtɛlən] *vt* (*aufrecht stellen*)

to put up; *(aufreihen)* to line up; *(nominieren)* to nominate; *(formulieren: Programm etc)* to draw up; *(leisten: Rekord)* to set up

Aufstellung f *(SPORT)* line-up; *(Liste)* list

Aufstieg ['aʊfʃtiːk] (-(e)s, -e) m *(auf Berg)* ascent; *(Fortschritt)* rise; *(beruflich, SPORT)* promotion

aufstoßen ['aʊfʃtoːsən] *(unreg)* vt to push open ♦ vi to belch

aufstützen ['aʊfʃtʏtsən] vt *(Körperteil)* to prop, to lean; *(Person)* to prop up ♦ vr: **sich auf etw** *akk* ~ to lean on sth

aufsuchen ['aʊfzuːxən] vt *(besuchen)* to visit; *(konsultieren)* to consult

Auftakt ['aʊftakt] m *(MUS)* upbeat; *(fig)* prelude

auftanken ['aʊftaŋkən] vi to get petrol *(BRIT)* od gas *(US)* ♦ vt to refuel

auftauchen ['aʊftaʊxən] vi to appear; *(aus Wasser etc)* to emerge; *(U-Boot)* to surface; *(Zweifel)* to arise

auftauen ['aʊftaʊən] vt to thaw ♦ vi to thaw; *(fig)* to relax

aufteilen ['aʊftaɪlən] vt to divide up; *(Raum)* to partition

Aufteilung f division; partition

Auftrag ['aʊftraːk] (-(e)s, -träge) m order; *(Anweisung)* commission; *(Aufgabe)* mission; **im** ~ **von** on behalf of; **a~en** [-gən] *(unreg)* vt *(Essen)* to serve; *(Farbe)* to put on; *(Kleidung)* to wear out; **jdm etw a~en** to tell sb sth; **dick a~en** *(fig)* to exaggerate; **~geber** (-s, -) m *(COMM)* purchaser, customer

auftreiben ['aʊftraɪbən] *(unreg)* vt *(umg: beschaffen)* to raise

auftreten ['aʊftreːtən] *(unreg)* vt to kick open ♦ vi to appear; *(mit Füßen)* to tread; *(sich verhalten)* to behave; **A~** (-s) nt *(Vorkommen)* appearance; *(Benehmen)* behaviour

Auftrieb ['aʊftriːp] m *(PHYS)* buoyancy, lift; *(fig)* impetus

Auftritt ['aʊftrɪt] m *(des Schauspielers)* entrance; *(Szene: auch fig)* scene

auftun ['aʊftuːn] *(unreg)* vt to open ♦ vr to open up

aufwachen ['aʊfvaxən] vi to wake up

aufwachsen ['aʊfvaksən] *(unreg)* vi to grow up

Aufwand ['aʊfvant] (-(e)s) m expenditure; *(Kosten auch)* expense; *(Luxus)* show

aufwärmen ['aʊfvɛrmən] vt to warm up; *(alte Geschichten)* to rake up

aufwärts ['aʊfvɛrts] adv upwards; **A~entwicklung** f upward trend

Aufwasch m washing-up

aufwecken ['aʊfvɛkən] vt to wake up, to waken up

aufweisen ['aʊfvaɪzən] *(unreg)* vt to show

aufwenden ['aʊfvɛndən] *(unreg)* vt to expend; *(Geld)* to spend; *(Sorgfalt)* to devote

aufwendig adj costly

aufwerfen ['aʊfvɛrfən] *(unreg)* vt *(Fenster etc)* to throw open; *(Probleme)* to throw up, to raise

aufwerten ['aʊfvɛrtən] vt *(FIN)* to revalue; *(fig)* to raise in value

aufwickeln ['aʊfvɪkəln] vt *(aufrollen)* to roll up; *(umg: Haar)* to put in curlers

aufwiegen ['aʊfviːgən] *(unreg)* vt to make up for

Aufwind ['aʊfvɪnt] m up-current

aufwirbeln ['aʊfvɪrbəln] vt to whirl up; **Staub** ~ *(fig)* to create a stir

aufwischen ['aʊfvɪʃən] vt to wipe up

aufzählen ['aʊftsɛːlən] vt to list

aufzeichnen ['aʊftsaɪçnən] vt to sketch; *(schriftlich)* to jot down; *(auf Band)* to record

Aufzeichnung f *(schriftlich)* note; *(Tonband~)* recording; *(Film~)* record

aufzeigen ['aʊftsaɪgən] vt to show, to demonstrate

aufziehen ['aʊftsiːən] *(unreg)* vt *(hochziehen)* to raise, to draw up; *(öffnen)* to pull open; *(Uhr)* to wind; *(umg: necken)* to tease; *(großziehen: Kinder)* to raise, to bring up; *(Tiere)* to rear

Aufzug ['aʊftsuːk] m *(Fahrstuhl)* lift, elevator; *(Aufmarsch)* procession, parade; *(Kleidung)* get-up; *(THEAT)* act

aufzwingen ['aʊftsvɪŋən] *(unreg)* vt: **jdm etw** ~ to force sth upon sb

Augapfel m eyeball; *(fig)* apple of one's eye

Auge ['aʊgə] (-s, -n) nt eye; *(Fett~)* globule of fat; **unter vier ~n** in private

Augen- zW: **~blick** m moment; **im ~blick** at the moment; **a~blicklich** adj *(sofort)* instantaneous; *(gegenwärtig)* present; **~braue** f eyebrow; **~weide** f sight for sore eyes; **~zeuge** m eye witness

August [aʊ'gʊst] (-(e)s od -, -e) m August

Auktion [aʊktsi'oːn] f auction

Aula ['aʊla] (-, Aulen od -s) f assembly hall

SCHLÜSSELWORT

aus [aʊs] präp +dat **1** *(räumlich)* out of; *(von ... her)* from; **er ist aus Berlin** he's from Berlin; **aus dem Fenster** out of the window

2 *(gemacht/hergestellt aus)* made of;' **ein Herz aus Stein** a heart of stone

3 *(auf Ursache deutend)* out of; **aus Mitleid** out of sympathy; **aus Erfahrung** from experience; **aus Spaß** for fun

4: **aus ihr wird nie etwas** she'll never get anywhere

♦ adv **1** *(zu Ende)* finished, over; **aus und vorbei** over and done with

2 *(ausgeschaltet, ausgezogen)* out; *(Aufschrift an Geräten)* off; **Licht aus!** lights out!

3 *(in Verbindung mit von)*: **von Rom aus**

from Rome; **vom Fenster aus** out of the window; **von sich aus** (*selbständig*) of one's own accord; **von ihm aus** as far as he's concerned

ausarbeiten ['aʊsˈarbaɪtən] *vt* to work out
ausarten ['aʊsˈartən] *vi* to degenerate; (*Kind*) to become overexcited
ausatmen ['aʊsˈaːtmən] *vi* to breathe out
ausbaden ['aʊsbaːdən] (*umg*) *vt*: **etw ~ müssen** to carry the can for sth
Ausbau ['aʊsbaʊ] *m* extension, expansion; removal; **a~en** *vt* to extend, to expand; (*herausnehmen*) to take out, to remove; **a~fähig** *adj* (*fig*) worth developing
ausbessern ['aʊsbɛsərn] *vt* to mend, to repair
ausbeulen ['aʊsbɔʏlən] *vt* to beat out
Ausbeute ['aʊsbɔʏtə] *f* yield; (*Fische*) catch; **a~n** *vt* to exploit; (*MIN*) to work
ausbild- ['aʊsbɪld-] *zW*: **~en** *vt* to educate; (*Lehrling, Soldat*) to instruct, to train; (*Fähigkeiten*) to develop; (*Geschmack*) to cultivate; **A~er** (**-s, -**) *m* instructor; **A~ung** *f* education; training, instruction; development; cultivation
ausbleiben ['aʊsblaɪbən] (*unreg*) *vi* (*Personen*) to stay away, not to come; (*Ereignisse*) to fail to happen, not to happen
Ausblick ['aʊsblɪk] *m* (*auch fig*) prospect (*lit, fig*), outlook, view
ausbrechen ['aʊsbrɛçən] (*unreg*) *vi* to break out ♦ *vt* to break off; **in Tränen/Gelächter ~** to burst into tears/out laughing
ausbreiten ['aʊsbraɪtən] *vt* to spread (out); (*Arme*) to stretch out ♦ *vr* to spread; **sich über ein Thema ~** to expand *od* enlarge on a topic
ausbrennen ['aʊsbrɛnən] (*unreg*) *vt* to scorch; (*Wunde*) to cauterize ♦ *vi* to burn out
Ausbruch ['aʊsbrʊx] *m* outbreak; (*von Vulkan*) eruption; (*Gefühls~*) outburst; (*von Gefangenen*) escape
ausbrüten ['aʊsbryːtən] *vt* (*auch fig*) to hatch
Ausdauer ['aʊsdaʊər] *f* perseverance, stamina; **a~nd** *adj* persevering
ausdehnen ['aʊsdeːnən] *vt, vr* (*räumlich*) to expand; (*zeitlich, auch Gummi*) to stretch; (*Nebel, fig: Macht*) to extend
ausdenken ['aʊsdɛŋkən] (*unreg*) *vt*: **sich dat etw ~** to think sth up
Ausdruck ['aʊsdrʊk] *m* expression, phrase; (*Kundgabe, Gesichts~*) expression; (*COMPUT*) print-out, hard copy; **a~en** *vt* (*COMPUT*) to print out
ausdrücken ['aʊsdrʏkən] *vt* (*auch vr: formulieren, zeigen*) to express; (*Zigarette*) to put out; (*Zitrone*) to squeeze
ausdrücklich *adj* express, explicit

ausdrucks- *zW*: **~los** *adj* expressionless, blank; **~voll** *adj* expressive; **A~weise** *f* mode of expression
auseinander [aʊsʔaɪˈnandər] *adv* (*getrennt*) apart; **~ schreiben** to write as separate words; **~bringen** (*unreg*) *vt* to separate; **~fallen** (*unreg*) *vi* to fall apart; **~gehen** (*unreg*) *vi* (*Menschen*) to separate; (*Meinungen*) to differ; (*Gegenstand*) to fall apart; (*umg: dick werden*) to put on weight; **~halten** (*unreg*) *vt* to tell apart; **~nehmen** (*unreg*) *vt* to take to pieces, to dismantle; **~setzen** *vt* (*erklären*) to set forth, to explain ♦ *vr* (*sich verständigen*) to come to terms, to settle; (*sich befassen*) to concern o.s.; **A~setzung** *f* argument
ausfahren ['aʊsfaːrən] (*unreg*) *vt* (*spazierfahren: im Auto*) to take for a drive; (: *im Kinderwagen*) to take for a walk; (*liefern*) to deliver
Ausfahrt ['aʊsfaːrt] *f* (*des Zuges etc*) leaving, departure; (*Autobahn~*) exit; (*Garagen etc*) exit, way out; (*Spazierfahrt*) drive, excursion
Ausfall ['aʊsfal] *m* loss; (*Nichtstattfinden*) cancellation; (*MIL*) sortie; (*Fechten*) lunge; (*radioaktiv*) fall-out; **a~en** (*unreg*) *vi* (*Zähne, Haare*) to fall *od* come out; (*nicht stattfinden*) to be cancelled; (*wegbleiben*) to be omitted; (*Person*) to drop out; (*Lohn*) to be stopped; (*nicht funktionieren*) to break down; (*Resultat haben*) to turn out; **~straße** *f* arterial road
ausfertigen ['aʊsfɛrtɪgən] *vt* (*förmlich: Urkunde, Paß*) to draw up; (*Rechnung*) to make out
Ausfertigung ['aʊsfɛrtɪgʊŋ] *f* drawing up; making out; (*Exemplar*) copy
ausfindig ['aʊsfɪndɪç] *adj*: **~ machen** to discover
ausfließen ['aʊsfliːsən] (*unreg*) *vt* (*herausfließen*): **~ (aus)** to flow out (of); (*auslaufen: Öl etc*): **~ (aus)** to leak (out of)
Ausflucht ['aʊsflʊxt] (**-, -flüchte**) *f* excuse
Ausflug ['aʊsfluːk] *m* excursion, outing
Ausflügler ['aʊsflyːklər] (**-s, -**) *m* tripper
Ausfluß ['aʊsflʊs] *m* outlet; (*MED*) discharge
ausfragen ['aʊsfraːgən] *vt* to interrogate, to question
ausfressen ['aʊsfrɛsən] (*unreg*) *vt* to eat up; (*aushöhlen*) to corrode; (*umg: anstellen*) to be up to
Ausfuhr ['aʊsfuːr] (**-, -en**) *f* export, exportation ♦ *in zW* export
ausführ- ['aʊsfyːr] *zW*: **~en** *vt* (*verwirklichen*) to carry out; (*Person*) to take out; (*Hund*) to take for a walk; (*COMM*) to export; (*erklären*) to give details of; **~lich** *adj* detailed ♦ *adv* in detail; **A~lichkeit** *f* detail; **A~ung** *f* execution, performance; (*Durchführung*) completion; (*Herstellungsart*)

version; (*Erklärung*) explanation

ausfüllen ['aʊsfʏlən] *vt* to fill up; (*Fragebogen etc*) to fill in; (*Beruf*) to be fulfilling for

Ausgabe ['aʊsgaːbə] *f* (*Geld*) expenditure, outlay; (*Aushändigung*) giving out; (*Gepäck~*) left-luggage office; (*Buch*) edition; (*Nummer*) issue; (*COMPUT*) output

Ausgang ['aʊsgaŋ] *m* way out, exit; (*Ende*) end; (*Ausgangspunkt*) starting point; (*Ergebnis*) result; (*Ausgehtag*) free time, time off; **kein ~** no exit

Ausgangspunkt *m* starting point

Ausgangssperre *f* curfew

ausgeben ['aʊsgeːbən] (*unreg*) *vt* (*Geld*) to spend; (*austeilen*) to issue, to distribute ♦ *vr:* **sich für etw/jdn ~** to pass o.s. off as sth/sb

ausgebucht ['aʊsgəbuːxt] *adj* (*Vorstellung, Flug, Maschine*) fully booked

ausgedient ['aʊsgədiːnt] *adj* (*Soldat*) discharged; (*verbraucht*) no longer in use; **~ haben** to have done good service

ausgefallen ['aʊsgəfalən] *adj* (*ungewöhnlich*) exceptional

ausgeglichen ['aʊsgəglɪçən] *adj* (*well-*)balanced; **A~heit** *f* balance; (*von Mensch*) even-temperedness

ausgehen ['aʊsgeːən] (*unreg*) *vi* to go out; (*zu Ende gehen*) to come to an end; (*Benzin*) to run out; (*Haare, Zähne*) to fall *od* come out; (*Feuer, Ofen, Licht*) to go out; (*Strom*) to go off; (*Resultat haben*) to turn out; **mir ging das Benzin aus** I ran out of petrol (*BRIT*) *od* gas (*US*); **auf etw** *akk* **~** to aim at sth; **von etw ~** (*wegführen*) to lead away from sth; (*herrühren*) to come from sth; (*zugrunde legen*) to proceed from sth; **wir können davon ~, daß ...** we can take as our starting point that ...; **leer ~** to get nothing; **schlecht ~** to turn out badly

Ausgehverbot *nt* curfew

ausgelassen ['aʊsgəlasən] *adj* boisterous, high-spirited

ausgelastet ['aʊsgəlastət] *adj* fully occupied

ausgelernt ['aʊsgəlɛrnt] *adj* trained, qualified

ausgemacht ['aʊsgəmaxt] *adj* settled; (*umg: Dummkopf etc*) out-and-out, downright; **es war eine ~e Sache, daß ...** it was a foregone conclusion that ...

ausgenommen ['aʊsgənɔmən] *präp* +*gen* except ♦ *konj* except; **Anwesende sind ~** present company excepted

ausgeprägt ['aʊsgəprɛːkt] *adj* distinct

ausgerechnet ['aʊsgərɛçnət] *adv* just, precisely; **~ du/heute** you of all people/today of all days

ausgeschlossen ['aʊsgəʃlɔsən] *adj* (*unmöglich*) impossible, out of the question

ausgeschnitten ['aʊsgəʃnɪtən] *adj* (*Kleid*) low-necked

ausgesprochen ['aʊsgəʃprɔxən] *adj* (*Faulheit, Lüge etc*) out-and-out; (*unverkennbar*) marked ♦ *adv* decidedly

ausgezeichnet ['aʊsgətsaɪçnət] *adj* excellent

ausgiebig ['aʊsgiːbɪç] *adj* (*Gebrauch*) thorough, good; (*Essen*) generous, lavish; **~ schlafen** to have a good sleep

Ausgleich ['aʊsglaɪç] (**-(e)s, -e**) *m* balance; (*Vermittlung*) reconciliation; (*SPORT*) equalization; **zum ~ einer Sache** *gen* in order to offset sth; **a~en** (*unreg*) *vt* to balance (out); to reconcile; (*Höhe*) to even up ♦ *vi* (*SPORT*) to equalize

ausgraben ['aʊsgraːbən] (*unreg*) *vt* to dig up; (*Leichen*) to exhume; (*fig*) to unearth

Ausgrabung *f* excavation; (*Ausgraben auch*) digging up

Ausguß ['aʊsgʊs] *m* (*Spüle*) sink; (*Abfluß*) outlet; (*Tülle*) spout

aushalten ['aʊshaltən] (*unreg*) *vt* to bear, to stand; (*Geliebte*) to keep ♦ *vi* to hold out; **das ist nicht zum A~** that is unbearable

aushandeln ['aʊshandəln] *vt* to negotiate

aushändigen ['aʊshɛndɪgən] *vt:* **jdm etw ~** to hand sth over to sb

Aushang ['aʊshaŋ] *m* notice

aushängen ['aʊshɛŋən] (*unreg*) *vt* (*Meldung*) to put up; (*Fenster*) to take off its hinges ♦ *vi* to be displayed ♦ *vr* to hang out

ausharren ['aʊsharən] *vi* to hold out

ausheben ['aʊsheːbən] (*unreg*) *vt* (*Erde*) to lift out; (*Grube*) to hollow out; (*Tür*) to take off its hinges; (*Diebesnest*) to clear out; (*MIL*) to enlist

aushecken ['aʊshɛkən] (*umg*) *vt* to cook up

aushelfen ['aʊshɛlfən] (*unreg*) *vi:* **jdm ~** to help sb out

Aushilfe ['aʊshɪlfə] *f* help, assistance; (*Person*) (temporary) worker

Aushilfskraft *f* temporary worker

aushilfsweise *adv* temporarily, as a stopgap

ausholen ['aʊshoːlən] *vi* to swing one's arm back; (*zur Ohrfeige*) to raise one's hand; (*beim Gehen*) to take long strides; **weit ~** (*fig*) to be expansive

aushorchen ['aʊshɔrçən] *vt* to sound out, to pump

aushungern ['aʊshʊŋərn] *vt* to starve out

auskennen ['aʊskɛnən] (*unreg*) *vr* to know a lot; (*an einem Ort*) to know one's way about; (*in Fragen etc*) to be knowledgeable

Ausklang ['aʊsklaŋ] *m* end

auskleiden ['aʊsklaɪdən] *vr* to undress ♦ *vt* (*Wand*) to line

ausklingen ['aʊsklɪŋən] (*unreg*) *vi* (*Ton, Lied*) to die away; (*Fest*) to peter out

ausklopfen ['aʊsklɔpfən] *vt* (*Teppich*) to

beat; (*Pfeife*) to knock out

auskochen ['aʊskɔxən] *vt* to boil; (*MED*) to sterilize; **ausgekocht** (*fig*) out-and-out

Auskommen ['aʊskɔmən] (-s) *nt*: **sein ~ haben** to have a regular income; **a~** (*unreg*) *vi*: **mit jdm a~** to get on with sb; **mit etw a~** to get by with sth

auskosten ['aʊskɔstən] *vt* to enjoy to the full

auskundschaften ['aʊskʊntʃaftən] *vt* to spy out; (*Gebiet*) to reconnoitre

Auskunft ['aʊskʊnft] (-, -**künfte**) *f* information; (*nähere*) details *pl*, particulars *pl*; (*Stelle*) information office; (*TEL*) directory inquiries *sg*

auslachen ['aʊslaxən] *vt* to laugh at, to mock

ausladen ['aʊslaːdən] (*unreg*) *vt* to unload; (*umg: Gäste*) to cancel an invitation to

Auslage ['aʊslaːgə] *f* shop window (display); **~n** *pl* (*Ausgabe*) outlay *sg*

Ausland ['aʊslant] *nt* foreign countries *pl*; **im ~** abroad; **ins ~** abroad

Ausländer(in) ['aʊslɛndər(ɪn)] (-s, -) *m(f)* foreigner

ausländisch *adj* foreign

Auslandsgespräch *nt* international call

Auslandsreise *f* trip abroad

auslassen ['aʊslasən] (*unreg*) *vt* to leave out; (*Wort etc auch*) to omit; (*Fett*) to melt; (*Kleidungsstück*) to let out ♦ *vr*: **sich über etw** *akk* **~** to speak one's mind about sth; **seine Wut** *etc* **an jdm ~** to vent one's rage *etc* on sb

Auslassung *f* omission

Auslauf ['aʊslaʊf] *m* (*für Tiere*) run; (*Ausfluß*) outflow, outlet; **a~en** (*unreg*) *vi* to run out; (*Behälter*) to leak; (*NAUT*) to put out (to sea); (*langsam aufhören*) to run down

Ausläufer ['aʊslɔyfər] *m* (*von Gebirge*) spur; (*Pflanze*) runner; (*MET: von Hoch*) ridge; (: *von Tief*) trough

ausleeren ['aʊsleːrən] *vt* to empty

auslegen ['aʊsleːgən] *vt* (*Waren*) to lay out; (*Köder*) to put down; (*Geld*) to lend; (*bedecken*) to cover; (*Text etc*) to interpret

Auslegung *f* interpretation

ausleiern ['aʊslaɪərn] *vi* (*Gummi*) to wear out

Ausleihe ['aʊslaɪə] *f* issuing; (*Stelle*) issue desk; **a~n** (*unreg*) *vt* (*verleihen*) to lend; **sich** *dat* **etw a~n** to borrow sth

Auslese ['aʊsleːzə] *f* selection; (*Elite*) elite; (*Wein*) choice wine; **a~n** (*unreg*) *vt* to select; (*umg: zu Ende lesen*) to finish

ausliefern ['aʊsliːfərn] *vt* to deliver (up), to hand over; (*COMM*) to deliver; **jdm/etw ausgeliefert sein** to be at the mercy of sb/sth

auslöschen ['aʊslœʃən] *vt* to extinguish; (*fig*) to wipe out, to obliterate

auslosen ['aʊsloːzən] *vt* to draw lots for

auslösen ['aʊsløːzən] *vt* (*Explosion, Schuß*) to set off; (*hervorrufen*) to cause, to produce; (*Gefangene*) to ransom; (*Pfand*) to redeem

Auslöser (-s, -) *m* (*PHOT*) release

ausmachen ['aʊsmaxən] *vt* (*Licht, Radio*) to turn off; (*Feuer*) to put out; (*entdecken*) to make out; (*vereinbaren*) to agree; (*beilegen*) to settle; (*Anteil darstellen, betragen*) to represent; (*bedeuten*) to matter; **macht es Ihnen etwas aus, wenn ...?** would you mind if ...?

ausmalen ['aʊsmaːlən] *vt* to paint; (*fig*) to describe; **sich** *dat* **etw ~** to imagine sth

Ausmaß ['aʊsmaːs] *nt* dimension; (*fig auch*) scale

ausmessen ['aʊsmɛsən] (*unreg*) *vt* to measure

Ausnahme ['aʊsnaːmə] *f* exception; **~fall** *m* exceptional case; **~zustand** *m* state of emergency

ausnahmslos *adv* without exception

ausnahmsweise *adv* by way of exception, for once

ausnehmen ['aʊsneːmən] (*unreg*) *vt* to take out, to remove; (*Tier*) to gut; (*Nest*) to rob; (*umg: Geld abnehmen*) to clean out; (*ausschließen*) to make an exception of ♦ *vr* to look, to appear; **~d** *adj* exceptional

ausnützen ['aʊsnytsən] *vt* (*Zeit, Gelegenheit*) to use, to turn to good account; (*Einfluß*) to use; (*Mensch, Gutmütigkeit*) to exploit

auspacken ['aʊspakən] *vt* to unpack

auspfeifen ['aʊspfaɪfən] (*unreg*) *vt* to hiss/boo at

ausplaudern ['aʊsplaʊdərn] *vt* (*Geheimnis*) to blab

ausprobieren ['aʊsprobiːrən] *vt* to try (out)

Auspuff ['aʊspʊf] (-(e)s, -e) *m* (*TECH*) exhaust; **~rohr** *nt* exhaust (pipe); **~topf** *m* (*AUT*) silencer

ausradieren ['aʊsradiːrən] *vt* to erase, to rub out; (*fig*) to annihilate

ausrangieren ['aʊsrãʒiːrən] (*umg*) *vt* to chuck out

ausrauben ['aʊsraʊbən] *vt* to rob

ausräumen ['aʊsrɔymən] *vt* (*Dinge*) to clear away; (*Schrank, Zimmer*) to empty; (*Bedenken*) to dispel

ausrechnen ['aʊsrɛçnən] *vt* to calculate, to reckon

Ausrede ['aʊsreːdə] *f* excuse; **a~n** *vi* to have one's say ♦ *vt*: **jdm etw a~n** to talk sb out of sth

ausreichen ['aʊsraɪçən] *vi* to suffice, to be enough; **~d** *adj* sufficient, adequate; (*SCH*) adequate

Ausreise ['aʊsraɪzə] *f* departure; **bei der ~** when leaving the country; **~erlaubnis** *f* exit visa; **a~n** *vi* to leave the country

ausreißen ['ausraısən] (*unreg*) *vt* to tear *od* pull out ♦ *vi* (*Riß bekommen*) to tear; (*umg*) to make off, to scram

ausrenken ['ausrɛŋkən] *vt* to dislocate

ausrichten ['ausrıçtən] *vt* (*Botschaft*) to deliver; (*Gruß*) to pass on; (*Hochzeit etc*) to arrange; (*in gerade Linie bringen*) to get in a straight line; (*angleichen*) to bring into line; (*TYP*) to justify; **ich werde es ihm ~** I'll tell him; **etwas/nichts bei jdm ~** to get somewhere/nowhere with sb

ausrotten ['ausrɔtən] *vt* to stamp out, to exterminate

ausrücken ['ausrʏkən] *vi* (*MIL*) to move off; (*Feuerwehr, Polizei*) to be called out; (*umg: weglaufen*) to run away

Ausruf ['ausru:f] *m* (*Schrei*) cry, exclamation; (*Bekanntmachung*) proclamation; **a~en** (*unreg*) *vt* to cry out, to exclaim; to call out; **~ezeichen** *nt* exclamation mark

ausruhen ['ausru:ən] *vt*, *vr* to rest

ausrüsten ['ausrʏstən] *vt* to equip, to fit out

Ausrüstung *f* equipment

ausrutschen ['ausrutʃən] *vi* to slip

Aussage ['ausza:gə] *f* (*JUR*) statement; **a~n** *vt* to say, to state ♦ *vi* (*JUR*) to give evidence

ausschalten ['ausʃaltən] *vt* to switch off; (*fig*) to eliminate

Ausschank ['ausʃaŋk] (*-(e)s, -schänke*) *m* dispensing, giving out; (*COMM*) selling; (*Theke*) bar

Ausschau ['ausʃau] *f*: **~ halten (nach)** to look out (for), to watch (for); **a~en** *vi*: **a~en (nach)** to look out (for), to be on the look-out (for)

ausscheiden ['ausʃaidən] (*unreg*) *vt* to take out; (*MED*) to secrete ♦ *vi*: **~ (aus)** to leave; (*SPORT*) to be eliminated (from) *od* knocked out (of)

Ausscheidung *f* separation; secretion; elimination; (*aus Amt*) retirement

ausschenken ['ausʃɛŋkən] *vt* (*Alkohol, Kaffee*) to pour out; (*COMM*) to sell

ausschildern ['ausʃıldərn] *vt* to signpost

ausschimpfen ['ausʃımpfən] *vt* to scold, to tell off

ausschlafen ['ausʃla:fən] (*unreg*) *vi*, *vr* to have a good sleep ♦ *vt* to sleep off; **ich bin nicht ausgeschlafen** I didn't have *od* get enough sleep

Ausschlag ['ausʃla:k] *m* (*MED*) rash; (*Pendel~*) swing; (*Nadel~*) deflection; **den ~ geben** (*fig*) to tip the balance; **a~en** [-gən] (*unreg*) *vt* to knock out; (*auskleiden*) to deck out; (*verweigern*) to decline ♦ *vi* (*Pferd*) to kick out; (*BOT*) to sprout; **a~gebend** *adj* decisive

ausschließen ['ausʃli:sən] (*unreg*) *vt* to shut *od* lock out; (*fig*) to exclude

ausschließlich *adj* exclusive ♦ *adv* exclusively ♦ *präp* +*gen* exclusive of, excluding

Ausschluß ['ausʃlus] *m* exclusion

ausschmücken ['ausʃmʏkən] *vt* to decorate; (*fig*) to embellish

ausschneiden ['ausʃnaidən] (*unreg*) *vt* to cut out; (*Büsche*) to trim

Ausschnitt ['ausʃnıt] *m* (*Teil*) section; (*von Kleid*) neckline; (*Zeitungs~*) cutting; (*aus Film etc*) excerpt

ausschreiben ['ausʃraibən] (*unreg*) *vt* (*ganz schreiben*) to write out (in full); (*ausstellen*) to write (out); (*Stelle, Wettbewerb etc*) to announce, to advertise

Ausschreitung ['ausʃraitʊŋ] *f* (*usu pl*) riot

Ausschuß ['ausʃus] *m* committee, board; (*Abfall*) waste, scraps *pl*; (*COMM: auch*: *~ware f*) reject

ausschütten ['ausʃʏtən] *vt* to pour out; (*Eimer*) to empty; (*Geld*) to pay ♦ *vr* to shake (with laughter)

ausschweifend ['ausʃvaifənt] *adj* (*Leben*) dissipated, debauched; (*Phantasie*) extravagant

aussehen ['ausze:ən] (*unreg*) *vi* to look; **A~ (-s)** *nt* appearance; **es sieht nach Regen aus** it looks like rain; **es sieht schlecht aus** things look bad

aussein ['aussain] (*unreg*; *umg*) *vi* (*zu Ende sein*) to be over; (*nicht zu Hause sein*) to be out; (*nicht brennen*) to be out; (*abgeschaltet sein: Radio, Herd*) to be off

außen ['ausən] *adv* outside; (*nach ~*) outwards; **~ ist es rot** it's red (on the) outside

Außen- *zW*: **~bordmotor** *m* outboard motor; **~dienst** *m*: **im ~dienst sein** to work outside the office; **~handel** *m* foreign trade; **~minister** *m* foreign minister; **~ministerium** *nt* foreign office; **~politik** *f* foreign policy; **a~politisch** *adj* (*Entwicklung, Lage*) foreign; **~seite** *f* outside; **~seiter (-s, -)** *m* outsider; **~stehende(r)** *f(m)* outsider; **~welt** *f* outside world

außer ['ausər] *präp* +*dat* (*räumlich*) out of; (*abgesehen von*) except ♦ *konj* (*ausgenommen*) except; **~ Gefahr** out of danger; **~ Zweifel** beyond any doubt; **~ Betrieb** out of order; **~ Dienst** retired; **~ Landes** abroad; **~ sich** *dat* **sein** to be beside o.s.; **~ sich** *akk* **geraten** to go wild; **~ wenn** unless; **~ daß** except; **~dem** *konj* besides, in addition

äußere(r, s) ['ɔysərə(r, s)] *adj* outer, external

außergewöhnlich *adj* unusual

außerhalb *präp* +*gen* outside ♦ *adv* outside

äußerlich *adj* external

äußern *vt* to utter, to express; (*zeigen*) to show ♦ *vr* to give one's opinion; (*Krankheit etc*) to show itself

außerordentlich *adj* extraordinary

außerplanmäßig *adj* unscheduled
äußerst ['ɔʏsɚst] *adv* extremely, most;
~**e(r, s)** *adj* utmost; (*räumlich*) farthest;
(*Termin*) last possible; (*Preis*) highest
Äußerung *f* remark, comment
aussetzen ['ausɛtsən] *vt* (*Kind, Tier*) to
abandon; (*Boote*) to lower; (*Belohnung*) to
offer; (*Urteil, Verfahren*) to postpone ♦ *vi*
(*aufhören*) to stop; (*Pause machen*) to have
a break; **jdm/etw ausgesetzt sein** to be
exposed to sb/sth; **an jdm/etw etwas ~** to
find fault with sb/sth
Aussicht ['auszɪçt] *f* view; (*in Zukunft*) prospect; **etw in ~ haben** to have sth in view
Aussichts- *zW:* **a~los** *adj* hopeless;
~**punkt** *m* viewpoint; **a~reich** *adj* promising; ~**turm** *m* observation tower
aussöhnen ['auszø:nən] *vt* to reconcile ♦
vr to reconcile o.s., to become reconciled
aussondern ['auszɔndɚn] *vt* to separate,
to select
aussortieren ['auszɔrtiːrən] *vt* to sort out
ausspannen ['ausʃpanən] *vt* to spread *od*
stretch out; (*Pferd*) to unharness; (*umg:*
Mädchen) (jdm) **jdn ~** to steal sb (from
sb) ♦ *vi* to relax
aussperren ['ausʃpɛrən] *vt* to lock out
ausspielen ['ausʃpiːlən] *vt* (*Karte*) to lead;
(*Geldprämie*) to offer as a prize ♦ *vi* (*KAR-
TEN*) to lead; **jdn gegen jdn ~** to play sb
off against sb; **ausgespielt haben** to be
finished
Aussprache ['ausʃpraːxə] *f* pronunciation;
(*Unterredung*) (frank) discussion
aussprechen ['ausʃprɛçən] (*unreg*) *vt* to
pronounce; (*äußern*) to say, to express ♦ *vr*
(*sich äußern*): **sich ~ (über** +*akk*) to speak
(about); (*sich anvertrauen*) to unburden o.s.
(about *od* on); (*diskutieren*) to discuss ♦ *vi*
(*zu Ende sprechen*) to finish speaking
Ausspruch ['ausʃprux] *m* saying, remark
ausspülen ['ausʃpyːlən] *vt* to wash out;
(*Mund*) to rinse
Ausstand ['ausʃtant] *m* strike; **in den ~
treten** to go on strike
ausstatten ['ausʃtatən] *vt* (*Zimmer etc*) to
furnish; (*Person*) to equip, to kit out
Ausstattung *f* (*Ausstatten*) provision;
(*Kleidung*) outfit; (*Aussteuer*) dowry; (*Aufmachung*) make-up; (*Einrichtung*) furnishing
ausstechen ['ausʃtɛçən] (*unreg*) *vt* (*Augen,
Rasen, Graben*) to dig out; (*Kekse*) to cut
out; (*übertreffen*) to outshine
ausstehen ['ausʃteːən] (*unreg*) *vt* to stand,
to endure ♦ *vi* (*noch nicht dasein*) to be
outstanding
aussteigen ['ausʃtaɪgən] (*unreg*) *vi* to get
out, to alight
ausstellen ['ausʃtɛlən] *vt* to exhibit, to display; (*umg: ausschalten*) to switch off;
(*Rechnung etc*) to make out; (*Paß, Zeugnis*)
to issue

Ausstellung *f* exhibition; (*FIN*) drawing
up; (*einer Rechnung*) making out; (*eines
Passes etc*) issuing
aussterben ['ausʃtɛrbən] (*unreg*) *vi* to die
out
Aussteuer ['ausʃtɔʏɚ] *f* dowry
Ausstieg ['ausʃtiːk] (-(e)s, -e) *m* exit
ausstopfen ['ausʃtɔpfən] *vt* to stuff
ausstoßen ['ausʃtoːsən] (*unreg*) *vt* (*Luft,
Rauch*) to give off, to emit; (*aus Verein etc*)
to expel, to exclude; (*Auge*) to poke out
ausstrahlen ['ausʃtraːlən] *vt, vi* to radiate;
(*RADIO*) to broadcast
Ausstrahlung *f* radiation; (*fig*) charisma
ausstrecken ['ausʃtrɛkən] *vt, vr* to stretch
out
ausstreichen ['ausʃtraɪçən] (*unreg*) *vt* to
cross out; (*glätten*) to smooth (out)
ausströmen ['ausʃtrøːmən] *vi* (*Gas*) to
pour out, to escape ♦ *vi* to give off; (*fig*) to
radiate
aussuchen ['auszuːxən] *vt* to select, to pick
out
Austausch ['austauʃ] *m* exchange; **a~bar**
adj exchangeable; **a~en** *vt* to exchange, to
swap; ~**motor** *m* reconditioned engine
austeilen ['austaɪlən] *vt* to distribute, to
give out
Auster ['austɚ] (-, -n) *f* oyster
austoben ['austoːbən] *vr* (*Kind*) to run
wild; (*Erwachsene*) to sow one's wild oats
austragen ['austraːgən] (*unreg*) *vt* (*Post*) to
deliver; (*Streit etc*) to decide; (*Wettkämpfe*)
to hold
Australien [aus'traːliən] (-s) *nt* Australia
Australier(in) (-s, -) *m(f)* Australian
australisch *adj* Australian
austreiben ['austraɪbən] (*unreg*) *vt* to drive
out, to expel; (*Geister*) to exorcize
austreten ['austreːtən] (*unreg*) *vi* (*zur Toilette*) to be excused ♦ *vt* (*Feuer*) to tread
out, to trample; (*Schuhe*) to wear out;
(*Treppe*) to wear down; **aus etw ~** to
leave sth
austrinken ['austrɪŋkən] (*unreg*) *vt* (*Glas*)
to drain; (*Getränk*) to drink up ♦ *vi* to
finish one's drink, to drink up
Austritt ['austrɪt] *m* emission; (*aus Verein,
Partei etc*) retirement, withdrawal
austrocknen ['austrɔknən] *vt, vi* to dry up
ausüben ['aus'yːbən] *vt* (*Beruf*) to practise,
to carry out; (*Funktion*) to perform;
(*Einfluß*) to exert; **einen Reiz auf jdn ~** to
hold an attraction for sb; **eine Wirkung auf
jdn ~** to have an effect on sb
Ausverkauf ['ausfɛrkauf] *m* sale; **a~en** *vt*
to sell out; (*Geschäft*) to sell up; **a~t** *adj*
(*Karten, Artikel*) sold out; (*THEAT: Haus*) full
Auswahl ['ausvaːl] *f:* **eine ~ (an** +*dat*) a
selection (of), a choice (of)
auswählen ['ausvɛːlən] *vt* to select, to
choose

Auswander- ['ausvandər] *zW*: **~er** *m* emigrant; **a~n** *vi* to emigrate; **~ung** *f* emigration

auswärtig ['ausvɛrtiç] *adj (nicht am/vom Ort)* out-of-town; *(ausländisch)* foreign

auswärts ['ausvɛrts] *adv* outside; *(nach außen)* outwards; **~ essen** to eat out; **A~spiel** ['ausvɛrtsʃpi:l] *nt* away game

auswechseln ['ausvɛksəln] *vt* to change, to substitute

Ausweg ['ausve:k] *m* way out; **a~los** *adj* hopeless

ausweichen ['ausvaiçən] *(unreg) vi*: **jdm/ etw ~** to move aside *od* make way for sb /sth; *(fig)* to side-step sb/sth; **~d** *adj* evasive

ausweinen ['ausvainən] *vr* to have a (good) cry

Ausweis ['ausvais] **(-es, -e)** *m* identity card; passport; *(Mitglieds~, Bibliotheks~ etc)* card; **a~en** [-zən] *(unreg) vt* to expel, to banish ♦ *vr* to prove one's identity; **~papiere** *pl* identity papers; **~ung** *f* expulsion

ausweiten ['ausvaitən] *vt* to stretch

auswendig ['ausvɛndiç] *adv* by heart; **~ lernen** to learn by heart

auswerten ['ausvɛrtən] *vt* to evaluate

Auswertung *f* evaluation, analysis; *(Nutzung)* utilization

auswirken ['ausvirkən] *vr* to have an effect

Auswirkung *f* effect

auswischen ['ausviʃən] *vt* to wipe out; **jdm eins ~** *(umg)* to put one over on sb

Auswuchs ['ausvu:ks] *m* (out)growth; *(fig)* product

auswuchten ['ausvuxtən] *vt (AUT)* to balance

auszahlen ['austsa:lən] *vt (Lohn, Summe)* to pay out; *(Arbeiter)* to pay off; *(Miterbe)* to buy out ♦ *vr (sich lohnen)* to pay

auszählen ['austsɛ:lən] *vt (Stimmen)* to count; *(BOXEN)* to count out

auszeichnen ['austsaiçnən] *vt* to honour; *(MIL)* to decorate; *(COMM)* to price ♦ *vr* to distinguish o.s.

Auszeichnung *f* distinction; *(COMM)* pricing; *(Ehrung)* awarding of decoration; *(Ehre)* honour; *(Orden)* decoration; **mit ~** with distinction

ausziehen ['austsi:ən] *(unreg) vt (Kleidung)* to take off; *(Haare, Zähne, Tisch etc)* to pull out; *(nachmalen)* to trace ♦ *vr* to undress ♦ *vi (aufbrechen)* to leave; *(aus Wohnung)* to move out

Auszug ['austsu:k] *m (aus Wohnung)* removal; *(aus Buch etc)* extract; *(Konto~)* statement; *(Ausmarsch)* departure

Auto ['auto] **(-s, -s)** *nt* (motor-)car; **~ fahren** to drive; **~atlas** *m* road atlas; **~bahn** *f* motorway; **~bahndreieck** *nt* motorway junction; **~bahnkreuz** *nt* motorway inter-

section; **~bus** *m* bus; **~fahrer(in)** *m(f)* motorist, driver; **~fahrt** *f* drive; **a~gen** [-'ge:n] *adj* autogenous; **~'gramm** *nt* autograph; **~'mat (-en, -en)** *m* machine; **~matik** [auto'ma:tik] *f (AUT)* automatic; **a~'matisch** *adj* automatic; **a~nom** [-'no:m] *adj* autonomous

Autor(in) ['autɔr, au'to:rin, *pl* -'to:rən] **(-s, -en)** *m(f)* author

Auto- ~radio *nt* car radio; **~reifen** *m* car tyre; **~reisezug** *m* motorail train; **~rennen** *nt* motor racing

autoritär [autori'tɛ:r] *adj* authoritarian

Autorität *f* authority

Auto- *zW*: **~stopp** *m*: **per ~stopp fahren** to hitch-hike; **~telefon** *nt* car phone; **~unfall** *m* car *od* motor accident; **~verleih** *m* car hire *(BRIT) od* rental *(US)*; **~wäsche** *f* car wash

Axt [akst] **(-, ⁿe)** *f* axe

B b

Baby ['be:bi] **(-s, -s)** *nt* baby; **~nahrung** *f* baby food; **~sitter** ['be:bizitər] **(-s, -)** *m* baby-sitter

Bach [bax] **(-(e)s, ⁿe)** *m* stream, brook

Backbord ['bakbɔrt] *nt (NAUT)* port

Backe ['bakə] *f* cheek

backen *(unreg) vt, vi* to bake

Backenzahn *m* molar

Bäcker ['bɛkər] **(-s, -)** *m* baker; **~ei** *f* bakery; *(~laden)* baker's (shop)

Backform *f* baking tin

Back- *zW*: **~obst** *nt* dried fruit; **~ofen** *m* oven; **~pflaume** *f* prune; **~pulver** *nt* baking powder; **~stein** *m* brick

Bad [ba:t] **(-(e)s, ⁿer)** *nt* bath; *(Schwimmen)* bathe; *(Ort)* spa

Bade- ['ba:də] *zW*: **~anstalt** *f* (swimming) baths *pl*; **~anzug** *m* bathing suit; **~hose** *f* bathing *od* swimming trunks *pl*; **~mantel** *m* bath(ing) robe; **~meister** *m* baths attendant; **~mütze** *f* bathing cap; **b~n** *vi* to bathe, to have a bath ♦ *vt* to bath; **~ort** *m* spa; **~tuch** *nt* bath towel; **~wanne** *f* bath (tub); **~zimmer** *nt* bathroom

Bagatelle [baga'tɛlə] *f* trifle

Bagger ['bagər] **(-s, -)** *m* excavator; *(NAUT)* dredger; **b~n** *vt, vi* to excavate; to dredge

Bahn [ba:n] **(-, -en)** *f* railway, railroad *(US)*; *(Weg)* road, way; *(Spur)* lane; *(Renn~)* track; *(ASTRON)* orbit; *(Stoff~)* length;

b~brechend *adj* pioneering; **~damm** *m* railway embankment; **b~en** *vt*: sich/jdm einen Weg b~en to clear a way/a way for sb; **~fahrt** *f* railway journey; **~hof** *m* station; **auf dem ~hof** at the station; **~hofshalle** *f* station concourse; **~hofsvorsteher** *m* station-master; **~linie** *f* (railway) line; **~steig** *m* platform; **~übergang** *m* level crossing, grade crossing (*US*); **~wärter** *m* signalman

Bahre ['baːrə] *f* stretcher

Bakterien [bak'teːriən] *pl* bacteria *pl*

Balance [ba'lãːsə] *f* balance, equilibrium

balan'cieren *vt*, *vi* to balance

bald [balt] *adv* (*zeitlich*) soon; (*beinahe*) almost; **~ig** ['baldɪç] *adj* early, speedy

Baldrian ['baldriaːn] (**-s, -e**) *m* valerian

Balkan ['balkaːn] (**-s**) *m*: **der ~** the Balkans *pl*

Balken ['balkən] (**-s, -**) *m* beam; (*Trag~*) girder; (*Stütz~*) prop

Balkon [bal'kõː] (**-s, -s** *od* **-e**) *m* balcony; (*THEAT*) (dress) circle

Ball [bal] (**-(e)s, ⁼e**) *m* ball; (*Tanz*) dance, ball

Ballast ['balast] (**-(e)s, -e**) *m* ballast; (*fig*) weight, burden

Ballen ['balən] (**-s, -**) *m* bale; (*ANAT*) ball; **b~** *vt* (*formen*) to make into a ball; (*Faust*) to clench ♦ *vr* (*Wolken etc*) to build up; (*Menschen*) to gather

Ballett [ba'lɛt] (**-(e)s, -e**) *nt* ballet

Ballkleid *nt* evening dress

Ballon [ba'lõː] (**-s, -s** *od* **-e**) *m* balloon

Ballspiel *nt* ball game

Ballungsgebiet ['baluŋsgəbiːt] *nt* conurbation

Baltikum ['baltikum] (**-s**) *nt* (*GEO*): **das ~** the Baltic States

Bambus ['bambus] (**-ses, -se**) *m* bamboo; **~rohr** *nt* bamboo cane

Banane [ba'naːnə] *f* banana

Band¹ [bant] (**-(e)s, ⁼e**) *m* (*Buch~*) volume

Band² (**-(e)s, ⁼er**) *nt* (*Stoff~*) ribbon, tape; (*Fließ~*) production line; (*Faß~*) hoop; (*Ton~*) tape; (*ANAT*) ligament; **etw auf ~ aufnehmen** to tape sth; **am laufenden ~** (*umg*) non-stop

Band³ (**-(e)s, -e**) *nt* (*Freundschafts~ etc*) bond

Band⁴ [bɛnt] (**-, -s**) *f* band, group

band *etc vb siehe* **binden**

Bandage [ban'daːʒə] *f* bandage

banda'gieren *vt* to bandage

Bande ['bandə] *f* band; (*Straßen~*) gang

bändigen ['bɛndɪgən] *vt* (*Tier*) to tame; (*Trieb, Leidenschaft*) to control, to restrain

Bandit [ban'diːt] (**-en, -en**) *m* bandit

Band- *zW*: **~nudel** *f* (*KOCH*: *gew pl*) ribbon noodles (*pl*); **~scheibe** *f* (*ANAT*) disc; **~wurm** *m* tapeworm

bange ['baŋə] *adj* scared; (*besorgt*) anxious;

jdm wird es ~ sb is becoming scared; **jdm ~ machen** to scare sb; **~n** *vi*: **um jdn/etw ~n** to be anxious *od* worried about sb/sth

Banjo ['banjo, 'bɛndʒo] (**-s, -s**) *nt* banjo

Bank¹ [baŋk] (**-, ⁼e**) *f* (*Sitz~*) bench; (*Sand~ etc*) (sand)bank, (sand)bar

Bank² (**-, -en**) *f* (*Geld~*) bank

Bankanweisung *f* banker's order

Bankett [baŋ'kɛt] (**-(e)s, -e**) *nt* (*Essen*) banquet; (*Straßenrand*) verge (*BRIT*), shoulder (*US*); **~e** *f* verge (*BRIT*), shoulder (*US*)

Bankier [baŋki'eː] (**-s, -s**) *m* banker

Bank- *zW*: **~konto** *nt* bank account; **~leitzahl** *f* bank sort code number; **~note** *f* banknote; **~raub** *m* bank robbery

Bankrott [baŋ'krɔt] (**-(e)s, -e**) *m* bankruptcy; **~ machen** to go bankrupt; **b~** *adj* bankrupt

Banner (**-s, -**) *nt* banner, flag

Bar (**-, -s**) *f* bar

bar [baːr] *adj* (*+gen*) (*unbedeckt*) bare; (*frei von*) lacking (in); (*offenkundig*) utter, sheer; **~e(s) Geld** cash; **etw (in) ~ bezahlen** to pay sth (in) cash; **etw für ~e Münze nehmen** (*fig*) to take sth at its face value

Bär [bɛːr] (**-en, -en**) *m* bear

Baracke [ba'rakə] *f* hut

barbarisch [bar'baːrɪʃ] *adj* barbaric, barbarous

Bar- *zW*: **b~fuß** *adj* barefoot; **~geld** *nt* cash, ready money; **b~geldlos** *adj* non-cash

Barhocker *m* bar stool

Barkauf *m* cash purchase

Barkeeper ['baːrkiːpər] (**-s, -**) *m* barman, bartender

barmherzig [barm'hɛrtsɪç] *adj* merciful, compassionate

Barometer [baro'meːtər] (**-s, -**) *nt* barometer

Baron [ba'roːn] (**-s, -e**) *m* baron; **~in** *f* baroness

Barren ['barən] (**-s, -**) *m* parallel bars *pl*; (*Gold~*) ingot

Barriere [bari'ɛːrə] *f* barrier

Barrikade [bari'kaːdə] *f* barricade

Barsch [barʃ] (**-(e)s, -e**) *m* perch

barsch *adj* brusque, gruff

Barschaft *f* ready money

Barscheck *m* open *od* uncrossed cheque (*BRIT*), open check (*US*)

Bart [baːrt] (**-(e)s, ⁼e**) *m* beard; (*Schlüssel~*) bit

bärtig ['bɛːrtɪç] *adj* bearded

Barzahlung *f* cash payment

Base ['baːzə] *f* (*CHEM*) base; (*Kusine*) cousin

Basel ['ba:zəl] nt Basle

Basen pl von **Base; Basis**

BASIC ['be:sik] nt (COMPUT) BASIC

basieren [ba'zi:rən] vt to base ♦ vi to be based

Basis ['ba:zıs] (-, **Basen**) f basis

Baß [bas] (**Basses, Bässe**) m bass

Bassin [ba'sɛ̃:] (-s, -s) nt pool

Baßstimme f bass voice

Bast [bast] (-(e)s, -e) m raffia

basteln vt to make ♦ vi to do handicrafts

bat etc [ba:t] vb siehe **bitten**

Bataillon [batal'jo:n] (-s, -e) nt battalion

Batik ['ba:tik] f (Verfahren) batik

Batist [ba'tıst] (-(e)s, -e) m batiste

Batterie [batə'ri:] f battery

Bau [bau] (-(e)s) m (Bauen) building, construction; (Aufbau) structure; (Körper~) frame; (~stelle) building site; (pl Baue: Tier~) hole, burrow; (: MIN) working(s); (pl Bauten: Gebäude) building; **sich im ~ befinden** to be under construction; **~arbeiter** m building worker

Bauch [baux] (-(e)s, **Bäuche**) m belly; (ANAT auch) stomach, abdomen; **~fell** nt peritoneum; **b~ig** adj bulbous; **~nabel** m navel; **~redner** m ventriloquist; **~schmerzen** pl stomach-ache; **~tanz** m belly dance; belly dancing; **~weh** nt stomach-ache

bauen ['bauən] vt, vi to build; (TECH) to construct; **auf jdn/etw ~** to depend od count upon sb/sth

Bauer[1] ['bauər] (-n od -s, -n) m farmer; (Schach) pawn

Bauer[2] (-s, -) nt od m (bird-)cage

Bäuerin ['bɔyərın] f farmer; (Frau des Bauers) farmer's wife

bäuerlich adj rustic

Bauern- zW: **~haus** nt farmhouse; **~hof** m farm(yard)

Bau- zW: **b~fällig** adj dilapidated; **~gelände** f building site; **~genehmigung** f building permit; **~herr** m purchaser; **~kasten** m box of bricks; **~land** nt building land; **b~lich** adj structural

Baum [baum] (-(e)s, **Bäume**) m tree

baumeln ['bauməln] vi to dangle

bäumen ['bɔymən] vr to rear (up)

Baum- zW: **~schule** f nursery; **~stamm** m tree trunk; **~stumpf** m tree stump; **~wolle** f cotton

Bau- zW: **~plan** m architect's plan; **~platz** m building site

bausparen vi to save with a building society

Bausparkasse f building society

Bausparvertrag m building society savings agreement

Bau zW: **~stein** m building stone, freestone; **~stelle** f building site; **~teil** nt prefabricated part (of building); **~ten** pl von

Bau; **~weise** f (method of) construction; **~werk** nt building; **~zaun** m hoarding

Bayer(in) ['baɪər(ın)] m(f) Bavarian

Bayern ['baɪərn] nt Bavaria

bayrisch ['baɪrıʃ] adj Bavarian

Bazillus [ba'tsılus] (-, **Bazillen**) m bacillus

beabsichtigen [bə'apzıçtıgən] vt to intend

beachten [bə'axtən] vt to take note of; (Vorschrift) to obey; (Vorfahrt) to observe

beachtlich adj considerable

Beachtung f notice, attention, observation

Beamte(r) [bə''amtə(r)] (-n, -n) m official; (Staats~) civil servant; (Bank~ etc) employee

Beamtin f siehe **Beamte(r)**

beängstigend [bə''ɛŋstıgənt] adj alarming

beanspruchen [bə''anʃpruxən] vt to claim; (Zeit, Platz) to take up, to occupy; **jdn ~** to take up sb's time

beanstanden [bə''anʃtandən] vt to complain about, to object to

beantragen [bə''antra:gən] vt to apply for, to ask for

beantworten [bə''antvɔrtən] vt to answer

Beantwortung f (+gen) reply (to)

bearbeiten [bə''arbaɪtən] vt to work; (Material) to process; (Thema) to deal with; (Land) to cultivate; (CHEM) to treat; (Buch) to revise; (umg: beeinflussen wollen) to work on

Bearbeitung f processing; cultivation; treatment; revision

Beatmung [bə''a:tmuŋ] f respiration

beaufsichtigen [bə''aufzıçtıgən] vt to supervise

Beaufsichtigung f supervision

beauftragen [bə''auftra:gən] vt to instruct; **jdn mit etw ~** to entrust sb with sth

Beauftragte(r) f(m) (dekl wie adj) representative

bebauen [bə'bauən] vt to build on; (AGR) to cultivate

beben ['be:bən] vi to tremble, to shake; **B~** (-s, -) nt earthquake

Becher ['bɛçər] (-s, -) m mug; (ohne Henkel) tumbler

Becken ['bɛkən] (-s, -) nt basin; (MUS) cymbal; (ANAT) pelvis

bedacht [bə'daxt] adj thoughtful, careful; **auf etw akk ~ sein** to be concerned about sth

bedächtig [bə'dɛçtıç] adj (umsichtig) thoughtful, reflective; (langsam) slow, deliberate

bedanken [bə'daŋkən] vr: **sich (bei jdm) ~** to say thank you (to sb)

Bedarf [bə'darf] (-(e)s) m need, requirement; (COMM) demand; **je nach ~** according to demand; **bei ~** if necessary; **~ an etw** dat **haben** to be in need of sth

Bedarfsfall m case of need

Bedarfshaltestelle f request stop

bedauerlich [bəˈdauərlıç] *adj* regrettable
bedauern [bəˈdauərn] *vt* to be sorry for; *(bemitleiden)* to pity; **B~** (-s) *nt* regret; **~swert** *adj* *(Zustände)* regrettable; *(Mensch)* pitiable, unfortunate
bedecken [bəˈdɛkən] *vt* to cover
bedeckt *adj* covered; *(Himmel)* overcast
bedenken [bəˈdɛŋkən] *(unreg)* *vt* to think over, to consider; **B~** (-s, -) *nt* *(Überlegen)* consideration; *(Zweifel)* doubt; *(Skrupel)* scruple
bedenklich *adj* doubtful; *(bedrohlich)* dangerous, risky
Bedenkzeit *f* time to think
bedeuten [bəˈdɔʏtən] *vt* to mean; to signify; *(wichtig sein)* to be of importance; **~d** *adj* important; *(beträchtlich)* considerable
bedeutsam *adj* *(wichtig)* significant
Bedeutung *f* meaning; significance; *(Wichtigkeit)* importance; **b~slos** *adj* insignificant, unimportant; **b~svoll** *adj* momentous, significant
bedienen [bəˈdiːnən] *vt* to serve; *(Maschine)* to work, to operate ♦ *vr* *(beim Essen)* to help o.s.; **sich jds/einer Sache ~** to make use of sb/sth
Bedienung *f* service; *(Kellnerin)* waitress; *(Verkäuferin)* shop assistant; *(Zuschlag)* service (charge)
bedingen [bəˈdıŋən] *vt* *(verursachen)* to cause
bedingt *adj* *(Richtigkeit, Tauglichkeit)* limited; *(Zusage, Annahme)* conditional
Bedingung *f* condition; *(Voraussetzung)* stipulation; **b~slos** *adj* unconditional
bedrängen [bəˈdrɛŋən] *vt* to pester, to harass
bedrohen [bəˈdroːən] *vt* to threaten
Bedrohung *f* threat, menace
bedrücken [bəˈdrʏkən] *vt* to oppress, to trouble
bedürf- [bəˈdʏrf] *zW:* **~en** *(unreg)* *vi* +*gen* to need, to require; **B~nis** (-ses, -se) *nt* need; **B~nisanstalt** *f* public convenience, comfort station *(US)*; **~tig** *adj* in need, poor, needy
beeilen [bəˈʔailən] *vr* to hurry
beeindrucken [bəˈʔaindrukən] *vt* to impress, to make an impression on
beeinflussen [bəˈʔainflusən] *vt* to influence
beeinträchtigen [bəˈʔaintrɛçtigən] *vt* to affect adversely; *(Freiheit)* to infringe upon
beend(ig)en [bəˈʔɛnd(ıg)ən] *vt* to end, to finish, to terminate
beengen [bəˈʔɛŋən] *vt* to cramp; *(fig)* to hamper, to oppress
beerben [bəˈʔɛrbən] *vt:* **jdn ~** to inherit from sb
beerdigen [bəˈʔeːrdıgən] *vt* to bury
Beerdigung *f* funeral, burial; **~sinstitut** *nt* funeral director's
Beere [ˈbeːrə] *f* berry; *(Trauben~)* grape

Beet [beːt] (-(e)s, -e) *nt* bed
befähigen [bəˈfɛːıgən] *vt* to enable
befähigt *adj* *(begabt)* talented; **~ (für)** *(fähig)* capable (of)
Befähigung *f* capability; *(Begabung)* talent, aptitude
befahrbar [bəˈfaːrbaːr] *adj* passable; *(NAUT)* navigable
befahren [bəˈfaːrən] *(unreg)* *vt* to use, to drive over; *(NAUT)* to navigate ♦ *adj* used
befallen [bəˈfalən] *(unreg)* *vt* to come over
befangen [bəˈfaŋən] *adj* *(schüchtern)* shy, self-conscious; *(voreingenommen)* biased
befassen [bəˈfasən] *vr* to concern o.s.
Befehl [bəˈfeːl] (-(e)s, -e) *m* command, order; **b~en** *(unreg)* *vt* to order ♦ *vi* to give orders; **jdm etw b~en** to order sb to do sth; **~sverweigerung** *f* insubordination
befestigen [bəˈfɛstıgən] *vt* to fasten; *(stärken)* to strengthen; *(MIL)* to fortify; **~ an** +*dat* to fasten to
Befestigung *f* fastening; strengthening; *(MIL)* fortification
befeuchten [bəˈfɔʏçtən] *vt* to damp(en), to moisten
befinden [bəˈfındən] *(unreg)* *vr* to be; *(sich fühlen)* to feel ♦ *vt:* **jdn/etw für** *od* **als etw ~** to deem sb/sth to be sth ♦ *vi:* **~ (über** +*akk)* to decide (on), to adjudicate (on); **B~** (-s) *nt* health, condition; *(Meinung)* view, opinion
befolgen [bəˈfɔlgən] *vt* to comply with, to follow
befördern [bəˈfœrdərn] *vt* *(senden)* to transport, to send; *(beruflich)* to promote
Beförderung *f* transport; promotion
befragen [bəˈfraːgən] *vt* to question
befreien [bəˈfraiən] *vt* to set free; *(erlassen)* to exempt
Befreier (-s, -) *m* liberator
Befreiung *f* liberation, release; *(Erlassen)* exemption
befremden [bəˈfrɛmdən] *vt* to surprise, to disturb; **B~** (-s) *nt* surprise, astonishment
befreunden [bəˈfrɔʏndən] *vr* to make friends; *(mit Idee etc)* to acquaint o.s.
befreundet *adj* friendly
befriedigen [bəˈfriːdıgən] *vt* to satisfy; **~d** *adj* satisfactory
Befriedigung *f* satisfaction, gratification
befristet [bəˈfrıstət] *adj* limited
befruchten [bəˈfruxtən] *vt* to fertilize; *(fig)* to stimulate
Befruchtung *f:* **künstliche ~** artificial insemination
Befugnis [bəˈfuːknıs] (-, -se) *f* authorization, powers *pl*
befugt *adj* authorized, entitled
Befund [bəˈfunt] (-(e)s, -e) *m* findings *pl*; *(MED)* diagnosis
befürchten [bəˈfʏrçtən] *vt* to fear
Befürchtung *f* fear, apprehension

befürworten [bəˈfyːrvɔrtən] vt to support, to speak in favour of

Befürworter (-s, -) m supporter, advocate

begabt [bəˈgaːpt] adj gifted

Begabung [bəˈgaːbʊŋ] f talent, gift

begann etc [bəˈgan] vb siehe **beginnen**

begeben [bəˈgeːbən] (unreg) vr (gehen) to betake o.s.; (geschehen) to occur; **sich ~ nach** od **zu** to proceed to(wards); **B~heit** f occurrence

begegnen [bəˈgeːgnən] vi: **jdm ~** to meet sb; (behandeln) to treat sb; **einer Sache** dat **~** to meet with sth

Begegnung f meeting

begehen [bəˈgeːən] (unreg) vt (Straftat) to commit; (abschreiten) to cover; (Straße etc) to use, to negotiate; (Feier) to celebrate

begehren [bəˈgeːrən] vt to desire

begehrt adj in demand; (Junggeselle) eligible

begeistern [bəˈgaɪstərn] vt to fill with enthusiasm, to inspire ♦ vr: **sich für etw ~** to get enthusiastic about sth

begeistert adj enthusiastic

Begierde [bəˈgiːrdə] f desire, passion

begierig [bəˈgiːrɪç] adj eager, keen

begießen [bəˈgiːsən] (unreg) vt to water; (mit Alkohol) to drink to

Beginn [bəˈgɪn] (-(e)s) m beginning; **zu ~** at the beginning; **b~en** (unreg) vt, vi to start, to begin

beglaubigen [bəˈglaʊbɪgən] vt to countersign

Beglaubigung f countersignature

begleichen [bəˈglaɪçən] (unreg) vt to settle, to pay

Begleit- [bəˈglaɪt] zW: **b~en** vt to accompany; (MIL) to escort; **~er** (-s, -) m companion; (Freund) escort; (MUS) accompanist; **~schreiben** nt covering letter; **~umstände** pl concomitant circumstances; **~ung** f company; (MIL) escort; (MUS) accompaniment

beglücken [bəˈglʏkən] vt to make happy, to delight

beglückwünschen [bəˈglʏkvʏnʃən] vt: **~ (zu)** to congratulate (on)

begnadigen [bəˈgnaːdɪgən] vt to pardon

Begnadigung f pardon, amnesty

begnügen [bəˈgnyːgən] vr to be satisfied, to content o.s.

Begonie [bəˈgoːniə] f begonia

begonnen [bəˈgɔnən] vb siehe **beginnen**

begraben [bəˈgraːbən] (unreg) vt to bury

Begräbnis [bəˈgrɛːpnɪs] (-ses, -se) nt burial, funeral

begreifen [bəˈgraɪfən] (unreg) vt to understand, to comprehend

begreiflich [bəˈgraɪflɪç] adj understandable

Begrenztheit [bəˈgrɛntsthaɪt] f limitation, restriction; (fig) narrowness

Begriff [bəˈgrɪf] (-(e)s, -e) m concept, idea;

im ~ sein, etw zu tun to be about to do sth; **schwer von ~** (umg) slow, dense; **b~sstutzig** adj slow, dense

begründ- [bəˈgrʏnd] zW: **~en** vt (Gründe geben) to justify; **~et** adj well-founded, justified; **B~ung** f justification, reason

begrüßen [bəˈgryːsən] vt to greet, to welcome

Begrüßung f greeting, welcome

begünstigen [bəˈgʏnstɪgən] vt (Person) to favour; (Sache) to further, to promote

begutachten [bəˈguːtˈaxtən] vt to assess

begütert [bəˈgyːtərt] adj wealthy, well-to-do

behaart [bəˈhaːrt] adj hairy

behäbig [bəˈhɛːbɪç] adj portly, stout; (geruhsam) comfortable

behagen [bəˈhaːgən] vi: **das behagt ihm nicht** he does not like it; **B~** (-s) nt comfort, ease

behaglich [bəˈhaːklɪç] adj comfortable, cosy; **B~keit** f comfort, cosiness

behalten [bəˈhaltən] (unreg) vt to keep, to retain; (im Gedächtnis) to remember

Behälter [bəˈhɛltər] (-s, -) m container, receptacle

behandeln [bəˈhandəln] vt to treat; (Thema) to deal with; (Maschine) to handle

Behandlung f treatment; (von Maschine) handling

beharren [bəˈharən] vi: **auf etw** dat **~** to stick od keep to sth

beharrlich [bəˈharlɪç] adj (ausdauernd) steadfast, unwavering; (hartnäckig) tenacious, dogged; **B~keit** f steadfastness; tenacity

behaupten [bəˈhaʊptən] vt to claim, to assert, to maintain; (sein Recht) to defend ♦ vr to assert o.s.

Behauptung f claim, assertion

beheben [bəˈheːbən] (unreg) vt to remove

beheizen [bəˈhaɪtsən] vt to heat

behelfen [bəˈhɛlfən] (unreg) vr: **sich mit etw ~** to make do with sth

behelfsmäßig adj improvised, makeshift; (vorübergehend) temporary

behelligen [bəˈhɛlɪgən] vt to trouble, to bother

beherbergen [bəˈhɛrbɛrgən] vt to put up, to house

beherrschen [bəˈhɛrʃən] vt (Volk) to rule, to govern; (Situation) to control; (Sprache, Gefühle) to master ♦ vr to control o.s.

beherrscht adj controlled

Beherrschung f rule; control; mastery

beherzigen [bəˈhɛrtsɪgən] vt to take to heart

beherzt adj courageous, brave

behilflich [bəˈhɪlflɪç] adj helpful; **jdm ~ sein (bei)** to help sb (with)

behindern [bəˈhɪndərn] vt to hinder, to impede

Behinderte(r) *mf* disabled person
Behinderung *f* hindrance; (*Körper~*) handicap
Behörde [bə'hø:rdə] *f* (*auch pl*) authorities *pl*
behördlich [bə'hø:rtlıç] *adj* official
behüten [bə'hy:tən] *vt* to guard; **jdn vor etw** *dat* ~ to preserve sb from sth
behutsam [bə'hu:tza:m] *adj* cautious, careful; **B~keit** *f* caution, carefulness

---

SCHLÜSSELWORT

bei [baı] *präp +dat* **1** (*nahe bei*) near; (*zum Aufenthalt*) at, with; (*unter, zwischen*) among; **bei München** near Munich; **bei uns** at our place; **beim Friseur** at the hairdresser's; **bei seinen Eltern wohnen** to live with one's parents; **bei einer Firma arbeiten** to work for a firm; **etw bei sich haben** to have sth on one; **jdn bei sich haben** to have sb with one; **bei Goethe** in Goethe; **beim Militär** in the army

2 (*zeitlich*) at, on; (*während*) during; (*Zustand, Umstand*) in; **bei Nacht** at night; **bei Nebel** in fog; **bei Regen** if it rains; **bei solcher Hitze** in such heat; **bei meiner Ankunft** on my arrival; **bei der Arbeit** when I'm *etc* working; **beim Fahren** while driving

---

beibehalten ['baıbəhaltən] (*unreg*) *vt* to keep, to retain
beibringen ['baıbrıŋən] (*unreg*) *vt* (*Beweis, Zeugen*) to bring forward; (*Gründe*) to adduce; **jdm etw** ~ (*lehren*) to teach sb sth; (*zu verstehen geben*) to make sb understand sth; (*zufügen*) to inflict sth on sb
Beichte ['baıçtə] *f* confession; **b~n** *vt* to confess ♦ *vi* to go to confession
Beichtstuhl *m* confessional
beide(s) ['baıdə(s)] *pron, adj* both; **meine ~n Brüder** my two brothers, both my brothers; **die ersten ~n** the first two; **wir ~** we two; **einer von ~n** one of the two; **alles ~s** both (of them)
beider- ['baıdər] *zW*: **~lei** *adj inv* of both; **~seitig** *adj* mutual, reciprocal; **~seits** *adv* mutually ♦ *präp +gen* on both sides of
beieinander [baı'aı'nandər] *adv* together
Beifahrer ['baıfa:rər] *m* passenger; **~sitz** *m* passenger seat
Beifall ['baıfal] (*-(e)s*) *m* applause; (*Zustimmung*) approval
beifällig ['baıfɛlıç] *adj* approving; (*Kommentar*) favourable
beifügen ['baıfy:gən] *vt* to enclose
beige ['be:ʒə] *adj* beige, fawn
beigeben ['baıge:bən] (*unreg*) *vt* (*zufügen*) to add; (*mitgeben*) to give ♦ *vi* (*nachgeben*) to give in
Beihilfe ['baıhılfə] *f* aid, assistance; (*Studien~*) grant; (*JUR*) aiding and abetting

beikommen ['baıkɔmən] (*unreg*) *vi +dat* to get at; (*einem Problem*) to deal with
Beil [baıl] (*-(e)s, -e*) *nt* axe, hatchet
Beilage ['baıla:gə] *f* (*Buch~ etc*) supplement; (*KOCH*) vegetables and potatoes *pl*
beiläufig ['baılɔyfıç] *adj* casual, incidental ♦ *adv* casually, by the way
beilegen ['baıle:gən] *vt* (*hinzufügen*) to enclose, to add; (*beimessen*) to attribute, to ascribe; (*Streit*) to settle
Beileid ['baılaıt] *nt* condolence, sympathy; **herzliches** ~ deepest sympathy
beiliegend ['baıli:gənt] *adj* (*COMM*) enclosed
beim [baım] = **bei dem**
beimessen ['baımɛsən] (*unreg*) *vt* (*+dat*) to attribute (to), to ascribe (to)
Bein [baın] (*-(e)s, -e*) *nt* leg
beinah(e) ['baına:(ə)] *adv* almost, nearly
Beinbruch *m* fracture of the leg
beinhalten [bə'ınhaltən] *vt* to contain
beipflichten ['baıpflıçtən] *vi*: **jdm/etw** ~ to agree with sb/sth
beisammen [baı'zamən] *adv* together; **B~sein** (*-s*) *nt* get-together
Beischlaf ['baıʃla:f] *m* sexual intercourse
Beisein ['baızaın] (*-s*) *nt* presence
beiseite [baı'zaıtə] *adv* to one side, aside; (*stehen*) on one side, aside; **etw** ~ **legen** (*sparen*) to put sth by; **jdn/etw** ~ **schaffen** to put sb/get sth out of the way
beisetzen ['baızɛtsən] *vt* to bury
Beisetzung *f* funeral
Beisitzer ['baızıtsər] (*-s, -*) *m* (*bei Prüfung*) assessor
Beispiel ['baıʃpi:l] (*-(e)s, -e*) *nt* example; **sich** (*dat*) **an jdm ein** ~ **nehmen** to take sb as an example; **zum** ~ for example; **b~haft** *adj* exemplary; **b~los** *adj* unprecedented; **b~sweise** *adv* for instance *od* example
beißen ['baısən] (*unreg*) *vt, vi* to bite; (*stechen: Rauch, Säure*) to burn ♦ *vr* (*Farben*) to clash; **~d** *adj* biting, caustic; (*fig auch*) sarcastic
Beistand ['baıʃtant] (*-(e)s, ⁼e*) *m* support, help; (*JUR*) adviser
beistehen ['baıʃte:ən] (*unreg*) *vi*: **jdm** ~ to stand by sb
beisteuern ['baıʃtɔyərn] *vt* to contribute
beistimmen ['baıʃtımən] *vi +dat* to agree with
Beitrag ['baıtra:k] (*-(e)s, ⁼e*) *m* contribution; (*Zahlung*) fee, subscription; (*Versicherungs~*) premium; **b~en** ['baıtra:gən] (*unreg*) *vt, vi*: **b~en** (*zu*) to contribute (to); (*mithelfen*) to help (with)
beitreten ['baıtre:tən] (*unreg*) *vi +dat* to join
Beitritt ['baıtrıt] *m* joining, membership
Beiwagen *m* (*Motorrad~*) sidecar
Beize ['baıtsə] *f* (*Holz~*) stain; (*KOCH*) mari-

nade

beizeiten [baɪˈtsaɪtən] *adv* in time

bejahen [bəˈjaːən] *vt* (*Frage*) to say yes to, to answer in the affirmative; (*gutheißen*) to agree with

bejahrt [bəˈjaːrt] *adj* aged, elderly

bekämpfen [bəˈkɛmpfən] *vt* (*Gegner*) to fight; (*Seuche*) to combat ♦ *vr* to fight

Bekämpfung *f* fight, struggle

bekannt [bəˈkant] *adj* (well-)known; (*nicht fremd*) familiar; **mit jdm ~ sein** to know sb; **jdn mit jdm ~ machen** to introduce sb to sb; **das ist mir ~** I know that; **es/sie kommt mir ~ vor** it/she seems familiar; **B~e(r)** *mf* acquaintance; friend; **B~enkreis** *m* circle of friends; **~geben** (*unreg*) *vt* to announce publicly; **~lich** *adv* as is well known, as you know; **~machen** *vt* to announce; **B~machung** *f* publication; announcement; **B~schaft** *f* acquaintance

bekehren [bəˈkeːrən] *vt* to convert ♦ *vr* to be *od* become converted

Bekehrung *f* conversion

bekennen [bəˈkɛnən] (*unreg*) *vt* to confess; (*Glauben*) to profess; **Farbe ~** (*umg*) to show where one stands

Bekenntnis [bəˈkɛntnɪs] (**-ses, -se**) *nt* admission, confession; (*Religion*) confession, denomination

beklagen [bəˈklaːgən] *vt* to deplore, to lament ♦ *vr* to complain; **~swert** *adj* lamentable, pathetic

bekleiden [bəˈklaɪdən] *vt* to clothe; (*Amt*) to occupy, to fill

Bekleidung *f* clothing

beklemmen [bəˈklɛmən] *vt* to oppress

beklommen [bəˈklɔmən] *adj* anxious, uneasy; **B~heit** *f* anxiety, uneasiness

bekommen [bəˈkɔmən] (*unreg*) *vt* to get, to receive; (*Kind*) to have; (*Zug*) to catch, to get ♦ *vi*: **jdm ~** to agree with sb

bekömmlich [bəˈkœmlɪç] *adj* easily digestible

bekräftigen [bəˈkrɛftɪgən] *vt* to confirm, to corroborate

bekreuzigen [bəˈkrɔʏtsɪgən] *vr* to cross o.s.

bekümmern [bəˈkʏmərn] *vt* to worry, to trouble

bekunden [bəˈkʊndən] *vt* (*sagen*) to state; (*zeigen*) to show

belächeln [bəˈlɛçəln] *vt* to laugh at

beladen [bəˈlaːdən] (*unreg*) *vt* to load

Belag [bəˈlaːk] (**-(e)s, =e**) *m* covering, coating; (*Brot~*) spread; (*Zahn~*) tartar; (*auf Zunge*) fur; (*Brems~*) lining

belagern [bəˈlaːgərn] *vt* to besiege

Belagerung *f* siege

Belang [bəˈlaŋ] (**-(e)s**) *m* importance; **~e** *pl* (*Interessen*) interests, concerns; **b~los** *adj* trivial, unimportant

belassen [bəˈlasən] (*unreg*) *vt* (*in Zustand,*

Glauben) to leave; (*in Stellung*) to retain

belasten [bəˈlastən] *vt* to burden; (*fig: bedrücken*) to trouble, to worry; (*COMM: Konto*) to debit; (*JUR*) to incriminate ♦ *vr* to weigh o.s. down; (*JUR*) to incriminate o.s.; **~d** *adj* (*JUR*) incriminating

belästigen [bəˈlɛstɪgən] *vt* to annoy, to pester

Belästigung *f* annoyance, pestering

Belastung [bəˈlastʊŋ] *f* load; (*fig: Sorge etc*) weight; (*COMM*) charge, debit(ing); (*JUR*) incriminatory evidence

belaufen [bəˈlaʊfən] (*unreg*) *vr*: **sich ~ auf +akk** to amount to

beleben [bəˈleːbən] *vt* (*anregen*) to liven up; (*Konjunktur, jds Hoffnungen*) to stimulate ♦ *vr* (*Augen*) to light up; (*Stadt*) to come to life

belebt [bəˈleːpt] *adj* (*Straße*) busy

Beleg [bəˈleːk] (**-(e)s, -e**) *m* (*COMM*) receipt; (*Beweis*) documentary evidence, proof; (*Beispiel*) example; **b~en** [bəˈleːgən] *vt* to cover; (*Kuchen, Brot*) to spread; (*Platz*) to reserve, to book; (*Kurs, Vorlesung*) to register for; (*beweisen*) to verify, to prove; (*MIL: mit Bomben*) to bomb; **~schaft** *f* personnel, staff; **b~t** *adj*: **b~tes Brot** open sandwich

belehren [bəˈleːrən] *vt* to instruct, to teach

Belehrung *f* instruction

beleibt [bəˈlaɪpt] *adj* stout, corpulent

beleidigen [bəˈlaɪdɪgən] *vt* to insult, to offend

Beleidigung *f* insult; (*JUR*) slander; libel

belesen [bəˈleːzən] *adj* well-read

beleuchten [bəˈlɔʏçtən] *vt* to light, to illuminate; (*fig*) to throw light on

Beleuchtung *f* lighting, illumination

Belgien [ˈbɛlgiən] *nt* Belgium: **Belgier(in)** *m(f)* Belgian; **belgisch** *adj* Belgian

belichten [bəˈlɪçtən] *vt* to expose

Belichtung *f* exposure; **~smesser** *m* exposure meter

Belieben [bəˈliːbən] *nt*: **(ganz) nach ~** (just) as you wish

beliebig [bəˈliːbɪç] *adj* any you like ♦ *adv* as you like; **ein ~es Thema** any subject you like *od* want; **~ viel/viele** as much/ many as you like

beliebt [bəˈliːpt] *adj* popular; **sich bei jdm ~ machen** to make o.s. popular with sb; **B~heit** *f* popularity

beliefern [bəˈliːfərn] *vt* to supply

bellen [ˈbɛlən] *vi* to bark

belohnen [bəˈloːnən] *vt* to reward

Belohnung *f* reward

belügen [bəˈlyːgən] (*unreg*) *vt* to lie to, to deceive

belustigen [bəˈlʊstɪgən] *vt* to amuse

Belustigung *f* amusement

bemalen [bəˈmaːlən] *vt* to paint

bemängeln [bəˈmɛŋəln] *vt* to criticize

bemerk- [bə'mɛrk] *zW:* **~bar** *adj* perceptible, noticeable; **sich ~bar machen** (*Person*) to make *od* get o.s. noticed; (*Unruhe*) to become noticeable; **~en** *vt* (*wahrnehmen*) to notice, to observe; (*sagen*) to say, to mention; **~enswert** *adj* remarkable, noteworthy; **B~ung** *f* remark; (*schriftlich auch*) note

bemitleiden [bə'mɪtlaɪdən] *vt* to pity

bemühen [bə'my:ən] *vr* to take trouble *od* pains

Bemühung *f* trouble, pains *pl*, effort

benachbart [bə'naxbaːrt] *adj* neighbouring

benachrichtigen [bə'naːxrɪçtɪgən] *vt* to inform

Benachrichtigung *f* notification, information

benachteiligen [bə'naːxtaɪlɪgən] *vt* to put at a disadvantage; to victimize

benehmen [bə'ne:mən] (*unreg*) *vr* to behave; **B~** **(-s)** *nt* behaviour

beneiden [bə'naɪdən] *vt* to envy; **~swert** *adj* enviable

benennen [bə'nɛnən] (*unreg*) *vt* to name

Bengel ['bɛŋəl] **(-s, -)** *m* (little) rascal *od* rogue

benommen [bə'nɔmən] *adj* dazed

benoten [bə'no:tən] *vt* to mark

benötigen [bə'nø:tɪgən] *vt* to need

benutzen [bə'nʊtsən] *vt* to use

benützen [bə'nʏtsən] *vt* to use

Benutzer **(-s, -)** *m* user

Benutzung *f* utilization, use

Benzin [bɛnt'si:n] **(-s, -e)** *nt* (*AUT*) petrol (*BRIT*), gas(oline) (*US*); **~kanister** *m* petrol (*BRIT*) *od* gas (*US*) can; **~tank** *m* petrol tank (*BRIT*), gas tank (*US*); **~uhr** *f* petrol (*BRIT*) *od* gas (*US*) gauge

beobachten [bə'o:baxtən] *vt* to observe: **Beobachter** **(-s, -)** *m* observer; (*eines Unfalls*) witness; (*PRESSE, TV*) correspondent; **Beobachtung** *f* observation

bepacken [bə'pakən] *vt* to load, to pack

bequem [bə'kve:m] *adj* comfortable; (*Ausrede*) convenient; (*Person*) lazy, indolent; **~en** *vr*: **sich ~en(, etw zu tun)** to condescend (to do sth); **B~lichkeit** [-lɪçkaɪt] *f* convenience, comfort; (*Faulheit*) laziness, indolence

beraten [bə'ra:tən] (*unreg*) *vt* to advise; (*besprechen*) to discuss, to debate ♦ *vr* to consult; **gut/schlecht ~ sein** to be well/ill advised; **sich ~ lassen** to get advice

Berater **(-s, -)** *m* adviser

Beratung *f* advice; (*Besprechung*) consultation; **~sstelle** *f* advice centre

berauben [bə'raubən] *vt* to rob

berechenbar [bə'rɛçənba:r] *adj* calculable

berechnen [bə'rɛçnən] *vt* to calculate; (*COMM*) anrechnen) to charge; **~d** *adj* (*Mensch*) calculating, scheming

Berechnung *f* calculation; (*COMM*) charge

berechtigen [bə'rɛçtɪgən] *vt* to entitle; to authorize; (*fig*) to justify

berechtigt [bə'rɛçtɪçt] *adj* justifiable, justified

Berechtigung *f* authorization; (*fig*) justification

bereden [bə're:dən] *vt* (*besprechen*) to discuss; (*überreden*) to persuade ♦ *vr* to discuss

Bereich [bə'raɪç] **(-(e)s, -e)** *m* (*Bezirk*) area; (*PHYS*) range; (*Ressort, Gebiet*) sphere

bereichern [bə'raɪçərn] *vt* to enrich ♦ *vr* to get rich

bereinigen [bə'raɪnɪgən] *vt* to settle

bereisen [bə'raɪzən] *vt* (*Land*) to travel through

bereit [bə'raɪt] *adj* ready, prepared; **zu etw ~ sein** to be ready for sth; **sich ~ erklären** to declare o.s. willing; **~en** *vt* to prepare, to make ready; (*Kummer, Freude*) to cause; **~halten** (*unreg*) *vt* to keep in readiness; **~legen** *vt* to lay out; **~machen** *vt, vr* to prepare, to get ready; **~s** *adv* already; **B~schaft** *f* readiness; (*Polizei*) alert; **B~schaftsdienst** *m* emergency service; **~stehen** (*unreg*) *vi* (*Person*) to be prepared; (*Ding*) to be ready; **~stellen** *vt* (*Kisten, Pakete etc*) to put ready; (*Geld etc*) to make available; (*Truppen, Maschinen*) to put at the ready; **~willig** *adj* willing, ready; **B~willigkeit** *f* willingness, readiness

bereuen [bə'rɔyən] *vt* to regret

Berg [bɛrk] **(-(e)s, -e)** *m* mountain; hill; **b~ab** *adv* downhill; **~arbeiter** *m* miner; **b~auf** *adv* uphill; **~bahn** *f* mountain railway; **~bau** *m* mining

bergen ['bɛrgən] (*unreg*) *vt* (*retten*) to rescue; (*Ladung*) to salvage; (*enthalten*) to contain

Berg- *zW:* **~führer** *m* mountain guide; **~gipfel** *m* peak, summit; **b~ig** ['bɛrgɪç] *adj* mountainous; hilly; **~kamm** *m* ridge, crest; **~kette** *f* mountain range; **~mann** (*pl* **Bergleute**) *m* miner; **~rettungsdienst** *m* mountain rescue team; **~rutsch** *m* landslide; **~steigen** *nt* mountaineering; **~steiger(in)** **(-s, -)** *m(f)* mountaineer, climber

Bergung ['bɛrgʊŋ] *f* (*von Menschen*) rescue; (*von Material*) recovery; (*NAUT*) salvage

Bergwacht *f* mountain rescue service

Bergwerk *nt* mine

Bericht [bə'rɪçt] **(-(e)s, -e)** *m* report, account; **b~en** *vt, vi* to report; **~erstatter** **(-s, -)** *m* reporter; (newspaper) correspondent

berichtigen [bə'rɪçtɪgən] *vt* to correct

Berichtigung *f* correction

Bernstein ['bɛrnʃtaɪn] *m* amber

bersten ['bɛrstən] (*unreg*) *vi* to burst, to split

berüchtigt [bə'rʏçtɪçt] *adj* notorious, infamous

berücksichtigen [bə'rʏkzɪçtɪgən] *vt* to consider, to bear in mind

Berücksichtigung *f* consideration

Beruf [bə'ruːf] (-(e)s, -e) *m* occupation; profession; (*Gewerbe*) trade; **b~en** (*unreg*) *vt*: **b~en zu** to appoint to ♦ *vr*: **sich auf jdn/etw b~en** to refer *od* appeal to sb/sth ♦ *adj* competent, qualified; **b~lich** *adj* professional

Berufs- *zW*: **~ausbildung** *f* job training; **~berater** *m* careers adviser; **~beratung** *f* vocational guidance; **~geheimnis** *nt* professional secret; **~leben** *nt* professional life; **b~mäßig** [-mɛsɪç] *adj* professional; **~schule** *f* vocational *od* trade school; **~sportler** [-ʃpɔrtlər] *m* professional (sportsman); **b~tätig** *adj* employed; **b~unfähig** *adj* unfit for work; **~verkehr** *m* rush-hour traffic

Berufung *f* vocation, calling; (*Ernennung*) appointment; (*JUR*) appeal; **~ einlegen** to appeal

beruhen [bə'ruːən] *vi*: **auf etw** *dat* **~** to be based on sth; **etw auf sich ~ lassen** to leave sth at that

beruhigen [bə'ruːɪgən] *vt* to calm, to pacify, to soothe ♦ *vr* (*Mensch*) to calm (o.s.) down; (*Situation*) to calm down

Beruhigung *f* soothing; (*der Nerven*) calming; **zu jds ~** (in order) to reassure sb; **~smittel** *nt* sedative

berühmt [bə'ryːmt] *adj* famous; **B~heit** *f* (*Ruf*) fame; (*Mensch*) celebrity

berühren [bə'ryːrən] *vt* to touch; (*gefühlsmäßig bewegen*) to affect; (*flüchtig erwähnen*) to mention, to touch on ♦ *vr* to meet, to touch

Berührung *f* contact

besagen [bə'zaːgən] *vt* to mean

besagt *adj* (*Tag etc*) said

besänftigen *vt* to soothe, to calm

Besatz [bə'zats] (-es, -e) *m* trimming, edging

Besatzung *f* garrison; (*NAUT, AVIAT*) crew; **~smacht** *f* occupying power

beschädigen [bə'ʃɛːdɪgən] *vt* to damage; **Beschädigung** *f* damage; (*Stelle*) damaged spot

beschaffen [bə'ʃafən] *vt* to get, to acquire ♦ *adj*: **das ist so ~, daß** that is such that; **B~heit** *f* (*von Mensch*) constitution, nature

Beschaffung *f* acquisition

beschäftigen [bə'ʃɛftɪgən] *vt* to occupy; (*beruflich*) to employ ♦ *vr* to occupy *od* concern o.s.

beschäftigt *adj* busy, occupied

Beschäftigung *f* (*Beruf*) employment; (*Tätigkeit*) occupation; (*Befassen*) concern

beschämen [bə'ʃɛːmən] *vt* to put to shame; **~d** *adj* shameful; (*Hilfsbereitschaft*) shaming

beschämt *adj* ashamed

beschatten [bə'ʃatən] *vt* to shade; (*Verdächtige*) to shadow

Bescheid [bə'ʃait] (-(e)s, -e) *m* information; (*Weisung*) directions *pl*; **~ wissen** (**über** +*akk*) to be well-informed (about); **ich weiß ~** I know; **jdm ~ geben** *od* **sagen** to let sb know

bescheiden [bə'ʃaidən] (*unreg*) *vr* to content o.s. ♦ *adj* modest; **B~heit** *f* modesty

bescheinen [bə'ʃainən] (*unreg*) *vt* to shine on

bescheinigen [bə'ʃainɪgən] *vt* to certify; (*bestätigen*) to acknowledge

Bescheinigung *f* certificate; (*Quittung*) receipt

beschenken [bə'ʃɛŋkən] *vt*: **jdn mit etw ~** to give sb sth as a present

bescheren [bə'ʃeːrən] *vt*: **jdm etw ~** to give sb sth as a Christmas present; **jdn ~** to give Christmas presents to sb

Bescherung *f* giving of Christmas presents; (*umg*) mess

beschildern [bə'ʃɪldərn] *vt* to put signs/a sign on

beschimpfen [bə'ʃɪmpfən] *vt* to abuse

Beschimpfung *f* abuse; insult

Beschlag [bə'ʃlaːk] (-(e)s, -e) *m* (*Metallband*) fitting; (*auf Fenster*) condensation; (*auf Metall*) tarnish; finish; (*Hufeisen*) horseshoe; **jdn/etw in ~ nehmen** *od* **mit ~ belegen** to monopolize sb/sth; **b~en** [bə'ʃlaːgən] (*unreg*) *vt* to cover; (*Pferd*) to shoe ♦ *vi*, *vr* (*Fenster etc*) to mist over; **b~en sein** (**in** *od* **auf** +*dat*) to be well versed (in); **b~nahmen** *vt* to seize, to confiscate; to requisition; **~nahmung** *f* confiscation, sequestration

beschleunigen [bə'ʃlɔʏnɪgən] *vt* to accelerate, to speed up ♦ *vi* (*AUT*) to accelerate

Beschleunigung *f* acceleration

beschließen [bə'ʃliːsən] (*unreg*) *vt* to decide on; (*beenden*) to end, to close

Beschluß [bə'ʃlʊs] (-sses, -üsse) *m* decision, conclusion; (*Ende*) conclusion, end

beschmutzen [bə'ʃmʊtsən] *vt* to dirty, to soil

beschönigen [bə'ʃøːnɪgən] *vt* to gloss over

beschränken [bə'ʃrɛŋkən] *vt*, *vr*: **(sich) ~ (auf** +*akk*) to limit *od* restrict (to)

beschränk- *zW*: **~t** *adj* confined, restricted; (*Mensch*) limited, narrow-minded; **B~ung** *f* limitation

beschreiben [bə'ʃraibən] (*unreg*) *vt* to describe; (*Papier*) to write on

Beschreibung *f* description

beschriften [bə'ʃrɪftən] *vt* to mark, to label

Beschriftung *f* lettering

beschuldigen [bə'ʃʊldɪgən] *vt* to accuse

Beschuldigung *f* accusation

Beschuß *m*: **jdn/etw unter ~ nehmen** (*MIL*) to open fire on sb/sth

beschützen [bə'ʃʏtsən] *vt*: **~ (vor** +*dat*) to

protect (from); **Beschützer** (-s, -) m protector

Beschwerde [bəˈʃveːrdə] f complaint; (*Mühe*) hardship; ~n pl (*Leiden*) trouble
beschweren [bəˈʃveːrən] vt to weight down; (*fig*) to burden ♦ vr to complain
beschwerlich adj tiring, exhausting
beschwichtigen [bəˈʃvɪçtɪɡən] vt to soothe, to pacify
beschwindeln [bəˈʃvɪndəln] vt (*betrügen*) to cheat; (*belügen*) to fib to
beschwingt [bəˈʃvɪŋt] adj in high spirits
beschwipst [bəˈʃvɪpst] (*umg*) adj tipsy
beschwören [bəˈʃvøːrən] (*unreg*) vt (*Aussage*) to swear to; (*anflehen*) to implore; (*Geister*) to conjure up
beseitigen [bəˈzaɪtɪɡən] vt to remove
Beseitigung f removal
Besen [ˈbeːzən] (-s, -) m broom; ~**stiel** m broomstick
besessen [bəˈzɛsən] adj possessed
besetz- [bəˈzɛts] zW: ~**en** vt (*Haus, Land*) to occupy; (*Platz*) to take, to fill; (*Posten*) to fill; (*Rolle*) to cast; (*mit Edelsteinen*) to set; ~**t** adj full; (*TEL*) engaged, busy; (*Platz*) taken; (*WC*) engaged; **B~zeichen** nt engaged tone; **B~ung** f occupation; filling; (*von Rolle*) casting; (*die Schauspieler*) cast
besichtigen [bəˈzɪçtɪɡən] vt to visit, to have a look at
Besichtigung f visit
Besied(e)lung [bəˈziːd(ə)lʊŋ] f population
besiegen [bəˈziːɡən] vt to defeat, to overcome
besinnen [bəˈzɪnən] (*unreg*) vr (*nachdenken*) to think, to reflect; (*erinnern*) to remember; **sich anders ~** to change one's mind
besinnlich adj contemplative
Besinnung f consciousness; **zur ~ kommen** to recover consciousness; (*fig*) to come to one's senses; **b~slos** adj unconscious
Besitz [bəˈzɪts] (-es) m possession; (*Eigentum*) property; **b~en** (*unreg*) vt to possess, to own; (*Eigenschaft*) to have; ~**er(in)** (-s, -) m(f) owner, proprietor; ~**ergreifung** f occupation, seizure
besoffen [bəˈzɔfən] (*umg*) adj drunk, stoned
besohlen [bəˈzoːlən] vt to sole
Besoldung [bəˈzɔldʊŋ] f salary, pay
besondere(r, s) [bəˈzɔndərə(r, s)] adj special; (*eigen*) particular; (*gesondert*) separate; (*eigentümlich*) peculiar
Besonderheit [bəˈzɔndərhaɪt] f peculiarity
besonders [bəˈzɔndərs] adv especially, particularly; (*getrennt*) separately
besonnen [bəˈzɔnən] adj sensible, level-headed
besorg- [bəˈzɔrg] zW: ~**en** vt (*beschaffen*) to acquire; (*kaufen auch*) to purchase; (*erle-*

digen: Geschäfte) to deal with; (*sich kümmern um*) to take care of; **B~nis** (-, -se) f anxiety, concern; ~**t** [bəˈzɔrçt] adj anxious, worried; **B~theit** f anxiety, worry; **B~ung** f acquisition; (*Kauf*) purchase
bespielen [bəˈʃpiːlən] vt to record
bespitzeln [bəˈʃpɪtsəln] vt to spy on
besprechen [bəˈʃprɛçən] (*unreg*) vt to discuss; (*Tonband etc*) to record, to speak onto; (*Buch*) to review ♦ vr to discuss, to consult
Besprechung f meeting, discussion; (*von Buch*) review
besser [ˈbɛsər] adj better; ~**gehen** (*unreg*) vi unpers: **es geht ihm besser** he is feeling better; ~**n** vt to make better, to improve ♦ vr to improve; (*Menschen*) to reform; **B~ung** f improvement; **gute B~rung!** get well soon!; **B~wisser** (-s, -) m know-all
Bestand [bəˈʃtant] (-(e)s, ⁻e) m (*Fortbestehen*) duration, stability; (*Kassen~*) amount, balance; (*Vorrat*) stock; ~ **haben, von ~ sein** to last long, to endure
beständig [bəˈʃtɛndɪç] adj (*ausdauernd: auch fig*) constant; (*Wetter*) settled; (*Stoffe*) resistant; (*Klagen etc*) continual
Bestandsaufnahme [bəˈʃtantsaʊfnaːmə] f stocktaking
Bestandteil m part, component; (*Zutat*) ingredient
bestärken [bəˈʃtɛrkən] vt: **jdn in etw** dat ~ to strengthen od confirm sb in sth
bestätigen [bəˈʃtɛːtɪɡən] vt to confirm; (*anerkennen, COMM*) to acknowledge
Bestätigung f confirmation; acknowledgement
bestatten [bəˈʃtatən] vt to bury
Bestattung f funeral
Bestattungsinstitut nt funeral director's
bestaunen [bəˈʃtaʊnən] vt to marvel at, gaze at in wonder
beste(r, s) [ˈbɛstə(r, s)] adj best; **so ist es am ~n** it's best that way; **am ~n gehst du gleich** you'd better go at once; **jdn zum ~n haben** to pull sb's leg; **einen Witz etc zum ~n geben** to tell a joke etc; **aufs ~** in the best possible way; **zu jds B~n** for the benefit of sb
bestechen [bəˈʃtɛçən] (*unreg*) vt to bribe
bestechlich adj corruptible
Bestechung f bribery, corruption
Besteck [bəˈʃtɛk] (-(e)s, -e) nt knife, fork and spoon, cutlery; (*MED*) set of instruments
bestehen [bəˈʃteːən] (*unreg*) vi to be; to exist; (*andauern*) to last ♦ vt (*Probe, Prüfung*) to pass; (*Kampf*) to win; ~ **auf** +dat to insist on; ~ **aus** to consist of
bestehlen [bəˈʃteːlən] (*unreg*) vt: **jdn (um etw) ~** to rob sb (of sth)
besteigen [bəˈʃtaɪɡən] (*unreg*) vt to climb,

to ascend; (*Pferd*) to mount; (*Thron*) to ascend

Bestell- [bə'ʃtɛl] *zW:* **~buch** *nt* order book; **b~en** *vt* to order; (*kommen lassen*) to arrange to see; (*nominieren*) to name; (*Acker*) to cultivate; (*Grüße, Auftrag*) to pass on; **~ung** *f* (*COMM*) order; (*Bestellen*) ordering

bestenfalls ['bɛstən'fals] *adv* at best

bestens ['bɛstəns] *adv* very well

besteuern [bə'ʃtɔʏərn] *vt* (*jdn, Waren*) to tax

Bestie ['bɛstiə] *f* (*auch fig*) beast

bestimm- [bə'ʃtɪm] *zW:* **~en** *vt* (*Regeln*) to lay down; (*Tag, Ort*) to fix; (*beherrschen*) to characterize; (*vorsehen*) to mean; (*ernennen*) to appoint; (*definieren*) to define; (*veranlassen*) to induce; **~t** *adj* (*entschlossen*) firm; (*gewiß*) certain, definite; (*Artikel*) definite ♦ *adv* (*gewiß*) definitely, for sure; **suchen Sie etwas B~tes?** are you looking for something in particular?; **B~theit** *f* firmness; certainty; **B~ung** *f* (*Verordnung*) regulation; (*Festsetzen*) determining; (*Verwendungszweck*) purpose; (*Schicksal*) fate; (*Definition*) definition

Bestleistung *f* best performance

bestmöglich *adj* best possible

bestrafen [bə'ʃtra:fən] *vt* to punish

Bestrafung *f* punishment

bestrahlen [bə'ʃtra:lən] *vt* to shine on; (*MED*) to treat with X-rays

Bestrahlung *f* (*MED*) X-ray treatment, radiotherapy

Bestreben [bə'ʃtre:bən] (**-s**) *nt* endeavour, effort

bestreichen [bə'ʃtraɪçən] (*unreg*) *vt* (*Brot*) to spread

bestreiten [bə'ʃtraɪtən] (*unreg*) *vt* (*abstreiten*) to dispute; (*finanzieren*) to pay for, to finance

bestreuen [bə'ʃtrɔʏən] *vt* to sprinkle, to dust; (*Straße*) to grit

bestürmen [bə'ʃtʏrmən] *vt* (*mit Fragen, Bitten etc*) to overwhelm, to swamp

bestürzend [bə'ʃtʏrtsənd] *adj* (*Nachrichten*) disturbing

bestürzt [bə'ʃtʏrtst] *adj* dismayed

Bestürzung *f* consternation

Besuch [bə'zu:x] (**-(e)s, -e**) *m* visit; (*Person*) visitor; **einen ~ machen bei jdm** to pay sb a visit *od* call; **~ haben** to have visitors; **bei jdm auf** *od* **zu ~ sein** to be visiting sb; **b~en** *vt* to visit; (*SCH etc*) to attend; **gut b~t** well-attended; **~er(in)** (**-s, -**) *m(f)* visitor, guest; **~szeit** *f* visiting hours *pl*

betätigen [bə'tɛ:tɪgən] *vt* (*bedienen*) to work, to operate ♦ *vr* to involve o.s.; **sich als etw ~** to work as sth

Betätigung *f* activity; (*beruflich*) occupation; (*TECH*) operation

betäuben [bə'tɔʏbən] *vt* to stun; (*fig: Gewissen*) to still; (*MED*) to anaesthetize

Betäubung *f* (*Narkose*): **örtliche ~** local anaesthetic

Betäubungsmittel *nt* anaesthetic

Bete ['be:tə] *f:* **rote ~** beetroot (*BRIT*), beet (*US*)

beteiligen [bə'taɪlɪgən] *vr:* **sich ~ (an** +*dat*) to take part (in), to participate (in), to share (in); (*an Geschäft: finanziell*) to have a share (in) ♦ *vt:* **jdn ~ (an** +*dat*) to give sb a share *od* interest (in)

Beteiligte(r) *f(m)* (*Mitwirkender*) partner; (*finanziell*) shareholder

Beteiligung *f* participation; (*Anteil*) share, interest; (*Besucherzahl*) attendance

beten ['be:tən] *vt, vi* to pray

beteuern [bə'tɔʏərn] *vt* to assert; (*Unschuld*) to protest

Beteuerung *f* assertion; protestation; assurance

Beton [be'tõ:] (**-s, -s**) *m* concrete

betonen [bə'to:nən] *vt* to stress

betonieren [beto'ni:rən] *vt* to concrete

Betonung *f* stress, emphasis

betören [bə'tø:rən] *vt* to beguile

betr. *abk* (= *betrifft*) re

Betracht [bə'traxt] *m:* **in ~ kommen** to be considered *od* relevant; **etw in ~ ziehen** to take sth into consideration; **außer ~ bleiben** not to be considered; **b~en** *vt* to look at; (*fig*) to look at, to consider; **~er(in)** (**-s, -**) *m(f)* observer

beträchtlich [bə'trɛçtlɪç] *adj* considerable

Betrachtung *f* (*Ansehen*) examination; (*Erwägung*) consideration

Betrag [bə'tra:k] (**-(e)s, ̈-e**) *m* amount; **b~en** [bə'tra:gən] (*unreg*) *vt* to amount to ♦ *vr* to behave; **~en** (**-s**) *nt* behaviour

betreffen [bə'trɛfən] (*unreg*) *vt* to concern, to affect; **was mich betrifft** as for me; **~d** *adj* relevant, in question

betreffs [bə'trɛfs] *präp* +*gen* concerning, regarding; (*COMM*) re

betreiben [bə'traɪbən] (*unreg*) *vt* (*ausüben*) to practise; (*Politik*) to follow; (*Studien*) to pursue; (*vorantreiben*) to push ahead; (*TECH: antreiben*) to drive

betreten [bə'tre:tən] (*unreg*) *vt* to enter; (*Bühne etc*) to step onto ♦ *adj* embarrassed; **B~ verboten** keep off/out

Betreuer(in) [bə'trɔʏər(ɪn)] (**-s, -**) *m(f)* (*einer Person*) minder; (*eines Gebäudes, Arbeitsgebiet*) caretaker; (*SPORT*) coach

Betreuung *f* care

Betrieb [bə'tri:p] (**-(e)s, -e**) *m* (*Firma*) firm, concern; (*Anlage*) plant; (*Tätigkeit*) operation; (*Treiben*) traffic; **außer ~ sein** to be out of order; **in ~ sein** to be in operation

Betriebs- *zW:* **~ausflug** *m* works outing; **b~fähig** *adj* in working order; **~ferien** *pl* company holidays (*BRIT*), company vacation sg (US); ~**klima** nt (working) atmosphere; ~**kosten** pl running costs; ~**rat** m workers' council; b~**sicher** adj safe (to operate); ~**störung** f breakdown; ~**system** nt (COMPUT) operating system; ~**unfall** m industrial accident; ~**wirtschaft** f economics

betrinken [bə'trɪŋkən] (unreg) vr to get drunk

betroffen [bə'trɔfən] adj (bestürzt) full of consternation; von etw ~ **werden** od **sein** to be affected by sth

betrüben [bə'try:bən] vt to grieve

betrübt [bə'try:pt] adj sorrowful, grieved

Betrug [bə'tru:k] (-(e)s) m deception; (JUR) fraud

betrügen [bə'try:gən] (unreg) vt to cheat; (JUR) to defraud; (Ehepartner) to be unfaithful to ◊ vr to deceive o.s.

Betrüger (-s, -) m cheat, deceiver; b~**isch** adj deceitful; (JUR) fraudulent

betrunken [bə'trʊŋkən] adj drunk

Bett [bɛt] (-(e)s, -en) nt bed; **ins** od **zu** ~ **gehen** to go to bed; ~**bezug** m duvet cover; ~**decke** f blanket; (Daunen~) quilt; (Überwurf) bedspread

Bettel- ['bɛtəl] zW: b~**arm** adj very poor, destitute; ~**ei** [bɛtə'laɪ] f begging; b~**n** vi to beg

bettlägerig ['bɛtlɛːgərɪç] adj bedridden

Bettlaken nt sheet

Bettler(in) ['bɛtlər(ɪn)] (-s, -) m(f) beggar

Bett- zW: b~**(t)uch** nt sheet; ~**vorleger** m bedside rug; ~**wäsche** f bed linen; ~**zeug** nt bedlinen pl

beugen ['bɔygən] vt to bend; (GRAM) to inflect ◊ vr (sich fügen) to bow

Beule ['bɔylə] f bump, swelling

beunruhigen [bə'ʊnru:ɪgən] vt to disturb, to alarm ◊ vr to become worried

Beunruhigung f worry, alarm

beurlauben [bə'u:rlaʊbən] vt to give leave od a holiday to (BRIT); to grant vacation time to (US)

beurteilen [bə''ʊrtaɪlən] vt to judge; (Buch etc) to review

Beurteilung f judgement; review; (Note) mark

Beute ['bɔytə] (-) f booty, loot

Beutel (-s, -) m bag; (Geld~) purse; (Tabak~) pouch

Bevölkerung [bə'fœlkərʊŋ] f population

bevollmächtigen [bə'fɔlmɛçtɪgən] vt to authorize

Bevollmächtigte(r) mf authorized agent

bevor [bə'fo:r] konj before; ~**munden** vt insep to treat like a child; ~**stehen** (unreg) vi: (jdm) ~**stehen** to be in store (for sb); ~**stehend** adj imminent, approaching; ~**zugen** vt insep to prefer

bewachen [bə'vaxən] vt to watch, to guard

Bewachung f (Bewachen) guarding;

(Leute) guard, watch

bewaffnen [bə'vafnən] vt to arm

Bewaffnung f (Vorgang) arming; (Ausrüstung) armament, arms pl

bewahren [bə'va:rən] vt to keep; **jdn vor jdm/etw** ~ to save sb from sb/sth

bewähren [bə'vɛːrən] vr to prove o.s.; (Maschine) to prove its worth

bewahrheiten [bə'va:rhaɪtən] vr to come true

bewährt adj reliable

Bewährung f (JUR) probation

bewältigen [bə'vɛltɪgən] vt to overcome; (Arbeit) to finish; (Portion) to manage

bewandert [bə'vandərt] adj expert, knowledgeable

bewässern [bə'vɛsərn] vt to irrigate

Bewässerung f irrigation

bewegen [bə've:gən] vt, vr to move; **jdn zu etw** ~ to induce sb to do sth; ~**d** adj touching, moving

Beweg- [bə've:k] zW: ~**grund** m motive; b~**lich** adj movable, mobile; (flink) quick; b~**t** adj (Leben) eventful; (Meer) rough; (ergriffen) touched

Bewegung f movement, motion; (innere) emotion; (körperlich) exercise; ~**sfreiheit** f freedom of movement; (fig) freedom of action; b~**slos** adj motionless

Beweis [bə'vaɪs] (-es, -e) m proof; (Zeichen) sign; b~**en** (unreg) vt to prove; (zeigen) to show; ~**mittel** nt evidence

Bewerb- [bə'vɛrb] zW: b~**en** (unreg) vr to apply (for); ~**er(in)** (-s, -) m(f) applicant; ~**ung** f application

bewerkstelligen [bə'vɛrkʃtɛlɪgən] vt to manage, to accomplish

bewerten [bə've:rtən] vt to assess

bewilligen [bə'vɪlɪgən] vt to grant, to allow

Bewilligung f granting

bewirken [bə'vɪrkən] vt to cause, to bring about

bewirten [bə'vɪrtən] vt to feed, to entertain (to a meal)

bewirtschaften [bə'vɪrtʃaftən] vt to manage

Bewirtung f hospitality

bewog etc [bə'vo:k] vb siehe **bewegen**

bewohn- [bə'vo:n] zW: ~**bar** adj habitable; ~**en** vt to inhabit, to live in; B~**er(in)** (-s, -) m(f) inhabitant; (von Haus) resident

bewölkt [bə'vœlkt] adj cloudy, overcast

Bewölkung f clouds pl

Bewunder- [bə'vʊndər] zW: ~**er** (-s, -) m admirer; b~**n** vt to admire; b~**nswert** adj admirable, wonderful; ~**ung** f admiration

bewußt [bə'vʊst] adj conscious; (absichtlich) deliberate; **sich** dat **einer Sache** gen ~ **sein** to be aware of sth; ~**los** adj unconscious; B~**losigkeit** f unconsciousness; B~**sein** nt consciousness; **bei B~sein** conscious

bezahlen [bə'tsɑːlən] vt to pay for
Bezahlung f payment
bezaubern [bə'tsaubərn] vt to charm
bezeichnen [bə'tsaiçnən] vt (kennzeichnen) to mark; (nennen) to call; (beschreiben) to describe; (zeigen) to show, to indicate; ~**d** adj: ~**d** (für) characteristic (of), typical (of)
Bezeichnung f (Zeichen) mark, sign; (Beschreibung) description
bezeugen [bə'tsɔygən] vt to testify to
Bezichtigung [bə'tsiçtigʊŋ] f accusation
beziehen [bə'tsiːən] (unreg) vt (mit Überzug) to cover; (Bett) to make; (Haus, Position) to move into; (Standpunkt) to take up; (erhalten) to receive; (Zeitung) to subscribe to, to take ♦ vr (Himmel) to cloud over; **etw auf jdn/etw ~** to relate sth to sb/sth; **sich ~ auf** +akk to refer to
Beziehung f (Verbindung) connection; (Zusammenhang) relation; (Verhältnis) relationship; (Hinsicht) respect; ~**en haben** (vorteilhaft) to have connections od contacts; **b~sweise** adv or; (genauer gesagt auch) that is, or rather
Bezirk [bə'tsɪrk] (-(e)s, -e) m district
Bezug [bə'tsuːk] (-(e)s, ⁼e) m (Hülle) covering; (COMM) ordering; (Gehalt) income, salary; (Beziehung): ~ (**zu**) relation(ship) (to); **in b~ auf** +akk with reference to; ~ **nehmen auf** +akk to refer to
bezüglich [bə'tsyːklɪç] präp +gen concerning, referring to ♦ adj (GRAM) relative; **auf etw akk ~** relating to sth
bezwecken [bə'tsvɛkən] vt to aim at
bezweifeln [bə'tsvaifəln] vt to doubt, to query
BH m abk von Büstenhalter
Bhf. abk (= Bahnhof) station
Bibel ['biːbəl] (-, -n) f Bible
Biber ['biːbər] (-s, -) m beaver
Biblio- [biblio] zW: ~**graphie** [-gra'fiː] f bibliography; ~**thek** [-'teːk] (-, -en) f library; ~**thekar(in)** [-te'kaːr(ɪn)] (-s, -e) m(f) librarian
biblisch ['biːblɪʃ] adj biblical
bieder ['biːdər] adj upright, worthy; (Kleid etc) plain
bieg- ['biːg] zW: ~**en** (unreg) vt, vr to bend ♦ vi to turn; ~**sam** ['biːk-] adj flexible; **B~ung** f bend, curve
Biene ['biːnə] f bee
Bienenhonig m honey
Bienenwachs nt beeswax
Bier [biːr] (-(e)s, -e) nt beer; ~**deckel** m beer mat; ~**krug** m beer mug
Biest [biːst] (-(e)s, -er umg: pej) nt (Tier) beast, creature; (Mensch) beast
bieten ['biːtən] (unreg) vt to offer; (bei Versteigerung) to bid ♦ vr (Gelegenheit): **sich jdm ~** to present itself to sb; **sich dat etw ~ lassen** to put up with sth
Bikini [bi'kiːni] (-s, -s) m bikini

Bilanz [bi'lants] f balance; (fig) outcome; ~ **ziehen (aus)** to take stock (of)
Bild [bɪlt] (-(e)s, -er) nt (auch fig) picture; photo; (Spiegel~) reflection; ~**bericht** m photographic report
bilden ['bɪldən] vt to form; (erziehen) to educate; (ausmachen) to constitute ♦ vr to arise; (erziehen) to educate o.s.
Bilderbuch nt picture book
Bilderrahmen m picture frame
Bild- zW: ~**fläche** f screen; (fig) scene; ~**hauer** (-s, -) m sculptor; **b~hübsch** adj lovely, pretty as a picture; **b~lich** adj figurative; pictorial; ~**schirm** m television screen; (COMPUT) monitor; **b~schön** adj lovely; ~**ung** [-dʊŋ] f formation; (Wissen, Benehmen) education
Billard ['bɪljart] (-s, -e) nt billiards sg; ~**kugel** f billiard ball
billig ['bɪlɪç] adj cheap; (gerecht) fair, reasonable; ~**en** ['bɪlɪgən] vt to approve of
Binde ['bɪndə] f bandage; (Arm~) band; (MED) sanitary towel; ~**gewebe** nt connective tissue; ~**glied** nt connecting link; **b~n** (unreg) vt to bind, to tie; ~**strich** m hyphen; ~**wort** nt conjunction
Bindfaden m string
Bindung f bond, tie; (Ski~) binding
binnen ['bɪnən] präp (+dat od gen) within; **B~hafen** m river port; **B~handel** m internal trade
Binse ['bɪnzə] f rush, reed; ~**nwahrheit** f truism
Bio- [bio] in zW bio-; ~**chemie** f biochemistry; ~**graphie** [-gra'fiː] f biography; ~**loge** [-'loːgə] (-n, -n) m biologist; ~**logie** [-lo'giː] f biology; **b~logisch** [-'loːgɪʃ] adj biological; ~**top** m od nt biotope
Birke ['bɪrkə] f birch
Birnbaum m pear tree
Birne ['bɪrnə] f pear; (ELEK) (light) bulb

───────── *SCHLÜSSELWORT*

bis [bɪs] präp +akk, adv **1** (zeitlich) till, until; (bis spätestens) by; **Sie haben bis Dienstag Zeit** you have until od till Tuesday; **bis Dienstag muß es fertig sein** it must be ready by Tuesday; **bis auf weiteres** until further notice; **bis in die Nacht** into the night; **bis bald/gleich** see you later/soon
2 (räumlich) (up) to; **ich fahre bis Köln** I'm going to od I'm going as far as Cologne; **bis an unser Grundstück** (right od up) to our plot; **bis hierher** this far
3 (bei Zahlen) up to; **bis zu** up to
4: **bis auf etw** akk (außer) except sth; (einschließlich) including sth
♦ konj **1** (mit Zahlen) to; **10 bis 20** 10 to 20
2 (zeitlich) till, until; **bis es dunkel wird** till od until it gets dark; **von ... bis ...** from ... to ...

Bischof ['bɪʃɔf] (-s, ⸗e) m bishop
bischöflich ['bɪʃøːflɪç] adj episcopal
bisher [bɪs'heːr] adv till now, hitherto; ~**ig**
adj till now
Biskuit [bɪs'kviːt] (-(e)s, -s od -e) m od nt
(fatless) sponge
Biß [bɪs] (-sses, -sse) m bite
biß etc vb siehe **beißen**
bißchen ['bɪsçən] adj, adv bit
Bissen ['bɪsən] (-s, -) m bite, morsel
bissig ['bɪsɪç] adj (Hund) snappy; (Bemerkung) cutting, biting
bist [bɪst] vb siehe **sein**
bisweilen [bɪs'vaɪlən] adv at times, occasionally
Bit [bɪt] nt (COMPUT) bit
Bitte ['bɪtə] f request; **b~** excl please; (wie
b~?) (I beg your) pardon?; (als Antwort auf
Dank) you're welcome; **darf ich? -- aber
b~!** I may I? - please do; **b~ schön!** it
was a pleasure; **b~n** (unreg) vt, vi: **b~n
(um)** to ask (for); **b~nd** adj pleading, imploring
bitter ['bɪtər] adj bitter; ~**böse** adj very angry; **B~keit** f bitterness; ~**lich** adj bitter
Blähungen ['blɛːʊŋən] pl (MED) wind sg
blamabel [bla'maːbəl] adj disgraceful
Blamage [bla'maːʒə] f disgrace
blamieren [bla'miːrən] vr to make a fool of
o.s., to disgrace o.s. ♦ vt to let down, to
disgrace
blank [blaŋk] adj bright; (unbedeckt) bare;
(sauber) clean, polished; (umg: ohne Geld)
broke; (offensichtlich) blatant
blanko ['blaŋko] adv blank; **B~scheck** m
blank cheque
Bläschen ['blɛːsçən] nt bubble; (MED)
(small) blister
Blase ['blaːzə] f bubble; (MED) blister;
(ANAT) bladder; ~**balg** (-(e)s, -bälge) m
bellows pl; **b~n** (unreg) vt, vi to blow
Blas- ['blaːs] zW: ~**instrument** nt wind instrument; ~**kapelle** f brass band
blaß [blas] adj pale
Blässe ['blɛsə] (-) f paleness, pallor
Blatt [blat] (-(e)s, ⸗er) nt leaf; (von Papier)
sheet; (Zeitung) newspaper; (KARTEN)
hand
blättern ['blɛtərn] vi: **in etw** dat ~ to leaf
through sth
Blätterteig m flaky od puff pastry
blau [blau] adj blue; (umg) drunk, stoned;
(KOCH) boiled; (Auge) black; ~**er Fleck**
bruise; **Fahrt ins B~e** mystery tour;
~**äugig** adj blue-eyed
Blech [blɛç] (-(e)s, -e) nt tin, sheet metal;
(Back~) baking tray; ~**büchse** f tin, can;
~**dose** f tin, can; **b~en** (umg) vt, vi to
fork out; ~**schaden** m (AUT) damage to
bodywork
Blei [blaɪ] (-(e)s, -e) nt lead
Bleibe ['blaɪbə] f roof over one's head;

b~n (unreg) vi to stay, to remain; **b~nd**
adj (Erinnerung) lasting (Schaden) permanent; **b~nlassen** (unreg) vt to leave
(alone)
bleich [blaɪç] adj faded, pale; ~**en** vt to
bleach
Blei- zW: **b~ern** adj leaden; **b~frei** adj
(Benzin) lead-free; ~**stift** m pencil;
~**stiftspitzer** m pencil sharpener
Blende ['blɛndə] f (PHOT) aperture; **b~n** vt
to blind, to dazzle; (fig) to hoodwink;
b~nd (umg) adj grand; **b~nd aussehen** to
look smashing
Blick [blɪk] (-(e)s, -e) m (kurz) glance,
glimpse; (Anschauen) look; (Aussicht) view;
b~en vi to look; **sich b~en lassen** to put
in an appearance; ~**fang** m eye-catcher
blieb etc [bliːp] vb siehe **bleiben**
blind [blɪnt] adj blind; (Glas etc) dull; ~**er
Passagier** stowaway; **B~darm** m appendix; **B~darmentzündung** f appendicitis;
B~enschrift ['blɪndən] f braille; **B~heit** f
blindness; ~**lings** adv blindly;
B~schleiche f slow worm
blinken ['blɪŋkən] vi to twinkle, to sparkle;
(Licht) to flash, to signal; (AUT) to indicate
♦ vt to flash, to signal
Blinker (-s, -) m (AUT) indicator
Blinklicht nt (AUT) indicator; (an Bahn-
übergangen usw) flashing light
blinzeln ['blɪntsəln] vi to blink, to wink
Blitz [blɪts] (-es, -e) m (flash of) lightning;
~**ableiter** m lightning conductor; **b~en** vi
(aufleuchten) to flash, to sparkle; **es b~t**
(MET) there's a flash of lightning; ~**licht** nt
flashlight; **b~schnell** adj lightning ♦ adv
(as) quick as a flash
Block [blɔk] (-(e)s, ⸗e) m block; (von Papier) pad; ~**ade** [blɔ'kaːdə] f blockade;
~**flöte** f recorder; **b~frei** adj (POL) un-
aligned; **b~ieren** [blɔ'kiːrən] vt to block ♦
vi (Räder) to jam; ~**schrift** f block letters
pl
blöd [bløːt] adj silly, stupid; ~**eln**
['bløːdəln] (umg) vi to act the goat (fam), to
fool around; **B~sinn** m nonsense; ~**sinnig** adj silly, idiotic
blond [blɔnt] adj blond, fair-haired

SCHLÜSSELWORT

bloß [bloːs] adj 1 (unbedeckt) bare; (nackt)
naked; **mit der bloßen Hand** with one's
bare hand; **mit bloßem Auge** with the
naked eye
2 (alleinig, nur) mere; **der bloße Gedanke**
the very thought; **bloßer Neid** sheer envy
♦ adv only, merely; **laß das bloß!** just
don't do that!; **wie ist das bloß passiert?**
how on earth did that happen?

Blöße ['bløːsə] f bareness; nakedness; (fig)
weakness

bloßlegen *vt* to expose
bloßstellen *vt* to show up
blühen ['bly:ən] *vi* to bloom (*lit*), to be in bloom; (*fig*) to flourish
blühend *adj* (*Pflanze*) blooming; (*Aussehen*) blooming, radiant; (*Handel*) thriving, booming
Blume ['blu:mə] *f* flower; (*von Wein*) bouquet; **~nkohl** *m* cauliflower; **~ntopf** *m* flowerpot; **~nzwiebel** *f* bulb
Bluse ['blu:zə] *f* blouse
Blut [blu:t] (-(e)s) *nt* blood; **b~arm** *adj* anaemic; (*fig*) penniless; **b~befleckt** *adj* bloodstained; **~druck** *m* blood pressure
Blüte ['bly:tə] *f* blossom; (*fig*) prime
Blutegel *m* leech
bluten *vi* to bleed
Bluter *m* (*MED*) haemophiliac
Bluterguß *m* haemorrhage; (*auf Haut*) bruise
Blütezeit *f* flowering period; (*fig*) prime
Blut- *zW:* **~gruppe** *f* blood group; **b~ig** *adj* bloody; **b~jung** *adj* very young; **~probe** *f* blood test; **~spender** *m* blood donor; **~transfusion** *f* (*MED*) blood transfusion; **~ung** *f* bleeding, haemorrhage; **~vergiftung** *f* blood poisoning; **~wurst** *f* black pudding
Bö [bø:] (-, -en) *f* squall
Bock [bɔk] (-(e)s, ⁻e) *m* buck, ram; (*Gestell*) trestle, support; (*SPORT*) buck; **~wurst** *f* type of pork sausage
Boden ['bo:dən] (-s, ⁻) *m* ground; (*Fuß~*) floor; (*Meeres~, Faß~*) bottom; (*Speicher*) attic; **b~los** *adj* bottomless; (*umg*) incredible; **~schätze** *pl* mineral resources; **~see** *m:* **der ~see** Lake Constance; **~turnen** *nt* floor exercises *pl*
Böe ['bø:ə] *f* squall
Bogen ['bo:gən] (-s, -) *m* (*Biegung*) curve; (*ARCHIT*) arch; (*Waffe, MUS*) bow; (*Papier*) sheet
Bohle ['bo:lə] *f* plank
Bohne ['bo:nə] *f* bean
bohnern *vt* to wax, to polish
Bohnerwachs *nt* floor polish
Bohr- ['bo:r] *zW:* **b~en** *vt* to bore; **~er** (-s, -) *m* drill; **~insel** *f* oil rig; **~maschine** *f* drill; **~turm** *m* derrick
Boje ['bo:jə] *f* buoy
Bolivien [bo'li:viən] *nt* Bolivia
Bolzen ['bɔltsən] (-s, -) *m* bolt
bombardieren [bɔmbar'di:rən] *vt* to bombard; (*aus der Luft*) to bomb
Bombe ['bɔmbə] *f* bomb
Bombenangriff *m* bombing raid
Bombenerfolg (*umg*) *m* smash hit
Bon (-s, -s) *m* voucher, chit
Bonbon [bõ'bõ:] (-s, -s) *m od nt* sweet
Boot [bo:t] (-(e)s, -e) *nt* boat
Bord [bɔrt] (-(e)s, -e) *m* (*AVIAT, NAUT*) board ♦ *nt* (*Brett*) shelf; **an ~** on board

Bordell [bɔr'dɛl] (-s, -e) *nt* brothel
Bordstein *m* kerb(stone)
borgen ['bɔrgən] *vt* to borrow; **jdm etw ~** to lend sb sth
Borke ['bɔrkə] *f* (*BOT*) bark
borniert [bɔr'ni:rt] *adj* narrow-minded
Börse ['bø:rzə] *f* stock exchange; (*Geld~*) purse; **~nmakler** *m* stockbroker
Borste ['bɔrstə] *f* bristle
Borte ['bɔrtə] *f* edging; (*Band*) trimming
bös [bø:s] *adj* = **böse**
bösartig ['bø:s-] *adj* malicious
Böschung ['bœʃʊŋ] *f* slope; (*Ufer~ etc*) embankment
böse ['bø:zə] *adj* bad, evil; (*zornig*) angry
boshaft ['bo:shaft] *adj* malicious, spiteful
Bosheit *f* malice, spite
Bosnien und Herzegowina ['bɔsniən, hɛrtse'go:vina] *nt* Bosnia (and) Herzegovina
böswillig ['bø:svɪlɪç] *adj* malicious
bot *etc* [bo:t] *vb siehe* **bieten**
Botanik [bo'ta:nɪk] *f* botany
botanisch [bo'ta:nɪʃ] *adj* botanical
Bot- ['bo:t] *zW:* **~e** (-n, -n) *m* messenger; **~schaft** *f* message, news; (*POL*) embassy; **~schafter** (-s, -) *m* ambassador
Bottich ['bɔtɪç] (-(e)s, -e) *m* vat, tub
Bouillon [bu'ljõ:] (-, -s) *f* consommé
Bowle ['bo:lə] *f* punch
Box- ['bɔks] *zW:* **b~en** *vi* to box; **~er** (-s, -) *m* boxer; **~handschuh** *m* boxing glove; **~kampf** *m* boxing match
boykottieren [bɔykɔ'ti:rən] *vt* to boycott
brach *etc* [bra:x] *vb siehe* **brechen**
brachte *etc* ['braxtə] *vb siehe* **bringen**
Branche ['brã:ʃə] *f* line of business; **~nverzeichnis** *nt* yellow pages *pl*
Brand [brant] (-(e)s, ⁻e) *m* fire; (*MED*) gangrene; **b~en** ['brandən] *vi* to surge; (*Meer*) to break; **b~marken** *vt* to brand; (*fig*) to stigmatize; **~salbe** *f* ointment for burns; **~stifter** [-ʃtɪftər] *m* arsonist, fire-raiser; **~stiftung** *f* arson; **~ung** *f* surf
Branntwein ['brantvain] *m* brandy
Brasilien [bra'zi:liən] *nt* Brazil
Brat- ['bra:t] *zW:* **~apfel** *m* baked apple; **b~en** (*unreg*) *vt* to roast; to fry; **~en** (-s, -) *m* roast, joint; **~hähnchen** *nt* roast chicken; **~huhn** *nt* roast chicken; **~kartoffeln** *pl* fried *od* roast potatoes; **~pfanne** *f* frying pan
Bratsche ['bra:tʃə] *f* viola
Bratspieß *m* spit
Bratwurst *f* grilled/fried sausage
Brauch [braux] (-(e)s, Bräuche) *m* custom; **b~bar** *adj* usable, serviceable; (*Person*) capable; **b~en** *vt* (*bedürfen*) to need; (*müssen*) to have to; (*inf: verwenden*) to use
Braue ['brauə] *f* brow
brauen *vt* to brew
Braue'rei *f* brewery

braun [braun] adj brown; (von Sonne auch) tanned
Bräune ['brɔynə] (-) f brownness; (Sonnen~) tan; **b~n** vt to make brown; (Sonne) to tan
braungebrannt adj tanned
Brause ['brauzə] f shower bath; (von Gießkanne) rose; (Getränk) lemonade; **b~n** vi to roar; (auch vr: duschen) to take a shower
Braut [braut] (-, Bräute) f bride; (Verlobte) fiancée
Bräutigam ['brɔytigam] (-s, -e) m bridegroom; fiancé
Brautpaar nt bride and (bride)groom, bridal pair
brav [braːf] adj (artig) good; (ehrenhaft) worthy, honest
bravo ['braːvo] excl well done
BRD ['beː'ɛr'deː] (-) f abk = **Bundesrepublik Deutschland**
Brech- ['brɛç] zW: ~**eisen** nt crowbar; **b~en** (unreg) vt, vi to break; (Licht) to refract; (fig: Mensch) to crush; (speien) to vomit; ~**reiz** m nausea, retching
Brei [braɪ] (-(e)s, -e) m (Masse) pulp; (KOCH) gruel; (Hafer~) porridge
breit [braɪt] adj wide, broad; B~e f width; (esp bei Maßangaben) breadth; (GEOG) latitude; ~**en** vt: etw über etw akk ~**en** to spread sth over sth; B~**engrad** m degree of latitude; ~**machen** vr to spread o.s. out; ~**treten** (unreg; umg) vt to go on about
Brems- ['brɛms] zW: ~**belag** m brake lining; ~**e** [-zə] f brake; (ZOOL) horsefly; **b~en** [-zən] vi to brake ♦ vt (Auto) to brake; (fig) to slow down; ~**flüssigkeit** f brake fluid; ~**licht** nt brake light; ~**pedal** nt brake pedal; ~**spur** f skid mark(s pl); ~**weg** m braking distance
Brenn- ['brɛn] zW: **b~bar** adj inflammable; **b~en** (unreg) vi to burn, to be on fire; (Licht, Kerze etc) to burn ♦ vt (Holz etc) to burn; (Ziegel, Ton) to fire; (Kaffee) to roast; **darauf b~en, etw zu tun** to be dying to do sth; ~**(n)essel** f stinging nettle; ~**punkt** m (PHYS) focal point; (Mittelpunkt) focus; ~**spiritus** m methylated spirits; ~**stoff** m fuel
brenzlig ['brɛntslɪç] adj (fig) precarious
Brett [brɛt] (-(e)s, -er) nt board, plank; (Bord) shelf; (Spiel~) board; ~**er** pl (SKI) skis; (THEAT) boards; **Schwarze(s)** ~ notice board; ~**erzaun** m wooden fence; ~**spiel** nt board game
Brezel ['breːtsəl] (-, -n) f pretzel
brichst [brɪçst] vb siehe **brechen**
Brief [briːf] (-(e)s, -e) m letter; ~**freund** m penfriend; ~**kasten** m letterbox; **b~lich** adj, adv by letter; ~**marke** f (postage) stamp; ~**öffner** m letter opener; ~**papier** nt notepaper; ~**tasche** f wallet; ~**träger**

m postman; ~**umschlag** m envelope; ~**waage** f letter scales; ~**wechsel** m correspondence
briet etc [briːt] vb siehe **braten**
Brikett [bri'kɛt] (-s, -s) nt briquette
brillant [brɪl'jant] adj (fig) brilliant; B~ (-en, -en) m brilliant, diamond
Brille ['brɪlə] f spectacles pl; (Schutz~) goggles pl; (Toiletten~) (toilet) seat; ~**ngestell** nt (spectacle) frames
bringen ['brɪŋən] (unreg) vt to bring; (mitnehmen, begleiten) to take; (einbringen: Profit) to bring in; (veröffentlichen) to publish; (THEAT, CINE) to show; (RADIO, TV) to broadcast; (in einen Zustand versetzen) to get; (umg: tun können) to manage; **jdn dazu ~, etw zu tun** to make sb do sth; **jdn nach Hause ~** to take sb home; **jdn um etw ~** to make sb lose sth; **jdn auf eine Idee ~** to give sb an idea
Brise ['briːzə] f breeze
Brit- ['briːt] zW: ~**e** m Briton; ~**in** f Briton; **b~isch** adj British
bröckelig ['brœkəlɪç] adj crumbly
Brocken ['brɔkən] (-s, -) m piece, bit; (Fels~) lump of rock
brodeln ['broːdəln] vi to bubble
Brokat [bro'kaːt] (-(e)s, -e) m brocade
Brokkoli ['brɔkoli] pl (BOT) broccoli
Brombeere ['brɔmbeːrə] f blackberry, bramble (BRIT)
Bronchien ['brɔnçiən] pl bronchia(l tubes) pl
Bronchitis (-) f bronchitis
Bronze ['brɔ̃ːsə] f bronze
Brosche ['brɔʃə] f brooch
Broschüre [brɔ'ʃyːrə] f pamphlet
Brot [broːt] (-(e)s, -e) nt bread; (Laib) loaf
Brötchen ['brøːtçən] nt roll
Bruch [brʊx] (-(e)s, ⁼e) m breakage; (zerbrochene Stelle) break; (fig) split, breach; (MED: Eingeweide~) rupture, hernia; (Bein~ etc) fracture; (MATH) fraction
brüchig ['brʏçɪç] adj brittle, fragile; (Haus) dilapidated
Bruch- zW: ~**landung** f crash landing; ~**strich** m (MATH) line; ~**stück** nt fragment; ~**teil** m fraction; ~**zahl** [brʊxtsaːl] f (MATH) fraction
Brücke ['brʏkə] f bridge; (Teppich) rug
Bruder ['bruːdər] (-s, ⁼) m brother
brüderlich ['bryːdərlɪç] adj brotherly
Brühe ['bryːə] f broth, stock; (pej) muck
Brühwürfel m (KOCH) stock cube
brüllen ['brʏlən] vi to bellow, to roar
brummen ['brʊmən] vi (Bär, Mensch etc) to growl; (Insekt) to buzz; (Motoren) to roar; (murren) to grumble ♦ vt to growl
brünett [brʏ'nɛt] adj brunette, dark-haired
Brunnen ['brʊnən] (-s, -) m fountain; (tief) well; (natürlich) spring
brüsk [brʏsk] adj abrupt, brusque

Brust [brʊst] (-, ¨e) f breast; (*Männer~*) chest

brüsten ['brʏstən] vr to boast

Brust- zW: **~fellentzündung** f pleurisy; **~kasten** m chest; **~schwimmen** nt breast-stroke

Brüstung ['brʏstʊŋ] f parapet

Brut [bruːt] (-, -en) f brood; (*Brüten*) hatching

brutal [bru'taːl] adj brutal; **B~i'tät** f brutality

brüten ['bryːtən] vi (*auch fig*) to brood

Brutkasten m incubator

brutto ['bruto] adv gross; **B~einkommen** nt gross salary; **B~gehalt** nt gross salary; **B~gewicht** nt gross weight; **B~lohn** m gross wages pl; **B~sozialprodukt** nt gross national product

Bube ['buːbə] (-n, -n) m (*Schurke*) rogue; (*KARTEN*) jack

Buch [buːx] (-(e)s, ¨er) nt book; (*COMM*) account book; **~binder** m bookbinder; **~drucker** m printer

Buche f beech tree

buchen vt to book; (*Betrag*) to enter

Bücher- ['byːçər] zW: **~brett** nt bookshelf; **~ei** [-'rai] f library; **~regal** nt bookshelves pl, bookcase; **~schrank** m bookcase

Buch- zW: **~fink** m chaffinch; **~führung** f book-keeping, accounting; **~halter(in)** (-s, -) m(f) book-keeper; **~handel** m book trade; **~händler(in)** m(f) bookseller; **~handlung** f bookshop

Büchse f tin, can; (*Holz~*) box; (*Gewehr*) rifle; **~nfleisch** nt tinned meat; **~nmilch** f (*KOCH*) evaporated milk, tinned milk; **~nöffner** m tin od can opener

Buch- zW: **~stabe** ['buːxʃtaːbə] (-ns, -n) m letter (of the alphabet); **b~stabieren** [buːxʃta'biːrən] vt to spell; **b~stäblich** ['buːxʃtɛːplɪç] adj literal

Bucht ['bʊxt] (-, -en) f bay

Buchung ['buːxʊŋ] f booking; (*COMM*) entry

Buckel ['bʊkəl] (-s, -) m hump

bücken ['bʏkən] vr to bend

Bückling ['bʏklɪŋ] m (*Fisch*) kipper; (*Verbeugung*) bow

Bude ['buːdə] f booth, stall; (*umg*) digs pl (*BRIT*)

Büffel ['bʏfəl] (-s, -) m buffalo

Büfett [bʏ'feː] (-s, -s) nt (*Anrichte*) sideboard; (*Geschirrschrank*) dresser; **kaltes ~** cold buffet

Bug [buːk] (-(e)s, -e) m (*NAUT*) bow; (*AVIAT*) nose

Bügel ['byːgəl] (-s, -) m (*Kleider~*) hanger; (*Steig~*) stirrup; (*Brillen~*) arm; **~brett** nt ironing board; **~eisen** nt iron; **~falte** f crease; **b~frei** adj crease-resistant, noniron; **b~n** vt, vi to iron

Bühne ['byːnə] f stage; **~nbild** nt set, scenery

Buhruf ['buːruːf] m boo

buk etc [buːk] vb siehe backen

Bulgarien [bʊl'gaːrɪən] nt Bulgaria

Bullauge nt (*NAUT*) porthole

Bull- ['bʊl] zW: **~dogge** f bulldog; **~dozer** ['buldoːzər] (-s, -) m bulldozer; **~e** (-n, -n) m bull

Bumerang ['buːməraŋ] (-s, -e) m boomerang

Bummel ['bʊməl] (-s, -) m stroll; (*Schaufenster~*) window-shopping; **~ant** [-'lant] m slowcoach; **~ei** [-'lai] f wandering; dawdling; skiving; **b~n** vi to wander, to stroll; (*trödeln*) to dawdle; (*faulenzen*) to skive, to loaf around; **~streik** ['bʊməlʃtraik] m go-slow

Bund¹ [bʊnt] (-(e)s, ¨e) m (*Freundschafts~* etc) bond; (*Organisation*) union; (*POL*) confederacy; (*Hosen~, Rock~*) waistband

Bund² (-(e)s, -e) nt bunch; (*Stroh~*) bundle

Bündel ['bʏndəl] (-s, -) nt bundle, bale; **b~n** vt to bundle

Bundes- ['bʊndəs] in zW Federal (*bes West German*); **~bahn** f Federal Railways pl; **~bürger** m West German citizen; **~hauptstadt** f Federal capital; **~kanzler** m Federal Chancellor; **~land** nt Land; **~liga** f football league; **~präsident** m Federal President; **~rat** m upper house of West German Parliament; **~regierung** f Federal government; **~republik** f Federal Republic (of West Germany); **~staat** m Federal state; **~tag** m West German Parliament; **~wehr** f West German Armed Forces pl

bündig adj (*kurz*) concise

Bündnis (-ses, -se) nt alliance

Bunker ['bʊŋkər] (-s, -) m bunker

bunt [bʊnt] adj coloured; (*gemischt*) mixed; **jdm wird es zu ~** it's getting too much for sb; **B~stift** m coloured pencil, crayon

Burg [bʊrk] (-, -en) f castle, fort

Bürge ['bʏrgə] (-n, -n) m guarantor; **b~n** vi: **b~n für** to vouch for

Bürger(in) ['bʏrgər(ɪn)] (-s, -) m(f) citizen; member of the middle class; **~krieg** m civil war; **b~lich** adj (*Rechte*) civil; (*Klasse*) middle-class; (*pej*) bourgeois; **~meister** m mayor; **~recht** nt civil rights pl; **~schaft** f population, citizens pl; **~steig** m pavement

Bürgschaft f surety; **~ leisten** to give security

Büro [by'roː] (-s, -s) nt office; **~angestellte(r)** mf office worker; **~klammer** f paper clip; **~kra'tie** f bureaucracy; **b~'kratisch** adj bureaucratic; **~schluß** m office closing time

Bursch (-en, -en) m = Bursche

Bursche ['bʊrʃə] (-n, -n) m lad, fellow; (*Diener*) servant

Bürste ['byrstə] *f* brush; **b~n** *vt* to brush
Bus [bʊs] (**-ses, -se**) *m* bus
Busch [bʊʃ] (**-(e)s, ⸚e**) *m* bush, shrub
Büschel ['byʃəl] (**-s, -**) *nt* tuft
buschig *adj* bushy
Busen ['bu:zən] (**-s, -**) *m* bosom; (*Meer~*) inlet, bay
Buße ['bu:sə] *f* atonement, penance; (*Geld*) fine
büßen ['by:sən] *vi* to do penance, to atone ♦ *vt* to do penance for, to atone for
Bußgeld ['bu:sgɛlt] *nt* fine
Büste ['bystə] *f* bust; **~nhalter** *m* bra
Butter ['bʊtər] (**-**) *f* butter; **~blume** *f* buttercup; **~brot** *nt* (piece of) bread and butter; (*umg*) sandwich; **~brotpapier** *nt* greaseproof paper; **~dose** *f* butter dish; **b~weich** ['bʊtərvaiç] *adj* soft as butter; (*fig, umg*) soft
b.w. *abk* (= *bitte wenden*) p.t.o.
bzgl. *abk* (= *bezüglich*) re
bzw. *abk* = **beziehungsweise**

C c

ca. *abk* (= *circa*) approx.
Café [ka'fe:] (**-s, -s**) *nt* café
Cafeteria [kafete'ri:a] (**-, -s**) *f* cafeteria
Camp- ['kɛmp] *zW:* **c~en** *vi* to camp; **~er** (**-s, -**) *m* camper; **~ing** (**-s**) *nt* camping; **~ingkocher** *m* camping stove; **~ingplatz** *m* camp(ing) site
CD *f abk* (*disc*) CD; **~-Spieler** *m* CD (player)
Cellist [tʃe'lɪst] *m* cellist
Cello ['tʃɛlo] (**-s, -s** *od* **Celli**) *nt* cello
Celsius ['tsɛlzius] (**-**) *nt* Celsius
Chamäleon [ka'mɛ:leɔn] (**-s, -s**) *nt* chameleon
Champagner [ʃam'panjər] (**-s, -**) *m* champagne
Champignon ['ʃampinjɔ] (**-s, -s**) *m* button mushroom
Chance ['ʃã:s(ə)] *f* chance, opportunity
Chaos ['ka:ɔs] (**-, -**) *nt* chaos
chaotisch [ka'o:tiʃ] *adj* chaotic
Charakter [ka'raktor, *pl* karak'te:rə] (**-s, -e**) *m* character; **c~fest** *adj* of firm character, strong; **c~i'sieren** *vt* to characterize; **c~istisch** [karakte'rɪstɪʃ] *adj:* **c~istisch (für)** characteristic (of), typical (of); **c~los** *adj* unprincipled; **~losigkeit** *f* lack of principle; **~schwäche** *f* weakness of charac-

ter; **~stärke** *f* strength of character; **~zug** *m* characteristic, trait
charmant [ʃar'mant] *adj* charming
Charme [ʃarm] (**-s**) *m* charm
Charterflug ['(t)ʃa:rtərflu:k] *m* charter flight
Chauffeur [ʃɔ'fø:r] *m* chauffeur
Chauvinist [ʃovi'nɪst] *m* chauvinist, jingoist
Chef [ʃɛf] (**-s, -s**) *m* head; (*umg*) boss; **~arzt** *m* senior consultant; **~in** (*umg*) *f* boss
Chemie [çe'mi:] (**-**) *f* chemistry; **~faser** *f* man-made fibre
Chemikalie [çemi'ka:liə] *f* chemical
Chemiker ['çe:mikər] (**-s, -**) *m* (industrial) chemist
chemisch ['çe:mɪʃ] *adj* chemical; **~e Reinigung** dry cleaning
Chicorée [ʃiko're:] (**-s**) *m od f* chicory
Chiffre ['ʃifrə] *f* (*Geheimzeichen*) cipher; (*in Zeitung*) box number
Chile ['çi:le, 'tʃi:le] *nt* Chile
Chin- ['çi:n] *zW:* **~a** *nt* China; **~akohl** *m* Chinese leaves; **~ese** [-'ne:zə] *m* Chinese; **~esin** *f* Chinese; **c~esisch** *adj* Chinese
Chirurg [çi'rʊrk] (**-en, -en**) *m* surgeon; **~ie** [-'gi:] *f* surgery; **c~isch** *adj* surgical
Chlor [klo:r] (**-s**) *nt* chlorine; **~o'form** (**-s**) *nt* chloroform
Cholera ['ko:lera] (**-**) *f* cholera
cholerisch [ko'le:rɪʃ] *adj* choleric
Chor [ko:r] (**-(e)s, ⸚e**) *m* choir; (*Musikstück, THEAT*) chorus; **~al** [ko'ra:l] (**-s, -äle**) *m* chorale
Choreograph [koreo'gra:f] (**-en, -en**) *m* choreographer
Christ [krɪst] (**-en, -en**) *m* Christian; **~baum** *m* Christmas tree; **~enheit** *f* Christendom; **~entum** *nt* Christianity; **~in** *f* Christian; **~kind** *nt* ≈ Father Christmas; (*Jesus*) baby Jesus; **c~lich** *adj* Christian; **~us** (**-**) *m* Christ
Chrom [kro:m] (**-s**) *nt* (*CHEM*) chromium; chrome
Chron- ['kro:n] *zW:* **~ik** *f* chronicle; **c~isch** *adj* chronic; **c~ologisch** [-o'lo:gɪʃ] *adj* chronological
Chrysantheme [kryzan'te:mə] *f* chrysanthemum
circa ['tsɪrka] *adv* about, approximately
Clown [klaʊn] (**-s, -s**) *m* clown
Cocktail ['kɔkte:l] (**-s, -s**) *m* cocktail
Cola ['ko:la] (**-, -s**) *f* Coke (®)
Computer [kɔm'pju:tər] (**-s, -**) *m* computer; **~spiel** *nt* computer game
Conférencier [kõferãsi'e:] (**-s, -s**) *m* compère
Cord [kɔrt] (**-s**) *m* cord, corduroy
Couch [kaʊtʃ] (**-, -es** *od* **-en**) *f* couch
Coupé [ku'pe:] (**-s, -s**) *nt* (*AUT*) coupé, sports version
Coupon [ku'põ:] (**-s, -s**) *m* coupon;

(Stoff~) length of cloth

Cousin [ku'zɛ̃:] **(-s, -s)** *m* cousin; **~e** [ku'zi:nə] *f* cousin

Creme [krɛ:m] **(-, -s)** *f* cream; *(Schuh~)* polish; *(Zahn~)* paste; *(KOCH)* mousse; **c~farben** *adj* cream(-coloured)

cremig *adj* creamy

Curry ['kœri] **(-s)** *m od nt* curry powder; **~pulver** *nt* curry powder

Cursor ['kœrsər] *m* cursor

Cutter ['katər] **(-s, -)** *m (CINE)* editor

D d

da [da:] *adv* **1**: *(örtlich)* there; *(hier)* here; **da draußen** out there; **da bin ich** here I am; **da, wo** where; **ist noch Milch da?** is there any milk left?
2 *(zeitlich)* then; *(folglich)* so
3: **da haben wir Glück gehabt** we were lucky there; **da kann man nichts machen** nothing can be done about it
♦ *konj (weil)* as, since

dabehalten *(unreg) vt* to keep

dabei [da'baɪ] *adv (räumlich)* close to it; *(noch dazu)* besides; *(zusammen mit)* with them; *(zeitlich)* during this; *(obwohl doch)* but, however; **was ist schon ~?** what of it?; **es ist doch nichts ~, wenn ...** it doesn't matter if ...; **bleiben wir ~** let's leave it at that; **es bleibt ~** that's settled; **das Dumme/Schwierige ~** the stupid/difficult part of it; **er war gerade ~, zu gehen** he was just leaving; **~sein** *(unreg) vi (anwesend)* to be present; *(beteiligt)* to be involved; **~stehen** *(unreg) vi* to stand around

Dach [dax] **(-(e)s, ⁺er)** *nt* roof; **~boden** *m* attic, loft; **~decker (-s, -)** *m* slater, tiler; **~fenster** *nt* skylight; **~luke** *f* skylight; **~pappe** *f* roofing felt; **~rinne** *f* gutter

Dachs [daks] **(-es, -e)** *m* badger

dachte *etc* ['daxtə] *vb siehe* **denken**

Dackel ['dakəl] **(-s, -)** *m* dachshund

dadurch [da'dʊrç] *adv (räumlich)* through it; *(durch diesen Umstand)* thereby, in that way; *(deshalb)* because of that, for that reason ♦ *konj*: **~, daß** because

dafür [da'fy:r] *adv* for it; *(anstatt)* instead;

er kann nichts ~ he can't help it; **er ist bekannt ~** he is well-known for that; **was bekomme ich ~?** what will I get for it?

dafürkönnen *unreg (vt)*: **er kann nichts dafür** he can't help it

dagegen [da'ge:gən] *adv* against it; *(im Vergleich damit)* in comparison with it; *(bei Tausch)* for it/them ♦ *konj* however; **ich habe nichts ~** I don't mind; **ich war ~** I was against it; **~ kann man nichts tun** one can't do anything about it; **~halten** *(unreg) vt (vergleichen)* to compare with it; *(entgegnen)* to object to it; **~sprechen** *(unreg) vi*: **es spricht nichts ~** there's no reason why not

daheim [da'haɪm] *adv* at home; **D~ (-s)** *nt* home

daher [da'he:r] *adv (räumlich)* from there; *(Ursache)* from that ♦ *konj (deshalb)* that's why

dahin [da'hɪn] *adv (räumlich)* there; *(zeitlich)* then; *(vergangen)* gone; **~gegen** *konj* on the other hand; **~gehend** *adv* on this matter; **~gestellt** *adv*: **~gestellt bleiben** to remain to be seen; **~gestellt sein lassen** to leave open *od* undecided

dahinten [da'hɪntən] *adv* over there

dahinter [da'hɪntər] *adv* behind it; **~kommen** *(unreg) vi* to get to the bottom of it

Dahlie ['da:liə] *f* dahlia

dalli ['dali] *(umg) adv* chop chop

damalig ['da:ma:lɪç] *adj* of that time, then

damals ['da:ma:ls] *adv* at that time, then

Damast [da'mast] **(-(e)s, -e)** *m* damask

Dame ['da:mə] *f* lady; *(SCHACH, KARTEN)* queen; *(Spiel)* draughts *sg*; **d~haft** *adj* ladylike; **~nwahl** *f* ladies' excuse-me

damit [da'mɪt] *adv* with it; *(begründend)* by that ♦ *konj* in order that, in order to; **was meint er ~?** what does he mean by that?; **genug ~!** that's enough!; **~ eilt es nicht** there's no hurry

dämlich ['dɛ:mlɪç] *(umg) adj* silly, stupid

Damm [dam] **(-(e)s, ⁺e)** *m* dyke; *(Stau~)* dam; *(Hafen~)* mole; *(Bahn~, Straßen~)* embankment

dämmen ['dɛmən] *vt (Wasser)* to dam up; *(Schmerzen)* to keep back

dämmer- *zW*: **~ig** *adj* dim, faint; **~n** *vi (Tag)* to dawn; *(Abend)* to fall; **D~ung** *f* twilight; *(Morgen~)* dawn; *(Abend~)* dusk

dämonisch [dɛ'mo:nɪʃ] *adj* demoniacal

Dampf [dampf] **(-(e)s, ⁺e)** *m* steam; *(Dunst)* vapour; **d~en** *vi* to steam

dämpfen ['dɛmpfən] *vt (KOCH)* to steam; *(bügeln)* to iron with a damp cloth; *(fig)* to dampen, to subdue

Dampf- *zW*: **~kochtopf** *m* pressure cooker; **~schiff** *nt* steamship; **~walze** *f* steamroller

danach [da'na:x] *adv* after that; *(zeitlich)* after that, afterwards; *(gemäß)* accordingly;

according to which; according to that; **er sieht ~ aus** he looks it

Däne (-n, -n) *m* Dane

daneben [da'ne:bən] *adv* beside it; (*im Vergleich*) in comparison; **~benehmen** (*unreg*) *vr* to misbehave; **~gehen** (*unreg*) *vi* to miss; (*Plan*) to fail

Dän- [*'dɛ:n*] *zW*: **~emark** *nt* Denmark; **~in** *f* Dane; **d~isch** *adj* Danish

Dank [daŋk],(-(e)s) *m* thanks *pl*; **vielen** *od* **schönen ~** many thanks; **jdm ~ sagen** to thank sb; **d~** *präp* (+*dat od gen*) thanks to; **d~bar** *adj* grateful; (*Aufgabe*) rewarding; **~barkeit** *f* gratitude; **d~e** *excl* thank you, thanks; **d~en** *vi* +*dat* to thank; **d~enswert** *adj* (*Arbeit*) worthwhile; rewarding; (*Bemühung*) kind; **d~sagen** *vi* to express one's thanks

dann [dan] *adv* then; **~ und wann** now and then

daran [da'ran] *adv* on it; (*stoßen*) against it; **es liegt ~, daß ...** the cause of it is that ...; **gut/schlecht ~ sein** to be well-/badly off; **das Beste/Dümmste ~** the best/stupidest thing about it; **ich war nahe ~, zu ...** I was on the point of ...; **er ist ~ gestorben** he died from it *od* of it; **~gehen** (*unreg*) *vi* to start; **~setzen** *vt* to stake; **er hat alles ~gesetzt, von Glasgow wegzukommen** he has done his utmost to get away from Glasgow

darauf [da'rauf] *adv* (*räumlich*) on it; (*zielgerichtet*) towards it; (*danach*) afterwards; **es kommt ganz ~ an, ob ...** it depends whether...; **die Tage ~** the days following *od* thereafter; **am Tag ~** the next day; **~folgend** *adj* (*Tag, Jahr*) next, following; **~legen** *vt* to lay *od* put on top

daraus [da'raus] *adv* from it; **was ist ~ geworden?** what became of it?; **~ geht hervor, daß ...** this means that ...

Darbietung [da:rbi:tuŋ] *f* performance

darf *etc* [darf] *vb siehe* **dürfen**

darin [da'rın] *adv* in (there), in it

Dar- ['da:r] *zW*: **d~legen** *vt* to explain, to expound, to set forth; **~legung** *f* explanation; **~leh(e)n** (-s, -) *nt* loan

Darm [darm] (-(e)s, ⸚e) *m* intestine; (*Wurst~*) skin; **~grippe** *f* (*MED*) gastric influenza *od* 'flu; **~saite** *f* gut string

darstellen [da:rʃtɛlən] *vt* (*abbilden, bedeuten*) to represent; (*THEAT*) to act; (*beschreiben*) to describe ♦ *vr* to appear to be

Darsteller(in) (-s, -) *m(f)* actor(actress)

Darstellung *f* portrayal, depiction

darüber [da'ry:bər] *adv* (*räumlich*) over it, above it; (*fahren*) over it; (*mehr*) more; (*währenddessen*) meanwhile; (*sprechen, streiten*) about it; **~ geht nichts** there's nothing like it

darum [da'rum] *adv* (*räumlich*) round it ♦ *konj* that's why; **er bittet ~** he is pleading

---

for it; **es geht ~, daß ...** the thing is that ...; **er würde viel ~ geben, wenn ...** he would give a lot to ...; **ich tue es ~, weil ...** I am doing it because ...

darunter [da'runtər] *adv* (*räumlich*) under it; (*dazwischen*) among them; (*weniger*) less; **ein Stockwerk ~** one floor below (it); **was verstehen Sie ~?** what do you understand by that?

das [das] *def art siehe* **der** ♦ *pron* that

Dasein [da:zaın] (-s) *nt* (*Leben*) life; (*Anwesenheit*) presence; (*Bestehen*) existence

dasein (*unreg*) *vi* to be there

daß [das] *konj* that

dasselbe [das'zɛlbə] *art, pron* the same

dastehen ['da:ʃte:ən] (*unreg*) *vi* to stand there

Datei [da'taı] *f* file

Datenbank ['da:tənbaŋk] *f* data base

Datensichtgerät *nt* visual display unit, VDU

Datenverarbeitung *f* data processing

datieren [da'ti:rən] *vt* to date

Dativ ['da:ti:f] (-s, -e) *m* dative (case)

Dattel ['datəl] (-, -n) *f* date

Datum ['da:tum] (-s, **Daten**) *nt* date; **Daten** *pl* (*Angaben*) data *pl*

Dauer ['dauər] (-, -n) *f* duration; (*gewisse Zeitspanne*) length; (*Bestand, Fortbestehen*) permanence; **es war nur von kurzer ~** it didn't last long; **auf die ~** in the long run; (*auf längere Zeit*) indefinitely; **~auftrag** *m* standing order; **d~haft** *adj* lasting, durable; **~karte** *f* season ticket; **~lauf** *m* jog(ging); **d~n** *vi* to last; **es hat sehr lang ged~t, bis er ...** it took him a long time to ...; **d~nd** *adj* constant; **~welle** *f* perm, permanent wave; **~wurst** *f* German salami; **~zustand** *m* permanent condition

Daumen ['daumən] (-s, -) *m* thumb

Daune ['daunə] *f* down; **~ndecke** *f* down duvet, down quilt

davon [da'fɔn] *adv* of it; (*räumlich*) away; (*weg von*) from it; (*Grund*) because of it; **das kommt ~!** that's what you get; **~ abgesehen** apart from that; **~ sprechen/wissen** to talk/know of *od* about it; **was habe ich ~?** what's the point?; **~kommen** (*unreg*) *vi* to escape; **~laufen** (*unreg*) *vi* to run away

davor [da'fo:r] *adv* (*räumlich*) in front of it; (*zeitlich*) before (that); **~ warnen** to warn about it

dazu [da'tsu:] *adv* (*legen, stellen*) by it; (*essen, singen*) with it; **und ~ noch** and in addition; **ein Beispiel/seine Gedanken ~** one example for/his thoughts on this; **wie komme ich denn ~?** why should I?; **~ fähig sein** to be capable of it; **sich ~ äußern** to say something on it; **~gehören** *vi* to belong to it; **~kommen** (*unreg*) *vi* (*Ereignisse*) to happen too; (*an einen Ort*) to come along

dazwischen [da'tsvɪʃən] *adv* in between; (*räumlich auch*) between (them); (*zusammen mit*) among them; **der Unterschied ~** the difference between them; **~kommen** (*unreg*) *vi* (*hineingeraten*) to get caught in it; **es ist etwas ~gekommen** something cropped up; **~reden** *vi* (*unterbrechen*) to interrupt; (*sich einmischen*) to interfere; **~treten** (*unreg*) *vi* to intervene

Debatte [de'batə] *f* debate

Deck [dɛk] (*-(e)s, -s od -e*) *nt* deck; **an ~ gehen** to go on deck

Decke *f* cover; (*Bett~*) blanket; (*Tisch~*) tablecloth; (*Zimmer~*) ceiling; **unter einer ~ stecken** to be hand in glove; **~l** (*-s, -*) *m* lid; **d~n** *vt* to cover ♦ *vr* to coincide

Deckung *f* (*Schützen*) covering; (*Schutz*) cover; (*SPORT*) defence; (*Übereinstimmen*) agreement; **d~sgleich** *adj* congruent

Defekt [de'fɛkt] (*-(e)s, -e*) *m* fault, defect; **d~** *adj* faulty

defensiv [defɛn'si:f] *adj* defensive

definieren [defi'ni:rən] *vt* to define

Definition [definitsi'o:n] *f* definition

Defizit ['de:fitsɪt] (*-s, -e*) *nt* deficit

deftig ['dɛftɪç] *adj* (*Essen*) large; (*Witz*) coarse

Degen ['de:gən] (*-s, -*) *m* sword

degenerieren [degene'ri:rən] *vi* to degenerate

dehnbar ['de:nba:r] *adj* elastic; (*fig*) loose

dehnen *vt, vr* to stretch

Deich [daɪç] (*-(e)s, -e*) *m* dyke, dike

Deichsel ['daɪksəl] (*-, -n*) *f* shaft

deichseln (*umg*) *vt* (*fig*) to wangle

dein(e) [daɪn(e)] *adj* (*D~ in Briefen*) your; **~e(r, s)** *pron* yours; **~er** (*gen von du*) *pron* of you; **~erseits** *adv* on your part; **~esgleichen** *pron* people like you; **~etwegen** *adv* (*für dich*) for your sake; (*wegen dir*) on your account; **~etwillen** *adv*: **um ~etwillen = deinetwegen**; **~ige** *pron*: **der/die/das ~ige** yours

dekadent [deka'dɛnt] *adj* decadent

Deklination [deklinatsi'o:n] *f* declension

deklinieren [dekli'ni:rən] *vt* to decline

Dekolleté [dekɔl'te:] (*-s, -s*) *nt* low neckline

Deko- [deko] *zW*: **~rateur** [-ra'tø:r] *m* window dresser; **~ration** [-ratsi'o:n] *f* decoration; (*in Laden*) window dressing; **d~rativ** [-ra'ti:f] *adj* decorative; **d~rieren** [-'ri:rən] *vt* to decorate; (*Schaufenster*) to dress

Delegation [delegatsi'o:n] *f* delegation

delegieren [dele'gi:rən] *vt*: **~ an** +*akk* (*Aufgaben*) to delegate to

delikat [deli'ka:t] *adj* (*zart, heikel*) delicate; (*köstlich*) delicious

Delikatesse [delika'tɛsə] *f* delicacy; **~n** *pl* (*Feinkost*) delicatessen food; **~ngeschäft** *nt* delicatessen

Delikt [de'lɪkt] (*-(e)s, -e*) *nt* (*JUR*) offence

Delle ['dɛlə] (*umg*) *f* dent

Delphin [dɛl'fi:n] (*-s, -e*) *m* dolphin

dem [de(:)m] *art dat von* **der; das**

Demagoge [dema'go:gə] (*-n, -n*) *m* demagogue

dementieren [demɛn'ti:rən] *vt* to deny

dem- *zW*: **~gemäß** *adv* accordingly; **~nach** *adv* accordingly; **~nächst** *adv* shortly

Demokrat [demo'kra:t] (*-en, -en*) *m* democrat; **~ie** [-'ti:] *f* democracy; **d~isch** *adj* democratic; **d~isieren** [-i'zi:rən] *vt* to democratize

demolieren [demo'li:rən] *vt* to demolish

Demon- [demɔn] *zW*: **~strant(in)** [-'strant(ɪn)] *m(f)* demonstrator; **~stration** [-stratsi'o:n] *f* demonstration; **d~strativ** [-stra'ti:f] *adj* demonstrative; (*Protest*) pointed; **d~strieren** [-'stri:rən] *vt, vi* to demonstrate

Demoskopie [demosko'pi:] *f* public opinion research

Demut ['de:mu:t] (*-*) *f* humility

demütig ['de:my:tɪç] *adj* humble; **~en** ['de:my:tɪgən] *vt* to humiliate; **D~ung** *f* humiliation

demzufolge ['de:mtsu'fɔlgə] *adv* accordingly

den [de(:)n] *art akk von* **der**

denen ['de:nən] *pron dat pl von* **der; die; das**

Denk- ['dɛŋk] *zW*: **d~bar** *adj* conceivable; **~en** (*-s*) *nt* thinking; **d~en** (*unreg*) *vt, vi* to think; **d~faul** *adj* lazy; **~fehler** *m* logical error; **~mal** (*-s, ⁻er*) *nt* monument; **d~würdig** *adj* memorable; **~zettel** *m*: **jdm einen ~zettel verpassen** to teach sb a lesson

denn [dɛn] *konj* for ♦ *adv* then; (*nach Komparativ*) than; **warum ~?** why?

dennoch ['dɛnɔx] *konj* nevertheless

Denunziant [denuntsi'ant] *m* informer

deponieren [depo'ni:rən] *vt* (*COMM*) to deposit

Depot [de'po:] (*-s, -s*) *nt* warehouse; (*Bus~, EISENB*) depot; (*Bank~*) strongroom, safe (*US*)

Depression [depresi'o:n] *f* depression

depressiv *adj* depressive

deprimieren [depri'mi:rən] *vt* to depress

SCHLÜSSELWORT

der [de:r] (*f* **die**, *nt* **das**, *gen* **des, der, des**, *dat* **dem, der, dem**, *akk* **den, die, das**, *pl* **die**) *def art* the; **der Rhein** the Rhine; **der Klaus** (*umg*) Klaus; **die Frau** (*im allgemeinen*) women; **der Tod/das Leben** death/life; **der Fuß des Berges** the foot of the hill; **gib es der Frau** give it to the woman; **er hat sich die Hand verletzt** he has hurt his hand

♦ **relativ** *pron* (*bei Menschen*) who, that; (*bei Tieren, Sachen*) which, that; **der Mann, den ich gesehen habe** the man who *od* whom *od* that I saw
♦ **demonstrativ** *pron* he/she/it; (*jener, dieser*) that; (*pl*) those; **der/die war es** it was him/her; **der mit der Brille** the one with glasses; **ich will den (da)** I want that one

derart ['deːr'aːrt] *adv* so; (*solcher Art*) such; **~ig** *adj* such, this sort of
derb [dɛrp] *adj* sturdy; (*Kost*) solid; (*grob*) coarse
der- *zW*: **~'gleichen** *pron* such; **~'jenige** *pron* he; she; it; the one (who); that (which); **~'maßen** *adv* to such an extent, so; **~'selbe** *art, pron* the same; **~'weil(en)** *adv* in the meantime; **~'zeitig** *adj* present, current; (*damalig*) then
des [dɛs] *art gen von* **der**
desertieren [dezɛr'tiːrən] *vi* to desert
desgleichen ['dɛs'glaɪçən] *adv* likewise, also
deshalb ['dɛs'halp] *adv* therefore, that's why
Desinfektion [dezɪnfɛktsi'oːn] *f* disinfection; **~smittel** *nt* disinfectant
desinfizieren [dezɪnfi'tsiːrən] *vt* to disinfect
dessen ['dɛsən] *pron gen von* **der**; **das**; **~'ungeachtet** *adv* nevertheless, regardless
Dessert [dɛ'seːr] (**-s, -s**) *nt* dessert
destillieren [dɛstɪ'liːrən] *vt* to distil
desto ['dɛsto] *adv* all the, so much the; **~ besser** all the better
deswegen ['dɛs'veːgən] *konj* therefore, hence
Detail [de'taɪ] (**-s, -s**) *nt* detail
Detektiv [detɛk'tiːf] (**-s, -e**) *m* detective
deut- [dɔʏt] *zW*: **~en** *vt* to interpret, to explain ♦ *vi*: **~en** (auf +*akk*) to point (to *od* at); **~lich** *adj* clear; (*Unterschied*) distinct; **D~lichkeit** *f* clarity; distinctness
Deutsch [dɔʏtʃ] *nt* German
deutsch *adj* German; **auf ~** in German; **D~e Demokratische Republik** German Democratic Republic, East Germany; **~es Beefsteak** ≈ hamburger; **D~e** *f* German; **D~er** *m* German; **ich bin D~er** I am German; **D~land** *nt* Germany
Devise [de'viːzə] *f* motto, device; **~n** *pl* (*FIN*) foreign currency, foreign exchange
Dezember [de'tsɛmbər] (**-s, -**) *m* December
dezent [de'tsɛnt] *adj* discreet
dezimal [detsi'maːl] *adj* decimal; **D~bruch** *m* decimal (fraction); **D~system** *nt* decimal system
d.h. *abk* (= *das heißt*) i.e.
Dia ['diːa] (**-s, -s**) *nt* (*PHOT*) slide, transparency
Diabetes [dia'beːtɛs] (**-, -**) *m* (*MED*) diabetes
Diagnose [dia'gnoːzə] *f* diagnosis

diagonal [diago'naːl] *adj* diagonal; **D~e** *f* diagonal
Dialekt [dia'lɛkt] (**-(e)s, -e**) *m* dialect; **d~isch** *adj* dialectal; (*Logik*) dialectical
Dialog [dia'loːk] (**-(e)s, -e**) *m* dialogue
Diamant [dia'mant] *m* diamond
Diaprojektor ['diːaprojɛktɔr] *m* slide projector
Diät [di'ɛːt] (**-, -en**) *f* diet
dich [dɪç] (*akk von* **du**) *pron* you; yourself
dicht [dɪçt] *adj* dense; (*Nebel*) thick; (*Gewebe*) close; (*undurchlässig*) (water)tight; (*fig*) concise ♦ *adv*: **~ an/bei** close to; **~bevölkert** *adj* densely *od* heavily populated; **D~e** *f* density; thickness; closeness; (water)tightness; (*fig*) conciseness; **~en** *vt* (*dicht machen*) to make watertight; to seal; (*NAUT*) to caulk; (*LITER*) to compose, to write ♦ *vi* to compose, to write; **D~er(in)** (**-s, -**) *m(f)* poet; (*Autor*) writer; **~erisch** *adj* poetical; **~halten** (*unreg; umg*) *vi* to keep one's mouth shut; **D~ung** *f* (*TECH*) washer; (*AUT*) gasket; (*Gedichte*) poetry; (*Prosa*) (piece of) writing
dick [dɪk] *adj* thick; (*fett*) fat; **durch ~ und dünn** through thick and thin; **D~darm** *m* (*ANAT*) colon; **D~e** *f* thickness; fatness; **~flüssig** *adj* viscous; **D~icht** (**-s, -e**) *nt* thicket; **D~kopf** *m* mule; **D~milch** *f* soured milk
die [diː] *def art siehe* **der**
Dieb(in) [diːp, 'diːbɪn] (**-(e)s, -e**) *m(f)* thief; **d~isch** *adj* thieving; (*umg*) immense; **~stahl** (**-(e)s, ⸚e**) *m* theft
Diele ['diːlə] *f* (*Brett*) board; (*Flur*) hall, lobby
dienen ['diːnən] *vi*: (**jdm**) **~** to serve (sb)
Diener (**-s, -**) *m* servant; **~in** *f* (maid)servant; **~schaft** *f* servants *pl*
Dienst [diːnst] (**-(e)s, -e**) *m* service; **außer ~** retired; **~ haben** to be on duty
Dienstag ['diːnstaːk] *m* Tuesday; **d~s** *adv* on Tuesdays
Dienst- *zW*: **~bote** *m* servant; **~geheimnis** *nt* official secret; **~gespräch** *nt* business call; **d~habend** *adj* (*Arzt*) on duty; **~leistung** *f* service; **d~lich** *adj* official; **~mädchen** *nt* (house)maid; **~reise** *f* business trip; **~stelle** *f* office; **~vorschrift** *f* official regulations *pl*; **~weg** *m* official channels *pl*; **~zeit** *f* working hours *pl*; (*MIL*) period of service
dies ['diːs] *pron* (*demonstrativ: sg*) this; (: *pl*) these; **~bezüglich** *adj* (*Frage*) on this matter; **~e(r, s)** ['diːzə(r, s)] *pron* this (one)
Diesel ['diːzəl] *m* (*Kraftstoff*) diesel
dieselbe [diːˈzɛlbə] *pron, art* the same
Dieselöl ['diːzəlˈøːl] *nt* diesel oil
diesig ['diːzɪç] *adj* drizzly
dies- *zW*: **~jährig** *adj* this year's; **~mal** *adv* this time; **~seits** *präp* +*gen* on this

side; **D~seits** (-) *nt* this life
Dietrich ['diːtrɪç] **(-s, -e)** *m* picklock
diffamieren [dɪfa'miːrən] *(pej) vt* to defame
differential [dɪferentsi'aːl] *adj* differential;
  D~rechnung *f* differential calculus
Differenz [dɪfə'rents] **(-, -en)** *f* (*Unterschied*)
  difference; **~en** *pl* (*geh: Meinungsverschiedenheit*) difference (of opinion)
differenzieren [dɪferen'tsiːrən] *vt* to make
  distinctions in; **differenziert** *adj* (*Mensch
etc*) complex
digital [digi'taːl] *adj* digital
Dikt- [dɪkt] *zW:* **~aphon** [-a'foːn] *nt* dicta-
phone; **~at** [-'taːt] **(-(e)s, -e)** *nt* dictation;
  ~ator [-'taːtɔr] *m* dictator; **d~atorisch**
  [-a'toːrɪʃ] *adj* dictatorial; **~atur** [-a'tuːr] *f*
  dictatorship; **d~ieren** [-'tiːrən] *vt* to dictate
Dilemma [di'lɛma] **(-s, -s** *od* **-ta)** *nt* dilemma
Dilettant [dile'tant] *m* dilettante, amateur;
  d~isch *adj* amateurish, dilettante
Dimension [dimentsi'oːn] *f* dimension
Ding [dɪŋ] **(-(e)s, -e)** *nt* thing, object;
  d~lich *adj* real, concrete; **~s(bums)**
['dɪŋks(bums)] **(-;** *umg*) *m* thingummybob
Diphtherie [dɪfte'riː] *f* diphtheria
Diplom [di'ploːm] **(-(e)s, -e)** *nt* diploma,
  certificate; **~at** [-'maːt] **(-en, -en)** *m* diplomat; **~atie** [-a'tiː] *f* diplomacy; **d~atisch**
  [-'maːtɪʃ] *adj* diplomatic; **~ingenieur** *m* qualified engineer
dir [diːr] (*dat von* **du**) *pron* (to) you
direkt [di'rekt] *adj* direct; **D~or** *m* director;
  (*SCH*) principal, headmaster; **D~übertra-
gung** *f* live broadcast
Dirigent [diri'gent] *m* conductor
dirigieren [diri'giːrən] *vt* to direct; (*MUS*)
to conduct
Dirne ['dɪrnə] *f* prostitute
Diskette [dɪs'ketə] *f* diskette, floppy disk
Diskont [dɪs'kɔnt] **(-s, -e)** *m* discount;
  ~satz *m* rate of discount
Diskothek [dɪsko'teːk] **(-, -en)** *f* dis-
co(theque)
diskret [dɪs'kreːt] *adj* discreet; **D~ion** *f* discretion
Diskussion [dɪskusi'oːn] *f* discussion; debate; **zur ~ stehen** to be under discussion
diskutieren [dɪsku'tiːrən] *vt, vi* to discuss;
to debate
Distanz [dɪs'tants] *f* distance
distanzieren *vr:* **sich von jdm/etw ~** to
distance o.s. from sb/sth
Distel ['dɪstəl] **(-, -n)** *f* thistle
Disziplin [dɪstsi'pliːn] *f* discipline
Dividende [divi'dɛndə] *f* dividend
dividieren [divi'diːrən] *vt:* **(durch etw) ~**
to divide (by sth)
DM [deː'ɛm] *abk* (= *Deutsche Mark*) German Mark
D-Mark ['deːmark] *f* D Mark, German
Mark

---

doch [dɔx] *adv* **1** (*dennoch*) after all; (*sowieso*) anyway; **er kam doch noch** he
came after all; **du weißt es ja doch besser**
you know better than I do anyway; **und
doch ... and yet ...**
2 (*als bejahende Antwort*) yes I do/it does
etc; **das ist nicht wahr - doch!** that's not
true - yes it is!
3 (*auffordernd*): **komm doch** do come; **laß
ihn doch** just leave him; **nicht doch!** oh
no!
4: **sie ist doch noch so jung** but she's still
so young; **Sie wissen doch, wie das ist**
you know how it is(, don't you?); **wenn
doch** if only
♦ *konj* (*aber*) but; (*trotzdem*) all the same;
und doch hat er es getan but still he did
it

Docht [dɔxt] **(-(e)s, -e)** *m* wick
Dock [dɔk] **(-s, -s** *od* **-e)** *nt* dock
Dogge *f* bulldog
Dogma ['dɔgma] **(-s, -men)** *nt* dogma;
  d~tisch *adj* dogmatic
Dohle ['doːlə] *f* (*ZOOL*) jackdaw
Doktor ['dɔktɔr, *pl* -'toːrən] **(-s, -en)** *m*
doctor
Dokument [doku'ment] *nt* document
Dokumentar- [dokumen'taːr] *zW:* **~be-
richt** *m* documentary; **~film** *m* documen-
tary (film); **d~isch** *adj* documentary
Dolch [dɔlç] **(-(e)s, -e)** *m* dagger
dolmetschen ['dɔlmetʃən] *vt, vi* to inter-
pret
Dolmetscher **(-s, -)** *m* interpreter
Dom [doːm] **(-(e)s, -e)** *m* cathedral
dominieren [domi'niːrən] *vt* to dominate ♦
vi to predominate
Dompfaff ['doːmpfaf] *m* bullfinch
Donau ['doːnau] *f* Danube
Donner ['dɔnər] **(-s, -)** *m* thunder; **d~n** *vi
unpers* to thunder
Donnerstag ['dɔnərstaːk] *m* Thursday
doof [doːf] (*umg*) *adj* daft, stupid
Doppel ['dɔpəl] **(-s, -)** *nt* duplicate;
  (*SPORT*) doubles; **~bett** *nt* double bed;
  d~deutig *adj* ambiguous; **~fenster** *nt*
double glazing; **~gänger (-s, -)** *m* double;
  ~punkt *m* colon; **~stecker** *m* two-way
adaptor; **d~t** *adj* double; **in d~ter Ausführung** in duplicate; **~verdiener** *m* person with two incomes; (*pl: Paar*) two-
income family; **~zentner** *m* 100 kilograms;
  ~zimmer *nt* double room
Dorf [dɔrf] **(-(e)s, ̈er)** *nt* village; **~bewoh-
ner** *m* villager
Dorn¹ [dɔrn] **(-(e)s, -en)** *m* (*BOT*) thorn
Dorn² **(-(e)s, -e)** *m* (*Schnallen~*) tongue,
pin
dornig *adj* thorny

dörren ['dœrən] vt to dry
Dörrobst ['dœr'o:pst] nt dried fruit
Dorsch [dɔrʃ] (-(e)s, -e) m cod
dort [dɔrt] adv there; ~ **drüben** over there;
~**her** adv from there; ~**hin** adv (to) there;
~**ig** adj of that place; in that town
Dose ['do:zə] f box; (Blech~) tin, can
Dosen pl von **Dose; Dosis**
Dosenöffner m tin od can opener
Dosis ['do:zɪs] (-, **Dosen**) f dose
Dotter ['dɔtər] (-s, -) m (egg) yolk
Down-Syndrom [daʊn zyn'dro:m] nt
(MED) Down's Syndrome
Drache ['draxə] (-n, -n) m (Tier) dragon
Drachen (-s, -) m kite
Draht [dra:t] (-(e)s, ⁼e) m wire; auf ~ **sein**
to be on the ball; **d~ig** adj (Mann) wiry;
~**seil** nt cable; ~**seilbahn** f cable railway,
funicular; ~**zange** f pliers pl
Drama ['dra:ma] (-s, **Dramen**) nt drama,
play; ~**tiker** ['ma:tikər] (-s, -) m dramatist;
d~tisch ['ma:tɪʃ] adj dramatic
dran [dran] (umg) adv: **jetzt bin ich ~**! it's
my turn now; siehe **daran**
Drang [draŋ] (-(e)s, ⁼e) m (Trieb): ~ **(nach)**
impulse (for), urge (for), desire (for);
(Druck) pressure
drängeln ['drɛŋəln] vt, vi to push, to jostle
drängen ['drɛŋən] vt (schieben) to push, to
press; (antreiben) to urge ♦ vi (eilig sein) to
be urgent; (Zeit) to press; **auf etw** akk ~ to
press for sth
drastisch ['drastɪʃ] adj drastic
drauf [draʊf] (umg) adv = **darauf;**
D~gänger (-s, -) m daredevil
draußen ['draʊsən] adv outside, out-of-
doors
Dreck [drɛk] (-(e)s) m mud, dirt; **d~ig** adj
dirty, filthy
Dreh- ['dre:] zW: ~**arbeiten** pl (CINE)
shooting sg; ~**bank** f lathe; ~**buch** nt
(CINE) script; **d~en** vt to turn, to rotate;
(Zigaretten) to roll; (Film) to shoot ♦ vi to
turn, to rotate ♦ vr to turn; (handeln von):
es d~t sich um ... it's about ...; ~**orgel** f
barrel organ; ~**tür** f revolving door; ~**ung**
f (Rotation) rotation; (Um~, Wendung) turn;
~**zahl** f rate of revolutions; ~**zahlmesser**
m rev(olution) counter
drei [draɪ] num three; **D~eck** nt triangle;
~**eckig** adj triangular; ~**einhalb** num
three and a half; ~**erlei** adj inv of three
kinds; ~**fach** adj triple, treble ♦ adv three
times; ~**hundert** num three hundred;
D~'königsfest nt Epiphany; ~**mal** adv
three times; ~**malig** adj three times
dreinreden ['draɪnre:dən] vi: **jdm** ~ (da-
zwischenreden) to interrupt sb; (sich einmischen) to interfere with sb
Dreirad nt tricycle
dreißig ['draɪsɪç] num thirty
dreist [draɪst] adj bold, audacious;

D~igkeit f boldness, audacity
drei- zW: ~**viertel** num three-quarters;
D~viertelstunde f three-quarters of an
hour; ~**zehn** num thirteen
dreschen ['drɛʃən] (unreg) vt (Getreide) to
thresh; (umg: verprügeln) to beat up
dressieren [drɛ'si:rən] vt to train
drillen ['drɪlən] vt (bohren) to drill, to bore;
(MIL) to drill; (fig) to train
Drilling m triplet
drin [drɪn] (umg) adv = **darin**
dringen ['drɪŋən] (unreg) vi (Wasser, Licht,
Kälte): ~ **(durch/in** +akk) to penetrate
(through/into); **auf etw** akk ~ to insist on
sth
dringend ['drɪŋənt] adj urgent
dringlich ['drɪŋlɪç] adj urgent
Dringlichkeit f urgency
drinnen ['drɪnən] adv inside, indoors
dritte(r, s) ['drɪtə(r, s)] adj third; ~ **Welt**
Third World; **D~s Reich** Third Reich; **D~l**
(-s, -) nt third; ~**ns** adv thirdly
droben ['dro:bən] adv above, up there
Droge ['dro:gə] f drug; **d~nabhängig** adj
addicted to drugs; ~**nhändler** m drug pedlar, pusher; ~**rie** [dro:gə'ri:] f chemist's
shop
Drogist [dro'gɪst] m pharmacist, chemist
drohen ['dro:ən] vi: **(jdm)** ~ to threaten
(sb)
dröhnen ['drø:nən] vi (Motor) to roar;
(Stimme, Musik) to ring, to resound
Drohung ['dro:ʊŋ] f threat
drollig ['drɔlɪç] adj droll
Drossel ['drɔsəl] (-, -n) f thrush
drüben ['dry:bən] adv over there, on the
other side
drüber ['dry:bər] (umg) adv = **darüber**
Druck [druk] (-(e)s, -e) m (PHYS, Zwang)
pressure; (TYP: Vorgang) printing; (: Produkt) print; (fig: Belastung) burden, weight;
~**buchstabe** m block letter
drücken ['drʏkən] vt (Knopf, Hand) to press;
(zu eng sein) to pinch; (fig: Preise) to keep
down; (: belasten) to oppress, to weigh
down ♦ vi to press; to pinch ♦ vr: **sich vor
etw** dat ~ to get out of (doing) sth; ~**d** adj
oppressive
Drucker (-s, -) m printer
Drücker (-s, -) m button; (Tür~) handle;
(Gewehr~) trigger
Druck- zW: ~**e'rei** f printing works, press;
~**erschwärze** f printer's ink; ~**fehler** m
misprint; ~**knopf** m press stud, snap fastener; ~**sache** f printed matter; ~**schrift** f
block od printed letters pl
drum [drum] (umg) adv = **darum**
drunten ['drʊntən] adv below, down there
Drüse ['dry:zə] f gland
Dschungel ['dʒʊŋəl] (-s, -) m jungle
du [du:] (nom) pron (D~ in Briefen) you; **D~
sagen** = **duzen**

Dübel [dyːbəl] (**-s, -**) *m* Rawlplug (®)

ducken ['dukən] *vt* (*Kopf, Person*) to duck; (*fig*) to take down a peg or two ♦ *vr* to duck

Duckmäuser ['dukmɔʏzər] (**-s, -**) *m* yes-man

Dudelsack ['duːdəlzak] *m* bagpipes *pl*

Duell [du'ɛl] (**-s, -e**) *nt* duel

Duft [duft] (**-(e)s, ⸚e**) *m* scent, odour; **d~en** *vi* to smell, to be fragrant; **d~ig** *adj* (*Stoff, Kleid*) delicate, diaphanous

dulden ['duldən] *vt* to suffer; (*zulassen*) to tolerate ♦ *vi* to suffer

duldsam *adj* tolerant

dumm [dum] *adj* stupid; (*ärgerlich*) annoying; **der D~e sein** to be the loser; **~erweise** *adv* stupidly; **D~heit** *f* stupidity; (*Tat*) blunder, stupid mistake; **D~kopf** *m* blockhead

dumpf [dumpf] *adj* (*Ton*) hollow, dull; (*Luft*) musty; (*Erinnerung, Schmerz*) vague

Düne ['dyːnə] *f* dune

düngen ['dyŋən] *vt* to manure

Dünger (**-s, -**) *m* dung, manure; (*künstlich*) fertilizer

dunkel ['dunkəl] *adj* dark; (*Stimme*) deep; (*Ahnung*) vague; (*rätselhaft*) obscure; (*verdächtig*) dubious, shady; **im ~n tappen** (*fig*) to grope in the dark

Dunkel- *zW:* **~heit** *f* darkness; (*fig*) obscurity; **~kammer** *f* (*PHOT*) dark room; **d~n** *vi unpers* to grow dark; **~ziffer** *f* estimated number of unreported cases

dünn [dyn] *adj* thin; **~flüssig** *adj* watery, thin

Dunst [dunst] (**-es, ⸚e**) *m* vapour; (*Wetter*) haze

dünsten ['dynstən] *vt* to steam

dunstig ['dunstɪç] *adj* vaporous; (*Wetter*) hazy, misty

Duplikat [dupli'kaːt] (**-(e)s, -e**) *nt* duplicate

Dur [duːr] (**-, -**) *nt* (*MUS*) major

─── SCHLÜSSELWORT

durch [durç] *präp +akk* **1** (*hindurch*) through; **durch den Urwald** through the jungle; **die ganze Welt reisen** to travel all over the world

2 (*mittels*) through, by (means of); (*aufgrund*) due to, owing to; **Tod durch Herzschlag/den Strang** death from a heart attack/by hanging; **durch die Post** by post; **durch seine Bemühungen** through his efforts

♦ *adv* **1** (*hindurch*) through; **die ganze Nacht durch** all through the night; **den Sommer durch** during the summer; **8 Uhr durch** past 8 o'clock; **durch und durch** completely

2 (*durchgebraten etc*): (**gut**) **durch** well-done

durch- *zW:* **~arbeiten** *vt, vi* to work through ♦ *vr* to work one's way through; **~'aus** *adv* completely; (*unbedingt*) definitely; **~aus nicht** absolutely not; **~blättern** *vt* to leaf through

Durchblick ['durçblɪk] *m* view; (*fig*) comprehension; **d~en** *vi* to look through; (*umg: verstehen*): (**bei etw**) **d~en** to understand (sth); **etw d~en lassen** (*fig*) to hint at sth

durchbrechen ['durçbrɛçən] (*unreg*) *vt, vi* to break; **durch'brechen** (*unreg*) *vt insep* (*Schranken*) to break through; (*Schallmauer*) to break; (*Gewohnheit*) to break free from

durchbrennen ['durçbrɛnən] (*unreg*) *vi* (*Draht, Sicherung*) to burn through; (*umg*) to run away

durchbringen (*unreg*) *vt* (*Kranken*) to pull through; (*unreg; umg: Familie*) to support; (*durchsetzen: Antrag, Kandidat*) to get through; (*vergeuden: Geld*) to get through, to squander

Durchbruch ['durçbrux] *m* (*Öffnung*) opening; (*MIL*) breach; (*von Gefühlen etc*) eruption; (*der Zähne*) cutting; (*fig*) breakthrough; **zum ~ kommen** to break through

durch- *zW:* **~dacht** [-'daxt] *adj* well thought-out; **~'denken** (*unreg*) *vt* to think out; **'~drehen** *vt* (*Fleisch*) to mince ♦ *vi* (*umg*) to crack up

durcheinander [durçaɪ'nandər] *adv* in a mess, in confusion; (*umg: verwirrt*) confused; **~ trinken** to mix one's drinks; **D~** (**-s**) *nt* (*Verwirrung*) confusion; (*Unordnung*) mess; **~bringen** (*unreg*) *vt* to mess up; (*verwirren*) to confuse; **~reden** *vi* to talk at the same time

durch- *zW:* **~fahren** (*unreg*) *vi* (*durch Tunnel usw*) to drive through; (*ohne Unterbrechung*) to drive straight through; (*ohne anzuhalten*): **der Zug fährt bis Hamburg ~** the train runs direct to Hamburg; (*ohne Umsteigen*): **können wir ~fahren?** can we go direct?, can we go non-stop?; **D~fahrt** *f* transit; (*Verkehr*) thoroughfare; **D~fall** *m* (*MED*) diarrhoea; **~fallen** (*unreg*) *vi* to fall through; (*in Prüfung*) to fail; **~finden** (*unreg*) *vr* to find one's way through; **~forschen** *vt insep* to explore; **~fragen** *vr* to find one's way by asking

durchführ- ['durçfyːr-] *zW:* **~bar** *adj* feasible, practicable; **~en** *vt* to carry out; **D~ung** *f* execution, performance

Durchgang ['durçgaŋ] *m* passage(way); (*bei Produktion, Versuch*) run; (*SPORT*) round; (*bei Wahl*) ballot; „**~ verboten**" "no thoroughfare"

Durchgangslager *nt* transit camp

Durchgangsverkehr *m* through traffic

durchgefroren ['durçgefroːrən] *adj* (*Mensch*) frozen stiff

durchgehen ['durçgeːən] (*unreg*) *vt* (*behan-*

deln) to go over ♦ *vi* to go through; *(ausreißen: Pferd)* to break loose; *(Mensch)* to run away; **mein Temperament ging mit mir durch** my temper got the better of me; **jdm etw ~ lassen** to let sb get away with sth; **~d** *adj (Zug)* through; *(Öffnungszeiten)* continuous

durch- *zW:* **~greifen** *(unreg) vi* to take strong action; **~halten** *(unreg) vi* to last out ♦ *vt* to keep up; **~kommen** *(unreg) vi* to get through; *(überleben)* to pull through

durch'kreuzen *vt insep* to thwart, to frustrate

durch- *zW:* **~lassen** *(unreg) vt (Person)* to let through; *(Wasser)* to let in; **'durchlesen** *(unreg) vt* to read through; **'leuchten** *vt insep* to X-ray; **'durchmachen** *vt* to go through; **die Nacht ~machen** to make a night of it: **D~marsch** *m* march through

Durchmesser **(-s, -)** *m* diameter

durch- *zW:* **~nässen** *vt insep* to soak (through); **~nehmen** *(unreg) vt* to go over; **~numerieren** *vt* to number consecutively; **~queren** [durç'kve:rən] *vt insep* to cross; **D~reiche** *f* (serving) hatch; **D~reise** *f* transit; **auf der D~reise** passing through; *(Güter)* in transit; **~ringen** *(unreg) vr* to reach a decision after a long struggle; **~rosten** *vi* to rust through

durchs [durçs] = **durch das**

Durchsage ['durçza:gə] *f* intercom *od* radio announcement

durchschauen ['durçfauən] *vi* to look *od* see through; *(Person, Lüge)* to see through

durchscheinen ['durçʃainən] *(unreg) vi* to shine through; **~d** *adj* translucent

Durchschlag ['durçʃla:k] *m (Doppel)* carbon copy; *(Sieb)* strainer; **d~en** ['-ʃlo:gən] *(unreg) vt (entzweischlagen)* to split (in two); *(sieben)* to sieve ♦ *vi (zum Vorschein kommen)* to emerge, to come out ♦ *vr* to get by; **d~end** *adj* resounding

durchschneiden ['durçʃnaidən] *(unreg) vt* to cut through

Durchschnitt ['durçʃnɪt] *m (Mittelwert)* average; **über/unter dem ~** above/below average; **im ~** on average; **d~lich** *adj* average ♦ *adv* on average

Durchschnittsgeschwindigkeit *f* average speed

Durchschnittswert *m* average

durch- *zW:* **D~schrift** *f* copy; **~sehen** *(unreg) vt* to look through; **~setzen** *vt* to enforce ♦ *vr (Erfolg haben)* to succeed; *(sich behaupten)* to get one's way; **seinen Kopf ~setzen** to get one's way; **~'setzen** *vt insep* to mix

Durchsicht ['durçzɪçt] *f* looking through, checking; **d~ig** *adj* transparent

durch- *zW:* **~sprechen** *(unreg) vt* to talk over; **~stehen** *(unreg) vt* to live through; **~stöbern** *(auch untr) vt (Kisten)* to rum-

mage through, to rifle through; *(Haus, Wohnung)* to ransack; **~streichen** *(unreg) vt* to cross out; **~'suchen** *vt insep* to search; **D~'suchung** *f* search; **~treiben** ['-trai̇bən] *adj* cunning, wily; **~'wachsen** *adj (Speck)* streaky; *(fig: mittelmäßig)* so-so; **D~wahl** *f (TEL)* direct dialling; **~weg** *adv* throughout, completely; **~ziehen** *(unreg) vt (Faden)* to draw through ♦ *vi* to pass through; **D~zug** *m (Luft)* draught; *(von Truppen, Vögeln)* passage

━━━━━━━━ *SCHLÜSSELWORT* ━━━━━━━

dürfen ['dʏrfən] *(unreg) vi* **1** *(Erlaubnis haben)* to be allowed to; **ich darf das** I'm allowed to (do that); **darf ich?** may I?; **darf ich ins Kino?** can *od* may I go to the cinema?; **es darf geraucht werden** you may smoke

2 *(in Verneinungen)*: **er darf das nicht** he's not allowed to (do that); **das darf nicht geschehen** that must not happen; **da darf sie sich nicht wundern** that shouldn't surprise her

3 *(in Höflichkeitsformeln)*: **darf ich Sie bitten, das zu tun?** may *od* could I ask you to do that?; **was darf es sein?** what can I do for you?

4 *(können)*: **das dürfen Sie mir glauben** you can believe me

5 *(Möglichkeit)*: **das dürfte genug sein** that should be enough; **es dürfte Ihnen bekannt sein, daß ...** as you will probably know ...

━━━━━━━━━━━━━━━━━━━━━━━━━━━━

dürftig ['dʏrftɪç] *adj (ärmlich)* needy, poor; *(unzulänglich)* inadequate

dürr [dʏr] *adj* dried-up; *(Land)* arid; *(mager)* skinny; **D~e** *f* aridity; *(Zeit)* drought; *(Magerkeit)* skinniness

Durst [durst] **(-(e)s)** *m* thirst; **~ haben** to be thirsty; **d~ig** *adj* thirsty

Dusche ['dufə] *f* shower; **d~n** *vi, vr* to have a shower

Düse ['dy:zə] *f* nozzle; *(Flugzeug~)* jet

Düsen- *zW:* **~antrieb** *m* jet propulsion; **~flugzeug** *nt* jet (plane); **~jäger** *m* jet fighter

Dussel ['dusəl] **(-s, -;** *umg) m* twit

düster ['dy:stər] *adj* dark; *(Gedanken, Zukunft)* gloomy

Dutzend ['dutsənt] **(-s, -e)** *nt* dozen; **d~(e)mal** *adv* a dozen times; **d~weise** *adv* by the dozen

duzen ['du:tsən] *vt:* **(jdn) ~** to use the familiar form of address "du" (to *od* with sb)

Dynamik [dy'na:mik] *f (PHYS)* dynamics *sg;* *(fig: Schwung)* momentum; *(von Mensch)* dynamism

dynamisch [dy'na:mɪʃ] *adj (auch fig)* dynamic

Dynamit [dyna'mi:t] **(-s)** *nt* dynamite

Dynamo [dy'na:mo] (-s, -s) *m* dynamo
D-Zug ['de:tsu:k] *m* through train

E e

Ebbe ['ɛbə] *f* low tide
eben ['e:bən] *adj* level, flat; (*glatt*) smooth ♦ *adv* just; (*bestätigend*) exactly; ~ **deswegen** just because of that; ~**bürtig** *adj*: jdm ~**bürtig sein** to be sb's equal; E~**e** *f* plain; (*fig*) level; ~**falls** *adv* likewise; ~**so** *adv* just as
Eber ['e:bər] (-s, -) *m* boar; ~**esche** *f* mountain ash, rowan
ebnen ['e:bnən] *vt* to level
Echo ['ɛço] (-s, -s) *nt* echo
echt [ɛçt] *adj* genuine; (*typisch*) typical; E~**heit** *f* genuineness
Eck- ['ɛk] *zW*: ~**ball** *m* corner (kick); ~**e** *f* corner; (MATH) angle; **e~ig** *adj* angular; ~**zahn** *m* eye tooth
ECU (-, -s) *m* (FINANZ) ECU
edel ['e:dəl] *adj* noble; E~**metall** *nt* rare metal; E~**stein** *m* precious stone
EDV [e:de:'fau] (-) *f abk* (= *elektronische Datenverarbeitung*) electronic data processing
Efeu ['e:fɔy] (-s) *m* ivy
Effekt [ɛ'fɛkt] (-s, -e) *m* effect
Effekten [ɛ'fɛktən] *pl* stocks
effektiv [ɛfɛk'ti:f] *adj* effective, actual
EG ['e:'ge:] *f abk* (= *Europäische Gemeinschaft*) EC
egal [e'ga:l] *adj* all the same
Ego- [e:go] *zW*: ~**ismus** [-'ɪsmus] *m* selfishness, egoism; ~**ist** (-'ɪst) *m* egoist; **e~istisch** *adj* selfish, egoistic
Ehe ['e:ə] *f* marriage
ehe *konj* before
Ehe- *zW*: ~**beratung** *f* marriage guidance (counselling); ~**bruch** *m* adultery; ~**frau** *f* married woman; wife; ~**leute** *pl* married people; **e~lich** *adj* matrimonial; (*Kind*) legitimate
ehemalig *adj* former
ehemals *adv* formerly
Ehemann *m* married man; husband
Ehepaar *nt* married couple
eher ['e:ər] *adv* (*früher*) sooner; (*lieber*) rather, sooner; (*mehr*) more
Ehering *m* wedding ring
Eheschließung *f* marriage ceremony
eheste(r, s) ['e:əstə(r, s)] *adj* (*früheste*) first, earliest; **am** ~**n** (*liebsten*) soonest;

(*meist*) most; (*wahrscheinlichst*) most probably
Ehr- ['e:r] *zW*: **e~bar** *adj* honourable, respectable; ~**e** *f* honour; **e~en** *vt* to honour
Ehren- ['e:rən] *zW*: ~**gast** *m* guest of honour; **e~haft** *adj* honourable; ~**platz** *m* place of honour *od* US honor; ~**runde** *f* lap of honour; ~**sache** *f* point of honour; **e~voll** *adj* honourable; ~**wort** *nt* word of honour
Ehr- *zW*: ~**furcht** *f* awe, deep respect; **e~fürchtig** *adj* reverent; ~**gefühl** *nt* sense of honour; ~**geiz** *m* ambition; **e~geizig** *adj* ambitious; **e~lich** *adj* honest; ~**lichkeit** *f* honesty; **e~los** *adj* dishonourable; ~**ung** *f* honour(ing); **e~würdig** *adj* venerable
Ei [aɪ] (-(e)s, -er) *nt* egg
ei *excl* well, well
Eich- *zW*: ~**e** ['aɪçə] *f* oak (tree); ~**el** (-, -n) *f* acorn; ~**hörnchen** *nt* squirrel; ~**maß** *nt* standard
Eid [aɪt] (-(e)s, -e) *m* oath
Eidechse ['aɪdɛksə] *f* lizard
eidesstattlich *adj*: ~**e** **Erklärung** affidavit
Eidgenosse *m* Swiss
Eidotter ['aɪdɔtər] *nt* egg yolk
Eier- *zW*: ~**becher** *m* eggcup; ~**kuchen** *m* omelette; pancake; ~**likör** *m* advocaat; ~**schale** *f* eggshell; ~**stock** *m* ovary; ~**uhr** *f* egg timer
Eifer ['aɪfər] (-s) *m* zeal, enthusiasm; ~**sucht** *f* jealousy; **e~süchtig** *adj*: **e~süchtig (auf** +*akk*) jealous (of)
eifrig ['aɪfrɪç] *adj* zealous, enthusiastic
Eigelb ['aɪgɛlp] (-(e)s, -) *nt* egg yolk
eigen ['aɪgən] *adj* own; (~*artig*) peculiar; **mit der/dem ihm** ~**en** ... with that ...; peculiar to him; **sich** *dat* **etw zu** ~ **machen** to make sth one's own; E~**art** *f* peculiarity; characteristic; ~**artig** *adj* peculiar; E~**bedarf** *m*: **zum** E~**bedarf** for (one's own) personal use/domestic requirements; **der Vermieter machte** E~**bedarf geltend** the landlord showed he needed the house/flat for himself; ~**händig** *adj* with one's own hand; E~**heim** *nt* owner-occupied house; E~**heit** *f* peculiarity; ~**mächtig** *adj* high-handed; E~**name** *m* proper name; ~**s** *adv* expressly, on purpose; E~**schaft** *f* quality, property, attribute; E~**schaftswort** *nt* adjective; E~**sinn** *m* obstinacy; ~**sinnig** *adj* obstinate; ~**tlich** *adj* actual, real ♦ *adv* actually, really; E~**tor** *nt* own goal; E~**tum** *nt* property; E~**tümer(in)** (-s, -) *m(f)* owner, proprietor; ~**tümlich** *adj* peculiar; E~**tümlichkeit** *f* peculiarity; E~**tumswohnung** *f* freehold flat
eignen ['aɪgnən] *vr* to be suited
Eignung *f* suitability

Eil- ['aɪl] zW: **~bote** m courier; **~brief** m express letter; **~e** f haste; **es hat keine ~e** there's no hurry; **e~en** vi (Mensch) to hurry; (dringend sein) to be urgent; **e~ends** adv hastily; **~gut** nt express goods pl, fast freight (US); **e~ig** adj hasty, hurried; (dringlich) urgent; **es e~ig haben** to be in a hurry; **~zug** m semi-fast train, limited stop train

Eimer ['aɪmər] (-s, -) m bucket, pail

ein [aɪn] adv: **nicht ~ noch aus wissen** not to know what to do

ein(e) num one ♦ indef art a, an

einander [aɪ'nandər] pron one another, each other

einarbeiten ['aɪnarbaɪtən] vt to train ♦ vr: **sich in etw** akk **~** to familiarize o.s. with sth

einatmen ['aɪnaːtmən] vt, vi to inhale, to breathe in

Einbahnstraße ['aɪnbaːnʃtraːsə] f one-way street

Einband ['aɪnbant] m binding, cover

einbauen ['aɪnbauən] vt to build in; (Motor) to install, to fit

Einbaumöbel pl built-in furniture sg

einbegriffen adj included

einberufen ['aɪnbəruːfən] (unreg) vt to convene; (MIL) to call up

einbeziehen ['aɪnbətsiːən] (unreg) vt to include

einbiegen ['aɪnbiːgən] (unreg) vi to turn

einbilden ['aɪnbɪldən] vt: **sich** dat **etw ~** to imagine sth

Einbildung f imagination; (Dünkel) conceit; **~skraft** f imagination

Einblick ['aɪnblɪk] m insight

einbrechen ['aɪnbrɛçən] (unreg) vi (in Haus) to break in; (Nacht) to fall; (Winter) to set in; (durchbrechen) to break; **~ in** +akk (MIL) to invade

Einbrecher (-s, -) m burglar

einbringen ['aɪnbrɪŋən] (unreg) vt to bring in; (Geld, Vorteil) to yield; (mitbringen) to contribute

Einbruch ['aɪnbrʊx] m (Haus~) break-in, burglary; (Eindringen) invasion; (des Winters) onset; (Durchbrechen) break; (MET) approach; (MIL) penetration; **(bei/vor) der Nacht** at/before nightfall; **e~ssicher** adj burglar-proof

einbürgern ['aɪnbʏrgərn] vt to naturalize ♦ vr to become adopted

Einbuße ['aɪnbuːsə] f loss, forfeiture

einbüßen ['aɪnbyːsən] vt to lose, to forfeit

einchecken ['aɪntʃɛkən] vt, vi to check in

eincremen ['aɪnkreːmən] vt to put cream on

eindecken ['aɪndɛkən] vr: **sich (mit etw) ~** to lay in stocks (of sth); to stock up (with sth)

eindeutig ['aɪndɔʏtɪç] adj unequivocal

eindringen ['aɪndrɪŋən] (unreg) vi: **~ (in** +akk) to force one's way in(to); (in Haus) to break in(to); (in Land) to invade; (Gas, Wasser) to penetrate; **(auf jdn) ~** (mit Bitten) to pester (sb)

eindringlich adj forcible, urgent

Eindringling m intruder

Eindruck ['aɪndrʊk] m impression

eindrücken ['aɪndrʏkən] vt to press in

eindrucksvoll adj impressive

eine(r, s) pron one; (jemand) someone

eineiig ['aɪn'aɪɪç] adj (Zwillinge) identical

eineinhalb ['aɪn'aɪn'halp] num one and a half

einengen ['aɪn'ɛŋən] vt to confine, to restrict

einer- ['aɪnər] zW: **E~'lei** (-s) nt sameness; **'~'lei** adj (gleichartig) the same kind of; **es ist mir ~lei** it is all the same to me; **~seits** adv on the one hand

einfach ['aɪnfax] adj simple; (nicht mehrfach) single ♦ adv simply; **E~heit** f simplicity

einfädeln ['aɪnfɛːdəln] vt (Nadel, Faden) to thread; (fig) to contrive

einfahren ['aɪnfaːrən] (unreg) vt to bring in; (Barriere) to knock down; (Auto) to run in ♦ vi to drive in; (Zug) to pull in; (MIN) to go down

Einfahrt f (Vorgang) driving in; pulling in; (MIN) descent; (Ort) entrance

Einfall ['aɪnfal] m (Idee) idea, notion; (Licht~) incidence; (MIL) raid; **e~en** (unreg) vi (Licht) to fall; (MIL) to raid; (einstürzen) to fall in, to collapse; (einstimmen): **(in etw** akk**) e~en** to join in (with sth); **etw fällt jdm ein** sth occurs to sb; **das fällt mir gar nicht ein** I wouldn't dream of it; **sich** dat **etwas e~en lassen** to have a good idea

einfältig ['aɪnfɛltɪç] adj simple(-minded)

Einfamilienhaus [aɪnfa'miːliənhaus] nt detached house

einfarbig ['aɪnfarbɪç] adj all one colour; (Stoff etc) self-coloured

einfetten ['aɪnfɛtən] vt to grease

einfließen ['aɪnfliːsən] (unreg) vi to flow in

einflößen ['aɪnfløːsən] vt: **jdm etw ~** to give sb sth; (fig) to instil sth in sb

Einfluß ['aɪnflʊs] m influence; **~bereich** m sphere of influence

einförmig ['aɪnfœrmɪç] adj uniform; **E~keit** f uniformity

einfrieren ['aɪnfriːrən] (unreg) vi to freeze (in) ♦ vt to freeze

einfügen ['aɪnfyːgən] vt to fit in; (zusätzlich) to add

Einfuhr ['aɪnfuːr] (-) f import

einführen ['aɪnfyːrən] vt to bring in; (Mensch, Sitten) to introduce; (Ware) to import

Einführung f introduction

Eingabe ['aɪngaːbə] *f* petition; (*COMPUT*) input

Eingang ['aɪngaŋ] *m* entrance; (*COMM*: *Ankunft*) arrival; (*Erhalt*) receipt; **e~s** *adv* at the outset ♦ *präp +gen* at the outset

eingeben ['aɪngeːbən] (*unreg*) *vt* (*Arznei*) to give; (*Daten etc*) to enter

eingebildet ['aɪngəbɪldət] *adj* imaginary; (*eitel*) conceited

Eingeborene(r) ['aɪngəboːrənə(r)] *mf* native

Eingebung *f* inspiration

eingedenk ['aɪngədɛŋk] *präp +gen* bearing in mind

eingefleischt ['aɪngəflaɪʃt] *adj* (*Gewohnheit, Vorurteile*) deep-rooted

eingehen ['aɪngeːən] (*unreg*) *vi* (*Aufnahme finden*) to come in; (*Sendung, Geld*) to be received; (*Tier, Pflanze*) to die; (*Firma*) to fold; (*schrumpfen*) to shrink ♦ *vt* to enter into; (*Wette*) to make; **auf etw** *akk* **~** to go into sth; **auf jdn ~** to respond to sb; **jdm ~** (*verständlich sein*) to be comprehensible to sb; **~d** *adj* exhaustive, thorough

Eingemachte(s) ['aɪngəmaxtə(s)] *nt* preserves *pl*

eingenommen ['aɪngənɔmən] *adj*: **~ (von)** fond (of), partial (to); **~ (gegen)** prejudiced (against)

eingeschrieben ['aɪngəʃriːbən] *adj* registered

eingespielt ['aɪngəʃpiːlt] *adj*: **aufeinander ~ sein** to be in tune with each other

Eingeständnis ['aɪngəʃtɛntnɪs] (**-ses, -se**) *nt* admission, confession

eingestehen ['aɪngəʃteːən] (*unreg*) *vt* to confess

eingestellt ['aɪngəʃtɛlt] *adj*: **auf etw ~ sein** to be prepared for sth

eingetragen ['aɪngətraːgən] *adj* (*COMM*) registered

Eingeweide ['aɪngəvaɪdə] (**-s, -**) *nt* innards *pl*, intestines *pl*

Eingeweihte(r) ['aɪngəvaɪtə(r)] *mf* initiate

eingewöhnen ['aɪngəvøːnən] *vr*: **sich ~ in** +*akk* to settle (down) in

eingleisig ['aɪnglaɪzɪç] *adj* single-track

eingreifen ['aɪngraɪfən] (*unreg*) *vi* to intervene, to interfere; (*Zahnrad*) to mesh

Eingriff ['aɪngrɪf] *m* intervention, interference; (*Operation*) operation

einhaken ['aɪnhaːkən] *vt* to hook in ♦ *vr*: **sich bei jdm ~** to link arms with sb ♦ *vi* (*sich einmischen*) to intervene

Einhalt ['aɪnhalt] *m*: **~ gebieten** +*dat* to put a stop to; **e~en** (*unreg*) *vt* (*Regel*) to keep ♦ *vi* to stop

einhändigen ['aɪnhɛndɪgən] *vt* to hand in

einhängen ['aɪnhɛŋən] *vt* to hang; (*Telefon*) to hang up ♦ *vi* (*TEL*) to hang up; **sich bei jdm ~** to link arms with sb

einheimisch ['aɪnhaɪmɪʃ] *adj* native;

E~e(r) *f(m)* local

Einheit ['aɪnhaɪt] *f* unity; (*Maß, MIL*) unit; **e~lich** *adj* uniform; **~spreis** *m* standard price

einholen ['aɪnhoːlən] *vt* (*Tau*) to haul in; (*Fahne, Segel*) to lower; (*Vorsprung aufholen*) to catch up with; (*Verspätung*) to make up; (*Rat, Erlaubnis*) to ask ♦ *vi* (*einkaufen*) to shop

Einhorn ['aɪnhɔrn] *nt* unicorn

einhüllen ['aɪnhʏlən] *vt* to wrap up

einhundert *num* one hundred, a hundred

einig ['aɪnɪç] *adj* (*vereint*) united; **sich** *dat* **~ sein** to be in agreement; **~ werden** to agree

einige(r, s) ['aɪnɪgə(r, s)] *adj, pron* some ♦ *pl* some; (*mehrere*) several; **~mal** *adv* a few times; **~n** *vt* to unite ♦ *vr*: **sich ~n (auf** +*akk*) to agree (on)

einigermaßen *adv* somewhat; (*leidlich*) reasonably

einig- *zW*: **~gehen** (*unreg*) *vi* to agree; **E~keit** *f* unity; (*Übereinstimmung*) agreement; **E~ung** *f* agreement; (*Vereinigung*) unification

einkalkulieren ['aɪnkalkuliːrən] *vt* to take into account, to allow for

Einkauf ['aɪnkauf] *m* purchase; **e~en** *vt* to buy ♦ *vi* to shop; **e~en gehen** to go shopping

Einkaufs- *zW*: **~bummel** *m* shopping spree; **~korb** *m* shopping basket; **~wagen** *m* shopping trolley; **~zentrum** *nt* shopping centre

einklammern ['aɪnklamərn] *vt* to put in brackets, to bracket

Einklang ['aɪnklaŋ] *m* harmony

einklemmen ['aɪnklɛmən] *vt* to jam

einkochen ['aɪnkɔxən] *vt* to boil down; (*Obst*) to preserve, to bottle

Einkommen ['aɪnkɔmən] (**-s, -**) *nt* income; **~(s)steuer** *f* income tax

Einkünfte ['aɪnkʏnftə] *pl* income *sg*, revenue *sg*

einladen ['aɪnlaːdən] (*unreg*) *vt* (*Person*) to invite; (*Gegenstände*) to load; **jdn ins Kino ~** to take sb to the cinema

Einladung *f* invitation

Einlage ['aɪnlaːgə] *f* (*Programm~*) interlude; (*Spar~*) deposit; (*Schuh~*) insole; (*Fußstütze*) support; (*Zahn~*) temporary filling; (*KOCH*) noodles *pl*, vegetables *pl etc* in soup

einlagern *vt* to store

Einlaß (**-sses, -lässe**) *m* (*Zutritt*) admission

einlassen ['aɪnlasən] (*unreg*) *vt* to let in; (*einsetzen*) to set in ♦ *vr*: **sich mit jdm/auf etw** *akk* **~** to get involved with sb/sth

Einlauf ['aɪnlauf] *m* arrival; (*von Pferden*) finish; (*MED*) enema; **e~en** (*unreg*) *vi* to arrive, to come in; (*in Hafen*) to enter; (*SPORT*) to finish; (*Wasser*) to run in;

(Stoff) to shrink ♦ *vt (Schuhe)* to break in ♦ *vr (SPORT)* to warm up; *(Motor, Maschine)* to run in; **jdm das Haus e~en** to invade sb's house

einleben ['aɪnleːbən] *vr* to settle down

einlegen ['aɪnleːgən] *vt (einfügen: Blatt, Sohle)* to insert; *(KOCH)* to pickle; *(Pause)* to have; *(Protest)* to make; *(Veto)* to use; *(Berufung)* to lodge; *(AUT: Gang)* to engage

einleiten ['aɪnlaɪtən] *vt* to introduce, to start; *(Geburt)* to induce

Einleitung *f* introduction; induction

einleuchten ['aɪnlɔʏçtən] *vi:* **(jdm)** ~ to be clear *od* evident (to sb); **~d** *adj* clear

einliefern ['aɪnliːfərn] *vt:* ~ **(in** +*akk)* to take (into)

Einliegerwohnung ['aɪnliːgərvoːnuŋ] *f* self-contained flat; *(für Eltern, Großeltern)* granny flat

einlösen ['aɪnløːzən] *vt (Scheck)* to cash; *(Schuldschein, Pfand)* to redeem; *(Versprechen)* to keep

einmachen ['aɪnmaxən] *vt* to preserve

einmal ['aɪnmaːl] *adv once; (erstens)* first; *(zukünftig)* sometime; **nehmen wir** ~ **an** just let's suppose; **noch** ~ once more; **nicht** ~ not even; **auf** ~ all at once; **es war** ~ once upon a time there was/were; **E~'eins** *nt* multiplication tables *pl;* **~ig** *adj* unique; *(nur einmal erforderlich)* single; *(prima)* fantastic

Einmarsch ['aɪnmarʃ] *m* entry; *(MIL)* invasion; **e~ieren** *vi* to march in

einmischen ['aɪnmɪʃən] *vr:* **sich** ~ **(in** +*akk)* to interfere (with)

einmütig ['aɪnmyːtɪç] *adj* unanimous

Einnahme ['aɪnaːmə] *f (von Medizin)* taking; *(MIL)* capture, taking; **~n** *pl (Geld)* takings, revenue *sg;* **~quelle** *f* source of income

einnehmen ['aɪnneːmən] *(unreg) vt* to take; *(Stellung, Raum)* to take up; ~ **für/gegen** to persuade in favour of/against; **~d** *adj* charming

Einöde ['aɪnøːdə] *f* desert, wilderness

einordnen ['aɪnɔrdnən] *vt* to arrange, to fit in ♦ *vr* to adapt; *(AUT)* to get into lane

einpacken ['aɪnpakən] *vt* to pack (up)

einparken ['aɪnparkən] *vt* to park

einpendeln ['aɪnpendəln] *vr* to even out

einpflanzen ['aɪnpflantsən] *vt* to plant; *(MED)* to implant

einplanen ['aɪnplaːnən] *vt* to plan for

einprägen ['aɪnprɛːgən] *vt* to impress, to imprint; *(beibringen):* **(jdm)** ~ to impress (on sb); **sich** *dat* **etw** ~ to memorize sth

einrahmen ['aɪnraːmən] *vt* to frame

einräumen ['aɪnrɔʏmən] *vt (ordnend)* to put away; *(überlassen: Platz)* to give up; *(zugestehen)* to admit, to concede

einreden ['aɪnreːdən] *vt:* **jdm/sich etw** ~ to talk sb/o.s. into believing sth

einreiben ['aɪnraɪbən] *(unreg) vt* to rub in

einreichen ['aɪnraɪçən] *vt* to hand in; *(Antrag)* to submit

Einreise ['aɪnraɪzə] *f* entry; **~bestimmungen** *pl* entry regulations; **~erlaubnis** *f* entry permit; **~genehmigung** *f* entry permit; **e~n** *vi:* **(in ein Land)** **e~n** to enter (a country)

einrichten ['aɪnrɪçtən] *vt (Haus)* to furnish; *(schaffen)* to establish, to set up; *(arrangieren)* to arrange; *(möglich machen)* to manage ♦ *vr (in Haus)* to furnish one's house; **sich** ~ **(auf** +*akk)* *(sich vorbereiten)* to prepare o.s. (for); *(sich anpassen)* to adapt (to)

Einrichtung *f (Wohnungs~)* furnishings *pl;* *(öffentliche Anstalt)* organization; *(Dienste)* service

einrosten ['aɪnrɔstən] *vi* to get rusty

einrücken ['aɪnrʏkən] *vi (MIL: in Land)* to move in

Eins [aɪns] *(-, -en)* *f* one; **e~** *num* one; **es ist mir alles e~** it's all one to me

einsam ['aɪnzaːm] *adj* lonely, solitary; **E~keit** *f* loneliness, solitude

einsammeln ['aɪnzaməln] *vt* to collect

Einsatz ['aɪnzats] *m (Teil)* inset; *(an Kleid)* insertion; *(Verwendung)* use, employment; *(Spiel~)* stake; *(Risiko)* risk; *(MIL)* operation; *(MUS)* entry; **im** ~ in action; **e~bereit** *adj* ready for action

einschalten ['aɪnʃaltən] *vt (einfügen)* to insert; *(Pause)* to make; *(ELEK)* to switch on; *(Anwalt)* to bring in ♦ *vr (dazwischentreten)* to intervene

einschärfen ['aɪnʃɛrfən] *vt:* **jdm etw** ~ to impress sth (up)on sb

einschätzen ['aɪnʃɛtsən] *vt* to estimate, to assess ♦ *vr* to rate o.s.

einschenken ['aɪnʃɛŋkən] *vt* to pour out

einschicken ['aɪnʃɪkən] *vt* to send in

einschl. *abk (= einschließlich)* incl.

einschlafen ['aɪnʃlaːfən] *(unreg) vi* to fall asleep, to go to sleep

einschläfernd ['aɪnʃlɛːfərnt] *adj (MED)* soporific; *(langweilig)* boring; *(Stimme)* lulling

Einschlag ['aɪnʃlaːk] *m* impact; *(fig: Beimischung)* touch, hint; **e~en** *(unreg) vt* to knock in; *(Fenster)* to smash, to break; *(Zähne, Schädel)* to smash in; *(AUT: Räder)* to turn; *(kürzer machen)* to take up; *(Ware)* to pack, to wrap up; *(Weg, Richtung)* to take ♦ *vi* to hit; *(sich einigen)* to agree; *(Anklang finden)* to work, to succeed; **in etw** *akk/***auf jdn e~en** to hit sth/sb

einschlägig ['aɪnʃlɛːgɪç] *adj* relevant

einschließen ['aɪnʃliːsən] *(unreg) vt (Kind)* to lock in; *(Häftling)* to lock up; *(Gegenstand)* to lock away; *(Bergleute)* to cut off; *(umgeben)* to surround; *(MIL)* to encircle; *(fig)* to include, to comprise ♦ *vr* to lock o.s. in

einschließlich *adv* inclusive ♦ *präp* +*gen*

inclusive of, including
einschmeicheln ['aɪnʃmaɪçəln] vr: **sich ~ (bei)** to ingratiate o.s. (with)
einschnappen ['aɪnʃnapən] vi (Tür) to click to; (fig) to be touchy; **eingeschnappt sein** to be in a huff
einschneidend ['aɪnʃnaɪdənt] adj drastic
Einschnitt ['aɪnʃnɪt] m cutting; (MED) incision; (Ereignis) decisive point
einschränken ['aɪnʃrɛŋkən] vt to limit, to restrict; (Kosten) to cut down, to reduce ♦ vr to cut down (on expenditure)
Einschränkung f restriction, limitation; reduction; (von Behauptung) qualification
Einschreib- ['aɪnʃraɪb] zW: **~(e)brief** m recorded delivery letter; **e~en** (unreg) vt to write in; (Post) to send recorded delivery ♦ vr to register; (UNIV) to enrol; **~en** nt recorded delivery letter
einschreiten ['aɪnʃraɪtən] (unreg) vi to step in, to intervene; **~ gegen** to take action against
einschüchtern ['aɪnʃʏçtərn] vt to intimidate
einschulen ['aɪnʃuːlən] vt: **eingeschult werden** (Kind) to start school
einsehen ['aɪnzeːən] (unreg) vt (hineinsehen in) to realize; (Akten) to have a look at; (verstehen) to see; **E~ (-s)** nt understanding; **ein E~ haben** to show understanding
einseitig ['aɪnzaɪtɪç] adj one-sided
Einsend- ['aɪnzɛnd] zW: **e~en** (unreg) vt to send in; **~er (-s, -)** m sender, contributor; **~ung** f sending in
einsetzen ['aɪnzɛtsən] vt to put (in); (in Amt) to appoint, to install; (Geld) to stake; (verwenden) to use; (MIL) to employ ♦ vi (beginnen) to set in; (MUS) to enter, to come in ♦ vr to work hard; **sich für jdn/ etw ~** to support sb/sth
Einsicht ['aɪnzɪçt] f insight; (in Akten) look, inspection; **zu der ~ kommen, daß ...** to come to the conclusion that ...; **e~ig** adj (Mensch) judicious; **e~slos** adj unreasonable; **e~svoll** adj understanding
Einsiedler ['aɪnziːdlər] m hermit
einsilbig ['aɪnzɪlbɪç] adj (auch fig) monosyllabic; (Mensch) uncommunicative
einspannen ['aɪnʃpanən] vt (Papier) to insert; (Pferde) to harness; (umg: Person) to rope in
Einsparung ['aɪnʃpaːrʊŋ] f economy, saving
einsperren ['aɪnʃpɛrən] vt to lock up
einspielen ['aɪnʃpiːlən] vr (SPORT) to warm up ♦ vt (Film: Geld) to bring in; (Instrument) to play in; **sich aufeinander ~** to become attuned to each other; **gut eingespielt** running smoothly
einsprachig ['aɪnʃpraːxɪç] adj monolingual
einspringen ['aɪnʃprɪŋən] (unreg) vi (aushelfen) to help out, to step into the breach

Einspruch ['aɪnʃprʊx] m protest, objection; **~srecht** nt veto
einspurig ['aɪnʃpuːrɪç] adj (EISENB) single-track; (AUT) single-lane
einst [aɪnst] adv once; (zukünftig) one day, some day
Einstand ['aɪnʃtant] m (TENNIS) deuce; (Antritt) entrance (to office)
einstecken ['aɪnʃtɛkən] vt to stick in, to insert; (Brief) to post; (ELEK: Stecker) to plug in; (Geld) to pocket; (mitnehmen) to take; (überlegen sein) to put in the shade; (hinnehmen) to swallow
einstehen ['aɪnʃteːən] (unreg) vi: **für jdn/ etw ~** to guarantee sb/sth; (verantworten) **für etw ~** to answer for sth
einsteigen ['aɪnʃtaɪgən] (unreg) vi to get in od on; (in Schiff) to go on board; (sich beteiligen) to come in; (hineinklettern) to climb in
einstellen ['aɪnʃtɛlən] vt (aufhören) to stop; (Geräte) to adjust; (Kamera etc) to focus; (Sender, Radio) to tune in; (unterstellen) to put; (in Firma) to employ, to take on ♦ vi (Firma) to take on staff/workers ♦ vr (beginnen) to set in; (kommen) to arrive; **sich auf jdn ~** to adapt to sb; **sich auf etw akk ~** to prepare o.s. for sth
Einstellung f (Aufhören) suspension, cessation; adjustment; focusing; (von Arbeiter etc) appointment; (Haltung) attitude
Einstieg ['aɪnʃtiːk] (-(e)s, -e) m entry; (fig) approach
einstig ['aɪnstɪç] adj former
einstimmig ['aɪnʃtɪmɪç] adj unanimous; (MUS) for one voice
einstmalig ['aɪnstmaːlɪç] adj former
einstmals adv once, formerly
einstöckig ['aɪnʃtœkɪç] adj two-storeyed
Einsturz ['aɪnʃtʊrts] m collapse
einstürzen ['aɪnʃtʏrtsən] vi to fall in, to collapse
einstweilen adv meanwhile; (vorläufig) temporarily, for the time being
einstweilig adj temporary
eintägig ['aɪntɛːgɪç] adj one-day
eintasten ['aɪntastən] vt to key (in)
eintauschen ['aɪntaʊʃən] vt: **~ (gegen od für)** to exchange (for)
eintausend ['aɪn'taʊzənt] num one thousand
einteilen ['aɪntaɪlən] vt (in Teile) to divide (up); (Menschen) to assign
einteilig adj one-piece
eintönig ['aɪntøːnɪç] adj monotonous
Eintopf ['aɪntɔpf] m stew; **~gericht** nt stew
Eintracht ['aɪntraxt] (-) f concord, harmony
einträchtig ['aɪntrɛçtɪç] adj harmonious
Eintrag ['aɪntraːk] (-(e)s, =e) m entry; **amtlicher ~** entry in the register; **e~en** (unreg) vt (in Buch) to enter; (Profit) to yield ♦

vr to put one's name down; **jdm etw e~en** to bring sb sth
einträglich ['aɪntrɛːklɪç] *adj* profitable
eintreffen ['aɪntrɛfən] (*unreg*) *vi* to happen; (*ankommen*) to arrive
eintreten ['aɪntreːtən] (*unreg*) *vi* to occur; (*sich einsetzen*) to intercede ♦ *vt* (*Tür*) to kick open; **~ in** +*akk* to enter; (*in Club, Partei*) to join
Eintritt ['aɪntrɪt] *m* (*Betreten*) entrance; (*Anfang*) commencement; (*in Club etc*) joining
Eintritts- *zW*: **~geld** *nt* admission charge; **~karte** *f* (admission) ticket; **~preis** *m* admission charge
einüben ['aɪnˈyːbən] *vt* to practise
Einvernehmen ['aɪnfɛrneːmən] (-s, -) *nt* agreement, harmony
einverstanden ['aɪnfɛrʃtandən] *excl* agreed, okay ♦ *adj*: **~ sein** to agree, to be agreed
Einverständnis ['aɪnfɛrʃtɛntnɪs] *nt* understanding; (*gleiche Meinung*) agreement
Einwand ['aɪnvant] (-(e)s, *-e) *m* objection
Einwanderer ['aɪnvandərər] *m* immigrant
einwandern *vi* to immigrate
Einwanderung *f* immigration
einwandfrei *adj* perfect ♦ *adv* absolutely
Einwegflasche ['aɪnveːɡflaʃə] *f* no-deposit bottle
Einwegspritze *f* disposable syringe
einweichen ['aɪnvaɪçən] *vt* to soak
einweihen ['aɪnvaɪən] *vt* (*Kirche*) to consecrate; (*Brücke*) to open; (*Gebäude*) to inaugurate; **~ (in** +*akk*) to initiate (in)
Einweihung *f* consecration; opening; inauguration; initiation
einweisen ['aɪnvaɪzən] (*unreg*) *vt* (*in Amt*) to install; (*in Arbeit*) to introduce; (*in Anstalt*) to send
einwenden ['aɪnvɛndən] (*unreg*) *vt*: **etwas ~ gegen** to object to, to oppose
einwerfen ['aɪnvɛrfən] (*unreg*) *vt* to throw in; (*Brief*) to post; (*Geld*) to put in, to insert; (*Fenster*) to smash; (*äußern*) to interpose
einwickeln ['aɪnvɪkəln] *vt* to wrap up; (*fig: umg*) to outsmart
einwilligen ['aɪnvɪlɪɡən] *vi*: **~ (in** +*akk*) to consent (to), to agree (to)
Einwilligung *f* consent
einwirken ['aɪnvɪrkən] *vi*: **auf jdn/etw ~** to influence sb/sth
Einwohner ['aɪnvoːnər] (-s, -) *m* inhabitant; **~'meldeamt** *nt* registration office; **~schaft** *f* population, inhabitants *pl*
Einwurf ['aɪnvurf] *m* (*Öffnung*) slot; (*von Münze*) insertion; (*von Brief*) posting; (*Einwand*) objection; (*SPORT*) throw-in
Einzahl ['aɪntsaːl] *f* singular; **e~en** *vt* to pay in; **~ung** *f* paying in
einzäunen ['aɪntsɔʏnən] *vt* to fence in
Einzel ['aɪntsəl] (-s, -) *nt* (*TENNIS*) singles;

~fahrschein *m* one-way ticket; **~fall** *m* single instance, individual case; **~handel** *m* retail trade; **~handelspreis** *m* retail price; **~heit** *f* particular, detail; **e~n** *adj* single; (*vereinzelt*) the odd ♦ *adv* singly; **e~n angeben** to specify; **der/die e~ne** the individual; **das e~ne** the particular; **ins e~ne gehen** to go into detail(s); **~teil** *nt* component (part); **~zimmer** *nt* single room
einziehen ['aɪntsiːən] (*unreg*) *vt* to draw in, to take in; (*Kopf*) to duck; (*Fühler, Antenne, Fahrgestell*) to retract; (*Steuern, Erkundigungen*) to collect; (*MIL*) to draft, to call up; (*aus dem Verkehr ziehen*) to withdraw; (*konfiszieren*) to confiscate ♦ *vi* to move in; (*Friede, Ruhe*) to come; (*Flüssigkeit*) to penetrate
einzig ['aɪntsɪç] *adj* only; (*ohnegleichen*) unique; **das ~e** the only thing; **der/die ~e** the only one; **~artig** *adj* unique
Einzug ['aɪntsuːk] *m* entry, moving in
Eis [aɪs] (-es, -) *nt* ice; (*Speise~*) ice cream; **~bahn** *f* ice *od* skating rink; **~bär** *m* polar bear; **~becher** *m* sundae; **~bein** *nt* pig's trotters *pl*; **~berg** *m* iceberg; **~café** *nt* ice-cream parlour (*BRIT*) or parlor (*US*); **~decke** *f* sheet of ice; **~diele** *f* ice-cream parlour
Eisen ['aɪzən] (-s, -) *nt* iron
Eisenbahn *f* railway, railroad (*US*); **~abteil** *nt* railway compartment; **~er** (-s, -) *m* railwayman, railway employee, railroader (*US*); **~schaffner** *m* railway guard; **~wagen** *m* railway carriage
Eisenerz *nt* iron ore
eisern ['aɪzərn] *adj* iron; (*Gesundheit*) robust; (*Energie*) unrelenting; (*Reserve*) emergency
Eis- ['aɪs] *zW*: **e~frei** *adj* clear of ice; **~hockey** *nt* ice hockey; **e~ig** ['aɪzɪç] *adj* icy; **e~kalt** *adj* icy cold; **~kunstlauf** *m* figure skating; **~laufen** *nt* ice skating; **~pickel** *m* ice-axe; **~schießen** *nt* ≈ curling; **~schrank** *m* fridge, ice-box (*US*); **~würfel** *m* ice cube; **~zapfen** *m* icicle; **~zeit** *f* ice age
eitel ['aɪtəl] *adj* vain; **E~keit** *f* vanity
Eiter ['aɪtər] (-s) *m* pus; **e~ig** *adj* suppurating; **e~n** *vi* to suppurate
Eiweiß (-es, -e) *nt* white of an egg; (*CHEM*) protein
Ekel[1] ['eːkəl] (-s) *m* nausea, disgust
Ekel[2] (-s, -) *nt* (*umg: Mensch*) nauseating person
ekelerregend *adj* nauseating, disgusting
ekelhaft *adj* nauseating, disgusting
ekelig *adj* nauseating, disgusting
ekeln *vt* to disgust ♦ *vr*: **sich ~ (vor** +*dat*) to loathe, to be disgusted (at); **es ekelt jdn** *od* **jdm** sb is disgusted
eklig *adj* nauseating, disgusting

Ekstase [ɛk'staːzə] *f* ecstasy
Ekzem [ɛk'tseːm] (-s, -e) *nt* (*MED*) eczema
Elan [e'laːn] (-s) *m* elan
elastisch [e'lastɪʃ] *adj* elastic
Elastizität [elastitsi'tɛːt] *f* elasticity
Elch [ɛlç] (-(e)s, -e) *m* elk
Elefant [ele'fant] *m* elephant
elegant [ele'gant] *adj* elegant
Eleganz [ele'gants] *f* elegance
Elek- [e'lek] *zW*: ~**triker** [-trikər] (-s, -) *m* electrician; **e~trisch** [-trɪʃ] *adj* electric; **e~trisieren** [-tri'ziːrən] *vt* (*auch fig*) to electrify; (*Mensch*) to give an electric shock to ♦ *vr* to get an electric shock; ~**trizität** [-tritsi'tɛːt] *f* electricity; ~**trizitätswerk** *nt* power station; (*Gesellschaft*) electric power company
Elektro- [e'lɛktro] *zW*: ~**de** [-'troːdə] *f* electrode; ~**herd** *m* electric cooker; ~**n** (-s, -en) *nt* electron; ~**nenrechner** *m* computer; ~**nik** *f* electronics *sg*; **e~nisch** *adj* electronic; **e~nische Post** electronic mail; **e~nischer Briefkasten** electronic mailbox; ~**rasierer** *m* electric razor
Elektrotechnik *f* electrical engineering
Element [ele'mɛnt] (-s, -e) *nt* element; (*ELEK*) cell, battery; **e~ar** [-'taːr] *adj*. elementary; (*naturhaft*) elemental
Elend ['eːlɛnt] (-(e)s) *nt* misery; **e~** *adj* miserable; ~**sviertel** *nt* slum
elf [ɛlf] *num* eleven; **E~** (-, -en) *f* (*SPORT*) eleven
Elfe *f* elf
Elfenbein *nt* ivory
Elfmeter *m* (*SPORT*) penalty (kick)
Elite [e'liːtə] *f* elite
Elixier [eli'ksiːr] (-s, -e) *nt* elixir
Ellbogen *m* elbow
Elle ['ɛlə] *f* ell; (*Maß*) yard
Ellenbogen *m* elbow
Ell(en)bogenfreiheit *f* (*fig*) elbow room
Ellipse [ɛ'lɪpsə] *f* ellipse
Elsaß ['ɛlzas] (- *od* -sses) *nt*: **das** ~ Alsace
Elster ['ɛlstər] (-, -n) *f* magpie
Eltern ['ɛltərn] *pl* parents; ~**beirat** *m* (*SCH*) ≈ PTA (*BRIT*), parents' council; ~**haus** *nt* home; **e~los** *adj* parentless
Email [e'maːj] (-s, -s) *nt* enamel; **e~lieren** [ema'jiːrən] *vt* to enamel
Emanzipation [emantsipatsi'oːn] *f* emancipation
emanzi'pieren *vt* to emancipate
Embryo ['ɛmbryo] (-s, -s *od* **Embryonen**) *m* embryo
Emi- *zW*: ~**grant(in)** *m(f)* emigrant; ~**gration** [emigratsi'oːn] *f* emigration; **e~grieren** [-'griːrən] *vi* to emigrate
Emissionen [emisi'oːnən] *fpl* emissions
Empfang [ɛm'pfaŋ] (-(e)s, ≈e) *m* reception; (*Erhalten*) receipt; **in** ~ **nehmen** to receive; **e~en** (*unreg*) *vt* to receive ♦ *vi* (*schwanger werden*) to conceive

Empfäng- [ɛm'pfɛŋ] *zW*: ~**er** (-s, -) *m* receiver; (*COMM*) addressee, consignee; **e~lich** *adj* receptive, susceptible; ~**nis** (-, -se) *f* conception; ~**nisverhütung** *f* contraception
Empfangs- *zW*: ~**bestätigung** *f* acknowledgement; ~**dame** *f* receptionist; ~**schein** *m* receipt; ~**zimmer** *nt* reception room
empfehlen [ɛm'pfeːlən] (*unreg*) *vt* to recommend ♦ *vr* to take one's leave; ~**swert** *adj* recommendable
Empfehlung *f* recommendation
empfiehlst *etc* [ɛm'pfiːlst] *vb siehe* **empfehlen**
empfind- [ɛm'pfɪnt] *zW*: ~**en** [-dən] (*unreg*) *vt* to feel; ~**lich** *adj* sensitive; (*Stelle*) sore; (*reizbar*) touchy; ~**sam** *adj* sentimental; **E~ung** [-duŋ] *f* feeling, sentiment
empfohlen *etc* [ɛm'pfoːlən] *vb siehe* **empfehlen**
empor [ɛm'poːr] *adv* up, upwards
empören [ɛm'pøːrən] *vt* to make indignant; to shock ♦ *vr* to become indignant; ~**d** *adj* outrageous
Emporkömmling [ɛm'poːrkœmlɪŋ] *m* upstart, parvenu
Empörung *f* indignation
emsig ['ɛmzɪç] *adj* diligent, busy
End- [ɛnt] *in zW* final; ~**e** (-s, -n) *nt* end; **am** ~**e** at the end; (*schließlich*) in the end; **am** ~**e sein** to be at the end of one's tether; ~**e Dezember** at the end of December; **zu** ~**e sein** to be finished; **e~en** *vi* to end; **e~gültig** *adj* final, definite
Endivie [ɛn'diːviə] *f* endive
End- *zW*: **e~lich** *adj* final; (*MATH*) finite ♦ *adv* finally; **e~lich!** at last!; **komm e~lich!** come on!; **e~los** *adj* endless, infinite; ~**spiel** *nt* final(s); ~**spurt** *m* (*SPORT*) final spurt; ~**station** *f* terminus; ~**ung** *f* ending
Energie [ener'giː] *f* energy; ~**bedarf** *m* energy requirement; **e~los** *adj* lacking in energy, weak; ~**versorgung** *f* supply of energy; ~**wirtschaft** *f* energy industry
energisch [e'nɛrgɪʃ] *adj* energetic
eng [ɛŋ] *adj* narrow; (*Kleidung*) tight; (*fig: Horizont*) narrow, limited; (*Freundschaft, Verhältnis*) close; ~ **an etw** *dat* close to sth
Engagement [āgaʒə'māː] (-s, -s) *nt* engagement; (*Verpflichtung*) commitment
engagieren [āga'ʒiːrən] *vt* to engage ♦ *vr* to commit o.s.; **ein engagierter Schriftsteller** a committed writer
Enge ['ɛŋə] *f* (*auch fig*) narrowness; (*Land~*) defile; (*Meer~*) straits *pl*; **jdn in die** ~ **treiben** to drive sb into a corner
Engel ['ɛŋəl] (-s, -) *m* angel; **e~haft** *adj* angelic
engherzig *adj* petty
England *nt* England
Engländer(in) *m(f)* Englishman(woman)
englisch *adj* English

Engpaß *m* defile, pass; (*fig, Verkehr*) bottleneck

en gros [ã'groː] *adv* wholesale

engstirnig ['ɛŋʃtɪrnɪç] *adj* narrow-minded

Enkel ['ɛŋkəl] (-s, -) *m* grandson; ~**in** *f* granddaughter

Enkelkind *nt* grandchild

enorm [e'nɔrm] *adj* enormous

Ensemble [ã'sãbəl] (-s, -s) *nt* company, ensemble

entbehren [ɛnt'beːrən] *vt* to do without, to dispense with

entbehrlich *adj* superfluous

Entbehrung *f* deprivation

entbinden [ɛnt'bɪndən] (*unreg*) *vt* (+*gen*) to release (from); (*MED*) to deliver ♦ *vi* to give birth

Entbindung *f* release; (*MED*) confinement; ~**sheim** *nt* maternity hospital

entdeck- [ɛnt'dɛk] *zW:* ~**en** *vt* to discover; **E~er** (-s, -) *m* discoverer; **E~ung** *f* discovery

Ente ['ɛntə] *f* duck; (*fig*) canard, false report

enteignen [ɛnt'ʔaignən] *vt* to expropriate; (*Besitzer*) to dispossess

enterben [ɛnt'ʔɛrbən] *vt* to disinherit

entfallen [ɛnt'falən] (*unreg*) *vi* to drop, to fall; (*wegfallen*) to be dropped; **jdm** ~ (*vergessen*) to slip sb's memory; **auf jdn** ~ to be allotted to sb

entfalten [ɛnt'faltən] *vt* to unfold; (*Talente*) to develop ♦ *vr* to open; (*Mensch*) to develop one's potential

Entfaltung *f* unfolding; (*von Talenten*) development

entfern- [ɛnt'fɛrn] *zW:* ~**en** *vt* to remove; (*hinauswerfen*) to expel ♦ *vr* to go away, to withdraw; ~**t** *adj* distant; **weit davon** ~**t sein, etw zu tun** to be far from doing sth; **E~ung** *f* distance; (*Wegschaffen*) removal; **E~ungsmesser** (-s, -) *m* (*PHOT*) rangefinder

entfremden [ɛnt'frɛmdən] *vt* to estrange, to alienate

Entfremdung *f* alienation, estrangement

entfrosten [ɛnt'frɔstən] *vt* to defrost

Entfroster (-s, -) *m* (*AUT*) defroster

entführ- [ɛnt'fyːr] *zW:* ~**en** *vt* to carry off, to abduct; to kidnap; **E~er** *m* kidnapper; **E~ung** *f* abduction; kidnapping

entgegen [ɛnt'geːgən] *präp* +*dat* contrary to, against ♦ *adv* towards; ~**bringen** (*unreg*) *vt* to bring; **jdm etw** ~**bringen** (*fig*) to show sb sth; ~**gehen** (*unreg*) *vi* +*dat* to go to meet, to go towards; ~**gesetzt** *adj* opposite; (*widersprechend*) opposed; ~**halten** (*unreg*) *vt* (*fig*) to object; **E~kommen** *nt* obligingness; ~**kommen** (*unreg*) *vi* +*dat* to approach; to meet; (*fig*) to accommodate; ~**kommend** *adj* obliging; ~**nehmen** (*unreg*) *vt* to receive, to accept; ~**sehen** (*unreg*) *vi* +*dat* to await; ~**setzen** *vt* to oppose; ~**treten** (*unreg*) *vi* +*dat* to step up to; (*fig*) to oppose, to counter; ~**wirken** *vi* +*dat* to counteract

entgegnen [ɛnt'geːgnən] *vt* to reply, to retort

entgehen [ɛnt'geːən] (*unreg*) *vi* (*fig*): **jdm** ~ to escape sb's notice; **sich** *dat* **etw** ~ **lassen** to miss sth

entgeistert [ɛnt'gaistərt] *adj* thunderstruck

Entgelt [ɛnt'gɛlt] (-(e)s, -e) *nt* compensation, remuneration

entgleisen [ɛnt'glaizən] *vi* (*EISENB*) to be derailed; (*fig: Person*) to misbehave; ~ **lassen** to derail

entgräten [ɛnt'grɛːtən] *vt* to fillet, to bone

Enthaarungscreme [ɛnt'haːrʊŋs-] *f* hair-removing cream

enthalten [ɛnt'haltən] (*unreg*) *vt* to contain ♦ *vr:* **sich (von etw)** ~ to abstain (from sth), to refrain (from sth)

enthaltsam [ɛnt'haltzaːm] *adj* abstinent, abstemious

enthemmen [ɛnt'hɛmən] *vt:* **jdn** ~ to free sb from his inhibitions

enthüllen [ɛnt'hʏlən] *vt* to reveal, to unveil

Enthusiasmus [ɛntuzi'asmʊs] *m* enthusiasm

entkommen [ɛnt'kɔmən] (*unreg*) *vi:* ~ (**aus** *od* +*dat*) to get away (from), to escape (from)

entkräften [ɛnt'krɛftən] *vt* to weaken, to exhaust; (*Argument*) to refute

entladen [ɛnt'laːdən] (*unreg*) *vt* to unload; (*ELEK*) to discharge ♦ *vr* (*ELEK, Gewehr*) to discharge; (*Ärger etc*) to vent itself

entlang [ɛnt'laŋ] *adv* along; ~ **dem Fluß, den Fluß** ~ along the river; ~**gehen** (*unreg*) *vi* to walk along

entlarven [ɛnt'larfən] *vt* to unmask, to expose

entlassen [ɛnt'lasən] (*unreg*) *vt* to discharge; (*Arbeiter*) to dismiss

Entlassung *f* discharge; dismissal

entlasten [ɛnt'lastən] *vt* to relieve; (*Achse*) to relieve the load on; (*Angeklagten*) to exonerate; (*Konto*) to clear

Entlastung *f* relief; (*COMM*) crediting

entlegen [ɛnt'leːgən] *adj* remote

entlocken [ɛnt'lɔkən] *vt:* (**jdm etw**) ~ to elicit (sth from sb)

entmündigen [ɛnt'mʏndɪgən] *vt* to certify

entmutigen [ɛnt'muːtɪgən] *vt* to discourage

entnehmen [ɛnt'neːmən] (*unreg*) *vt* +*dat* to take out of, to take from; (*folgern*) to infer from

entrahmen [ɛnt'raːmən] *vt* to skim

entreißen [ɛnt'raisən] (*unreg*) *vt:* **jdm etw** ~ to snatch sth (away) from sb

entrichten [ɛnt'rɪçtən] *vt* to pay

entrosten [ɛnt'rɔstən] *vt* to derust

entrüst- [ɛnt'rʏst] *zW:* ~**en** *vt* to incense,

to outrage ♦ *vr* to be filled with indignation; **~et** *adj* indignant, outraged; **E~ung** *f* indignation

entrümpeln *vt* to clear out

entschädigen [ɛnt'ʃɛːdɪgən] *vt* to compensate

Entschädigung *f* compensation

entschärfen [ɛnt'ʃɛrfən] *vt* to defuse; (*Kritik*) to tone down

Entscheid [ɛnt'ʃaɪt] (-(e)s, -e) *m* decision; **e~en** (*unreg*) *vt, vi, vr* to decide; **e~end** *adj* decisive; (*Stimme*) casting; **~ung** *f* decision

entschieden [ɛnt'ʃiːdən] *adj* decided; (*entschlossen*) resolute; **E~heit** *f* firmness, determination

entschließen [ɛnt'ʃliːsən] (*unreg*) *vr* to decide

entschlossen [ɛnt'ʃlɔsən] *adj* determined, resolute; **E~heit** *f* determination

Entschluß [ɛnt'ʃlʊs] *m* decision; **e~freudig** *adj* decisive; **~kraft** *f* determination, decisiveness

entschuldigen [ɛnt'ʃʊldɪgən] *vt* to excuse ♦ *vr* to apologize

Entschuldigung *f* apology; (*Grund*) excuse; **jdn um ~ bitten** to apologize to sb; **~! ** excuse me; (*Verzeihung*) sorry

entsetz- [ɛnt'zɛts] *zW:* **~en** *vt* to horrify; (*MIL*) to relieve ♦ *vr* to be horrified *od* appalled; **E~en** (-s) *nt* horror, dismay; **~lich** *adj* dreadful, appalling; **~t** *adj* horrified

Entsorgung [ɛnt'zɔrgʊŋ] *f* (*von Kraftwerken, Chemikalien*) (waste) disposal

entspannen [ɛnt'ʃpanən] *vt, vr* (*Körper*) to relax; (*POL: Lage*) to ease

Entspannung *f* relaxation, rest; (*POL*) détente; **~spolitik** *f* policy of détente

entsprechen [ɛnt'ʃprɛçən] (*unreg*) *vi* +*dat* to correspond to; (*Anforderungen, Wünschen*) to meet, to comply with; **~d** *adj* appropriate ♦ *adv* accordingly

entspringen [ɛnt'ʃprɪŋən] (*unreg*) *vi* (+*dat*) to spring (from)

entstehen [ɛnt'ʃteːən] (*unreg*) *vi:* **~ (aus od durch)** to arise (from), to result (from)

Entstehung *f* genesis, origin

entstellen [ɛnt'ʃtɛlən] *vt* to disfigure; (*Wahrheit*) to distort

entstören [ɛnt'ʃtøːrən] *vt* (*RADIO*) to eliminate interference from; (*AUT*) to suppress

enttäuschen [ɛnt'tɔʏʃən] *vt* to disappoint

Enttäuschung *f* disappointment

entwaffnen [ɛnt'vafnən] *vt* (*lit, fig*) to disarm

entwässern [ɛnt'vɛsərn] *vt* to drain

Entwässerung *f* drainage

entweder ['ɛntveːdər] *konj* either

entwenden [ɛnt'vɛndən] (*unreg*) *vt* to purloin, to steal

entwerfen [ɛnt'vɛrfən] (*unreg*) *vt* (*Zeichnung*) to sketch; (*Modell*) to design; (*Vor-*

trag, Gesetz etc) to draft

entwerten [ɛnt'veːrtən] *vt* to devalue; (*stempeln*) to cancel

Entwerter (-s, -) *m* ticket punching machine

entwickeln [ɛnt'vɪkəln] *vt, vr* (*auch PHOT*) to develop; (*Mut, Energie*) to show (o.s.), to display (o.s.)

Entwicklung [ɛnt'vɪklʊŋ] *f* development; (*PHOT*) developing

Entwicklungs- *zW:* **~hilfe** *f* aid for developing countries; **~jahre** *pl* adolescence *sg*; **~land** *nt* developing country

entwöhnen [ɛnt'vøːnən] *vt* to wean; (*Süchtige*): (**einer Sache** *dat od* **von etw**) **~** to cure (of sth)

Entwöhnung *f* weaning; cure, curing

entwürdigend [ɛnt'vyrdɪgənt] *adj* degrading

Entwurf [ɛnt'vʊrf] *m* outline, design; (*Vertrags~, Konzept*) draft

entziehen [ɛnt'tsiːən] (*unreg*) *vt* (+*dat*) to withdraw (from), to take away (from); (*Flüssigkeit*) to draw (from), to extract (from) ♦ *vr* (+*dat*) to escape (from); (*jds Kenntnis*) to be outside *od* beyond; (*der Pflicht*) to shirk (from)

Entziehung *f* withdrawal; **~sanstalt** *f* drug addiction/alcoholism treatment centre; **~skur** *f* treatment for drug addiction/alcoholism

entziffern [ɛnt'tsɪfərn] *vt* to decipher; to decode

entzücken [ɛnt'tsʏkən] *vt* to delight; **E~** (-s) *nt* delight; **~d** *adj* delightful, charming

entzünden [ɛnt'tsʏndən] *vt* to light, to set light to; (*fig, MED*) to inflame; (*Streit*) to spark off ♦ *vr* (*auch fig*) to catch fire; (*Streit*) to start; (*MED*) to become inflamed

Entzündung *f* (*MED*) inflammation

entzwei [ɛnt'tsvaɪ] *adv* broken; in two; **~brechen** (*unreg*) *vt, vi* to break in two; **~en** *vt* to set at odds ♦ *vr* to fall out; **~gehen** (*unreg*) *vi* to break (in two)

Enzian ['ɛntsiaːn] (-s, -e) *m* gentian

Epidemie [epide'miː] *f* epidemic

Epilepsie [epile'psiː] *f* epilepsy

Episode [epi'zoːdə] *f* episode

Epoche [e'pɔxə] *f* epoch; **e~machend** *adj* epoch-making

Epos ['eːpɔs] (-s, Epen) *nt* epic (poem)

er [eːr] (*nom*) *pron* he; it

erarbeiten [ɛr'arbaɪtən] *vt* to work for, to acquire; (*Theorie*) to work out

erbarmen [ɛr'barmən] *vr* (+*gen*) to have pity *od* mercy (on); **E~** (-s) *nt* pity

erbärmlich [ɛr'bɛrmlɪç] *adj* wretched, pitiful; **E~keit** *f* wretchedness

erbarmungslos [ɛr'barmʊŋsloːs] *adj* pitiless, merciless

erbau- [ɛr'bau] *zW:* **~en** *vt* to build, to erect; (*fig*) to edify; **E~er** (-s, -) *m* builder;

~lich adj edifying
Erbe¹ ['ɛrbə] (-n, -n) m heir
Erbe² nt inheritance; (fig) heritage
erben vt to inherit
erbeuten [ɛr'bɔytən] vt to carry off; (MIL) to capture
Erb- [ɛrb] zW: **~faktor** m gene; **~folge** f (line of) succession; **~in** f heiress
erbittern [ɛr'bɪtərn] vt to embitter; (erzürnen) to incense
erbittert [ɛr'bɪtərt] adj (Kampf) fierce, bitter
erblassen [ɛr'blasən] vi to (turn) pale
erbleichen [ɛr'blaɪçən] (unreg) vi to (turn) pale
erblich ['ɛrplɪç] adj hereditary
erblinden [ɛr'blɪndən] vi to go blind
erbosen [ɛr'boːzən] vt to anger ♦ vr to grow angry
erbrechen [ɛr'brɛçən] (unreg) vt, vr to vomit
Erbschaft f inheritance, legacy
Erbse ['ɛrpsə] f pea
Erbstück nt heirloom
Erd- ['eːrd] zW: **~achse** f earth's axis; **~atmosphäre** f earth's atmosphere; **~beben** nt earthquake; **~beere** f strawberry; **~boden** m ground; **~e** f earth; **zu ebener ~e** at ground level; **~en** vt to earth
erdenklich [ɛr'dɛŋklɪç] adj conceivable
Erd- zW: **~gas** nt natural gas; **~geschoß** nt ground floor; **~kunde** f geography; **~nuß** f peanut; **~öl** nt (mineral) oil
erdrosseln [ɛr'drɔsəln] vt to strangle, to throttle
erdrücken [ɛr'drʏkən] vt to crush
Erdrutsch m landslide
Erdteil m continent
erdulden [ɛr'dʊldən] vt to endure, to suffer
ereifern [ɛr'aɪfərn] vr to get excited
ereignen [ɛr'aɪgnən] vr to happen
Ereignis [ɛr'aɪgnɪs] (-ses, -se) nt event; **e~los** adj uneventful; **e~reich** adj eventful
ererbt [ɛr'ɛrpt] adj (Haus) inherited; (Krankheit) hereditary
erfahren [ɛr'faːrən] (unreg) vt to learn, to find out; (erleben) to experience ♦ adj experienced
Erfahrung f experience; **e~sgemäß** adv according to experience
erfassen [ɛr'fasən] vt to seize; (fig: einbeziehen) to include, to register; (verstehen) to grasp
erfind- [ɛr'fɪnd] zW: **~en** (unreg) vt to invent; **E~er** (-s, -) m inventor; **~erisch** adj inventive; **E~ung** f invention
Erfolg [ɛr'fɔlk] (-(e)s, -e) m success; (Folge) result; **e~en** vi to follow; (sich ergeben) to result; (stattfinden) to take place; (Zahlung) to be effected; **e~los** adj unsuccessful; **~losigkeit** f lack of success; **e~reich** adj successful; **e~versprechend** adj promising
erforderlich adj requisite, necessary

erfordern [ɛr'fɔrdərn] vt to require, to demand
erforschen [ɛr'fɔrʃən] vt (Land) to explore; (Problem) to investigate; (Gewissen) to search
Erforschung f exploration; investigation; searching
erfreuen [ɛr'frɔyən] vr: **sich ~ an** +dat to enjoy ♦ vt to delight; **sich einer Sache** gen **~** to enjoy sth
erfreulich [ɛr'frɔylɪç] adj pleasing, gratifying; **~erweise** adv happily, luckily
erfrieren [ɛr'friːrən] (unreg) vi to freeze (to death); (Glieder) to get frostbitten; (Pflanzen) to be killed by frost
erfrischen [ɛr'frɪʃən] vt to refresh
Erfrischung f refreshment; **~sgetränk** nt (liquid) refreshment; **~sraum** m snack bar, cafeteria
erfüllen [ɛr'fʏlən] vt (Raum etc) to fill; (fig: Bitte etc) to fulfil ♦ vr to come true
ergänzen [ɛr'gɛntsən] vt to supplement, to complete ♦ vr to complement one another
Ergänzung f completion; (Zusatz) supplement
ergeben [ɛr'geːbən] (unreg) vt to yield, to produce ♦ vr to surrender; (folgen) to result ♦ adj devoted, humble; (sich hingeben) to give o.s. up to sth, to yield to sth; **dem Trunk ~** addicted to drink
Ergebnis [ɛr'geːpnɪs] (-ses, -se) nt result; **e~los** adj without result, fruitless
ergehen [ɛr'geːən] (unreg) vi to be issued, to go out ♦ vi unpers: **es ergeht ihm gut/schlecht** he's faring od getting on well/badly ♦ vr: **sich in etw** dat **~** to indulge in sth; **etw über sich ~ lassen** to put up with sth
ergiebig [ɛr'giːbɪç] adj productive
Ergonomie [ɛrgono'miː] f ergonomics
Ergonomik f = **Ergonomie**
ergreifen [ɛr'graɪfən] (unreg) vt (auch fig) to seize; (Beruf) to take up; (Maßnahmen) to resort to; (rühren) to move; **~d** adj moving, touching
ergriffen [ɛr'grɪfən] adj deeply moved
Erguß [ɛr'gʊs] m discharge; (fig) outpouring, effusion
erhaben [ɛr'haːbən] adj raised, embossed; (fig) exalted, lofty; **über etw** akk **~ sein** to be above sth
erhalten [ɛr'haltən] (unreg) vt to receive; (bewahren) to preserve, to maintain; **gut ~** in good condition
erhältlich [ɛr'hɛltlɪç] adj obtainable, available
Erhaltung f maintenance, preservation
erhärten [ɛr'hɛrtən] vt to harden; (These) to substantiate, to corroborate
erheben [ɛr'heːbən] (unreg) vt to raise; (Protest, Forderungen) to make; (Fakten) to

ascertain, to establish ♦ *vr* to rise (up); **sich über etw** *akk* ~ to rise above sth

erheblich [ɛr'heːplɪç] *adj* considerable

erheitern [ɛr'haɪtərn] *vt* to amuse, to cheer (up)

Erheiterung *f* exhilaration; **zur allgemeinen** ~ to everybody's amusement

erhitzen [ɛr'hɪtsən] *vt* to heat ♦ *vr* to heat up; *(fig)* to become heated

erhoffen [ɛr'hɔfən] *vt* to hope for

erhöhen [ɛr'høːən] *vt* to raise; *(verstärken)* to increase

erhol- [ɛr'hoːl] *zW:* ~**en** *vr* to recover; *(entspannen)* to have a rest; ~**sam** *adj* restful; **E~ung** *f* recovery; relaxation, rest; ~**ungsbedürftig** adj in need of a rest, run-down; **E~ungsgebiet** *nt* ≈ holiday area; **E~ungsheim** *nt* convalescent/rest home

erhören [ɛr'høːrən] *vt* *(Gebet etc)* to hear; *(Bitte etc)* to yield to

erinnern [ɛr'ɪnərn] *vt:* ~ **(an** +*akk***)** to remind (of) ♦ *vr:* **sich (an etw** *akk***)** ~ to remember (sth)

Erinnerung *f* memory; *(Andenken)* reminder

erkältet [ɛr'kɛltət] *adj* with a cold; ~ **sein** to have a cold

Erkältung *f* cold

erkennbar *adj* recognizable

erkennen [ɛr'kɛnən] *(unreg)* *vt* to recognize; *(sehen, verstehen)* to see

erkennt- *zW:* ~**lich** *adj:* **sich** ~**lich zeigen** to show one's appreciation; **E~lichkeit** *f* gratitude; *(Geschenk)* token of one's gratitude; **E~nis (-, -se)** *f* knowledge; *(das Erkennen)* recognition; *(Einsicht)* insight; **zur E~nis kommen** to realize

Erkennung *f* recognition

Erkennungszeichen *nt* identification

Erker ['ɛrkər] **(-s, -)** *m* bay; ~**fenster** *nt* bay window

erklär- [ɛr'klɛːr] *zW:* ~**bar** *adj* explicable; ~**en** *vt* to explain; ~**lich** *adj* explicable; *(verständlich)* understandable; **E~ung** *f* explanation; *(Aussage)* declaration

erkranken [ɛr'kraŋkən] *vi* to fall ill

Erkrankung *f* illness

erkund- [ɛr'kʊnd] *zW:* ~**en** *vt* to find out, to ascertain; *(bes MIL)* to reconnoitre, to scout; ~**igen** *vr:* **sich** ~**igen (nach)** to inquire (about); **E~igung** *f* inquiry; **E~ung** *f* reconnaissance, scouting

erlahmen [ɛr'laːmən] *vi* to tire; *(nachlassen)* to flag, to wane

erlangen [ɛr'laŋən] *vt* to attain, to achieve

Erlaß [ɛr'las] **(-sses, -lässe)** *m* decree; *(Aufhebung)* remission

erlassen *(unreg)* *vt* *(Verfügung)* to issue; *(Gesetz)* to enact; *(Strafe)* to remit; **jdm etw** ~ to release sb from sth

erlauben [ɛr'laʊbən] *vt:* **(jdm etw)** ~ to al-

low *od* permit (sb (to do) sth) ♦ *vr* to permit o.s., to venture

Erlaubnis [ɛr'laʊpnɪs] **(-, -se)** *f* permission; *(Schriftstück)* permit

erläutern [ɛr'lɔʏtərn] *vt* to explain

Erläuterung *f* explanation

Erle ['ɛrlə] *f* alder

erleben [ɛr'leːbən] *vt* to experience; *(Zeit)* to live through; *(mit~)* to witness; *(noch mit~)* to live to see

Erlebnis [ɛr'leːpnɪs] **(-ses, -se)** *nt* experience

erledigen [ɛr'leːdɪgən] *vt* to take care of, to deal with; *(Antrag etc)* to process; *(umg: erschöpfen)* to wear out; *(: ruinieren)* to finish; *(: umbringen)* to do in

erleichtern *vt* to make easier; *(fig: Last)* to lighten; *(lindern, beruhigen)* to relieve

Erleichterung *f* facilitation; lightening; relief

erleiden [ɛr'laɪdən] *(unreg)* *vt* to suffer, to endure

erlernen [ɛr'lɛrnən] *vt* to learn, to acquire

erlesen [ɛr'leːzən] *adj* select, choice

erleuchten [ɛr'lɔʏçtən] *vt* to illuminate; *(fig)* to inspire

Erleuchtung *f* *(Einfall)* inspiration

Erlös [ɛr'løːs] **(-es, -e)** *m* proceeds *pl*

erlösen [ɛr'løːzən] *vt* to redeem, to save

Erlösung *f* release; *(REL)* redemption

ermächtigen [ɛr'mɛçtɪgən] *vt* to authorize, to empower

Ermächtigung *f* authorization; authority

ermahnen [ɛr'maːnən] *vt* to exhort, to admonish

Ermahnung *f* admonition, exhortation

ermäßigen [ɛr'mɛːsɪgən] *vt* to reduce

Ermäßigung *f* reduction

ermessen [ɛr'mɛsən] *(unreg)* *vt* to estimate, to gauge; **E~ (-s)** *nt* estimation; discretion; **in jds E~ liegen** to lie within sb's discretion

ermitteln [ɛr'mɪtəln] *vt* to determine; *(Täter)* to trace ♦ *vi:* **gegen jdn** ~ to investigate sb

Ermittlung [ɛr'mɪtlʊŋ] *f* determination; *(Polizei~)* investigation

ermöglichen [ɛr'møːklɪçən] *vt* (+*dat*) to make possible (for)

ermorden [ɛr'mɔrdən] *vt* to murder

Ermordung *f* murder

ermüden [ɛr'myːdən] *vt, vi* to tire; *(TECH)* to fatigue; ~**d** *adj* tiring; *(fig)* wearisome

Ermüdung *f* fatigue; ~**serscheinung** *f* sign of fatigue

ermutigen [ɛr'muːtɪgən] *vt* to encourage

ernähr- [ɛr'nɛːr] *zW:* ~**en** *vt* to feed, to nourish; *(Familie)* to support ♦ *vr* to support o.s., to earn a living; **sich** ~**en von** to live on; **E~er (-s, -)** *m* breadwinner; **E~ung** *f* nourishment; nutrition; *(Unterhalt)* maintenance

ernennen [ɛr'nɛnən] (*unreg*) *vt* to appoint
Ernennung *f* appointment
erneu- [ɛr'nɔy] *zW*: **~ern** *vt* to renew; to restore; to renovate; **E~erung** *f* renewal; restoration; renovation; **~t** *adj* renewed, fresh ♦ *adv* once more
ernst [ɛrnst] *adj* serious; **E~ (-es)** *m* seriousness; **das ist mein E~** I'm quite serious; **im E~** in earnest; **E~ machen mit etw** to put sth into practice; **E~fall** *m* emergency; **~gemeint** *adj* meant in earnest, serious; **~haft** *adj* serious; **E~haftigkeit** *f* seriousness; **~lich** *adj* serious
Ernte ['ɛrntə] *f* harvest; **e~n** *vt* to harvest; (*Lob etc*) to earn
ernüchtern [ɛr'nyçtərn] *vt* to sober up; (*fig*) to bring down to earth
Erober- [ɛr'o:bər] *zW*: **~er (-s, -)** *m* conqueror; **e~n** *vt* to conquer; **~ung** *f* conquest
eröffnen [ɛr''œfnən] *vt* to open ♦ *vr* to present itself; **jdm etw ~** to disclose sth to sb
Eröffnung *f* opening
erörtern [ɛr''œrtərn] *vt* to discuss
Erotik [e'ro:tɪk] *f* eroticism
erotisch *adj* erotic
erpress- [ɛr'prɛs] *zW*: **~en** *vt* (*Geld etc*) to extort; (*Mensch*) to blackmail; **E~er (-s, -)** *m* blackmailer; **E~ung** *f* extortion; blackmail
erprobt [ɛr'pro:pt] *adj* (*Gerät, Medikamente*) proven, tested
erraten [ɛr'ra:tən] (*unreg*) *vt* to guess
erreg- [ɛr're:g] *zW*: **~en** *vt* to excite; (*ärgern*) to infuriate; (*hervorrufen*) to arouse, to provoke ♦ *vr* to get excited *od* worked up; **E~er (-s, -)** *m* causative agent; **E~ung** *f* excitement
erreichbar *adj* accessible, within reach
erreichen [ɛr'raiçən] *vt* to reach; (*Zweck*) to achieve; (*Zug*) to catch
errichten [ɛr'riçtən] *vt* to erect, to put up; (*gründen*) to establish, to set up
erringen [ɛr'riŋən] (*unreg*) *vt* to gain, to win
erröten [ɛr'rø:tən] *vi* to blush, to flush
Errungenschaft [ɛr'ruŋənʃaft] *f* achievement; (*umg: Anschaffung*) acquisition
Ersatz [ɛr'zats] **(-es)** *m* substitute; replacement; (*Schaden~*) compensation; (*MIL*) reinforcements *pl*; **~dienst** *m* (*MIL*) alternative service; **~reifen** *m* (*AUT*) spare tyre; **~teil** *nt* spare (part)
erschaffen [ɛr'ʃafən] (*unreg*) *vt* to create
erscheinen [ɛr'ʃainən] (*unreg*) *vi* to appear
Erscheinung *f* appearance; (*Geist*) apparition; (*Gegebenheit*) phenomenon; (*Gestalt*) figure
erschießen [ɛr'ʃi:sən] (*unreg*) *vt* to shoot (dead)
erschlagen [ɛr'ʃla:gən] (*unreg*) *vt* to strike

dead
erschöpf- [ɛr'ʃœpf] *zW*: **~en** *vt* to exhaust; **~end** *adj* exhaustive, thorough; **E~ung** *f* exhaustion
erschrecken [ɛr'ʃrɛkən] *vt* to startle, to frighten ♦ *vi* to be frightened *od* startled; **~d** *adj* alarming, frightening
erschrocken [ɛr'ʃrɔkən] *adj* frightened, startled
erschüttern [ɛr'ʃytərn] *vt* to shake; (*fig*) to move deeply
Erschütterung *f* shaking; shock
erschweren [ɛr'ʃve:rən] *vt* to complicate
erschwinglich *adj* within one's means
ersetzen [ɛr'zɛtsən] *vt* to replace; **jdm Unkosten** *etc* **~** to pay sb's expenses *etc*
ersichtlich [ɛr'zɪçtlɪç] *adj* evident, obvious
ersparen [ɛr'ʃpa:rən] *vt* (*Ärger etc*) to spare; (*Geld*) to save
Ersparnis (-, -se) *f* saving

━━━━━━━━━ SCHLÜSSELWORT ━━━━━━━━━

erst [e:rst] *adv* **1** first; **mach erst mal die Arbeit fertig** finish your work first; **wenn du das erst mal hinter dir hast** once you've got that behind you
2 (*nicht früher als, nur*) only; (*nicht bis*) not till; **erst gestern** only yesterday; **erst morgen** not until tomorrow; **erst als** only when, not until; **wir fahren erst später** we're not going until later; **er ist (gerade) erst angekommen** he's only just arrived
3: **wäre er doch erst zurück!** if only he were back!

─────────────────────────────────

erstatten [ɛr'ʃtatən] *vt* (*Kosten*) to (re)pay; **Anzeige** *etc* **gegen jdn ~** to report sb; **Bericht ~** to make a report
Erstaufführung ['e:rst''aʊffy:ruŋ] *f* first performance
erstaunen [ɛr'ʃtaʊnən] *vt* to astonish ♦ *vi* to be astonished; **E~ (-s)** *nt* astonishment
erstaunlich *adj* astonishing
erst- ['e:rst] *zW*: **E~ausgabe** *f* first edition; **~beste(r, s)** *adj* first that comes along; **~e(r, s)** *adj* first
erstechen [ɛr'ʃtɛçən] (*unreg*) *vt* to stab (to death)
erstehen [ɛr'ʃte:ən] (*unreg*) *vt* to buy ♦ *vi* to (a)rise
erstens ['e:rstəns] *adv* firstly, in the first place
ersticken [ɛr'ʃtɪkən] *vt* (*auch fig*) to stifle; (*Mensch*) to suffocate; (*Flammen*) to smother ♦ *vi* (*Mensch*) to suffocate; (*Feuer*) to be smothered; **in Arbeit ~** to be snowed under with work
erst- *zW*: **~klassig** *adj* first-class; **E~kommunion** *f* first communion; **~malig** *adj* first; **~mals** *adv* for the first time
erstrebenswert [ɛr'ʃtre:bənsve:rt] *adj* desirable, worthwhile

erstrecken [ɛr'ʃtrɛkən] *vr* to extend, to stretch

ersuchen [ɛr'zu:xən] *vt* to request

ertappen [ɛr'tapən] *vt* to catch, to detect

erteilen [ɛr'taɪlən] *vt* to give

Ertrag [ɛr'tra:k] (-(e)s, ̈-e) *m* yield; (*Gewinn*) proceeds *pl*

ertragen (*unreg*) *vt* to bear, to stand

erträglich [ɛr'trɛ:klɪç] *adj* tolerable, bearable

ertrinken [ɛr'trɪŋkən] (*unreg*) *vi* to drown; **E~** (-s) *nt* drowning

erübrigen [ɛr'y:brɪgən] *vt* to spare ♦ *vr* to be unnecessary

erwachen [ɛr'vaxən] *vi* to awake

erwachsen [ɛr'vaksən] *adj* grown-up; **E~e(r)** *mf* adult; **E~enbildung** *f* adult education

erwägen [ɛr've:gən] (*unreg*) *vt* to consider

Erwägung *f* consideration

erwähn- [ɛr'vɛ:n] *zW:* **~en** *vt* to mention; **~enswert** *adj* worth mentioning; **E~ung** *f* mention

erwärmen [ɛr'vɛrmən] *vt* to warm, to heat ♦ *vr* to get warm, to warm up; **sich ~ für** to warm to

Erwarten *nt:* **über meinen/unseren** *usw* **~** beyond my/our *etc* expectations; **wider ~** contrary to expectations

erwarten [ɛr'vartən] *vt* to expect; (*warten auf*) to wait for; **etw kaum ~ können** to be hardly able to wait for sth

Erwartung *f* expectation; **e~sgemäß** *adv* as expected; **e~svoll** *adj* expectant

erwecken [ɛr'vɛkən] *vt* to rouse, to awake; **den Anschein ~** to give the impression

Erweis [ɛr'vaɪs] (-es, -e) *m* proof; **e~en** (*unreg*) *vt* to prove ♦ *vr:* **sich e~en (als)** to prove (to be); **jdm einen Gefallen/Dienst e~en** to do sb a favour/service

Erwerb [ɛr'vɛrp] (-(e)s, -e) *m* acquisition; (*Beruf*) trade; **e~en** (*unreg*) *vt* to acquire

erwerbs- *zW:* **~los** *adj* unemployed; **E~quelle** *f* source of income; **~tätig** *adj* (gainfully) employed

erwidern [ɛr'vi:dərn] *vt* to reply; (*vergelten*) to return

erwischen [ɛr'vɪʃən] (*umg*) *vt* to catch, to get

erwünscht [ɛr'vʏnʃt] *adj* desired

erwürgen [ɛr'vʏrgən] *vt* to strangle

Erz [e:rts] (-es, -e) *nt* ore

erzähl- [ɛr'tsɛ:l] *zW:* **~en** *vt* to tell ♦ *vi:* **sie kann gut ~en** she's a good story-teller; **E~er** (-s, -) *m* narrator; **E~ung** *f* story, tale

Erzbischof *m* archbishop

erzeug- [ɛr'tsɔʏg] *zW:* **~en** *vt* to produce; (*Strom*) to generate; **E~nis** (-ses, -se) *nt* product, produce; **E~ung** *f* production; generation

erziehen [ɛr'tsi:ən] (*unreg*) *vt* to bring up;

(*bilden*) to educate, to train

Erzieher(in) (-s, -) *m(f)* (*Berufsbezeichnung*) teacher

Erziehung *f* bringing up; (*Bildung*) education

Erziehungsbeihilfe *f* educational grant

Erziehungsberechtigte(r) *mf* parent; guardian

erzielen [ɛr'tsi:lən] *vt* to achieve, to obtain; (*Tor*) to score

erzwingen [ɛr'tsvɪŋən] (*unreg*) *vt* to force, to obtain by force

es [ɛs] (*nom, akk*) *pron* it

Esche ['ɛʃə] *f* ash

Esel ['e:zəl] (-s, -) *m* donkey, ass

Eskalation [ɛskalatsi'o:n] *f* escalation

Eskimo ['ɛskimo] (-s, -s) *m* eskimo

eßbar ['ɛsba:r] *adj* eatable, edible

Eßbesteck *nt* knife, fork and spoon

Eßecke *f* dining area

essen ['ɛsən] (*unreg*) *vt, vi* to eat; **E~** (-s, -) *nt* meal; food

Essig ['ɛsɪç] (-s, -e) *m* vinegar; **~gurke** *f* gherkin

Eß- ['ɛs] *zW:* **~kastanie** *f* sweet chestnut; **~löffel** *m* tablespoon; **~tisch** *m* dining table; **~waren** *pl* foodstuffs, provisions; **~zimmer** *nt* dining room

etablieren [eta'bli:rən] *vr* to become established; to set up in business

Etage [e'ta:ʒə] *f* floor, storey; **~nbetten** *pl* bunk beds; **~nwohnung** *f* flat

Etappe [e'tapə] *f* stage

Etat [e'ta:] (-s, -s) *m* budget

etc *abk* (= *et cetera*) etc

etepetete [e:təpe'te:tə] (*umg*) *adj* fussy

Ethik ['e:tɪk] *f* ethics *sg*

ethisch ['e:tɪʃ] *adj* ethical

Etikett [eti'kɛt] (-(e)s, -e) *nt* label; tag; **~e** *f* etiquette, manners *pl*

etliche ['ɛtlɪçə] *pron pl* some, quite a few

etliches *pron* a thing or two

Etui [ɛt'vi:] (-s, -s) *nt* case

etwa ['ɛtva] *adv* (*ungefähr*) about; (*vielleicht*) perhaps; (*beispielsweise*) for instance; **nicht ~** by no means; **~ig** ['ɛtvaɪç] *adj* possible

etwas *pron* something; anything; (*ein wenig*) a little ♦ *adv* a little

euch [ɔʏç] *pron* (*akk von ihr*) you; yourselves; (*dat von ihr*) (to) you

euer ['ɔʏər] *pron* (*gen von ihr*) of you ♦ *adj* your

Eule ['ɔʏlə] *f* owl

eure *adj f siehe* euer

eure(r, s) ['ɔʏrə(r, s)] *pron* yours; **~rseits** *adv* on your part; **~s** *adj nt siehe* euer; **~sgleichen** *pron* people like you; **~twegen** *adv* (*für euch*) for your sakes; (*wegen euch*) on your account; **~twillen** *adv:* **um ~twillen = euretwegen**

eurige ['ɔʏrɪgə] *pron:* **der/die/das ~** yours

Euro- zW: **~pa** [ɔy'roːpə] nt Europe;
~päer(in) [ɔyro'pɛːər(ɪn)] mf European;
e~päisch adj European; **~pameister**
[ɔy'roːpə-] m European
champion; **~scheck** m (FINANZ) eurocheque

Euter ['ɔytər] (-s, -) nt udder

ev. abk = **evangelisch**

evakuieren [evaku'iːrən] vt to evacuate

evangelisch [evaŋ'geːlɪʃ] adj Protestant

Evangelium [evaŋ'geːliom] nt gospel

eventuell [evɛntu'ɛl] adj possible ♦ adv
possibly, perhaps

evtl. abk = **eventuell**

EWG [eːveː'geː] (-) f abk (= Europäische
Wirtschaftsgemeinschaft) EEC, Common
Market

ewig ['eːvɪç] adj eternal; **E~keit** f eternity

exakt [ɛ'ksakt] adj exact

Examen [ɛ'ksaːmən] (-s, - od **Examina**) nt
examination

Exemplar [ɛksɛm'plaːr] (-s, -e) nt specimen; (Buch~) copy; **e~isch** adj exemplary

exerzieren [ɛksɛr'tsiːrən] vi to drill

Exil [ɛ'ksiːl] (-s, -e) nt exile

Existenz [ɛksɪs'tɛnts] f existence; (Unterhalt) livelihood, living; (pej: Mensch) character; **~minimum** (-s) nt subsistence level

existieren [ɛksɪs'tiːrən] vi to exist

exklusiv [ɛksklu'ziːf] adj exclusive; **~e** [-
'ziːvə] adv exclusive of, not including ♦
präp +gen exclusive of, not including

exotisch [ɛ'ksoːtɪʃ] adj exotic

Expedition [ɛkspeditsi'oːn] f expedition

Experiment [ɛksperi'mɛnt] nt experiment;
e~ell adj experimental; **e~ieren** vi to experiment

Experte [ɛks'pɛrtə] (-n, -n) m expert, specialist

Expertin f expert, specialist

explo- [ɛksplo] zW: **~dieren** [-'diːrən] vi to
explode; **E~sion** [-zi'oːn] f explosion; **~siv**
adj explosive

Export [ɛks'pɔrt] (-(e)s, -e) m export; **~eur**
[-'tøːr] m exporter; **~handel** m export
trade; **e~ieren** [-'tiːrən] vt to export;
~land nt exporting country

Expreßgut [ɛks'prɛs-] nt express goods pl,
express freight

Expreßzug m express (train)

extra ['ɛkstra] adj inv (umg: gesondert) separate; (besondere) extra ♦ adv (gesondert)
separately; (speziell) specially; (absichtlich)
on purpose; (vor Adjektiven, zusätzlich)
extra; **E~** (-s, -s) nt extra; **E~ausgabe** f
special edition; **E~blatt** nt special edition

Extrakt [ɛks'trakt] (-(e)s, -e) m extract

extravagant adj extravagant

extrem [ɛks'treːm] adj extreme; **~istisch**
[-'mɪstɪʃ] adj (POL) extremist; **E~itäten** [-
'teːtən] pl extremities

exzentrisch [ɛks'tsɛntrɪʃ] adj eccentric

Exzeß [ɛks'tsɛs] (-sses, -sse) m excess

F f

Fa. abk (= Firma) firm; (in Briefen) Messrs

Fabel ['faːbəl] (-, -n) f fable; **f~haft** adj
fabulous, marvellous

Fabrik [fa'briːk] f factory; **~ant** [-'kant] m
(Hersteller) manufacturer; (Besitzer) in-
dustrialist; **~arbeiter** m factory worker;
~at [-'kaːt] (-(e)s, -e) nt manufacture,
product; **~gelände** nt factory site

Fach [fax] (-(e)s, ˡer) nt compartment;
(Sachgebiet) subject; **ein Mann vom ~** an
expert; **~arbeiter** m skilled worker; **~arzt**
m (medical) specialist; **~ausdruck** m technical term

Fächer ['fɛçər] (-s, -) m fan

Fach- zW: **~geschäft** nt specialist shop;
~hochschule f ≈ technical college;
~kraft f skilled worker, trained employee;
f~kundig adj expert, specialist; **f~lich** adj
professional; expert; **~mann** (pl **-leute**) m
specialist; **f~männisch** adj professional;
~schule f technical college; **f~simpeln** vi
to talk shop; **~werk** nt timber frame

Fackel ['fakəl] (-, -n) f torch

fad(e) [faːt, 'faːdə] adj insipid; (langweilig)
dull

Faden ['faːdən] (-s, ˡ) m thread;
f~scheinig adj (auch fig) threadbare

fähig ['fɛːɪç] adj: **~** (zu od +gen) capable
(of); able (to); **F~keit** f ability

fahnden ['faːndən] vi: **~ nach** to search for

Fahndung f search; **~sliste** f list of
wanted criminals, wanted list

Fahne ['faːnə] f flag, standard; **eine ~ haben** (umg) to smell of drink; **~nflucht** f
desertion

Fahrausweis m ticket

Fahrbahn f carriageway (BRIT), roadway

Fähre ['fɛːrə] f ferry

fahren ['faːrən] (unreg) vt to drive; (Rad) to
ride; (befördern) to drive, to take; (Rennen)
to drive in ♦ vi (sich bewegen) to go;
(Schiff) to sail; (abfahren) to leave; **mit
dem Auto/Zug ~** to go od travel by car/
train; **mit der Hand ~ über** +akk to pass
one's hand over

Fahr- zW: **~er(in)** (-s, -) m(f) driver; **~er-
flucht** f hit-and-run; **~gast** m passenger;
~geld nt fare; **~karte** f ticket; **~karten-
ausgabe** f ticket office; **~kartenautomat**
m ticket machine; **~kartenschalter** m

ticket office; **f~lässig** *adj* negligent;
f~lässige Tötung manslaughter; **~lehrer**
m driving instructor; **~plan** *m* timetable;
f~planmäßig *adj* scheduled; **~preis** *m*
fare; **~prüfung** *f* driving test; **~rad** *nt* bicycle; **~radweg** *m* cycle lane; **~schein** *m*
ticket; **~scheinentwerter** *m* (automatic)
ticket stamping machine

Fährschiff ['fɛːrʃɪf] *nt* ferry(-boat)

Fahrschule *f* driving school

Fahrstuhl *m* lift (*BRIT*), elevator (*US*)

Fahrt [faːrt] (-, -en) *f* journey; (*kurz*) trip;
(*AUT*) drive; (*Geschwindigkeit*) speed; **gute
~!** I have a good journey

Fährte ['fɛːrtə] *f* track, trail

Fahrtkosten *pl* travelling expenses

Fahrtrichtung *f* course, direction

Fahrzeug *nt* vehicle; **~brief** *m* log book

fair [fɛːr] *adj* fair

Faktor ['faktɔr] *m* factor

Fakultät [fakul'tɛːt] *f* faculty

Falke ['falkə] (-n, -n) *m* falcon

Fall [fal] (-(e)s, ᵉe) *m* (*Sturz*) fall; (*Sachver-
halt, JUR, GRAM*) case; **auf jeden ~, auf
alle Fälle** in any case; (*bestimmt*) definitely;
auf keinen ~! no way!; **~e** *f* trap; **f~en**
(*unreg*) *vi* to fall; **etw f~en lassen** to drop
sth

fällen ['fɛlən] *vt* (*Baum*) to fell; (*Urteil*) to
pass

fallenlassen (*unreg*) *vt* (*Bemerkung*) to
make; (*Plan*) to abandon, to drop

fällig ['fɛlɪç] *adj* due

falls [fals] *adv* in case, if

Fallschirm *m* parachute; **~springer** *m*
parachutist

falsch [falʃ] *adj* false; (*unrichtig*) wrong

fälschen ['fɛlʃən] *vt* to forge

fälsch- *zW*: **~lich** *adj* false; **~licherweise**
adv mistakenly; **F~ung** *f* forgery

Falte ['faltə] *f* (*Knick*) fold, crease; (*Haut~*)
wrinkle; (*Rock~*) pleat; **f~n** *vt* to fold;
(*Stirn*) to wrinkle

faltig *adj* (*Hände, Haut*) wrinkled; (*zerknit-
tert: Rock*) creased

familiär [famili'ɛːr] *adj* familiar

Familie [fa'miːliə] *f* family

Familien- *zW*: **~betrieb** *m* family business; **~kreis** *m* family circle; **~mitglied** *nt*
member of the family; **~name** *m* surname;
~stand *m* marital status

Fan (-s, -s) *m* fan

Fanatiker [fa'naːtikər] (-s, -) *m* fanatic

fanatisch *adj* fanatical

fand *etc* [fant] *vb siehe* **finden**

Fang [faŋ] (-(e)s, ᵉe) *m* catch; (*Jagen*) hunting; (*Kralle*) talon, claw; **f~en** (*unreg*) *vt*
to catch ◊ *vr* to get caught; (*Flugzeug*) to
level out; (*Mensch: nicht fallen*) to steady
o.s.; (*fig*) to compose o.s.; (*in Leistung*) to
get back on form

Farb- ['farb] *zW*: **~abzug** *m* colour print;

~aufnahme *f* colour photograph; **~band**
m typewriter ribbon; **~dia** *nt* colour slide;
~e *f* colour; (*zum Malen etc*) paint; (*Stof-
farbe*) dye; **f~echt** *adj* colourfast

färben ['fɛrbən] *vt* to colour; (*Stoff, Haar*)
to dye

farben- ['farbən-] *zW*: **~blind** *adj* colour-
blind; **~freudig** *adj* colourful; **~froh** *adj*
colourful, gay

Farb- *zW*: **~fernsehen** *nt* colour television;
~film *m* colour film; **~foto** *nt* colour
photograph; **f~ig** *adj* coloured; **~ige(r)** *mf*
coloured (person); **~kasten** *m* paintbox;
f~lich *adj* colour; **f~los** *adj* colourless;
~stift *m* coloured pencil; **~stoff** *m* dye;
~ton *m* hue, tone

Färbung ['fɛrbʊŋ] *f* colouring; (*Tendenz*)
bias

Farn [farn] (-(e)s, -e) *m* fern; bracken

Fasan [fa'zaːn] (-(e)s, -e(n)) *m* pheasant

Fasching ['faʃɪŋ] (-s, -e *od* -s) *m* carnival

Faschismus [fa'ʃɪsmʊs] *m* fascism

Faschist *m* fascist

Faser ['faːzər] (-, -n) *f* fibre; **f~n** *vi* to fray

Faß [fas] (-sses, Fässer) *nt* vat, barrel; (*für
Öl*) drum; **Bier vom ~** draught beer

Fassade [fa'saːdə] *f* façade

fassen ['fasən] *vt* (*ergreifen*) to grasp, to
take; (*inhaltlich*) to hold; (*Entschluß etc*) to
take; (*verstehen*) to understand; (*Ring etc*)
to set; (*formulieren*) to formulate, to phrase
◊ *vr* to calm down; **nicht zu ~** unbelievable

Fassung ['fasʊŋ] *f* (*Umrahmung*) mounting;
(*Lampen~*) socket; (*Wortlaut*) version; (*Beherrschung*) composure; **jdn aus der ~
bringen** to upset sb; **f~slos** *adj* speechless

fast [fast] *adv* almost, nearly

fasten ['fastən] *vi* to fast; **F~zeit** *f* Lent

Fastnacht *f* Shrove Tuesday; carnival

faszinieren [fastsi'niːrən] *vt* to fascinate

fatal [fa'taːl] *adj* fatal; (*peinlich*) embarrassing

faul [faʊl] *adj* rotten; (*Person*) lazy; (*Ausreden*) lame; **daran ist etwas ~** there's
something fishy about it; **~en** *vi* to rot;
~enzen *vi* to idle; **F~enzer** (-s, -) *m* idler,
loafer; **F~heit** *f* laziness; **~ig** *adj* putrid

Faust ['faʊst] (-, **Fäuste**) *f* fist; **auf eigene
~** off one's own bat; **~handschuh** *m* mitten

Favorit [favo'riːt] (-en, -en) *m* favourite

faxen ['faksən] *vt* to fax; **jdm etw ~** to fax
sth to sb

FCKW *m abk* (= *Fluorchlorkohlenwasser-
stoff*) CFC

FDP [efdeː'peː] (-) *f abk* (= *Freie Demokratische Partei*) Free Democratic Party

Februar ['feːbruaːr] (-(s), -e) *m* February

fechten ['fɛçtən] (*unreg*) *vi* to fence

Feder ['feːdər] (-, -n) *f* feather; (*Schreib~*)
pen nib; (*TECH*) spring; **~ball** *m* shuttle-

cock; **~bett** nt continental quilt; **~halter** m penholder, pen; **f~leicht** adj light as a feather; **f~n** vi (nachgeben) to be springy; (sich bewegen) to bounce ♦ vt to spring; **~ung** f (AUT) suspension

Fee [fe:] f fairy
Fegefeuer nt purgatory
fegen ['fe:gən] vt to sweep
fehl [fe:l] adj: **~ am Platz** od **Ort** out of place; **~en** vi to be wanting od missing; (abwesend sein) to be absent; **etw ~t jdm** sb lacks sth; **du ~st mir** I miss you; **was ~t ihm?** what's wrong with him?; **F~er** (-s, -) m mistake, error; (Mangel, Schwäche) fault; **~erfrei** adj faultless; without any mistakes; **~erhaft** adj incorrect; faulty; **~erlos** adj flawless, perfect; **F~geburt** f miscarriage; **~gehen** (unreg) vi to go astray; **F~griff** m blunder; **F~konstruktion** f badly designed thing; **~schlagen** (unreg) vi to fail; **F~start** m (SPORT) false start; **F~zündung** f (AUT) misfire, backfire

Feier ['faɪər] (-, -n) f celebration; **~abend** m time to stop work; **~abend machen** to stop, to knock off; **jetzt ist ~abend!** that's enough!; **f~lich** adj solemn; **~lichkeit** f solemnity; **~lichkeiten** pl (Veranstaltungen) festivities; **f~n** vt, vi to celebrate; **~tag** m holiday
feig(e) ['faɪg(ə)] adj cowardly
Feige f fig
Feigheit f cowardice
Feigling m coward
Feile ['faɪlə] f file
feilschen vi to haggle
fein [faɪn] adj fine; (vornehm) refined; (Gehör etc) keen; **~! great!**
Feind [faɪnt] (-(e)s, -e) m enemy; **f~lich** adj hostile; **~schaft** f enmity; **f~selig** adj hostile; **~seligkeit** f hostility
Fein- zW: **f~fühlig** adj sensitive; **~gefühl** nt delicacy, tact; **~heit** f fineness; refinement; keenness; **~kostgeschäft** nt delicatessen (shop); **~schmecker** (-s, -) m gourmet
Feinwäsche f delicate clothing (when washing)
Feld [fɛlt] (-(e)s, -er) nt field; (SCHACH) square; (SPORT) pitch; **~herr** m commander; **~stecher** (-s, -) m binoculars pl; **~weg** m path
Feldzug m (fig) campaign
Felge ['fɛlgə] f (wheel) rim
Fell [fɛl] (-(e)s, -e) nt fur; coat; (von Schaf) fleece; (von toten Tieren) skin
Fels [fɛls] (-en, -en) m rock; (Klippe) cliff
Felsen ['fɛlzən] (-s, -) m = Fels; **f~fest** adj firm
feminin [femi'ni:n] adj feminine; (pej) effeminate
Fenster ['fɛnstər] (-s, -) nt window; **~bank** f windowsill; **~laden** m shutter; **~leder** nt chamois (leather); **~platz** m window seat; **~scheibe** f windowpane

Ferien ['fe:riən] pl holidays, vacation sg (US); **~ haben** to be on holiday; **~kurs** m holiday course; **~lager** nt holiday camp; **~reise** f holiday; **~wohnung** f holiday apartment
Ferkel ['fɛrkəl] (-s, -) nt piglet
fern [fɛrn] adj, adv far-off, distant; **~ von hier** a long way (away) from here; **der F~e Osten** the Far East; **F~amt** nt (TEL) exchange; **F~bedienung** f remote control; **F~e** f distance; **~er** adj further ♦ adv further; (weiterhin) in future; **F~gespräch** nt trunk call; **F~glas** nt binoculars pl; **~halten** (unreg) vt, vr to keep away; **F~licht** nt (AUT) full beam; **F~meldeamt** nt international exchange; **F~rohr** nt telescope; **F~ruf** m (förmlich) telephone number; **F~schreiben** nt telex; **F~sehapparat** m television set; **F~sehen** (-s) nt television; **im F~sehen** on television; **~sehen** (unreg) vi to watch television; **F~seher** m television; **F~sprecher** m telephone; **F~sprechzelle** f telephone box od booth (US); **F~steuerung** f remote control; **F~straße** f ≈ 'A' road (BRIT), highway (US); **F~verkehr** m long-distance traffic
Ferse ['fɛrzə] f heel
fertig ['fɛrtɪç] adj (bereit) ready; (beendet) finished; (gebrauchs~) ready-made; **~bringen** (unreg) vt (fähig sein) to be capable of; **F~gericht** nt precooked meal; **F~haus** nt kit house, prefab; **F~keit** f skill; **~machen** vt (beenden) to finish; (umg: Person) to finish; (: körperlich) to exhaust; (: moralisch) to get down ♦ vr to get ready; **~stellen** vt to complete
Fessel ['fɛsəl] (-, -n) f fetter; **f~n** vt to bind; (mit Fesseln) to fetter; (fig) to spellbind; **f~nd** adj fascinating, captivating
Fest [fɛst] (-(e)s, -e) nt party; festival; **frohes ~!** Happy Christmas!
fest [fɛst] adj firm; (Nahrung) solid; (Gehalt) regular ♦ adv (schlafen) soundly; **~e Kosten** fixed cost; **~angestellt** adj permanently employed; **~binden** (unreg) vt to tie, to fasten; **~bleiben** (unreg) vi to stand firm; **F~essen** nt banquet; **~halten** (unreg) vt to seize, to hold fast; (Ereignis) to record ♦ vr: **sich ~halten** (an +dat) to hold on (to); **~igen** vt to strengthen; **F~igkeit** f strength; **F~ival** ['fɛstɪval] (-s, -s) nt festival; **F~land** nt mainland; **~legen** vt to fix ♦ vr to commit o.s.; **~lich** adj festive; **~liegen** (unreg) vi (feststehen: Termin) to be confirmed, to be fixed; **~machen** vt to fasten; (Termin etc) to fix; **F~nahme** f arrest; **~nehmen** (unreg) vt to arrest; **F~rede** f address; **~setzen** vt to fix, to settle; **F~spiele** pl (Veranstaltung) festival sg; **~stehen** (unreg) vi to be certain; **~stel-**

len *vt* to establish; (*sagen*) to remark; **F~tag** *m* feast day, holiday; **F~ung** *f* fortress; **F~wochen** *pl* festival *sg*

Fett [fɛt] (-(e)s, -e) *nt* fat, grease

fett *adj* fat; (*Essen etc*) greasy; (*TYP*) bold; **~arm** *adj* low fat; **~en** *vt* to grease; **F~fleck** *m* grease stain; **~ig** *adj* greasy, fatty

Fetzen ['fɛtsən] (-s, -) *m* scrap

feucht [fɔʏçt] *adj* damp; (*Luft*) humid; **F~igkeit** *f* dampness; humidity

Feuer ['fɔʏər] (-s, -) *nt* fire; (*zum Rauchen*) a light; (*fig: Schwung*) spirit; **~alarm** *m* fire alarm; **f~fest** *adj* fireproof; **~gefahr** *f* danger of fire; **f~gefährlich** *adj* inflammable; **~leiter** *f* fire escape ladder; **~löscher** (-s, -) *m* fire extinguisher; **~melder** (-s, -) *m* fire alarm; **f~n** *vt, vi* (*auch fig*) to fire; **~stein** *m* flint; **~treppe** *f* fire escape; **~wehr** (-, -en) *f* fire brigade; **~wehrauto** *nt* fire engine; **~wehrmann** *m* fireman; **~werk** *nt* fireworks *pl*; **~zeug** *nt* (cigarette) lighter

Fichte ['fɪçtə] *f* spruce, pine

Fieber ['fiːbər] (-s, -) *nt* fever, temperature; **f~haft** *adj* feverish; **~thermometer** *nt* thermometer; **fiebrig** *adj* (*Erkältung*) feverish

fiel *etc* [fiːl] *vb siehe* **fallen**

fies [fiːs] (*umg*) *adj* nasty

Figur [fi'guːr] (-, -en) *f* figure; (*Schach~*) chessman, chess piece

Filet [fi'leː] (-s, -s) *nt* (*KOCH*) fillet

Filiale [fili'aːlə] *f* (*COMM*) branch

Film [fɪlm] (-(e)s, -e) *m* film; **~aufnahme** *f* shooting; **f~en** *vt, vi* to film; **~kamera** *f* cine-camera

Filter ['fɪltər] (-s, -) *m* filter; **f~n** *vt* to filter; **~papier** *nt* filter paper; **~zigarette** *f* tipped cigarette

Filz [fɪlts] (-es, -e) *m* felt; **f~en** *vt* (*umg*) to frisk ♦ *vi* (*Wolle*) to mat; **~stift** *m* felt-tip pen

Finale [fi'naːlə] (-s, -(s)) *nt* finale; (*SPORT*) final(s)

Finanz [fi'nants] *f* finance; **~amt** *nt* Inland Revenue Office; **~beamte(r)** *m* revenue officer; **f~iell** [-tsi'ɛl] *adj* financial; **f~ieren** [-'tsiːrən] *vt* to finance; **f~kräftig** *adj* financially strong; **~minister** *m* Chancellor of the Exchequer (*BRIT*), Minister of Finance

Find- ['fɪnd] *zW:* **f~en** (*unreg*) *vt* to find; (*meinen*) to think ♦ *vr* to be (found); (*sich fassen*) to compose o.s.; **ich f~e nichts dabei, wenn ...** I don't see what's wrong if ...; **das wird sich f~en** things will work out; **~er** (-s, -) *m* finder; **~erlohn** *m* reward (*for sb who finds sth*); **f~ig** *adj* resourceful

fing *etc* [fɪŋ] *vb siehe* **fangen**

Finger ['fɪŋər] (-s, -) *m* finger; **~abdruck** *m* fingerprint; **~hut** *m* thimble; (*BOT*) foxglove; **~nagel** *m* fingernail; **~spitze** *f* fingertip

fingiert *adj* made-up, fictitious

Fink [fɪŋk] (-en, -en) *m* finch

Finn- [fɪn] *zW:* **~e** (-n, -n) *m* Finn; **~in** *f* Finn; **f~isch** *adj* Finnish; **~land** *nt* Finland

finster ['fɪnstər] *adj* dark, gloomy; (*verdächtig*) dubious; (*verdrossen*) grim; (*Gedanke*) dark; **F~nis** (-) *f* darkness, gloom

Firma ['fɪrma] (-, -men) *f* firm

Firmen- ['fɪrmən] *zW:* **~inhaber** *m* owner of firm; **~schild** *nt* (shop) sign; **~zeichen** *nt* trademark

Firnis ['fɪrnɪs] (-ses, -se) *m* varnish

Fisch [fɪʃ] (-(e)s, -e) *m* fish; **~e** *pl* (*ASTROL*) Pisces *sg*; **f~en** *vt, vi* to fish; **~er** (-s, -) *m* fisherman; **~e'rei** *f* fishing, fishery; **~fang** *m* fishing; **~geschäft** *nt* fishmonger's (shop); **~gräte** *f* fishbone

fit [fɪt] *adj* fit

Fitneß ['fɪtnəs] (-, -) *f* (physical) fitness

fix [fɪks] *adj* fixed; (*Person*) alert, smart; **~ und fertig** finished; (*erschöpft*) done in; **~ieren** [fi'ksiːrən] *vt* to fix; (*anstarren*) to stare at

flach [flax] *adj* flat; (*Gefäß*) shallow

Fläche ['flɛçə] *f* area; (*Ober~*) surface

Flachland *nt* lowland

flackern ['flakərn] *vi* to flare, to flicker

Flagge ['flagə] *f* flag

flaggen *vi* to fly a flag

Flamingo [fla'mɪŋgo] (-s, -s) *m* (*ZOOL*) flamingo

flämisch ['flɛːmɪʃ] *adj* (*LING*) Flemish

Flamme ['flamə] *f* flame

Flandern ['flandərn] *nt* Flanders

Flanell [fla'nɛl] (-s, -e) *m* flannel

Flanke ['flaŋkə] *f* flank; (*SPORT: Seite*) wing

Flasche ['flaʃə] *f* bottle; (*umg: Versager*) wash-out

Flaschen- *zW:* **~bier** *nt* bottled beer; **~öffner** *m* bottle opener; **~zug** *m* pulley

flatterhaft *adj* flighty, fickle

flattern ['flatərn] *vi* to flutter

flau [flau] *adj* weak, listless; (*Nachfrage*) slack; **jdm ist ~** sb feels queasy

Flaum [flaum] (-(e)s) *m* (*Feder*) down; (*Haare*) fluff

flauschig ['flauʃɪç] *adj* fluffy

Flaute ['flautə] *f* calm; (*COMM*) recession

Flechte ['flɛçtə] *f* plait; (*MED*) dry scab; (*BOT*) lichen; **f~n** (*unreg*) *vt* to plait; (*Kranz*) to twine

Fleck [flɛk] (-(e)s, -e) *m* spot; (*Schmutz~*) stain; (*Stoff~*) patch; (*Makel*) blemish; **nicht vom ~ kommen** (*auch fig*) not to get any further; **vom ~ weg** straight away

Flecken (-s, -) *m* = Fleck; **f~los** *adj* spotless; **~mittel** *nt* stain remover; **~wasser** *nt* stain remover

fleckig *adj* spotted; stained

Fledermaus ['fleːdərmaus] *f* bat

Flegel ['fleːgəl] (-s, -) m (Mensch) lout; **f~haft** adj loutish, unmannerly; **~jahre** pl adolescence sg

flehen ['fleːən] vi to implore; **~tlich** adj imploring

Fleisch [flaɪʃ] (-(e)s) nt flesh; (Essen) meat; **~brühe** f beef tea, meat stock; **~er** (-s, -) m butcher; **~e'rei** f butcher's (shop); **f~ig** adj fleshy; **f~los** adj meatless, vegetarian

Fleiß [flaɪs] (-es) m diligence, industry; **f~ig** adj diligent, industrious

fletschen ['flɛtʃən] vt (Zähne) to show

flexibel [flɛ'ksiːbəl] adj flexible

Flicken ['flɪkən] (-s, -) m patch; **f~** vt to mend

Flieder ['fliːdər] (-s, -) m lilac

Fliege ['fliːgə] f fly; (Kleidung) bow tie; **f~n** (unreg) vt, vi to fly; **auf jdn/etw f~n** (umg) to be mad about sb/sth; **~npilz** m toadstool; **~r** (-s, -) m flier, airman

fliehen ['fliːən] (unreg) vi to flee

Fliese ['fliːzə] f tile

Fließ- ['fliːs] zW: **~band** nt production od assembly line; **f~en** (unreg) vi to flow; **f~end** adj flowing; (Rede, Deutsch) fluent; (Übergänge) smooth

flimmern ['flɪmərn] vi to glimmer

flink [flɪŋk] adj nimble, lively

Flinte ['flɪntə] f rifle; shotgun

Flitterwochen pl honeymoon sg

flitzen ['flɪtsən] vi to flit

Flocke ['flɔkə] f flake

flog etc [floːk] vb siehe fliegen

Floh [floː] (-(e)s, ⸚e) m flea; **~markt** m flea market

florieren [flo'riːrən] vi to flourish

Floskel ['flɔskəl] (-, -n) f set phrase

Floß [floːs] (-es, ⸚e) nt raft, float

floß etc vb siehe fließen

Flosse ['flɔsə] f fin

Flöte ['fløːtə] f flute; (Block~) recorder

Flötist(in) [fløˈtɪst(ɪn)] m(f) flautist

flott [flɔt] adj lively; (elegant) smart; (NAUT) afloat; **F~e** f fleet, navy

Fluch [fluːx] (-(e)s, ⸚e) m curse; **f~en** vi to curse, to swear

Flucht [fluxt] (-, -en) f flight; (Fenster~) row; (Zimmer~) suite; **f~artig** adj hasty

flücht- ['flʏçt] zW: **~en** vi, vr to flee, to escape; **~ig** adj fugitive; (vergänglich) transitory; (oberflächlich) superficial; (eilig) fleeting; **F~igkeitsfehler** m careless slip; **F~ling** m fugitive, refugee

Flug [fluːk] (-(e)s, ⸚e) m flight; **im ~** airborne, in flight; **~blatt** nt pamphlet

Flügel ['flyːgəl] (-s, -) m wing; (MUS) grand piano

Fluggast m airline passenger

flügge ['flʏgə] adj (fully-)fledged

Flug- zW: **~gesellschaft** f airline (company); **~hafen** m airport; **~lärm** m aircraft noise; **~linie** f airline; **~plan** m flight schedule; **~platz** m airport; (klein) airfield; **~reise** f flight; **~verkehr** m air traffic; **~zeug** nt (aero)plane, airplane (US); **~zeugentführung** f hijacking of a plane; **~zeughalle** f hangar; **~zeugträger** m aircraft carrier

Flunder ['flʊndər] (-, -n) f flounder

flunkern ['flʊŋkərn] vi to fib, to tell stories

Fluor ['fluːɔr] (-s) nt fluorine

Flur [fluːr] (-(e)s, -e) m hall; (Treppen~) staircase

Fluß [flʊs] (-sses, ⸚sse) m river; (Fließen) flow; **im ~ sein** (fig) to be in a state of flux

flüssig ['flʏsɪç] adj liquid; **F~keit** f liquid; (Zustand) liquidity; **~machen** vt (Geld) to make available

flüstern ['flʏstərn] vt, vi to whisper

Flut [fluːt] (-, -en) f (auch fig) flood; (Gezeiten) high tide; **f~en** vi to flood; **~licht** nt floodlight

Fohlen ['foːlən] (-s, -) nt foal

Föhn [føːn] (-(e)s, -e) m (warmer Fallwind) föhn

Föhre ['føːrə] f Scots pine

Folge ['fɔlgə] f series, sequence; (Fortsetzung) instalment; (Auswirkung) result; **in rascher ~** in quick succession; **etw zur ~ haben** to result in sth; **~n haben** to have consequences; **einer Sache** dat **~ leisten** to comply with sth; **f~n** vi +dat to follow; (gehorchen) to obey; **jdm f~n können** (fig) to follow od understand sb; **f~nd** adj following; **f~ndermaßen** adv as follows, in the following way; **f~rn** vt: **f~rn (aus)** to conclude (from); **~rung** f conclusion

folglich adv consequently

folgsam adj obedient

Folie ['foːliə] f foil

Folklore ['fɔlkloːr] f folklore

Folter ['fɔltər] (-, -n) f torture; (Gerät) rack; **f~n** vt to torture

Fön [føːn] (-(e)s, -e; ®) m hair-dryer

Fondue [fõ'dyː] (-s, -s od -, -s) nt od f (KOCH) fondue

fönen vt to (blow) dry

Fönfrisur f blow-dry hairstyle

Fontäne [fɔn'tɛːnə] f fountain

Förder- ['fœrdər] zW: **~band** nt conveyor belt; **~korb** m pit cage; **f~lich** adj beneficial

fordern ['fɔrdərn] vt to demand

fördern ['fœrdərn] vt to promote; (unterstützen) to help; (Kohle) to extract; **Förderung** f promotion; help; extraction

Forderung ['fɔrdəruŋ] f demand

Forelle [fo'rɛlə] f trout

Form [fɔrm] (-, -en) f shape; (Gestaltung) form; (Guß~) mould; (Back~) baking tin; **in ~ sein** to be in good form od shape; **in ~ von** in the shape of

Formali'tät f formality

Format [fɔr'maːt] (-(e)s, -e) *nt* format; (*fig*) distinction

formbar *adj* malleable

Formel (-, -n) *f* formula

formell [fɔr'mɛl] *adj* formal

formen *vt* to form, to shape

Formfehler *m* faux-pas, gaffe; (*JUR*) irregularity

formieren [-'miːrən] *vt* to form ♦ *vr* to form up

förmlich ['fœrmlɪç] *adj* formal; (*umg*) real; **F~keit** *f* formality

formlos *adj* shapeless; (*Benehmen etc*) informal

Formu'lar (-s, -e) *nt* form

formu'lieren *vt* to formulate

forsch [fɔrʃ] *adj* energetic, vigorous

forschen *vi*: ~ (**nach**) to search (for); (*wissenschaftlich*) to (do) research; **~d** *adj* searching

Forscher (-s, -) *m* research scientist; (*Natur~*) explorer

Forschung ['fɔrʃʊŋ] *f* research

Forst [fɔrst] (-(e)s, -e) *m* forest

Förster ['fœrstər] (-s, -) *m* forester; (*für Wild*) gamekeeper

fort [fɔrt] *adv* away; (*verschwunden*) gone; (*vorwärts*) on; **und so** ~ and so on; **in einem** ~ on and on; **~bestehen** (*unreg*) *vi* to survive; **~bewegen** *vt, vr* to move away; **~bilden** *vr* to continue one's education; **~bleiben** (*unreg*) *vi* to stay away; **F~dauer** *f* continuance; **~fahren** (*unreg*) *vi* to depart; (*fortsetzen*) to go on, to continue; **~führen** *vt* to continue, to carry on; **~gehen** (*unreg*) *vi* to go away; **~geschritten** *adj* advanced; **~müssen** (*unreg*) *vi* to have to go; **~pflanzen** *vr* to reproduce; **F~pflanzung** *f* reproduction

fortschaffen *vt* to remove

fortschreiten (*unreg*) *vi* to advance

Fortschritt ['fɔrtʃrɪt] *m* advance; **~e machen** to make progress; **f~lich** *adj* progressive

fort- *zW*: **~setzen** *vt* to continue; **F~setzung** *f* continuation; (*folgender Teil*) instalment; **F~setzung folgt** to be continued; **~während** *adj* incessant, continual

Foto ['foːto] (-s, -s) *nt* photo(graph); **~apparat** *m* camera; **~'graf** *m* photographer; **~gra'fie** *f* photography; (*Bild*) photograph; **f~gra'fieren** *vt* to photograph ♦ *vi* to take photographs; **~kopie** *f* photocopy

Fr. *abk* (= *Frau*) Mrs, Ms

Fracht [fraxt] (-, -en) *f* freight; (*NAUT*) cargo; (*Preis*) carriage; ~ **zahlt Empfänger** (*COMM*) carriage forward; **~er** (-s, -) *m* freighter, cargo boat; **~gut** *nt* freight

Frack [frak] (-(e)s, ⁼e) *m* tails *pl*

Frage ['fraːgə] (-, -n) *f* question; **etw in** ~ **stellen** to question sth; **jdm eine** ~ **stellen** to ask sb a question, to put a question to

sb; **nicht in** ~ **kommen** to be out of the question; **~bogen** *m* questionnaire; **f~n** *vt, vi* to ask; **~zeichen** *nt* question mark

fraglich *adj* questionable, doubtful

fraglos *adv* unquestionably

Fragment [fra'gmɛnt] *nt* fragment

fragwürdig ['fraːkvʏrdɪç] *adj* questionable, dubious

Fraktion [fraktsi'oːn] *f* parliamentary party

frankieren [fraŋ'kiːrən] *vt* to stamp, to frank

franko ['fraŋko] *adv* post-paid; carriage paid

Frankreich ['fraŋkraɪç] (-s) *nt* France

Franse ['franzə] *f* fringe

Franzose [fran'tsoːzə] *m* Frenchman

Französin [fran'tsøːzɪn] *f* Frenchwoman

französisch *adj* French

fraß *etc* [fras] *vb siehe* **fressen**

Fratze ['fratsə] *f* grimace

Frau [frau] (-, -en) *f* woman; (*Ehe~*) wife; (*Anrede*) Mrs, Ms; ~ **Doktor** Doctor; **~enarzt** *m* gynaecologist; **~enbewegung** *f* feminist movement; **~enzimmer** *nt* female, broad (*US*)

Fräulein ['frɔylaɪn] *nt* young lady; (*Anrede*) Miss, Ms

fraulich ['fraulɪç] *adj* womanly

frech [frɛç] *adj* cheeky, impudent; **F~heit** *f* cheek, impudence

frei [frai] *adj* free; (*Stelle, Sitzplatz*) free, vacant; (*Mitarbeiter*) freelance; (*unbekleidet*) bare; **sich** *dat* **einen Tag** ~ **nehmen** to take a day off; **von etw** ~ **sein** to be free of sth; **im F~en** in the open air; ~ **sprechen** to talk without notes; ~ **Haus** (*COMM*) carriage paid; **~er Wettbewerb** fair/open competition; **F~bad** *nt* open-air swimming pool; **~bekommen** (*unreg*) *vt*: **jdn ~bekommen** to get sb freed; **einen Tag ~bekommen** to get a day off; **~gebig** *adj* generous; **~halten** (*unreg*) *vt* to keep free; **~händig** *adv* (*fahren*) with no hands; **F~heit** *f* freedom; **~heitlich** *adj* liberal; **F~heitsstrafe** *f* prison sentence; **F~karte** *f* free ticket; **~lassen** (*unreg*) *vt* to (set) free; **~legen** *vt* to expose; **~lich** *adv* certainly, admittedly; **ja ~lich** yes of course; **F~lichtbühne** *f* open-air theatre; **F~lichtmuseum** *nt* open-air museum; **~machen** *vt* (*Post*) to frank ♦ *vr* to arrange to be free; (*entkleiden*) to undress; **Tage ~machen** to take days off; **~sprechen** (*unreg*) *vt*: **~sprechen (von)** to acquit (of); **F~spruch** *m* acquittal; **~stehen** (*unreg*) *vi*: **es steht dir ~, das zu tun** you're free to do that ♦ *vt* (*leerstehen: Wohnung, Haus*) to lie/stand empty; **~stellen** *vt*: **jdm etw ~stellen** to leave sth (up) to sb; **F~stoß** *m* free kick

Freitag *m* Friday; **f~s** *adv* on Fridays

frei- *zW*: **~willig** *adj* voluntary; **F~zeit** *f*

spare *od* free time; **F~zeitzentrum** *nt* leisure centre; **~zügig** *adj* liberal, broadminded; *(mit Geld)* generous

remd [frɛmt] *adj (unvertraut)* strange; *(ausländisch)* foreign; *(nicht eigen)* someone else's; **etw ist jdm ~** sth is foreign to sb; **~artig** *adj* strange; **F~enführer** *m* (tourist) guide; **F~enverkehr** *m* tourism; **F~enzimmer** *nt* guest room; **F~körper** *m* foreign body; **~ländisch** *adj* foreign; **F~sprache** *f* foreign language; **F~wort** *nt* foreign *od* loan word

Frequenz [fre'kvɛnts] *f* (RAD) frequency
fressen ['frɛsən] *(unreg)* vt, vi to eat
Freude ['frɔydə] *f* joy, delight
freudig *adj* joyful, happy
freuen ['frɔyən] vt unpers to make happy *od* pleased ♦ vr to be glad *od* happy; **freut mich!** pleased to meet you; **sich auf etw akk ~** to look forward to sth; **sich über etw akk ~** to be pleased about sth

Freund [frɔynt] *(-(e)s, -e)* m friend; boyfriend; **~in** [-dɪn] f friend; girlfriend; **f~lich** *adj* kind, friendly; **f~licherweise** *adv* kindly; **~lichkeit** f friendliness, kindness; **~schaft** f friendship; **f~schaftlich** *adj* friendly

Frieden ['fri:dən] *(-s, -)* m peace; **im ~** in peacetime
Friedens- *zW:* **~schluß** m peace agreement; **~vertrag** m peace treaty; **~zeit** f peacetime

fried- ['fri:t] *zW:* **~fertig** *adj* peaceable; **F~hof** m cemetery; **~lich** *adj* peaceful
frieren ['fri:rən] *(unreg)* vt, vi to freeze; **ich friere, es friert mich** I'm freezing, I'm cold
Friesland *nt* Friesland
frigid(e) [fri'gi:t, fri'gi:də] *adj* frigid
Frikadelle [frika'dɛlə] f rissole
Frikassee [frika'se:] *(-s, -s)* nt (KOCH) fricassee

frisch [frɪʃ] *adj* fresh; *(lebhaft)* lively; **~ gestrichen** wet paint!; **sich ~ machen** to freshen (o.s.) up; **F~e** f freshness; liveliness
Friseur [fri'zø:r] m hairdresser
Friseuse [fri'zø:zə] f hairdresser
frisieren [fri'zi:rən] vt to do (one's hair); *(fig: Abrechnung)* to fiddle, to doctor ♦ vr to do one's hair
Frisiersalon m hairdressing salon
frißt etc [frɪst] vb siehe **fressen**
Frist *(-, -en)* f period; *(Termin)* deadline; **f~gerecht** *adj* within the stipulated time *od* period; **f~los** *adj (Entlassung)* instant
Frisur [fri'zu:r] f hairdo, hairstyle
frivol [fri'vo:l] *adj* frivolous
froh [fro:] *adj* happy, cheerful; **ich bin ~, daß ...** I'm glad that ...
fröhlich ['frø:lɪç] *adj* merry, happy; **F~keit** f merriness, gaiety
fromm [frɔm] *adj* pious, good; *(Wunsch)* idle

Frömmigkeit ['frœmɪçkaıt] f piety
Fronleichnam [fro:n'laıçna:m] *(-(e)s)* m Corpus Christi
Front [frɔnt] *(-, -en)* f front; **f~al** [frɔn'ta:l] *adj* frontal
fror etc [fro:r] vb siehe **frieren**
Frosch [frɔʃ] *(-(e)s, ⁼e)* m frog; *(Feuerwerk)* squib; **~mann** m frogman; **~schenkel** m frog's leg
Frost [frɔst] *(-(e)s, ⁼e)* m frost; **~beule** f chilblain
frösteln ['frœstəln] vi to shiver
frostig *adj* frosty
Frostschutzmittel *nt* anti-freeze
Frottee [frɔ'te:] *(-(s), -s)* nt od m towelling
Frottier(hand)tuch [frɔ'ti:r(hant)tu:x] *nt* towel
Frucht [fruxt] *(-, ⁼e)* f (auch fig) fruit; *(Getreide)* corn; **f~bar** *adj* fruitful, fertile; **~barkeit** f fertility; **f~ig** *adj (Geschmack)* fruity; **f~los** *adj* fruitless; **~saft** m fruit juice
früh [fry:] *adj, adv* early; **heute ~** this morning; **F~aufsteher** m early riser; **F~e** f early morning; **~er** *adj* earlier; *(ehemalig)* former ♦ *adv* formerly; **~er war das anders** that used to be different; **~estens** *adv* at the earliest; **F~jahr** *nt* spring; **F~ling** m spring; **~reif** *adj* precocious; **F~stück** *nt* breakfast; **~stücken** vi to (have) breakfast; **F~stücksbüfett** *nt* breakfast buffet; **~zeitig** *adj* early; *(pej)* untimely
frustrieren [frus'tri:rən] vt to frustrate
Fuchs [fuks] *(-es, ⁼e)* m fox
fuchsen *(umg)* vt to rile, to annoy
fuchsteufelswild *adj* hopping mad
fuchteln ['fuxtəln] vi to gesticulate wildly
Fuge ['fu:gə] f joint; *(MUS)* fugue
fügen ['fy:gən] vt to place, to join ♦ vr: **sich ~ (in +akk)** to be obedient (to); *(anpassen)* to adapt oneself (to) ♦ vr *(unpers)* to happen
fügsam ['fy:kza:m] *adj* obedient
fühl- *zW:* **~bar** *adj* perceptible, noticeable; **~en** vt, vi, vr to feel; **F~er** *(-s, -)* m feeler
fuhr etc [fu:r] vb siehe **fahren**
führen ['fy:rən] vt to lead; *(Geschäft)* to run; *(Name)* to bear; *(Buch)* to keep ♦ vi to lead ♦ vr to behave
Führer ['fy:rər] *(-s, -)* m leader; *(Fremden~)* guide; **~schein** m driving licence
Führung ['fy:rʊŋ] f leadership; *(eines Unternehmens)* management; *(MIL)* command; *(Benehmen)* conduct; *(Museums~)* conducted tour; **~szeugnis** *nt* certificate of good conduct
Fülle ['fylə] f wealth, abundance; **f~n** vt to fill; *(KOCH)* to stuff ♦ vr to fill (up)
Füllen *(-s, -)* nt foal
Füller *(-s, -)* m fountain pen
Füllfederhalter m fountain pen

Füllung *f* filling; (*Holz~*) panel
fummeln ['fʊməln] (*umg*) *vi* to fumble
Fund [fʊnt] (**-(e)s, -e**) *m* find
Fundament [-da'mɛnt] *nt* foundation; **fundamen'tal** *adj* fundamental
Fundbüro *nt* lost property office, lost and found (*US*)
Fundgrube *f* (*fig*) treasure trove
fundiert [fun'diːrt] *adj* sound
fünf [fynf] *num* five; **~hundert** *num* five hundred; **F~kampf** *m* pentathlon; **~te(r, s)** *adj* fifth; **F~tel** (**-s, -**) *nt* fifth; **~zehn** *num* fifteen; **~zig** *num* fifty
Funk [fʊŋk] (**-s**) *m* radio, wireless; **~e** (**-ns, -n**) *m* (*auch fig*) spark; **f~eln** *vi* to sparkle; **~en** (**-s, e**) *m* (*auch fig*) spark; **f~en** *vi* (*durch Funk*) to signal, to radio; (*umg: richtig funktionieren*) to work ♦ *vt* (*Funken sprühen*) to shower with sparks; **endlich hat es bei ihm gef~t** (*umg*) the penny has finally dropped, he's finally got it; **~er** (**-s, -**) *m* radio operator; **~gerät** *nt* radio set; **~rufempfänger** *m* pager, paging device; **~streife** *f* police radio patrol; **~telefon** *nt* cellphone
Funktion [fʊŋktsi'oːn] *f* function; **f~ieren** [-'niːrən] *vi* to work, to function
für [fyːr] *präp* +*akk* for; **was ~** what kind *od* sort of; **das F~ und Wider** the pros and cons *pl*; **Schritt ~ Schritt** step by step; **F~bitte** *f* intercession
Furche ['fʊrçə] *f* furrow
Furcht [fʊrçt] (**-**) *f* fear; **f~bar** *adj* terrible, frightful
fürchten ['fʏrçtən] *vt* to be afraid of, to fear ♦ *vr*: **sich ~** (**vor** +*dat*) to be afraid (of)
fürchterlich *adj* awful
furchtlos *adj* fearless
furchtsam *adj* timid
füreinander [fyːr'aɪ'nandər] *adv* for each other
Furnier [fʊr'niːr] (**-s, -e**) *nt* veneer
fürs [fyːrs] = **für das**
Fürsorge ['fyːrzɔrgə] *f* care; (*Sozial~*) welfare; **~r(in)** (**-s, -**) *m(f)* welfare worker; **~unterstützung** *f* social security, welfare benefit (*US*); **fürsorglich** *adj* attentive, caring
Fürsprache *f* recommendation; (*um Gnade*) intercession
Fürsprecher *m* advocate
Fürst [fʏrst] (**-en, -en**) *m* prince; **~entum** *nt* principality; **~in** *f* princess; **f~lich** *adj* princely
Furunkel [fu'rʊŋkəl] (**-s, -**) *nt od m* (*MED*) boil
Fuß [fuːs] (**-es, ᵉe**) *m* foot; (*von Glas, Säule etc*) base; (*von Möbel*) leg; **zu ~** on foot; **~ball** *m* football; **~ballplatz** *m* football pitch; **~ballspiel** *nt* football match; **~ballspieler** *m* footballer; **~boden** *m*

floor; **~bremse** *f* (*AUT*) footbrake; **~ende** *nt* foot; **~gänger(in)** (**-s, -**) *m(f)* pedestrian; **~gängerzone** *f* pedestrian precinct; **~nagel** *m* toenail; **~note** *f* footnote; **~spur** *f* footprint; **~tritt** *m* kick; (*Spur*) footstep; **~weg** *m* footpath
Futter ['fʊtər] (**-s, -**) *nt* fodder, feed; (*Stoff*) lining; **~al** [-'raːl] (**-s, -e**) *nt* case
füttern ['fʏtərn] *vt* to feed; (*Kleidung*) to line
Futur [fu'tuːr] (**-s, -e**) *nt* future

G g

g *abk* = **Gramm**
gab *etc* [gaːp] *vb siehe* **geben**
Gabe ['gaːbə] *f* gift
Gabel ['gaːbəl] (**-, -n**) *f* fork; **~ung** *f* fork
gackern ['gakərn] *vi* to cackle
gaffen ['gafən] *vi* to gape
Gage ['gaːʒə] *f* fee; salary
gähnen ['gɛːnən] *vi* to yawn
Galerie [galə'riː] *f* gallery
Galgen ['galgən] (**-s, -**) *m* gallows *sg*; **~frist** *f* respite; **~humor** *m* macabre humour
Galle ['galə] *f* gall; (*Organ*) gall-bladder; **~nstein** *m* gallstone
Galopp [ga'lɔp] (**-s, -s** *od* **-e**) *m* gallop; **g~ieren** [-'piːrən] *vi* to gallop
Gamasche [ga'maʃə] *f* gaiter; (*kurz*) spat
gammeln ['gaməln] (*umg*) *vi* to bum around
Gammler(in) (**-s, -**; *pej*) *m(f)* layabout, loafer (*inf*)
Gang [gaŋ] (**-(e)s, ᵉe**) *m* walk; (*Boten~*) errand; (*~art*) gait; (*Abschnitt eines Vorgangs*) operation; (*Essens~, Ablauf*) course; (*Flur etc*) corridor; (*Durch~*) passage; (*TECH*) gear; **in ~ bringen** to start up; (*fig*) to get off the ground; **in ~ sein** to be in operation; (*fig*) to be under way
gang *adj*: **~ und gäbe** usual, normal
gängig ['gɛŋɪç] *adj* common, current; (*Ware*) in demand, selling well
Ganove [ga'noːvə] (**-n, -n**; *umg*) *m* crook
Gans [gans] (**-, ᵉe**) *f* goose
Gänse- ['gɛnzə] *zW*: **~blümchen** *nt* daisy; **~füßchen** (*umg*) *pl* (*Anführungszeichen*) inverted commas; **~haut** *f* goose pimples *pl*; **~marsch** *m*: **im ~marsch** in single file; **~rich** (**-s, -e**) *m* gander
ganz [gants] *adj* whole; (*vollständig*) com-

plete ♦ *adv* quite; (*völlig*) completely; ~ **Europa** all Europe; **sein ~es Geld** all his money; ~ **und gar nicht** not at all; **es sieht** ~ **so aus** it really looks like it; **aufs G~e gehen** to go for the lot

gänzlich ['gɛntslɪç] *adj* complete, entire ♦ *adv* completely, entirely

Ganztagsschule *f* all-day school

gar [gaːr] *adj* cooked, done ♦ *adv* quite; ~ **nicht/nichts/keiner** not/nothing/nobody at all; ~ **nicht schlecht** not bad at all

Garage [ga'raːʒə] *f* garage

Garantie [garan'tiː] *f* guarantee; **g~ren** *vt* to guarantee; **er kommt g~rt** he's guaranteed to come

Garbe ['garbə] *f* sheaf; (*MIL*) burst of fire

Garde *f* guard

Garderobe [gardə'roːbə] *f* wardrobe; (*Abgabe*) cloakroom; **~nfrau** *f* cloakroom attendant

Gardine [gar'diːnə] *f* curtain

garen ['gaːrən] *vt, vi* to cook

gären ['gɛːrən] (*unreg*) *vi* to ferment

Garn [garn] (-(e)s, -e) *nt* thread; yarn (*auch fig*)

Garnele [gar'neːlə] *f* shrimp, prawn

garnieren [gar'niːrən] *vt* to decorate; (*Speisen, fig*) to garnish

Garnison [garni'zoːn] (-, -en) *f* garrison

Garnitur [garni'tuːr] *f* (*Satz*) set; (*Unterwäsche*) set of (matching) underwear; **erste** ~ (*fig*) top rank; **zweite** ~ second rate

garstig ['garstɪç] *adj* nasty, horrid

Garten ['gartən] (-s, ") *m* garden; **~arbeit** *f* gardening; **~gerät** *nt* gardening tool; **~lokal** *nt* beer garden; **~schere** *f* pruning shears *pl*; **~tür** *f* garden gate

Gärtner(in) ['gɛrtnər(ɪn)] (-s, -) *m(f)* gardener; **~ei** [-'raɪ] *f* nursery; (*Gemüse~*) market garden (*BRIT*), truck farm (*US*)

Gärung ['gɛːrʊŋ] *f* fermentation

Gas [gaːs] (-es, -e) *nt* gas; ~ **geben** (*AUT*) to accelerate, to step on the gas; **~hahn** *m* gas tap; **~herd** *m* gas cooker; **~kocher** *m* gas cooker; **~leitung** *f* gas pipe; **~pedal** *nt* accelerator, gas pedal

Gasse ['gasə] *f* lane, alley

Gast [gast] (-es, "e) *m* guest; (*in Lokal*) patron; **bei jdm zu ~ sein** to be sb's guest; **~arbeiter(in)** *m(f)* foreign worker

Gästebuch ['gɛstəbuːx] *nt* visitors' book, guest book

Gast- *zW:* **g~freundlich** *adj* hospitable; **~geber** (-s, -) *m* host; **~geberin** *f* hostess; **~haus** *nt* hotel, inn; **~hof** *m* hotel, inn; **g~ieren** [-'tiːrən] *vi* (*THEAT*) to (appear as a) guest; **g~lich** *adj* hospitable; **~rolle** *f* guest role; **~spiel** *nt* (*THEAT*) guest performance; **~stätte** *f* restaurant; pub; **~wirt** *m* innkeeper; **~wirtschaft** *f* hotel, inn; **~zimmer** *nt* (guest) room

Gaswerk *nt* gasworks *sg*

Gaszähler *m* gas meter

Gatte ['gatə] (-n, -n) *m* husband, spouse

Gatter ['gatər] (-s, -) *nt* railing, grating; (*Eingang*) gate

Gattin *f* wife, spouse

Gattung ['gatʊŋ] *f* genus; kind

Gaudi ['gaʊdi] (*umg; SÜDD, ÖSTERR*) *nt od f* fun

Gaul [gaʊl] (-(e)s, Gäule) *m* horse; nag

Gaumen ['gaʊmən] (-s, -) *m* palate

Gauner ['gaʊnər] (-s, -) *m* rogue; **~ei** [-'raɪ] *f* swindle

Gaze ['gaːzə] *f* gauze

geb. *abk* = **geboren**

Gebäck [gə'bɛk] (-(e)s, -e) *nt* pastry

gebacken [gə'bakən] *adj* baked; (*gebraten*) fried

Gebälk [gə'bɛlk] (-(e)s) *nt* timberwork

Gebärde [gə'bɛːrdə] *f* gesture; **g~n** *vr* to behave

gebären [gə'bɛːrən] (*unreg*) *vt* to give birth to, to bear

Gebärmutter *f* uterus, womb

Gebäude [gə'bɔydə] (-s, -) *nt* building; **~komplex** *m* (building) complex

Gebell [gə'bɛl] (-(e)s) *nt* barking

geben ['geːbən] (*unreg*) *vt, vi* to give; (*Karten*) to deal ♦ *vb unpers:* **es gibt** there is/are; there will be ♦ *vr* (*sich verhalten*) to behave, to act; (*aufhören*) to abate; **jdm etw** ~ to give sb sth *od* sth to sb; **ein Wort gab das andere** one angry word led to another; **was gibt's?** what's up?; **was gibt es im Kino?** what's on at the cinema?; **sich geschlagen** ~ to admit defeat; **das wird sich schon** ~ that'll soon sort itself out

Gebet [gə'beːt] (-(e)s, -e) *nt* prayer

gebeten [gə'beːtən] *vb siehe* **bitten**

Gebiet [gə'biːt] (-(e)s, -e) *nt* area; (*Hoheits~*) territory; (*fig*) field; **g~en** (*unreg*) *vt* to command, to demand; **g~erisch** *adj* imperious

Gebilde [gə'bɪldə] (-s, -) *nt* object

gebildet *adj* cultured, educated

Gebirge [gə'bɪrgə] (-s, -) *nt* mountain chain

Gebiß [gə'bɪs] (-sses, -sse) *nt* teeth *pl*; (*künstlich*) dentures *pl*

gebissen *vb siehe* **beißen**

geblieben [gə'bliːbən] *vb siehe* **bleiben**

geblümt [gə'blyːmt] *adj* (*Kleid, Stoff, Tapete*) floral

geboren [gə'boːrən] *adj* born; (*Frau*) née

geborgen [gə'bɔrgən] *adj* secure, safe

Gebot [gə'boːt] (-(e)s, -e) *nt* command; (*REL*) commandment; (*bei Auktion*) bid

geboten *vb siehe* **bieten**

Gebr. *abk* (= *Gebrüder*) Bros.

gebracht [gə'braxt] *vb siehe* **bringen**

gebraten [gə'braːtən] *adj* fried

Gebräu [gə'brɔy] (-(e)s, -e) *nt* concoction

Gebrauch [gə'braux] (-(e)s, Gebräuche) *m*

use; (*Sitte*) custom; **g~en** *vt* to use
gebräuchlich [gə'brɔyçlıç] *adj* usual, customary
Gebrauchs- *zW:* **~anweisung** *f* directions *pl* for use; **g~fertig** *adj* ready for use; **~gegenstand** *m* commodity
gebraucht [gə'brauxt] *adj* used; **G~wagen** *m* secondhand *od* used car
gebrechlich [gə'brɛçlıç] *adj* frail
gebrochen [gə'brɔxən] *adj* broken
Gebrüder [gə'bry:dər] *pl* brothers
Gebrüll [gə'bryl] (-(e)s) *nt* roaring
Gebühr [gə'by:r] (-, -en) *f* charge, fee; **nach ~** fittingly; **über ~** unduly; **g~en** *vi:* jdm g~en to be sb's due *od* due to sb ♦ *vr* to be fitting; **g~end** *adj* fitting, appropriate ♦ *adv* fittingly, appropriately
Gebühren- *zW:* **~einheit** *f* (*TEL*) unit; **~erlaß** *m* remission of fees; **~ermäßigung** *f* reduction of fees; **g~frei** *adj* free of charge; **g~pflichtig** *adj* subject to a charge
gebunden [gə'bundən] *vb siehe* **binden**
Geburt [gə'by:rt] (-, -en) *f* birth
Geburtenkontrolle *f* birth control
Geburtenreglung *f* birth control
gebürtig [gə'byrtıç] *adj* born in, native of; **~e Schweizerin** native of Switzerland
Geburts- *zW:* **~anzeige** *f* birth notice; **~datum** *nt* date of birth; **~jahr** *nt* year of birth; **~ort** *m* birthplace; **~tag** *m* birthday; **~urkunde** *f* birth certificate
Gebüsch [gə'byʃ] (-(e)s, -e) *nt* bushes *pl*
gedacht [gə'daxt] *vb siehe* **denken**
Gedächtnis [gə'dɛçtnıs] (-ses, -se) *nt* memory; **~feier** *f* commemoration
Gedanke [gə'daŋkə] (-ns, -n) *m* thought; **sich über etw** *akk* **~n machen** to think about sth
Gedanken- *zW:* **~austausch** *m* exchange of ideas; **g~los** *adj* thoughtless; **~strich** *m* dash; **~übertragung** *f* thought transference, telepathy
Gedeck [gə'dɛk] (-(e)s, -e) *nt* cover(ing); (*Speisenfolge*) menu; **ein ~ auflegen** to lay a place
gedeihen [gə'daıən] (*unreg*) *vi* to thrive, to prosper
Gedenken [gə'dɛŋkən] *nt:* **zum ~ an jdn** in memory of sb; **g~** (*unreg*) *vi* +*gen* (*sich erinnern*) to remember; (*beabsichtigen*) to intend
Gedenk- *zW:* **~feier** *f* commemoration; **~minute** *f* minute's silence; **~tag** *m* remembrance day
Gedicht [gə'dıçt] (-(e)s, -e) *nt* poem
gediegen [gə'di:gən] *adj* (good) quality; (*Mensch*) reliable, honest
Gedränge [gə'drɛŋə] (-s) *nt* crush, crowd; **ins ~ kommen** (*fig*) to get into difficulties
gedrängt *adj* compressed; **~ voll** packed
gedrückt *adj* (*deprimiert*) low, depressed

gedrungen [gə'druŋən] *adj* thickset, stocky
Geduld [gə'dult] *f* patience; **g~en** [gə'duldən] *vr* to be patient; **g~ig** *adj* patient, forbearing; **~sprobe** *f* trial of (one's) patience
gedurft [gə'durft] *vb siehe* **dürfen**
geehrt [gə'e:rt] *adj:* **Sehr ~e Frau X!** Dear Mrs X
geeignet [gə''aıgnət] *adj* suitable
Gefahr [gə'fa:r] (-, -en) *f* danger; **~ laufen, etw zu tun** to run the risk of doing sth; **auf eigene ~** at one's own risk
gefährden [gə'fɛːrdən] *vt* to endanger
Gefahrenquelle *f* source of danger
Gefahrenzulage *f* danger money
gefährlich [gə'fɛːrlıç] *adj* dangerous
Gefährte [gə'fɛːrtə] (-n, -n) *m* companion; (*Lebenspartner*) partner
Gefährtin *f* (female) companion; (*Lebenspartner*) (female) partner
Gefälle [gə'fɛlə] (-s, -) *nt* gradient, incline
Gefallen¹ [gə'falən] (-s, -) *m* favour
Gefallen² (-s) *nt* pleasure; **an etw** *dat* **Gefallen finden** to derive pleasure from sth
gefallen *pp von* **fallen** ♦ *vi:* **jdm ~** to please sb; **er/es gefällt mir** I like him/it; **das gefällt mir an ihm** that's one thing I like about him; **sich** *dat* **etw ~ lassen** to put up with sth
gefällig [gə'fɛlıç] *adj* (*hilfsbereit*) obliging; (*erfreulich*) pleasant; **G~keit** *f* favour; helpfulness; **etw aus G~keit tun** to do sth out of the goodness of one's heart
gefälligst *adv* kindly
gefangen [gə'faŋən] *adj* captured; (*fig*) captivated; **G~e(r)** *m(f)* prisoner, captive; **~halten** (*unreg*) *vt* to keep prisoner; **G~nahme** *f* capture; **~nehmen** (*unreg*) *vt* to take prisoner; **G~schaft** *f* captivity
Gefängnis [gə'fɛŋnıs] (-ses, -se) *nt* prison; **~strafe** *f* prison sentence; **~wärter** *m* prison warder; **~zelle** *f* prison cell
Gefäß [gə'fɛːs] (-es, -e) *nt* vessel (*auch* ANAT), container
gefaßt [gə'fast] *adj* composed, calm; **auf etw** *akk* **~ sein** to be prepared *od* ready for sth
Gefecht [gə'fɛçt] (-(e)s, -e) *nt* fight; (*MIL*) engagement
Gefieder [gə'fi:dər] (-s, -) *nt* plumage, feathers *pl*
gefleckt [gə'flɛkt] *adj* spotted, mottled
geflogen [gə'flo:gən] *vb siehe* **fliegen**
geflossen [gə'flɔsən] *vb siehe* **fließen**
Geflügel [gə'fly:gəl] (-s) *nt* poultry
Gefolge [gə'fɔlgə] (-s, -) *nt* retinue
Gefolgschaft *f* following
gefragt [ge'fra:kt] *adj* in demand
gefräßig [gə'frɛːsıç] *adj* voracious
Gefreite(r) [gə'fraıtə(r)] *m* lance corporal; (*NAUT*) able seaman; (*AVIAT*) aircraftman
gefrieren [gə'fri:rən] (*unreg*) *vi* to freeze

Gefrier- *zW*: **~fach** *nt* icebox; **~fleisch** *nt* frozen meat; **g~getrocknet** [-gətrɔknət] *adj* freeze-dried; **~punkt** *m* freezing point; **~schutzmittel** *nt* antifreeze; **~truhe** *f* deep-freeze

gefroren [gə'froːrən] *vb siehe* **frieren**

Gefühl [gə'fyːl] (**-(e)s, -e**) *nt* feeling; **etw im ~ haben** to have a feel for sth; **g~los** *adj* unfeeling

gefühls- *zW*: **~betont** *adj* emotional; **G~duselei** [-duːzə'laɪ] *f* over-sentimentality; **~mäßig** *adj* instinctive

gefüllt [gə'fʏlt] *adj* (*KOCH*) stuffed

gefunden [gə'fʊndən] *vb siehe* **finden**

gegangen [gə'gaŋən] *vb siehe* **gehen**

gegeben [gə'geːbən] *vb siehe* **geben ♦** *adj* given; **zu ~er Zeit** in good time

gegebenenfalls [gə'geːbənənfals] *adv* if need be

SCHLÜSSELWORT

gegen ['geːgən] *präp +akk* **1** against; **nichts gegen jdn haben** to have nothing against sb; **X gegen Y** (*SPORT, JUR*) X versus Y; **ein Mittel gegen Schnupfen** something for colds

2 (*in Richtung auf*) towards; **gegen Osten** to(wards) the east; **gegen Abend** towards evening; **gegen einen Baum fahren** to drive into a tree

3 (*ungefähr*) round about; **gegen 3 Uhr** around 3 o'clock

4 (*gegenüber*) towards; (*ungefähr*) around; **gerecht gegen alle** fair to all

5 (*im Austausch für*) for; **gegen bar** for cash; **gegen Quittung** against a receipt

6 (*verglichen mit*) compared with

Gegenangriff *m* counter-attack

Gegenbeweis *m* counter-evidence

Gegend ['geːgənt] (**-, -en**) *f* area, district

Gegen- *zW*: **g~ei'nander** *adv* against one another; **~fahrbahn** *f* oncoming carriageway; **~frage** *f* counter-question; **~gewicht** *nt* counterbalance; **~gift** *nt* antidote; **~leistung** *f* service in return; **~mittel** *nt* antidote, cure; **~satz** *m* contrast; **~sätze überbrücken** to overcome differences; **~sätzlich** *adj* contrary, opposite; (*widersprüchlich*) contradictory; **g~seitig** *adj* mutual, reciprocal; **sich g~seitig helfen** to help each other; **~spieler** *m* opponent; **~stand** *m* object; **~stimme** *f* vote against; **~stoß** *m* counterblow; **~stück** *nt* counterpart; **~teil** *nt* opposite; **im ~teil** on the contrary; **g~teilig** *adj* opposite, contrary

gegenüber [geːgən''yːbər] *präp +dat* opposite; (*zu*) to(wards); (*angesichts*) in the face of ♦ *adv* opposite; **G~** (**-s, -**) *nt* person opposite; **~liegen** (*unreg*) *vr* to face each other; **~stehen** (*unreg*) *vr* to be opposed

(to each other); **~stellen** *vt* to confront; (*fig*) to contrast; **G~stellung** *f* confrontation; (*fig*) contrast; **~treten** (*unreg*) *vi +dat* to face

Gegen- *zW*: **~verkehr** *m* oncoming traffic; **~vorschlag** *m* counterproposal; **~wart** *f* present; **g~wärtig** *adj* present ♦ *adv* at present; **das ist mir nicht mehr g~wärtig** that has slipped my mind; **~wert** *m* equivalent; **~wind** *m* headwind; **g~zeichnen** *vt, vi* to countersign

gegessen [gə'gɛsən] *vb siehe* **essen**

Gegner ['geːgnər] (**-s, -**) *m* opponent; **g~isch** *adj* opposing; **~schaft** *f* opposition

gegr. *abk* (= *gegründet*) est.

gegrillt [gə'grɪlt] *adj* grilled

Gehackte(s) [gə'haktə(s)] *nt* mince(d meat)

Gehalt¹ [gə'halt] (**-(e)s, -e**) *m* content

Gehalt² (**-(e)s, ̈-er**) *nt* salary

Gehalts- *zW*: **~empfänger** *m* salary earner; **~erhöhung** *f* salary increase; **~zulage** *f* salary increment

gehaltvoll *adj* (*nahrhaft*) nutritious

gehässig [gə'hɛsɪç] *adj* spiteful, nasty

Gehäuse [gə'hɔyzə] (**-s, -**) *nt* case; casing; (*von Apfel etc*) core

Gehege [gə'heːgə] (**-s, -**) *nt* reserve; (*im Zoo*) enclosure

geheim [gə'haɪm] *adj* secret; **G~dienst** *m* secret service, intelligence service; **~halten** (*unreg*) *vt* to keep secret; **G~nis** (**-ses, -se**) *nt* secret; mystery; **~nisvoll** *adj* mysterious; **G~nummer** *f* (*TEL*) secret number; **G~polizei** *f* secret police

gehemmt [ge'hɛmt] *adj* inhibited, self-conscious

gehen ['geːən] (*unreg*) *vt, vi* to go; (*zu Fuß ~*) to walk ♦ *vb unpers*: **wie geht es (dir)?** how are you *od* things?; **~ nach** (*Fenster*) to face; **mir/ihm geht es gut** I'm/he's (doing) fine; **geht das?** is that possible?; **geht's noch?** can you manage?; **es geht nicht zu bad, O.K.; **das geht nicht** that's not on; **es geht um etw** sth is concerned, it's about sth

gehenlassen (*unreg*) *vr* (*unbeherrscht sein*) to lose control (*of o.s.*) ♦ *vt* to let/leave alone; **laß mich gehen!** leave me alone!

geheuer [gə'hɔyər] *adj*: **nicht ~** eerie; (*fragwürdig*) dubious

Gehilfe [gə'hɪlfə] (**-n, -n**) *m* assistant

Gehilfin *f* assistant

Gehirn [gə'hɪrn] (**-(e)s, -e**) *nt* brain; **~erschütterung** *f* concussion; **~wäsche** *f* brainwashing

gehoben [gə'hoːbən] *pp of* **heben** ♦ *adj* (*Position*) elevated; high

geholfen *vb siehe* **helfen**

Gehör [gə'høːr] (**-(e)s**) *nt* hearing; **musikalisches ~** ear; **~ finden** to gain a hearing; **jdm ~ schenken** to give sb a hearing

gehorchen [gə'hɔrçən] vi +dat to obey
gehören [gə'høːrən] vi to belong ♦ vr unpers to be right od proper
gehörig adj proper; ~ **zu** od +dat belonging to; part of
gehorsam [gə'hoːrzaːm] adj obedient; **G~** (-s) m obedience
Gehsteig ['geːʃtaɪk] m pavement, sidewalk (US)
Gehweg ['geːveːk] m pavement, sidewalk (US)
Geier ['gaɪər] (-s, -) m vulture
Geige ['gaɪgə] f violin
Geiger (-s, -) m violinist
Geigerzähler m geiger counter
geil [gaɪl] adj randy (BRIT), horny (US)
Geisel ['gaɪzəl] (-, -n) f hostage
Geist [gaɪst] (-(e)s, -er) m spirit; (Gespenst) ghost; (Verstand) mind
geisterhaft adj ghostly
Geistes- zW: **g~abwesend** adj absentminded; ~**blitz** m brainwave; ~**gegenwart** f presence of mind; **g~krank** adj mentally ill; ~**kranke(r)** mf mentally ill person; ~**krankheit** f mental illness; ~**wissenschaften** pl the arts; ~**zustand** m state of mind
geist- zW: ~**ig** adj intellectual; mental; (Getränke) alcoholic; ~**ig behindert** mentally handicapped; ~**lich** adj spiritual, religious; clerical; **G~liche(r)** m clergyman; **G~lichkeit** f clergy; ~**los** adj uninspired, dull; ~**reich** adj clever; witty; ~**voll** adj intellectual; (weise) wise
Geiz [gaɪts] (-es) m miserliness, meanness; **g~en** vi to be miserly; ~**hals** m miser; **g~ig** adj miserly, mean; ~**kragen** m miser
gekannt [gə'kant] vb siehe **kennen**
geknickt [gə'knɪkt] adj (fig) dejected
gekonnt [gə'kɔnt] adj skilful ♦ vb siehe **können**
Gekritzel [gə'krɪtsəl] (-s) nt scrawl, scribble
gekünstelt [ge'kʏnstəlt] adj artificial, affected
Gel [geːl] (-s, -e) nt gel
Gelächter [gə'lɛçtər] (-s, -) nt laughter
geladen [ge'laːdən] adj loaded; (ELEK) live; (fig) furious
Gelage [gə'laːgə] (-s, -) nt banquet
gelähmt [gə'lɛːmt] adj paralysed
Gelände [gə'lɛndə] (-s, -) nt land, terrain; (von Fabrik, Sport~) grounds pl; (Bau~) site; ~**lauf** m cross-country race
Geländer [gə'lɛndər] (-s, -) nt railing; (Treppen~) banister(s)
gelangen [gə'laŋən] vi: ~ **(an** +akk od **zu)** to reach; (erwerben) to attain; **in jds Besitz** (akk) ~ to come into sb's possession
gelangweilt [gə'laŋvaɪlt] adj bored
gelassen [gə'lasən] adj calm, composed; **G~heit** f calmness, composure
Gelatine [ʒela'tiːnə] f gelatine

geläufig [gə'lɔyfɪç] adj (üblich) common; **das ist mir nicht** ~ I'm not familiar with that
gelaunt [gə'launt] adj: **schlecht/gut** ~ in a bad/good mood; **wie ist er** ~? what sort of mood is he in?
gelb [gɛlp] adj yellow; (Ampellicht) amber; ~**lich** adj yellowish; **G~sucht** f jaundice
Geld [gɛlt] (-(e)s, -er) nt money; **etw zu** ~ **machen** to sell sth off; ~**anlage** f investment; ~**automat** m cash dispenser; ~**beutel** m purse; ~**börse** f purse; ~**geber** (-s, -) m financial backer; ~**gierig** adj avaricious; ~**schein** m banknote; ~**schrank** m safe, strongbox; ~**strafe** f fine; ~**stück** nt coin; ~**wechsel** m exchange (of money)
Gelee [ʒe'leː] (-s, -s) nt od m jelly
gelegen [gə'leːgən] adj situated; (passend) convenient, opportune ♦ vb siehe **liegen**; **etw kommt jdm** ~ sth is convenient for sb
Gelegenheit [gə'leːgənhaɪt] f opportunity; (Anlaß) occasion; **bei jeder** ~ at every opportunity; ~**arbeit** f casual work; ~**skauf** m bargain
gelegentlich [gə'leːgəntlɪç] adj occasional ♦ adv occasionally; (bei Gelegenheit) some time (or other) ♦ präp +gen on the occasion of
gelehrt [gə'leːrt] adj learned; **G~e(r)** mf scholar; **G~heit** f scholarliness
Geleise [gə'laɪzə] (-s, -) nt = **Gleis**
Geleit [gə'laɪt] (-(e)s, -e) nt escort; **g~en** vt to escort
Gelenk [gə'lɛŋk] (-(e)s, -e) nt joint; **g~ig** adj supple
gelernt [gə'lɛrnt] adj skilled
Geliebte(r) [gə'liːptə(r)] mf sweetheart, beloved
geliehen vb siehe **leihen**
gelind(e) [gə'lɪnt, gə'lɪndə] adj mild, light; (fig: Wut) fierce; **gelinde gesagt** to put it mildly
gelingen [gə'lɪŋən] (unreg) vi to succeed; **es ist mir gelungen, etw zu tun** I succeeded in doing sth
gell [gɛl] excl isn't it?; aren't you? etc
geloben [gə'loːbən] vt, vi to vow, to swear
gelten ['gɛltən] (unreg) vt (wert sein) to be worth ♦ vi (gültig sein) to be valid; (erlaubt sein) to be allowed ♦ vb unpers: **es gilt, etw zu tun** it is necessary to do sth; **jdm viel/wenig** ~ to mean a lot/not to mean much to sb; **was gilt die Wette?** what do you bet?; **jdm** ~ (gemünzt sein auf) to be meant for of aimed at sb; **etw** ~ **lassen** to accept sth; **als** od **für etw** ~ to be considered to be sth; **jdm** od **für jdn** ~ (betreffen) to apply to od for sb; ~**d** adj prevailing; **etw** ~**d machen** to assert sth; **sich** ~**d machen** to make itself/o.s. felt

Geltung ['gɛltʊŋ] f: ~ **haben** to have validity; **sich/etw** dat ~ **verschaffen** to establish one's position/the position of sth; **etw zur** ~ **bringen** to show sth to its best advantage; **zur** ~ **kommen** to be seen/heard etc to its best advantage

Geltungsbedürfnis nt desire for admiration

Gelübde [gə'lʏpdə] (-s, -) nt vow

gelungen [gə'lʊŋən] adj successful

gemächlich [gə'mɛːçlɪç] adj leisurely

Gemahl [gə'maːl] (-(e)s, -e) m husband; ~**in** f wife

Gemälde [gə'mɛːldə] (-s, -) nt picture, painting

gemäß [gə'mɛːs] präp +dat in accordance with ♦ adj (+dat) appropriate (to)

gemäßigt adj moderate; (Klima) temperate

gemein [gə'maɪn] adj common; (niederträchtig) mean; **etw** ~ **haben (mit)** to have sth in common (with)

Gemeinde [gə'maɪndə] f district, community; (Pfarr~) parish; (Kirchen~) congregation; ~**steuer** f local rates pl; ~**verwaltung** f local administration; ~**wahl** f local election

Gemein- zW: **g~gefährlich** adj dangerous to the public; ~**heit** f commonness; mean thing to do/to say; ~**platz** m commonplace, platitude; **g~sam** adj joint, common (auch MATH) ♦ adv together, jointly; **g~same Sache mit jdm machen** to be in cahoots with sb; **etw g~sam haben** to have sth in common; ~**samkeit** f community, having in common; ~**schaft** f community; **in** ~**schaft mit** jointly od together with; **g~schaftlich** adj = **gemeinsam**; ~**schaftsarbeit** f teamwork; team effort; ~**sinn** m public spirit

Gemenge [gə'mɛŋə] (-s, -) nt mixture; (Hand~) scuffle

gemessen [gə'mɛsən] adj measured

Gemetzel [gə'mɛtsəl] (-s, -) nt slaughter, carnage, butchery

Gemisch [gə'mɪʃ] (-es, -e) nt mixture; **g~t** adj mixed

gemocht [gə'mɔxt] vb siehe **mögen**

Gemse ['gɛmzə] f chamois

Gemurmel [gə'mʊrməl] (-s) nt murmur(ing)

Gemüse [gə'myːzə] (-s, -) nt vegetables pl; ~**garten** m vegetable garden; ~**händler** m greengrocer

gemußt vb siehe **müssen**

gemustert [gə'mʊstərt] adj patterned

Gemüt [gə'myːt] (-(e)s, -er) nt disposition, nature; person; **sich** dat **etw zu** ~**e führen** (umg) to indulge in sth; **die** ~**er erregen** to arouse strong feelings; **g~lich** adj comfortable, cosy; (Person) good-natured; ~**lichkeit** f comfortableness, cosiness; amiability

Gemüts- zW: ~**mensch** m sentimental person; ~**ruhe** f composure; ~**zustand** m state of mind

gemütvoll adj warm, tender

Gen [geːn] (-s, -e) nt gene

genannt [gə'nant] vb siehe **nennen**

genau [gə'nau] adj exact, precise ♦ adv exactly, precisely; **etw** ~ **nehmen** to take sth seriously; ~**genommen** adv strictly speaking; **G~igkeit** f exactness, accuracy; ~**so** adv just the same; ~**so gut** just as good

genehm [gə'neːm] adj agreeable, acceptable; ~**igen** vt to approve, to authorize; **sich** dat **etw** ~**igen** to indulge in sth; **G~igung** f approval, authorization; (Schriftstück) permit

General [gene'raːl] (-s, -e od ⸗e) m general; ~**direktor** m director general; ~**konsulat** nt consulate general; ~**probe** f dress rehearsal; ~**streik** m general strike; **g~überholen** vt to overhaul thoroughly; ~**versammlung** f general meeting

Generation [generatsi'oːn] f generation

Generator [gene'raːtɔr] m generator, dynamo

generell [genə'rɛl] adj general

genesen [gə'neːzən] (unreg) vi to convalesce, to recover

Genesung f recovery, convalescence

genetisch [ge'neːtɪʃ] adj genetic

Genf [genf] nt (GEOG) Geneva; **der** ~**er See** Lake Geneva

genial [geni'aːl] adj brilliant

Genick [gə'nɪk] (-(e)s, -e) nt (back of the) neck

Genie [ʒe'niː] (-s, -s) nt genius

genieren [ʒe'niːrən] vt to bother ♦ vr to feel awkward od self-conscious; **geniert es Sie, wenn ...?** do you mind if ...?

genießbar adj edible; drinkable

genießen [gə'niːsən] (unreg) vt to enjoy; to eat; to drink

Genießer (-s, -) m epicure; pleasure lover; **g~isch** adj appreciative ♦ adv with relish

genommen vb siehe **nehmen**

Genosse [gə'nɔsə] (-n, -n) m (bes POL) comrade, companion; ~**nschaft** f cooperative (association)

Genossin f (bes POL) comrade, companion

Gentechnik ['geːntɛçnɪk] f genetic engineering

genug [gə'nuːk] adv enough

Genüge [gə'nyːgə] f: **jdm/etw** ~ **tun** od **leisten** to satisfy sb/sth; **g~n** vi (+dat) to be enough (for); **g~nd** adj sufficient

genügsam [gə'nyːkzaːm] adj modest, easily satisfied; **G~keit** f undemandingness

Genugtuung [gə'nuːktuːʊŋ] f satisfaction

Genuß [gə'nʊs] (-sses, ⸗sse) m pleasure; (Zusichnehmen) consumption; **in den** ~ **von etw kommen** to receive the benefit of sth

genüßlich [gə'nʏslɪç] *adv* with relish
Genußmittel *pl* (semi-)luxury items
geöffnet [gə'œfnət] *adj* open
Geograph [geo'graːf] (-en, -en) *m* geographer; **Geogra'phie** *f* geography; **g~isch** *adj* geographical
Geologe [geo'loːgə] (-n, -n) *m* geologist; **Geolo'gie** *f* geology
Geometrie [geome'triː] *f* geometry
Gepäck [gə'pɛk] (-(e)s) *nt* luggage, baggage; **~abfertigung** *f* luggage office; **~annahme** *f* luggage office; **~aufbewahrung** *f* left-luggage office (*BRIT*); **~aufgabe** *f* luggage office; **~ausgabe** *f* luggage office; **~netz** *nt* luggage-rack; **~träger** *m* porter; (*Fahrrad*) carrier; **~wagen** *m* luggage van (*BRIT*), baggage car (*US*)
gepflegt [gə'pfleːkt] *adj* well-groomed; (*Park etc*) well looked after

─────── *SCHLÜSSELWORT* ───────

gerade [gə'raːdə] *adj* straight; (*aufrecht*) upright; **eine gerade Zahl** an even number
♦ *adv* **1** (*genau*) just, exactly; (*speziell*) especially; **gerade deshalb** that's just *od* exactly why; **das ist es ja gerade!** that's just it!; **gerade du** you especially; **warum gerade ich?** why me (of all people)?; **jetzt gerade nicht!** not now!; **gerade neben** right next to
2 (*eben, soeben*) just; **er wollte gerade aufstehen** he was just about to get up; **gerade erst** only just; **gerade noch** (only) just

Gerade *f* straight line; **g~aus** *adv* straight ahead; **g~heraus** *adv* straight out, bluntly; **g~stehen** (*unreg*) *vi*: **für jdn/etw g~stehen** to be answerable for sb('s actions)/sth; **g~wegs** *adv* direct, straight; **g~zu** *adv* (*beinahe*) virtually, almost
gerannt [gə'rant] *vb siehe* **rennen**
Gerät [gə'rɛːt] (-(e)s, -e) *nt* device; (*Werkzeug*) tool; (*SPORT*) apparatus; (*Zubehör*) equipment *no pl*
geraten [gə'raːtən] (*unreg*) *vi* (*gedeihen*) to thrive; (*gelingen*) (**jdm**) ~ to turn out well (for sb); **gut/schlecht** ~ to turn out well/badly; **an jdn** ~ to come across sb; **in etw** *akk* ~ to get into sth; **in Angst** ~ to get frightened; **nach jdm** ~ to take after sb
Geratewohl [gəraːtə'voːl] *nt*: **aufs** ~ on the off chance; (*bei Wahl*) at random
geräuchert [gə'rɔʏçərt] *adj* smoked
geräumig [gə'rɔʏmɪç] *adj* roomy
Geräusch [gə'rɔʏʃ] (-(e)s, -e) *nt* sound, noise; **g~los** *adj* silent
gerben ['gɛrbən] *vt* to tan
gerecht [gə'rɛçt] *adj* just, fair; **jdm/etw ~ werden** to do justice to sb/sth; **G~igkeit** *f* justice, fairness

Gerede [gə'reːdə] (-s) *nt* talk, gossip
geregelt [gə'reːgəlt] *adj* (*Arbeit*) steady, regular; (*Mahlzeiten*) regular, set
gereizt [gə'raɪtst] *adj* irritable; **G~heit** *f* irritation
Gericht [gə'rɪçt] (-(e)s, -e) *nt* court; (*Essen*) dish; **mit jdm ins** ~ **gehen** (*fig*) to judge sb harshly; **das Jüngste** ~ the Last Judgement; **g~lich** *adj* judicial, legal ♦ *adv* judicially, legally
Gerichts- *zW*: **~barkeit** *f* jurisdiction; **~hof** *m* court (of law); **~kosten** *pl* (legal) costs; **~saal** *m* courtroom; **~verfahren** *nt* legal proceedings *pl*; **~verhandlung** *f* trial; **~vollzieher** *m* bailiff
gerieben [gə'riːbən] *adj* grated; (*umg: schlau*) smart, wily ♦ *vb siehe* **reiben**
gering [gə'rɪŋ] *adj* slight, small; (*niedrig*) low; (*Zeit*) short; **~fügig** *adj* slight, trivial; **~schätzig** *adj* disparaging
geringste(r, s) *adj* slightest, least; **~nfalls** *adv* at the very least
gerinnen [gə'rɪnən] (*unreg*) *vi* to congeal; (*Blut*) to clot; (*Milch*) to curdle
Gerippe [gə'rɪpə] (-s, -) *nt* skeleton
gerissen [gə'rɪsən] *adj* wily, smart
geritten [gə'rɪtən] *vb siehe* **reiten**
gern(e) ['gɛrn(ə)] *adv* willingly, gladly; **~(e) haben, ~(e) mögen** to like; **etwas ~(e) tun** to like doing something; **ich möchte ~(e)** ... I'd like ...; **ja** yes, please; **~(e) geschehen** it's a pleasure
gerochen [gə'rɔxən] *vb siehe* **riechen**
Geröll [gə'rœl] (-(e)s, -e) *nt* scree
Gerste ['gɛrstə] *f* barley; **~nkorn** *nt* (*im Auge*) stye
Geruch [gə'rux] (-(e)s, =e) *m* smell, odour; **g~los** *adj* odourless
Gerücht [gə'rʏçt] (-(e)s, -e) *nt* rumour
geruhen [gə'ruːən] *vi* to deign
geruhsam *adj* (*Leben*) peaceful; (*Nacht, Zeit*) peaceful, restful; (*langsam: Arbeitsweise, Spaziergang*) leisurely
Gerümpel [gə'rʏmpəl] (-s) *nt* junk
Gerüst [gə'rʏst] (-(e)s, -e) *nt* (*Bau~*) scaffold(ing); frame
gesalzen [gə'zaltsən] *pp von* **salzen** ♦ *adj* (*umg: Preis, Rechnung*) steep
gesamt [gə'zamt] *adj* whole, entire; (*Kosten*) total; (*Werke*) complete; **im ~en** all in all; **~deutsch** *adj* all-German; **G~eindruck** *m* general impression; **G~heit** *f* totality, whole; **G~schule** *f* ≈ comprehensive school
gesandt [gə'zant] *vb siehe* **senden**
Gesandte(r) *m* envoy
Gesandtschaft [gə'zantʃaft] *f* legation
Gesang [gə'zaŋ] (-(e)s, =e) *m* song; (*Singen*) singing; **~buch** *nt* (*REL*) hymn book
Gesangverein *m* choral society
Gesäß [gə'zɛːs] (-es, -e) *nt* seat, bottom
Geschäft [gə'ʃɛft] (-(e)s, -e) *nt* business;

(*Laden*) shop; (~*sabschluß*) deal; **g~ig** *adj* active, busy; (*pej*) officious; **g~lich** *adj* commercial ♦ *adv* on business

Geschäfts- *zW:* **~bericht** *m* financial report; **~führer** *m* manager; (*Klub*) secretary; **~geheimnis** *nt* trade secret; **~jahr** *nt* financial year; **~lage** *f* business conditions *pl*; **~mann** *m* businessman; **g~mäßig** *adj* businesslike; **~partner** *m* business partner; **~reise** *f* business trip; **~schluß** *m* closing time; **~stelle** *f* office, place of business; **g~tüchtig** *adj* business-minded; **G~viertel** *nt* business quarter; shopping centre; **~wagen** *m* company car; **~zeit** *f* business hours

geschehen [gə'ʃeːən] (*unreg*) *vi* to happen; **es war um ihn ~** that was the end of him

gescheit [gə'ʃaɪt] *adj* clever

Geschenk [gə'ʃɛŋk] (**-(e)s, -e**) *nt* present, gift

Geschichte [gə'ʃɪçtə] *f* story; (*Sache*) affair; (*Historie*) history

geschichtlich *adj* historical

Geschick [gə'ʃɪk] (**-(e)s, -e**) *nt* aptitude; (*Schicksal*) fate; **~lichkeit** *f* skill, dexterity; **g~t** *adj* skilful

geschieden [gə'ʃiːdən] *adj* divorced

geschienen [gə'ʃiːnən] *vb siehe* **scheinen**

Geschirr [gə'ʃɪr] (**-(e)s, -e**) *nt* crockery; pots and pans *pl*; (*Pferde~*) harness; **~spülmaschine** *f* dishwasher; **~tuch** *nt* dish cloth

Geschlecht [gə'ʃlɛçt] (**-(e)s, -er**) *nt* sex; (*GRAM*) gender; (*Gattung*) race; family; **g~lich** *adj* sexual

Geschlechts- *zW:* **~krankheit** *f* venereal disease; **~teil** *nt* genitals *pl*; **~verkehr** *m* sexual intercourse

geschlossen [gə'ʃlɔsən] *adj* shut ♦ *vb siehe* **schließen**

Geschmack [gə'ʃmak] (**-(e)s, ⁻e**) *m* taste; **nach jds ~** to sb's taste; **~ finden an etw** *dat* to (come to) like sth; **g~los** *adj* tasteless; (*fig*) in bad taste; **~(s)sache** *f* matter of taste; **~ssinn** *m* sense of taste; **g~voll** *adj* tasteful

geschmeidig [gə'ʃmaɪdɪç] *adj* supple; (*formbar*) malleable

Geschnetzelte(s) [gə'ʃnɛtsəltə(s)] *nt* (*KOCH*) strips of meat stewed to produce a thick sauce

geschnitten [gə'ʃnɪtən] *vb siehe* **schneiden**

Geschöpf [gə'ʃœpf] (**-(e)s, -e**) *nt* creature

Geschoß [gə'ʃɔs] (**-sses, -sse**) *nt* (*MIL*) projectile, missile; (*Stockwerk*) floor

geschossen *vb siehe* **schießen**

geschraubt [gə'ʃraupt] *adj* stilted, artificial

Geschrei [gə'ʃraɪ] (**-s**) *nt* cries *pl*, shouting; (*fig: Aufheben*) noise, fuss

geschrieben [gə'ʃriːbən] *vb siehe* **schreiben**

Geschütz [gə'ʃʏts] (**-es, -e**) *nt* gun, cannon;

ein schweres ~ auffahren (*fig*) to bring out the big guns; **~feuer** *nt* artillery fire, gunfire

geschützt *adj* protected

Geschw. *abk siehe* **Geschwister**

Geschwafel [gə'ʃvaːfəl] (**-s**) *nt* silly talk

Geschwätz [gə'ʃvɛts] (**-es**) *nt* chatter, gossip; **g~ig** *adj* talkative

geschweige [gə'ʃvaɪgə] *adv:* **~ (denn)** let alone, not to mention

geschwind [gə'ʃvɪnt] *adj* quick, swift; **G~igkeit** [-dɪçkaɪt] *f* speed, velocity; **G~igkeitsbeschränkung** *f* speed limit; **G~igkeitsüberschreitung** *f* exceeding the speed limit

Geschwister [gə'ʃvɪstər] *pl* brothers and sisters

geschwollen [gə'ʃvɔlən] *adj* pompous

geschwommen [gə'ʃvɔmən] *vb siehe* **schwimmen**

Geschworene(r) [gə'ʃvoːrənə(r)] *mf* juror; **~n** *pl* jury

Geschwulst [gə'ʃvʊlst] (**-, ⁻e**) *f* swelling, growth, tumour

geschwungen [gə'ʃvʊŋən] *pp von* **schwingen** ♦ *adj* curved, arched

Geschwür [gə'ʃvyːr] (**-(e)s, -e**) *nt* ulcer

Gesell- [gə'zɛl] *zW:* **~e (-n, -n)** *m* fellow; (*Handwerk~*) journeyman; **g~ig** *adj* sociable; **~igkeit** *f* sociability; **~schaft** *f* society; (*Begleitung, COMM*) company; (*Abendgesellschaft etc*) party; **g~schaftlich** *adj* social; **~schaftsordnung** *f* social structure; **~schaftsschicht** *f* social stratum; **~schaftsspiel** *nt* party game

gesessen [gə'zɛsən] *vb siehe* **sitzen**

Gesetz [gə'zɛts] (**-es, -e**) *nt* law; **~buch** *nt* statute book; **~gebung** *f* legislation; **g~lich** *adj* legal, lawful; **g~licher Feiertag** *m* statutory holiday; **g~los** *adj* lawless; **g~mäßig** *adj* lawful; **g~t** *adj* (*Mensch*) sedate; **g~widrig** *adj* illegal, unlawful

Gesicht [gə'zɪçt] (**-(e)s, -er**) *nt* face; **das zweite ~** second sight; **das ist mir nie zu ~ gekommen** I've never laid eyes on that

Gesichts- *zW:* **~ausdruck** *m* (facial) expression; **~farbe** *f* complexion; **~punkt** *m* point of view; **~züge** *pl* features

Gesindel [gə'zɪndəl] (**-s**) *nt* rabble

gesinnt [gə'zɪnt] *adj* disposed, minded

Gesinnung [gə'zɪnʊŋ] *f* disposition; (*Ansicht*) views *pl*

gesittet [gə'zɪtət] *adj* well-mannered

Gespann [gə'ʃpan] (**-(e)s, -e**) *nt* team; (*umg*) couple

gespannt *adj* tense, strained; (*begierig*) eager; **ich bin ~, ob** I wonder if *od* whether; **auf etw/jdn ~ sein** to look forward to sth/meeting sb

Gespenst [gə'ʃpɛnst] (**-(e)s, -er**) *nt* ghost, spectre

gesperrt [gə'ʃpɛrt] *adj* closed off
Gespött [gə'ʃpœt] (-(e)s) *nt* mockery; **zum ~ werden** to become a laughing stock
Gespräch [gə'ʃprɛːç] (-(e)s, -e) *nt* conversation; discussion(s); (*Anruf*) call; **g~ig** *adj* talkative
gesprochen [gə'ʃprɔxən] *vb siehe* **sprechen**
gesprungen [gə'ʃpruŋən] *vb siehe* **springen**
Gespür [gə'ʃpyːr] (-s) *nt* feeling
Gestalt [gə'ʃtalt] (-, -en) *f* form, shape; (*Person*) figure; **in ~ von** in the form of; **~ annehmen** to take shape; **g~en** *vt* (*formen*) to shape, to form; (*organisieren*) to arrange, to organize ♦ *vr:* **sich g~en (zu)** to turn out (to be); **~ung** *f* formation; organization
gestanden [gə'ʃtandən] *vb siehe* **stehen**
Geständnis [gə'ʃtɛntnɪs] (-ses, -se) *nt* confession
Gestank [gə'ʃtaŋk] (-(e)s) *m* stench
gestatten [gə'ʃtatən] *vt* to permit, to allow; **~ Sie?** may I?; **sich** *dat* **~, etw zu tun** to take the liberty of doing sth
Geste ['gɛstə] *f* gesture
gestehen [gə'ʃteːən] (*unreg*) *vt* to confess
Gestein [gə'ʃtaɪn] (-(e)s, -e) *nt* rock
Gestell [gə'ʃtɛl] (-(e)s, -e) *nt* frame; (*Regal*) rack, stand
gestern ['gɛstərn] *adv* yesterday; **~ abend/morgen** yesterday evening /morning
Gestirn [gə'ʃtɪrn] (-(e)s, -e) *nt* star; (*Sternbild*) constellation
gestohlen [gə'ʃtoːlən] *vb siehe* **stehlen**
gestorben [gə'ʃtɔrbən] *vb siehe* **sterben**
gestört [gə'ʃtøːrt] *adj* disturbed
gestreift [gə'ʃtraɪft] *adj* striped
gestrichen [gə'ʃtrɪçən] *adj* cancelled
gestrig ['gɛstrɪç] *adj* yesterday's
Gestrüpp [gə'ʃtryp] (-(e)s, -e) *nt* undergrowth
Gestüt [gə'ʃtyːt] (-(e)s, -e) *nt* stud farm
Gesuch [gə'zuːx] (-(e)s, -e) *nt* petition; (*Antrag*) application; **g~t** *adj* (*COMM*) in demand; wanted; (*fig*) contrived
gesund [gə'zʊnt] *adj* healthy; **wieder ~ werden** to get better; **G~heit** *f* health(iness); **G~heit!** bless you!; **~heitlich** *adj* health *attrib*, physical ♦ *adv:* **wie geht es Ihnen ~heitlich?** how's your health?; **~heitsschädlich** *adj* unhealthy; **G~heitswesen** *nt* health service; **G~heitszustand** *m* state of health
gesungen [gə'zuŋən] *vb siehe* **singen**
getan [gə'taːn] *vb siehe* **tun**
Getöse [gə'tøːzə] (-s) *nt* din, racket
Getränk [gə'trɛŋk] (-(e)s, -e) *nt* drink; **~ekarte** *f* wine list
getrauen [gə'traʊən] *vr* to dare, to venture
Getreide [gə'traɪdə] (-s, -) *nt* cereals *pl*, grain; **~speicher** *m* granary

getrennt [gə'trɛnt] *adj* separate
Getriebe [gə'triːbə] (-s, -) *nt* (*Leute*) bustle; (*AUT*) gearbox
getrieben *vb siehe* **treiben**
getroffen [gə'trɔfən] *vb siehe* **treffen**
getrost [gə'troːst] *adv* without any bother
getrunken [gə'truŋkən] *vb siehe* **trinken**
Getue [gə'tuːə] (-s) *nt* fuss
geübt [gə'yːpt] *adj* experienced
Gewächs [gə'vɛks] (-es, -e) *nt* growth; (*Pflanze*) plant
gewachsen [gə'vaksən] *adj:* **jdm /etw ~ sein** to be sb's equal/equal to sth
Gewächshaus *nt* greenhouse
gewagt [gə'vaːkt] *adj* daring, risky
gewählt [gə'vɛːlt] *adj* (*Sprache*) refined, elegant
Gewähr [gə'vɛːr] (-) *f* guarantee; **keine ~ übernehmen für** to accept no responsibility for; **g~en** *vt* to grant; (*geben*) to provide; **g~leisten** *vt* to guarantee
Gewahrsam [gə'vaːrzaːm] (-s, -e) *m* safekeeping; (*Polizei~*) custody
Gewährsmann *m* informant, source
Gewalt [gə'valt] (-, -en) *f* power; (*große Kraft*) force; (*~taten*) violence; **mit aller ~** with all one's might; **~anwendung** *f* use of force; **g~ig** *adj* tremendous; (*Irrtum*) huge; **~marsch** *m* forced march; **g~sam** *adj* forcible; **g~tätig** *adj* violent
Gewand [gə'vant] (-(e)s, ⸚er) *nt* gown, robe
gewandt [gə'vant] *adj* deft, skilful; (*erfahren*) experienced; **G~heit** *f* dexterity, skill
gewann *etc vb siehe* **gewinnen**
Gewässer [gə'vɛsər] (-s, -) *nt* waters *pl*
Gewebe [gə'veːbə] (-s, -) *nt* (*Stoff*) fabric; (*BIOL*) tissue
Gewehr [gə'veːr] (-(e)s, -e) *nt* gun; rifle; **~lauf** *m* rifle barrel
Geweih [gə'vaɪ] (-(e)s, -e) *nt* antlers *pl*
Gewerb- [gə'vɛrb] *zW:* **~e** (-s, -) *nt* trade, occupation; **Handel und ~e** trade and industry; **~eschule** *f* technical school; **~szweig** *m* line of trade
Gewerkschaft [gə'vɛrkʃaft] *f* trade union; **~ler** (-s, -) *m* trade unionist; **~sbund** *m* trade unions federation
gewesen [gə'veːzən] *pp von* **sein**
Gewicht [gə'vɪçt] (-(e)s, -e) *nt* weight; (*fig*) importance
gewieft [gə'viːft] *adj* shrewd, cunning
gewillt [gə'vɪlt] *adj* willing, prepared
Gewimmel [gə'vɪməl] (-s) *nt* swarm
Gewinde [gə'vɪndə] (-s, -) *nt* (*Kranz*) wreath; (*von Schraube*) thread
Gewinn [gə'vɪn] (-(e)s, -e) *m* profit; (*bei Spiel*) winnings *pl*; **etw mit ~ verkaufen** to sell sth at a profit; **~- und Verlustrechnung** (*COMM*) profit and loss account; **~beteiligung** *f* profit-sharing; **g~bringend** *adj* profitable; **g~en** (*unreg*) *vt* to win; (*erwerben*) to gain; (*Kohle, Öl*) to

extract ♦ vi to win; (profitieren) to gain; **an etw** dat **g~en** to gain (in) sth; **g~end** adj (Lächeln, Aussehen) winning, charming; **~er(in)** (-s, -) m(f) winner; **~spanne** f profit margin; **~ung** f winning; gaining; (von Kohle etc) extraction

Gewirr [gə'vɪr] (-(e)s, -e) nt tangle; (von Straßen) maze

gewiß [gə'vɪs] adj certain ♦ adv certainly

Gewissen [gə'vɪsən] (-s, -) nt conscience; **g~haft** adj conscientious; **g~los** adj unscrupulous

Gewissens- zW: **~bisse** pl pangs of conscience, qualms; **~frage** f matter of conscience; **~freiheit** f freedom of conscience; **~konflikt** m moral conflict

gewissermaßen [gəvɪsər'ma:sən] adv more or less, in a way

Gewißheit [gə'vɪshaɪt] f certainty

Gewitter [gə'vɪtər] (-s, -) nt thunderstorm; **g~n** vi unpers: **es g~t** there's a thunderstorm

gewitzt [gə'vɪtst] adj shrewd, cunning

gewogen [gə'vo:gən] adj (+dat) well-disposed (towards)

gewöhnen [gə'vø:nən] vt: **jdn an etw** akk **~** to accustom sb to sth; (erziehen zu) to teach sb sth; **sich an etw** akk **~** to get used od accustomed to sth

Gewohnheit [gə'vo:nhaɪt] f habit; (Brauch) custom; **aus ~** from habit; **zur ~ werden** to become a habit

Gewohnheitsmensch m creature of habit

Gewohnheitsrecht nt common law

gewöhnlich [gə'vø:nlɪç] adj usual; ordinary; (pej) common; **wie ~** as usual

gewohnt [gə'vo:nt] adj usual; **etw ~ sein** to be used to sth

Gewöhnung f: **~ (an +**akk**)** getting accustomed (to)

Gewölbe [gə'vœlbə] (-s, -) nt vault

gewollt adj affected, artificial

gewonnen [gə'vɔnən] vb siehe gewinnen

geworden [gə'vɔrdən] vb siehe werden

geworfen [gə'vɔrfən] vb siehe werfen

Gewühl [gə'vy:l] (-(e)s) nt throng

Gewürz [gə'vʏrts] (-es, -e) nt spice, seasoning; **~nelke** f clove; **g~t** adj spiced

gewußt [gə'vust] vb siehe wissen

Gezeiten [gə'tsaɪtən] pl tides

gezielt [gə'tsi:lt] adj with a particular aim in mind, purposeful; (Kritik) pointed

geziert [gə'tsi:rt] adj affected

gezogen [gə'tso:gən] vb siehe ziehen

Gezwitscher [gə'tsvɪtʃər] (-s) nt twitter(ing), chirping

gezwungen [gə'tsvʊŋən] adj forced; **~ermaßen** adv of necessity

ggf. abk von gegebenenfalls

gibst etc vb siehe geben

Gicht [gɪçt] (-) f gout; **g~isch** adj gouty

Giebel [ˈgiːbəl] (-s, -) m gable; **~dach** nt gable(d) roof; **~fenster** nt gable window

Gier [giːr] (-) f greed; **g~ig** adj greedy

gießen [ˈgiːsən] (unreg) vt to pour; (Blumen) to water; (Metall) to cast; (Wachs) to mould

Gießkanne f watering can

Gift [gɪft] (-(e)s, -e) nt poison; **g~ig** adj poisonous; (fig: boshaft) venomous; **~müll** m toxic waste; (fig) **~stoff** m toxic substance; **~zahn** m fang

ging etc vb siehe gehen

Ginster [ˈgɪnstər] (-s, -) m broom

Gipfel [ˈgɪpfəl] (-s, -) m summit, peak; (fig: Höhepunkt) height; **g~n** vi to culminate; **~treffen** nt summit (meeting)

Gips [gɪps] (-es, -e) m plaster; (MED) plaster (of Paris); **~abdruck** m plaster cast; **g~en** vt to plaster; **~verband** m plaster (cast)

Giraffe [gi'rafə] f giraffe

Girlande [gɪr'landə] f garland

Giro [ˈʒiːro] (-s, -s) nt giro; **~konto** nt current account

Gischt [gɪʃt] (-(e)s, -e) m spray

Gitarre [gi'tarə] f guitar

Gitter [ˈgɪtər] (-s, -) nt grating, bars pl; (für Pflanzen) trellis; (Zaun) railing(s); **~bett** nt cot; **~fenster** nt barred window; **~zaun** m railing(s)

Glacéhandschuh [gla'se:hantʃu:] m kid glove

Glanz [glants] (-es) m shine, lustre, (fig) splendour

glänzen [ˈglɛntsən] vi to shine (also fig), to gleam ♦ vt to polish; **~d** adj shining; (fig) brilliant

Glanz- zW: **~leistung** f brilliant achievement; **g~los** adj dull; **~zeit** f heyday

Glas [gla:s] (-es, ⁼er) nt glass; **~er** (-s, -) m glazier; **~faser** f fibreglass; **g~ieren** [gla'zi:rən] vt to glaze; **g~ig** adj glassy; **~scheibe** f pane; **~ur** [gla'zu:r] f glaze; (KOCH) icing

glatt [glat] adj smooth; (rutschig) slippery; (Absage) flat; (Lüge) downright

Glätte [ˈglɛtə] f smoothness; slipperiness

Glatteis nt (black) ice; **jdn aufs ~ führen** (fig) to take sb for a ride

glätten vt to smooth out

Glatze [ˈglatsə] f bald head; **eine ~ bekommen** to go bald

Glaube [ˈglaubə] (-ns, -n) m: **~ (an +**akk**)** faith (in); belief (in); **g~n** vt, vi to believe; to think; **jdm g~n** to believe sb; **an etw** akk **g~n** to believe in sth; **daran g~n müssen** (umg) to be for it; **~nsbekenntnis** nt creed

glaubhaft [ˈglaubhaft] adj credible

gläubig [ˈglɔybɪç] adj (REL) devout; (vertrauensvoll) trustful; **G~e(r)** mf believer; **die G~en** the faithful; **G~er** (-s, -) m creditor

glaubwürdig ['glaubvʏrdɪç] *adj* credible; (*Mensch*) trustworthy; **G~keit** *f* credibility; trustworthiness

gleich [glaɪç] *adj* equal; (*identisch*) (the) same, identical ♦ *adv* equally; (*sofort*) straight away; (*bald*) in a minute; **es ist mir ~** it's all the same to me; **2 mal 2 ~ 4** 2 times 2 is od equals 4; **~ groß** the same size; **~ nach/an** right after/at; **~altrig** *adj* of the same age; **~artig** *adj* similar; **~bedeutend** *adj* synonymous; **G~berechtigung** *f* equal rights *pl*; **~bleibend** *adj* constant; **~en** (*unreg*) *vi*: **jdm/etw ~en** to be like sb/sth ♦ *vr* to be alike; **~falls** *adv* likewise; **danke ~falls!** the same to you; **G~förmigkeit** *f* uniformity; **~gesinnt** *adj* like-minded; **G~gewicht** *nt* equilibrium, balance; **~gültig** *adj* indifferent; (*unbedeutend*) unimportant; **G~gültigkeit** *f* indifference; **G~heit** *f* equality; **~kommen** (*unreg*) *vi* +*dat* to be equal to; **~mäßig** *adj* even, equal; **G~nis** (-ses, -se) *nt* parable; **~sam** *adv* as it were; **G~schritt** *m*: **im G~schritt gehen** to walk in step; **~stellen** *vt* (*rechtlich etc*) to treat as (an) equal; **G~strom** *m* (*ELEK*) direct current; **~tun** (*unreg*) *vi*: **es jdm ~tun** to match sb; **G~ung** *f* equation; **~viel** *adv* no matter; **~wertig** *adj* (*Geld*) of the same value; (*Gegner*) evenly-matched; **~zeitig** *adj* simultaneous

Gleis [glaɪs] (-es, -e) *nt* track, rails *pl*; (*Bahnsteig*) platform

gleiten ['glaɪtən] (*unreg*) *vi* to glide; (*rutschen*) to slide

Gletscher ['glɛtʃər] (-s, -) *m* glacier; **~spalte** *f* crevasse

Glied [gli:t] (-(e)s, -er) *nt* member; (*Arm, Bein*) limb; (*von Kette*) link; (*MIL*) rank(s); **g~ern** *vt* to organize, to structure; **~erung** *f* structure, organization

glimmen ['glɪmən] (*unreg*) *vi* to glow, to gleam

glimpflich ['glɪmpflɪç] *adj* mild, lenient; **~ davonkommen** to get off lightly

glitschig ['glɪtʃɪç] *adj* (*Fisch, Weg*) slippery

glitzern ['glɪtsərn] *vi* to glitter; to twinkle

global [glo'ba:l] *adj* global

Globus ['glo:bus] (- od -ses, Globen od -se) *m* globe

Glocke ['glɔkə] *f* bell; **etw an die große ~ hängen** (*fig*) to shout sth from the rooftops

Glockenblume *f* bellflower

Glocken- *zW*: **~geläut** *nt* peal of bells; **~spiel** *nt* chime(s); (*MUS*) glockenspiel; **~turm** *m* bell tower

Glosse ['glɔsə] *f* comment

glotzen ['glɔtsən] (*umg*) *vi* to stare

Glück [glʏk] (-(e)s) *nt* luck, fortune; (*Freude*) happiness; **~ haben** to be lucky; **viel ~!** good luck!; **zum ~** fortunately;

g~en *vi* to succeed; **es g~te ihm, es zu bekommen** he succeeded in getting it

gluckern ['glukərn] *vi* to glug

Glück- *zW*: **g~lich** *adj* fortunate; (*froh*) happy; **g~licherweise** *adv* fortunately; **g~'selig** *adj* blissful

Glücks- *zW*: **~fall** *m* stroke of luck; **~kind** *nt* lucky person; **~sache** *f* matter of luck; **~spiel** *nt* game of chance

Glückwunsch *m* congratulations *pl*, best wishes *pl*

Glüh- ['gly:] *zW*: **~birne** *f* light bulb; **g~en** *vi* to glow; **~wein** *m* mulled wine; **~würmchen** *nt* glow-worm

Glut [glu:t] (-, -en) *f* (*Röte*) glow; (*Feuers~*) fire; (*Hitze*) heat; (*fig*) ardour

Glyzerin [glytsə'ri:n] *nt* glycerine

Gnade ['gna:də] *f* (*Gunst*) favour; (*Erbarmen*) mercy; (*Milde*) clemency

Gnaden- *zW*: **~frist** *f* reprieve, respite; **g~los** *adj* merciless; **~stoß** *m* coup de grâce

gnädig ['gnɛ:dɪç] *adj* gracious; (*voll Erbarmen*) merciful

Gold [gɔlt] (-(e)s) *nt* gold; **g~en** *adj* golden; **~fisch** *m* goldfish; **~grube** *f* goldmine; **g~ig** (*umg*) *adj* (*fig: allerliebst*) sweet, adorable; **~regen** *m* laburnum; **G~schmied** *m* goldsmith

Golf¹ [gɔlf] (-(e)s, -e) *m* gulf

Golf² (-s) *nt* golf; **~platz** *m* golf course; **~schläger** *m* golf club

Golfstrom *m* Gulf Stream

Gondel ['gɔndəl] (-, -n) *f* gondola; (*Seilbahn*) cable-car

gönnen ['gœnən] *vt*: **jdm etw ~** not to begrudge sb sth; **sich** *dat* **etw ~** to allow o.s. sth

Gönner (-s, -) *m* patron; **g~haft** *adj* patronizing

Gosse ['gɔsə] *f* gutter

Gott [gɔt] (-es, ⁼er) *m* god; **mein ~!** for heaven's sake!; **um ~es Willen!** for heaven's sake!; **grüß ~!** hello; **~ sei Dank!** thank God!; **~heit** *f* deity

Göttin ['gœtɪn] *f* goddess

göttlich *adj* divine

gottlos *adj* godless

Götze ['gœtsə] (-n, -n) *m* idol

Grab [gra:p] (-(e)s, ⁼er) *nt* grave; **g~en** ['gra:bən] (*unreg*) *vt* to dig; **~en** (-s, ⁼) *m* ditch; (*MIL*) trench; **~stein** *m* gravestone

Grad [gra:t] (-(e)s, -e) *m* degree; **~einteilung** *f* graduation

Graf [gra:f] (-en, -en) *m* count, earl

Gram [gra:m] (-(e)s) *m* grief, sorrow

grämen ['grɛ:mən] *vr* to grieve

Gramm [gram] (-s, -e) *nt* gram(me)

Grammatik [gra'matɪk] *f* grammar

Grammophon [gramo'fo:n] (-s, -e) *nt* gramophone

Granat [gra'na:t] (-(e)s, -e) *m* (*Stein*) garnet

Granate f (MIL) shell; (Hand~) grenade
Granit [gra'niːt] (-s, -e) m granite
Graphiker(in) ['graːfɪkər(in)] (-s, -) m(f) graphic designer
graphisch ['graːfɪʃ] adj graphic
Gras [graːs] (-es, ⁼er) nt grass; **g~en** vi to graze; **~halm** m blade of grass
grassieren [gra'siːrən] vi to be rampant, to rage
gräßlich ['grɛslɪç] adj horrible
Grat [graːt] (-(e)s, -e) m ridge
Gräte ['grɛːtə] f fishbone
gratis ['graːtɪs] adj, adv free (of charge); **G~probe** f free sample
Gratulation [gratulatsi'oːn] f congratulation(s)
gratulieren [gratu'liːrən] vi: **jdm ~ (zu etw)** to congratulate sb (on sth); **(ich) gratuliere!** congratulations!
grau [grau] adj grey
Grauen (-s) nt horror; **g~** vi unpers: **es graut jdm vor etw** sb dreads sth, sb is afraid of sth; **sich g~ vor** to dread, to have a horror of; **g~haft** adj horrible
grauhaarig adj grey-haired
grausam ['grauzaːm] adj cruel; **G~keit** f cruelty
Grausen ['grauzən] (-s) nt horror; **g~** vb = **grauen**
gravieren [gra'viːrən] vt to engrave; **~d** adj grave
graziös [gratsi'øːs] adj graceful
greifbar ['graɪfbaːr] adj tangible, concrete; **in ~er Nähe** within reach
greifen ['graɪfən] (unreg) vt to seize; to grip; **nach etw ~** to reach for sth; **um sich ~** (fig) to spread; **zu etw ~** to turn to sth
Greis [graɪs] (-es, -e) m old man; **g~enhaft** adj senile; **~in** f old woman
grell [grɛl] adj harsh
Grenz- ['grɛnts] zW: **~beamte(r)** m frontier official; **~e** f boundary; (Staats~) frontier; (Schranke) limit; **g~en** vi: **g~en (an +akk)** to border (on); **g~enlos** adj boundless; **~fall** m borderline case; **~übergang** m frontier crossing
Greuel ['grɔyəl] (-s, -) m horror, revulsion; **etw ist jdm ein ~** sb loathes sth
greulich ['grɔylɪç] adj horrible
Griech- ['griːç] zW: **~e** (-n, -n) m Greek; **~enland** nt Greece; **~in** f Greek; **g~isch** adj Greek
griesgrämig ['griːsgrɛːmɪç] adj grumpy
Grieß [griːs] (-es, -e) m (KOCH) semolina
Griff [grɪf] (-(e)s, -e) m grip; (Vorrichtung) handle; **g~bereit** adj handy
Grill [grɪl] m grill; **~e** f cricket; **g~en** vt to grill
Grimasse [gri'masə] f grimace
grimmig ['grɪmɪç] adj furious; (heftig) fierce, severe
grinsen ['grɪnzən] vi to grin

Grippe ['grɪpə] f influenza, flu
grob [groːp] adj coarse, gross; (Fehler, Verstoß) gross; **G~heit** f coarseness; coarse expression
grölen ['grøːlən] (pej) vt to bawl, to bellow
Groll [grɔl] (-(e)s) m resentment; **g~en** vi (Donner) to rumble; **g~en (mit od +dat)** to bear ill will (towards)
groß [groːs] adj big, large; (hoch) tall; (fig) great ♦ adv greatly; **im ~en und ganzen** on the whole; **~artig** adj great, splendid; **G~aufnahme** f (CINE) close-up; **G~britannien** nt Great Britain
Größe ['grøːsə] f size; (Höhe) height; (fig) greatness
Groß- zW: **~einkauf** m bulk purchase; **~eltern** pl grandparents; **g~enteils** adv mostly; **~format** nt large size; **~handel** m wholesale trade; **~händler** m wholesaler; **~macht** f great power; **g~mütig** adj magnanimous; **~mutter** f grandmother; **~rechner** m mainframe (computer); **g~schreiben** (unreg) vt to write in block capitals; **bei jdm g~schreiben werden** to be high on sb's list of priorities; **g~spurig** adj pompous; **~stadt** f city, large town
größte(r, s) ['grøːstə(r, s)] adj superl von **groß**; **~nteils** adv for the most part
Groß- zW: **g~tun** (unreg) vi to boast; **~vater** m grandfather; **g~ziehen** (unreg) vt to raise; **g~zügig** adj generous; (Planung) on a large scale
grotesk [gro'tɛsk] adj grotesque
Grotte ['grɔtə] f grotto
Grübchen ['gryːpçən] nt dimple
Grube ['gruːbə] f pit; mine
grübeln ['gryːbəln] vi to brood
Grubengas nt firedamp
Gruft [gruft] (-, ⁼e) f tomb, vault
grün [gryːn] adj green; **G~anlage** f park
Grund [grunt] (-(e)s, ⁼e) m ground; (von See, Gefäß) bottom; (fig) reason; **im ~e genommen** basically; **~ausbildung** f basic training; **~besitz** m land(ed property), real estate; **~buch** nt land register
gründen ['gryndən] vt to found ♦ vr: **sich ~ (auf +dat)** to be based (on); **~ auf +akk** to base on
Gründer (-s, -) m founder
Grund- zW: **~gebühr** f basic charge; **~gesetz** nt constitution; **~lage** f foundation; **g~legend** adj fundamental
gründlich adj thorough
Grund- zW: **g~los** adj groundless; **~regel** f basic rule; **~riß** m plan; (fig) outline; **~satz** m principle; **g~sätzlich** adj fundamental; (Frage) of principle ♦ adv fundamentally; (prinzipiell) on principle; **~schule** f elementary school; **~stein** m foundation stone; **~stück** nt estate; plot
Grundwasser nt ground water
Grünen pl (POL): **die ~** the Greens

Grünspan *m* verdigris
Grünstreifen *m* central reservation
grunzen ['grʊntsən] *vi* to grunt
Gruppe ['grʊpə] *f* group; **g~nweise** *adv* in groups
gruppieren [grʊ'piːrən] *vt, vr* to group
gruselig *adj* creepy
gruseln ['gruːzəln] *vi unpers*: **es gruselt jdm vor etw** sth gives sb the creeps ♦ *vr* to have the creeps
Gruß [gruːs] (**-es**, **⁼e**) *m* greeting; (*MIL*) salute; **viele Grüße** best wishes; **mit freundlichen Grüßen** yours sincerely; **Grüße an** +*akk* regards to
grüßen ['gryːsən] *vt* to greet; (*MIL*) to salute; **jdn von jdm ~** to give sb sb's regards; **jdn ~ lassen** to send sb one's regards
gucken ['gʊkən] *vi* to look
gültig ['gʏltɪç] *adj* valid; **G~keit** *f* validity
Gummi ['gʊmi] (**-s**, **-s**) *nt od m* rubber; (**~harze**) gum; **~band** *nt* rubber *od* elastic band; (*Hosenband*) elastic; **~bärchen** ≈ **jelly baby** (*BRIT*); **~baum** *m* rubber plant; **g~eren** [gu'miːrən] *vt* to gum; **~knüppel** *m* rubber truncheon; **~strumpf** *m* elastic stocking
günstig ['gʏnstɪç] *adj* convenient; (*Gelegenheit*) favourable; **das habe ich ~ bekommen** it was a bargain
Gurgel ['gʊrgəl] (**-**, **-n**) *f* throat; **g~n** *vi* to gurgle; (*im Mund*) to gargle
Gurke ['gʊrkə] *f* cucumber; **saure ~** pickled cucumber, gherkin
Gurt [gʊrt] (**-(e)s**, **-e**) *m* belt
Gürtel ['gʏrtəl] (**-s**, **-**) *m* belt; (*GEOG*) zone; **~reifen** *m* radial tyre
GUS *f abk* (= *Gemeinschaft unabhängiger Staaten*) CIS
Guß [gʊs] (**-sses**, **Güsse**) *m* casting; (*Regen~*) downpour; (*KOCH*) glazing; **~eisen** *nt* cast iron

---
SCHLÜSSELWORT
---

gut [guːt] *adj* good; **alles Gute** all the best; **also gut** all right then
♦ *adv* well; **gut schmecken** to taste good; **gut, aber ...** OK, but ...; (*na*) **gut, ich komme** all right, I'll come; **gut drei Stunden** a good three hours; **das kann gut sein** that may well be; **laß es gut sein** that'll do

---

Gut [guːt] (**-(e)s**, **⁼er**) *nt* (*Besitz*) possession; **Güter** *pl* (*Waren*) goods; **~achten** (**-s**, **-**) *nt* (expert) opinion; **~achter** (**-s**, **-**) *m* expert; **g~artig** *adj* good-natured; (*MED*) benign; **g~bürgerlich** *adj* (*Küche*) (good) plain; **~dünken** *nt*: **nach ~dünken** at one's discretion
Güte ['gyːtə] *f* goodness, kindness; (*Qualität*) quality
Güter- *zW*: **~abfertigung** *f* (*EISENB*) goods office; **~bahnhof** *m* goods station;

~wagen *m* goods waggon (*BRIT*), freight car (*US*); **~zug** *m* goods train (*BRIT*), freight train (*US*)
Gütezeichen *nt* quality mark, ≈ kite mark
gut- *zW*: **~gehen** (*unreg*) *vb unpers* to work, to come off; **es geht jdm ~** sb's doing fine; **~gemeint** *adj* well meant; **~gläubig** *adj* trusting; **G~haben** (**-s**) *nt* credit; **~heißen** (*unreg*) *vt* to approve (of)
gütig ['gyːtɪç] *adj* kind
Gut- *zW*: **g~mütig** *adj* good-natured; **~mütigkeit** *f* good nature; **~schein** *m* voucher; **g~schreiben** (*unreg*) *vt* to credit; **g~tun** (*unreg*) *vi*: **jdm g~tun** to do sb good; **g~willig** *adj* willing
Gymnasium [gʏm'naːziʊm] *nt* grammar school (*BRIT*), high school (*US*)
Gymnastik [gʏm'nastɪk] *f* exercises *pl*, keep fit

H h

Haag [haːg] *m*: **Den ~** the Hague
Haar [haːr] (**-(e)s**, **-e**) *nt* hair; **um ein ~** nearly; **an den ~en herbeigezogen** (*umg*: *Vergleich*) very far-fetched; **~bürste** *f* hairbrush; **h~en** *vi, vr* to lose hair; **~esbreite** *f*: **um ~esbreite** by a hair's-breadth; **h~genau** *adv* precisely; **h~ig** *adj* hairy; (*fig*) nasty; **~klammer** *f* hairgrip; **~klemme** *f* hair grip; **~nadel** *f* hairpin; **h~scharf** *adv* (*beobachten*) very sharply; (*daneben*) by a hair's breadth; **~schnitt** *m* haircut; **~spange** *f* hair slide; **h~sträubend** *adj* hair-raising; **~teil** *nt* hairpiece; **~waschmittel** *nt* shampoo
Habe ['haːbə] (**-**) *f* property
haben ['haːbən] (*unreg*) *vt, vb aux* to have; **Hunger/Angst ~** to be hungry/afraid; **woher hast du das?** where did you get that from?; **was hast du denn?** what's the matter (with you)?; **du hast zu schweigen** you're to be quiet; **ich hätte gern** I would like; **H~** (**-s**, **-**) *nt* credit
Habgier *f* avarice; **h~ig** *adj* avaricious
Habicht ['haːbɪçt] (**-s**, **-e**) *m* hawk
Habseligkeiten *pl* belongings
Hachse ['haksə] *f* (*KOCH*) knuckle
Hacke ['hakə] *f* hoe; (*Ferse*) heel; **h~n** *vt* to hack, to chop; (*Erde*) to hoe
Hackfleisch *nt* mince, minced meat
Hafen ['haːfən] (**-s**, **⁼**) *m* harbour, port; **~arbeiter** *m* docker; **~stadt** *f* port

Hafer ['ha:fər] (**-s, -**) *m* oats *pl*; **~flocken** *pl* rolled oats; **~schleim** *m* gruel

Haft [haft] (**-**) *f* custody; **h~bar** *adj* liable, responsible; **~befehl** *m* warrant (for arrest); **h~en** *vi* to stick, to cling; **h~en für** to be liable *od* responsible for; **h~enbleiben** (*unreg*) *vi*: **h~enbleiben** (**an** +*dat*) to stick (to); **Häftling** *m* prisoner; **~pflicht** *f* liability; **~pflichtversicherung** *f* (*AUT*) third party insurance; **~schalen** *pl* contact lenses; **~ung** *f* liability

Hagebutte ['ha:gəbʊtə] *f* rose hip

Hagel ['ha:gəl] (**-s**) *m* hail; **h~n** *vi unpers* to hail

hager ['ha:gər] *adj* gaunt

Hahn [ha:n] (**-(e)s, ⁼e**) *m* cock; (*Wasser~*) tap, faucet (*US*)

Hähnchen ['hɛ:nçən] *nt* cockerel; (*KOCH*) chicken

Hai(fisch) ['hai(fɪʃ)] (**-(e)s, -e**) *m* shark

häkeln ['hɛ:kəln] *vt* to crochet

Häkelnadel *f* crochet hook

Haken ['ha:kən] (**-s, -**) *m* hook; (*fig*) catch; **~kreuz** *nt* swastika; **~nase** *f* hooked nose

halb [halp] *adj* half; **~ eins** half past twelve; **ein ~es Dutzend** half a dozen; **H~dunkel** *nt* semi-darkness

halber ['halbər] *präp* +*gen* (*wegen*) on account of; (*für*) for the sake of

Halb- *zW*: **h~heit** *f* half-measure; **h~ieren** *vt* to halve; **~insel** *f* peninsula; **~jahr** *nt* six months; (*auch*: *Komm*) half-year; **h~jährlich** *adj* half-yearly; **~kreis** *m* semicircle; **~leiter** *m* semiconductor; **~links** (**-, -**) *m* (*SPORT*) inside left; **~mond** *m* half-moon; (*fig*) crescent; **h~offen** *adj* half-open; **~pension** *f* half-board; **~rechts** (**-, -**) *m* (*SPORT*) inside right; **~schuh** *m* shoe; **h~tags** *adv*: **h~tags arbeiten** to work part-time, to work mornings/afternoons; **h~wegs** *adv* halfway; **h~wegs besser** more or less better; **~zeit** *f* (*SPORT*) half; (*Pause*) half-time

Halde ['haldə] *f* (*Kohlen*) heap

half [half] *vb siehe* **helfen**

Hälfte ['hɛlftə] *f* half

Halfter¹ ['halftər] (**-s, -**) *m od nt* (*für Tiere*) halter

Halfter² (**-, -n od -s, -**) *f od nt* (*Pistolen~*) holster

Halle ['halə] *f* hall; (*AVIAT*) hangar; **h~n** *vi* to echo, to resound; **~nbad** *nt* indoor swimming pool

hallo [ha'lo:] *excl* hello

Halluzination [halutsinatsi'o:n] *f* hallucination

Halm [halm] (**-(e)s, -e**) *m* blade; stalk

Hals [hals] (**-es, ⁼e**) *m* neck; (*Kehle*) throat; **~ über Kopf** in a rush; **~band** *nt* (*von Hund*) collar; **~kette** *f* necklace; **~-Nasen-Ohren-Arzt** *m* ear, nose and throat specialist; **~schmerzen** *pl* sore throat *sg*;

~tuch *nt* scarf

Halt [halt] (**-(e)s, -e**) *m* stop; (*fester ~*) hold; (*innerer ~*) stability; **h~** *excl* stop!, halt!; **h~bar** *adj* durable; (*Lebensmittel*) non-perishable; (*MIL, fig*) tenable; **~barkeit** *f* durability; (non-)perishability

halten ['haltən] (*unreg*) *vt* to keep; (*fest~*) to hold ♦ *vi* to hold; (*frisch bleiben*) to keep; (*stoppen*) to stop ♦ *vr* (*frisch bleiben*) to keep; (*sich behaupten*) to hold out; **~ für** to regard as; **~ von** to think of; **an sich ~** to restrain o.s.; **sich rechts/links ~** to keep to the right/left

Haltestelle *f* stop

Halteverbot *nt*: **hier ist ~** there's no waiting here

Halt- *zW*: **h~los** *adj* unstable; **h~machen** *vi* to stop; **~ung** *f* posture; (*fig*) attitude; (*Selbstbeherrschung*) composure

Halunke [ha'lʊŋkə] (**-n, -n**) *m* rascal

hämisch ['hɛ:mɪʃ] *adj* malicious

Hammel ['haməl] (**-s, ⁼ od -**) *m* wether; **~fleisch** *nt* mutton

Hammer ['hamər] (**-s, ⁼**) *m* hammer

hämmern ['hɛmərn] *vt, vi* to hammer

Hämorrhoiden [hɛmɔro'i:dən] *pl* haemorrhoids

Hampelmann ['hampəlman] *m* (*auch fig*) puppet

Hamster ['hamstər] (**-s, -**) *m* hamster; **~ei** ['-rai] *f* hoarding; **h~n** *vi* to hoard

Hand [hant] (**-, ⁼e**) *f* hand; **~arbeit** *f* manual work; (*Nadelarbeit*) needlework; **~ball** *m* (*SPORT*) handball; **~bremse** *f* handbrake; **~buch** *nt* handbook, manual; **~creme** *f* handcream

Händedruck ['hɛndədrʊk] *m* handshake

Handel ['handəl] (**-s**) *m* trade; (*Geschäft*) transaction

Handeln ['handəln] (**-s**) *nt* action

handeln *vi* to trade; (*agieren*) to act ♦ *vr unpers*: **sich ~ um** to be a question of, to be about; **~ von** to be about

Handels- *zW*: **~bilanz** *f* balance of trade; **~kammer** *f* chamber of commerce; **~reisende(r)** *m* commercial traveller; **~schule** *f* business school; **h~üblich** *adj* customary; (*Preis*) going *attrib*; **~vertreter** *m* sales representative

Hand- *zW*: **~feger** (**-s, -**) *m* handbrush; **h~fest** *adj* hefty; **h~gearbeitet** *adj* handmade; **~gemenge** *nt* scuffle; **~gepäck** *nt* hand-luggage; **h~geschrieben** *adj* handwritten; **h~greiflich** *adj* palpable; **h~greiflich werden** to become violent; **~granate** *f* hand grenade; **~griff** *m* flick of the wrist; **h~haben** *vt insep* to handle

Händler ['hɛndlər] (**-s, -**) *m* trader, dealer

handlich ['hantlɪç] *adj* handy

Handlung ['handlʊŋ] *f* act(ion); (*in Buch*) plot; (*Geschäft*) shop

Hand- *zW*: **~pflege** *f* manicure; **~schelle** *f*

handcuff; **~schrift** f handwriting; (Text) manuscript; **~schuh** m glove; **~stand** m (SPORT) handstand; **~tasche** f handbag; **~tuch** nt towel; **~umdrehen** nt: im **~umdrehen** in the twinkling of an eye; **~werk** nt trade, craft; **~werker (-s, -)** m craftsman, artisan; **~werkzeug** nt tools pl

Hanf [hanf] (-(e)s) m hemp

Hang [haŋ] (-(e)s, ⸚e) m inclination; (Ab~) slope

Hänge- ['hɛŋə] in zW hanging; **~brücke** f suspension bridge; **~matte** f hammock

hängen ['hɛŋən] vi (unreg) to hang ♦ vt: **etw (an etw akk) ~** to hang sth (on sth); **~ an** +dat (fig) to be attached to; **sich ~ an** +akk to hang on to, to cling to; **~bleiben** (unreg) vi to be caught; (fig) to remain, to stick; **~bleiben an** +dat to catch od get caught on; **~lassen** (unreg) vt (vergessen) to leave; **den Kopf ~lassen** to get downhearted

Hannover [ha'noːfər] (-s) nt Hanover

hänseln ['hɛnzəln] vt to tease

Hansestadt ['hanzəʃtat] f Hanse town

hantieren [han'tiːrən] vi to work, to be busy; **mit etw ~** to handle sth

hapern ['haːpərn] vi unpers: **es hapert an etw dat** there is a lack of sth

Happen ['hapən] (-s, -) m mouthful

Harfe ['harfə] f harp

Harke ['harkə] f rake; **h~n** vt, vi to rake

harmlos ['harmloːs] adj harmless; **H~igkeit** f harmlessness

Harmonie [harmo'niː] f harmony; **h~ren** vi to harmonize

Harmonika [har'moːnika] (-, -s) f (Zieh~) concertina

harmonisch [har'moːnɪʃ] adj harmonious

Harmonium [har'moːnium] (-s, -nien od -s) nt harmonium

Harn [harn] (-(e)s, ⸚e) m urine; **~blase** f bladder

Harpune [har'puːnə] f harpoon

harren ['harən] vi: **~ (auf +akk)** to wait (for)

hart [hart] adj hard; (fig) harsh

Härte ['hɛrtə] f hardness; (fig) harshness

hart- zW: **~gekocht** adj hard-boiled; **~herzig** adj hard-hearted; **~näckig** adj stubborn; **H~näckigkeit** f stubbornness; **H~platte** f hard disk

Harz [haːrts] (-es, ⸚e) nt resin

Haschee [ha'ʃeː] (-s, -s) nt hash

Haschisch ['haʃɪʃ] (-) nt hashish

Hase ['haːzə] (-n, -n) m hare

Haselnuß ['haːzəlnʊs] f hazelnut

Hasenfuß m coward

Hasenscharte f harelip

Haß [has] (-sses) m hate, hatred

hassen ['hasən] vt to hate

häßlich ['hɛslɪç] adj ugly; (gemein) nasty; **H~keit** f ugliness; nastiness

Hast [hast] f haste

hast vb siehe **haben**

hasten vi to rush

hastig adj hasty

hat [hat] vb siehe **haben**

hatte etc ['hatə] vb siehe **haben**

Haube ['haʊbə] f hood; (Mütze) cap; (AUT) bonnet, hood (US)

Hauch [haʊx] (-(e)s, -e) m breath; (Luft~) breeze; (fig) trace; **h~dünn** adj extremely thin; **h~en** vi to breathe

Haue ['haʊə] f hoe, pick; (umg) hiding; **h~n** (unreg) vt to hew, to cut; (umg) to thrash

Haufen ['haʊfən] (-s, -) m heap; (Leute) crowd; **ein ~ (x)** (umg) loads od a lot (of x); **auf einem ~** in one heap

häufen ['hɔyfən] vt to pile up ♦ vr to accumulate

haufenweise adv in heaps; in droves; **etw ~ haben** to have piles of sth

häufig ['hɔyfɪç] adj frequent ♦ adv frequently; **H~keit** f frequency

Haupt [haʊpt] (-(e)s, Häupter) nt head; (Ober~) chief ♦ in zW main; **~bahnhof** m central station; **h~beruflich** adv as one's main occupation; **~darsteller(in)** m(f) leading actor(actress); **~eingang** m main entrance; **~fach** nt (SCH, UNIV) main subject, major (US); **~film** m main film; **~gericht** nt (KOCH) main course

Häuptling ['hɔyptlɪŋ] m chief(tain)

Haupt- zW: **~mann** (pl -leute) m (MIL) captain; **~person** f central figure; **~quartier** nt headquarters pl; **~rolle** f leading part; **~sache** f main thing; **h~sächlich** adj chief ♦ adv chiefly; **~saison** f high season, peak season; **~schule** f ≈ secondary school; **~stadt** f capital; **~straße** f main street; **~verkehrszeit** f rush-hour, peak traffic hours pl; **~wort** nt noun

Haus [haʊs] (-es, Häuser) nt house; **nach ~e** home; **zu ~e** at home; **~angestellte** f domestic servant; **~apotheke** f medicine cabinet; **~arbeit** f housework; (SCH) homework; **~arzt** m family doctor; **~aufgabe** f (SCH) homework; **~besitzer(in)** m(f) house-owner; **~besuch** m (von Arzt) house call

Häuserblock ['hɔyzərblɔk] m block (of houses)

Häusermakler ['hɔyzər-] m estate agent (BRIT), real estate agent (US)

Haus- zW: **~frau** f housewife; **~flur** m hallway; **h~gemacht** adj home-made; **~halt** m household; (POL) budget; **h~halten** (unreg) vi (sparen) to economize; **~hälterin** f housekeeper; **~haltsgeld** nt housekeeping (money); **~haltsgerät** nt domestic appliance; **~herr** m host; (Vermieter) landlord; **h~hoch** adv: **h~hoch verlieren** to lose by a mile

hausieren [hau'ziːrən] *vi* to peddle
Hausierer (-s, -) *m* peddlar
häuslich ['hɔʏslɪç] *adj* domestic
Haus- *zW:* ~**meister** *m* caretaker, janitor; ~**nummer** *f* street number; ~**ordnung** *f* house rules *pl*; ~**putz** *m* house cleaning; ~**schlüssel** *m* front-door key; ~**schuh** *m* slipper; ~**suchung** *f* police raid; ~**tier** *nt* pet; ~**tür** *f* front door; ~**wirt** *m* landlord; ~**wirtschaft** *f* domestic science
Haut [haut] (-, Häute) *f* skin; (Tier~) hide; ~**creme** *f* skin cream; **h~eng** *adj* skintight; ~**farbe** *f* complexion; ~**krebs** *m* skin cancer
Haxe ['haksə] *f* = **Hachse**
Hbf *abk* = **Hauptbahnhof**
Hebamme ['heːpˌʔamə] *f* midwife
Hebel ['heːbəl] (-s, -) *m* lever
heben ['heːbən] (*unreg*) *vt* to raise, to lift
Hecht [hɛçt] (-(e)s, -e) *m* pike
Heck [hɛk] (-(e)s, -e) *nt* stern; (von Auto) rear
Hecke ['hɛkə] *f* hedge
Heckenrose *f* dog rose
Heckenschütze *m* sniper
Heer [heːr] (-(e)s, -e) *nt* army
Hefe ['heːfə] *f* yeast
Heft [hɛft] (-(e)s, -e) *nt* exercise book; (Zeitschrift) number; (von Messer) haft
heften *vt:* ~ (an +*akk*) to fasten (to); (nähen) to tack ((on) to); **etw an etw** *akk* ~ to fasten sth to sth
Hefter (-s, -) *m* folder
heftig ['hɛftɪç] *adj* fierce, violent; **H~keit** *f* fierceness, violence
Heft- *zW:* ~**klammer** *f* paper clip; ~**maschine** *f* stapling machine; ~**pflaster** *nt* sticking plaster; ~**zwecke** *f* drawing pin
hegen ['heːgən] *vt* (Wild, Bäume) to care for, to tend; (fig, geh: empfinden: Wunsch) to cherish; (: Mißtrauen) to feel
Hehl [heːl] *m od nt:* **kein(en)** ~ **aus etw machen** to make no secret of sth; ~**er** (-s, -) *m* receiver (of stolen goods), fence
Heide[1] ['haɪdə] *f* heath, moor; (~kraut) heather
Heide[2] (-n, -n) *m* heathen, pagan
Heidekraut *nt* heather
Heidelbeere *f* bilberry
Heidentum *nt* paganism
Heidin *f* heathen, pagan
heikel ['haɪkəl] *adj* awkward, thorny; (wählerisch) fussy
Heil [haɪl] (-(e)s) *nt* well-being; (Seelen~) salvation; **h~** *adj* in one piece, intact; ~**and** (-(e)s, -e) *m* saviour; **h~bar** curable; **h~en** *vt* to cure ♦ *vi* to heal; **h~froh** *adj* very relieved
heilig ['haɪlɪç] *adj* holy; **H~abend** *m* Christmas Eve; **H~e(r)** *mf* saint; ~**en** *vt* to sanctify, to hallow; **H~enschein** *m* halo; **H~keit** *f* holiness; ~**sprechen** (*unreg*) *vt*

to canonize; **H~tum** *nt* shrine; (Gegenstand) relic
Heil- *zW:* **h~los** *adj* unholy; (fig) hopeless; ~**mittel** *nt* remedy; ~**praktiker(in)** *m(f)* non-medical practitioner; **h~sam** *adj* (fig) salutary; ~**sarmee** *f* Salvation Army; ~**ung** *f* cure
Heim [haɪm] (-(e)s, -e) *nt* home; **h~** *adv* home
Heimat ['haɪmaːt] (-, -en) *f* home (town/country etc); ~**land** *nt* homeland; **h~lich** *adj* native, home *attrib*; (Gefühle) nostalgic; **h~los** *adj* homeless; ~**ort** *m* home town/area; ~**vertriebene(r)** *mf* displaced person
Heim- *zW:* ~**computer** *m* home computer; **h~elig** *adj* cosy; **h~fahren** (*unreg*) *vi* to drive home; ~**fahrt** *f* journey home; **h~gehen** (*unreg*) *vi* to go home; (sterben) to pass away; **h~isch** *adj* (gebürtig) native; **sich h~isch fühlen** to feel at home; ~**kehr** (-, -en) *f* homecoming; **h~kehren** *vi* to return home; **h~lich** *adj* secret; ~**lichkeit** *f* secrecy; ~**reise** *f* journey home; ~**spiel** *nt* (SPORT) home game; **h~suchen** *vt* to afflict; (Geist) to haunt; ~**trainer** *m* exercise bike; **h~tückisch** *adj* malicious; ~**weg** *m* way home; ~**weh** *nt* homesickness; **h~zahlen** *vt:* **jdm etw h~zahlen** to pay sb back for sth
Heirat ['haɪraːt] (-, -en) *f* marriage; **h~en** *vt* to marry ♦ *vi* to marry, to get married ♦ *vr* to get married; ~**santrag** *m* proposal
heiser ['haɪzər] *adj* hoarse; **H~keit** *f* hoarseness
heiß [haɪs] *adj* hot; ~**e(s) Eisen** (umg) hot potato; ~**blütig** *adj* hot-blooded
heißen ['haɪsən] (*unreg*) *vi* to be called; (bedeuten) to mean ♦ *vt* to command; (nennen) to name ♦ *vi unpers:* **es heißt** it says; it is said; **das heißt** that is (to say)
Heißhunger *m* ravenous hunger
heißlaufen (*unreg*) *vi, vr* to overheat
Heißmangel *f* rotary iron
heiter ['haɪtər] *adj* cheerful; (Wetter) bright; **H~keit** *f* cheerfulness; (Belustigung) amusement
Heiz- ['haɪts] *zW:* **h~bar** *adj* heated; (Raum) with heating; **h~en** *vt* to heat; ~**er** (-s, -) *m* stoker; ~**körper** *m* radiator; ~**öl** *nt* fuel oil; ~**sonne** *f* electric fire; ~**ung** *f* heating; ~**ungsanlage** *f* heating system
hektisch ['hɛktɪʃ] *adj* hectic
Held [hɛlt] (-en, -en) *m* hero; **h~enhaft** *adj* heroic; ~**in** *f* heroine
helfen ['hɛlfən] (*unreg*) *vi* to help; (nützen) to be of use ♦ *vb unpers:* **es hilft nichts, du mußt** ... it's no use, you'll have to ...; **jdm (bei etw)** ~ to help sb (with sth); **sich** *dat* **zu** ~ **wissen** to be resourceful
Helfer (-s, -) *m* helper, assistant; **Helfershelfer** *m* accomplice
hell [hɛl] *adj* clear, bright; (Farbe, Bier)

light; ~**blau** *adj* light blue; ~**blond** *adj* ash-blond; **H~e** (-) *f* clearness, brightness; ~**hörig** *adj* (*Wand*) paper-thin; ~**hörig werden** (*fig*) to prick up one's ears; **H~seher** *m* clairvoyant; ~**wach** *adj* wide-awake

Helm [hɛlm] (-(e)s, -e) *m* (*auf Kopf*) helmet

Hemd [hɛmt] (-(e)s, -en) *nt* shirt; (*Unter~*) vest; ~**bluse** *f* blouse

hemmen ['hɛmən] *vt* to check, to hold up; **gehemmt sein** to be inhibited

Hemmung *f* check; (*PSYCH*) inhibition; **h~slos** *adj* unrestrained, without restraint

Hengst [hɛŋst] (-es, -e) *m* stallion

Henkel ['hɛŋkəl] (-s, -) *m* handle

Henker (-s, -) *m* hangman

Henne ['hɛnə] *f* hen

─────── **SCHLÜSSELWORT** ───────

her [heːr] *adv* **1** (*Richtung*): **komm her zu mir** come here (to me); **von England her** from England; **von weit her** from a long way away; **her damit!** hand it over!; **wo hat er das her?** where did he get that from?

2 (*Blickpunkt*): **von der Form her** as far as the form is concerned

3 (*zeitlich*): **das ist 5 Jahre her** that was 5 years ago; **wo bist du her?** where do you come from?; **ich kenne ihn von früher her** I know him from before

herab [hɛˈrap] *adv* down(ward(s)); ~**hängen** (*unreg*) *vi* to hang down; ~**lassen** (*unreg*) *vt* to let down ♦ *vr* to condescend; ~**lassend** *adj* condescending; ~**setzen** *vt* to lower, to reduce; (*fig*) to belittle, to disparage

heran [hɛˈran] *adv*: **näher ~!** come up closer!; **~ zu mir!** come up to me!; ~**bringen** (*unreg*) *vt*: ~**bringen (an** +*akk*) to bring up (to); ~**fahren** (*unreg*) *vi*: ~**fahren (an** +*akk*) to drive up (to); ~**kommen** (*unreg*) *vi*: **(an jdn/etw) ~kommen** to approach (sb/sth), to come near (to sb/sth); ~**machen** *vr*: **sich an jdn ~machen** to make up to sb; ~**treten** (*unreg*) *vi*: **mit etw an jdn ~treten** to approach sb with sth; ~**wachsen** (*unreg*) *vi* to grow up; ~**ziehen** (*unreg*) *vt* to pull nearer; (*aufziehen*) to raise; (*ausbilden*) to train; **jdn zu etw ~ziehen** to call upon sb to help in sth

herauf [hɛˈrauf] *adv* up(ward(s)), up here; ~**beschwören** (*unreg*) *vt* to conjure up, to evoke; ~**bringen** (*unreg*) *vt* to bring up; ~**setzen** *vt* (*Preise, Miete*) to raise, put up

heraus [hɛˈraus] *adv* out; ~**bekommen** (*unreg*) *vt* to get out; (*fig*) to find *od* figure out; ~**bringen** (*unreg*) *vt* to bring out; (*Geheimnis*) to elicit; ~**finden** (*unreg*) *vt* to find out; ~**fordern** *vt* to challenge; **H~forderung** *f* challenge; provocation;

~**geben** (*unreg*) *vt* to hand over, to surrender; (*zurückgeben*) to give back; (*Buch*) to edit; (*veröffentlichen*) to publish; **H~geber** (-s, -) *m* editor; (*Verleger*) publisher; ~**gehen** (*unreg*) *vi*: **aus sich ~gehen** to come out of one's shell; ~**halten** (*unreg*) *vr*: **sich aus etw ~halten** to keep out of sth; ~**hängen**[1] *vt* to hang out; ~**hängen**[2] (*unreg*) *vi* to hang out; ~**holen** *vt*: ~**holen (aus)** to get out (of); ~**kommen** (*unreg*) *vi* to come out; **dabei kommt nichts ~** nothing will come of it; ~**nehmen** (*unreg*) *vt* to remove (from), take out (of); **sich etw ~nehmen** to take liberties; ~**reißen** (*unreg*) *vt* to tear out; to pull out; ~**rücken** *vt* (*Geld*) to fork out, to hand over; **mit etw ~rücken** (*fig*) to come out with sth; ~**stellen** *vr*: **sich ~stellen (als)** to turn out (to be); ~**suchen** *vt*: **sich jdn/etw ~suchen** to pick sb/sth out; ~**ziehen** (*unreg*) *vt* to pull out, to extract

herb [hɛrp] *adj* (slightly) bitter, acid; (*Wein*) dry; (*fig: schmerzlich*) bitter; (: *streng*) stern, austere

herbei [hɛrˈbaɪ] *adv* (over) here; ~**führen** *vt* to bring about; ~**schaffen** *vt* to procure

herbemühen ['heːrbəmyːən] *vr* to take the trouble to come

Herberge ['hɛrbɛrgə] *f* shelter; hostel, inn

Herbergsmutter *f* warden

Herbergsvater *m* warden

herbitten (*unreg*) *vt* to ask to come (here)

herbringen (*unreg*) *vt* to bring here

Herbst [hɛrpst] (-(e)s, -e) *m* autumn, fall (*US*); **h~lich** *adj* autumnal

Herd [heːrt] (-(e)s, -e) *m* cooker; (*fig, MED*) focus, centre

Herde ['heːrdə] *f* herd; (*Schaf~*) flock

herein [hɛˈraɪn] *adv* in (here), here; ~**!** come in!; ~**bitten** (*unreg*) *vt* to ask in; ~**brechen** (*unreg*) *vi* to set in; ~**bringen** (*unreg*) *vt* to bring in; ~**fallen** (*unreg*) *vi* to be caught, to be taken in; ~**fallen auf** +*akk* to fall for; ~**kommen** (*unreg*) *vi* to come in; ~**lassen** (*unreg*) *vt* to admit; ~**legen** *vt*: **jdn ~legen** to take sb in; ~**platzen** (*umg*) *vi* to burst in

Her- *zW*: ~**fahrt** *f* journey here; **h~fallen** (*unreg*) *vi*: **h~fallen über** +*akk* to fall upon; ~**gang** *m* course of events; **h~geben** (*unreg*) *vt* to give, to hand (over); **sich zu etw h~geben** to lend one's name to sth; **h~gehen** (*unreg*) *vi*: **hinter jdm hergehen** to follow sb; **es geht hoch h~** there are a lot of goings-on; **h~halten** (*unreg*) *vt* to hold out; **h~halten müssen** (*umg*) *vi* to have to suffer; **h~hören** *vi* to listen

Hering ['heːrɪŋ] (-s, -e) *m* herring

her- [hɛr] *zW*: ~**kommen** (*unreg*) *vi* to come; **komm mal ~!** come here!; ~**kömmlich** *adj* traditional; **H~kunft** (-, -künfte) *f* origin; ~**laufen** (*unreg*) *vi*: ~**lau-**

fen hinter +*dat* to run after
Hermelin [hɛrməˈliːn] (**-s, -e**) *m od nt* ermine
hermetisch [hɛˈmeːtɪʃ] *adj* hermetic ♦ *adv* hermetically
her'nach *adv* afterwards
Heroin [heroˈiːn] (**-s**) *nt* heroin
Herr [hɛr] (**-(e)n, -en**) *m* master; (*Mann*) gentleman; (*REL*) Lord; (*vor Namen*) Mr.; **mein ~!** sir!; **meine ~en!** gentlemen!; **~endoppel** *nt* men's doubles; **~eneinzel** *nt* men's singles; **~enhaus** *nt* mansion; **~enkonfektion** *f* menswear; **h~enlos** *adj* ownerless
herrichten ['hɛrrɪçtən] *vt* to prepare
Herr- *zW:* **~in** *f* mistress; **h~isch** *adj* domineering; **h~lich** *adj* marvellous, splendid; **~lichkeit** *f* splendour, magnificence; **~schaft** *f* power, rule; (*Herr und Herrin*) master and mistress; **meine ~schaften!** ladies and gentlemen!
herrschen ['hɛrʃən] *vi* to rule; (*bestehen*) to prevail, to be
Herrscher(in) (**-s, -**) *m(f)* ruler
her- *zW:* **~rühren** *vi* to arise, to originate; **~sagen** *vt* to recite; **~stellen** *vt* to make, to manufacture; **H~steller** (**-s, -**) *m* manufacturer; **H~stellung** *f* manufacture
herüber [hɛˈryːbər] *adv* over (here), across
herum [hɛˈrʊm] *adv* about, (a)round; **um etw ~** around sth; **~führen** *vt* to show around; **~gehen** (*unreg*) *vi* to walk about; **um etw ~gehen** to walk *od* go round sth; **~kommen** (*unreg*) *vi* (*um Kurve etc*) to come round, to turn (round); **~kriegen** (*umg*) *vt* to bring *od* talk around; **~lungern** (*umg*) *vi* to hang about *od* around; **~sprechen** (*unreg*) *vr* to get around, to be spread; **~treiben** *vi, vr* to drift about; **~ziehen** *vi, vr* to wander about
herunter [hɛˈrʊntər] *adv* downward(s), down (there); **~gekommen** *adj* run-down; **~kommen** (*unreg*) *vi* to come down; (*fig*) to come down in the world; **~machen** *vt* to take down; (*schimpfen*) to have a go at
hervor [hɛrˈfoːr] *adv* out, forth; **~bringen** (*unreg*) *vt* to produce; (*Wort*) to utter; **~gehen** (*unreg*) *vi* to emerge, to result; **~heben** (*unreg*) *vt* to stress; (*als Kontrast*) to set off; **~ragend** *adj* (*fig*) excellent; **~rufen** (*unreg*) *vt* to cause, to give rise to; **~treten** (*unreg*) *vi* to come out (from behind/between/below); (*Adern*) to be prominent
Herz [hɛrts] (**-ens, -en**) *nt* heart; (*KARTEN*) hearts *pl*; **~anfall** *m* heart attack; **~enslust** *f:* **nach ~enslust** to one's heart's content; **~fehler** *m* heart defect; **h~haft** *adj* hearty
herziehen ['heːrtsiːən] (*unreg*) *vi:* **über jdn/etw ~** (*umg: auch: fig*) to pull sb/sth to pieces (*inf*)

Herz- *zW:* **~infarkt** *m* heart attack; **~klopfen** *nt* palpitation; **h~lich** *adj* cordial; **h~lichen Glückwunsch** congratulations *pl*; **h~liche Grüße** best wishes; **h~los** *adj* heartless
Herzog ['hɛrtsoːk] (**-(e)s, ⁼e**) *m* duke; **~tum** *nt* duchy
Herzschlag *m* heartbeat; (*MED*) heart attack
herzzerreißend *adj* heartrending
Hessen ['hɛsən] (**-s**) *nt* Hesse
hessisch *adj* Hessian
Hetze ['hɛtsə] *f* (*Eile*) rush; **h~n** *vt* to hunt; (*verfolgen*) to chase ♦ *vi* (*eilen*) to rush; **jdn/etw auf jdn/etw h~n** to set sb/sth on sb/sth; **h~n gegen** to stir up feeling against; **h~n zu** to agitate for; **~'rei** *f* agitation; (*Eile*) rush
Heu [hɔy] (**-(e)s**) *nt* hay; **Geld wie ~** stacks of money; **~boden** *m* hayloft
Heuchelei [hɔyçəˈlai] *f* hypocrisy
heucheln ['hɔyçəln] *vt* to pretend, to feign ♦ *vi* to be hypocritical
Heuchler(in) ['hɔyçlər(ɪn)] (**-s, -**) *m(f)* hypocrite; **h~isch** *adj* hypocritical
heulen ['hɔylən] *vi* to howl; to cry; **das ~de Elend bekommen** to get the blues
Heurige(r) ['hɔyrɪgə(r)] *m* new wine
Heuschnupfen *m* hay fever
Heuschrecke ['hɔyʃrɛkə] *f* grasshopper; locust
heute ['hɔytə] *adv* today; **~ abend/früh** this evening/morning
heutig ['hɔytɪç] *adj* today's
heutzutage ['hɔyttsuːtaːgə] *adv* nowadays
Hexe ['hɛksə] *f* witch; **h~n** *vi* to practise witchcraft; **ich kann doch nicht h~n** I can't work miracles; **~nschuß** *m* lumbago; **~'rei** *f* witchcraft
Hieb [hiːp] (**-(e)s, -e**) *m* blow; (*Wunde*) cut, gash; (*Stichelei*) cutting remark; **~e bekommen** to get a thrashing
hielt *etc* [hiːlt] *vb siehe* **halten**
hier [hiːr] *adv* here; **~auf** *adv* thereupon; (*danach*) after that; **~behalten** (*unreg*) *vt* to keep here; **~bei** *adv* herewith, enclosed; **~bleiben** (*unreg*) *vi* to stay here; **~durch** *adv* by this means; (*örtlich*) through here; **~her** *adv* this way, here; **~hin** *adv* here; **~lassen** (*unreg*) *vt* to leave here; **~mit** *adv* hereby; **~nach** *adv* hereafter; **~von** *adv* about this, hereof; **~zulande** *adv* in this country
hiesig ['hiːzɪç] *adj* of this place, local
hieß *etc* [hiːs] *vb siehe* **heißen**
Hilfe ['hɪlfə] *f* help; aid; **Erste ~** first aid; **~!** help!
Hilf- *zW:* **h~los** *adj* helpless; **~losigkeit** *f* helplessness; **h~reich** *adj* helpful
Hilfs- *zW:* **~arbeiter** *m* labourer; **h~bedürftig** *adj* needy; **h~bereit** *adj* ready to help; **~kraft** *f* assistant, helper

hilfst [hɪlfst] *vb siehe* **helfen**
Himbeere ['hɪmbeːrə] *f* raspberry
Himmel ['hɪməl] (-s, -) *m* sky; (*REL, liter*) heaven; **~bett** *nt* four-poster bed; **h~blau** *adj* sky-blue; **~fahrt** *f* Ascension; **~srichtung** *f* direction
himmlisch ['hɪmlɪʃ] *adj* heavenly

SCHLÜSSELWORT

hin [hɪn] *adv* **1** (*Richtung*): **hin und zurück** there and back; **hin und her** to and fro; **bis zur Mauer hin** up to the wall; **wo ist er hin?** where has he gone?; **Geld hin, Geld her** money or no money
2 (*auf ... hin*): **auf meine Bitte hin** at my request; **auf seinen Rat hin** on the basis of his advice
3: **mein Glück ist hin** my happiness has gone

---

hinab [hɪ'nap] *adv* down; **~gehen** (*unreg*) *vi* to go down; **~sehen** (*unreg*) *vi* to look down
hinauf [hɪ'nauf] *adv* up; **~arbeiten** *vr* to work one's way up; **~steigen** (*unreg*) *vi* to climb
hinaus [hɪ'naus] *adv* out; **~gehen** (*unreg*) *vi* to go out; **~gehen über** +*akk* to exceed; **~laufen** (*unreg*) *vi* to run out; **~laufen auf** +*akk* to come to, to amount to; **~schieben** (*unreg*) *vt* to put off, to postpone; **~werfen** (*unreg*) *vt* (*Gegenstand, Person*) to throw out; **~wollen** *vi* to want to go out; **~wollen auf** +*akk* to drive at, to get at
Hinblick ['hɪnblɪk] *m*: **in** *od* **im ~ auf** +*akk* in view of
hinder- ['hɪndər] *zW*: **~lich** *adj*: **~lich sein** to be a hindrance *od* nuisance; **~n** *vt* to hinder, to hamper; **jdn an etw** *dat* **~n** to prevent sb from doing sth; **H~nis** (-ses, -se) *nt* obstacle; **H~nisrennen** *nt* steeplechase
hindeuten ['hɪndɔytən] *vi*: **~ auf** +*akk* to point to
hindurch [hɪn'durç] *adv* through; across; (*zeitlich*) through(out)
hinein [hɪ'naɪn] *adv* in; **~fallen** (*unreg*) *vi* to fall in; **~fallen in** +*akk* to fall into; **~gehen** (*unreg*) *vi* to go in; **~gehen in** +*akk* to go into, to enter; **~geraten** (*unreg*) *vi*: **~geraten in** +*akk* to get into; **~passen** *vi* to fit in; **~passen in** +*akk* to fit into; (*fig*) to fit in with; **~steigern** *vr* to get worked up; **~versetzen** *vr*: **sich ~versetzen in** +*akk* to put o.s. in the position of; **~ziehen** (*unreg*) *vt* to pull in ♦ *vi* to go in
hin- ['hɪn] *zW*: **~fahren** (*unreg*) *vi* to go; to drive ♦ *vt* to take; to drive; **H~fahrt** *f* journey there; **~fallen** (*unreg*) *vi* to fall (down); **~fällig** *adj* frail; (*fig: ungültig*) invalid; **H~flug** *m* outward flight; **H~gabe** *f* devotion; **~geben** (*unreg*) *vr* +*dat* to give

o.s. up to, to devote o.s. to; **~gehen** (*unreg*) *vi* to go; (*Zeit*) to pass; **~halten** (*unreg*) *vt* to hold out; (*warten lassen*) to put off, to stall
hinken ['hɪŋkən] *vi* to limp; (*Vergleich*) to be unconvincing
hinkommen (*unreg*) *vi* (*an Ort*) to arrive
hin- ['hɪn] *zW*: **~legen** *vt* to put down ♦ *vr* to lie down; **~nehmen** (*unreg*) *vt* (*fig*) to put up with, to take; **H~reise** *f* journey out; **~reißen** (*unreg*) *vt* to carry away, to enrapture; **sich ~reißen lassen, etw zu tun** to get carried away and do sth; **~richten** *vt* to execute; **H~richtung** *f* execution; **~setzen** *vt* to put down ♦ *vr* to sit down; **~sichtlich** *präp* +*gen* with regard to; **~stellen** *vt* to put (down) ♦ *vr* to place o.s.
hintanstellen [hɪnt''anʃtɛlən] *vt* (*fig*) to ignore
hinten ['hɪntən] *adv* at the back; behind; **~herum** *adv* round the back; (*fig*) secretly
hinter ['hɪntər] *präp* (+*dat od akk*) behind; (*: nach*) after; **~ jdm hersein** to be after sb; **H~achse** *f* rear axle; **H~bliebene(r)** *mf* surviving relative; **~e(r, s)** *adj* rear, back; **~einander** *adv* one after the other; **H~gedanke** *m* ulterior motive; **~'gehen** (*unreg*) *vt untr* to deceive; **H~grund** *m* background; **H~halt** *m* ambush; **~hältig** *adj* underhand, sneaky; **~her** *adv* afterwards, after; **H~hof** *m* backyard; **H~kopf** *m* back of one's head; **~'lassen** (*unreg*) *vt* to leave; **~'legen** *vt* to deposit; **H~list** *f* cunning, trickery; (*Handlung*) trick, dodge; **~listig** *adj* cunning, crafty; **H~mann** *m* person behind; **H~rad** *nt* back wheel; **H~radantrieb** *m* (*AUT*) rear wheel drive; **~rücks** *adv* from behind; **H~tür** *f* back door; (*fig: Ausweg*) loophole; **~'ziehen** (*unreg*) *vt* (*Steuern*) to evade
hinüber [hɪ'nyːbər] *adv* across, over; **~gehen** (*unreg*) *vi* to go over *od* across
hinunter [hɪ'nʊntər] *adv* down; **~bringen** (*unreg*) *vt* to take down; **~schlucken** *vt* (*auch fig*) to swallow; **~steigen** (*unreg*) *vi* to descend
Hinweg ['hɪnveːk] *m* journey out
hinweghelfen [hɪn'vɛk-] (*unreg*) *vi*: **jdm über etw** *akk* **~** to help sb to get over sth
hinwegsetzen [hɪn'vɛk-] *vr*: **sich ~ über** +*akk* to disregard
hin- ['hɪn] *zW*: **H~weis** (-es, -e) *m* (*Andeutung*) hint; (*Anweisung*) instruction; (*Verweis*) reference; **~weisen** (*unreg*) *vi*: **~weisen auf** +*akk* (*anzeigen*) to point to; (*sagen*) to point out, to refer to; **~werfen** (*unreg*) *vt* to throw down; **~ziehen** (*unreg*) *vr* (*fig*) to drag on
hinzu [hɪn'tsuː] *adv* in addition; **~fügen** *vt* to add; **~kommen** (*unreg*) *vi* (*Mensch*) to arrive, to turn up; (*Umstand*) to ensue

Hirn [hɪrn] (-(e)s, -e) nt brain(s); **~ge-spinst** (-(e)s, -e) nt fantasy
Hirsch [hɪrʃ] (-(e)s, -e) m stag
Hirse ['hɪrzə] f millet
Hirt [hɪrt] (-en, -en) m herdsman; (Schaf~, fig) shepherd
Hirte (-n, -n) m stag
hissen ['hɪsən] vt to hoist
Historiker [hɪs'toːrikər] (-s, -) m historian
historisch [hɪs'toːrɪʃ] adj historical
Hitze ['hɪtsə] (-) f heat; **h~beständig** adj heat-resistant; **h~frei** adj: **h~frei haben** to have time off school because of excessively hot weather; **~welle** f heat wave
hitzig ['hɪtsɪç] adj hot-tempered; (Debatte) heated
Hitzkopf m hothead
Hitzschlag m heatstroke
hl. abk von heilig
hm [(h)m] excl hm
Hobby ['hɔbɪ] nt hobby
Hobel ['hoːbəl] (-s, -) m plane; **~bank** f carpenter's bench; **h~n** vt, vi to plane; **~späne** pl wood shavings
Hoch (-s, -s) nt (Ruf) cheer; (MET) anticyclone
hoch [hoːx] (attrib hohe(r, s)) adj high; **~achten** vt to respect; **h~achtung** f respect, esteem; **~achtungsvoll** adv yours faithfully; **H~amt** nt high mass; **~arbeiten** vr to work one's way up; **~begabt** adj extremely gifted; **H~betrieb** m intense activity; (COMM) peak time; **H~burg** f stronghold; **H~deutsch** nt High German; **~dotiert** adj highly paid; **H~druck** m high pressure; **H~ebene** f plateau; **H~form** f top form; **H~glanz** m (PHOT) high gloss print; **etw auf H~glanz bringen** to make sth sparkle like new; **H~halten** (unreg) vt to hold up; (fig) to uphold, to cherish; **H~haus** nt multi-storey building; **~heben** (unreg) vt to lift (up); **H~konjunktur** f boom; **H~land** nt highlands pl; **~leben** vi: **jdn ~leben lassen** to give sb three cheers; **H~mut** m pride; **~mütig** adj proud, haughty; **~näsig** adj stuck-up, snooty; **H~ofen** m blast furnace; **~prozentig** adj (Alkohol) strong; **H~rechnung** f projection; **H~saison** f high season; **H~schule** f college; university; **H~sommer** m middle of summer; **H~spannung** f high tension; **H~sprung** m high jump
höchst [høːçst] adv highly, extremely
Hochstapler ['hoːxʃtaːplər] (-s, -) m swindler
höchste(r, s) adj highest; (äußerste) extreme
Höchst- zW: **h~ens** adv at the most; **~geschwindigkeit** f maximum speed; **h~persönlich** adv in person; **~preis** m maximum price; **h~wahrscheinlich** adv

most probably
Hoch- zW: **~verrat** m high treason; **~wasser** nt high water; (Überschwemmung) floods pl; **~zahl** f (MATH) exponent
Hochzeit ['hɔxtsaɪt] (-, -en) f wedding; **~sreise** f honeymoon
hocken ['hɔkən] vi, vr to squat, to crouch
Hocker (-s, -) m stool
Höcker ['hœkər] (-s, -) m hump
Hoden ['hoːdən] (-s, -) m testicle
Hof [hoːf] (-(e)s, ⁼e) m (Hinter~) yard; (Bauern~) farm; (Königs~) court
hoffen ['hɔfən] vi: **~ (auf +akk)** to hope (for)
hoffentlich ['hɔfəntlɪç] adv I hope, hopefully
Hoffnung ['hɔfnʊŋ] f hope
Hoffnungs- zW: **h~los** adj hopeless; **~losigkeit** f hopelessness; **~schimmer** m glimmer of hope; **h~voll** adj hopeful
höflich ['høːflɪç] adj polite, courteous; **H~keit** f courtesy, politeness
hohe(r, s) ['hoːə(r, s)] adj attrib siehe hoch
Höhe ['høːə] f height; (An~) hill
Hoheit ['hoːhaɪt] f (POL) sovereignty; (Titel) Highness
Hoheitsgebiet nt sovereign territory
Hoheitsgewässer nt territorial waters pl
Höhen- ['høːən] zW: **~luft** f mountain air; **~messer** (-s, -) m altimeter; **~sonne** f sun lamp; **~unterschied** m difference in altitude
Höhepunkt m climax
höher adj, adv higher
hohl [hoːl] adj hollow
Höhle ['høːlə] f cave, hole; (Mund~) cavity; (fig, ZOOL) den
Hohlmaß nt measure of volume
Hohn [hoːn] (-(e)s) m scorn
höhnisch adj scornful, taunting
holen ['hoːlən] vt to get, to fetch; (Atem) to take; **jdn/etw ~ lassen** to send for sb/sth
Holland ['hɔlant] nt Holland; **Holländer** ['hɔlɛndər] m Dutchman
holländisch ['hɔlɛndɪʃ] adj Dutch
Hölle ['hœlə] f hell
höllisch ['hœlɪʃ] adj hellish, infernal
holperig ['hɔlpərɪç] adj rough, bumpy
Holunder [ho'lʊndər] (-s, -) m elder
Holz [hɔlts] (-es, ⁼er) nt wood
hölzern ['hœltsərn] adj (auch fig) wooden
Holz- zW: **~fäller** (-s, -) m lumberjack, woodcutter; **h~ig** adj woody; **~kohle** f charcoal; **~scheit** nt log; **~schuh** m clog; **~weg** m (fig) wrong track; **~wolle** f fine wood shavings pl
Homöopathie [homøopa'tiː] f homeopathy
homosexuell [homozɛksu'ɛl] adj homosexual
Honig ['hoːnɪç] (-s, -e) m honey; **~melone** f (BOT, KOCH) honeydew melon; **~wabe** f

honeycomb
Honorar [hono'ra:r] (-s, -e) nt fee
Hopfen ['hɔpfən] (-s, -) m hops pl
hopsen ['hɔpsən] vi to hop
Hörapparat m hearing aid
hörbar adj audible
horchen ['hɔrçən] vi to listen; (pej) to eavesdrop
Horde ['hɔrdə] f horde
hören ['hø:rən] vt, vi to hear; **Musik/Radio** ~ to listen to music/the radio
Hörer (-s, -) m hearer; (RADIO) listener; (UNIV) student; (Telefon~) receiver
Hörfunk (-s) m radio
Horizont [hori'tsɔnt] (-(e)s, -e) m horizon; **h~al** [-'ta:l] adj horizontal
Hormon [hɔr'mo:n] (-s, -e) nt hormone
Hörmuschel f (TEL) earpiece
Horn [hɔrn] (-(e)s, ⸚er) nt horn; ~**haut** f horny skin
Hornisse [hɔr'nɪsə] f hornet
Horoskop [horo'sko:p] (-s, -e) nt horoscope
Hörspiel nt radio play
Hort [hɔrt] (-(e)s, -e) m (SCH) day centre for school children whose parents are at work
horten ['hɔrtən] vt to hoard
Hose ['ho:zə] f trousers pl, pants pl (US)
Hosen- zW: ~**anzug** m trouser suit; ~**rock** m culottes pl; ~**tasche** f (trouser) pocket; ~**träger** m braces pl (BRIT), suspenders pl (US)
Hostie ['hɔstiə] f (REL) host
Hotel [ho'tɛl] (-s, -s) nt hotel
Hotelier [hoteli'e:] (-s, -s) m hotelkeeper, hotelier
Hubraum ['hu:p-] m (AUT) cubic capacity
hübsch [hypʃ] adj pretty, nice
Hubschrauber ['hu:pʃraubər] (-s, -) m helicopter
Huf [hu:f] (-(e)s, -e) m hoof; ~**eisen** nt horseshoe
Hüft- ['hyft] zW: ~**e** f hip; ~**gürtel** m girdle; ~**halter** (-s, -) m girdle
Hügel ['hy:gəl] (-s, -) m hill; **h~ig** adj hilly
Huhn [hu:n] (-(e)s, ⸚er) nt hen; (KOCH) chicken
Hühnerauge ['hy:nər-] nt corn
Hühnerbrühe ['hy:nər-] f chicken broth
Hülle ['hylə] f cover(ing); wrapping; **in** ~ **und Fülle** galore; **h~n** vt: **h~n** (**in** +akk) to cover (with); to wrap (in)
Hülse ['hylzə] f husk, shell; ~**nfrucht** f pulse
human [hu'ma:n] adj humane; ~**i'tär** adj humanitarian; **H~i'tät** f humanity
Hummel ['huməl] (-, -n) f bumblebee
Hummer ['humər] (-s, -) m lobster
Humor [hu'mo:r] (-s, -e) m humour; ~ **haben** to have a sense of humour; ~**ist** [-'rɪst] m humorist; **h~istisch** adj humorous; **h~voll** adj humorous

humpeln ['humpəln] vi to hobble
Humpen ['humpən] (-s, -) m tankard
Hund [hunt] (-(e)s, -e) m dog
Hunde- ['hundə] zW: ~**hütte** f (dog) kennel; ~**kuchen** m dog biscuit; **h~müde** (umg) adj dog-tired
hundert ['hundərt] num hundred; **H~'jahrfeier** f centenary; ~**prozentig** adj, adv one hundred per cent
Hundesteuer f dog licence fee
Hündin ['hyndɪn] f bitch
Hunger ['huŋər] (-s) m hunger; ~ **haben** to be hungry; **h~n** vi to starve; ~**snot** f famine; ~**streik** m hunger strike
hungrig ['huŋrɪç] adj hungry
Hupe ['hu:pə] f horn; **h~n** vi to hoot, to sound one's horn
hüpfen ['hypfən] vi to hop; to jump
Hürde ['hyrdə] f hurdle; (für Schafe) pen; ~**nlauf** m hurdling
Hure ['hu:rə] f whore
hurtig ['hurtɪç] adj brisk, quick ♦ adv briskly, quickly
huschen ['huʃən] vi to flit; to scurry
Husten ['hu:stən] (-s) m cough; **h~** vi to cough; ~**anfall** m coughing fit; ~**bonbon** m od nt cough drop; ~**saft** m cough mixture
Hut¹ [hu:t] (-(e)s, ⸚e) m hat
Hut² (-) f care; **auf der** ~ **sein** to be on one's guard
hüten ['hy:tən] vt to guard ♦ vr to watch out; **sich** ~, **zu** to take care not to; **sich** ~ (**vor**) to beware (of), to be on one's guard (against)
Hütte ['hytə] f hut; cottage; (Eisen~) forge
Hüttenkäse m (KOCH) cottage cheese
Hüttenschuh m slipper-sock
Hyäne [hy'ɛ:nə] f hyena
Hyazinthe [hya'tsɪntə] f hyacinth
Hydrant [hy'drant] m hydrant
hydraulisch [hy'draulɪʃ] adj hydraulic
Hygiene [hygi'e:nə] (-) f hygiene
hygienisch [hygi'e:nɪʃ] adj hygienic
Hymne ['hymnə] f hymn; anthem
hyper- ['hypɛr] präfix hyper-
Hypno- [hyp'no:] zW: ~**se** f hypnosis; **h~tisch** adj hypnotic; ~**tiseur** m [-ti'zø:r] m hypnotist; **h~ti'sieren** vt to hypnotize
Hypothek [hypo'te:k] (-, -en) f mortgage
Hypothese [hypo'te:zə] f hypothesis
Hysterie [hyste'ri:] f hysteria
hysterisch [hys'te:rɪʃ] adj hysterical

I i

Ich (-(s), -(s)) nt self; (PSYCH) ego
ich [ɪç] pron I; ~ **bin's!** it's me!
Ideal [ide'aːl] (-s, -e) nt ideal; **i~** adj ideal;
i~istisch [-'lɪstɪʃ] adj idealistic
Idee [i'deː] pl i'deːən] f idea
identifizieren [identifi'tsiːrən] vt to identify
identisch [i'dentɪʃ] adj identical
Identität [identi'tɛːt] f identity
Ideo- [ideo] zW: ~**loge** [-'loːgə] (-n, -n) m
ideologist; ~**logie** [-lo'giː] f ideology;
i~logisch [-'loːgɪʃ] adj ideological
Idiot [idi'oːt] (-en, -en) m idiot; **i~isch** adj
idiotic
idyllisch [i'dʏlɪʃ] adj idyllic
Igel ['iːgəl] (-s, -) m hedgehog
ignorieren [ɪgno'riːrən] vt to ignore
ihm [iːm] (dat von **er, es**) pron (to) him;
(to) it
ihn [iːn] (akk von **er**) pron him; it; ~**en** (dat
von **sie** pl) pron (to) them; **I~en** (dat von
Sie pl) pron (to) you

─────── **SCHLÜSSELWORT** ───────

ihr [iːr] pron **1** (nom pl) you; **ihr seid es** it's
you
2 (dat von **sie**) to her; **gib es ihr** give it to
her; **er steht neben ihr** he is standing beside her
♦ possessiv pron **1** (sg) her; (: bei Tieren,
Dingen) its; **ihr Mann** her husband
2 (pl) their; **die Bäume und ihre Blätter**
the trees and their leaves

ihr(e) adj (sg) her; its; (pl) their; **I~(e)** adj
your
ihre(r, s) pron (sg) hers; its (pl) theirs;
I~(r, s) pron yours; ~**r** (gen von **sie** sg/pl)
pron of her/them; **I~r** (gen von **Sie**) pron
of you; ~**rseits** adv for her/their part;
~**sgleichen** pron people like her/them;
(von Dingen) others like it; ~**twegen** adv
(für sie) for her/its/their sake; (wegen ihr)
on her/its/their account; ~**twillen** adv:
um ~twillen = ~twegen
ihrige pron: **der/die/das ~** hers; its; theirs
illegal ['ɪlegaːl] adj illegal
Illusion [ɪluzi'oːn] f illusion
illusorisch [ɪlu'zoːrɪʃ] adj illusory
illustrieren [ɪlʊs'triːrən] vt to illustrate
Illustrierte f magazine

Iltis ['ɪltɪs] (-ses, -se) m polecat
im [ɪm] = **in dem**
Imbiß ['ɪmbɪs] (-sses, -sse) m snack; ~**halle** f snack bar; ~**stube** f snack bar
imitieren [imi'tiːrən] vt to imitate
Imker ['ɪmkər] (-s, -) m beekeeper
immatrikulieren [ɪmatriku'liːrən] vi, vr to
register
immer ['ɪmər] adv always; ~ **wieder** again
and again; ~ **noch** still; ~ **noch nicht** still
not; **für** ~ forever; ~ **wenn ich ...** every
time I ...; ~ **schöner/trauriger** more and
more beautiful/sadder & sadder; **was/
wer (auch)** ~ whatever/whoever; ~**hin**
adv all the same; ~**zu** adv all the time
Immobilien [ɪmo'biːliən] pl real estate sg
immun [ɪ'muːn] adj immune; **I~ität** [-i'tɛːt]
f immunity; **I~system** nt immune system
Imperfekt ['ɪmpɛrfɛkt] (-s, -e) nt imperfect
(tense)
Impf- ['ɪmpf] zW: **i~en** vt to vaccinate;
~**stoff** m vaccine, serum; ~**ung** f vaccina-
tion
imponieren [ɪmpo'niːrən] vi +dat to impress
Import [ɪm'pɔrt] (-(e)s, -e) m import; ~**eur**
m importer; **i~ieren** vt to import
imposant [ɪmpo'zant] adj imposing
impotent ['ɪmpotɛnt] adj impotent
imprägnieren [ɪmprɛ'gniːrən] vt to (water)proof
improvisieren [ɪmprovi'ziːrən] vt, vi to im-
provize
Impuls [ɪm'pʊls] (-es, -e) m impulse; **i~iv**
[-'ziːf] adj impulsive
imstande [ɪm'ʃtandə] adj: ~ **sein** to be in
a position; (fähig) to be able

─────── **SCHLÜSSELWORT** ───────

in [ɪn] präp +akk **1** (räumlich: wohin?) in,
into; **in die Stadt** into town; **in die Schule
gehen** to go to school
2 (zeitlich): **bis ins 20. Jahrhundert** into od
up to the 20th century
♦ präp +dat **1** (räumlich: wo) in; **in der
Stadt** in town; **in der Schule sein** to be at
school
2 (zeitlich: wann): **in diesem Jahr** this year;
(in jenem Jahr) in that year; **heute in zwei
Wochen** two weeks today

Inanspruchnahme [ɪn''anʃprʊxnaːmə] f
(+gen) demands pl (on)
Inbegriff ['ɪnbəgrɪf] m embodiment, per-
sonification; **i~en** adv included
indem [ɪn'deːm] konj while; ~ **man etw
macht** (dadurch) by doing sth
Inder(in) ['ɪndər(ɪn)] m(f) Indian
indes(sen) [ɪn'dɛs(ən)] adv however; (inzwischen) meanwhile ♦ Konj while
Indianer(in) [ɪndi'aːnər(ɪn)] (-s, -) m(f)
American Indian, native American

indianisch adj Red Indian
Indien ['ɪndɪən] nt India
indirekt ['ɪndɪrɛkt] adj indirect
indisch ['ɪndɪʃ] adj Indian
indiskret ['ɪndɪskreːt] adj indiscreet
indiskutabel ['ɪndɪskutaːbəl] adj out of the question
individuell [ɪndividu'ɛl] adj individual
Individuum [ɪndi'viːduʊm] (-s, -duen) nt individual
Indiz [ɪn'diːts] (-es, -ien) nt (JUR) clue; ~ (für) sign (of)
industrialisieren [ɪndʊstriali'ziːrən] vt to industrialize
Industrie [ɪndʊs'triː] f industry ♦ in zW industrial; **~gebiet** nt industrial area; **~zweig** m branch of industry
ineinander [ɪn'aɪ'nandər] adv in(to) one another od each other
Infarkt [ɪn'farkt] (-(e)s, -e) m coronary (thrombosis)
Infektion [ɪnfɛktsi'oːn] f infection; **~skrankheit** f infectious disease
Infinitiv ['ɪnfinitiːf] (-s, -e) m infinitive
infizieren [ɪnfi'tsiːrən] vt to infect ♦ vr: sich (bei jdm) ~ to be infected (by sb)
Inflation [ɪnflatsi'oːn] f inflation
inflationär [ɪnflatsio'nɛːr] adj inflationary
infolge [ɪn'fɔlgə] präp +gen as a result of, owing to; **~dessen** [-'dɛsən] adv consequently
Informatik [ɪnfɔr'maːtɪk] f information studies pl
Information [ɪnfɔrmatsi'oːn] f information no pl
informieren [ɪnfɔr'miːrən] vt to inform ♦ vr: sich ~ (über +akk) to find out (about)
Infusion [ɪnfuzi'oːn] f infusion
Ingenieur [ɪnʒeni'øːr] m engineer; **~schule** f school of engineering
Ingwer ['ɪŋvər] (-s) m ginger
Inh. abk (= Inhaber) prop.; (= Inhalt) contents
Inhaber(in) ['ɪnhaːbər(ɪn)] (-s, -) m(f) owner; (Haus~) occupier; (Lizenz~) licensee, holder; (FIN) bearer
inhaftieren vt to take into custody
inhalieren [ɪnha'liːrən] vt, vi to inhale
Inhalt ['ɪnhalt] (-(e)s, -e) m contents pl; (eines Buchs etc) content; (MATH) area; volume; **i~lich** adj as regards content
Inhalts- zW: **~angabe** f summary; **~verzeichnis** nt table of contents
inhuman ['ɪnhumaːn] adj inhuman
Initiative [initsia'tiːvə] f initiative
Injektion [ɪnjɛktsi'oːn] f injection
inklusive [ɪnklu'ziːvə] präp +gen inclusive of ♦ adv inclusive
inkognito [ɪn'kɔgnito] adv incognito
Inkrafttreten [ɪn'krafttreːtən] (-s) nt coming into force
Inland ['ɪnlant] (-(e)s) nt (GEOG) inland;

(POL, COMM) home (country)
inmitten [ɪn'mɪtən] präp +gen in the middle of; **~ von** amongst
innehaben ['ɪnhaːbən] (unreg) vt to hold
innen ['ɪnən] adv inside; **I~architekt** m interior designer; **I~einrichtung** f (interior) furnishings pl; **I~hof** m inner courtyard; **I~minister** m minister of the interior, Home Secretary (BRIT); **I~politik** f domestic policy; **~politisch** adj (Entwicklung, Lage) internal, domestic; **I~stadt** f town/city centre
inner- ['ɪnər] zW: **~e(r, s)** adj inner; (im Körper, inländisch) internal; **I~e(s)** nt inside; (Mitte) centre; (fig) heart; **I~eien** [-'raɪən] pl innards; **~halb** adv within; (räumlich) inside ♦ präp +gen within; inside; **~lich** adj internal; (geistig) inward; **~ste(r, s)** adj innermost; **I~ste(s)** nt heart
innig adj (Freundschaft) close
inoffiziell ['ɪnɔfitsiɛl] adj unofficial
ins [ɪns] = in das
Insasse ['ɪnzasə] (-n, -n) m (Anstalt) inmate; (AUT) passenger
insbesondere [ɪnsbə'zɔndərə] adv (e)specially
Inschrift ['ɪnʃrɪft] f inscription
Insekt [ɪn'zɛkt] (-(e)s, -en) nt insect
Insel ['ɪnzəl] (-, -n) f island
Inser- zW: **~at** [ɪnze'raːt] (-(e)s, -e) nt advertisement; **~ent** [ɪnze'rɛnt] m advertiser; **i~ieren** [ɪnze'riːrən] vt, vi to advertise
insgeheim [ɪnsgə'haɪm] adv secretly
insgesamt [ɪnsgə'zamt] adv altogether, all in all
insofern ['ɪnzoˈfɛrn] adv in this respect ♦ konj if; (deshalb) (and) so; **~ als** in so far as
insoweit ['ɪnzo'vaɪt] = insofern
Installateur [ɪnstala'tøːr] m electrician; plumber
Instandhaltung [ɪn'ʃtant-] f maintenance
inständig [ɪn'ʃtɛndɪç] adj urgent
Instandsetzung [ɪn'ʃtant-] f overhaul; (eines Gebäudes) restoration
Instanz [ɪn'stants] f authority; (JUR) court
Instinkt [ɪn'stɪŋkt] (-(e)s, -e) m instinct; **i~iv** [-'tiːf] adj instinctive
Institut [ɪnsti'tuːt] (-(e)s, -e) nt institute
Instrument [ɪnstru'mɛnt] nt instrument
Intell- [ɪntɛl] zW: **i~ektuell** [-ɛktu'ɛl] adj intellectual; **i~igent** [-i'gɛnt] adj intelligent; **~igenz** [-i'gɛnts] f intelligence; (Leute) intelligentsia pl
Intendant [ɪntɛn'dant] m director
intensiv [ɪntɛn'ziːf] adj intensive
Interess- zW: **i~ant** [ɪntɛ'rɛsant] adj interesting; **i~anterweise** adv interestingly enough; **~e** [ɪntɛ'rɛsə] (-s, -n) nt interest; **~e haben an** +dat to be interested in; **~ent** [ɪntɛ'rɛsɛnt] m interested party; **i~ieren** [ɪntɛrɛ'siːrən] vt to interest ♦ vr:

sich i~ieren für to be interested in
intern *adj* (*Angelegenheiten, Regelung*) internal; (*Besprechung*) private
Internat [ɪntɐˈnaːt] (-(e)s, -e) *nt* boarding school
inter- [ɪntɐr] *zW:* **~national** [-natsjoˈnaːl] *adj* international; **~pretieren** [-preˈtiːrən] *vt* to interpret; **I~vall** [-ˈval] (-s, -e) *nt* interval; **I~view** [-ˈvjuː] (-s, -s) *nt* interview; **~viewen** [-ˈvjuːən] *vt* to interview
intim [ɪnˈtiːm] *adj* intimate; **I~ität** *f* intimacy
intolerant [ˈɪntolerant] *adj* intolerant
intransitiv [ˈɪntranzitiːf] *adj* (*GRAM*) intransitive
Intrige [ɪnˈtriːgə] *f* intrigue, plot
Invasion [ɪnvaziˈoːn] *f* invasion
Inventar [ɪnvɛnˈtaːr] (-s, -e) *nt* inventory
Inventur [ɪnvɛnˈtuːr] *f* stocktaking; **~ machen** to stocktake
investieren [ɪnvɛsˈtiːrən] *vt* to invest
inwiefern [ɪnviˈfɛrn] *adv* how far, to what extent
inwieweit [ɪnviˈvaɪt] *adv* how far, to what extent
inzwischen [ɪnˈtsvɪʃən] *adv* meanwhile
Irak [iˈraːk] (-s) *m:* **der ~** Iraq; **i~isch** *adj* Iraqi
Iran [iˈraːn] (-s) *m:* **der ~** Iran; **i~isch** *adj* Iranian
irdisch [ˈɪrdɪʃ] *adj* earthly
Ire [ˈiːrə] (-n, -n) *m* Irishman
irgend [ˈɪrgənt] *adv* at all; **wann/was/wer** ~ whenever/whatever/whoever; **jemand/etwas** somebody/something; anybody/anything; **~ein(e, s)** *adj* some, any; **~einmal** *adv* sometime or other; (*fragend*) ever; **~wann** *adv* sometime; **~wie** *adv* somehow; **~wo** *adv* somewhere; anywhere; **~wohin** *adv* somewhere; anywhere
Irin [ˈiːrɪn] *f* Irishwoman
Irland [ˈɪrlant] (-s) *nt* Ireland
Ironie [iroˈniː] *f* irony
ironisch [iˈroːnɪʃ] *adj* ironic(al)
irre [ˈɪrə] *adj* crazy, mad; **I~(r)** *mf* lunatic; **~führen** *vt* to mislead; **~machen** *vt* to confuse; **~n** *vi* to be mistaken; (*umherirren*) to wander, to stray ♦ *vr* to be mistaken; **I~nanstalt** *f* lunatic asylum
Irrgarten *m* maze
irrig [ˈɪrɪç] *adj* incorrect, wrong
irritieren [ɪriˈtiːrən] *vt* (*verwirren*) to confuse; (*ärgern*) to irritate; (*stören*) to annoy
Irr- *zW:* **i~sinnig** *adj* mad, crazy; (*umg*) terrific; **~tum** (-s, -tümer) *m* mistake, error; **i~tümlich** *adj* mistaken
Islam [ˈɪslam] (-s) *m* Islam
Island [ˈiːslant] (-s) *nt* Iceland
Isolation [izolatsiˈoːn] *f* isolation; (*ELEK*) insulation
Isolier- [izoˈliːr] *zW:* **~band** *nt* insulating tape; **i~en** *vt* to isolate; (*ELEK*) to insulate;

~station *f* (*MED*) isolation ward; **~ung** *f* isolation; (*ELEK*) insulation
Israel [ˈɪsraeːl] (-s) *nt* Israel; **~i** [-ˈeːli] (-s, -s) *m* Israeli; **i~isch** *adj* Israeli
ißt [ɪst] *vb siehe* **essen**
ist [ɪst] *vb siehe* **sein**
Italien [iˈtaːliən] (-s) *nt* Italy; **~er(in)** (-s) *m(f)* Italian; **i~isch** *adj* Italian
i.V. *abk* = **in Vertretung**

J j

SCHLÜSSELWORT

ja [jaː] *adv* **1** yes; **haben Sie das gesehen? - ja** did you see it? - yes(, I did); **ich glaube ja** (yes) I think so
2 (*fragend*) really?; **ich habe gekündigt - ja?** I've quit - have you?; **du kommst, ja?** you're coming, aren't you?
3: **sei ja vorsichtig** do be careful; **Sie wissen ja, daß ...** as you know, ...; **tu das ja nicht!** don't do that!; **ich habe es ja gewußt** I just knew it; **ja, also ...** well you see ...

Jacht [jaxt] (-, -en) *f* yacht
Jacke [ˈjakə] *f* jacket; (*Woll~*) cardigan
Jackett [ʒaˈkɛt] (-s, -s *od* -e) *nt* jacket
Jagd [jaːkt] (-, -en) *f* hunt; (*Jagen*) hunting; **~beute** *f* kill; **~flugzeug** *nt* fighter; **~gewehr** *nt* sporting gun; **~hund** *m* hunting dog
jagen [ˈjaːgən] *vi* to hunt; (*eilen*) to race ♦ *vt* to hunt; (*weg~*) to drive (off); (*verfolgen*) to chase
Jäger [ˈjɛːgər] (-s, -) *m* hunter
Jägerschnitzel *nt* (*KOCH*) pork in a spicy sauce with mushrooms
jäh [jɛː] *adj* sudden, abrupt; (*steil*) steep, precipitous
Jahr [jaːr] (-(e)s, -e) *nt* year; **j~elang** *adv* for years
Jahres- *zW:* **~abonnement** *nt* annual subscription; **~abschluß** *m* end of the year; (*COMM*) annual statement of account; **~beitrag** *m* annual subscription; **~karte** *f* yearly season ticket; **~tag** *m* anniversary; **~wechsel** *m* turn of the year; **~zahl** *f* date; year; **~zeit** *f* season
Jahrgang *m* age group; (*von Wein*) vintage
Jahrhundert [-s, -e) *nt* century
jährlich [ˈjɛːrlɪç] *adj, adv* yearly

Jahrmarkt *m* fair
Jahrtausend *nt* millenium
Jahr'zehnt *nt* decade
Jähzorn *m* sudden anger; hot temper; **j~ig** *adj* hot-tempered
Jalousie [ʒalu'zi:] *f* venetian blind
Jammer ['jamər] (-s) *m* misery; **es ist ein ~, daß ...** it is a crying shame that ...
jämmerlich ['jɛmərlɪç] *adj* wretched, pathetic
jammern *vi* to wail ◊ *vt unpers*: **es jammert jdn** it makes sb feel sorry
jammerschade *adj*: **es ist ~** it is a crying shame
Januar ['januaːr] (-s, -e) *m* January
Japan ['jaːpan] (-s) *nt* Japan; **~er(in)** ['-'paːnər(ɪn)] (-s) *m(f)* Japanese; **j~isch** *adj* Japanese
Jargon [ʒarˈgõː] (-s, -s) *m* jargon
jäten ['jɛːtən] *vt*: **Unkraut ~** to weed
jauchzen ['jauxtsən] *vi* to rejoice, to shout (with joy)
jaulen ['jaulən] *vi* to howl
jawohl [ja'voːl] *adv* yes (of course)
Jawort ['jaːvɔrt] *nt* consent
Jazz [dʒɛs] (-) *m* Jazz

SCHLÜSSELWORT

je [jeː] *adv* **1** (*jemals*) ever; **hast du so was je gesehen?** did you ever see anything like it?
2 (*jeweils*) every, each; **sie zahlten je 3 Mark** they paid 3 marks each
◊ *konj* **1**: **je nach** depending on; **je nachdem** it depends; **je nachdem, ob ...** depending on whether ...
2: **je eher, desto** *od* **um so besser** the sooner the better

---

Jeans [dʒiːnz] *pl* jeans
jede(r, s) ['jeːdə(r, s)] *adj* every, each ◊ *pron* everybody; (~ *einzelne*) each; **ohne ~ x** without any x
jedenfalls *adv* in any case
jedermann *pron* everyone
jederzeit *adv* at any time
jedesmal *adv* every time, each time
jedoch [je'dɔx] *adv* however
jeher ['jeːheːr] *adv*: **von/seit ~** always
jemals ['jeːmaːls] *adv* ever
jemand ['jeːmant] *pron* somebody; anybody
jene(r, s) ['jeːnə(r, s)] *adj* that ◊ *pron* that one
jenseits ['jeːnzaɪts] *adv* on the other side ◊ *präp* +*gen* on the other side of, beyond
Jenseits *nt*: **das ~** the hereafter, the beyond
jetzig ['jɛtsɪç] *adj* present
jetzt [jɛtst] *adv* now
jeweilig *adj* respective
jeweils *adv*: **~ zwei zusammen** two at a time; **zu ~ 5 DM** at 5 marks each; **~ das**

erste the first each time
Jh. *abk* = **Jahrhundert**
Jockei ['dʒɔke] (-s, -s) *m* jockey
Jod [joːt] (-(e)s) *nt* iodine
jodeln ['joːdəln] *vi* to yodel
joggen ['dʒɔgən] *vi* to jog
Joghurt ['joːgurt] (-s, -s) *m od nt* yogurt
Johannisbeere [jo'hanɪsbeːrə] *f* redcurrant; **schwarze ~** blackcurrant
johlen ['joːlən] *vi* to yell
jonglieren [ʒõˈgliːrən] *vi* to juggle
Jubel ['juːbəl] (-s) *m* rejoicing; **j~n** *vi* to rejoice
Jubiläum [jubi'lɛːom] (-s, **Jubiläen**) *nt* anniversary; jubilee
jucken ['jukən] *vi* to itch ◊ *vt*: **es juckt mich am Arm** my arm is itching; **das juckt mich** that's itchy
Juckreiz ['jukraɪts] *m* itch
Jude ['juːdə] (-n, -n) *m* Jew
Judentum (-) *nt* Judaism; Jewry
Judenverfolgung *f* persecution of the Jews
Jüdin ['jyːdɪn] *f* Jewess
jüdisch ['jyːdɪʃ] *adj* Jewish
Judo ['juːdo] (-(s)) *nt* judo
Jugend ['juːgənt] (-) *f* youth; **j~frei** *adj* (*CINE*) U (*BRIT*), G (*US*), suitable for children; **~herberge** *f* youth hostel; **j~lich** *adj* youthful; **~liche(r)** *mf* teenager, young person
Jugoslaw- [jugo'slaːv] *zW*: **~e** *m* Yugoslavian; **~ien** (-s) *nt* Yugoslavia; **~in** *f* Yugoslavian; **j~isch** *adj* Yugoslavian
Juli ['juːli] (-(s), -s) *m* July
jun. *abk* (= *junior*) jr.
jung [juŋ] *adj* young; **J~e** (-n, -n) *m* boy, lad; **J~e(s)** *nt* young animal; **J~en** *pl* (*von Tier*) young *pl*
Jünger ['jyŋər] (-s, -) *m* disciple
jünger *adj* younger
Jung- *zW*: **~frau** *f* virgin; (*ASTROL*) Virgo; **~geselle** *m* bachelor; **~gesellin** *f* unmarried woman; **Jüngling** *m* youth
jüngst [jyŋst] *adv* lately, recently; **~e(r, s)** *adj* youngest; (*neueste*) latest
Juni ['juːni] (-(s), -s) *m* June
Junior ['juːnioːr, *pl* -'oːrən] (-s, -en) *m* junior
Jurist [ju'rɪst] *m* jurist, lawyer; **j~isch** *adj* legal
Justiz [jus'tiːts] (-) *f* justice; **~beamte(r)** *m* judicial officer; **~irrtum** *m* miscarriage of justice; **~minister** *m* ≈ Lord (High) Chancellor (*BRIT*), ≈ Attorney General (*US*)
Juwel [ju'veːl] (-s, -en) *nt od m* jewel
Juwelier [juve'liːr] (-s, -e) *m* jeweller; **~geschäft** *nt* jeweller's (shop)
Jux [juks] (-es, -e) *m* joke, lark

K k

Kabarett [kaba'rɛt] (-s, -e od -s) nt cabaret; **~ist** [-'tɪst] m cabaret artiste

Kabel ['ka:bəl] (-s, -) nt (ELEK) wire; (stark) cable; **~fernsehen** nt cable television

Kabeljau ['ka:bəljaʊ] (-s, -e od -s) m cod

kabeln ['ka:bəln] vi to cable

Kabine [ka'bi:nə] f cabin; (Zelle) cubicle

Kabinett [kabi'nɛt] (-s, -e) nt (POL) cabinet

Kachel ['kaxəl] (-, -n) f tile; **k~n** vt to tile; **~ofen** m tiled stove

Käfer ['kɛ:fər] (-s, -) m beetle

Kaffee ['kafe] (-s, -s) m coffee; **~kanne** f coffeepot; **~löffel** m coffee spoon

Käfig ['kɛ:fɪç] (-s, -e) m cage

kahl [ka:l] adj bald; **~geschoren** adj shaven, shorn; **~köpfig** adj bald-headed

Kahn [ka:n] (-(e)s, ⁼e) m boat, barge

Kai [kaɪ] (-s, -e od -s) m quay

Kaiser ['kaɪzər] (-s, -) m emperor; **~in** f empress; **k~lich** adj imperial; **~reich** nt empire; **~schnitt** m (MED) Caesarian (section)

Kajak ['ka:jak] (-s, -s) m (SPORT) kayak

Kakao [ka'kaʊ] (-s, -s) m cocoa

Kaktee [kak'te:(ə)] (-, -n) f cactus

Kaktus ['kaktʊs] (-, -teen) m cactus

Kalb [kalp] (-(e)s, ⁼er) nt calf; **k~en** ['kalbən] vi to calve; **~fleisch** nt veal; **~sleder** nt calf(skin)

Kalender [ka'lɛndər] (-s, -) m calendar; (Taschen~) diary

Kaliber [ka'li:bər] (-s, -) nt (auch fig) calibre

Kalk [kalk] (-(e)s, -e) m lime; (BIOL) calcium; **~stein** m limestone

kalkulieren [kalku'li:rən] vt to calculate

Kalorie [kalo'ri:] f calorie

kalt [kalt] adj cold; **mir ist (es) ~** I am cold; **~bleiben** (unreg) vi to remain unmoved; **~blütig** adj cold-blooded; (ruhig) cool

Kälte ['kɛltə] (-) f cold; coldness; **~grad** m degree of frost od below zero; **~welle** f cold spell

kalt- zW: **~herzig** adj cold-hearted; **~schnäuzig** adj cold, unfeeling; **~stellen** vt to chill; (fig) to leave out in the cold

kam etc vb siehe kommen

Kamel [ka'me:l] (-(e)s, -e) nt camel

Kamera ['kamera] (-, -s) f camera

Kamerad [kamə'ra:t] (-en, -en) m comrade,

friend; **~schaft** f comradeship; **k~schaftlich** adj comradely

Kameramann (-(e)s, -männer) m cameraman

Kamille [ka'mɪlə] f camomile; **~ntee** m camomile tea

Kamin [ka'mi:n] (-s, -e) m (außen) chimney; (innen) fireside, fireplace; **~feger** (-s, -) m chimney sweep; **~kehrer** (-s, -) m chimney sweep

Kamm [kam] (-(e)s, ⁼e) m comb; (Berg~) ridge; (Hahnen~) crest

kämmen ['kɛmən] vt to comb ♦ vr to comb one's hair

Kammer ['kamər] (-, -n) f chamber; small bedroom; **~diener** m valet

Kampagne [kam'panjə] f campaign

Kampf [kampf] (-(e)s, ⁼e) m fight, battle; (Wettbewerb) contest; (fig: Anstrengung) struggle; **k~bereit** adj ready for action

kämpfen ['kɛmpfən] vi to fight

Kämpfer (-s, -) m fighter, combatant

Kampf- zW: **~handlung** f action; **k~los** adj without a fight; **~richter** m (SPORT) referee; (TENNIS) umpire; **~stoff** m: **chemischer/biologischer ~stoff** chemical/biological weapon

Kanada ['kanada] (-s) nt Canada

Kanadier(in) [ka'na:diər(ɪn)] (-s, -) m(f) Canadian

kanadisch [ka'na:dɪʃ] adj Canadian

Kanal [ka'na:l] (-s, Kanäle) m (Fluß) canal; (Rinne, Ärmel~) channel; (für Abfluß) drain; **~inseln** pl Channel Islands; **~isation** [-izatsi'o:n] f sewage system

Kanarienvogel [ka'na:riənfo:gəl] m canary

kanarisch [ka'na:rɪʃ] adj: **K~e Inseln** Canary Islands, Canaries

Kandi- [kandi] zW: **~dat** [-'da:t] (-en, -en) m candidate; **~datur** [-da'tu:r] f candidature, candidacy; **k~dieren** [-'di:rən] vi to stand, to run

Kandis(zucker) ['kandɪs(tsʊkər)] (-) m candy

Känguruh ['kɛnguru] (-s, -s) nt kangaroo

Kaninchen [ka'ni:nçən] nt rabbit

Kanister [ka'nɪstər] (-s, -) m can, canister

Kännchen ['kɛnçən] nt pot

Kanne ['kanə] f (Krug) jug; (Kaffee~) pot; (Milch~) churn; (Gieß~) can

kannst etc [kanst] vb siehe können

Kanon ['ka:nɔn] (-s, -s) m canon

Kanone [ka'no:nə] f gun; (HIST) cannon; (fig: Mensch) ace

Kantate [kan'ta:tə] f cantata

Kante ['kantə] f edge

Kantine [kan'ti:nə] f canteen

Kanu ['ka:nu] (-s, -s) nt canoe

Kanzel ['kantsəl] (-, -n) f pulpit

Kanzler ['kantslər] (-s, -) m chancellor

Kap [kap] (-s, -s) nt cape (GEOG); **~ der Guten Hoffnung** Cape of Good Hope

Kapazität [kapatsi'tɛːt] *f* capacity; (*Fachmann*) authority

Kapelle [ka'pɛlə] *f* (*Gebäude*) chapel; (*MUS*) band

kapieren [ka'piːrən] (*umg*) *vt, vi* to get, to understand

Kapital [kapi'taːl] (**-s, -e** *od* **-ien**) *nt* capital; **~anlage** *f* investment; **~ismus** [-'lɪsmʊs] *m* capitalism; **~ist** [-'lɪst] *m* capitalist; **k~istisch** *adj* capitalist

Kapitän [kapi'tɛːn] (**-s, -e**) *m* captain

Kapitel [ka'pɪtəl] (**-s, -**) *nt* chapter

Kapitulation [kapitulatsi'oːn] *f* capitulation

kapitulieren [kapitu'liːrən] *vi* to capitulate

Kaplan [ka'plaːn] (**-s, Kapläne**) *m* chaplain

Kappe ['kapə] *f* cap; (*Kapuze*) hood

kappen *vt* to cut

Kapsel ['kapsəl] (**-, -n**) *f* capsule

kaputt [ka'pʊt] (*umg*) *adj* kaput, broken; (*Person*) exhausted, finished; **am Auto ist etwas ~** there's something wrong with the car; **~gehen** (*unreg*) *vi* to break; (*Schuhe*) to fall apart; (*Firma*) to go bust; (*Stoff*) to wear out; (*sterben*) to cop it (*umg*); **~machen** *vt* to break; (*Mensch*) to exhaust, to wear out

Kapuze [ka'puːtsə] *f* hood

Karaffe [ka'rafə] *f* carafe; (*geschliffen*) decanter

Karamel [kara'mɛl] (**-s**) *m* caramel; **~bonbon** *m od nt* toffee

Karat [ka'raːt] (**-(e)s, -e**) *nt* carat

Karate [ka'raːtə] (**-s**) *nt* karate

Karawane [kara'vaːnə] *f* caravan

Kardinal [kardi'naːl] (**-s, Kardinäle**) *m* cardinal; **~zahl** *f* cardinal number

Karfreitag [kaːr'fraitaːk] *m* Good Friday

karg [kark] *adj* (*Landschaft, Boden*) barren; (*Lohn*) meagre

kärglich ['kɛrklɪç] *adj* poor, scanty

Karibik [ka'riːbɪk] (**-**) *f*: **die ~** the Caribbean

karibisch [ka'riːbɪʃ] *adj*: **K~e Inseln** Caribbean Islands

kariert [ka'riːrt] *adj* (*Stoff*) checked; (*Papier*) squared

Karies ['kaːries] (**-**) *f* caries

Karikatur [karika'tuːr] *f* caricature; **~ist** [-'rɪst] *m* cartoonist

Karneval ['karnəval] (**-s, -e** *od* **-s**) *m* carnival

Karo ['kaːro] (**-s, -s**) *nt* square; (*KARTEN*) diamonds; **~-As** *nt* ace of diamonds

Karosserie [karosə'riː] *f* (*AUT*) body(work)

Karotte [ka'rɔtə] *f* carrot

Karpfen ['karpfən] (**-s, -**) *m* carp

Karre ['karə] *f* cart, barrow

Karren (**-s, -**) *m* cart, barrow

Karriere [kari'ɛːrə] *f* career; **~ machen** to get on, to get to the top; **~macher** (**-s, -**) *m* careerist

Karte ['kartə] *f* card; (*Land~*) map;

(*Speise~*) menu; (*Eintritts~, Fahr~*) ticket; **alles auf eine ~ setzen** to put all one's eggs in one basket

Kartei [kar'tai] *f* card index; **~karte** *f* index card

Kartell [kar'tɛl] (**-s, -e**) *nt* cartel

Kartenspiel *nt* card game; pack of cards

Kartoffel [kar'tɔfəl] (**-, -n**) *f* potato; **~brei** *m* mashed potatoes *pl*; **~mus** *nt* mashed potatoes *pl*; **~püree** *nt* mashed potatoes *pl*; **~salat** *m* potato salad

Karton [kar'tõː] (**-s, -s**) *m* cardboard; (*Schachtel*) cardboard box; **k~iert** [karto'niːrt] *adj* hardback

Karussell [karu'sɛl] (**-s, -s**) *nt* roundabout (*BRIT*), merry-go-round

Karwoche ['kaːrvɔxə] *f* Holy Week

Käse ['kɛːzə] (**-s, -**) *m* cheese; **~glocke** *f* cheese(-plate) cover; **~kuchen** *m* cheesecake

Kaserne [ka'zɛrnə] *f* barracks *pl*; **~nhof** *m* parade ground

Kasino [ka'ziːno] (**-s, -s**) *nt* club; (*MIL*) officers' mess; (*Spiel~*) casino

Kasper ['kaspər] (**-s, -**) *m* Punch; (*fig*) fool

Kasse ['kasə] *f* (*Geldkasten*) cashbox; (*in Geschäft*) till, cash register; cash desk, checkout; (*Kino-, Theater-* etc) box office; ticket office; (*Kranken~*) health insurance; (*Spar~*) savings bank; **~ machen** to count the money; **getrennte ~ führen** to pay separately; **an der ~** (*in Geschäft*) at the desk; **gut bei ~ sein** to be in the money

Kassen- *zW*: **~arzt** *m* panel doctor (*BRIT*); **~bestand** *m* cash balance; **~patient** *m* panel patient (*BRIT*); **~prüfung** *f* audit; **~sturz** *m*: **~sturz machen** to check one's money; **~zettel** *m* receipt

Kassette [ka'sɛtə] *f* small box; (*Tonband, PHOT*) cassette; (*Bücher~*) case

Kassettenrecorder (**-s, -**) *m* cassette recorder

kassieren [ka'siːrən] *vt* to take ♦ *vi*: **darf ich ~?** would you like to pay now?

Kassierer [ka'siːrər] (**-s, -**) *m* cashier; (*von Klub*) treasurer

Kastanie [kas'taːniə] *f* chestnut; (*Baum*) chestnut tree

Kasten ['kastən] (**-s, ⸚**) *m* (*auch SPORT*) box; case; (*Truhe*) chest; **~wagen** *m* van

kastrieren [kas'triːrən] *vt* to castrate

Katalog [kata'loːk] (**-(e)s, -e**) *m* catalogue

Katalysator [kataly'zaːtor] *m* catalyst; (*AUT*) catalytic convertor

Katarrh [ka'tar] (**-s, -e**) *m* catarrh

katastrophal [katastro'faːl] *adj* catastrophic

Katastrophe [kata'stroːfə] *f* catastrophe, disaster

Kat-Auto ['kat'auto] *nt* car fitted with a catalytic converter

Kategorie [katego'riː] *f* category

kategorisch [kate'goːrɪʃ] adj categorical
Kater ['kaːtər] (-s, -) m tomcat; (umg) hangover
kath. abk (= katholisch) Cath.
Kathedrale [kate'draːlə] f cathedral
Kathode [ka'toːdə] f cathode
Katholik [kato'liːk] (-en, -en) m Catholic
katholisch [ka'toːlɪʃ] adj Catholic
Kätzchen ['kɛtsçən] nt kitten
Katze ['katsə] f cat; **für die Katz** (umg) in vain, for nothing
Katzen- zW: **~auge** nt cat's eye; (Fahrrad) rear light; **~jammer** (umg) m hangover; **~sprung** (umg) m stone's throw; short journey
Kauderwelsch ['kaudərvɛlʃ] (-(s)) nt jargon; (umg) double Dutch
kauen ['kauən] vt, vi to chew
kauern ['kauərn] vi to crouch down; (furchtlich) to cower
Kauf [kauf] (-(e)s, Käufe) m purchase, buy; (Kaufen) buying; **ein guter ~** a bargain; **etw in ~ nehmen** to put up with sth; **k~en** vt to buy
Käufer(in) ['kɔyfər(ɪn)] (-s, -) m(f) buyer
Kauffrau f businesswoman
Kaufhaus nt department store
Kaufkraft f purchasing power
käuflich ['kɔyflɪç] adj purchasable, for sale; (pej) venal ♦ adv: **~ erwerben** to purchase
Kauf- zW: **k~lustig** adj interested in buying; **~mann** (pl **-leute**) m businessman; shopkeeper; **k~männisch** adj commercial; **k~männischer Angestellter** office worker
Kaugummi ['kaugumi] m chewing gum
Kaulquappe ['kaulkvapə] f tadpole
kaum [kaum] adv hardly, scarcely
Kaution [kautsi'oːn] f deposit; (JUR) bail
Kauz [kauts] (-es, Käuze) m owl; (fig) queer fellow
Kavalier [kava'liːr] (-s, -e) m gentleman, cavalier; **~sdelikt** nt peccadillo
Kaviar ['kaːviar] m caviar
keck [kɛk] adj daring, bold; **K~heit** f daring, boldness
Kegel ['keːɡəl] (-s, -) m skittle; (MATH) cone; **~bahn** f skittle alley; bowling alley; **k~n** vi to play skittles
Kehle ['keːlə] f throat
Kehlkopf m larynx
Kehre ['keːrə] f turn(ing), bend; **k~n** vt, vi (wenden) to turn; (mit Besen) to sweep; **sich an etw** dat **nicht k~n** not to heed sth
Kehricht ['keːrɪçt] (-s) m sweepings pl
Kehrmaschine f sweeper
Kehrseite f reverse, other side; wrong side; bad side
kehrtmachen vi to turn about, to about-turn
keifen ['kaifən] vi to scold, to nag
Keil [kail] (-(e)s, -e) m wedge; (MIL) arrowhead; **~riemen** m (AUT) fan belt

Keim [kaim] (-(e)s, -e) m bud; (MED, fig) germ; **k~en** vi to germinate; **k~frei** adj sterile; **~zelle** f (fig) nucleus
kein [kain] adj no, not ... any; **~e(r, s)** pron no one, nobody; none; **~erlei** adj attrib no ... whatsoever
keinesfalls adv on no account
keineswegs adv by no means
keinmal adv not once
Keks [keːks] (-es, -e) m od nt biscuit
Kelch [kɛlç] (-(e)s, -e) m cup, goblet, chalice
Kelle ['kɛlə] f (Suppen~) ladle; (Maurer~) trowel
Keller ['kɛlər] (-s, -) m cellar
Kellner(in) ['kɛlnər(ɪn)] (-s, -) m(f) waiter(tress)
keltern ['kɛltərn] vt to press
kennen ['kɛnən] (unreg) vt to know; **~lernen** vt to get to know; **sich ~lernen** to get to know each other; (zum erstenmal) to meet
Kenner (-s, -) m connoisseur
kenntlich adj distinguishable, discernible; **etw ~ machen** to mark sth
Kenntnis (-, -se) f knowledge no pl; **etw zur ~ nehmen** to note sth; **von etw ~ nehmen** to take notice of sth; **jdn in ~ setzen** to inform sb
Kenn- zW: **~zeichen** nt mark, characteristic; **k~zeichnen** vt insep to characterize; **~ziffer** f reference number
kentern ['kɛntərn] vi to capsize
Keramik [ke'raːmɪk] (-, -en) f ceramics pl, pottery
Kerbe ['kɛrbə] f notch, groove
Kerker ['kɛrkər] (-s, -) m prison
Kerl [kɛrl] (-s, -e) m chap, bloke (BRIT); guy; **sie ist ein netter ~** she's a good sort
Kern [kɛrn] (-(e)s, -e) m (Obst~) pip, stone; (Nuß~) kernel; (Atom~) nucleus; (fig) heart, core; **~energie** f nuclear energy; **~forschung** f nuclear research; **~frage** f central issue; **k~gesund** adj thoroughly healthy, fit as a fiddle; **k~ig** adj (kraftvoll) robust; (Ausspruch) pithy; **~kraftwerk** nt nuclear power station; **k~los** adj seedless, pipless; **~physik** f nuclear physics sg; **~spaltung** f nuclear fission; **~waffen** pl nuclear weapons
Kerze ['kɛrtsə] f candle; (Zünd~) plug; **k~ngerade** adj straight as a die; **~nständer** m candle holder
keß [kɛs] adj saucy
Kessel ['kɛsəl] (-s, -) m kettle; (von Lokomotive etc) boiler; (GEOG) depression; (MIL) encirclement
Kette ['kɛtə] f chain; **k~n** vt to chain
Ketten- zW: **~laden** m chain store; **~rauchen** nt chain smoking; **~reaktion** f chain reaction
Ketzer ['kɛtsər] (-s, -) m heretic

keuchen ['kɔʏçən] vi to pant, to gasp
Keuchhusten m whooping cough
Keule ['kɔʏlə] f club; (KOCH) leg
keusch [kɔʏʃ] adj chaste; **K~heit** f chastity
kfm. abk = **kaufmännisch**
KG [ka:'ge:] (-, -s) f abk (= *Kommanditge-
sellschaft*) limited partnership
kg abk = **Kilogramm**
kichern ['kɪçərn] vi to giggle
kidnappen ['kɪdnepən] vt to kidnap
Kiefer[1] ['ki:fər] (-s, -) m jaw
Kiefer[2] (-, -n) f pine; **Kiefernzapfen** m
pine cone
Kiel [ki:l] (-(e)s, -e) m (Feder~) quill;
(NAUT) keel
Kieme ['ki:mə] f gill
Kies [ki:s] (-es, -e) m gravel
Kilo ['ki:lo] nt kilo; **~gramm** [kilo'gram] nt
kilogram; **~meter** [kilo'me:tər] m kilometre; **~meterzähler** m ≈ milometer
Kind [kɪnt] (-(e)s, -er) nt child; **von ~ auf**
from childhood
Kinder- ['kɪndər] zW: **~ei** [-'raɪ] f childish-
ness; **~garten** m nursery school, playgroup; **~gärtnerin** f nursery school teacher;
~geld nt child benefit (BRIT); **~heim** nt
children's home; **~krippe** f crèche;
~lähmung f poliomyelitis; **k~leicht** adj
childishly easy; **k~los** adj childless;
~mädchen nt nursemaid; **k~reich** adj
with a lot of children; **~sendung** f (RAD,
TV) children's programme; **~spiel** nt (fig)
child's play; **~tagesstätte** f day-nursery;
~wagen m pram, baby carriage (US);
~zimmer nt (für Kinder) children's room;
(für Säugling) nursery
Kind- zW: **~heit** f childhood; **k~isch** adj
childish; **k~lich** adj childlike
Kinn [kɪn] (-(e)s, -e) nt chin; **~haken** m
(BOXEN) uppercut
Kino ['ki:no] (-s, -s) nt cinema; **~besucher**
m cinema-goer; **~programm** nt film programme
Kiosk ['ki:ɔsk] (-(e)s, -e) m kiosk
Kippe ['kɪpə] f cigarette end; (umg) fag; **auf
der ~ stehen** (fig) to be touch and go
kippen vi to topple over, to overturn ♦ vt
to tilt
Kirch- ['kɪrç] zW: **~e** f church; **~enlied** nt
hymn; **~ensteuer** f church tax; **~gänger**
(-s, -) m churchgoer; **~hof** m churchyard;
k~lich adj ecclesiastical; **~turm** m church
tower, steeple
Kirmes ['kɪrmɛs] (-, -sen) f fair
Kirsche ['kɪrʃə] f cherry
Kissen ['kɪsən] (-s, -) nt cushion; (Kopf~)
pillow; (Kopf~)bezug m pillowslip
Kiste ['kɪstə] f box; chest
Kitsch [kɪtʃ] (-(e)s) m kitsch; **k~ig** adj
kitschy
Kitt [kɪt] (-(e)s, -e) m putty
Kittel (-s, -) m overall, smock

kitten vt to putty; (fig: Ehe etc) to cement
Kitz [kɪts] (-es, -e) nt kid; (Reh~) fawn
kitzelig ['kɪtsəlɪç] adj (auch fig) ticklish
kitzeln vi to tickle
Kiwi ['ki:vi] (-, -s) f (BOT, KOCH) kiwi fruit
KKW [ka:ka:'ve:] nt abk = **Kernkraftwerk**
kläffen ['klefən] vi to yelp
Klage ['kla:gə] f complaint; (JUR) action;
k~n vi (wehklagen) to lament, to wail;
(sich beschweren) to complain; (JUR) to
take legal action
Kläger(in) ['kle:gər(ɪn)] (-s, -) m(f) plaintiff
kläglich ['kle:klɪç] adj wretched
klamm [klam] adj (Finger) numb; (feucht)
damp
Klammer ['klamər] (-, -n) f clamp; (in Text)
bracket; (Büro~) clip; (Wäsche~) peg;
(Zahn~) brace; **k~n** vr: **sich k~n an** +akk
to cling to
Klang [klaŋ] (-(e)s, -e) m sound; **k~voll**
adj sonorous
Klappe ['klapə] f valve; (Ofen~) damper;
(umg: Mund) trap; **k~n** vi (Geräusch) to
click; (Sitz etc) to tip ♦ vt to tip ♦ vb unpers to work
Klapper ['klapər] (-, -n) f rattle; **k~ig** adj
run-down, worn-out; **k~n** vi to clatter, to
rattle; **~schlange** f rattlesnake; **~storch**
m stork
Klapp- zW: **~messer** nt jack-knife; **~rad**
nt collapsible bicycle; **~stuhl** m folding
chair; **~tisch** m folding table
Klaps [klaps] (-es, -e) m slap
klar [kla:r] adj clear; (NAUT) ready for sea;
(MIL) ready for action; **sich dat im ~en
sein über** +akk to be clear about; **ins ~e
kommen** to get clear; **(na) ~!** of course!
Kläranlage f purification plant
klären ['kle:rən] vt (Flüssigkeit) to purify;
(Probleme) to clarify ♦ vr to clear (itself) up
Klarheit f clarity
Klarinette [klari'netə] f clarinet
klar- zW: **~legen** vt to clear up, to explain;
~machen vt (Schiff) to get ready for sea;
jdm etw ~machen to make sth clear to
sb; **~sehen** (unreg) vi to see clearly;
K~sichtfolie f transparent film; **~stellen**
vt to clarify
Klärung ['kle:rʊŋ] f (von Flüssigkeit) purification; (von Probleme) clarification
klarwerden (unreg) vr: **sich dat (über etw
akk) ~** to get (sth) clear in one's mind
Klasse ['klasə] f class; (SCH) class, form;
k~ (umg) adj smashing
Klassen- zW: **~arbeit** f test; **~bewußt-
sein** nt class consciousness; **~gesellschaft**
f class society; **~kampf** m class conflict;
~lehrer m form master; **k~los** adj class-
less; **~sprecher(in)** m(f) form prefect;
~zimmer nt classroom
klassifizieren [klasifi'tsi:rən] vt to classify
Klassik ['klasɪk] f (Zeit) classical period;

(*Stil*) classicism; ~**er** (-s, -) *m* classic
klassisch *adj* (*auch fig*) classical
Klatsch [klatʃ] (-(e)s, -e) *m* smack, crack; (*Gerede*) gossip; ~**base** *f* gossip, scandalmonger; ~**e** (*umg*) *f* crib; **k~en** *vi* (*Geräusch*) to clash; (*reden*) to gossip; (*applaudieren*) to applaud, to clap ♦ *vt*: **jdm Beifall k~en** to applaud sb; ~**mohn** *m* (corn) poppy; **k~naß** *adj* soaking wet
Klaue ['klauə] *f* claw; (*umg: Schrift*) scrawl; **k~n** (*umg*) *vt* to pinch
Klausel ['klauzəl] (-, -n) *f* clause
Klausur [klau'zuːr] *f* seclusion; ~**arbeit** *f* examination paper
Klaviatur [klavia'tuːr] *f* keyboard
Klavier [kla'viːr] (-s, -e) *nt* piano
Kleb- ['kleːb] *zW*: **k~en** *vt*, *vi*: **k~en** (**an** +*akk*) to stick (to); **k~rig** *adj* sticky; ~**stoff** *m* glue; ~**streifen** *m* adhesive tape
kleckern ['klɛkərn] *vi* to make a mess ♦ *vt* to spill
Klecks [klɛks] (-es, -e) *m* blot, stain
Klee [kleː] (-s) *m* clover; ~**blatt** *nt* cloverleaf; (*fig*) trio
Kleid [klait] (-(e)s, -er) *nt* garment; (*Frauen~*) dress; ~**er** *pl* (*Kleidung*) clothes; **k~en** ['klaidən] *vt* to clothe, to dress; to suit ♦ *vr* to dress
Kleider ['klaidər] *zW*: ~**bügel** *m* coat hanger; ~**bürste** *f* clothes brush; ~**schrank** *m* wardrobe
Kleid- *zW*: **k~sam** *adj* flattering; ~**ung** *f* clothing; ~**ungsstück** *nt* garment
Kleie ['klaiə] *f* bran
klein [klain] *adj* little, small; **K~e(r, s)** *mf* little one; **K~format** *nt* small size; **im K~format** small-scale; **K~geld** *nt* small change; ~**hacken** *vt* to chop up, to mince; **K~igkeit** *f* trifle; **K~kind** *nt* infant; **K~kram** *m* details *pl*; ~**laut** *adj* dejected, quiet; ~**lich** *adj* petty, paltry; **K~od** ['klainoːt] (-s, -odien) *nt* gem, jewel; treasure; ~**schneiden** (*unreg*) *vt* to chop up; ~**städtisch** *adj* provincial; ~**stmöglich** *adj* smallest possible
Kleister ['klaistər] (-s, -) *m* paste; **k~n** *vt* to paste
Klemme ['klɛmə] *f* clip; (*MED*) clamp; (*fig*) jam; **k~n** *vt* (*festhalten*) to jam; (*quetschen*) to pinch, to nip ♦ *vr* to catch o.s.; (*sich hineinzwängen*) to squeeze o.s. ♦ *vi* (*Tür*) to stick, to jam; **sich hinter jdn/etw k~n** to get on to sb/down to sth
Klempner ['klɛmpnər] (-s, -) *m* plumber
Klerus ['kleːrus] (-) *m* clergy
Klette ['klɛtə] *f* burr
Kletter- ['klɛtər] *zW*: ~**er** (-s, -) *m* climber; **k~n** *vi* to climb; ~**pflanze** *f* creeper
Klient(in) [kli'ɛnt(in)] *m(f)* client
Klima ['kliːma, *pl* kli'maːtə] (-s, -s *od* -te) *nt* climate; ~**anlage** *f* air conditioning; ~**wechsel** *m* change of air

klimpern ['klimpərn] (*umg*) *vi* (*mit Münzen, Schlüsseln*) to jingle; (*auf Klavier*) to plonk (away)
Klinge ['klɪŋə] *f* blade; sword
Klingel ['klɪŋəl] (-, -n) *f* bell; ~**beutel** *m* collection bag; **k~n** *vi* to ring
klingen ['klɪŋən] (*unreg*) *vi* to sound; (*Gläser*) to clink
Klinik ['kliːnik] *f* hospital, clinic
Klinke ['klɪŋkə] *f* handle
Klippe ['klɪpə] *f* cliff; (*im Meer*) reef; (*fig*) hurdle
klipp und klar ['klɪp'ʊntklaːr] *adj* clear and concise
klirren ['klɪrən] *vi* to clank, to jangle; (*Gläser*) to clink; ~**de Kälte** biting cold
Klischee [kli'ʃeː] (-s, -s) *nt* (*Druckplatte*) plate, block; (*fig*) cliché; ~**vorstellung** *f* stereotyped idea
Klo [kloː] (-s, -s; *umg*) *nt* loo (*BRIT*), john (*US*)
Kloake [klo'aːkə] *f* sewer
klobig ['kloːbɪç] *adj* clumsy
Klopapier (*umg*) *nt* loo paper (*BRIT*)
klopfen ['klɔpfən] *vi* to knock; (*Herz*) to thump ♦ *vt* to beat; **es klopft** somebody's knocking; **jdm auf die Schulter** ~ to tap sb on the shoulder
Klopfer (-s, -) *m* (*Teppich~*) beater; (*Tür~*) knocker
Klops [klɔps] (-es, -e) *m* meatball
Klosett [klo'zɛt] (-s, -e *od* -s) *nt* lavatory, toilet; ~**papier** *nt* toilet paper
Kloß [kloːs] (-es, ⁼e) *m* (*im Hals*) lump; (*KOCH*) dumpling
Kloster ['kloːstər] (-s, ⁼) *nt* (*Männer~*) monastery; (*Frauen~*) convent
klösterlich ['kløːstərlɪç] *adj* monastic; convent *cpd*
Klotz [klɔts] (-es, ⁼e) *m* log; (*Hack~*) block; **ein** ~ **am Bein** (*fig*) a drag, a millstone round (sb's) neck
Klub [klʊp] (-s, -s) *m* club; ~**sessel** *m* easy chair
Kluft [klʊft] (-, ⁼e) *f* cleft, gap; (*GEOG*) gorge, chasm
klug [kluːk] *adj* clever, intelligent; **K~heit** *f* cleverness, intelligence
Klumpen ['klʊmpən] (-s, -) *m* (*Erd~*) clod; (*Blut~*) clot; (*Gold~*) nugget; (*KOCH*) lump; **k~** *vi* to go lumpy; to clot
km *abk* = **Kilometer**
knabbern ['knabərn] *vt*, *vi* to nibble
Knabe ['knaːbə] (-n, -n) *m* boy; **k~nhaft** *adj* boyish
Knäckebrot ['knɛkəbroːt] *nt* crispbread
knacken ['knakən] *vt*, *vi* (*auch fig*) to crack
Knacks [knaks] (-es, -e) *m* crack; (*fig*) defect
Knall [knal] (-(e)s, -e) *m* bang; (*Peitschen~*) crack; ~ **und Fall** (*umg*) unexpectedly; ~**bonbon** *nt* cracker; **k~en** *vi* to bang; to

crack; **k~rot** *adj* bright red
knapp [knap] *adj* tight; (*Geld*) scarce; (*Sprache*) concise; **eine ~e Stunde** just under an hour; **~ unter/neben** just under/by; **~halten** (*unreg*) *vt*: **jdn (mit etw) ~halten** to keep sb short (of sth); **K~heit** *f* tightness; scarcity; conciseness
knarren ['knarən] *vi* to creak
Knast [knast] (-(e)s; *umg*) *m* (*Haftstrafe*) porridge (*inf*), time (*inf*); (*Gefängnis*) slammer (*inf*), clink (*inf*)
knattern ['knatərn] *vi* to rattle; (*Maschinengewehr*) to chatter
Knäuel ['knɔʏəl] (-s, -) *m od nt* (*Woll~*) ball; (*Menschen~*) knot
Knauf [knaʊf] (-(e)s, Knäufe) *m* knob; (*Schwert~*) pommel
knautschen ['knaʊtʃən] *vt, vi* to crumple
Knebel ['kne:bəl] (-s, -) *m* gag; **k~n** *vt* to gag; (*NAUT*) to fasten
kneifen ['knaɪfən] (*unreg*) *vt* to pinch ♦ *vi* to pinch; (*sich drücken*) to back out; **vor etw ~** to dodge sth
Kneipe ['knaɪpə] (*umg*) *f* pub
kneten ['kne:tən] *vt* to knead; (*Wachs*) to mould
Knick [knɪk] (-(e)s, -e) *m* (*Sprung*) crack; (*Kurve*) bend; (*Falte*) fold; **k~en** *vt, vi* (*springen*) to crack; (*brechen*) to break; (*Papier*) to fold; **gek~t sein** to be downcast
Knicks [knɪks] (-es, -e) *m* curtsey; **k~en** *vi* to curtsey
Knie [kni:] (-s, -) *nt* knee; **~beuge** *f* knee bend; **~bundhose** *f* knee breeches; **~gelenk** *nt* knee joint; **~kehle** *f* back of the knee; **k~n** *vi* to kneel; **~scheibe** *f* kneecap; **~strumpf** *m* knee-length sock
Kniff [knɪf] (-(e)s, -e) *m* (*fig*) trick, knack; **k~elig** *adj* tricky
knipsen ['knɪpsən] *vt* (*Fahrkarte*) to punch; (*PHOT*) to take a snap of, to snap ♦ *vi* to take a snap od snaps
Knirps [knɪrps] (-es, -e) *m* little chap; (®: *Schirm*) telescopic umbrella
knirschen ['knɪrʃən] *vi* to crunch; **mit den Zähnen ~** to grind one's teeth
knistern ['knɪstərn] *vi* to crackle
Knitter- ['knɪtər] *zW*: **~falte** *f* crease; **k~frei** *adj* non-crease; **k~n** *vi* to crease
Knoblauch ['kno:plaʊx] (-(e)s) *m* garlic
Knoblauchzehe *f* (*KOCH*) clove of garlic
Knöchel ['knœçəl] (-s, -) *m* knuckle; (*Fuß~*) ankle
Knochen ['knɔxən] (-s, -) *m* bone; **~bruch** *m* fracture; **~gerüst** *nt* skeleton
knöchern ['knœçərn] *adj* bone
knochig ['knɔxɪç] *adj* bony
Knödel ['knø:dəl] (-s, -) *m* dumpling
Knolle ['knɔlə] *f* tuber
Knopf [knɔpf] (-(e)s, ¨e) *m* button; (*Kragen~*) stud
knöpfen ['knœpfən] *vt* to button

Knopfloch *nt* buttonhole
Knorpel ['knɔrpəl] (-s, -) *m* cartilage, gristle; **k~ig** *adj* gristly
Knospe ['knɔspə] *f* bud
Knoten ['kno:tən] (-s, -) *m* knot; (*BOT*) node; (*MED*) lump; **k~** *vt* to knot; **~punkt** *m* junction
Knüller ['knʏlər] (-s, -; *umg*) *m* hit; (*Reportage*) scoop
knüpfen ['knʏpfən] *vt* to tie; (*Teppich*) to knot; (*Freundschaft*) to form
Knüppel ['knʏpəl] (-s, -) *m* cudgel; (*Polizei~*) baton, truncheon; (*AVIAT*) (joy)stick; **~schaltung** *f* (*AUT*) floor-mounted gear change
knurren ['knʊrən] *vi* (*Hund*) to snarl; to growl; (*Magen*) to rumble; (*Mensch*) to mutter
knusperig ['knʊspərɪç] *adj* crisp; (*Keks*) crunchy
k.o. [ka:'o:] *adj* knocked out; (*fig*) done in
Koalition [koalitsi'o:n] *f* coalition
Kobalt ['ko:balt] (-s) *nt* cobalt
Kobold ['ko:bɔlt] (-(e)s, -e) *m* goblin, imp
Kobra ['ko:bra] (-, -s) *f* cobra
Koch [kɔx] (-(e)s, ¨e) *m* cook; **~buch** *nt* cook(ery) book; **k~en** *vt, vi* to cook; (*Wasser*) to boil; **~er** (-s, -) *m* stove, cooker
Köcher ['kœçər] (-s, -) *m* quiver
Kochgelegenheit ['kɔxgəle:gənhaɪt] *f* cooking facilities *pl*
Köchin ['kœçɪn] *f* cook
Koch- *zW*: **~löffel** *m* kitchen spoon; **~nische** *f* kitchenette; **~platte** *f* hotplate; **~salz** *nt* cooking salt; **~topf** *m* saucepan, pot
Köder ['kø:dər] (-s, -) *m* bait, lure
ködern *vt* (*Tier*) to trap with bait; (*Person*) to entice, to tempt
Koexistenz [kɔɛksɪs'tɛnts] *f* coexistence
Koffein [kɔfe'i:n] (-s) *nt* caffeine; **k~frei** *adj* decaffeinated
Koffer ['kɔfər] (-s, -) *m* suitcase; (*Schrank~*) trunk; **~radio** *nt* portable radio; **~raum** *m* (*AUT*) boot (*BRIT*), trunk (*US*)
Kognak ['kɔnjak] (-s, -s) *m* brandy, cognac
Kohl [ko:l] (-(e)s, -e) *m* cabbage
Kohle ['ko:lə] *f* coal; (*Holz~*) charcoal; (*CHEM*) carbon; **~hydrat** (-(e)s, -e) *nt* carbohydrate
Kohlen- *zW*: **~dioxyd** (-(e)s, -e) *nt* carbon dioxide; **~händler** *m* coal merchant, coalman; **~säure** *f* carbon dioxide; **~stoff** *m* carbon
Kohlepapier *nt* carbon paper
Koje ['ko:jə] *f* cabin; (*Bett*) bunk
Kokain [koka'i:n] (-s) *nt* cocaine
kokett [ko'kɛt] *adj* coquettish, flirtatious
Kokosnuß ['ko:kɔsnʊs] *f* coconut
Koks [ko:ks] (-es, -e) *m* coke
Kolben ['kɔlbən] (-s, -) *m* (*Gewehr~*) rifle butt; (*Keule*) club; (*CHEM*) flask; (*TECH*)

piston; (Mais~) cob
Kolchose [kɔl'çoːzə] f collective farm
Kolik ['koːlɪk] f colic, the gripes pl
Kollaps [kɔ'laps] (-es, -e) m collapse
Kolleg [kɔl'eːk] (-s, -s od -ien) nt lecture
  course; **~e** [kɔ'leːgə] (-n, -n) m colleague;
  ~in f colleague; **~ium** nt working party;
  (SCH) staff
Kollekte [kɔ'lɛktə] f (REL) collection
kollektiv [kɔlɛk'tiːf] adj collective
Köln [kœln] (-s) nt Cologne
Kolonie [kolo'niː] f colony
kolonisieren [koloni'ziːrən] vt to colonize
Kolonne [ko'lɔnə] f column; (von Fahrzeu-
  gen) convoy
Koloß [ko'lɔs] (-sses, -sse) m colossus
kolossal [kolɔ'saːl] adj colossal
Kombi- ['kɔmbi] zW: **~nation** [-natsi'oːn] f
  combination; (Vermutung) conjecture;
  (Hemdhose) combinations pl; **~nations-
  schloß** nt combination lock; **k~nieren**
  [-'niːrən] vt to combine ♦ vi to deduce, to
  work out; (vermuten) to guess; **~wagen** m
  station wagon; **~zange** f (pair of) pliers pl
Komet [ko'meːt] (-en, -en) m comet
Komfort [kɔm'foːr] (-s) m luxury
Komik ['koːmɪk] f humour, comedy; **~er**
  (-s, -) m comedian
komisch ['koːmɪʃ] adj funny
Komitee [komi'teː] (-s, -s) nt committee
Komma ['kɔma] (-s, -s od -ta) nt comma; **2
  ~ 3** 2 point 3
Kommand- [kɔ'mand] zW: **~ant** [-'dant] m
  commander, commanding officer; **k~ieren**
  [-'diːrən] vt, vi to command; **~o** (-s, -s) nt
  command, order; (Truppe) detachment,
  squad; **auf ~o** to order
kommen ['kɔmən] (unreg) vi to come;
  (näher~) to approach; (passieren) to happen; (gelangen, geraten) to get; (Blumen,
  Zähne, Tränen etc) to appear; (in die Schule,
  das Zuchthaus etc) to go; **~ lassen** to send
  for; **das kommt in den Schrank** that goes
  in the cupboard; **zu sich ~** to come round
  od to; **zu etw ~** to acquire sth; **um etw ~**
  to lose sth; **nichts auf jdn/etw ~ lassen** to
  have nothing said against sb/sth; **jdm frech
  ~** to get cheeky with sb; **auf jeden vierten
  kommt ein Platz** there's one place for
  every fourth person; **wer kommt zuerst?**
  who's first?; **unter ein Auto ~** to be run
  over by a car; **wie hoch kommt das?** what
  does that cost?; **komm gut nach Hause!**
  safe journey (home); **~den Sonntag** next
  Sunday; **K~** (-s) nt coming
Kommentar [kɔmɛn'taːr] m commentary;
  kein ~ no comment; **k~los** adj without
  comment
Kommentator [kɔmɛn'taːtɔr] m (TV) commentator
kommentieren [kɔmɛn'tiːrən] vt to comment on

kommerziell [kɔmɛrtsi'ɛl] adj commercial
Kommilitone [kɔmili'toːnə] (-n, -n) m fel-
  low student
Kommissar [kɔmɪ'saːr] m police inspector
Kommission [kɔmɪsi'oːn] f (COMM) com-
  mission; (Ausschuß) committee
Kommode [kɔ'moːdə] f (chest of) drawers
kommunal [kɔmu'naːl] adj local; (von
  Stadt auch) municipal
Kommune [kɔ'muːnə] f commune
Kommunikation [kɔmunikatsi'oːn] f com-
  munication
Kommunion [kɔmuni'oːn] f communion
Kommuniqué [kɔmyni'keː] (-s, -s) nt com-
  muniqué
Kommunismus [kɔmu'nɪsmʊs] m com-
  munism
Kommunist(in) m(f) communist; **k~isch**
  adj communist
kommunizieren [kɔmuni'tsiːrən] vi to
  communicate; (REL) to receive Communion
Komödie [ko'møːdiə] f comedy
Kompagnon [kɔmpan'jõː] (-s, -s) m
  (COMM) partner
kompakt [kɔm'pakt] adj compact
Kompanie [kɔmpa'niː] f company
Kompaß ['kɔmpas] (-sses, -sse) m compass
kompatibel [kɔmpa'tiːbəl] adj compatible
kompetent [kɔmpe'tɛnt] adj competent
Kompetenz f competence, authority
komplett [kɔm'plɛt] adj complete
Komplex [kɔm'plɛks] (-es, -e) m (Ge-
  bäude~) complex
Komplikation [kɔmplikatsi'oːn] f complication
Kompliment [kɔmpli'mɛnt] nt compliment
Komplize [kɔm'pliːtsə] (-n, -n) m accomplice
kompliziert [kɔmpli'tsiːrt] adj complicated
komponieren [kɔmpo'niːrən] vt to compose
Komponist [kɔmpo'nɪst] m composer
Komposition [kɔmpozitsi'oːn] f composition
Kompost [kɔm'pɔst] (-(e)s, -e) m compost
Kompott [kɔm'pɔt] (-(e)s, -e) nt stewed
  fruit
Kompromiß [kɔmpro'mɪs] (-sses, -sse) m
  compromise; **k~bereit** adj willing to compromise; **~lösung** f compromise solution
Kondens- [kɔn'dɛns] zW: **~ation**
  [kɔndɛnzatsi'oːn] f condensation; **k~ieren**
  [kɔndɛn'ziːrən] vt to condense; **~milch** f
  condensed milk
Kondition [kɔnditsi'oːn] f (WIRTS, FINANZ)
  condition; (Durchhaltevermögen) stamina;
  (körperliche Verfassung) physical condition,
  state of health
Konditionstraining [kɔnditsi'oːnstrɛːnɪŋ]
  nt fitness training
Konditor [kɔn'diːtɔr] m pastrycook; **~ei** f

café; cake shop

Kondom [kɔn'doːm] (-s, -e) nt condom

Konferenz [kɔnfe'rɛnts] f conference, meeting

Konfession [kɔnfɛsi'oːn] f (religious) denomination; **k~ell** [-'nɛl] adj denominational; **k~slos** adj nondenominational

Konfetti [kɔn'fɛti] (-(s)) nt confetti

Konfirmand [kɔnfɪr'mant] m candidate for confirmation

Konfirmation [kɔnfɪrmatsi'oːn] f (REL) confirmation

konfirmieren [kɔnfɪr'miːrən] vt to confirm

konfiszieren [kɔnfɪs'tsiːrən] vt to confiscate

Konfitüre [kɔnfi'tyːrə] f jam

Konflikt [kɔn'flɪkt] (-(e)s, -e) m conflict

konfrontieren [kɔnfrɔn'tiːrən] vt to confront

konfus [kɔn'fuːs] adj confused

Kongreß [kɔn'grɛs] (-sses, -sse) m congress

Kongruenz [kɔngru'ɛnts] f agreement, congruence

König ['køːnɪç] (-(e)s, -e) m king; **~in** ['køːnɪgɪn] f queen; **k~lich** adj royal; **~reich** nt kingdom; **~tum** (-(e)s) nt kingship

Konjugation [kɔnjugatsi'oːn] f conjugation

konjugieren [kɔnju'giːrən] vt to conjugate

Konjunktion [kɔnjʊŋktsi'oːn] f conjunction

Konjunktiv ['kɔnjʊŋktiːf] (-s, -e) m subjunctive

Konjunktur [kɔnjʊŋk'tuːr] f economic situation; (Hoch~) boom

konkav [kɔn'kaːf] adj concave

konkret [kɔn'kreːt] adj concrete

Konkurrent(in) [kɔnkʊ'rɛnt(ɪn)] m(f) competitor

Konkurrenz [kɔnkʊ'rɛnts] f competition; **k~fähig** adj competitive; **~kampf** m competition; rivalry, competitive situation

konkurrieren [kɔnkʊ'riːrən] vi to compete

Konkurs [kɔn'kʊrs] (-es, -e) m bankruptcy

─────── SCHLÜSSELWORT ───────

können ['kœnən] (pt konnte, pp gekonnt od (als Hilfsverb) können) vt, vi **1** to be able to; **ich kann es machen** I can do it, I am able to do it; **ich kann es nicht machen** I can't do it, I'm not able to do it; **ich kann nicht ... I can't ..., I cannot ...; ich kann nicht mehr** I can't go on

2 (wissen, beherrschen) to know; **können Sie Deutsch?** can you speak German?; **er kann gut Englisch** he speaks English well; **sie kann keine Mathematik** she can't do mathematics

3 (dürfen) to be allowed to; **kann ich gehen?** can I go?; **könnte ich ...?** could I ...?; **kann ich mit?** (umg) can I come with you?

4 (möglich sein): **Sie könnten recht haben**

you may be right; **das kann sein** that's possible; **kann sein** maybe

─────────────────────────

Können (-s) nt ability

Könner m expert

konnte etc ['kɔntə] vb siehe **können**

konsequent [kɔnze'kvɛnt] adj consistent

Konsequenz [kɔnze'kvɛnts] f consistency; (Folgerung) conclusion

Konserv- [kɔn'zɛrv] zW: **k~ativ** [-a'tiːf] adj conservative; **~ative(r)** [-a'tiːvə(r)] mf (POL) conservative; **~e** f tinned food; **~enbüchse** f tin, can; **k~ieren** [-'viːrən] vt to preserve; **~ierung** f preservation; **~ierungsmittel** nt preservative; **~ierungsstoff** m preservatives

Konsonant [kɔnzo'nant] m consonant

konstant [kɔn'stant] adj constant

konstruieren [kɔnstru'iːrən] vt to construct

Konstrukteur [kɔnstrʊk'tøːr] m designer

Konstruktion [kɔnstrʊktsi'oːn] f construction

konstruktiv [kɔnstrʊk'tiːf] adj constructive

Konsul ['kɔnzʊl] (-s, -n) m consul; **~at** [-'laːt] nt consulate

konsultieren [kɔnzʊl'tiːrən] vt to consult

Konsum [kɔn'zuːm] (-s) m consumption; **~artikel** m consumer article; (Paß~) **~ent** [-'mɛnt] m consumer; **k~ieren** [-'miːrən] vt to consume

Kontakt [kɔn'takt] (-(e)s, -e) m contact; **k~arm** adj unsociable; **k~freudig** adj sociable; **~linsen** pl contact lenses

kontern ['kɔntərn] vt, vi to counter

Kontinent ['kɔntinɛnt] m continent

Kontingent [kɔntɪŋ'gɛnt] (-(e)s, -e) nt quota; (Truppen~) contingent

kontinuierlich [kɔntinu'iːrlɪç] adj continuous

Konto ['kɔnto] (-s, Konten) nt account; **~auszug** m statement (of account); **~inhaber(in)** m(f) account holder; **~stand** m balance

Kontra ['kɔntra] (-s, -s) nt (KARTEN) double; **jdm ~ geben** (fig) to contradict sb; **~baß** m double bass

Kontrahent [-'hɛnt] m (COMM) contracting party

Kontrapunkt m counterpoint

Kontrast [kɔn'trast] (-(e)s, -e) m contrast

Kontroll- [kɔn'trɔl] zW: **~e** f control, supervision; (Paß~) passport control; **~eur** [-'løːr] m inspector; **k~ieren** [-'liːrən] vt to control, to supervise; (nachprüfen) to check

Konvention [kɔnvɛntsi'oːn] f convention; **k~ell** [-'nɛl] adj conventional

Konversation [kɔnvɛrzatsi'oːn] f conversation; **~slexikon** nt encyclopaedia

konvex [kɔn'vɛks] adj convex

Konvoi ['kɔnvɔy] (-s, -s) m convoy

Konzentration [kɔntsɛntratsi'oːn] f concentration

Konzentrationslager *nt* concentration camp

konzentrieren [kɔntsɛn'triːrən] *vt, vr* to concentrate

konzentriert *adj* concentrated ♦ *adv* (*zuhören, arbeiten*) intently

Konzern [kɔn'tsɛrn] (-s, -e) *m* combine

Konzert [kɔn'tsɛrt] (-(e)s, -e) *nt* concert; (*Stück*) concerto; ~**saal** *m* concert hall

Konzession [kɔntsɛsi'oːn] *f* licence; (*Zugeständnis*) concession

Konzil [kɔn'tsiːl] (-s, -e *od* -ien) *nt* council

kooperativ [ko'opera'tiːf] *adj* cooperative

koordinieren [ko'ɔrdi'niːrən] *vt* to coordinate

Kopf [kɔpf] (-(e)s, ˸e) *m* head; ~**haut** *f* scalp; ~**hörer** *m* headphones *pl*; ~**kissen** *nt* pillow; **k~los** *adj* panic-stricken; **k~rechnen** *vi* to do mental arithmetic; ~**salat** *m* lettuce; ~**schmerzen** *pl* headache *sg*; ~**sprung** *m* header, dive; ~**stand** *m* headstand; ~**stütze** *f* (*im Auto etc*) headrest, head restraint; ~**tuch** *nt* headscarf; ~**weh** *nt* headache; ~**zerbrechen** *nt*: jdm ~**zerbrechen machen** to be a headache for sb

Kopie [ko'piː] *f* copy; **k~ren** *vt* to copy

Kopiergerät *nt* photocopier

Koppel¹ [ˈkɔpəl] (-, -n) *f* (*Weide*) enclosure

Koppel² (-s, -) *nt* (*Gürtel*) belt

koppeln *vt* to couple

Koppelung *f* coupling

Koralle [ko'ralə] *f* coral; ~**nriff** *nt* coral reef

Koran [ko'raːn] (-s, -e) *m* Koran

Korb [kɔrp] (-(e)s, ˸e) *m* basket; jdm einen ~ **geben** (*fig*) to turn sb down; ~**ball** *m* basketball; ~**stuhl** *m* wicker chair

Kord [kɔrt] (-(e)s, -e) *m* corduroy

Kordel [ˈkɔrdəl] (-, -n) *f* cord, string

Kork [kɔrk] (-(e)s, -e) *m* cork; ~**en** (-s, -) *m* stopper, cork; ~**enzieher** (-s, -) *m* corkscrew

Korn [kɔrn] (-(e)s, ˸er) *nt* corn, grain; (*Gewehr*) sight; ~**blume** *f* cornflower

Körper [ˈkœrpər] (-s, -) *m* body; ~**bau** *m* build; **k~behindert** *adj* disabled; ~**geruch** *m* body odour; ~**gewicht** *nt* weight; ~**größe** *f* height; **k~lich** *adj* physical; ~**pflege** *f* personal hygiene; ~**schaft** *f* corporation; ~**schaftssteuer** *f* corporation tax; ~**teil** *m* part of the body

korpulent [kɔrpu'lɛnt] *adj* corpulent

korrekt [kɔ'rɛkt] *adj* correct; **K~ur** [-'tuːr] *f* (*eines Textes*) proofreading; (*Text*) proof; (*SCH*) marking, correction

Korrespond- [kɔrɛspɔnd] *zW*: ~**ent(in)** [-'dɛnt(ɪn)] *m(f)* correspondent; ~**enz** [-'dɛnts] *f* correspondence; **k~ieren** [-'diːrən] *vi* to correspond

Korridor [ˈkɔridoːr] (-s, -e) *m* corridor

korrigieren [kɔri'giːrən] *vt* to correct

Korruption [kɔruptsi'oːn] *f* corruption

Korsett [kɔr'zɛt] (-(e)s, -e) *nt* corset

Kose- [ˈkoːzə] *zW*: ~**form** *f* pet form; ~**name** *m* pet name; ~**wort** *nt* term of endearment

Kosmetik [kɔs'meːtɪk] *f* cosmetics *pl*; ~**erin** *f* beautician

kosmetisch *adj* cosmetic; (*Chirurgie*) plastic

kosmisch [ˈkɔsmɪʃ] *adj* cosmic

Kosmo- [kɔsmo] *zW*: ~**naut** [-'naut] (-en, -en) *m* cosmonaut; **k~politisch** *adj* cosmopolitan; '~**s** (-) *m* cosmos

Kost [kɔst] (-) *f* (*Nahrung*) food; (*Verpflegung*) board; **k~bar** *adj* precious; (*teuer*) costly, expensive; ~**barkeit** *f* preciousness; costliness, expensiveness; (*Wertstück*) valuable

Kosten *pl* cost(s); (*Ausgaben*) expenses; **auf ~ von** at the expense of; **k~** *vt* to cost; (*versuchen*) to taste ♦ *vi* to taste; **was kostet ...?** what does ... cost?, how much is ...?; ~**anschlag** *m* estimate; **k~los** *adj* free (of charge)

köstlich [ˈkœstlɪç] *adj* precious; (*Einfall*) delightful; (*Essen*) delicious; **sich ~ amüsieren** to have a marvellous time

Kostprobe *f* taste; (*fig*) sample

kostspielig *adj* expensive

Kostüm [kɔs'tyːm] (-s, -e) *nt* costume; (*Damen-*) suit; (*Karneval*) fancy-dress party; **k~ieren** [kɔsty'miːrən] *vt, vr* to dress up; ~**verleih** *m* costume agency

Kot [koːt] (-(e)s) *m* excrement

Kotelett [kotə'lɛt] (-(e)s, -e *od* -s) *nt* cutlet, chop

Koteletten *pl* (*Bart*) sideboards

Köter [ˈkøːtər] (-s, -) *m* cur

Kotflügel *m* (*AUT*) wing

kotzen [ˈkɔtsən] (*umg!*) *vi* to puke (*inf*), to throw up (*inf*)

Krabbe [ˈkrabə] *f* shrimp; **k~ln** *vi* to crawl

Krach [krax] (-(e)s, -s *od* -e) *m* crash; (*andauernd*) noise; (*umg: Streit*) quarrel, argument; **k~en** *vi* to crash; (*beim Brechen*) to crack ♦ *vr* (*umg*) to argue, to quarrel

krächzen [ˈkrɛçtsən] *vi* to croak

Kraft [kraft] (-, ˸e) *f* strength; power; force; (*Arbeits-*) worker; **in ~ treten** to come into force; **k~** *präp* +*gen* by virtue of; ~**fahrer** *m* (motor) driver; ~**fahrzeug** *nt* motor vehicle; ~**fahrzeugbrief** *m* logbook; ~**fahrzeugsteuer** *f* ≈ road tax; ~**fahrzeugversicherung** *f* car insurance

kräftig [ˈkrɛftɪç] *adj* strong; ~**en** *vt* to strengthen

Kraft- *zW*: **k~los** *adj* weak; powerless; (*JUR*) invalid; ~**probe** *f* trial of strength; **k~voll** *adj* vigorous; ~**werk** *nt* power station

Kragen [ˈkraːgən] (-s, -) *m* collar; ~**weite** *f* collar size

Krähe ['krɛːə] f crow; **k~n** vi to crow
Kralle ['kralə] f claw; (Vogel~) talon; **k~n**
vt to clutch; (krampfhaft) to claw
Kram [kraːm] (-(e)s) m stuff, rubbish; **k~en**
vi to rummage; **~laden** (pej) m small shop
Krampf [krampf] (-(e)s, ᵈe) m cramp; (zuck-
end) spasm; **~ader** f varicose vein; **k~haft**
adj convulsive; (fig: Versuche) desperate
Kran [kraːn] (-(e)s, ᵈe) m crane; (Wasser~)
tap, faucet (US)
Kranich ['kraːnɪç] (-s, -e) m (ZOOL) crane
krank [kraŋk] adj ill, sick; **K~e(r)** mf sick
person, invalid; patient
kranken ['kraŋkən] vi: **an etw** dat **~** (fig)
to suffer from sth
kränken ['krɛŋkən] vt to hurt
Kranken- zW: **~geld** nt sick pay; **~gym-
nastik** f physiotherapy; **~haus** nt hospital;
~kasse f health insurance; **~pfleger** m
nursing orderly; **~schein** m health insurance card; **~schwester** f nurse; **~ver-
sicherung** f health insurance; **~wagen** m
ambulance
Krank- zW: **k~haft** adj diseased; (Angst
etc) morbid; **~heit** f illness; disease;
~heitserreger m disease-causing agent
kränklich adj sickly
Kränkung f insult, offence
Kranz [krants] (-es, ᵈe) m wreath, garland
kraß [kras] adj crass
Krater ['kraːtər] (-s, -) m crater
Kratz- ['krats] zW: **~bürste** f (fig) cross-
patch; **k~en** vt, vi to scratch; **~er** (-s, -) m
scratch; (Werkzeug) scraper
Kraul [kraʊl] (-s) nt crawl; **~ schwimmen**
to do the crawl; **k~en** vi (schwimmen) to
do the crawl ♦ vt (streicheln) to fondle
kraus [kraʊs] adj crinkly; (Haar) frizzy;
(Stirn) wrinkled; **K~e** ['kraʊzə] f frill, ruffle
Kraut [kraʊt] (-(e)s, Kräuter) nt plant; (Ge-
würz) herb; (Gemüse) cabbage
Krawall [kra'val] (-s, -e) m row, uproar
Krawatte [kra'vatə] f tie
kreativ [krea'tiːf] adj creative
Krebs [kreːps] (-es, -e) m crab; (MED,
ASTROL) cancer
krebskrank adj suffering from cancer
Kredit [kre'diːt] (-(e)s, -e) m credit
Kreditinstitut nt bank
Kreditkarte f credit card
Kreide ['kraɪdə] f chalk; **k~bleich** adj as
white as a sheet
Kreis [kraɪs] (-es, -e) m circle; (Stadt~ etc)
district; **im ~ gehen** (auch fig) to go round
in circles
kreischen ['kraɪʃən] vi to shriek, to screech
Kreis- zW: **~el** ['kraɪzəl] (-s, -) m top;
(Verkehrs~) roundabout (BRIT), traffic cir-
cle (US); **k~en** ['kraɪzən] vi to spin; **~lauf**
m (MED) circulation; (fig: der Natur etc) cycle; **~säge** f circular saw
Kreisstadt f county town

Kreisverkehr m roundabout traffic
Krematorium [krema'toːriʊm] nt crema-
torium
Kreml ['krɛm(ə)l] (-s) m Kremlin
krepieren [kre'piːrən] (umg) vi (sterben) to
die, to kick the bucket
Krepp [krɛp] (-s, -s od -e) m crepe;
~(p)apier nt crepe paper; **~sohle** f crepe
sole
Kresse ['krɛsə] f cress
Kreta ['kreːta] (-s) nt Crete
Kreuz [krɔʏts] (-es, -e) nt cross; (ANAT)
small of the back; (KARTEN) clubs; **k~en**
vt, vr to cross ♦ vi (NAUT) to cruise; **~er**
(-s, -) m (Schiff) cruiser; **~fahrt** f cruise;
~feuer nt (fig): **ins ~feuer geraten** to be
under fire from all sides; **~gang** m clois-
ters pl; **~igen** vt to crucify; **~igung** f cru-
cifixion; **~ung** f (Verkehrskreuzung) crossing, junction; (Züchten) cross; **~verhör** nt
cross-examination; **~weg** m crossroads;
(REL) Way of the Cross; **~worträtsel** nt
crossword puzzle; **~zug** m crusade
Kriech- ['kriːç] zW: **k~en** (unreg) vi to
crawl, to creep; (pej) to grovel, to crawl;
~er (-s, -) m crawler; **~spur** f crawler
lane; **~tier** nt reptile
Krieg [kriːk] (-(e)s, -e) m war
kriegen ['kriːgən] (umg) vt to get
Kriegs- zW: **~erklärung** f declaration of
war; **~fuß** m: **mit jdm/etw auf ~fuß stehen** to be at loggerheads with sb/to have
difficulties with sth; **~gefangene(r)** m
prisoner of war; **~gefangenschaft** f captivity; **~gericht** nt court-martial; **~schiff**
nt warship; **~verbrecher** m war criminal;
~versehrte(r) m person disabled in the
war; **~zustand** m state of war
Krim [krɪm] (-) f Crimea
Krimi ['krɪmi] (-s, -s; umg) m thriller
Kriminal- zW: **~beamte(r)** m
detective; **~ität** f criminality; **~polizei** f
≈ Criminal Investigation Department
(BRIT), Federal Bureau of Investigation
(US); **~roman** m detective story
kriminell [krimi'nɛl] adj criminal; **K~e(r)**
f(m) criminal
Krippe ['krɪpə] f manger, crib; (Kinder~)
crèche
Krise ['kriːzə] f crisis; **k~ln** vi: **es k~lt**
there's a crisis
Kristall [krɪs'tal] (-s, -e) m crystal ♦ nt
(Glas) crystal
Kriterium [kri'teːriʊm] nt criterion
Kritik [kri'tiːk] f criticism; (Zeitungs~) review, write-up; **~er** ['kriːtikər] (-s, -) m
critic; **k~los** adj uncritical
kritisch ['kriːtɪʃ] adj critical
kritisieren [kriti'ziːrən] vt, vi to criticize
kritzeln ['krɪtsəln] vt, vi to scribble, to
scrawl
Kroatien [kro'aːtiən] nt Croatia

Krokodil [kroko'diːl] (-s, -e) nt crocodile
Krokus ['kroːkʊs] (-, - od -se) m crocus
Krone ['kroːnə] f crown; (Baum~) top
krönen ['krøːnən] vt to crown
Kron- zW: **~korken** m bottle top; **~leuchter** m chandelier; **~prinz** m crown prince
Krönung ['krøːnʊŋ] f coronation
Kropf [krɔpf] (-(e)s, ⁼e) m (MED) goitre; (von Vogel) crop
Kröte ['krøːtə] f toad
Krücke ['krʏkə] f crutch
Krug [kruːk] (-(e)s, ⁼e) m jug; (Bier~) mug
Krümel ['kryːməl] (-s, -) m crumb; **k~n** vt, vi to crumble
krumm [krʊm] adj (auch fig) crooked; (kurvig) curved; **~beinig** adj bandy-legged; **~lachen** (umg) vr to laugh o.s. silly; **~nehmen** (unreg; umg) vt: **jdm etw ~nehmen** to take sth amiss
Krümmung ['krʏmʊŋ] f bend, curve
Krüppel ['krʏpəl] (-s, -) m cripple
Kruste ['krʊstə] f crust
Kruzifix [krutsi'fɪks] (-es, -e) nt crucifix
Kübel ['kyːbəl] (-s, -) m tub; (Eimer) pail
Kubikmeter [ku'biːkmeːtər] m cubic metre
Küche ['kʏçə] f kitchen; (Kochen) cooking, cuisine
Kuchen ['kuːxən] (-s, -) m cake; **~form** f baking tin; **~gabel** f pastry fork
Küchen- zW: **~herd** m cooker, stove; **~schabe** f cockroach; **~schrank** m kitchen cabinet
Kuckuck ['kʊkʊk] (-s, -e) m cuckoo; **~suhr** f cuckoo clock
Kufe ['kuːfə] f (Faß) vat; (Schlitten~) runner; (AVIAT) skid
Kugel ['kuːgəl] (-, -n) f ball; (MATH) sphere; (MIL) bullet; (Erd~) globe; (SPORT) shot; **k~förmig** adj spherical; **~kopf** m golf ball; **~lager** nt ball bearing; **k~rund** adj (Gegenstand) round; (umg: Person) tubby; **~schreiber** m ball-point (pen), biro ®); **k~sicher** adj bulletproof; **~stoßen** (-s) nt shot-put
Kuh [kuː] (-, ⁼e) f cow
kühl [kyːl] adj (auch fig) cool; **K~anlage** f refrigeration plant; **K~e** (-) f coolness; **~en** vt to cool; **K~er** (-s, -) m (AUT) radiator; **K~erhaube** f (AUT) bonnet (BRIT), hood (US); **K~raum** m cold-storage chamber; **K~schrank** m refrigerator; **K~truhe** f freezer; **K~ung** f cooling; **K~wasser** nt radiator water
kühn [kyːn] adj bold, daring; **K~heit** f boldness
Kuhstall m byre, cattle shed
Küken ['kyːkən] (-s, -) nt chicken
kulant [ku'lant] adj obliging
Kuli ['kuːli] (-s, -s) m coolie; (umg: Kugelschreiber) biro ®)
Kulisse [ku'lɪsə] f scenery
kullern ['kʊlərn] vi to roll

Kult [kʊlt] (-(e)s, -e) m worship, cult; **mit etw einen ~ treiben** to make a cult out of sth
kultivieren [-i'viːrən] vt to cultivate
kultiviert adj cultivated, refined
Kultur [kʊl'tuːr] f culture; civilization; (des Bodens) cultivation; (Bakterien~) (umg) m philistine, low-brow; **~beutel** m toilet bag; **k~ell** [-u'rɛl] adj cultural; **~ministerium** nt ministry of education and the arts
Kümmel ['kʏməl] (-s, -) m caraway seed; (Branntwein) kümmel
Kummer ['kʊmər] (-s) m grief, sorrow
kümmerlich adj miserable, wretched
kümmern ['kʏmərn] vt to concern ♦ vr: **sich um jdn ~** to look after sb; **das kümmert mich nicht** that doesn't worry me; **sich um etw ~** to see to sth
Kumpel ['kʊmpəl] (-s, -; umg) m mate
kündbar ['kʏntbaːr] adj redeemable, recallable; (Vertrag) terminable
Kunde¹ ['kʊndə] (-n, -n) m customer
Kunde² f (Botschaft) news
Kundendienst m after-sales service
Kundenkonto nt charge account
Kund- zW: **k~geben** (unreg) vt to announce; **~gebung** f announcement; (Versammlung) rally; **k~igen** vi to give in one's notice ♦ vt to cancel; **jdm k~igen** to give sb his notice; **die Stellung/Wohnung k~igen** to give notice that one is leaving one's job/house; **jdm die Stellung/ Wohnung k~igen** to give sb notice to leave his/her job/house; **~igung** f notice; **~igungsfrist** f period of notice
Kundin f customer
Kundschaft f customers pl, clientele
künftig ['kʏnftɪç] adj future ♦ adv in future
Kunst [kʊnst] (-, ⁼e) f art; (Können) skill; **das ist doch keine ~** it's easy; **~dünger** m artificial manure; **~faser** f synthetic fibre; **~fertigkeit** f skilfulness; **~gegenstand** m art object; **k~gerecht** adj skilful; **~geschichte** f history of art; **~gewerbe** nt arts and crafts pl; **~griff** m trick, knack; **~händler** m art dealer
Künstler(in) ['kʏnstlər(ɪn)] (-s, -) m(f) artist; **k~isch** adj artistic; **~name** m pseudonym
künstlich ['kʏnstlɪç] adj artificial
Kunst- zW: **~sammler** (-s, -) m art collector; **~seide** f artificial silk; **~stoff** m synthetic material; **~stück** nt trick; **~turnen** nt gymnastics sg; **k~voll** adj artistic; **~werk** nt work of art
kunterbunt ['kʊntərbʊnt] adj higgledypiggledy
Kupfer ['kʊpfər] (-s) nt copper; **k~n** adj copper
Kuppe ['kʊpə] f (Berg~) top; (Finger~) tip
Kuppe'lei f (JUR) procuring
Kuppel (-, -n) f dome; **k~n** vi (JUR) to

procure; (*AUT*) to declutch ♦ *vt* to join

Kupplung *f* coupling; (*AUT*) clutch

Kur [kuːr] (-, -en) *f* cure, treatment

Kür [kyːr] (-, -en) *f* (*SPORT*) free exercises *pl*

Kurbel ['kurbəl] (-, -n) *f* crank, winder; (*AUT*) starting handle; ~**welle** *f* crankshaft

Kürbis ['kyrbɪs] (-ses, -se) *m* pumpkin; (*exotisch*) gourd

Kurgast *m* visitor (to a health resort)

kurieren [ku'riːrən] *vt* to cure

kurios [kuri'oːs] *adj* curious, odd; **K~i'tät** *f* curiosity

Kurort *m* health resort

Kurpfuscher *m* quack

Kurs [kurs] (-es, -e) *m* course; (*FIN*) rate; ~**buch** *nt* timetable; **k~ieren** [kur'ziːrən] *vi* to circulate; **k~iv** [kur'ziːf] *adv* in italics; ~**us** ['kurzus] (-, **Kurse**) *m* course; ~**wagen** *m* (*EISENB*) through carriage

Kurve ['kurvə] *f* curve; (*Straßen~*) curve, bend; **kurvig** *adj* (*Straße*) bendy

kurz [kurts] *adj* short; ~ **gesagt** in short; **zu ~ kommen** to come off badly; **den kürzeren ziehen** to get the worst of it; **K~arbeit** *f* short-time work; ~**ärm(e)lig** *adj* short-sleeved

Kürze ['kyrtsə] *f* shortness, brevity; **k~n** *vt* to cut short; (*in der Länge*) to shorten; (*Gehalt*) to reduce

kurz- *zW*: ~**erhand** *adv* on the spot; ~**fristig** *adj* short-term; **K~geschichte** *f* short story; ~**halten** (*unreg*) *vt* to keep short; ~**lebig** *adj* short-lived

kürzlich ['kyrtslɪç] *adv* lately, recently

Kurz- *zW*: ~**schluß** *m* (*ELEK*) short circuit; ~**schrift** *f* shorthand; **k~sichtig** *adj* short-sighted

Kürzung *f* (*eines Textes*) abridgement; (*eines Theaterstück, des Gehalts*) cut

Kurzwelle *f* shortwave

kuscheln ['kuʃəln] *vr* to snuggle up

Kusine [ku'ziːnə] *f* cousin

Kuß [kus] (-sses, ²sse) *m* kiss

küssen ['kysən] *vt, vr* to kiss

Küste ['kystə] *f* coast, shore

Küster ['kystər] (-s, -) *m* sexton, verger

Kutsche ['kutʃə] *f* coach, carriage; ~**r** (-s, -) *m* coachman

Kutte ['kutə] *f* habit

Kuvert [ku'veːr] (-s, -e *od* -s) *nt* envelope; cover

Kybernetik [kybɛr'neːtɪk] *f* cybernetics *sg*

KZ *nt abk von* **Konzentrationslager**

--- ---

L l

l. *abk =* **Liter**

labil [la'biːl] *adj* (*MED*: *Konstitution*) delicate

Labor [la'boːr] (-s, -e *od* -s) *nt* lab; ~**ant(in)** [labo'rant(ɪn)] *m(f)* lab(oratory) assistant

Labyrinth [laby'rɪnt] (-s, -e) *nt* labyrinth

Lache ['laxə] *f* (*Flüssigkeit*) puddle; (*von Blut, Benzin etc*) pool

lächeln ['lɛçəln] *vi* to smile; **L~** (-s) *nt* smile

lachen ['laxən] *vi* to laugh

lächerlich ['lɛçərlɪç] *adj* ridiculous

Lachgas *nt* laughing gas

lachhaft *adj* laughable

Lachs [laks] (-es, -e) *m* salmon

Lack [lak] (-(e)s, -e) *m* lacquer, varnish; (*von Auto*) paint; **l~ieren** [la'kiːrən] *vt* to varnish; (*Auto*) to spray; ~**ierer** [la'kiːrər] (-s, -) *m* varnisher

Lackmus ['lakmus] (-) *m od nt* litmus

Laden ['laːdən] (-s, ²) *m* shop; (*Fenster~*) shutter

laden ['laːdən] (*unreg*) *vt* (*Lasten*) to load; (*JUR*) to summon; (*einladen*) to invite

Laden- *zW*: ~**dieb** *m* shoplifter; ~**diebstahl** *m* shoplifting; ~**schluß** *m* closing time; ~**tisch** *m* counter

Laderaum *m* freight space; (*AVIAT, NAUT*) hold

Ladung ['laːduŋ] *f* (*Last*) cargo, load; (*Beladen*) loading; (*JUR*) summons; (*Einladung*) invitation; (*Spreng~*) charge

Lage ['laːgə] *f* position, situation; (*Schicht*) layer; **in der ~ sein** to be in a position

Lageplan *m* ground plan

Lager ['laːgər] (-s, -) *nt* camp; (*COMM*) warehouse; (*Schlaf~*) bed; (*von Tier*) lair; (*TECH*) bearing; ~**bestand** *m* stocks *pl*; ~**feuer** *nt* campfire; ~**haus** *nt* warehouse, store

lagern ['laːgərn] *vi* (*Dinge*) to be stored; (*Menschen*) to camp ♦ *vt* to store; (*betten*) to lay down; (*Maschine*) to bed

Lagune [la'guːnə] *f* lagoon

lahm [laːm] *adj* lame; ~**en** *vi* to be lame

lähmen ['lɛːmən] *vt* to paralyse

lahmlegen *vt* to paralyse

Lähmung *f* paralysis

Laib [laɪp] (-s, -e) *m* loaf

Laie ['laɪə] (-n, -n) *m* layman; **l~nhaft** *adj*

amateurish

Laken ['laːkən] (-s, -) nt sheet

Lakritz m od nt = **Lakritze**

Lakritze [la'krɪtsə] f liquorice

lallen ['lalən] vt, vi to slur; (Baby) to babble

Lama ['laːma] (-s, -s) nt (ZOOL) llama

Lamelle [la'mɛlə] f lamella; (ELEK) lamina; (TECH) plate

Lametta [la'mɛta] (-s) nt tinsel

Lamm [lam] (-(e)s, ⁼er) nt lamb

Lampe ['lampə] f lamp; ~nfieber nt stage fright; ~nschirm m lampshade

Lampion [lampi'öː] (-s, -s) m Chinese lantern

Land [lant] (-(e)s, ⁼er) nt land; (Nation, nicht Stadt) country; (Bundes~) state; **auf dem ~(e)** in the country; ~besitz m landed property; ~ebahn f runway; l~en ['landən] vt, vi to land

Landes- ['landəs] zW: ~farben pl national colours; ~innere(s) nt inland region; ~sprache f national language; l~üblich adj customary; ~verrat m high treason; ~währung f national currency

landesweit adj nationwide

Land- zW: ~haus nt country house; ~karte f map; ~kreis m administrative region; l~läufig adj customary

ländlich ['lɛntlɪç] adj rural

Land- zW: ~schaft f countryside; (KUNST) landscape; ~sitz m country seat; ~straße f country road; ~streicher (-s, -) m tramp; ~strich m region

Landung ['landʊŋ] f landing; ~sbrücke f jetty, pier

Land- zW: ~wirt m farmer; ~weg m: **etw auf dem ~weg befördern** to transport sth by land; ~wirtschaft f agriculture; ~zunge f spit

lang [laŋ] adj long; (Mensch) tall; ~atmig adj long-winded; ~e adv for a long time; (dauern, brauchen) a long time

Länge ['lɛŋə] f length; (GEOG) longitude

langen ['laŋən] vi (ausreichen) to do, to suffice; (fassen): (nach) to reach (for) ♦ vt: **jdm etw ~** to hand od pass sb sth; **es langt mir** I've had enough

Längengrad m longitude

Längenmaß nt linear measure

lang- zW: L~eweile f boredom; ~fristig adj long-term; ~jährig adj (Freundschaft, Gewohnheit) long-standing; L~lauf m (SKI) cross-country skiing

länglich adj longish

längs [lɛŋs] präp (+gen od dat) along ♦ adv lengthwise

lang- zW: ~sam adj slow; L~samkeit f slowness; L~schläfer(in) m(f) late riser; L~spielplatte f long-playing record

längst [lɛŋst] adv: **das ist ~ fertig** that was finished a long time ago, that has been finished for a long time; ~e(r, s) adj long-

est

lang- zW: ~weilen vt to bore ♦ vr to be bored; ~weilig adj boring, tedious; L~welle f long wave; ~wierig adj lengthy, long-drawn-out

Lanze ['lantsə] f lance

Lappalie [la'paːliə] f trifle

Lappen ['lapən] (-s, -) m cloth, rag; (ANAT) lobe

läppisch ['lɛpɪʃ] adj foolish

Lapsus ['lapsʊs] (-, -) m slip

Lärche ['lɛrçə] f larch

Lärm [lɛrm] (-(e)s) m noise; l~en vi to be noisy, to make a noise

Larve ['larfə] f (BIOL) larva

lasch [laʃ] adj slack

Lasche ['laʃə] f (Schuh~) tongue

Laser ['leːzə] (-s, -) m laser

SCHLÜSSELWORT

lassen ['lasən] (pt **ließ**, pp **gelassen** od (als Hilfsverb) **lassen**) vt **1** (unterlassen) to stop; (momentan) to leave; **laß das (sein)!** don't (do it)!; (hör auf) stop it!; **laß mich!** leave me alone; **lassen wir das!** let's leave it; **er kann das Trinken nicht lassen** he can't stop drinking

2 (zurücklassen) to leave; **etw lassen, wie es ist** to leave sth (just) as it is

3 (überlassen): **jdn ins Haus lassen** to let sb into the house

♦ vi: **laß mal, ich mache das schon** leave it, I'll do it

♦ Hilfsverb **1** (veranlassen): **etw machen lassen** to have od get sth done; **sich** dat **etw schicken lassen** to have sth sent (to one)

2 (zulassen): **jdn etw wissen lassen** to let sb know sth; **das Licht brennen lassen** to leave the light on; **jdn warten lassen** to keep sb waiting; **das läßt sich machen** that can be done

3: **laß uns gehen** let's go

---

lässig ['lɛsɪç] adj casual; L~keit f casualness

Last [last] (-, -en) f load, burden; (NAUT, AVIAT) cargo; (meist pl: Gebühr) charge; **jdm zur ~ fallen** to be a burden to sb; ~auto nt lorry, truck; l~en vi: l~en **auf** +dat to weigh on

Laster ['lastər] (-s, -) nt vice

lästern ['lɛstərn] vt, vi (Gott) to blaspheme; (schlecht sprechen) to mock

Lästerung f jibe; (Gottes~) blasphemy

lästig ['lɛstɪç] adj troublesome, tiresome

Last- zW: ~kahn m barge; ~kraftwagen m heavy goods vehicle; ~schrift f debit; ~wagen m lorry, truck; ~zug m articulated lorry

Latein [la'taɪn] (-s) nt Latin; ~amerika nt Latin America

latent [la'tɛnt] *adj* latent
Laterne [la'tɛrnə] *f* lantern; *(Straßen~)* lamp, light; **~npfahl** *m* lamppost
latschen ['laːtʃən] *(umg) vi (gehen)* to wander, to go; *(lässig)* to slouch
Latte ['latə] *f* lath; *(SPORT)* goalpost; *(quer)* crossbar
Latzhose ['latshoːzə] *f* dungarees *pl*
lau [lau] *adj (Nacht)* balmy; *(Wasser)* luke-warm
Laub [laup] (-(e)s) *nt* foliage; **~baum** *m* deciduous tree; **~frosch** *m* tree frog; **~säge** *f* fretsaw
Lauch [laux] (-(e)s, -e) *m* leek
Lauer ['lauər] *f*: **auf der ~ sein** *od* **liegen** to lie in wait; **l~n** *vi* to lie in wait; *(Gefahr)* to lurk
Lauf [lauf] (-(e)s, Läufe) *m* run; *(Wett~)* race; *(Entwicklung, ASTRON)* course; *(Gewehr~)* barrel; **einer Sache** *dat* **ihren ~ lassen** to let sth take its course; **~bahn** *f* career
laufen ['laufən] *(unreg) vt, vi* to run; *(umg: gehen)* to walk; **~d** *adj* running; *(Monat, Ausgaben)* current; **auf dem ~den sein/ halten** to be/keep up to date; **am ~den Band** *(fig)* continuously
Läufer ['lɔyfər] (-s, -) *m (Teppich, SPORT)* runner; *(Fußball)* half-back; *(Schach)* bishop
Lauf- *zW*: **~masche** *f* run, ladder *(BRIT)*; **~paß** *m*: **jdm den ~paß geben** *(umg)* to send sb packing *(inf)*; **~stall** *m* playpen; **~steg** *m* catwalk; **~werk** *nt (COMPUT)* disk drive
Lauge ['laugə] *f* soapy water; *(CHEM)* alkaline solution
Laune ['launə] *f* mood, humour; *(Einfall)* caprice; *(schlechte)* temper; **l~nhaft** *adj* capricious, changeable
launisch *adj* moody; bad-tempered
Laus [laus] (-, Läuse) *f* louse; **~bub** *m* rascal, imp
lauschen ['lauʃən] *vi* to eavesdrop, to listen in
lauschig ['lauʃɪç] *adj* snug
lausig ['lauzɪç] *(umg: pej) adj* measly; *(Kälte)* perishing
laut [laut] *adj* loud ♦ *adv* loudly; *(lesen)* aloud ♦ *präp (+gen od dat)* according to; **L~** (-(e)s, -e) *m* sound
Laute ['lautə] *f* lute
lauten ['lautən] *vi* to say; *(Urteil)* to be
läuten ['lɔytən] *vt, vi* to ring, to sound
lauter ['lautər] *adj (Wasser)* clear, pure; *(Wahrheit, Charakter)* honest ♦ *adj inv (Freude, Dummheit etc)* sheer ♦ *adv* nothing but, only
laut- *zW*: **~hals** *adv* at the top of one's voice; **~los** *adj* noiseless, silent; **L~schrift** *f* phonetics *pl*; **L~sprecher** *m* loudspeaker; **~stark** *adj* vociferous; **L~stärke** *f (RADIO)*

volume
lauwarm ['lauvarm] *adj (auch fig)* luke-warm
Lava ['laːva] (-, Laven) *f* lava
Lavendel [la'vɛndəl] (-s, -) *m* lavender
Lawine [la'viːnə] *f* avalanche; **~ngefahr** *f* danger of avalanches
lax [laks] *adj* lax
Lazarett [latsa'rɛt] (-(e)s, -e) *nt (MIL)* hospital, infirmary
leasen ['liːzən] *vt* to lease
Leben (-s, -) *nt* life
leben ['leːbən] *vt, vi* to live; **~d** *adj* living; **~dig** [le'bɛndɪç] *adj* living, alive; *(lebhaft)* lively; **L~digkeit** *f* liveliness
Lebens- *zW*: **~art** *f* way of life; **~erwartung** *f* life expectancy; **l~fähig** *adj* able to live; **~freude** *f* zest for life; **~gefahr** *f*: **~gefahr!** danger!; **in ~gefahr** dangerously ill; **l~gefährlich** *adj* dangerous; *(Verletzung)* critical; **~haltungskosten** *pl* cost of living *sg*; **~jahr** *nt* year of life; **l~länglich** *adj (Strafe)* for life; **~lauf** *m* curriculum vitae; **~mittel** *pl* food *sg*; **~mittelgeschäft** *nt* grocer's (shop); **~mittelvergiftung** *f (MED)* food poisoning; **l~müde** *adj* tired of life; **~retter** *m* lifesaver; **~standard** *m* standard of living; **~unterhalt** *m* livelihood; **~versicherung** *f* life insurance; **~wandel** *m* way of life; **~weise** *f* lifestyle, way of life; **l~wichtig** *adj* vital, essential; **~zeichen** *nt* sign of life
Leber ['leːbər] (-, -n) *f* liver; **~fleck** *m* mole; **~tran** *m* cod-liver oil; **~wurst** *f* liver sausage
Lebewesen *nt* creature
leb- ['leːp] *zW*: **~haft** *adj* lively, vivacious; **L~kuchen** *m* gingerbread; **~los** *adj* lifeless
Leck [lɛk] (-(e)s, -e) *nt* leak; **l~** *adj* leaky, leaking; **l~en** *vi (Loch haben)* to leak; *(schlecken)* to lick ♦ *vt* to lick
lecker ['lɛkər] *adj* delicious, tasty; **L~bissen** *m* dainty morsel
Leder ['leːdər] (-s, -) *nt* leather; **~hose** *f* lederhosen; **l~n** *adj* leather; **~waren** *pl* leather goods
ledig ['leːdɪç] *adj* single; **einer Sache** *gen* **~ sein** to be free of sth; **~lich** *adv* merely, solely
leer [leːr] *adj* empty; vacant; **~ machen** to empty; **L~e** (-) *f* emptiness; **~en** *vt, vr* to empty; **L~gewicht** *nt* weight when empty; **L~lauf** *m* neutral; **~stehend** *adj* empty; **L~ung** *f* emptying; *(Post)* collection
legal [le'gaːl] *adj* legal, lawful; **~i'sieren** *vt* to legalize
legen ['leːgən] *vt* to lay, to put, to place; *(Ei)* to lay ♦ *vr* to lie down; *(fig)* to subside
Legende [le'gɛndə] *f* legend
leger [le'ʒɛːr] *adj* casual
Legierung *f* alloy
Legislative [legɪsla'tiːvə] *f* legislature

legitim [legi'ti:m] *adj* legitimate

legitimieren [legiti'mi:rən] *vt* to legitimate ♦ *vr* to prove one's identity

Lehm [le:m] (-(e)s, -e) *m* loam; **l~ig** *adj* loamy

Lehne ['le:nə] *f* arm; back; **l~n** *vt, vr* to lean

Lehnstuhl *m* armchair

Lehr- *zW*: **~amt** *nt* teaching profession; **~buch** *nt* textbook

Lehre ['le:rə] *f* teaching, doctrine; (*beruflich*) apprenticeship; (*moralisch*) lesson; (*TECH*) gauge; **l~n** *vt* to teach; **~r(in)** (-s, -) *m(f)* teacher; **~rzimmer** *nt* staff room

Lehr- *zW*: **~gang** *m* course; **~jahre** *pl* apprenticeship *sg*; **~kraft** *f* (*förmlich*) teacher; **~ling** *m* apprentice; **~plan** *m* syllabus; **l~reich** *adj* instructive; **~stelle** *f* apprenticeship

Leib [laip] (-(e)s, -er) *m* body; **halt ihn mir vom ~!** I keep him away from me!; **l~haftig** *adj* personified; (*Teufel*) incarnate; **l~lich** *adj* bodily; (*Vater etc*) own

Leibschmerzen *pl* stomach pains

Leibwache *f* bodyguard

Leiche ['laiçə] *f* corpse; **~nhalle** *f* mortuary; **~nwagen** *m* hearse

Leichnam ['laiçna:m] (-(e)s, -e) *m* corpse

leicht [laiçt] *adj* light; (*einfach*) easy; **L~athletik** *f* athletics *sg*; **~fallen** (*unreg*) *vi*: **~jdm ~fallen** to be easy for sb; **~fertig** *adj* frivolous; **~gläubig** *adj* gullible, credulous; **~hin** *adv* lightly; **L~igkeit** *f* easiness; **mit L~igkeit** with ease; **~machen** *vt*: **es sich** *dat* **~machen** to make things easy for o.s.; **L~sinn** *m* carelessness; **~sinnig** *adj* careless

Leid [lait] (-(e)s) *nt* grief, sorrow; **l~** *adj*: **etw l~ haben** *od* **sein** to be tired of sth; **es tut mir/ihm l~** I am/he is sorry; **er/das tut mir l~** I am sorry for him/it; **l~en** ['laidən] (*unreg*) *vt* to suffer; (*erlauben*) to permit ♦ *vi* to suffer; **jdn/etw nicht l~en können** not to be able to stand sb/sth; **~en** (-s, -) *nt* suffering; (*Krankheit*) complaint; **~enschaft** *f* passion; **l~enschaftlich** *adj* passionate

leider ['laidər] *adv* unfortunately; **ja, ~** yes, I'm afraid so; **~ nicht** I'm afraid not

leidig *adj* worrying, troublesome

leidlich *adj* tolerable ♦ *adv* tolerably

Leidtragende(r) *mf* bereaved; (*Benachteiligter*) one who suffers

Leidwesen *nt*: **zu jds ~** to sb's disappointment

Leier ['laiər] (-, -n) *f* lyre; (*fig*) old story; **~kasten** *m* barrel organ

Leihbibliothek *f* lending library

Leihbücherei *f* lending library

leihen ['laiən] (*unreg*) *vt* to lend; **sich** *dat* **etw ~** to borrow sth

Leih- *zW*: **~gebühr** *f* hire charge; **~haus**

nt pawnshop; **~schein** *m* pawn ticket; (*Buchleihschein etc*) borrowing slip; **~wagen** *m* hired car

Leim [laim] (-(e)s, -e) *m* glue; **l~en** *vt* to glue

Leine ['lainə] *f* line, cord; (*Hunde~*) leash, lead

Leinen *nt* linen; **l~** *adj* linen

Leintuch *nt* (*Bett~*) sheet; linen cloth

Leinwand *f* (*KUNST*) canvas; (*CINE*) screen

leise ['laizə] *adj* quiet; (*sanft*) soft, gentle

Leiste ['laistə] *f* ledge; (*Zier~*) strip; (*ANAT*) groin

leisten ['laistən] *vt* (*Arbeit*) to do; (*Gesellschaft*) to keep; (*Ersatz*) to supply; (*vollbringen*) to achieve; **sich** *dat* **etw ~ können** to be able to afford sth

Leistung *f* performance; (*gute*) achievement; **~sdruck** *m* pressure; **l~sfähig** *adj* efficient

Leitartikel *m* leading article

Leitbild *nt* model

leiten ['laitən] *vt* to lead; (*Firma*) to manage; (*in eine Richtung*) to direct; (*ELEK*) to conduct

Leiter[1] ['laitər] (-s, -) *m* leader, head; (*ELEK*) conductor

Leiter[2] (-, -n) *f* ladder

Leitfaden *m* guide

Leitplanke *f* crash barrier

Leitung *f* (*Führung*) direction; (*CINE, THEAT etc*) production; (*von Firma*) management; directors *pl*; (*Wasser~*) pipe; (*Kabel*) cable; **eine lange ~ haben** to be slow on the uptake

Leitungs- *zW*: **~draht** *m* wire; **~rohr** *nt* pipe; **~wasser** *nt* tap water

Lektion [lɛktsi'o:n] *f* lesson

Lektüre [lɛk'ty:rə] *f* (*Lesen*) reading; (*Lesestoff*) reading matter

Lende ['lɛndə] *f* loin; **~nstück** *nt* fillet

lenk- ['lɛŋk] *zW*: **~bar** *adj* (*Fahrzeug*) steerable; (*Kind*) manageable; **~en** *vt* to steer; (*Kind*) to guide; (*Blick, Aufmerksamkeit*): **~en** (**auf** +*akk*) to direct (at); **L~rad** *nt* steering wheel; **L~stange** *f* handlebars *pl*

Leopard [leo'part] (-en, -en) *m* leopard

Lepra ['le:pra] (-) *f* leprosy

Lerche ['lɛrçə] *f* lark

lernbegierig *adj* eager to learn

lernen ['lɛrnən] *vt* to learn

lesbar ['le:sba:r] *adj* legible

Lesbierin ['lɛsbiərɪn] *f* lesbian

lesbisch ['lɛsbɪʃ] *adj* lesbian

Lese ['le:zə] *f* (*Wein*) harvest

Lesebrille *f* reading glasses

Lesebuch *nt* reading book, reader

lesen (*unreg*) *vt, vi* to read; (*ernten*) to gather, to pick

Leser(in) (-s, -) *m(f)* reader; **~brief** *m* reader's letter; **l~lich** *adj* legible

Lesezeichen *nt* bookmark

Lesung ['leːzʊŋ] *f* (*PARL*) reading
letzte(r, s) ['lɛtstə(r, s)] *adj* last; (*neueste*) latest; **zum ~nmal** for the last time; **~ns** *adv* lately; **~re(r, s)** *adj* latter
Leuchte ['lɔʏçtə] *f* lamp, light; **l~n** *vi* to shine, to gleam; **~r (-s, -)** *m* candlestick
Leucht- *zW*: **~farbe** *f* fluorescent colour; **~rakete** *f* flare; **~reklame** *f* neon sign; **~röhre** *f* strip light; **~turm** *m* lighthouse; **~zifferblatt** *nt* luminous dial
leugnen ['lɔʏɡnən] *vt* to deny
Leukämie [lɔʏkɛ'miː] *f* leukaemia
Leukoplast [lɔʏko'plast] (®; -(e)s, -e) *nt* elastoplast (®)
Leumund ['lɔʏmʊnt] (-(e)s, -e) *m* reputation
Leumundszeugnis *nt* character reference
Leute ['lɔʏtə] *pl* people *pl*
Leutnant ['lɔʏtnant] (-s, -s *od* -e) *m* lieutenant
leutselig ['lɔʏtzeːlɪç] *adj* amiable
Lexikon ['lɛksikɔn] (-s, Lexiken *od* Lexika) *nt* encyclop(a)edia
Libelle [li'bɛlə] *f* dragonfly; (*TECH*) spirit level
liberal [libe'raːl] *adj* liberal; **L~e(r)** *mf* liberal
Libero ['liːbero] (-s, -s) *m* (*Fußball*) sweeper
Licht [lɪçt] (-(e)s, -er) *nt* light; **~bild** *nt* photograph; (*Dia*) slide; **~blick** *m* cheering prospect; **l~empfindlich** *adj* sensitive to light; **l~en** *vt* to clear; (*Anker*) to weigh ♦ *vr* to clear up; (*Haar*) to thin; **l~erloh** *adv*: **l~erloh brennen** to be ablaze; **~hupe** *f* flashing of headlights; **~jahr** *nt* light year; **~maschine** *f* dynamo; **~schalter** *m* light switch
Lichtung *f* clearing, glade
Lid [liːt] (-(e)s, -er) *nt* eyelid; **~schatten** *m* eyeshadow
lieb [liːp] *adj* dear; **das ist ~ von dir** that's kind of you; **~äugeln** ['liːbɔʏɡəln] *vi insep*: **mit etw ~äugeln** to have one's eye on sth; **mit dem Gedanken ~äugeln, etw zu tun** to toy with the idea of doing sth
Liebe ['liːbə] *f* love; **l~bedürftig** *adj*: **l~bedürftig sein** to need love; **l~n** *vt* to love; to like
liebens- *zW*: **~wert** *adj* loveable; **~würdig** *adj* kind; **~würdigerweise** *adv* kindly; **L~würdigkeit** *f* kindness
lieber ['liːbər] *adv* rather, preferably; **ich gehe ~ nicht** I'd rather not go; *siehe auch* **gern**; **lieb**
Liebes- *zW*: **~brief** *m* love letter; **~kummer** *m*: **~kummer haben** to be lovesick; **~paar** *nt* courting couple, lovers *pl*
liebevoll *adj* loving
lieb- ['liːp] *zW*: **~gewinnen** (*unreg*) *vt* to get fond of; **~haben** (*unreg*) *vt* to be fond of; **L~haber (-s, -)** *m* lover; **L~habe'rei** *f* hobby; **~kosen** ['liːpkoːzən] *vt insep* to

caress; **~lich** *adj* lovely, charming; **L~ling** *m* darling; **L~lings-** *in zW* favourite; **~los** *adj* unloving; **L~schaft** *f* love affair
Lied [liːt] (-(e)s, -er) *nt* song; (*REL*) hymn; **~erbuch** ['liːdər-] *nt* songbook; hymn book
liederlich ['liːdərlɪç] *adj* slovenly; (*Lebenswandel*) loose, immoral; **L~keit** *f* slovenliness; immorality
lief *etc* [liːf] *vb siehe* **laufen**
Lieferant [lifə'rant] *m* supplier
Lieferbedingungen *pl* terms of delivery
liefern ['liːfərn] *vt* to deliver; (*versorgen mit*) to supply; (*Beweis*) to produce
Liefer- *zW*: **~schein** *m* delivery note; **~termin** *m* delivery date; **~ung** *f* delivery; supply; **~wagen** *m* van; **~zeit** *f* delivery period
Liege ['liːgə] *f* bed
liegen ['liːgən] (*unreg*) *vi* to lie; (*sich befinden*) to be; **mir liegt nichts/viel daran** it doesn't matter to me/it matters a lot to me; **es liegt bei Ihnen, ob ...** it's up to you whether ...; **Sprachen ~ mir nicht** languages are not my line; **woran liegt es?** what's the cause?; **~bleiben** (*unreg*) *vi* (*im Bett*) to stay in bed; (*nicht aufstehen*) to stay lying down; (*vergessen werden*) to be left (behind); **~lassen** (*unreg*) *vt* (*vergessen*) to leave behind
Liege- *zW*: **~sitz** *m* (*AUT*) reclining seat; **~stuhl** *m* deck chair; **~wagen** *m* (*EISENB*) couchette
Lift [lɪft] (-(e)s, -e *od* -s) *m* lift
Likör [li'køːr] (-s, -e) *m* liqueur
lila ['liːla] *adj inv* purple, lilac; **L~ (-s, -s)** *nt* (*Farbe*) purple, lilac
Lilie ['liːliə] *f* lily
Limonade [limo'naːdə] *f* lemonade
Limone [li'moːnə] *f* lime
Linde ['lɪndə] *f* lime tree, linden
lindern ['lɪndərn] *vt* to alleviate, to soothe
Linderung *f* alleviation
Lineal [line'aːl] (-s, -e) *nt* ruler
Linie ['liːniə] *f* line
Linien- *zW*: **~blatt** *nt* ruled sheet; **~flug** *m* scheduled flight; **~richter** *m* linesman
linieren [li'niːrən] *vt* to line
Linke ['lɪŋkə] *f* left side; left hand; (*POL*) left
linkisch *adj* awkward, gauche
links [lɪŋks] *adv* left; **to** *od* **on the left**; **~ von mir** on *od* to my left; **L~außen** [lɪŋks'aʊsən] (-s, -) *m* (*SPORT*) outside left; **L~händer(in) (-s, -)** *m(f)* left-handed person; **L~kurve** *f* left-hand bend; **L~verkehr** *m* driving on the left
Linoleum [li'noːleum] (-s) *nt* lino(leum)
Linse ['lɪnzə] *f* lentil; (*optisch*) lens *sg*
Lippe ['lɪpə] *f* lip; **~nstift** *m* lipstick
lispeln ['lɪspəln] *vi* to lisp
Lissabon ['lɪsabɔn] (-s) *nt* Lisbon

List [lɪst] (-, -en) *f* cunning; trick, ruse
Liste ['lɪstə] *f* list
listig ['lɪstɪç] *adj* cunning, sly
Litanei [lita'naɪ] *f* litany
Liter ['liːtər] (-s, -) *nt od m* litre
literarisch [lɪtə'raːrɪʃ] *adj* literary
Literatur [lɪtera'tuːr] *f* literature
Litfaßsäule ['lɪtfaszɔʏlə] *f* advertising pillar
Lithographie [litogra'fiː] *f* lithography
Liturgie [litur'giː] *f* liturgy
liturgisch [li'turgɪʃ] *adj* liturgical
Litze ['lɪtsə] *f* braid; (*ELEK*) flex
live [laɪf] *adv* (*RADIO, TV*) live
Livree [li'vreː] (-, -n) *f* livery
Lizenz [li'tsɛnts] *f* licence
Lkw [ɛlkaːˈveː] (-(s), -(s)) *m abk* = **Lastkraftwagen**
Lob [loːp] (-(e)s) *nt* praise
Lobby ['lɔbɪ] *f* lobby
loben ['loːbən] *vt* to praise; **~swert** *adj* praiseworthy
löblich ['løːplɪç] *adj* praiseworthy, laudable
Loch [lɔx] (-(e)s, ⁼er) *nt* hole; **l~en** *vt* to punch holes in; **~er** (-s, -) *m* punch
löcherig ['lœçərɪç] *adj* full of holes
Lochkarte *f* punch card
Lochstreifen *m* punch tape
Locke ['lɔkə] *f* lock, curl; **l~n** *vt* to entice; (*Haare*) to curl; **~nwickler** (-s, -) *m* curler
locker ['lɔkər] *adj* loose; **~lassen** (*unreg*) *vi*: **nicht ~lassen** not to let up; **~n** *vt* to loosen
lockig ['lɔkɪç] *adj* curly
Lodenmantel ['loːdənmantəl] *m* thick woollen coat
lodern ['loːdərn] *vi* to blaze
Löffel ['lœfəl] (-s, -) *m* spoon
löffeln *vt* to spoon
Logarithmus [loga'rɪtmʊs] *m* logarithm
Loge ['loːʒə] *f* (*THEAT*) box; (*Freimaurer*) (masonic) lodge; (*Pförtner~*) office
Logik ['loːgɪk] *f* logic
logisch ['loːgɪʃ] *adj* logical
Logopäde [logo'pɛːdə] (-n, -n) *m* speech therapist
Lohn [loːn] (-(e)s, ⁼e) *m* reward; (*Arbeits~*) pay, wages *pl*; **~büro** *nt* wages office; **~empfänger** *m* wage earner
lohnen ['loːnən] *vr unpers* to be worth it ♦ *vt* (*liter*): (**jdm etw**) **~** to reward (sb for sth); **~d** *adj* worthwhile
Lohnerhöhung *f* pay rise
Lohn- *zW*: **~steuer** *f* income tax; **~streifen** *m* pay slip; **~tüte** *f* pay packet
Lokal [lo'kaːl] (-(e)s, -e) *nt* pub(lic house)
lokal *adj* local; **~i'sieren** *vt* to localize
Lokomotive [lokomo'tiːvə] *f* locomotive
Lokomotivführer *m* engine driver
Lorbeer ['lɔrbeːr] (-s, -en) *m* (*auch fig*) laurel; **~blatt** *nt* (*KOCH*) bay leaf
Lore ['loːrə] *f* (*MIN*) truck
Los [loːs] (-es, -e) *nt* (*Schicksal*) lot, fate;

(*Lotterie~*) lottery ticket
los [loːs] *adj* (*locker*) loose; **~!** go on!; **etw ~ sein** to be rid of sth; **was ist ~?** what's the matter?; **dort ist nichts/viel ~** there's nothing/a lot going on there; **etw ~ haben** (*umg*) to be clever; **~binden** (*unreg*) *vt* to untie
Löschblatt *nt* sheet of blotting paper
löschen ['lœʃən] *vt* (*Feuer, Licht*) to put out, to extinguish; (*Durst*) to quench; (*COMM*) to cancel; (*COMPUT*) to delete; (*Tonband*) to erase; (*Fracht*) to unload ♦ *vi* (*Feuerwehr*) to put out a fire; (*Tinte*) to blot
Lösch- *zW*: **~fahrzeug** *nt* fire engine; fire boat; **~gerät** *nt* fire extinguisher; **~papier** *nt* blotting paper; **~taste** *f* delete key
lose ['loːzə] *adj* loose
Lösegeld *nt* ransom
losen ['loːzən] *vi* to draw lots
lösen ['løːzən] *vt* to loosen; (*Rätsel etc*) to solve; (*Verlobung*) to call off; (*CHEM*) to dissolve; (*Partnerschaft*) to break up; (*Fahrkarte*) to buy ♦ *vr* (*aufgehen*) to come loose; (*Zucker etc*) to dissolve; (*Problem, Schwierigkeit*) to (re)solve itself
los- *zW*: **~fahren** (*unreg*) *vi* to leave; **~gehen** (*unreg*) *vi* to set out; (*anfangen*) to start; (*Bombe*) to go off; **auf jdn ~gehen** to go for sb; **~kaufen** *vt* (*Gefangene, Geiseln*) to pay ransom for; **~kommen** (*unreg*) *vi*: **von etw ~kommen** to get away from sth; **~lassen** (*unreg*) *vt* (*Seil*) to let go of; (*Schimpfe*) to let loose; **~laufen** (*unreg*) *vi* to run off
löslich ['løːslɪç] *adj* soluble; **L~keit** *f* solubility
los- *zW*: **~lösen** *vt*: (**sich**) **~lösen** to free (o.s.); **~machen** *vt* to loosen; (*Boot*) to unmoor ♦ *vr* to get away; **~schrauben** *vt* to unscrew
Losung ['loːzʊŋ] *f* watchword, slogan
Lösung ['løːzʊŋ] *f* (*Lockermachen*) loosening; (*eines Rätsels, CHEM*) solution; **~smittel** *nt* solvent
loswerden (*unreg*) *vt* to get rid of
losziehen (*unreg*; *umg*) *vi* (*sich aufmachen*) to set off
Lot [loːt] (-(e)s, -e) *nt* plumbline; **im ~** vertical; (*fig*) on an even keel
löten ['løːtən] *vt* to solder
Lothringen ['loːtrɪŋən] (-s) *nt* Lorraine
Lötkolben *m* soldering iron
Lotse ['loːtsə] (-n, -n) *m* pilot; (*AVIAT*) air traffic controller; **l~n** *vt* to pilot; (*umg*) to lure
Lotterie [lɔtə'riː] *f* lottery
Lotto ['lɔto] (-s, -s) *nt* national lottery; **~zahlen** *pl* winning lottery numbers
Löwe ['løːvə] (-n, -n) *m* lion; (*ASTROL*) Leo; **~nanteil** *m* lion's share; **~nzahn** *m* dandelion
loyal [loa'jaːl] *adj* loyal

Loyalität *f* loyalty
Luchs [luks] (-es, -e) *m* lynx
Lücke ['lʏkə] *f* gap; **~nbüßer** (-s, -) *m* stopgap; **l~nhaft** *adj* full of gaps; (*care, supplies etc*) inadequate; **l~nlos** *adj* complete
Luft [luft] (-, ̈e) *f* air; (*Atem*) breath; **in der ~ liegen** to be in the air; **jdn wie ~ behandeln** to ignore sb; **~angriff** *m* air raid; **~ballon** *m* balloon; **~blase** *f* air bubble; **l~dicht** *adj* airtight; **~druck** *m* atmospheric pressure
lüften ['lʏftən] *vt* to air; (*Hut*) to lift, to raise ♦ *vi* to let some air in
Luft- *zW*: **~fahrt** *f* aviation; **l~gekühlt** *adj* air-cooled; **~gewehr** *nt* air-rifle, airgun; **l~ig** *adj* (*Ort*) breezy; (*Raum*) airy; (*Kleider*) summery; **~kissenfahrzeug** *nt* hovercraft; **~kurort** *m* health resort; **l~leer** *adj*: **luftleerer Raum** vacuum; **~linie** *f*: **in der ~linie** as the crow flies; **~loch** *nt* air-hole; (*AVIAT*) air-pocket; **~matratze** *f* lilo (®; *BRIT*), air mattress; **~pirat** *m* hijacker; **~post** *f* airmail; **~röhre** *f* (*ANAT*) windpipe; **~schlange** *f* streamer; **~schutzkeller** *m* air-raid shelter; **~verkehr** *m* air traffic; **~verschmutzung** *f* air pollution; **~waffe** *f* air force; **~zug** *m* draught
Lüge ['lyːgə] *f* lie; **jdn/etw ~n strafen** to give the lie to sb/sth; **l~n** (*unreg*) *vi* to lie
Lügner(in) (-s, -) *m(f)* liar
Luke ['luːkə] *f* dormer window; hatch
Lump [lump] (-en, -en) *m* scamp, rascal
Lumpen ['lumpən] (-s, -) *m* rag
lumpen *vi*: **sich nicht ~ lassen** not to be mean
lumpig ['lumpɪç] *adj* shabby
Lupe ['luːpə] *f* magnifying glass; **unter die ~ nehmen** (*fig*) to scrutinize
Lupine [lu'piːnə] *f* lupin
Lust [lust] (-, ̈e) *f* joy, delight; (*Neigung*) desire; **~ haben zu** *od* **auf etw** *akk*/**etw zu tun** to feel like sth/doing sth
lüstern ['lʏstərn] *adj* lustful, lecherous
lustig ['lustɪç] *adj* (*komisch*) amusing, funny; (*fröhlich*) cheerful
Lüstling *m* lecher
Lust- *zW*: **l~los** *adj* unenthusiastic; **~mord** *m* sex(ual) murder; **~spiel** *nt* comedy
lutschen ['lutʃən] *vt*, *vi* to suck; **am Daumen ~** to suck one's thumb
Lutscher (-s, -) *m* lollipop
luxuriös [luksuri'øːs] *adj* luxurious
Luxus ['luksus] (-) *m* luxury; **~artikel** *pl* luxury goods; **~hotel** *nt* luxury hotel
Lymphe ['lʏmfə] *f* lymph
lynchen ['lʏnçən] *vt* to lynch
Lyrik ['lyːrɪk] *f* lyric poetry; **~er** (-s, -) *m* lyric poet
lyrisch ['lyːrɪʃ] *adj* lyrical

M m

m *abk* = Meter
Machart *f* make
machbar *adj* feasible

── *SCHLÜSSELWORT*

machen ['maxən] *vt* **1** to do; (*herstellen, zubereiten*) to make; **was machst du da?** what are you doing (there)?; **das ist nicht zu machen** that can't be done; **das Radio leiser machen** to turn the radio down; **aus Holz gemacht** made of wood
2 (*verursachen, bewirken*) to make; **jdm Angst machen** to make sb afraid; **das macht die Kälte** it's the cold that does that
3 (*ausmachen*) to matter; **das macht nichts** that doesn't matter; **die Kälte macht mir nichts** I don't mind the cold
4 (*kosten, ergeben*) to be; **3 und 5 macht 8** 3 and 5 is *od* are 8; **was od wieviel macht das?** how much does that make?
5: **was macht die Arbeit?** how's the work going?; **was macht dein Bruder?** how is your brother doing?; **das Auto machen lassen** to have the car done; **mach's gut!** take care!; (*viel Glück*) good luck!
♦ *vi*: **mach schnell!** hurry up!; **Schluß machen** to finish (off); **mach schon!** come on!; **das macht müde** it makes you tired; **in etw** *dat* **machen** to be *od* deal in sth
♦ *vr* to come along (nicely); **sich an etw** *akk* **machen** to set about sth; **sich verständlich machen** to make o.s. understood; **sich** *dat* **viel aus jdm/etw machen** to like sb/sth

Macht [maxt] (-, ̈e) *f* power; **~haber** (-s, -) *m* ruler
mächtig ['mɛçtɪç] *adj* powerful, mighty; (*umg: ungeheuer*) enormous
Macht- *zW*: **m~los** *adj* powerless; **~probe** *f* trial of strength; **~wort** *nt*: **ein ~wort sprechen** to exercise one's authority
Mädchen ['mɛːtçən] *nt* girl; **m~haft** *adj* girlish; **~name** *m* maiden name
Made ['maːdə] *f* maggot
madig ['maːdɪç] *adj* maggoty; **jdm etw ~ machen** to spoil sth for sb
mag *etc* [maːk] *vb siehe* **mögen**
Magazin [maga'tsiːn] (-s, -e) *nt* magazine
Magen ['maːgən] (-s, - *od* ̈) *m* stomach;

~geschwür nt (MED) stomach ulcer; **~schmerzen** pl stomachache sg

mager ['ma:gər] adj lean; (dünn) thin; **M~keit** f leanness; thinness

Magie [ma'gi:] f magic

magisch ['ma:gɪʃ] adj magical

Magnet [ma'gne:t] (-s od -en, -en) m magnet; **m~isch** adj magnetic; **~nadel** f magnetic needle

Mahagoni [maha'go:ni] (-s) nt mahogany

mähen ['mɛ:ən] vt, vi to mow

Mahl [ma:l] (-(e)s, -e) nt meal; **m~en** (unreg) vt to grind; **~zeit** f meal ♦ excl enjoy your meal

Mahnbrief m reminder

Mähne ['mɛ:nə] f mane

mahnen ['ma:nən] vt to remind; (warnend) to warn; (wegen Schuld) to demand payment from

Mahnung f reminder; admonition, warning

Mai [maɪ] (-(e)s, -e) m May; **~glöckchen** nt lily of the valley; **~käfer** m cockchafer

Mailand nt Milan

mailändisch adj Milanese

Mais [maɪs] (-es, -e) m maize, corn (US); **~kolben** m corncob; **~mehl** nt (KOCH) corn meal

Majestät [majɛs'tɛ:t] f majesty; **m~isch** adj majestic

Major [ma'jo:r] (-s, -e) m (MIL) major; (AVIAT) squadron leader

Majoran [majo'ra:n] (-s, -e) m marjoram

makaber [ma'ka:bər] adj macabre

Makel ['ma:kəl] (-s, -) m blemish; (moralisch) stain; **m~los** adj immaculate, spotless

mäkeln ['mɛ:kəln] vi to find fault

Makkaroni [maka'ro:ni] pl macaroni sg

Makler(in) ['ma:klər(ɪn)] (-s, -) m(f) broker

Makrele [ma'kre:lə] f mackerel

Makrone [ma'kro:nə] f macaroon

Mal [ma:l] (-(e)s, -e) nt mark, sign; (Zeitpunkt) time; **m~** adv times; (umg) siehe **einmal** ♦ suffix: **-m~** -times

Malaria [-] f (MED) malaria

malen vt, vi to paint

Maler (-s, -) m painter

Male'rei f painting

malerisch adj picturesque

Malkasten m paintbox

Mallorca [ma'lɔrka] (-s) nt Majorca

malnehmen (unreg) vt, vi to multiply

Malz [malts] (-es) nt malt; **~bier** nt (KOCH) malt beer; **~bonbon** nt cough drop; **~kaffee** m malt coffee

Mama ['mama:] (-, -s; umg) f mum(my) (BRIT), mom(my) (US)

Mami ['mami] (-, -s; umg) f mum(my) (BRIT), mom(my) (US)

Mammut ['mamʊt] (-s, -e od -s) nt mammoth

man [man] pron one, you; **~** sagt, ... they

od people say ...; **wie schreibt ~ das?** how do you write it?, how is it written?

manch [manç] (unver) pron many a

manche(r, s) ['mançə(r, s)] adj many a; (pl: einige) a number of ♦ pron some

mancherlei adj inv various ♦ pron inv a variety of things

manchmal adv sometimes

Mandant(in) [man'dant(ɪn)] m(f) (JUR) client

Mandarine [manda'ri:nə] f mandarin, tangerine

Mandat [man'da:t] (-(e)s, -e) nt mandate

Mandel ['mandəl] (-, -n) f almond; (ANAT) tonsil

Mandelentzündung f (MED) tonsillitis

Manege [ma'ne:ʒə] f ring, arena

Mangel¹ ['maŋəl] (-, -n) f mangle

Mangel² (-s, ²) m lack; (Knappheit) shortage; (Fehler) defect, fault; **Mangel an** +dat shortage of; **~erscheinung** f deficiency symptom; **m~haft** adj poor; (fehlerhaft) defective, faulty; **m~n** vi unpers: **es m~t jdm an etw** dat sb lacks sth ♦ vt (Wäsche) to mangle

mangels präp +gen for lack of

Mango (-, -s) f (BOT, KOCH) mango

Manie [ma'ni:] f mania

Manier [ma'ni:r] (-) f manner; style; (pej) mannerism; **~en** pl (Umgangsformen) manners

manierlich adj well-mannered

Manifest [mani'fɛst] (-es, -e) nt manifesto

Maniküre [mani'ky:rə] f manicure; **m~n** to manicure

manipulieren [manipu'li:rən] vt to manipulate

Manko ['maŋko] (-s, -s) nt deficiency; (COMM) deficit

Mann [man] (-(e)s, ²er) m man; (Ehe~) husband; (NAUT) hand; **seinen ~ stehen** to hold one's own

Männchen ['mɛnçən] nt little man; (Tier) male

Mannequin [manə'kɛ:] (-s, -s) nt fashion model

männlich ['mɛnlɪç] adj (BIOL) male; (fig, GRAM) masculine

Mannschaft f (SPORT, fig) team; (AVIAT, NAUT) crew; (MIL) other ranks pl

Manöver [ma'nø:vər] (-s, -) nt manoeuvre

manövrieren [manø'vri:rən] vt, vi to manoeuvre

Mansarde [man'zardə] f attic

Manschette [man'ʃetə] f cuff; (TECH) collar; sleeve; **~nknopf** m cufflink

Mantel ['mantəl] (-s, ²) m coat; (TECH) casing, jacket

Manuskript [manu'skrɪpt] (-(e)s, -e) nt manuscript

Mappe ['mapə] f briefcase; (Akten~) folder

Märchen ['mɛ:rçən] nt fairy tale; **m~haft**

adj fabulous; ~**prinz** m Prince Charming
Marder ['mardər] (-s, -) m marten
Margarine [marga'ri:nə] f margarine
Margerite [margə'ri:tə] f (BOT) marguerite
Maria [ma'ri:a] (-) f (REL) Mary
Marienkäfer [ma'ri:ənkɛːfər] m ladybird
Marine [ma'ri:nə] f navy; **m~blau** adj navy-blue
marinieren [mari'ni:rən] vt to marinate
Marionette [mario'nɛtə] f puppet
Mark¹ [mark] (-, -) f (Münze) mark
Mark² (-(e)s) nt (Knochen~) marrow; **jdm durch ~ und Bein gehen** to go right through sb
markant [mar'kant] adj striking
Marke ['markə] f mark; (Warensorte) brand; (Fabrikat) make; (Rabatt~, Brief~) stamp; (Essens~) ticket; (aus Metall etc) token, disc
markieren [mar'ki:rən] vt to mark; (umg) to act ♦ vi to act it
Markierung f marking
Markise [mar'ki:zə] f awning
Markstück nt one-mark piece
Markt [markt] (-(e)s, ⁼e) m market; ~**lücke** f (WIRTS) opening, gap in the market; ~**platz** m market place; **m~üblich** adj (Preise, Mieten) standard, usual; ~**wert** m (WIRTS) market value; ~**wirtschaft** f market economy
Marmelade [marmə'la:də] f jam
Marmor ['marmɔr] (-s, -e) m marble; **m~ieren** [-'ri:rən] vt to marble; **m~n** adj marble
Marokko [ma'rɔko] (-s) nt Morocco
Marone [ma'ro:nə] (-, -n od Maroni) f chestnut
Marotte [ma'rɔtə] f fad, quirk
Marsch¹ [marʃ] (-(e)s, ⁼e) m march ♦ excl march!
Marsch² (-, -en) f marsh
Marsch- [marʃ] zW: ~**befehl** m marching orders pl; **m~bereit** adj ready to move; **m~ieren** [mar'ʃi:rən] vi to march
Märtyrer(in) ['mɛrtyrər(ɪn)] (-s, -) m(f) martyr
März [mɛrts] (-(es), -e) m March
Marzipan [martsi'pa:n] (-s, -e) nt marzipan
Masche ['maʃə] f mesh; (Strick~) stitch; **das ist die neueste ~** that's the latest thing; ~**ndraht** m wire mesh; **m~nfest** adj runproof
Maschine [ma'ʃi:nə] f machine; (Motor) engine; (Schreib~) typewriter; **m~ll** [maʃi'nɛl] adj machine(-); mechanical
Maschinen- zW: ~**bauer** m mechanical engineer; ~**gewehr** nt machine gun; ~**pistole** f submachine gun; ~**schaden** m mechanical fault; ~**schlosser** m fitter; ~**schrift** f typescript
maschineschreiben (unreg) vi to type
Maschinist [maʃi'nɪst] m engineer

Maser ['ma:zər] (-, -n) f (von Holz) grain; ~**n** pl (MED) measles sg; ~**ung** f grain(ing)
Maske ['maskə] f mask; ~**nball** m fancy-dress ball; ~**rade** [maskə'ra:də] f masquerade
maskieren [mas'ki:rən] vt to mask; (verkleiden) to dress up ♦ vr to disguise o.s.; to dress up
Maskottchen [mas'kɔtçən] nt (lucky) mascot
Maß¹ [ma:s] (-es, -e) nt measure; (Mäßigung) moderation; (Grad) degree, extent
Maß² (-, -(e)) f litre of beer
Massage [ma'sa:ʒə] f massage
Maßanzug m made-to-measure suit
Maßarbeit f (fig) neat piece of work
Masse ['masə] f mass
Massen- zW: ~**artikel** m mass-produced article; ~**grab** nt mass grave; **m~haft** adj loads of; ~**medien** pl mass media pl; ~**veranstaltung** f mass meeting
massenweise adv on a large scale
Masseur [ma'søːr] m masseur
Masseurin f masseuse
maßgebend adj authoritative
maßhalten (unreg) vi to exercise moderation
massieren [ma'si:rən] vt to massage; (MIL) to mass
massig ['masɪç] adj massive; (umg) massive amount of
mäßig ['mɛːsɪç] adj moderate; ~**en** ['mɛːsɪgən] vt to restrain, to moderate; **M~keit** f moderation
Massiv (-s, -e) nt massif
massiv [ma'siːf] adj solid; (fig) heavy, rough
Maß- zW: ~**krug** m tankard; **m~los** adj extreme; ~**nahme** f measure, step; ~**stab** m rule, measure; (fig) standard; (GEOG) scale; **m~voll** adj moderate
Mast [mast] (-(e)s, -e(n)) m mast; (ELEK) pylon
mästen ['mɛstən] vt to fatten
Material [materi'a:l] (-s, -ien) nt material(s); ~**fehler** m material defect; ~**ismus** [-'lɪsmʊs] m materialism; **m~istisch** [-'lɪstɪʃ] adj materialistic
Materie [ma'te:riə] f matter, substance
materiell [materi'ɛl] adj material
Mathematik [matema'ti:k] f mathematics sg; ~**er(in)** [mate'ma:tikər(ɪn)] (-s, -) m(f) mathematician
mathematisch [mate'ma:tɪʃ] adj mathematical
Matjeshering ['matjəshɛːrɪŋ] m (KOCH) young herring
Matratze [ma'tratsə] f mattress
Matrixdrucker m dot-matrix printer
Matrize [ma'tri:tsə] f matrix; (zum Abziehen) stencil

Matrose [ma'tro:zə] (-n, -n) m sailor
Matsch [matʃ] (-(e)s) m mud; (*Schnee~*) slush; **m~ig** adj muddy; slushy
matt [mat] adj weak; (*glanzlos*) dull; (*PHOT*) matt; (*SCHACH*) mate
Matte ['matə] f mat
Mattscheibe f (*TV*) screen; ~ **haben** (*umg*) not to be quite with it
Mauer ['mauər] (-, -n) f wall; **m~n** vi to build; to lay bricks ♦ vt to build
Maul [maul] (-(e)s, **Mäuler**) nt mouth; **m~en** (*umg*) vi to grumble; ~**esel** m mule; ~**korb** m muzzle; ~**sperre** f lockjaw; ~**tasche** f (*KOCH*) pasta envelopes stuffed and used in soup; ~**tier** nt mule; ~**wurf** m mole
Maurer ['maurər] (-s, -) m bricklayer
Maus [maus] (-, **Mäuse**) f (*auch COMPUT*) mouse
Mause- ['mauzə] zW: ~**falle** f mousetrap; **m~n** vi to catch mice ♦ vt (*umg*) to pinch; **m~tot** adj stone dead
maximal [maksi'ma:l] adj maximum ♦ adv at most
Mayonnaise [majo'nɛ:zə] f mayonnaise
Mechan- [me'ça:n] zW: ~**ik** f mechanics sg; (*Getriebe*) mechanics pl; ~**iker** (-s, -) m mechanic, engineer; **m~isch** adj mechanical; ~**ismus** [meça'nısmus] m mechanism
meckern ['mɛkərn] vi to bleat; (*umg*) to moan
Medaille [me'daljə] f medal
Medaillon [medal'jõ:] (-s, -s) nt (*Schmuck*) locket
Medikament [medika'mɛnt] nt medicine
Meditation f meditation
meditieren [medi'ti:rən] vi to meditate
Medizin [medi'tsi:n] (-, -en) f medicine; **m~isch** adj medical
Meer [me:r] (-(e)s, -e) nt sea; ~**enge** f straits pl; ~**esspiegel** m sea level; ~**rettich** m horseradish; ~**schweinchen** nt guinea-pig; ~**wasser** nt sea water
Megaphon [mega'fo:n] (-s, -e) nt megaphone
Mehl [me:l] (-(e)s, -e) nt flour; **m~ig** adj floury; ~**schwitze** f (*KOCH*) roux; ~**speise** f (*KOCH*) flummery
mehr [me:r] adj, adv more; ~**deutig** adj ambiguous; ~**ere** adj several; ~**eres** pron several things; ~**fach** adj multiple; (*wiederholt*) repeated; **M~heit** f majority; ~**malig** adj repeated; ~**mals** adv repeatedly; ~**stimmig** adj for several voices; ~**stimmig singen** to harmonize; **M~wertsteuer** f value added tax; **M~zahl** f majority; (*GRAM*) plural
Mehrzweck- in zW multipurpose
meiden ['maidən] (*unreg*) vt to avoid
Meile ['mailə] f mile; ~**nstein** m milestone; **m~nweit** adj for miles
mein(e) [main(ə)] adj my; ~**e(r, s)** pron mine

Meineid ['main'ait] m perjury
meinen ['mainən] vi to think ♦ vt to think; (*sagen*) to say; (*sagen wollen*) to mean; **das will ich ~** I should think so
mein- zW: ~**erseits** adv for my part; ~**etwegen** adv (*für mich*) for my sake; (*wegen mir*) on my account; (*von mir aus*) as far as I'm concerned; I don't care od mind; ~**etwillen** adv: **um** ~**etwillen** for my sake, on my account
Meinung ['mainuŋ] f opinion; **ganz meine** ~ I quite agree; **jdm die** ~ **sagen** to give sb a piece of one's mind
Meinungs- zW: ~**austausch** m exchange of views; ~**umfrage** f opinion poll; ~**verschiedenheit** f difference of opinion
Meise ['maizə] f tit(mouse)
Meißel ['maisəl] (-s, -) m chisel; **m~n** vt to chisel
meist [maist] adj most ♦ adv mostly; **am** ~**en** the most; ~**ens** adv generally, usually
Meister ['maistər] (-s, -) m master; (*SPORT*) champion; ~**haft** adj masterly; **m~n** vt (*Schwierigkeiten etc*) to overcome, conquer; ~**schaft** f mastery; (*SPORT*) championship; ~**stück** nt masterpiece; ~**werk** nt masterpiece
Melancholie [melaŋko'li:] f melancholy
melancholisch [melaŋ'ko:lıʃ] adj melancholy
Melde- ['mɛldə] zW: ~**frist** f registration period; **m~n** vt to report ♦ vr to report; (*SCH*) to put one's hand up; (*freiwillig*) to volunteer; (*auf etw, am Telefon*) to answer; **sich m~n** bei to report to; to register with; **sich zu Wort m~n** to ask to speak; ~**pflicht** f obligation to register with the police; ~**stelle** f registration office
Meldung ['mɛlduŋ] f announcement; (*Bericht*) report
meliert [me'li:rt] adj (*Haar*) greying; (*Wolle*) flecked
melken ['mɛlkən] (*unreg*) vt to milk
Melodie [melo'di:] f melody, tune
melodisch [me'lo:dıʃ] adj melodious, tuneful
Melone [me'lo:nə] f melon; (*Hut*) bowler (hat)
Membran [mɛm'bra:n] (-, -en) f (*TECH*) diaphragm
Membrane f (*TECH*) diaphragm
Memoiren [memo'a:rən] pl memoirs
Menge ['mɛŋə] f quantity; (*Menschen~*) crowd; (*große Anzahl*) lot (of); **m~n** vt to mix ♦ vr: **sich m~n in** +akk to meddle with; ~**nlehre** f (*MATH*) set theory; ~**nrabatt** m bulk discount
Mensch [mɛnʃ] (-en, -en) m human being, man; person ♦ excl hey!; **kein** ~ nobody
Menschen- zW: ~**affe** m (*ZOOL*) ape; ~**feind** m misanthrope; **m~freundlich** adj

philanthropical; **~kenner** *m* judge of human nature; **m~leer** *adj* deserted; **m~möglich** *adj* humanly possible; **M~rechte** *pl* human rights; **m~unwürdig** *adj* beneath human dignity; **M~verstand** *m*: **gesunder M~verstand** common sense

Mensch- *zW:* **~heit** *f* humanity, mankind; **m~lich** *adj* human; (*human*) humane; **~lichkeit** *f* humanity

Menstruation [mɛnstruatsi'oːn] *f* menstruation

Mentalität [mɛntali'tɛːt] *f* mentality

Menü [me'nyː] (**-s, -s**) *nt* (*auch COMPUT*) menu

Merk- ['mɛrk] *zW:* **~blatt** *nt* instruction sheet *od* leaflet; **m~en** *vt* to notice; **sich** *dat* **etw m~en** to remember sth; **m~lich** *adj* noticeable; **~mal** *nt* sign, characteristic; **m~würdig** *adj* odd

meßbar ['mɛsbaːr] *adj* measurable

Meßbecher *m* measuring jug

Messe ['mɛsə] *f* fair; (*ECCL*) mass; **~halle** *f* pavilion at a fair

messen (*unreg*) *vt* to measure ♦ *vr* to compete

Messer (**-s, -**) *nt* knife; **~spitze** *f* knife point; (*in Rezept*) pinch

Messestand *m* stall at a fair

Meßgerät *nt* measuring device, gauge

Messing ['mɛsɪŋ] (**-s**) *nt* brass

Metall [me'tal] (**-s, -e**) *nt* metal; **m~isch** *adj* metallic

Meteor [mete'oːr] (**-s, -e**) *nt* meteor

Meter ['meːtər] (**-s, -**) *nt od m* metre; **~maß** *nt* tape measure

Methode [me'toːdə] *f* method

methodisch [me'toːdɪʃ] *adj* methodical

Metropole [metro'poːlə] *f* metropolis

Metzger ['mɛtsgər] (**-s, -**) *m* butcher; **~ei** [-'raɪ] *f* butcher's (shop)

Meute ['mɔʏtə] *f* pack; **~'rei** *f* mutiny; **m~rn** *vi* to mutiny

miauen [mi'aʊən] *vi* to miaow

mich [mɪç] (*akk von* **ich**) *pron* me; myself

Miene ['miːnə] *f* look, expression

mies [miːs] (*umg*) *adj* lousy

Miet- ['miːt] *zW:* **~auto** *nt* hired car; **~e** *f* rent; **zur ~e wohnen** to live in rented accommodation; **m~en** *vt* to rent; (*Auto*) to hire; **~er(in)** (**-s, -**) *m(f)* tenant; **~shaus** *nt* tenement, block of (rented) flats; **~vertrag** *m* lease

Migräne [mi'grɛːnə] *f* migraine

Mikro- ['mikro] *zW:* **~fon** [-'foːn] (**-s, -e**) *nt* microphone; **~phon** [-'foːn] (**-s, -e**) [-'foːn] *nt* microphone; **~skop** [-'skoːp] (**-s, -e**) *nt* microscope; **m~skopisch** *adj* microscopic; **~wellenherd** *m* microwave (oven)

Milch [mɪlç] (**-**) *f* milk; **~glas** *nt* frosted glass; **m~ig** *adj* milky; **~kaffee** *m* white coffee; **~mann** (*pl* **-männer**) *m* milkman; **~mixgetränk** *nt* (*KOCH*) milkshake; **~pul-**

ver *nt* powdered milk; **~straße** *f* Milky Way; **~zahn** *m* milk tooth

mild [mɪlt] *adj* mild; (*Richter*) lenient; (*freundlich*) kind, charitable; **M~e** ['mɪldə] *f* mildness; leniency; **~ern** *vt* to mitigate, to soften; (*Schmerz*) to alleviate; **~ernde Umstände** extenuating circumstances

Milieu [mili'øː] (**-s, -s**) *nt* background, environment; **m~geschädigt** *adj* maladjusted

Mili- [mili] *zW:* **m~tant** [-'tant] *adj* militant; **~tär** [-'tɛːr] (**-s**) *nt* military, army; **~tärgericht** *nt* military court; **m~'tärisch** *adj* military

Milli- ['mɪli] *zW:* **~ardär** [-ar'dɛːr] *m* multimillionaire; **~arde** [-'ardə] *f* milliard; billion (*bes US*); **~meter** *m* millimetre; **~meterpapier** *nt* graph paper

Million [mɪli'oːn] (**-, -en**) *f* million; **~är** [-o'nɛːr] *m* millionaire

Milz [mɪlts] (**-, -en**) *f* spleen

Mimik ['miːmɪk] *f* mime

Mimose [mi'moːzə] *f* mimosa; (*fig*) sensitive person

minder ['mɪndər] *adj* inferior ♦ *adv* less; **M~heit** *f* minority; **M~jährige** *f(m)* minor; **~n** *vt, vr* to decrease, to diminish; **M~ung** *f* decrease; **~wertig** *adj* inferior; **M~wertigkeitskomplex** *m* inferiority complex

Mindest- ['mɪndəst] *zW:* **~alter** *nt* minimum age; **~betrag** *m* minimum amount; **m~e(r, s)** least; **zum m~en** at least; **m~ens** *adv* at least; **~lohn** *m* minimum wage; **~maß** *nt* minimum

Mine ['miːnə] *f* mine; (*Bleistift~*) lead; (*Kugelschreiber~*) refill; **~nfeld** *nt* minefield

Mineral [mine'raːl] (**-s, -e** *od* **-ien**) *nt* mineral; **m~isch** *adj* mineral; **~wasser** *nt* mineral water

Miniatur [minia'tuːr] *f* miniature

Minigolf ['mɪnigɔlf] *nt* miniature golf, crazy golf

minimal [mini'maːl] *adj* minimal

Minimum ['minimʊm] *nt* minimum

Minirock ['mɪnirɔk] *m* miniskirt

Minister [mi'nɪstər] (**-s, -**) *m* minister; **m~iell** [ministeri'el] *adj* ministerial; **~ium** [minis'teːrɪʊm] *nt* ministry; **~präsident** *m* prime minister

Minus ['miːnʊs] (**-, -**) *nt* deficit

minus *adv* minus; **M~zeichen** *nt* minus sign

Minute [mi'nuːtə] *f* minute; **~nzeiger** *m* minute hand

Minze ['mɪntsə] *f* mint

mir [miːr] (*dat von* **ich**) *pron* (to) me; **~ nichts, dir nichts** just like that

Misch- ['mɪʃ] *zW:* **~ehe** *f* mixed marriage; **m~en** *vt* to mix; **~ling** *m* half-caste; **~ung** *f* mixture

miserabel [mizə'ra:bəl] (umg) adj (Essen, Film) dreadful

Miß- ['mɪs] zW: **~behagen** nt discomfort, uneasiness; **~bildung** f deformity; **m~'billigen** vt insep to disapprove of; **~brauch** m abuse; (falscher Gebrauch) misuse; **m~'brauchen** vt insep to abuse; **jdn zu od für etw m~brauchen** to use sb for od to do sth; **~erfolg** m failure; **~fallen** (-s) nt displeasure; **m~'fallen** (unreg) vi insep: **jdm m~fallen** to displease sb; **~geburt** f freak; (fig) abortion; **~geschick** nt misfortune; **m~glücken** [mɪs'glykən] vi insep to fail; **jdm m~glückt etw** sb does not succeed with sth; **~griff** m mistake; **~gunst** f envy; **m~günstig** adj envious; **m~'handeln** vt insep to ill-treat; **~'handlung** f ill-treatment

Mission [mɪsi'o:n] f mission; **~ar(in)** [mɪsio'na:r(ɪn)] m(f) missionary

Miß- zW: **~klang** m discord; **~kredit** m discredit; **m~lingen** [mɪs'lɪŋən] (unreg) vi insep to fail; **~mut** m sullenness; **m~mutig** adj sullen; **m~'raten** (unreg) vi insep to turn out badly ♦ adj ill-bred; **~stand** m bad state of affairs; abuse; **~stimmung** f ill-humour, discord; **m~'trauen** vi insep to mistrust; **~trauen** (-s) nt distrust, suspicion; **~trauensantrag** m (POL) motion of no confidence; **m~trauisch** adj distrustful, suspicious; **~verhältnis** nt disproportion; **~verständnis** nt misunderstanding; **m~verstehen** (unreg) vt insep to misunderstand; **~wirtschaft** f mismanagement

Mist [mɪst] (-(e)s) m dung; dirt; (umg) rubbish

Mistel (-, -n) f mistletoe

Misthaufen m dungheap

mit [mɪt] präp +dat with; (mittels) by ♦ adv along, too; **~ der Bahn** by train; **~ 10 Jahren** at the age of 10; **wollen Sie ~?** do you want to come along?

Mitarbeit ['mɪt'arbaɪt] f cooperation; **m~en** vi to cooperate, to collaborate; **~er(in)** m(f) collaborator; co-worker ♦ pl (Personal) staff

Mit- zW: **~bestimmung** f participation in decision-making; **m~bringen** (unreg) vt to bring along

miteinander [mɪt'aɪ'nandər] adv together, with one another

miterleben vt to see, to witness

Mitesser ['mɪt'ɛsər] (-s, -) m blackhead

mitfahren vi to accompany (auf Reise auch) to travel with

mitfühlend adj sympathetic, compassionate

Mit- zW: **m~geben** (unreg) vt to give; **~gefühl** nt sympathy; **m~gehen** (unreg) vi to go/come along; **m~genommen** adj done in, in a bad way; **~gift** f dowry

Mitglied ['mɪtgli:t] nt member; **~sbeitrag** m membership fee; **~schaft** f membership

Mit- zW: **m~halten** (unreg) vi to keep up; **m~helfen** (unreg) vi to help; **~hilfe** f help, assistance; **m~hören** vt to listen in to; **m~kommen** (unreg) vi to come along; (verstehen) to keep up, to follow; **~läufer** m hanger-on; (POL) fellow-traveller

Mitleid nt sympathy; (Erbarmen) compassion; **m~ig** adj sympathetic; **m~slos** adj pitiless, merciless

Mit- zW: **m~machen** vt to join in, to take part in; **~mensch** m fellow man; **m~nehmen** (unreg) vt to take along/away; (anstrengen) to wear out, to exhaust; **zum ~nehmen** to take away; **m~reden** vi: **bei etw m~reden** to have a say in sth; **m~reißen** (unreg) vt to carry away/along; (fig) to thrill, captivate

mitsamt präp +dat together with

Mitschuld f complicity; **m~ig** adj: **m~ig (an +dat)** implicated (in); (an Unfall) partly responsible (for)

Mit- zW: **~schüler(in)** m(f) schoolmate; **m~spielen** vi to join in, to take part; **~spieler(in)** m(f) partner; **~spracherecht** ['mɪtʃpra:xərɛçt] nt voice, say

Mittag ['mɪta:k] (-(e)s, -e) m midday, lunchtime; **(zu) ~ essen** to have lunch; **m~** adv at lunchtime od noon; **~essen** nt lunch, dinner

mittags adv at lunchtime od noon; **M~pause** f lunch break; **M~schlaf** m early afternoon nap, siesta

Mittäter(in) ['mɪttɛ:tər(ɪn)] m(f) accomplice

Mitte ['mɪtə] f middle; (POL) centre; **aus unserer ~** from our midst

mitteilen ['mɪttaɪlən] vt: **jdm etw ~** to inform sb of sth, to communicate sth to sb

Mitteilung f communication

Mittel ['mɪtəl] (-s -) nt means; method; (MATH) average; (MED) medicine; **ein ~ zum Zweck** a means to an end; **~alter** nt Middle Ages pl; **m~alterlich** adj mediaeval; **m~ding** nt cross; **~europa** nt Central Europe; **m~mäßig** adj mediocre, middling; **~mäßigkeit** f mediocrity; **~meer** nt Mediterranean; **~punkt** m centre; **~stand** m middle class; **~streifen** m central reservation; **~stürmer** m centreforward; **~weg** m middle course; **~welle** f (RADIO) medium wave

mitten ['mɪtən] adv in the middle; **~ auf der Straße/in der Nacht** in the middle of the street/night

Mitternacht ['mɪtərnaxt] f midnight

mittlere(r, s) ['mɪtlərə(r, s)] adj middle; (durchschnittlich) medium, average

mittlerweile ['mɪtlər'vaɪlə] adv meanwhile

Mittwoch ['mɪtvɔx] (-(e)s, -e) m Wednesday; **m~s** adv on Wednesdays

mitunter [mɪt''ʊntər] adv occasionally,

sometimes

Mit- zW: **m~verantwortlich** adj jointly responsible; **m~wirken** vi: **m~wirken (bei)** to contribute (to); (THEAT) to take part (in); **~wirkung** f contribution; participation

Möbel ['møːbəl] pl furniture sg; **~wagen** m furniture od removal van

mobil [moˈbiːl] adj mobile; (MIL) mobilized; **M~iar** [mobiliˈaːr] (-s, -e) nt furnishings pl; **M~machung** f mobilization; **M~telefon** nt mobile phone

möblieren [møˈbliːrən] vt to furnish; **möbliert wohnen** to live in furnished accommodation

möchte etc vb siehe **mögen**

Mode ['moːdə] f fashion

Modell [moˈdɛl] (-s, -e) nt model; **m~ieren** [-ˈliːrən] vt to model

Modenschau f fashion show

moderig ['moːdərɪç] adj (Keller) musty; (Luft) stale

modern [moˈdɛrn] adj modern; (modisch) fashionable; **~isieren** vt to modernize

Mode- zW: **~schau** f fashion show; **~schmuck** m fashion jewellery; **~schöpfer(in)** m(f) fashion designer; **~wort** nt fashionable word, buzz word

modisch ['moːdɪʃ] adj fashionable

Mofa ['moːfa] (-s, -s) nt small moped

mogeln ['moːgəln] (umg) vi to cheat

_____ SCHLÜSSELWORT _____

mögen ['møːgən] (pt mochte, pp gemocht od (als Hilfsverb) mögen) vt, vi to like; **magst du/mögen Sie ihn?** do you like him?; **ich möchte ...** I would like ..., I'd like ...; **er möchte in die Stadt** he'd like to go into town; **ich möchte nicht, daß du ...** I wouldn't like you to ...; **ich mag nicht mehr** I've had enough

♦ Hilfsverb to like to; (wollen) to want; **möchtest du etwas essen?** would you like something to eat?; **sie mag nicht bleiben** she doesn't want to stay; **das mag wohl sein** that may well be; **was mag das heißen?** what might that mean?; **Sie möchten zu Hause anrufen** could you please call home?

möglich ['møːklɪç] adj possible; **~erweise** adv possibly; **M~keit** f possibility; **nach M~keit** if possible; **~st** adv as ... as possible

Mohn [moːn] (-(e)s, -e) m (~blume) poppy; (~samen) poppy seed

Möhre ['møːrə] f carrot

Mohrrübe f carrot

mokieren [moˈkiːrən] vr: **sich ~ über** +akk to make fun of

Mole ['moːlə] f (harbour) mole

Molekül [moleˈkyːl] (-s, -e) nt molecule

Molkerei [mɔlkəˈrai] f dairy

Moll [mɔl] (-, -) nt (MUS) minor (key)

mollig adj cosy; (dicklich) plump

Moment [moˈmɛnt] (-(e)s, -e) m moment ♦ nt factor; **im ~** at the moment; **~ (mal)!** just a moment; **m~an** [-ˈtaːn] adj momentary ♦ adv at the moment

Monarch [moˈnarç] (-en, -en) m monarch; **~ie** [monarˈçiː] f monarchy

Monat ['moːnat] (-(e)s, -e) m month; **m~elang** adv for months; **m~lich** adj monthly; **~sgehalt** nt: **das dreizehnte ~sgehalt** Christmas bonus (of one month's salary); **~skarte** f monthly ticket

Mönch [mœnç] (-(e)s, -e) m monk

Mond [moːnt] (-(e)s, -e) m moon; **~finsternis** f eclipse of the moon; **m~hell** adj moonlit; **~landung** f moon landing; **~schein** m moonlight; **~sonde** f moon probe

Mono- [mono] in zW mono; **~log** [-ˈloːk] (-s, -e) m monologue; **~pol** [-ˈpoːl] (-s, -e) nt monopoly; **m~polisieren** [-poliˈziːrən] vt to monopolize; **m~ton** [-ˈtoːn] adj monotonous, **~tonie** [-toˈniː] f monotony

Montag ['moːntaːk] (-(e)s, -e) m Monday

Montage [mɔnˈtaːʒə] f (PHOT etc) montage; (TECH) assembly; (Einbauen) fitting

Monteur [mɔnˈtøːr] m fitter

montieren [mɔnˈtiːrən] vt to assemble

Monument [monuˈmɛnt] nt monument; **m~al** adj monumental

Moor [moːr] (-(e)s, -e) nt moor

Moos [moːs] (-es, -e) nt moss

Moped ['moːpɛt] (-s, -s) nt moped

Mops [mɔps] (-es, -e) m pug

Moral [moˈraːl] (-, -en) f morality; (einer Geschichte) moral; **m~isch** adj moral

Moräne [moˈrɛːnə] f moraine

Morast [moˈrast] (-(e)s, -e) m morass, mire; **m~ig** adj boggy

Mord [mɔrt] (-(e)s, -e) m murder; **~anschlag** m murder attempt

Mörder(in) ['mœrdər(ɪn)] (-s, -) m(f) murderer/murderess

mörderisch adj (fig: schrecklich) terrible, dreadful ♦ adv (umg: entsetzlich) terribly, dreadfully

Mord- zW: **~kommission** f murder squad; **~sglück** (umg) nt amazing luck; **m~smäßig** (umg) adj terrific, enormous; **~verdacht** m suspicion of murder; **~waffe** f murder weapon

morgen ['mɔrgən] adv tomorrow; **~ früh** tomorrow morning; **M~** (-s, -) m morning; **M~mantel** m dressing gown; **M~rock** m dressing gown; **M~röte** f dawn; **~s** adv in the morning

morgig ['mɔrgɪç] adj tomorrow's; **der ~e Tag** tomorrow

Morphium ['mɔrfiʊm] nt morphine

morsch [mɔrʃ] adj rotten

Morsealphabet ['mɔrzə-] *nt* Morse code
morsen *vi* to send a message by morse code
Mörtel ['mœrtəl] (**-s, -**) *m* mortar
Mosaik [moza'i:k] (**-s, -en** *od* **-e**) *nt* mosaic
Moschee [mɔ'ʃe:] (**-, -n**) *f* mosque
Moskito [mɔs'ki:to] (**-s, -s**) *m* mosquito
Most [mɔst] (**-(e)s, -e**) *m* (unfermented) fruit juice; (*Apfelwein*) cider
Motel [mo'tel] (**-s, -s**) *nt* motel
Motiv [mo'ti:f] (**-s, -e**) *nt* motive; (*MUS*) theme; **~ation** *f* motivation; **m~ieren** [moti'vi:rən] *vt* to motivate
Motor ['mo:tɔr, *pl* mo'to:rən] (**-s, -en**) *m* engine; (*bes ELEK*) motor; **~boot** *nt* motorboat; **~haube** *f* (*von Auto*) bonnet (*BRIT*), hood (*US*); **m~isieren** [motori'zi:rən] *vt* to motorize; **~öl** *nt* engine oil; **~rad** *nt* motorcycle; **~schaden** *m* engine trouble *od* failure
Motte ['mɔtə] *f* moth; **~nkugel** *f* mothball(s)
Motto ['mɔto] (**-s, -s**) *nt* motto
Möwe ['mø:və] *f* seagull
Mücke ['mʏkə] *f* midge, gnat; **~nstich** *m* midge *od* gnat bite
müde ['my:də] *adj* tired
Müdigkeit ['my:dɪçkaɪt] *f* tiredness
Muff [mʊf] (**-(e)s, -e**) *m* (*Handwärmer*) muff
Muffel (**-s, -**; *umg*) *m* killjoy, sourpuss
muffig *adj* (*Luft*) musty
Mühe ['my:ə] *f* trouble, pains *pl*; **mit Müh und Not** with great difficulty; **sich** *dat* **~ geben** to go to a lot of trouble; **m~los** *adj* without trouble, easy; **m~voll** *adj* laborious, arduous
Mühle ['my:lə] *f* mill; (*Kaffee~*) grinder
Müh- *zW*: **~sal** (**-, -e**) *f*, tribulation; **m~sam** *adj* arduous, troublesome; **m~selig** *adj* arduous, laborious
Mulde ['mʊldə] *f* hollow, depression
Mull [mʊl] (**-(e)s, -e**) *m* thin muslin; **~binde** *f* gauze bandage
Müll [mʏl] (**-(e)s**) *m* refuse; **~abfuhr** *f* rubbish disposal; (*Leute*) dustmen *pl*; **~abladeplatz** *m* rubbish dump; **~eimer** *m* dustbin, garbage can (*US*); **~haufen** *m* rubbish heap; **~schlucker** (**-s, -**) *m* garbage disposal unit; **~tonne** *f* dustbin; **~verbrennungsanlage** *f* incinerator
mulmig [mʊlmɪç] *adj* rotten; (*umg*) dodgy; **jdm ist ~** sb feels funny
multiplizieren [mʊltipli'tsi:rən] *vt* to multiply
Mumie ['mu:miə] *f* mummy
Mumm [mʊm] (**-s**; *umg*) *m* gumption, nerve
Mumps [mʊmps] (**-**) *m od f* (*MED*) mumps
München ['mʏnçən] (**-s**) *nt* Munich
Mund [mʊnt, *pl* 'mʏndər] (**-(e)s, -er**) *m* mouth; **~art** *f* dialect
Mündel ['mʏndəl] (**-s, -**) *nt* ward

münden ['mʏndən] *vi*: **~ in** +*akk* to flow into
Mund- *zW*: **m~faul** *adj* taciturn; **~geruch** *m* bad breath; **~harmonika** *f* mouth organ
mündig ['mʏndɪç] *adj* of age; **M~keit** *f* majority
mündlich ['mʏntlɪç] *adj* oral
Mundstück *nt* mouthpiece; (*Zigaretten~*) tip
Mündung ['mʏndʊŋ] *f* (*von Fluß*) mouth; (*Gewehr*) muzzle
Mund- *zW*: **~wasser** *nt* mouthwash; **~werk** *nt*: **ein großes ~ haben** to have a big mouth; **~winkel** *m* corner of the mouth
Munition [munitsi'o:n] *f* ammunition; **~slager** *nt* ammunition dump
munkeln ['mʊŋkəln] *vi* to whisper, to mutter
Münster ['mʏnstər] (**-s, -**) *nt* minster
munter ['mʊntər] *adj* lively
Münze ['mʏntsə] *f* coin; **m~n** *vt* to coin, to mint; **auf jdn gemünzt sein** to be aimed at sb
Münzfernsehen *nt* pay television
Münzfernsprecher ['mʏntsfernʃpreçər] *m* callbox (*BRIT*), pay phone
mürb(e) ['mʏrb(ə)] *adj* (*Gestein*) crumbly; (*Holz*) rotten; (*Gebäck*) crisp; **jdn ~ machen** to wear sb down; **M~teig** ['mʏrbətaɪç] *m* shortcrust pastry
murmeln ['mʊrməln] *vt, vi* to murmur, to mutter
Murmeltier ['mʊrməlti:r] *nt* marmot
murren ['mʊrən] *vi* to grumble, to grouse
mürrisch ['mʏrɪʃ] *adj* sullen
Mus [mu:s] (**-es, -e**) *nt* purée
Muschel ['mʊʃəl] (**-, -n**) *f* mussel; (*~schale*) shell; (*Telefon~*) receiver
Muse ['mu:zə] *f* muse
Museum [mu'ze:ʊm] (**-s, Museen**) *nt* museum
Musik [mu'zi:k] *f* music; (*Kapelle*) band; **m~alisch** *adj* musical; **~ant(in)** (**-en, -en**) *m(f)* musician; **~box** *f* jukebox; **~er** (**-s, -**) *m* musician; **~hochschule** *f* college of music; **~instrument** *nt* musical instrument
musisch *adj* (*Mensch*) artistic
musizieren [muzi'tsi:rən] *vi* to make music
Muskat [mʊs'ka:t] (**-(e)s, -e**) *m* nutmeg
Muskel ['mʊskəl] (**-s, -n**) *m* muscle
Muskulatur [mʊskula'tu:r] *f* muscular system
muskulös [mʊsku'lø:s] *adj* muscular
Müsli ['my:sli] (**-s, -**) *nt* (*KOCH*) muesli
Muß [mʊs] (**-**) *nt* necessity, must
Muße ['mu:sə] *f* leisure

─── *SCHLÜSSELWORT*

müssen ['mʏsən] (*pt* **mußte**, *pp* **gemußt** *od* (*als Hilfsverb*) **müssen**) *vi* **1** (*Zwang*) must (*nur im Präsens*), to have to; **ich muß**

es tun I must do it, I have to do it; **ich mußte es tun** I had to do it; **er muß es nicht tun** he doesn't have to do it; **muß ich?** must I?, do I have to?; **wann mußt ihr zur Schule?** when do you have to go to school?; **er hat gehen müssen** he (has) had to go; **muß das sein?** is that really necessary?; **ich muß mal** (*umg*) I need the toilet

2 (*sollen*): **das mußt du nicht tun!** you oughtn't to *od* shouldn't do that; **Sie hätten ihn fragen müssen** you should have asked him

3: **es muß geregnet haben** it must have rained; **es muß nicht wahr sein** it needn't be true

müßig ['myːsɪç] *adj* idle
Muster ['mʊstər] (**-s, -**) *nt* model; (*Dessin*) pattern; (*Probe*) sample; **m~gültig** *adj* exemplary; **m~n** *vt* (*Tapete*) to pattern; (*fig, MIL*) to examine; (*Truppen*) to inspect; **~ung** *f* (*von Stoff*) pattern; (*MIL*) inspection
Mut [muːt] *m* courage; **nur ~!** cheer up!; **jdm ~ machen** to encourage sb; **m~ig** *adj* courageous; **m~los** *adj* discouraged, despondent
mutmaßlich ['muːtmaːslɪç] *adj* presumed ♦ *adv* probably
Mutprobe *f* test *or* trial of courage
Mutter[1] ['mʊtər] (**-, ¨**) *f* mother
Mutter[2] (**-, Muttern**) *f* (*Schrauben~*) nut
mütterlich ['mʏtərlɪç] *adj* motherly; **~erseits** *adv* on the mother's side
Mutter- *zW*: **~liebe** *f* motherly love; **~mal** *nt* birthmark; **~milch** *f* mother's milk; **~schaft** *f* motherhood, maternity; **~schutz** *m* maternity regulations; **'m~'seelena'llein** *adj* all alone; **~sprache** *f* native language; **~tag** *m* Mother's Day
Mutti ['mʊti] (**-, -s**) *f* mum(my) (*BRIT*), mom(my) (*US*)
mutwillig ['muːtvɪlɪç] *adj* malicious, deliberate
Mütze ['mʏtsə] *f* cap
MwSt *abk* (= *Mehrwertsteuer*) VAT
mysteriös [mʏsteriˈøːs] *adj* mysterious
Mythos ['myːtɔs] (**-, Mythen**) *m* myth

N n

na [na] *excl* well; **~ gut** okay then
Nabel ['naːbəl] (**-s, -**) *m* navel; **~schnur** *f* umbilical cord

── SCHLÜSSELWORT

nach [naːx] *präp +dat* **1** (*örtlich*) to; **nach Berlin** to Berlin; **nach links/rechts** (to the) left/right; **nach oben/hinten** up/back
2 (*zeitlich*) after; **einer nach dem anderen** one after the other; **nach Ihnen!** after you!; **zehn (Minuten) nach drei** ten (minutes) past three
3 (*gemäß*) according to; **nach dem Gesetz** according to the law; **dem Namen nach** judging by his/her name; **nach allem, was ich weiß** as far as I know

♦ *adv*: **ihm nach!** after him!; **nach und nach** gradually, little by little; **nach wie vor** still

nachahmen ['naːxʔaːmən] *vt* to imitate
Nachbar(in) ['naːxbaːr(ɪn)] (**-s, -n**) *m(f)* neighbour; **~haus** *nt*: **im ~haus** next door; **n~lich** *adj* neighbourly; **~schaft** *f* neighbourhood; **~staat** *m* neighbouring state
nach- *zW*: **~bestellen** *vt*: **50 Stück ~bestellen** to order another 50; **N~bestellung** *f* (*COMM*) repeat order; **N~bildung** *f* imitation, copy; **~blicken** *vi*: **~denken über** +*akk* to gaze after; **~datieren** *vt* to postdate
nachdem [naːxˈdeːm] *konj* after; (*weil*) since; **je ~ (ob)** it depends (whether)
nach- *zW*: **~denken** (*unreg*) *vi*: **~denken über** +*akk* to think about; **N~denken** (**-s**) *nt* reflection, meditation; **~denklich** *adj* thoughtful, pensive
Nachdruck ['naːxdrʊk] *m* emphasis; (*TYP*) reprint, reproduction
nachdrücklich ['naːxdrʏklɪç] *adj* emphatic
nacheinander [naːxʔaɪˈnandər] *adv* one after the other
nachempfinden ['naːxʔɛmpfɪndən] (*unreg*) *vt*: **jdm etw ~** to feel sth with sb
Nacherzählung ['naːxʔɛrtsɛːluŋ] *f* reproduction (of a story)
Nachfahr ['naːxfaːr] (**-en, -en**) *m* descendant
Nachfolge ['naːxfɔlgə] *f* succession; **n~n** *vi*

+*dat* to follow; **~r(in)** (-s, -) *m(f)* successor
nachforschen *vt, vi* to investigate
Nachforschung *f* investigation
Nachfrage ['naːxfraːgə] *f* inquiry; (*COMM*) demand; **n~n** *vi* to inquire
nach- *zW:* **~fühlen** *vt* = **~empfinden**; **~füllen** *vt* to refill; **~geben** (*unreg*) *vi* to give way, to yield; **N~gebühr** *f* (*POST*) excess postage
nachgehen ['naːxgeːən] (*unreg*) *vi* (+*dat*) to follow; (*erforschen*) to inquire (into); (*Uhr*) to be slow
Nachgeschmack ['naːxgəʃmak] *m* aftertaste
nachgiebig ['naːxgiːbɪç] *adj* soft, accommodating; **N~keit** *f* softness
nachhaltig ['naːxhaltɪç] *adj* lasting; (*Widerstand*) persistent
nachhelfen ['naːxhɛlfən] (*unreg*) *vi* +*dat* to assist, to help
nachher [naːxˈheːr] *adv* afterwards
Nachhilfeunterricht ['naːxhɪlfəʊntərrɪçt] *m* extra tuition
nachholen ['naːxhoːlən] *vt* to catch up with; (*Versäumtes*) to make up for
Nachkomme ['naːxkɔmə] (-, -n) *m* descendant
nachkommen (*unreg*) *vi* to follow; (*einer Verpflichtung*) to fulfil; **N~schaft** *f* descendants *pl*
Nachkriegszeit ['naːxkriːkstsait] *f* postwar period
Nach- *zW:* **~laß** (-lasses, -lässe) *m* (*COMM*) discount, rebate; (*Erbe*) estate; **n~lassen** (*unreg*) *vt* (*Strafe*) to remit; (*Summe*) to take off; (*Schulden*) to cancel ♦ *vi* to decrease, to ease off; (*Sturm*) to die down, to ease off; (*schlechter werden*) to deteriorate; **er hat n~gelassen** he has got worse; **n~lässig** *adj* negligent, careless
nachlaufen ['naːxlaufən] (*unreg*) *vi* +*dat* to run after, to chase
nachlösen ['naːxløːzən] *vi* (*Zuschlag*) to pay on the train, pay at the other end; (*zur Weiterfahrt*) to pay the supplement
nachmachen ['naːxmaxən] *vt* to imitate (*jdm etw sth from sb*), to copy; (*fälschen*) to counterfeit
Nachmittag ['naːxmɪtaːk] *m* afternoon; **am ~** in the afternoon; **n~s** *adv* in the afternoon
Nach- *zW:* **~nahme** *f* cash on delivery; **per ~nahme** C.O.D.; **~name** *m* surname; **~porto** *nt* excess postage
nachprüfen ['naːxpryːfən] *vt* to check.
nachrechnen ['naːxrɛçnən] *vt* to check
nachreichen ['naːxraiçən] *vt* (*Unterlagen*) to hand in later
Nachricht ['naːxrɪçt] (-, -en) *f* (piece of) news; (*Mitteilung*) message; **~en** *pl* (*Neuigkeiten*) news; **~enagentur** *f* news agency; **~endienst** *m* (*MIL*) intelligence service;

~ensprecher(in) *m(f)* newsreader; **~entechnik** *f* telecommunications *sg*
Nachruf ['naːxruːf] *m* obituary
nachsagen ['naːxzaːgən] *vt* to repeat; **jdm etw ~** to say sth of sb
nachschicken ['naːxʃɪkən] *vt* to forward
nachschlagen ['naːxʃlaːgən] (*unreg*) *vt* to look up
Nachschlagewerk *nt* reference book
Nachschlüssel *m* duplicate key
Nachschub *m* supplies *pl*; (*Truppen*) reinforcements *pl*
nachsehen ['naːxzeːən] (*unreg*) *vt* (*prüfen*) to check ♦ *vi* (*erforschen*) to look and see; **jdm etw ~** to forgive sb sth; **das N~ haben** to come off worst
nachsenden ['naːxzɛndən] (*unreg*) *vt* to send on, to forward
nachsichtig *adj* indulgent, lenient
nachsitzen ['naːxzɪtsən] (*unreg*) *vi:* **~ (müssen)** (*SCH*) to be kept in
Nachspeise ['naːxʃpaizə] *f* dessert, sweet, pudding
Nachspiel ['naːxʃpiːl] *nt* epilogue; (*fig*) sequel
nachsprechen ['naːxʃprɛçən] (*unreg*) *vt:* **(jdm) ~** to repeat (after sb)
nächst [nɛːçst] *präp* +*dat* (*räumlich*) next to; (*außer*) apart from; **~beste (r, s)** *adj* first that comes along; (*zweitbeste*) next best; **N~e(r)** *mf* neighbour; **~e(r, s)** *adj* next; (*nächstgelegen*) nearest
nachstellen *vt* (*TECH: neu einstellen*) to adjust
nächst- *zW:* **N~enliebe** *f* love for one's fellow men; **~ens** *adv* shortly, soon; **~liegend** *adj* nearest; (*fig*) obvious; **~möglich** *adj* next possible
nachsuchen ['naːxzuːxən] *vi:* **um etw ~** to ask *od* apply for sth
Nacht [naxt] (-, ⁼e) *f* night; **~dienst** *m* nightshift
Nachteil ['naːxtail] *m* disadvantage; **n~ig** *adj* disadvantageous
Nachthemd *nt* (*Herren~*) nightshirt; (*Damen~*) nightdress
Nachtigall ['naxtıgal] (-, -en) *f* nightingale
Nachtisch ['naxtıʃ] *m* = **Nachspeise**
Nachtleben *nt* nightlife
nächtlich ['nɛçtlıç] *adj* nightly
Nachtlokal *nt* night club
Nach- *zW:* **~trag** (-(e)s, -träge) *m* supplement; **n~tragen** (*unreg*) *vt* to carry; (*zufügen*) to add; **jdm etw n~tragen** to hold sth against sb; **n~träglich** *adj* later, subsequent; additional ♦ *adv* later, subsequently; additionally; **n~trauern** *vi:* **jdm/etw n~trauern** to mourn the loss of sb/sth
Nacht- *zW:* **n~s** *adv* at *od* by night; **~schicht** *f* nightshift; **~schwester** *f* night nurse; **n~süber** *adv* during the night; **~tarif** *m* off-peak tariff; **~tisch** *m* bedside ta-

ble; ~**wächter** *m* night watchman

Nach- *zW:* ~**untersuchung** *f* checkup; **n~wachsen** (*unreg*) *vi* to grow again; ~**wahl** *f* (*POL*) ≈ by-election

Nachweis ['na:xvaıs] (**-es, -e**) *m* proof; **n~bar** *adj* provable, demonstrable; **n~en** (*unreg*) *vt* to prove; **jdm etw n~en** to point sth out to sb; **n~lich** *adj* evident, demonstrable

nach- *zW:* ~**wirken** *vi* to have after-effects; **N~wirkung** *f* after-effect; **N~wort** *nt* epilogue; **N~wuchs** *m* offspring; (*beruflich etc*) new recruits *pl*; ~**zahlen** *vt, vi* to pay extra; **N~zahlung** *f* additional payment; (*zurückdatiert*) back pay; ~**ziehen** (*unreg*) *vt* (*hinter sich herziehen: Bein*) to drag; **N~zügler** (**-s, -**) *m* straggler

Nacken ['nakən] (**-s, -**) *m* nape of the neck

nackt [nakt] *adj* naked; (*Tatsachen*) plain, bare; **N~heit** *f* nakedness

Nadel ['na:dəl] (**-, -n**) *f* needle; (*Steck-*) pin; ~**öhr** *nt* eye of a needle; ~**wald** *m* coniferous forest

Nagel ['na:gəl] (**-s, ²**) *m* nail; ~**bürste** *f* nailbrush; ~**feile** *f* nailfile; ~**lack** *m* nail varnish *od* polish (*BRIT*); **n~n** *vt, vi* to nail; **n~neu** *adj* brand-new; ~**schere** *f* nail scissors *pl*

nagen ['na:gən] *vt, vi* to gnaw

Nagetier ['na:gəti:r] *nt* rodent

nah(e) ['na:(ə)] *adj* (*räumlich*) near(by); (*Verwandte*) near; (*Freunde*) close; (*zeitlich*) near, close ♦ *adv* near(by); near, close; (*verwandt*) closely ♦ *präp* +*dat* near (to), close to; **der Nahe Osten** the Near East; **Nahaufnahme** *f* close-up

Nähe ['nɛ:ə] (**-**) *f* nearness, proximity; (*Umgebung*) vicinity; **in der ~** close by; at hand; **aus der ~** from close to

nahe- *zW:* ~**bei** *adv* nearby; ~**gehen** (*unreg*) *vi* +*dat* to grieve; ~**kommen** (*unreg*) *vi* (+*dat*) to get close (to); ~**legen** *vt:* **jdm etw ~legen** to suggest sth to sb; ~**liegen** (*unreg*) *vi* to be obvious; ~**liegend** *adj* obvious; ~**n** *vi, vr* to approach, to draw near

nähen ['nɛ:ən] *vt, vi* to sew

näher *adj, adv* nearer; (*Erklärung, Erkundigung*) more detailed; **N~e(s)** *nt* details *pl*, particulars *pl*

Näherei *f* sewing, needlework

näherkommen (*unreg*) *vi, vr* to get closer

nähern *vr* to approach

nahe- *zW:* ~**stehen** (*unreg*) *vi* (+*dat*) to be close (to); **einer Sache ~stehen** to sympathize with sth; ~**stehend** *adj* close; ~**treten** (*unreg*) *vi:* **jdm (zu) ~treten** to offend sb; ~**zu** *adv* nearly

Nähgarn *nt* thread

Nahkampf *m* hand-to-hand fighting

Nähkasten *m* sewing basket, workbox

nahm *etc* [na:m] *vb siehe* **nehmen**

Nähmaschine *f* sewing machine

Nähnadel *f* needle

nähren ['nɛ:rən] *vt* to feed ♦ *vr* (*Person*) to feed o.s.; (*Tier*) to feed

nahrhaft ['na:rhaft] *adj* nourishing, nutritious

Nahrung ['na:ruŋ] *f* food; (*fig auch*) sustenance

Nahrungs- *zW:* ~**mittel** *nt* foodstuffs *pl*; ~**mittelindustrie** *f* food industry; ~**suche** *f* search for food

Nährwert *m* nutritional value

Naht [na:t] (**-, ²e**) *f* seam; (*MED*) suture; (*TECH*) join; **n~los** *adj* seamless; **n~los ineinander übergehen** to follow without a gap

Nah- *zW:* ~**verkehr** *m* local traffic; ~**verkehrszug** *m* local train; ~**ziel** *nt* immediate objective

Name ['na:mə] (**-ns, -n**) *m* name; **im ~n von** on behalf of; **n~ns** *adv* by the name of; ~**nstag** *m* name day, saint's day; **n~ntlich** *adj* by name ♦ *adv* particularly, especially

namhaft ['na:mhaft] *adj* (*berühmt*) famed, renowned; (*beträchtlich*) considerable; ~ **machen** to name

nämlich ['nɛ:mlıç] *adv* that is to say, namely; (*denn*) since

nannte *etc* ['nantə] *vb siehe* **nennen**

nanu [na'nu:] *excl* well, well!

Napf [napf] (**-(e)s, ²e**) *m* bowl, dish

Narbe ['narbə] *f* scar

narbig ['narbıç] *adj* scarred

Narkose [nar'ko:zə] *f* anaesthetic

Narr [nar] (**-en, -en**) *m* fool; **n~en** *vt* to fool

Närrin ['nɛrın] *f* fool

närrisch *adj* foolish, crazy

Narzisse [nar'tsısə] *f* narcissus; daffodil

naschen ['naʃən] *vt, vi* to nibble; (*heimlich kosten*) to pinch a bit

naschhaft *adj* sweet-toothed

Nase ['na:zə] *f* nose

Nasen- *zW:* ~**bluten** (**-s**) *nt* nosebleed; ~**loch** *nt* nostril; ~**tropfen** *pl* nose drops

naseweis *adj* pert, cheeky; (*neugierig*) nosey

Nashorn ['na:shɔrn] *nt* rhinoceros

naß [nas] *adj* wet

Nässe ['nɛsə] (**-**) *f* wetness; **n~n** *vt* to wet

naßkalt *adj* wet and cold

Naßrasur *f* wet shave

Nation [natsi'o:n] *f* nation

national [natsio'na:l] *adj* national; **N~feiertag** *m* national holiday; **N~hymne** *f* national anthem; ~**isieren** [-i'zi:rən] *vt* to nationalize; **N~i'sierung** *f* nationalization; **N~ismus** [-'lısmʊs] *m* nationalism; ~**istisch** [-'lıstıʃ] *adj* nationalistic; **N~i'tät** *f* nationality; **N~mannschaft** *f* national team; **N~sozialismus** *m* national socialism

Natron ['naːtrɔn] (-s) nt soda
Natter ['natər] (-, -n) f adder
Natur [na'tuːr] f nature; (körperlich) constitution; ~ell [natu'rɛl] (-es, -e) nt disposition; ~erscheinung f natural phenomenon od event; n~farben adj natural coloured; n~gemäß adj natural; ~gesetz nt law of nature; n~getreu adj true to life; ~katastrophe f natural disaster
natürlich [na'tyːrlɪç] adj natural ♦ adv naturally; ja, ~! yes, of course; N~keit f naturalness
Natur- zW: ~park m ≈ national park; ~produkt nt natural product; n~rein adj natural, pure; ~schutzgebiet nt nature reserve; ~wissenschaft f natural science; ~wissenschaftler(in) m(f) scientist; ~zustand m natural state
nautisch ['nautɪʃ] adj nautical
Nazi ['naːtsi] (-s, -s) m Nazi
NB abk (= nota bene) nb
n.Chr. abk (= nach Christus) A.D.
Nebel ['neːbəl] (-s, -) m fog, mist; n~ig adj foggy, misty; ~scheinwerfer m foglamp
neben ['neːbən] präp (+akk od dat) next to; (+dat: außer) apart from, besides; ~an [neːbən''an] adv next door; N~anschluß m (TEL) extension; ~bei [neːbən'baɪ] adv at the same time; (außerdem) additionally; (beiläufig) incidentally; N~beruf m second job; N~beschäftigung f second job; N~buhler(in) (-s, -) m(f) rival; ~einander [neːbən'ar''andər] adv side by side; ~einanderlegen vt to put next to each other; N~eingang m side entrance; N~erscheinung f side effect; N~fach nt subsidiary subject; N~fluß m tributary; N~gebäude nt annexe; N~geräusch nt (RADIO) atmospherics pl, interference; ~her [neːbən'heːr] adv (zusätzlich) besides; (gleichzeitig) at the same time; (daneben) alongside; ~herfahren (unreg) vi to drive alongside; N~kosten pl extra charges, extras; N~produkt nt by-product; N~sache f trifle, side issue; ~sächlich adj minor, peripheral; N~saison f low season; N~straße f side street; N~verdienst m secondary income; N~zimmer nt adjoining room
neblig ['neːblɪç] adj foggy, misty
Necessaire [nesɛ'sɛːr] (-s, -s) nt (Näh~) needlework box; (Nagel~) manicure case
necken ['nɛkən] vt to tease
Neckerei [nɛkə'raɪ] f teasing
Neffe ['nɛfə] (-n, -n) m nephew
negativ [nega'tiːf] adj negative; N~ (-s, -e) nt (PHOT) negative
Neger ['neːgər] (-s, -) m negro; ~in f negress
nehmen ['neːmən] (unreg) vt to take; jdn zu sich ~ to take sb in; sich ernst ~ to

take o.s. seriously; nimm dir doch bitte please help yourself
Neid [naɪt] (-(e)s) m envy; ~er (-s, -) m envier; n~isch ['naɪdɪʃ] adj envious, jealous
neigen ['naɪgən] vt to incline, to lean; (Kopf) to bow ♦ vi: zu etw ~ to tend to sth
Neigung f (des Geländes) slope; (Tendenz) tendency, inclination; (Vorliebe) liking; (Zuneigung) affection
nein [naɪn] adv no
Nektarine [nɛkta'riːnə] f (Frucht) nectarine
Nelke ['nɛlkə] f carnation, pink; (Gewürz) clove
Nenn- ['nɛn] zW: n~en (unreg) vt to name; (mit Namen) to call; wie n~t man ...? what do you call ...?; n~enswert adj worth mentioning; ~er (-s, -) m denominator; ~wert m nominal value; (COMM) par
Neon ['neːɔn] (-s) nt neon; ~licht nt neon light; ~röhre f neon tube
Nerv [nɛrf] (-s, -en) m nerve; jdm auf die ~en gehen to get on sb's nerves; n~enaufreibend adj nerve-racking; ~enbündel nt bundle of nerves; ~enheilanstalt f mental home; n~enkrank adj mentally ill; ~ensäge (umg) f pain (in the neck) (inf); ~ensystem nt nervous system; ~enzusammenbruch m nervous breakdown; n~lich adj (Belastung) affecting the nerves; n~ös [nɛr'vøːs] adj nervous; ~osität f nervousness; n~tötend adj nerve-racking; (Arbeit) soul-destroying
Nerz [nɛrts] (-es, -e) m mink
Nessel ['nɛsəl] (-, -n) f nettle
Nest [nɛst] (-(e)s, -er) nt nest; (umg: Ort) dump
nett [nɛt] adj nice; (freundlich) nice, kind; ~erweise adv kindly
netto ['nɛtoː] adv net
Netz [nɛts] (-es, -e) nt net; (Gepäck~) rack; (Einkaufs~) string bag; (Spinnen~) web; (System) network; jdm ins ~ gehen (fig) to fall into sb's trap; ~anschluß m mains connection; ~haut f retina
neu [nɔy] adj new; (Sprache, Geschichte) modern; seit ~estem (since) recently; die ~esten Nachrichten the latest news; ~ schreiben to rewrite, to write again; N~anschaffung f new purchase od acquisition; ~artig adj new kind of; N~bau m new building; N~e(r) f(m) the new man/woman; ~erdings adv (kürzlich) (since) recently; (von neuem) again; N~erscheinung f (Buch) new publication; (Schallplatte) new release; N~erung f innovation, new departure; N~gier f curiosity; ~gierig adj curious; N~heit f newness; novelty; N~igkeit f news sg; N~jahr nt New Year; ~lich adv recently, the other day; N~ling m novice; N~mond m new moon

neun [nɔʏn] *num* nine; **~zehn** *num* nineteen; **~zig** *num* ninety

neureich *adj* nouveau riche; **N~e(r)** *mf* nouveau riche

neurotisch *adj* neurotic

Neu- *zW:* **~seeland** [nɔʏ'zeːlant] *nt* New Zealand; **~seeländer(in)** [nɔʏ'zeːlɛndər(ɪn)] *m(f)* New Zealander

neutral [nɔʏ'traːl] *adj* neutral; **~isieren** *vt* to neutralize

Neutrum ['nɔʏtrʊm] (-s, -a *od* -en) *nt* neuter

Neu- *zW:* **~wert** *m* purchase price; **n~wertig** *adj* (as) new, not used; **~zeit** *f* modern age; **n~zeitlich** *adj* modern, recent

─────── SCHLÜSSELWORT ───────

nicht [nɪçt] *adv* **1** (*Verneinung*) not; **er ist es nicht** it's not him, it isn't him; **er raucht nicht** (*gerade*) he isn't smoking; (*gewöhnlich*) he doesn't smoke; **ich kann das nicht** - **ich auch nicht** I can't do it - neither *od* nor can I; **es regnet nicht mehr** it's not raining any more

2 (*Bitte, Verbot*): **nicht!** don't!, no!; **nicht berühren!** do not touch!; **nicht doch!** don't!

3 (*rhetorisch*): **du bist müde, nicht (wahr)?** you're tired, aren't you?; **das ist schön, nicht (wahr)?** it's nice, isn't it?

4: was du nicht sagst! the things you say!

Nichtangriffspakt [nɪçt''angrɪfspakt] *m* non-aggression pact

Nichte ['nɪçtə] *f* niece

nichtig ['nɪçtɪç] *adj* (*ungültig*) null, void; (*wertlos*) futile; **N~keit** *f* nullity, invalidity; (*Sinnlosigkeit*) futility

Nichtraucher(in) *m(f)* non-smoker

nichtrostend *adj* stainless

nichts [nɪçts] *pron* nothing; **für ~ und wieder ~** for nothing at all; **N~** (-) *nt* nothingness; (*pej: Person*) nonentity

Nichtschwimmer *m* nonswimmer

nichts- *zW:* **~destoweniger** *adv* nevertheless; **N~nutz** (-es, -e) *m* good-for-nothing; **~nutzig** *adj* worthless, useless; **~sagend** *adj* meaningless; **N~tun** (-s) *nt* idleness

Nichtzutreffende(s) *nt:* **~s (bitte) streichen!** (please) delete where appropriate

Nickel ['nɪkəl] (-s) *nt* nickel

nicken ['nɪkən] *vi* to nod

Nickerchen ['nɪkərçən] *nt* nap

nie [niː] *adv* never; **~ wieder** *od* **mehr** never again; **~ und nimmer** never ever

nieder ['niːdər] *adj* low; (*gering*) inferior ♦ *adv* down; **N~gang** *m* decline; **~gedrückt** *adj* (*deprimiert*) dejected, depressed; **~gehen** (*unreg*) *vi* to descend; (*AVIAT*) to come down; (*Regen*) to fall; (*Boxer*) to go down; **~geschlagen** *adj* depressed, de-

jected; **N~lage** *f* defeat; **N~lande** *pl* Netherlands; **N~länder(in)** *m(f)* Dutchman(woman); **~ländisch** *adj* Dutch; **~lassen** (*unreg*) *vr* (*sich setzen*) to sit down; (*an Ort*) to settle (down); (*Arzt, Rechtsanwalt*) to set up a practice; **N~lassung** *f* settlement; (*COMM*) branch; **~legen** *vt* to lay down; (*Arbeit*) to stop; (*Amt*) to resign; **N~schlag** *m* (*MET*) precipitation; rainfall; **~schlagen** (*unreg*) *vt* (*Gegner*) to beat down; (*Gegenstand*) to knock down; (*Augen*) to lower; (*Aufstand*) to put down ♦ *vr* (*CHEM*) to precipitate; **~schreiben** (*unreg*) *vt* to put down in writing; **~trächtig** *adj* base, mean; **N~trächtigkeit** *f* meanness, baseness; outrage; **N~ung** *f* (*GEOG*) depression; (*Mündungsgebiet*) flats *pl*

niedlich ['niːtlɪç] *adj* sweet, cute

niedrig ['niːdrɪç] *adj* low; (*Stand*) lowly, humble; (*Gesinnung*) mean

niemals ['niːmaːls] *adv* never

niemand ['niːmant] *pron* nobody, no one

Niemandsland *nt* no-man's land

Niere ['niːrə] *f* kidney

nieseln ['niːzəln] *vi* to drizzle

niesen ['niːzən] *vi* to sneeze

Niete ['niːtə] *f* (*TECH*) rivet; (*Los*) blank; (*Reinfall*) flop; (*Mensch*) failure; **n~n** *vt* to rivet

Nikotin [niko'tiːn] (-s) *nt* nicotine

Nilpferd [niːl-] *nt* hippopotamus

Nimmersatt ['nɪmərzat] (-(e)s, -e) *m* glutton

nimmst *etc* [nɪmst] *vb siehe* **nehmen**

nippen ['nɪpən] *vt, vi* to sip

nirgend- ['nɪrgənt] *zW:* **~s** *adv* nowhere; **~wo** *adv* nowhere; **~wohin** *adv* nowhere

Nische ['niːʃə] *f* niche

nisten ['nɪstən] *vi* to nest

Nitrat [ni'traːt] (-(e)s, -e) *nt* nitrate

Niveau [ni'voː] (-s, -s) *nt* level

Nixe ['nɪksə] *f* water nymph

nobel ['noːbəl] *adj* (*großzügig*) generous; (*elegant*) posh (*inf*)

─────── SCHLÜSSELWORT ───────

noch [nɔx] *adv* **1** (*weiterhin*) still; **noch nicht** not yet; **noch nie** never (yet); **noch immer** *od* **immer noch** still; **bleiben Sie doch noch** stay a bit longer

2 (*in Zukunft*) still, yet; **das kann noch passieren** that might still happen; **er wird noch kommen** he'll come (yet)

3 (*nicht später als*): **noch vor einer Woche** only a week ago; **noch am selben Tag** the very same day; **noch im 19. Jahrhundert** as late as the 19th century; **noch heute** today

4 (*zusätzlich*): **wer war noch da?** who else was there?; **noch einmal** once more, again; **noch dreimal** three more times; **noch einer** another one

5 (*bei Vergleichen*): **noch größer** even bigger; **das ist noch besser** that's better still; **und wenn es noch so schwer ist** however hard it is
6: **Geld noch und noch** heaps (and heaps) of money; **sie hat noch und noch versucht, ...** she tried again and again to ...
♦ *konj*: **weder A noch B** neither A nor B

noch- *zW*: **~mal** ['nɔxma:l] *adv* again, once more; **~malig** ['nɔxma:lɪç] *adj* repeated; **~mals** *adv* again, once more
Nominativ ['no:minati:f] (**-s, -e**) *m* nominative
nominell [nomi'nɛl] *adj* nominal
Nonne ['nɔnə] *f* nun
Nord(en) ['nɔrd(ən)] (**-s**) *m* north
Nord'irland *nt* Northern Ireland
nordisch *adj* northern
nördlich ['nœrtlɪç] *adj* northerly, northern ♦ *präp* +*gen* (to the) north of; **~ von** (to the) north of
Nord- *zW*: **~pol** *m* North Pole; **~rhein-Westfalen** *nt* North Rhine-Westphalia; **~see** *f* North Sea; **n~wärts** *adv* northwards
nörgeln ['nœrgəln] *vi* to grumble; **N~ler** (**-s, -**) *m* grumbler
Norm [nɔrm] (**-, -en**) *f* norm; (*Größenvorschrift*) standard; **n~al** [nɔr'ma:l] *adj* normal; **~al(benzin)** *nt* ≈ 2-star petrol (*BRIT*), regular petrol (*US*); **n~alerweise** *adv* normally; **n~ali'sieren** *vt* to normalize ♦ *vr* to return to normal
normen *vt* to standardize
Norweg- ['nɔrve:g] *zW*: **~en** *nt* Norway; **~er(in)** (**-s, -**) *m(f)* Norwegian; **n~isch** *adj* Norwegian
Nostalgie [nɔstal'gi:] *f* nostalgia
Not [no:t] (**-, ¨e**) *f* need; (*Mangel*) want; (*Mühe*) trouble; (*Zwang*) necessity; **zur ~** if necessary; (*gerade noch*) just about
Notar [no'ta:r] (**-s, -e**) *m* notary; **n~i'ell** *adj* notarial
Not- *zW*: **~ausgang** *m* emergency exit; **~behelf** (**-s, -e**) *m* makeshift; **~bremse** *f* emergency brake; **~dienst** *m* (*Bereitschaftsdienst*) emergency service; **n~dürftig** *adj* scanty; (*behelfsmäßig*) makeshift
Note ['no:tə] *f* note; (*SCH*) mark (*BRIT*), grade (*US*)
Noten- *zW*: **~blatt** *nt* sheet of music; **~schlüssel** *m* clef; **~ständer** *m* music stand
Not- *zW*: **~fall** *m* (case of) emergency; **n~falls** *adv* if need be; **n~gedrungen** *adj* necessary, unavoidable; **etw n~gedrungen machen** to be forced to do sth
notieren [no'ti:rən] *vt* to note; (*COMM*) to quote
Notierung *f* (*COMM*) quotation

nötig ['nø:tɪç] *adj* necessary; **etw ~ haben** to need sth; **~en** *vt* to compel, to force; **~enfalls** *adv* if necessary
Notiz [no'ti:ts] (**-, -en**) *f* note; (*Zeitungs~*) item; **~ nehmen** to take notice; **~block** *m* notepad; **~buch** *nt* notebook
Not- *zW*: **~lage** *f* crisis, emergency; **n~landen** *vi* to make a forced *od* emergency landing; **n~leidend** *adj* needy; **~lösung** *f* temporary solution; **~lüge** *f* white lie
notorisch [no'to:rɪʃ] *adj* notorious
Not- *zW*: **~ruf** *m* emergency call; **~rufsäule** *f* emergency telephone; **~stand** *m* state of emergency; **~unterkunft** *f* emergency accommodation; **~verband** *m* emergency dressing; **~wehr** (**-**) *f* self-defence; **n~wendig** *adj* necessary; **~wendigkeit** *f* necessity
Novelle [no'vɛlə] *f* short novel; (*JUR*) amendment
November [no'vɛmbər] (**-s, -**) *m* November
Nu [nu:] *m*: **im ~** in an instant
Nuance [ny'ã:sə] *f* nuance
nüchtern ['nʏçtərn] *adj* sober; (*Magen*) empty; (*Urteil*) prudent; **N~heit** *f* sobriety
Nudel ['nu:dəl] (**-, -n**) *f* noodle; **~n** *pl* (*Teigwaren*) pasta *sg*; (*in Suppe*) noodles
Null [nʊl] (**-, -en**) *f* nought, zero; (*pej*: *Mensch*) washout; **n~** *num* zero (*Fehler*) no; **n~ Uhr** midnight; **n~ und nichtig** null and void; **~punkt** *m* zero; **auf dem ~punkt** at zero; **~tarif** *m* (*für Verkehrsmittel*) free travel
numerieren [nume'ri:rən] *vt* to number
numerisch [nu'me:rɪʃ] *adj* numerical
Nummer ['nʊmər] (**-, -n**) *f* number; (*Größe*) size; **~nschild** *nt* (*AUT*) number *od* license (*US*) plate
nun [nu:n] *adv* now ♦ *excl* well; **das ist ~ mal so** that's the way it is
nur [nu:r] *adv* just, only; **wo bleibt er ~?** (just) where is he?
Nürnberg ['nʏrnbɛrk] (**-s**) *nt* Nuremberg
Nuß [nʊs] (**-, Nüsse**) *f* nut; **~baum** *m* walnut tree; **~knacker** *m* nutcracker
Nüster ['nʏstər] (**-, -n**) *f* nostril
nutz [nʊts] *adj*: **zu nichts ~ sein** to be no use for anything
nutzbringend *adj* (*Verwendung*) profitable
nütze ['nʏtsə] *adj* = nutz
Nutzen (**-s**) *m* usefulness; (*Gewinn*) profit; **von ~** useful; **n~** *vi* to be of use ♦ *vt*: **etw zu etw n~** to use sth for sth; **was nutzt es?** what's the use?, what use is it?
nützen *vi, vt* = nutzen
nützlich ['nʏtslɪç] *adj* useful; **N~keit** *f* usefulness
Nutz- *zW*: **n~los** *adj* useless; **~losigkeit** *f* uselessness; **~nießer** (**-s, -**) *m* beneficiary
Nylon ['naɪlɔn] (**-(s)**) *nt* nylon

O o

Oase [o'a:zə] f oasis
ob [ɔp] konj if, whether; ~ **das wohl wahr ist?** can that be true?; **und ~!** you bet!
obdachlos adj homeless
Obdachlose(r) mf homeless person; ~**nasyl** nt shelter for the homeless
Obduktion [ɔpdʊktsi'oːn] f post-mortem
obduzieren [ɔpdu'tsiːrən] vt to do a post-mortem on
O-Beine ['oːbaɪnə] pl bow od bandy legs
oben ['oːbən] adv above; (in Haus) upstairs; **nach ~** up; **von ~** down; ~ **ohne** topless; **jdn von ~ bis unten ansehen** to look sb up and down; **Befehl von ~** orders from above; ~**an** adv at the top; ~**auf** adv up above, on the top ♦ adj (munter) in form; ~**drein** adv into the bargain; ~**erwähnt** adj above-mentioned; ~**genannt** adj above-mentioned
Ober ['oːbər] (-s, -) m waiter; **die ~en** pl (umg) the bosses; (ECCL) the superiors; ~**arm** m upper arm; ~**arzt** m senior physician; ~**aufsicht** f supervision; ~**bayern** nt Upper Bavaria; ~**befehl** m supreme command; ~**befehlshaber** m commander-in-chief; ~**bekleidung** f outer clothing; ~'**bürgermeister** m lord mayor; ~**deck** nt upper od top deck; **o~e(r, s)** adj upper; ~**fläche** f surface; **o~flächlich** adj superficial; ~**geschoß** nt upper storey; **o~halb** adv above ♦ präp +gen above; ~**haupt** nt head, chief; ~**haus** nt (POL) upper house, House of Lords (BRIT); ~**hemd** nt shirt; ~**herrschaft** f supremacy, sovereignty; ~**in** f matron; (ECCL) Mother Superior; ~**kellner** m head waiter; ~**kiefer** m upper jaw; ~**körper** m upper part of body; ~**leitung** f direction; (ELEK) overhead cable; ~**licht** nt skylight; ~**lippe** f upper lip; ~**schenkel** m thigh; ~**schicht** f upper classes pl; ~**schule** f grammar school (BRIT), high school (US); ~**schwester** f (MED) matron
Oberst ['oːbərst] (-en od -s, -en od -e) m colonel; **o~** adj very top, topmost
Ober- zW: ~**stufe** f upper school; ~**teil** nt upper part; ~**weite** f bust/chest measurement
obgleich [ɔp'glaɪç] konj although
Obhut ['ɔphuːt] (-) f care, protection; **in jds**

~ **sein** to be in sb's care
obig ['oːbɪç] adj above
Objekt [ɔp'jɛkt] (-(e)s, -e) nt object; ~**iv** [-'tiːf] (-s, -e) nt lens; **o~iv** adj objective; ~**ivi'tät** f objectivity
Oblate [o'blaːtə] f (Gebäck) wafer; (ECCL) host
obligatorisch [ɔbliga'toːrɪʃ] adj compulsory, obligatory
Oboe [o'boːə] f oboe
Obrigkeit ['oːbrɪçkaɪt] f (Behörden) authorities pl, administration; (Regierung) government
obschon [ɔp'ʃoːn] konj although
Observatorium [ɔpzɛrva'toːriʊm] nt observatory
obskur [ɔps'kuːr] adj obscure; (verdächtig) dubious
Obst [oːpst] (-(e)s) nt fruit; ~**baum** m fruit tree; ~**garten** m orchard; ~**händler** m fruiterer, fruit merchant; ~**kuchen** m fruit tart; ~**salat** m (KOCH) fruit salad
obszön [ɔps'tsøːn] adj obscene; **O~i'tät** f obscenity
obwohl [ɔp'voːl] konj although
Ochse ['ɔksə] (-n, -n) m ox; **o~n** (umg) vt, vi to cram, to swot (BRIT); ~**nschwanzsuppe** f oxtail soup; ~**nzunge** f oxtongue
öd(e) ['øːd(ə)] adj (Land) waste, barren; (fig) dull; **Öde** f desert, waste(land); (fig) tedium
oder ['oːdər] konj or; **das stimmt, ~?** that's right, isn't it?
Ofen ['oːfən] (-s, ⁀) m oven; (Heiz~) fire, heater; (Kohlen~) stove; (Hoch~) furnace; (Herd) cooker, stove; ~**rohr** nt stovepipe
offen ['ɔfən] adj open; (aufrichtig) frank; (Stelle) vacant; ~ **gesagt** to be honest; ~**bar** adj obvious; ~**baren** [ɔfən'baːrən] vt to reveal, to manifest; **O~'barung** f (REL) revelation; ~**bleiben** (unreg) vi (Fenster) to stay open; (Frage, Entscheidung) to remain open; ~**halten** (unreg) vt to keep open; **O~heit** f candour, frankness; ~**herzig** adj candid, frank; (Kleid) revealing; ~**kundig** adj well-known; (klar) evident; ~**lassen** (unreg) vt to leave open; ~**sichtlich** adj evident, obvious
offensiv [ɔfɛn'ziːf] adj offensive; **O~e** [-'ziːvə] f offensive
offenstehen (unreg) vi to be open; (Rechnung) to be unpaid; **es steht Ihnen offen, es zu tun** you are at liberty to do it
öffentlich ['œfəntlɪç] adj public; **Ö~keit** f (Leute) public; (einer Versammlung etc) public nature; **in aller Ö~keit** in public; **an die Ö~keit dringen** to reach the public ear
offiziell [ɔfitsi'el] adj official
Offizier [ɔfi'tsiːr] (-s, -e) m officer; ~**skasino** nt officers' mess
öffnen ['œfnən] vt, vr to open; **jdm die Tür ~** to open the door for sb

Öffner ['œfnər] (-s, -) m opener
Öffnung ['œfnʊŋ] f opening; ~**szeiten** pl opening times
oft [ɔft] adv often
öfter ['œftər] adv more often od frequently; ~**s** adv often, frequently
oh [oː] excl oh; ~ **je!** oh dear
OHG [oːhaːˈgeː] abk (= Offene Handelsgesellschaft) general partnership
ohne ['oːnə] präp +akk without ♦ konj without; **das ist nicht** ~ (umg) it's not bad; ~ **weiteres** without a second thought; (sofort) immediately; ~ **zu fragen** without asking; ~ **daß er es wußte** without him knowing it; ~**dies** [oːnəˈdiːs] adv anyway; ~**einander** [oːnəˈaɪˈnandər] adv without each other; ~**gleichen** [oːnəˈglaɪçən] adj unsurpassed, without equal; (sofort) ~**hin** [oːnəˈhɪn] adv anyway, in any case
Ohnmacht ['oːnmaxt] f faint; (fig) impotence; **in** ~ **fallen** to faint
ohnmächtig ['oːnmɛçtɪç] adj in a faint, unconscious; (fig) weak, impotent; **sie ist** ~ she has fainted
Ohr [oːr] (-(e)s, -en) nt ear; (Gehör) hearing
Öhr [øːr] (-(e)s, -e) nt eye
Ohren- zW: ~**arzt** m ear specialist; **o**~**betäubend** adj deafening; ~**schmalz** nt earwax; ~**schmerzen** pl earache sg; ~**schützer** (-s, -) m earmuff
Ohr- zW: ~**feige** f slap on the face; box on the ears; **o**~**feigen** vt: **jdn o**~**feigen** to slap sb's face; to box sb's ears; ~**läppchen** nt ear lobe; ~**ring** m earring; ~**wurm** m earwig; (MUS) catchy tune
ökologisch [økoˈloːgɪʃ] adj ecological
ökonomisch [økoˈnoːmɪʃ] adj economical
Oktan [ɔkˈtaːn] (-s, -e) nt (bei Benzin) octane
Oktave [ɔkˈtaːvə] f octave
Oktober [ɔkˈtoːbər] (-s, -) m October
ökumenisch [økuˈmeːnɪʃ] adj ecumenical
Öl [øːl] (-(e)s, -e) nt oil; ~**baum** m olive tree; **ö**~**en** vt to oil; (TECH) to lubricate; ~**farbe** f oil paint; ~**feld** nt oilfield; ~**film** m film of oil; ~**heizung** f oil-fired central heating; **ö**~**ig** adj oily; ~**industrie** f oil industry
oliv [oˈliːf] adj olive-green; **O**~**e** f olive
Öl- zW: ~**meßstab** m dipstick; ~**sardine** f sardine; ~**standanzeiger** m (AUT) oil gauge; ~**tanker** m oil tanker; ~**ung** f lubrication; oiling; (ECCL) anointment; **die Letzte** ~ Extreme Unction; ~**wechsel** m oil change; ~**zeug** nt oilskins pl
Olymp- [oˈlʏmp] zW: ~**iade** [olʏmpiˈaːdə] f Olympic Games pl; ~**iasieger(in)** [-iaziːgər(ɪn)] m(f) Olympic champion; ~**iateilnehmer(in)** m(f) Olympic competitor; **o**~**isch** adj Olympic
Oma ['oːma] (-, -s; umg) f granny
Omelett [ɔm(ə)ˈlɛt] (-(e)s, -s) nt omelet(te)

Omen ['oːmɛn] (-s, -) nt omen
ominös [omiˈnøːs] adj (unheilvoll) ominous
Omnibus ['ɔmnibʊs] m (omni)bus
Onanie [onaˈniː] f masturbation; **o**~**ren** vi to masturbate
Onkel ['ɔŋkəl] (-s, -) m uncle
Opa ['oːpa] (-s, -s; umg) m grandpa
Opal [oˈpaːl] (-s, -e) m opal
Oper ['oːpər] (-, -n) f opera; opera house
Operation [operatsiˈoːn] f operation; ~**ssaal** m operating theatre
Operette [opeˈrɛta] f operetta
operieren [opeˈriːrən] vt to operate on ♦ vi to operate
Opern- zW: ~**glas** nt opera glasses pl; ~**haus** nt opera house; ~**sänger(in)** m(f) opera singer
Opfer ['ɔpfər] (-s, -) nt sacrifice; (Mensch) victim; **o**~**n** vt to sacrifice; ~**ung** f sacrifice
Opium ['oːpiʊm] (-s) nt opium
opponieren [opoˈniːrən] vi: **gegen jdn/etw** ~ to oppose sb/sth
Opportunist [ɔpɔrtuˈnɪst] m opportunist
Opposition [opozitsiˈoːn] f opposition; **o**~**ell** adj opposing
Optik ['ɔptɪk] f optics sg; ~**er** (-s, -) m optician
optimal [optiˈmaːl] adj optimal, optimum
Optimismus [ɔptiˈmɪsmʊs] m optimism
Optimist [ɔptiˈmɪst] m optimist; **o**~**isch** adj optimistic
optisch ['ɔptɪʃ] adj optical
Orakel [oˈraːkəl] (-s, -) nt oracle
oral [oˈraːl] adj (MED) oral
Orange [oˈrãːʒə] f orange; **o**~ adj orange; ~**ade** [orãˈʒaːdə] f orangeade; ~**at** [orãˈʒaːt] (-s, -e) nt candied peel
Orchester [ɔrˈkɛstər] (-s, -) nt orchestra
Orchidee [ɔrçiˈdeːə] f orchid
Orden ['ɔrdən] (-s, -) m (ECCL) order; (MIL) decoration; ~**sschwester** f nun
ordentlich ['ɔrdəntlɪç] adj (anständig) decent, respectable; (geordnet) tidy, neat; (umg: annehmbar) not bad; (: tüchtig) real, proper ♦ adv properly; ~**er Professor** (full) professor; **O**~**keit** f respectability; tidiness, neatness
ordinär [ɔrdiˈnɛːr] adj common, vulgar
ordnen ['ɔrdnən] vt to order, to put in order
Ordner (-s, -) m steward; (COMM) file
Ordnung f order; (Ordnen) ordering; (Geordnetsein) tidiness; ~ **machen** to tidy up; **in** ~! okay!
Ordnungs- zW: **o**~**gemäß** adj proper, according to the rules; **o**~**liebend** adj orderly, methodical; ~**strafe** f fine; **o**~**widrig** adj contrary to the rules, irregular; ~**zahl** f ordinal number
Organ [ɔrˈgaːn] (-s, -e) nt organ; (Stimme) voice; ~**isation** [-izatsiˈoːn] f organisation;

~isator [-i'za:tər] *m* organizer; o~isch *adj*
organic; o~isieren [-i'zi:rən] *vt* to organize, to arrange; (*umg: beschaffen*) to acquire ♦ *vr* to organize; ~ismus [-'nismus]
m organism; ~ist [-'nist] *m* organist
Orgasmus [ɔr'gasmus] *m* orgasm
Orgel ['ɔrgəl] (-, -n) *f* organ
Orgie ['ɔrgiə] *f* orgy
Orient ['o:riɛnt] (-s) *m* Orient, east; ~ale
[-'ta:lə] (-n, -n) *m* Oriental; o~alisch
[-'ta:lɪʃ] *adj* oriental
orientier- *zW:* ~en [-'ti:rən] *vt* (*örtlich*) to
locate; (*fig*) to inform ♦ *vr* to find one's
way *od* bearings; to inform o.s.; O~ung
[-'ti:ruŋ] *f* orientation; (*fig*) information;
O~ungssinn *m* sense of direction
Origano [ori'ga:no] (-) *m* (*KOCH*) oregano
original [origi'na:l] *adj* original; O~ (-s, -e)
nt original; O~fassung *f* original version;
O~i'tät *f* originality
originell [origi'nɛl] *adj* original
Orkan [ɔr'ka:n] (-(e)s, -e) *m* hurricane
orkanartig *adj* (*Wind*) gale-force; (*Beifall*)
thunderous
Ornament [ɔrna'mɛnt] *nt* decoration, ornament; o~al [-'ta:l] *adj* decorative, orna-
mental
Ort [ɔrt] (-(e)s, -e *od* ≈er) *m* place; an ~
und Stelle on the spot; o~en *vt* to locate
ortho- [ɔrto] *zW:* ~dox [-'dɔks] *adj* orthodox; O~graphie [-gra'fi:] *f* spelling,
orthography; ~'graphisch *adj* ortho-
graphic; O~päde [-'pɛ:də] (-n, -n) *m*
orthopaedic specialist, orthopaedist;
O~pädie [-pɛ'di:] *f* orthopaedics *sg;*
~'pädisch *adj* orthopaedic
örtlich ['œrtlɪç] *adj* local; Ö~keit *f* locality
ortsansässig *adj* local
Ortschaft *f* village, small town
Orts- *zW:* o~fremd *adj* non-local; ~ge-
spräch *nt* local (phone)call; ~name *m*
place-name; ~netz *nt* (*TEL*) local telephone exchange area; ~tarif *m* (*TEL*) tariff
for local calls; ~zeit *f* local time
Ortung *f* locating
Öse ['ø:zə] *f* loop, eye
Ost'asien [ɔsta:ziən] *nt* Eastern Asia
Osten (-s) *m* east
Oster- ['o:stər] *zW:* ~ei *nt* Easter egg;
~fest *nt* Easter; ~glocke *f* daffodil;
~hase *m* Easter bunny; ~montag *m*
Easter Monday; ~n (-s, -) *nt* Easter
Österreich ['ø:stəraiç] (-s) *nt* Austria;
~er(in) (-s, -) *m(f)* Austrian; ö~isch *adj*
Austrian
Ostküste *f* east coast
östlich ['œstlɪç] *adj* eastern, easterly
Otter[1] ['ɔtər] (-s, -) *m* otter
Otter[2] (-s, -) *f* (*Schlange*) adder
Ouvertüre [uver'ty:rə] *f* overture
oval [o'va:l] *adj* oval
Ovation [ovatsi'o:n] *f* ovation

Ovulation [ovulatsi'o:n] *f* ovulation
Oxyd [ɔ'ksy:t] (-(e)s, -e) *nt* oxide; o~ieren
vt, vi to oxidize; ~ierung *f* oxidization
Ozean ['o:tsea:n] (-s, -e) *m* ocean;
~dampfer *m* (ocean-going) liner
Ozon [o'tso:n] (-s) *nt* ozone; ~loch *nt*
ozone hole; ~schicht *f* ozone layer

P p

Paar [pa:r] (-(e)s, -e) *nt* pair; (*Ehe~*) couple;
ein p~ a few; p~en *vt, vr* to couple;
(*Tiere*) to mate; ~lauf *m* pair skating;
p~mal *adv:* ein p~mal a few times; ~ung
f combination; mating; p~weise *adv* in
pairs; in couples
Pacht [paxt] (-, -en) *f* lease; p~en *vt* to
lease
Pächter ['pɛçtər] (-s, -) *m* leaseholder,
tenant
Pack[1] [pak] (-(e)s, -e *od* ≈e) *m* bundle,
pack
Pack[2] (-(e)s) *nt* (*pej*) mob, rabble
Päckchen ['pɛkçən] *nt* small package; (*Zigaretten*) packet; (*Post~*) small parcel
Pack- *zW:* p~en *vt* to pack; (*fassen*) to
grasp, to seize; (*umg: schaffen*) to manage;
(*fig: fesseln*) to grip; ~en (-s, -) *m* bundle;
(*fig: Menge*) heaps of; ~esel *m* (*auch fig*)
packhorse; ~papier *nt* brown paper, wrapping paper; ~ung *f* packet; (*Pralinenpack-
ung*) box; (*MED*) compress
Pädagog- [pɛda'go:g] *zW:* ~e (-n, -n) *m*
teacher; ~ik *f* education; p~isch *adj* educational, pedagogical
Paddel ['padəl] (-s, -) *nt* paddle; ~boot *nt*
canoe; p~n *vi* to paddle
Page ['pa:ʒə] (-n, -n) *m* page; ~nkopf *m*
pageboy (cut)
Paket [pa'ke:t] (-(e)s, -e) *nt* packet; (*Post~*)
parcel; ~karte *f* dispatch note; ~post *f*
parcel post; ~schalter *m* parcels counter
Pakt [pakt] (-(e)s, -e) *m* pact
Palast [pa'last] (-es, Paläste) *m* palace
Palästina [palɛs'ti:na] (-s) *nt* Palestine
Palme ['palmə] *f* palm (tree)
Palmsonntag *m* Palm Sunday
Pampelmuse ['pampəlmu:zə] *f* grapefruit
pampig ['pampɪç] (*umg*) *adj* (*frech*) fresh
panieren [pa'ni:rən] *vt* (*KOCH*) to bread
Paniermehl [pa'ni:rme:l] *nt* breadcrumbs *pl*
Panik ['pa:nɪk] *f* panic
panisch ['pa:nɪʃ] *adj* panic-stricken

Panne ['panə] *f* (*AUT etc*) breakdown; (*Mißgeschick*) slip; **~nhilfe** *f* breakdown service

panschen ['panʃən] *vi* to splash about ♦ *vt* to water down

Panther ['pantər] (**-s, -**) *m* panther

Pantoffel [pan'tɔfəl] (**-s, -n**) *m* slipper

Pantomime [panto'mi:mə] *f* mime

Panzer ['pantsər] (**-s, -**) *m* armour; (*Platte*) armour plate; (*Fahrzeug*) tank; **~glas** *nt* bulletproof glass; **p~n** *vt* to armour ♦ *vr* (*fig*) to arm o.s.

Papa [pa'pa:] (**-s, -s**; *umg*) *m* dad, daddy

Papagei [papa'gaɪ] (**-s, -en**) *m* parrot

Papier [pa'pi:r] (**-s, -e**) *nt* paper; (*Wert~*) security; **~fabrik** *f* paper mill; **~geld** *nt* paper money; **~korb** *m* wastepaper basket; **~tüte** *f* paper bag

Papp- ['pap] *zW*: **~deckel** *m* cardboard; **~e** *f* cardboard; **~el** (**-, -n**) *f* poplar; **p~en** (*umg*) *vt, vi* to stick; **p~ig** *adj* sticky; **~maché** [-ma'ʃe:] (**-s, -s**) *nt* papier-mâché

Paprika ['paprika] (**-s, -s**) *m* (*Gewürz*) paprika; (*~schote*) pepper

Papst [pa:pst] (**-(e)s, ⁼e**) *m* pope

päpstlich ['pɛ:pstlɪç] *adj* papal

Parabel [pa'ra:bəl] (**-, -n**) *f* parable; (*MATH*) parabola

Parabolantenne [para'bo:l-] *f* satellite dish

Parade [pa'ra:də] *f* (*MIL*) parade, review; (*SPORT*) parry

Paradies [para'di:s] (**-es, -e**) *nt* paradise; **p~isch** *adj* heavenly

Paradox [para'dɔks] (**-es, -e**) *nt* paradox; **p~** *adj* paradoxical

Paragraph [para'gra:f] (**-en, -en**) *m* paragraph; (*JUR*) section

parallel [para'le:l] *adj* parallel; **P~e** *f* parallel

Paranuß ['pa:ranʊs] *f* Brazil nut

Parasit [para'zi:t] (**-en, -en**) *m* (*auch fig*) parasite

parat [pa'ra:t] *adj* ready

Pärchen ['pɛ:rçən] *nt* couple

Parfüm [par'fy:m] (**-s, -s** *od* **-e**) *nt* perfume; **~erie** [-ə'ri:] *f* perfumery; **p~ieren** *vt* to scent, to perfume

parieren [pa'ri:rən] *vt* to parry ♦ *vi* (*umg*) to obey

Paris [pa'ri:s] (**-**) *nt* Paris; **~er** *adj* Parisian ♦ *m* Parisian; **~erin** *f* Parisian

Park [park] (**-s, -s**) *m* park; **~anlage** *f* park; (*um Gebäude*) grounds *pl*; **p~en** *vt, vi* to park

Parkett [par'kɛt] (**-(e)s, -e**) *nt* parquet (floor); (*THEAT*) stalls *pl*

Park- *zW*: **~haus** *nt* multi-storey car park; **~lücke** *f* parking space; **~platz** *m* parking place; car park, parking lot (*US*); **~scheibe** *f* parking disc; **~uhr** *f* parking meter; **~verbot** *nt* parking ban

Parlament [parla'mɛnt] *nt* parliament;

~arier [-'ta:riər] (**-s, -**) *m* parliamentarian; **p~arisch** [-'ta:rɪʃ] *adj* parliamentary

Parlaments- *zW*: **~beschluß** *m* vote of parliament; **~mitglied** *nt* member of parliament; **~sitzung** *f* sitting (of parliament)

Parodie [paro'di:] *f* parody; **p~ren** *vt* to parody

Parole [pa'ro:lə] *f* password; (*Wahlspruch*) motto

Partei [par'taɪ] *f* party; **~ ergreifen für jdn** to take sb's side; **p~isch** *adj* partial, bias(s)ed; **p~los** *adj* neutral, impartial; **~mitglied** *nt* party member; **~programm** *nt* (party) manifesto; **~tag** *m* party conference

Parterre [par'tɛr(ə)] (**-s, -s**) *nt* ground floor; (*THEAT*) stalls *pl*

Partie [par'ti:] *f* part; (*Spiel*) game; (*Ausflug*) outing; (*Mann, Frau*) catch; (*COMM*) lot; **mit von der ~ sein** to join in

Partisan [parti'za:n] (**-s** *od* **-en, -en**) *m* partisan

Partitur [parti'tu:r] *f* (*MUS*) score

Partizip [parti'tsi:p] (**-s, -ien**) *nt* participle

Partner(in) ['partnər(ɪn)] (**-s, -**) *m(f)* partner; **p~schaftlich** *adj* as partners; **~stadt** *f* twin town

Party ['pa:rti] (**-, -s** *od* **Parties**) *f* party

Paß [pas] (**-sses, ⁼sse**) *m* pass; (*Ausweis*) passport

passabel [pa'sa:bəl] *adj* passable, reasonable

Passage [pa'sa:ʒə] *f* passage

Passagier [pasa'ʒi:r] (**-s, -e**) *m* passenger; **~flugzeug** *nt* airliner

Paßamt *nt* passport office

Passant [pa'sant] *m* passer-by

Paßbild *nt* passport photograph

passen ['pasən] *vi* to fit; (*Farbe*) to go; (*auf Frage, KARTEN, SPORT*) to pass; **das paßt mir nicht** that doesn't suit me; **~ zu** (*Farbe, Kleider*) to go with; **er paßt nicht zu dir** he's not right for you; **~d** *adj* suitable; (*zusammenpassend*) matching; (*angebracht*) fitting; (*Zeit*) convenient

passier- [pa'si:r] *zW*: **~bar** *adj* passable; **~en** *vt* to pass; (*durch Sieb*) to strain ♦ *vi* to happen; **P~schein** *m* pass, permit

Passion [pasi'o:n] *f* passion; **p~iert** [-'ni:rt] *adj* enthusiastic, passionate; **~sspiel** *nt* Passion Play

passiv ['pasi:f] *adj* passive; **P~** (**-s, -e**) *nt* passive; **P~a** *pl* (*COMM*) liabilities; **P~ität** *f* passiveness

Paß- *zW*: **~kontrolle** *f* passport control; **~stelle** *f* passport office; **~straße** *f* (mountain) pass

Paste ['pastə] *f* paste

Pastell [pas'tɛl] (**-(e)s, -e**) *nt* pastel

Pastete [pas'te:tə] *f* pie

pasteurisieren [pastøri'zi:rən] *vt* to pasteurize

Pastor ['pastɔr] *m* vicar; pastor, minister

Pate ['pa:tə] (**-n, -n**) *m* godfather; **~nkind** *nt* godchild

Patent [pa'tɛnt] (**-(e)s, -e**) *nt* patent; (*MIL*) commission; **p~** *adj* clever; **~amt** *nt* patent office

Patentante *f* godmother

patentieren *vt* to patent

Patentinhaber *m* patentee

Pater ['pa:tər] (**-s, - od Patres**) *m* (*ECCL*) Father

pathetisch [pa'te:tɪʃ] *adj* emotional; bombastic

Pathologe [pato'lo:gə] (**-n, -n**) *m* pathologist

pathologisch *adj* pathological

Pathos ['pa:tɔs] (**-**) *nt* emotiveness, emotionalism

Patient(in) [patsi'ɛnt(ɪn)] *m(f)* patient

Patin ['pa:tɪn] *f* godmother

Patina ['pa:tina] (**-**) *f* patina

Patriot [patri'o:t] (**-en, -en**) *m* patriot; **p~isch** *adj* patriotic; **~ismus** [-'tɪsmʊs] *m* patriotism

Patrone [pa'tro:nə] *f* cartridge

Patrouille [pa'trʊljə] *f* patrol

patrouillieren [patrʊl'ji:rən] *vi* to patrol

patsch [patʃ] *excl* splash; **P~e** (*umg*) *f* (*Bedrängnis*) mess, jam; **~en** *vi* to smack, to slap; (*im Wasser*) to splash; **~naß** *adj* soaking wet

patzig ['patsɪç] (*umg*) *adj* cheeky, saucy

Pauke ['paʊkə] *f* kettledrum; **auf die ~ hauen** to live it up

pauken *vt* (*intensiv lernen*) to swot up (*inf*) ♦ *vi* to swot (*inf*), cram (*inf*)

pausbäckig ['paʊsbɛkɪç] *adj* chubbycheeked

pauschal [paʊ'ʃa:l] *adj* (*Kosten*) inclusive; (*Urteil*) sweeping; **P~e** *f* flat rate; **P~gebühr** *f* flat rate; **P~preis** *m* all-in price; **P~reise** *f* package tour; **P~summe** *f* lump sum

Pause ['paʊzə] *f* break; (*THEAT*) interval; (*Innehalten*) pause; (*Kopie*) tracing

pausen *vt* to trace; **~los** *adj* non-stop; **P~zeichen** *nt* call sign; (*MUS*) rest

Pauspapier ['paʊspapi:r] *nt* tracing paper

Pavian ['pa:via:n] (**-s, -e**) *m* baboon

Pavillon (**-s, -s**) *m* pavilion

Pazif- [pa'tsi:f] *zW:* **~ik** (**-s**) *m* Pacific; **p~istisch** *adj* pacifist

Pech [pɛç] (**-s, -e**) *nt* pitch; (*fig*) bad luck; **~ haben** to be unlucky; **p~schwarz** *adj* pitch-black; **~strähne** (*umg*) *f* unlucky patch; **~vogel** (*umg*) *m* unlucky person

Pedal [pe'da:l] (**-s, -e**) *nt* pedal

Pedant [pe'dant] *m* pedant; **~e'rie** *f* pedantry; **p~isch** *adj* pedantic

Pediküre [pedi'ky:rə] *f* (*Fußpflege*) pedicure

Pegel ['pe:gəl] (**-s, -**) *m* water gauge; **~stand** *m* water level

peilen ['paɪlən] *vt* to get a fix on

Pein [paɪn] (**-**) *f* agony, pain; **p~igen** *vt* to torture; (*plagen*) to torment; **p~lich** *adj* (*unangenehm*) embarrassing, awkward, painful; (*genau*) painstaking; **~lichkeit** *f* painfulness, awkwardness; scrupulousness

Peitsche ['paɪtʃə] *f* whip; **p~n** *vt* to whip; (*Regen*) to lash

Pelikan ['pe:lika:n] (**-s, -e**) *m* pelican

Pelle ['pɛlə] *f* skin; **p~n** *vt* to skin, to peel

Pellkartoffeln *pl* jacket potatoes

Pelz [pɛlts] (**-es, -e**) *m* fur

Pendel ['pɛndəl] (**-s, -**) *nt* pendulum

pendeln *vi* (*Zug, Fähre etc*) to operate a shuttle service; (*Mensch*) to commute

Pendelverkehr *m* shuttle traffic; (*für Pendler*) commuter traffic

Pendler ['pɛndlər] (**-s, -**) *m* commuter

penetrant [pene'trant] *adj* sharp; (*Person*) pushing

Penis ['pe:nɪs] (**-, -se**) *m* penis

pennen ['pɛnən] (*umg*) *vi* to kip

Penner (*umg: pej*) *m* (*Landstreicher*) tramp

Pension [pɛnzi'o:n] *f* (*Geld*) pension; (*Ruhestand*) retirement; (*für Gäste*) boarding *od* guest-house; **~är(in)** [-'nɛ:r(ɪn)] (**-s, -e**) *m(f)* pensioner; **p~ieren** *vt* to pension off; **p~iert** *adj* retired; **~ierung** *f* retirement; **~sgast** *m* boarder, paying guest

Pensum ['pɛnzʊm] (**-s, Pensen**) *nt* quota; (*SCH*) curriculum

per [pɛr] *präp +akk* by, per; (*pro*) per; (*bis*) by

Perfekt [pɛr'fɛkt] (**-(e)s, -e**) *nt* perfect; **p~** [pɛr'fɛkt] *adj* perfect

perforieren [pɛrfo'ri:rən] *vt* to perforate

Pergament [pɛrga'mɛnt] *nt* parchment; **~papier** *nt* greaseproof paper

Periode [peri'o:də] *f* period

periodisch [peri'o:dɪʃ] *adj* periodic; (*dezimal*) recurring

Perle ['pɛrlə] *f* (*auch fig*) pearl; **p~n** *vi* to sparkle; (*Tropfen*) to trickle

Perlmutt ['pɛrlmʊt] (**-s**) *nt* mother-of-pearl

Perlwein *m* sparkling wine

perplex [pɛr'plɛks] *adj* dumbfounded

Person [pɛr'zo:n] (**-, -en**) *f* person; **ich für meine ~ ...** personally I ...

Personal [pɛrzo'na:l] (**-s**) *nt* personnel; (*Bedienung*) servants *pl*; **~ausweis** *m* identity card; **~computer** *m* personal computer; **~ien** [-iən] *pl* particulars; **~mangel** *m* undermanning; **~pronomen** *nt* personal pronoun

Personen- *zW:* **~aufzug** *m* lift, elevator (*US*); **~kraftwagen** *m* private motorcar; **~schaden** *m* injury to persons; **~zug** *m* stopping train; passenger train

personifizieren [pɛrzonifi'tsi:rən] *vt* to personify

persönlich [pɛr'zø:nlɪç] *adj* personal ♦ *adv* in person; personally; **P~keit** *f* personality

personell *adj (Veränderungen)* personnel
Perspektive [pɛrspɛk'tiːvə] *f* perspective
Perücke [pe'rʏkə] *f* wig
pervers [pɛr'vɛrs] *adj* perverse
Pessimismus [pɛsi'mɪsmus] *m* pessimism
Pessimist [pɛsi'mɪst] *m* pessimist; **p~isch** *adj* pessimistic
Pest [pɛst] (-) *f* plague
Petersilie [petər'ziːliə] *f* parsley
Petroleum [pe'troːleum] (-s) *nt* paraffin, kerosene *(US)*
Petunie *f (BOT)* petunia
Pfad [pfaːt] (-(e)s, -e) *m* path; **~finder** (-s, -) *m* boy scout; **~finderin** *f* girl guide
Pfahl [pfaːl] (-(e)s, ⁼e) *m* post, stake
Pfand [pfant] (-(e)s, ⁼er) *nt* pledge, security; *(Flaschen~)* deposit; *(im Spiel)* forfeit; **~brief** *m* bond
pfänden [pfɛndən] *vt* to seize, to distrain
Pfänderspiel *nt* game of forfeits
Pfandschein *m* pawn ticket
Pfändung [pfɛnduŋ] *f* seizure, distraint
Pfanne ['pfanə] *f* (frying) pan
Pfannkuchen *m* pancake; *(Berliner)* doughnut
Pfarr- ['pfar] *zW:* **~ei** *f* parish; **~er** (-s, -) *m* priest; *(evangelisch)* vicar; minister; **~haus** *nt* vicarage; manse
Pfau [pfau] (-(e)s, -en) *m* peacock; **~enauge** *nt* peacock butterfly
Pfeffer ['pfɛfər] (-s, -) *m* pepper; **~korn** *nt* peppercorn; **~kuchen** *m* gingerbread; **~minz** (-es, -e) *nt* peppermint; **~mühle** *f* pepper-mill; **p~n** *vt* to pepper; *(umg: werfen)* to fling; **gep~te Preise/Witze** steep prices/spicy jokes
Pfeife ['pfaifə] *f* whistle; *(Tabak~, Orgel~)* pipe; **p~n** *(unreg) vt, vi* to whistle; **~r** (-s, -) *m* piper
Pfeil [pfail] (-(e)s, -e) *m* arrow
Pfeiler ['pfailər] (-s, -) *m* pillar, prop; *(Brücken~)* pier
Pfennig ['pfɛniç] (-(e)s, -e) *m* pfennig *(hundredth part of a mark)*
Pferd [pfeːrt] (-(e)s, -e) *nt* horse
Pferde- ['pfeːrdə] *zW:* **~rennen** *nt* horse-race; horse-racing; **~schwanz** *m (Frisur)* ponytail; **~stall** *m* stable
Pfiff [pfɪf] (-(e)s, -e) *m* whistle
Pfifferling ['pfɪfərliŋ] *m* yellow chanterelle *(mushroom)*; **keinen ~ wert** not worth a thing
pfiffig *adj* sly, sharp
Pfingsten ['pfɪŋstən] (-, -) *nt* Whitsun *(BRIT)*, Pentecost
Pfingstrose ['pfɪŋstroːzə] *f* peony
Pfirsich ['pfɪrzɪç] (-s, -e) *m* peach
Pflanz- ['pflants] *zW:* **~e** *f* plant; **p~en** *vt* to plant; **~enfett** *nt* vegetable fat; **p~lich** *adj* vegetable; **~ung** *f* plantation
Pflaster ['pflastər] (-s, -) *nt* plaster; *(Straße)* pavement; **p~n** *vt* to pave; **~stein** *m* pav-

ing stone
Pflaume ['pflaumə] *f* plum
Pflege ['pfleːgə] *f* care; *(von Idee)* cultivation; *(Kranken~)* nursing; **in ~ sein** *(Kind)* to be fostered out; **p~bedürftig** *adj* needing care; **~eltern** *pl* foster parents; **~heim** *nt* nursing home; **~kind** *nt* foster child; **p~leicht** *adj* easy-care; **~mutter** *f* foster mother; **p~n** *vt* to look after; *(Kranke)* to nurse; *(Beziehungen)* to foster; **~r** (-s, -) *m* orderly; male nurse; **~rin** *f* nurse, attendant; **~vater** *m* foster father
Pflicht [pflɪçt] (-, -en) *f* duty; *(SPORT)* compulsory section; **p~bewußt** *adj* conscientious; **~fach** *nt (SCH)* compulsory subject; **~gefühl** *nt* sense of duty; **p~gemäß** *adj* dutiful ♦ *adv* as in duty bound; **~versicherung** *f* compulsory insurance
pflücken ['pflʏkən] *vt* to pick; *(Blumen)* to pick, to pluck
Pflug [pfluːk] (-(e)s, ⁼e) *m* plough
pflügen ['pflyːgən] *vt* to plough
Pforte ['pfɔrtə] *f* gate; door
Pförtner ['pfœrtnər] (-s, -) *m* porter, doorkeeper, doorman
Pfosten ['pfɔstən] (-s, -) *m* post
Pfote ['pfoːtə] *f* paw; *(umg: Schrift)* scrawl
Pfropfen ['pfrɔpfən] (-s, -) *m (Flaschen~)* stopper; *(Blut~)* clot; **p~** *vt (stopfen)* to cram; *(Baum)* to graft
pfui [pfui] *excl* ugh!
Pfund [pfunt] (-(e)s, -e) *nt* pound; **p~ig** *(umg) adj* great
pfuschen ['pfuʃən] *(umg) vi* to be sloppy; **jdm ins Handwerk ~** to interfere in sb's business
Pfuscher ['pfuʃər] (-s, -; *umg) m* sloppy worker; *(Kur~)* quack; **~ei** *(umg) f* sloppy work; quackery
Pfütze ['pfʏtsə] *f* puddle
Phänomen [fɛno'meːn] (-s, -e) *nt* phenomenon; **p~al** [-'naːl] *adj* phenomenal
Phantasie [fanta'ziː] *f* imagination; **p~los** *adj* unimaginative; **p~ren** *vi* to fantasize; **p~voll** *adj* imaginative
phantastisch [fan'tastɪʃ] *adj* fantastic
Phase ['faːzə] *f* phase
Philologe [filo'loːgə] (-n, -n) *m* philologist
Philologie [filolo'giː] *f* philology
Philosoph [filo'zoːf] (-en, -en) *m* philosopher; **~ie** [-'fiː] *f* philosophy; **p~isch** *adj* philosophical
phlegmatisch [flɛ'gmaːtɪʃ] *adj* lethargic
Phonetik [fo'neːtɪk] *f* phonetics *sg*
phonetisch *adj* phonetic
Phosphor ['fɔsfɔr] (-s) *m* phosphorus
Photo *etc* ['foːto] (-s, -s) *nt* = Foto *etc*
Phrase ['fraːzə] *f* phrase; *(pej)* hollow phrase
pH-Wert *m* pH-value
Physik [fy'ziːk] *f* physics *sg*; **p~alisch** [-'kaːlɪʃ] *adj* of physics; **~er(in)** ['fyːzɪkər(ɪn)]

(-s, -) *m(f)* physicist
Physiologie [fyziolo'giː] *f* physiology
physisch ['fyːzɪʃ] *adj* physical
Pianist(in) [pia'nɪst(ɪn)] *m(f)* pianist
Pickel ['pɪkəl] (-s, -) *m* pimple; (*Werkzeug*) pickaxe; (*Berg~*) ice-axe; **p~ig** *adj* pimply, spotty
picken ['pɪkən] *vi* to pick, to peck
Picknick ['pɪknɪk] (-s, -e *od* -s) *nt* picnic; ~ **machen** to have a picnic
piepen ['piːpən] *vi* to chirp
piepsen ['piːpsən] *vi* to chirp
Piepser ['piːpsər] *m* pager, paging device
Pier [piːər] (-s, -s *od* -e) *m od f* pier
Pietät [pie'tɛːt] *f* piety, reverence; **p~los** *adj* impious, irreverent
Pigment [pɪ'gmɛnt] *nt* pigment
Pik [piːk] (-s, -s) *nt* (*KARTEN*) spades
pikant [pi'kant] *adj* spicy, piquant; (*anzüglich*) suggestive
Pilger ['pɪlgər] (-s, -) *m* pilgrim; ~**fahrt** *f* pilgrimage
Pille ['pɪlə] *f* pill
Pilot [pi'loːt] (-en, -en) *m* pilot
Pilz [pɪlts] (-es, -e) *m* fungus; (*eßbar*) mushroom; (*giftig*) toadstool; ~**krankheit** *f* fungal disease
Pinguin ['pɪŋguiːn] (-s, -e) *m* penguin
Pinie ['piːniə] *f* pine
pinkeln ['pɪŋkəln] (*umg*) *vi* to pee
Pinnwand *f* noticeboard
Pinsel ['pɪnzəl] (-s, -) *m* paintbrush
Pinzette [pɪn'tsɛtə] *f* tweezers *pl*
Pionier [pio'niːr] (-s, -e) *m* pioneer; (*MIL*) sapper, engineer
Pirat [pi'raːt] (-en, -en) *m* pirate; ~**ensender** *m* pirate radio station
Piste ['pɪstə] *f* (*SKI*) run, piste; (*AVIAT*) runway
Pistole [pɪs'toːlə] *f* pistol
Pizza ['pɪtsa] (-, -s) *f* pizza
Pkw [peːkaː'veː] (-(s), -(s)) *m abk* = **Personenkraftwagen**
pl. *abk* = **pluralisch**; **Plural**
plädieren [plɛ'diːrən] *vi* to plead
Plädoyer [plɛdoa'jeː] (-s, -s) *nt* speech for the defence; (*fig*) plea
Plage ['plaːgə] *f* plague; (*Mühe*) nuisance; ~**geist** *m* pest, nuisance; **p~n** *vt* to torment ♦ *vr* to toil, to slave
Plakat [pla'kaːt] (-(e)s, -e) *nt* placard; poster
Plan [plaːn] (-(e)s, ⁼e) *m* plan; (*Karte*) map
Plane *f* tarpaulin
planen *vt* to plan; (*Mord etc*) to plot
Planer (-s, -) *m* planner
Planet [pla'neːt] (-en -en) *m* planet
planieren [pla'niːrən] *vt* to plane, to level
Planke ['plaŋkə] *f* plank
Plankton (-s) *nt* plankton
planlos *adj* (*Vorgehen*) unsystematic; (*Umherlaufen*) aimless

planmäßig *adj* according to plan; systematic; (*EISENB*) scheduled
Planschbecken *nt* paddling pool
planschen ['planʃən] *vi* to splash
Plansoll (-s) *nt* output target
Plantage [plan'taːʒə] *f* plantation
Planung *f* planning
Planwirtschaft *f* planned economy
plappern ['plapərn] *vi* to chatter
plärren ['plɛrən] *vi* (*Mensch*) to cry, to whine; (*Radio*) to blare
Plasma ['plasma] (-s, **Plasmen**) *nt* plasma
Plastik¹ ['plastɪk] *f* sculpture
Plastik² (-s) *nt* (*Kunststoff*) plastic; ~**beutel** *m* plastic bag, carrier bag; ~**folie** *f* plastic film; ~**tüte** *f* plastic bag
plastisch ['plastɪʃ] *adj* plastic; **stell dir das** ~ **vor!** just picture it!
Platane [pla'taːnə] *f* plane (tree)
Platin ['plaːtiːn] (-s) *nt* platinum
platonisch [pla'toːnɪʃ] *adj* platonic
platsch [platʃ] *excl* splash; ~**en** *vi* to splash
plätschern ['plɛtʃərn] *vi* to babble
platschnaß *adj* drenched
platt [plat] *adj* flat; (*umg: überrascht*) flabbergasted; (*fig: geistlos*) flat, boring; ~**deutsch** *adj* low German; **P~e** *f* (*Speisen~*, *PHOT*, *TECH*) plate; (*Steinplatte*) flag; (*Kachel*) tile; (*Schallplatte*) record; **P~enspieler** *m* record player; **P~enteller** *m* turntable; **P~fuß** *m* flat foot
Platz [plats] (-es, ⁼e) *m* place; (*Sitz~*) seat; (*Raum*) space, room; (*in Stadt*) square; (*Sport~*) playing field; ~ **nehmen** to take a seat; **jdm** ~ **machen** to make room for sb; ~**angst** *f* (*MED*) agoraphobia; (*umg*) claustrophobia; ~**anweiser(in)** (-s, -) *m(f)* usher(ette)
Plätzchen ['plɛtsçən] *nt* spot; (*Gebäck*) biscuit
Platz- *zW*: **p~en** *vi* to burst; (*Bombe*) to explode; **vor Wut p~en** (*umg*) to be bursting with anger; ~**karte** *f* seat reservation; ~**mangel** *m* lack of space; ~**patrone** *f* blank cartridge; ~**regen** *m* downpour; ~**wunde** *f* cut
Plauderei [plaudə'rai] *f* chat, conversation; (*RADIO*) talk
plaudern ['plaudərn] *vi* to chat, to talk
plausibel [plau'ziːbəl] *adj* plausible
plazieren [pla'tsiːrən] *vt* to place ♦ *vr* (*SPORT*) to be placed; (*TENNIS*) to be seeded
Pleite ['plaitə] *f* bankruptcy; (*umg: Reinfall*) flop; ~ **machen** to go bust; **p~** (*umg*) *adj* broke
Plenum ['pleːnʊm] (-s) *nt* plenum
Plombe ['plɔmbə] *f* lead seal; (*Zahn~*) filling
plombieren [plɔm'biːrən] *vt* to seal; (*Zahn*) to fill

lötzlich ['plœtslıç] adj sudden ♦ adv suddenly
lump [plʊmp] adj clumsy; (Hände) coarse; (Körper) shapeless; ~**sen** (umg) vi to plump down, to fall
lunder ['plʊndər] (-s) m rubbish
lündern ['plʏndərn] vt to plunder; (Stadt) to sack ♦ vi to plunder
lünderung ['plʏndərʊŋ] f plundering, sack, pillage
lural ['pluːraːl] (-s, -e) m plural; **p~istisch** adj pluralistic
lus [plʊs] (-, -) nt plus; (FIN) profit; (Vorteil) advantage; **p~** adv plus
lüsch [plyːʃ] (-(e)s, -e) m plush
luspol m (ELEK) positive pole
luspunkt m point; (fig) point in sb's favour
lutonium (-s) nt plutonium
LZ abk = Postleitzahl
o [poː] (-s, -s; umg) m bottom, bum
öbel ['pøːbəl] (-s) m mob, rabble; ~**ei** f vulgarity; **p~haft** adj low, vulgar
ochen ['pɔxən] vi to knock; (Herz) to pound; **auf etw** akk ~ (fig) to insist on sth
ocken ['pɔkən] pl smallpox sg
odium ['poːdiʊm] nt podium; ~**sdiskussion** f panel discussion
oesie [poe'ziː] f poetry
oet [po'eːt] (-en, -en) m poet; **p~isch** adj poetic
ointe [po'ɛ̃ːtə] f point
okal [po'kaːl] (-s, -e) m goblet; (SPORT) cup; ~**spiel** nt cup-tie
ökelfleisch nt salt meat
ökeln ['pøːkəln] vt to pickle, to salt
oker (-s) nt od m poker
ol [poːl] (-s, -e) m pole; **p~ar** adj polar; ~**arkreis** m Arctic circle
ole (-n, -n) m Pole
olemisch [po'leːmıʃ] adj polemical
olen (-s) nt Poland
olice [po'liːs(ə)] f insurance policy
olier [po'liːr] (-s, -e) m foreman
olieren vt to polish
oliklinik ['poːlikliːnık] f outpatients (department) sg
olin f Pole
olitik [poli'tiːk] f politics sg; (eine bestimmte) policy; ~**er(in)** [poli'tiːkər(ın)] (-s, -) m(f) politician
olitisch [po'liːtıʃ] adj political
olitur [poli'tuːr] f polish
olizei [poli'tsai] f police; ~**beamte(r)** m police officer; **p~lich** adj police; **sich p~lich melden** to register with the police; ~**revier** nt police station; ~**staat** m police state; ~**streife** f police patrol; ~**stunde** f closing time; ~**wache** f police station
olizist(in) [poli'tsıst(ın)] (-en, -en) m(f) policeman(woman)
ollen ['pɔlən] (-s, -) m pollen

polnisch ['pɔlnıʃ] adj Polish
Polohemd nt polo shirt
Polster ['pɔlstər] (-s, -) nt cushion; (~ung) upholstery; (in Kleidung) padding; (fig: Geld) reserves pl; ~**er** (-s, -) m upholsterer; ~**möbel** pl upholstered furniture sg; **p~n** vt to upholster; to pad
Polterabend m party on eve of wedding
poltern ['pɔltərn] vi (Krach machen) to crash; (schimpfen) to rant
Polyp [po'lyːp] (-en, -en) m polyp; (umg) cop; ~**en** pl (MED) adenoids
Pomade [po'maːdə] f pomade
Pommes frites [pɔm'frıt] pl chips, French fried potatoes
Pomp [pɔmp] (-(e)s) m pomp
pompös [pɔm'pøːs] adj (Auftritt, Fest, Haus) ostentatious, showy
Pony ['pɔni] (-s, -s) nt (Pferd) pony ♦ m (Frisur) fringe
Popmusik ['pɔpmuziːk] f pop music
Popo [po'poː] (-s, -s; umg) m bottom, bum
poppig ['pɔpıç] adj (Farbe etc) gaudy
populär [popu'lɛːr] adj popular
Popularität [populariˈtɛːt] f popularity
Pore ['poːrə] f pore
Pornographie [pɔrnograˈfiː] f pornography
pornographisch [pɔrnoˈgraːfıʃ] adj pornographic
porös [po'røːs] adj porous
Porree ['pɔre] (-s, -s) m leek
Portal [pɔr'taːl] (-s, -e) nt portal
Portefeuille [pɔrt'føːj] nt (POL, FIN) portfolio
Portemonnaie [pɔrtmɔ'neː] (-s, -s) nt purse
Portier [pɔrti'eː] (-s, -s) m porter
Portion [pɔrtsi'oːn] f portion, helping; (umg: Anteil) amount
Porto ['pɔrto] (-s, -s) nt postage; **p~frei** adj post-free, (postage) prepaid
Portrait [-] (-s, -s) nt = Porträt; **p~ieren** vt = porträtieren
Porträt [pɔr'trɛː] (-s, -s) nt portrait; **p~ieren** [pɔrtrɛ'tiːrən] vt to paint, to portray
Portugal ['pɔrtugal] (-s) nt Portugal
Portugiese [pɔrtuˈgiːzə] (-n, -n) m Portuguese
Portu'giesin f Portuguese
portu'giesisch adj Portuguese
Porzellan [pɔrtsɛ'laːn] (-s, -e) nt china, porcelain; (Geschirr) china
Posaune [po'zaunə] f trombone
Pose ['poːzə] f pose
Position [pozitsi'oːn] f position
positiv ['poːzitiːf] adj positive; **P~** (-s, -e) nt (PHOT) positive
possessiv ['pɔsɛsiːf] adj possessive; **P~pronomen** (-s, -e) nt possessive pronoun
possierlich [pɔ'siːrlıç] adj funny

Post [pɔst] (-, **-en**) f post (office); (*Briefe*) post, mail; **~amt** nt post office; **~anweisung** f postal order, money order; **~bote** m postman; **~en** (-s, -) m post, position; (*COMM*) item; (*auf Liste*) entry; (*MIL*) sentry; (*Streik~*) picket; **~er** (-s, -(s)) nt poster; **~fach** nt post-office box; **~karte** f postcard; **p~lagernd** adv poste restante (*BRIT*), general delivery (*US*); **~leitzahl** f postal code; **~scheckkonto** nt postal giro account; **~sparbuch** nt Post Office savings book; **~sparkasse** f post office savings bank; **~stempel** m postmark; **p~wendend** adv by return of post; **~wertzeichen** nt postage stamp

potent [po'tɛnt] adj potent

Potential [potɛntsi'aːl] (-s, -e) nt potential

potentiell [potɛntsi'ɛl] adj potential

Potenz [po'tɛnts] f power; (*eines Mannes*) potency

Pracht [praxt] (-) f splendour, magnificence

prächtig ['prɛçtɪç] adj splendid

Prachtstück nt showpiece

prachtvoll adj splendid, magnificent

Prädikat [predi'kaːt] (-(e)s, -e) nt title; (*GRAM*) predicate; (*Zensur*) distinction

prägen ['prɛːgən] vt to stamp; (*Münze*) to mint; (*Ausdruck*) to coin; (*Charakter*) to form

prägnant [prɛ'gnant] adj precise, terse

Prägung ['prɛːguŋ] f minting, forming; (*Eigenart*) character, stamp

prahlen ['praːlən] vi to boast, to brag

Prahlerei [praːlə'raɪ] f boasting

Praktik ['praktɪk] f practice; **p~abel** [-'kaːbəl] adj practicable; **~ant(in)** [-'kant(ɪn)] m(f) trainee; **~um** (-s, Praktika od Praktiken) nt practical training

praktisch ['praktɪʃ] adj practical, handy; **~er Arzt** general practitioner

praktizieren [prakti'tsiːrən] vt, vi to practise

Praline [pra'liːnə] f chocolate

prall [pral] adj firmly rounded; (*Segel*) taut; (*Arme*) plump; (*Sonne*) blazing; **~en** vi to bounce, to rebound; (*Sonne*) to blaze

Prämie ['prɛːmiə] f premium; (*Belohnung*) award, prize; **p~ren** vt to give an award to

Präparat [prepa'raːt] (-(e)s, -e) nt (*BIOL*) preparation; (*MED*) medicine

Präposition [prepozitsi'oːn] f preposition

Prärie [prɛ'riː] f prairie

Präsens ['prɛːzɛns] (-) nt present tense

präsentieren [prɛzɛn'tiːrən] vt to present

Präservativ [prɛzɛrva'tiːf] (-s, -e) nt contraceptive

Präsident(in) [prɛzi'dɛnt(ɪn)] m(f) president; **~schaft** f presidency

Präsidium [prɛ'ziːdium] nt presidency, chair(manship); (*Polizei~*) police headquarters pl

prasseln ['prasəln] vi (*Feuer*) to crackle;

(*Hagel*) to drum; (*Wörter*) to rain down

Praxis ['praksɪs] (-, **Praxen**) f practice; (*Behandlungsraum*) surgery; (*von Anwalt*) office

präzis [prɛ'tsiːs] adj precise; **P~ion** [prɛtsizi'oːn] f precision

predigen ['preːdɪgən] vt, vi to preach

Prediger (-s, -) m preacher

Predigt ['preːdɪçt] (-, **-en**) f sermon

Preis [praɪs] (-es, -e) m price; (*Sieges~*) prize; **um keinen ~** not at any price

preisbewußt adj price-conscious

Preiselbeere f cranberry

preis- ['praɪz] zW: **~en** (unreg) vt to praise; **~geben** (unreg) vt to abandon; (*opfern*) to sacrifice; (*zeigen*) to expose; **~gekrönt** adj prize-winning; **P~gericht** nt jury; **~günstig** adj inexpensive; **P~lage** f price range; **~lich** adj (*Lage, Unterschied*) price, in price; **P~liste** f price list; **P~richter** m judge (*in a competition*); **P~schild** nt price tag; **P~träger(in)** m(f) prizewinner; **~wert** adj inexpensive

prekär [pre'kɛːr] adj precarious

Prell- [prɛl] zW: **~bock** m buffers pl; **p~en** vt to bump; (*fig*) to cheat, to swindle; **~ung** f bruise

Premiere [prəmi'ɛːrə] f premiere

Premierminister [prəmi'eːmɪnɪstər] m prime minister, premier

Presse ['prɛsə] f press; **~agentur** f press agency; **~freiheit** f freedom of the press; **p~n** vt to press

pressieren [prɛ'siːrən] vi (to be in a) hurry

Preßluft ['prɛsluft] f compressed air; **~bohrer** m pneumatic drill

Prestige [prɛs'tiːʒə] (-s) nt prestige

prickeln ['prɪkəln] vt, vi to tingle; to tickle

Priester ['priːstər] (-s, -) m priest

Prima ['priːma] (-, **Primen**) f sixth form, top class

prima adj inv first-class, excellent

primär [pri'mɛːr] adj primary

Primel ['priːməl] (-, -n) f primrose

primitiv [primi'tiːf] adj primitive

Prinz [prɪnts] (-en, -en) m prince; **~essin** f princess

Prinzip [prɪn'tsiːp] (-s, -ien) nt principle; **p~iell** [-i'ɛl] adj, adv on principle; **p~ienlos** adj unprincipled

Priorität [priori'tɛːt] f priority

Prise ['priːzə] f pinch

Prisma ['prɪsma] (-s, **Prismen**) nt prism

privat [pri'vaːt] adj private; **P~patient(in)** m(f) private patient; **P~schule** f public school

Privileg [privi'leːk] (-(e)s, -ien) nt privilege

Pro [proː] (-) nt pro

pro [proː] präp +akk per

Probe ['proːbə] f test; (*Teststück*) sample; (*THEAT*) rehearsal; **jdn auf die ~ stellen** to put sb to the test; **~exemplar** nt specimen copy; **~fahrt** f test drive; **p~n** vt to try;

(*THEAT*) to rehearse; **p~weise** *adv* on approval; **~zeit** *f* probation period

probieren [pro'biːrən] *vt* to try; (*Wein, Speise*) to taste, to sample ♦ *vi* to try; to taste

Problem [pro'bleːm] (**-s, -e**) *nt* problem; **~atik** [-'maːtɪk] *f* problem; **p~atisch** [-'maːtɪʃ] *adj* problematic; **p~los** *adj* problem-free

Produkt [pro'dʊkt] (**-(e)s, -e**) *nt* product; (*AGR*) produce *no pl*; **~ion** [produktsi'oːn] *f* production; output; **p~iv** [-'tiːf] *adj* productive; **~ivi'tät** *f* productivity

Produzent [produ'tsɛnt] *m* manufacturer; (*Film*) producer

produzieren [produ'tsiːrən] *vt* to produce

Professor [pro'fɛsɔr] *m* professor

Profi [pro:fi] (**-s, -s**) *m* (*umg, SPORT*) pro

Profil [pro'fiːl] (**-s, -e**) *nt* profile; (*fig*) image

Profit [pro'fiːt] (**-(e)s, -e**) *m* profit; **p~ieren** [profi'tiːrən] *vi*: **p~ieren (von)** to profit (from)

Prognose [pro'gnoːzə] *f* prediction, prognosis

Programm [pro'gram] (**-s, -e**) *nt* programme; (*COMPUT*) program; **p~ieren** [-'miːrən] *vt* to programme; (*COMPUT*) to program; **~ierer(in)** (**-s, -**) *m(f)* programmer

progressiv [progrɛ'siːf] *adj* progressive

Projekt [pro'jɛkt] (**-(e)s, -e**) *nt* project; **~or** [pro'jɛktɔr] *m* projector

proklamieren [prokla'miːrən] *vt* to proclaim

Prokurist(in) [proku'rɪst(ɪn)] *m(f)* ≈ company secretary

Prolet [pro'leːt] (**-en, -en**) *m* prole, pleb; **~arier** [-'taːriər] (**-s, -**) *m* proletarian

Prolog [pro'loːk] (**-(e)s, -e**) *m* prologue

Promenade [promə'naːdə] *f* promenade

Promille [pro'mɪlə] (**-(s), -**) *nt* alcohol level

prominent [promi'nɛnt] *adj* prominent

Prominenz [promi'nɛnts] *f* VIPs *pl*

Promotion [promotsi'oːn] *f* doctorate, Ph.D.

promovieren [promo'viːrən] *vi* to do a doctorate *od* Ph.D.

prompt [prɔmpt] *adj* prompt

Pronomen [pro'noːmɛn] (**-s, -**) *nt* pronoun

Propaganda [propa'ganda] (**-**) *f* propaganda

Propeller [pro'pɛlər] (**-s, -**) *m* propeller

Prophet [pro'feːt] (**-en, -en**) *m* prophet

prophezeien [profe'tsaɪən] *vt* to prophesy

Prophezeiung *f* prophecy

Proportion [proportsi'oːn] *f* proportion; **p~al** [-'naːl] *adj* proportional

proportioniert *adj*: **gut/schlecht ~** well-/badly-proportioned

Prosa [pro:za] (**-**) *f* prose; **p~isch** [pro'zaːɪʃ] *adj* prosaic

prosit [proːzɪt] *excl* cheers

Prospekt [pro'spɛkt] (**-(e)s, -e**) *m* leaflet, brochure

prost [proːst] *excl* cheers

Prostituierte [prostitu'iːrtə] *f* prostitute

Prostitution [prostitutsi'oːn] *f* prostitution

Protein (**-s, -e**) *nt* protein

Protest [pro'tɛst] (**-(e)s, -e**) *m* protest; **~ant(in)** [protɛs'tant(ɪn)] *m(f)* Protestant; **p~antisch** [protɛs'tantɪʃ] *adj* Protestant; **p~ieren** [protɛs'tiːrən] *vi* to protest

Prothese [pro'teːzə] *f* artificial limb; (*Zahn~*) dentures *pl*

Protokoll [proto'kɔl] (**-s, -e**) *nt* register; (*von Sitzung*) minutes *pl*; (*diplomatisch*) protocol; (*Polizei~*) statement; **p~ieren** [-'liːrən] *vt* to take down in the minutes

protzen ['prɔtsən] *vi* to show off

protzig *adj* ostentatious

Proviant [provi'ant] (**-s, -e**) *m* provisions *pl*, supplies *pl*

Provinz [pro'vɪnts] (**-, -en**) *f* province; **p~i'ell** *adj* provincial

Provision [provizi'oːn] *f* (*COMM*) commission

provisorisch [provi'zoːrɪʃ] *adj* provisional

Provokation [provokatsi'oːn] *f* provocation

provozieren [provo'tsiːrən] *vt* to provoke

Prozedur [protse'duːr] *f* procedure; (*pej*) carry-on

Prozent [pro'tsɛnt] (**-(e)s, -e**) *nt* per cent, percentage; **~satz** *m* percentage; **p~ual** [-u'aːl] *adj* percentage *cpd*; as a percentage

Prozeß [pro'tsɛs] (**-sses, -sse**) *m* trial, case

Prozession [protsesi'oːn] *f* procession

prüde ['pryːdə] *adj* prudish; **P~rie** [-'riː] *f* prudery

Prüf- ['pryːf] *zW*: **p~en** *vt* to examine, to test; (*nach~*) to check; **~er** (**-s, -**) *m* examiner; **~ling** *m* examinee; **~ung** *f* examination; checking; **~ungsausschuß** *m* examining board

Prügel ['pryːgəl] (**-s, -**) *m* cudgel ♦ *pl* (*Schläge*) beating; **~ei** [-'laɪ] *f* fight; **p~n** *vt* to beat ♦ *vr* to fight; **~strafe** *f* corporal punishment

Prunk [prʊŋk] (**-(e)s**) *m* pomp, show; **p~voll** *adj* splendid, magnificent

PS [peː'ɛs] *abk* (= *Pferdestärke*) H.P.

Psalm [psalm] (**-s, -en**) *m* psalm

pseudo- ['psɔʏdo] *in zW* pseudo

pst [pst] *excl* psst!

Psych- ['psyç] *zW*: **~iater** [-i'aːtər] (**-s, -**) *m* psychiatrist; **p~iatrisch** *adj* (*MED*) psychiatric; **p~isch** *adj* psychological; **~oanalyse** [-o'ana'lyːzə] *f* psychoanalysis; **~ologe** [-o'loːgə] (**-n, -n**) *m* psychologist; **~olo'gie** *f* psychology; **p~ologisch** *adj* psychological; **~otherapeut(in)** (**-en, -en**) *m(f)* psychotherapist

Pubertät [pubɛr'tɛːt] *f* puberty

Publikum ['puːblikʊm] (**-s**) *nt* audience; (*SPORT*) crowd

publizieren [publi'tsi:rən] *vt* to publish, to publicize

Pudding ['pudɪŋ] (-s, -e *od* -s) *m* blanc-mange

Pudel ['pu:dəl] (-s, -) *m* poodle

Puder ['pu:dər] (-s, -) *m* powder; **~dose** *f* powder compact; **p~n** *vt* to powder; **~zucker** *m* icing sugar

Puff¹ [puf] (-(e)s, -e) *m* (*Wäsche~*) linen basket; (*Sitz~*) pouf

Puff² (-(e)s, ⸚e; *umg*) *m*(*Stoß*) push

Puff³ (-s, -s; *umg*) *m od nt* (*Bordell*) brothel

Puffer (-s, -) *m* buffer; **~speicher** *m* (*COMPUT*) buffer

Pullover [pu'lo:vər] (-s, -) *m* pullover, jumper

Puls [puls] (-es, -e) *m* pulse; **~ader** *f* artery; **p~ieren** *vi* to throb, to pulsate

Pult [pult] (-(e)s, -e) *nt* desk

Pulver ['pulfər] (-s, -) *nt* powder; **p~ig** *adj* powdery; **~schnee** *m* powdery snow

pummelig ['puməlɪç] *adj* chubby

Pumpe ['pumpə] *f* pump; **p~n** *vt* to pump; (*umg*) to lend; to borrow

Punkt [puŋkt] (-(e)s, -e) *m* point; (*bei Muster*) dot; (*Satzzeichen*) full stop; **p~ieren** [-'ti:rən] *vt* to dot; (*MED*) to aspirate

pünktlich ['pyŋktlɪç] *adj* punctual; **P~keit** *f* punctuality

Punktsieg *m* victory on points

Punktzahl *f* score

Punsch [punʃ] (-(e)s, -e) *m* punch

Pupille [pu'pɪlə] *f* pupil

Puppe ['pupə] *f* doll; (*Marionette*) puppet; (*Insekten~*) pupa, chrysalis; **~nspieler** *m* puppeteer; **~nstube** *f* doll's house; **~ntheater** *nt* puppet theatre

pur [pu:r] *adj* pure; (*völlig*) sheer; (*Whisky*) neat

Püree [py're:] (-s, -s) *nt* mashed potatoes *pl*

Purzelbaum *m* somersault

purzeln ['purtsəln] *vi* to tumble

Puste ['pu:stə] (-; *umg*) *f* puff; (*fig*) steam; **p~n** *vi* to puff, to blow

Pute ['pu:tə] *f* turkey-hen; **~r** (-s, -) *m* turkey-cock

Putsch [putʃ] (-(e)s, -e) *m* revolt, putsch

Putz [puts] (-es) *m* (*Mörtel*) plaster, rough-cast

putzen *vt* to clean; (*Nase*) to wipe, to blow ♦ *vr* to clean o.s.; to dress o.s. up

Putz- *zW:* **~frau** *f* charwoman; **p~ig** *adj* quaint, funny; **~lappen** *m* cloth

Puzzle ['pasəl] (-s, -s) *nt* jigsaw

PVC *nt abk* PVC

Pyjama [py'dʒa:ma] (-s, -s) *m* pyjamas *pl*

Pyramide [pyra'mi:də] *f* pyramid

Pyrenäen [pyre'nɛ:ən] *pl* Pyrenees

Q q

Quacksalber ['kvakzalbər] (-s, -) *m* quack (doctor)

Quader ['kva:dər] (-s, -) *m* square stone; (*MATH*) cuboid

Quadrat [kva'dra:t] (-(e)s, -e) *nt* square; **q~isch** *adj* square; **~meter** *m* square metre

quaken ['kva:kən] *vi* to croak; (*Ente*) to quack

quäken ['kvɛ:kən] *vi* to screech

Qual [kva:l] (-, -en) *f* pain, agony; (*seelisch*) anguish

quälen ['kvɛ:lən] *vt* to torment ♦ *vr* to struggle; (*geistig*) to torment o.s.

Quälerei [kvɛlə'raɪ] *f* torture, torment

Qualifikation [kvalifikatsi'o:n] *f* qualification

qualifizieren [kvalifi'tsi:rən] *vt* to qualify; (*einstufen*) to label ♦ *vr* to qualify

Qualität [kvali'tɛ:t] *f* quality; **~sware** *f* article of high quality

Qualle ['kvalə] *f* jellyfish

Qualm [kvalm] (-(e)s) *m* thick smoke; **q~en** *vt, vi* to smoke

qualvoll ['kva:lfɔl] *adj* excruciating, painful, agonizing

Quant- ['kvant] *zW:* **~entheorie** *f* quantum theory; **~ität** [-i'tɛ:t] *f* quantity; **q~itativ** [-ita'ti:f] *adj* quantitative; **~um** (-s) *nt* quantity, amount

Quarantäne [karan'tɛ:nə] *f* quarantine

Quark [kvark] (-s) *m* curd cheese; (*umg*) rubbish

Quartal [kvar'ta:l] (-s, -e) *nt* quarter (year)

Quartier [kvar'ti:r] (-s, -e) *nt* accommodation; (*MIL*) quarters *pl*; (*Stadt~*) district

Quarz [kva:rts] (-es, -e) *m* quartz

quasseln ['kvasəln] (*umg*) *vi* to natter

Quatsch [kvatʃ] (-es) *m* rubbish; **q~en** *vi* to chat, to natter

Quecksilber ['kvɛkzɪlbər] *nt* mercury

Quelle ['kvɛlə] *f* spring; (*eines Flusses*) source; **q~n** (*unreg*) *vi* (*hervor~*) to pour *od* gush forth; (*schwellen*) to swell

quer [kve:r] *adv* crossways, diagonally; (*rechtwinklig*) at right angles; **~ auf dem Bett** across the bed; **Q~balken** *m* crossbeam; **~feldein** *adv* across country; **Q~flöte** *f* flute; **Q~format** *nt* (*PHOT*) oblong format; **Q~schnitt** *m* cross-section; **~schnittsge-**

lähmt adj paralysed below the waist; **Q~straße** f intersecting road

quetschen ['kvɛtʃən] vt to squash, to crush; (MED) to bruise

Quetschung f bruise, contusion

quieken ['kviːkən] vi to squeak

quietschen ['kviːtʃən] vi to squeak

Quint- ['kvɪnt] zW: **~a** (-, **Quinten**) f second year of secondary school; **~essenz** [-ɛsɛnts] f quintessence; **~'ett** (-(e)s, -e) nt quintet

Quirl [kvɪrl] (-(e)s, -e) m whisk

quitt [kvɪt] adj quits, even

Quitte f quince

quittieren [kvɪ'tiːrən] vt to give a receipt for; (Dienst) to leave

Quittung f receipt

Quiz [kvɪs] (-, -) nt quiz

quoll etc [kvɔl] vb siehe **quellen**

Quote ['kvoːtə] f number, rate

R r

Rabatt [ra'bat] (-(e)s, -e) m discount

Rabatte f flowerbed, border

Rabattmarke f trading stamp

Rabe ['raːbə] (-n, -n) m raven

rabiat [rabi'aːt] adj furious

Rache ['raxə] (-) f revenge, vengeance

Rachen (-s, -) m throat

rächen ['rɛçən] vt to avenge, to revenge ♦ vr to take (one's) revenge; **das wird sich ~** you'll pay for that

Rachitis [ra'xiːtɪs] (-) f rickets sg

Rad [raːt] (-(e)s, ꞈer) nt wheel; (Fahr~) bike

Radar ['raːdaːr] (-s) m od nt radar; **~falle** f speed trap; **~kontrolle** f radar-controlled speed trap

Radau [ra'dau] (-s; umg) m row

radebrechen vi insep: **deutsch** etc **~** to speak broken German etc

radeln (umg) vi to cycle

radfahr- zW: **~en** (unreg) vi to cycle; **R~er(in)** m(f) cyclist; **R~weg** m cycle track od path

Radier- [ra'diːr] zW: **r~en** vt to rub out, to erase; (ART) to etch; **~gummi** m rubber, eraser; **~ung** f etching

Radieschen [ra'diːsçən] nt radish

radikal [radi'kaːl] adj radical; **R~e(r)** mf radical

Radio ['raːdio] (-s, -s) nt radio, wireless; **r~ak'tiv** adj radioactive; **~aktivi'tät** f radioactivity; **~apparat** m radio, wireless set

Radius ['raːdius] (-, **Radien**) m radius

Rad- zW: **~kappe** f (AUT) hub cap; **~ler(in)** (umg) m(f) cyclist; **~rennen** nt cycle race; cycle racing; **~sport** m cycling

raffen ['rafən] vt to snatch, to pick up; (Stoff) to gather (up); (Geld) to pile up, to rake in

Raffinade [rafi'naːdə] f refined sugar

raffi'niert adj crafty, cunning

ragen ['raːgən] vi to tower, to rise

Rahm [raːm] (-s) m cream

Rahmen (-s, -) m frame(work); **im ~ des Möglichen** within the bounds of possibility; **r~** vt to frame

Rakete [ra'keːtə] f rocket; **~nstützpunkt** m missile base

rammen ['ramən] vt to ram

Rampe ['rampə] f ramp; **~nlicht** nt (THEAT) footlights pl

ramponieren [rampo'niːrən] (umg) vt to damage

Ramsch [ramʃ] (-(e)s, -e) m junk

ran [ran] (umg) adv = **heran**

Rand [rant] (-(e)s, ꞈer) m edge; (von Brille, Tasse etc) rim; (Hut~) brim; (auf Papier) margin; (Schmutz~, unter Augen) ring; (fig) verge, brink; **außer ~ und Band** wild; **am ~e bemerkt** mentioned in passing

randalieren [randa'liːrən] vi to (go on the) rampage

Rang [raŋ] (-(e)s, ꞈe) m rank; (Stand) standing; (Wert) quality; (THEAT) circle

Rangier- [rãʒiːr] zW: **~bahnhof** m marshalling yard; **r~en** vt (EISENB) to shunt, to switch (US) ♦ vi to rank, to be classed; **~gleis** nt siding

Ranke ['raŋkə] f tendril, shoot

ranzig ['rantsɪç] adj rancid

Rappe ['rapə] (-n, -n) m black horse

Rappen ['rapən] m (FIN) rappen, centime

rar [raːr] adj rare; **sich ~ machen** (umg) to keep o.s. to o.s.; **R~i'tät** f rarity; (Sammelobjekt) curio

rasant [ra'zant] adj quick, rapid

rasch [raʃ] adj quick

rascheln vi to rustle

Rasen ['raːzən] (-s, -) m lawn; grass

rasen vi to rave; (schnell) to race; **~d** adj furious; **~de Kopfschmerzen** a splitting headache

Rasenmäher (-s, -) m lawnmower

Rasier- [ra'ziːr] zW: **~apparat** m shaver; **~creme** f shaving cream; **r~en** vt, vr to shave; **~klinge** f razor blade; **~messer** nt razor; **~pinsel** m shaving brush; **~seife** f shaving soap od stick; **~wasser** nt shaving lotion

Rasse ['rasə] f race; (Tier~) breed; **~hund** m thoroughbred dog

rasseln ['rasəln] vi to clatter

Rass- *zW:* **~enhaß** *m* race *od* racial hatred; **~entrennung** *f* racial segregation; **~ismus** [ra'sɪsmʊs] *m* racism

Rast [rast] (**-, -en**) *f* rest; **r~en** *vi* to rest; **~hof** *m* (*AUT*) service station; **r~los** *adj* tireless; (*unruhig*) restless; **~platz** *m* (*AUT*) layby; **~stätte** *f* (*AUT*) service station

Rasur [ra'zu:r] *f* shaving

Rat [ra:t] (**-(e)s, -schläge**) *m* advice *no pl*; **ein** ~ a piece of advice; **jdn zu ~e ziehen** to consult sb; **keinen ~ wissen** not to know what to do

Rate *f* instalment

raten (*unreg*) *vt, vi* to guess; (*empfehlen*): **jdm ~** to advise sb

Ratenzahlung *f* hire purchase

Ratgeber (**-s, -**) *m* adviser

Rathaus *nt* town hall

ratifizieren [ratifi'tsi:rən] *vt* to ratify

Ration [ratsi'o:n] *f* ration; **r~al** [-'na:l] *adj* rational; **r~ali'sieren** *vt* to rationalize; **r~ell** [-'nɛl] *adj* efficient; **r~ieren** [-'ni:rən] *vt* to ration

Rat- *zW:* **r~los** *adj* at a loss, helpless; **r~sam** *adj* advisable; **~schlag** *m* (piece of) advice

Rätsel ['rɛ:tsəl] (**-s, -**) *nt* puzzle; (*Wort~*) riddle; **r~haft** *adj* mysterious; **es ist mir r~haft** it's a mystery to me

Ratte ['ratə] *f* rat; **~nfänger** (**-s, -**) *m* rat-catcher

rattern ['ratərn] *vi* to rattle, to clatter

Raub [raʊp] (**-(e)s**) *m* robbery; (*Beute*) loot, booty; **~bau** *m* ruthless exploitation; **r~en** ['raʊbən] *vt* to rob; (*Mensch*) to kidnap, to abduct

Räuber ['rɔʏbər] (**-s, -**) *m* robber

Raub- *zW:* **~mord** *m* robbery with murder; **~tier** *m* predator; **~überfall** *m* robbery with violence; **~vogel** *m* bird of prey

Rauch [raʊx] (**-(e)s**) *m* smoke; **r~en** *vt, vi* to smoke; **~er(in)** (**-s, -**) *m(f)* smoker; **~erabteil** *nt* (*EISENB*) smoker

räuchern ['rɔʏçərn] *vt* to smoke, to cure

Rauchfleisch *nt* smoked meat

rauchig *adj* smoky

rauf [raʊf] (*umg*) *adv* = **herauf; hinauf**

raufen *vt* (*Haare*) to pull out ♦ *vi*, *vr* to fight; **Raufe'rei** *f* brawl, fight

rauh [raʊ] *adj* rough, coarse; (*Wetter*) harsh; **R~reif** *m* hoarfrost

Raum [raʊm] (**-(e)s, Räume**) *m* space; (*Zimmer, Platz*) room; (*Gebiet*) area

räumen ['rɔʏmən] *vt* to clear; (*Wohnung, Platz*) to vacate; (*wegbringen*) to shift, to move; (*in Schrank etc*) to put away

Raum- *zW:* **~fähre** *f* space shuttle; **~fahrt** *f* space travel; **~inhalt** *m* cubic capacity, volume

räumlich ['rɔʏmlɪç] *adj* spatial; **R~keiten** *pl* premises

Raum- *zW:* **~mangel** *m* lack of space;

~pflegerin *f* cleaner; **~schiff** *nt* spaceship; **~schiffahrt** *f* space travel

Räumung ['rɔʏmʊŋ] *f* vacating, evacuation; clearing (away); **~sverkauf** *m* clearance sale; (*bei Geschäftsaufgabe*) closing down sale

raunen ['raʊnən] *vt, vi* to whisper

Raupe ['raʊpə] *f* caterpillar; (*~nkette*) (caterpillar) track; **~nschlepper** *m* caterpillar tractor

raus [raʊs] (*umg*) *adv* = **heraus; hinaus**

Rausch [raʊʃ] (**-(e)s, Räusche**) *m* intoxication

rauschen *vi* (*Wasser*) to rush; (*Baum*) to rustle; (*Radio etc*) to hiss; (*Mensch*) to sweep, to sail; **~d** *adj* (*Beifall*) thunderous; (*Fest*) sumptuous

Rauschgift *nt* drug; **~süchtige(r)** *mf* drug addict

räuspern ['rɔʏspərn] *vr* to clear one's throat

Razzia ['ratsia] (**-, Razzien**) *f* raid

Reagenzglas [rea'gɛntsgla:s] *nt* test tube

reagieren [rea'gi:rən] *vi:* ~ (**auf** +*akk*) to react (to)

Reakt- *zW:* **~ion** [reaktsi'o:n] *f* reaction; **r~io'när** *adj* reactionary; **~or** [re'aktor] *m* reactor

real [re'a:l] *adj* real, material

realisieren *vt* (*verwirklichen: Pläne*) to carry out

Realismus [rea'lɪsmʊs] *m* realism

realistisch *adj* realistic;

Realschule *f* secondary school

Rebe ['re:bə] *f* vine

rebellieren *vi* to rebel; **Rebellion** *f* rebellion; **rebellisch** *adj* rebellious

Rebhuhn ['rɛphu:n] *nt* (*KOCH, ZOOL*) partridge

Rechen ['rɛçən] (**-s, -**) *m* rake; **r~** *vt, vi* to rake

Rechen- *zW:* **~fehler** *m* miscalculation; **~maschine** *f* calculating machine; **~schaft** *f* account; **für etw ~schaft ablegen** to account for sth; **~schieber** *m* slide rule

Rech- [rɛç] *zW:* **r~nen** *vt, vi* to calculate; **jdn/etw r~nen zu** to count sb/sth among; **r~nen mit** to reckon with; **r~nen auf** +*akk* to count on; **~nen** *nt* arithmetic; **~ner** (**-s, -**) *m* calculator; (*COMPUT*) computer; **~nung** *f* calculation(s); (*COMM*) bill, check (*US*); **jdm/etw ~nung tragen** to take sb/sth into account; **~nungsjahr** *nt* financial year; **~nungsprüfer** *m* auditor

Recht [rɛçt] (**-(e)s, -e**) *nt* right; (*JUR*) law; **mit ~** rightly, justly; **von ~s wegen** by rights

recht *adj* right ♦ *adv* (*vor Adjektiv*) really, quite; **das ist mir ~** that suits me; **jetzt erst ~** now more than ever; **~ haben** to be right; **jdm ~ geben** to agree with sb

Rechte *f* right (hand); *(POL)* Right; **r~(r, s)** *adj* right; *(POL)* right-wing; **ein ~r** a right-winger; **~(s)** *nt* right thing; **etwas/nichts ~s** something/nothing proper

recht- *zW:* **~eckig** *adj* rectangular; **~fertigen** *vt insep* to justify ♦ *vr insep* to justify o.s.; **R~fertigung** *f* justification

rechthaberisch *(pej) adj (Mensch)* opinionated

rechtlich *adj (gesetzlich: Gleichstellung, Anspruch)* legal

rechtlos *adj* with no rights

rechtmäßig *adj* legal, lawful

rechts [rɛçts] *adv* on/to the right; **R~anwalt** *m* lawyer, barrister; **R~anwältin** *f* lawyer, barrister

rechtschaffen *adj* upright

Rechtschreibung *f* spelling

Rechts- *zW:* **~fall** *m* (law) case; **~händer (-s, -)** *m* right-handed person; **r~kräftig** *adj* valid, legal; **~kurve** *f* right-hand bend; **r~verbindlich** *adj* legally binding; **~verkehr** *m* driving on the right; **r~widrig** *adj* illegal; **~wissenschaft** *f* jurisprudence

rechtwinklig *adj* right-angled

rechtzeitig *adj* timely ♦ *adv* in time

Reck [rɛk] **(-(e)s, -e)** *nt* horizontal bar; **r~en** *vt, vr* to stretch

Redakteur [redak'tøːr] *m* editor

Redaktion [redaktsi'oːn] *f* editing; *(Leute)* editorial staff; *(Büro)* editorial office(s)

Rede ['reːdə] *f* speech; *(Gespräch)* talk; **jdn zur ~ stellen** to take sb to task; **~freiheit** *f* freedom of speech; **r~gewandt** *adj* eloquent; **r~n** *vi* to talk, to speak ♦ *vt* to say; *(Unsinn etc)* to talk; **~nsart** *f* set phrase; **~wendung** *f* expression, idiom

redlich *adj* honest

Redner **(-s, -)** *m* speaker, orator

redselig *adj* talkative, loquacious

reduzieren [redu'tsiːrən] *vt* to reduce

Reede ['reːdə] *f* protected anchorage; **~r (-s, -)** *m* shipowner; **~'rei** *f* shipping line *od* firm

reell [re'ɛl] *adj* fair, honest; *(MATH)* real

Refer- *zW:* **~at** [refe'raːt] **(-(e)s, -e)** *nt* report; *(Vortrag)* paper; *(Gebiet)* section; **~ent** [refe'rɛnt] *m* speaker; *(Berichterstatter)* reporter; *(Sachbearbeiter)* expert; **r~ieren** [refe'riːrən] *vi:* **r~ieren über** +*akk* to speak *od* talk on

reflektieren [reflɛk'tiːrən] *vt (Licht)* to reflect

Reflex [re'flɛks] **(-es, -e)** *m* reflex; **r~iv** [-'ksiːf] *adj (GRAM)* reflexive

Reform [re'fɔrm] **(-, -en)** *f* reform; **~ati'on** *f* reformation; **~haus** *nt* health food shop; **r~ieren** [-'miːrən] *vt* to reform

Regal [re'gaːl] **(-s, -e)** *nt* (book)shelves *pl*, bookcase; stand, rack

rege ['reːgə] *adj (lebhaft: Treiben)* lively; *(wach, lebendig: Geist)* keen

Regel ['reːgəl] **(-, -n)** *f* rule; *(MED)* period; **r~mäßig** *adj* regular; **~mäßigkeit** *f* regularity; **r~n** *vt* to regulate, to control; *(Angelegenheit)* to settle ♦ *vr:* **sich von selbst r~n** to take care of itself; **r~recht** *adj* regular, proper, thorough; **~ung** *f* regulation; settlement; **r~widrig** *adj* irregular, against the rules

Regen ['reːgən] **(-s, -)** *m* rain; **~bogen** *m* rainbow; **~bogenpresse** *f* tabloids *pl*

regenerierbar *adj* renewable

Regen- *zW:* **~mantel** *m* raincoat, mac(kintosh); **~schauer** *m* shower (of rain); **~schirm** *m* umbrella; **~wald** *m (GEOG)* rainforest; **~wurm** *m* earthworm; **~zeit** *f* rainy season

Regie [re'ʒiː] *f (Film etc)* direction; *(THEAT)* production

Regier- [re'giːr] *zW:* **r~en** *vt, vi* to govern, to rule; **~ung** *f* government; *(Monarchie)* reign; **~ungswechsel** *m* change of government; **~ungszeit** *f* period in government; *(von König)* reign

Regiment [regi'mɛnt] **(-s, -er)** *nt* regiment

Region [regi'oːn] *f* region

Regisseur [reʒɪ'søːr] *m* director; *(THEAT)* (stage) producer

Register [re'gɪstər] **(-s, -)** *nt* register; *(in Buch)* table of contents, index

registrieren [regɪs'triːrən] *vt* to register

Regler ['reːglər] **(-s, -)** *m* regulator, governor

reglos ['reːkloːs] *adj* motionless

regnen *vi unpers* to rain

regnerisch *adj* rainy

regulär [regu'lɛːr] *adj* regular

regulieren [regu'liːrən] *vt* to regulate; *(COMM)* to settle

Regung ['reːguŋ] *f* motion; *(Gefühl)* feeling, impulse; **r~slos** *adj* motionless

Reh [reː] **(-(e)s, -e)** *nt* deer, roe; **~bock** *m* roebuck; **~kitz** *nt* fawn

Reib- ['raɪb] *zW:* **~e** *f* grater; **~eisen** *nt* grater; **r~en** *(unreg) vt* to rub; *(KOCH)* to grate; **~fläche** *f* rough surface; **~ung** *f* friction; **r~ungslos** *adj* smooth

Reich [raɪç] **(-(e)s, -e)** *nt* empire, kingdom; *(fig)* realm; **das Dritte ~** the Third Reich

reich *adj* rich

reichen *vi* to reach; *(genügen)* to be enough *od* sufficient ♦ *vt* to hold out; *(geben)* to pass, to hand; *(anbieten)* to offer; **jdm ~** to be enough *od* sufficient for sb

reich- *zW:* **~haltig** *adj* ample, rich; **~lich** *adj* ample, plenty of; **R~tum (-s)** *m* wealth; **R~weite** *f* range

reif [raɪf] *adj* ripe; *(Mensch, Urteil)* mature

Reif **(-(e)s, -e)** *m (Ring)* ring, hoop

Reife (-) *f* ripeness; maturity; **r~n** *vi* to mature; to ripen

Reifen **(-s, -)** *m* ring, hoop; *(Fahrzeug~)*

tyre; **~druck** *m* tyre pressure; **~panne** *f* puncture

Reihe ['raɪə] *f* row; (*von Tagen etc, umg: Anzahl*) series *sg;* **der ~ nach** in turn; **er ist an der ~** it's his turn; **an die ~ kommen** to have one's turn; **~nfolge** *f* sequence; **alphabetische ~nfolge** alphabetical order; **~nhaus** *nt* terraced house

Reiher (-s, -) *m* (*ZOOL*) heron

reihum [raɪˈʊm] *adv:* **es geht/wir machen das ~** we take turns

Reim [raɪm] (-(e)s, -e) *m* rhyme; **r~en** *vt* to rhyme

rein[1] [raɪn] (*umg*) *adv* = **herein; hinein**

rein[2] *adj* pure; (*sauber*) clean ♦ *adv* purely; **etw ins ~ schreiben** to make a fair copy of sth; **etw ins ~ bringen** to clear up sth; **R~fall** (*umg*) *m* let-down; **R~gewinn** *m* net profit; **R~heit** *f* purity; cleanness; **~igen** *vt* to clean; (*Wasser*) to purify; **R~igung** *f* cleaning; purification; (*Geschäft*) cleaners; **chemische R~igung** dry cleaning; dry cleaners; **~rassig** *adj* pedigree; **R~schrift** *f* fair copy

Reis [raɪs] (-es, -e) *m* rice

Reise ['raɪzə] *f* journey; (*Schiffs~*) voyage; **~n** *pl* (*Herum~*) travels; **gute ~!** have a good journey; **~andenken** *nt* souvenir; **~büro** *nt* travel agency; **r~fertig** *adj* ready to start; **~führer** *m* guide(book); (*Mensch*) travel guide; **~gepäck** *nt* luggage; **~gesellschaft** *f* party of travellers; **~kosten** *pl* travelling expenses; **~leiter** *m* courier; **~lektüre** *f* reading matter for the journey; **r~n** *vi* to travel; **r~n nach** to go to; **~nde(r)** *mf* traveller; **~paß** *m* passport; **~proviant** *m* food and drink for the journey; **~route** *f* route; itinerary; **~scheck** *m* traveller's cheque; **~ziel** *nt* destination

reißen ['raɪsən] (*unreg*) *vt* to tear; (*ziehen*) to pull, to drag; (*Witz*) to crack ♦ *vi* to tear; to pull, to drag; **etw an sich ~** to snatch sth up; (*fig*) to take over sth; **sich um etw ~** to scramble for sth

reißend *adj* (*Fluß*) raging; (*WIRTS: Verkauf*) rapid

Reißnagel *m* drawing pin (*BRIT*), thumbtack (*US*)

Reißverschluß *m* zip(per), zip fastener

Reit- ['raɪt] *zW:* **r~en** (*unreg*) *vt, vi* to ride; **~er** (-s, -) *m* rider; (*MIL*) cavalryman, trooper; **~erin** *f* rider; **~hose** *f* riding breeches *pl;* **~pferd** *nt* saddle horse; **~stiefel** *m* riding boot; **~weg** *n* bridle path; **~zeug** *nt* riding outfit

Reiz [raɪts] (-es, -e) *m* stimulus; (*angenehm*) charm; (*Verlockung*) attraction; **r~bar** *adj* irritable; **~barkeit** *f* irritability; **r~en** *vt* to stimulate; (*unangenehm*) to irritate; (*verlocken*) to appeal to, to attract; **r~end** *adj* charming; **r~voll** *adj* attractive

rekeln ['reːkəln] *vr* to stretch out;

(*lümmeln*) to lounge *od* loll about

Reklamation [reklamatsiˈoːn] *f* complaint

Reklame [reˈklaːmə] *f* advertising; advertisement; **~ machen für etw** to advertise sth

rekonstruieren [rekɔnstruˈiːrən] *vt* to reconstruct

Rekord [reˈkɔrt] (-(e)s, -e) *m* record; **~leistung** *f* record performance

Rektor ['rɛktɔr] *m* (*UNIV*) rector, vice-chancellor; (*SCH*) headteacher (*BRIT*), principal (*US*); **~at** [-'raːt] (-(e)s, -e) *nt* rectorate, vice-chancellorship; headship; (*Zimmer*) rector's *etc* office

Relais [rəˈlɛː] (-, -) *nt* relay

relativ [relaˈtiːf] *adj* relative; **R~ität** [relativiˈtɛːt] *f* relativity

relevant [releˈvant] *adj* relevant

Relief [reliˈɛf] (-s, -s) *nt* relief

Religion [religiˈoːn] *f* religion

religiös [religiˈøːs] *adj* religious

Reling ['reːlɪŋ] (-, -s) *f* (*NAUT*) rail

Remoulade [remuˈlaːdə] *f* remoulade

Rendezvous [rãdeˈvuː] (-, -) *nt* rendezvous

Renn- ['rɛn] *zW:* **~bahn** *f* racecourse; (*AUT*) circuit, race track; **r~en** (*unreg*) *vt, vi* to run, to race; **~en** (-s, -) *nt* running; (*Wettbewerb*) race; **~fahrer** *m* racing driver; **~pferd** *nt* racehorse; **~wagen** *m* racing car

renommiert [renɔˈmiːrt] *adj* renowned

renovieren [renoˈviːrən] *vt* to renovate

Renovierung *f* renovation

rentabel [rɛnˈtaːbəl] *adj* profitable, lucrative

Rentabilität [rɛntabiliˈtɛːt] *f* profitability

Rente ['rɛntə] *f* pension

Rentier ['rɛntiːr] *nt* reindeer

rentieren [rɛnˈtiːrən] *vr* to pay, to be profitable

Rentner(in) ['rɛntnər(ɪn)] (-s, -) *m(f)* pensioner

Reparatur [reparaˈtuːr] *f* repairing; repair; **~werkstatt** *f* repair shop; (*AUT*) garage

reparieren [repaˈriːrən] *vt* to repair

Reportage [repɔrˈtaːʒə] *f* (on-the-spot) report; (*TV, RADIO*) live commentary *od* coverage

Reporter [reˈpɔrtər] (-s, -) *m* reporter, commentator

repräsentativ [reprezentaˈtiːf] *adj* (*stellvertretend, typisch: Menge, Gruppe*) representative; (*beeindruckend: Haus, Auto etc*) impressive

repräsentieren [reprezenˈtiːrən] *vt* (*Staat, Firma*) to represent; (*darstellen: Wert*) to constitute ♦ *vi* (*gesellschaftlich*) to perform official duties

Repressalie [repreˈsaːliː] *f* reprisal

Reprivatisierung [reprivatiˈziːrʊŋ] *f* denationalisation

Reproduktion [reprodʊktsiˈoːn] *f* reproduction

reproduzieren [reprodʊˈtsiːrən] *vt* to reproduce

Reptil [rɛp'tiːl] (-s, -ien) *nt* reptile

Republik [repu'bliːk] *f* republic; **r~anisch** [-'kaːnɪʃ] *adj* republican

Reservat [rezɛr'vaːt] (-(e)s, -e) *nt* reservation

Reserve [re'zɛrvə] *f* reserve; **~rad** *nt* (AUT) spare wheel; **~spieler** *m* reserve; **~tank** *m* reserve tank

reservieren [rezɛr'viːrən] *vt* to reserve

Reservoir [rezɛrvo'aːr] (-s, -e) *nt* reservoir

Residenz [rezi'dɛnts] *f* residence, seat

resignieren [rezɪ'gniːrən] *vi* to resign

resolut [rezo'luːt] *adj* resolute

Resonanz [rezo'nants] *f* resonance; (*fig*) response

Resopal [rezo'paːl] (®; -s) *nt* Formica (®)

Resozialisierung [rezotsiali'ziːruŋ] *f* rehabilitation

Respekt [re'spɛkt] (-(e)s) *m* respect; **r~ieren** [-'tiːrən] *vt* to respect; **r~los** *adj* disrespectful; **r~voll** *adj* respectful

Ressort [rɛ'soːr] (-s, -s) *nt* department

Rest [rɛst] (-(e)s, -e) *m* remainder, rest; (*Über~*) remains *pl*

Restaurant [rɛsto'rãː] (-s, -s) *nt* restaurant

restaurieren [rɛstau'riːrən] *vt* to restore

Rest- *zW:* **~betrag** *m* remainder, outstanding sum; **r~lich** *adj* remaining; **r~los** *adj* complete

Resultat [rezʊl'taːt] (-(e)s, -e) *nt* result

Retorte [re'tɔrtə] *f* retort

Retouren [re'tuːrən] *pl* (COMM) returns

retten ['rɛtən] *vt* to save, to rescue

Retter(in) *m(f)* rescuer

Rettich ['rɛtɪç] (-s, -e) *m* radish

Rettung *f* rescue; (*Hilfe*) help; **seine letzte ~** his last hope

Rettungs- *zW:* **~boot** *nt* lifeboat; **r~los** *adj* hopeless; **~ring** *m* lifebelt, life preserver (US); **~wagen** *m* ambulance

retuschieren [retu'ʃiːrən] *vt* (PHOT) to retouch

Reue ['rɔyə] (-) *f* remorse; (*Bedauern*) regret; **r~n** *vt:* **es reut ihn** he regrets it *od* is sorry about it

reuig ['rɔyɪç] *adj* penitent

Revanche [re'vãːʃə] *f* revenge; (SPORT) return match

revanchieren [revã'ʃiːrən] *vr* (*sich rächen*) to get one's own back, to have one's revenge; (*erwidern*) to reciprocate, to return the compliment

Revier [re'viːr] (-s, -e) *nt* district; (*Jagd~*) preserve; (*Polizei~*) police station; beat

Revolte [re'vɔltə] *f* revolt

revoltieren *vi* (*gegen jdn/etw*) to rebel

Revolution [revolutsi'oːn] *f* revolution; **~är** [-'nɛːr] (-s, -e) *m* revolutionary; **r~ieren** [-'niːrən] *vt* to revolutionize

Revolver [re'vɔlvər] (-s, -) *m* revolver

Rezept [re'tsɛpt] (-(e)s, -e) *nt* recipe; (MED) prescription; **r~frei** *adj* available without prescription

Rezeption [retsɛptsi'oːn] *f* reception

rezeptflichtig *adj* available only on prescription

rezitieren [retsi'tiːrən] *vt* to recite

R-Gespräch ['ɛrgəʃprɛːç] *nt* reverse charge call (BRIT), collect call (US)

Rhabarber [ra'barbər] (-s) *m* rhubarb

Rhein [raɪn] (-s) *m* Rhine; **r~isch** *adj* Rhenish

Rheinland-Pfalz *nt* (GEOG) Rheinland-Pfalz, Rhineland-Palatinate

Rhesusfaktor ['reːzusfaktor] *m* rhesus factor

rhetorisch [re'toːrɪʃ] *adj* rhetorical

Rheuma ['rɔyma] (-s) *nt* rheumatism; **r~tisch** *adj* rheumatic; **~tismus** [-'tɪsmʊs] *m* rheumatism

Rhinozeros [ri'noːtserɔs] (- *od* -ses, -se) *nt* rhinoceros

rhythmisch ['rʏtmɪʃ] *adj* rhythmical

Rhythmus ['rʏtmus] *m* rhythm

richt- ['rɪçt] *zW:* **~en** *vt* to direct; (*Waffe*) to aim; (*einstellen*) to adjust; (*instand setzen*) to repair; (*zurechtmachen*) to prepare; (*bestrafen*) to pass judgement on ♦ *vr:* **sich ~en nach** to go by; **~en an** +*akk* to direct to; (*fig*) to direct to; **~en auf** +*akk* to aim at; **R~er(in)** (-s, -) *m(f)* judge; **~erlich** *adj* judicial

richtig *adj* right, correct; (*echt*) proper ♦ *adv* (*umg: sehr*) really; **bin ich hier ~?** am I in the right place?; **der/die R~e** the right one/person; **das R~e** the right thing; **R~keit** *f* correctness

Richtpreis *m* recommended price

Richtung *f* direction; tendency, orientation

rieb *etc* [riːp] *vb siehe* **reiben**

riechen ['riːçən] (*unreg*) *vt, vi* to smell; **an etw** *dat* **~** to smell sth; **nach etw ~** to smell of sth; **ich kann das/ihn nicht ~** (*umg*) I can't stand it/him

rief *etc* [riːf] *vb siehe* **rufen**

Riegel ['riːgəl] (-s, -) *m* bolt; (*Schokolade usw*) bar

Riemen ['riːmən] (-s, -) *m* strap; (*Gürtel, TECH*) belt; (NAUT) oar

Riese ['riːzə] (-n, -n) *m* giant

rieseln *vi* to trickle; (*Schnee*) to fall gently

Riesenerfolg *m* enormous success

riesengroß *adj* colossal, gigantic, huge

Riesenrad *nt* big wheel

riesig ['riːzɪç] *adj* enormous, huge, vast

riet *etc* [riːt] *vb siehe* **raten**

Riff [rɪf] (-(e)s, -e) *nt* reef

Rille ['rɪlə] *f* groove

Rind [rɪnt] (-(e)s, -er) *nt* ox; cow; cattle *pl*; (KOCH) beef

Rinde ['rɪndə] *f* rind; (*Baum~*) bark; (*Brot~*) crust

Rindfleisch *nt* beef

Rindvieh *nt* cattle *pl*; (*umg*) blockhead, stupid oaf

Ring [rɪŋ] (-(e)s, -e) *m* ring; ~**buch** *nt* ring binder; ~**elnatter** *f* grass snake; **r**~**en** (*unreg*) *vi* to wrestle; ~**en** (-s) *nt* wrestling; ~**finger** *m* ring finger; ~**kampf** *m* wrestling bout; ~**richter** *m* referee; **r**~**s** *adv*: **r**~**s um** round; **r**~**sherum** *adv* round about; ~**straße** *f* ring road; **r**~**sum** *adv* (*rundherum*) round about; (*überall*) all round; **r**~**sum'her** = **r**~**sum**

Rinn- [rɪn] *zW*: ~**e** *f* gutter, drain; **r**~**en** (*unreg*) *vi* to run, to trickle; ~**stein** *m* gutter

Rippchen ['rɪpçən] *nt* small rib; cutlet

Rippe ['rɪpə] *f* rib; ~**nfellentzündung** *f* pleurisy

Risiko ['riːziko] (-s, -s *od* **Risiken**) *nt* risk

riskant [rɪs'kant] *adj* risky, hazardous

riskieren [rɪs'kiːrən] *vt* to risk

Riß [rɪs] (-sses, -sse) *m* tear; (*in Mauer, Tasse etc*) crack; (*in Haut*) scratch; (*TECH*) design

rissig ['rɪsɪç] *adj* torn; cracked; scratched

Ritt [rɪt] (-(e)s, -e) *m* ride

ritt *etc vb siehe* **reiten**

Ritter (-s, -) *m* knight; **r**~**lich** *adj* chivalrous

Ritze ['rɪtsə] *f* crack, chink

Rivale [ri'vaːlə] (-n, -n) *m* rival

Rivalität [rivali'tɛːt] *f* rivalry

Riviera *f*: **die** ~ the Riviera

Robbe ['rɔbə] *f* seal

Roboter ['rɔbɔtər] (-s, -) *m* robot

robust [ro'bust] *adj* (*kräftig: Mensch, Gesundheit*) robust

roch *etc vb siehe* **riechen**

Rock [rɔk] (-(e)s, ⸚e) *m* skirt; (*Jackett*) jacket; (*Uniform*~) tunic

Rodel ['roːdəl] (-s, -) *m* toboggan; ~**bahn** *f* toboggan run; **r**~**n** *vi* to toboggan

roden ['roːdən] *vt, vi* to clear

Rogen ['roːgən] (-s, -) *m* roe, spawn

Roggen ['rɔgən] (-s, -) *m* rye

Roggenbrot *nt* (*KOCH*) rye bread

roh [roː] *adj* raw; (*Mensch*) coarse, crude; **R**~**bau** *m* shell of a building; **R**~**material** *nt* raw material; **R**~**öl** *nt* crude oil

Rohr [roːr] (-(e)s, -e) *nt* pipe, tube; (*BOT*) cane; (*Schilf*) reed; (*Gewehr*~) barrel; ~**bruch** *m* burst pipe

Röhre ['røːrə] *f* tube, pipe; (*RADIO etc*) valve; (*Back*~) oven

Rohr- *zW*: ~**leitung** *f* pipeline; ~**post** *f* pneumatic postal system; ~**zucker** *m* cane sugar

Rohstoff *m* raw material

Rokoko ['rɔkoko] (-s) *nt* rococo

Roll- ['rɔl] *zW*: **Rol(l)aden** *m* shutter; ~**bahn** *f* (*AVIAT*) runway

Rolle ['rɔlə] *f* roll; (*THEAT, soziologisch*) role; (*Garn*~ *etc*) reel, spool; (*Walze*) roller;

(*Wäsche*~) mangle; **keine** ~ **spielen** not to matter; **eine (wichtige)** ~ **spielen bei** to play a (major) part *od* role in; **r**~**n** *vt, vi* to roll; (*AVIAT*) to taxi; ~**r** (-s, -) *m* scooter; (*Welle*) roller

Roll- *zW*: ~**kragen** *m* rollneck, polo neck; ~**laden** *m* shutter; ~**mops** *m* pickled herring; ~**schuh** *m* roller skate; ~**stuhl** *m* wheelchair; ~**treppe** *f* escalator

Rom [roːm] (-s) *nt* Rome

Roman [ro'maːn] (-s, -e) *m* novel; ~**tik** *f* romanticism; ~**tiker** [ro'mantɪkər] (-s, -) *m* romanticist; **r**~**tisch** [ro'mantɪʃ] *adj* romantic; ~**ze** [ro'mantsə] *f* romance

Römer ['røːmər] (-s, -) *m* wineglass; (*Mensch*) Roman

römisch *adj* Roman; ~-**katholisch** *adj* (*REL*) Roman Catholic

röntgen ['rœntgən] *vt* to X-ray; **R**~**bild** *nt* X-ray; **R**~**strahlen** *pl* X-rays

rosa ['roːza] *adj inv* pink, rose-(coloured)

Rose ['roːzə] *f* rose; ~**nkohl** *m* Brussels sprouts *pl*; ~**nkranz** *m* rosary; ~**nmontag** *m* Monday before Ash Wednesday

rosig ['roːzɪç] *adj* rosy

Rosine [ro'ziːnə] *f* raisin, currant

Rosmarin ['roːsmariːn] (-s) *m* (*BOT, KOCH*) rosemary

Roß [rɔs] (-sses, -sse) *nt* horse, steed; ~**kastanie** *f* horse chestnut

Rost [rɔst] (-(e)s, -e) *m* rust; (*Gitter*) grill, gridiron; (*Bett*~) springs *pl*

Rostbraten *m* roast(ed) meat, joint

rosten *vi* to rust

rösten ['røːstən] *vt* to roast; to toast; to grill

Rost- *zW*: **r**~**frei** *adj* rust-free; rustproof; stainless; **r**~**ig** *adj* rusty; ~**schutz** *m* rust-proofing

rot [roːt] *adj* red; **in den** ~**en Zahlen** in the red; **das R**~**e Meer** the Red Sea

Röte ['røːtə] (-) *f* redness; ~**ln** *pl* German measles *sg*; **r**~**n** *vt, vr* to redden

rothaarig *adj* red-haired

rotieren [ro'tiːrən] *vi* to rotate

Rot- *zW*: ~**kehlchen** *nt* robin; ~**stift** *m* red pencil; ~**wein** *m* red wine

Rouge [ruːʒ] *nt* blusher

Roulade [ru'laːdə] *f* (*KOCH*) beef olive

Route ['ruːtə] *f* route

Routine [ru'tiːnə] *f* experience; routine

Rübe ['ryːbə] *f* turnip; **gelbe** ~ carrot; **rote** ~ beetroot (*BRIT*), beet (*US*)

rüber ['ryːbər] (*umg*) *adv* = **herüber**; **hinüber**

Rubin [ru'biːn] (-s, -e) *m* ruby

Rubrik [ru'briːk] *f* heading; (*Spalte*) column

Ruck [rʊk] (-(e)s, -e) *m* jerk, jolt

Rück- ['rʏk] *zW*: ~**antwort** *f* reply, answer; **r**~**bezüglich** *adj* reflexive

Rücken ['rʏkən] (-s, -) *m* back; (*Berg*~) ridge

rücken *vt, vi* to move
Rücken- *zW:* ~**mark** *nt* spinal cord; ~**schwimmen** *nt* backstroke
Rück- *zW:* ~**erstattung** *f* return, restitution; ~**fahrkarte** *f* return (ticket); ~**fahrt** *f* return journey; ~**fall** *m* relapse; **r**~**fällig** *adj* relapsing; **r**~**fällig werden** to relapse; ~**flug** *m* return flight; ~**frage** *f* question; **r**~**fragen** *vi* to check, to inquire (further); ~**gabe** *f* return; ~**gang** *m* decline, fall; **r**~**gängig** *adj:* **etw r**~**gängig machen** to cancel sth; ~**grat** (-(e)s, -e) *nt* spine, backbone; ~**halt** *m* (*Unterstützung*) backing, support; ~**kehr** (-, -en) *f* return; ~**licht** *nt* back light; ~**lings** *adv* from behind; backwards; ~**nahme** *f* taking back; ~**porto** *nt* return postage; ~**reise** *f* return journey; (*NAUT*) home voyage; ~**ruf** *m* recall
Rucksack ['rʊkzak] *m* rucksack
Rück- *zW:* ~**schau** *f* reflection; ~**schlag** *m* (*plötzliche Verschlechterung*) setback; ~**schluß** *m* conclusion; ~**schritt** *m* retrogression; **r**~**schrittlich** *adj* reactionary; retrograde; ~**seite** *f* back; (*von Münze etc*) reverse; ~**sicht** *f* consideration; ~**sicht nehmen auf** +*akk* to show consideration for; **r**~**sichtslos** *adj* inconsiderate; (*Fahren*) reckless; (*unbarmherzig*) ruthless; **r**~**sichtsvoll** *adj* considerate; ~**sitz** *m* back seat; ~**spiegel** *m* (*AUT*) rear-view mirror; ~**spiel** *nt* return match; ~**sprache** *f* further discussion *od* talk; ~**stand** *m* arrears *pl*; **r**~**ständig** *adj* backward, out-of-date; (*Zahlungen*) in arrears; ~**strahler** (-s, -) *m* rear reflector; ~**tritt** *m* resignation; ~**trittbremse** *f* pedal brake; ~**vergütung** *f* repayment; (*COMM*) refund; ~**versicherung** *f* reinsurance; **r**~**wärtig** *adj* rear; **r**~**wärts** *adv* backward(s), back; ~**wärtsgang** *m* (*AUT*) reverse gear; ~**weg** *m* return journey, way back; **r**~**wirkend** *adj* retroactive; ~**wirkung** *f* reaction; retrospective effect; ~**zahlung** *f* repayment; ~**zug** *m* retreat
Rudel ['ru:dəl] (-s, -) *nt* pack; herd
Ruder ['ru:dər] (-s, -) *nt* oar; (*Steuer*) rudder; ~**boot** *nt* rowing boat; **r**~**n** *vt, vi* to row
Ruf [ru:f] (-(e)s, -e) *m* call, cry; (*Ansehen*) reputation; **r**~**en** (*unreg*) *vt, vi* to call; to cry; ~**name** *m* usual (first) name; ~**nummer** *f* (tele)phone number; ~**säule** *f* (an *Autobahn*) emergency telephone; ~**zeichen** *nt* (*RADIO*) call sign; (*TEL*) ringing tone
rügen *vt* to rebuke
Ruhe ['ru:ə] (-) *f* rest; (*Ungestörtheit*) peace, quiet; (*Gelassenheit, Stille*) calm; (*Schweigen*) silence; **jdn in** ~ **lassen** to leave sb alone; **sich zur** ~ **setzen** to retire; ~**!** be quiet!, silence!; **r**~**n** *vi* to rest; ~**pause** *f* break; ~**stand** *m* retirement; ~**stätte** *f:* **letzte** ~**stätte** final resting place;

~**störung** *f* breach of the peace; ~**tag** *m* (*von Geschäft*) closing day
ruhig ['ru:ɪç] *adj* quiet; (*bewegungslos*) still; (*Hand*) steady; (*gelassen, friedlich*) calm; (*Gewissen*) clear; **kommen Sie** ~ **herein** just come on in; **tu das** ~ feel free to do that
Ruhm [ru:m] (-(e)s) *m* fame, glory
rühmen ['ry:mən] *vt* to praise ♦ *vr* to boast
Ruhr [ru:r] (-) *f* dysentery
Rühr- ['ry:r] *zW:* ~**ei** *nt* scrambled egg; **r**~**en** *vt, vr* (*auch fig*) to move, to stir ♦ *vi:* **r**~**en von** to come *od* stem from; **r**~**en an** +*akk* to touch; (*fig*) to touch on; **r**~**end** *adj* touching, moving; **r**~**ig** *adj* active, lively; **r**~**selig** *adj* sentimental, emotional; ~**ung** *f* emotion
Ruin [ru'i:n] (-s, -e) *m* ruin; ~**e** *f* ruin; **r**~**ieren** *vt* to ruin
rülpsen ['rʏlpsən] *vi* to burp, to belch
Rum [rʊm] (-s, -s) *m* rum
Rumän- [ru'mɛ:n] *zW:* ~**e** (-n, -n) *m* Ro(u)manian; ~**ien** (-s) *nt* Ro(u)mania; ~**in** *f* Ro(u)manian; **r**~**isch** *adj* Ro(u)manian
Rummel ['rʊməl] (-s; *umg*) *m* hubbub; (*Jahrmarkt*) fair; ~**platz** *m* fairground, fair
Rumpf [rʊmpf] (-(e)s, ᵉe) *m* trunk, torso; (*AVIAT*) fuselage; (*NAUT*) hull
rümpfen ['rʏmpfən] *vt* (*Nase*) to turn up
rund [rʊnt] *adj* round ♦ *adv* (*etwa*) around; ~ **um etw** round sth; **R**~**brief** *m* circular; **R**~**e** *f* round; (*in Rennen*) lap; (*Gesellschaft*) circle; **R**~**fahrt** *f* (round) trip
Rundfunk ['rʊntfʊŋk] (-(e)s) *m* broadcasting; **im** ~ on the radio; ~**gerät** *nt* wireless set; ~**sendung** *f* broadcast, radio programme
Rund- *zW:* **r**~**heraus** *adv* straight out, bluntly; **r**~**herum** *adv* round about; all round; **r**~**lich** *adj* plump, rounded; ~**reise** *f* round trip; ~**schreiben** *nt* (*COMM*) circular; ~(**wander**)**weg** *m* circular path *od* route
runter ['rʊntər] (*umg*) *adv* = **herunter; hinunter**
Runzel ['rʊntsəl] (-, -n) *f* wrinkle; **r**~**ig** *adj* wrinkled; **r**~**n** *vt* to wrinkle; **die Stirn r**~**n** to frown
Rupfen ['rʊpfən] (-s, -) *m* sackcloth
rupfen *vt* to pluck
ruppig ['rʊpɪç] *adj* rough, gruff
Rüsche ['ry:ʃə] *f* frill
Ruß [ru:s] (-es) *m* soot
Russe ['rʊsə] (-n, -n) *m* Russian
Rüssel ['rʏsəl] (-s, -) *m* snout; (*Elefanten*~) trunk
rußig ['ru:sɪç] *adj* sooty
Russin ['rʊsɪn] *f* Russian
russisch *adj* Russian
Rußland ['rʊslant] (-s) *nt* Russia
rüsten ['rʏstən] *vt* to prepare ♦ *vi* to pre-

pare; *(MIL)* to arm ♦ *vr* to prepare (o.s.); to arm o.s.

rüstig ['rʏstɪç] *adj* sprightly, vigorous

Rüstung ['rʏstʊŋ] *f* preparation; arming; *(Ritter~)* armour; *(Waffen etc)* armaments *pl*; **~skontrolle** *f* arms control

Rute ['ruːtə] *f* rod

Rutsch [rʊtʃ] **(-(e)s, -e)** *m* slide; *(Erd~)* landslide; **~bahn** *f* slide; **r~en** *vi* to slide; *(ausrutschen)* to slip; **r~ig** *adj* slippery

rütteln ['rʏtəln] *vt, vi* to shake, to jolt

S s

S. *abk (= Seite)* p.; = **Schilling**

s. *abk (= siehe)* see

Saal [zaːl] **(-(e)s, Säle)** *m* hall; room

Saarland ['zaːrlant] *nt*: **das ~** the Saar(land)

Saat [zaːt] **(-, -en)** *f* seed; *(Pflanzen)* crop; *(Säen)* sowing

Säbel ['zɛːbəl] **(-s, -)** *m* sabre, sword

Sabotage [zabo'taːʒə] *f* sabotage

Sach- ['zax] *zW*: **~bearbeiter** *m* specialist; **s~dienlich** *adj* relevant, helpful; **~e** *f* thing; *(Angelegenheit)* affair, business; *(Frage)* matter; *(Pflicht)* task; **zur ~e** to the point; **s~kundig** *adj* expert; **s~lich** *adj* matter-of-fact; objective; *(Irrtum, Angabe)* factual

sächlich ['zɛxlɪç] *adj* neuter

Sachschaden *m* material damage

Sachsen ['zaksən] **(-s)** *nt* Saxony

sächsisch ['zɛksɪʃ] *adj* Saxon

sacht(e) ['zaxt(ə)] *adv* softly, gently

Sachverständige(r) *mf* expert

Sack [zak] **(-(e)s, -e)** *m* sack; **~gasse** *f* cul-de-sac, dead-end street *(US)*

Sadismus [za'dɪsmʊs] *m* sadism

Sadist [za'dɪst] *m* sadist

säen ['zɛːən] *vt, vi* to sow

Saft [zaft] **(-(e)s, -e)** *m* juice; *(BOT)* sap; **s~ig** *adj* juicy; **s~los** *adj* dry

Sage ['zaːgə] *f* saga

Säge ['zɛːgə] *f* saw; **~mehl** *nt* sawdust

sagen ['zaːgən] *vt, vi* to say; *(mitteilen)*: **jdm ~** to tell sb; **» Sie ihm, daß ...** tell him ...

sägen *vt, vi* to saw

sagenhaft *adj* legendary; *(umg)* great, smashing

sah *etc* [zaː] *vb siehe* **sehen**

Sahne ['zaːnə] **(-)** *f* cream

Saison [zɛ'zõ] **(-, -s)** *f* season

Saite ['zaɪtə] *f* string; **~ninstrument** *nt* string instrument

Sakko ['zako] **(-s, -s)** *m od nt* jacket

Sakrament [zakra'mɛnt] *nt* sacrament

Sakristei [zakrɪs'taɪ] *f* sacristy

Salat [za'laːt] **(-(e)s, -e)** *m* salad; *(Kopf~)* lettuce; **~soße** *f* salad dressing

Salbe ['zalbə] *f* ointment

Salbei [zal'baɪ] **(-s od -)** *m od f* sage

Saldo ['zaldo] **(-s, Salden)** *m* balance

Salmiak [zalmi'ak] **(-s)** *m* sal ammoniac; **~geist** *m* liquid ammonia

salopp [za'lɔp] *adj* casual

Salpeter [zal'peːtər] **(-s)** *m* saltpetre; **~säure** *f* nitric acid

Salz [zalts] **(-es, -e)** *nt* salt; **s~en** *(unreg)* *vt* to salt; **s~ig** *adj* salty; **~kartoffeln** *pl* boiled potatoes; **~säure** *f* hydrochloric acid; **~streuer** *m* salt cellar; **~wasser** *nt (Meerwasser)* salt water

Samen ['zaːmən] **(-s, -)** *m* seed; *(ANAT)* sperm

Sammelband *m* anthology

sammeln ['zaməln] *vt* to collect ♦ *vr* to assemble, to gather; *(konzentrieren)* to concentrate

Sammlung ['zamlʊŋ] *f* collection; assembly, gathering; concentration

Samstag ['zamstaːk] *m* Saturday; **s~s** *adv* (on) Saturdays

Samt [zamt] **(-(e)s, -e)** *m* velvet

samt *präp +dat* (along) with, together with; **~ und sonders** each and every one (of them)

sämtlich ['zɛmtlɪç] *adj* all (the), entire

Sand [zant] **(-(e)s, -e)** *m* sand

Sandale [zan'daːlə] *f* sandal

Sand- *zW*: **~bank** *f* sandbank; **s~ig** ['zandɪç] *adj* sandy; **~kasten** *m* sandpit; **~kuchen** *m* Madeira cake; **~papier** *nt* sandpaper; **~stein** *m* sandstone; **s~strahlen** *vt insep* to sandblast ♦ *vi insep* to sandblast; **~strand** *m* sandy beach

sandte *etc* ['zantə] *vb siehe* **senden**

Sanduhr *f* hourglass

sanft [zanft] *adj* soft, gentle; **~mütig** *adj* gentle, meek

sang *etc* [zaŋ] *vb siehe* **singen**

Sänger(in) ['zɛŋər(ɪn)] **(-s, -)** *m(f)* singer

Sani- *zW*: **s~eren** [za'niːrən] *vt* to redevelop; *(Betrieb)* to make financially sound ♦ *vr* to line one's pockets; to become financially sound; **s~tär** [zani'tɛːr] *adj* sanitary; **s~täre Anlagen** sanitation *sg*; **~täter** [zani'tɛːtər] **(-s, -)** *m* first-aid attendant; *(MIL)* (medical) orderly

sanktionieren [zaŋktsio'niːrən] *vt* to sanction

Saphir ['zaːfiːr] **(-s, -e)** *m* sapphire

Sardelle [zar'dɛlə] *f* anchovy

Sardine [zar'diːnə] *f* sardine

Sardinien [zar'diːniən] **(-s)** *nt* Sardinia

Sarg [zark] (-(e)s, ̈e) *m* coffin
Sarkasmus [zar'kasmʊs] *m* sarcasm
saß *etc* [za:s] *vb siehe* **sitzen**
Satan ['za:tan] (-s, -e) *m* Satan; devil
Satellit [zate'li:t] (-en, -en) *m* satellite;
~**enfernsehen** *nt* satellite television
Satire [za'ti:rə] *f* satire
satirisch [za'ti:rɪʃ] *adj* satirical
satt [zat] *adj* full; (*Farbe*) rich, deep; **jdn/
etw ~ sein** *od* **haben** to be fed up with
sb/sth; **sich ~ hören/sehen an** +*dat* to
hear/see enough of; **sich ~ essen** to eat
one's fill; **~ machen** to be filling
Sattel ['zatəl] (-s, ̈) *m* saddle; (*Berg*) ridge;
s~n *vt* to saddle; ~**schlepper** *m* articulated lorry
sättigen ['zɛtɪɡən] *vt* to satisfy; (*CHEM*) to
saturate
Satz [zats] (-es, ̈e) *m* (*GRAM*) sentence;
(*Neben~, Adverbial~*) clause; (*Theorem*)
theorem; (*MUS*) movement; (*TENNIS, Brief-
marken etc*) set; (*Kaffee*) grounds *pl*;
(*COMM*) rate; (*Sprung*) jump; ~**teil** *m* part
of a sentence; ~**ung** *f* (*Statut*) statute, rule;
~**zeichen** *nt* punctuation mark
Sau [zau] (-, **Säue**) *f* sow; (*umg*) dirty pig
sauber ['zaubər] *adj* clean; (*ironisch*) fine;
~**halten** (*unreg*) *vt* to keep clean; **S~keit**
f cleanness; (*einer Person*) cleanliness
säuberlich ['zɔybərlɪç] *adv* neatly
säubern *vt* to clean; (*POL etc*) to purge
Säuberung *f* cleaning; purge
Sauce ['zo:sə] *f* sauce, gravy
sauer ['zauər] *adj* sour; (*CHEM*) acid; (*umg*)
cross; **Saurer Regen** acid rain
Sauerei [zauə'rai] (*umg*) *f* rotten state of
affairs, scandal; (*Schmutz etc*) mess; (*Unan-
ständigkeit*) obscenity
säuerlich *adj* (*Geschmack*) sour;
(*mißvergnügt: Gesicht*) dour
Sauer- *zW:* ~**milch** *f* sour milk; ~**rahm** *m*
(*KOCH*) sour cream; ~**stoff** *m* oxygen;
~**teig** *m* leaven
saufen ['zaufən] (*unreg; umg*) *vt, vi* to
drink, to booze
Säufer ['zɔyfər] (-s, -; *umg*) *m* boozer
saugen ['zaugən] (*unreg*) *vt, vi* to suck
säugen ['zɔygən] *vt* to suckle
Sauger ['zaugər] (-s, -) *m* dummy, comforter (*US*); (*auf Flasche*) teat; (*Staub~*)
vacuum cleaner, hoover (®)
Säugetier ['zɔyɡə-] *nt* mammal
Säugling *m* infant, baby
Säule ['zɔylə] *f* column, pillar
Saum [zaum] (-(e)s, **Säume**) *m* hem; (*Naht*)
seam
säumen ['zɔymən] *vt* to hem; to seam ♦ *vi*
to delay, to hesitate
Sauna ['zauna] (-, -s) *f* sauna
Säure ['zɔyrə] *f* acid; (*Geschmack*) sourness,
acidity
sausen ['zauzən] *vi* to blow; (*umg: eilen*) to

rush; (*Ohren*) to buzz; **etw ~ lassen** (*umg*)
not to bother with sth
Saxophon [zakso'fo:n] (-s, -e) *nt* saxo-
phone
SB *abk* = **Selbstbedienung**
S-Bahn *f abk* (= *Schnellbahn*) high speed
railway; (= *Stadtbahn*) suburban railway
schaben ['ʃa:bən] *vt* to scrape
schäbig ['ʃɛ:bɪç] *adj* shabby
Schablone [ʃa'blo:nə] *f* stencil; (*Muster*)
pattern; (*fig*) convention
Schach [ʃax] (-s, -s) *nt* chess; (*Stellung*)
check; ~**brett** *nt* chessboard; ~**figur** *f*
chessman; **'s~'matt** *adj* checkmate;
~**spiel** *nt* game of chess
Schacht [ʃaxt] (-(e)s, ̈e) *m* shaft
Schachtel (-, -n) *f* box; (*pej: Frau*) bag,
cow
schade ['ʃa:də] *adj* a pity *od* shame ♦ *excl*:
(wie) ~! (what a) pity *od* shame; **sich** *dat*
zu ~ sein für etw to consider o.s. too
good for sth
Schädel ['ʃɛ:dəl] (-s, -) *m* skull; ~**bruch** *m*
fractured skull
Schaden ['ʃa:dən] (-s, ̈) *m* damage; (*Verletzung*) injury; (*Nachteil*) disadvantage; **s~**
vi +*dat* to hurt; **einer Sache s~** to damage
sth; ~**ersatz** *m* compensation, damages *pl*;
~**freude** *f* malicious glee; **s~froh** *adj*
(*Mensch, Lachen*) gloating
schadhaft ['ʃa:thaft] *adj* faulty, damaged
schäd- ['ʃɛ:t] *zW:* ~**igen** ['ʃe:dɪɡən] *vt* to
damage; (*Person*) to do harm to, to harm;
~**lich** *adj:* ~**lich (für)** harmful (to);
S~lichkeit *f* harmfulness; **S~ling** *m* pest
Schadstoff ['ʃa:tʃtɔf] *m* harmful substance
Schaf [ʃa:f] (-(e)s, -e) *nt* sheep; ~**bock** *m*
ram
Schäfer ['ʃɛ:fər] (-s, -) *m* shepherd;
~**hund** *m* Alsatian (dog) (*BRIT*), German
shepherd (dog) (*US*)
Schaffen ['ʃafən] (-s) *nt* (creative) activity
schaffen[1] (*unreg*) *vt* to create; (*Platz*) to
make
schaffen[2] *vt* (*erreichen*) to manage, to do;
(*erledigen*) to finish; (*Prüfung*) to pass;
(*transportieren*) to take ♦ *vi* (*umg: arbeiten*)
to work; **sich** *dat* **etw ~** to get o.s. sth;
sich an etw *dat* **zu ~ machen** to busy o.s.
with sth
Schaffner(in) ['ʃafnər(ɪn)] (-s, -) *m(f)*
(*Bus~*) conductor(tress); (*EISENB*) guard
Schaft [ʃaft] (-(e)s, ̈e) *m* shaft; (*von Gewehr*) stock; (*von Stiefel*) leg; (*BOT*) stalk;
tree trunk; ~**stiefel** *m* high boot
Schakal [ʃa'ka:l] (-s, -e) *m* jackal
Schal [ʃa:l] (-s, -e *od* -s) *m* scarf
schal *adj* flat; (*fig*) insipid
Schälchen ['ʃɛ:lçən] *nt* cup, bowl
Schale ['ʃa:lə] *f* skin; (*abgeschält*) peel;
(*Nuß~, Muschel~, Ei~*) shell; (*Geschirr*)
dish, bowl

schälen ['ʃɛːlən] *vt* to peel; to shell ♦ *vr* to peel

Schall [ʃal] (-(e)s, -e) *m* sound; **~dämpfer** (-s, -) *m* (AUT) silencer; **~dicht** *adj* soundproof; **s~en** *vi* to (re)sound; **s~end** *adj* resounding, loud; **~mauer** *f* sound barrier; **~platte** *f* (gramophone) record

Schalt- ['ʃalt] *zW*: **~bild** *nt* circuit diagram; **~brett** *nt* switchboard; **s~en** *vt* to switch, to turn ♦ *vi* (AUT) to change (gear); (*umg: begreifen*) to catch on; **~er** (-s, -) *m* counter; (*an Gerät*) switch; **~erbeamte(r)** *m* counter clerk; **~erstunden** *pl* hours of business; **~hebel** *m* switch; (AUT) gearlever; **~jahr** *nt* leap year; **~ung** *f* switching; (ELEK) circuit; (AUT) gear change

Scham [ʃaːm] (-) *f* shame; (*~gefühl*) modesty; (*Organe*) private parts *pl*

schämen ['ʃɛːmən] *vr* to be ashamed

schamlos *adj* shameless

Schande ['ʃandə] (-) *f* disgrace

schändlich ['ʃɛntlɪç] *adj* disgraceful, shameful

Schändung ['ʃɛnduŋ] *f* violation, defilement

Schanktisch *m* bar

Schanze ['ʃantsə] *f* (*Sprung~*) skijump

Schar [ʃaːr] (-, -en) *f* band, company; (*Vögel*) flock; (*Menge*) crowd; **in ~en** in droves; **s~en** *vr* to assemble, to rally

scharf [ʃarf] *adj* sharp; (*Essen*) hot, spicy; (*Munition*) live; **~ nachdenken** to think hard; **auf etw** *akk* **~ sein** (*umg*) to be keen on sth

Schärfe ['ʃɛrfə] *f* sharpness; (*Strenge*) rigour; **s~n** *vt* to sharpen

Scharf- *zW*: **s~machen** (*umg*) *vt* to stir up; **~richter** *m* executioner; **~schütze** *m* marksman, sharpshooter; **s~sinnig** *adj* astute, shrewd

Scharlach (-s, -e) *m* (*~fieber*) scarlet fever

Scharnier [ʃar'niːr] (-s, -e) *nt* hinge

Schärpe ['ʃɛrpə] *f* sash

scharren ['ʃarən] *vt, vi* to scrape, to scratch

Schaschlik ['ʃaʃlɪk] (-s, -s) *m od nt* (shish) kebab

Schatten ['ʃatən] (-s, -) *m* shadow; **~riß** *m* silhouette; **~seite** *f* shady side, dark side

schattieren [ʃa'tiːrən] *vt, vi* to shade

schattig ['ʃatɪç] *adj* shady

Schatulle [ʃa'tulə] *f* casket; (*Geld~*) coffer

Schatz [ʃats] (-es, ²e) *m* treasure; (*Person*) darling

schätz- ['ʃɛts] *zW*: **~bar** *adj* assessable; **S~chen** *nt* darling, love; **~en** *vt* (*abschätzen*) to estimate; (*Gegenstand*) to value; (*würdigen*) to value, to esteem; (*vermuten*) to reckon; **S~ung** *f* estimate; estimation; valuation; **nach meiner S~ung** ... I reckon that ...

Schau [ʃaʊ] (-) *f* show; (*Ausstellung*) dis-

play, exhibition; **etw zur ~ stellen** to make a show of sth, to show sth off; **~bild** *nt* diagram

Schauder ['ʃaʊdər] (-s, -s) *m* shudder; (*wegen Kälte*) shiver; **s~haft** *adj* horrible; **s~n** *vi* to shudder; to shiver

schauen ['ʃaʊən] *vi* to look

Schauer ['ʃaʊər] (-s, -) *m* (*Regen~*) shower; (*Schreck*) shudder; **~geschichte** *f* horror story; **s~lich** *adj* horrific, spine-chilling

Schaufel ['ʃaʊfəl] (-, -n) *f* shovel; (NAUT) paddle; (TECH) scoop; **s~n** *vt* to shovel, to scoop

Schau- *zW*: **~fenster** *nt* shop window; **~fensterbummel** *m* window shopping (expedition); **~kasten** *m* showcase

Schaukel ['ʃaʊkəl] (-, -n) *f* swing; **s~n** *vi* to swing, to rock; (*umg*) to rock; **~pferd** *nt* rocking horse; **~stuhl** *m* rocking chair

Schaulustige(r) *f(m)* onlooker

Schaum [ʃaʊm] (-(e)s, Schäume) *m* foam; (*Seifen~*) lather

schäumen ['ʃɔʏmən] *vi* to foam

Schaum- *zW*: **~gummi** *m* foam (rubber); **s~ig** *adj* frothy, foamy; **~stoff** *m* foam material; **~wein** *m* sparkling wine

Schauplatz *m* scene

schaurig *adj* horrific, dreadful

Schau- *zW*: **~spiel** *nt* spectacle; (THEAT) play; **~spieler(in)** *m(f)* actor(actress); **s~spielern** *vi insep* to act; **~spielhaus** *nt* theatre

Scheck [ʃɛk] (-s, -s) *m* cheque; **~heft** *nt* cheque book; **~karte** *f* cheque card

scheffeln ['ʃɛfəln] *vt* to amass

Scheibe ['ʃaɪbə] *f* disc; (*Brot etc*) slice; (*Glas~*) pane; (MIL) target

Scheiben- *zW*: **~bremse** *f* (AUT) disc brake; **~wischer** *m* (AUT) windscreen wiper

Scheich [ʃaɪç] (-s, -e *od* -s) *m* sheik(h)

Scheide ['ʃaɪdə] *f* sheath; (*Grenze*) boundary; (ANAT) vagina; **s~n** (*unreg*) *vt* to separate; (*Ehe*) to dissolve ♦ *vi* to depart; to part; **sich s~n lassen** to get a divorce

Scheidung *f* (*Ehe~*) divorce

Schein [ʃaɪn] (-(e)s, -e) *m* light; (*An~*) appearance; (*Geld*) (bank)-note; (*Bescheinigung*) certificate; **zum ~** in pretence; **s~bar** *adj* apparent; **s~en** (*unreg*) *vi* to shine; (*Anschein haben*) to seem; **s~heilig** *adj* hypocritical; **~werfer** (-s, -) *m* floodlight; spotlight; (*Suchwerfer*) searchlight; (AUT) headlamp

Scheiß- ['ʃaɪs] (*umg*) *in zW* bloody

Scheiße (-; *umg*) *f* shit

Scheit [ʃaɪt] (-(e)s, -e *od* -er) *nt* log

Scheitel ['ʃaɪtəl] (-s, -) *m* top; (*Haar~*) parting; **s~n** *vt* to part

scheitern ['ʃaɪtərn] *vi* to fail

Schelle ['ʃɛlə] *f* small bell; **s~n** *vi* to ring

Schellfisch ['ʃɛlfɪʃ] m haddock
Schelm [ʃɛlm] (-(e)s, -e) m rogue; **s~isch**
adj mischievous, roguish
Schelte ['ʃɛltə] f scolding; **s~n** (unreg) vt
to scold
Schema ['ʃeːma] (-s, -s od -ta) nt scheme,
plan; (Darstellung) schema; **nach ~** quite
mechanically; **s~tisch** [ʃe'maːtɪʃ] adj sche-
matic; (pej) mechanical
Schemel ['ʃeːməl] (-s, -) m (foot)stool
Schenkel ['ʃɛŋkəl] (-s, -) m thigh
schenken ['ʃɛŋkən] vt (auch fig) to give;
(Getränk) to pour; **sich** dat **etw ~** (umg) to
skip sth; **das ist geschenkt!** (billig) that's a
giveaway!; (nichts wert) that's worthless!
Scherbe ['ʃɛrbə] f broken piece, fragment;
(archäologisch) potsherd
Schere ['ʃeːrə] f scissors pl; (groß) shears
pl; **s~n** (unreg) vt to cut; (Schaf) to shear;
(kümmern) to bother ♦ vr to care; **scher
dich zum Teufel!** get lost!; **~'rei** (umg) f
bother, trouble
Scherz [ʃɛrts] (-es, -e) m joke; fun; **~frage**
f conundrum; **s~haft** adj joking, jocular
Scheu [ʃɔy] (-) f shyness; (Angst) fear; (Ehrfurcht) awe; **s~** adj shy; **s~en** vr: **sich
s~en vor** +dat to be afraid of, to shrink
from ♦ vt to shun ♦ vi (Pferd) to shy
scheuern ['ʃɔyərn] vt to scour, to scrub
Scheuklappe f blinker
Scheune ['ʃɔynə] f barn
Scheusal ['ʃɔyzaːl] (-s, -e) nt monster
scheußlich ['ʃɔyslɪç] adj dreadful, frightful
Schi [ʃiː] m = **Ski**
Schicht [ʃɪçt] (-, -en) f layer; (Klasse) class,
level; (in Fabrik etc) shift; **~arbeit** f shift
work; **s~en** vt to layer, to stack
schick [ʃɪk] adj stylish, chic
schicken vt to send ♦ vr: **sich ~** (**in** +akk)
to resign o.s. (to) ♦ vb unpers (anständig
sein) to be fitting
schicklich adj proper, fitting
Schicksal (-s, -e) nt fate; **~sschlag** m
great misfortune, blow
Schieb- ['ʃiːb] zW: **~edach** nt (AUT) sun
roof; **s~en** (unreg) vt (auch Drogen) to
push; (Schuld) to put ♦ vi to push; **~etür** f
sliding door; **~ung** f fiddle
Schieds- ['ʃiːts] zW: **~gericht** nt court of
arbitration; **~richter** m referee; umpire;
(Schlichter) arbitrator
schief [ʃiːf] adj crooked; (Ebene) sloping;
(Turm) leaning; (Winkel) oblique; (Blick)
funny; (Vergleich) distorted ♦ adv crook-
ed(ly); (ansehen) askance; **etw ~ stellen** to
slope sth
Schiefer ['ʃiːfər] (-s, -) m slate; **~dach** nt
slate roof
schiefgehen (unreg; umg) vi to go wrong
schielen ['ʃiːlən] vi to squint; **nach etw ~**
(fig) to eye sth
schien etc [ʃiːn] vb siehe **scheinen**

Schienbein nt shinbone
Schiene ['ʃiːnə] f rail; (MED) splint; **s~n** vt
to put in splints
schier [ʃiːr] adj (fig) sheer ♦ adv nearly, almost
Schieß- ['ʃiːs] zW: **~bude** f shooting gallery; **s~en** (unreg) vt to shoot; (Ball) to
kick; (Geschoß) to fire ♦ vi to shoot; (Salat
etc) to run to seed; **s~en auf** +akk to shoot
at; **~e'rei** f shooting incident, shoot-up;
~pulver nt gunpowder; **~scharte** f em-
brasure
Schiff [ʃɪf] (-(e)s, -e) nt ship, vessel;
(Kirchen~) nave; **s~bar** adj (Fluß) navigable; **~bruch** m shipwreck; **s~brüchig**
adj shipwrecked; (Weben) shuttle; (Mütze) forage cap; **~er**
(-s, -) m bargeman, boatman; **~(f)ahrt** f
shipping; (Reise) voyage; **~(fahrts)linie** f
shipping route
Schikane [ʃiˈkaːnə] f harassment; dirty
trick; **mit allen ~n** with all the trimmings
schikanieren [ʃikaˈniːrən] vt to harass, to
torment
Schild¹ [ʃɪlt] (-(e)s, -e) m shield; **etw im
Schilde führen** to be up to sth
Schild² (-(e)s, -er) nt sign; nameplate; (Etikett) label
Schilddrüse f thyroid gland
schildern ['ʃɪldərn] vt to depict, to portray
Schildkröte f tortoise; (Wasser~) turtle
Schilf [ʃɪlf] (-(e)s, -e) nt (Pflanze) reed; (Material) reeds pl, rushes pl; **~rohr** nt
(Pflanze) reed
schillern ['ʃɪlərn] vi to shimmer; **~d** adj iri-
descent
Schilling ['ʃɪlɪŋ] m schilling
Schimmel ['ʃɪml] (-s, -) m mould; (Pferd)
white horse; **s~ig** adj mouldy; **s~n** vi to
go mouldy
Schimmer ['ʃɪmər] (-s) m (Lichtsein) glimmer; (Glanz) shimmer
schimmern ['ʃɪmərn] vi to glimmer, to
shimmer
Schimpanse [ʃɪmˈpanzə] (-n, -n) m chimpanzee
schimpfen ['ʃɪmpfən] vt to scold ♦ vi to
curse, to complain; to scold
Schimpfwort nt term of abuse
schinden ['ʃɪndən] (unreg) vt to maltreat,
to drive too hard ♦ vr: **sich ~** (**mit**) to
sweat and strain (at), to toil away (at); **Eindruck ~** (umg) to create an impression
Schinde'rei f grind, drudgery
Schinken ['ʃɪŋkən] (-s, -) m ham
Schippe ['ʃɪpə] f shovel; **s~n** vt to shovel
Schirm [ʃɪrm] (-(e)s, -e) m (Regen~) umbrella; (Sonnen~) parasol, sunshade;
(Wand~, Bild~) screen; (Lampen~)
(lamp)shade; (Mützen~) peak; (Pilz~) cap;
~mütze f peaked cap; **~ständer** m umbrella stand

schizophren [ʃitso'fre:n] *adj* schizophrenic
Schlacht [ʃlaxt] (-, -en) *f* battle; **s~en** *vt* to slaughter, to kill; **~er** (-s, -) *m* butcher; **~feld** *nt* battlefield; **~hof** *m* slaughter-house, abattoir; **~schiff** *nt* battleship; **~vieh** *nt* animals kept for meat; beef cattle
Schlacke ['ʃlakə] *f* slag
Schlaf [ʃla:f] (-(e)s) *m* sleep; **~anzug** *m* pyjamas *pl*
Schläfe ['ʃlɛ:fə] *f* (ANAT) temple
schlafen ['ʃla:fən] (unreg) *vi* to sleep; **~ gehen** to go to bed; **S~gehen** (-s) *nt* going to bed; **S~zeit** *f* bedtime
schlaff [ʃlaf] *adj* slack; (energielos) limp; (erschöpft) exhausted
Schlaf- *zW:* **~gelegenheit** *f* sleeping accommodation; **~lied** *nt* lullaby; **s~los** *adj* sleepless; **~losigkeit** *f* sleeplessness, insomnia; **~mittel** *nt* sleeping pill
schläfrig ['ʃlɛ:frɪç] *adj* sleepy
Schlaf- *zW:* **~saal** *m* dormitory; **~sack** *m* sleeping bag; **~tablette** *f* sleeping pill; **~wagen** *m* sleeping car, sleeper; **s~wandeln** *vi insep* to sleepwalk; **~zimmer** *nt* bedroom
Schlag [ʃla:k] (-(e)s, =e) *m* (auch fig) blow; (auch MED) stroke; (Puls~, Herz~) beat; (ELEK) shock; (Blitz~) bolt, stroke; (Autotür) car door; (umg: Portion) helping; (Art) kind, type; **Schläge** *pl* (Tracht Prügel) beating *sg*; **mit einem ~** all at once; **~ auf ~** in rapid succession; **~ader** *f* artery; **~anfall** *m* stroke; **s~artig** *adj* sudden, without warning; **~baum** *m* barrier; **s~en** ['ʃla:gən] (unreg) *vt, vi* to strike, to hit; (wiederholt schlagen, besiegen) to beat; (Glocke) to ring; (Stunde) to strike; (Sahne) to whip; (Schlacht) to fight ♦ *vr* to fight; **nach jdm s~en** (fig) to take after sb; **sich gut s~en** (fig) to do well; **~er** ['ʃla:gər] (-s, -) *m* (auch fig) hit
Schläger ['ʃlɛ:gər] *m* brawler; (SPORT) bat; (TENNIS etc) racket; (GOLF) club; hockey stick; (Waffe) rapier; **Schläge'rei** *f* fight, punch- up
Schlagersänger(in) *m(f)* pop singer
Schlag- *zW:* **s~fertig** *adj* quick-witted; **~fertigkeit** *f* ready wit, quickness of repartee; **~loch** *nt* pothole; **~obers** (ÖSTERR) *nt*, **~sahne** *f* (whipped) cream; **~seite** *f* (NAUT) list; **~wort** *nt* slogan, catch phrase; **~zeile** *f* headline; **~zeug** *nt* percussion; drums *pl*; **~zeuger** (-s, -) *m* drummer
Schlamassel [ʃla'masəl] (-s, -; umg) *m* mess
Schlamm [ʃlam] (-(e)s, -e) *m* mud; **s~ig** *adj* muddy
Schlamp- ['ʃlamp] *zW:* **~e** (umg) *f* slut; **s~en** (umg) *vi* to be sloppy; **~e'rei** (umg) *f* disorder, untidiness; sloppy work; **s~ig** (umg) *adj* (Mensch, Arbeit) sloppy, messy

Schlange ['ʃlaŋə] *f* snake; (Menschen~) queue (BRIT), line-up (US); **~ stehen** to (form a) queue, to line up
schlängeln *vr* (Schlange) to wind; (Weg) to wind, twist; (Fluß) to meander
Schlangen- *zW:* **~gebiß** *m* snake bite; **~gift** *nt* snake venom; **~linie** *f* wavy line
schlank [ʃlaŋk] *adj* slim, slender; **S~heit** *f* slimness, slenderness; **S~heitskur** *f* diet
schlapp [ʃlap] *adj* limp; (locker) slack; **S~e** (umg) *f* setback
Schlaraffenland [ʃla'rafənlant] *nt* land of milk and honey
schlau [ʃlau] *adj* crafty, cunning
Schlauch [ʃlaux] (-(e)s, Schläuche) *m* hose; (in Reifen) inner tube; (umg: Anstrengung) grind; **~boot** *nt* rubber dinghy; **s~en** (umg) *vt* to tell on, to exhaust; **s~los** *adj* (Reifen) tubeless
Schläue ['ʃlɔʏə] (-) *f* cunning
Schlaufe ['ʃlaufə] *f* loop; (Aufhänger) hanger
Schlauheit *f* cunning
Schlaukopf *m* clever dick
schlecht [ʃlɛçt] *adj* bad ♦ *adv* badly; **~ gelaunt** in a bad mood; **~ und recht** after a fashion; **jdm ist ~** sb feels sick od bad; **~gehen** (unreg) *vi unpers*: **jdm geht es ~** sb is in a bad way; **S~igkeit** *f* badness; bad deed; **~machen** *vt* to run down
schlecken ['ʃlɛkən] *vt, vi* to lick
Schlegel ['ʃle:gəl] (-s, -) *m* (drum)stick; (Hammer) mallet, hammer; (KOCH) leg
schleichen ['ʃlaɪçən] (unreg) *vi* to creep, to crawl; **~d** *adj* gradual; creeping
Schleichwerbung *f* (Komm) plug
Schleier ['ʃlaɪər] (-s, -) *m* veil; **s~haft** (umg) *adj*: **jdm s~haft sein** to be a mystery to sb
Schleif- ['ʃlaɪf] *zW:* **~e** *f* loop; (Band) bow; **s~en**[1] *vt, vi* to drag; **s~en**[2] (unreg) *vt* to grind; (Edelstein) to cut; (MIL: Soldaten) to drill; **~stein** *m* grindstone
Schleim [ʃlaɪm] (-(e)s, -e) *m* slime; (MED) mucus; (KOCH) gruel; **~haut** *f* (ANAT) mucous membrane; **s~ig** *adj* slimy
Schlemm- ['ʃlɛm] *zW:* **s~en** *vi* to feast; **~er** (-s, -) *m* gourmet; **~e'rei** *f* gluttony, feasting
schlendern ['ʃlɛndərn] *vi* to stroll
schlenkern ['ʃlɛŋkərn] *vt, vi* to swing, to dangle
Schlepp- ['ʃlɛp] *zW:* **~e** *f* train; **s~en** *vt* to drag; (Auto, Schiff) to tow; (tragen) to lug; **s~end** *adj* dragging, slow; **~er** (-s, -) *m* tractor; (Schiff) tug
Schlesien ['ʃle:ziən] (-s) *nt* (GEOG) Silesia
Schleuder ['ʃlɔʏdər] (-, -n) *f* catapult; (Wäsche) spin-dryer; (Butter~ etc) centrifuge; **s~n** *vt* to hurl; (Wäsche) to spin-dry ♦ *vi* (AUT) to skid; **~preis** *m* give-away price; **~sitz** *m* (AVIAT) ejector seat; hot seat; **~ware** *f* cheap od cut-price

goods pl

schleunigst ['ʃlɔynɪçst] *adv* straight away

Schleuse ['ʃlɔyzə] *f* lock; (~ntor) sluice

schlicht [ʃlɪçt] *adj* simple, plain; ~en *vt* (*glätten*) to smooth, to dress; (*Streit*) to settle; **S~er** (-s, -) *m* mediator, arbitrator; **S~ung** *f* settlement; arbitration

Schlick [ʃlɪk] (-(e)s, -e) *m* mud; (*Öl~*) slick

schlief *etc* [ʃliːf] *vb siehe* **schlafen**

Schließ- ['ʃliːs] *zW:* ~e *f* fastener; **s~en** (*unreg*) *vt* to close, to shut; (*beenden*) to close; (*Freundschaft, Bündnis, Ehe*) to enter into; (*folgern*) **s~en (aus)** to infer (from) ♦ *vi, vr* to close, to shut; **etw in sich s~en** to include sth; ~**fach** *nt* locker; **s~lich** *adv* finally; **s~lich doch** after all

Schliff [ʃlɪf] (-(e)s, -e) *m* cut(ting); (*fig*) polish

schlimm [ʃlɪm] *adj* bad; ~**er** *adj* worse; ~**ste(r, s)** *adj* worst; ~**stenfalls** *adv* at (the) worst

Schlinge ['ʃlɪŋə] *f* loop; (*bes Henker~*) noose; (*Falle*) snare; (*MED*) sling; ~**l** (-s, -) *m* rascal; **s~n** (*unreg*) *vt* to wind; (*essen*) to bolt, to gobble ♦ *vi* to bolt one's food, to gobble; **s~rn** *vi* to roll

Schlips [ʃlɪps] (-es, -e) *m* tie

Schlitten ['ʃlɪtən] (-s, -) *m* sledge, sleigh; ~**fahren** (-s) *nt* tobogganing

schlittern ['ʃlɪtərn] *vi* to slide

Schlittschuh ['ʃlɪtʃuː] *m* skate; ~ **laufen** to skate; ~**bahn** *f* skating rink; ~**läufer(in)** *m(f)* skater

Schlitz [ʃlɪts] (-es, -e) *m* slit; (*für Münze*) slot; (*Hosen~*) flies pl; **s~äugig** *adj* slant-eyed; **s~en** *vt* to slit

Schloß [ʃlɔs] (-sses, ⁼sser) *nt* lock; (*an Schmuck etc*) clasp; (*Bau*) castle; chateau

schloß *etc* [ʃlɔs] *vb siehe* **schließen**

Schlosser ['ʃlɔsər] (-s, -) *m* (*Auto~*) fitter; (*für Schlüssel etc*) locksmith; ~**ei** [-'raɪ] *f* metal (working) shop

Schlot [ʃloːt] (-(e)s, -e) *m* chimney; (*NAUT*) funnel

schlottern ['ʃlɔtərn] *vi* to shake, to tremble; (*Kleidung*) to be baggy

Schlucht [ʃlʊxt] (-, -en) *f* gorge, ravine

schluchzen ['ʃlʊxtsən] *vi* to sob

Schluck [ʃlʊk] (-(e)s, -e) *m* swallow; (*Menge*) drop; ~**auf** (-s, -s) *m* hiccups pl; **s~en** *vt, vi* to swallow

schludern ['ʃluːdərn] *vi* to skimp, to do sloppy work

schlug *etc* [ʃluːk] *vb siehe* **schlagen**

Schlummer ['ʃlʊmər] (-s) *m* slumber; **s~n** *vi* to slumber

Schlund [ʃlʊnt] (-(e)s, ⁼e) *m* gullet; (*fig*) jaw

schlüpfen ['ʃlʏpfən] *vi* to slip; (*Vogel etc*) to hatch (out)

Schlüpfer ['ʃlʏpfər] (-s, -) *m* panties pl, knickers pl

schlüpfrig ['ʃlʏpfrɪç] *adj* slippery; (*fig*) lewd; **S~keit** *f* slipperiness; (*fig*) lewdness

schlurfen ['ʃlʊrfən] *vi* to shuffle

schlürfen ['ʃlʏrfən] *vt, vi* to slurp

Schluß [ʃlʊs] (-sses, ⁼sse) *m* end; (~*folgerung*) conclusion; **am ~** at the end; ~ **machen mit** to finish with

Schlüssel ['ʃlʏsəl] (-s, -) *m* (*auch fig*) key; (*Schraub~*) spanner, wrench; (*MUS*) clef; ~**bein** *nt* collarbone; ~**blume** *f* cowslip, primrose; ~**bund** *m* bunch of keys; ~**loch** *nt* keyhole; ~**position** *f* key position; ~**wort** *nt* keyword

schlüssig ['ʃlʏsɪç] *adj* conclusive

Schluß- *zW:* ~**licht** *nt* taillight; (*fig*) tailender; ~**strich** *m* (*fig*) final stroke; ~**verkauf** *m* clearance sale

schmächtig ['ʃmɛçtɪç] *adj* slight

schmackhaft ['ʃmakhaft] *adj* tasty

schmal [ʃmaːl] *adj* narrow; (*Person, Buch etc*) slender, slim; (*karg*) meagre

schmälern ['ʃmɛːlərn] *vt* to diminish; (*fig*) to belittle

Schmalfilm *m* cine film

Schmalz [ʃmalts] (-es, -e) *nt* dripping, lard; (*fig*) sentiment, schmaltz; **s~ig** *adj* (*fig*) schmaltzy

schmarotzen [ʃma'rɔtsən] *vi* to sponge; (*BOT*) to be parasitic

Schmarotzer (-s, -) *m* parasite; sponger

Schmarren ['ʃmarən] (-s, -) *m* (*ÖSTERR*) small piece of pancake; (*fig*) rubbish, tripe

schmatzen ['ʃmatsən] *vi* to smack one's lips; to eat noisily

schmecken ['ʃmɛkən] *vt, vi* to taste; **es schmeckt ihm** he likes it

Schmeichel- ['ʃmaɪçəl] *zW:* ~**ei** [-'laɪ] *f* flattery; **s~haft** *adj* flattering; **s~n** *vi* to flatter

schmeißen ['ʃmaɪsən] (*unreg; umg*) *vt* to throw, to chuck

Schmeißfliege *f* bluebottle

Schmelz [ʃmɛlts] (-es, -e) *m* enamel; (*Glasur*) glaze; (*von Stimme*) melodiousness; **s~en** (*unreg*) *vt* to melt; (*Erz*) to smelt ♦ *vi* to melt; ~**punkt** *m* melting point; ~**wasser** *nt* melted snow

Schmerz [ʃmɛrts] (-es, -en) *m* pain; (*Trauer*) grief; **s~empfindlich** *adj* sensitive to pain; **s~en** *vt, vi* to hurt; ~**ensgeld** *nt* compensation; **s~haft** *adj* painful; **s~los** *adj* painless; ~**mittel** *nt* painkiller; **s~stillend** *adj* soothing; ~**tablette** *f* painkiller

Schmetterling ['ʃmɛtərlɪŋ] *m* butterfly

schmettern ['ʃmɛtərn] *vt* (*werfen*) to hurl; (*TENNIS: Ball*) to smash; (*singen*) to belt out (*inf*)

Schmied [ʃmiːt] (-(e)s, -e) *m* blacksmith; ~**e** ['ʃmiːdə] *f* smithy, forge; ~**eeisen** *nt* wrought iron; **s~en** *vt* to forge; (*Pläne*) to devise, to concoct

schmiegen ['ʃmiːgən] *vt* to press, to nestle ♦ *vr*: **sich ~ (an** +*akk*) to cuddle up (to), to nestle (up to)

Schmier- ['ʃmiːr] *zW*: **~e** *f* grease; (*THEAT*) greasepaint, make-up; **s~en** *vt* to smear; (*ölen*) to lubricate, to grease; (*bestechen*) to bribe; (*schreiben*) to scrawl ♦ *vi* to scrawl; **~fett** *nt* grease; **~geld** *nt* bribe; **s~ig** *adj* greasy; **~seife** *f* soft soap

Schminke ['ʃmɪŋkə] *f* make-up; **s~n** *vt, vr* to make up

schmirgeln ['ʃmɪrgəln] *vt* to sand (down)

Schmirgelpapier *nt* emery paper

schmollen ['ʃmɔlən] *vi* to sulk, to pout

Schmorbraten *m* stewed *od* braised meat

schmoren ['ʃmoːrən] *vt* to stew, to braise

Schmuck [ʃmʊk] (**-(e)s, -e**) *m* jewellery; (*Verzierung*) decoration

schmücken ['ʃmʏkən] *vt* to decorate

Schmuck- *zW*: **s~los** *adj* unadorned, plain; **~sachen** *pl* jewels, jewellery *sg*

Schmuggel ['ʃmʊgəl] (**-s**) *m* smuggling; **s~n** *vt, vi* to smuggle

Schmuggler (**-s, -**) *m* smuggler

schmunzeln ['ʃmʊntsəln] *vi* to smile benignly

schmusen ['ʃmuːzən] (*umg*) *vi* (*zärtlich sein*) to cuddle, canoodle (*inf*)

Schmutz [ʃmʊts] (**-es**) *m* dirt, filth; **~fink** *m* filthy creature; **~fleck** *m* stain; **s~ig** *adj* dirty

Schnabel ['ʃnaːbəl] (**-s, ⁻**) *m* beak, bill; (*Ausguß*) spout

Schnake ['ʃnaːkə] *f* cranefly; (*Stechmücke*) gnat

Schnalle ['ʃnalə] *f* buckle, clasp; **s~n** *vt* to buckle

Schnapp- ['ʃnap] *zW*: **s~en** *vt* to grab, to catch ♦ *vi* to snap; **~schloß** *nt* spring lock; **~schuß** *m* (*PHOT*) snapshot

Schnaps [ʃnaps] (**-es, ⁻e**) *m* spirits *pl*; schnapps

schnarchen ['ʃnarçən] *vi* to snore

schnattern ['ʃnatərn] *vi* (*Gänse*) to gabble; (*Ente*) to quack; (*zittern*) to shiver

schnauben ['ʃnaubən] *vi* to snort ♦ *vr* to blow one's nose

schnaufen ['ʃnaufən] *vi* to puff, to pant

Schnauze ['ʃnautsə] *f* snout, muzzle; (*Ausguß*) spout; (*umg*) gob

Schnecke ['ʃnɛkə] *f* snail; **~nhaus** *nt* snail's shell

Schnee [ʃneː] (**-s**) *m* snow; (*Ei~*) beaten egg white; **~ball** *m* snowball; **~flocke** *f* snowflake; **~gestöber** *nt* snowstorm; **~glöckchen** *nt* snowdrop; **~kette** *f* (*AUT*) snow chain; **~mann** *m* snowman; **~pflug** *m* snowplough; **~schmelze** *f* thaw

Schneid [ʃnaɪt] (**-(e)s**; *umg*) *m* pluck

Schneide ['ʃnaɪdə] *f* edge; (*Klinge*) blade; **s~n** (*unreg*) *vt* to cut; (*kreuzen*) to cross, to intersect with ♦ *vr* to cut o.s.; to intersect; **s~nd** *adj* cutting; **~r** (**-s, -**) *m* tailor; **~rei** *f* (*Geschäft*) tailor's; **~rin** *f* dressmaker; **s~rn** *vt* to make ♦ *vi* to be a tailor; **~zahn** *m* incisor

schneien ['ʃnaɪən] *vi unpers* to snow

Schneise ['ʃnaɪzə] *f* clearing

schnell [ʃnɛl] *adj* quick, fast ♦ *adv* quick, quickly, fast; **S~hefter** (**-s, -**) *m* loose-leaf binder; **S~igkeit** *f* speed; **S~imbiß** *m* (*Lokal*) snack bar; **S~kochtopf** *m* (*Dampfkochtopf*) pressure cooker; **S~reinigung** *f* dry cleaner's; **~stens** *adv* as quickly as possible; **S~straße** *f* expressway; **S~zug** *m* fast *od* express train

schneuzen ['ʃnɔytsən] *vr* to blow one's nose

schnippeln (*umg*) *vt* to snip (*an* +*dat* at)

schnippisch ['ʃnɪpɪʃ] *adj* sharp-tongued

Schnitt [ʃnɪt] (**-(e)s, -e**) *m* cut(ting); (*~punkt*) intersection; (*Quer~*) (cross) section; (*Durch~*) average; (*~muster*) pattern; (*an Buch*) edge; (*umg*: *Gewinn*) profit

schnitt *etc vb siehe* **schneiden**

Schnitt- *zW*: **~blumen** *pl* cut flowers; **~e** *f* slice; (*belegt*) sandwich; **~fläche** *f* section; **~lauch** *m* chive; **~muster** *nt* pattern; **~punkt** *m* (point of) intersection; **~stelle** *f* (*COMPUT*) interface; **~wunde** *f* cut

Schnitz- ['ʃnɪts] *zW*: **~arbeit** *f* wood carving; **~el** (**-s, -**) *nt* chip; (*KOCH*) escalope; **s~en** *vt* to carve; **~er** (**-s, -**) *m* carver; (*umg*) blunder; **~e'rei** *f* carving; carved woodwork

schnoddrig ['ʃnɔdərɪç] (*umg*) *adj* snotty

Schnorchel ['ʃnɔrçəl] (**-s, -**) *m* snorkel

Schnörkel ['ʃnœrkəl] (**-s, -**) *m* flourish; (*ARCHIT*) scroll

schnorren ['ʃnɔrən] *vt, vi* to cadge

schnüffeln ['ʃnʏfəln] *vi* to sniff; **S~** (*umg*) *nt* (*von Klebstoff etc*) glue-sniffing *etc*

Schnüffler (**-s, -**) *m* snooper

Schnuller ['ʃnʊlər] (**-s, -**) *m* dummy, comforter (*US*)

Schnupfen ['ʃnʊpfən] (**-s, -**) *m* cold

schnuppern ['ʃnʊpərn] *vi* to sniff

Schnur [ʃnuːr] (**-, ⁻e**) *f* string, cord; (*ELEK*) flex

schnüren ['ʃnyːrən] *vt* to tie

schnurgerade *adj* straight (as a die)

Schnurrbart *m* moustache

schnurren ['ʃnʊrən] *vi* to purr; (*Kreisel*) to hum

Schnürschuh *m* lace-up (shoe)

Schnürsenkel *m* shoelace

schnurstracks *adv* straight (away)

Schock [ʃɔk] (**-(e)s, -e**) *m* shock; **s~ieren** [ʃɔ'kiːrən] *vt* to shock, to outrage

Schöffe ['ʃœfə] (**-n, -n**) *m* lay magistrate

Schöffin *f* lay magistrate

Schokolade [ʃoko'laːdə] *f* chocolate

Scholle ['ʃɔlə] *f* clod; (*Eis~*) ice floe;

(Fisch) plaice

┌─── SCHLÜSSELWORT

schon [ʃoːn] adv **1** (bereits) already; **er ist
schon da** he's there already, he's already
there; **ist er schon da?** is he there yet?;
warst du schon einmal da? have you ever
been there?; **ich war schon einmal da** I've
been there before; **das war schon immer
so** that has always been the case; **schon
oft** often; **hast du schon gehört?** have you
heard?
2 (bestimmt) all right; **du wirst schon sehen** you'll see (all right); **das wird schon
noch gut** that'll be OK
3 (bloß) just; **allein schon das Gefühl ...**
just the very feeling ...; **schon der Gedanke**
the very thought; **wenn ich das schon
höre** I only have to hear that
4 (einschränkend): **ja schon, aber ...** yes
(well), but ...
5: **schon möglich** possible; **schon gut!**
OK!; **du weißt schon** you know; **komm
schon!** come on!

schön [ʃøːn] adj beautiful; (nett) nice; **~e
Grüße** best wishes; **~e Ferien** have a nice
holiday; **~en Dank** (many) thanks
schonen [ˈʃoːnən] vt to look after ♦ vr to
take it easy; **~d** adj careful, gentle
Schön- zW: **~heit** f beauty; **~heitsfehler**
m blemish, flaw; **~heitsoperation** f cosmetic surgery
Schonkost (-) f light diet; (Spezialdiät)
special diet
schönmachen vr to make o.s. look nice
Schon- zW: **~ung** f good care; (Nachsicht)
consideration; (Forst) plantation of young
trees; **s~ungslos** adj unsparing, harsh;
~zeit f close season
Schöpf- [ˈʃœpf] zW: **s~en** vt to scoop, to
ladle; (Mut) to summon up; (Luft) to
breathe in; **~er** (-s, -) m creator; **s~erisch**
adj creative; **~kelle** f ladle; **~ung** f creation
Schorf [ˈʃɔrf] (-(e)s, -e) m scab
Schornstein [ˈʃɔrnʃtain] m chimney;
(NAUT) funnel; **~feger** (-s, -) m chimney
sweep
Schoß [ʃɔs] (-es, ˈˈe) m lap; (Rock~) coat
tail
schoß etc vb siehe **schießen**
Schoßhund m pet dog, lapdog
Schote [ˈʃoːtə] f pod
Schotte [ˈʃɔtə] m Scot, Scotsman
Schotter [ˈʃɔtər] (-s) m broken stone, road
metal; (EISENB) ballast
Schott- [ʃɔt] zW: **~in** f Scot, Scotswoman;
s~isch adj Scottish, Scots; **~land** nt Scotland
schraffieren [ʃraˈfiːrən] vt to hatch
schräg [ʃrɛːk] adj slanting, not straight;

etw ~ stellen to put sth at an angle; **~
gegenüber** diagonally opposite; **S~e** f
slant; **S~strich** m oblique stroke
Schramme [ˈʃramə] f scratch; **s~n** vt to
scratch
Schrank [ʃraŋk] (-(e)s, ˈˈe) m cupboard;
(Kleider~) wardrobe; **~e** f barrier; **~en-
wärter** m (EISENB) level crossing attendant; **~koffer** m trunk
Schraube [ˈʃraubə] f screw; **s~n** vt to
screw; **~nschlüssel** m spanner; **~nzieher**
(-s, -) m screwdriver
Schraubstock [ˈʃraupʃtɔk] m (TECH) vice
Schreck [ʃrɛk] (-(e)s, -e) m terror; fright;
~en (-s, -) m terror; fright; **s~en** vt to
frighten, to scare; **~gespenst** nt spectre,
nightmare; **s~haft** adj jumpy, easily frightened; **s~lich** adj terrible, dreadful
Schrei [ʃrai] (-(e)s, -e) m scream; (Ruf)
shout
Schreib- [ˈʃraib] zW: **~block** m writing
pad; **s~en** (unreg) vt, vi to write; (buchstabieren) to spell; **~en** (-s, -) nt letter, communication; **s~faul** adj bad about writing
letters; **~kraft** f typist; **~maschine** f typewriter; **~papier** nt notepaper; **~tisch** m
desk; **~ung** f spelling; **~waren** pl stationery sg; **~weise** f spelling; way of writing;
~zentrale f typing pool; **~zeug** nt writing
materials pl
schreien [ˈʃraiən] (unreg) vt, vi to scream;
(rufen) to shout; **~d** adj (fig) glaring;
(Farbe) loud
Schrein [ʃrain] (-(e)s, -e) m shrine
Schreiner [ˈʃrainər] (-s, -) m joiner; (Zimmermann) carpenter; (Möbel~) cabinet-
maker; **~ei** [-ˈrai] f joiner's workshop
schreiten [ˈʃraitən] (unreg) vi to stride
schrieb etc [ʃriːp] vb siehe **schreiben**
Schrift [ʃrift] (-, -en) f writing; handwriting; (~art) script; (Gedrucktes) pamphlet,
work; **~deutsch** nt written German;
~führer m secretary; **s~lich** adj written ♦
adv in writing; **~sprache** f written language; **~steller(in)** (-s, -) m(f) writer;
~stück nt document; **~wechsel** m correspondence
schrill [ʃril] adj shrill
Schritt [ʃrit] (-(e)s, -e) m step; (Gangart)
walk; (Tempo) pace; (von Hose) crutch; **~
fahren** to drive at walking pace; **~macher**
(-s, -) m pacemaker; **~(t)empo** nt: **im
~(t)empo** at a walking pace
schroff [ʃrɔf] adj steep; (zackig) jagged; (fig)
brusque; (ungeduldig) abrupt
schröpfen [ˈʃrœpfən] vt (fig) to fleece
Schrot [ʃroːt] (-(e)s, -e) m od nt (Blei)
(small) shot; (Getreide) coarsely ground
grain, groats pl; **~flinte** f shotgun
Schrott [ʃrɔt] (-(e)s, -e) m scrap metal;
~haufen m scrap heap; **s~reif** adj ready
for the scrap heap

schrubben ['ʃrʊbən] vt to scrub
Schrubber (-s, -) m scrubbing brush
schrumpfen ['ʃrʊmpfən] vi to shrink; (Apfel) to shrivel
Schub- ['ʃuːb] zW: **~fach** nt drawer; **~karren** m wheelbarrow; **~lade** f drawer
Schubs (-es, -e) (umg) m shove (inf), push
schüchtern ['ʃʏçtərn] adj shy; **S~heit** f shyness
Schuft [ʃʊft] (-(e)s, -e) m scoundrel
schuften (umg) vi to graft, to slave away
Schuh [ʃuː] (-(e)s, -e) m shoe; **~band** nt shoelace; **~creme** f shoe polish; **~größe** f shoe size; **~löffel** m shoehorn; **~macher** (-s, -) m shoemaker
Schul- zW: **~arbeit** f homework (no pl); **~aufgaben** pl homework sg; **~besuch** m school attendance; **~buch** nt school book
Schuld [ʃʊlt] (-, -en) f guilt; (FIN) debt; (Verschulden) fault; **s~** adj: **s~ sein** od **haben** (an +dat) to be to blame (for); **er ist** od **hat s~** it's his fault; **jdm s~ geben** to blame sb; **s~en** ['ʃʊldən] vt to owe; **s~enfrei** adj free from debt; **~gefühl** nt feeling of guilt; **s~ig** adj guilty; (gebührend) due; **s~ig an etw** dat **sein** to be guilty of sth; **jdm etw s~ig sein** to owe sb sth; **jdm etw s~ig bleiben** not to provide sb with sth; **s~los** adj innocent, without guilt; **~ner** (-s, -) m debtor; **~schein** m promissory note, IOU
Schule ['ʃuːlə] f school; **s~n** vt to train, to school
Schüler(in) ['ʃyːlər(ɪn)] (-s, -) m(f) pupil
Schul- zW: **~ferien** pl school holidays; **s~frei** adj: **s~freier Tag** holiday; **s~frei sein** to be a holiday; **~hof** m playground; **~jahr** nt school year; **~junge** m schoolboy; **~kind** nt schoolchild; **~mädchen** nt schoolgirl; **s~pflichtig** adj of school age; **~schiff** nt (NAUT) training ship; **~stunde** f period, lesson; **~tasche** f school bag
Schulter ['ʃʊltər] (-, -n) f shoulder; **~blatt** nt shoulder blade; **s~n** vt to shoulder
Schulung f education, schooling
Schulzeugnis nt school report
Schund [ʃʊnt] (-(e)s) m trash, garbage
Schuppe ['ʃʊpə] f scale; **~n** pl (Haarschuppen) dandruff sg
Schuppen (-s, -) m shed
schuppen vt to scale ♦ vr to peel
schuppig ['ʃʊpɪç] adj scaly
Schur [ʃuːr] (-, -en) f shearing
schüren ['ʃyːrən] vt to rake; (fig) to stir up
schürfen ['ʃʏrfən] vt, vi to scrape, to scratch; (MIN) to prospect
Schurke ['ʃʊrkə] (-n, -n) m rogue
Schurwolle f: **„reine ~"** "pure new wool"
Schürze ['ʃʏrtsə] f apron
Schuß [ʃʊs] (-sses, ⁼sse) m shot; (WEBEN) woof; **~bereich** m effective range

Schüssel ['ʃʏsəl] (-, -n) f bowl
Schuß- zW: **~linie** f line of fire; **~verletzung** f bullet wound; **~waffe** f firearm
Schuster ['ʃuːstər] (-s, -) m cobbler, shoemaker
Schutt [ʃʊt] (-(e)s) m rubbish; (Bau~) rubble; **~abladeplatz** m refuse dump
Schüttelfrost m shivering
schütteln ['ʃʏtəln] vt, vr to shake
schütten ['ʃʏtən] vt to pour; (Zucker, Kies etc) to tip; (ver~) to spill ♦ vi unpers to pour (down)
Schutthalde f dump
Schutthaufen m heap of rubble
Schutz [ʃʊts] (-es) m protection; (Unterschlupf) shelter; **jdn in ~ nehmen** to stand up for sb; **~anzug** m overalls pl; **~blech** nt mudguard
Schütze ['ʃʏtsə] (-n, -n) m gunman; (Gewehr~) rifleman; (Scharf~, Sport~) marksman; (ASTROL) Sagittarius
schützen vt to protect; **~ vor** +dat od **gegen** to protect from
Schützenfest nt fair with shooting matches
Schutz- zW: **~engel** m guardian angel; **~gebiet** nt protectorate; (Naturschutzgebiet) reserve; **s~impfung** f immunisation
Schützling m protégé(e); (bes Kind) charge
Schutz- zW: **s~los** adj defenceless; **~mann** m policeman; **~patron** m patron saint
Schwabe ['ʃvaːbə] (-n, -n) m (GEOG) Swabian (male)
Schwaben ['ʃvaːbən] nt Swabia; **Schwäbin** f (GEOG) Swabian (female); **schwäbisch** ['ʃvɛːbɪʃ] adj Swabian
schwach [ʃvax] adj weak, feeble
Schwäche ['ʃvɛçə] f weakness; **s~n** vt to weaken
Schwachheit f weakness
schwächlich adj weakly, delicate
Schwächling m weakling
Schwach- zW: **~sinn** m imbecility; **s~sinnig** adj mentally deficient; (Idee) idiotic; **~strom** m weak current
Schwächung ['ʃvɛçʊŋ] f weakening
Schwager ['ʃvaːgər] (-s, ⁼) m brother-in-law
Schwägerin ['ʃvɛːgərɪn] f sister-in-law
Schwalbe ['ʃvalbə] f swallow
Schwall [ʃval] (-(e)s, -e) m surge; (Worte) flood, torrent
Schwamm [ʃvam] (-(e)s, ⁼e) m sponge; (Pilz) fungus
schwamm etc vb siehe **schwimmen**
schwammig adj spongy; (Gesicht) puffy
Schwan [ʃvaːn] (-(e)s, ⁼e) m swan
schwanger ['ʃvaŋər] adj pregnant
Schwangerschaft f pregnancy
Schwank [ʃvaŋk] (-(e)s, ⁼e) m funny story
schwanken vi to sway; (taumeln) to stagger, to reel; (Preise, Zahlen) to fluctuate;

(*zögern*) to hesitate, to vacillate
Schwankung f fluctuation
Schwanz [ʃvants] (**-es**, **ⁿe**) m tail
schwänzen [ʃvɛntsən] (*umg*) vt to skip, to cut ♦ vi to play truant
Schwarm [ʃvarm] (**-(e)s**, **ⁿe**) m swarm; (*umg*) heart-throb, idol
schwärm- [ʃvɛrm] zW: **~en** vi to swarm; **~en für** to be mad *od* wild about; **S~erei** [-əˈraɪ] f enthusiasm; **~erisch** adj impassioned, effusive
Schwarte [ʃvartə] f hard skin; (*Speck~*) rind
schwarz [ʃvarts] adj black; **~es Brett** notice board; **ins S~e treffen** (*auch fig*) to hit the bull's eye; **in den ~en Zahlen** in the black; **S~arbeit** f illicit work, moonlighting; **S~brot** nt black bread; **S~e(r)** f(m) black (man/woman)
Schwärze [ʃvɛrtsə] f blackness; (*Farbe*) blacking; (*Drucker~*) printer's ink; **s~n** vt to blacken
Schwarz- zW: **s~fahren** (*unreg*) vi to travel without paying; to drive without a licence; **~handel** m black-market (trade); **s~hören** vi to listen to the radio without a licence; **~markt** m black market; **s~sehen** (*unreg; umg*) vi to see the gloomy side of things; (*TV*) to watch TV without a licence; **~seher** m pessimist; (*TV*) viewer without a licence; **~wald** m Black Forest; **s~weiß** adj black and white
schwatzen [ʃvatsən] vi to chatter
schwätzen [ʃvɛtsən] vi to chatter
Schwätzer [ʃvɛtsər] (**-s**, **-**) m gasbag
schwatzhaft adj talkative, gossipy
Schwebe [ʃveːbə] f: **in der ~** (*fig*) in abeyance; **~bahn** f overhead railway; **~balken** m (*SPORT*) beam; **s~n** vi to drift, to float; (*hoch*) to soar
Schwed- [ʃveːd] zW: **~e** m Swede; **~en** nt Sweden; **~in** f Swede; **s~isch** adj Swedish
Schwefel [ʃveːfəl] (**-s**) m sulphur; **s~ig** adj sulphurous; **~säure** f sulphuric acid
Schweig- [ʃvaɪg] zW: **~egeld** nt hush money; **~en** (**-s**) nt silence; **s~en** (*unreg*) vi to be silent; to stop talking; **s~sam** [ʃvaɪkzaːm] adj silent, taciturn; **~samkeit** f taciturnity, quietness
Schwein [ʃvaɪn] (**-(e)s**, **-e**) nt pig; (*umg*) (good) luck
Schweine- zW: **~fleisch** nt pork; **~rei** f mess; (*Gemeinheit*) dirty trick; **~stall** m pigsty
schweinisch adj filthy
Schweinsleder nt pigskin
Schweiß [ʃvaɪs] (**-es**) m sweat, perspiration; **s~en** vt, vi to weld; **~er** (**-s**, **-**) m welder; **~füße** pl sweaty feet; **~naht** f weld
Schweiz [ʃvaɪts] f Switzerland; **~er(in)**

m(f) Swiss; **s~erisch** adj Swiss
schwelgen [ʃvɛlgən] vi to indulge
Schwelle [ʃvɛlə] f (*auch fig*) threshold; doorstep; (*EISENB*) sleeper (*BRIT*), tie (*US*)
schwellen (*unreg*) vi to swell
Schwellung f swelling
Schwemme [ʃvɛmə] f (*WIRTS*: *Überangebot*) surplus
Schwenk- [ʃvɛŋk] zW: **s~bar** adj swivelmounted; **s~en** vt to swing; (*Fahne*) to wave; (*abspülen*) to rinse ♦ vi to turn, to swivel; (*MIL*) to wheel; **~ung** f turn; wheel
schwer [ʃveːr] adj heavy; (*schwierig*) difficult, hard; (*schlimm*) serious, bad ♦ adv (*sehr*) very (much) (*verletzt etc*) seriously, badly; **S~arbeiter** m manual worker, labourer; **S~behinderte(r)** f(m) seriously handicapped person; **S~e** f weight, heaviness; (*PHYS*) gravity; **~elos** adj weightless; (*Kammer*) zero-G; **~erziehbar** adj difficult (to bring up); **~fallen** (*unreg*) vi: **jdm ~fallen** to be difficult for sb; **~fällig** adj ponderous; **S~gewicht** nt heavyweight; (*fig*) emphasis; **~hörig** adj hard of hearing; **S~industrie** f heavy industry; **S~kraft** f gravity; **S~kranke(r)** mf person who is seriously ill; **~lich** adv hardly; **~machen** vt: **jdm/sich etw ~machen** to make sth difficult for sb/o.s.; **~mütig** adj melancholy; **~nehmen** (*unreg*) vt to take to heart; **S~punkt** m centre of gravity; (*fig*) emphasis, crucial point
Schwert [ʃveːrt] (**-(e)s**, **-er**) nt sword; **~lilie** f iris
schwer- zW: **~tun** (*unreg*) vi **sich** *dat od* *akk* **~tun** to have difficulties; **S~verbrecher(in)** m(f) criminal, serious offender; **~verdaulich** adj indigestible, heavy; **~verletzt** adj badly injured; **S~verletzte(r)** f(m) serious casualty (*bei Unfall usw auch*) seriously injured person; **~wiegend** adj weighty, important
Schwester [ʃvɛstər] (**-**, **-n**) f sister; (*MED*) nurse; **s~lich** adj sisterly
Schwieger- [ʃviːgər] zW: **~eltern** pl parents-in-law; **~mutter** f mother-in-law; **~sohn** m son-in-law; **~tochter** f daughter-in-law; **~vater** m father-in-law
Schwiele [ʃviːlə] f callus
schwierig [ʃviːrɪç] adj difficult, hard; **S~keit** f difficulty
Schwimm- [ʃvɪm] zW: **~bad** nt swimming baths pl; **~becken** nt swimming pool; **s~en** (*unreg*) vi to swim; (*treiben, nicht sinken*) to float; (*fig: unsicher sein*) to be all at sea; **~er** (**-s**, **-**) m swimmer; (*Angeln*) float; **~erin** f (female) swimmer; **~lehrer** m swimming instructor; **~weste** f life jacket
Schwindel [ʃvɪndəl] (**-s**) m giddiness; dizzy spell; (*Betrug*) swindle, fraud; (*Zeug*) stuff; **s~frei** adj: **s~frei sein** to have a

good head for heights; **s~n** (*umg*) *vi* (*lügen*) to fib; **jdm s~t es** sb feels dizzy

schwinden ['ʃvɪndən] (*unreg*) *vi* to disappear; (*sich verringern*) to decrease; (*Kräfte*) to decline

Schwindler ['ʃvɪndlər] *m* swindler; (*Lügner*) liar

schwindlig *adj* dizzy; **mir ist ~** I feel dizzy

Schwing- ['ʃvɪŋ] *zW:* **s~en** (*unreg*) *vt* to swing; (*Waffe etc*) to brandish ♦ *vi* to swing; (*vibrieren*) to vibrate; (*klingen*) to sound; **~tür** *f* swing door(s); **~ung** *f* vibration; (*PHYS*) oscillation

Schwips [ʃvɪps] (*-es, -e*) *m:* **einen ~ haben** to be tipsy

schwirren ['ʃvɪrən] *vi* to buzz

schwitzen ['ʃvɪtsən] *vi* to sweat, to perspire

schwören ['ʃvøːrən] (*unreg*) *vt, vi* to swear

schwul [ʃvuːl] (*umg*) *adj* gay, queer

schwül [ʃvyːl] *adj* sultry, close; **S~e** (*-*) *f* sultriness

Schwule(r) [ʃvuːlə] *f(m)* gay (man/woman)

schwülstig ['ʃvʏlstɪç] *adj* pompous

Schwung [ʃvʊŋ] (*-(e)s, ⁻e*) *m* swing; (*Triebkraft*) momentum; (*fig: Energie*) verve, energy; (*umg: Menge*) batch; **s~haft** *adj* brisk, lively; **s~voll** *adj* vigorous

Schwur [ʃvuːr] (*-(e)s, ⁻e*) *m* oath; **~gericht** *nt* court with a jury

sechs [zɛks] *num* six; **~hundert** *num* six hundred; **~te(r, s)** *adj* sixth; **S~tel** (*-s, -*) *nt* sixth

sechzehn ['zɛçtseːn] *num* sixteen

sechzig ['zɛçtsɪç] *num* sixty

See¹ [zeː] (*-, -n*) *f* sea

See² (*-s, -n*) *m* lake

See- [zeː] *zW:* **~bad** *nt* seaside resort; **~hund** *m* seal; **~igel** ['zeːʔiːgəl] *m* sea urchin; **s~krank** *adj* seasick; **~krankheit** *f* seasickness; **~lachs** *m* rock salmon

Seele ['zeːlə] *f* soul; **s~nruhig** *adv* calmly

Seeleute ['zeːlɔʏtə] *pl* seamen.

Seel- *zW:* **~isch** *adj* mental; **~sorge** *f* pastoral duties *pl*; **~sorger** (*-s, -*) *m* clergyman

See- *zW:* **~macht** naval power; **~mann** (*pl* -leute) *m* seaman, sailor; **~meile** *f* nautical mile; **~möwe** *f* (*ZOOL*) seagull; **~not** *f* distress; **~räuber** *m* pirate; **~rose** *f* water lily; **~stern** *m* starfish; **~tang** *m* (*BOT*) seaweed; **s~tüchtig** *adj* seaworthy; **~weg** *m* sea route; **auf dem ~weg** by sea; **~zunge** *f* sole

Segel ['zeːgəl] (*-s, -*) *nt* sail; **~boot** *nt* yacht; **~fliegen** (*-s*) *nt* gliding; **~flieger** *m* glider pilot; **~flugzeug** *nt* glider; **s~n** *vt, vi* to sail; **~schiff** *nt* sailing vessel; **~sport** *m* sailing; **~tuch** *nt* canvas

Segen ['zeːgən] (*-s, -*) *m* blessing; **s~sreich** *adj* beneficial

Segler ['zeːglər] (*-s, -*) *m* sailor, yachtsman

segnen ['zeːgnən] *vt* to bless

Seh- ['zeː] *zW:* **s~en** (*unreg*) *vt, vi* to see; (*in bestimmte Richtung*) to look; **mal s~en(, ob ...)** let's see (if ...); **siehe Seite 5** see page 5; **s~enswert** *adj* worth seeing; **~enswürdigkeiten** *pl* sights (of a town); **~er** (*-s, -*) *m* seer; **~fehler** *m* sight defect

Sehne ['zeːnə] *f* sinew; (*an Bogen*) string

sehnen *vr:* **sich ~ nach** to long *od* yearn for

sehnig *adj* sinewy

Sehn- *zW:* **s~lich** *adj* ardent; **~sucht** *f* longing; **s~süchtig** *adj* longing

sehr [zeːr] *adv* very; (*mit Verben*) a lot, (*very*) much; **zu ~** too much; **~ geehrte(r) ... dear ...**

seicht [zaɪçt] *adj* (*auch fig*) shallow

Seide ['zaɪdə] *f* silk; **s~n** *adj* silk; **~napier** *nt* tissue paper

seidig ['zaɪdɪç] *adj* silky

Seife ['zaɪfə] *f* soap

Seifen- *zW:* **~lauge** *f* soapsuds *pl*; **~schale** *f* soap dish; **~schaum** *m* lather

seihen ['zaɪən] *vt* to strain, to filter

Seil [zaɪl] (*-(e)s, -e*) *nt* rope; cable; **~bahn** *f* cable railway; **~hüpfen** (*-s*) *nt* skipping; **~springen** (*-s*) *nt* skipping; **~tänzer(in)** *m(f)* tightrope walker

───── **SCHLÜSSELWORT**

sein (*pt* war, *pp* gewesen) *vi* **1** to be; **ich bin I** am; **du bist you** are; **er/sie/es ist** he/she/it is; **wir sind/ihr seid/sie sind** we/you/they are; **wir waren** we were; **wir sind gewesen** we have been

2: **seien Sie nicht böse** don't be angry; **sei so gut und ...** be so kind as to ...; **das wäre gut** that would *od* that'd be a good thing; **wenn ich Sie wäre** if I were *od* was you; **das wär's** that's all, that's it; **morgen bin ich in Rom** tomorrow I'll *od* I will *od* I shall be in Rome; **waren Sie mal in Rom?** have you ever been to Rome?

3: **wie ist das zu verstehen?** how is that to be understood?; **er ist nicht zu ersetzen** he cannot be replaced; **mit ihr ist nicht zu reden** you can't talk to her

4: **mir ist kalt** I'm cold; **was ist?** what's the matter?, what is it?; **ist was?** is something the matter?; **es sei denn, daß ...** unless ...; **wie dem auch sei** be that as it may; **wie wäre es mit ...?** how *od* what about ...?; **laß das sein!** stop that!

sein(e) ['zaɪn(ə)] *adj* his; its; **~e(r, s)** *pron* his; its; **~er** (*gen von* er) *pron* of him; **~erseits** *adv* for his part; **~erzeit** *adv* in those days, formerly; **~esgleichen** *pron* people like him; **~etwegen** *adv* (*für ihn*) for his sake; (*wegen ihm*) on his account; (*von ihm aus*) as far as he is concerned;

~etwillen *adv*: um **~etwillen** = **~etwe-gen**; **~ige** *pron*: der/die/das **~ige** his
Seismograph [zaɪsmoˈgraːf] (-en, -en) *m* seismograph
seit [zaɪt] *präp* +*dat* since ◊ *konj* since; **er ist ~ einer Woche hier** he has been here for a week; **~ langem** for a long time; **~dem** [zaɪtˈdeːm] *adv, konj* since
Seite [ˈzaɪtə] *f* side; (*Buch~*) page; (*MIL*) flank
Seiten- *zW*: **~ansicht** *f* side view; **~hieb** *m* (*fig*) passing shot, dig; **s~s** *präp* +*gen* on the part of; **~schiff** *nt* aisle; **~sprung** *m* extramarital escapade; **~stechen** *nt* (a) stitch; **~straße** *f* side road; **~streifen** *m* verge; (*der Autobahn*) hard shoulder
seither [zaɪtˈheːr] *adv, konj* since (then)
seitlich *adj* on one *od* the side; side *cpd*
seitwärts *adv* sidewards
Sekretär [zekreˈtɛːr] *m* secretary; (*Möbel*) bureau; **~in** *f* secretary
Sekretariat [zekretariˈaːt] (-(e)s, -e) *nt* secretary's office, secretariat
Sekt [zɛkt] (-(e)s, -e) *m* champagne
Sekte [ˈzɛktə] *f* sect
Sekunde [zeˈkʊndə] *f* second
selber [ˈzɛlbər] = **selbst**
Selbst [zɛlpst] (-) *nt* self

― ***SCHLÜSSELWORT***

selbst *pron* **1**: **ich/er/wir selbst** I myself/he himself/we ourselves; **sie ist die Tugend selbst** she's virtue itself; **er braut sein Bier selbst** he brews his own beer; **wie geht's? - gut, und selbst?** how are things? - fine, and yourself?
2 (*ohne Hilfe*) alone, on my/his/one's *etc* own; **von selbst** by itself; **er kam von selbst** he came of his own accord
◊ *adv* even; **selbst wenn** even if; **selbst Gott** even God (himself)

selbständig [ˈzɛlpʃtɛndɪç] *adj* independent; **S~keit** *f* independence
Selbst- *zW*: **~auslöser** *m* (*PHOT*) delayed-action shutter release; **~bedienung** *f* self-service; **~befriedigung** *f* masturbation; **~beherrschung** *f* self-control; **~bestimmung** *f* (*POL*) self-determination; **~beteiligung** *f* (*VERSICHERUNG*: *bei Kosten*) (voluntary) excess; **s~bewußt** *adj* (self-)confident; **~bewußtsein** *nt* self-confidence; **~erhaltung** *f* self-preservation; **~erkenntnis** *f* self-knowledge; **s~gefällig** *adj* smug, self-satisfied; **s~gemacht** *adj* home-made; **~gespräch** *nt* conversation with o.s.; **~kostenpreis** *m* cost price; **s~los** *adj* unselfish, selfless; **~mord** *m* suicide; **~mörder(in)** *m(f)* suicide; **s~mörderisch** *adj* suicidal; **s~sicher** *adj* self-assured; **s~süchtig** *adj* (*Mensch*) selfish; **s~verständlich** [ˈzɛlpstfɛrʃtɛntlɪç]

adj obvious ◊ *adv* naturally; **ich halte das für s~verständlich** I take that for granted; **~verteidigung** *f* self-defence; **~vertrauen** *nt* self-confidence; **~verwaltung** *f* autonomy, self-government
selig [ˈzeːlɪç] *adj* happy, blissful; (*REL*) blessed; (*tot*) late; **S~keit** *f* bliss
Sellerie [ˈzɛləriː] (-s, -(s) *od* -, -) *m od f* celery
selten [ˈzɛltən] *adj* rare ◊ *adv* seldom, rarely; **S~heit** *f* rarity
Selterswasser [ˈzɛltərsvasər] *nt* soda water
seltsam [ˈzɛltzaːm] *adj* strange, curious; **S~keit** *f* strangeness
Semester [zeˈmɛstər] (-s, -) *nt* semester
Semi- [zemi] *in zW* semi-; **~kolon** [-ˈkoːlon] (-s, -s) *nt* semicolon
Seminar [-ˈnaːr] (-s, -e) *nt* seminary; (*Kurs*) seminar; (*UNIV*: *Ort*) department building
Semmel [ˈzɛməl] (-, -n) *f* roll
Senat [zeˈnaːt] (-(e)s, -e) *m* senate, council
Sende- [ˈzɛndə] *zW*: **~bereich** *m* transmission range; **~folge** *f* (*Serie*) series; **s~n** (*unreg*) *vt* to send; (*RADIO, TV*) to transmit, to broadcast ◊ *vi* to transmit, to broadcast; **~r** (-s, -) *m* station; (*Anlage*) transmitter; **~reihe** *f* series (of broadcasts)
Sendung [ˈzɛndʊŋ] *f* consignment; (*Aufgabe*) mission; (*RADIO, TV*) transmission; (*Programm*) programme
Senf [zɛnf] (-(e)s, -e) *m* mustard
senil [zeˈniːl] (*pej*) *adj* senile
Senior(in) [ˈzeːnior, -ɪn] (-s, -en) *m(f)* (*Mensch im Rentenalter*) (old age) pensioner; **~enheim** *nt* old people's home
Senk- [zɛŋk] *zW*: **~blei** *nt* plumb; **~e** *f* depression; **s~en** *vt* to lower ◊ *vr* to sink, to drop gradually; **s~recht** *adj* vertical, perpendicular; **~rechte** *f* perpendicular; **~rechtstarter** *m* (*AVIAT*) vertical take-off plane; (*fig*) high-flyer
Sensation [zenzatsiˈoːn] *f* sensation; **s~ell** [-ˈnɛl] *adj* sensational
Sense [ˈzɛnzə] *f* scythe
sensibel [zɛnˈziːbəl] *adj* sensitive
sentimental [zɛntimɛnˈtaːl] *adj* sentimental; **S~ität** *f* sentimentality
separat [zepaˈraːt] *adj* separate
September [zɛpˈtɛmbər] (-(s), -) *m* September
Serie [ˈzeːriə] *f* series; **s~nweise** *adv* in series
seriös [zeriˈøːs] *adj* serious, bona fide
Serum [ˈzeːrʊm] (-s, Seren) *nt* serum
Service¹ [zɛrˈviːs] (-(s), -) *nt* (*Geschirr*) set, service
Service² (-, -s) *m* service
servieren [zɛrˈviːrən] *vt, vi* to serve
Serviererin *f* waitress
Serviette [zɛrviˈɛtə] *f* napkin, serviette
Servobremse *f* (*AUT*) servo(-assisted) brake

Servolenkung f (*AUT*) power steering
Sessel ['zɛsəl] (-s, -) m armchair; ~**lift** m
chairlift
seßhaft ['zɛshaft] adj settled; (*ansässig*)
resident
setzen ['zɛtsən] vt to put, to set; (*Baum etc*)
to plant; (*Segel, TYP*) to set ♦ vr to settle;
(*Person*) to sit down ♦ vi (*springen*) to leap;
(*wetten*) to bet
Setz- ['zɛts] zW: ~**er** (-s, -) m (*TYP*) com-
positor; ~**ling** m young plant
Seuche ['zɔyçə] f epidemic; ~**ngebiet** nt
infected area
seufzen ['zɔyftsən] vt, vi to sigh
Seufzer ['zɔyftsər] (-s, -) m sigh
Sex [zɛks] (-(es)) m sex; ~**ualität** [-uali'tɛt]
f sex, sexuality; ~**ualkunde** f (*SCH*) sex
education; s~**uell** [-u'ɛl] adj sexual
sezieren [ze'tsi:rən] vt to dissect
Shampoo [ʃam'pu:] (-s, -s) nt shampoo
Sibirien [zi'bi:riən] nt Siberia
sibirisch [zi'bi:rɪʃ] adj Siberian

SCHLÜSSELWORT

sich pron 1 (*akk*): er/sie/es ... sich he/she/
it ... himself/herself/itself; **sie** pl/**man** ...
sich they/one ... themselves/oneself; **Sie** ...
sich you ... yourself/yourselves pl; **sich
wiederholen** to repeat oneself/itself
2 (*dat*): er/sie/es ... sich he/she/it ... to
himself/herself/itself; **sie** pl/**man** ... **sich**
they/one ... to themselves/oneself; **Sie** ...
sich you ... to yourself/yourselves pl; **sie
hat sich einen Pullover gekauft** she
bought herself a jumper; **sich die Haare
waschen** to wash one's hair
3 (*mit Präposition*): **haben Sie Ihren Ausweis bei sich?** do you have your pass on
you?; **er hat nichts bei sich** he's got nothing on him; **sie bleiben gern unter sich**
they keep themselves to themselves
4 (*einander*) each other, one another; **sie
bekämpfen sich** they fight each other or
one another
5: **dieses Auto fährt sich gut** this car
drives well; **hier sitzt es sich gut** it's good
to sit here

Sichel ['zɪçəl] (-, -n) f sickle; (*Mond~*) crescent
sicher ['zɪçər] adj safe; (*gewiß*) certain; (*zuverlässig*) secure, reliable; (*selbst~*) confident; **vor jdm/etw ~ sein** to be safe from
sb/sth; **ich bin nicht ~** I'm not sure or
certain; **nicht** surely not; **aber ~!** of
course!; ~**gehen** (*unreg*) vi to make sure
Sicherheit ['zɪçərhaɪt] f safety; (*auch FIN*)
security; (*Gewißheit*) certainty; (*Selbst~*)
confidence
Sicherheits- zW: ~**abstand** m safe distance; ~**glas** nt safety glass; ~**gurt** m safety belt; s~**halber** adv for safety; to be on

the safe side; ~**nadel** f safety pin;
~**schloß** nt safety lock; ~**vorkehrung** f
safety precaution
sicher- ~**lich** adv certainly, surely; ~**n**
vt to secure; (*schützen*) to protect; (*Waffe*)
to put the safety catch on; **jdm etw ~n** to
secure sth for sb; **sich dat etw ~n** to secure sth (for o.s.); ~**stellen** vt to impound;
(*COMPUT*) to save; **S~ung** f (*Sichern*) se-
curing; (*Vorrichtung*) safety device; (*an Waffen*) safety catch; (*ELEK*) fuse;
S~ungskopie f back-up copy
Sicht [zɪçt] (-) f sight; (*Aus~*) view; **auf od
nach ~** (*FIN*) at sight; **auf lange ~** on a
long-term basis; s~**bar** adj visible; s~**en**
vt to sight; (*auswählen*) to sort out; s~**lich**
adj evident, obvious; ~**verhältnisse** pl visibility sg; ~**vermerk** m visa; ~**weite** f visibility
sickern ['zɪkərn] vi to trickle, to seep
Sie [zi:] (*nom, akk*) pron you
sie [zi:] pron (*sg: nom*) she; it; (: *akk*) her;
it; (*pl: nom*) they; (: *akk*) them
Sieb [zi:p] (-(e)s, -e) nt sieve; (*KOCH*) strainer; s~**en¹** ['zi:bən] vt to sift; (*Flüssigkeit*)
to strain
sieben² num seven; ~**hundert** num seven
hundred; **S~sachen** pl belongings
siebte(r, s) ['zi:ptə(r, s)] adj seventh; **S~l**
(-s, -) nt seventh
siebzehn ['zi:ptse:n] num seventeen
siebzig ['zi:ptsɪç] num seventy
siedeln ['zi:dəln] vt to settle
sieden ['zi:dən] vt, vi to boil, to simmer
Siedepunkt m boiling point
Siedler (-s, -) m settler
Siedlung f settlement; (*Häuser~*) housing
estate
Sieg [zi:k] (-(e)s, -e) m victory
Siegel ['zi:gəl] (-s, -) nt seal; ~**ring** m signet ring
Sieg- zW: s~**en** vi to be victorious;
(*SPORT*) to win; ~**er** (-s, -) m victor;
(*SPORT etc*) winner; s~**essicher** adj sure
of victory; s~**reich** adj victorious
siehe etc ['zi:ə] vb siehe **sehen**
siezen ['zi:tsən] vt to address as "Sie"
Signal [zɪ'gna:l] (-s, -e) nt signal
Silbe ['zɪlbə] f syllable
Silber ['zɪlbər] (-s) nt silver; s~**n** adj silver;
~**papier** nt silver paper
Silhouette [zilu'ɛtə] f silhouette
Silo ['zi:lo] (-s, -s) nt od m silo
Silvester [zɪl'vɛstər] (-s, -) nt New Year's
Eve, Hogmanay (*SCOTTISH*); ~**abend** m =
Silvester
simpel ['zɪmpəl] adj simple
Sims [zɪms] (-es, -e) nt od m (*Kamin~*)
mantelpiece; (*Fenster~*) (window)sill
simulieren [zimu'li:rən] vt to simulate;
(*vortäuschen*) to feign ♦ vi to feign illness
simultan [zimʊl'ta:n] adj simultaneous

Sinfonie [zɪnfoˈniː] f symphony
singen [ˈzɪŋən] (unreg) vt, vi to sing
Singular [ˈzɪŋgulaːr] m singular
Singvogel [ˈzɪŋfoːgəl] m songbird
sinken [ˈzɪŋkən] (unreg) vi to sink; (Preise etc) to fall, to go down
Sinn [zɪn] (-(e)s, -e) m mind; (Wahrnehmungs~) sense; (Bedeutung) sense, meaning; ~ **für etw** sense of sth; **von ~en sein** to be out of one's mind; **es hat keinen ~** there's no point; **~bild** nt symbol; **s~en** (unreg) vi to ponder; **auf etw** akk **s~en** to contemplate sth; **~estäuschung** f illusion; **s~gemäß** adj faithful; (Wiedergabe) in one's own words; **s~ig** adj clever; **s~lich** adj sensual, sensuous; (Wahrnehmung) sensory; **~lichkeit** f sensuality; **s~los** adj senseless; meaningless; **~losigkeit** f senselessness; meaninglessness; **s~voll** adj meaningful; (vernünftig) sensible
Sintflut [ˈzɪntfluːt] f Flood
Sippe [ˈzɪpə] f clan, kin
Sippschaft [ˈzɪpʃaft] (pej) f relations pl, tribe; (Bande) gang
Sirene [ziˈreːnə] f siren
Sirup [ˈziːrup] (-s, -e) m syrup
Sitt- [ˈzɪt] zW: **~e** f custom; **~en** pl (Sittlichkeit) morals; **~enpolizei** f vice squad; **s~sam** adj modest, demure
Situation [zituatsiˈoːn] f situation
Sitz [zɪts] (-es, -e) m seat; **der Anzug hat einen guten ~** the suit is a good fit; **s~en** (unreg) vi to sit; (Bemerkung, Schlag) to strike home, to tell; (Gelerntes) to have sunk in; **s~en bleiben** to remain seated; **s~enbleiben** (unreg) vi (SCH) to have to repeat a year; **auf etw** dat **s~enbleiben** to be lumbered with sth; **s~end** adj (Tätigkeit) sedentary; **s~enlassen** (unreg) vt (SCH) to make (sb) repeat a year; (Mädchen) to jilt; (Wartenden) to stand up; **etw auf sich** dat **s~enlassen** to take sth lying down; **~gelegenheit** f place to sit down; **~platz** m seat; **~streik** m sit-down strike; **~ung** f meeting
Sizilien [ziˈtsiːliən] nt Sicily
Skala [ˈskaːla] (-, Skalen) f scale
Skalpell [skalˈpɛl] (-s, -e) nt scalpel
Skandal [skanˈdaːl] (-s, -e) m scandal; **s~ös** adj scandalous
Skandinav- [skandiˈnaːv] zW: **~ien** nt Scandinavia, **~ier(in)** m(f) Scandinavian; **s~isch** adj Scandinavian
Skelett [skeˈlɛt] (-(e)s, -e) nt skeleton
Skepsis [ˈskɛpsɪs] (-) f scepticism
skeptisch [ˈskɛptɪʃ] adj sceptical
Ski [ʃiː] (-, -er) m ski; ~ **laufen** od **fahren** to ski; **~fahrer** m skier; **~läufer** m skier; **~lehrer** m ski instructor; **~lift** m ski-lift; **~springen** nt ski-jumping; **~stock** m ski-pole
Skizze [ˈskɪtsə] f sketch

skizzieren [skɪˈtsiːrən] vt, vi to sketch
Sklave [ˈsklaːvə] (-n, -n) m slave; **~rei** f slavery; **Sklavin** f slave
Skonto [ˈskɔnto] (-s, -s od nt) discount
Skorpion [skɔrpiˈoːn] (-s, -e) m scorpion; (ASTROL) Scorpio
Skrupel [ˈskruːpəl] (-s, -) m scruple; **s~los** adj unscrupulous
Skulptur [skʊlpˈtuːr] f (Gegenstand) sculpture
Slalom [ˈslaːlɔm] (-s, -s) m slalom
Slip (-s, -s) m (under)pants
Slowenien nt Slovenia
Smaragd [smaˈrakt] (-(e)s, -e) m emerald
Smoking [ˈsmoːkɪŋ] (-s, -s) m dinner jacket

--- **SCHLÜSSELWORT** ---

so [zoː] adv **1** (sosehr) so; **so groß/schön** etc so big/nice etc; **so groß/schön wie ...** as big/nice as ...; **das hat ihn so geärgert, daß ...** that annoyed him so much that ...; **so einer wie ich** somebody like me; **na so was!** well, well!
2 (auf diese Weise) like this; **mach es nicht so** don't do it like that; **so oder so** in one way or the other; **und so weiter** and so on; **... oder so was** ... or something like that; **das ist gut so** that's fine
3 (umg: umsonst): **ich habe es so bekommen** I got it for nothing
♦ konj: **so daß** so that; **so wie es jetzt ist** as things are at the moment
♦ excl: **so?** really?; **so, das wär's** so, that's it then

s.o. abk = **siehe oben**
Söckchen [ˈzœkçən] nt ankle socks
Socke [ˈzɔkə] f sock
Sockel [ˈzɔkəl] (-s, -) m pedestal, base
Sodawasser [ˈzoːdavasər] nt soda water
Sodbrennen [ˈzoːtbrɛnən] (-s, -) nt heartburn
soeben [zoˈʔeːbən] adv just (now)
Sofa [ˈzoːfa] (-s, -s) nt sofa
sofern [zoˈfɛrn] konj if, provided (that)
sofort [zoˈfɔrt] adv immediately, at once; **~ig** adj immediate
Sog [zoːk] (-(e)s, -e) m (Strömung) undertow
sogar [zoˈgaːr] adv even
sogenannt [ˈzoːgənant] adj so-called
sogleich [zoˈglaɪç] adv straight away, at once
Sohle [ˈzoːlə] f sole; (Tal~ etc) bottom; (MIN) level
Sohn [zoːn] (-(e)s, =e) m son
Solar- in zW solar; **~zelle** f solar cell
solch [zɔlç] pron such; **ein ~e(r, s) ...** such a ...
Soldat [zɔlˈdaːt] (-en, -en) m soldier
Söldner [ˈzœldnər] (-s, -) m mercenary

solidarisch [zoli'da:rıʃ] *adj* in *od* with solidarity; **sich ~ erklären** to declare one's solidarity

Solidarität *f* solidarity

solid(e) [zo'li:d(ə)] *adj* solid; *(Leben, Person)* respectable

Solist(in) [zo'lıst(ın)] *m(f)* soloist

Soll [zɔl] **(-(s), -(s))** *nt (FIN)* debit (side); *(Arbeitsmenge)* quota, target

---

SCHLÜSSELWORT

sollen *(pt* **sollte**, *pp* **gesollt** *od (als Hilfsverb)* **sollen)** *Hilfsverb* **1** *(Pflicht, Befehl)* to be supposed to; **du hättest nicht gehen sollen** you shouldn't have gone, you oughtn't to have gone; **soll ich?** shall I?; **soll ich dir helfen?** shall I help you?; **sag ihm, er soll warten** tell him he's to wait; **was soll ich machen?** what should I do?

2 *(Vermutung)*: **sie soll verheiratet sein** she's said to be married; **was soll das heißen?** what's that supposed to mean?; **man sollte glauben, daß …** you would think that …; **sollte das passieren, …** if that should happen …

♦ *vt, vi*: **was soll das?** what's all this?; **das sollst du nicht** you shouldn't do that; **was soll's?** what the hell!

Solo ['zo:lo] **(-s, -s** *od* **Soli)** *nt* solo

somit [zo'mıt] *konj* and so, therefore

Sommer ['zɔmər] **(-s, -)** *m* summer; **s~lich** *adj* summery; summer; **~schlußverkauf** *m* summer sale; **~sprossen** *pl* freckles

Sonate [zo'na:tə] *f* sonata

Sonde ['zɔndə] *f* probe

Sonder- ['zɔndər] *in zW* special; **~angebot** *nt* special offer; **s~bar** *adj* strange, odd; **~fahrt** *f* special trip; **~fall** *m* special case; **s~lich** *adj* particular; *(außergewöhnlich)* remarkable; *(eigenartig)* peculiar; **~marke** *f* special issue stamp; **s~n** *konj* but ♦ *vt* to separate; **nicht nur …, s~n auch** not only …, but also; **~zug** *m* special train

Sonnabend ['zɔn'a:bənt] *m* Saturday

Sonne ['zɔnə] *f* sun; **s~n** *vr* to sun o.s.

Sonnen- *zW*: **~aufgang** *m* sunrise; **s~baden** *vi* to sunbathe; **~brand** *m* sunburn; **~brille** *f* sunglasses *pl*; **~creme** *f* suntan lotion; **~energie** *f* solar energy, solar power; **~finsternis** *f* solar eclipse; **~kollektor** *m* solar panel; **~schein** *m* sunshine; **~schirm** *m* parasol, sunshade; **~stich** *m* sunstroke; **~uhr** *f* sundial; **~untergang** *m* sunset; **~wende** *f* solstice

sonnig ['zɔnıç] *adj* sunny

Sonntag ['zɔnta:k] *m* Sunday

sonst [zɔnst] *adv* otherwise; *(mit pron, in Fragen)* else; *(zu anderer Zeit)* at other times, normally ♦ *konj* otherwise; **~ noch etwas?** anything else?; **~ nichts** nothing else; **~ig** *adj* other; **~jemand** *pron* anybody (at all); **~wo** *adv* somewhere else; **~woher** *adv* from somewhere else; **~wohin** *adv* somewhere else

sooft [zo''ɔft] *konj* whenever

Sopran [zo'pra:n] **(-s, -e)** *m* soprano

Sopranistin *f* soprano

Sorge ['zɔrgə] *f* care, worry

sorgen *vi*: **für jdn ~** to look after sb ♦ *vr*: **sich ~ (um)** to worry (about); **für etw ~** to take care of *od* see to sth; **~frei** *adj* carefree; **~voll** *adj* troubled, worried

Sorgerecht *nt* custody (of a child)

Sorg- [zɔrk] *zW*: **~falt** *f* care(fulness); **s~fältig** *adj* careful; **s~los** *adj* careless; *(ohne Sorgen)* carefree; **s~sam** *adj* careful

Sorte ['zɔrtə] *f* sort; *(Waren~)* brand; **~n** *pl* *(FIN)* foreign currency *sing*

sortieren [zɔr'ti:rən] *vt* to sort (out)

Sortiment [zɔrti'mɛnt] *nt* assortment

sosehr [zo'ze:r] *konj* as much as

Soße ['zo:sə] *f* sauce; *(Braten~)* gravy

Souffleur [zu'flø:r] *m* prompter

Souffleuse [zu'flø:zə] *f* prompter

soufflieren [zu'fli:rən] *vt, vi* to prompt

Souterrain [zutε'rɛ:] **(-s, -s)** *nt* basement

souverän [zuvə're:n] *adj* sovereign; *(überlegen)* superior

so- *zW*: **~viel** [zo'fi:l] *konj*: **~viel ich weiß** as far as I know; **~viel (wie)** as much as; **rede nicht ~viel** don't talk so much; **~weit** [zo'vait] *konj* as far as ♦ *adj*: **~weit sein** to be ready; **~weit wie** *od* **als möglich** as far as possible; **ich bin ~weit zufrieden** by and large I'm quite satisfied; **~wenig** [zo've:nıç] *konj* little as ♦ *pron*: **~wenig (wie)** as little (as); **~wie** [zo'vi:] *konj (sobald)* as soon as; *(ebenso)* as well as; **~wieso** [zovi'zo:] *adv* anyway

sowjetisch [zɔ'vjetıʃ] *adj* Soviet

Sowjetunion *f* Soviet Union

sowohl [zo'vo:l] *konj*: **~ … als** *od* **wie auch** both … and

sozial [zotsi'a:l] *adj* social; **S~abgaben** *pl* national insurance contributions; **S~arbeiter(in)** *m(f)* social worker; **S~demokrat** *m* social democrat; **~demokratisch** *adj* social democratic; **~i'sieren** *vt* to socialize; **S~ismus** [-'lısmʊs] *m* socialism; **S~ist** [-'lıst] *m* socialist; **~istisch** *adj* socialist; **S~politik** *f* social welfare policy; **S~produkt** *nt* (net) national product; **S~staat** *m* welfare state; **S~wohnung** *f* council flat

soziologisch [zotsio'lo:gıʃ] *adj* sociological

sozusagen [zotsu'za:gən] *adv* so to speak

Spachtel ['ʃpaxtəl] **(-s, -)** *m* spatula

spähen ['ʃpe:ən] *vi* to peep, to peek

Spalier [ʃpa'li:r] **(-s, -e)** *nt (Gerüst)* trellis; *(Leute)* guard of honour

Spalt [ʃpalt] **(-(e)s, -e)** *m* crack; *(Tür~)* chink; *(fig: Kluft)* split; **~e** *f* crack, fissure; *(Gletscherspalte)* crevasse; *(in Text)* column;

s~en vt, vr (auch fig) to split; **~ung** f splitting

Span [ʃpaːn] (-(e)s, ⁼e) m shaving

Spanferkel nt sucking-pig

Spange [ʃpaŋə] f clasp; (Haar~) hair slide; (Schnalle) buckle; (Armreif) bangle

Spanien [ʃpaːniən] nt Spain

Spanier(in) m(f) Spaniard

spanisch adj Spanish

Spann- [ʃpan] zW: **~beton** m pre-stressed concrete; **~bettuch** nt fitted sheet; **~e** f (Zeitspanne) space; (Differenz) gap; **s~en** vt (straffen) to tighten, to tauten; (befestigen) to brace ♦ vi to be tight; **s~end** adj exciting, gripping; **~ung** f tension; (ELEK) voltage; (fig) suspense; (unangenehm) tension

Spar- [ʃpaːr] zW: **~buch** nt savings book; **~büchse** f moneybox; **s~en** vt, vi to save; **sich** dat etw **s~en** to save o.s. sth; (Bemerkung) to keep sth to o.s.; **mit etw s~en** to be sparing with sth; **an etw** dat **s~en** to economize on sth; **~er** (-s, -) m saver

Spargel [ʃpargəl] (-s, -) m asparagus

Sparkasse f savings bank

Sparkonto nt savings account

spärlich [ʃpɛːrlɪç] adj meagre; (Bekleidung) scanty

Spar- zW: **s~sam** adj economical, thrifty; **~samkeit** f thrift, economizing; **~schwein** nt piggy bank

Sparte [ʃpartə] f field; line of business; (PRESSE) column

Spaß [ʃpaːs] (-es, ⁼e) m joke; (Freude) fun; **jdm ~ machen** to be fun (for sb); **viel ~!** have fun!; **s~en** vi to joke; **mit ihm ist nicht zu ~en** you can't take liberties with him; **s~haft** adj funny, droll; **s~ig** adj funny, droll; **~verderber** (-s, -) m spoilsport

spät [ʃpɛːt] adj, adv late; **wie ~ ist es?** what's the time?

Spaten [ʃpaːtən] (-s, -) m spade

später adj, adv later

spätestens adv at the latest

Spatz [ʃpats] (-en, -en) m sparrow

spazier- [ʃpaˈtsiːr] zW: **~en** vi to stroll, to walk; **~enfahren** (unreg) vi to go for a drive; **~engehen** (unreg) vi to go for a walk; **S~gang** m walk; **S~stock** m walking stick; **S~weg** m path, walk

Specht [ʃpɛçt] (-(e)s, -e) m woodpecker

Speck [ʃpɛk] (-(e)s, -e) m bacon

Spediteur [ʃpediˈtøːr] m carrier; (Möbel~) furniture remover

Spedition [ʃpeditsiˈoːn] f carriage; (Speditionsfirma) road haulage contractor; removal firm

Speer [ʃpeːr] (-(e)s, -e) m spear; (SPORT) javelin

Speiche [ʃpaɪçə] f spoke

Speichel [ʃpaɪçəl] (-s) m saliva, spit(tle)

Speicher [ʃpaɪçər] (-s, -) m storehouse; (Dach~) attic, loft; (Korn~) granary; (Wasser~) tank; (TECH) store; (COMPUT) memory; **s~n** vt to store; (COMPUT) to save

speien [ʃpaɪən] (unreg) vt, vi to spit; (erbrechen) to vomit; (Vulkan) to spew

Speise [ʃpaɪzə] f food; **~eis** [-ˈaɪs] nt ice-cream; **~kammer** f larder, pantry; **~karte** f menu; **s~n** vt to feed; to eat ♦ vi to dine; **~röhre** f gullet, oesophagus; **~saal** m dining room; **~wagen** m dining car

Speku- [ʃpeku] zW: **~lant** m speculator; **~lation** [-latsiˈoːn] f speculation; **s~lieren** [-ˈliːrən] vi (fig) to speculate; **auf etw** akk **s~lieren** to have hopes of sth

Spelunke [ʃpeˈluŋkə] f dive

Spende [ʃpɛndə] f donation; **s~n** vt to donate, to give; **~r** (-s, -) m donor, donator

spendieren [ʃpɛnˈdiːrən] vt to pay for, to buy; **jdm etw ~** to treat sb to sth, to stand sb sth

Sperling [ʃpɛrlɪŋ] m sparrow

Sperma [ʃpɛrma] (-s, Spermen) nt sperm

Sperr- [ʃpɛr] zW: **~e** f barrier; (Verbot) ban; **s~en** vt to block; (SPORT) to suspend, to bar; (vom Ball) to obstruct; (einschließen) to lock; (verbieten) to ban ♦ vr to baulk, to jib(e); **~gebiet** nt prohibited area; **~holz** nt plywood; **s~ig** adj bulky; **~müll** m bulky refuse; **~sitz** m (THEAT) stalls pl; **~stunde** f closing time

Spesen [ʃpeːzən] pl expenses

Spezial- [ʃpetsiˈaːl] in zW special; **~gebiet** nt specialist field; **s~i'sieren** vr to specialize; **~i'sierung** f specialization; **~ist** [-ˈlɪst] m specialist; **~i'tät** f speciality

speziell [ʃpetsiˈɛl] adj special

spezifisch [ʃpeˈtsiːfɪʃ] adj specific

Sphäre [ʃfɛːrə] f sphere

Spiegel [ʃpiːgəl] (-s, -) m mirror; (Wasser~) level; (MIL) tab; **~bild** nt reflection; **s~bildlich** adj reversed; **~ei** nt fried egg; **s~n** vt to mirror, to reflect ♦ vr to be reflected ♦ vi to gleam; (widerspiegeln) to be reflective; **~ung** f reflection

Spiel [ʃpiːl] (-(e)s, -e) nt game; (Schau~) play; (Tätigkeit) play(ing); (KARTEN) deck; (TECH) (free) play; **s~en** vt, vi to play; (um Geld) to gamble; (THEAT) to perform, to act; **s~end** adv easily; **~er** (-s, -) m player; (um Geld) gambler; **~e'rei** f trifling pastime; **~feld** nt pitch, field; **~film** m feature film; **~kasino** nt casino; **~plan** m (THEAT) programme; **~platz** m playground; **~raum** m room to manoeuvre, scope; **~regel** f rule; **~sachen** pl toys; **~uhr** f musical box; **~verderber** (-s, -) m spoilsport; **~waren** pl toys; **~zeug** nt toy(s)

Spieß [ʃpiːs] (-es, -e) m spear; (Brat~) spit; **~bürger** m bourgeois; **~er** (-s, -; umg) m bourgeois

spießig *(pej) adj* (petit) bourgeois
Spikes [spaıks] *pl* spikes; *(AUT)* studs
Spinat [ʃpiˈnaːt] *(-(e)s, -e) m* spinach
Spind [ʃpɪnt] *(-(e)s, -e) m od nt* locker
Spinn- [ˈʃpɪn] *zW:* ~**e** *f* spider; **s~en** *(unreg) vt, vi* to spin; *(umg)* to talk rubbish; *(verrückt sein)* to be crazy *od* mad; ~**e'rei** *f* spinning mill; ~**rad** *nt* spinning-wheel; ~**webe** *f* cobweb
Spion [ʃpiˈoːn] *(-s, -e) m* spy; *(in Tür)* spyhole; ~**age** [ʃpioˈnaːʒə] *f* espionage; **s~ieren** [ʃpioˈniːrən] *vi* to spy; ~**in** *f* (female) spy
Spirale [ʃpiˈraːlə] *f* spiral
Spirituosen [ʃpirituˈoːzən] *pl* spirits
Spiritus [ˈʃpiːritus] *(-, -se) m* (methylated) spirit
Spital [ʃpiˈtaːl] *(-s, ⁼er) nt* hospital
spitz [ʃpɪts] *adj* pointed; *(Winkel)* acute; *(fig: Zunge)* sharp; *(: Bemerkung)* caustic
Spitze *f* point, tip; *(Berg~)* peak; *(Bemerkung)* taunt, dig; *(erster Platz)* lead, top; *(meist pl: Gewebe)* lace
Spitzel *(-s, -) m* police informer
spitzen *vt* to sharpen
Spitzenmarke *f* brand leader
spitzfindig *adj* (over)subtle
Spitzname *m* nickname
Splitter [ˈʃplɪtər] *(-s, -) m* splinter
sponsern [ˈspɔnzərn, ˈʃpɔnzərn] *vt* to sponsor
spontan [ʃpɔnˈtaːn] *adj* spontaneous
Sport [ʃpɔrt] *(-(e)s, -e) m* sport; *(fig)* hobby; ~**lehrer(in)** *m(f)* games *od* P.E. teacher; ~**ler(in)** *(-s, -). m(f)* sportsman(woman); **s~lich** *adj* sporting; *(Mensch)* sporty; ~**platz** *m* playing *od* sports field; ~**schuh** *m (Turnschuh)* training shoe, trainer; ~**stadion** *nt* sports stadium; ~**verein** *m* sports club; ~**wagen** *m* sports car
Spott [ʃpɔt] *(-(e)s) m* mockery, ridicule; **s~billig** *adj* dirt-cheap; **s~en** *vi* to mock; **s~en** *(über +akk)* to mock (at), to ridicule
spöttisch [ˈʃpœtıʃ] *adj* mocking
sprach *etc* [ʃpraːx] *vb siehe* **sprechen**
Sprach- *zW:* **s~begabt** *adj* good at languages; ~**e** *f* language; ~**enschule** *f* language school; ~**fehler** *m* speech defect; ~**führer** *m* phrasebook; ~**gefühl** *nt* feeling for language; ~**kurs** *m* language course; ~**labor** *nt* language laboratory; **s~lich** *adj* linguistic; **s~los** *adj* speechless
sprang *etc* [ʃpraŋ] *vb siehe* **springen**
Spray [spreː] *(-s, -s) m od nt* spray
Sprech- *zW:* ~**anlage** *f* intercom; **s~en** *(unreg) vi* to speak, to talk ♦ *vt* to say; *(Sprache)* to speak; *(Person)* to speak to; **mit jdm s~en** to speak to sb; **das spricht für ihn** that's a point in his favour; ~**er(in)** *(-s, -) m(f)* speaker; *(für Gruppe)* spokesman(woman); *(RADIO, TV)* announcer; ~**stunde** *f* consultation (hour); (doc-

tor's) surgery; ~**stundenhilfe** *f* (doctor's) receptionist; ~**zimmer** *nt* consulting room, surgery, office *(US)*
spreizen [ˈʃpraɪtsən] *vt (Beine)* to open, to spread; *(Finger, Flügel)* to spread
Spreng- [ˈʃprɛŋ] *zW:* **s~en** *vt* to sprinkle; *(mit Sprengstoff)* to blow up; *(Gestein)* to blast; *(Versammlung)* to break up; ~**stoff** *m* explosive(s)
sprichst *etc* [ʃprıçst] *vb siehe* **sprechen**
Sprichwort *nt* proverb
sprichwörtlich *adj* proverbial
Spring- [ˈʃprıŋ] *zW:* ~**brunnen** *m* fountain; **s~en** *(unreg) vi* to jump; *(Glas)* to crack; *(mit Kopfsprung)* to dive; ~**er** *(-s, -) m* jumper; *(Schach)* knight
Sprit [ʃprɪt] *(-(e)s, -e; umg) m* juice, gas
Spritz- [ˈʃprɪts] *zW:* ~**e** *f* syringe; injection; *(an Schlauch)* nozzle; **s~en** *vt* to spray; *(MED)* to inject ♦ *vi* to splash; *(herauss~en)* to spurt; *(MED)* to give injections; ~**pistole** *f* spray gun
spröde [ˈʃprøːdə] *adj* brittle; *(Person)* reserved, coy
Sprosse [ˈʃprɔsə] *f* rung
Sprößling [ˈʃprœslıŋ] *(umg) m (Kind)* offspring *(pl inv)*
Spruch [ʃprux] *(-(e)s, ⁼e) m* saying, maxim; *(JUR)* judgement
Sprudel [ˈʃpruːdəl] *(-s, -) m* mineral water; lemonade; **s~n** *vi* to bubble; ~**wasser** *nt (KOCH)* sparkling *od* fizzy mineral water
Sprüh- [ˈʃpryː] *zW:* ~**dose** *f* aerosol (can); **s~en** *vi* to spray; *(fig)* to sparkle ♦ *vt* to spray; ~**regen** *m* drizzle
Sprung [ʃpruŋ] *(-(e)s, ⁼e) m* jump; *(Riß)* crack; ~**brett** *nt* springboard; **s~haft** *adj* erratic; *(Aufstieg)* rapid; ~**schanze** *f* ski-jump
Spucke [ˈʃpukə] *(-) f* spit; **s~n** *vt, vi* to spit
Spuk [ʃpuːk] *(-(e)s, -e) m* haunting; *(fig)* nightmare; **s~en** *vi (Geist)* to walk; **hier s~t es** this place is haunted
Spülbecken *nt (in Küche)* sink
Spule [ˈʃpuːlə] *f* spool; *(ELEK)* coil
Spül- [ˈʃpyːl] *zW:* ~**e** *f* (kitchen) sink; **s~en** *vt, vi* to rinse; *(Geschirr)* to wash up; *(Toilette)* to flush; ~**maschine** *f* dishwasher; ~**mittel** *nt* washing-up liquid; ~**stein** *m* sink; ~**ung** *f* rinsing; flush; *(MED)* irrigation
Spur [ʃpuːr] *(-, -en) f* trace; *(Fuß~, Rad~, Tonband~)* track; *(Fährte)* trail; *(Fahr~)* lane
spürbar *adj* noticeable, perceptible
spüren [ˈʃpyːrən] *vt* to feel
spurlos *adv* without (a) trace
Spurt [ʃpurt] *(-(e)s, -s od -e) m* spurt
spurten *vi* to spurt
sputen [ˈʃpuːtən] *vr* to make haste
St. *abk* = **Stück;** (= **Sankt)** St.
Staat [ʃtaːt] *(-(e)s, -en) m* state; *(Prunk)*

show; (*Kleidung*) finery; **mit etw ~ machen** to show off *od* parade sth; **s~enlos** *adj* stateless; **s~lich** *adj* state(-); state-run

Staats- *zW:* **~angehörige(r)** *f(m)* national; **~angehörigkeit** *f* nationality; **~anwalt** *m* public prosecutor; **~bürger** *m* citizen; **~dienst** *m* civil service; **~examen** *nt* (*UNIV*) state exam(ination); **s~feindlich** *adj* subversive; **~mann** (*pl* **-männer**) *m* statesman; **~oberhaupt** *nt* head of state

Stab [ʃtaːp] (-(*e*)s, =*e*) *m* rod; (*Gitter~*) bar; (*Menschen*) staff; **~hochsprung** *m* pole vault

stabil [ʃtaˈbiːl] *adj* stable; (*Möbel*) sturdy; **~i'sieren** *vt* to stabilize

Stachel [ˈʃtaxəl] (-s, -n) *m* spike; (*von Tier*) spine; (*von Insekten*) sting; **~beere** *f* gooseberry; **~draht** *m* barbed wire; **s~ig** *adj* prickly; **~schwein** *nt* porcupine

Stadion [ˈʃtaːdiɔn] (-s, **Stadien**) *nt* stadium

Stadium [ˈʃtaːdium] *nt* stage, phase

Stadt [ʃtat] (-, =*e*) *f* town; **~bücherei** *f* municipal library

Städt- [ˈʃtɛːt] *zW:* **~ebau** *m* town planning; **~er(in)** (-s, -) *m(f)* town dweller; **s~isch** *adj* municipal; (*nicht ländlich*) urban

Stadt- *zW:* **~kern** *m* town centre, city centre; **~mauer** *f* city wall(s); **~mitte** *f* town centre; **~plan** *m* street map; **~rand** *m* outskirts *pl*; **~rat** *m* (*Behörde*) town council, city council; **~rundfahrt** *f* tour of a/the city; **~teil** *m* district, part of town; **~zentrum** *nt* town centre

Staffel [ˈʃtafəl] (-, -n) *f* rung; (*SPORT*) relay (team); (*AVIAT*) squadron; **~lauf** *m* (*SPORT*) relay (race); **s~n** *vt* to graduate

Stahl [ʃtaːl] (-(*e*)s, =*e*) *m* steel

stahl *etc vb siehe* **stehlen**

stak *etc* [ʃtaːk] *vb siehe* **stecken**

Stall [ʃtal] (-(*e*)s, =*e*) *m* stable; (*Kaninchen~*) hutch; (*Schweine~*) sty; (*Hühner~*) henhouse

Stamm [ʃtam] (-(*e*)s, =*e*) *m* (*Baum~*) trunk; (*Menschen~*) tribe; (*GRAM*) stem; **~baum** *m* family tree; (*von Tier*) pedigree; **s~eln** *vt, vi* to stammer; **s~en** *vi:* **s~en von** *od* **aus** to come from; **~gast** *m* regular (customer)

stämmig [ˈʃtɛmɪç] *adj* sturdy; (*Mensch*) stocky

Stammtisch [ˈʃtamtɪʃ] *m* table for the regulars

stampfen [ˈʃtampfən] *vt, vi* to stamp; (*stapfen*) to tramp; (*mit Werkzeug*) to pound

Stand [ʃtant] (-(*e*)s, =*e*) *m* position; (*Wasser~, Benzin~ etc*) level; (*Stehen*) standing position; (*Zu~*) state; (*Spiel~*) score; (*Messe~ etc*) stand; (*Klasse*) class; (*Beruf*) profession

stand *etc vb siehe* **stehen**

Standard [ˈʃtandart] (-s, -s) *m* standard

Ständer [ˈʃtɛndər] (-s, -) *m* stand

Standes- [ˈʃtandəs] *zW:* **~amt** *nt* registry office; **~beamte(r)** *m* registrar; **s~gemäß** *adj, adv* according to one's social position; **~unterschied** *m* social difference

Stand- *zW:* **s~haft** *adj* steadfast; **s~halten** (*unreg*) *vi:* (jdm/etw) **s~halten** to stand firm (against sb/sth), to resist (sb/sth)

ständig [ˈʃtɛndɪç] *adj* permanent; (*ununterbrochen*) constant, continual

Stand- *zW:* **~licht** *nt* sidelights *pl*, parking lights *pl* (*US*); **~ort** *m* location; (*MIL*) garrison; **~punkt** *m* standpoint

Stange [ˈʃtaŋə] *f* stick; (*Stab*) pole, bar; rod; (*Zigaretten*) carton; **von der ~** (*COMM*) off the peg; **eine ~ Geld** (*umg*) quite a packet

Stanniol [ʃtaniˈoːl] (-s, -e) *nt* tinfoil

Stapel [ˈʃtaːpəl] (-s, -) *m* pile; (*NAUT*) stocks *pl*; **~lauf** *m* launch; **s~n** *vt* to pile (up)

Star¹ [ʃtaːr] (-(*e*)s, -e) *m* starling; (*MED*) cataract

Star² (-s, -s) *m* (*Film~ etc*) star

starb *etc* [ʃtarp] *vb siehe* **sterben**

stark [ʃtark] *adj* strong; (*heftig, groß*) heavy; (*Maßangabe*) thick

Stärke [ˈʃtɛrkə] *f* strength; heaviness; thickness; (*KOCH, Wäsche~*) starch; **s~n** *vt* to strengthen; (*Wäsche*) to starch

Starkstrom *m* heavy current

Stärkung [ˈʃtɛrkʊŋ] *f* strengthening; (*Essen*) refreshment

starr [ʃtar] *adj* stiff; (*unnachgiebig*) rigid; (*Blick*) staring; **~en** *vi* to stare; **~en vor** *od* **von** to be covered in; (*Waffen*) to be bristling with; **S~heit** *f* rigidity; **~köpfig** *adj* stubborn; **S~sinn** *m* obstinacy

Start [ʃtart] (-(*e*)s, -e) *m* start; (*AVIAT*) takeoff; **~automatik** *f* (*AUT*) automatic choke; **~bahn** *f* runway; **s~en** *vt* to start ♦ *vi* to start; to take off; **~er** (-s, -) *m* starter; **~erlaubnis** *f* takeoff clearance

Station [ʃtatsiˈoːn] *f* station; hospital ward; **s~är** [ʃtatsioˈnɛːr] *adj* (*MED*) in-patient *attr*; **s~ieren** [-ˈniːrən] *vt* to station

Statist [ʃtaˈtɪst] *m* extra, super-numerary

Statistik *f* statistics *sg*; **~er** (-s, -) *m* statistician

statistisch *adj* statistical

Stativ [ʃtaˈtiːf] (-s, -e) *nt* tripod

statt [ʃtat] *konj* instead of ♦ *präp* (+*gen od dat*) instead of

Stätte [ˈʃtɛtə] *f* place

statt- *zW:* **~finden** (*unreg*) *vi* to take place; **~haft** *adj* admissible; **~lich** *adj* imposing, handsome

Statue [ˈʃtaːtuə] *f* statue

Status [ˈʃtaːtus] (-, -) *m* status; **~symbol** *nt* status symbol

Stau [ʃtau] (-(*e*)s, -e) *m* blockage; (*Ver-*

kehrs~) (traffic) jam

Staub [ʃtaup] (-(e)s) *m* dust; **s~en** [ˈʃtaubən] *vi* to be dusty; **s~ig** *adj* dusty; **s~saugen** *vi* to vacuum, to hoover (®); **~sauger** *m* vacuum cleaner; **~tuch** *nt* duster

Staudamm *m* dam

Staude [ˈʃtaudə] *f* shrub

stauen [ˈʃtauən] *vt* (*Wasser*) to dam up; (*Blut*) to stop the flow of ♦ *vr* (*Wasser*) to become dammed up; (*MED, Verkehr*) to become congested; (*Menschen*) to collect; (*Gefühle*) to build up

staunen [ˈʃtaunən] *vi* to be astonished; **S~** (-s) *nt* amazement

Stausee (-s, -n) *m* reservoir, man-made lake

Stauung [ˈʃtauʊŋ] *f* (*von Wasser*) damming-up; (*von Blut, Verkehr*) congestion

Std. *abk* (= *Stunde*) hr.

Steak [steːk] *nt* steak

Stech- [ˈʃtɛç] *zW:* **~en** (*unreg*) *vt* (*mit Nadel etc*) to prick; (*mit Messer*) to stab; (*mit Finger*) to poke; (*Biene etc*) to sting; (*Mücke*) to bite; (*Sonne*) to burn; (*KARTEN*) to take; (*ART*) to engrave; (*Torf, Spargel*) to cut; **in See s~en** to put to sea; **~en** (-s, -) *nt* (*SPORT*) play-off; jump-off; **s~end** *adj* piercing, stabbing; (*Geruch*) pungent; **~palme** *f* holly; **~uhr** *f* time clock

Steck- [ˈʃtɛk] *zW:* **~brief** *m* "wanted" poster; **~dose** *f* (wall) socket; **s~en** *vt* to put, to insert; (*Nadel*) to stick; (*Pflanzen*) to plant; (*beim Nähen*) to pin ♦ *vi* (*auch unreg*) to be; (*festsitzen*) to be stuck; (*Nadeln*) to stick; **s~enbleiben** (*unreg*) *vi* to get stuck; **s~enlassen** (*unreg*) *vt* to leave in; **~enpferd** *nt* hobby-horse; **~er** (-s, -) *m* plug; **~nadel** *f* pin

Steg [ʃteːk] (-(e)s, -e) *m* small bridge; (*Anlege~*) landing stage; **~reif** *m:* **aus dem ~reif** just like that

stehen [ˈʃteːən] (*unreg*) *vi* to stand; (*sich befinden*) to be; (*in Zeitung*) to say; (*still~*) to have stopped ♦ *vi unpers:* **es steht schlecht um jdn/etw** things are bad for sb/sth; **zu jdm/etw ~** to stand by sb/sth; **jdm ~** to suit sb; **wie steht's?** how are things?; (*SPORT*) what's the score?; **~ bleiben** to remain standing; **~bleiben** (*unreg*) *vi* (*Uhr*) to stop; (*Fehler*) to stay as it is; **~lassen** (*unreg*) *vt* to leave; (*Bart*) to grow

Stehlampe *f* [ˈʃteːlampə] *f* standard lamp

stehlen [ˈʃteːlən] (*unreg*) *vt* to steal

Stehplatz [ˈʃteːplats] *m* standing place

steif [ʃtaif] *adj* stiff; **S~heit** *f* stiffness

Steig- [ˈʃtaik] *zW:* **~bügel** *m* stirrup; **~eisen** *nt* crampon; **s~en** (*unreg*) *vi* to rise; (*klettern*) to climb; **s~en in** +*akk/auf* +*akk* to get in/on; **s~ern** *vt* to raise; (*GRAM*) to compare ♦ *vi* (*Auktion*) to bid ♦ *vr* to increase; **~erung** *f* raising; (*GRAM*) compari-

son; **~ung** *f* incline, gradient, rise

steil [ʃtail] *adj* steep

Stein [ʃtain] (-(e)s, -e) *m* stone; (*in Uhr*) jewel; **~bock** *m* (*ASTROL*) Capricorn; **~bruch** *m* quarry; **s~ern** *adj* (made of) stone; (*fig*) stony; **~gut** *nt* stoneware; **s~ig** [ˈʃtainɪç] *adj* stony; **s~igen** *vt* to stone; **~kohle** *f* mineral coal; **~zeit** *f* Stone Age

Stelle [ˈʃtɛlə] *f* place; (*Arbeit*) post, job; (*Amt*) office; **an Ihrer/meiner ~** in your/my place

stellen *vt* to put; (*Uhr etc*) to set; (*zur Verfügung ~*) to supply; (*fassen: Dieb*) to apprehend ♦ *vr* (*sich aufstellen*) to stand; (*sich einfinden*) to present o.s.; (*bei Polizei*) to give o.s. up; (*vorgeben*) to pretend (to be); **sich zu etw ~** to have an opinion of sth

Stellen- *zW:* **~angebot** *nt* offer of a post; (*in Zeitung*) "vacancies"; **~gesuch** *nt* application for a post; **~vermittlung** *f* employment agency

Stell- *zW:* **~ung** *f* position; (*MIL*) line; **~ung nehmen zu** to comment on; **~ungnahme** *f* comment; **s~vertretend** *adj* deputy, acting; **~vertreter** *m* deputy

Stelze [ˈʃtɛltsə] *f* stilt

Stemmbogen *m* (*SKI*) stem turn

stemmen [ˈʃtɛmən] *vt* to lift (up); (*drücken*) to press; **sich ~ gegen** (*fig*) to resist, to oppose

Stempel [ˈʃtɛmpəl] (-s, -) *m* stamp; (*BOT*) pistil; **~kissen** *nt* inkpad; **s~n** *vt* to stamp; (*Briefmarke*) to cancel; **s~n gehen** (*umg*) to be *od* go on the dole

Stengel [ˈʃtɛŋəl] (-s, -) *m* stalk

Steno- [ʃteno] *zW:* **~gramm** [-ˈgram] *nt* shorthand report; **~graphie** [-graˈfiː] *f* shorthand; **s~graphieren** [-graˈfiːrən] *vt, vi* to write (in) shorthand; **~typist(in)** [-tyˈpɪst(ɪn)] *m(f)* shorthand typist

Stepp- [ˈʃtɛp] *zW:* **~decke** *f* quilt; **~e** *f* prairie; steppe; **s~en** *vt* to stitch ♦ *vi* to tap-dance

Sterb- [ˈʃtɛrb] *zW:* **~efall** *m* death; **~ehilfe** *f* euthanasia; **s~en** (*unreg*) *vi* to die; **s~lich** [ˈʃtɛrplɪç] *adj* mortal; **~lichkeit** *f* mortality; **~lichkeitsziffer** *f* death rate

stereo- [ˈʃteːreo] *in zW* stereo(-); **S~anlage** *f* stereo (system); **~typ** [ʃtereoˈtyːp] *adj* stereotype

steril [ʃteˈriːl] *adj* sterile; **~isieren** *vt* to sterilize; **S~isierung** *f* sterilization

Stern [ʃtɛrn] (-(e)s, -e) *m* star; **~bild** *nt* constellation; **~schnuppe** *f* meteor, falling star; **~stunde** *f* historic moment

stet [ʃteːt] *adj* steady; **~ig** *adj* constant, continual; **~s** *adv* continually, always

Steuer¹ [ˈʃtɔyɐr] (-s, -) *nt* (*NAUT*) helm; (*~ruder*) rudder; (*AUT*) steering wheel

Steuer² (-, -n) *f* tax; **~berater(in)** *m(f)* tax consultant

Steuerbord nt (NAUT, FLUG) starboard

Steuer- ['ʃtɔʏər] zW: **~erklärung** f tax return; **~freibetrag** m tax allowance; **~klasse** f tax group; **~knüppel** m control column; (AVIAT, COMPUT) joystick; **~mann** (pl **-männer** od **-leute**) m helmsman; **s~n** vt, vi to steer; (Flugzeug) to pilot; (Entwicklung, Tonstärke) to control; **~rad** nt steering wheel; **~ung** f (auch AUT) steering; piloting; control; (Vorrichtung) controls pl; **~zahler** (-s, -) m taxpayer

Steward ['stjuːərt] (-s, -s) m steward; **~eß** ['stjuːərdɛs] (-, **-essen**) f stewardess; air hostess

Stich [ʃtɪç] (-(e)s, -e) m (Insekten~) sting; (Messer~) stab; (beim Nähen) stitch; (Färbung) tinge; (KARTEN) trick; (ART) engraving; **jdn im ~ lassen** to leave sb in the lurch; **s~eln** vi (fig) to jibe; **s~haltig** adj sound, tenable; **~probe** f spot check; **~straße** f cul-de-sac; **~wahl** f final ballot; **~wort** nt cue; (in Wörterbuch) headword; (für Vortrag) note

sticken ['ʃtɪkən] vt, vi to embroider

Sticke'rei f embroidery

stickig adj stuffy, close

Stickstoff m nitrogen

Stief- ['ʃtiːf] in zW step

Stiefel ['ʃtiːfəl] (-s, -) m boot

Stief- zW: **~kind** nt stepchild; (fig) Cinderella; **~mutter** f stepmother; **~mütterchen** nt pansy; **s~mütterlich** adj (fig): **jdn/etw s~mütterlich behandeln** to pay little attention to sb/sth; **~vater** m stepfather

Stiege ['ʃtiːgə] f staircase

stiehl¹~ etc [ʃtiːlst] vb siehe **stehlen**

Stiel [ʃtiːl] (-(e)s, -e) m handle; (BOT) stalk

Stier (-(e)s, -e) m bull; (ASTROL) Taurus

stier [ʃtiːr] adj staring, fixed; **~en** vi to stare

Stierkampf m bullfight

Stierkämpfer m bullfighter

Stift [ʃtɪft] (-(e)s, -e) m peg; (Nagel) tack; (Farb~) crayon; (Blei~) pencil ♦ nt (charitable) foundation; (ECCL) religious institution; **s~en** vt to found; (Unruhe) to cause; (spenden) to contribute; **~er(in)** (-s, -) m(f) founder; **~ung** f donation; (Organisation) foundation; **~zahn** m post crown

Stil [ʃtiːl] (-(e)s, -e) m style

still [ʃtɪl] adj quiet; (unbewegt) still; (heimlich) secret; **S~er Ozean** Pacific; **S~e** f stillness, quietness; **in aller S~e** quietly; **~en** vt to stop; (befriedigen) to satisfy; (Säugling) to breast-feed; **~halten** (unreg) vi to keep still; **~(l)egen** vt to close down; **~schweigen** (unreg) vi to be silent; **S~schweigen** nt silence; **~schweigend** adj silent; (Einverständnis) tacit ♦ adv silently; tacitly; **S~stand** m standstill; **~ste-**

hen (unreg) vi to stand still

Stimm- ['ʃtɪm] zW: **~bänder** pl vocal chords; **s~berechtigt** adj entitled to vote; **~e** f voice; (Wahlstimme) vote; **s~en** vt (MUS) to tune ♦ vi to be right; **das s~te ihn traurig** that made him feel sad; **s~en für/gegen** to vote for/against; **s~t so!** that's right; **~enmehrheit** f majority (of votes); **~enthaltung** f abstention; **~gabel** f tuning fork; **~recht** nt right to vote; **~ung** f mood; atmosphere; **s~ungsvoll** adj enjoyable; full of atmosphere; **~zettel** m ballot paper

stinken ['ʃtɪŋkən] (unreg) vi to stink

Stipendium [ʃtiˈpɛndiʊm] nt grant

stirbst etc [ʃtɪrpst] vb siehe **sterben**

Stirn [ʃtɪrn] (-, **-en**) f forehead, brow; (Frechheit) impudence; **~band** nt headband; **~höhle** f sinus

stöbern ['ʃtøːbərn] vi to rummage

stochern ['ʃtɔxərn] vi to poke (about)

Stock¹ [ʃtɔk] (-(e)s, **ᵉe**) m stick; (BOT) stock

Stock² (-(e)s, - od **-werke**) m storey

stocken vi to stop, to pause; **~d** adj halting

Stockung f stoppage

Stockwerk nt storey, floor

Stoff [ʃtɔf] (-(e)s, -e) m (Gewebe) material, cloth; (Materie) matter; (von Buch etc) subject (matter); **s~lich** adj material; **~tier** nt soft toy; **~wechsel** m metabolism

stöhnen ['ʃtøːnən] vi to groan

stoisch ['ʃtoːɪʃ] adj stoical

Stollen ['ʃtɔlən] (-s, -) m (MIN) gallery; (KOCH) cake eaten at Christmas; (von Schuhen) stud

stolpern ['ʃtɔlpərn] vi to stumble, to trip

Stolz [ʃtɔlts] (-es, -) m pride; **s~** adj proud; **s~ieren** [ʃtɔlˈtsiːrən] vi to strut

stopfen ['ʃtɔpfən] vt (hinein~) to stuff; (voll~) to fill (up); (nähen) to darn ♦ vi (MED) to cause constipation

Stopfgarn nt darning thread

Stoppel ['ʃtɔpəl] (-, -n) f stubble

Stopp- ['ʃtɔp] zW: **s~en** vt to stop; (mit Uhr) to time ♦ vi to stop; **~schild** nt stop sign; **~uhr** f stopwatch

Stöpsel ['ʃtœpsəl] (-s, -) m plug; (für Flaschen) stopper

Storch [ʃtɔrç] (-(e)s, **ᵉe**) m stork

Stör- ['ʃtøːr] zW: **s~en** vt to disturb; (behindern, RADIO) to interfere with ♦ vr: **sich an etw dat s~en** to let sth bother one; **s~end** adj disturbing, annoying; **~enfried** (-(e)s, -e) m troublemaker

störrisch ['ʃtœrɪʃ] adj stubborn, perverse

Störung f disturbance; interference

Stoß [ʃtoːs] (-es, **ᵉe**) m (Schub) push; (Schlag) blow; knock; (mit Schwert) thrust; (mit Fuß) kick; (Erd~) shock; (Haufen) pile; **~dämpfer** (-s, -) m shock absorber; **s~en**

(*unreg*) *vt* (*mit Druck*) to shove, to push; (*mit Schlag*) to knock, to bump; (*mit Fuß*) to kick; (*Schwert etc*) to thrust; (*anstoßen*: *Kopf etc*) to bump ♦ *vr* to get a knock ♦ *vi*: **s~en an** od **auf** +*akk* to bump into; (*finden*) to come across; (*angrenzen*) to be next to; **sich s~en an** +*dat* (*fig*) to take exception to; **~stange** *f* (*AUT*) bumper

stottern ['ʃtɔtərn] *vt, vi* to stutter

Str. *abk* (= *Straße*) St.

Straf- ['ʃtraːf] *zW*: **~anstalt** *f* penal institution; **~arbeit** *f* (*SCH*) punishment; lines *pl*; **s~bar** *adj* punishable; **~e** *f* punishment; (*JUR*) penalty; (*Gefängnisstrafe*) sentence; (*Geldstrafe*) fine; **s~en** *vt* to punish

straff [ʃtraf] *adj* tight; (*streng*) strict; (*Stil etc*) concise; (*Haltung*) erect; **~en** *vt* to tighten, to tauten

Strafgefangene(r) *mf* prisoner, convict

Strafgesetzbuch *nt* penal code

sträflich ['ʃtrɛːflɪç] *adj* criminal

Sträfling *m* convict

Straf- *zW*: **~porto** *nt* excess postage (charge); **~predigt** *f* telling-off; **~raum** *m* (*SPORT*) penalty area; **~recht** *nt* criminal law; **~stoß** *m* (*SPORT*) penalty (kick); **~tat** *f* punishable act; **~zettel** *m* ticket

Strahl [ʃtraːl] (-*s*, -*en*) *m* ray, beam; (*Wasser~*) jet; **s~en** *vi* to radiate; (*fig*) to beam; **~ung** *f* radiation

Strähne ['ʃtrɛːnə] *f* strand

stramm [ʃtram] *adj* tight; (*Haltung*) erect; (*Mensch*) robust

strampeln ['ʃtrampəln] *vi* to kick (about), to fidget

Strand [ʃtrant] (-*(e)s*, ⁻*e*) *m* shore; (*mit Sand*) beach; **~bad** *nt* open-air swimming pool, lido; **s~en** ['ʃtrandən] *vi* to run aground; (*fig*: *Mensch*) to fail; **~gut** *nt* flotsam; **~korb** *m* beach chair

Strang [ʃtraŋ] (-*(e)s*, ⁻*e*) *m* cord, rope; (*Bündel*) skein

Strapaz- *zW*: **~e** *f* [ʃtra'paːtsə] *f* strain, exertion; **s~ieren** [ʃtrapa'tsiːrən] *vt* (*Material*) to treat roughly, to punish; (*Mensch, Kräfte*) to wear out, to exhaust; **s~ierfähig** *adj* hard-wearing; **s~iös** [ʃtrapatsi'øːs] *adj* exhausting, tough

Straße ['ʃtraːsə] *f* street, road

Straßen- *zW*: **~bahn** *f* tram, streetcar (*US*); **~beleuchtung** *f* street lighting; **~karte** *f* road map; **~kehrer** (-*s*, -) *m* roadsweeper; **~sperre** *f* roadblock; **~verkehr** *m* (road) traffic; **~verkehrsordnung** *f* highway code

Strateg- [ʃtra'teːg] *zW*: **~e** (-*n*, -*n*) *m* strategist; **~ie** [ʃtrate'giː] *f* strategy; **s~isch** *adj* strategic

sträuben ['ʃtrɔybən] *vt* to ruffle ♦ *vr* to bristle; (*Mensch*): **sich (gegen etw) ~** to resist (sth)

Strauch [ʃtraux] (-*(e)s*, *Sträucher*) *m* bush, shrub

Strauß¹ [ʃtraus] (-*es*, *Sträuße*) *m* bunch; bouquet

Strauß² (-*es*, -*e*) *m* ostrich

Streb- ['ʃtreːb] *zW*: **s~en** *vi* to strive, to endeavour; **s~en nach** to strive for; **~er** (-*s*, -; *pej*) *m* pusher, climber; (*SCH*) swot (*BRIT*); **s~sam** *adj* industrious

Strecke ['ʃtrɛkə] *f* stretch; (*Entfernung*) distance; (*EISENB, MATH*) line; **s~n** *vt* to stretch; (*Waffen*) to lay down; (*KOCH*) to eke out ♦ *vr* to stretch (o.s.)

Streich [ʃtraiç] (-*(e)s*, -*e*) *m* trick, prank; (*Hieb*) blow; **s~eln** *vt* to stroke; **s~en** (*unreg*) *vt* (*berühren*) to stroke; (*auftragen*) to spread; (*anmalen*) to paint; (*durchstreichen*) to delete; (*nicht genehmigen*) to cancel ♦ *vi* (*berühren*) to brush; (*schleichen*) to prowl; **~holz** *nt* match; **~instrument** *nt* string instrument

Streif- ['ʃtraif] *zW*: **~e** *f* patrol; **s~en** *vt* (*leicht berühren*) to brush against, to graze; (*Blick*) to skim over; (*Thema, Problem*) to touch on; (*abstreifen*) to take off ♦ *vi* (*gehen*) to roam; **~en** (-*s*, -) *m* (*Linie*) stripe; (*Stück*) strip; (*Film*) film; **~schuß** *m* graze, grazing shot; **~zug** *m* scouting trip

Streik [ʃtraik] (-*(e)s*, -*e*) *m* strike; **~brecher** (-*s*, -) *m* blackleg, strikebreaker; **s~en** *vi* to strike; **~posten** *m* (strike) picket

Streit [ʃtrait] (-*(e)s*, -*e*) *m* argument; dispute; **s~en** (*unreg*) *vi, vr* to argue; to dispute; **~frage** *f* point at issue; **s~ig** *adj*: **jdm etw s~ig machen** to dispute sb's right to sth; **~igkeiten** *pl* quarrel *sg*, dispute *sg*; **~kräfte** *pl* (*MIL*) armed forces

streng [ʃtrɛŋ] *adj* severe; (*Lehrer, Maßnahme*) strict; (*Geruch etc*) sharp; **S~e** (-) *f* severity, strictness, sharpness; **~genommen** *adv* strictly speaking; **~gläubig** *adj* orthodox, strict; **~stens** *adv* strictly

Streß [ʃtrɛs] (-*sses*, -*sse*) *m* stress

stressen *vt* to put under stress

streuen ['ʃtrɔyən] *vt* to strew, to scatter, to spread; **Streuung** *f* dispersion

Strich [ʃtrɪç] (-*(e)s*, -*e*) *m* (*Linie*) line; (*Feder~, Pinsel~*) stroke; (*von Geweben*) nap; (*von Fell*) pile; **auf den ~ gehen** (*umg*) to walk the streets; **jdm gegen den ~ gehen** to rub sb up the wrong way; **einen ~ machen durch** to cross out; (*fig*) to foil; **~kode** *m* (*auf Waren*) barcode; **~mädchen** *nt* streetwalker; **~punkt** *m* semicolon; **s~weise** *adv* here and there

Strick [ʃtrɪk] (-*(e)s*, -*e*) *m* rope; **s~en** *vt, vi* to knit; **~jacke** *f* cardigan; **~leiter** *f* rope ladder; **~nadel** *f* knitting needle; **~waren** *pl* knitwear *sg*

striegeln *vt* (*Tiere, Fell*) to groom

strikt ['ʃtrɪkt] *adj* strict

strittig ['ʃtrɪtɪç] *adj* disputed, in dispute

Stroh [ʃtroː] (-(e)s) nt straw; ~**blume** f everlasting flower; ~**dach** nt thatched roof; ~**halm** m (drinking) straw

Strom [ʃtroːm] (-(e)s, ⸗e) m river; (fig) stream; (ELEK) current; **s~'abwärts** adv downstream; **s~'aufwärts** adv upstream

strömen ['ʃtrøːmən] vi to stream, to pour

Strom- zW: ~**kreis** m circuit; **s~linienförmig** adj streamlined; ~**sperre** f power cut

Strömung ['ʃtrøːmʊŋ] f current

Strophe ['ʃtroːfə] f verse

strotzen ['ʃtrɔtsən] vi: ~ **vor** od **von** to abound in, to be full of

Strudel ['ʃtruːdəl] (-s, -) m whirlpool, vortex; (KOCH) strudel

Struktur [ʃtrʊk'tuːr] f structure

Strumpf [ʃtrʊmpf] (-(e)s, ⸗e) m stocking; ~**band** nt garter; ~**hose** f (pair of) tights

Stube ['ʃtuːbə] f room

Stuben- zW: ~**arrest** m confinement to one's room; (MIL) confinement to quarters; ~**hocker** (umg) m stay-at-home; **s~rein** adj house-trained

Stuck [ʃtʊk] (-(e)s) m stucco

Stück [ʃtʏk] (-(e)s, -e) nt piece; (etwas) bit; (THEAT) play; ~**chen** nt little piece; ~**lohn** m piecework wages pl; **s~weise** adv bit by bit, piecemeal; (COMM) individually

Student(in) [ʃtu'dɛnt(ɪn)] m(f) student; **s~isch** adj student, academic

Studie ['ʃtuːdiə] f study

studieren [ʃtu'diːrən] vt, vi to study

Studio ['ʃtuːdio] (-s, -s) nt studio

Studium ['ʃtuːdiʊm] nt studies pl

Stufe ['ʃtuːfə] f step; (Entwicklungs~) stage; **s~nweise** adv gradually

Stuhl [ʃtuːl] (-(e)s, ⸗e) m chair; ~**gang** m bowel movement

stülpen ['ʃtʏlpən] vt (umdrehen) to turn upside down; (bedecken) to put

stumm [ʃtʊm] adj silent; (MED) dumb

Stummel ['ʃtʊməl] (-s, -) m stump; (Zigaretten~) stub

Stummfilm m silent film

Stümper ['ʃtʏmpər] (-s, -) m incompetent, duffer; **s~haft** adj bungling, incompetent; **s~n** vi to bungle

Stumpf [ʃtʊmpf] (-(e)s, ⸗e) m stump; **s~** adj blunt; (teilnahmslos, glanzlos) dull; (Winkel) obtuse; ~**sinn** m tediousness; **s~sinnig** adj dull

Stunde ['ʃtʊndə] f hour; (SCH) lesson

stunden vt: jdm etw ~ to give sb time to pay sth; **S~geschwindigkeit** f average speed per hour; **S~kilometer** pl kilometres per hour; ~**lang** adj for hours; **S~lohn** m hourly wage; **S~plan** m timetable; ~**weise** adv by the hour; every hour

stündlich ['ʃtʏntlɪç] adj hourly

Stups [ʃtʊps] (-es, -e; umg) m push;

~**nase** f snub nose

stur [ʃtuːr] adj obstinate, pigheaded

Sturm [ʃtʊrm] (-(e)s, ⸗e) m storm, gale; (MIL etc) attack, assault

stürm- ['ʃtʏrm] zW: ~**en** vi (Wind) to blow hard, to rage; (rennen) to storm ♦ vt (MIL, fig) to storm ♦ vb unpers: **es ~t** there's a gale blowing; **S~er** (-s, -) m (SPORT) forward, striker; ~**isch** adj stormy

Sturmwarnung f gale warning

Sturz [ʃtʊrts] (-es, ⸗e) m fall; (POL) overthrow

stürzen ['ʃtʏrtsən] vt (werfen) to hurl; (POL) to overthrow; (umkehren) to overturn ♦ vr to rush; (hinein~) to plunge ♦ vi to fall; (AVIAT) to dive; (rennen) to dash

Sturzflug m nose-dive

Sturzhelm m crash helmet

Stute ['ʃtuːtə] f mare

Stützbalken m brace, joist

Stütze ['ʃtʏtsə] f support; help

stutzen ['ʃtʊtsən] vt to trim; (Ohr, Schwanz) to dock; (Flügel) to clip ♦ vi to hesitate; to become suspicious

stützen vt (auch fig) to support; (Ellbogen etc) to prop up

stutzig adj perplexed, puzzled; (mißtrauisch) suspicious

Stützpunkt m point of support; (von Hebel) fulcrum; (MIL, fig) base

Styropor [ʃtyro'poːr] (®; -s) nt polystyrene

s.u. abk = **siehe unten**

Subjekt [zʊp'jɛkt] (-(e)s, -e) nt subject; **s~iv** [-'tiːf] adj subjective; ~**ivi'tät** f subjectivity

Substantiv ['zʊpstantiːf] (-s, -e) nt noun

Substanz [zʊp'stants] f substance

subtil [zʊp'tiːl] adj subtle

subtrahieren [zʊptra'hiːrən] vt to subtract

subtropisch ['zʊptroːpɪʃ] adj subtropical

Subvention [zʊpvɛntsi'oːn] f subsidy; **s~ieren** [-'niːrən] vt to subsidize

Such- ['zuːx] zW: ~**aktion** f search; ~**e** f search; **s~en** vt to look (for), to seek; (versuchen) to try ♦ vi to seek, to search; ~**er** (-s, -) m seeker, searcher; (PHOT) viewfinder

Sucht [zʊxt] (-, ⸗e) f mania; (MED) addiction, craving

süchtig ['zʏçtɪç] adj addicted; **S~e(r)** mf addict

Süd- ['zyːt] zW: ~**en** (-s) m south; ~**früchte** pl Mediterranean fruit sg; **s~lich** adj southern; **s~lich von** (to the) south of; ~**pol** m South Pole; **s~wärts** adv southwards

süffig ['zʏfɪç] adj (Wein) pleasant to the taste

süffisant [zʏfi'zant] adj smug

suggerieren [zʊgeˈriːrən] vt to suggest

Sühne ['zyːnə] f atonement, expiation; **s~n** vt to atone for, to expiate

Sultan ['zʊltan] (-s, -e) m sultan; ~**ine** f sultana

Sülze ['zʏltsə] f brawn

Summe ['zʊmə] f sum, total

summen vt, vi to buzz; (*Lied*) to hum

Sumpf [zʊmpf] (-(e)s, ⁼e) m swamp, marsh; **s~ig** adj marshy

Sünde ['zʏndə] f sin; ~**nbock** (*umg*) m scapegoat; ~**nfall** m Fall (of man); ~**r(in)** (-s, -) m(f) sinner; **sündigen** vi to sin

Super ['zuːpər] (-s) nt (*Benzin*) four star (petrol) (*BRIT*), premium (*US*); ~**lativ** [-latiːf] (-s, -e) m superlative; ~**macht** f superpower; ~**markt** m supermarket

Suppe ['zʊpə] f soup; ~**nteller** m soup plate

süß [zyːs] adj sweet; **S~e** (-) f sweetness; ~**en** vt to sweeten; **S~igkeit** f sweetness; (*Bonbon etc*) sweet (*BRIT*), candy (*US*); ~**lich** adj sweetish; (*fig*) sugary; ~**sauer** adj (*Gurke*) pickled; (*Sauce etc*) sweet-and-sour; **S~speise** f pudding, sweet; **S~stoff** m sweetener; **S~waren** pl confectionery (*sing*); **S~wasser** nt fresh water

Sylvester [zʏl'vɛstər] (-s, -) nt = Silvester

Symbol [zym'boːl] (-s, -e) nt symbol; **s~isch** adj symbolic(al)

Symmetrie [zyme'triː] f symmetry

symmetrisch [zy'meːtrɪʃ] adj symmetrical

Sympathie [zympa'tiː] f liking, sympathy; **sympathisch** [zym'paːtɪʃ] adj likeable; **er ist mir sympathisch** I like him; **sympathi'sieren** vi to sympathize

Symphonie [zymfo'niː] f (*MUS*) symphony

Symptom [zymp'toːm] (-s, -e) nt symptom; **s~atisch** [zympto'maːtɪʃ] adj symptomatic

Synagoge [zyna'goːgə] f synagogue

synchron [zyn'kroːn] adj synchronous; **S~getriebe** nt synchromesh (gears pl); ~**i'sieren** vt to synchronize; (*Film*) to dub

Synonym [zyno'nyːm] (-s, -e) nt synonym; **s~** adj synonymous

Synthese [zyn'teːzə] f synthesis

synthetisch [zyn'teːtɪʃ] adj synthetic

Syphilis ['zyːfilɪs] (-) f syphilis

System [zys'teːm] (-s, -e) nt system; **s~atisch** [zyste'maːtɪʃ] adj systematic; **s~ati'sieren** vt to systematize

Szene ['stseːnə] f scene; ~**rie** [stsenə'riː] f scenery

T t

t abk (= *Tonne*) t

Tabak ['taːbak] (-s, -e) m tobacco

Tabell- [ta'bɛl] zW: **t~arisch** [tabɛ'laːrɪʃ] adj tabular; ~**e** f table

Tablett [ta'blɛt] nt tray; ~**e** f tablet, pill

Tabu [ta'buː] nt taboo; **t~** adj taboo

Tachometer [taxo'meːtər] (-s, -) m (*AUT*) speedometer

Tadel ['taːdəl] (-s, -) m censure; scolding; (*Fehler*) fault, blemish; **t~los** adj faultless, irreproachable; **t~n** vt to scold

Tafel ['taːfəl] (-, -n) f (*auch MATH*) table; (*Anschlag~*) board; (*Wand~*) blackboard; (*Schiefer~*) slate; (*Gedenk~*) plaque; (*Illustration*) plate; (*Schalt~*) panel; (*Schokolade etc*) bar

Taft [taft] (-(e)s, -e) m taffeta

Tag [taːk] (-(e)s, -e) m day; daylight; **unter/über ~e** (*MIN*) underground/on the surface; **an den ~ kommen** to come to light; **guten ~!** good morning/afternoon!; **t~aus** adv: **t~aus, t~ein** day in, day out; ~**dienst** m day duty

Tage- ['taːgə] zW: ~**buch** ['taːgəbuːx] nt diary, journal; ~**geld** nt daily allowance; **t~lang** adv for days; **t~n** vi to sit, to meet ♦ vb unpers: **es tagt** dawn is breaking

Tages- zW: ~**ablauf** m course of the day; ~**anbruch** m dawn; ~**fahrt** f day trip; ~**karte** f menu of the day; (*Fahrkarte*) day ticket; ~**licht** nt daylight; ~**ordnung** f agenda; ~**zeit** f time of day; ~**zeitung** f daily (paper)

täglich ['tɛːklɪç] adj, adv daily

tagsüber ['taːksyːbər] adv during the day

Tagung f conference

Taille ['taljə] f waist

Takt [takt] (-(e)s, -e) m tact; (*MUS*) time; ~**gefühl** nt tact

Taktik f tactics pl

taktisch adj tactical

Takt- zW: **t~los** adj tactless; ~**losigkeit** f tactlessness; ~**stock** m (conductor's) baton; **t~voll** adj tactful

Tal [taːl] (-(e)s, ⁼er) nt valley

Talent [ta'lɛnt] (-(e)s, -e) nt talent; **t~iert** [talɛn'tiːrt] adj talented, gifted

Talisman ['taːlɪsman] (-s, -e) m talisman

Talsohle f bottom of a valley

Talsperre f dam

Tamburin [tambu'ri:n] (-s, -e) *nt* tambourine

Tampon ['tampɔn] (-s, -s) *m* tampon

Tandem (-s, -s) *nt* tandem

Tang [taŋ] (-(e)s, -e) *m* seaweed

Tangente [taŋ'gɛntə] *f* tangent

Tango (-s, -s) *m* tango

Tank [taŋk] (-s, -s) *m* tank; **t~en** *vi* to fill up with petrol (*BRIT*) *od* gas (*US*); (*AVIAT*) to (re)fuel; **~er** (-s, -) *m* tanker; **~schiff** *nt* tanker; **~stelle** *f* petrol (*BRIT*) *od* gas (*US*) station; **~wart** *m* petrol pump (*BRIT*) *od* gas station (*US*) attendant

Tanne ['tanə] *f* fir; **~nbaum** *m* fir tree; **~nzapfen** *m* fir cone

Tante ['tantə] *f* aunt

Tanz [tants] (-es, ²e) *m* dance; **t~en** *vt, vi* to dance

Tänzer(in) ['tɛntsər(ɪn)] (-s, -) *m(f)* dancer

Tanzfläche *f* (dance) floor

Tanzschule *f* dancing school

Tapete [ta'pe:tə] *f* wallpaper; **~nwechsel** *m* (*fig*) change of scenery

tapezieren [tape'tsi:rən] *vt* to (wall)paper

Tapezierer [tape'tsi:rər] (-s, -) *m* (interior) decorator

tapfer ['tapfər] *adj* brave; **T~keit** *f* courage, bravery

Tarif [ta'ri:f] (-s, ⁶e) *m* tariff, (scale of) fares *od* charges; **~lohn** *m* standard wage rate; **~verhandlungen** *pl* wage negotiations

Tarn- ['tarn] *zW:* **t~en** *vt* to camouflage; (*Person, Absicht*) to disguise; **~farbe** *f* camouflage paint; **~ung** *f* camouflaging, disguising

Tasche ['taʃə] *f* pocket; handbag

Taschen- *in zW* pocket; **~buch** *nt* paperback; **~dieb** *m* pickpocket; **~geld** *nt* pocket money; **~lampe** *f* (electric) torch, flashlight (*US*); **~messer** *nt* penknife; **~tuch** *nt* handkerchief

Tasse ['tasə] *f* cup

Tastatur [tasta'tu:r] *f* keyboard

Taste ['tastə] *f* push-button control; (*an Schreibmaschine*) key; **t~n** *vt* to feel, to touch ♦ *vi* to feel, to grope ♦ *vr* to feel one's way

Tat [ta:t] (-, -en) *f* act, deed, action; **in der ~** indeed, as a matter of fact; **t~** *etc vb siehe* **tun**; **~bestand** *m* facts *pl* of the case; **t~enlos** *adj* inactive

Tät- ['tɛ:t] *zW:* **~er(in)** (-s, -) *m(f)* perpetrator, culprit; **t~ig** *adj* active; **in einer Firma t~ig sein** to work for a firm; **~igkeit** *f* activity; (*Beruf*) occupation; **t~lich** *adj* violent; **~lichkeit** *f* violence; **~lichkeiten** *pl* (*Schläge*) blows

tätowieren [tɛtoˈviːrən] *vt* to tattoo

Tatsache *f* fact

tatsächlich *adj* actual ♦ *adv* really

Tau¹ [tau] (-(e)s, -e) *nt* rope

Tau² (-(e)s) *m* dew

taub [taup] *adj* deaf; (*Nuß*) hollow

Taube ['taubə] *f* dove; pigeon; **~nschlag** *m* dovecote; **hier geht es zu wie in einem ~nschlag** it's a hive of activity here

taub- *zW:* **T~heit** *f* deafness; **~stumm** *adj* deaf-and-dumb

Tauch- ['taux] *zW:* **t~en** *vt* to dip ♦ *vi* to dive; (*NAUT*) to submerge; **~er** (-s, -) *m* diver; **~eranzug** *m* diving suit; **~erbrille** *f* diving goggles; **~sieder** (-s, -) *m* immersion coil (*for boiling water*)

tauen ['tauən] *vt, vi* to thaw ♦ *vb unpers:* **es taut** it's thawing

Tauf- ['tauf] *zW:* **~becken** *nt* font; **~e** *f* baptism; **t~en** *vt* to christen, to baptize; **~name** *m* Christian name; **~pate** *m* godfather; **~patin** *f* godmother; **~schein** *m* certificate of baptism

taug- ['taug] *zW:* **~en** *vi* to be of use; **~en für** to do for, to be good for; **nicht ~en** to be no good *od* useless; **T~enichts** (-es, -e) *m* good-for-nothing; **~lich** ['tauklɪç] *adj* suitable; (*MIL*) fit (for service)

Taumel ['tauməl] (-s) *m* dizziness; (*fig*) frenzy; **t~n** *vi* to reel, to stagger

Tausch [tauʃ] (-(e)s, -e) *m* exchange; **t~en** *vt* to exchange, to swap

täuschen ['tɔyʃən] *vt* to deceive ♦ *vi* to be deceptive ♦ *vr* to be wrong; **~d** *adj* deceptive

Tauschhandel *m* barter

Täuschung *f* deception; (*optisch*) illusion

tausend ['tauzənt] *num* (a) thousand; **T~füßler** (-s, -) *m* centipede; millipede

Tauwetter *nt* thaw

Taxi ['taksi] (-(s), -(s)) *nt* taxi; **~fahrer** *m* taxi driver; **~stand** *m* taxi rank

Tech- ['tɛç] *zW:* **~nik** *f* technology; (*Methode, Kunstfertigkeit*) technique; **~niker** (-s, -) *m* technician; **t~nisch** *adj* technical; **~nolo'gie** *f* technology; **t~no'logisch** *adj* technological

TEE [te:'e:'e:] (-, -(s)) *m abk* (= *Trans-Europ-Express*) Trans-European Express

Tee [te:] (-s, -s) *m* tea; **~beutel** *m* tea bag; **~kanne** *f* teapot; **~löffel** *m* teaspoon

Teer [te:r] (-(e)s, -e) *m* tar; **t~en** *vt* to tar

Teesieb *nt* tea strainer

Teich [taiç] (-(e)s, -e) *m* pond

Teig [taik] (-(e)s, -e) *m* dough; **t~ig** ['taigiç] *adj* doughy; **~waren** *pl* pasta *sg*

Teil [tail] (-(e)s, -e) *m od nt* part; (*An~*) share; (*Bestand~*) component; **zum ~** partly; **t~bar** *adj* divisible; **~betrag** *m* instalment; **~chen** *nt* (atomic) particle; **t~en** *vt, vr* to divide; (*mit jdm*) to share; **t~haben** (*unreg*) *vi:* **t~haben an +***dat* to share in; **~haber** (-s, -) *m* partner; **~kaskoversicherung** *f* third party, fire and theft insurance; **~nahme** *f* participation; (*Mitleid*) sympathy; **t~nahmslos** *adj* disinterested, apathetic; **t~nehmen** (*unreg*) *vi:*

t~**nehmen an** +*dat* to take part in; ~**neh-mer** (-s, -) *m* participant; t~s *adv* partly; ~**ung** *f* division; t~**weise** *adv* partially, in part; ~**zahlung** *f* payment by instalments; ~**zeitarbeit** *f* part-time work

Teint [tɛ̃:] (-s, -s) *m* complexion

Telefax ['telefaks] *nt* fax

Telefon [tele'fo:n] (-s, -e) *nt* telephone; ~**anruf** *m* (tele)phone call; ~**at** [telefo'na:t] (-(e)s, -e) *nt* (tele)phone call; ~**buch** *nt* telephone directory; ~**hörer** *m* (telephone) receiver; t~**ieren** [telefo'ni:rən] *vi* to telephone; t~**isch** [-ɪʃ] *adj* telephone; (*Benachrichtigung*) by telephone; ~**ist(in)** [telefo'nɪst(ɪn)] *m(f)* telephonist; ~**karte** *f* phonecard; ~**nummer** *f* (tele)phone number; ~**zelle** *f* telephone kiosk, callbox; ~**zentrale** *f* telephone exchange

Telegraf [tele'gra:f] (-en, -en) *m* telegraph; ~**enmast** *m* telegraph pole; ~**ie** [-'fi:] *f* telegraphy; t~**ieren** [-'fi:rən] *vt, vi* to telegraph, to wire; t~**isch** *adj* telegraphic

Telegramm [tele'gram] (-s, -e) *nt* telegram, cable; ~**adresse** *f* telegraphic address

Tele- *zW:* ~**objektiv** ['te:le'ɔpjɛkti:f] *nt* telephoto lens; t~**pathisch** [tele'pa:tɪʃ] *adj* telepathic; ~**skop** [tele'sko:p] (-s, -e) *nt* telescope

Telex ['te:lɛks] (-es, -e) *nt* telex

Teller ['tɛlər] (-s, -) *m* plate

Tellergericht *nt* (*KOCH*) one-course meal

Tempel ['tɛmpəl] (-s, -) *m* temple

Temperament [tɛmpera'mɛnt] *nt* temperament; (*Schwung*) vivacity, liveliness; t~**voll** *adj* high-spirited, lively

Temperatur [tɛmpera'tu:r] *f* temperature

Tempo¹ ['tɛmpo] (-s, -s) *nt* speed, pace; ~! get a move on!

Tempo² (-s, Tempi) *nt* (*MUS*) tempo

Tendenz [tɛn'dɛnts] *f* tendency; (*Absicht*) intention; t~**iös** [-i'ø:s] *adj* biased, tendentious

tendieren [tɛn'di:rən] *vi:* ~ **zu** to show a tendency to, to incline towards

Tennis ['tɛnɪs] (-) *nt* tennis; ~**ball** *m* tennis ball; ~**platz** *m* tennis court; ~**schläger** *m* tennis racket; ~**schuh** *m* tennis shoe; ~**spieler(in)** *m(f)* tennis player

Tenor [te'no:r] (-s, ⁼e) *m* tenor

Teppich ['tɛpɪç] (-s, -e) *m* carpet; ~**boden** *m* wall-to-wall carpeting

Termin [tɛr'mi:n] (-s, -e) *m* (*Zeitpunkt*) date; (*Frist*) time limit, deadline; (*Arzt~ etc*) appointment; ~**kalender** *m* diary, appointments book; ~**planer** *m* personal organizer

Termite [tɛr'mi:tə] *f* termite

Terpentin [tɛrpɛn'ti:n] (-s, -e) *nt* turpentine, turps *sg*

Terrasse [tɛ'rasə] *f* terrace

Terrine [tɛ'ri:nə] *f* tureen

territorial [tɛritori'a:l] *adj* territorial

Territorium [tɛri'to:riʊm] *nt* territory

Terror ['tɛrɔr] (-s) *m* terror; reign of terror; t~**isieren** [tɛrori'zi:rən] *vt* to terrorize; ~**ismus** [-'rɪsmʊs] *m* terrorism; ~**ist** [-'rɪst] *m* terrorist

Terz [tɛrts] (-, -en) *f* (*MUS*) third; ~**ett** [tɛr'tsɛt] (-(e)s, -e) *nt* trio

Tesafilm ['te:zafɪlm] Ⓡ *m* Sellotape Ⓡ (*BRIT*), Scotch tape Ⓡ (*US*)

Test [tɛst] (-s, -e) *m* test

Testament [tɛsta'mɛnt] *nt* will, testament; (*REL*) Testament; t~**arisch** [-'ta:rɪʃ] *adj* testamentary; ~**svollstrecker** *m* executor (of a will)

testen *vt* to test

Tetanus ['te:tanʊs] (-) *m* tetanus; ~**impfung** *f* (anti-)tetanus injection

teuer ['tɔyər] *adj* dear, expensive; **T~ung** *f* increase in prices; **T~ungszulage** *f* cost of living bonus

Teufel ['tɔyfəl] (-s, -) *m* devil

teuflisch ['tɔyflɪʃ] *adj* fiendish, diabolical

Text [tɛkst] (-(e)s, -e) *m* text; (*Lieder~*) words *pl*; t~**en** *vi* to write the words

textil [tɛks'ti:l] *adj* textile; **T~ien** *pl* textiles; **T~industrie** *f* textile industry; **T~waren** *pl* textiles

Textverarbeitung *f* word processing

Theater [te'a:tər] (-s, -) *nt* theatre; (*umg*) fuss; ~ **spielen** (*auch fig*) to playact; ~**besucher** *m* playgoer; ~**kasse** *f* box office; ~**stück** *nt* (stage-)play

Theke ['te:kə] *f* (*Schanktisch*) bar; (*Ladentisch*) counter

Thema ['te:ma] (-s, Themen *od* -ta) *nt* theme, topic, subject

Themse ['tɛmzə] *f* Thames

Theo- [teo] *zW:* ~**loge** [-'lo:gə] (-n, -n) *m* theologian; ~**logie** [-lo'gi:] *f* theology; t~**logisch** [-'lo:gɪʃ] *adj* theological; ~**retiker** [-'re:tikər] (-s, -) *m* theorist; t~**retisch** [-'re:tɪʃ] *adj* theoretical; ~**rie** [-'ri:] *f* theory

Thera- [tera] *zW:* ~**peut** [-'pɔyt] (-en, -en) *m* therapist; t~**peutisch** [-'pɔytɪʃ] *adj* therapeutic; ~**pie** [-'pi:] *f* therapy

Therm- *zW:* ~**albad** [tɛr'ma:lba:t] *nt* thermal bath; thermal spa; ~**odrucker** ['tɛrmo] *m* thermal printer; ~**ometer** [tɛrmo'me:tər] (-s, -) *nt* thermometer; ~**osflasche** ® ['tɛrmosflaʃə] *f* Thermos Ⓡ flask; ~**ostat** [tɛrmo'sta:t] (-(e)s *od* -en, -e(n)) *m* thermostat

These ['te:zə] *f* thesis

Thrombose [trɔm'bo:zə] *f* thrombosis

Thron [tro:n] (-(e)s, -e) *m* throne; t~**en** *vi* to sit enthroned (*fig*) to sit in state; ~**folge** *f* succession (to the throne)

Thunfisch ['tu:nfɪʃ] *m* tuna

Thymian ['ty:mia:n] (-s, -e) *m* thyme

Tick [tɪk] (-(e)s, -s) *m* tic; (*Eigenart*) quirk; (*Fimmel*) craze

ticken *vi* to tick

tief [ti:f] *adj* deep; (~*sinnig*) profound; (*Ausschnitt, Preis, Ton*) low; **T~** (-s, -s) *nt* (MET) depression; **T~druck** *m* low pressure; **T~e** *f* depth; **T~ebene** *f* plain; **T~enpsychologie** *f* depth psychology; **T~enschärfe** *f* (PHOT) depth of focus; **T~garage** *f* underground garage; ~**gekühlt** *adj* frozen; ~**greifend** *adj* far-reaching; **T~kühlfach** *nt* deep-freeze compartment; **T~kühlkost** *f* (deep) frozen food; **T~kühltruhe** *f* deep-freeze, freezer; **T~punkt** *m* low point; (*fig*) low ebb; **T~schlag** *m* (BOXEN, *fig*) blow below the belt; ~**schürfend** *adj* profound; **T~see** *f* deep sea; ~**sinnig** *adj* profound; melancholy; **T~stand** *m* low level; **T~stwert** *m* minimum *od* lowest value

Tier [ti:r] (-(e)s, -e) *nt* animal; ~**arzt** *m* vet(erinary surgeon); ~**garten** *m* zoo(logical gardens *pl*); ~**heim** *nt* cat/dog home; **t~isch** *adj* animal; (*auch fig*) brutish; (*fig: Ernst etc*) deadly; ~**kreis** *m* zodiac; ~**kunde** *f* zoology; **t~liebend** *adj* fond of animals; ~**park** *m* zoo; ~**quälerei** [-kvɛːlɔ'raɪ] *f* cruelty to animals; ~**schutzverein** *m* society for the prevention of cruelty to animals

Tiger(in) ['ti:gɔr(ɪn)] (-s, -) *m* tiger(gress)

tilgen ['tɪlgɔn] *vt* to erase; (*Sünden*) to expiate; (*Schulden*) to pay off

Tinte ['tɪntə] *f* ink; ~**nfisch** *m* cuttlefish; ~**nstift** *m* copying *od* indelible pencil

Tip [tɪp] *m* tip; **t~pen** *vt, vi* to tap, to touch; (*umg: schreiben*) to type; (*im Lotto etc*) to bet (on); **auf jdn t~pen** (*umg: raten*) to tip sb, to put one's money on sb (*fig*)

Tipp- ['tɪp] *zW:* ~**fehler** (*umg*) *m* typing error; **t~topp** (*umg*) *adj* tip-top; ~**zettel** *m* (pools) coupon

Tirol [ti'ro:l] *nt* the Tyrol; ~**er(in)** *m(f)* Tyrolean; **t~isch** *adj* Tyrolean

Tisch [tɪʃ] (-(e)s, -e) *m* table; **bei ~** at table; **vor/nach ~** before/after eating; **unter den ~ fallen** (*fig*) to be dropped; ~**decke** *f* tablecloth; ~**ler** (-s, -) *m* carpenter, joiner; ~**le'rei** *f* joiner's workshop; (*Arbeit*) carpentry, joinery; **t~lern** *vi* to do carpentry *etc*; ~**rede** *f* after-dinner speech; ~**tennis** *nt* table tennis; ~**tuch** *nt* tablecloth

Titel ['ti:tɔl] (-s, -) *m* title; ~**bild** *nt* cover (picture); (*von Buch*) frontispiece; ~**rolle** *f* title role; ~**seite** *f* cover; (*Buch~*) title page; ~**verteidiger** *m* defending champion, title holder

Toast [to:st] (-(e)s, -s *od* -e) *m* toast; ~**brot** *nt* bread for toasting; ~**er** (-s, -) *m* toaster

tob- ['to:b] *zW:* ~**en** *vi* to rage; (*Kinder*) to romp about; ~**süchtig** *adj* maniacal

Tochter ['tɔxtɔr] (-, ˙) *f* daughter; ~**gesellschaft** *f* subsidiary (company)

Tod [to:t] (-(e)s, -e) *m* death; **t~ernst** *adj* deadly serious ♦ *adv* in dead earnest

Todes- ['to:dɔs] *zW:* ~**angst** [-aŋst] *f* mortal fear; ~**anzeige** *f* obituary (notice); ~**fall** *m* death; ~**strafe** *f* death penalty; ~**ursache** *f* cause of death; ~**urteil** *nt* death sentence; ~**verachtung** *f* utter disgust

todkrank *adj* dangerously ill

tödlich ['tø:tlɪç] *adj* deadly, fatal

tod- *zW:* ~**müde** *adj* dead tired; ~**schick** (*umg*) *adj* smart, classy; ~**sicher** (*umg*) *adj* absolutely *od* dead certain; **T~sünde** *f* deadly sin

Toilette [toa'lɛtə] *f* toilet, lavatory; (*Frisiertisch*) dressing table; (*Kleidung*) outfit

Toiletten- *zW:* ~**artikel** *pl* toiletries, toilet articles; ~**papier** *nt* toilet paper; ~**tisch** *m* dressing table

toi, toi, toi ['tɔy 'tɔy 'tɔy] *excl* touch wood

tolerant [tole'rant] *adj* tolerant

Toleranz [tole'rants] *f* tolerance

tolerieren [tole'ri:rɔn] *vt* to tolerate

toll [tɔl] *adj* mad; (*Treiben*) wild; (*umg*) terrific; ~**en** *vi* to romp; **T~kirsche** *f* deadly nightshade; ~**kühn** *adj* daring; **T~wut** *f* rabies

Tomate [to'ma:tə] *f* tomato; ~**nmark** *nt* tomato puree

Tombola *f* tombola

Ton¹ [to:n] (-(e)s, -e) *m* (*Erde*) clay

Ton² (-(e)s, ˙e) *m* (*Laut*) sound; (MUS) note; (*Redeweise*) tone; (*Farb~, Nuance*) shade; (*Betonung*) stress; ~**abnehmer** *m* pick-up; ~**angebend** *adj* leading; ~**art** *f* (musical) key; ~**band** *nt* tape; ~**bandgerät** *nt* tape recorder

tönen ['tø:nɔn] *vi* to sound ♦ *vt* to shade; (*Haare*) to tint

tönern ['tø:nɔrn] *adj* clay

Ton- *zW:* ~**fall** *m* intonation; ~**film** *m* sound film; ~**leiter** *f* (MUS) scale; **t~los** *adj* soundless

Tonne ['tɔnə] *f* barrel; (*Maß*) ton

Tontaube *f* clay pigeon

Tonwaren *pl* pottery *sg*, earthenware *sg*

Topf [tɔpf] (-(e)s, ˙e) *m* pot; ~**blume** *f* pot plant

Töpfer ['tœpfɔr] (-s, -) *m* potter; ~**ei** [-'raɪ] *f* piece of pottery; potter's workshop; ~**scheibe** *f* potter's wheel

topographisch [topo'gra:fɪʃ] *adj* topographic

Tor¹ [to:r] (-en, -en) *m* fool

Tor² (-(e)s, -e) *nt* gate; (SPORT) goal; ~**bogen** *m* archway

Torf [tɔrf] (-(e)s) *m* peat

Torheit *f* foolishness; foolish deed

töricht ['tø:rɪçt] *adj* foolish

torkeln ['tɔrkɔln] *vi* to stagger, to reel

Torpedo [tɔr'pe:do] (-s, -s) *m* torpedo

Torte ['tɔrtə] *f* cake; (*Obst~*) flan, tart

Tortur [tɔr'tu:r] *f* ordeal

Torwart (-(e)s, -e) *m* goalkeeper

tosen ['toːzən] *vi* to roar

tot [toːt] *adj* dead

total [to'taːl] *adj* total; **~itär** [totali'tɛːr] *adj* totalitarian; **T~schaden** *m* (AUT) complete write-off

Tote(r) *mf* dead person

töten ['tøtən] *vt, vi* to kill

Toten- ['toːtən] *zW*: **~bett** *nt* death bed; **t~blaß** *adj* deathly pale, white as a sheet; **~kopf** *m* skull; **~schein** *m* death certificate; **~stille** *f* deathly silence

tot- *zW*: **~fahren** (*unreg*) *vt* to run over; **~geboren** *adj* stillborn; **~lachen** (*umg*) *vr* to laugh one's head off

Toto ['toːto] (-s, -s) *m od nt* pools *pl*; **~schein** *m* pools coupon

tot- *zW*: **T~schlag** *m* manslaughter; **~schlagen** (*unreg*) *vt* (*auch fig*) to kill; **~schweigen** (*unreg*) *vt* to hush up; **~stellen** *vr* to pretend to be dead

Tötung ['tøtʊŋ] *f* killing

Toupet [tu'peː] (-s, -s) *nt* toupee

toupieren [tu'piːrən] *vt* to back-comb

Tour [tuːr] (-, -en) *f* tour, trip; (*Umdrehung*) revolution; (*Verhaltensart*) way; **in einer ~** incessantly; **eine ~** *f* SPORT) way; **~enzähler** *m* rev counter; **~ismus** [tu'rɪsmʊs] *m* tourism; **~ist** [tu'rɪst] *m* tourist; **~istenklasse** *f* tourist class; **~nee** [tur'neː] (-, -n) *f* (THEAT etc) tour; **auf ~nee gehen** to go on tour

Trab [traːp] (-(e)s) *m* trot

Trabantenstadt *f* satellite town

traben *vi* to trot

Tracht [traxt] (-, -en) *f* (*Kleidung*) costume, dress; **eine ~ Prügel** a sound thrashing; **t~en** *vi*: **t~en (nach)** to strive (for); **jdm nach dem Leben t~en** to seek to kill sb; **danach t~en, etw zu tun** to strive *od* endeavour to do sth

trächtig ['trɛçtɪç] *adj* (*Tier*) pregnant

Tradition [traditsi'oːn] *f* tradition; **t~ell** [-'nɛl] *adj* traditional

traf *etc* [traːf] *vb siehe* **treffen**

Tragbahre *f* stretcher

tragbar *adj* (*Gerät*) portable; (*Kleidung*) wearable; (*erträglich*) bearable

träge ['trɛːgə] *adj* sluggish, slow; (PHYS) inert

tragen ['traːgən] (*unreg*) *vt* to carry; (*Kleidung, Brille*) to wear; (*Namen, Früchte*) to bear; (*erdulden*) to endure ♦ *vi* (*schwanger sein*) to be pregnant; (*Eis*) to hold; **sich mit einem Gedanken ~** to have an idea in mind; **zum T~ kommen** to have an effect

Träger ['trɛːgər] (-s, -) *m* carrier; wearer; bearer; (*Ordens~*) holder; (*an Kleidung*) (shoulder) strap; (*Körperschaft etc*) sponsor; **~rakete** *f* launch vehicle

Tragetasche *f* carrier bag

Tragfläche *f* (AVIAT) wing

Tragflügelboot *nt* hydrofoil

Trägheit ['trɛːkhaɪt] *f* laziness; (PHYS) inertia

Tragik ['traːgɪk] *f* tragedy

tragisch ['traːgɪʃ] *adj* tragic

Tragödie [tra'gøːdiə] *f* tragedy

Tragweite *f* range; (*fig*) scope

Train- ['trɛːn] *zW*: **~er** (-s, -) *m* (SPORT) trainer, coach; (*Fußball*) manager; **t~ieren** [trɛ'niːrən] *vt, vi* to train; (*Mensch*) to train, to coach; (*Übung*) to practise; **~ing** (-s, -s) *nt* training; **~ingsanzug** *m* track suit

Traktor ['traktɔr] *m* tractor; (*von Drucker*) tractor feed

trällern ['trɛlərn] *vt, vi* to trill, to sing

Tram (-, -s) *f* tram

trampeln ['trampəln] *vt, vi* to trample, to stamp

trampen ['trɛmpən] *vi* to hitch-hike

Tramper(in) (-s, -) *m(f)* hitch-hiker

Tran [traːn] (-(e)s, -e) *m* train oil, blubber

tranchieren [trã'ʃiːrən] *vt* to carve

Träne ['trɛːnə] *f* tear; **t~n** *vi* to water; **~ngas** *nt* teargas

trank *etc* [traŋk] *vb siehe* **trinken**

tränken ['trɛŋkən] *vt* (*Tiere*) to water

Trans- *zW*: **~formator** [transfɔr'maːtɔr] *m* transformer; **~istor** [tran'zistɔr] *m* transistor; **~itverkehr** [tran'ziːtfɛrkeːr] *m* transit traffic; **~itvisum** *nt* transit visa; **t~parent** [transpa'rɛnt] *adj* transparent; **~parent** (-(e)s, -e) *nt* (*Bild*) transparency; (*Spruchband*) banner; **~plantation** [transplantatsi'oːn] *f* transplantation; (*Hauttransplantation*) graft(ing)

Transport [trans'pɔrt] (-(e)s, -e) *m* transport; **t~ieren** [transpɔr'tiːrən] *vt* to transport; **~kosten** *pl* transport charges, carriage *sg*; **~mittel** *nt* means *sg* of transportation; **~unternehmen** *nt* carrier

Trapez [tra'peːts] (-es, -e) *nt* trapeze; (MATH) trapezium

Traube ['traubə] *f* grape; bunch (of grapes); **~nzucker** *m* glucose

trauen ['trauən] *vi*: **jdm/etw ~** to trust sb/sth ♦ *vr* to dare ♦ *vt* to marry

Trauer ['trauər] (-) *f* sorrow; (*für Verstorbenen*) mourning; **~fall** *m* death, bereavement; **~feier** *f* funeral service; **~kleidung** *f* mourning; **t~n** *vi* to mourn; **um jdn t~n** to mourn (for) sb; **~rand** *m* black border; **~spiel** *nt* tragedy

traulich ['traulɪç] *adj* cosy, intimate

Traum [traum] (-(e)s, Träume) *m* dream

Trauma [trauma] (-s, -men) *nt* trauma

träum- ['trɔym] *zW*: **~en** *vt, vi* to dream; **T~er** (-s, -) *m* dreamer; **T~e'rei** *f* dreaming; **~erisch** *adj* dreamy

traumhaft *adj* dreamlike; (*fig*) wonderful

traurig ['traurɪç] *adj* sad; **T~keit** *f* sadness

Trau- ['trau] *zW*: **~ring** *m* wedding ring; **~schein** *m* marriage certificate; **~ung** *f* wedding ceremony; **~zeuge** *m* witness (to a marriage); ~**zeugin** f witness (at a marriage ceremony)

treffen ['trɛfən] (unreg) vt to strike, to hit; (Bemerkung) to hurt; (begegnen) to meet; (Entscheidung etc) to make; (Maßnahmen) to take ♦ vi to hit ♦ vr to meet; **er hat es gut getroffen** he did well; ~ **auf** +akk to come across, to meet with; **es traf sich, daß ...** it so happened that ...; **es trifft sich gut** it's convenient; **wie es so trifft as** these things happen; T~ (-s, -) nt meeting; ~**d** adj pertinent, apposite

Treffer (-s, -) m hit; (Tor) goal; (Los) winner

Treffpunkt m meeting place

Treib- ['traɪb] zW: ~**eis** nt drift ice; t~**en** (unreg) vt to drive; (Studien etc) to pursue; (Sport) to do, to go in for ♦ vi (Schiff etc) to drift; (Pflanzen) to sprout; (KOCH: aufgehen) to rise; (Tee, Kaffee) to be diuretic; **Unsinn t~en** to fool around; ~**haus** nt greenhouse; ~**hauseffekt** m greenhouse effect; ~**hausgas** nt greenhouse gas; ~**stoff** m fuel

trenn- ['trɛn] zW: ~**bar** adj separable; ~**en** vt to separate; (teilen) to divide ♦ vr to separate; **sich ~en von** to part with; T~**ung** f separation; T~**wand** f partition (wall)

Trepp- ['trɛp] zW: t~**ab** adv downstairs; t~**auf** adv upstairs; ~**e** f stair(case); ~**en-geländer** nt banister; ~**enhaus** nt staircase

Tresor [tre'zo:r] (-s, -e) m safe

Tretboot nt pedalo, pedal boat

treten ['tre:tən] (unreg) vi to step; (Tränen, Schweiß) to appear ♦ vt (mit Fußtritt) to kick; (nieder~) to tread, to trample; ~ **nach** to kick at; ~ **in** +akk to step in(to); **in Verbindung ~** to get in contact; **in Erscheinung ~** to appear

treu [trɔy] adj faithful, true; T~**e** (-) f loyalty, faithfulness; T~**händer** (-s, -) m trustee; T~**handgesellschaft** f trust company; ~**herzig** adj innocent; ~**los** adj faithless

Tribüne [tri'by:nə] f grandstand; (Redner~) platform

Trichter ['trɪçtər] (-s, -) m funnel; (in Boden) crater

Trick [trɪk] (-s, -e od -s) m trick; ~**film** m cartoon

Trieb [tri:p] (-(e)s, -e) m urge, drive; (Neigung) inclination; (an Baum etc) shoot; t~ **etc vb siehe treiben**; ~**feder** f (fig) motivating force; ~**kraft** f (fig) drive; ~**täter** m sex offender; ~**werk** nt engine

triefen ['tri:fən] vi to drip

triffst etc [trɪfst] vb siehe **treffen**

triftig ['trɪftɪç] adj good, convincing

Trikot [tri'ko:] (-s, -s) nt vest; (SPORT) shirt

Trimester [tri'mɛstər] (-s, -) nt term

trimmen ['trɪmən] vr to do keep fit exer-

cises

trink- ['trɪŋk] zW: ~**bar** adj drinkable; ~**en** (unreg) vt, vi to drink; T~**er** (-s, -) m drinker; T~**geld** nt tip; T~**halle** f refreshment kiosk; T~**wasser** nt drinking water

Tripper ['trɪpər] (-s, -) m gonorrhoea

Tritt [trɪt] (-(e)s, -e) m step; (Fuß~) kick; ~**brett** nt (EISENB) step; (AUT) running-board

Triumph [tri'ʊmf] (-(e)s, -e) m triumph; ~**bogen** m triumphal arch; t~**ieren** [triʊm'fi:rən] vi to triumph; (jubeln) to exult

trocken ['trɔkən] adj dry; T~**element** nt dry cell; T~**haube** f hair-dryer; T~**heit** f dryness; ~**legen** vt (Sumpf) to drain; (Kind) to put a clean nappy on; T~**milch** f dried milk; T~**rasur** f dry shave, electric shave

trocknen ['trɔknən] vt, vi to dry

Trödel ['trø:dəl] (-s; umg) m junk; ~**markt** m flea market; t~**n** (umg) vi to dawdle

Trog [tro:k] (-(e)s, =e) m trough

Trommel ['trɔməl] (-, -n) f drum; ~**fell** nt eardrum; t~**n** vt, vi to drum

Trompete [trɔm'pe:tə] f trumpet; ~**r** (-s, -) m trumpeter

Tropen ['tro:pən] pl tropics; ~**helm** m sun helmet

tröpfeln ['trœpfəln] vi to drop, to trickle

Tropfen ['trɔpfən] (-s, -) m drop; t~ vt, vi to drip ♦ vb unpers: **es tropft** a few raindrops are falling; t~**weise** adv in drops

Tropfsteinhöhle f stalactite cave

tropisch ['tro:pɪʃ] adj tropical

Trost [tro:st] (-es) m consolation, comfort

trösten ['trø:stən] vt to console, to comfort

trost- zW: ~**los** adj bleak; (Verhältnisse) wretched; T~**preis** m consolation prize; ~**reich** adj comforting

Trott [trɔt] (-(e)s, -e) m trot; (Routine) routine; ~**el** (-s, -; umg) m fool, dope; t~**en** vi to trot; ~**oir** [trɔto'a:r] (-s, -s od -e) nt pavement, sidewalk (US)

Trotz [trɔts] (-es) m pigheadedness; **etw aus ~ tun** to do sth just to show them; **jdm zum ~** in defiance of sb; t~ **präp** (+gen od dat) in spite of; t~**dem** adv nevertheless, all the same ♦ konj although; t~**en** vi (+dat) to defy; (der Kälte, Klima etc) to withstand; (der Gefahr) to brave; (trotzig sein) to be awkward; t~**ig** adj defiant, pig-headed; ~**kopf** m obstinate child

trüb [try:p] adj dull (Flüssigkeit, Glas) cloudy; (fig) gloomy

Trubel ['tru:bəl] (-s) m hurly-burly

trüb- zW: ~**en** ['try:bən] vt to cloud ♦ vr to become clouded; T~**heit** f dullness; cloudiness; gloom; T~**sal** (-, -e) f distress; ~**selig** adj sad, melancholy; T~**sinn** m depression; ~**sinnig** adj depressed, gloomy

Trüffel ['tryfəl] (-, -n) f truffle

trug etc [tru:k] vb siehe **tragen**

trügen ['try:gən] (*unreg*) *vt* to deceive ♦ *vi* to be deceptive

trügerisch *adj* deceptive

Trugschluß ['tru:gʃlʊs] *m* false conclusion

Truhe ['tru:ə] *f* chest

Trümmer ['trymər] *pl* wreckage *sg*; (*Bau~*) ruins; **~haufen** *m* heap of rubble

Trumpf [trʊmpf] (-(e)s, ⁼e) *m* (*auch fig*) trump; **t~en** *vt, vi* to trump

Trunk [trʊŋk] (-(e)s, ⁼e) *m* drink; **t~en** *adj* intoxicated; **~enheit** *f* intoxication; **~enheit am Steuer** drunken driving; **~sucht** *f* alcoholism

Trupp [trʊp] (-s, -s) *m* troop; **~e** *f* troop; (*Waffengattung*) force; (*Schauspiel~*) troupe; **~en** *pl* (MIL) troops; **~enübungsplatz** *m* training area

Truthahn ['tru:tha:n] *m* turkey

Tschech- ['tʃɛç] *zW:* **~e** *m* Czech, Czechoslovak(ian); **~in** *f* Czech, Czechoslovak(ian); **t~isch** *adj* Czech, Czechoslovak(ian); **~oslowake** [-oslo'va:kə] *m* Czech, Czechoslovak(ian); **~oslowakei** [-oslova'kaɪ] *f:* **die ~oslowakei** Czechoslovakia; **t~oslowakisch** [-oslo'va:kɪʃ] *adj* Czech, Czechoslovak(ian)

tschüs [tʃy:s] *excl* cheerio

T-Shirt ['ti:ʃœrt] *nt* T-shirt

Tube ['tu:bə] *f* tube

Tuberkulose [tuberku'lo:zə] *f* tuberculosis

Tuch [tu:x] (-(e)s, ⁼er) *nt* cloth; (*Hals~*) scarf; (*Kopf~*) headscarf; (*Hand~*) towel

tüchtig ['tyçtɪç] *adj* efficient, (cap)able; (*umg: kräftig*) good, sound; **T~keit** *f* efficiency, ability

Tücke ['tʏkə] *f* (*Arglist*) malice; (*Trick*) trick; (*Schwierigkeit*) difficulty, problem; **seine ~n haben** to be temperamental

tückisch ['tʏkɪʃ] *adj* treacherous; (*böswillig*) malicious

Tugend ['tu:gənt] (-, -en) *f* virtue; **t~haft** *adj* virtuous

Tüll [tʏl] (-s, -e) *m* tulle

Tülle *f* spout

Tulpe ['tʊlpə] *f* tulip

Tumor ['tu:mɔr] (-s, -e) *m* tumour

Tümpel ['tʏmpəl] (-s, -) *m* pool, pond

Tumult [tu'mʊlt] (-(e)s, -e) *m* tumult

tun [tu:n] (*unreg*) *vt* (*machen*) to do; (*legen*) to put ♦ *vi* to act ♦ *vr:* **es tut sich etwas/ viel** something/a lot is happening; **jdm etw ~** (*antun*) to do sth to sb; **etw tut es auch** sth will do; **das tut nichts** that doesn't matter; **das tut nichts zur Sache** that's neither here nor there; **so ~, als ob** to act as if

tünchen ['tʏnçən] *vt* to whitewash

Tunke ['tʊŋkə] *f* sauce; **t~n** *vt* to dip, to dunk

tunlichst ['tu:nlɪçst] *adv* if at all possible;

~ bald as soon as possible

Tunnel ['tʊnəl] (-s, -s *od* -) *m* tunnel

Tupfen ['tʊpfən] (-s, -) *m* dot, spot; **t~** *vt, vi* to dab; (*mit Farbe*) to dot

Tür [ty:r] (-, -en) *f* door

Turban ['tʊrba:n] (-s, -e) *m* turban

Turbine [tʊr'bi:nə] *f* turbine

Türk- [tʏrk] *zW:* **~e** *m* Turk; **~ei** [tʏr'kaɪ] *f:* **die ~ei** Turkey; **~in** *f* Turk

Türkis [tʏr'ki:s] (-es, -e) *m* turquoise; **t~** *adj* turquoise

türkisch ['tʏrkɪʃ] *adj* Turkish

Türklinke *f* doorknob, door handle

Turm [tʊrm] (-(e)s, ⁼e) *m* tower; (*Kirch~*) steeple; (*Sprung~*) diving platform; (SCHACH) castle, rook

türmen ['tʏrmən] *vr* to tower up ♦ *vt* to heap up ♦ *vi* (*umg*) to scarper, to bolt

Turn- ['tʊrn] *zW:* **t~en** *vi* to do gymnastic exercises ♦ *vt* to perform; **~en** (-s) *nt* gymnastics; (SCH) physical education, P.E.; **~er(in)** (-s, -) *m(f)* gymnast; **~halle** *f* gym (-nasium); **~hose** *f* gym shorts *pl*

Turnier [tʊr'ni:r] (-s, -e) *nt* tournament

Turn- *zW:* **~schuh** *m* gym shoe; **~verein** *m* gymnastics club; **~zeug** *nt* gym things *pl*

Tusche ['tʊʃə] *f* Indian ink

tuscheln ['tʊʃəln] *vt, vi* to whisper

Tuschkasten *m* paintbox

Tüte ['ty:tə] *f* bag

tuten ['tu:tən] *vi* (AUT) to hoot (BRIT), to honk (US)

TÜV [tʏf] (-s, -s) *m abk* (= *Technischer Überwachungsverein*) ≈ MOT

Typ [ty:p] (-s, -en) *m* type; **~e** *f* (TYP) type

Typhus ['ty:fus] (-) *m* typhoid (fever)

typisch ['ty:pɪʃ] *adj:* **~ (für)** typical (of)

Tyrann [ty'ran] (-en, -en) *m* tyrant; **~ei** [-'naɪ] *f* tyranny; **t~isch** *adj* tyrannical; **t~i'sieren** *vt* to tyrannize

U u

u.a. *abk* = **unter anderem**

U-Bahn ['u:ba:n] *f* underground, tube

übel ['y:bəl] *adj* bad; (*moralisch*) bad, wicked; **jdm ist ~** sb feels sick; **Ü~** (-s, -) *nt* evil; (*Krankheit*) disease; **~gelaunt** *adj* bad-tempered; **Ü~keit** *f* nausea; **~nehmen** (*unreg*) *vt:* **jdm eine Bemerkung etc ~nehmen** to be offended at sb's remark *etc*

üben ['y:bən] *vt, vi* to exercise, to practise

─── SCHLÜSSELWORT ───

über ['y:bər] *präp* +*dat* **1** (*räumlich*) over, above; **zwei Grad über Null** two degrees above zero

2 (*zeitlich*) over; **über der Arbeit einschlafen** to fall asleep over one's work

♦ *präp* +*akk* **1** (*räumlich*) over; (*hoch über auch*) above; (*quer über auch*) across

2 (*zeitlich*) over; **über Weihnachten** over Christmas; **über kurz oder lang** sooner or later

3 (*mit Zahlen*): **Kinder über 12 Jahren** children over *od* above 12 years of age; **ein Scheck über 200 Mark** a cheque for 200 marks

4 (*auf dem Wege*) via; **nach Köln über Aachen** to Cologne via Aachen; **ich habe es über die Auskunft erfahren** I found out from information

5 (*betreffend*) about; **ein Buch über ...** a book about *od* on ...; **über jdn/etw lachen** to laugh about *od* at sb/sth

6: **Macht über jdn haben** to have power over sb; **sie liebt ihn über alles** she loves him more than everything

♦ *adv* over; **über und über** over and over; **den ganzen Tag über** all day long; **jdm in etw** *dat* **über sein** to be superior to sb in sth

───

überall [y:bər'al] *adv* everywhere; ~'**hin** *adv* everywhere

überanstrengen [y:bər'anʃtrɛŋən] *vt insep* to overexert ♦ *vr insep* to overexert o.s.

überarbeiten [y:bər'arbaɪtən] *vt insep* to revise, to rework ♦ *vr insep* to overwork (o.s.)

überaus ['y:bər'aus] *adv* exceedingly

überbelichten ['y:bərbəlɪçtən] *vt* (*PHOT*) to overexpose

über'bieten (*unreg*) *vt insep* to outbid; (*übertreffen*) to surpass; (*Rekord*) to break

Überbleibsel ['y:bərblaɪpsəl] (-s, -) *nt* residue, remainder

Überblick ['y:bərblɪk] *m* view; (*fig: Darstellung*) survey, overview; (*Fähigkeit*): ~ (**über** +*akk*) grasp (of), overall view (of); **ü~en** [-'blɪkən] *vt insep* to survey

überbring- [y:bər'brɪŋ] *zW*: ~**en** (*unreg*) *vt insep* to deliver, to hand over; **Ü~er** (-s, -) *m* bearer

überbrücken [y:bər'brykən] *vt insep* to bridge

über'dauern *vt insep* to outlast

über'denken (*unreg*) *vt insep* to think over

überdies [y:bər'di:s] *adv* besides

überdimensional ['y:bərdimenziona:l] *adj* oversize

Überdruß ['y:bərdrʊs] (-sses) *m* weariness; **bis zum ~** ad nauseam

übereifrig ['y:bər'aɪfrɪç] *adj* overkeen

übereilt [y:bər''aɪlt] *adj* (over)hasty, premature

überein- [y:bər''aɪn] *zW*: ~**ander** [y:bər'aɪ'nandər] *adv* one upon the other; (*sprechen*) about each other; ~**kommen** (*unreg*) *vi* to agree; **Ü~kunft** (-, -künfte) *f* agreement; ~**stimmen** *vi* to agree; **Ü~stimmung** *f* agreement

überempfindlich ['y:bər'ɛmpfɪntlɪç] *adj* hypersensitive

überfahren [y:bər'fa:rən] (*unreg*) *vt insep* (*AUT*) to run over; (*fig*) to walk all over

Überfahrt ['y:bərfa:rt] *f* crossing

Überfall ['y:bərfal] *m* (*Bank~, MIL*) raid; (*auf jdn*) assault; **ü~en** [-'falən] (*unreg*) *vt insep* to attack; (*Bank*) to raid; (*besuchen*) to drop in on, to descend on

überfällig ['y:bərfɛlɪç] *adj* overdue

über'fliegen (*unreg*) *vt insep* to fly over, to overfly; (*Buch*) to skim through

Überfluß ['y:bərflʊs] *m*: ~ (**an** +*dat*) (super)abundance (of), excess (of)

überflüssig ['y:bərflysɪç] *adj* superfluous

über'fordern *vt insep* to demand too much of; (*Kräfte etc*) to overtax

über'führen *vt insep* (*Leiche etc*) to transport; (*Täter*) to have convicted

Über'führung *f* transport; conviction; (*Brücke*) bridge, overpass

überfüllt *adj* (*Schulen, Straßen*) overcrowded; (*Kurs*) oversubscribed

Übergabe ['y:bərga:bə] *f* handing over; (*MIL*) surrender

Übergang ['y:bərgaŋ] *m* crossing; (*Wandel, Überleitung*) transition

Übergangs- *zW*: ~**lösung** *f* provisional solution, stopgap; ~**stadium** *nt* transitional stage; ~**zeit** *f* transitional period

über'geben (*unreg*) *vt insep* to hand over; (*MIL*) to surrender ♦ *vr insep* to be sick; **dem Verkehr** ~ to open to traffic

übergehen ['y:bərge:ən] (*unreg*) *vi* (*Besitz*) to pass; (*zum Feind etc*) to go over, to defect; ~ **in** +*akk* to turn into; **über'gehen** (*unreg*) *vt insep* to pass over, to omit

Übergewicht ['y:bərgəvɪçt] *nt* excess weight; (*fig*) preponderance

überglücklich ['y:bərglyklɪç] *adj* overjoyed

überhaupt [y:bər'haupt] *adv* at all; (*im allgemeinen*) in general; (*besonders*) especially; ~ **nicht/keine** not/none at all

überheblich [y:bər'he:plɪç] *adj* arrogant; **Ü~keit** *f* arrogance

über'holen *vt insep* to overtake; (*TECH*) to overhaul

überholt *adj* out-of-date, obsolete

Überholverbot *nt* restriction on overtaking

über'hören *vt insep* not to hear; (*absichtlich*) to ignore

überirdisch ['y:bər'ɪrdɪʃ] *adj* supernatural,

unearthly

über'laden (*unreg*) *vt insep* to overload ♦ *adj* (*fig*) cluttered

über'lassen (*unreg*) *vt insep*: **jdm etw ~** to leave sth to sb ♦ *vr insep*: **sich einer Sache** *dat* **~** to give o.s. over to sth

über'lasten *vt insep* to overload; (*Mensch*) to overtax

überlaufen ['y:bərlaufən] (*unreg*) *vi* (*Flüssigkeit*) to flow over; (*zum Feind etc*) to go over, to defect; **~ sein** to be inundated *od* besieged; **über'laufen** (*unreg*) *vi insep* (*Schauer etc*) to come over

Überläufer ['y:bərlɔyfər] (**-s, -**) *m* deserter

über'leben *vt insep* to survive; **Ü~de(r)** *mf* survivor

über'legen *vt insep* to consider ♦ *adj* superior; **ich muß es mir ~** I'll have to think about it; **Ü~heit** *f* superiority

Über'legung *f* consideration, deliberation

über'liefern *vt insep* to hand down, to transmit

Überlieferung *f* tradition

überlisten ['y:bər'lɪstən] *vt insep* to outwit

überm ['y:bərm] = **über dem**

Übermacht ['y:bərmaxt] *f* superior force, superiority

übermächtig ['y:bərmeçtɪç] *adj* superior (in strength); (*Gefühl etc*) overwhelming

übermannen [y:bər'manən] *vt insep* to overcome

übermäßig ['y:bərme:sɪç] *adj* excessive

Übermensch ['y:bərmenʃ] *m* superman; **ü~lich** *adj* superhuman

übermitteln [y:bər'mɪtəln] *vt insep* to convey

übermorgen ['y:bərmɔrgən] *adv* the day after tomorrow

Übermüdung [y:bər'my:duŋ] *f* fatigue, overtiredness

Übermut ['y:bərmu:t] *m* exuberance

übermütig ['y:bərmy:tɪç] *adj* exuberant, high-spirited; **~ werden** to get overconfident

übernächste(r, s) *adj* next but one

übernachten [y:bər'naxtən] *vi insep*: (**bei jdm**) **~** to spend the night (at sb's place)

Übernahme ['y:bərna:mə] *f* taking over *od* on, acceptance

über'nehmen (*unreg*) *vt insep* to take on, to accept; (*Amt, Geschäft*) to take over ♦ *vr insep* to take on too much

über'prüfen *vt insep* to examine, to check

überqueren [y:bər'kve:rən] *vt insep* to cross

überragen [y:bər'ra:gən] *vt insep* to tower above; (*fig*) to surpass

überraschen [y:bər'raʃən] *vt insep* to surprise

Überraschung *f* surprise

überreden *vt insep* to persuade

überreichen [y:bər'raɪçən] *vt insep* to pre-

sent, to hand over

Überrest *m* remains, remnants

überrumpeln [y:bər'rumpəln] *vt insep* to take by surprise

überrunden [y:bər'rundən] *vt insep* to lap

übers ['y:bərs] = **über das**

Überschallflugzeug ['y:bərʃal-] *nt* supersonic jet

Überschallgeschwindigkeit *f* supersonic speed

über'schätzen *vt insep* to overestimate

überschäumen *vi* (*Bier*) to foam over, bubble over; (*Temperament*) to boil over

Überschlag ['y:bərʃla:k] *m* (*FIN*) estimate; (*SPORT*) somersault; **ü~en** [-'ʃla:gən] (*unreg*) *vt insep* (*berechnen*) to estimate; (*auslassen: Seite*) to omit ♦ *vr insep* to somersault; (*Stimme*) to crack; (*AVIAT*) to loop the loop; **überschlagen** (*unreg*) *vt* (*Beine*) to cross ♦ *vi* (*Wellen*) to break; (*Funken*) to flash

überschnappen ['y:bərʃnapən] *vi* (*Stimme*) to crack; (*umg: Mensch*) to flip one's lid

über'schneiden (*unreg*) *vr insep* (*auch fig*) to overlap; (*Linien*) to intersect

über'schreiben (*unreg*) *vt insep* to provide with a heading; **jdm etw ~** to transfer *od* make over sth to sb

über'schreiten (*unreg*) *vt insep* to cross over; (*fig*) to exceed; (*verletzen*) to transgress

Überschrift ['y:bərʃrɪft] *f* heading, title

Überschuß *m*: **~ (an** +*dat*) surplus (of)

überschüssig ['y:bərʃysɪç] *adj* surplus, excess

über'schütten *vt insep*: **jdn/etw mit etw ~** to pour sth over sb/sth; **jdn mit etw ~** (*fig*) to shower sb with sth

überschwemmen [y:bər'ʃvɛmən] *vt insep* to flood

Überschwemmung *f* flood

überschwenglich ['y:bərʃvɛŋlɪç] *adj* effusive

Übersee ['y:bərze:] *f*: **nach/in ~** overseas; **ü~isch** *adj* overseas

über'sehen (*unreg*) *vt insep* to look (out) over; (*fig: Folgen*) to see, to get an overall view of; (: *nicht beachten*) to overlook

über'senden (*unreg*) *vt insep* to send, to forward

übersetz- *zW*: **~en** [y:bər'zɛtsən] *vt insep* to translate; **übersetzen** *vi* to cross; **Ü~er(in)** [-'zɛtsər(ɪn)] (**-s, -**) *m(f)* translator; **Ü~ung** [-zɛtsuŋ] *f* translation; (*TECH*) gear ratio

Übersicht ['y:bərzɪçt] *f* overall view; (*Darstellung*) survey; **ü~lich** *adj* clear; (*Gelände*) open; **~lichkeit** *f* clarity, lucidity

übersiedeln ['y:bərzi:dəln] *vi sep* to move; **über'siedeln** *vi* to move

über'spannen *vt insep* (*zu sehr spannen*) to overstretch; (*überdecken*) to cover

über'spannt adj eccentric; (Idee) wild, crazy
überspitzt [y:bər'ʃpɪtst] adj exaggerated
über'springen (unreg) vt insep to jump over; (fig) to skip
überstehen [y:bər'ʃte:ən] (unreg) vt insep to overcome, to get over; (Winter etc) to survive, to get through; **'überstehen** (unreg) vi to project
über'steigen (unreg) vt insep to climb over; (fig) to exceed
über'stimmen vt insep to outvote
Überstunden pl overtime sg
über'stürzen vt insep to rush ♦ vr insep to follow (one another) in rapid succession
überstürzt adj (over)hasty
über'tönen vt insep to drown (out)
Übertrag ['y:bərtra:k] (-(e)s, -träge) m (COMM) amount brought forward; **ü~bar** [-'tra:kba:r] adj transferable; (MED) infectious; **ü~en** [-'tra:gən] (unreg) vt insep to transfer; (RADIO) to broadcast; (übersetzen) to render; (Krankheit) to transmit ♦ vr insep to spread ♦ adj figurative; **ü~en auf** +akk to transfer to; **jdm etw ü~en** to assign sth to sb; **sich ü~en auf** +akk to spread to; **~ung** [-'tra:gʊŋ] f transfer(ence); (RADIO) broadcast; rendering; transmission
über'treffen (unreg) vt insep to surpass
über'treiben (unreg) vt insep to exaggerate
Übertreibung f exaggeration
übertreten [y:bər'tre:tən] (unreg) vt insep to cross; (Gebot etc) to break; **'übertreten** (unreg) vi (über Linie, Gebiet) to step (over); (SPORT) to overstep; (zu anderem Glauben) to be converted; **'übertreten (in** +akk) (POL) to go over (to)
Über'tretung f violation, transgression
übertrieben [y:bər'tri:bən] adj exaggerated, excessive
übervölkert [y:bər'fœlkərt] adj overpopulated
übervoll ['y:bərfɔl] adj overfull
übervorteilen [y:bər'fɔrtaɪlən] vt insep to dupe, to cheat
über'wachen vt insep to supervise; (Verdächtigen) to keep under surveillance
Überwachung f supervision; surveillance
überwältigen [y:bər'vɛltɪgən] vt insep to overpower; **~d** adj overwhelming
überweisen (unreg) vt insep to transfer
Überweisung f transfer
über'wiegen (unreg) vi insep to predominate; **~d** adj predominant
über'winden (unreg) vt insep to overcome ♦ vr insep to make an effort, to bring o.s. (to do sth)
Überwindung f effort, strength of mind
Überzahl ['y:bərtsa:l] f superiority, superior numbers pl; **in der ~ sein** to be numerically superior
überzählig ['y:bərtsɛ:lɪç] adj surplus

über'zeugen vt insep to convince; **~d** adj convincing
Überzeugung f conviction
überziehen ['y:bərtsi:ən] (unreg) vt to put on; **über'ziehen** (unreg) vt insep to cover; (Konto) to overdraw
Überzug ['y:bərtsu:k] m cover; (Belag) coating
üblich ['y:plɪç] adj usual
U-Boot ['u:bo:t] nt submarine
übrig ['y:brɪç] adj remaining; **für jdn etwas ~ haben** (umg) to be fond of sb; **die ~en** the others; **das ~e** the rest; **im ~en** besides; **~bleiben** (unreg) vi to remain, to be left (over); **~ens** ['y:brɪgəns] adv besides; (nebenbei bemerkt) by the way; **~lassen** (unreg) vt to leave (over)
Übung ['y:bʊŋ] f practice; (Turn~, Aufgabe etc) exercise; **~ macht den Meister** practice makes perfect
Ufer ['u:fər] (-s, -) nt bank; (Meeres~) shore
Uhr [u:r] (-, -en) f clock; (Armband~) watch; **wieviel ~ ist es?** what time is it?; **1 ~** 1 o'clock; **20 ~** 8 o'clock, 20.00 (twenty hundred) hours; **~armband** nt watch strap; **~band** nt watch strap; **~kette** f watch chain; **~macher** (-s, -) m watchmaker; **~werk** nt clockwork; works of a watch; **~zeiger** m hand; **~zeigersinn** m: **im ~zeigersinn** clockwise; **entgegen dem ~zeigersinn** anticlockwise; **~zeit** f time (of day)
Uhu ['u:hu] (-s, -s) m eagle owl
UKW [u:ka:'ve:] abk (= Ultrakurzwelle) VHF
ulkig adj funny
Ulme ['ʊlmə] f elm
Ultimatum [ʊlti'ma:tʊm] (-s, Ultimaten) nt ultimatum
Ultraschall ['ʊltraʃal] m (PHYS) ultrasound
ultraviolett ['ʊltravio'lɛt] adj ultraviolet

SCHLÜSSELWORT

um [ʊm] präp +akk **1** (um herum) (a)round; **um Weihnachten** around Christmas; **er schlug um sich** he hit about him
2 (mit Zeitangabe) at; **um acht (Uhr)** at eight (o'clock)
3 (mit Größenangabe) by; **etw um 4 cm kürzen** to shorten sth by 4 cm; **um 10% teurer** 10% more expensive; **um vieles besser** better by far; **um nichts besser** not in the least bit better; **um so besser** so much the better
4: **der Kampf um den Titel** the battle for the title; **um Geld spielen** to play for money; **Stunde um Stunde** hour after hour; **Auge um Auge** an eye for an eye
♦ präp +gen: **um ... willen** for the sake of ...; **um Gottes willen** for goodness sake
♦ konj: **um ... zu** (in order) to ...; **zu klug,**

um zu ... too clever to ...; **um so besser/ schlimmer** so much the better/worse
♦ *adv* **1** (*ungefähr*) about; **um (die) 30 Leute** about *od* around 30 people
2 (*vorbei*): **die 2 Stunden sind um** the two hours are up

umändern ['ʊmʔɛndərn] *vt* to alter

Umänderung *f* alteration

umarbeiten ['ʊmʔarbaɪtn̩] *vt* to remodel; (*Buch etc*) to revise, to rework

umarmen [ʊm'ʔarmən] *vt insep* to embrace

Umbau ['ʊmbaʊ] *m* -(e)s, -e *od* -ten *m* reconstruction, alteration(s); **u~en** *vt* to rebuild, to reconstruct

umbilden ['ʊmbɪldən] *vt* to reorganize; (*POL: Kabinett*) to reshuffle

umbinden ['ʊmbɪndən] (*unreg*) *vt* (*Krawatte etc*) to put on

umblättern ['ʊmblɛtərn] *vt* to turn over

umblicken ['ʊmblɪkən] *vr* to look around

umbringen ['ʊmbrɪŋən] (*unreg*) *vt* to kill

umbuchen ['ʊmbuːxən] *vi* to change one's reservation/flight *etc* ♦ *vt* to change

umdenken ['ʊmdɛŋkən] (*unreg*) *vi* to adjust one's views

umdrehen ['ʊmdreːən] *vt* to turn (round); (*Hals*) to wring ♦ *vr* to turn (round)

Um'drehung *f* revolution; rotation

umeinander [ʊmʔaɪ'nandər] *adv* round one another; (*füreinander*) for one another

umfahren ['ʊmfaːrən] (*unreg*) *vt* to run over; **um'fahren** (*unreg*) *vt insep* to drive round; to sail round

umfallen ['ʊmfalən] (*unreg*) *vi* to fall down *od* over

Umfang ['ʊmfaŋ] *m* extent; (*von Buch*) size; (*Reichweite*) range; (*Fläche*) area; (*MATH*) circumference; **u~reich** *adj* extensive; (*Buch etc*) voluminous

um'fassen *vt insep* to embrace; (*umgeben*) to surround; (*enthalten*) to include; **~d** *adj* comprehensive, extensive

umformen ['ʊmfɔrmən] *vi* to transform

Umformer (-s, -) *m* (*ELEK*) transformer, converter

Umfrage ['ʊmfraːgə] *f* poll

umfüllen ['ʊmfʏlən] *vt* to transfer; (*Wein*) to decant

umfunktionieren ['ʊmfʊŋktsioniːrən] *vt* to convert, to transform

Umgang ['ʊmgaŋ] *m* company; (*mit jdm*) dealings *pl*; (*Behandlung*) way of behaving

umgänglich ['ʊmgɛŋlɪç] *adj* sociable

Umgangsformen *pl* manners

Umgangssprache *f* colloquial language

umgeben [ʊm'geːbən] (*unreg*) *vt insep* to surround

Umgebung *f* surroundings *pl*; (*Milieu*) environment; (*Personen*) people in one's circle

umgehen ['ʊmgeːən] (*unreg*) *vi* to go

(a)round; **im Schlosse ~** to haunt the castle; **mit jdm grob** *etc* **~** to treat sb roughly *etc*; **mit Geld sparsam ~** to be careful with one's money; **um'gehen** (*unreg*) *vt insep* to bypass; (*MIL*) to outflank; (*Gesetz etc*) to circumvent; (*vermeiden*) to avoid; **'umgehend** *adj* immediate

Um'gehung *f* bypassing; outflanking; circumvention; avoidance; **Umgehungsstraße** *f* bypass

umgekehrt ['ʊmgəkeːrt] *adj* reverse(d); (*gegenteilig*) opposite ♦ *adv* the other way around; **und ~** and vice versa

umgraben (*unreg*) *vt* to dig up

Umhang ['ʊmhaŋ] *m* wrap, cape

umhauen ['ʊmhaʊən] *vt* to fell; (*fig*) to bowl over

umher [ʊm'heːr] *adv* about, around; **~gehen** (*unreg*) *vi* to walk about; **~ziehen** (*unreg*) *vi* to wander from place to place

umhinkönnen [ʊm'hɪnkœnən] (*unreg*) *vi*: **ich kann nicht umhin, das zu tun** I can't help doing it

umhören ['ʊmhøːrən] *vr* to ask around

Umkehr ['ʊmkeːr] (-) *f* turning back; (*Änderung*) change; **u~en** *vi* to turn back ♦ *vt* to turn round, to reverse; (*Tasche etc*) to turn inside out; (*Gefäß etc*) to turn upside down

umkippen ['ʊmkɪpən] *vt* to tip over ♦ *vi* to overturn; (*umg: Mensch*) to keel over; (*fig: Meinung ändern*) to change one's mind

Umkleidekabine *f* (changing) cubicle

Umkleideraum ['ʊmklaɪdəraum] *m* changing *od* dressing room

umkommen ['ʊmkɔmən] (*unreg*) *vi* to die, to perish; (*Lebensmittel*) to go bad

Umkreis ['ʊmkraɪs] *m* neighbourhood; **im ~ von** within a radius of

Umlage ['ʊmlaːgə] *f* share of the costs

Umlauf ['ʊmlaʊf] *m* (*Geld~*) circulation; (*von Gestirn*) revolution; **~bahn** *f* orbit

Umlaut ['ʊmlaʊt] *m* umlaut

umlegen ['ʊmleːgən] *vt* to put on; (*verlegen*) to move, to shift; (*Kosten*) to share out; (*umkippen*) to tip over; (*umg: töten*) to bump off

umleiten ['ʊmlaɪtən] *vt* to divert

Umleitung *f* diversion

umliegend ['ʊmliːgənt] *adj* surrounding

um'rahmen *vt insep* to frame

um'randen *vt insep* to border, to edge

umrechnen ['ʊmrɛçnən] *vt* to convert

Umrechnung *f* conversion; **~skurs** *m* rate of exchange

um'reißen (*unreg*) *vt insep* to outline, to sketch

Umriß ['ʊmrɪs] *m* outline

umrühren ['ʊmryːrən] *vt, vi* to stir

ums [ʊms] = **um das**

Umsatz ['ʊmzats] *m* turnover

Umsatzsteuer *f* sales tax

umschalten ['ʊmʃaltən] *vt* to switch

Umschau ['ʊmʃaʊ] *f* look(ing) round; ~ **halten nach** to look around for; **u~en** *vr* to look round

Umschlag ['ʊmʃlaːk] *m* cover; (*Buch~ auch*) jacket; (*MED*) compress; (*Brief~*) envelope; (*Wechsel*) change; (*von Hose*) turn-up; **u~en** (*unreg*) *vi* to change; (*NAUT*) to capsize ♦ *vt* to knock over; (*Ärmel*) to turn up; (*Seite*) to turn over; (*Waren*) to transfer; **~platz** *m* (*COMM*) distribution centre

umschreiben ['ʊmʃraɪbən] (*unreg*) *vt* (*neu~*) to rewrite; (*übertragen*) to transfer; ~ **auf** +*akk* to transfer to; **um'schreiben** (*unreg*) *vt insep* to paraphrase; (*abgrenzen*) to define

umschulen ['ʊmʃuːlən] *vt* to retrain; (*Kind*) to send to another school

Umschweife ['ʊmʃvaɪfə] *pl*: **ohne ~** without beating about the bush, straight out

Umschwung ['ʊmʃvʊŋ] *m* change (around), revolution

umsehen ['ʊmzeːən] (*unreg*) *vr* to look around *od* about; (*suchen*): **sich ~** (*nach*) to look out (for)

umseitig ['ʊmzaɪtɪç] *adv* overleaf

umsichtig [ʊmzɪçtɪç] *adj* cautious, prudent

umsonst [ʊm'zɔnst] *adv* in vain; (*gratis*) for nothing

umspringen ['ʊmʃprɪŋən] (*unreg*) *vi* to change; (*Wind auch*) to veer; **mit jdm ~** to treat sb badly

Umstand ['ʊmʃtant] *m* circumstance; **Umstände** *pl* (*fig: Schwierigkeiten*) fuss; **in anderen Umständen sein** to be pregnant; **Umstände machen** to go to a lot of trouble; **unter Umständen** possibly

umständlich ['ʊmʃtɛntlɪç] *adj* (*Methode*) cumbersome, complicated; (*Erklärung etc*) long-winded; (*Mensch*) ponderous

Umstandskleid *nt* maternity dress

Umstehende(n) ['ʊmʃteːəndə(n)] *pl* bystanders

umsteigen ['ʊmʃtaɪgən] (*unreg*) *vi* (*EISENB*) to change

umstellen ['ʊmʃtɛlən] *vt* (*an anderen Ort*) to change round, to rearrange; (*TECH*) to convert ♦ *vr* to adapt (o.s.); **sich auf etw** *akk* ~ to adapt to sth

Umstellung ['ʊmʃtɛlʊŋ] *f* change; (*Umgewöhnung*) adjustment; (*TECH*) conversion

umstimmen ['ʊmʃtɪmən] *vt* (*MUS*) to retune; **jdn ~** to make sb change his mind

umstoßen ['ʊmʃtoːsən] (*unreg*) *vt* to overturn; (*Plan etc*) to change, to upset

umstritten [ʊm'ʃtrɪtən] *adj* disputed

Umsturz ['ʊmʃtʊrts] *m* overthrow

umstürzen ['ʊmʃtʏrtsən] *vt* (*umwerfen*) to overturn ♦ *vi* to collapse, to fall down; (*Wagen*) to overturn

Umtausch ['ʊmtaʊʃ] *m* exchange; **u~en** *vt* to exchange

umtun ['ʊmtuːn] (*unreg; umg*) *vr* (*suchen*): **sich nach jdm/etw ~** to look (around) for sb/sth

umwandeln ['ʊmvandəln] *vt* to change, to convert; (*ELEK*) to transform

umwechseln ['ʊmvɛksəln] *vt* to change

Umweg ['ʊmveːk] *m* detour, roundabout way

Umwelt ['ʊmvɛlt] *f* environment; **u~feindlich** *adj* ecologically harmful; **u~freundlich** *adj* not harmful to the environment, environment-friendly; **~schützer** *m* environmentalist; **~verschmutzung** *f* environmental pollution

umwenden ['ʊmvɛndən] (*unreg*) *vt, vr* to turn (round)

umwerfen ['ʊmvɛrfən] (*unreg*) *vt* to upset, to overturn; (*Mantel*) to throw on; (*fig: erschüttern*) to upset, to throw

umwerfend (*umg*) *adj* fantastic

umziehen ['ʊmtsiːən] (*unreg*) *vt, vr* to change ♦ *vi* to move

Umzug ['ʊmtsuːk] *m* procession; (*Wohnungs~*) move, removal

unab- ['ʊn'ap] *zW*: **~änderlich** *adj* irreversible, unalterable; **~hängig** *adj* independent; **U~hängigkeit** *f* independence; **~kömmlich** *adj* indispensable; **zur Zeit ~kömmlich** not free at the moment; **~lässig** *adj* incessant, constant; **~sehbar** *adj* immeasurable; (*Folgen*) unforeseeable; (*Kosten*) incalculable; **~sichtlich** *adj* unintentional; **~wendbar** *adj* inevitable

unachtsam ['ʊn'axtzaːm] *adj* careless; **U~keit** *f* carelessness

unan- ['ʊn'an] *zW*: **~fechtbar** *adj* indisputable; **~gebracht** *adj* uncalled-for; **~gemessen** *adj* inadequate; **~genehm** *adj* unpleasant; **U~nehmlichkeit** *f* inconvenience; **~nehmlichkeiten** *pl* (*Ärger*) trouble *sg*; **~sehnlich** *adj* unsightly; **~ständig** *adj* indecent, improper

unappetitlich ['ʊn'apetiːtlɪç] *adj* unsavoury

Unart ['ʊn'aːrt] *f* bad manners *pl*; (*Angewohnheit*) bad habit; **u~ig** *adj* naughty, badly behaved

unauf- ['ʊn'aʊf] *zW*: **~fällig** *adj* unobtrusive; (*Kleidung*) inconspicuous; **~findbar** *adj* not to be found; **~gefordert** *adj* unasked ♦ *adv* spontaneously; **~haltsam** *adj* irresistible; **~hörlich** *adj* incessant, continuous; **~merksam** *adj* inattentive; **~richtig** *adj* insincere

unaus- ['ʊn'aʊs] *zW*: **~geglichen** *adj* unbalanced; **~'sprechlich** *adj* inexpressible; **~'stehlich** *adj* intolerable

unbarmherzig ['ʊnbarmhɛrtsɪç] *adj* pitiless, merciless

unbeabsichtigt ['ʊnbə'apzɪçtɪçt] *adj* unintentional

unbeachtet ['ʊnbə'axtət] *adj* unnoticed, ignored

unbedenklich ['ʊnbədɛŋklɪç] *adj* (*Plan*) unobjectionable ♦ *adv* without hesitation
unbedeutend ['ʊnbədɔʏtənt] *adj* insignificant, unimportant; (*Fehler*) slight
unbedingt ['ʊnbədɪŋt] *adj* unconditional ♦ *adv* absolutely; **mußt du ~ gehen?** do you really have to go?
unbefangen ['ʊnbəfaŋən] *adj* impartial, unprejudiced; (*ohne Hemmungen*) uninhibited; **U~heit** *f* impartiality; uninhibitedness
unbefriedigend ['ʊnbəfriːdɪgənt] *adj* unsatisfactory
unbefriedigt [-dɪçt] *adj* unsatisfied, dissatisfied
unbefugt ['ʊnbəfuːkt] *adj* unauthorized
unbegreiflich [ʊnbə'graɪflɪç] *adj* inconceivable
unbegrenzt ['ʊnbəgrɛntst] *adj* unlimited
unbegründet ['ʊnbəgryndət] *adj* unfounded
Unbehagen ['ʊnbəhaːgən] *nt* discomfort
unbehaglich [-klɪç] *adj* uncomfortable; (*Gefühl*) uneasy
unbeholfen ['ʊnbəhɔlfən] *adj* awkward, clumsy
unbeirrt ['ʊnbə'ɪrt] *adj* imperturbable
unbekannt ['ʊnbəkant] *adj* unknown
unbekümmert ['ʊnbəkʏmərt] *adj* unconcerned
unbeliebt ['ʊnbəliːpt] *adj* unpopular
unbequem ['ʊnbəkveːm] *adj* (*Stuhl*) uncomfortable; (*Mensch*) bothersome; (*Regelung*) inconvenient
unberechenbar [ʊnbə'rɛçənbaːr] *adj* incalculable; (*Mensch, Verhalten*) unpredictable
unberechtigt ['ʊnbərɛçtɪçt] *adj* unjustified; (*nicht erlaubt*) unauthorized
unberührt ['ʊnbərʏːrt] *adj* untouched, intact; **sie ist noch ~** she is still a virgin
unbescheiden ['ʊnbəʃaɪdən] *adj* presumptuous
unbeschreiblich [ʊnbə'ʃraɪplɪç] *adj* indescribable
unbesonnen ['ʊnbəzɔnən] *adj* unwise, rash, imprudent
unbeständig ['ʊnbəʃtɛndɪç] *adj* (*Mensch*) inconstant; (*Wetter*) unsettled; (*Lage*) unstable
unbestechlich [ʊnbə'ʃtɛçlɪç] *adj* incorruptible
unbestimmt ['ʊnbəʃtɪmt] *adj* indefinite; (*Zukunft auch*) uncertain
unbeteiligt [ʊnbə'taɪlɪçt] *adj* unconcerned, indifferent
unbewacht ['ʊnbəvaxt] *adj* unguarded, unwatched
unbeweglich ['ʊnbəveːklɪç] *adj* immovable
unbewußt ['ʊnbəvʊst] *adj* unconscious
unbezahlt ['ʊnbətsaːlt] *adj* (*Rechnung*) outstanding, unsettled; (*Urlaub*) unpaid
unbrauchbar ['ʊnbrauxbaːr] *adj* (*Arbeit*) useless; (*Gerät auch*) unusable

und [ʊnt] *konj* and; **~ so weiter** and so on
Undank ['ʊndaŋk] *m* ingratitude; **u~bar** *adj* ungrateful
undefinierbar [ʊndefi'niːrbaːr] *adj* indefinable
undenkbar [ʊn'dɛŋkbaːr] *adj* inconceivable
undeutlich ['ʊndɔʏtlɪç] *adj* indistinct
undicht ['ʊndɪçt] *adj* leaky
Unding ['ʊndɪŋ] *nt* absurdity
undurch- ['ʊndʊrç] *zW:* **~führbar** [-'fyːrbaːr] *adj* impracticable; **~lässig** [-lɛsɪç] *adj* waterproof, impermeable; **~sichtig** [-zɪçtɪç] *adj* opaque; (*fig*) obscure
uneben ['ʊn'eːbən] *adj* uneven
unecht *adj* (*Schmuck*) fake (*vorgetäuscht*: *Freundlichkeit*) false
unehelich ['ʊn'eːəlɪç] *adj* illegitimate
uneinig ['ʊn'aɪnɪç] *adj* divided; **~ sein** to disagree; **U~keit** *f* discord, dissension
uneins ['ʊn'aɪns] *adj* at variance, at odds
unempfindlich ['ʊn'ɛmpfɪntlɪç] *adj* insensitive; (*Stoff*) practical
unendlich [ʊn'ɛntlɪç] *adj* infinite
unent- [ʊn'ɛnt] *zW:* **~behrlich** [-'beːrlɪç] *adj* indispensable; **~geltlich** [-gɛltlɪç] *adj* free (of charge); **~schieden** [-'ʃiːdən] *adj* undecided; **~schieden enden** (*SPORT*) to end in a draw; **~schlossen** [-'ʃlɔsən] *adj* undecided; irresolute; **~wegt** [-'veːkt] *adj* unswerving; (*unaufhörlich*) incessant
uner- ['ʊn'ɛr] *zW:* **~bittlich** [-'bɪtlɪç] *adj* unyielding, inexorable; **~fahren** [-faːrən] *adj* inexperienced; **~freulich** [-frɔʏlɪç] *adj* unpleasant; **~'gründlich** *adj* unfathomable; **~hört** [-høːrt] *adj* unheard-of; (*Bitte*) outrageous; **~läßlich** [-'lɛslɪç] *adj* indispensable; **~laubt** *adj* unauthorized; **~meßlich** *adj* immeasurable, immense; **~müdlich** [-'myːtlɪç] *adj* indefatigable; **~reichbar** *adj* (*Ziel*) unattainable; (*Ort*) inaccessible; (*telefonisch*) unobtainable; **~schöpflich** [-'ʃœpflɪç] *adj* inexhaustible; **~schütterlich** [-'ʃʏtərlɪç] *adj* unshakeable; **~schwinglich** [-'ʃvɪŋlɪç] *adj* (*Preis*) exorbitant; too expensive; **~träglich** [-'trɛːklɪç] *adj* unbearable; (*Frechheit*) insufferable; **~wartet** *adj* unexpected; **~wünscht** *adj* undesirable, unwelcome
unfähig ['ʊnfɛːɪç] *adj* incapable, incompetent; **zu etw ~ sein** to be incapable of sth; **U~keit** *f* incapacity; incompetence
unfair ['ʊnfɛːr] *adj* unfair
Unfall ['ʊnfal] *m* accident; **~flucht** *f* hit-and-run (driving); **~stelle** *f* scene of the accident; **~versicherung** *f* accident insurance
unfaßbar [ʊn'fasbaːr] *adj* inconceivable
unfehlbar [ʊn'feːlbaːr] *adj* infallible ♦ *adv* inevitably; **U~keit** *f* infallibility
unförmig ['ʊnfœrmɪç] *adj* (*formlos*) shapeless
unfrei ['ʊnfraɪ] *adj* not free, unfree; (*Paket*)

unfranked; **~willig** *adj* involuntary, against one's will

unfreundlich ['ʊnfrɔʏntlɪç] *adj* unfriendly; **U~keit** *f* unfriendliness

Unfriede(n) ['ʊnfriːdə(n)] *m* dissension, strife

unfruchtbar ['ʊnfrʊxtbaːr] *adj* infertile; (*Gespräche*) unfruitful; **U~keit** *f* infertility; unfruitfulness

Unfug ['ʊnfuːk] (**-s**) *m* (*Benehmen*) mischief; (*Unsinn*) nonsense; **grober ~** (*JUR*) gross misconduct; malicious damage

Ungar(in) ['ʊŋgar(ɪn)] *m(f)* Hungarian; **u~isch** *adj* Hungarian; **~n** *nt* Hungary

ungeachtet ['ʊŋgə'axtət] *präp +gen* notwithstanding

ungeahnt ['ʊŋgə'aːnt] *adj* unsuspected, undreamt-of

ungebeten ['ʊŋgəbeːtən] *adj* uninvited

ungebildet ['ʊŋgəbɪldət] *adj* uneducated; uncultured

ungedeckt ['ʊŋgədɛkt] *adj* (*Scheck*) uncovered

Ungeduld ['ʊŋgədʊlt] *f* impatience; **u~ig** [-dɪç] *adj* impatient

ungeeignet ['ʊŋgə'aɪgnət] *adj* unsuitable

ungefähr ['ʊŋgəfɛːr] *adj* rough, approximate; **das kommt nicht von ~** that's hardly surprising

ungefährlich *adj* not dangerous, harmless

ungehalten ['ʊŋgəhaltən] *adj* indignant

ungeheuer ['ʊŋgəhɔʏər] *adj* huge ♦ *adv* (*umg*) enormously; **U~** (**-s, -**) *nt* monster; **~lich** [-'hɔʏərlɪç] *adj* monstrous

ungehobelt ['ʊŋgəhoːbəlt] *adj* (*fig*) uncouth

ungehörig ['ʊŋgəhøːrɪç] *adj* impertinent, improper

ungehorsam ['ʊŋgəhoːrzaːm] *adj* disobedient; **U~** *m* disobedience

ungeklärt ['ʊŋgəklɛːrt] *adj* not cleared up; (*Rätsel*) unsolved

ungeladen ['ʊŋgəlaːdən] *adj* not loaded; (*Gast*) uninvited

ungelegen ['ʊŋgəleːgən] *adj* inconvenient

ungelernt ['ʊŋgəlɛrnt] *adj* unskilled

ungelogen ['ʊŋgəloːgən] *adv* really, honestly

ungemein ['ʊŋgəmaɪn] *adj* uncommon

ungemütlich ['ʊŋgəmyːtlɪç] *adj* uncomfortable; (*Person*) disagreeable

ungenau ['ʊŋgənaʊ] *adj* inaccurate; **U~igkeit** *f* inaccuracy

ungeniert ['ʊnʒeniːrt] *adj* free and easy, unceremonious ♦ *adv* without embarrassment, freely

ungenießbar ['ʊŋgəniːsbaːr] *adj* inedible; undrinkable; (*umg*) unbearable

ungenügend ['ʊŋgənyːgənt] *adj* insufficient, inadequate

ungepflegt ['ʊŋgəpfleːkt] *adj* (*Garten etc*) untended; (*Person*) unkempt; (*Hände*) neglected

ungerade ['ʊŋgəraːdə] *adj* odd, uneven (*US*)

ungerecht ['ʊŋgərɛçt] *adj* unjust; **~fertigt** *adj* unjustified; **U~igkeit** *f* injustice, unfairness

ungern ['ʊŋgɛrn] *adv* unwillingly, reluctantly

ungerührt ['ʊŋgəryːrt] *adj* unmoved

ungeschehen ['ʊŋgəʃeːən] *adj:* **~ machen** to undo

Ungeschicklichkeit ['ʊŋgəʃɪklɪçkaɪt] *f* clumsiness

ungeschickt *adj* awkward, clumsy

ungeschminkt ['ʊŋgəʃmɪŋkt] *adj* without make-up; (*fig*) unvarnished

ungesetzlich ['ʊŋgəzɛtslɪç] *adj* illegal

ungestört ['ʊŋgəʃtøːrt] *adj* undisturbed

ungestraft ['ʊŋgəʃtraːft] *adv* with impunity

ungestüm ['ʊŋgəʃtyːm] *adj* impetuous; tempestuous; **U~** (**-(e)s**) *nt* impetuosity; passion

ungesund ['ʊŋgəzʊnt] *adj* unhealthy

ungetrübt ['ʊŋgətryːpt] *adj* clear; (*fig*) untroubled; (*Freude*) unalloyed

Ungetüm ['ʊŋgətyːm] (**-(e)s, -e**) *nt* monster

ungewiß ['ʊŋgəvɪs] *adj* uncertain; **U~heit** *f* uncertainty

ungewöhnlich ['ʊŋgəvøːnlɪç] *adj* unusual

ungewohnt ['ʊŋgəvoːnt] *adj* unaccustomed

Ungeziefer ['ʊŋgətsiːfər] (**-s**) *nt* vermin

ungezogen ['ʊŋgətsoːgən] *adj* rude, impertinent; **U~heit** *f* rudeness, impertinence

ungezwungen ['ʊŋgətsvʊŋən] *adj* natural, unconstrained

ungläubig ['ʊŋglɔʏbɪç] *adj* unbelieving; **die U~en** the infidel(s)

unglaublich [ʊn'glaʊplɪç] *adj* incredible

ungleich ['ʊŋglaɪç] *adj* dissimilar; unequal ♦ *adv* incomparably; **~artig** *adj* different; **U~heit** *f* dissimilarity; inequality; **~mäßig** *adj* irregular, uneven

Unglück ['ʊŋglʏk] (**-(e)s, -e**) *nt* misfortune; (*Pech*) bad luck; (*~sfall*) calamity, disaster; (*Verkehrs~*) accident; **u~lich** *adj* unhappy; (*erfolglos*) unlucky; (*unerfreulich*) unfortunate; **u~licherweise** [-'vaɪzə] *adv* unfortunately; **u~selig** *adj* calamitous; (*Person*) unfortunate; **~sfall** *m* accident, calamity

ungültig ['ʊŋgʏltɪç] *adj* invalid; **U~keit** *f* invalidity

ungünstig ['ʊŋgʏnstɪç] *adj* unfavourable

ungut ['ʊŋguːt] *adj* (*Gefühl*) uneasy; **nichts für ~** no offence

unhaltbar ['ʊnhaltbaːr] *adj* untenable

Unheil ['ʊnhaɪl] *nt* evil; (*Unglück*) misfortune; **~ anrichten** to cause mischief; **u~bar** *adj* incurable

unheimlich ['ʊnhaɪmlɪç] *adj* weird, uncanny ♦ *adv* (*umg*) tremendously

unhöflich ['ʊnhøːflɪç] *adj* impolite; **U~keit** *f* impoliteness

unhygienisch ['ʊnhygiˈeːnɪʃ] *adj* unhygienic

Uni ['ʊni] (-, -s; *umg*) *f* university

uni [y'niː] *adj* self-coloured

Uniform [uni'fɔrm] *f* uniform; **u~iert** [-'miːrt] *adj* uniformed

uninteressant ['ʊnˈɪnteresant] *adj* uninteresting

Universität [universi'tɛːt] *f* university

Universum [uni'vɛrzum] (-s) *nt* universe

unkenntlich ['ʊnkɛntlɪç] *adj* unrecognizable

Unkenntnis ['ʊnkɛntnɪs] *f* ignorance

unklar ['ʊnklaːr] *adj* unclear; **im ~en sein über** +*akk* to be in the dark about; **U~heit** *f* unclarity; (*Unentschiedenheit*) uncertainty

unklug ['ʊnkluːk] *adj* unwise

Unkosten ['ʊnkɔstən] *pl* expense(s)

Unkostenbeitrag *m* contribution to costs *or* expenses

Unkraut ['ʊnkraut] *nt* weed; weeds *pl*

unkündbar *adj* (*Stelle*) permanent; (*Vertrag*) binding

unlängst ['ʊnlɛŋst] *adv* not long ago

unlauter ['ʊnlautər] *adj* unfair

unleserlich ['ʊnleːzərlɪç] *adj* illegible

unlogisch ['ʊnloːgɪʃ] *adj* illogical

unlösbar [ʊn'løːsbaːr] *adj* insoluble

unlöslich [ʊn'løːslɪç] *adj* insoluble

Unlust ['ʊnlust] *f* lack of enthusiasm

unmäßig ['ʊnmɛːsɪç] *adj* immoderate

Unmenge ['ʊnmɛŋə] *f* tremendous number, hundreds *pl*

Unmensch ['ʊnmɛnʃ] *m* ogre, brute; **u~lich** *adj* inhuman, brutal; (*ungeheuer*) awful

unmerklich [ʊn'mɛrklɪç] *adj* imperceptible

unmißverständlich ['ʊnmɪsferʃtɛntlɪç] *adj* unmistakable

unmittelbar ['ʊnmɪtəlbaːr] *adj* immediate

unmöbliert ['ʊnmøbliːrt] *adj* unfurnished

unmodern *adj* old-fashioned

unmöglich ['ʊnmøːklɪç] *adj* impossible; **U~keit** *f* impossibility

unmoralisch ['ʊnmoraːlɪʃ] *adj* immoral

Unmut ['ʊnmuːt] *m* ill humour

unnachgiebig ['ʊnnaːxgiːbɪç] *adj* unyielding

unnahbar [ʊn'naːbaːr] *adj* unapproachable

unnötig ['ʊnnøːtɪç] *adj* unnecessary

unnütz ['ʊnnʏts] *adj* useless

unordentlich ['ʊnˈɔrdəntlɪç] *adj* untidy

Unordnung ['ʊnˈɔrdnuŋ] *f* disorder

unparteiisch ['ʊnpartaɪɪʃ] *adj* impartial; **U~e(r)** *m* umpire; (*FUSSBALL*) referee

unpassend ['ʊnpasənt] *adj* inappropriate; (*Zeit*) inopportune

unpäßlich ['ʊnpɛslɪç] *adj* unwell

unpersönlich ['ʊnpɛrzøːnlɪç] *adj* impersonal

unpolitisch ['ʊnpoliːtɪʃ] *adj* apolitical

unpraktisch ['ʊnpraktɪʃ] *adj* unpractical

unpünktlich ['ʊnpʏnktlɪç] *adj* unpunctual

unrationell ['ʊnratsionɛl] *adj* inefficient

unrealistisch *adj* unrealistic

unrecht ['ʊnrɛçt] *adj* wrong; **U~** *nt* wrong; **zu U~** wrongly; **U~ haben** to be wrong; **~mäßig** *adj* unlawful, illegal

unregelmäßig ['ʊnreːgəlmɛsɪç] *adj* irregular; **U~keit** *f* irregularity

unreif ['ʊnraɪf] *adj* (*Obst*) unripe; (*fig*) immature

unrentabel ['ʊnrɛntaːbəl] *adj* unprofitable

unrichtig ['ʊnrɪçtɪç] *adj* incorrect, wrong

Unruhe ['ʊnruːə] *f* unrest; **~stifter** *m* troublemaker

unruhig ['ʊnruːɪç] *adj* restless

uns [ʊns] (*akk, dat von* **wir**) *pron* us; ourselves

unsachlich ['ʊnzaxlɪç] *adj* not to the point, irrelevant

unsagbar [ʊn'zaːkbaːr] *adj* indescribable

unsanft ['ʊnzanft] *adj* rough

unsauber ['ʊnzaubər] *adj* unclean, dirty; (*fig*) crooked; (*MUS*) fuzzy

unschädlich ['ʊnʃɛːtlɪç] *adj* harmless; **jdn/etw ~ machen** to render sb/sth harmless

unscharf ['ʊnʃarf] *adj* indistinct; (*Bild etc*) out of focus, blurred

unscheinbar ['ʊnʃaɪnbaːr] *adj* insignificant; (*Aussehen, Haus etc*) unprepossessing

unschlagbar [ʊn'ʃlaːkbaːr] *adj* invincible

unschlüssig ['ʊnʃlʏsɪç] *adj* undecided

unschön *adj* (*häßlich: Anblick*) ugly, unattractive; (*unfreundlich: Benehmen*) unpleasant, ugly

Unschuld ['ʊnʃult] *f* innocence; **u~ig** [-dɪç] *adj* innocent

unselbständig ['ʊnzɛlpʃtɛndɪç] *adj* dependent, over-reliant on others

unser(e) ['ʊnzər(ə)] *adj* our; **~e(r, s)** *pron* ours; **~einer** *pron* people like us; **~eins** *pron* = **unsereiner**; **~erseits** *adv* on our part; **~twegen** *adv* (*für uns*) for our sake; (*wegen uns*) on our account; **~twillen** *adv*: **um ~twillen** = **unsertwegen**

unsicher ['ʊnzɪçər] *adj* uncertain; (*Mensch*) insecure; **U~heit** *f* uncertainty; insecurity

unsichtbar ['ʊnzɪçtbaːr] *adj* invisible

Unsinn ['ʊnzɪn] *m* nonsense; **u~ig** *adj* nonsensical

Unsitte ['ʊnzɪtə] *f* deplorable habit

unsittlich ['ʊnzɪtlɪç] *adj* indecent

unsozial ['ʊnzotsiaːl] *adj* (*Verhalten*) antisocial

unsportlich ['ʊnʃpɔrtlɪç] *adj* not sporty; unfit; (*Verhalten*) unsporting

unsre ['ʊnzrə] = **unsere**

unsterblich [ʊn'ʃtɛrplɪç] *adj* immortal

Unstimmigkeit ['ʊnʃtɪmɪçkaɪt] *f* inconsistency; (*Streit*) disagreement

unsympathisch ['ʊnzympaːtɪʃ] *adj* unpleasant; **er ist mir ~** I don't like him

untätig ['ʊnteːtɪç] *adj* idle

untauglich ['ʊntaʊklɪç] *adj* unsuitable; (*MIL*) unfit

unteilbar [ʊn'taɪlbaːr] *adj* indivisible

unten ['ʊntən] *adv* below; (*im Haus*) downstairs; (*an der Treppe etc*) at the bottom; **nach ~** down; **~ am Berg** *etc* at the bottom of the mountain *etc*; **ich bin bei ihm ~ durch** (*umg*) he's through with me

┌─────── *SCHLÜSSELWORT* ───────

unter [ʊntər] *präp* +*dat* **1** (*räumlich, mit Zahlen*) under; (*drunter*) underneath, below; **unter 18 Jahren** under 18 years

2 (*zwischen*) among(st); **sie waren unter sich** they were by themselves; **einer unter ihnen** one of them; **unter anderem** among other things

♦ *präp* +*akk* under, below

└────────────────────────────────

Unterarm ['ʊntər'arm] *m* forearm

unter- *zW:* **~belichten** *vt* (*PHOT*) to underexpose; **U~bewußtsein** *nt* subconscious; **~bezahlt** *adj* underpaid

unterbieten [ʊntər'biːtən] (*unreg*) *vt insep* (*COMM*) to undercut; (*Rekord*) to lower

unterbrechen [ʊntər'brɛçən] (*unreg*) *vt insep* to interrupt

Unterbrechung *f* interruption

unterbringen ['ʊntərbrɪŋən] (*unreg*) *vt* (*in Koffer*) to stow; (*in Zeitung*) to place; (*Person: in Hotel etc*) to accommodate, to put up; (: *beruflich*): **jdn in einer Stellung** *od* **auf einem Posten ~** to fix sb up with a job

unterdessen [ʊntər'dɛsən] *adv* meanwhile

Unterdruck ['ʊntərdrʊk] *m* low pressure

unterdrücken [ʊntər'drykən] *vt insep* to suppress; (*Leute*) to oppress

untere(r, s) ['ʊntərə(r, s)] *adj* lower

untereinander [ʊntər'aɪ'nandər] *adv* with each other; among themselves *etc*

unterentwickelt ['ʊntər'ɛntvɪkəlt] *adj* underdeveloped

unterernährt ['ʊntər'ɛrnɛːrt] *adj* undernourished, underfed

Unterernährung *f* malnutrition

Unter'führung *f* subway, underpass

Untergang ['ʊntərgaŋ] *m* (*down*)fall, decline; (*NAUT*) sinking; (*von Gestirn*) setting

unter'geben *adj* subordinate

untergehen ['ʊntərgeːən] (*unreg*) *vi* to go down; (*Sonne auch*) to set; (*Staat*) to fall; (*Volk*) to perish; (*Welt*) to come to an end; (*im Lärm*) to be drowned

Untergeschoß ['ʊntərgəʃɔs] *nt* basement

Untergewicht *nt* underweight

unter'gliedern *vt insep* to subdivide

Untergrund ['ʊntərgrʊnt] *m* foundation; (*POL*) underground; **~bahn** *f* underground, tube, subway (*US*); **~bewegung** *f* underground (*movement*)

unterhalb ['ʊntərhalp] *präp* +*gen* below ♦

adv below; **~ von** below

Unterhalt ['ʊntərhalt] *m* maintenance; **u~en** [ʊntər'haltən] (*unreg*) *vt insep* to maintain; (*belustigen*) to entertain ♦ *vr insep* to talk; (*sich belustigen*) to enjoy o.s.; **u~sam** *adj* (*Abend, Person*) entertaining, amusing; **~ung** *f* maintenance; (*Belustigung*) entertainment, amusement; (*Gespräch*) talk

Unterhändler ['ʊntərhɛntlər] *m* negotiator

Unterhemd ['ʊntərhɛmt] *nt* vest, undershirt (*US*)

Unterhose ['ʊntərhoːzə] *f* underpants *pl*

Unterkiefer ['ʊntərkiːfər] *m* lower jaw

unterkommen ['ʊntərkɔmən] (*unreg*) *vi* to find shelter; to find work; **das ist mir noch nie untergekommen** I've never met with that

unterkühlt [ʊntər'kyːlt] *adj* (*Körper*) affected by hypothermia

Unterkunft ['ʊntərkʊnft] (*-, -künfte*) *f* accommodation

Unterlage ['ʊntərlaːgə] *f* foundation; (*Beleg*) document; (*Schreib~ etc*) pad

unter'lassen (*unreg*) *vt insep* (*versäumen*) to fail to do; (*sich enthalten*) to refrain from

unterlaufen [ʊntər'laʊfən] (*unreg*) *vi insep* to happen ♦ *adj*: **mit Blut ~** suffused with blood; (*Augen*) bloodshot

unterlegen ['ʊntərleːgən] *vt* to lay *od* put under; **unter'legen** *adj* inferior; (*besiegt*) defeated

Unterleib ['ʊntərlaɪp] *m* abdomen

unter'liegen (*unreg*) *vi insep* (+*dat*) to be defeated *od* overcome (by); (*unterworfen sein*) to be subject (to)

Untermiete ['ʊntərmiːtə] *f*: **zur ~ wohnen** to be a subtenant *od* lodger; **~r(in)** *m(f)* subtenant, lodger

unter'nehmen (*unreg*) *vt insep* to undertake; **U~** (*-s, -*) *nt* undertaking, enterprise (*auch COMM*)

Unternehmer [ʊntər'neːmər] (*-s, -*) *m* entrepreneur, businessman

unterordnen *vr* +*dat* to submit o.s. (to) ♦ *vr* to give o.s. second place to

Unterredung [ʊntər'reːdʊŋ] *f* discussion, talk

Unterricht ['ʊntərrɪçt] *m* (*-(e)s, -e*) *m* instruction, lessons *pl*; **u~en** [ʊntər'rɪçtən] *vt insep* to instruct; (*SCH*) to teach ♦ *vr insep*: **sich u~en** (**über** +*akk*) to inform o.s. (about), to obtain information (about); **~sfach** *nt* subject (on school *etc* curriculum)

Unterrock ['ʊntərrɔk] *m* petticoat, slip

unter'sagen *vt insep* to forbid; **jdm etw ~** to forbid sb to do sth

Untersatz ['ʊntərzats] *m* coaster, saucer

unter'schätzen *vt insep* to underestimate

unter'scheiden (*unreg*) *vt insep* to distinguish ♦ *vr insep* to differ

Unter'scheidung f (*Unterschied*) distinction; (*Unterscheiden*) differentiation

Unterschied ['untərʃiːt] (-(e)s, -e) m difference, distinction; **im ~ zu** as distinct from; **u~lich** adj varying, differing; (*diskriminierend*) discriminatory; **u~slos** adv indiscriminately

unter'schlagen (*unreg*) vt insep to embezzle; (*verheimlichen*) to suppress

Unter'schlagung f embezzlement

Unterschlupf ['untərʃlupf] (-(e)s, -schlüpfe) m refuge

unter'schreiben (*unreg*) vt insep to sign

Unterschrift ['untərʃrift] f signature

Unterseeboot ['untərzeːboːt] nt submarine

Untersetzer ['untərzetsər] m tablemat; (*für Gläser*) coaster

untersetzt [untər'zɛtst] adj stocky

unterste(r, s) ['untərstə(r, s)] adj lowest, bottom

unterstehen [untər'ʃteːən] (*unreg*) vi insep (+dat) to be under ♦ vr insep to dare; **'unterstehen** (*unreg*) vi to shelter

unterstellen [untər'ʃtɛlən] vt insep to subordinate; (*fig*) to impute; **'unterstellen** vt (*Auto*) to garage, to park ♦ vr to take shelter

unter'streichen (*unreg*) vt insep (*auch fig*) to underline

Unterstufe ['untərʃtuːfə] f lower grade

unter'stützen vt insep to support

Unter'stützung f support, assistance

unter'suchen vt insep (MED) to examine; (*Polizei*) to investigate

Unter'suchung f examination; investigation, inquiry; **~sausschuß** m committee of inquiry; **~shaft** f imprisonment on remand

Untertan ['untərtaːn] (-s, -en) m subject

Untertasse ['untərtasə] f saucer

untertauchen ['untərtauxən] vi to dive; (*fig*) to disappear, to go underground

Unterteil ['untərtaɪl] nt od m lower part, bottom; **u~en** [untər'taɪlən] vt insep to divide up

Untertitel ['untərtiːtəl] m subtitle

Unterwäsche ['untərvɛʃə] f underwear

unterwegs [untər'veːks] adv on the way

unter'werfen (*unreg*) vt insep to subject; (*Volk*) to subjugate ♦ vr insep (+dat) to submit (to)

unterwürfig [untər'vyrfɪç] adj obsequious, servile

unter'zeichnen vt insep to sign

unter'ziehen (*unreg*) vt insep to subject ♦ vr insep (+dat) to undergo; (*einer Prüfung*) to take

untragbar [un'traːkbaːr] adj unbearable, intolerable

untreu ['untrɔy] adj unfaithful; **U~e** f unfaithfulness

untröstlich [un'trøːstlɪç] adj inconsolable

unüberlegt ['unyːbərleːkt] adj ill-considered ♦ adv without thinking

unübersichtlich adj (*Gelände*) broken; (*Kurve*) blind

unumgänglich [un'umˈgɛŋlɪç] adj indispensable, vital; absolutely necessary

unumwunden ['unˈumvundən] adj candid ♦ adv straight out

ununterbrochen ['unˈuntərbrɔxən] adj uninterrupted

unver- [unfɛr] zW: **~änderlich** [-'ɛndərlɪç] adj unchangeable; **~antwortlich** [-'antvɔrtlɪç] adj irresponsible; (*unentschuldbar*) inexcusable; **~besserlich** adj incorrigible; **~bindlich** adj not binding; (*Antwort*) curt ♦ adv (COMM) without obligation; **~bleit** adj (*Benzin usw*) unleaded; **ich fahre ~bleit** I use unleaded; **~blümt** [-'blyːmt] adj plain, blunt ♦ adv plainly, bluntly; **~daulich** adj indigestible; **~einbar** adj incompatible; **~fänglich** [-'fɛŋlɪç] adj harmless; **~froren** adj impudent; **~geßlich** adj (*Tag, Erlebnis*) unforgettable; **~hofft** [-'hɔft] adj unexpected; **~meidlich** [-'maɪtlɪç] adj unavoidable; **~mutet** adj unexpected; **~nünftig** [-'nynftɪç] adj foolish; **~schämt** adj impudent; **U~schämtheit** f impudence, insolence; **~sehens** [-'zeːəns] adv all of a sudden; **~sehrt** adj uninjured; **~söhnlich** [-'zøːnlɪç] adj irreconcilable; **~ständlich** [-'ʃtɛntlɪç] adj unintelligible; **~träglich** adj quarrelsome; (*Meinungen, MED*) incompatible; **~wüstlich** [-'vyːstlɪç] adj indestructible; (*Mensch*) irrepressible; **~zeihlich** adj unpardonable; **~züglich** [-'tsyːklɪç] adj immediate

unvollkommen ['unfɔlkɔmən] adj imperfect

unvollständig adj incomplete

unvor- ['unfoːr] zW: **~bereitet** adj unprepared; **~eingenommen** adj unbiased; **~hergesehen** [-heːrgezeːən] adj unforeseen; **~sichtig** [-zɪçtɪç] adj careless, imprudent; **~stellbar** [-'ʃtɛlbaːr] adj inconceivable; **~teilhaft** adj disadvantageous

unwahr ['unvaːr] adj untrue; **~scheinlich** adj improbable, unlikely ♦ adv (*umg*) incredibly

unweigerlich [un'vaɪgərlɪç] adj unquestioning ♦ adv without fail

Unwesen ['unveːzən] nt nuisance; (*Unfug*) mischief; **sein ~ treiben** to wreak havoc; **u~tlich** adj inessential, unimportant; **u~tlich besser** marginally better

Unwetter ['unvɛtər] nt thunderstorm

unwichtig ['unvɪçtɪç] adj unimportant

unwider- [unviːdər] zW: **~'legbar** adj irrefutable; **~'ruflich** adj irrevocable; **~'stehlich** adj irresistible

unwill- ['unvɪl] zW: **U~e(n)** m indignation; **~ig** adj indignant; (*widerwillig*) reluctant; **~kürlich** [-kyːrlɪç] adj involuntary ♦ adv in-

stinctively; (*lachen*) involuntarily
unwirklich ['ʊnvɪrklɪç] *adj* unreal
unwirksam *adj* (*Mittel, Methode*) ineffective
unwirsch ['ʊnvɪrʃ] *adj* cross, surly
unwirtschaftlich ['ʊnvɪrtʃaftlɪç] *adj* uneconomical
unwissen- ['ʊnvɪsən] *zW:* **~d** *adj* ignorant; **U~heit** *f* ignorance; **~tlich** *adv* unknowingly, unwittingly
unwohl ['ʊnvoːl] *adj* unwell, ill; **U~sein** (**-s**) *nt* indisposition
unwürdig ['ʊnvʏrdɪç] *adj* unworthy
unzählig [ʊn'tseːlɪç] *adj* innumerable, countless
unzer- [ʊntser] *zW:* **~'brechlich** *adj* unbreakable; **~'störbar** *adj* indestructible; **~'trennlich** *adj* inseparable
Unzucht ['ʊntsʊxt] *f* sexual offence
unzüchtig ['ʊntsʏçtɪç] *adj* immoral; lewd
unzu- ['ʊntsu] *zW:* **~frieden** *adj* dissatisfied; **U~friedenheit** *f* discontent; **~länglich** *adj* inadequate; **~lässig** *adj* inadmissible; **~rechnungsfähig** *adj* irresponsible; **~treffend** *adj* incorrect; **~verlässig** *adj* unreliable
unzweideutig ['ʊntsvaɪdɔʏtɪç] *adj* unambiguous
üppig ['ʏpɪç] *adj* (*Frau*) curvaceous; (*Busen*) full, ample; (*Essen*) sumptuous; (*Vegetation*) luxuriant, lush
Ur- ['uːr] *in zW* original
uralt ['uːr'alt] *adj* ancient, very old
Uran [u'raːn] (**-s**) *nt* uranium
Ur- *zW:* **~aufführung** *f* first performance; **~einwohner** *m* original inhabitant; **~eltern** *pl* ancestors; **~enkel(in)** *m(f)* great-grandchild, great-grandson(daughter); **~großeltern** *pl* great-grandparents; **~großmutter** *f* great-grandmother; **~großvater** *m* great-grandfather; **~heber** (**-s**, **-**) *m* originator; (*Autor*) author
Urin [u'riːn] (**-s**, **-e**) *m* urine
Urkunde ['uːrkʊndə] *f* document, deed
Urlaub ['uːrlaʊp] (**-(e)s**, **-e**) *m* holiday(s *pl*) (*BRIT*), vacation (*US*); (*MIL etc*) leave; **~er** [-laʊbər] (**-s**, **-**) *m* holiday-maker (*BRIT*), vacationer (*US*); **~sort** *m* holiday resort
Urne ['ʊrnə] *f* urn
Urologe [uro'loːgə] *m* (*MED*) urologist
Ursache ['uːrzaxə] *f* cause; **keine ~** that's all right
Ursprung ['uːrʃprʊŋ] *m* origin, source; (*von Fluß*) source
ursprünglich ['uːrʃprʏŋlɪç] *adj* original ♦ *adv* originally
Urteil ['ʊrtaɪl] (**-s**, **-e**) *nt* opinion; (*JUR*) sentence, judgement; **u~en** *vi* to judge; **~sspruch** *m* sentence, verdict
Urwald *m* jungle
Urzeit *f* prehistoric times *pl*
USA [uː'ɛs'aː] *pl abk* (= *Vereinigte Staaten*

von Amerika) USA
usw. *abk* (= *und so weiter*) etc
Utensilien [utɛn'ziːliən] *pl* utensils
Utopie [uto'piː] *f* pipedream
utopisch [u'toːpɪʃ] *adj* utopian

V v

vag(e) [vaːk, vaːgə] *adj* vague
Vagina [va'giːna] (**-**, **Vaginen**) *f* vagina
Vakuum ['vaːkuʊm] (**-s**, **Vakua** *od* **Vakuen**) *nt* vacuum
Vampir (**-s**, **-e**) *m* vampire
Vanille [va'nɪljə] (**-**) *f* vanilla
Variation [variatsi'oːn] *f* variation
variieren [vari'iːrən] *vt, vi* to vary
Vase ['vaːzə] *f* vase
Vater ['faːtər] (**-s**, **ʷ**) *m* father; **~land** *nt* native country; Fatherland
väterlich ['fɛːtərlɪç] *adj* fatherly
Vaterschaft *f* paternity
Vaterunser (**-s**, **-**) *nt* Lord's prayer
Vati ['faːti] *m* daddy
v.Chr. *abk* (= *vor Christus*) B.C.
Vegetarier(in) [vege'taːriər(ɪn)] (**-s**, **-**) *m(f)* vegetarian
Veilchen ['faɪlçən] *nt* violet
Vene ['veːnə] *f* vein
Ventil [vɛn'tiːl] (**-s**, **-e**) *nt* valve
Ventilator [vɛnti'laːtɔr] *m* ventilator
verab- [fɛr'ap] *zW:* **~reden** *vt* to agree, to arrange ♦ *vr:* **sich mit jdm ~reden** to arrange to meet sb; **mit jdm ~redet sein** to have arranged to meet sb; **V~redung** *f* arrangement; (*Treffen*) appointment; **~scheuen** *vt* to detest, to abhor; **~schieden** *vt* (*Gäste*) to say goodbye to; (*entlassen*) to discharge; (*Gesetz*) to pass ♦ *vr* to take one's leave; **V~schiedung** *f* leavetaking; discharge; passing
ver- [fɛr] *zW:* **~achten** *vt* to despise; **~ächtlich** [-'ɛçtlɪç] *adj* contemptuous; (*verachtenswert*) contemptible; **jdn ~ächtlich machen** to run sb down; **V~achtung** *f* contempt
verallgemeinern [fɛr'algə'maɪnərn] *vt* to generalize
Verallgemeinerung *f* generalization
veralten [fɛr'altən] *vi* to become obsolete *od* out-of-date
Veranda [ve'randa] (**-**, **Veranden**) *f* veranda
veränder- [fɛr'ɛndər] *zW:* **~lich** *adj* changeable; **~n** *vt, vr* to change, to alter;

V~ung f change, alteration
veran- [fɛr'ʔan] zW: **~lagt** adj with a ... nature; **V~lagung** f disposition; **~lassen** vt to cause; **Maßnahmen ~lassen** to take measures; **sich ~läßt sehen** to feel prompted; **~schaulichen** vt to illustrate; **~schlagen** vt to estimate; **~stalten** vt to organize, to arrange; **V~stalter (-s, -)** m organizer; **V~staltung** f (*Veranstalten*) organizing; (*Konzert etc*) event, function
verantwort- [fɛr'ʔantvɔrt] zW: **~en** vt to answer for ♦ vr to justify o.s.; **~lich** adj responsible; **V~ung** f responsibility; **~ungsbewußt** adj responsible; **~ungslos** adj irresponsible
verarbeiten [fɛr'ʔarbaɪtən] vt to process; (*geistig*) to assimilate; **etw zu etw ~** to make sth into sth
Verarbeitung f processing; assimilation
verärgern [fɛr'ʔɛrgərn] vt to annoy
verausgaben [fɛr'ʔausgaːbən] vr to run out of money; (*fig*) to exhaust o.s.
Verb [vɛrp] (-s, -en) nt verb
Verband [fɛr'bant] (-(e)s, =e) m (*MED*) bandage, dressing; (*Bund*) association, society; (*MIL*) unit; **~kasten** m medicine chest, first-aid box; **~zeug** nt bandage
verbannen [fɛr'banən] vt to banish
Verbannung f exile
verbergen [fɛr'bɛrgən] (*unreg*) vt, vr: (**sich**) **~ (vor** +*dat*) to hide (from)
verbessern [fɛr'bɛsərn] vt, vr to improve; (*berichtigen*) to correct (o.s.)
Verbesserung f improvement; correction
verbeugen [fɛr'bɔygən] vr to bow
Verbeugung f bow
ver'biegen (*unreg*) vi to bend
ver'bieten (*unreg*) vt to forbid; **jdm etw verbieten** to forbid sb to do sth
ver'binden (*unreg*) vt to connect; (*kombinieren*) to combine; (*MED*) to bandage ♦ vr (*auch CHEM*) to combine, to join; **jdm die Augen ~** to blindfold sb
verbindlich [fɛr'bɪntlɪç] adj binding; (*freundlich*) friendly
Ver'bindung f connection; (*Zusammensetzung*) combination; (*CHEM*) compound; (*UNIV*) club
verbissen [fɛr'bɪsən] adj (*Kampf*) bitter; (*Gesichtsausdruck*) grim
ver'bitten (*unreg*) vr: **sich dat etw ~** not to tolerate sth, not to stand for sth
verblassen [fɛr'blasən] vi to fade
Verbleib [fɛ'blaɪp] (-(e)s) m whereabouts; **v~en** (*unreg*) vi to remain
verbleit [fɛr'blaɪt] adj (*Benzin*) leaded
verblüffen [fɛr'blʏfən] vt to stagger, to amaze
Verblüffung f stupefaction
ver'blühen vi to wither, to fade
ver'bluten vi to bleed to death
verborgen [fɛr'bɔrgən] adj hidden

Verbot [fɛr'boːt] (-(e)s, -e) nt prohibition, ban; **v~en** adj forbidden; **Rauchen v~en!** no smoking; **~sschild** nt prohibitory sign
Verbrauch [fɛr'braux] (-(e)s) m consumption; **v~en** vt to use up; **~er (-s, -)** m consumer; **v~t** adj used up, finished; (*Luft*) stale; (*Mensch*) worn-out
Verbrechen [fɛr'brɛçən] (-s, -) nt crime
Verbrecher [fɛr'brɛçər] (-s, -) m criminal; **v~isch** adj criminal
ver'breiten vt, vr to spread; **sich über etw** akk ~ to expound on sth
verbreitern [fɛr'braɪtərn] vt to broaden
Verbreitung f spread(ing), propagation
verbrenn- [fɛr'brɛn] zW: **~bar** adj combustible; **~en** (*unreg*) vt to burn; (*Leiche*) to cremate; **V~ung** f burning; (*in Motor*) combustion; (*von Leiche*) cremation; **V~ungsmotor** m internal combustion engine
ver'bringen (*unreg*) vt to spend
verbrühen [fɛr'bryːən] vt to scald
verbuchen [fɛr'buːxən] vt (*FIN*) to register; (*Erfolg*) to enjoy; (*Mißerfolg*) to suffer
verbunden [fɛr'bundən] adj connected; **jdm ~ sein** to be obliged od indebted to sb; „falsch ~" (*TEL*) "wrong number"
verbünden [fɛr'byndən] vr to ally o.s.
Verbündete(r) [fɛr'byndətə(r)] mf ally
ver'bürgen vr: **sich ~ für** to vouch for
ver'büßen vt: **eine Strafe ~** to serve a sentence
Verdacht [fɛr'daxt] (-(e)s) m suspicion
verdächtig [fɛr'dɛçtɪç] adj suspicious, suspect; **~en** [fɛr'dɛçtɪgən] vt to suspect
verdammen [fɛr'damən] vt to damn, to condemn; **verdammt!** damn!
verdammt (*umg*) adj, adv damned; **~ noch mal!** damn!; dammit!
ver'dampfen vi to vaporize, to evaporate
ver'danken vt: **jdm etw ~** to owe sb sth
verdauen [fɛr'dauən] vt (*auch fig*) to digest
verdaulich [fɛr'daulɪç] adj digestible; **das ist schwer ~** that is hard to digest
Verdauung f digestion
Verdeck [fɛr'dɛk] (-(e)s, -e) nt (*AUT*) hood; (*NAUT*) deck; **v~en** vt to cover (up); (*verbergen*) to hide
Verderb- [fɛr'dɛrp] zW: **~en** [-'dɛrbən] (-s) nt ruin; **v~en** (*unreg*) vt to spoil; (*schädigen*) to ruin; (*moralisch*) to corrupt ♦ vi (*Essen*) to spoil, to rot; (*Mensch*) to go to the bad; **es mit jdm v~en** to get into sb's bad books; **v~lich** adj (*Einfluß*) pernicious; (*Lebensmittel*) perishable
verdeutlichen [fɛr'dɔytlɪçən] vt to make clear
ver'dichten vt, vr to condense
ver'dienen vt to earn; (*moralisch*) to deserve
Ver'dienst (-(e)s, -e) m earnings pl ♦ nt merit; (*Leistung*): ~ **(um)** service (to)

verdient [fer'di:nt] *adj* well-earned; *(Person)* deserving of esteem; **sich um etw ~ machen** to do a lot for sth
verdoppeln [fer'dɔpəln] *vt* to double
verdorben [fer'dɔrbən] *adj* spoilt; *(geschädigt)* ruined; *(moralisch)* corrupt
verdrängen [fer'drɛŋən] *vt* to oust, to displace *(auch PHYS)*; *(PSYCH)* to repress
ver'drehen *vt (auch fig)* to twist; *(Augen)* to roll; **jdm den Kopf ~** *(fig)* to turn sb's head
verdreifachen [fer'draɪfaxən] *vt* to treble
verdrießlich [fer'dri:slɪç] *adj* peevish, annoyed
Verdruß [fer'drʊs] (**-sses, -sse**) *m* annoyance, worry
verdummen [fer'dʊmən] *vt* to make stupid ♦ *vi* to grow stupid
verdunkeln [fer'dʊŋkəln] *vt* to darken; *(fig)* to obscure ♦ *vr* to darken
Verdunk(e)lung *f* blackout; *(fig)* obscuring
verdünnen [fer'dʏnən] *vt* to dilute
verdunsten [fer'dʊnstən] *vi* to evaporate
verdursten [fer'dʊrstən] *vi* to die of thirst
verdutzt [fer'dʊtst] *adj* nonplussed, taken aback
verehr- [fer''e:r] *zW:* **~en** *vt* to venerate, to worship *(auch REL)*; **jdm etw ~en** to present sb with sth; **V~er(in)** (**-s, -**) *m(f)* admirer, worshipper *(auch REL)*; **~t** *adj* esteemed; **V~ung** *f* respect; *(REL)* worship
Verein [fer''aɪn] (**-(e)s, -e**) *m* club, association; **v~bar** *adj* compatible; **v~baren** *vt* to agree upon; **~barung** *f* agreement; **v~en** *vt (Menschen, Länder)* to unite; *(Prinzipien)* to reconcile; **mit v~ten Kräften** having pooled resources, having joined forces; **v~fachen** *vt* to simplify; **v~igen** *vt, vr* to unite; **~igung** *f* union; *(Verein)* association; **v~t** *adj* united; **V~te Nationen** United Nations
vereinzelt *adj* isolated
vereiteln [fer''aɪtəln] *vt* to frustrate
ver'eitern *vi* to suppurate, to fester
verengen [fer'ɛŋən] *vr* to narrow
vererb- [fer'ɛrb] *zW:* **~en** *vt* to bequeath; *(BIOL)* to transmit ♦ *vr* to be hereditary; **~lich** [fer'ɛrplɪç] *adj* hereditary; **V~ung** *f* bequeathing; *(BIOL)* transmission; *(Lehre)* heredity
verewigen [fer''e:vɪgən] *vt* to immortalize ♦ *vr (umg)* to immortalize o.s.
ver'fahren *(unreg)* *vi* to act ♦ *vr* to get lost ♦ *adj* tangled; **~ mit** to deal with; **V~** (**-s, -**) *nt* procedure; *(TECH)* process; *(JUR)* proceedings *pl*
Verfall [fer'fal] (**-(e)s**) *m* decline; *(von Haus)* dilapidation; *(FIN)* expiry; **v~en** *(unreg)* *vi* to decline; *(Haus)* to be falling down; *(FIN)* to lapse; **v~en in** +*akk* to lapse into; **v~en auf** +*akk* to hit upon; **einem Laster v~en**

sein to be addicted to a vice; **~sdatum** *nt* expiry date; *(der Haltbarkeit)* sell-by date
verfänglich [fer'fɛŋlɪç] *adj (Frage, Situation)* awkward, tricky
ver'färben *vr* to change colour
verfassen [fer'fasən] *vt (Rede)* to prepare, work out
Verfasser(in) [fer'fasər(ɪn)] (**-s, -**) *m(f)* author, writer
Verfassung *f (auch POL)* constitution
Verfassungs- *zW:* **~gericht** *nt* constitutional court; **v~widrig** *adj* unconstitutional
ver'faulen *vi* to rot
ver'fehlen *vt* to miss; **etw für verfehlt halten** to regard sth as mistaken
verfeinern [fer'faɪnərn] *vt* to refine
ver'filmen *vt* to film
ver'flixt [fer'flɪkst] *(umg)* *adj* damned, damn
ver'fluchen *vt* to curse
verfolg- [fer'fɔlg] *zW:* **~en** *vt* to pursue; *(gerichtlich)* to prosecute; *(grausam, bes POL)* to persecute; **V~er** (**-s, -**) *m* pursuer; **V~ung** *f* pursuit; prosecution; persecution
verfrüht [fer'fry:t] *adj* premature
verfüg- [fer'fy:g] *zW:* **~bar** *adj* available; **~en** *vt* to direct, to order ♦ *vr* to proceed ♦ *vi:* **~en über** +*akk* to have at one's disposal; **V~ung** *f* direction, order; **zur V~ung** at one's disposal; **jdm zur V~ung stehen** to be available to sb
verführ- [fer'fy:r] *zW:* **~en** *vt* to tempt; *(sexuell)* to seduce; **V~er** *m* tempter; seducer; **~erisch** *adj* seductive; **V~ung** *f* seduction; *(Versuchung)* temptation
ver'gammeln *(umg)* *vi* to go to seed; *(Nahrung)* to go off
vergangen [fer'gaŋən] *adj* past; **V~heit** *f* past
vergänglich [fer'gɛŋlɪç] *adj* transitory; **V~keit** *f* transitoriness, impermanence
vergasen [fer'ga:zən] *vt (töten)* to gas
Vergaser (**-s, -**) *m (AUT)* carburettor
vergaß etc [fer'ga:s] *vb* siehe **vergessen**
vergeb- [fer'ge:b] *zW:* **~en** *(unreg)* *vt (verzeihen)* to forgive; *(weggeben)* to give away; **jdm etw ~en** to forgive sb (for) sth; **~ens** *adv* in vain; **~lich** [fer'ge:plɪç] *adv* in vain ♦ *adj* vain, futile; **V~ung** *f* forgiveness
ver'gehen *(unreg)* *vi* to pass by *od* away ♦ *vr* to commit an offence; **jdm vergeht etw** sb loses sth; **sich an jdm ~** to (sexually) assault sb; **V~** (**-s, -**) *nt* offence
ver'gelten *(unreg)* *vt:* **jdm etw ~** to pay sb back for sth, to repay sb for sth
Vergeltung *f* retaliation, reprisal; **Vergeltungsschlag** *m (MIL)* reprisal
vergessen [fer'gesən] *(unreg)* *vt* to forget; **V~heit** *f* oblivion
vergeßlich [fer'gesltç] *adj* forgetful; **V~keit** *f* forgetfulness
vergeuden [fer'gɔydən] *vt* to squander, to

waste

vergewaltigen [fɛrgə'valtɪgən] *vt* to rape; *(fig)* to violate

Vergewaltigung *f* rape

vergewissern [fɛrgə'vɪsərn] *vr* to make sure

ver'gießen *(unreg) vt* to shed

ver'giften [fɛr'gɪftən] *vt* to poison

Vergiftung *f* poisoning

Vergißmeinnicht [fɛr'gɪsmaɪnnɪçt] (-(e)s, -e) *nt* forget-me-not

vergißt *etc* [fɛr'gɪst] *vb siehe* **vergessen**

Vergleich [fɛr'glaɪç] (-(e)s, -e) *m* comparison; *(JUR)* settlement; **im ~ mit** *od* **zu** compared with *od* to; **v~bar** *adj* comparable; **v~en** *(unreg) vt* to compare ♦ *vr* to reach a settlement

vergnügen [fɛr'gny:gən] *vr* to enjoy *od* amuse o.s.; **V~** (-s, -) *nt* pleasure; **viel V~!** enjoy yourself!

vergnügt [fɛr'gny:kt] *adj* cheerful

Vergnügung *f* pleasure, amusement; **~spark** *m* amusement park

vergolden [fɛr'gɔldən] *vt* to gild

vergöttern [fɛr'gœtərn] *vt* to idolize

ver'graben *vt* to bury

ver'greifen *(unreg) vr*: **sich an jdm ~** to lay hands on sb; **sich an etw ~** to misappropriate sth; **sich im Ton ~** to say the wrong thing

vergriffen [fɛr'grɪfən] *adj (Buch)* out of print; *(Ware)* out of stock

vergrößern [fɛr'grø:sərn] *vt* to enlarge; *(mengenmäßig)* to increase; *(Lupe)* to magnify

Vergrößerung *f* enlargement; increase; magnification; **~sglas** *nt* magnifying glass

Vergünstigung [fɛr'gʏnstɪgʊŋ] *f* concession, privilege

Vergütung *f* compensation

verhaften [fɛr'haftən] *vt* to arrest

Verhaftung *f* arrest

ver'hallen *vi* to die away

ver'halten *(unreg) vr* to be, to stand; *(sich benehmen)* to behave ♦ *vt* to hold *od* keep back; *(Schritt)* to check; **sich ~ (zu)** *(MATH)* to be in proportion (to); **V~** (-s) *nt* behaviour

Verhältnis [fɛr'hɛltnɪs] (-ses, -se) *nt* relationship; *(MATH)* proportion, ratio; **~se** *pl (Umstände)* conditions; **über seine ~se leben** to live beyond one's means; **v~mäßig** *adj* relative, comparative ♦ *adv* relatively, comparatively

verhandeln [fɛr'handəln] *vi* to negotiate; *(JUR)* to hold proceedings ♦ *vt* to discuss; *(JUR)* to hear; **über etw** *akk* **~** to negotiate sth *od* about sth

Verhandlung *f* negotiation; *(JUR)* proceedings *pl*; **~sbasis** *f (FINANZ)* basis for negotiations

ver'hängen *vt (fig)* to impose, to inflict

Verhängnis [fɛr'hɛŋnɪs] (-ses, -se) *nt* fate, doom; **jdm zum ~ werden** to be sb's undoing; **v~voll** *adj* fatal, disastrous

verharmlosen [fɛr'harmlo:zən] *vt* to make light of, to play down

verhärten [fɛr'hɛrtən] *vr* to harden

verhaßt [fɛr'hast] *adj* odious, hateful

verhauen [fɛr'hauən] *(unreg; umg) vt (verprügeln)* to beat up

verheerend [fɛr'he:rənt] *adj* disastrous, devastating

verheimlichen [fɛr'haimlɪçən] *vt*: **jdm etw ~** to keep sth secret from sb

verheiratet [fɛr'haira:tət] *adj* married

ver'helfen *(unreg) vi*: **jdm ~ zu** to help sb to get

ver'hexen *vt* to bewitch; **es ist wie verhext** it's jinxed

ver'hindern *vt* to prevent; **verhindert sein** to be unable to make it

verhöhnen [fɛr'hø:nən] *vt* to mock, to sneer at

Verhör [fɛr'hø:r] (-(e)s, -e) *nt* interrogation; *(gerichtlich)* (cross-)examination; **v~en** *vt* to interrogate; to (cross-)examine ♦ *vr* to misunderstand, to mishear

ver'hungern *vi* to starve, to die of hunger

ver'hüten *vt* to prevent, to avert

Ver'hütung *f* prevention; **Verhütungsmittel** *nt* contraceptive

verirren [fɛr''ɪrən] *vr* to go astray

ver'jagen *vt* to drive away *od* out

verkalken [fɛr'kalkən] *vi* to calcify; *(umg)* to become senile

verkannt [fɛr'kant] *adj* unappreciated

Verkauf [fɛr'kauf] *m* sale; **v~en** *vt* to sell

Verkäufer(in) [fɛr'kɔyfər(ɪn)] (-s, -) *m(f)* seller; salesman(woman); *(in Laden)* shop assistant

verkaufsoffen *adj*: **~er Samstag** *Saturday when the shops stay open all day*

Verkehr [fɛr'ke:r] (-s, -e) *m* traffic; *(Umgang, bes sexuell)* intercourse; *(Umlauf)* circulation; **v~en** *vi (Fahrzeug)* to ply, to run ♦ *vt, vr* to turn, to transform; **v~en mit** to associate with; **bei jdm v~en** *(besuchen)* to visit sb regularly

Verkehrs- *zW*: **~ampel** *f* traffic lights *pl*; **~amt** *nt* tourist office; **~delikt** *nt* traffic offence; **v~günstig** *adj* convenient; **~mittel** *nt* means of transport; **~schild** *nt* road sign; **~stauung** *f* traffic jam, stoppage; **~stockung** *f* traffic jam, stoppage; **~unfall** *m* traffic accident; **~verein** *m* tourist information office; **~zeichen** *nt* traffic sign

verkehrt *adj* wrong; *(umgekehrt)* the wrong way round

ver'kennen *(unreg) vt* to misjudge, not to appreciate

ver'klagen *vt* to take to court

verkleiden [fɛr'klaidən] *vr* to disguise

(o.s.); (*sich kostümieren*) to get dressed up
♦ *vt* (*Wand*) to cover

Verkleidung *f* disguise; (*ARCHIT*) wainscoting

verkleinern [fɛr'klaɪnərn] *vt* to make smaller, to reduce in size

verklemmt [fɛr'klɛmt] *adj* (*fig*) inhibited

ver'kneifen (*umg*) *vt*: **sich** *dat* **etw** ~ (*Lachen*) to stifle sth; (*Schmerz*) to hide sth; (*sich versagen*) to do without sth

verknüpfen [fɛr'knʏpfən] *vt* to tie (up), to knot; (*fig*) to connect

ver'kommen (*unreg*) *vi* to deteriorate, to decay; (*Mensch*) to go downhill, to come down in the world ♦ *adj* (*moralisch*) dissolute, depraved

verkörpern [fɛr'kœrpərn] *vt* to embody, to personify

verkraften [fɛr'kraftən] *vt* to cope with

ver'kriechen (*unreg*) *vr* to creep away, to creep into a corner

Verkrümmung *f* bend, warp; (*ANAT*) curvature

verkrüppelt [fɛr'krʏpəlt] *adj* crippled

ver'kühlen *vr* to get a chill

ver'kümmern *vi* to waste away

verkünden [fɛr'kʏndən] *vt* to proclaim; (*Urteil*) to pronounce

verkürzen [fɛr'kʏrtsən] *vt* to shorten; (*Wort*) to abbreviate; **sich** *dat* **die Zeit** ~ to while away the time

Verkürzung *f* shortening; abbreviation

verladen [fɛr'laːdən] (*unreg*) *vt* (*Waren, Vieh*) to load; (*Truppen*) to embark, entrain, enplane

Verlag [fɛr'laːk] (-(e)s, -e) *m* publishing firm

verlangen [fɛr'laŋən] *vt* to demand; to desire ♦ *vi*: ~ **nach** to ask for, to desire; ~ **Sie Herrn X** ask for Mr X; **V~** (-s, -) *nt*: **V~** (**nach**) desire (for); **auf jds V~** (**hin**) at sb's request

verlängern [fɛr'lɛŋərn] *vt* to extend; (*länger machen*) to lengthen

Verlängerung *f* extension; (*SPORT*) extra time; ~**sschnur** *f* extension cable

verlangsamen [fɛr'laŋzaːmən] *vt, vr* to decelerate, to slow down

Verlaß [fɛr'las] *m*: **auf ihn/das ist kein** ~ he/it cannot be relied upon

ver'lassen (*unreg*) *vt* to leave ♦ *vr*: **sich** ~ **auf** +*akk* to depend on ♦ *adj* desolate; (*Mensch*) abandoned

verläßlich [fɛr'lɛslɪç] *adj* reliable

Verlauf [fɛr'lauf] *m* course; **v~en** (*unreg*) *vi* (*zeitlich*) to pass; (*Farben*) to run ♦ *vr* to get lost; (*Menschenmenge*) to disperse

ver'lauten *vi*: **etw** ~ **lassen** to disclose sth; **wie verlautet** as reported

ver'legen *vt* to move; (*verlieren*) to mislay; (*Buch*) to publish ♦ *vr*: **sich auf etw** *akk* ~ to take up *od* to sth ♦ *adj* embarrassed;

nicht ~ **um** never at a loss for; **V~heit** *f* embarrassment; (*Situation*) difficulty, scrape

Verleger [fɛr'leːgər] (-s, -) *m* publisher

Verleih [fɛr'lai] (-(e)s, -e) *m* hire service; **v~en** (*unreg*) *vt* to lend; (*Kraft, Anschein*) to confer, to bestow; (*Preis, Medaille*) to award; ~**ung** *f* lending; bestowal; award

ver'leiten *vt* to lead astray; ~ **zu** to talk into, to tempt into

ver'lernen *vt* to forget, to unlearn

ver'lesen (*unreg*) *vt* to read out; (*aussondern*) to sort out ♦ *vr* to make a mistake in reading

verletz- [fɛr'lɛts] *zW*: ~**en** *vt* (*auch fig*) to injure, to hurt; (*Gesetz etc*) to violate; ~**end** *adj* (*fig: Worte*) hurtful; ~**lich** *adj* vulnerable, sensitive; **V~te(r)** *mf* injured person; **V~ung** *f* injury; (*Verstoß*) violation, infringement

verleugnen [fɛr'lɔygnən] *vt* (*Herkunft, Glauben*) to belie; (*Menschen*) to disown

verleumden [fɛr'lɔymdən] *vt* to slander

Verleumdung *f* slander, libel

ver'lieben *vr*: **sich** ~ (**in** +*akk*) to fall in love (with)

verliebt [fɛr'liːpt] *adj* in love

verlieren [fɛr'liːrən] (*unreg*) *vt, vi* to lose ♦ *vr* to get lost

Verlierer *m* loser

verlob- [fɛr'loːp] *zW*: ~**en** *vr* to get engaged (to); **V~te(r)** [fɛr'loːptə(r)] *mf* fiancé(e); **V~ung** *f* engagement

ver'locken *vt* to entice, to lure

Ver'lockung *f* temptation, attraction

verlogen [fɛr'loːgən] *adj* untruthful

verlor *etc v siehe* **verlieren**

verloren [fɛr'loːrən] *adj*; lost; (*Eier*) poached ♦ *vb siehe* **verlieren**; **etw** ~ **geben** to give sth up for lost; ~**gehen** (*unreg*) *vi* to get lost

verlosen [fɛr'loːzən] *vt* to raffle, to draw lots for

Verlosung *f* raffle, lottery

verlottern [fɛr'lɔtərn] (*umg*) *vi* to go to the dogs

verludern [fɛr'luːdərn] (*umg*) *vi* to go to the dogs

Verlust [fɛr'lust] (-(e)s, -e) *m* loss; (*MIL*) casualty

ver'machen *vt* to bequeath, to leave

Vermächtnis [fɛr'mɛçtnis] (-ses, -se) *nt* legacy

Vermählung [fɛr'mɛːluŋ] *f* wedding, marriage

vermarkten [fɛr'marktən] *vt* (*WIRTS: Artikel*) to market

vermehren [fɛr'meːrən] *vt, vr* to multiply; (*Menge*) to increase

Vermehrung *f* multiplying; increase

ver'meiden (*unreg*) *vt* to avoid

vermeintlich [fɛr'maintlɪç] *adj* supposed

Vermerk [fɛr'mɛrk] (-(e)s, -e) *m* note; (*in*

Ausweis) endorsement; **v~en** *vt* to note
ver'messen (*unreg*) *vt* to survey ♦ *adj* presumptuous, bold; **V~heit** *f* presumptuousness; recklessness
Ver'messung *f* survey(ing)
ver'mieten *vt* to let, to rent (out); (*Auto*) to hire out, to rent
Ver'mieter(in) (**-s, -**) *m(f)* landlord(lady)
Ver'mietung *f* letting, renting (out); (*von Autos*) hiring (out)
vermindern [fɛr'mɪndərn] *vt, vr* to lessen, to decrease; (*Preise*) to reduce
Verminderung *f* reduction
ver'mischen *vt, vr* to mix, to blend
vermissen [fɛr'mɪsən] *vt* to miss
vermitteln [fɛr'mɪtəln] *vi* to mediate ♦ *vt* (*Gespräch*) to connect; **jdm etw ~** to help sb to obtain sth
Vermittler [fɛr'mɪtlər] (**-s, -**) *m* (*Schlichter*) agent, mediator
Vermittlung *f* procurement; (*Stellen~*) agency; (*TEL*) exchange; (*Schlichtung*) mediation
ver'mögen (*unreg*) *vt* to be capable of; **~ zu** to be able to; **V~** (**-s, -**) *nt* wealth; (*Fähigkeit*) ability; **ein V~ kosten** to cost a fortune; **~d** *adj* wealthy
vermuten [fɛr'muːtən] *vt* to suppose, to guess; (*argwöhnen*) to suspect
vermutlich *adj* supposed, presumed ♦ *adv* probably
Vermutung *f* supposition; suspicion
vernachlässigen [fɛr'naːxlɛsɪgən] *vt* to neglect
ver'nehmen (*unreg*) *vt* to perceive, to hear; (*erfahren*) to learn; (*JUR*) to (cross-)examine; **dem V~ nach** from what I/we etc hear
Vernehmung *f* (cross-)examination
verneigen [fɛr'naɪgən] *vr* to bow
verneinen [fɛr'naɪnən] *vt* (*Frage*) to answer in the negative; (*ablehnen*) to deny; (*GRAM*) to negate; **~d** *adj* negative
Verneinung *f* negation
vernichten [fɛr'nɪçtən] *vt* to annihilate, to destroy; **~d** *adj* (*fig*) crushing; (*Blick*) withering; (*Kritik*) scathing
Vernunft [fɛr'nʊnft] (**-**) *f* reason, understanding
vernünftig [fɛr'nʏnftɪç] *adj* sensible, reasonable
veröffentlichen [fɛr'ˈœfəntlɪçən] *vt* to publish
Veröffentlichung *f* publication
verordnen [fɛr'ˈɔrdnən] *vt* (*MED*) to prescribe
Verordnung *f* order, decree; (*MED*) prescription
ver'pachten *vt* to lease (out)
ver'packen *vt* to pack
Ver'packung *f* packing, wrapping; **~smaterial** *nt* packing, wrapping

ver'passen *vt* to miss; **jdm eine Ohrfeige ~** (*umg*) to give sb a clip round the ear
verpfänden [fɛr'pfɛndən] *vt* (*Besitz*) to mortgage
ver'pflanzen *vt* to transplant
Ver'pflanzung *f* transplant(ing)
ver'pflegen *vt* to feed, to cater for
Ver'pflegung *f* feeding, catering; (*Kost*) food; (*in Hotel*) board
verpflichten [fɛr'pflɪçtən] *vt* to oblige, to bind; (*anstellen*) to engage ♦ *vr* to undertake; (*MIL*) to sign on ♦ *vi* to carry obligations; **jdm zu Dank verpflichtet sein** to be obliged to sb
Verpflichtung *f* obligation, duty
verpönt [fɛr'pøːnt] *adj* disapproved (of), taboo
ver'prügeln (*umg*) *vt* to beat up, to do over
Verputz [fɛr'pʊts] *m* plaster, roughcast; **v~en** *vt* to plaster; (*umg: Essen*) to put away
Verrat [fɛr'raːt] (**-(e)s**) *m* treachery; (*POL*) treason; **v~en** (*unreg*) *vt* to betray; (*Geheimnis*) to divulge ♦ *vr* to give o.s. away
Verräter [fɛr'rɛːtər(ɪn)] (**-s, -**) *m* traitor(tress); **v~isch** *adj* treacherous
ver'rechnen *vt*: **~ mit** to set off against ♦ *vr* to miscalculate
Verrechnungsscheck [fɛr'rɛçnʊŋsʃɛk] *m* crossed cheque
verregnet [fɛr'reːgnət] *adj* spoilt by rain, rainy
ver'reisen *vi* to go away (on a journey)
verrenken [fɛr'rɛŋkən] *vt* to contort; (*MED*) to dislocate; **sich** *dat* **den Knöchel ~** to sprain one's ankle
ver'richten *vt* to do, to perform
verriegeln [fɛr'riːgəln] *vt* to bolt up, to lock
verringern [fɛr'rɪŋərn] *vt* to reduce ♦ *vr* to diminish
Verringerung *f* reduction; lessening
ver'rinnen (*unreg*) *vi* to run out od away; (*Zeit*) to elapse
ver'rosten *vi* to rust
verrotten [fɛr'rɔtən] *vi* to rot
ver'rücken *vt* to move, to shift
verrückt [fɛr'rʏkt] *adj* crazy, mad; **V~e(r)** *mf* lunatic; **V~heit** *f* madness, lunacy
Verruf [fɛr'ruːf] *m*: **in ~ geraten/bringen** to fall/bring into disrepute; **v~en** *adj* notorious, disreputable
Vers [fɛrs] (**-es, -e**) *m* verse
ver'sagen *vt*: **jdm/sich etw ~** to deny sb/o.s. sth ♦ *vi* to fail; **V~** (**-s**) *nt* failure
Versager [fɛr'zaːgər] (**-s, -**) *m* failure
ver'salzen (*unreg*) *vt* to put too much salt in; (*fig*) to spoil
ver'sammeln *vt, vr* to assemble, to gather
Ver'sammlung *f* meeting, gathering
Versand [fɛr'zant] (**-(e)s**) *m* forwarding;

dispatch; (~*abteilung*) dispatch department; ~**haus** *nt* mail-order firm

versäumen [fɛrˈzɔʏmən] *vt* to miss; (*unterlassen*) to neglect, to fail

ver'**schaffen** *vt*: **jdm/sich etw** ~ to get *od* procure sth for sb/o.s.

ver**schämt** [fɛrˈʃɛːmt] *adj* bashful

verschandeln [fɛrˈʃandəln] (*umg*) *vt* to spoil

verschärfen [fɛrˈʃɛrfən] *vt* to intensify; (*Lage*) to aggravate ♦ *vr* to intensify; to become aggravated

ver'**schätzen** *vr* to be out in one's reckoning

ver'**schenken** *vt* to give away

verscheuchen [fɛrˈʃɔʏçən] *vt* (*Tiere*) to chase off *or* away

ver'**schicken** *vt* to send off

ver'**schieben** (*unreg*) *vt* to shift; (*EISENB*) to shunt; (*Termin*) to postpone

verschieden [fɛrˈʃiːdən] *adj* different; (*pl: mehrere*) various; **sie sind** ~ **groß** they are of different sizes; ~**lich** *adv* several times

verschimmeln [fɛrˈʃɪməln] *vi* (*Nahrungsmittel*) to go mouldy

verschlafen [fɛrˈʃlaːfən] (*unreg*) *vt* to sleep through; (*fig: versäumen*) to miss ♦ *vi, vr* to oversleep ♦ *adj* sleepy

Verschlag [fɛrˈʃlaːk] *m* shed; **v~en** (*unreg*) *vt* to board up ♦ *adj* cunning; **jdm den Atem v~en** to take sb's breath away; **an einen Ort v~en werden** to wind up in a place

verschlechtern [fɛrˈʃlɛçtərn] *vt* to make worse ♦ *vr* to deteriorate, to get worse

Verschlechterung *f* deterioration

Verschleiß [fɛrˈʃlaɪs] (**-es, -e**) *m* wear and tear; **v~en** (*unreg*) *vt* to wear out

ver'**schleppen** *vt* to carry off, to abduct; (*Krankheit*) to protract; (*zeitlich*) to drag out

ver'**schleudern** *vt* to squander; (*COMM*) to sell dirt-cheap

verschließbar *adj* lockable

verschließen [fɛrˈʃliːsən] (*unreg*) *vt* to close; to lock ♦ *vr*: **sich einer Sache** *dat* ~ to close one's mind to sth

verschlimmern [fɛrˈʃlɪmərn] *vt* to make worse, to aggravate ♦ *vr* to get worse, to deteriorate

verschlingen [fɛrˈʃlɪŋən] (*unreg*) *vt* to devour, to swallow up; (*Fäden*) to twist

verschlossen [fɛrˈʃlɔsən] *adj* locked; (*fig*) reserved; **V~heit** *f* reserve

ver'**schlucken** *vt* to swallow ♦ *vr* to choke

Verschluß [fɛrˈʃlʊs] *m* lock; (*von Kleid etc*) fastener; (*PHOT*) shutter; (*Stöpsel*) plug; **unter** ~ **halten** to keep under lock and key

verschlüsseln [fɛrˈʃlʏsəln] *vt* to encode

verschmähen [fɛrˈʃmɛːən] *vt* to disdain, to scorn

verschmerzen [fɛrˈʃmɛrtsən] *vt* to get over

verschmieren [fɛrˈʃmiːrən] *vt* (*verstreichen: Gips, Mörtel*) to apply, spread on; (*schmutzig machen: Wand etc*) to smear

verschmutzen [fɛrˈʃmʊtsən] *vt* to soil; (*Umwelt*) to pollute

verschneit [fɛrˈʃnaɪt] *adj* snowed up, covered in snow

verschollen [fɛrˈʃɔlən] *adj* lost, missing

ver'**schonen** *vt*: **jdn mit etw** ~ to spare sb sth

verschönern [fɛrˈʃøːnərn] *vt* to decorate; (*verbessern*) to improve

ver'**schreiben** (*unreg*) *vt* (*MED*) to prescribe ♦ *vr* to make a mistake (in writing); **sich einer Sache** *dat* ~ to devote o.s. to sth

verschreibungspflichtig *adj* (*Medikament*) available on prescription only

verschroben [fɛrˈʃroːbən] *adj* eccentric, odd

ver'**schrotten** [fɛrˈʃrɔtən] *vt* to scrap

verschuld- [fɛrˈʃʊld] *zW*: ~**en** *vt* to be guilty of; **V~en** (**-s**) *nt* fault, guilt; ~**et** *adj* in debt; **V~ung** *f* fault; (*Geld*) debts *pl*

ver'**schütten** *vt* to spill; (*zuschütten*) to fill; (*unter Trümmer*) to bury

ver'**schweigen** (*unreg*) *vt* to keep secret; **jdm etw** ~ to keep sth from sb

verschwend- [fɛrˈʃvɛnd] *zW*: ~**en** *vt* to squander; **V~er** (**-s, -**) *m* spendthrift; ~**erisch** *adj* wasteful, extravagant; **V~ung** *f* waste; extravagance

verschwiegen [fɛrˈʃviːɡən] *adj* discreet; (*Ort*) secluded; **V~heit** *f* discretion; seclusion

ver'**schwimmen** (*unreg*) *vi* to grow hazy, to become blurred

ver'**schwinden** (*unreg*) *vi* to disappear, to vanish; **V~** (**-s**) *nt* disappearance

verschwitzt [fɛrˈʃvɪtst] *adj* (*Mensch*) sweaty

verschwommen [fɛrˈʃvɔmən] *adj* hazy, vague

verschwör- [fɛrˈʃvøːr] *zW*: ~**en** (*unreg*) *vr* to plot, to conspire; **V~er** (**-s, -**) *m* conspirator; **V~ung** *f* conspiracy, plot

ver'**sehen** (*unreg*) *vt* to supply, to provide; (*Pflicht*) to carry out; (*Amt*) to fill; (*Haushalt*) to keep ♦ *vr* (*fig*) to make a mistake; **ehe er (es) sich** ~ **hatte ...** before he knew it ...; **V~** (**-s, -**) *nt* oversight; **aus V~** by mistake; **v~tlich** *adv* by mistake

Versehrte(r) [fɛrˈzeːrtə(r)] *mf* disabled person

ver'**senden** (*unreg*) *vt* to forward, to dispatch

ver'**senken** *vt* to sink ♦ *vr*: **sich** ~ **in** +*akk* to become engrossed in

versessen [fɛrˈzɛsən] *adj*: ~ **auf** +*akk* mad about

ver'**setzen** *vt* to transfer; (*verpfänden*) to pawn; (*umg*) to stand up ♦ *vr*: **sich in jdn** *od* **in jds Lage** ~ to put o.s. in sb's place; **jdm einen Tritt/Schlag** ~ to kick/hit sb; **etw mit etw** ~ to mix sth with sth; **jdn in gute Laune** ~ to put sb in a good mood

Ver'setzung *f* transfer

verseuchen [fɛr'zɔʏçən] *vt* to contaminate

versichern [fɛr'zɪçərn] *vt* to assure; *(mit Geld)* to insure

Versicherung *f* assurance; insurance; ~**sgesellschaft** *f* insurance company; ~**spolice** *f* insurance policy

ver'siegen *vi* to dry up

ver'sinken *vi* to sink

versöhnen [fɛr'zøːnən] *vt* to reconcile ♦ *vr* to become reconciled

Versöhnung *f* reconciliation

ver'sorgen *vt* to provide, to supply; *(Familie etc)* to look after

Ver'sorgung *f* provision; *(Unterhalt)* maintenance; *(Alters~ etc)* benefit, assistance

verspäten [fɛr'ʃpɛːtən] *vr* to be late

verspätet *adj (Zug, Abflug, Ankunft)* late; *(Glückwünsche)* belated

Verspätung *f* delay; ~ **haben** to be late

ver'sperren *vt* to bar, to obstruct

verspielt [fɛr'ʃpiːlt] *adj (Kind, Tier)* playful

ver'spotten *vt* to ridicule, to scoff at

ver'sprechen *(unreg) vt* to promise; **sich** *dat* **etw von etw** ~ to expect sth from sth; **V~** *(-s, -) nt* promise

verstaatlichen [fɛr'ʃtaːtlɪçən] *vt* to nationalize

Verstand [fɛr'ʃtant] *m* intelligence; mind; **den** ~ **verlieren** to go out of one's mind; **über jds** ~ **gehen** to go beyond sb

verständig [fɛr'ʃtɛndɪç] *adj* sensible; ~**en** [fɛr'ʃtɛndɪgən] *vt* to inform ♦ *vr* to communicate; *(sich einigen)* to come to an understanding; **V~ung** *f* communication; *(Benachrichtigung)* informing; *(Einigung)* agreement

verständ- [fɛr'ʃtɛnt] *zW:* ~**lich** *adj* understandable, comprehensible; **V~lichkeit** *f* clarity, intelligibility; **V~nis** *(-ses, -se) nt* understanding; ~**nislos** *adj* uncomprehending; ~**nisvoll** *adj* understanding, sympathetic

verstärk- [fɛr'ʃtɛrk] *zW:* ~**en** *vt* to strengthen; *(Ton)* to amplify; *(erhöhen)* to intensify ♦ *vr* to intensify; **V~er** *(-s, -) m* amplifier; **V~ung** *f* strengthening; *(Hilfe)* reinforcements *pl; (von Ton)* amplification

verstauchen [fɛr'ʃtauxən] *vt* to sprain

verstauen [fɛr'ʃtauən] *vt* to stow away

Versteck [fɛr'ʃtɛk] *(-(e)s, -e) nt* hiding (place); **v~en** *vt, vr* to hide; **v~t** *adj* hidden

ver'stehen *(unreg) vt* to understand ♦ *vr* to get on; **das versteht sich (von selbst)** that goes without saying

versteigern [fɛr'ʃtaɪgərn] *vt* to auction

Versteigerung *f* auction

verstell- [fɛr'ʃtɛl] *zW:* ~**bar** *adj* adjustable, variable; ~**en** *vt* to move, to shift; *(Uhr)* to adjust; *(versperren)* to block; *(fig)* to disguise ♦ *vr* to pretend, to put on an act; **V~ung** *f* pretence

versteuern [fɛr'ʃtɔʏərn] *vt* to pay tax on

verstiegen [fɛr'ʃtiːgən] *adj* exaggerated

verstimmt [fɛr'ʃtɪmt] *adj* out of tune; *(fig)* cross, put out; *(Magen)* upset

verstohlen [fɛr'ʃtoːlən] *adj* stealthy

ver'stopfen *vt* to block, to stop up; *(MED)* to constipate

Ver'stopfung *f* obstruction; *(MED)* constipation

verstorben [fɛr'ʃtɔrbən] *adj* deceased, late

verstört [fɛr'ʃtøːrt] *adj (Mensch)* distraught

Verstoß [fɛr'ʃtoːs] *m:* ~ **(gegen)** infringement (of), violation (of); **v~en** *(unreg) vt* to disown, to reject ♦ *vi:* **v~en gegen** to offend against

ver'streichen *(unreg) vt* to spread ♦ *vi* to elapse

ver'streuen *vt* to scatter (about)

verstümmeln [fɛr'ʃtʏməln] *vt* to maim, to mutilate *(auch fig)*

verstummen [fɛr'ʃtumən] *vi* to go silent; *(Lärm)* to die away

Versuch [fɛr'zuːx] *(-(e)s, -e) m* attempt; *(SCI)* experiment; **v~en** *vt* to try; *(verlocken)* to tempt ♦ *vr:* **sich an etw** *dat* **v~en** to try one's hand at sth; ~**skaninchen** *nt (fig)* guinea-pig; ~**ung** *f* temptation

versunken [fɛr'zuŋkən] *adj* sunken; ~ **sein in** +*akk* to be absorbed *od* engrossed in

vertagen [fɛr'taːgən] *vt, vi* to adjourn

ver'tauschen *vt* to exchange; *(versehentlich)* to mix up

verteidig- [fɛr'taɪdɪç] *zW:* ~**en** *vt* to defend; **V~er** *(-s, -) m* defender; *(JUR)* defence counsel; **V~ung** *f* defence

ver'teilen *vt* to distribute; *(Rollen)* to assign; *(Salbe)* to spread

Verteilung *f* distribution, allotment

vertiefen [fɛr'tiːfən] *vt* to deepen ♦ *vr:* **sich in etw** *akk* ~ to become engrossed *od* absorbed in sth

Vertiefung *f* depression

vertikal [vɛrti'kaːl] *adj* vertical

vertilgen [fɛr'tɪlgən] *vt* to exterminate; *(umg)* to eat up, to consume

vertonen [fɛr'toːnən] *vt* to set to music

Vertrag [fɛr'traːk] *(-(e)s, =e) m* contract, agreement; *(POL)* treaty; **v~en** *(unreg) vt* to tolerate, to stand ♦ *vr* to get along; *(sich aussöhnen)* to become reconciled; **v~lich** *adj* contractual

verträglich [fɛr'trɛːklɪç] *adj* good-natured, sociable; *(Speisen)* easily digested; *(MED)* easily tolerated; **V~keit** *f* sociability; good nature; digestibility

Vertrags- *zW:* ~**bruch** *m* breach of contract; ~**partner** *m* party to a contract;

v~widrig adj contrary to contract
vertrauen [fɛr'traʊən] vi: jdm ~ to trust
sb; ~ **auf** +akk to rely on; **V~** (-s) nt confidence; **~erweckend** [fɛr'traʊənɛrvɛkənd]
adj inspiring trust; **~svoll** adj trustful;
~swürdig adj trustworthy
vertraulich [fɛr'traʊlɪç] adj familiar; (geheim) confidential
vertraut [fɛr'traʊt] adj familiar; **V~heit** f
familiarity
ver'treiben (unreg) vt to drive away; (aus
Land) to expel; (COMM) to sell; (Zeit) to
pass
vertret- [fɛr'trɛːt] zW: **~en** (unreg) vt to
represent; (Ansicht) to hold, to advocate;
sich dat **die Beine ~en** to stretch one's
legs; **V~er** (-s, -) m representative; (Ver-
fechter) advocate; **V~ung** f representation;
advocacy
Vertrieb [fɛr'triːp] (-(e)s, -e) m marketing
(department)
ver'trocknen vi to dry up
ver'trösten vt to put off
vertun [fɛr'tuːn] (unreg) vt to waste ♦ vr
(umg) to make a mistake
vertuschen [fɛr'tʊʃən] vt to hush od cover
up
verübeln [fɛr'yːbəln] vt: **jdm etw ~** to be
cross od offended with sb on account of
sth
verüben [fɛr'yːbən] vt to commit
verun- [fɛr'ʊn] zW: **~glimpfen** vt to disparage; **~glücken** vi to have an accident;
tödlich ~glücken to be killed in an accident; **~reinigen** vt to soil; (Umwelt) to
pollute; **~sichern** vt to rattle; **~treuen**
[-trɔʏən] vt to embezzle
verur- [fɛr'uːr] zW: **~sachen** vt to cause;
~teilen [-taɪlən] vt to condemn;
V~teilung f condemnation; (JUR) sentence
verviel- [fɛr'fiːl] zW: **~fachen** vt to multiply; **~fältigen** [-fɛltɪgən] vt to duplicate, to
copy; **V~fältigung** f duplication, copying
vervollkommnen [fɛr'fɔlkɔmnən] vt to
perfect
vervollständigen vt to complete
ver'wackeln vt (Foto) to blur
ver'wählen vr (TEL) to dial the wrong
number
verwahren vt to keep, to lock away ♦ vr
to protest
verwalt- [fɛr'valt] zW: **~en** vt to manage;
to administer; **V~er** (-s, -) m manager;
(Vermögensverwalter) trustee; **V~ung** f administration; management
ver'wandeln vt to change, to transform ♦
vr to change; to be transformed
Ver'wandlung f change, transformation
verwandt [fɛr'vant] adj: ~ **(mit)** related
(to); **V~e(r)** mf relative, relation;
V~schaft f relationship; (Menschen) rela-

tions pl
ver'warnen vt to caution
Ver'warnung f caution
ver'wechseln vt: ~ **mit** to confuse with;
to mistake for; **zum V~ ähnlich** as like as
two peas
Ver'wechslung f confusion, mixing up
verwegen [fɛr've:gən] adj daring, bold
Verwehung [fɛr've:ʊŋ] f snowdrift; sand-
drift
verweichlicht [fɛr'vaɪçlɪçt] adj effeminate,
soft
ver'weigern vt: **jdm etw ~** to refuse sb
sth; **den Gehorsam/die Aussage ~** to refuse to obey/testify
Ver'weigerung f refusal
Verweis [fɛr'vaɪs] (-es, -e) m reprimand,
rebuke; (Hinweis) reference; **~en**
[fɛr'vaɪzən] (unreg) vt to refer; **jdn von der
Schule v~en** to expel sb (from school);
jdn des Landes v~en to deport od expel
sb
ver'welken vi to fade
verwendbar [fɛr'vɛntbar] adj usable
ver'wenden (unreg) vt to use; (Mühe, Zeit,
Arbeit) to spend ♦ vr to intercede
Ver'wendung f use
ver'werfen (unreg) vt to reject
verwerflich [fɛr'vɛrflɪç] adj reprehensible
ver'werten vt to utilize
Ver'wertung f utilization
verwesen [fɛr've:zən] vi to decay
ver'wickeln vt to tangle (up); (fig) to involve ♦ vr to get tangled (up); **jdn in etw**
akk ~ to involve sb in sth; **sich in etw** akk
~ to get involved in sth
verwickelt [fɛr'vɪkəlt] adj (Situation, Fall)
difficult, complicated
verwildern [fɛr'vɪldərn] vi to run wild
ver'winden (unreg) vt to get over
verwirklichen [fɛr'vɪrklɪçən] vt to realize,
to put into effect
Verwirklichung f realization
verwirren [fɛr'vɪrən] vt to tangle (up); (fig)
to confuse
Verwirrung f confusion
verwittern [fɛr'vɪtərn] vi to weather
verwitwet [fɛr'vɪtvət] adj widowed
verwöhnen [fɛr'vø:nən] vt to spoil
verworfen [fɛr'vɔrfən] adj depraved
verworren [fɛr'vɔrən] adj confused
verwundbar [fɛr'vʊntbaːr] adj vulnerable
verwunden [fɛr'vʊndən] vt to wound
verwunderlich [fɛr'vʊndərlɪç] adj surprising
Verwunderung [fɛr'vʊndərʊŋ] f astonishment
Verwundete(r) mf injured person
Verwundung f wound, injury
ver'wünschen vt to curse
verwüsten [fɛr'vy:stən] vt to devastate
verzagen [fɛr'tsa:gən] vi to despair

ver'zählen *vr* to miscount
verzehren [fɛr'tseːrən] *vt* to consume
ver'zeichnen *vt* to list; (*Niederlage, Verlust*) to register
Verzeichnis [fɛr'tsaiçnis] (*-ses, -se*) *nt* list, catalogue; (*in Buch*) index
verzeih- [fɛr'tsai] *zW:* **~en** (*unreg*) *vt, vi* to forgive; **jdm etw ~en** to forgive sb for sth; **~lich** *adj* pardonable; **V~ung** *f* forgiveness, pardon; **V~ung!** sorry!, excuse me!
verzichten [fɛr'tsiçtən] *vi:* **~ auf** +*akk* to forgo, to give up
ver'ziehen (*unreg*) *vi* to move ♦ *vt* to put out of shape; (*Kind*) to spoil; (*Pflanzen*) to thin out ♦ *vr* to go out of shape; (*Gesicht*) to contort; (*verschwinden*) to disappear; **das Gesicht ~** to pull a face
verzieren [fɛr'tsiːrən] *vt* to decorate, to ornament
Verzierung *f* decoration
verzinsen [fɛr'tsinzən] *vt* to pay interest on
ver'zögern *vt* to delay
Ver'zögerung *f* delay, time-lag; **Verzögerungstaktik** *f* delaying tactics *pl*
verzollen [fɛr'tsɔlən] *vt* to pay duty on
verzückt [fɛr'tsvkt] *adj* enraptured
Verzug [fɛr'tsuːk] *m* delay
verzweif- [fɛr'tsvaif] *zW:* **~eln** *vi* to despair; **~elt** *adj* desperate; **V~lung** *f* despair
verzwickt [fɛr'tsvikt] (*umg*) *adj* awkward, complicated
Vesuv [ve'zuːf] (*-(s)*) *m* Vesuvius
Veto ['veːto] (*-s, -s*) *nt* veto
Vetter ['fɛtər] (*-s, -n*) *m* cousin
vgl. *abk* (= *vergleiche*) cf.
v.H. *abk* (= *vom Hundert*) p.c.
vibrieren [vi'briːrən] *vi* to vibrate
Video ['viːdeo] *nt* video; **~gerät** *nt* video recorder; **~recorder** *m* video recorder
Vieh [fiː] (*-(e)s*) *nt* cattle *pl*; **v~isch** *adj* bestial
viel [fiːl] *adj* a lot of, much ♦ *adv* a lot, much; **~e** *pron pl* a lot of, many; **~ zuwenig** much too little; **~erlei** *adj* a great variety of; **~es** *pron* a lot; **~fach** *adj, adv* many times; **auf ~fachen Wunsch** at the request of many people; **V~falt** (*-*) *f* variety; **~fältig** *adj* varied, many-sided
vielleicht [fi'laiçt] *adv* perhaps
viel- *zW:* **~mal(s)** *adv* many times; **danke ~mals** many thanks; **~mehr** *adv* rather, on the contrary; **~sagend** *adj* significant; **~seitig** *adj* many-sided; **~versprechend** *adj* promising
vier [fiːr] *num* four; **V~eck** (*-(e)s, -e*) *nt* four-sided figure; (*gleichseitig*) square; **~eckig** *adj* four-sided; square; **~taktmotor** *m* four-stroke engine; **~te(r, s)** ['fiːrtə(r, s)] *adj* fourth; **V~tel** (*-s, -*) ['fɪrtəl] *nt* quarter; **V~teljahr** *nt* quarter; **~teljährlich** *adj* quarterly; **~teln** *vt* to divide

into four; (*Kuchen usw*) to divide into quarters; **V~telnote** *f* crotchet; **V~tel'stunde** *f* quarter of an hour; **~zehn** ['fɪrtseːn] *num* fourteen; **in ~zehn Tagen** in a fortnight; **~zehntägig** *adj* fortnightly; **~zig** ['fɪrtsiç] *num* forty
Villa ['vɪla] (*-, Villen*) *f* villa
violett [vio'lɛt] *adj* violet
Violin- [vio'liːn] *zW:* **~e** *f* violin; **~schlüssel** *m* treble clef
Virus ['viːrʊs] (*-, Viren*) *m od nt* (*auch: COMPUT*) virus
Visa ['viːza] *pl von* **Visum**
vis-à-vis [viza'viː] *adv* opposite
Visen ['viːzən] *pl von* **Visum**
Visier [vi'ziːr] (*-s, -e*) *nt* gunsight; (*am Helm*) visor
Visite [vi'ziːtə] *f* (*MED*) visit; **~nkarte** *f* visiting card
Visum ['viːzʊm] (*-s, Visa od Visen*) *nt* visa
vital [vi'taːl] *adj* lively, full of life, vital
Vitamin [vita'miːn] (*-s, -e*) *nt* vitamin
Vogel ['foːgəl] (*-s, ⁼*) *m* bird; **einen ~ haben** (*umg*) to have bats in the belfry; **jdm den ~ zeigen** to tap one's forehead (*meaning that one thinks sb stupid*); **~bauer** *nt* birdcage; **~häuschen** *nt* bird house; **~perspektive** *f* bird's-eye view; **~scheuche** *f* scarecrow
Vokabel [vo'kaːbəl] (*-, -n*) *f* word
Vokabular [vokabu'laːr] (*-s, -e*) *nt* vocabulary
Vokal [vo'kaːl] (*-s, -e*) *m* vowel
Volk [fɔlk] (*-(e)s, ⁼er*) *nt* people; nation
Völker- ['fœlkər] *zW:* **~recht** *nt* international law; **v~rechtlich** *adj* according to international law; **~verständigung** *f* international understanding
Volks- *zW:* **~entscheid** *m* referendum; **~fest** *nt* fair; **~hochschule** *f* adult education classes *pl*; **~lied** *nt* folksong; **~republik** *f* people's republic; **die ~republik China** the People's Republic of China; **~schule** *f* elementary school; **~tanz** *m* folk dance; **~vertreter(in)** *m(f)* people's representative; **~wirtschaft** *f* economics *sg*; **~zählung** *f* (national) census
voll [fɔl] *adj* full; **etw ~ machen** to fill sth up; **~ und ganz** completely; **jdn für ~ nehmen** (*umg*) to take sb seriously; **~auf** [fɔl''aʊf] *adv* amply; **V~bart** *m* full beard; **~'bringen** (*unreg*) *vt insep* to accomplish; **~'enden** *vt insep* to finish, to complete; **~endet** *adj* (*vollkommen*) completed; **~ends** ['fɔlɛnts] *adv* completely; **V~'endung** *f* completion; **~er** *adj* fuller; **~er einer Sache** *gen* full of sth
Volleyball ['vɔlibal] *m* volleyball
Vollgas *nt:* **mit ~** at full throttle; **~ geben** to step on it
völlig ['fœliç] *adj* complete ♦ *adv* completely

voll- zW: **~jährig** adj of age;
V~kaskoversicherung ['fɔlkasko-
ferzɪçərʊŋ] f fully comprehensive insurance;
~'kommen adj perfect; **V~'kommenheit**
f perfection; **V~kornbrot** nt wholemeal
bread; **V~macht** (-, -en) f authority, full
powers pl; **V~milch** f (KOCH) full-cream
milk; **V~mond** m full moon; **V~pension**
f full board; **~ständig** ['fɔlʃtɛndɪç] adj
complete; **~'strecken** vt insep to execute;
~tanken vt, vi to fill up; **V~wertkost** f
wholefood; **~zählig** ['fɔltsɛːlɪç] adj complete; in full number; **~ziehen** (unreg) vt
insep to carry out ♦ vr insep to happen;
V~'zug m execution
Volt [vɔlt] (- od -(e)s, -) nt volt
Volumen [voˈluːmən] (-s, - od Volumina)
nt volume
vom [fɔm] = **von dem**

─────── SCHLÜSSELWORT ───────

von [fɔn] präp +dat **1** (Ausgangspunkt)
from; **von ... bis** from ... to; **von morgens
bis abends** from morning till night; **von ...
nach ...** from ... to ...; **von ... an** from ...;
von ... aus from ...; **von dort aus** from
there; **etw von sich aus tun** to do sth of
one's own accord; **von mir aus** (umg) if
you like, I don't mind; **von wo/wann ...?**
where/when ... from?

2 (Ursache, im Passiv) by; **ein Gedicht von
Schiller** a poem by Schiller; **von etw
müde** tired from sth

3 (als Genitiv) of; **ein Freund von mir** a
friend of mine; **nett von dir** nice of you;
jeweils zwei von zehn two out of every
ten

4 (über) about; **er erzählte vom Urlaub** he
talked about his holiday

5: **von wegen!** (umg) no way!

voneinander adv from each other

─────── SCHLÜSSELWORT ───────

vor [foːr] präp +dat **1** (räumlich) in front of;
vor der Kirche links abbiegen turn left before the church

2 (zeitlich) before; **ich war vor ihm da** I
was there before him; **vor 2 Tagen** 2 days
ago; **5 (Minuten) vor 4** 5 (minutes) to 4;
vor kurzem a little while ago

3 (Ursache) with; **vor Wut/Liebe** with
rage/love; **vor Hunger sterben** to die of
hunger; **vor lauter Arbeit** because of work

4: **vor allem, vor allen Dingen** most of all
♦ präp +akk (räumlich) in front of
♦ adv: **vor und zurück** backwards and for-
wards

Vorabend ['foːrʔaːbənt] m evening before,
eve
voran [foˈran] adv before, ahead; **mach ~!**

get on with it!; **~gehen** (unreg) vi to go
ahead; **einer Sache** dat **~gehen** to precede
sth; **~kommen** (unreg) vi to come along,
to make progress
Voranschlag m estimate
Vorarbeiter m foreman
voraus [foˈraus] adv ahead; (zeitlich) in advance; **jdm ~ sein** to be ahead of sb; **im ~**
in advance; **~gehen** (unreg) vi to go (on)
ahead; (fig) to precede; **~haben** (unreg) vt:
jdm etw ~haben to have the edge on sb
in sth; **V~sage** f prediction; **~sagen** vt to
predict; **~sehen** (unreg) vt to foresee;
~setzen vt to assume; **~gesetzt, daß ...**
provided that ...; **V~setzung** f requirement, prerequisite; **V~sicht** f foresight; **aller V~sicht nach** in all probability;
~sichtlich adv probably
Vorbehalt ['foːrbəhalt] (-(e)s, -e) m reservation, proviso; **v~en** (unreg) vt: **sich/jdm
etw v~en** to reserve sth (for o.s.)/for sb;
v~los adj unconditional ♦ adv uncondi-
tionally
vorbei [foˈrbai] adv by, past; **das ist ~**
that's over; **~gehen** (unreg) vi to pass by,
to go past; **~kommen** (unreg) vi: **bei jdm
~kommen** to drop in od call in on sb
vor- zW: **~belastet** ['foːrbəlastət] adj (fig)
handicapped; **~bereiten** vt to prepare;
V~bereitung f preparation; **~bestraft**
['foːrbəʃtraːft] adj previously convicted,
with a record
vorbeugen ['foːrbɔygən] vt, vr to lean forward ♦ vi +dat to prevent; **~d** adj preven-
tive
Vorbeugung f prevention; **zur ~ gegen**
for the prevention of
Vorbild ['foːrbɪlt] nt model; **sich** dat **jdn
zum ~ nehmen** to model o.s. on sb;
v~lich adj model, ideal
vorbringen ['foːrbrɪŋən] (unreg) vt to advance, to state
Vorder- ['fɔrdər] zW: **~achse** f front axle;
v~e(r, s) adj front; **~grund** m foreground;
~mann (pl **-männer**) m man in front; **jdn
auf ~mann bringen** (umg) to get sb in
shape up; **~seite** f front (side); **v~ste(r,
s)** adj front
vordrängen ['foːrdrɛŋən] vr to push to the
front
voreilig ['foːrʔailɪç] adj hasty, rash
voreinander [foːrʔaiˈnandər] adv (räumlich)
in front of each other
voreingenommen ['foːrʔaingənɔmən] adj
biased; **V~heit** f bias
vorenthalten ['foːrʔɛnthaltən] (unreg) vt:
jdm etw ~ to withhold sth from sb
vorerst ['foːrʔeːrst] adv for the moment od
present
Vorfahr ['foːrfaːr] (-en, -en) m ancestor
vorfahren (unreg) vi to drive (on) ahead;
(vors Haus etc) to drive up

Vorfahrt f (AUT) right of way; ~ **achten!** give way!

Vorfahrts- zW: ~**regel** f right of way; ~**schild** nt give way sign

Vorfall ['fo:rfal] m incident; **v~en** (unreg) vi to occur

vorfinden ['fo:rfɪndən] (unreg) vt to find

Vorfreude ['fo:rfrɔʏdə] f (joyful) anticipation

vorführen ['fo:rfy:rən] vt to show, to display; **dem Gericht** ~ to bring before the court

Vorgabe ['fo:rga:bə] f (SPORT) start, handicap ♦ in zW (COMPUT) default

Vorgang ['fo:rgaŋ] m course of events; (bes SCI) process

Vorgänger(in) ['fo:rgɛŋər(ɪn)] (-s, -) m(f) predecessor

vorgeben ['fo:rge:bən] (unreg) vt to pretend, to use as a pretext; (SPORT) to give an advantage od a start of

vorgefaßt ['fo:rgəfast] adj preconceived

vorgefertigt ['fo:rgəfɛrtɪçt] adj prefabricated

vorgehen ['fo:rge:ən] (unreg) vi (voraus) to go (on) ahead; (nach vorn) to go up front; (handeln) to act, to proceed; (Uhr) to be fast; (Vorrang haben) to take precedence; (passieren) to go on; **V~** (-s) nt action

Vorgeschichte ['fo:rgəʃɪçtə] f past history

Vorgeschmack ['fo:rgəʃmak] m foretaste

Vorgesetzte(r) ['fo:rgəzɛtstə(r)] mf superior

vorgestern ['fo:rgɛstərn] adv the day before yesterday

vorhaben ['fo:rha:bən] (unreg) vt to intend; **hast du schon was vor?** have you got anything on?; **V~** (-s, -) nt intention

vorhalten ['fo:rhaltən] (unreg) vt to hold od put up ♦ vi to last; **jdm etw** ~ (fig) to reproach sb for sth

vorhanden [fo:r'handən] adj existing; (erhältlich) available

Vorhang ['fo:rhaŋ] m curtain

Vorhängeschloß ['fo:rhɛŋəʃlɔs] nt padlock

vorher [fo:r'he:r] adv before(hand); ~**bestimmen** vt (Schicksal) to preordain; ~**gehen** (unreg) vi to precede; ~**ig** [-ɪç] adj previous

Vorherrschaft ['fo:rhɛrʃaft] f predominance, supremacy

vorherrschen ['fo:rhɛrʃən] vi to predominate

vorher- [fo:r'he:r] zW: **V~sage** f forecast; ~**sagen** vt to forecast, to predict; ~**sehbar** adj predictable; ~**sehen** (unreg) vt to foresee

vorhin [fo:r'hɪn] adv not long ago, just now; ~**ein** adv: **im** ~**ein** beforehand

vorig ['fo:rɪç] adj previous, last

Vorkämpfer(in) ['fo:rkɛmpfər(ɪn)] m(f) pioneer

Vorkaufsrecht ['fo:rkaʊfsrɛçt] nt option to buy

Vorkehrung ['fo:rke:rʊŋ] f precaution

vorkommen ['fo:rkɔmən] (unreg) vi to come forward; (geschehen, sich finden) to occur; (scheinen) to seem (to be); **sich** dat **dumm** etc ~ to feel stupid etc; **V~** (-s, -) nt occurrence

Vorkriegs- [fo:rkri:ks] in zW prewar

Vorladung ['fo:rla:dʊŋ] f summons sg

Vorlage ['fo:rla:gə] f model, pattern; (Gesetzes~) bill; (SPORT) pass

vorlassen ['fo:rlasən] (unreg) vt to admit; (vorgehen lassen) to allow to go in front

vorläufig ['fo:rlɔʏfɪç] adj temporary, provisional

vorlaut ['fo:rlaʊt] adj impertinent, cheeky

vorlesen ['fo:rle:zən] (unreg) vt to read (out)

Vorlesung f (UNIV) lecture

vorletzte(r, s) ['fo:rlɛtstə(r, s)] adj last but one

Vorliebe ['fo:rli:bə] f preference, partiality

vorliebnehmen [fo:r'li:pne:mən] (unreg) vi: ~ **mit** to make do with

vorliegen ['fo:rli:gən] (unreg) vi to be (here); **etw liegt jdm vor** sb has sth; ~**d** adj present, at issue

vormachen ['fo:rmaxən] vt: **jdm etw** ~ to show sb how to do sth; (fig) to fool sb; to have sb on

Vormachtstellung ['fo:rmaxtʃtɛlʊŋ] f supremacy, hegemony

Vormarsch ['fo:rmarʃ] m advance

vormerken ['fo:rmɛrkən] vt to book

Vormittag ['fo:rmɪta:k] m morning; **v~s** adv in the morning, before noon

Vormund ['fo:rmʊnt] (-(e)s, -e od -münder) m guardian

vorn ['fɔrn] adv in front; **von** ~ **anfangen** to start at the beginning; **nach** ~ to the front

Vorname ['fo:rna:mə] m first name, Christian name

vorne adv = **vorn**

vornehm ['fo:rne:m] adj distinguished; refined; elegant

vornehmen (unreg) vt (fig) to carry out; **sich** dat **etw** ~ to start on sth; (beschließen) to decide to do sth; **sich** dat **jdn** ~ to tell sb off

vornherein ['fɔrnhɛraɪn] adv: **von** ~ from the start

Vorort ['fo:rɔrt] m suburb

Vorrang ['fo:rraŋ] m precedence, priority; **v~ig** adj of prime importance, primary

Vorrat ['fo:rra:t] m stock, supply

vorrätig ['fo:rrɛ:tɪç] adj in stock

Vorratskammer f pantry

Vorrecht ['fo:rrɛçt] nt privilege

Vorrichtung ['fo:rrɪçtʊŋ] f device, contrivance

vorrücken ['fo:rrʏkən] *vi* to advance ♦ *vt* to move forward

Vorsatz ['fo:rzats] *m* intention; (*JUR*) intent; **einen ~ fassen** to make a resolution

vorsätzlich ['fo:rzɛtslɪç] *adj* intentional; (*JUR*) premeditated ♦ *adv* intentionally

Vorschau ['fo:rʃau] *f* (*RADIO, TV*) (programme) preview; (*Film*) trailer

Vorschlag ['fo:rʃla:k] *m* suggestion, proposal; **v~en** (*unreg*) *vt* to suggest, to propose

vorschreiben ['fo:rʃraibən] (*unreg*) *vt* to prescribe, to specify

Vorschrift ['fo:rʃrɪft] *f* regulation(s); rule(s); (*Anweisungen*) instruction(s); **Dienst nach ~** work-to-rule; **v~smäßig** *adj* as per regulations/instructions

Vorschuß ['fo:rʃʊs] *m* advance

vorsehen ['fo:rze:ən] (*unreg*) *vt* to provide for, to plan ♦ *vr* to take care, to be careful ♦ *vi* to be visible

Vorsehung *f* providence

vorsetzen ['fo:rzɛtsən] *vt* to move forward; (*anbieten*) to offer; **~ vor** +*akk* to put in front of

Vorsicht ['fo:rzɪçt] *f* caution, care; **~!** look out!, take care!; (*auf Schildern*) caution!, danger!; **~, Stufe!** mind the step!; **v~ig** *adj* cautious, careful; **v~shalber** *adv* just in case

Vorsilbe ['fo:rzɪlbə] *f* prefix

vorsingen *vt* (*vor Zuhörern*) to sing (to); (*für Theater etc*) to audition (for) ♦ *vi* to sing

Vorsitz ['fo:rzɪts] *m* chair(manship); **~ende(r)** *mf* chairman(woman)

Vorsorge ['fo:rzɔrgə] *f* precaution(s), provision(s); **v~n** *vi*: **v~n für** to make provision(s) for; **~untersuchung** *f* check-up

vorsorglich ['fo:rzɔrklɪç] *adv* as a precaution

Vorspeise ['fo:rʃpaizə] *f* hors d'oeuvre, appetizer

Vorspiel ['fo:rʃpi:l] *nt* prelude

vorspielen *vt*: **jdm etw ~** (*MUS*) to play sth for *or* to sb ♦ *vi* (*zur Prüfung etc*) to play for *or* to sb

vorsprechen ['fo:rʃprɛçən] (*unreg*) *vt* to say out loud, to recite ♦ *vi*: **bei jdm ~** to call on sb

Vorsprung ['fo:rʃprʊŋ] *m* projection, ledge; (*fig*) advantage, start

Vorstadt ['fo:rʃtat] *f* suburbs *pl*

Vorstand ['fo:rʃtant] *m* executive committee; (*COMM*) board (of directors); (*Person*) director, head

vorstehen ['fo:rʃte:ən] (*unreg*) *vi* to project; **einer Sache dat ~** (*fig*) to be the head of sth

vorstell- ['fo:rʃtɛl] *zW*: **~bar** *adj* conceivable; **~en** *vt* to put forward; (*bekannt machen*) to introduce; (*darstellen*) to represent; **~en vor** +*akk* to put in front of; **sich**

dat etw ~en to imagine sth; **V~ung** *f* (*Bekanntmachen*) introduction; (*THEAT etc*) performance; (*Gedanke*) idea, thought

vorstoßen ['fo:rʃto:sən] (*unreg*) *vi* (*ins Unbekannte*) to venture (forth)

Vorstrafe ['fo:rʃtra:fə] *f* previous conviction

Vortag ['fo:rta:k] *m*: **am ~ einer Sache** *gen* on the day before sth

vortäuschen ['fo:rtɔyʃən] *vt* to feign, to pretend

Vorteil ['fɔrtail] (*-s, -e*) *m*: **~ (gegenüber)** advantage (over); **im ~ sein** to have the advantage; **v~haft** *adj* advantageous

Vortrag ['fo:rtra:k] (*-(e)s, Vorträge*) *m* talk, lecture; **v~en** [-gən] (*unreg*) *vt* to carry forward; (*fig*) to recite; (*Rede*) to deliver; (*Lied*) to perform; (*Meinung etc*) to express

vortrefflich ['fo:rtrɛflɪç] *adj* excellent

vortreten ['fo:rtre:tən] (*unreg*) *vi* to step forward; (*Augen etc*) to protrude

vorüber [fo'ry:bər] *adv* past, over; **~gehen** (*unreg*) *vi* to pass (by); **~gehen an** +*dat* (*fig*) to pass over; **~gehend** *adj* temporary, passing

Vorurteil ['fo:r'ʊrtail] *nt* prejudice

Vorverkauf ['fo:rfɛrkauf] *m* advance booking

Vorwahl ['fo:rva:l] *f* preliminary election; (*TEL*) dialling code

Vorwand ['fo:rvant] (*-(e)s, Vorwände*) *m* pretext

vorwärts ['fo:rvɛrts] *adv* forward; **V~gang** *m* (*AUT etc*) forward gear; **~gehen** (*unreg*) *vi* to progress; **~kommen** (*unreg*) *vi* to get on, to make progress

Vorwäsche *f* prewash

vorweg [fo:r'vɛk] *adv* in advance; **~nehmen** (*unreg*) *vt* to anticipate

vorweisen ['fo:rvaizən] (*unreg*) *vt* to show, to produce

vorwerfen ['fo:rvɛrfən] (*unreg*) *vt*: **jdm etw ~** to reproach sb for sth, to accuse sb of sth; **sich** *dat* **nichts vorzuwerfen haben** to have nothing to reproach o.s. with

vorwiegend ['fo:rvi:gənt] *adj* predominant ♦ *adv* predominantly

vorwitzig ['fo:rvɪtsɪç] *adj* (*Mensch, Bemerkung*) cheeky

Vorwort ['fo:rvɔrt] (*-(e)s, -e*) *nt* preface

Vorwurf ['fo:rvʊrf] *m* reproach; **jdm/sich Vorwürfe machen** to reproach sb/o.s.; **v~svoll** *adj* reproachful

vorzeigen ['fo:rtsaigən] *vt* to show, to produce

vorzeitig ['fo:rtsaitɪç] *adj* premature

vorziehen ['fo:rtsi:ən] (*unreg*) *vt* to pull forward; (*Gardinen*) to draw; (*lieber haben*) to prefer

Vorzimmer ['fo:rtsɪmər] *nt* (*Büro*) outer office

Vorzug ['fo:rtsu:k] *m* preference; (*gute Ei-*

genschaft) merit, good quality; (*Vorteil*) advantage
vorzüglich [fo:r'tsy:klıç] adj excellent
vulgär [vul'gɛ:r] adj vulgar
Vulkan [vul'ka:n] (-s, -e) m volcano

W w

Waage ['va:gə] f scales pl; (ASTROL) Libra; **w~recht** adj horizontal
Wabe ['va:bə] f honeycomb
wach [vax] adj awake; (fig) alert; **W~e** f guard, watch; **W~e halten** to keep watch; **W~e stehen** to stand guard; **~en** vi to be awake; (*Wache halten*) to guard
Wacholder [va'xɔldər] (-s, -) m juniper
Wachs [vaks] (-es, -e) nt wax
wachsam ['vaxza:m] adj watchful, vigilant, alert
wachsen (unreg) vi to grow
Wachstuch nt oilcloth
Wachstum (-s) nt growth
Wächter ['vɛçtər] (-s, -) m guard, warden, keeper; (*Parkplatz~*) attendant
wackel- ['vakəl] zW: **~ig** adj shaky, wobbly; **W~kontakt** m loose connection; **~n** vi to shake; (fig: *Position*) to be shaky
wacker ['vakər] adj valiant, stout ♦ adv well, bravely
Wade ['va:də] f (ANAT) calf
Waffe ['vafə] f weapon
Waffel (-, -n) f waffle; wafer
Waffen- zW: **~schein** m gun licence; **~stillstand** m armistice, truce
Wagemut ['va:gəmu:t] m daring
wagen ['va:gən] vt to venture, to dare
Wagen ['va:gən] (-s, -) m vehicle; (*Auto*) car; (EISENB) carriage; (*Pferde~*) cart; **~heber** (-s, -) m jack
Waggon [va'gõ:] (-s, -s) m carriage; (*Güter~*) goods van, freight truck (US)
waghalsig ['va:khalzıç] adj foolhardy
Wagnis ['va:knıs] (-ses, -se) nt risk
Wahl ['va:l] (-, -en) f choice; (POL) election; **zweite ~** (COMM) seconds pl
wähl- ['vɛ:l] zW: **~bar** adj eligible; **~en** vt, vi to choose; (POL) to elect, to vote (for); (TEL) to dial; **W~er(in)** (-s, -) m(f) voter; **~erisch** adj fastidious, particular
Wahl- zW: **~fach** nt optional subject; **~gang** m ballot; **~kabine** f polling booth; **~kampf** m election campaign; **~kreis** m constituency; **~lokal** nt polling station;

w~los adv at random; **~recht** nt franchise; **~spruch** m motto; **~urne** f ballot box
Wahn [va:n] (-(e)s) m delusion; folly; **~sinn** m madness; **w~sinnig** adj insane, mad ♦ adv (umg) incredibly
wahr [va:r] adj true
wahren vt to maintain, to keep
während ['vɛ:rənt] präp +gen during ♦ konj while; **~dessen** adv meanwhile
wahr- zW: **~haben** (unreg) vt: **etw nicht ~haben wollen** to refuse to admit sth; **~haft** adv (tatsächlich) truly; **~haftig** [va:r'haftıç] adj true, real ♦ adv really; **W~heit** f truth; **~nehmen** (unreg) vt to perceive, to observe; **W~nehmung** f perception; **~sagen** vi to prophesy, to tell fortunes; **W~sager(in)** (-s, -) m(f) fortune teller; **~scheinlich** [va:r'ʃaınlıç] adj probable ♦ adv probably; **W~'scheinlichkeit** f probability; **aller W~scheinlichkeit nach** in all probability
Währung ['vɛ:rʊŋ] f currency
Waise ['vaızə] f orphan; **~nhaus** nt orphanage
Wald [valt] (-(e)s, ̈er) m wood(s); (groß) forest; **~brand** m forest fire; **~sterben** nt trees dying due to pollution
Wal(fisch) ['va:l(fıʃ)] (-(e)s, -e) m whale
Wall [val] (-(e)s, ̈e) m embankment; (*Bollwerk*) rampart
Wallfahr- zW: **~er(in)** m(f) pilgrim; **~t** f pilgrimage
Walnuß ['valnus] f walnut
Walroß ['valrɔs] nt walrus
Walze ['valtsə] f (*Gerät*) cylinder; (*Fahrzeug*) roller; **w~n** vt to roll (out)
wälzen ['vɛltsən] vt to roll (over); (*Bücher*) to hunt through; (*Probleme*) to deliberate on ♦ vr to wallow; (*vor Schmerzen*) to roll about; (*im Bett*) to toss and turn
Walzer ['valtsər] (-s, -) m waltz
Wand [vant] (-, ̈e) f wall; (*Trenn~*) partition; (*Berg~*) precipice
Wandel ['vandəl] (-s) m change; **w~bar** adj changeable, variable; **w~n** vt, vr to change ♦ vi (*gehen*) to walk
Wander- ['vandər] zW: **~er** (-s, -) m hiker, rambler; **~karte** f map of country walks; **w~n** vi to hike; (*Blick*) to wander; (*Gedanken*) to stray; **~schaft** f travelling; **~ung** f walk, hike; **~weg** m trail, walk
Wandlung f change, transformation
Wange ['vaŋə] f cheek
wankelmütig [vaŋkəlmy:tıç] adj vacillating, inconstant
wanken ['vaŋkən] vi to stagger; (fig) to waver
wann [van] adv when
Wanne ['vanə] f tub
Wanze ['vantsə] f bug
Wappen ['vapən] (-s, -) nt coat of arms,

crest; ~kunde f heraldry
war etc [vaːr] vb siehe sein
Ware ['vaːrə] f ware
Waren- zW: ~haus nt department store;
~lager nt stock, store; ~probe f sample;
~zeichen nt: (eingetragenes) ~zeichen
(registered) trademark
warf [vaːrf] vb siehe werfen
warm [varm] adj warm; (Essen) hot
Wärm- ['vɛrm] zW: ~e f warmth; w~en
vt, vr to warm (up); to heat (up); ~flasche
f hot-water bottle
warnen ['varnən] vt to warn
Warnung f warning
warten ['vartən] vi: ~ (auf +akk) to wait
(for); auf sich ~ lassen to take a long time
Wärter(in) ['vɛrtər(ɪn)] (-s, -) m(f) attendant
Warte- ['vartə] zW: ~raum m (EISENB)
waiting room; ~saal m (EISENB) waiting
room; ~zimmer nt waiting room
Wartung f servicing; service; ~ und Instandhaltung maintenance
warum [va'rʊm] adv why
Warze [vartsə] f wart
was [vas] pron what; (umg: etwas) something; ~ für (ein) ... what sort of ...
waschbar adj washable
Waschbecken nt washbasin
Wäsche ['vɛʃə] f wash(ing); (Bett~) linen;
(Unter~) underclothing
waschecht adj colourfast; (fig) genuine
Wäscheklammer f clothes peg (BRIT),
clothespin (US)
Wäscheleine f washing line (BRIT)
waschen ['vaʃən] (unreg) vt, vi to wash ♦
vr to (have a) wash; sich dat die Hände ~
to wash one's hands
Wäsche'rei f laundry
Waschgelegenheit f washing facilities
Wasch- zW: ~küche f laundry room;
~lappen m face flannel, washcloth (US);
(umg) sissy; ~maschine f washing
machine; ~mittel nt detergent, washing
powder; ~pulver nt detergent, washing
powder; ~raum m washroom; ~salon m
Launderette (®)
Wasser ['vasər] (-s, -) nt water; ~ball m
water polo; w~dicht adj waterproof; ~fall
m waterfall; ~farbe f watercolour; ~hahn
m tap, faucet (US); ~kraftwerk nt hydroelectric power station; ~leitung f water
pipe; ~mann n (ASTROL) Aquarius; ~me-
lone f (BOT) water melon
wässern ['vɛsərn] vt, vi to water
Wasser- zW: w~scheu adj afraid of (the)
water; ~ski ['vasərʃiː] nt water-skiing;
~stoff m hydrogen; ~waage f spirit level;
~zeichen nt watermark
wäßrig ['vɛsrɪç] adj watery
waten ['vaːtən] vi to wade
watscheln ['vaːtʃəln] vi to waddle

Watt¹ [vat] (-(e)s, -en) nt mud flats pl
Watt² (-s, -) nt (ELEK) watt
Watte f cotton wool, absorbent cotton
(US)
WC ['veː'tseː] (-s, -s) nt abk (= water closet)
W.C.
Web- ['veːb] zW: w~en (unreg) vt to
weave; ~er (-s, -) m weaver; ~e'rei f (Betrieb) weaving mill; ~stuhl m loom
Wechsel ['vɛksəl] (-s, -) m change;
(COMM) bill of exchange; ~geld nt
change; w~haft adj (Wetter) variable;
~jahre pl change of life sg; ~kurs m rate
of exchange; w~n vt to change; (Blicke) to
exchange ♦ vi to change; to vary; (Geld-
wechseln) to have change; ~strom m alternating current; ~stube f bureau de
change; ~wirkung f interaction
wecken ['vɛkən] vt to wake (up); to call
Wecker ['vɛkər] (-s, -) m alarm clock
wedeln ['veːdəln] vi (mit Schwanz) to wag;
(mit Fächer etc) to wave
weder ['veːdər] konj neither; ~ ... noch ...
neither ... nor ...
Weg [veːk] (-(e)s, -e) m way; (Pfad) path;
(Route) route; sich auf den ~ machen to
be on one's way; jdm aus dem ~ gehen
to keep out of sb's way
weg [vɛk] adv away, off; über etw akk ~
sein to be over sth; er war schon ~ he
had already left; Finger ~! hands off!
wegbleiben (unreg) vi to stay away
wegen ['veːgən] präp +gen (umg: +dat) because of
weg- ['vɛk] zW: ~fallen (unreg) vi to be
left out; (Ferien, Bezahlung) to be cancelled;
(aufhören) to cease; ~gehen (unreg) vi to
go away; to leave; ~lassen (unreg) vt to
leave out; ~laufen (unreg) vi to run away
od off; ~legen vt to put aside; ~machen
(umg) vt to get rid of; ~müssen (unreg;
umg) vi to have to go; ~nehmen (unreg)
vt to take away; ~tun (unreg) vt to put
away
Wegweiser ['veːgvaɪzər] (-s, -) m road
sign, signpost
weg- zW: ~werfen (unreg) vt to throw
away; ~werfend adj disparaging
weh [veː] adj sore; ~ tun to hurt, to be
sore; jdm/sich ~ tun to hurt sb/o.s.; ~(e)
excl: ~(e), wenn du ... woe betide you if
...; o ~! oh dear!; ~e! just you dare!
wehen vt, vi to blow; (Fahnen) to flutter
weh- zW: ~leidig adj whiny, whining;
~mütig adj melancholy
Wehr¹ [veːr] (-(e)s, -e) nt weir
Wehr² (-, -en) f: sich zur ~ setzen to defend o.s.; ~dienst m military service;
~dienstverweigerer m ≈ conscientious
objector; w~en vr to defend o.s.; w~los
adj defenceless; ~pflicht f compulsory
military service; w~pflichtig adj liable

Weib → wendig

for military service

Weib [vaɪp] (-(e)s, -er) *nt* woman, female; wife; ~**chen** *nt* female; **w**~**lich** *adj* feminine

weich [vaɪç] *adj* soft; **W**~**e** *f* (*EISENB*) points *pl*; ~**en** (*unreg*) *vi* to yield, to give way; **W**~**heit** *f* softness; ~**lich** *adj* soft, namby-pamby; **W**~**ling** *m* weakling

Weide ['vaɪdə] *f* (*Baum*) willow; (*Gras*) pasture; **w**~**n** *vi* to graze ♦ *vr*: **sich an etw** *dat* **w**~**n** to delight in sth

weidlich ['vaɪtlɪç] *adv* thoroughly

weigern ['vaɪgərn] *vr* to refuse

Weigerung ['vaɪgərʊŋ] *f* refusal

Weihe ['vaɪə] *f* consecration; (*Priester*~) ordination; **w**~**n** *vt* to consecrate; to ordain

Weiher (-s, -) *m* pond

Weihnacht- *zW*: ~**en** (-) *nt* Christmas; **w**~**lich** *adj* Christmas *cpd*

Weihnachts- *zW*: ~**abend** *m* Christmas Eve; ~**lied** *nt* Christmas carol; ~**mann** *m* Father Christmas, Santa Claus; ~**markt** *m* Christmas fair; ~**tag** *m* Christmas Day; **zweiter** ~**tag** Boxing Day

Weihrauch *m* incense

Weihwasser *nt* holy water

weil [vaɪl] *konj* because

Weile ['vaɪlə] (-) *f* while, short time

Wein [vaɪn] (-(e)s, -e) *m* wine; (*Pflanze*) vine; ~**bau** *m* cultivation of vines; ~**berg** *m* vineyard; ~**bergschnecke** *f* snail; ~**brand** *m* brandy

weinen *vt, vi* to cry; **das ist zum W**~ it's enough to make you cry *od* weep

Wein- *zW*: ~**glas** *nt* wine glass; ~**karte** *f* wine list; ~**lese** *f* vintage; ~**probe** *f* wine-tasting; ~**rebe** *f* vine; ~**rot** *adj* burgundy, claret, wine-red; ~**stock** *m* vine; ~**stube** *f* wine bar; ~**traube** *f* grape

weise ['vaɪzə] *adj* wise

Weise *f* manner, way; (*Lied*) tune; **auf diese** ~ in this way

weisen (*unreg*) *vt* to show

Weisheit ['vaɪshaɪt] *f* wisdom; **Weisheitszahn** *m* wisdom tooth

weiß [vaɪs] *adj* white ♦ *vb siehe* **wissen**; **W**~**brot** *nt* white bread; ~**en** *vt* to whitewash; **W**~**glut** *f* (*TECH*) incandescence; **jdn bis zur W**~**glut bringen** (*fig*) to make sb see red; **W**~**kohl** *m* (white) cabbage; **W**~**wein** *m* white wine

weit [vaɪt] *adj* wide; (*Begriff*) broad; (*Reise, Wurf*) long ♦ *adv* far; **wie** ~ **ist es ...?** how far is it ...?; **in** ~**er Ferne** in the far distance; **das geht zu** ~ that's going too far; ~**aus** *adv* by far; ~**blickend** *adj* far-seeing; **W**~**e** *f* width; (*Raum*) space; (*von Entfernung*) distance; ~**en** *vt, vr* to widen

weiter ['vaɪtər] *adj* wider; broader; farther (away); (*zusätzlich*) further ♦ *adv* further; **ohne** ~**es** without further ado; just like that; ~ **nichts/niemand** nothing/nobody

else; ~**arbeiten** *vi* to go on working; ~**bilden** *vr* to continue one's education; ~**empfehlen** (*unreg*) *vt* to recommend (to others); ~**fahrt** *f* continuation of the journey; ~**führen** *vi* (*Straße*) to lead on (to) ♦ *vt* (*fortsetzen*) to continue, carry on; ~**gehen** (*unreg*) *vi* to go on; ~**hin** *adv*: **etw** ~**hin tun** to go on doing sth; ~**kommen** (*unreg*) *vi* (*fig: mit Arbeit*) to make progress; ~**leiten** *vt* to pass on; ~**machen** *vt, vi* to continue

weit- *zW*: ~**gehend** *adj* considerable ♦ *adv* largely; ~**läufig** *adj* (*Gebäude*) spacious; (*Erklärung*) lengthy; (*Verwandter*) distant; ~**reichend** *adj* long-range; (*fig*) far-reaching; ~**schweifig** *adj* long-winded; ~**sichtig** *adj* (*MED*) long-sighted; (*fig*) far-sighted; **W**~**sprung** *m* long jump; ~**verbreitet** *adj* widespread; **W**~**winkelobjektiv** *nt* (*PHOT*) wide-angle lens

Weizen ['vaɪtsən] (-s, -) *m* wheat

───── **SCHLÜSSELWORT** ─────

welche(r, s) ['vɛlçə(r, s)] *interrogativ pron* which; **welcher von beiden?** which (one) of the two?; **welchen hast du genommen?** which (one) did you take?; **welche eine ...!** what a ...!; **welche Freude!** what joy!

♦ *unbestimmt pron* some

♦ *indef pron* some; (*in Fragen*) any; **ich habe welche** I have some; **haben Sie welche?** do you have any?

♦ *relativ pron* (*bei Menschen*) who; (*bei Sachen*) which, that; **welche(r, s) auch immer** whoever/whichever/whatever

welk [vɛlk] *adj* withered; ~**en** *vi* to wither
Wellblech *nt* corrugated iron
Welle ['vɛlə] *f* wave; (*TECH*) shaft; ~**nbereich** *m* waveband; ~**nlänge** *f* (*auch fig*) wavelength; ~**nlinie** *f* wavy line; ~**nsittich** *m* budgerigar
Welt [vɛlt] (-, -en) *f* world; ~**all** *nt* universe; ~**anschauung** *f* philosophy of life; **w**~**berühmt** *adj* world-famous; ~**krieg** *m* world war; **w**~**lich** *adj* worldly; (*nicht kirchlich*) secular; ~**macht** *f* world power; ~**meister** *m* world champion; ~**raum** *m* space; ~**reise** *f* trip round the world; ~**stadt** *f* metropolis; **w**~**weit** *adj* world-wide
wem [ve:m] (*dat von* **wer**) *pron* to whom
wen [ve:n] (*akk von* **wer**) *pron* whom
Wende ['vɛndə] *f* turn; (*Veränderung*) change; ~**kreis** *m* (*GEOG*) tropic; (*AUT*) turning circle; ~**ltreppe** *f* spiral staircase; **w**~**n** (*unreg*) *vt, vi, vr* to turn; **sich an jdn w**~**n** to go/come to sb; ~**punkt** *m* turning point
wendig ['vɛndɪç] *adj* (*Auto etc*) manoeuvrable; (*fig*) agile

Wendung f turn; (*Rede~*) idiom
wenig ['ve:nɪç] adj, adv little; **~e** pron pl few pl; **~er** adj less; (*mit pl*) fewer ♦ adv less; **~ste(r, s)** adj least; **am ~sten** least; **~stens** adv at least

──── SCHLÜSSELWORT ────

wenn [vɛn] konj **1** (*falls, bei Wünschen*) if; **wenn auch ..., selbst wenn ...** even if ...; **wenn ich doch ...** if only I ...
2 (*zeitlich*) when; **immer wenn** whenever

wennschon ['vɛnʃɔːn] adv: **na ~** so what?; **~, dennschon!** in for a penny, in for a pound
wer [ve:r] pron who
Werbe- ['vɛrbə] zW: **~fernsehen** nt commercial television; **w~n** (*unreg*) vt to win; (*Mitglied*) to recruit ♦ vi to advertise; **um jdn/etw w~n** to try to win sb/sth; **für jdn/etw w~n** to promote sb/sth
Werbung f advertising; (*von Mitgliedern*) recruitment; **~ um jdn/etw** promotion of sb/sth
Werdegang ['ve:rdəgaŋ] m (*Laufbahn*) development; (*beruflich*) career

──── SCHLÜSSELWORT ────

werden ['ve:rdən] (*pt wurde, pp geworden od* (*bei Passiv*) **worden**) vi to become; **was ist aus ihm/aus der Sache geworden?** what became of him/it?; **es ist nichts/gut geworden** it came to nothing/turned out well; **es wird Nacht/Tag** it's getting dark/light; **mir wird kalt** I'm getting cold; **mir wird schlecht** I feel ill; **Erster werden** to come od be first; **das muß anders werden** that'll have to change; **rot/zu Eis werden** to turn red/to ice; **was willst du** (*mal*) **werden?** what do you want to be?; **die Fotos sind gut geworden** the photos have come out nicely
♦ als Hilfsverb **1** (*bei Futur*): **er wird es tun** he will od he'll do it; **er wird das nicht tun** he will not od he won't do it; **es wird gleich regnen** it's going to rain
2 (*bei Konjunktiv*): **ich würde ...** I would ...; **er würde gern ...** he would od he'd like to ...; **ich würde lieber ...** I would od I'd rather ...
3 (*bei Vermutung*): **sie wird in der Küche sein** she will be in the kitchen
4 (*bei Passiv*): **gebraucht werden** to be used; **er ist erschossen worden** he has od he's been shot; **mir wurde gesagt, daß ...** I was told that ...

werfen ['vɛrfən] (*unreg*) vt to throw
Werft [vɛrft] (-, -en) f shipyard, dockyard
Werk [vɛrk] (-(e)s, -e) nt work; (*Tätigkeit*) job; (*Fabrik, Mechanismus*) works pl; **ans ~ gehen** to set to work; **~statt** (-, -stätten)

f workshop; (*AUT*) garage; **~tag** m working day; **w~tags** adv on working days; **w~tätig** adj working; **~zeug** nt tool
Wermut ['ve:rmu:t] (-(e)s) m wormwood; (*Wein*) vermouth
Wert [ve:rt] (-(e)s, -e) m worth; (*FIN*) value; **~ legen auf** +akk to attach importance to; **es hat doch keinen ~** it's useless; **w~** adj worth; (*geschätzt*) dear; worthy; **das ist nichts/viel w~** it's not worth anything/it's worth a lot; **das ist es/er mir w~** it's/he's worth that to me; **w~en** vt to rate; **~gegenstände** mpl valuables; **w~los** adj worthless; **~papier** nt security; **w~voll** adj valuable
Wesen ['ve:zən] (-s, -) nt (*Geschöpf*) being; (*Natur, Charakter*) nature; **w~tlich** adj significant; (*beträchtlich*) considerable
weshalb [vɛs'halp] adv why
Wespe ['vɛspə] f wasp
wessen ['vɛsən] (*gen von* **wer**) pron whose
Weste ['vɛstə] f waistcoat, vest (*US*); (*Woll~*) cardigan
West- zW: **~en** (-s) m west; **~europa** nt Western Europe; **~indien** nt the West Indies; **w~lich** adj western ♦ adv to the west
weswegen [vɛs've:gən] adv why
wett [vɛt] adj even; **W~bewerb** m competition; **W~e** f bet, wager; **~en** vt, vi to bet
Wetter ['vɛtər] (-s, -) nt weather; **~bericht** m weather report; **~dienst** m meteorological service; **~lage** f (weather) situation; **~vorhersage** f weather forecast; **~warte** f weather station
Wett- zW: **~kampf** m contest; **~lauf** m race; **w~machen** vt to make good
wichtig ['vɪçtɪç] adj important; **W~keit** f importance
wickeln ['vɪkəln] vt to wind; (*Haare*) to set; (*Kind*) to change; **jdn/etw in etw** akk **~** to wrap sb/sth in sth
Widder ['vɪdər] (-s, -) m ram; (*ASTROL*) Aries
wider ['vi:dər] präp +akk against; **~'fahren** (*unreg*) vi to happen; **~'legen** vt to refute
widerlich ['vi:dərlɪç] adj disgusting, repulsive
wider- ['vi:dər] zW: **~rechtlich** adj unlawful; **W~rede** f contradiction; **W~ruf** m retraction; countermanding; **~'rufen** (*unreg*) vt insep to retract; (*Anordnung*) to revoke; (*Befehl*) to countermand; **~'setzen** vr insep: **sich jdm/etw ~setzen** to oppose sb/sth
widerspenstig ['vi:dərʃpɛnstɪç] adj wilful
widerspiegeln vt (*Entwicklung, Erscheinung*) to mirror, reflect ♦ vr to be reflected
wider'sprechen (*unreg*) vi insep: **jdm ~** to contradict sb
Widerspruch ['vi:dərʃprʊx] m contradiction; **w~slos** adv without arguing
Widerstand ['vi:dərʃtant] m resistance

Widerstands- *zW*: **~bewegung** *f* resistance (movement); **w~fähig** *adj* resistant, tough; **w~los** *adj* unresisting

wider'stehen (*unreg*) *vi insep*: **jdm/etw ~** to withstand sb/sth

wider- ['viːdər] *zW*: **~wärtig** *adj* nasty, horrid; **W~wille** *m*: **W~wille (gegen)** aversion (to); **~willig** *adj* unwilling, reluctant

widmen ['vɪtmən] *vt* to dedicate; to devote ♦ *vr* to devote o.s.

widrig ['viːdrɪç] *adj* (*Umstände*) adverse

┌─────────────── *SCHLÜSSELWORT*

wie [viː] *adv* how; **wie groß/schnell?** how big/fast?; **wie wär's?** how about it?; **wie ist er?** what's he like?; **wie gut du das kannst!** you're very good at it; **wie bitte?** pardon?; (*entrüstet*) I beg your pardon!; **und wie!** and how!

♦ *konj* **1** (*bei Vergleichen*): **so schön wie ...** as beautiful as ...; **wie ich schon sagte** as I said; **wie du** like you; **singen wie ein ...** to sing like a ...; **wie (zum Beispiel)** such as (for example)

2 (*zeitlich*): **wie er das hörte, ging er** when he heard that he left; **er hörte, wie der Regen fiel** he heard the rain falling
└───────────────

wieder ['viːdər] *adv* again; **~ da sein** to be back (again); **gehst du schon ~?** are you off again?; **~ ein(e) ... another ...;** **W~aufbau** [-'aufbau] *m* rebuilding; **~aufbereiten** *vt sep* to recycle; **~aufnehmen** (*unreg*) *vt* to resume; **~bekommen** (*unreg*) *vt* to get back; **~bringen** (*unreg*) *vt* to bring back; **~erkennen** (*unreg*) *vt* to recognize; **W~gabe** *f* reproduction; **~geben** (*unreg*) *vt* (*zurückgeben*) to return; (*Erzählung etc*) to repeat; (*Gefühle etc*) to convey; **~gutmachen** *vt* to make up for; (*Fehler*) to put right; **W~'gutmachung** *f* reparation; **~'herstellen** *vt* to restore; **~'holen** *vt insep* to repeat; **W~'holung** *f* repetition; **W~hören** *nt*: **auf W~hören** (*TEL*) goodbye; **W~kehr** (-) *f* return; (*von Vorfall*) repetition, recurrence; **~sehen** (*unreg*) *vt* to see again; **auf W~sehen** goodbye; **~um** *adv* (*andererseits*) on the other hand; **~vereinigen** *vt* to reunite; (*POL*) to reunify; **~verwerten** *vt sep* to recycle; **W~wahl** *f* re-election

Wiege ['viːgə] *f* cradle; **w~n¹** *vt* (*schaukeln*) to rock

wiegen² (*unreg*) *vt, vi* (*Gewicht*) to weigh

wiehern ['viːərn] *vi* to neigh, to whinny

Wien [viːn] *nt* Vienna

Wiese ['viːzə] *f* meadow

Wiesel ['viːzəl] (**-s, -**) *nt* weasel

wieso [vi'zoː] *adv* why

wieviel [vi'fiːl] *adj* how much; **~ Menschen** how many people; **~mal** *adv* how

often; **~te(r, s)** *adj*: **zum ~ten Mal?** how many times?; **den W~ten haben wir?** what's the date?; **an ~ter Stelle?** in what place?; **der ~te Besucher war er?** how many visitors were there before him?

wieweit [viː'vaɪt] *adv* to what extent

wild [vɪlt] *adj* wild; **W~** (**-(e)s**) *nt* game; **W~e(r)** *f(m)* savage; **w~ern** *vi* to poach; **~'fremd** (*umg*) *adj* quite strange *od* unknown; **W~heit** *f* wildness; **W~leder** *nt* suede; **W~nis** (**-, -se**) *f* wilderness; **W~schwein** *nt* (wild) boar

will *etc* [vɪl] *vb siehe* **wollen**

Wille ['vɪlə] (**-ns, -n**) *m* will; **w~n** *präp* +gen: **um ... w~n** for the sake of ...; **w~nsstark** *adj* strong-willed

will- *zW*: **~ig** *adj* willing; **W~kommen** [vɪl'kɔmən] (**-s, -**) *nt* welcome; **~kommen** *adj* welcome; **jdn ~kommen heißen** to welcome sb; **~kürlich** *adj* arbitrary; (*Bewegung*) voluntary

wimmeln ['vɪməln] *vi*: **~ (von)** to swarm (with)

wimmern ['vɪmərn] *vi* to whimper

Wimper ['vɪmpər] (**-, -n**) *f* eyelash

Wimperntusche *f* mascara

Wind [vɪnt] (**-(e)s, -e**) *m* wind; **~beutel** *m* cream puff; (*fig*) rake; **~e** *f* (*TECH*) winch, windlass; (*BOT*) bindweed; **~el** ['vɪndəl] (**-, -n**) *f* nappy, diaper (*US*); **w~en** *vi unpers* to be windy ♦ *vt* (*unreg*) to wind; (*Kranz*) to weave; (*entwinden*) to twist ♦ *vr* (*unreg*) to wind; (*Person*) to writhe; **~energie** *f* wind energy; **~hund** *m* greyhound; (*Mensch*) fly-by-night; **w~ig** ['vɪndɪç] *adj* windy; (*fig*) dubious; **~mühle** *f* windmill; **~pocken** *pl* chickenpox *sg*; **~schutzscheibe** *f* (*AUT*) windscreen (*BRIT*), windshield (*US*); **~stärke** *f* wind-force; **w~still** *adj* (*Tag*) still, windless; (*Platz*) sheltered; **~stille** *f* calm; **~stoß** *m* gust of wind

Wink [vɪŋk] (**-(e)s, -e**) *m* (*mit Hand*) wave; (*mit Kopf*) nod; (*Hinweis*) hint

Winkel ['vɪŋkəl] (**-s, -**) *m* (*MATH*) angle; (*Gerät*) set square; (*in Raum*) corner

winken ['vɪŋkən] *vt, vi* to wave

winseln ['vɪnzəln] *vi* to whine

Winter ['vɪntər] (**-s, -**) *m* winter; **w~fest** *adj* (*Pflanze*) hardy; **~garten** *m* conservatory; **w~lich** *adj* wintry; **~reifen** *m* winter tyre; **~sport** *m* winter sports *pl*

Winzer ['vɪntsər] (**-s, -**) *m* vine grower

winzig ['vɪntsɪç] *adj* tiny

Wipfel ['vɪpfəl] (**-s, -**) *m* treetop

wir [viːr] *pron* we; **~ alle** all of us, we all

Wirbel ['vɪrbəl] (**-s, -**) *m* whirl, swirl; (*Trubel*) hurly-burly; (*Aufsehen*) fuss; (*ANAT*) vertebra; **w~n** *vi* to whirl, to swirl; **~säule** *f* spine

wird [vɪrt] *vb siehe* **werden**

wirfst *etc* [vɪrfst] *vb siehe* **werfen**

wirken ['vɪrkən] *vi* to have an effect; (*erfol-*

greich sein) to work; (*scheinen*) to seem ♦
vt (*Wunder*) to work

wirklich ['vɪrklɪç] *adj* real ♦ *adv* really;
W~keit *f* reality

wirksam ['vɪrkzaːm] *adj* effective

Wirkstoff *m* (*biologisch, chemisch, pflanzlich*) active substance

Wirkung ['vɪrkʊŋ] *f* effect; **w~slos** *adj* ineffective; **w~slos bleiben** to have no effect; **w~svoll** *adj* effective

wirr [vɪr] *adj* confused, wild; **W~warr** (**-s**) *m* disorder, chaos

Wirsing ['vɪrzɪŋ] (**-s**) *m* savoy cabbage

wirst [vɪrst] *vb siehe* **werden**

Wirt(in) ['vɪrt(ɪn)] (**-(e)s, -e**) *m(f)* landlord(lady); **~schaft** *f* (*Gaststätte*) pub; (*Haushalt*) housekeeping; (*eines Landes*) economy; (*umg: Durcheinander*) mess; **w~schaftlich** *adj* economical; (*POL*) economic

Wirtschafts- *zW:* **~krise** *f* economic crisis; **~politik** *f* economic policy; **~prüfer** *m* chartered accountant; **~wunder** *nt* economic miracle

Wirtshaus *nt* inn

wischen *vt* to wipe

Wischer (**-s, -**) *m* (*AUT*) wiper

wispern ['vɪspərn] *vt, vi* to whisper

Wißbegier(de) ['vɪsbəgiːr(də)] *f* thirst for knowledge; **wißbegierig** *adj* inquisitive, eager for knowledge

wissen ['vɪsən] (*unreg*) *vt* to know; **was weiß ich!** I don't know!; **W~** (**-s**) *nt* knowledge; **W~schaft** *f* science; **W~schaftler(in)** (**-s, -**) *m(f)* scientist; **~schaftlich** *adj* scientific; **~swert** *adj* worth knowing; **~tlich** *adj* knowing

wittern ['vɪtərn] *vt* to scent; (*fig*) to suspect

Witterung *f* weather; (*Geruch*) scent

Witwe ['vɪtvə] *f* widow; **~r** (**-s, -**) *m* widower

Witz [vɪts] (**-es, -e**) *m* joke; **~bold** (**-(e)s, -e**) *m* joker, wit; **w~ig** *adj* funny

wo [voː] *adv* where; (*umg: irgendwo*) somewhere; **im Augenblick, ~** ... the moment (that) ...; **die Zeit, ~** ... the time when ...; **~anders** [voːˈʔandərs] *adv* elsewhere; **~bei** [-ˈbaɪ] *adv* (*relativ*) by/with which; (*interrogativ*) what ... in/by/with

Woche ['vɔxə] *f* week

Wochen- *zW:* **~ende** *nt* weekend; **w~lang** *adj, adv* for weeks; **~schau** *f* newsreel

wöchentlich ['vœçəntlɪç] *adj, adv* weekly

wodurch [voːˈdʊrç] *adv* (*relativ*) through which; (*interrogativ*) what ... through

wofür [voːˈfyːr] *adv* (*relativ*) for which; (*interrogativ*) what ... for

wog *etc* [voːk] *vb siehe* **wiegen**

wo- [voː] *zW:* **~gegen** *adv* (*relativ*) against which; (*interrogativ*) what ... against; **~her** [-ˈheːr] *adv* where ... from; **~hin** [-ˈhɪn] *adv*

where

wohl [voːl] *adv* **1: sich wohl fühlen** (*zufrieden*) to feel happy; (*gesundheitlich*) to feel well; **wohl oder übel** whether one likes it or not
2 (*wahrscheinlich*) probably; (*gewiß*) certainly; (*vielleicht*) perhaps; **sie ist wohl zu Hause** she's probably at home; **das ist doch wohl nicht dein Ernst!** surely you're not serious!; **das mag wohl sein** that may well be; **ob das wohl stimmt?** I wonder if that's true; **er weiß das sehr wohl** he knows that perfectly well

Wohl [voːl] (**-(e)s**) *nt* welfare; **zum ~!** cheers!; **w~auf** *adv* well; **~behagen** *nt* comfort; **~fahrt** *f* welfare; **~fahrtsstaat** *m* welfare state; **w~habend** *adj* wealthy; **w~ig** *adj* contented, comfortable; **w~schmeckend** *adj* delicious; **~stand** *m* prosperity; **~standsgesellschaft** *f* affluent society; **~tat** *f* relief; act of charity; **~täter(in)** *m(f)* benefactor; **w~tätig** *adj* charitable; **~tätigkeits-** *zW* charity, charitable; **w~tun** (*unreg*) *vi*: **jdm w~tun** to do sb good; **w~verdient** *adj* well-earned, well-deserved; **w~weislich** *adv* prudently; **~wollen** (**-s**) *nt* good will; **w~wollend** *adj* benevolent

wohn- ['voːn] *zW:* **~en** *vi* to live; **W~gemeinschaft** *f* (*Menschen*) people sharing a flat; **~haft** *adj* resident; **W~heim** *nt* (*für Studenten*) hall of residence; (*für Senioren*) home; (*bes für Arbeiter*) hostel; **~lich** *adj* comfortable; **W~ort** *m* domicile; **W~sitz** *m* place of residence; **W~ung** *f* house; (*Etagenwohnung*) flat, apartment (*US*); **W~wagen** *m* caravan; **W~zimmer** *nt* living room

wölben ['vœlbən] *vt, vr* to curve

Wölbung *f* curve

Wolf [vɔlf] (**-(e)s, ⁼e**) *m* wolf

Wolke ['vɔlkə] *f* cloud; **~nkratzer** *m* skyscraper

wolkig ['vɔlkɪç] *adj* cloudy

Wolle ['vɔlə] *f* wool; **w~n¹** *adj* woollen

wollen² (*pt* **wollte**, *pp* **gewollt** *od* (*als Hilfsverb*) **wollen**) *vt, vi* to want; **ich will nach Hause** I want to go home; **er will nicht** he doesn't want to; **er wollte das nicht** he didn't want it; **wenn du willst** if you like; **ich will, daß du mir zuhörst** I want you to listen to me
♦ *Hilfsverb:* **er will ein Haus kaufen** he wants to buy a house; **ich wollte, ich wäre** ... I wish I were ...; **etw gerade tun wollen** to be going to do sth

wollüstig ['vɔlʏstɪç] *adj* lusty, sensual
wo- *zW:* **~mit** [voː'mɪt] *adv (relativ)* with which; *(interrogativ)* what ... with; **~'möglich** *adv* probably, I suppose; **~'nach** *adv (relativ)* after/for which; *(interrogativ)* what ... for/after; **~'ran** *adv (relativ)* on/at which; *(interrogativ)* what ... on/ at; **~'rauf** *adv (relativ)* on which; *(interrogativ)* what ... on; **~'raus** *adv (relativ)* from/out of which; *(interrogativ)* what ... from/out of; **~'rin** *adv (relativ)* in which; *(interrogativ)* what ... in
Wort [vɔrt] (-(e)s, **≃er** *od* -e) *nt* word; **jdn beim ~ nehmen** to take sb at his word; **mit anderen ~en** in other words; **w~brüchig** *adj* not true to one's word
Wörterbuch ['vœrtərbuːx] *nt* dictionary
Wort- *zW:* **~führer** *m* spokesman; **w~karg** *adj* taciturn; **~laut** *m* wording
wörtlich ['vœrtlɪç] *adj* literal
Wort- *zW:* **w~los** *adj* mute; **w~reich** *adj* wordy, verbose; **~schatz** *m* vocabulary; **~spiel** *nt* play on words, pun
wo- *zW:* **~rüber** [voː'ryːbər] *adv (relativ)* over/about which; *(interrogativ)* what ... over/about; **~'rum** *adv (relativ)* about/round which; *(interrogativ)* what ... about/ round; **~'runter** *adv (relativ)* under which; *(interrogativ)* what ... under; **~'von** *adv (relativ)* from which; *(interrogativ)* what ... from; **~'vor** *adv (relativ)* in front of/before which; *(interrogativ)* in front of/before what; of what; **~'zu** *adv (relativ)* to/for which; *(interrogativ)* what ... for/to; *(warum)* why
Wrack [vrak] (-(e)s, -s) *nt* wreck
wringen ['vrɪŋən] *(unreg) vt* to wring
Wucher ['vuːxər] (-s) *m* profiteering; **~er** (-s, -) *m* profiteer; **w~isch** *adj* profiteering; **w~n** *vi (Pflanzen)* to grow wild; **~ung** *f (MED)* growth, tumour
Wuchs [vuːks] (-es) *m (Wachstum)* growth; *(Statur)* build
Wucht [vʊxt] (-) *f* force
wühlen ['vyːlən] *vi* to scrabble; *(Tier)* to root; *(Maulwurf)* to burrow; *(umg: arbeiten)* to slave away ♦ *vt* to dig
Wulst [vʊlst] (-es, **≃e**) *m* bulge; *(an Wunde)* swelling
wund [vʊnt] *adj* sore, raw; **W~e** *f* wound
Wunder ['vʊndər] (-s, -) *nt* miracle; **es ist kein ~** it's no wonder; **w~bar** *adj* wonderful, marvellous; **~kerze** *f* sparkler; **~kind** *nt* infant prodigy; **w~lich** *adj* odd, peculiar; **w~n** *vr* to be surprised ♦ *vt* to surprise; **sich w~n über** +*akk* to be surprised at; **w~schön** *adj* beautiful; **w~voll** *adj* wonderful
Wundstarrkrampf ['vʊntʃtarkrampf] *m* tetanus, lockjaw
Wunsch [vʊnʃ] (-(e)s, **≃e**) *m* wish
wünschen ['vʏnʃən] *vt* to wish; **sich** *dat*

etw ~ to want sth, to wish for sth; **~swert** *adj* desirable
wurde *etc* ['vʊrdə] *vb siehe* **werden**
Würde ['vʏrdə] *f* dignity; *(Stellung)* honour; **w~voll** *adj* dignified
würdig ['vʏrdɪç] *adj* worthy; *(würdevoll)* dignified; **~en** ['vʏrdɪgən] *vt* to appreciate; **jdn keines Blickes ~en** not to so much as look at sb
Wurf [vʊrf] (-(e)s, **≃e**) *m* throw; *(Junge)* litter
Würfel ['vʏrfəl] (-s, -) *m* dice; *(MATH)* cube; **~becher** *m (dice)* cup; **w~n** *vi* to play dice ♦ *vt* to dice; **~zucker** *m* lump sugar
würgen ['vʏrgən] *vt, vi* to choke
Wurm [vʊrm] (-(e)s, **≃er**) *m* worm
wurmstichig *adj* worm-ridden
Wurst [vʊrst] (-, **≃e**) *f* sausage; **das ist mir ~** *(umg)* I don't care, I don't give a damn
Würstchen ['vʏrstçən] *nt* sausage
Würze ['vʏrtsə] *f* seasoning, spice
Wurzel ['vʊrtsəl] (-, -n) *f* root
würzen ['vʏrtsən] *vt* to season, to spice
würzig *adj* spicy
wusch *etc* [vʊʃ] *vb siehe* **waschen**
wußte *etc* ['vʊstə] *vb siehe* **wissen**
wüst [vyːst] *adj* untidy, messy; *(ausschweifend)* wild; *(öde)* waste; *(umg: heftig)* terrible; **W~e** *f* desert
Wut [vuːt] (-) *f* rage, fury; **~anfall** *m* fit of rage
wüten ['vyːtən] *vi* to rage; **~d** *adj* furious, mad

X x

X-Beine ['ɪksbaɪnə] *pl* knock-knees
x-beliebig [ɪksbə'liːbɪç] *adj* any (whatever)
xerokopieren [kseroko'piːrən] *vt* to xerox, to photocopy
x-mal ['ɪksmaːl] *adv* any number of times, n times
Xylophon [ksylo'foːn] (-s, -e) *nt* xylophone

Ypsilon ['ʏpsilɔn] (-(s), -s) *nt* the letter Y

Z z

Zacke ['tsakə] *f* point; (*Berg~*) jagged peak; (*Gabel~*) prong; (*Kamm~*) tooth
zackig ['tsakıç] *adj* jagged; (*umg*) smart; (*Tempo*) brisk
zaghaft ['tsa:khaft] *adj* timid
zäh [tsɛ:] *adj* tough; (*Mensch*) tenacious; (*Flüssigkeit*) thick; (*schleppend*) sluggish; **Z~igkeit** *f* toughness; tenacity
Zahl [tsa:l] (-, -en) *f* number; **z~bar** *adj* payable; **z~en** *vt, vi* to pay; **z~en bitte!** the bill please!
zählen ['tsɛ:lən] *vt, vi* to count; **~ auf** +*akk* to count on; **~ zu** to be numbered among
Zahlenschloß *nt* combination lock
Zähler ['tsɛ:lər] (-s, -) *m* (*TECH*) meter; (*MATH*) numerator
Zahl- *zW:* **z~los** *adj* countless; **z~reich** *adj* numerous; **~tag** *m* payday; **~ung** *f* payment; **z~ungsfähig** *adj* solvent; **~wort** *nt* numeral
zahm [tsa:m] *adj* tame
zähmen ['tsɛ:mən] *vt* to tame; (*fig*) to curb
Zahn [tsa:n] (-(e)s, ⁼e) *m* tooth; **~arzt** *m* dentist; **~ärztin** *f* (female) dentist; **~bürste** *f* toothbrush; **~fleisch** *nt* gums *pl*; **~pasta** *f* toothpaste; **~rad** *nt* cog(wheel); **~schmerzen** *pl* toothache *sg*; **~stein** *m* tartar; **~stocher** (-s, -) *m* toothpick
Zange [tsaŋə] *f* pliers *pl*; (*Zucker~ etc*) tongs *pl*; (*Beiß~, ZOOL*) pincers *pl*; (*MED*) forceps *pl*
zanken ['tsaŋkən] *vi, vr* to quarrel
zänkisch ['tsɛŋkıʃ] *adj* quarrelsome
Zäpfchen ['tsɛpfçən] *nt* (*ANAT*) uvula; (*MED*) suppository
Zapfen ['tsapfən] (-s, -) *m* plug; (*BOT*)

cone; (*Eis~*) icicle
zappeln ['tsapəln] *vi* to wriggle; to fidget
zart [tsart] *adj* (*weich, leise*) soft; (*Fleisch*) tender; (*fein, schwächlich*) delicate; **Z~heit** *f* softness; tenderness; delicacy
zärtlich ['tsɛ:rtlıç] *adj* tender, affectionate
Zauber ['tsaubər] (-s, -) *m* magic; (*~bann*) spell; **~ei** [-'raı] *f* magic; **~er** (-s, -) *m* magician; conjuror; **z~haft** *adj* magical, enchanting; **~künstler** *m* conjuror; **~kunststück** *nt* conjuring trick; **z~n** *vi* to conjure, to practise magic
zaudern ['tsaudərn] *vi* to hesitate
Zaum [tsaum] (-(e)s, Zäume) *m* bridle; **etw im ~ halten** to keep sth in check
Zaun [tsaun] (-(e)s, Zäune) *m* fence; **~könig** *m* wren
z.B. *abk* (= *zum Beispiel*) e.g.
Zebra ['tse:bra] *nt* zebra; **~streifen** *m* zebra crossing
Zeche ['tsɛçə] *f* (*Rechnung*) bill; (*Bergbau*) mine
Zeh [tse:] (-s, -en) *m* toe
Zehe ['tse:ə] *f* toe; (*Knoblauch~*) clove
zehn [tse:n] *num* ten; **~te(r, s)** *adj* tenth; **Z~tel** (-s, -) *nt* tenth (part)
Zeich- ['tsaıç] *zW:* **~en** (-s, -) *nt* sign; **z~nen** *vt* to draw; (*kennzeichnen*) to mark; (*unterzeichnen*) to sign ♦ *vi* to draw; to sign; **~ner** (-s, -) *m* artist; **technischer ~ner** draughtsman; **~nung** *f* drawing; (*Markierung*) markings *pl*
Zeige- ['tsaıgə] *zW:* **~finger** *m* index finger; **z~n** *vt* to show ♦ *vi* to point ♦ *vr* to show o.s.; **z~n auf** +*akk* to point to; to point at; **es wird sich z~n** time will tell; **es zeigte sich, daß ...** it turned out that ...; **~r** (-s, -) *m* pointer; (*Uhrzeiger*) hand
Zeile ['tsaılə] *f* line; (*Häuser~*) row
Zeit [tsaıt] (-, -en) *f* time; (*GRAM*) tense; **zur ~** at the moment; **sich** *dat* **~ lassen** to take one's time; **von ~ zu ~** from time to time; **~alter** *nt* age; **~arbeit** *f* (*WIRTS*) temporary job; **z~gemäß** *adj* in keeping with the times; **~genosse** *m* contemporary; **z~ig** *adj* early; **z~lich** *adj* temporal; **~lupe** *f* slow motion; **z~raubend** *adj* time-consuming; **~raum** *m* period; **~rechnung** *f* time, era; **nach/vor unserer ~rechnung** A.D./B.C.; **~schrift** *f* periodical; **~ung** *f* newspaper; **~verschwendung** *f* waste of time; **~vertreib** *m* pastime, diversion; **z~weilig** *adj* temporary; **z~weise** *adv* for a time; **~wort** *nt* verb; **~zünder** *m* time fuse
Zelle ['tsɛlə] *f* cell; (*Telefon~*) callbox
Zellstoff *m* cellulose
Zelt [tsɛlt] (-(e)s, -e) *nt* tent; **z~en** *vi* to camp; **~platz** *m* camp site
Zement [tse'mɛnt] (-(e)s, -e) *m* cement; **z~ieren** *vt* to cement
zensieren [tsɛn'zi:rən] *vt* to censor; (*SCH*)

to mark

Zensur [tsɛn'tsuːr] *f* censorship; (*SCH*) mark

Zentimeter [tsɛnti'meːtər] *m od nt* centimetre

Zentner ['tsɛntnər] (**-s, -**) *m* hundredweight

zentral [tsɛn'traːl] *adj* central; **Z~e** *f* central office; (*TEL*) exchange; **Z~heizung** *f* central heating

Zentrum ['tsɛntrʊm] (**-s, Zentren**) *nt* centre

zerbrechen [tsɛr'brɛçən] (*unreg*) *vt, vi* to break

zerbrechlich *adj* fragile

zer'drücken *vt* to squash, to crush; (*Kartoffeln*) to mash

Zeremonie [tseremo'niː] *f* ceremony

Zerfall [tsɛr'fal] *m* decay; **z~en** (*unreg*) *vi* to disintegrate, to decay; (*sich gliedern*): **z~en (in +akk)** to fall (into)

zer'gehen (*unreg*) *vi* to melt, to dissolve

zerkleinern [tsɛr'klainərn] *vt* to reduce to small pieces

zerlegbar *adj* able to be dismantled

zerlegen [tsɛr'leːgən] *vt* to take to pieces; (*Fleisch*) to carve; (*Satz*) to analyse

zermürben [tsɛr'myrbən] *vt* to wear down

zerquetschen [tsɛr'kvɛtʃən] *vt* to squash

Zerrbild ['tsɛrbɪlt] *nt* caricature, distorted picture

zer'reißen (*unreg*) *vt* to tear to pieces ♦ *vi* to tear, to rip

zerren ['tsɛrən] *vt* to drag ♦ *vi*: ~ **(an +dat)** to tug (at)

zer'rinnen (*unreg*) *vi* to melt away

zerrissen [tsɛr'rɪsən] *adj* torn, tattered; **Z~heit** *f* tattered state; (*POL*) disunion, discord; (*innere Zerrissenheit*) disintegration

Zerrung *f* (*MED*): **eine ~** a pulled muscle

zerrütten [tsɛr'rytən] *vt* to wreck, to destroy

zerrüttet *adj* wrecked, shattered

zer'schlagen (*unreg*) *vt* to shatter, to smash ♦ *vr* to fall through

zer'schneiden (*unreg*) *vt* to cut up

zer'setzen *vt, vr* to decompose, to dissolve

zer'springen (*unreg*) *vi* to shatter, to burst

Zerstäuber [tsɛr'ʃtɔybər] (**-s, -**) *m* atomizer

zerstören [tsɛr'ʃtøːrən] *vt* to destroy

Zerstörung *f* destruction

zerstreu- [tsɛr'ʃtrɔy] *zW*: ~**en** *vt* to disperse, to scatter; (*unterhalten*) to divert; (*Zweifel etc*) to dispel ♦ *vr* to disperse, to scatter; to be dispelled; ~**t** *adj* scattered; (*Mensch*) absent-minded; **Z~theit** *f* absent-mindedness; **Z~ung** *f* dispersion; (*Ablenkung*) diversion

zerstückeln [tsɛr'ʃtykəln] *vt* to cut into pieces

zer'teilen *vt* to divide into parts

Zertifikat [tsɛrtifi'kaːt] (**-(e)s, -e**) *nt* certificate

zer'treten (*unreg*) *vt* to crush underfoot

zertrümmern [tsɛr'trymərn] *vt* to shatter;

(*Gebäude etc*) to demolish

zetern ['tseːtərn] *vi* to shout, to shriek

Zettel ['tsɛtəl] (**-s, -**) *m* piece of paper, slip; (*Notiz~*) note; (*Formular*) form

Zeug [tsɔyk] (**-(e)s, -e**; *umg*) *nt* stuff; (*Ausrüstung*) gear; **dummes ~** (stupid) nonsense; **das ~ haben zu** to have the makings of; **sich ins ~ legen** to put one's shoulder to the wheel

Zeuge ['tsɔygə] (**-n, -n**) *m* witness; **z~n** *vi* to bear witness, to testify ♦ *vt* (*Kind*) to father; **es zeugt von ...** it testifies to ...; ~**naussage** *f* evidence; **Zeugin** ['tsɔygɪn] *f* witness

Zeugnis ['tsɔygnɪs] (**-ses, -se**) *nt* certificate; (*SCH*) report; (*Referenz*) reference; (*Aussage*) evidence, testimony; ~ **geben von** to be evidence of, to testify to

z.H(d). *abk* (= *zu Händen*) attn.

Zickzack ['tsɪktsak] (**-(e)s, -e**) *m* zigzag

Ziege ['tsiːgə] *f* goat

Ziegel ['tsiːgəl] (**-s, -**) *m* brick; (*Dach~*) tile

ziehen ['tsiːən] (*unreg*) *vt* to draw; (*zerren*) to pull; (*SCHACH etc*) to move; (*züchten*) to rear ♦ *vt* to draw; (*um~, wandern*) to move; (*Rauch, Wolke etc*) to drift; (*reißen*) to pull ♦ *vb unpers*: **es zieht** there is a draught, it's draughty ♦ *vr* (*Gummi*) to stretch; (*Grenze etc*) to run; (*Gespräche*) to be drawn out; **etw nach sich ~** to lead to sth, to entail sth

Ziehharmonika ['tsiːharmoːnika] *f* concertina; accordion

Ziehung ['tsiːʊŋ] *f* (*Los~*) drawing

Ziel [tsiːl] (**-(e)s, -e**) *nt* (*einer Reise*) destination; (*SPORT*) finish; (*MIL*) target; (*Absicht*) goal; **z~bewußt** *adj* decisive; **z~en** *vi*: **z~en (auf +akk)** to aim (at); **z~los** *adj* aimless; ~**scheibe** *f* target; **z~strebig** *adj* purposeful

ziemlich ['tsiːmlɪç] *adj* quite a; fair ♦ *adv* rather; quite a bit

zieren ['tsiːrən] *vr* to act coy

zierlich ['tsiːrlɪç] *adj* dainty

Ziffer ['tsɪfər] (**-, -n**) *f* figure, digit; ~**blatt** *nt* dial, clock-face

zig [tsɪç] (*umg*) *adj* umpteen

Zigarette [tsiga'rɛtə] *f* cigarette

Zigaretten- *zW*: ~**automat** *m* cigarette machine; ~**schachtel** *f* cigarette packet; ~**spitze** *f* cigarette holder

Zigarillo [tsiga'rɪlo] (**-s, -s**) *nt od m* cigarillo

Zigarre [tsi'garə] *f* cigar

Zigeuner(in) [tsi'gɔynər(ɪn)] (**-s, -**) *m(f)* gipsy

Zimmer ['tsɪmər] (**-s, -**) *nt* room; ~**lautstärke** *f* reasonable volume; ~**mädchen** *nt* chambermaid; ~**mann** *m* carpenter; **z~n** *vt* to make (from wood); ~**nachweis** *m* accommodation office; ~**pflanze** *f* indoor plant

zimperlich ['tsɪmpərlɪç] *adj* squeamish;

(pingelig) fussy, finicky

Zimt [tsɪmt] (-(e)s, -e) *m* cinnamon

Zink [tsɪŋk] (-(e)s) *nt* zinc

Zinn [tsɪn] (-(e)s) *nt (Element)* tin; *(in ~waren)* pewter; **~soldat** *m* tin soldier

Zins [tsɪns] (-es, -en) *m* interest

Zinseszins *m* compound interest

Zins- *zW:* **~fuß** *m* rate of interest; **z~los** *adj* interest-free; **~satz** *m* rate of interest

Zipfel ['tsɪpfəl] (-s, -) *m* corner; *(spitz)* tip; *(Hemd~)* tail; *(Wurst~)* end; **~mütze** *f* stocking cap; nightcap

zirka ['tsɪrka] *adv* (round) about

Zirkel ['tsɪrkəl] (-s, -) *m* circle; *(MATH)* pair of compasses

Zirkus ['tsɪrkʊs] (-, -se) *m* circus

zischen ['tsɪʃən] *vi* to hiss

Zitat [tsi'taːt] (-(e)s, -e) *nt* quotation, quote

zitieren [tsi'tiːrən] *vt* to quote

Zitronat [tsitro'naːt] (-(e)s, -e) *nt* candied lemon peel

Zitrone [tsi'troːnə] *f* lemon; **~nlimonade** *f* lemonade; **~nsaft** *m* lemon juice

zittern ['tsɪtərn] *vi* to tremble

zivil [tsi'viːl] *adj* civil; *(Preis)* moderate; **Z~** (-s) *nt* plain clothes *pl*; *(MIL)* civilian clothing; **Z~bevölkerung** *f* civilian population; **Z~courage** *f* courage of one's convictions; **Z~dienst** *m* community service; **Z~isation** [tsivilizatsi'oːn] *f* civilization; **Z~isationskrankheit** *f* disease peculiar to civilization; **~i'sieren** *vt* to civilize; **Z~ist** [tsivi'lɪst] *m* civilian

zögern ['tsøːgərn] *vi* to hesitate

Zoll [tsɔl] (-(e)s, ⁼e) *m* customs *pl*; *(Abgabe)* duty; **~abfertigung** *f* customs clearance; **~amt** *nt* customs office; **~beamte(r)** *m* customs official; **~erklärung** *f* customs declaration; **z~frei** *adj* duty-free; **~kontrolle** *f* customs check; **z~pflichtig** *adj* liable to duty, dutiable

Zone ['tsoːnə] *f* zone

Zoo [tsoː] (-s, -s) *m* zoo; **~loge** [tsoo'loːgə] (-n, -n) *m* zoologist; **~lo'gie** *f* zoology; **z~'logisch** *adj* zoological

Zopf [tsɔpf] (-(e)s, ⁼e) *m* plait; pigtail; **alter ~** antiquated custom

Zorn [tsɔrn] (-(e)s) *m* anger; **z~ig** *adj* angry

zottig ['tsɔtɪç] *adj* shaggy

z.T. *abk = zum Teil*

SCHLÜSSELWORT

zu [tsuː] *präp +dat* **1** *(örtlich)* to; **zum Bahnhof/Arzt gehen** to go to the station/ doctor; **zur Schule/Kirche gehen** to go to school/church; **sollen wir zu euch gehen?** shall we go to your place?; **sie sah zu ihm hin** she looked towards him; **zum Fenster herein** through the window; **zu meiner Linken** to *od* on my left

2 *(zeitlich)* at; **zu Ostern** at Easter; **bis zum 1. Mai** until May 1st; *(nicht später als)* by

May 1st; **zu meiner Zeit** in my time

3 *(Zusatz)* with; **Wein zum Essen trinken** to drink wine with one's meal; **sich zu jdm setzen** to sit down beside sb; **setz dich doch zu uns** (come and) sit with us; **Anmerkungen zu etw** notes on sth

4 *(Zweck)* for; **Wasser zum Waschen** water for washing; **Papier zum Schreiben** paper to write on; **etw zum Geburtstag bekommen** to get sth for one's birthday

5 *(Veränderung)* into; **zu etw werden** to turn into sth; **jdn zu etw machen** to make sb (into) sth; **zu Asche verbrennen** to burn to ashes

6 *(mit Zahlen)*: **3 zu 2** *(SPORT)* 3-2; **das Stück zu 2 Mark** at 2 marks each; **zum ersten Mal** for the first time

7: **zu meiner Freude** *etc* to my joy *etc*; **zum Glück** luckily; **zu Fuß** on foot; **es ist zum Weinen** it's enough to make you cry

♦ *konj* to; **etw zu essen** sth to eat; **um besser sehen zu können** in order to see better; **ohne es zu wissen** without knowing it; **noch zu bezahlende Rechnungen** bills that are still to be paid

♦ *adv* **1** *(allzu)* too; **zu sehr** too much

2 *(örtlich)* toward(s); **er kam auf mich zu** he came up to me

3 *(geschlossen)* shut; closed; **die Geschäfte haben zu** the shops are closed; **auf/zu** *(Wasserhahn etc)* on/off

4 *(umg: los)*: **nur zu!** just keep on!; **mach zu!** hurry up!

---

zuallererst [tsuˈʔalərˈʔeːrst] *adv* first of all

zuallerletzt [tsuˈʔalərˈlɛtst] *adv* last of all

Zubehör ['tsuːbəhøːr] (-(e)s, -e) *nt* accessories *pl*

zubereiten ['tsuːbəraɪtən] *vt* to prepare

zubilligen ['tsuːbɪlɪgən] *vt* to grant

zubinden ['tsuːbɪndən] *(unreg) vt* to tie up

zubringen ['tsuːbrɪŋən] *(unreg) vt (Zeit)* to spend

Zubringer (-s, -) *m (Straße)* approach *od* slip road

Zucchini [tsuˈkiːni] *pl (BOT, KOCH)* courgette *(BRIT)*, zucchini *(US)*

Zucht [tsʊxt] (-, -en) *f (von Tieren)* breeding; *(von Pflanzen)* cultivation; *(Rasse)* breed; *(Erziehung)* raising; *(Disziplin)* discipline

züchten ['tsʏçtən] *vt (Tiere)* to breed; *(Pflanzen)* to cultivate, to grow

Züchter (-s, -) *m* breeder; grower

Zuchthaus *nt* prison, penitentiary *(US)*

züchtigen ['tsʏçtɪgən] *vt* to chastise

Züchtung *f (Zuchtart, Sorte: von Tier)* breed(: *von Pflanze)* variety

zucken ['tsʊkən] *vi* to jerk, to twitch; *(Strahl etc)* to flicker ♦ *vt (Schultern)* to shrug

Zucker ['tsʊkər] (-s, -) *m* sugar; *(MED)* diabetes; ~**guß** *m* icing; **z~krank** *adj* diabetic; ~**krankheit** *f* (MED) diabetes; **z~n** *vt* to sugar; ~**rohr** *nt* sugar cane; ~**rübe** *f* sugar beet

Zuckung ['tsʊkʊŋ] *f* convulsion, spasm; (*leicht*) twitch

zudecken ['tsuːdɛkən] *vt* to cover (up)

zudem [tsuˈdeːm] *adv* in addition (to this)

zudringlich ['tsuːdrɪŋlɪç] *adj* forward, pushing, obtrusive

zudrücken ['tsuːdrykən] *vt* to close; **ein Auge ~** to turn a blind eye

zueinander [tsuˈaɪˈnandər] *adv* to one other; (*in Verbindung*) together

zuerkennen ['tsuːˈɛrkɛnən] (*unreg*) *vt* to award; **jdm etw ~** to award sth to sb, to award sb sth

zuerst [tsuˈeːrst] *adv* first; (*zu Anfang*) at first; ~ **einmal** first of all

Zufahrt ['tsuːfaːrt] *f* approach; ~**sstraße** *f* approach road; (*von Autobahn etc*) slip road

Zufall ['tsuːfal] *m* chance; (*Ereignis*) coincidence; **durch ~** by accident; **so ein ~** what a coincidence; **z~en** (*unreg*) *vi* to close, to shut; (*Anteil, Aufgabe*) to fall

zufällig ['tsuːfɛlɪç] *adj* chance ♦ *adv* by chance; (*in Frage*) by any chance

Zuflucht ['tsuːflʊxt] *f* recourse; (*Ort*) refuge

zufolge [tsuˈfɔlɡə] *präp* (+*dat od gen*) judging by; (*laut*) according to

zufrieden [tsuˈfriːdən] *adj* content(ed), satisfied; ~**geben** (*unreg*) *vr* to be content *od* satisfied (with); ~**stellen** *vt* to satisfy

zufrieren ['tsuːfriːrən] (*unreg*) *vi* to freeze up *od* over

zufügen ['tsuːfyːɡən] *vt* to add; (*Leid etc*): (**jdm**) **etw ~** to cause (sb) sth

Zufuhr ['tsuːfuːr] (-, -**en**) *f* (*Herbeibringen*) supplying; (MET) influx

Zug [tsuːk] (-(**e**)**s**, ⁻**e**) *m* (EISENB) train; (*Luft~*) draught; (*Ziehen*) pull(ing); (*Gesichts~*) feature; (SCHACH etc) move; (*Klingel~*) pull; (*Schrift~*) stroke; (*Atem~*) breath; (*Charakter~*) trait; (*an Zigarette*) puff, pull, drag; (*Schluck*) gulp; (*Menschengruppe*) procession; (*von Vögeln*) flight; (MIL) platoon; **etw in vollen Zügen genießen** to enjoy sth to the full

Zu- ['tsuː] *zW*: ~**gabe** *f* extra; (*in Konzert etc*) encore; ~**gang** *m* access, approach; **z~gänglich** *adj* accessible; (*Mensch*) approachable

zugeben ['tsuːɡeːbən] (*unreg*) *vt* (*beifügen*) to add, to throw in; (*zugestehen*) to admit; (*erlauben*) to permit

zugehen ['tsuːɡeːən] (*unreg*) *vi* (*schließen*) to shut; **es geht dort seltsam zu** there are strange goings-on there; **auf jdn/etw ~** to walk towards sb/sth; **dem Ende ~** to be finishing

Zugehörigkeit ['tsuːɡəhøːrɪçkaɪt] *f*: ~ (**zu**) membership (of), belonging (to)

Zügel ['tsyːɡəl] (-**s**, -) *m* rein(s); (*fig*) curb

zuge- ['tsuːɡə] *zW*: **Z~ständnis** (-**ses**, -**se**) *nt* concession; (*Rechte*) to concede

Zugführer *m* (EISENB) guard

zugig ['tsuːɡɪç] *adj* draughty

zügig ['tsyːɡɪç] *adj* speedy, swift

zugreifen ['tsuːɡraɪfən] (*unreg*) *vi* to seize *od* grab at; (*helfen*) to help; (*beim Essen*) to help o.s.

zugrunde [tsuˈɡrʊndə] *adv*: ~ **gehen** to collapse; (*Mensch*) to perish; **einer Sache** *dat* **etw ~ legen** to base sth on sth; **einer Sache** *dat* ~ **liegen** to be based on sth; ~ **richten** to ruin, to destroy

zugunsten [tsuˈɡʊnstən] *präp* (+*gen od dat*) in favour of

zugute [tsuˈɡuːtə] *adv*: **jdm etw ~ halten** to concede sth to sb; **jdm ~ kommen** to be of assistance to sb

Zugvogel *m* migratory bird

zuhalten ['tsuːhaltən] (*unreg*) *vt* to keep closed ♦ *vi*: **auf jdn/etw ~** to make a beeline for sb/sth

Zuhälter ['tsuːhɛltər] (-**s**, -) *m* pimp

Zuhause [tsuˈhaʊzə] (-) *nt* home

zuhören ['tsuːhøːrən] *vi* to listen

Zuhörer (-**s**, -) *m* listener

zukleben ['tsuːkleːbən] *vt* to paste up

zukommen ['tsuːkɔmən] (*unreg*) *vi* to come up; **auf jdn ~** to come up to sb; **jdm etw ~ lassen** to give sb sth; **etw auf sich ~ lassen** to wait and see; **jdm ~** (*sich gehören*) to be fitting for sb

Zukunft ['tsuːkʊnft] (-, *Zukünfte*) *f* future; **zukünftig** ['tsuːkynftɪç] *adj* future ♦ *adv* in future; **mein zukünftiger Mann** my husband to be

Zulage ['tsuːlaːɡə] *f* bonus

zulassen ['tsuːlasən] (*unreg*) *vt* (*hereinlassen*) to admit; (*erlauben*) to permit; (*Auto*) to license; (*umg: nicht öffnen*) to (keep) shut

zulässig ['tsuːlɛsɪç] *adj* permissible, permitted

Zulassung *f* (*amtlich*) authorisation; (*von Kfz*) licensing

zulaufen ['tsuːlaʊfən] (*unreg*) *vi* (*subj: Mensch*): ~ **auf jdn/etw** to run up to sb/sth; (: *Straße*): ~ **auf** to lead towards

zuleide [tsuˈlaɪdə] *adv*: **jdm etw ~ tun** to hurt *od* harm sb

zuletzt [tsuˈlɛtst] *adv* finally, at last

zuliebe [tsuˈliːbə] *adv*: **jdm ~** to please sb

zum [tsʊm] = **zu dem**; ~ **dritten Mal** for the third time; ~ **Scherz** as a joke; ~ **Trinken** for drinking

zumachen ['tsuːmaxən] *vt* to shut; (*Kleidung*) to do up, to fasten ♦ *vi* to shut; (*umg*) to hurry up

zumal [tsuˈmaːl] *konj* especially (as)

zumeist [tsu'maɪst] *adv* mostly
zumindest [tsu'mɪndəst] *adv* at least
zumut- *zW:* **~bar** ['tsuːmuːtbaːr] *adj* reasonable; **~e** *adv:* **wie ist ihm ~e?** how does he feel?; **~en** *vt:* (jdm) etw ~en to expect *od* ask sth (of sb); **Z~ung** *f* unreasonable expectation *od* demand, impertinence
zunächst [tsu'nɛːçst] *adv* first of all; **~ einmal** to start with
Zunahme ['tsuːnaːmə] *f* increase
Zuname ['tsuːnaːmə] *m* surname
Zünd- [tsʏnd] *zW:* **z~en** *vi* (Feuer) to light, to ignite; (Motor) to fire; (begeistern): **bei jdm z~en** to fire sb (with enthusiasm); **z~end** *adj* fiery; **~er** (-s, -) *m* fuse; (MIL) detonator; **~holz** ['tsʏnt-] *nt* match; **~kerze** *f* (AUT) spark(ing) plug; **~schlüssel** *m* ignition key; **~schnur** *f* fuse wire; **~stoff** *m* (fig) inflammatory stuff; **~ung** *f* ignition
zunehmen ['tsuːneːmən] (unreg) *vi* to increase, to grow; (Mensch) to put on weight
Zuneigung *f* affection
Zunft [tsʊnft] (-, ⸚e) *f* guild
zünftig ['tsʏnftɪç] *adj* proper, real; (Handwerk) decent
Zunge ['tsʊŋə] *f* tongue
zunichte [tsu'nɪçtə] *adv:* **~ machen** to ruin, to destroy; **~ werden** to come to nothing
zunutze [tsu'nʊtsə] *adv:* **sich** *dat* **etw ~ machen** to make use of sth
zuoberst [tsu'oːbərst] *adv* at the top
zupfen ['tsʊpfən] *vt* to pull, to pick, to pluck; (Gitarre) to pluck
zur [tsuːr] = **zu der**
zurechnungsfähig ['tsuːrɛçnʊŋsfɛːɪç] *adj* responsible, accountable
zurecht- [tsu'rɛçt] *zW:* **~finden** (unreg) *vr* to find one's way (about); **~kommen** (unreg) *vi* to (be able to) cope, to manage; **~legen** *vt* to get ready; (Ausrede etc) to have ready; **~machen** *vt* to prepare ♦ *vr* to get ready; **~weisen** (unreg) *vt* to reprimand; **Z~weisung** *f* reprimand, rebuff
zureden ['tsuːreːdən] *vi:* **jdm ~** to persuade *od* urge sb
zurück [tsu'rʏk] *adv* back; **~behalten** (unreg) *vt* to keep back; **~bekommen** (unreg) *vt* to get back; **~bleiben** (unreg) *vi* (Mensch) to remain behind; (nicht nachkommen) to fall behind, to lag; (Schaden) to remain; **~bringen** (unreg) *vt* to bring back; **~fahren** (unreg) *vi* to travel back; (vor Schreck) to recoil, to start ♦ *vt* to drive back; **~finden** (unreg) *vi* to find one's way back; **~fordern** *vt* to demand back; **~führen** *vt* to lead back; **etw auf etw** *akk* **~führen** to trace sth back to sth; **~geben** (unreg) *vt* to give back; (antworten) to retort with; **~geblieben** *adj* retarded; **~gehen** (unreg) *vi* to go back; (fallen) to go

down, to fall; (zeitlich): **~gehen (auf** +*akk*) to date back (to); **~gezogen** *adj* retired, withdrawn; **~halten** (unreg) *vt* to hold back; (Mensch) to restrain; (hindern) to prevent ♦ *vr* (reserviert sein) to be reserved; (im Essen) to hold back; **~haltend** *adj* reserved; **Z~haltung** *f* reserve; **~kehren** *vi* to return; **~kommen** (unreg) *vi* to come back; **auf etw** *akk* **~kommen** to return to sth; **~lassen** (unreg) *vt* to leave behind; **~legen** *vt* to put back; (Geld) to put by; (reservieren) to keep back; (Strecke) to cover; **~nehmen** (unreg) *vt* to take back; **~schrecken** *vi:* **~schrecken (vor** +*dat*) to shrink (from); **~stellen** *vt* to put back, to replace; (aufschieben) to put off, to postpone; (MIL) to turn down; (Interessen) to defer; (Ware) to keep; **~treten** (unreg) *vi* to step back; (vom Amt) to retire; **gegenüber etw** *od* **hinter etw** *dat* **~treten** to diminish in importance in view of sth; **~weisen** (unreg) *vt* to turn down; (Mensch) to reject; **~zahlen** *vt* to repay, to pay back; **~ziehen** (unreg) *vt* to pull back; (Angebot) to withdraw ♦ *vr* to retire
Zuruf ['tsuːruːf] *m* shout, cry
Zusage ['tsuːzaːɡə] *f* promise; (Annahme) consent; **z~n** *vt* to promise ♦ *vi* to accept; **jdm z~n** (gefallen) to agree with *od* please sb
zusammen [tsu'zamən] *adv* together; **Z~arbeit** *f* cooperation; **~arbeiten** *vi* to cooperate; **~beißen** (unreg) *vt* (Zähne) to clench; **~bleiben** (unreg) *vi* to stay together; **~brechen** (unreg) *vi* to collapse; (Mensch auch) to break down; **~bringen** (unreg) *vt* to bring *od* get together; (Geld) to get; (Sätze) to put together; **Z~bruch** *m* collapse; **~fassen** *vt* to summarize; (vereinigen) to unite; **Z~fassung** *f* summary, résumé; **~fügen** *vt* to join (together), to unite; **~halten** (unreg) *vi* to stick together; **Z~hang** *m* connection; **im/aus dem Z~hang** in/out of context; **~hängen** (unreg) *vi* to be connected *od* linked; **~kommen** (unreg) *vi* to meet, to assemble; (sich ereignen) to occur at once *od* together; **~legen** *vt* to put together; (stapeln) to pile up; (falten) to fold; (verbinden) to combine, to unite; (Termine, Fest) to amalgamate; (Geld) to collect; **~nehmen** (unreg) *vt* to summon up ♦ *vr* to pull o.s. together; **alles ~genommen** all in all; **~passen** *vi* to go well together, to match; **~schließen** (unreg) *vt, vr* to join (together); **Z~schluß** *m* amalgamation; **~schreiben** (unreg) *vt* to write as one word; (Bericht) to put together; **Z~sein** (-s) *nt* get-together; **~setzen** *vt* to put together ♦ *vr* (Stoff) to be composed of; (Menschen) to sit together; **Z~setzung** *f* composition; **~stellen** *vt* to put together; to compile; **Z~stoß** *m* colli-

sion; ~**stoßen** (*unreg*) *vi* to collide; ~**treffen** (*unreg*) *vi* to coincide; (*Menschen*) to meet; ~**zählen** *vt* to add up; ~**ziehen** (*unreg*) *vt* (*verengern*) to draw together; (*vereinigen*) to bring together; (*addieren*) to add up ♦ *vr* to shrink; (*sich bilden*) to form, to develop

zusätzlich ['tsu:zɛtslɪç] *adj* additional ♦ *adv* in addition

zuschauen ['tsu:ʃauən] *vi* to watch, to look on

Zuschauer(in) (-s, -) *m(f)* spectator ♦ *pl* (*THEAT*) audience *sg*

zuschicken ['tsu:ʃɪkən] *vt*: (**jdm etw**) ~ to send *od* to forward (sth to sb)

Zuschlag ['tsu:ʃlak] *m* extra charge, surcharge; **z~en** (*unreg*) *vt* (*Tür*) to slam; (*Ball*) to hit; (*bei Auktion*) to knock down; (*Steine etc*) to knock into shape ♦ *vi* (*Fenster, Tür*) to shut; (*Mensch*) to hit, to punch; ~**karte** *f* (*EISENB*) surcharge ticket; **z~pflichtig** *adj* subject to surcharge

zuschneiden ['tsu:ʃnaɪdən] (*unreg*) *vt* to cut out; to cut to size

zuschrauben ['tsu:ʃraubən] *vt* to screw down *od* up

zuschreiben ['tsu:ʃraɪbən] (*unreg*) *vt* (*fig*) to ascribe, to attribute; (*COMM*) to credit

Zuschrift ['tsu:ʃrɪft] *f* letter, reply

zuschulden [tsu:ʃʊldən] *adv*: **sich** *dat* **etw** ~ **kommen lassen** to make o.s. guilty of sth

Zuschuß ['tsu:ʃʊs] *m* subsidy, allowance

zusehen ['tsu:ze:ən] (*unreg*) *vi* to watch; (*dafür sorgen*) to take care; **jdm/etw** ~ to watch sb/sth; ~**ds** *adv* visibly

zusenden ['tsu:zɛndən] (*unreg*) *vt* to forward, to send on

zusichern ['tsu:zɪçərn] *vt*: **jdm etw** ~ to assure sb of sth

zuspielen ['tsu:ʃpi:lən] *vt, vi* to pass

zuspitzen ['tsu:ʃpɪtsən] *vt* to sharpen ♦ *vr* (*Lage*) to become critical

zusprechen ['tsu:ʃprɛçən] (*unreg*) *vt* (*zuerkennen*) to award ♦ *vi* to speak; **jdm etw** ~ to award sb sth *od* sth to sb; **jdm Trost** ~ to comfort sb; **dem Essen/Alkohol** ~ to eat/drink a lot

Zustand ['tsu:ʃtant] *m* state, condition; **z~e** [tsu:ʃtandə] *adv*: **z~e bringen** to bring about; **z~e kommen** to come about

zuständig ['tsu:ʃtɛndɪç] *adj* responsible; **Z~keit** *f* competence, responsibility

zustehen ['tsu:ʃte:ən] (*unreg*) *vi*: **jdm** ~ to be sb's right

zustellen ['tsu:ʃtɛlən] *vt* (*verstellen*) to block; (*Post etc*) to send

zustimmen ['tsu:ʃtɪmən] *vi* to agree

Zustimmung *f* agreement, consent

zustoßen ['tsu:ʃto:sən] (*unreg*) *vi* (*fig*) to happen

zutage [tsu:ta:gə] *adv*: ~ **bringen** to bring

to light; ~ **treten** to come to light

Zutaten ['tsu:ta:tən] *pl* ingredients

zuteilen ['tsu:taɪlən] *vt* (*Arbeit, Rolle*) to designate, assign; (*Aktien, Wohnung*) to allocate

zutiefst [tsu:ti:fst] *adv* deeply

zutragen ['tsu:tra:gən] (*unreg*) *vt* to bring; (*Klatsch*) to tell ♦ *vr* to happen

zutrau- ['tsu:trau] *zW*: **Z~en** (-s) *nt*: **Z~en** (**zn**) trust (in); ~**en** *vt*: **jdm etw** ~**en** to credit sb with sth; ~**lich** *adj* trusting, friendly

zutreffen ['tsu:trɛfən] (*unreg*) *vi* to be correct; to apply

zutreffend *adj* (*richtig*) accurate; **Z~es bitte unterstreichen** please underline where applicable

Zutritt ['tsu:trɪt] *m* access, admittance

Zutun ['tsu:tu:n] (-s) *nt* assistance

zuverlässig ['tsu:fɛrlɛsɪç] *adj* reliable; **Z~keit** *f* reliability

zuversichtlich *adj* confident

zuviel [tsu:fi:l] *adv* too much

zuvor [tsu:fo:r] *adv* before, previously; ~**kommen** (*unreg*) *vi* +*dat* to anticipate; **jdm** ~**kommen** to beat sb to it; ~**kommend** *adj* obliging, courteous

Zuwachs ['tsu:vaks] (-es) *m* increase, growth; (*umg*) addition; **z~en** (*unreg*) *vi* to become overgrown; (*Wunde*) to heal (up)

zuwege [tsu:ve:gə] *adv*: **etw** ~ **bringen** to accomplish sth

zuweilen [tsu:vaɪlən] *adv* at times, now and then

zuweisen [tsu:vaɪzən] (*unreg*) *vt* to assign, to allocate

zuwenden ['tsu:vɛndən] (*unreg*) *vt* (+*dat*) to turn (towards) ♦ *vr*: **sich jdm/etw** ~ to devote o.s. to sb/sth; to turn to sb/sth; **jdm seine Aufmerksamkeit** ~ to give sb one's attention

zuwenig [tsu:ve:nɪç] *adv* too little

zuwider [tsu:vi:dər] *adv*: **etw ist jdm** ~ sb loathes sth, sb finds sth repugnant: ~**handeln** *vi*: **einer Sache** *dat* ~**handeln** to act contrary to sth; **einem Gesetz** ~**handeln** to contravene a law

zuziehen ['tsu:tsi:ən] (*unreg*) *vt* (*schließen: Vorhang*) to draw, to close; (*herbeirufen: Experten*) to call in ♦ *vi* to move in, to come; **sich** *dat* **etw** ~ (*Krankheit*) to catch sth; (*Zorn*) to incur sth

zuzüglich ['tsu:tsy:klɪç] *präp* +*gen* plus, with the addition of

Zwang [tsvaŋ] (-(e)s, =e) *m* compulsion, coercion

zwängen ['tsvɛŋən] *vt, vr* to squeeze

zwanglos *adj* informal

Zwangs- *zW*: ~**arbeit** *f* forced labour; (*Strafe*) hard labour; ~**lage** *f* predicament, tight corner; **z~läufig** *adj* necessary, inevitable

zwanzig ['tsvantsɪç] *num* twenty

zwar [tsvaːr] *adv* to be sure, indeed; **das ist ~ ..., aber ...** that may be ... but ...; **und ~ am Sonntag** on Sunday to be precise; **und ~ so schnell, daß ...** in fact so quickly that ...

Zweck ['tsvɛk] (-(e)s, -e) *m* purpose, aim; **es hat keinen ~** there's no point; **z~dienlich** *adj* practical; expedient

Zwecke *f* hobnail; (*Heft~*) drawing pin, thumbtack (*US*)

Zweck- *zW*: **z~los** *adj* pointless; **z~mäßig** *adj* suitable, appropriate; **z~s** *präp* +*gen* for the purpose of

zwei [tsvaɪ] *num* two; **~deutig** *adj* ambiguous; (*unanständig*) suggestive; **~erlei** *adj*: **~erlei Stoff** two different kinds of material; **~erlei Meinung** of differing opinions; **~fach** *adj* double

Zweifel ['tsvaɪfəl] (-s, -) *m* doubt; **z~haft** *adj* doubtful, dubious; **z~los** *adj* doubtless; **z~n** *vi*: **(an etw** *dat*) **z~n** to doubt (sth)

Zweig [tsvaɪk] (-(e)s, -e) *m* branch; **~stelle** *f* branch (office)

zwei- *zW*: **~hundert** *num* two hundred; **Z~kampf** *m* duel; **~mal** *adv* twice; **~sprachig** *adj* bilingual; **~spurig** *adj* (*AUT*) two-lane; **~stimmig** *adj* for two voices; **Z~taktmotor** *m* two-stroke engine

zweit [tsvaɪt] *num* two; **zu ~** together; (*bei mehreren Paaren*) in twos; **~beste(r, s)** second best; **~e(r, s)** *adj* second

zweiteilig *adj* (*Gruppe*) two-piece; (*Fernsehfilm*) two-part; (*Kleidung*) two-piece

zweit- *zW*: **~ens** *adv* secondly; **~größte(r, s)** *adj* second largest; **~klassig** *adj* second-class; **~letzte(r, s)** *adj* last but one, penultimate; **~rangig** *adj* second-rate

Zwerchfell ['tsvɛrçfɛl] *nt* diaphragm

Zwerg [tsvɛrk] (-(e)s, -e) *m* dwarf

Zwetsch(g)e ['tsvɛtʃ(g)ə] *f* plum

Zwieback ['tsviːbak] (-(e)s, -e) *m* rusk

Zwiebel ['tsviːbəl] (-, -n) *f* onion; (*Blumen~*) bulb

Zwie- ['tsviː] *zW*: **z~lichtig** *adj* shady, dubious; **z~spältig** *adj* (*Gefühle*) conflicting; (*Charakter*) contradictory; **~tracht** *f* discord, dissension

Zwilling ['tsvɪlɪŋ] (-s, -e) *m* twin; **~e** *pl* (*ASTROL*) Gemini

zwingen ['tsvɪŋən] (*unreg*) *vt* to force; **~d** *adj* (*Grund etc*) compelling

zwinkern ['tsvɪŋkərn] *vi* to blink; (*absichtlich*) to wink

Zwirn [tsvɪrn] (-(e)s, -e) *m* thread

zwischen ['tsvɪʃən] *präp* (+*akk od dat*) between; **Z~bemerkung** *f* (incidental) remark; **Z~ding** *nt* cross; **~'durch** *adv* in between; (*räumlich*) here and there; **Z~ergebnis** *nt* intermediate result; **Z~fall** *m* incident; **Z~frage** *f* question; **Z~handel** *m* middlemen *pl*; middleman's trade; **Z~landung** *f* (*AVIAT*) stopover; **~menschlich** *adj* interpersonal; **Z~raum** *m* space; **Z~ruf** *m* interjection; **Z~zeit** *f* interval; **in der Z~zeit** in the interim, meanwhile

zwitschern ['tsvɪtʃərn] *vt, vi* to twitter, to chirp

zwo [tsvoː] *num* two

zwölf [tsvœlf] *num* twelve

Zyklus ['tsyːklʊs] (-, Zyklen) *m* cycle

Zylinder [tsiːlɪndər] (-s, -) *m* cylinder; (*Hut*) top hat

Zyniker ['tsyːnikər] (-s, -) *m* cynic

zynisch ['tsyːnɪʃ] *adj* cynical

Zypern ['tsyːpərn] *nt* Cyprus

Zyste ['tsystə] *f* cyst

z.Z(t). *abk* = **zur Zeit**

ENGLISH - GERMAN
ENGLISCH - DEUTSCH

A a

A [eɪ] n (MUS) A nt; ~ **road** Hauptverkehrsstraße f

KEYWORD
---

a [eɪ, ə] (before vowel or silent h: an) indef art **1** ein; eine; **a woman** eine Frau; **a book** ein Buch; **an eagle** ein Adler; **she's a doctor** sie ist Ärztin
2 (instead of the number 'one') ein; eine; **a year ago** vor einem Jahr; **a hundred/thousand etc pounds** (ein) hundert/(ein) tausend etc Pfund
3 (in expressing ratios, prices etc) pro; **3 a day/week** 3 pro Tag/Woche, 3 am Tag/in der Woche; **10 km an hour** 10 km pro Stunde/in der Stunde

---

A.A. n abbr = **Alcoholics Anonymous**; (BRIT) **Automobile Association**
A.A.A. (US) n abbr = **American Automobile Association**
aback [ə'bæk] adv: **to be taken** ~ verblüfft sein
abandon [ə'bændən] vt (give up) aufgeben; (desert) verlassen ♦ n Hingabe f
abate [ə'beɪt] vi nachlassen, sich legen
abattoir ['æbətwɑ:*] (BRIT) n Schlachthaus nt
abbey ['æbɪ] n Abtei f
abbot ['æbət] n Abt m
abbreviate [ə'bri:vɪeɪt] vt abkürzen
abbreviation [əbri:vɪ'eɪʃən] n Abkürzung f
abdicate ['æbdɪkeɪt] vt aufgeben ♦ vi abdanken
abdomen ['æbdəmən] n Unterleib m
abduct [æb'dʌkt] vt entführen
aberration [æbə'reɪʃən] n (geistige) Verwirrung f
abet [ə'bet] vt see **aid**
abeyance [ə'beɪəns] n: **in** ~ in der Schwebe; (disuse) außer Kraft
abhor [əb'hɔ:*] vt verabscheuen

abide [ə'baɪd] vt vertragen; leiden; ~ **by** vt sich halten an +acc
ability [ə'bɪlɪtɪ] n (power) Fähigkeit f; (skill) Geschicklichkeit f
abject ['æbdʒekt] adj (liar) übel; (poverty) größte(r, s); (apology) zerknirscht
ablaze [ə'bleɪz] adj in Flammen
able ['eɪbl] adj geschickt, fähig; **to be** ~ **to do sth** etw tun können; ~**-bodied** adj kräftig; (seaman) Voll-
ably ['eɪblɪ] adv geschickt
abnormal [æb'nɔ:məl] adj regelwidrig, abnorm
aboard [ə'bɔ:d] adv an Bord ♦ prep an Bord +gen
abode [ə'bəud] n: **of no fixed** ~ ohne festen Wohnsitz
abolish [ə'bɒlɪʃ] vt abschaffen
abolition [æbə'lɪʃən] n Abschaffung f
abominable [ə'bɒmɪnəbl] adj scheußlich
aborigine [æbə'rɪdʒɪni:] n Ureinwohner m
abort [ə'bɔ:t] vt abtreiben; fehlgebären; ~**ion** [ə'bɔ:ʃən] n Abtreibung f; (miscarriage) Fehlgeburt f; ~**ive** adj mißlungen
abound [ə'baund] vi im Überfluß vorhanden sein; **to** ~ **in** Überfluß haben an +dat

---
KEYWORD
---

about [ə'baut] adv **1** (approximately) etwa, ungefähr; **about a hundred/thousand etc** etwa hundert/tausend etc; **at about 2 o'clock** etwa um 2 Uhr; **I've just about finished** ich bin gerade fertig
2 (referring to place) herum, umher; **to leave things lying about** Sachen herumliegen lassen; **to run/walk etc about** herumrennen/gehen etc
3: **to be about to do sth** im Begriff sein, etw zu tun; **he was about to go to bed** er wollte gerade ins Bett gehen
♦ prep **1** (relating to) über +acc; **a book about London** ein Buch über London;

what is it about? worum geht es?; (*book etc*) wovon handelt es?; **we talked about it** wir haben darüber geredet; **what** or **how about doing this?** wollen wir das machen? **2** (*referring to place*) um (... herum); **to walk about the town** in der Stadt herumgehen; **her clothes were scattered about the room** ihre Kleider waren über das ganze Zimmer verstreut

about-face [ə'baut'feɪs] *n* Kehrtwendung *f*
about-turn [ə'baut'tɜːn] *n* Kehrtwendung *f*
above [ə'bʌv] *adv* oben ♦ *prep* über; ~ **all** vor allem; ~ **board** *adj* offen, ehrlich
abrasive [ə'breɪzɪv] *adj* Abschleif-; (*personality*) zermürbend, aufreibend
abreast [ə'brest] *adv* nebeneinander; **to keep** ~ **of** Schritt halten mit
abridge [ə'brɪdʒ] *vt* (ab)kürzen
abroad [ə'brɔːd] *adv* (*be*) im Ausland; (*go*) ins Ausland
abrupt [ə'brʌpt] *adj* (*sudden*) abrupt, jäh; (*curt*) schroff
abscess ['æbsɪs] *n* Geschwür *nt*
abscond [əb'skɒnd] *vi* flüchten, sich davonmachen
abseil ['æbsaɪl] *vi* (*also*: ~ **down**) sich abseilen
absence ['æbsəns] *n* Abwesenheit *f*
absent ['æbsənt] *adj* abwesend, nicht da; (*lost in thought*) geistesabwesend; ~**ee** [æbsən'tiː] *n* Abwesende(r) *m*; ~**eeism** [æbsən'tiːɪzəm] *n* Fehlen *nt* (am Arbeitsplatz/in der Schule); ~**-minded** *adj* zerstreut
absolute ['æbsəluːt] *adj* absolut; (*power*) unumschränkt; (*rubbish*) vollkommen, rein; ~**ly** [æbsə'luːtlɪ] *adv* absolut, vollkommen; ~**ly!** ganz bestimmt!
absolve [əb'zɒlv] *vt* entbinden; freisprechen
absorb [əb'zɔːb] *vt* aufsaugen, absorbieren; (*fig*) ganz in Anspruch nehmen, fesseln; **to be** ~**ed in a book** in ein Buch vertieft sein; ~**ent cotton** (*US*) *n* Verbandwatte *f*, ~**ing** *adj* aufsaugend; (*fig*) packend
absorption [əb'zɔːpʃən] *n* Aufsaugung *f*, Absorption *f*, (*fig*) Versunkenheit *f*
abstain [əb'steɪn] *vi* (*in vote*) sich enthalten; **to** ~ **from** (*keep from*) sich enthalten +*gen*
abstemious [əb'stiːmɪəs] *adj* enthaltsam
abstention [əb'stenʃən] *n* (*in vote*) (Stimm)enthaltung *f*
abstinence ['æbstɪnəns] *n* Enthaltsamkeit *f*
abstract ['æbstrækt] *adj* abstrakt
absurd [əb'sɜːd] *adj* absurd
abundance [ə'bʌndəns] *n*: ~ **(of)** Überfluß *m* (an +*dat*)
abundant [ə'bʌndənt] *adj* reichlich
abuse [*n* ə'bjuːs, *vb* ə'bjuːz] *n* (*rude language*) Beschimpfung *f*, (*ill usage*) Mißbrauch *m*; (*bad practice*) (Amts)mißbrauch

m ♦ *vt* (*misuse*) mißbrauchen
abusive [ə'bjuːsɪv] *adj* beleidigend, Schimpf-
abysmal [ə'bɪzməl] *adj* scheußlich; (*ignorance*) bodenlos
abyss [ə'bɪs] *n* Abgrund *m*
AC *abbr* (= *alternating current*) Wechselstrom *m*
academic [ækə'demɪk] *adj* akademisch; (*theoretical*) theoretisch ♦ *n* Akademiker(in) *m(f)*
academy [ə'kædəmɪ] *n* (*school*) Hochschule *f*; (*society*) Akademie *f*
accelerate [æk'seləreɪt] *vi* schneller werden; (*AUT*) Gas geben ♦ *vt* beschleunigen
acceleration [ækselə'reɪʃən] *n* Beschleunigung *f*
accelerator [æk'seləreɪtə*] *n* Gas(pedal) *nt*
accent ['æksent] *n* Akzent *m*, Tonfall *m*; (*mark*) Akzent *m*; (*stress*) Betonung *f*
accept [ək'sept] *vt* (*take*) annehmen; (*agree to*) akzeptieren; ~**able** *adj* annehmbar; ~**ance** *n* Annahme *f*
access ['ækses] *n* Zugang *m*; ~**ible** [æk'sesɪbl] *adj* (*easy to approach*) zugänglich; (*within reach*) (leicht) erreichbar
accessory [æk'sesərɪ] *n* Zubehörteil *nt*; **toilet accessories** Toilettenartikel *pl*
accident ['æksɪdənt] *n* Unfall *m*; (*coincidence*) Zufall *m*; **by** ~ zufällig; ~**ally** [æksɪ'dentlɪ] *adj* unbeabsichtigt; ~**ally** [æksɪ'dentlɪ] *adv* zufällig; ~**-prone** *adj*: **to be** ~**-prone** zu Unfällen neigen
acclaim [ə'kleɪm] *vt* zujubeln +*dat* ♦ *n* Beifall *m*
acclimate [ə'klaɪmət] (*US*) *vt* = **acclimatize**
acclimatize [ə'klaɪmətaɪz] *vt*: **to become** ~**d (to)** sich gewöhnen (an +*acc*), sich akklimatisieren (in +*dat*)
accolade ['ækəleɪd] *n* Auszeichnung *f*
accommodate [ə'kɒmədeɪt] *vt* unterbringen; (*hold*) Platz haben für; (*oblige*) (aus)helfen +*dat*
accommodating [ə'kɒmədeɪtɪŋ] *adj* entgegenkommend
accommodation [ə'kɒmə'deɪʃən] (*US* ~**s**) *n* Unterkunft *f*
accompany [ə'kʌmpənɪ] *vt* begleiten
accomplice [ə'kʌmplɪs] *n* Helfershelfer *m*, Komplize *m*
accomplish [ə'kʌmplɪʃ] *vt* (*fulfil*) durchführen; (*finish*) vollenden; (*aim*) erreichen; ~**ed** *adj* vollendet, ausgezeichnet; ~**ment** *n* (*skill*) Fähigkeit *f*, (*completion*) Vollendung *f*; (*feat*) Leistung *f*
accord [ə'kɔːd] *n* Übereinstimmung *f* ♦ *vt* gewähren; **of one's own** ~ freiwillig; ~**ing to** nach, laut +*gen*; ~**ance** *n*: **in** ~**ance with** in Übereinstimmung mit; ~**ingly** *adv* danach, dementsprechend
accordion [ə'kɔːdɪən] *n* Akkordeon *nt*
accost [ə'kɒst] *vt* ansprechen

account [əˈkaʊnt] n (bill) Rechnung f; (narrative) Bericht m; (report) Rechenschaftsbericht m; (in bank) Konto nt; (importance) Geltung f; ~s npl (FIN) Bücher pl; on ~ auf Rechnung; of no ~ ohne Bedeutung; on no ~ keinesfalls; on ~ of wegen; to take into ~ berücksichtigen; ~ for vt fus (expenditure) Rechenschaft ablegen für; how do you ~ for that? wie erklären Sie (sich) das?; ~able adj verantwortlich; ~ancy [əˈkaʊntənsɪ] n Buchhaltung f; ~ant [əˈkaʊntənt] n Wirtschaftsprüfer(in) m(f); ~ number n Kontonummer f

accredited [əˈkrɛdɪtɪd] adj (offiziell) zugelassen

accrue [əˈkruː] vi sich ansammeln

accumulate [əˈkjuːmjʊleɪt] vt ansammeln ♦ vi sich ansammeln

accuracy [ˈækjʊrəsɪ] n Genauigkeit f

accurate [ˈækjʊrɪt] adj genau; ~ly adv genau, richtig

accusation [ækjuːˈzeɪʃən] n Anklage f, Beschuldigung f

accuse [əˈkjuːz] vt anklagen, beschuldigen; ~d n Angeklagte(r) mf

accustom [əˈkʌstəm] vt: to ~ sb (to sth) jdn (an etw acc) gewöhnen; ~ed adj gewohnt

ace [eɪs] n As nt; (inf) As m, Kanone f

ache [eɪk] n Schmerz m ♦ vi (be sore) schmerzen, weh tun

achieve [əˈtʃiːv] vt zustande bringen; (aim) erreichen; ~ment n Leistung f; (act) Erreichen nt

acid [ˈæsɪd] n Säure f ♦ adj sauer, scharf; ~ rain n Saure(r) Regen m

acknowledge [əkˈnɒlɪdʒ] vt (receipt) bestätigen; (admit) zugeben; ~ment n Anerkennung f; (letter) Empfangsbestätigung f

acne [ˈæknɪ] n Akne f

acorn [ˈeɪkɔːn] n Eichel f

acoustic [əˈkuːstɪk] adj akustisch; ~s npl Akustik f

acquaint [əˈkweɪnt] vt vertraut machen; to be ~ed with sb mit jdm bekannt sein; ~ance n (person) Bekannte(r) mf; (knowledge) Kenntnis f

acquiesce [ækwɪˈes] vi: to ~ (in) sich abfinden (mit)

acquire [əˈkwaɪə*] vt erwerben

acquisition [ækwɪˈzɪʃən] n Errungenschaft f, (act) Erwerb m

acquisitive [əˈkwɪzɪtɪv] adj gewinnsüchtig

acquit [əˈkwɪt] vt (free) freisprechen; to ~ o.s. well sich bewähren; ~tal n Freispruch m

acre [ˈeɪkə*] n Morgen m

acrid [ˈækrɪd] adj (smell, taste) bitter; (smoke) beißend

acrimonious [ækrɪˈməʊnɪəs] adj bitter

acrobat [ˈækrəbæt] n Akrobat m

across [əˈkrɒs] prep über +acc ♦ adv hin-

über, herüber; he lives ~ the river er wohnt auf der anderen Seite des Flusses; ten metres ~ zehn Meter breit; he lives ~ from us er wohnt uns gegenüber; to run/ swim ~ hinüberlaufen/schwimmen

acrylic [əˈkrɪlɪk] adj Acryl-

act [ækt] n (deed) Tat f; (JUR) Gesetz nt; (THEAT) Akt m; (: turn) Nummer f ♦ vi (take action) handeln; (behave) sich verhalten; (pretend) vorgeben; (THEAT) spielen ♦ vt (in play) spielen; to ~ as fungieren als; ~ing adj stellvertretend ♦ n Schauspielkunst f; (performance) Aufführung f

action [ˈækʃən] n (deed) Tat f; Handlung f; (motion) Bewegung f; (way of working) Funktionieren nt; (battle) Einsatz m, Gefecht nt; (lawsuit) Klage f, Prozeß m; out of ~ (person) nicht einsatzfähig; (thing) außer Betrieb; to take ~ etwas unternehmen; ~ replay n (TV) Wiederholung f

activate [ˈæktɪveɪt] vt (mechanism) betätigen; (CHEM, PHYS) aktivieren

active [ˈæktɪv] adj (brisk) rege, tatkräftig; (working) aktiv; (GRAM) aktiv, Tätigkeits-; ~ly adv aktiv; (dislike) offen

activity [ækˈtɪvɪtɪ] n Aktivität f; (doings) Unternehmungen pl; (occupation) Tätigkeit f

actor [ˈæktə*] n Schauspieler m

actress [ˈæktrɪs] n Schauspielerin f

actual [ˈæktjʊəl] adj wirklich; ~ly adv tatsächlich; ~ly no eigentlich nicht

acumen [ˈækjʊmen] n Scharfsinn m

acute [əˈkjuːt] adj (severe) heftig, akut; (keen) scharfsinnig

ad [æd] n abbr = advertisement

A.D. adv abbr (= Anno Domini) n.Chr.

Adam [ˈædəm] n Adam m

adamant [ˈædəmənt] adj eisern; hartnäckig

adapt [əˈdæpt] vt anpassen ♦ vi: to ~ (to) sich anpassen (an +acc); ~able adj anpassungsfähig; ~ation [ædəpˈteɪʃən] n (THEAT etc) Bearbeitung f; (adjustment) Anpassung f; ~er n (ELEC) Zwischenstecker m; ~or n (ELEC) Zwischenstecker m

add [æd] vt (join) hinzufügen; (numbers: also: ~ up) addieren; ~ up vi (make sense) stimmen; ~ up to vt fus ausmachen

adder [ˈædə*] n Kreuzotter f, Natter f

addict [ˈædɪkt] n Süchtige(r) mf; ~ed [əˈdɪktɪd] adj: ~ed to -süchtig; ~ion [əˈdɪkʃən] n Sucht f; ~ive adj: to be ~ive süchtig machen

addition [əˈdɪʃən] n Anhang m, Addition f; (MATH) Addition f, Zusammenzählen nt; in ~ zusätzlich, außerdem; ~al adj zusätzlich, weiter

additive [ˈædɪtɪv] n Zusatz m

address [əˈdres] n Adresse f; (speech) Ansprache f ♦ vt (letter) adressieren; (speak to) ansprechen; (make speech to) eine Ansprache halten an +acc

adept ['ædept] *adj* geschickt; **to be ~ at** gut sein in +*dat*

adequate ['ædıkwıt] *adj* angemessen

adhere [əd'hıə*] *vi*: **to ~ to** haften an +*dat*; (*fig*) festhalten an +*dat*

adhesive [əd'hi:zıv] *adj* klebend; Kleb(e)- ♦ *n* Klebstoff *m*; **~ tape** *n* (*BRIT*) Klebestreifen *m*; (*US*) Heftpflaster *nt*

ad hoc [æd'hɒk] *adj* (*decision, committee*) Ad-hoc- ♦ *adv* (*decide, appoint*) ad hoc

adjacent [ə'dʒeısənt] *adj* benachbart; **~ to** angrenzend an +*acc*

adjective ['ædʒəktıv] *n* Adjektiv *nt*, Eigenschaftswort *nt*

adjoining [ə'dʒɔınıŋ] *adj* benachbart, Neben-

adjourn [ə'dʒɜ:n] *vt* vertagen ♦ *vi* abbrechen

adjudicate [ə'dʒu:dıkeıt] *vi* entscheiden, ein Urteil fällen

adjust [ə'dʒʌst] *vt* (*alter*) anpassen; (*put right*) regulieren, richtig stellen ♦ *vi* sich anpassen; **~able** *adj* verstellbar

ad-lib [æd'lıb] *vt, vi* improvisieren ♦ *adv*: **ad lib** aus dem Stegreif

administer [æd'mınıstə*] *vt* (*manage*) verwalten; (*dispense*) ausüben; (*justice*) sprechen; (*medicine*) geben

administration [ədmınıs'treıʃən] *n* Verwaltung *f*; (*POL*) Regierung *f*

administrative [əd'mınıstrətıv] *adj* Verwaltungs-

administrator [əd'mınıstreıtə*] *n* Verwaltungsbeamte(r) *m*

admiral ['ædmərəl] *n* Admiral *m*

Admiralty ['ædmərəltı] (*BRIT*) *n* Admiralität *f*

admiration [ædmı'reıʃən] *n* Bewunderung *f*

admire [əd'maıə*] *vt* (*respect*) bewundern; (*love*) verehren; **~r** *n* Bewunderer *m*

admission [əd'mıʃən] *n* (*entrance*) Einlaß *m*; (*fee*) Eintritt(spreis *m*) *m*; (*confession*) Geständnis *nt*

admit [əd'mıt] *vt* (*let in*) einlassen; (*confess*) gestehen; (*accept*) anerkennen; **~tance** *n* Zulassung *f*; **~tedly** *adv* zugegebenermaßen

admonish [əd'mɒnıʃ] *vt* ermahnen

ad nauseam [æd'nɔ:sıæm] *adv* (*repeat, talk*) endlos

ado [ə'du:] *n*: **without more ~** ohne weitere Umstände

adolescence [ædə'lesns] *n* Jugendalter *nt*

adolescent [ædə'lesnt] *adj* jugendlich ♦ *n* Jugendliche(r) *mf*

adopt [ə'dɒpt] *vt* (*child*) adoptieren; (*idea*) übernehmen; **~ion** [ə'dɒpʃən] *n* Adoption *f*; Übernahme *f*

adore [ə'dɔ:*] *vt* anbeten; verehren

adorn [ə'dɔ:n] *vt* schmücken

Adriatic [eıdrı'ætık] *n*: **the ~ (Sea)** die Adria

adrift [ə'drıft] *adv* Wind und Wellen preisgegeben

adult ['ædʌlt] *n* Erwachsene(r) *mf*

adultery [ə'dʌltərı] *n* Ehebruch *m*

advance [əd'vɑ:ns] *n* (*progress*) Vorrücken *nt*; (*money*) Vorschuß *m* ♦ *vt* (*move forward*) vorrücken; (*money*) vorschießen; (*argument*) vorbringen ♦ *vi* vorwärtsgehen; **in ~** im voraus; **~d** *adj* (*ahead*) vorgerückt; (*modern*) fortgeschritten; (*study*) für Fortgeschrittene; **~ment** *n* Förderung *f*; (*promotion*) Beförderung *f*

advantage [əd'vɑ:ntıdʒ] *n* Vorteil *m*; **to have an ~ over sb** jdm gegenüber im Vorteil sein; **to take ~ of** (*misuse*) ausnutzen; (*profit from*) Nutzen ziehen aus; **~ous** [ædvən'teıdʒəs] *adj* vorteilhaft

advent ['ædvent] *n* Ankunft *f*; **A~** Advent *m*

adventure [əd'ventʃə*] *n* Abenteuer *nt*

adventurous [əd'ventʃərəs] *adj* abenteuerlich, waghalsig

adverb ['ædvɜ:b] *n* Adverb *nt*, Umstandswort *nt*

adversary ['ædvəsərı] *n* Gegner *m*

adverse ['ædvɜ:s] *adj* widrig

adversity [əd'vɜ:sıtı] *n* Widrigkeit *f*, Mißgeschick *nt*

advert ['ædvɜ:t] *n* Anzeige *f*

advertise ['ædvətaız] *vt* werben für ♦ *vi* annoncieren; **to ~ for sth** etw (per Anzeige) suchen

advertisement [əd'vɜ:tısmənt] *n* Anzeige *f*, Inserat *nt*

advertiser ['ædvətaızə*] *n* (*in newspaper etc*) Inserent *m*

advertising ['ædvətaızıŋ] *n* Werbung *f*

advice [əd'vaıs] *n* Rat(schlag) *m*; (*notification*) Benachrichtigung *f*

advisable [əd'vaızəbl] *adj* ratsam

advise [əd'vaız] *vt*: **to ~ (sb)** (jdm) raten

advisedly [əd'vaızdlı] *adv* (*deliberately*) bewußt

adviser *n* Berater *m*

advisory [əd'vaızərı] *adj* beratend, Beratungs-

advocate [*vb* 'ædvəkeıt, *n* 'ædvəkət] *vt* vertreten ♦ *n* Befürworter(in) *m(f)*

Aegean [i:'dʒi:ən] *n*: **the ~ (Sea)** die Ägäis

aerial ['eərıəl] *n* Antenne *f* ♦ *adj* Luft-

aerobics [eər'əubıks] *n* Aerobic *nt*

aerodynamic ['eərəudaı'næmık] *adj* aerodynamisch

aeroplane ['eərəpleın] *n* Flugzeug *nt*

aerosol ['eərəsɒl] *n* Aerosol *nt*; Sprühdose *f*

aesthetic [ıs'θetık] *adj* ästhetisch

afar [ə'fɑ:*] *adv*: **from ~** aus der Ferne

affable ['æfəbl] *adj* umgänglich

affair [ə'fɛə*] *n* (*concern*) Angelegenheit *f*; (*event*) Ereignis *nt*; (*love ~*) Verhältnis *nt*; **~s** *npl* (*business*) Geschäfte *pl*

affect [ə'fekt] *vt* (*influence*) (ein)wirken auf

+acc; (move deeply) bewegen; **this change doesn't ~ us** diese Änderung betrifft uns nicht; **~ed** adj affektiert, gekünstelt
affection [ə'fekʃən] n Zuneigung f; **~ate** [ə'fekʃənɪt] adj liebevoll
affiliated [ə'fɪlɪeɪtɪd] adj angeschlossen
affinity [ə'fɪnɪtɪ] n (attraction) gegenseitige Anziehung f; (relationship) Verwandtschaft f
affirmation [æfə'meɪʃən] n Behauptung f
affirmative [ə'fɜːmətɪv] adj bestätigend
affix [ə'fɪks] vt aufkleben, anheften
afflict [ə'flɪkt] vt quälen, heimsuchen
affluence ['æfluəns] n (wealth) Wohlstand m
affluent ['æfluənt] adj wohlhabend, Wohlstands-
afford [ə'fɔːd] vt sich dat leisten; (yield) bieten, einbringen
affront [ə'frʌnt] n Beleidigung f
Afghanistan [æf'gænɪstɑːn] n Afghanistan nt
afield [ə'fiːld] adv: **far ~** weit fort
afloat [ə'fləut] adj: **to be ~** schwimmen
afoot [ə'fut] adv im Gang
afraid [ə'freɪd] adj ängstlich; **to be ~ of** Angst haben vor +dat; **to be ~ to do sth** sich scheuen, etw zu tun; **I am ~ I have ...** ich habe leider ...; **I'm ~ so/not** leider/leider nicht; **I am ~ that ...** ich fürchte(, daß) ...
afresh [ə'freʃ] adv von neuem
Africa ['æfrɪkə] n Afrika nt; **~n** adj afrikanisch ♦ n Afrikaner(in) m(f)
aft [ɑːft] adv achtern
after ['ɑːftə*] prep nach; (following, seeking) hinter ... dat ... her; (in imitation) nach, im Stil von ♦ adv: **soon ~** bald danach ♦ conj nachdem; **what are you ~?** was wollen Sie?; **~ he left** nachdem er gegangen war; **~ you!** nach Ihnen!; **~ all** letzten Endes; **~ having shaved** als er sich rasiert hatte; **~-effects** npl Nachwirkungen pl; **~math** n Auswirkungen pl; **~noon** n Nachmittag m; **~s** (inf) n (dessert) Nachtisch m; **~sales service** (BRIT) n Kundendienst m; **~-shave (lotion)** n Rasierwasser nt; **~thought** n nachträgliche(r) Einfall m; **~wards** adv danach, nachher
again [ə'gen] adv wieder, noch einmal; (besides) außerdem, ferner; **~ and ~** immer wieder
against [ə'genst] prep gegen
age [eɪdʒ] n (of person) Alter nt; (in history) Zeitalter nt ♦ vi altern, alt werden ♦ vt älter machen; **to come of ~** mündig werden; **20 years of ~** 20 Jahre alt; **it's been ~s since ...** es ist ewig her, seit ...; **~d**[1] ['eɪdʒd] adj ... Jahre alt, -jährig; **~d**[2] ['eɪdʒɪd] adj (elderly) betagt ♦ npl: **the ~d** die Alten pl; **~ group** n Altersgruppe f; **~ limit** n Altersgrenze f
agency ['eɪdʒənsɪ] n Agentur f; Vermittlung

f; (CHEM) Wirkung f; **through** or **by the ~ of ...** mit Hilfe von ...
agenda [ə'dʒendə] n Tagesordnung f
agent ['eɪdʒənt] n (COMM) Vertreter m; (spy) Agent m
aggravate ['ægrəveɪt] vt (make worse) verschlimmern; (irritate) reizen
aggregate ['ægrɪgɪt] n Summe f
aggression [ə'greʃən] n Aggression f
aggressive [ə'gresɪv] adj aggressiv
aggrieved [ə'griːvd] adj bedrückt, verletzt
aghast [ə'gɑːst] adj entsetzt
agile ['ædʒaɪl] adj flink; agil; (mind) rege
agitate ['ædʒɪteɪt] vt rütteln; **to ~ for** sich starkmachen für
ago [ə'gəu] adv: **two days ~** vor zwei Tagen; **not long ~** vor kurzem; **it's so long ~** es ist schon so lange her
agog [ə'gɒg] adj gespannt
agonizing ['ægənaɪzɪŋ] adj quälend
agony ['ægənɪ] n Qual f; **to be in ~** Qualen leiden
agree [ə'griː] vt (date) vereinbaren ♦ vi (have same opinion, correspond) übereinstimmen; (consent) zustimmen; (be in harmony) sich vertragen; **to ~ to sth** einer Sache dat zustimmen; **to ~ that ...** (admit) zugeben, daß ...; **to ~ to do sth** sich bereit erklären, etw zu tun; **garlic doesn't ~ with me** Knoblauch vertrage ich nicht; **I ~** einverstanden, ich stimme zu; **to ~ on sth** sich auf etw acc einigen; **~able** adj (pleasing) liebenswürdig; (willing to consent) einverstanden; **~d** adj vereinbart; **~ment** n (agreeing) Übereinstimmung f; (contract) Vereinbarung f, Vertrag m; **to be in ~ment** übereinstimmen
agricultural [ægrɪ'kʌltʃərəl] adj landwirtschaftlich, Landwirtschafts-
agriculture ['ægrɪkʌltʃə*] n Landwirtschaft f
aground [ə'graund] adv: **to run ~** auf Grund laufen
ahead [ə'hed] adv vorwärts; **to be ~** voraus sein; **~ of time** der Zeit voraus; **go right** or **straight ~** gehen Sie geradeaus; fahren Sie geradeaus
aid [eɪd] n (assistance) Hilfe f, Unterstützung f; (person) Hilfe f; (thing) Hilfsmittel nt ♦ vt unterstützen, helfen +dat; **in ~ of** zugunsten +gen; **to ~ and abet sb** jdm Beihilfe leisten
aide [eɪd] n (person) Gehilfe m; (MIL) Adjutant m
AIDS [eɪdz] n abbr (= acquired immune deficiency syndrome) Aids nt
ailing ['eɪlɪŋ] adj kränkelnd
ailment ['eɪlmənt] n Leiden nt
aim [eɪm] vt (gun, camera) richten ♦ vi (with gun: also: **take ~**) zielen; (intend) beabsichtigen ♦ n (intention) Absicht f, Ziel nt; (pointing) Zielen nt, Richten nt; **to ~ at**

sth auf etw *dat* richten; (*fig*) etw anstreben; **to ~ to do sth** vorhaben, etw zu tun; **~less** *adj* ziellos; **~lessly** *adv* ziellos

ain't [eɪnt] (*inf*) = **am not; are not; is not; has not; have not**

air [ɛə*] *n* Luft *f*; (*manner*) Miene *f*, Anschein *m*; (*MUS*) Melodie *f* ♦ *vt* lüften; (*fig*) **an die Öffentlichkeit bringen** ♦ *cpd* Luft-; **by ~** (*travel*) auf dem Luftweg; **to be on the ~** (*RADIO, TV: programme*) gesendet werden; **~bed** (*BRIT*) *n* Luftmatratze *f*; **~borne** *adj* in der Luft; **~conditioned** *adj* mit Klimaanlage; **~conditioning** *n* Klimaanlage *f*; **~craft** *n* Flugzeug *nt*, Maschine *f*; **~craft carrier** *n* Flugzeugträger *m*; **~field** *n* Flugplatz *m*; **~ force** *n* Luftwaffe *f*; **~ freshener** *n* Raumspray *nt*; **~gun** *n* Luftgewehr *nt*; **~ hostess** (*BRIT*) *n* Stewardeß *f*; **~ letter** *n* Luftpostbrief *m*; **~lift** *n* Luftbrücke *f*; **~line** *n* Luftverkehrsgesellschaft *f*; **~liner** *n* Verkehrsflugzeug *nt*; **~lock** *n* Luftblase *f*; **~mail** *n*: **by ~mail** mit Luftpost; **~plane** (*US*) *n* Flugzeug *nt*; **~port** *n* Flughafen *m*, Flugplatz *m*; **~ raid** *n* Luftangriff *m*; **~sick** *adj* luftkrank; **~space** *n* Luftraum *m*; **~strip** *n* Landestreifen *m*; **~ terminal** *n* Terminal *m*; **~tight** *adj* luftdicht; **~ traffic controller** *n* Fluglotse *m*; **~y** *adj* luftig; (*manner*) leichtfertig

aisle [aɪl] *n* Gang *m*

ajar [ə'dʒɑː*] *adv* angelehnt; einen Spalt offen

akin [ə'kɪn] *adj*: **~ to** ähnlich +*dat*

alacrity [ə'lækrɪti] *n* Bereitwilligkeit *f*

alarm [ə'lɑːm] *n* (*warning*) Alarm *m*; (*bell etc*) Alarmanlage *f*; (*anxiety*) Sorge *f* ♦ *vt* erschrecken; **~ call** *n* (*in hotel etc*) Weckruf *m*; **~ clock** *n* Wecker *m*

alas [ə'læs] *excl* ach

Albania [æl'beɪnɪə] *n* Albanien *nt*

albeit [ɔːl'biːɪt] *conj* obgleich

album ['ælbəm] *n* Album *nt*

alcohol ['ælkəhɒl] *n* Alkohol *m*; **~ic** [ælkə'hɒlɪk] *adj* (*drink*) alkoholisch ♦ *n* Alkoholiker(in) *m(f)*; **~ism** *n* Alkoholismus *m*

ale [eɪl] *n* Ale *nt*

alert [ə'lɜːt] *adj* wachsam ♦ *n* Alarm *m* ♦ *vt* alarmieren; **to be on the ~** wachsam sein

algebra ['ældʒɪbrə] *n* Algebra *f*

Algeria [æl'dʒɪərɪə] *n* Algerien *nt*

alias ['eɪlɪəs] *adv* alias ♦ *n* Deckname *m*

alibi ['ælɪbaɪ] *n* Alibi *nt*

alien ['eɪlɪən] *n* Ausländer *m* ♦ *adj* (*foreign*) ausländisch; (*strange*) fremd; **~ to** fremd +*dat*; **~ate** *vt* entfremden

alight [ə'laɪt] *adj* brennend; (*of building*) in Flammen ♦ *vi* (*descend*) aussteigen; (*bird*) sich setzen

align [ə'laɪn] *vt* ausrichten

alike [ə'laɪk] *adj* gleich, ähnlich ♦ *adv*

gleich, ebenso; **to look ~** sich *dat* ähnlich sehen

alimony ['ælɪmənɪ] *n* Unterhalt *m*, Alimente *pl*

alive [ə'laɪv] *adj* (*living*) lebend; (*lively*) lebendig, aufgeweckt; **~ (with)** (*full of*) voll (von), wimmelnd (von)

--- **KEYWORD**

all [ɔːl] *adj* alle(r, s); **all day/night** den ganzen Tag/die ganze Nacht; **all men are equal** alle Menschen sind gleich; **all five came** alle fünf kamen; **all the books/food** die ganzen Bücher/das ganze Essen; **all the time** die ganze Zeit (über); **all his life** sein ganzes Leben (lang)

♦ *pron* **1** alles; **I ate it all, I ate all of it** ich habe alles gegessen; **all of us/the boys went** wir gingen alle/alle Jungen gingen; **we all sat down** wir setzten uns alle

2 (*in phrases*): **above all** vor allem; **after all** schließlich; **at all: not at all** (*in answer to question*) überhaupt nicht; (*in answer to thanks*) gern geschehen; **I'm not at all tired** ich bin überhaupt nicht müde; **anything at all will do** es ist egal, welche(r, s); **all in all** alles in allem

♦ *adv* ganz; **all alone** ganz allein; **it's not as hard as all that** so schwer ist es nun auch wieder nicht; **all the more/the better** um so mehr/besser; **all but** fast; **the score is 2 all** es steht 2 zu 2

allay [ə'leɪ] *vt* (*fears*) beschwichtigen

all clear ['ɔːl'klɪə*] *n* Entwarnung *f*

allegation [ælɪ'geɪʃən] *n* Behauptung *f*

allege [ə'ledʒ] *vt* (*declare*) behaupten; (*falsely*) vorgeben; **~dly** [ə'ledʒɪdlɪ] *adv* angeblich

allegiance [ə'liːdʒəns] *n* Treue *f*

allergic [ə'lɜːdʒɪk] *adj*: **~ (to)** allergisch (gegen)

allergy ['ælədʒɪ] *n* Allergie *f*

alleviate [ə'liːvɪeɪt] *vt* lindern

alley ['ælɪ] *n* Gasse *f*, Durchgang *m*

alliance [ə'laɪəns] *n* Bund *m*, Allianz *f*

allied ['ælaɪd] *adj* vereinigt; (*powers*) alliiert; **~ (to)** verwandt (mit)

alligator ['ælɪgeɪtə*] *n* Alligator *m*

all-in ['ɔːlɪn] (*BRIT*) *adj, adv* (*charge*) alles inbegriffen, Gesamt-; **~ wrestling** *n* Freistilringen *nt*

all-night ['ɔːl'naɪt] *adj* (*café, cinema*) die ganze Nacht geöffnet, Nacht-

allocate ['æləkeɪt] *vt* zuteilen

allot [ə'lɒt] *vt* zuteilen; **~ment** *n* (*share*) Anteil *m*; (*plot*) Schrebergarten *m*

all-out ['ɔːl'aʊt] *adj* total; **all out** *adv* mit voller Kraft

allow [ə'laʊ] *vt* (*permit*) erlauben (*sb jdm*), gestatten; (*grant*) bewilligen; (*deduct*) abziehen; (*concede*): **to ~ that ...** annehmen, daß **to ~ sb sth** jdm etw erlauben, jdm etw gestatten; **to ~ sb to do sth** jdm erlauben *or* gestatten, etw zu tun; **~ for** *vt fus* berücksichtigen, einplanen; **~ance** *n* Beihilfe *f*; **to make ~ances for** berücksichtigen

alloy ['ælɔɪ] *n* Metallegierung *f*

all right *adv* (*well*) gut; (*correct*) richtig; (*as answer*) okay

all-round ['ɔːl'raund] *adj* (*sportsman*) allseitig, Allround-; (*view*) Rundum-

all-time ['ɔːl'taɪm] *adj* (*record, high*) ... aller Zeiten, Höchst-

allude [ə'luːd] *vi*: **to ~ to** hinweisen auf +*acc*, anspielen auf +*acc*

alluring [ə'ljuərɪŋ] *adj* verlockend

allusion [ə'luːʒən] *n* Anspielung *f*

ally [*n* 'ælaɪ, *vb* ə'laɪ] *n* Verbündete(r) *mf*; (*POL*) Alliierte(r) *m* ♦ *vr*: **to ~ o.s. with** sich verbünden mit

almighty [ɔːl'maɪtɪ] *adj* allmächtig

almond ['ɑːmənd] *n* Mandel *f*

almost ['ɔːlməust] *adv* fast, beinahe

alms [ɑːmz] *npl* Almosen *pl*

aloft [ə'lɒft] *adv* (*be*) in der Luft; (*throw*) in die Luft

alone [ə'ləun] *adj, adv* allein; **to leave sth ~** etw sein lassen; **let ~ ...** geschweige denn ...

along [ə'lɒŋ] *prep* entlang, längs ♦ *adv* (*onward*) vorwärts, weiter; **~ with** zusammen mit; **he was limping ~** er humpelte einher; **all ~** (*all the time*) die ganze Zeit; **~side** *adv* (*walk*) nebenher; (*come*) nebendran; (*be*) daneben ♦ *prep* (*walk, compared with*) neben +*dat*; (*come*) neben +*acc*; (*be*) entlang, neben +*dat*; (*of ship*) längsseits +*gen*

aloof [ə'luːf] *adj* zurückhaltend ♦ *adv* fern; **to stand ~** abseits stehen

aloud [ə'laud] *adv* laut

alphabet ['ælfəbet] *n* Alphabet *nt*; **~ical** [ælfə'betɪkl] *adj* alphabetisch

alpine ['ælpaɪn] *adj* alpin, Alpen-

Alps [ælps] *npl*: **the ~** die Alpen *pl*

already [ɔːl'redɪ] *adv* schon, bereits

alright ['ɔːl'raɪt] (*BRIT*) *adv* = **all right**

Alsatian [æl'seɪʃən] *n* (*dog*) Schäferhund *m*

also ['ɔːlsəu] *adv* auch, außerdem

altar ['ɔːltə*] *n* Altar *m*

alter ['ɔːltə*] *vt* ändern; (*dress*) umändern; **~ation** [ɔːltə'reɪʃən] *n* Änderung *f*; Umänderung *f*; (*to building*) Umbau *m*

alternate [*adj* ɒl'tɜːnɪt, *vb* 'ɒltɜːneɪt] *adj* abwechselnd ♦ *vi* abwechseln; **on ~ days** jeden zweiten Tag

alternating ['ɒltəneɪtɪŋ] *adj*: **~ current** Wechselstrom *m*

alternative [ɒl'tɜːnətɪv] *adj* andere(r, s) ♦ *n* Alternative *f*; **~ly** *adv* im anderen Falle; **~ly one could ...** oder man könnte ...

alternator ['ɒltɜːneɪtə*] *n* (*AUT*) Lichtmaschine *f*

although [ɔːl'ðəu] *conj* obwohl

altitude ['æltɪtjuːd] *n* Höhe *f*

alto ['æltəu] *n* Alt *m*

altogether [ɔːltə'geðə*] *adv* (*on the whole*) im ganzen genommen; (*entirely*) ganz und gar

aluminium [ælju'mɪnɪəm] (*BRIT*) *n* Aluminium *nt*

aluminum [ə'luːmɪnəm] (*US*) *n* Aluminium *nt*

always ['ɔːlweɪz] *adv* immer

Alzheimer's (disease) ['æltsheɪməz-] (*MED*) Alzheimer-Krankheit *f*

am [æm] *see* **be**

a.m. *adv abbr* (= *ante meridiem*) vormittags

amalgamate [ə'mælgəmeɪt] *vi* (*combine*) sich vereinigen ♦ *vt* (*mix*) amalgamieren

amass [ə'mæs] *vt* anhäufen

amateur ['æmətə:*] *n* Amateur *m*; (*pej*) Amateur *m*, Stümper *m*; **~ish** (*pej*) *adj* dilettantisch, stümperhaft

amaze [ə'meɪz] *vt* erstaunen; **to be ~d (at)** erstaunt sein (über); **~ment** *n* höchste(s) Erstaunen *nt*

amazing [ə'meɪzɪŋ] *adj* höchst erstaunlich

Amazon ['æməzən] *n* (*GEOG*) Amazonas *m*

ambassador [æm'bæsədə*] *n* Botschafter *m*

amber ['æmbə*] *n* Bernstein *m*; **at ~** (*BRIT*: *AUT*) (auf) gelb

ambiguous [æm'bɪgjuəs] *adj* zweideutig; (*not clear*) unklar

ambition [æm'bɪʃən] *n* Ehrgeiz *m*

ambitious [æm'bɪʃəs] *adj* ehrgeizig

ambivalent [æm'bɪvələnt] *n* (*attitude*) zwiespältig

amble ['æmbl] *vi* (*usu*: **~ along**) schlendern

ambulance ['æmbjuləns] *n* Krankenwagen *m*; **~man** (*irreg*) *n* Sanitäter *m*

ambush ['æmbuʃ] *n* Hinterhalt *m* ♦ *vt* (aus dem Hinterhalt) überfallen

amenable [ə'miːnəbl] *adj* gefügig; **~ (to)** (*reason*) zugänglich (+*dat*); (*flattery*) empfänglich (für); (*law*) unterworfen +*dat*

amend [ə'mend] *vt* (*law etc*) abändern, ergänzen; **to make ~s** etw wiedergutmachen; **~ment** *n* Abänderung *f*

amenities [ə'miːnɪtɪz] *npl* Einrichtungen *pl*

America [ə'merɪkə] *n* Amerika *nt*; **~n** *adj* amerikanisch ♦ *n* Amerikaner(in) *m(f)*

amiable ['eɪmɪəbl] *adj* liebenswürdig

amicable ['æmɪkəbl] *adj* freundschaftlich; (*settlement*) gütlich

amid(st) [ə'mɪd(st)] *prep* mitten in *or* unter +*dat*

amiss [ə'mɪs] *adv*: **to take sth ~** etw übelnehmen; **there's something ~** da stimmt irgend etwas nicht

ammonia [ə'məunɪə] *n* Ammoniak *nt*

ammunition [æmju'nɪʃən] *n* Munition *f*

amnesia [æm'niːzɪə] *n* Gedächtnisverlust *m*

amnesty ['æmnɪstɪ] *n* Amnestie *f*

amok [ə'mɔk] *adv*: to run ~ Amok laufen

among(st) [ə'mʌŋ(st)] *prep* unter

amoral [eı'mɒrəl] *adj* unmoralisch

amorous ['æmərəs] *adj* verliebt

amount [ə'maunt] *n* (of money) Betrag *m*; (of water, sand) Menge *f* ♦ *vi*: to ~ to (total) sich belaufen auf +acc; **a great ~ of time/energy** ein großer Aufwand an Zeit/Energie (dat); **this ~s to treachery** das kommt Verrat gleich; **it ~s to the same es** läuft aufs gleiche hinaus; **he won't ~ to much** aus ihm wird nie was

amp(ere) ['æmp(ɛə*)] *n* Ampere *nt*

amphibian [æm'fıbıən] *n* Amphibie *f*

amphibious [æm'fıbıəs] *adj* amphibisch, Amphibien-

ample ['æmpl] *adj* (portion) reichlich; (dress) weit, groß; ~ **time** genügend Zeit

amplifier ['æmplıfaıə*] *n* Verstärker *m*

amuse [ə'mju:z] *vt* (entertain) unterhalten; (make smile) belustigen; ~**ment** *n* (feeling) Unterhaltung *f*, (recreation) Zeitvertreib *m*; ~**ment arcade** *n* Spielhalle *f*

an [æn] *see* a

anaemia [ə'ni:mıə] *n* Anämie *f*

anaemic [ə'ni:mık] *adj* blutarm

anaesthetic [ænıs'θetık] *n* Betäubungsmittel *nt*; **under ~** unter Narkose

anaesthetist [æ'ni:sθıtıst] *n* Anästhesist(in) *m(f)*

analgesic [ænæl'dʒi:sık] *n* schmerzlindernde(s) Mittel *nt*

analog(ue) ['ænəlɒg] *adj* Analog-

analogy [ə'nælədʒı] *n* Analogie *f*

analyse ['ænəlaız] (BRIT) *vt* analysieren

analyses [ə'nælısi:z] (BRIT) *npl of* analysis

analysis [ə'nælısıs] (pl **analyses**) *n* Analyse *f*

analyst ['ænəlıst] *n* Analytiker(in) *m(f)*

analytic(al) [ænə'lıtık(əl)] *adj* analytisch

analyze ['ænəlaız] (US) *vt* = analyse

anarchy ['ænəkı] *n* Anarchie *f*

anathema [ə'næθımə] *n* (fig) Greuel *nt*

anatomy [ə'nætəmı] *n* (structure) anatomische(r) Aufbau *m*; (study) Anatomie *f*

ancestor ['ænsestə*] *n* Vorfahr *m*

anchor ['æŋkə*] *n* Anker *m* ♦ *vi* (also: to drop ~) ankern, vor Anker gehen ♦ *vt* verankern; **to weigh ~** den Anker lichten

anchovy ['æntʃɒvı] *n* Sardelle *f*

ancient ['eınʃənt] *adj* alt; (car etc) uralt

ancillary [æn'sılərı] *adj* Hilfs-

and [ænd] *conj* und; ~ **so on** und so weiter; **try ~ come** versuche zu kommen; **better ~ better** immer besser

Andes ['ændi:z] *npl*: **the ~** die Anden *pl*

anemia [ə'ni:mıə] (US) *n* = anaemia

anesthetic [ænıs'θetık] (US) *n* = anaesthetic

anew [ə'nju:] *adv* von neuem

angel ['eındʒəl] *n* Engel *m*

anger ['æŋgə*] *n* Zorn *m* ♦ *vt* ärgern

angina [æn'dʒaınə] *n* Angina *f*

angle ['æŋgl] *n* Winkel *m*; (point of view) Standpunkt *m*

angler *n* Angler *m*

Anglican ['æŋglıkən] *adj* anglikanisch ♦ *n* Anglikaner(in) *m(f)*

angling ['æŋglıŋ] *n* Angeln *nt*

Anglo- ['æŋgləʊ] *prefix* Anglo-

angrily ['æŋgrılı] *adv* ärgerlich, böse

angry ['æŋgrı] *adj* ärgerlich, ungehalten, böse; (wound) entzündet; **to be ~ with sb** auf jdn böse sein; **to be ~ at sth** über etw *acc* verärgert sein

anguish ['æŋgwıʃ] *n* Qual *f*

angular ['æŋgjʊlə*] *adj* eckig, winkelförmig; (face) kantig

animal ['ænıməl] *n* Tier *nt*; (living creature) Lebewesen *n* ♦ *adj* tierisch

animate [vb 'ænımeıt, adj 'ænımət] *vt* beleben ♦ *adj* lebhaft; ~**d** *adj* lebendig; (film) Zeichentrick-

animosity [ænı'mɒsıtı] *n* Feindseligkeit *f*, Abneigung *f*

aniseed ['ænısi:d] *n* Anis *m*

ankle ['æŋkl] *n* (Fuß)knöchel *m*; ~ **sock** *n* Söckchen *nt*

annex [*n* 'æneks, vb ə'neks] *n* (also: BRIT: annexe) Anbau *m* ♦ *vt* anfügen; (POL) annektieren, angliedern

annihilate [ə'naıəleıt] *vt* vernichten

anniversary [ænı'vɜ:sərı] *n* Jahrestag *m*

annotate ['ænəteıt] *vt* kommentieren

announce [ə'naʊns] *vt* ankündigen, anzeigen; ~**ment** *n* Ankündigung *f*; (official) Bekanntmachung *f*; ~**r** *n* Ansager(in) *m(f)*

annoy [ə'nɔı] *vt* ärgern; **don't get ~ed!** reg' dich nicht auf!; ~**ance** *n* Ärgernis *nt*, Störung *f*, ~**ing** *adj* ärgerlich; (person) lästig

annual ['ænjʊəl] *adj* jährlich; (salary) Jahres- ♦ *n* (plant) einjährige Pflanze *f*, (book) Jahrbuch *nt*; ~**ly** *adv* jährlich

annul [ə'nʌl] *vt* aufheben, annullieren

annum ['ænəm] *n* *see* per

anomaly [ə'nɒməlı] *n* Abweichung *f* von der Regel

anonymous [ə'nɒnıməs] *adj* anonym

anorak ['ænəræk] *n* Anorak *m*, Windjacke *f*

anorexia [ænə'reksıə] *n* (MED) Magersucht *f*

another [ə'nʌðə*] *adj, pron* (different) ein(e) andere(r, s); (additional) noch eine(r, s); *see also* one

answer ['ɑ:nsə*] *n* Antwort *f* ♦ *vi* antworten; (on phone) sich melden ♦ *vt* (person) antworten +dat; (letter, question) beantworten; (telephone) gehen an +acc, abnehmen; (door) öffnen; **in ~ to your letter** in Beantwortung Ihres Schreibens; **to ~ the phone** ans Telefon gehen; **to ~ the bell** *or* **the door** aufmachen; ~ **back** *vi* frech sein; ~ **for** *vt*: **to ~ for sth** für etw verantwortlich sein; ~**able** adj: **to be** ~**able to sb for sth** jdm gegenüber für etw verantwortlich sein; ~**ing machine** n Anrufbeantworter m

ant [ænt] n Ameise f

antagonism [æn'tægənɪzəm] n Antagonismus m

antagonize [æn'tægənaɪz] vt reizen

Antarctic [ænt'ɑːktɪk] adj antarktisch ♦ n: **the** ~ die Antarktis

antelope ['æntɪləʊp] n Antilope f

antenatal [æntɪ'neɪtl] adj vor der Geburt; ~ **clinic** n Sprechstunde f für werdende Mütter

antenna [æn'tenə] n (BIOL) Fühler m; (RADIO) Antenne f

antennae [æn'teniː] npl of **antenna**

anthem ['ænθəm] n Hymne f; **national** ~ Nationalhymne f

anthology [æn'θɒlədʒɪ] n Gedichtsammlung f, Anthologie f

anti- ['æntɪ] prefix Gegen-, Anti-

anti-aircraft ['æntɪ'eəkrɑːft] adj Flugabwehr-

antibiotic ['æntɪbaɪ'ɒtɪk] n Antibiotikum nt

antibody ['æntɪbɒdɪ] n Antikörper m

anticipate [æn'tɪsɪpeɪt] vt (expect: trouble, question) erwarten, rechnen mit; (look forward to) sich freuen auf +acc; (do first) vorwegnehmen; (foresee) ahnen, vorhersehen

anticipation [æntɪsɪ'peɪʃən] n Erwartung f; (foreshadowing) Vorwegnahme f

anticlimax ['æntɪ'klaɪmæks] n Ernüchterung f

anticlockwise ['æntɪ'klɒkwaɪz] adv entgegen dem Uhrzeigersinn

antics ['æntɪks] npl Possen pl

anticyclone ['æntɪ'saɪkləʊn] n Hoch nt, Hochdruckgebiet nt

antidote ['æntɪdəʊt] n Gegenmittel nt

antifreeze ['æntɪfriːz] n Frostschutzmittel nt

antihistamine [æntɪ'hɪstəmiːn] n Antihistamin nt

antiquated ['æntɪkweɪtɪd] adj antiquiert

antique [æn'tiːk] n Antiquität f ♦ adj antik; (old-fashioned) altmodisch; ~ **shop** n Antiquitätenladen m

antiquity [æn'tɪkwɪtɪ] n Altertum nt

antiseptic [æntɪ'septɪk] n Antiseptikum nt ♦ adj antiseptisch

antisocial [æntɪ'səʊʃl] adj (person) ungesellig; (law) unsozial

antlers ['æntləz] npl Geweih nt

anus ['eɪnəs] n After m

anvil ['ænvɪl] n Amboß m

anxiety [æŋ'zaɪətɪ] n Angst f; (worry) Sorge f

anxious ['æŋkʃəs] adj ängstlich; (worried) besorgt; **to be** ~ **to do sth** etw unbedingt tun wollen

---
KEYWORD

any ['enɪ] adj **1** (in questions etc): **have you any butter?** haben Sie (etwas) Butter?; **have you any children?** haben Sie Kinder?; **if there are any tickets left** falls noch Karten da sind
2 (with negative): **I haven't any money/books** ich habe kein Geld/keine Bücher
3 (no matter which) jede(r, s) (beliebige); **any colour (at all)** jede beliebige Farbe; **choose any book you like** nehmen Sie ein beliebiges Buch
4 (in phrases): **in any case** in jedem Fall; **any day now** jeden Tag; **at any moment** jeden Moment; **at any rate** auf jeden Fall
♦ pron **1** (in questions etc): **have you got any?** haben Sie welche?; **can any of you sing?** kann (irgend)einer von euch singen?
2 (with negative): **I haven't any (of them)** ich habe keinen/keines (davon)
3 (no matter which one(s)): **take any of those books (you like)** nehmen Sie irgendeines dieser Bücher
♦ adv **1** (in questions etc): **do you want any more soup/sandwiches?** möchten Sie noch Suppe/Brote?; **are you feeling any better?** fühlen Sie sich etwas besser?
2 (with negative): **I can't hear him any more** ich kann ihn nicht mehr hören

---

anybody ['enɪbɒdɪ] pron (no matter who) jede(r); (in questions etc) (irgend) jemand, (irgend) eine(r); (with negative): **I can't see** ~ ich kann niemanden sehen

anyhow ['enɪhaʊ] adv (at any rate): **I shall go** ~ ich gehe sowieso; (haphazardly): **do it** ~ machen Sie es, wie Sie wollen

anyone ['enɪwʌn] pron = **anybody**

KEYWORD

anything ['enɪθɪŋ] pron **1** (in questions etc) (irgend) etwas; **can you see anything?** können Sie etwas sehen?
2 (with negative): **I can't see anything** ich kann nichts sehen
3 (no matter what): **you can say anything you like** Sie können sagen, was Sie wollen; **anything will do** irgend etwas(, wird genügen), irgendeine(r, s) (wird genügen); **he'll eat anything** er ißt alles

---

anyway ['enɪweɪ] adv (at any rate) auf jeden Fall; (besides): ~, **I couldn't come even if I wanted to** jedenfalls könnte ich nicht kommen, selbst wenn ich wollte; **why are you phoning,** ~? warum rufst du überhaupt an?

anywhere ['enɪwɛə*] adv (in questions etc) irgendwo; (: with direction) irgendwohin; (no matter where) überall; (: with direction) überallhin; (with negative): **I can't see him**

~ ich kann ihn nirgendwo *or* nirgends sehen; **can you see him** ~? siehst du ihn irgendwo?; **put the books down** ~ leg die Bücher irgendwohin

apart [ə'pɑːt] *adv* (*parted*) auseinander; (*away*) beiseite, abseits; **10 miles** ~ 10 Meilen auseinander; **to take** ~ auseinandernehmen; ~ **from** *prep* außer

apartheid [ə'pɑːteit] *n* Apartheid *f*

apartment [ə'pɑːtmənt] (*US*) *n* Wohnung *f*; ~ **building** (*US*) *n* Wohnhaus *nt*

apathy ['æpəθɪ] *n* Teilnahmslosigkeit *f*, Apathie *f*

ape [eɪp] *n* (Menschen)affe *m* ♦ *vt* nachahmen

aperitif *n* Aperitif *m*

aperture ['æpətjʊə*] *n* Öffnung *f*, (*PHOT*) Blende *f*

apex ['eɪpeks] *n* Spitze *f*

apiece [ə'piːs] *adv* pro Stück; (*per person*) pro Kopf

apologetic [əpɒlə'dʒetɪk] *adj* entschuldigend; **to be** ~ sich sehr entschuldigen

apologize [ə'pɒlədʒaɪz] *vi*: **to** ~ **(for sth to sb)** sich (für etw bei jdm) entschuldigen

apology [ə'pɒlədʒɪ] *n* Entschuldigung *f*

apostle [ə'pɒsl] *n* Apostel *m*

apostrophe [ə'pɒstrəfɪ] *n* Apostroph *m*

appal [ə'pɔːl] *vt* erschrecken; ~**ling** [ə'pɔːlɪŋ] *adj* schrecklich

apparatus [æpə'reɪtəs] *n* Gerät *nt*

apparel [ə'pærəl] (*US*) *n* Kleidung *f*

apparent [ə'pærənt] *adj* offenbar; ~**ly** *adv* anscheinend

apparition [æpə'rɪʃən] *n* (*ghost*) Erscheinung *f*, Geist *m*; (*appearance*) Erscheinen *nt*

appeal [ə'piːl] *vi* dringend ersuchen, (*JUR*) Berufung einlegen ♦ *n* Aufruf *m*; (*JUR*) Berufung *f*; **to** ~ **for** dringend bitten um; **to** ~ **to** sich wenden an +*acc*; (*to public*) appellieren an +*acc*; **it doesn't** ~ **to me** es gefällt mir nicht; ~**ing** *adj* ansprechend

appear [ə'pɪə*] *vi* (*come into sight*) erscheinen; (*be seen*) auftauchen; (*seem*) scheinen; **it would** ~ **that ...** anscheinend ...; ~**ance** *n* (*coming into sight*) Erscheinen *nt*; (*outward show*) Äußere(s) *nt*

appease [ə'piːz] *vt* beschwichtigen

appendices [ə'pendɪsiːz] *npl of* **appendix**

appendicitis [əpendɪ'saɪtɪs] *n* Blinddarmentzündung *f*

appendix [ə'pendɪks] (*pl* **appendices**) *n* (*in book*) Anhang *m*; (*MED*) Blinddarm *m*

appetite ['æpɪtaɪt] *n* Appetit *m*; (*fig*) Lust *f*

appetizer ['æpɪtaɪzə*] *n* Appetitanreger *m*

appetizing ['æpɪtaɪzɪŋ] *adj* appetitanregend

applaud [ə'plɔːd] *vi* Beifall klatschen, applaudieren ♦ *vt* Beifall klatschen +*dat*

applause [ə'plɔːz] *n* Beifall *m*, Applaus *m*

apple ['æpl] *n* Apfel *m*; ~ **tree** *n* Apfelbaum *m*

appliance [ə'plaɪəns] *n* Gerät *nt*

applicable [ə'plɪkəbl] *adj* anwendbar; (*in forms*) zutreffend

applicant ['æplɪkənt] *n* Bewerber(in) *m(f)*

application [æplɪ'keɪʃən] *n* (*request*) Antrag *m*; (*for job*) Bewerbung *f*; (*putting into practice*) Anwendung *f*; (*hard work*) Fleiß *m*; ~ **form** *n* Bewerbungsformular *nt*

applied [ə'plaɪd] *adj* angewandt

apply [ə'plaɪ] *vi* (*be suitable*) zutreffen; (*ask*): **to** ~ **(to)** sich wenden (an +*acc*); (*request*): **to** ~ **for** sich melden für ♦ *vt* (*place on*) auflegen; (*cream*) auftragen; (*put into practice*) anwenden; **to** ~ **for sth** sich um etw bewerben; **to** ~ **o.s. to sth** sich bei etw anstrengen

appoint [ə'pɔɪnt] *vt* (*to office*) ernennen, berufen; (*settle*) festsetzen; ~**ment** *n* (*meeting*) Verabredung *f*; (*at hairdresser etc*) Bestellung *f*; (*in business*) Termin *m*; (*choice for a position*) Ernennung *f*; (*UNIV*) Berufung *f*

appraisal [ə'preɪzl] *n* Beurteilung *f*

appreciable [ə'priːʃəbl] *adj* (*perceptible*) merklich; (*able to be estimated*) abschätzbar

appreciate [ə'priːʃɪeɪt] *vt* (*value*) zu schätzen wissen; (*understand*) einsehen ♦ *vi* (*increase in value*) im Wert steigen

appreciation [əpriːʃɪ'eɪʃən] *n* Wertschätzung *f*; (*COMM*) Wertzuwachs *m*

appreciative [ə'priːʃɪətɪv] *adj* (*showing thanks*) dankbar; (*showing liking*) anerkennend

apprehend [æprɪ'hend] *vt* (*arrest*) festnehmen; (*understand*) erfassen

apprehension [æprɪ'henʃən] *n* Angst *f*

apprehensive [æprɪ'hensɪv] *adj* furchtsam

apprentice [ə'prentɪs] *n* Lehrling *m*; ~**ship** *n* Lehrzeit *f*

approach [ə'prəʊtʃ] *vi* sich nähern ♦ *vt* herantreten an +*acc*; (*problem*) herangehen an +*acc* ♦ *n* Annäherung *f*; (*to problem*) Ansatz *m*; (*path*) Zugang *m*, Zufahrt *f*; ~**able** *adj* zugänglich

appropriate [*adj* ə'prəʊprɪət, *vb* ə'prəʊprɪeɪt] *adj* angemessen; (*remark*) angebracht ♦ *vt* (*take for o.s.*) sich aneignen; (*set apart*) bereitstellen

approval [ə'pruːvl] *n* (*show of satisfaction*) Beifall *m*; (*permission*) Billigung *f*, **on** ~ (*COMM*) bei Gefallen

approve [ə'pruːv] *vt, vi* billigen; **I don't** ~ **of it/him** ich halte nichts davon/von ihm; ~**d school** (*BRIT*) *n* Erziehungsheim *nt*

approximate [*adj* ə'prɒksɪmət, *vb* ə'prɒksɪmeɪt] *adj* annähernd, ungefähr ♦ *vt* nahekommen +*dat*; ~**ly** *adv* rund, ungefähr

apricot ['eɪprɪkɒt] *n* Aprikose *f*

April ['eɪprəl] *n* April *m*; ~ **Fools' Day** *n* der erste April

apron ['eɪprən] *n* Schürze *f*

apt [æpt] *adj* (*suitable*) passend; (*able*) begabt; (*likely*): **to be ~ to do sth** dazu neigen, etw zu tun

aptitude ['æptɪtjuːd] *n* Begabung *f*

aqualung ['ækwəlʌŋ] *n* Unterwasseratmungsgerät *nt*

aquarium [ə'kwɛərɪəm] *n* Aquarium *nt*

Aquarius [ə'kwɛərɪəs] *n* Wassermann *m*

aquatic [ə'kwætɪk] *adj* Wasser-

Arab ['ærəb] *n* Araber(in) *m(f)*

Arabia [ə'reɪbɪə] *n* Arabien *f*

Arabian [ə'reɪbɪən] *adj* arabisch

Arabic ['ærəbɪk] *adj* arabisch ♦ *n* Arabisch *nt*

arable ['ærəbl] *adj* bebaubar, Kultur-

arbitrary ['ɑːbɪtrərɪ] *adj* willkürlich

arbitration [ɑːbɪ'treɪʃən] *n* Schlichtung *f*

arc [ɑːk] *n* Bogen *m*

arcade [ɑː'keɪd] *n* Säulengang *m*

arch [ɑːtʃ] *n* Bogen *m* ♦ *vt* überwölben; (*back*) krumm machen

archaeologist [ɑːkɪ'ɒlədʒɪst] *n* Archäologe *m*

archaeology [ɑːkɪ'ɒlədʒɪ] *n* Archäologie *f*

archaic [ɑː'keɪɪk] *adj* altertümlich

archbishop [ɑːtʃ'bɪʃəp] *n* Erzbischof *m*

archenemy ['ɑːtʃˈenəmɪ] *n* Erzfeind *m*

archeology *etc* (*US*) = **archaeology** *etc*

archer ['ɑːtʃə*] *n* Bogenschütze *m*; **~y** *n* Bogenschießen *nt*

archipelago [ɑːkɪ'pelɪgəu] *n* Archipel *m*; (*sea*) Inselmeer *nt*

architect ['ɑːkɪtekt] *n* Architekt(in) *m(f)*; **~ural** [ɑːkɪ'tektʃərəl] *adj* architektonisch; **~ure** ['ɑːkɪtektʃə*] *n* Architektur *f*

archives ['ɑːkaɪvz] *npl* Archiv *nt*

archway ['ɑːtʃweɪ] *n* Bogen *m*

Arctic ['ɑːktɪk] *adj* arktisch ♦ *n*: **the ~** die Arktis

ardent ['ɑːdənt] *adj* glühend

arduous ['ɑːdjuəs] *adj* mühsam

are [ɑː*] *see* **be**

area ['ɛərɪə] *n* Fläche *f*; (*of land*) Gebiet *nt*; (*part of sth*) Teil *m*, Abschnitt *m*

arena [ə'riːnə] *n* Arena *f*

aren't [ɑːnt] = **are not**

Argentina [ɑːdʒən'tiːnə] *n* Argentinien *nt*

Argentinian [ɑːdʒən'tɪnɪən] *adj* argentinisch ♦ *n* Argentinier(in) *m(f)*

arguably ['ɑːgjuəblɪ] *adv* wohl

argue ['ɑːgjuː] *vi* diskutieren; (*angrily*) streiten

argument ['ɑːgjumənt] *n* (*theory*) Argument *nt*; (*reasoning*) Argumentation *f*; (*row*) Auseinandersetzung *f*, Streit *m*; **to have an ~** sich streiten; **~ative** [ɑːgjuˈmentətɪv] *adj* streitlustig

aria ['ɑːrɪə] *n* Arie *f*

arid ['ærɪd] *adj* trocken

Aries ['ɛəriːz] *n* Widder *m*

arise [ə'raɪz] (*pt* **arose**, *pp* **arisen**) *vi* aufsteigen; (*get up*) aufstehen; (*difficulties etc*) entstehen; (*case*) vorkommen; **to ~ from**

sth herrühren von etw; **arisen** [ə'rɪzn] *pp* of **arise**

aristocracy [ærɪs'tɒkrəsɪ] *n* Adel *m*, Aristokratie *f*

aristocrat ['ærɪstəkræt] *n* Adlige(r) *mf*, Aristokrat(in) *m(f)*

arithmetic [ə'rɪθmətɪk] *n* Rechnen *nt*, Arithmetik *f*

ark [ɑːk] *n*: **Noah's A~** die Arche Noah

arm [ɑːm] *n* Arm *m*; (*branch of military service*) Zweig *m* ♦ *vt* bewaffnen; **~s** *npl* (*weapons*) Waffen *pl*

armaments ['ɑːməmənts] *npl* Ausrüstung *f*

armchair *n* Lehnstuhl *m*

armed *adj* (*forces*) Streit-, bewaffnet; **~ robbery** *n* bewaffnete(r) Raubüberfall *m*

armistice ['ɑːmɪstɪs] *n* Waffenstillstand *m*

armour ['ɑːmə*] (*US* **armor**) *n* (*knight's*) Rüstung *f*; (*MIL*) Panzerplatte *f*; **~ed car** *n* Panzerwagen *m*; **~y** *n* Waffenlager *nt*; (*factory*) Waffenfabrik *f*

armpit ['ɑːmpɪt] *n* Achselhöhle *f*

armrest ['ɑːmrest] *n* Armlehne *f*

army ['ɑːmɪ] *n* Armee *f*, Heer *nt*; (*host*) Heer *m*

aroma [ə'rəumə] *n* Duft *m*, Aroma *nt*; **~tic** [ærə'mætɪk] *adj* aromatisch, würzig

arose [ə'rəuz] *pt* of **arise**

around [ə'raund] *adv* ringsherum; (*almost*) ungefähr ♦ *prep* um ... herum; **is he ~?** ist er hier?

arouse [ə'rauz] *vt* wecken

arrange [ə'reɪndʒ] *vt* (*time, meeting*) festsetzen; (*holidays*) festlegen; (*flowers, hair, objects*) anordnen; **I ~d to meet him** ich habe mit ihm ausgemacht, ihn zu treffen; **it's all ~d** es ist alles arrangiert; **~ment** *n* (*order*) Reihenfolge *f*; (*agreement*) Vereinbarung *f*; **~ments** *npl* (*plans*) Pläne *pl*

array [ə'reɪ] *n* (*collection*) Ansammlung *f*

arrears [ə'rɪəz] *npl* (*of debts*) Rückstand *m*; (*of work*) Unerledigte(s) *nt*; **in ~** im Rückstand

arrest [ə'rest] *vt* (*person*) verhaften; (*stop*) aufhalten ♦ *n* Verhaftung *f*; **under ~** in Haft

arrival [ə'raɪvəl] *n* Ankunft *f*

arrive [ə'raɪv] *vi* ankommen; **to ~ at** ankommen in +*dat*, ankommen bei

arrogance ['ærəgəns] *n* Überheblichkeit *f*, Arroganz *f*

arrogant ['ærəgənt] *adj* überheblich, arrogant

arrow ['ærəu] *n* Pfeil *m*

arse [ɑːs] (*inf!*) *n* Arsch *m* (*!*)

arsenal ['ɑːsɪnl] *n* Waffenlager *nt*, Zeughaus *nt*

arsenic ['ɑːsnɪk] *n* Arsen *nt*

arson ['ɑːsn] *n* Brandstiftung *f*

art [ɑːt] *n* Kunst *f*; **A~s** *npl* (*UNIV*) Geisteswissenschaften *pl*

artery ['ɑːtərɪ] *n* Schlagader *f*, Arterie *f*

artful [ˈɑːtful] adj verschlagen
art gallery n Kunstgalerie f
arthritis [ɑːˈθraɪtɪs] n Arthritis f
artichoke [ˈɑːtɪtʃəʊk] n Artischocke f; **Jerusalem ~** Erdartischocke f
article [ˈɑːtɪkl] n (PRESS, GRAM) Artikel m; (thing) Gegenstand m, Artikel m; (clause) Abschnitt m, Paragraph m; **~ of clothing** Kleidungsstück nt
articulate [adj ɑːˈtɪkjʊlɪt, vb ɑːˈtɪkjʊleɪt] adj (able to express o.s.) redegewandt; (speaking clearly) deutlich, verständlich ♦ vt (connect) zusammenfügen, gliedern; **to be ~** sich gut ausdrücken können; **~d vehicle** n Sattelschlepper m
artificial [ɑːtɪˈfɪʃəl] adj künstlich, Kunst-; **~ respiration** n künstliche Atmung f
artisan [ˈɑːtɪzæn] n gelernte(r) Handwerker m
artist [ˈɑːtɪst] n Künstler(in) m(f); **~ic** [ɑːˈtɪstɪk] adj künstlerisch; **~ry** n künstlerische(s) Können nt
artless [ˈɑːtlɪs] adj ungekünstelt; (character) arglos
art school n Kunsthochschule f

— KEYWORD

as [æz] conj **1** (referring to time) als; **as the years went by** mit den Jahren; **he came in as I was leaving** als er hereinkam, ging ich gerade; **as from tomorrow** ab morgen
2 (in comparisons): **as big as** so groß wie; **twice as big as** zweimal so groß wie; **as much/many as** soviel/so viele wie; **as soon as** sobald
3 (since, because) da; **he left early as he had to be home by 10** er ging früher, da er um 10 zu Hause sein mußte
4 (referring to manner, way) wie; **do as you wish** mach was du willst; **as she said** wie sie sagte
5 (concerning): **as for or to that** was das betrifft or angeht
6: **as if or though** als ob
♦ prep als; see also **long**; **he works as a driver** er arbeitet als Fahrer; see also **such**; **he gave it to me as a present** er hat es mir als Geschenk gegeben; see also **well**

a.s.a.p. abbr = **as soon as possible**
ascend [əˈsend] vi aufsteigen ♦ vt besteigen; **~ancy** n Oberhand f
ascent [əˈsent] n Aufstieg m; Besteigung f
ascertain [æsəˈteɪn] vt feststellen
ascribe [əˈskraɪb] vt: **to ~ sth to sth/sb to sb** etw einer Sache/jdm etw zuschreiben
ash [æʃ] n Asche f; (tree) Esche f
ashamed [əˈʃeɪmd] adj beschämt; **to be ~ of sth** sich für etw schämen
ashen [ˈæʃən] adj (pale) aschfahl
ashore [əˈʃɔː*] adv an Land
ashtray [ˈæʃtreɪ] n Aschenbecher m

Ash Wednesday n Aschermittwoch m
Asia [ˈeɪʃə] n Asien nt; **~n** adj asiatisch ♦ n Asiat(in) m(f)
aside [əˈsaɪd] adv beiseite ♦ n beiseite gesprochene Worte pl
ask [ɑːsk] vt fragen; (permission) bitten um; **~ him his name** frage ihn nach seinem Namen; **he ~ed to see you** er wollte dich sehen; **to ~ sb to do sth** jdn bitten, etw zu tun; **to ~ sb about sth** jdn nach etw fragen; **to ~ (sb) a question** jdn etwas fragen; **to ~ sb out to dinner** jdn zum Essen einladen; **~ after** vt fus fragen nach; **~ for** vt fus bitten um
askance [əˈskɑːns] adv: **to look ~ at sb** jdn schief ansehen
askew [əˈskjuː] adv schief
asking price [ˈɑːskɪŋ-] n Verkaufspreis m
asleep [əˈsliːp] adj: **to be ~** schlafen; **to fall ~** einschlafen
asparagus [əsˈpærəgəs] n Spargel m
aspect [ˈæspekt] n Aspekt m
aspersions [əsˈpɜːʃənz] npl: **to cast ~ on sb/sth** sich abfällig über jdn/etw äußern
asphyxiation [əsfɪksɪˈeɪʃən] n Erstickung f
aspirations [æspəˈreɪʃənz] npl: **to have ~ towards sth** etw anstreben
aspire [əsˈpaɪə*] vi: **to ~ to** streben nach
aspirin [ˈæsprɪn] n Aspirin nt
ass [æs] n Esel m; (US: infl) Arsch m (!)
assailant [əˈseɪlənt] n Angreifer m
assassin [əˈsæsɪn] n Attentäter(in) m(f); **~ate** [əˈsæsɪneɪt] vt ermorden
assassination [əsæsɪˈneɪʃən] n (geglückte(s)) Attentat nt
assault [əˈsɔːlt] n Angriff m ♦ vt überfallen; (woman) herfallen über +acc
assemble [əˈsembl] vt versammeln; (parts) zusammensetzen ♦ vi sich versammeln
assembly [əˈsemblɪ] n (meeting) Versammlung f; (construction) Zusammensetzung f, Montage f; **~ line** n Fließband nt
assent [əˈsent] n Zustimmung f
assert [əˈsɜːt] vt erklären; **~ion** [əˈsɜːʃən] n Behauptung f
assess [əˈses] vt schätzen; **~ment** n Bewertung f, Einschätzung f; **~or** n Steuerberater m
asset [ˈæset] n Vorteil m, Wert m; **~s** npl (FIN) Vermögen nt; (estate) Nachlaß m
assiduous [əˈsɪdjʊəs] adj fleißig, aufmerksam
assign [əˈsaɪn] vt zuweisen
assignment [əˈsaɪnmənt] n Aufgabe f, Auftrag m
assimilate [əˈsɪmɪleɪt] vt sich aneignen, aufnehmen
assist [əˈsɪst] vt beistehen +dat; **~ance** n Unterstützung f, Hilfe f; **~ant** n Assistent(in) m(f), Mitarbeiter(in) m(f); (BRIT: also: shop **~ant**) Verkäufer(in) m(f)
assizes [əˈsaɪzɪz] npl Landgericht nt

associate [n ə'səʊʃɪɪt, vb ə'səʊʃɪeɪt] n (partner) Kollege m, Teilhaber m; (member) außerordentliche(s) Mitglied nt ♦ vt verbinden ♦ vi (keep company) verkehren

association [əsəʊsɪ'eɪʃən] n Verband m, Verein m; (PSYCH) Assoziation f; (link) Verbindung f

assorted [ə'sɔːtɪd] adj gemischt

assortment [ə'sɔːtmənt] n Sammlung f; (COMM): ~ (of) Sortiment nt (von), Auswahl f (an +dat)

assume [ə'sjuːm] vt (take for granted) annehmen; (put on) annehmen, sich geben; ~d name n Deckname m

assumption [ə'sʌmpʃən] n Annahme f

assurance [ə'ʃʊərəns] n (firm statement) Versicherung f; (confidence) Selbstsicherheit f; (insurance) (Lebens)versicherung f

assure [ə'ʃʊə*] vt (make sure) sicherstellen; (convince) versichern +dat; (life) versichern

asterisk ['æstərɪsk] n Sternchen nt

astern [əs'tɜːn] adv achtern

asthma ['æsmə] n Asthma nt

astonish [əs'tɒnɪʃ] vt erstaunen; ~ment n Erstaunen nt

astound [əs'taʊnd] vt verblüffen

astray [əs'treɪ] adv in die Irre; auf Abwege; **to go ~** (go wrong) sich vertun; **to lead ~** irreführen

astride [əs'traɪd] adv rittlings ♦ prep rittlings auf

astrologer [əs'trɒlədʒə*] n Astrologe m, Astrologin f

astrology [əs'trɒlədʒɪ] n Astrologie f

astronaut ['æstrənɔːt] n Astronaut(in) m(f)

astronomer [əs'trɒnəmə*] n Astronom m

astronomical [æstrə'nɒmɪkəl] adj astronomisch; (success) riesig

astronomy [əs'trɒnəmɪ] n Astronomie f

astute [əs'tjuːt] adj scharfsinnig; schlau, gerissen

asylum [ə'saɪləm] n (home) Heim nt; (refuge) Asyl nt

KEYWORD
---

at [æt] prep **1** (referring to position, direction) an +dat, bei +dat; (with place) in +dat; **at the top** an der Spitze; **at home/school** zu Hause/in der Schule; **at the baker's** beim Bäcker; **to look at sth** auf etw acc blicken; **to throw sth at sb** etw nach jdm werfen
2 (referring to time): **at 4 o'clock** um 4 Uhr; **at night** bei Nacht; **at Christmas** zu Weihnachten; **at times** manchmal
3 (referring to rates, speed etc): **at £1 a kilo** zu £1 pro Kilo; **two at a time** zwei auf einmal; **at 50 km/h** mit 50 km/h
4 (referring to manner): **at a stroke** mit einem Schlag; **at peace** in Frieden
5 (referring to activity): **to be at work** bei der Arbeit sein; **to play at cowboys** Cowboy spielen; **to be good at sth** gut in etw

dat sein
6 (referring to cause): **shocked/surprised/annoyed at sth** schockiert/überrascht/verärgert über etw acc; **I went at his suggestion** ich ging auf seinen Vorschlag hin

---

ate [et, eɪt] pt of eat

atheist ['eɪθɪɪst] n Atheist(in) m(f)

Athens ['æθɪnz] n Athen nt

athlete ['æθliːt] n Athlet m, Sportler m

athletic [æθ'letɪk] adj sportlich, athletisch; ~s n Leichtathletik f

Atlantic [ət'læntɪk] adj atlantisch ♦ n: **the ~ (Ocean)** der Atlantik

atlas ['ætləs] n Atlas m

atmosphere ['ætməsfɪə*] n Atmosphäre f

atom ['ætəm] n Atom nt; (fig) bißchen nt; ~**ic** [ə'tɒmɪk] adj atomar, Atom-; (~ic) **bomb** n Atombombe f, ~**izer** ['ætəmaɪzə*] n Zerstäuber m

atone [ə'təʊn] vi sühnen; **to ~ for sth** etw sühnen

atrocious [ə'trəʊʃəs] adj gräßlich

atrocity [ə'trɒsɪtɪ] n Scheußlichkeit f; (deed) Greueltat f

attach [ə'tætʃ] vt (fasten) befestigen; **to be ~ed to sb/sth** an jdm/etw hängen; **to ~ importance etc to sth** Wichtigkeit etc auf etw acc legen, einer Sache dat Wichtigkeit etc beimessen

attaché case [ə'tæʃeɪ-] n Aktenkoffer m

attachment [ə'tætʃmənt] n (tool) Zubehörteil nt; (love): ~ **(to sb)** Zuneigung f (zu jdm)

attack [ə'tæk] vt angreifen ♦ n Angriff m; (MED) Anfall m; ~**er** n Angreifer(in) m(f)

attain [ə'teɪn] vt erreichen; ~**ments** npl Kenntnisse pl

attempt [ə'tempt] n Versuch m ♦ vt versuchen; ~**ed murder** Mordversuch m

attend [ə'tend] vt (go to) teilnehmen (an +dat); (lectures) besuchen; **to ~ to** (needs) nachkommen +dat; (person) sich kümmern um; ~**ance** n (presence) Anwesenheit f; (people present) Besucherzahl f; **good ~ance** gute Teilnahme; ~**ant** n (companion) Begleiter(in) m(f); Gesellschafter(in) m(f); (in car park etc) Wächter(in) m(f); (servant) Bedienstete(r) mf ♦ adj begleitend; (fig) damit verbunden

attention [ə'tenʃən] n Aufmerksamkeit f; (care) Fürsorge f; (for machine etc) Pflege f ♦ excl (MIL) Achtung!; **for the ~ of ...** zu Händen (von) ...

attentive [ə'tentɪv] adj aufmerksam

attest [ə'test] vi: **to ~ to** sich verbürgen für

attic ['ætɪk] n Dachstube f, Mansarde f

attitude ['ætɪtjuːd] n (mental) Einstellung f

attorney [ə'tɜːnɪ] n (solicitor) Rechtsanwalt m; A~ **General** n Justizminister m

attract [ə'trækt] vt anziehen; (attention) erregen; ~**ion** [ə'trækʃən] n Anziehungskraft

f; (*thing*) Attraktion f; **~ive** adj attraktiv
attribute [n 'ætrıbjuːt, vb ə'trıbjuːt] n Eigenschaft f, Attribut nt ♦ vt zuschreiben
attrition [ə'trıʃən] n: **war of ~** Zermürbungskrieg m
aubergine ['əubəʒiːn] n Aubergine f
auburn ['ɔːbən] adj kastanienbraun
auction ['ɔːkʃən] n (*also: sale by ~*) Versteigerung f, Auktion f ♦ vt versteigern; **~eer** [ɔːkʃə'nıə*] n Versteigerer m
audacity [ɔː'dæsıtı] n (*boldness*) Wagemut m; (*impudence*) Unverfrorenheit f
audible ['ɔːdıbl] adj hörbar
audience ['ɔːdıəns] n Zuhörer pl, Zuschauer pl; (*with king etc*) Audienz f
audiotypist ['ɔːdıəu'taıpıst] n Phonotypistin f
audiovisual ['ɔːdıəu'vızjuəl] adj audiovisuell
audit ['ɔːdıt] vt prüfen
audition [ɔː'dıʃən] n Probe f
auditor ['ɔːdıtə*] n (*accountant*) Rechnungsprüfer(in) m(f), Buchprüfer m
auditorium [ɔːdı'tɔːrıəm] n Zuschauerraum m
augment [ɔːg'ment] vt vermehren
augur ['ɔːgə*] vi bedeuten, voraussagen; **this ~s well** das ist ein gutes Omen
August ['ɔːgəst] n August m
aunt [aːnt] n Tante f; **~ie** n Tantchen nt; **~y** n = **auntie**
au pair ['əu'pɛə*] n (*also: ~ girl*) Au-pair-Mädchen nt
aura ['ɔːrə] n Nimbus m
auspices ['ɔːspısız] npl: **under the ~ of** unter der Schirmherrschaft von
auspicious [ɔːs'pıʃəs] adj günstig; verheißungsvoll
austere [ɒs'tıə*] adj streng; (*room*) nüchtern
austerity [ɒs'terıtı] n Strenge f, (*POL*) wirtschaftliche Einschränkung f
Australia [ɒs'treılıə] n Australien nt; **~n** adj australisch ♦ n Australier(in) m(f)
Austria ['ɒstrıə] n Österreich nt; **~n** adj österreichisch ♦ n Österreicher(in) m(f)
authentic [ɔː'θentık] adj echt, authentisch
author ['ɔːθə*] n Autor m, Schriftsteller m; (*beginner*) Urheber m, Schöpfer m
authoritarian [ɔːθɒrı'tɛərıən] adj autoritär
authoritative [ɔː'θɒrıtətıv] adj (*account*) maßgeblich; (*manner*) herrisch
authority [ɔː'θɒrıtı] n (*power*) Autorität f; (*expert*) Autorität f, Fachmann m; **the authorities** npl (*ruling body*) die Behörden pl
authorize ['ɔːθəraız] vt bevollmächtigen; (*permit*) genehmigen
auto ['ɔːtəu] (*US*) n Auto nt, Wagen m
autobiography [ɔːtəubaı'ɒgrəfı] n Autobiographie f
autograph ['ɔːtəgraːf] n (*of celebrity*) Auto-

gramm nt ♦ vt mit Autogramm versehen
automatic [ɔːtə'mætık] adj automatisch ♦ n (*gun*) Selbstladepistole f; (*car*) Automatik m; **~ally** adv automatisch
automation [ɔːtə'meıʃən] n Automatisierung f
automobile ['ɔːtəməbiːl] (*US*) n Auto(mobil) nt
autonomous [ɔː'tɒnəməs] adj autonom
autumn ['ɔːtəm] n Herbst m
auxiliary [ɔːg'zılıərı] adj Hilfs-
Av. abbr = **avenue**
avail [ə'veıl] vt: **to ~ o.s. of sth** sich einer Sache gen bedienen ♦ n: **to no ~** nutzlos
availability [əveılə'bılıtı] n Erhältlichkeit f, Vorhandensein nt
available [ə'veıləbl] adj erhältlich; zur Verfügung stehend; (*person*) erreichbar, abkömmlich
avalanche ['ævəlɑːnʃ] n Lawine f
avarice ['ævərıs] n Habsucht f, Geiz m
Ave. abbr = **avenue**
avenge [ə'vendʒ] vt rächen, sühnen
avenue ['ævənjuː] n Allee f
average ['ævərıdʒ] n Durchschnitt m ♦ adj durchschnittlich, Durchschnitts- ♦ vt (*figures*) den Durchschnitt nehmen von; (*perform*) durchschnittlich leisten; (*in car etc*) im Schnitt fahren; **on ~** durchschnittlich, im Durchschnitt; **~ out** vi: **to ~ out at** im Durchschnitt betragen
averse [ə'vɜːs] adj: **to be ~ to doing sth** eine Abneigung dagegen haben, etw zu tun
avert [ə'vɜːt] vt (*turn away*) abkehren; (*prevent*) abwehren
aviary ['eıvıərı] n Vogelhaus nt
aviation [eıvı'eıʃən] n Luftfahrt f, Flugwesen nt
avid ['ævıd] adj: **~ (for)** gierig (auf +acc)
avocado [ævə'kɑːdəu] n (*also: BRIT: ~ pear*) Avocado(birne) f
avoid [ə'vɔıd] vt vermeiden
await [ə'weıt] vt erwarten, entgegensehen +dat
awake [ə'weık] (pt **awoke**, pp **awoken** or **awaked**) adj wach ♦ vt (auf)wecken ♦ vi aufwachen; **to be ~** wach sein; **~ning** n Erwachen nt
award [ə'wɔːd] n (*prize*) Preis m ♦ vt: **to ~ (sb sth)** (jdm etw) zuerkennen
aware [ə'wɛə*] adj bewußt; **to be ~** sich bewußt sein; **~ness** n Bewußtsein nt
awash [ə'wɒʃ] adj überflutet
away [ə'weı] adv weg, fort; **two hours ~ by car** zwei Autostunden entfernt; **the holiday was two weeks ~** es war noch zwei Wochen bis zum Urlaub; **two kilometres ~** zwei Kilometer entfernt; **~ match** n (*SPORT*) Auswärtsspiel nt
awe [ɔː] n Ehrfurcht f; **~-inspiring** adj ehrfurchtgebietend; **~some** adj ehrfurchtgebietend

awful ['ɔːful] *adj* (*very bad*) furchtbar; **~ly** *adv* furchtbar, sehr

awhile [ə'waɪl] *adv* eine Weile

awkward ['ɔːkwəd] *adj* (*clumsy*) ungeschickt, linkisch; (*embarrassing*) peinlich

awning ['ɔːnɪŋ] *n* Markise *f*

awoke [ə'wəʊk] *pt of* awake; **awoken** [ə'wəʊkən] *pp of* awake

awry [ə'raɪ] *adv* schief; **to go ~** (*person*) fehlgehen; (*plans*) schiefgehen

axe [æks] (*US* **ax**) *n* Axt *f*, Beil *nt* ♦ *vt* (*end suddenly*) streichen

axes[1] ['æksɪz] *npl of* axe

axes[2] ['æksiːz] *npl of* axis

axis ['æksɪs] (*pl* **axes**) *n* Achse *f*

axle ['æksl] *n* Achse *f*

ay(e) [aɪ] *excl* (*yes*) ja

azalea [ə'zeɪlɪə] *n* Azalee *f*

B b

B [biː] *n* (*MUS*) H *nt*

B.A. *n abbr* = Bachelor of Arts

babble ['bæbl] *vi* schwätzen; (*stream*) murmeln

baby ['beɪbɪ] *n* Baby *nt*; **~ carriage** (*US*) *n* Kinderwagen *m*; **~-sit** *vi* Kinder hüten, babysitten; **~-sitter** *n* Babysitter *m*

bachelor ['bætʃələ*] *n* Junggeselle *m*; **B~ of Arts** Bakkalaureus *m* der philosophischen Fakultät; **B~ of Science** Bakkalaureus *m* der Naturwissenschaften

back [bæk] *n* (*of person, horse*) Rücken *m*; (*of house*) Rückseite *f*; (*of train*) Ende *nt*; (*FOOTBALL*) Verteidiger *m* ♦ *vt* (*support*) unterstützen; (*wager*) wetten auf +*acc*; (*car*) rückwärts fahren ♦ *vi* (*go backwards*) rückwärts gehen *or* fahren ♦ *adj* hintere(r, s) ♦ *adv* zurück; (*to the rear*) nach hinten; **~ down** *vi* zurückstecken; **~ out** *vi* sich zurückziehen; (*inf*) kneifen; **~ up** *vt* (*support*) unterstützen; (*car*) zurücksetzen; (*COMPUT*) eine Sicherungskopie machen von; **~bencher** (*BRIT*) *n* Parlamentarier(in) *m(f)*; **~bone** *n* Rückgrat *nt*; (*support*) Rückhalt *m*; **~cloth** *n* Hintergrund *m*; **~date** *vt* rückdatieren; **~drop** *n* (*THEAT*) = backcloth; (*background*) Hintergrund *m*; **~fire** *vi* (*plan*) fehlschlagen; (*TECH*) fehlzünden; **~ground** *n* Hintergrund *m*; (*person's education*) Vorbildung *f*; **family ~ground** Familienverhältnisse *pl*; **~hand** *n* (*TENNIS*: *also*: **~hand stroke**) Rückhand *f*;

~hander (*BRIT*) *n* (*bribe*) Schmiergeld *nt*; **~ing** *n* (*support*) Unterstützung *f*; **~lash** *n* (*fig*) Gegenschlag *m*; **~log** *n* (*of work*) Rückstand *m*; **~ number** *n* (*PRESS*) alte Nummer *f*; **~pack** *n* Rucksack *m*; **~ pay** *n* (*Gehalts- or Lohn*)nachzahlung *f*; **~payments** *npl* Zahlungsrückstände *pl*; **~seat** *n* (*AUT*) Rücksitz *m*; **~side** (*inf*) *n* Hintern *m*; **~stage** *adv* hinter den Kulissen; **~stroke** *n* Rückenschwimmen *nt*; **~up** *adj* (*train*) Zusatz-; (*plane*) Sonder-; (*COMPUT*) Sicherungs- ♦ *n* (*see adj*) Zusatzzug *m*; Sondermaschine *f*; Sicherungskopie *f*; **~ward** *adj* (*less developed*) zurückgeblieben; (*primitive*) rückständig; **~wards** *adv* rückwärts; **~water** *n* (*fig*) Kaff *nt*; **~yard** *n* Hinterhof *m*

bacon ['beɪkən] *n* Schinkenspeck *m*

bacteria [bæk'tɪərɪə] *npl* Bakterien *pl*

bad [bæd] *adj* schlecht, schlimm; **to go ~** schlecht werden

bade [bæd] *pt of* bid

badge [bædʒ] *n* Abzeichen *nt*

badger ['bædʒə*] *n* Dachs *m*

badly ['bædlɪ] *adv* schlecht, schlimm; **~ wounded** schwerverwundet; **he needs it ~** er braucht es dringend; **to be ~ off** (*for money*) dringend Geld nötig haben

badminton ['bædmɪntən] *n* Federball *m*, Badminton *nt*

bad-tempered ['bæd'tempəd] *adj* schlecht gelaunt

baffle ['bæfl] *vt* (*puzzle*) verblüffen

bag [bæg] *n* (*sack*) Beutel *m*; (*paper*) Tüte *f*; (*hand~*) Tasche *f*; (*suitcase*) Koffer *m*; (*booty*) Jagdbeute *f*, (*inf*: *old woman*) alte Schachtel *f* ♦ *vt* (*put in sack*) in einen Sack stecken; (*hunting*) erlegen; **~s of** (*inf*: *lots of*) eine Menge +*acc*; **~gage** ['bægɪdʒ] *n* Gepäck *nt*; **~gy** ['bægɪ] *adj* bauschig, sackartig; **~pipes** ['bægpaɪps] *npl* Dudelsack *m*

Bahamas [bə'hɑːməz] *npl*: **the ~** die Bahamas *pl*

bail [beɪl] *n* (*money*) Kaution *f* ♦ *vt* (*prisoner*: *usu*: **grant ~ to**) gegen Kaution freilassen; (*boat*: *also*: **~ out**) ausschöpfen; **on ~** (*prisoner*) gegen Kaution freigelassen; **to ~ sb out** die Kaution für jdn stellen; *see also* **bale**

bailiff ['beɪlɪf] *n* Gerichtsvollzieher(in) *m(f)*

bait [beɪt] *n* Köder *m* ♦ *vt* mit einem Köder versehen; (*fig*) ködern

bake [beɪk] *vt, vi* backen; **~d beans** gebackene Bohnen *pl*; **~r** *n* Bäcker *m*; **~ry** *n* Bäckerei *f*

baking ['beɪkɪŋ] *n* Backen *nt*; **~ powder** *n* Backpulver *nt*

balance ['bæləns] *n* (*scales*) Waage *f*; (*equilibrium*) Gleichgewicht *nt*; (*FIN*: *state of account*) Saldo *m*; (*difference*) Bilanz *f*; (*amount remaining*) Restbetrag *m* ♦ *vt* (*weigh*) wägen; (*make equal*) ausgleichen; ~ **of trade/payments** Handels-/Zahlungsbilanz *f*; **~d** *adj* ausgeglichen; ~ **sheet** *n* Bilanz *f*, Rechnungsabschluß *m*

balcony ['bælkənɪ] *n* Balkon *m*

bald [bɔːld] *adj* kahl; (*statement*) knapp

bale [beɪl] *n* Ballen *m*; ~ **out** *vi* (*from a plane*) abspringen

ball [bɔːl] *n* Ball *m*; ~ **bearing** *n* Kugellager *m*

ballet ['bæleɪ] *n* Ballett *nt*; ~ **dancer** *n* Ballettänzer(in) *m(f)*

balloon [bə'luːn] *n* (Luft)ballon *m*

ballot ['bælət] *n* (geheime) Abstimmung *f*

ballpoint (pen) ['bɔːlpɔɪnt-] *n* Kugelschreiber *m*

ballroom ['bɔːlrum] *n* Tanzsaal *m*

Baltic ['bɔːltɪk] *n*: **the ~ (Sea)** die Ostsee

bamboo [bæm'buː] *n* Bambus *m*

ban [bæn] *n* Verbot *nt* ♦ *vt* verbieten

banana [bə'nɑːnə] *n* Banane *f*

band [bænd] *n* Band *nt*; (*group*) Gruppe *f*, (*of criminals*) Bande *f*, (*MUS*) Kapelle *f*, Band *f*; ~ **together** *vi* sich zusammentun

bandage ['bændɪdʒ] *n* Verband *m*; (*elastic*) Bandage *f* ♦ *vt* (*cut*) verbinden; (*broken limb*) bandagieren

Bandaid ['bændeɪd] ® (*US*) *n* Heftpflaster *nt*

bandwagon ['bændwægən] *n*: **to jump on the ~** (*fig*) auf den fahrenden Zug aufspringen

bandy ['bændɪ] *vt* wechseln; **~-legged** ['bændɪ'legɪd] *adj* o-beinig

bang [bæn] *n* (*explosion*) Knall *m*; (*blow*) Hieb *m* ♦ *vt*, *vi* knallen

Bangladesh [bænglə'deʃ] *n* Bangladesch *nt*

bangle ['bæŋgl] *n* Armspange *f*

bangs [bæŋz] (*US*) *npl* (*fringe*) Pony *m*

banish ['bænɪʃ] *vt* verbannen

banister(s) ['bænɪstə(z)] *n(pl)* (Treppen)geländer *nt*

bank [bæŋk] *n* (*raised ground*) Erdwall *m*; (*of lake etc*) Ufer *nt*; (*FIN*) Bank *f* ♦ *vt* (*tilt: AVIAT*) in die Kurve bringen; (*money*) einzahlen; ~ **on** *vt fus*: **to ~ on sth** mit etw rechnen; ~ **account** *n* Bankkonto *nt*; ~ **card** *n* Scheckkarte *f*; **~er** *n* Bankier *m*; **~er's card** (*BRIT*) *n* = **bank card**; **B~ holiday** (*BRIT*) *n* gesetzliche(r) Feiertag *m*; **~ing** *n* Bankwesen *nt*; **~note** *n* Banknote *f*; ~ **rate** *n* Banksatz *m*

bankrupt ['bæŋkrʌpt] *adj*: **to be ~** bankrott sein; **to go ~** Bankrott machen; **~cy** *n* Bankrott *m*

bank statement *n* Kontoauszug *m*

banner ['bænə*] *n* Banner *nt*

banns [bænz] *npl* Aufgebot *nt*

baptism ['bæptɪzəm] *n* Taufe *f*

baptize [bæp'taɪz] *vt* taufen

bar [bɑː*] *n* (*rod*) Stange *f*; (*obstacle*) Hindernis *nt*; (*of chocolate*) Tafel *f*; (*of soap*) Stück *nt*; (*for food, drink*) Buffet *nt*, Bar *f*; (*pub*) Wirtschaft *f*; (*MUS*) Takt(strich) *m* ♦ *vt* (*fasten*) verriegeln; (*hinder*) versperren; (*exclude*) ausschließen; **behind ~s** hinter Gittern; **the B~**: **to be called to the B~** als Anwalt zugelassen werden; ~ **none** ohne Ausnahme

barbaric [bɑː'bærɪk] *adj* primitiv, unkultiviert

barbecue ['bɑːbɪkjuː] *n* Barbecue *nt*

barbed wire ['bɑːbd-] *n* Stacheldraht *m*

barber ['bɑːbə*] *n* Herrenfriseur *m*

bar code *n* (*on goods*) Registrierkode *f*

bare [beə*] *adj* nackt; (*trees, country*) kahl; (*mere*) bloß ♦ *vt* entblößen; **~back** *adv* ungesattelt; **~faced** *adj* unverfroren; **~foot** *adj, adv* barfuß; **~ly** *adv* kaum, knapp

bargain ['bɑːgɪn] *n* (*sth cheap*) günstiger Kauf; (*agreement: written*) Kaufvertrag *m*; (: *oral*) Geschäft *nt*; **into the ~** obendrein; ~ **for** *vt*: **he got more than he ~ed for** er erlebte sein blaues Wunder

barge [bɑːdʒ] *n* Lastkahn *m*; ~ **in** *vi* hereinplatzen; ~ **into** *vt* rennen gegen

bark [bɑːk] *n* (*of tree*) Rinde *f*, (*of dog*) Bellen *nt* ♦ *vi* (*dog*) bellen

barley ['bɑːlɪ] *n* Gerste *f*, ~ **sugar** *n* Malzbonbon *nt*

barmaid ['bɑːmeɪd] *n* Bardame *f*

barman ['bɑːmən] (*irreg*) *n* Barkellner *m*

barn [bɑːn] *n* Scheune *f*

barometer [bə'rɒmɪtə*] *n* Barometer *nt*

baron ['bærən] *n* Baron *m*; **~ess** *n* Baronin *f*

barracks ['bærəks] *npl* Kaserne *f*

barrage ['bærɑːʒ] *n* (*gunfire*) Sperrfeuer *nt*; (*dam*) Staudamm *m*; Talsperre *f*

barrel ['bærəl] *n* Faß *nt*; (*of gun*) Lauf *m*

barren ['bærən] *adj* unfruchtbar

barricade [bærɪ'keɪd] *n* Barrikade *f* ♦ *vt* verbarrikadieren

barrier ['bærɪə*] *n* (*obstruction*) Hindernis *nt*; (*fence*) Schranke *f*

barring ['bɑːrɪŋ] *prep* außer im Falle +*gen*

barrister ['bærɪstə*] (*BRIT*) *n* Rechtsanwalt *m*

barrow ['bærəʊ] *n* (*cart*) Schubkarren *m*

bartender ['bɑːtendə*] (*US*) *n* Barmann *or* -kellner *m*

barter ['bɑːtə*] *vt* handeln

base [beɪs] *n* (*bottom*) Boden *m*, Basis *f*; (*MIL*) Stützpunkt *m* ♦ *vt* gründen; (*opinion, theory*): **to be ~d on** basieren auf +*dat* ♦ *adj* (*low*) gemein; **~ball** ['beɪsbɔːl] *n* Baseball *m*; **~ment** ['beɪsmənt] *n* Kellergeschoß *nt*

bases[1] ['beɪsɪz] *npl of* **base**

bases[2] ['beɪsiːz] *npl of* **basis**

bash [bæʃ] (*inf*) *vt* (heftig) schlagen

bashful ['bæʃful] *adj* schüchtern

basic ['beɪsɪk] *adj* grundlegend; **~s** *npl*: **the**

~s das Wesentliche (sg); ~ally adv im Grunde

basil ['bæzl] n Basilikum nt

basin ['beɪsn] n (dish) Schüssel f; (for washing, also valley) Becken nt; (dock) (Trocken)becken nt

basis ['beɪsɪs] (pl bases) n Basis f, Grundlage f

bask [bɑːsk] vi: to ~ in the sun sich sonnen

basket ['bɑːskɪt] n Korb m; ~ball n Basketball m

bass [beɪs] n (MUS, also instrument) Baß m; (voice) Baßstimme f

bassoon [bə'suːn] n Fagott nt

bastard ['bɑːstəd] n Bastard m; (inf!) Arschloch nt (!)

bastion ['bæstɪən] n (also fig) Bollwerk nt

bat [bæt] n (SPORT) Schlagholz nt; Schläger m; (ZOOL) Fledermaus f ♦ vt: he didn't ~ an eyelid er hat nicht mit der Wimper gezuckt

batch [bætʃ] n (of letters) Stoß m; (of samples) Satz m

bated ['beɪtɪd] adj: with ~ breath mit angehaltenem Atem

bath [bɑːθ, pl bɑːðz] n Bad nt; (~ tub) Badewanne f ♦ vt baden; to have a ~ baden; see also baths

bathe [beɪð] vt, vi baden; ~r n Badende(r) mf

bathing ['beɪðɪŋ] n Baden nt; ~ cap n Badekappe f; ~ costume n Badeanzug m; ~ suit (US) n Badeanzug m; ~ trunks (BRIT) npl Badehose f

bathrobe ['bɑːθrəub] n Bademantel m

bathroom ['bɑːθrum] n Bad(ezimmer nt) nt

baths [bɑːðz] npl (Schwimm)bad nt

bath towel n Badetuch nt

baton ['bætən] n (of police) Gummiknüppel m; (MUS) Taktstock m

batter ['bætə*] vt verprügeln ♦ n Schlagteig m; (for cake) Biskuitteig m; ~ed adj (hat, pan) verbeult

battery ['bætərɪ] n (ELEC) Batterie f; (MIL) Geschützbatterie f

battle ['bætl] n Schlacht f; (small) Gefecht nt ♦ vi kämpfen; ~field n Schlachtfeld nt; ~ship n Schlachtschiff nt

Bavaria n Bayern nt; ~n adj bay(e)risch ♦ n (person) Bayer(in) m(f); (LING) Bay(e)risch nt

bawdy ['bɔːdɪ] adj unflätig

bawl [bɔːl] vi brüllen

bay [beɪ] n (of sea) Bucht f ♦ vi bellen; to keep at ~ unter Kontrolle halten

bay window n Erkerfenster nt

bazaar [bə'zɑː*] n Basar m

B. & B. abbr = bed and breakfast

BBC n abbr (= British Broadcasting Corporation) BBC f or m

B.C. adv abbr (= before Christ) v.Chr.

KEYWORD
---

be [biː] (pt was, were, pp been) aux vb 1 (with present participle: forming continuous tenses): what are you doing? was machst du (gerade)?; it is raining es regnet; I've been waiting for you for hours ich warte schon seit Stunden auf dich

2 (with pp: forming passives): to be killed getötet werden; the thief was nowhere to be seen der Dieb war nirgendwo zu sehen

3 (in tag questions): it was fun, wasn't it? es hat Spaß gemacht, nicht wahr?

4 (+to +infin): the house is to be sold das Haus soll verkauft werden; he's not to open it er darf es nicht öffnen

♦ vb +complement 1 (usu) sein; I'm tired ich bin müde; I'm hot/cold mir ist heiß/ kalt; he's a doctor er ist Arzt; 2 and 2 are 4 2 und 2 ist or sind 4; she's tall/pretty sie ist groß/hübsch; be careful/quiet sei vorsichtig/ruhig

2 (of health): how are you? wie geht es dir?; he's very ill er ist sehr krank; I'm fine now jetzt geht es mir gut

3 (of age): how old are you? wie alt bist du?; I'm sixteen (years old) ich bin sechzehn (Jahre alt)

4 (cost): how much was the meal? was or wieviel hat das Essen gekostet?; that'll be £5.75, please das macht etc £5.75, bitte

♦ vi 1 (exist, occur etc) sein; is there a God? gibt es einen Gott?; be that as it may wie dem auch sei; so be it also gut

2 (referring to place) sein; I won't be here tomorrow iche werde morgen nicht hier sein

3 (referring to movement): where have you been? wo bist du gewesen?; I've been in the garden ich war im Garten

♦ impers vb 1 (referring to time, distance, weather) sein; it's 5 o'clock es ist 5 Uhr; it's 10 km to the village es sind 10 km bis zum Dorf; it's too hot/cold es ist zu heiß/ kalt

2 (emphatic): it's me es ist ich's; it's the postman es ist der Briefträger

beach [biːtʃ] n Strand m ♦ vt (ship) auf den Strand setzen

beacon ['biːkən] n (signal) Leuchtfeuer nt; (traffic ~) Bake f

bead [biːd] n Perle f; (drop) Tropfen m

beak [biːk] n Schnabel m

beaker ['biːkə*] n Becher m

beam [biːm] n (of wood) Balken m; (of light) Strahl m; (smile) strahlende(s) Lächeln nt ♦ vi strahlen

bean [biːn] n Bohne f; ~ sprouts npl Sojasprossen pl

bear [bɛə*] (pt bore, pp borne) n Bär m ♦

vt (weight, crops) tragen; *(tolerate)* ertragen; *(young)* gebären ♦ *vi:* **to ~ right/left** sich rechts/links halten; **~ out** *vt (suspicions etc)* bestätigen; **~ up** *vi* sich halten

beard [bɪəd] *n* Bart *m*; **~ed** *adj* bärtig

bearer ['bɛərə*] *n* Träger *m*

bearing ['bɛərɪŋ] *n (posture)* Haltung *f;* *(relevance)* Relevanz *f; (relation)* Bedeutung *f; (TECH)* Kugellager *nt;* **~s** *npl (direction)* Orientierung *f; (also: ball ~s)* (Kugel)lager *nt*

beast [biːst] *n* Tier *nt*, Vieh *nt; (person)* Biest *nt;* **~ly** *adj* viehisch; *(inf)* scheußlich

beat [biːt] *(pt beat, pp beaten) n (stroke)* Schlag *m; (pulsation)* Schlag *m; (police round)* Runde *f*, Revier *nt; (MUS)* Takt *m;* Beat *m* ♦ *vt, vi* schlagen; **to ~ it** abhauen; **off the ~en track** abgelegen; **~ off** *vt* abschlagen; **~ up** *vt* zusammenschlagen; **beaten** *pp of* beat; **~ing** *n* Prügel *pl*

beautiful ['bjuːtɪful] *adj* schön; **~ly** *adv* ausgezeichnet

beauty ['bjuːtɪ] *n* Schönheit *f*, **~ salon** *n* Schönheitssalon *m;* **~ spot** *n* Schönheitsfleck *m; (BRIT: TOURISM)* (besonders) schöne(r) Ort *m*

beaver ['biːvə*] *n* Biber *m*

became [bɪ'keɪm] *pt of* become

because [bɪ'kɒz] *conj* weil ♦ *prep:* **~ of** wegen *+gen*, wegen *+dat (inf)*

beck [bek] *n:* **to be at the ~ and call of sb** nach jds Pfeife tanzen

beckon ['bekən] *vt, vi:* **to ~ to sb** jdm ein Zeichen geben

become [bɪ'kʌm] *(irreg: like come) vi* werden ♦ *vt* werden; *(clothes)* stehen *+dat*

becoming [bɪ'kʌmɪŋ] *adj (suitable)* schicklich; *(clothes)* kleidsam

bed [bed] *n* Bett *nt; (of river)* Flußbett *nt; (foundation)* Schicht *f; (in garden)* Beet *nt;* **to go to ~** zu Bett gehen; **~ and breakfast** *(BRIT) n* Einzimmerwohnung *f*, möblierte(s) Zimmer *nt;* **~spread** *n* Tagesdecke *f;* **~time** *n* Schlafenszeit *f*

bee [biː] *n* Biene *f*

beech [biːtʃ] *n* Buche *f*

beef [biːf] *n* Rindfleisch *nt;* **roast ~** Roastbeef *nt;* **~burger** *n* Hamburger *m*

beehive ['biːhaɪv] *n* Bienenstock *m*

beeline ['biːlaɪn] *n:* **to make a ~ for** schnurstracks zugehen auf *+acc*

been [biːn] *pp of* be

beer [bɪə*] *n* Bier *nt*

beet [biːt] *n (vegetable)* Rübe *f; (US: also: red ~)* rote Bete *f or* Rübe *f*

beetle ['biːtl] *n* Käfer *m*

beetroot ['biːtruːt] *(BRIT) n* rote Bete *f*

before [bɪ'fɔː*] *prep* vor ♦ *conj* bevor ♦ *adv (of time)* zuvor; früher; **the week ~** die Woche zuvor *or* vorher; **I've done it ~** das hab' ich schon mal getan; **~ going** bevor er/sie *etc* geht/ging; **~ she goes** bevor sie geht; **~hand** *adv* im voraus

beg [beg] *vt, vi (implore)* dringend bitten; *(alms)* betteln

began [bɪ'gæn] *pt of* begin

beggar ['begə*] *n* Bettler(in) *m(f)*

begin [bɪ'gɪn] *(pt began, pp begun) vt, vi* anfangen, beginnen; *(found)* gründen; **to ~ doing** *or* **to do sth** anfangen *or* beginnen, etw zu tun; **to ~ with** zunächst (einmal); **~ner** *n* Anfänger *m;* **~ning** *n* Anfang *m*

begun [bɪ'gʌn] *pp of* begin

behalf [bɪ'hɑːf] *n:* **on ~ of** im Namen *+gen;* **on my ~** für mich

behave [bɪ'heɪv] *vi* sich benehmen

behaviour [bɪ'heɪvjə*] *(US behavior) n* Benehmen *nt*

behead [bɪ'hed] *vt* enthaupten

beheld [bɪ'held] *pt, pp of* behold

behind [bɪ'haɪnd] *prep* hinter ♦ *adv (late)* im Rückstand; *(in the rear)* hinten ♦ *n (inf)* Hinterteil *nt;* **~ the scenes** *(fig)* hinter den Kulissen

behold [bɪ'həʊld] *(irreg: like hold) vt* erblicken

beige [beɪʒ] *adj* beige

Beijing ['beɪ'dʒɪŋ] *n* Peking *nt*

being ['biːɪŋ] *n (existence)* (Da)sein *nt; (person)* Wesen *nt;* **to come into ~** entstehen

belated [bɪ'leɪtɪd] *adj* verspätet

belch [beltʃ] *vi* rülpsen ♦ *vt (smoke)* ausspeien

belfry ['belfrɪ] *n* Glockenturm *m*

Belgian ['beldʒən] *adj* belgisch ♦ *n* Belgier(in) *m(f)*

Belgium ['beldʒəm] *n* Belgien *nt*

belie [bɪ'laɪ] *vt* Lügen strafen *+acc*

belief [bɪ'liːf] *n* Glaube *m; (conviction)* Überzeugung *f;* **~ in sb/sth** Glaube an jdn/etw

believe [bɪ'liːv] *vt* glauben *+dat; (think)* glauben, meinen, denken ♦ *vi (have faith)* glauben; **to ~ in sth** an etw *acc* glauben; **~r** *n* Gläubige(r) *mf*

belittle [bɪ'lɪtl] *vt* herabsetzen

bell [bel] *n* Glocke *f*

belligerent [bɪ'lɪdʒərənt] *adj (person)* streitsüchtig; *(country)* kriegsführend

bellow ['beləʊ] *vt, vi* brüllen

bellows ['beləʊz] *npl (TECH)* Gebläse *nt; (for fire)* Blasebalg *m*

belly ['belɪ] *n* Bauch *m*

belong [bɪ'lɒŋ] *vi* gehören; **to ~ to sb** jdm

gehören; **to ~ to a club** etc einem Club etc angehören; **it does not ~ here** es gehört nicht hierher; **~ings** npl Habe f
beloved [bɪˈlʌvɪd] adj innig geliebt ♦ n Geliebte(r) mf
below [bɪˈləu] prep unter ♦ adv unten
belt [belt] n (band) Riemen m; (round waist) Gürtel m ♦ vt (fasten) mit Riemen befestigen; (inf: beat) schlagen; **~way** (US) n (AUT: ring road) Umgehungsstraße f
bemused [bɪˈmjuːzd] adj verwirrt
bench [bentʃ] n (seat) Bank f; (workshop) Werkbank f; (judge's seat) Richterbank f; (judges) Richter pl
bend [bend] (pt, pp bent) vt (curve) biegen; (stoop) beugen ♦ vi sich biegen; sich beugen ♦ n Biegung f; (BRIT: in road) Kurve f; **~ down** or **over** vi sich bücken
beneath [bɪˈniːθ] prep unter ♦ adv darunter
benefactor [ˈbenɪfæktə*] n Wohltäter(in) m(f)
beneficial [benɪˈfɪʃl] adj vorteilhaft; (to health) heilsam
benefit [ˈbenɪfɪt] n (advantage) Nutzen m ♦ vt fördern ♦ vi: **to ~ (from)** Nutzen ziehen (aus)
Benelux [ˈbenɪlʌks] n Beneluxstaaten pl
benevolent [bɪˈnevələnt] adj wohlwollend
benign [bɪˈnaɪn] adj (person) gütig; (climate) mild
bent [bent] pt, pp of bend ♦ n (inclination) Neigung f ♦ adj (inf: dishonest) unehrlich; **to be ~ on** versessen sein auf +acc
bequest [bɪˈkwest] n Vermächtnis nt
bereaved [bɪˈriːvd] npl: **the ~** die Hinterbliebenen pl
bereft [bɪˈreft] adj: **~ of** bar +gen
beret [ˈbereɪ] n Baskenmütze f
Berlin [bɜːˈlɪn] n Berlin nt
berm [bɜːm] (US) n (AUT) Seitenstreifen m
Bermuda [bɜːˈmjuːdə] n Bermuda nt
berry [ˈberɪ] n Beere f
berserk [bəˈsɜːk] adj: **to go ~** wild werden
berth [bɜːθ] n (for ship) Ankerplatz m; (in ship) Koje f; (in train) Bett n ♦ vt am Kai festmachen ♦ vi anlegen
beseech [bɪˈsiːtʃ] (pt, pp besought) vt anflehen
beset [bɪˈset] (pt, pp beset) vt bedrängen
beside [bɪˈsaɪd] prep neben, bei; (except) außer; **to be ~ o.s. (with)** außer sich sein (vor +dat); **that's ~ the point** das tut nichts zur Sache
besides [bɪˈsaɪdz] prep außer, neben ♦ adv außerdem
besiege [bɪˈsiːdʒ] vt (MIL) belagern; (surround) umlagern, bedrängen
besought [bɪˈsɔːt] pt, pp of beseech
best [best] adj beste(r, s) ♦ adv am besten; **the ~ part of** (quantity) das meiste +gen; **at ~** höchstens; **to make the ~ of it** das Beste daraus machen; **to do one's ~** sein

Bestes tun; **to the ~ of my knowledge** meines Wissens; **to the ~ of my ability** so gut ich kann; **for the ~** zum Besten; **~ man** n Trauzeuge m
bestow [bɪˈstəu] vt verleihen
bet [bet] (pt, pp bet or betted) n Wette f ♦ vt, vi wetten
betray [bɪˈtreɪ] vt verraten
better [ˈbetə*] adj, adv besser ♦ vt verbessern ♦ n: **to get the ~ of sb** jdn überwinden; **he thought ~ of it** er hat sich eines Besseren besonnen; **you had ~ leave** Sie gehen jetzt wohl besser; **to get ~** (MED) gesund werden; **~ off** adj (richer) wohlhabender
betting [ˈbetɪŋ] n Wetten nt; **~ shop** (BRIT) n Wettbüro nt
between [bɪˈtwiːn] prep zwischen; (among) unter ♦ adv dazwischen
beverage [ˈbevərɪdʒ] n Getränk nt
bevy [ˈbevɪ] n Schar f
beware [bɪˈweə*] vt, vi sich hüten vor +dat; **"~ of the dog"** „Vorsicht, bissiger Hund!"
bewildered [bɪˈwɪldəd] adj verwirrt
bewitching [bɪˈwɪtʃɪŋ] adj bestrickend
beyond [bɪˈjɒnd] prep (place) jenseits +gen; (time) über ... hinaus; (out of reach) außerhalb +gen ♦ adv darüber hinaus; **~ doubt** ohne Zweifel; **~ repair** nicht mehr zu reparieren
bias [ˈbaɪəs] n (slant) Neigung f; (prejudice) Vorurteil nt; **~(s)ed** adj voreingenommen
bib [bɪb] n Latz m
Bible [ˈbaɪbl] n Bibel f
bicarbonate of soda [baɪˈkɑːbənɪt-] n Natron nt
bicker [ˈbɪkə*] vi zanken
bicycle [ˈbaɪsɪkl] n Fahrrad nt
bid [bɪd] (pt bade or bid, pp bid(den)) n (offer) Gebot nt; (attempt) Versuch m ♦ vt, vi (offer) bieten; **to ~ farewell** Lebewohl sagen; **bidden** [ˈbɪdn] pp of bid; **~der** n (person) Steigerer m; **the highest ~der** der Meistbietende; **~ding** n (command) Geheiß nt
bide [baɪd] vt: **to ~ one's time** abwarten
bifocals [baɪˈfəukəlz] npl Bifokalbrille f
big [bɪg] adj groß
big dipper [-ˈdɪpə*] n Achterbahn f
bigheaded [ˈbɪgˈhedɪd] adj eingebildet
bigot [ˈbɪgət] n Frömmler m; **~ed** adj bigott; **~ry** n Bigotterie f
big top n Zirkuszelt nt
bike [baɪk] n Rad nt
bikini [bɪˈkiːnɪ] n Bikini m
bile [baɪl] n (BIOL) Galle f
bilingual [baɪˈlɪŋgwəl] adj zweisprachig
bill [bɪl] n (account) Rechnung f; (POL) Gesetzentwurf m; (US: FIN) Geldschein m; **to fit** or **fill the ~** (fig) der/die/das richtige sein; **"post no ~s"** „Plakate ankleben ver-

boten"; ~**board** ['bɪlbɔːd] n Reklameschild
nt

billet ['bɪlɪt] n Quartier nt

billfold ['bɪlfəʊld] (US) n Geldscheintasche
f

billiards ['bɪljədz] n Billard nt

billion ['bɪljən] n (BRIT) Billion f; (US) Mil-
liarde f

bin [bɪn] n Kasten m; (dust~) (Abfall)eimer
m

bind [baɪnd] (pt, pp bound) vt (tie) binden;
(tie together) zusammenbinden; (oblige)
verpflichten; ~**ing** n (Buch)einband m ♦
adj verbindlich

binge [bɪndʒ] (inf) n Sauferei f

bingo ['bɪŋɡəʊ] n Bingo nt

binoculars [bɪˈnɒkjʊləz] npl Fernglas nt

bio... [baɪəʊ] prefix: ~**chemistry** n Bioche-
mie f; ~**graphy** n Biographie f; ~**logical**
[baɪəˈlɒdʒɪkəl] adj biologisch; ~**logy**
[baɪˈɒlədʒɪ] n Biologie f

birch [bɜːtʃ] n Birke f

bird [bɜːd] n Vogel m; (BRIT: inf: girl)
Mädchen nt; ~**'s-eye view** n Vogelschau
f; ~ **watcher** n Vogelbeobachter(in) m(f)

Biro ['baɪrəʊ] (®) n Kugelschreiber m

birth [bɜːθ] n Geburt f; **to give** ~ **to** zur
Welt bringen; ~ **certificate** n Geburtsur-
kunde f; ~ **control** n Geburtenkontrolle f;
~**day** n Geburtstag m; ~**day card** n Ge-
burtstagskarte f; ~**place** n Geburtsort m;
~ **rate** n Geburtenrate f

biscuit ['bɪskɪt] n Keks m

bisect [baɪˈsɛkt] vt halbieren

bishop ['bɪʃəp] n Bischof m

bit [bɪt] pt of **bite** ♦ n bißchen, Stückchen
nt; (horse's) Gebiß nt; (COMPUT) Bit nt; a
~ **tired** etwas müde

bitch [bɪtʃ] n (dog) Hündin f; (unpleasant
woman) Weibsstück nt

bite [baɪt] (pt **bit**, pp **bitten**) vt, vi beißen ♦
n Biß m; (mouthful) Bissen m; **to** ~ **one's
nails** Nägel kauen; **let's have a** ~ **to eat**
laß uns etwas essen

biting ['baɪtɪŋ] adj beißend

bitten ['bɪtn] pp of **bite**

bitter ['bɪtə*] adj bitter; (memory etc)
schmerzlich; (person) verbittert ♦ n (BRIT:
beer) dunkle(s) Bier nt; ~**ness** n Bitterkeit
f

blab [blæb] vi klatschen ♦ vt (also: ~ out)
ausplaudern

black [blæk] adj schwarz; (night) finster ♦ vt
schwärzen; (shoes) wichsen; (eye) blau
schlagen; (BRIT: INDUSTRY) boykottieren;
to give sb a ~ **eye** jdm ein blaues Auge
schlagen; **in the** ~ (bank account) in den
schwarzen Zahlen; ~ **and blue** adj grün
und blau; ~**berry** n Brombeere f; ~**bird** n
Amsel f; ~**board** n (Wand)tafel f; ~ **coffee** n schwarze(r) Kaffee m; ~**currant** n
schwarze Johannisbeere f; ~**en** vt

schwärzen; (fig) verunglimpfen; B~ **Forest**
n Schwarzwald m; ~ **ice** n Glatteis nt;
~**jack** (US) n Siebzehn und Vier; ~**leg**
(BRIT) n Streikbrecher(in) m(f); ~**list** n
schwarze Liste f; ~**mail** n Erpressung f ♦
vt erpressen; ~ **market** n Schwarzmarkt
m; ~**out** n Verdunklung f; (MED): **to have
a** ~**out** bewußtlos werden; ~ **Sea** n: **the
~ Sea** das Schwarze Meer; ~ **sheep** n
schwarze(s) Schaf nt; ~**smith** n Schmied
m; ~ **spot** n (AUT) Gefahrenstelle f; (for
unemployment etc) schwer betroffene(s)
Gebiet nt

bladder ['blædə*] n Blase f

blade [bleɪd] n (of weapon) Klinge f; (of
grass) Halm m; (of oar) Ruderblatt nt

blame [bleɪm] n Tadel m, Schuld f ♦ vt
Vorwürfe machen +dat; **to** ~ **sb for sth**
jdm die Schuld an etw dat geben; **he is to**
~ er ist daran schuld

bland [blænd] adj mild

blank [blæŋk] adj leer, unbeschrieben;
(look) verdutzt; (verse) Blank- ♦ n (space)
Lücke f; (cartridge)
Platzpatrone f; ~ **cheque** n Blankoscheck
m; (fig) Freibrief m

blanket ['blæŋkɪt] n (Woll)decke f

blare [blɛə*] vi (radio) plärren; (horn) tuten;
(MUS) schmettern

blasé ['blɑːzeɪ] adj blasiert

blast [blɑːst] n Explosion f; (of wind) Windstoß m ♦ vt (blow up) sprengen; ~! (inf)
verflixt!; ~**off** n (SPACE) (Rake-
ten)abschuß m

blatant ['bleɪtənt] adj offenkundig

blaze [bleɪz] n (fire) lodernde(s) Feuer nt ♦
vi lodern ♦ vt: **to** ~ **a trail** Bahn brechen

blazer ['bleɪzə*] n Blazer m

bleach [bliːtʃ] n (also: household ~) Bleich-
mittel n ♦ vt bleichen

bleachers ['bliːtʃəz] (US) npl (SPORT)
unüberdachte Tribüne f

bleak [bliːk] adj kahl, rauh; (future) trostlos

bleary-eyed ['blɪərɪ'aɪd] adj triefäugig; (on
waking up) mit verschlafenen Augen

bleat [bliːt] vi blöken; (fig: complain)
meckern

bled [blɛd] pt, pp of **bleed**

bleed [bliːd] (pt, pp **bled**) vi bluten ♦ vt
(draw blood) zur Ader lassen; **to** ~ **to
death** verbluten

bleeper ['bliːpə*] n (of doctor etc) Funkrufempfänger m

blemish ['blɛmɪʃ] n Makel m ♦ vt verun-
stalten

blend [blɛnd] n Mischung f ♦ vt mischen ♦
vi sich mischen

bless [blɛs] (pt, pp **blessed** or **blest**) vt
segnen; (give thanks) preisen; (make happy)
glücklich machen; ~ **you!** Gesundheit!;
~**ing** n Segen m; (at table) Tischgebet nt;
(happiness) Wohltat f; Segen m; (good

wish) Glück *nt*

blest [blest] *pt, pp of* bless

blew [blu:] *pt of* blow

blight [blaɪt] *vt* zunichte machen

blimey ['blaɪmɪ] (*BRIT: inf*) *excl* verflucht

blind [blaɪnd] *adj* blind; (*corner*) unübersichtlich ♦ *n* (*for window*) Rouleau *nt* ♦ *vt* blenden; ~ **alley** *n* Sackgasse *f*; ~**fold** *n* Augenbinde *f* ♦ *adj, adv* mit verbundenen Augen ♦ *vt*: **to** ~**fold sb** jdm die Augen verbinden; ~**ly** *adv* blind; (*fig*) blindlings; ~**ness** *n* Blindheit *f*; ~ **spot** *n* (*AUT*) tote(r) Winkel *m*; (*fig*) schwache(r) Punkt *m*

blink [blɪŋk] *vi* blinzeln; ~**ers** *npl* Scheuklappen *pl*

bliss [blɪs] *n* (Glück)seligkeit *f*

blister ['blɪstə*] *n* Blase *f* ♦ *vi* Blasen werfen

blithe [blaɪð] *adj* munter

blitz [blɪts] *n* Luftkrieg *m*

blizzard ['blɪzəd] *n* Schneesturm *m*

bloated ['bləutɪd] *adj* aufgedunsen; (*inf: full*) nudelsatt

blob [blɒb] *n* Klümpchen *nt*

bloc [blɒk] *n* (*POL*) Block *m*

block [blɒk] *n* (*of wood*) Block *m*, Klotz *m*; (*of houses*) Häuserblock *m* ♦ *vt* hemmen; ~**ade** [blɒ'keɪd] *n* Blockade *f* ♦ *vt* blockieren; ~**age** *n* Verstopfung *f*; ~**buster** *n* Knüller *m*; ~ **of flats** (*BRIT*) *n* Häuserblock *m*; ~ **letters** *npl* Blockbuchstaben *pl*

bloke [bləuk] (*BRIT: inf*) *n* Kerl *m*, Typ *m*

blond(e) [blɒnd] *adj* blond ♦ *n* Blondine *f*

blood [blʌd] *n* Blut *nt*; ~ **donor** *n* Blutspender *m*; ~ **group** *n* Blutgruppe *f*; ~ **pressure** *n* Blutdruck *m*; ~**shed** *n* Blutvergießen *nt*; ~**shot** *adj* blutunterlaufen; ~**stained** *adj* blutbefleckt; ~**stream** *n* Blut *nt*, Blutkreislauf *m*; ~ **test** *n* Blutprobe *f*; ~**thirsty** *adj* blutrünstig; ~**y** *adj* blutig; (*BRIT: inf*) verdammt; ~**y-minded** (*BRIT: inf*) *adj* stur

bloom [blu:m] *n* Blüte *f*; (*freshness*) Glanz *m* ♦ *vi* blühen

blossom ['blɒsəm] *n* Blüte *f* ♦ *vi* blühen

blot [blɒt] *n* Klecks *m* ♦ *vt* beklecksen; (*ink*) (ab)löschen; ~ **out** *vt* auslöschen

blotchy ['blɒtʃɪ] *adj* fleckig

blotting paper ['blɒtɪŋ-] *n* Löschpapier *nt*

blouse [blauz] *n* Bluse *f*

blow [bləu] (*pt* blew, *pp* blown) *n* Schlag *m* ♦ *vt* blasen ♦ *vi* (*wind*) wehen; **to** ~ **one's nose** sich *dat* die Nase putzen; ~ **away** *vt* wegblasen; ~ **down** *vt* umwehen; ~ **out** *vi* ausgehen ♦ *vt* ausblasen; ~ **over** *vi* vorübergehen; ~ **up** *vi* explodieren ♦ *vt* sprengen; ~**dry** *n*: **to have a** ~**dry** sich fönen lassen ♦ *vt* fönen; ~**lamp** (*BRIT*) *n* Lötlampe *f*; ~**n** [bləun] *pp of* blow; ~**-out** *n* (*AUT*) geplatzte(r) Reifen *m*; ~**torch** *n* =

blowlamp

blue [blu:] *adj* blau; (*inf: unhappy*) niedergeschlagen; (*obscene*) pornographisch; (*joke*) anzüglich; **out of the** ~ (*fig*) aus heiterem Himmel; **to have the** ~**s** traurig sein; ~**bell** *n* Glockenblume *f*; ~**bottle** *n* Schmeißfliege *f*; ~ **film** *n* Pornofilm *m*; ~**print** *n* (*fig*) Entwurf *m*

bluff [blʌf] *vi* bluffen, täuschen ♦ *n* (*deception*) Bluff *m*; **to call sb's** ~ es darauf ankommen lassen

blunder ['blʌndə*] *n* grobe(r) Fehler *m*, Schnitzer *m* ♦ *vi* einen groben Fehler machen

blunt [blʌnt] *adj* (*knife*) stumpf; (*talk*) unverblümt ♦ *vt* abstumpfen

blur [blɜ:*] *n* Fleck *m* ♦ *vt* verschwommen machen

blurb [blɜ:b] *n* Waschzettel *m*

blurt [blɜ:t] *vt*: **to** ~ **out** herausplatzen mit

blush [blʌʃ] *vi* erröten ♦ *n* (Scham)röte *f*

blustery ['blʌstərɪ] *adj* stürmisch

boar [bɔ:*] *n* Keiler *m*, Eber *m*

board [bɔ:d] *n* (*of wood*) Brett *nt*; (*of card*) Pappe *f*; (*committee*) Ausschuß *m*; (*of firm*) Aufsichtsrat *m*; (*SCH*) Direktorium *nt* ♦ *vt* (*train*) einsteigen in +*acc*; (*ship*) an Bord gehen +*gen*; **on** ~ (*AVIAT, NAUT*) an Bord; ~ **and lodging** Unterkunft *f* und Verpflegung; **full/half** ~ (*BRIT*) Voll-/Halbpension *f*; **to go by the** ~ flachfallen, über Bord gehen; ~ **up** *vt* mit Brettern vernageln; ~**er** *n* Kostgänger *m*; (*SCH*) Internatsschüler(in) *m(f)*; ~**ing card** *n* (*AVIAT, NAUT*) Bordkarte *f*; ~**ing house** *n* Pension *f*; ~**ing school** *n* Internat *nt*; ~**room** *n* Sitzungszimmer *nt*

boast [bəust] *vi* prahlen ♦ *vt* sich rühmen +*gen*; ~ **of** or **about sth** mit etw prahlen

boat [bəut] *n* Boot *nt*; (*ship*) Schiff *nt*; ~**er** *n* (*hat*) Kreissäge *f*; ~**swain** *n* = bosun

bob [bɒb] *vi* sich auf und nieder bewegen ♦ *n* (*BRIT: inf*) = **shilling**; ~ **up** *vi* auftauchen

bobbin ['bɒbɪn] *n* Spule *f*

bobby ['bɒbɪ] (*BRIT: inf*) *n* Bobby *m*

bobsleigh ['bɒbsleɪ] *n* Bob *m*

bode [bəud] *vi*: **to** ~ **well/ill** ein gutes/ schlechtes Zeichen sein

bodily ['bɒdɪlɪ] *adj, adv* körperlich

body ['bɒdɪ] *n* Körper *m*; (*dead*) Leiche *f*; (*group*) Mannschaft *f*; (*AUT*) Karosserie *f*; (*trunk*) Rumpf *m*; ~**guard** *n* Leibwache *f*; ~**work** *n* Karosserie *f*

bog [bɒg] *n* Sumpf *m* ♦ *vt*: **to get** ~**ged down** sich festfahren

boggle ['bɒgl] *vi* stutzen; **the mind** ~**s** es ist kaum auszumalen

bogus ['bəugəs] *adj* unecht, Schein-

boil [bɔɪl] *vt, vi* kochen ♦ *n* (*MED*) Geschwür *nt*; **to come to the** (*BRIT*) or **a** (*US*)

~ zu kochen anfangen; **to ~ down to** (fig) hinauslaufen auf +acc; ~ **over** vi überkochen; ~**ed egg** n gekochte(s) Ei nt; ~**ed potatoes** npl Salzkartoffeln pl; ~**er** n Boiler m; ~**er suit** (BRIT) n Arbeitsanzug m; ~**ing point** n Siedepunkt m

boisterous ['bɔistərəs] adj ungestüm

bold [bəuld] adj (fearless) unerschrocken; (handwriting) fest und klar

bollard ['bɔləd] n (NAUT) Poller m; (BRIT: AUT) Pfosten m

bolster ['bəulstə*] : ~ **up** vt unterstützen

bolt [bəult] n Bolzen m; (lock) Riegel m ♦ adv: ~ **upright** kerzengerade ♦ vt verriegeln; (swallow) verschlingen ♦ vi (horse) durchgehen

bomb [bɔm] n Bombe f ♦ vt bombardieren; ~**ard** [bɔm'bɑːd] vt bombardieren; ~**ardment** [bɔm'bɑːdmənt] n Beschießung f; ~ **disposal** n: ~ **disposal unit** Bombenräumkommando nt; ~**shell** n (fig) Bombe f

bona fide ['bəunə'faidiː] adj echt

bond [bɔnd] n (link) Band nt; (FIN) Schuldverschreibung f

bondage ['bɔndidʒ] n Sklaverei f

bone [bəun] n Knochen m; (of fish) Gräte f; (piece of ~) Knochensplitter m ♦ vt die Knochen herausnehmen +dat; (fish) entgräten; ~ **idle** adj stinkfaul

bonfire ['bɔnfaiə*] n Feuer nt im Freien

bonnet ['bɔnit] n Haube f; (for baby) Häubchen nt; (BRIT: AUT) Motorhaube f

bonus ['bəunəs] n Bonus m; (annual ~) Prämie f

bony ['bəuni] adj knochig, knochendürr

boo [buː] vt auspfeifen

booby trap ['buːbi-] n Falle f

book [buk] n Buch nt ♦ vt (ticket etc) vorbestellen; (person) verwarnen; ~**s** npl (COMM) Bücher pl; ~**case** n Bücherregal nt, Bücherschrank m; ~**ing office** (BRIT) (RAIL) Fahrkartenschalter m; (THEAT) Vorverkaufsstelle f; ~**-keeping** n Buchhaltung f; ~**let** n Broschüre f; ~**maker** n Buchmacher m; ~**seller** n Buchhändler m; ~**shop**, ~**store** n Buchhandlung f

boom [buːm] n (noise) Dröhnen nt; (busy period) Hochkonjunktur f ♦ vi dröhnen

boon [buːn] n Wohltat f, Segen m

boost [buːst] n Auftrieb m; (fig) Reklame f ♦ vt Auftrieb geben +dat; ~**er** n (MED) Wiederholungsimpfung f

boot [buːt] n Stiefel m; (BRIT: AUT) Kofferraum m ♦ vt (kick) einen Fußtritt geben +dat; (COMPUT) laden; **to ~** (in addition) obendrein

booth [buːð] n (at fair) Bude f; (telephone ~) Zelle f; (voting ~) Kabine f

booze [buːz] (inf) n Alkohol m, Schnaps m ♦ vi saufen

border ['bɔːdə*] n Grenze f; (edge) Kante f; (in garden) (Blumen)rabatte f ♦ adj Grenz-;

the B~**s** Grenzregion f zwischen England und Schottland; ~ **on** vt grenzen an +acc; ~**line** n Grenze f; ~**line case** n Grenzfall m

bore [bɔː*] pt of **bear** ♦ vt bohren; (weary) langweilen ♦ n (person) Langweiler m; (thing) langweilige Sache f; (of gun) Kaliber nt; **I am ~d** ich langweile mich; ~**dom** n Langeweile f

boring ['bɔːriŋ] adj langweilig

born [bɔːn] adj: **to be ~** geboren werden

borne [bɔːn] pp of **bear**

borough ['bʌrə] n Stadt(gemeinde) f, Stadtbezirk m

borrow ['bɔrəu] vt borgen

Bosnia (and) Herzegovina n ['bɔznɪə (ənd) hɜːtsəgəu'viːnə] Bosnien und Herzegowina nt

bosom ['buzəm] n Busen m

boss [bɔs] n Chef m, Boß m ♦ vt: **to ~ around** herumkommandieren; ~**y** adj herrisch

bosun ['bəusn] n Bootsmann m

botany ['bɔtəni] n Botanik f

botch [bɔtʃ] vt (also: ~ **up**) verpfuschen

both [bəuθ] adj beide(s) ♦ pron beide(s) ♦ adv: ~ **X and Y** sowohl X wie auch Y; ~ (**of**) **the books** beide Bücher; ~ **of us went, we ~ went** wir gingen beide

bother ['bɔðə*] vt (pester) quälen ♦ vi (fuss) sich aufregen ♦ n Mühe f, Umstand m; **to ~ doing sth** sich dat die Mühe machen, etw zu tun; **what a ~!** wie ärgerlich!

bottle ['bɔtl] n Flasche f ♦ vt (in Flaschen) abfüllen; ~ **up** vt aufstauen; ~ **bank** n Altglascontainer m; ~**neck** n (also fig) Engpaß m; ~**-opener** n Flaschenöffner m

bottom ['bɔtəm] n Boden m; (of person) Hintern m; (riverbed) Flußbett m ♦ adj unterste(r, s)

bough [bau] n Zweig m, Ast m

bought [bɔːt] pt, pp of **buy**

boulder ['bəuldə*] n Felsbrocken m

bounce [bauns] vi (ball) hochspringen; (person) herumhüpfen; (cheque) platzen ♦ vt (auf)springen lassen ♦ n (rebound) Aufprall m; ~**r** n Rausschmeißer m

bound [baund] pt, pp of **bind** ♦ n (leap) Sprung m ♦ vi (spring, leap) (auf)springen ♦ adj (obliged) gebunden, verpflichtet; **out of ~s** Zutritt verboten; **to be ~ to do sth** verpflichtet sein, etw zu tun; **it's ~ to happen** es muß so kommen; **to be ~ for ...** nach ... fahren

boundary ['baundəri] n Grenze f

bouquet [bu'kei] n Strauß m; (of wine) Blume f

bourgeois ['buəʒwɑː] adj kleinbürgerlich, bourgeois ♦ n Spießbürger(in) m(f)

bout [baut] n (of illness) Anfall m; (of contest) Kampf m

bow[1] [bəu] n (ribbon) Schleife f; (weapon,

MUS) Bogen *m*
bow² [bau] *n* (*with head, body*) Verbeugung *f*; (*of ship*) Bug *m* ♦ *vi* sich verbeugen; (*submit*): **to bow to** sich beugen +*dat*

bowels ['bauəlz] *npl* Darm *m*; (*centre*) Innere *nt*

bowl [bəul] *n* (*basin*) Schüssel *f*; (*of pipe*) (Pfeifen)kopf *m*; (*wooden ball*) (Holz)kugel *f* ♦ *vt, vi* (die Kugel) rollen; **~s** *n* (*game*) Bowls-Spiel *nt*

bow-legged ['bəu'legid] *adj* o-beinig
bowler ['bəulə*] *n* Werfer *m*; (*BRIT: also: ~ hat*) Melone *f*

bowling ['bəuliŋ] *n* Kegeln *nt*; **~ alley** *n* Kegelbahn *f*; **~ green** *n* Rasen *m* zum Bowling-Spiel

bow tie ['bəu-] *n* Fliege *f*

box [bɔks] *n* (*also: cardboard ~*) Schachtel *f*; (*bigger*) Kasten *m*; (*THEAT*) Loge *f* ♦ *vt* einpacken ♦ *vi* boxen; **~er** *n* Boxer *m*; **~ing** *n* (*SPORT*) Boxen *nt*; **B~ing Day** (*BRIT*) *n* zweite(r) Weihnachtsfeiertag *m*; **~ing gloves** *npl* Boxhandschuhe *pl*; **~ing ring** *n* Boxring *m*; **~ office** *n* (Theater)kasse *f*; **~room** *n* Rumpelkammer *f*

boy [bɔi] *n* Junge *m*
boycott ['bɔikɔt] *n* Boykott *m* ♦ *vt* boykottieren

boyfriend ['bɔifrend] *n* Freund *m*
boyish ['bɔiiʃ] *adj* jungenhaft
B.R. *n abbr* = **British Rail**
bra [brɑ:] *n* BH *m*
brace [breis] *n* (*TECH*) Stütze *f*; (*MED*) Klammer *f* ♦ *vt* stützen; **~s** *npl* (*BRIT*) Hosenträger *pl*; **to ~ o.s. for sth** (*fig*) sich auf etw *acc* gefaßt machen

bracelet ['breislit] *n* Armband *nt*
bracing ['breisiŋ] *adj* kräftigend
bracken ['brækən] *n* Farnkraut *nt*
bracket ['brækit] *n* Halter *m*, Klammer *f*; (*in punctuation*) Klammer *f*; (*group*) Gruppe *f* ♦ *vt* einklammern; (*fig*) in dieselbe Gruppe einordnen

brag [bræg] *vi* sich rühmen
braid [breid] *n* (*hair*) Flechte *f*; (*trim*) Borte *f*

Braille [breil] *n* Blindenschrift *f*
brain [brein] *n* (*ANAT*) Gehirn *nt*; (*intellect*) Intelligenz *f*, Verstand *m*; (*person*) kluge(r) Kopf *m*; **~s** *npl* (*intelligence*) Verstand *m*; **~child** *n* Erfindung *f*; **~wash** *vt* eine Gehirnwäsche vornehmen bei; **~wave** *n* Geistesblitz *m*; **~y** *adj* gescheit

braise [breiz] *vt* schmoren
brake [breik] *n* Bremse *f* ♦ *vt, vi* bremsen; **~ fluid** *n* Bremsflüssigkeit *f*; **~ light** *n* Bremslicht *nt*

bramble ['bræmbl] *n* Brombeere *f*
bran [bræn] *n* Kleie *f*; (*food*) Frühstückflocken *pl*

branch [brɑ:ntʃ] *n* Ast *m*; (*division*) Zweig *m* ♦ *vi* (*also: ~ out: road*) sich verzweigen

brand [brænd] *n* (*COMM*) Marke *f*, Sorte *f*; (*on cattle*) Brandmal *nt* ♦ *vt* brandmarken; (*COMM*) ein Warenzeichen geben +*dat*

brandish ['brændiʃ] *vt* (drohend) schwingen

brand-new ['brænd'nju:] *adj* funkelnagelneu

brandy ['brændi] *n* Weinbrand *m*, Kognak *m*

brash [bræʃ] *adj* unverschämt
brass [brɑ:s] *n* Messing *nt*; **the ~** (*MUS*) das Blech; **~ band** *n* Blaskapelle *f*

brassière ['bræsiə*] *n* Büstenhalter *m*
brat [bræt] *n* Gör *nt*
bravado [brə'vɑ:dəu] *n* Tollkühnheit *f*
brave [breiv] *adj* tapfer ♦ *n* indianische(r) Krieger *m* ♦ *vt* die Stirn bieten +*dat*

bravery ['breivəri] *n* Tapferkeit *f*
brawl [brɔ:l] *n* Rauferei *f*
brawn [brɔ:n] *n* (*ANAT*) Muskeln *pl*; (*strength*) Muskelkraft *f*

bray [brei] *vi* schreien
brazen ['breizn] *adj* (*shameless*) unverschämt ♦ *vt*: **to ~ it out** sich mit Lügen und Betrügen durchsetzen

brazier ['breiziə*] *n* (*of workmen*) offene(r) Kohlenofen *m*

Brazil [brə'zil] *n* Brasilien *nt*; **~ian** *adj* brasilianisch ♦ *n* Brasilianer(in) *m(f)*

breach [bri:tʃ] *n* (*gap*) Lücke *f*, (*MIL*) Durchbruch *m*; (*of discipline*) Verstoß *m* (gegen die Disziplin); (*of faith*) Vertrauensbruch *m* ♦ *vt* durchbrechen; **~ of contract** Vertragsbruch *m*; **~ of the peace** öffentliche Ruhestörung *f*

bread [bred] *n* Brot *nt*; **~ and butter** Butterbrot *nt*; **~bin** *n* Brotkasten *m*; **~box** (*US*) *n* Brotkasten *m*; **~crumbs** *npl* Brotkrumen *pl*; (*COOK*) Paniermehl *nt*; **~line** *n*: **to be on the ~line** sich gerade so durchschlagen

breadth [bretθ] *n* Breite *f*
breadwinner ['bredwinə*] *n* Ernährer *m*
break [breik] (*pt* **broke**, *pp* **broken**) *vt* (*destroy*) (ab- or zer)brechen; (*promise*) brechen, nicht einhalten ♦ *vi* (*fall apart*) auseinanderbrechen; (*collapse*) zusammenbrechen; (*dawn*) anbrechen ♦ *n* (*gap*) Lücke *f*; (*chance*) Chance *f*, Gelegenheit *f*; (*fracture*) Bruch *m*; (*rest*) Pause *f*; **~ down** *vt* (*figures, data*) aufschlüsseln; (*undermine*) überwinden ♦ *vi* (*car*) eine Panne haben; (*person*) zusammenbrechen; **~ even** *vi* die Kosten decken; **~ free** *vi* sich losreißen; **~ in** *vt* (*animal*) abrichten; (*horse*) zureiten ♦ *vi* (*burglar*) einbrechen; **~ into** *vt fus* (*house*) einbrechen in +*acc*; **~ loose** *vi* sich losreißen; **~ off** *vi* abbrechen; **~ open** *vt* (*door etc*) aufbrechen; **~ out** *vi* ausbrechen; **to ~ out in spots** Pickel bekommen; **~ up** *vi* zerbrechen; (*fig*) sich zerstreuen; (*BRIT: SCH*) in die Ferien gehen ♦ *vt* brechen;

~**age** n Bruch m, Beschädigung f; ~**down**
n (TECH) Panne f; (MED: also: nervous
~down) Zusammenbruch m; ~**down van**
(BRIT) n Abschleppwagen m; ~**er** n Bre-
cher m

breakfast ['brekfəst] n Frühstück nt

break: ~-**in** n Einbruch m; ~**ing** n: ~**ing
and entering** (JUR) Einbruch m;
~**through** n Durchbruch m; ~**water** n
Wellenbrecher m

breast [brest] n Brust f; ~-**feed** (irreg: like
feed) vt, vi stillen; ~-**stroke** n Brust-
schwimmen nt

breath [breθ] n Atem m; **out of** ~ außer
Atem; **under one's** ~ flüsternd

Breathalyzer ['breθəlaɪzə*] (®) n
Röhrchen nt

breathe [briːð] vt, vi atmen; ~ **in** vt, vi einatmen; ~ **out** vt, vi ausatmen; ~**r** n Ver-
schnaufpause f

breathing ['briːðɪŋ] n Atmung f

breathless ['breθlɪs] adj atemlos

breathtaking ['breθteɪkɪŋ] adj atemberaubend

bred [bred] pt, pp of **breed**

breed [briːd] (pt, pp **bred**) vi sich vermehren ♦ vt züchten ♦ n (race) Rasse f, Zucht
f; ~**er** n (person) Züchter m; ~**ing** n
Züchtung f; (upbringing) Erziehung f; (education) Bildung f

breeze [briːz] n Brise f

breezy ['briːzɪ] adj windig; (manner) munter

brevity ['brevɪtɪ] n Kürze f

brew [bruː] vt brauen; (plot) anzetteln ♦ vi
(storm) sich zusammenziehen; ~**ery** n
Brauerei f

bribe [braɪb] n Bestechungsgeld nt, Beste-
chungsgeschenk nt ♦ vt bestechen; ~**ry**
['braɪbərɪ] n Bestechung f

bric-a-brac ['brɪkəbræk] n Nippes pl

brick [brɪk] n Backstein m; ~**layer** n Maurer m; ~**works** n Ziegelei f

bridal ['braɪdl] adj Braut-

bride [braɪd] n Braut f; ~**groom** n
Bräutigam m; ~**smaid** n Brautjungfer f

bridge [brɪdʒ] n Brücke f; (NAUT) Kom-
mandobrücke f; (CARDS) Bridge nt; (ANAT)
Nasenrücken m ♦ vt eine Brücke schlagen
über +acc; (fig) überbrücken

bridle ['braɪdl] n Zaum m ♦ vt (fig) zügeln;
(horse) aufzäumen; ~ **path** n Reitweg m

brief [briːf] adj kurz ♦ n (JUR) Akten pl ♦ vt
instruieren; ~**s** npl (underwear) Schlüpfer
m, Slip m; ~**case** n Aktentasche f; ~**ing** n
(genaue) Anweisung f; ~**ly** adv kurz

brigadier [brɪgə'dɪə*] n Brigadegeneral m

bright [braɪt] adj hell; (cheerful) heiter;
(idea) klug; ~**en (up)** ['braɪtn-] vt aufhellen; (person) aufheitern ♦ vi sich aufheitern

brilliance ['brɪljəns] n Glanz m; (of person)
Scharfsinn m

brilliant ['brɪljənt] adj glänzend

brim [brɪm] n Rand m

brine [braɪn] n Salzwasser nt

bring [brɪŋ] (pt, pp **brought**) vt bringen; ~
about vt zustande bringen; ~ **back** vt zurückbringen; ~ **down** vt (price) senken; ~
forward vt (meeting) vorverlegen; (COMM)
übertragen; ~ **in** vt hereinbringen; (harvest)
einbringen; ~ **off** vt davontragen; (success)
erzielen; ~ **out** vt (object) herausbringen;
~ **round** or **to** vt wieder zu sich bringen;
~ **up** vt aufziehen; (question) zur Sprache
bringen

brink [brɪŋk] n Rand m

brisk [brɪsk] adj lebhaft

brisket ['brɪskɪt] n Bruststück nt

bristle ['brɪsl] n Borste f ♦ vi sich sträuben;
bristling with strotzend vor +dat

Britain ['brɪtən] n (also: Great ~) Großbritannien nt

British ['brɪtɪʃ] adj britisch ♦ npl: **the** ~ die
Briten pl; **the** ~ **Isles** pl die Britischen
Inseln pl; ~ **Rail** n die Britischen Eisenbah-
nen pl

Briton ['brɪtən] n Brite m, Britin f

brittle ['brɪtl] adj spröde

broach [brəʊtʃ] vt (subject) anschneiden

broad [brɔːd] adj breit; (hint) deutlich; (daylight) hellicht; (general) allgemein; (accent)
stark; **in** ~ **daylight** am hellichten Tag; ~
~**cast** (pt, pp **broadcast**) n Rund-
funkübertragung f ♦ vt, vi übertragen, senden; ~**en** vt erweitern ♦ vi sich erweitern;
~**ly** adv allgemein gesagt; ~-**minded** adj
tolerant

broccoli ['brɒkəlɪ] n Brokkoli pl

brochure ['brəʊʃʊə*] n Broschüre f

broil [brɔɪl] vt (grill) grillen

broke [brəʊk] pt of **break** ♦ adj (inf) pleite

broken ['brəʊkən] pp of **break** ♦ adj: ~ **leg**
gebrochenes Bein; **in** ~ **English** in gebro-
chenen Englisch; ~-**hearted** adj untröstlich

broker ['brəʊkə*] n Makler m

brolly ['brɒlɪ] (BRIT: inf) n Schirm m

bronchitis [brɒŋ'kaɪtɪs] n Bronchitis f

bronze [brɒnz] n Bronze f

brooch [brəʊtʃ] n Brosche f

brood [bruːd] n Brut f ♦ vi brüten

brook [brʊk] n Bach m

broom [bruːm] n Besen m; ~**stick** n Be-
senstiel m

Bros. abbr = **Brothers**

broth [brɒθ] n Suppe f, Fleischbrühe f

brothel ['brɒθl] n Bordell nt

brother ['brʌðə*] n Bruder m; ~-**in-law** n
Schwager m

brought [brɔːt] pt, pp of **bring**

brow [braʊ] n (eyebrow) (Augen)braue f;
(forehead) Stirn f; (of hill) Bergkuppe f

brown [braʊn] adj braun ♦ n Braun nt ♦ vt
bräunen; ~ **bread** n Mischbrot nt; **B~ie** n
Wichtel m; ~ **paper** n Packpapier nt; ~

sugar n braune(r) Zucker m
browse [brauz] vi (in books) blättern; (in shop) schmökern, herumschauen
bruise [bru:z] n Bluterguß m, blaue(r) Fleck m ♦ vt einen blauen Fleck geben ♦ vi einen blauen Fleck bekommen
brunt [brʌnt] n volle Wucht f
brush [brʌʃ] n Bürste f; (for sweeping) Handbesen m; (for painting) Pinsel m; (fight) kurze(r) Kampf m; (MIL) Scharmützel nt; (fig) Auseinandersetzung f ♦ vt (clean) bürsten; (sweep) fegen; (usu: ~ past, ~ against) streifen; ~ aside vt abtun; ~ up vt (knowledge) auffrischen; ~wood n Gestrüpp nt
brusque [bru:sk] adj schroff
Brussels ['brʌslz] n Brüssel nt; ~ sprout n Rosenkohl m
brutal ['bru:tl] adj brutal
brute [bru:t] n (person) Scheusal nt ♦ adj: by ~ force mit roher Kraft
B.Sc. n abbr = Bachelor of Science
bubble ['bʌbl] n (Luft)blase f ♦ vi sprudeln; (with joy) übersprudeln; ~ bath n Schaumbad nt; ~gum n Kaugummi m or nt
buck [bʌk] n Bock m; (US: inf) Dollar m ♦ vi bocken; to pass the ~ (to sb) die Verantwortung (auf jdn) abschieben; ~ up (inf) vi sich zusammenreißen
bucket ['bʌkɪt] n Eimer m
buckle ['bʌkl] n Schnalle f ♦ vt (an- or zusammen)schnallen ♦ vi (bend) sich verziehen
bud [bʌd] n Knospe f ♦ vi knospen, keimen
Buddhism ['budɪzəm] n Buddhismus m
budding ['bʌdɪŋ] adj angehend
buddy ['bʌdɪ] (inf) n Kumpel m
budge [bʌdʒ] vt, vi (sich) von der Stelle rühren
budgerigar ['bʌdʒərɪgɑ:*] n Wellensittich m
budget ['bʌdʒɪt] n Budget nt; (POL) Haushalt m ♦ vi: to ~ for sth etw einplanen
budgie ['bʌdʒɪ] n = budgerigar
buff [bʌf] adj (colour) lederfarben ♦ n (enthusiast) Fan m
buffalo ['bʌfələu] (pl ~ or ~es) n (BRIT) Büffel m; (US: bison) Bison m
buffer ['bʌfə*] n Puffer m; (COMPUT) Pufferspeicher m
buffet¹ ['bʌfɪt] n (blow) Schlag m ♦ vt (herum)stoßen
buffet² ['bufeɪ] (BRIT) n (bar) Imbißraum m, Erfrischungsraum m; (food) (kaltes) Büffet nt; ~ car (BRIT) n Speisewagen m
bug [bʌg] n (also fig) Wanze f ♦ vt verwanzen
bugle ['bju:gl] n Jagdhorn nt; (MIL: MUS) Bügelhorn nt
build [bɪld] (pt, pp built) vt bauen ♦ n Körperbau m; ~ up vt aufbauen; ~er n Bauunternehmer m; ~ing n Gebäude nt;

~ing society (BRIT) n Bausparkasse f
built [bɪlt] pt, pp of build
built-in adj (cupboard) eingebaut
built-up area n Wohngebiet nt
bulb [bʌlb] n (BOT) (Blumen)zwiebel f; (ELEC) Glühlampe f, Birne f
Bulgaria [bʌl'gɛərɪə] n Bulgarien nt; ~n adj bulgarisch ♦ n Bulgare m, Bulgarin f; (LING) Bulgarisch nt
bulge [bʌldʒ] n (Aus)bauchung f ♦ vi sich (aus)bauchen
bulk [bʌlk] n Größe f, Masse f; (greater part) Großteil m; in ~ (COMM) en gros; the ~ of der größte Teil +gen; ~head n Schott nt; ~y adj (sehr) umfangreich; (goods) sperrig
bull [bul] n (animal) Bulle m; (cattle) Stier m; (papal) Bulle f; ~dog n Bulldogge f
bulldozer ['buldəuzə*] n Planierraupe f
bullet ['bulɪt] n Kugel f
bulletin ['bulɪtɪn] n Bulletin nt, Bekanntmachung f
bulletproof ['bulɪtpru:f] adj kugelsicher
bullfight ['bulfaɪt] n Stierkampf m; ~er n Stierkämpfer m
bullion ['buljən] n Barren m
bullock ['bulək] n Ochse m
bullring ['bulrɪŋ] n Stierkampfarena f
bull's-eye ['bulzaɪ] n Zentrum nt
bully ['bulɪ] n Raufbold m ♦ vt einschüchtern
bum [bʌm] n (inf: backside) Hintern m; (tramp) Landstreicher m
bumblebee ['bʌmblbi:] n Hummel f
bump [bʌmp] n (blow) Stoß m; (swelling) Beule f ♦ vt, vi stoßen, prallen; ~ into t fus stoßen gegen ♦ vt (person) treffen; ~ cars (US) npl (dodgems) Autoskooter pl; ~er n (AUT) Stoßstange f ♦ adj (edition) dick; (harvest) Rekord-
bumptious ['bʌmpʃəs] adj aufgeblasen
bumpy ['bʌmpɪ] adj holprig
bun [bʌn] n Korinthenbrötchen nt
bunch [bʌntʃ] n (of flowers) Strauß m; (of keys) Bund m; (of people) Haufen m
bundle ['bʌndl] n Bündel nt ♦ vt (also: ~ up) bündeln
bungalow ['bʌŋgələu] n einstöckige(s) Haus nt, Bungalow m
bungle ['bʌŋgl] vt verpfuschen
bunion ['bʌnjən] n entzündete(r) Fußballen m
bunk [bʌŋk] n Schlafkoje f; ~ beds npl Etagenbett nt
bunker ['bʌŋkə*] n (coal store) Kohlenbunker m; (GOLF) Sandloch nt
bunny ['bʌnɪ] n (also: ~ rabbit) Häschen nt
bunting ['bʌntɪŋ] n Fahnentuch nt
buoy [bɔɪ] n Boje f; (life~) Rettungsboje f; ~ up vt Auftrieb geben +dat; ~ant adj (floating) schwimmend; (fig) heiter
burden ['bɜ:dn] n (weight) Ladung f, Last f;

(fig) Bürde f ♦ vt belasten
bureau ['bjʊərəʊ] *(pl ~x)* n *(BRIT: writing desk)* Sekretär m; *(US: chest of drawers)* Kommode f; *(for information etc)* Büro nt
bureaucracy [bjʊ'rɒkrəsɪ] n Bürokratie f
bureaucrat ['bjʊərəkræt] n Bürokrat(in) m(f)
bureaux ['bjʊərəʊz] npl of bureau
burglar ['bɜːglə*] n Einbrecher m; ~ **alarm** n Einbruchssicherung f; ~**y** n Einbruch m
burial ['berɪəl] n Beerdigung f
burly ['bɜːlɪ] adj stämmig
Burma ['bɜːmə] n Birma nt
burn [bɜːn] *(pt, pp burned or burnt)* vt verbrennen ♦ vi brennen ♦ n Brandwunde f; ~ **down** vt, vi abbrennen; ~**er** n Brenner m; ~**ing** adj brennend; ~**t** [bɜːnt] pt, pp of burn
burrow ['bʌrəʊ] n *(of fox)* Bau m; *(of rabbit)* Höhle f ♦ vt eingraben
bursar ['bɜːsə*] n Kassenverwalter m, Quästor m; ~**y** *(BRIT)* n Stipendium nt
burst [bɜːst] *(pt, pp burst)* vt zerbrechen ♦ vi platzen ♦ n Explosion f; *(outbreak)* Ausbruch m; *(in pipe)* Bruch(stelle f) m; to ~ **into flames** in Flammen aufgehen; to ~ **into tears** in Tränen ausbrechen; to ~ **out laughing** in Gelächter ausbrechen; ~ **into** vt fus *(room etc)* platzen in +acc; ~ **open** vi aufbrechen
bury ['berɪ] vt vergraben; *(in grave)* beerdigen
bus [bʌs] n *(Auto)*bus m, Omnibus m
bush [bʊʃ] n Busch m; to beat about the ~ wie die Katze um den heißen Brei herumgehen
bushy ['bʊʃɪ] adj buschig
busily ['bɪzɪlɪ] adv geschäftig
business ['bɪznɪs] n Geschäft nt; *(concern)* Angelegenheit f; it's none of your ~ es geht dich nichts an; to mean ~ es ernst meinen; to be away on ~ geschäftlich verreist sein; it's my ~ to ... es ist meine Sache, zu ...; ~**like** adj geschäftsmäßig; ~**man** *(irreg)* n Geschäftsmann m; ~ **trip** n Geschäftsreise f; ~**woman** *(irreg)* n Geschäftsfrau f
busker ['bʌskə*] *(BRIT)* n Straßenmusikant m
bus stop n Bushaltestelle f
bust [bʌst] n Büste f ♦ adj *(broken)* kaputt(gegangen); *(business)* pleite; to go ~ pleite machen
bustle ['bʌsl] n Getriebe nt ♦ vi hasten
bustling ['bʌslɪŋ] adj geschäftig
busy ['bɪzɪ] adj beschäftigt; *(road)* belebt ♦ vt: to ~ o.s. sich beschäftigen; ~**body** n Übereifrige(r) mf; ~ **signal** *(US)* n *(TEL)* Besetztzeichen nt

but [bʌt] conj 1 *(yet)* aber; not X but Y nicht X sondern Y
2 *(however)*: I'd love to come, but I'm busy ich würde gern kommen, bin aber beschäftigt
3 *(showing disagreement, surprise etc)*: but that's fantastic! (aber) das ist ja fantastisch!
♦ prep *(apart from, except)*: nothing but trouble nichts als Ärger; no-one but him can do it niemand außer ihn kann es machen; but for you/your help ohne dich/deine Hilfe; anything but that alles, nur das nicht
♦ adv *(just, only)*: she's but a child sie ist noch ein Kind; had I but known wenn ich es nur gewußt hätte; I can but try ich kann es immerhin versuchen; all but finished so gut wie fertig

butcher ['bʊtʃə*] n Metzger m; *(murderer)* Schlächter m ♦ vt schlachten; *(kill)* abschlachten; ~**'s (shop)** n Metzgerei f
butler ['bʌtlə*] n Butler m
butt [bʌt] n *(cask)* große(s) Faß nt; *(BRIT: fig: target)* Zielscheibe f; *(thick end)* dicke(s) Ende nt; *(of gun)* Kolben m; *(of cigarette)* Stummel m ♦ vt *(also with head)* stoßen; ~ **in** vi *(interrupt)* sich einmischen
butter ['bʌtə*] n Butter f ♦ vt buttern; ~ **bean** n Wachsbohne f; ~**cup** n Butterblume f
butterfly ['bʌtəflaɪ] n Schmetterling m; *(SWIMMING: also ~ stroke)* Butterflystil m
buttocks ['bʌtəks] npl Gesäß nt
button ['bʌtn] n Knopf m ♦ vt, vi *(also: ~ up)* zuknöpfen
buttress ['bʌtrɪs] n Strebepfeiler m; Stützbogen m
buxom ['bʌksəm] adj drall
buy [baɪ] *(pt, pp bought)* vt kaufen ♦ n Kauf m; to ~ **sb a drink** jdm einen Drink spendieren; ~**er** n Käufer(in) m(f)
buzz [bʌz] n Summen f ♦ vi summen
buzzer ['bʌzə*] n Summer m
buzz word n Modewort nt

by [baɪ] prep 1 *(referring to cause, agent)* von, durch; killed by lightning vom Blitz getötet; a painting by Picasso ein Gemälde von Picasso
2 *(referring to method, manner, means)*: by bus/car/train mit dem Bus/Auto/Zug; to pay by cheque per Scheck bezahlen; by moonlight bei Mondschein; by saving hard, he ... indem er eisern sparte, ... er ...
3 *(via, through)* über +acc; he came in by the back door er kam durch die Hintertür herein

4 (*close to, past*) bei, an +*dat*; **a holiday by the sea** ein Urlaub am Meer; **she rushed by me** sie eilte an mir vorbei

5 (*not later than*): **by 4 o'clock** bis 4 Uhr; **by this time tomorrow** morgen um diese Zeit; **by the time I got here it was too late** als ich hier ankam, war es zu spät

6 (*during*): **by day** bei Tag

7 (*amount*): **by the kilo/metre** kiloweise/meterweise; **paid by the hour** stundenweise bezahlt

8 (*MATH, measure*): **to divide by 3** durch 3 teilen; **to multiply by 3** mit 3 malnehmen; **a room 3 metres by 4** ein Zimmer 3 mal 4 Meter; **it's broader by a metre** es ist (um) einem Meter breiter

9 (*according to*) nach; **it's all right by me** von mir aus gern

10: (**all**) **by oneself** *etc* ganz allein

11: **by the way** übrigens

♦ *adv* **1** *see* **go; pass** *etc*

2: **by and by** irgendwann; (*with past tenses*) nach einiger Zeit; **by and large** (*on the whole*) im großen und ganzen

bye(-bye) ['baɪ('baɪ)] *excl* (auf) Wiedersehen

by(e)-law ['baɪlɔ:] *n* Verordnung *f*

by-election ['baɪ'lekʃən] (*BRIT*) *n* Nachwahl *f*

bygone ['baɪgɒn] *adj* vergangen ♦ *n*: **let ~s be ~s** laß(t) das Vergangene vergangen sein

bypass ['baɪpɑːs] *n* Umgehungsstraße *f* ♦ *vt* umgehen

by-product ['baɪprɒdʌkt] *n* Nebenprodukt *nt*

bystander ['baɪstændə*] *n* Zuschauer *m*

byte [baɪt] *n* (*COMPUT*) Byte *nt*

byword ['baɪwɜːd] *n* Inbegriff *m*

C c

C [siː] *n* (*MUS*) C *nt*

C. *abbr* (= *centigrade*) C

C.A. *abbr* = **chartered accountant**

cab [kæb] *n* Taxi *nt*; (*of train*) Führerstand *m*; (*of truck*) Führersitz *m*

cabaret ['kæbəreɪ] *n* Kabarett *nt*

cabbage ['kæbɪdʒ] *n* Kohl(kopf) *m*

cabin ['kæbɪn] *n* Hütte *f*; (*NAUT*) Kajüte *f*; (*AVIAT*) Kabine *f*; ~ **cruiser** *n* Motorjacht *f*

cabinet ['kæbɪnɪt] *n* Schrank *m*; (*for china*) Vitrine *f*; (*POL*) Kabinett *nt*; ~**-maker** *n* Kunsttischler *m*

cable ['keɪbl] *n* Drahtseil *nt*, Tau *nt*; (*TEL*) (Leitungs)kabel *nt*; (*telegram*) Kabel *nt* ♦ *vt* kabeln, telegraphieren; ~**-car** *n* Seilbahn *f*; ~ **television** *n* Kabelfernsehen *nt*

cache [kæʃ] *n* geheime(s) (Waffen)lager *nt*; geheime(s) (Proviant)lager *nt*

cackle ['kækl] *vi* gacken

cacti ['kæktaɪ] *npl of* **cactus**

cactus ['kæktəs] (*pl* **cacti**) *n* Kaktus *m*, Kaktee *f*

caddie ['kædɪ] *n* (*GOLF*) Golfjunge *m*

caddy *n* = **caddie**

cadet [kə'det] *n* Kadett *m*

cadge [kædʒ] *vt* schmarotzen

Caesarean [siː'zɛərɪən] *adj*: ~ (**section**) Kaiserschnitt *m*

café ['kæfɪ] *n* Café *nt*, Restaurant *nt*

cafeteria [kæfɪ'tɪərɪə] *n* Selbstbedienungsrestaurant *nt*

caffein(e) ['kæfiːn] *n* Koffein *nt*

cage [keɪdʒ] *n* Käfig *m* ♦ *vt* einsperren

cagey ['keɪdʒɪ] *adj* geheimnistuerisch, zurückhaltend

cagoule [kə'guːl] *n* Windhemd *nt*

Cairo ['kaɪərəʊ] *n* Kairo *nt*

cajole [kə'dʒəʊl] *vt* überreden

cake [keɪk] *n* Kuchen *m*; (*of soap*) Stück *nt*; ~**d** *adj* verkrustet

calamity [kə'læmɪtɪ] *n* Unglück *nt*, (Schicksals)schlag *m*

calcium ['kælsɪəm] *n* Kalzium *nt*

calculate ['kælkjʊleɪt] *vt* berechnen, kalkulieren; **calculating** *adj* berechnend; **calculation** [kælkjʊ'leɪʃən] *n* Berechnung *f*; **calculator** *n* Rechner *m*

calculus ['kælkjʊləs] *n* Infinitesimalrechnung *f*

calendar ['kælɪndə*] *n* Kalender *m*; ~ **month** *n* Kalendermonat *m*

calf [kɑːf] (*pl* **calves**) *n* Kalb *nt*; (*also*: ~**skin**) Kalbsleder *nt*; (*ANAT*) Wade *f*

calibre ['kælɪbə*] (*US* **caliber**) *n* Kaliber *nt*

call [kɔːl] *vt* rufen; (*name*) nennen; (*meeting*) einberufen; (*awaken*) wecken; (*TEL*) anrufen ♦ *vi* (*shout*) rufen; (*visit: also*: ~ **in**, ~ **round**) vorbeikommen ♦ *n* (*shout*) Ruf *m*; (*TEL*) Anruf *m*; **to be ~ed** heißen; **on** ~ in Bereitschaft; ~ **back** *vi* (*return*) wiederkommen; (*TEL*) zurückrufen; ~ **for** *vt fus* (*demand*) erfordern, verlangen; (*fetch*) abholen; ~ **off** *vt* (*cancel*) absagen; ~ **on** *vt fus* (*visit*) besuchen; (*turn to*) bitten; ~ **out** *vi* rufen; ~ **up** *vt* (*MIL*) einberufen; ~**box** (*BRIT*) *n* Telefonzelle *f*; ~**er** *n* Besucher(in) *m(f)*; (*TEL*) Anrufer *m*; ~ **girl** *n* Call-Girl *nt*; ~**-in** (*US*) *n* (*phone-in*) Phone-in *nt*; ~**ing** *n* (*vocation*) Berufung *f*; ~**ing card** (*US*) *n* Visitenkarte *f*

callous ['kæləs] *adj* herzlos

calm [kɑːm] *n* Ruhe *f*; (NAUT) Flaute *f* ♦ *vt* beruhigen ♦ *adj* ruhig; (*person*) gelassen; ~ **down** *vi* sich beruhigen ♦ *vt* beruhigen

Calor gas ['kælə-] ® *n* Propangas *nt*

calorie ['kælərɪ] *n* Kalorie *f*

calves [kɑːvz] *npl of* **calf**

camber ['kæmbə*] *n* Wölbung *f*

Cambodia [kæm'bəʊdjə] *n* Kambodscha *nt*

camcorder ['kæmkɔːdə*] *n* Camcorder *m*

came [keɪm] *pt of* **come**

cameo ['kæmɪəʊ] *n* Kamee *f*

camera ['kæmərə] *n* Fotoapparat *m*; (CINE, TV) Kamera *f*; **in ~** unter Ausschluß der Öffentlichkeit; **~man** (*irreg*) *n* Kameramann *m*

camouflage ['kæməflɑːʒ] *n* Tarnung *f* ♦ *vt* tarnen

camp [kæmp] *n* Lager *nt* ♦ *vi* zelten, campen ♦ *adj* affektiert

campaign [kæm'peɪn] *n* Kampagne *f*; (MIL) Feldzug *m* ♦ *vi* Krieg führen; (*fig*) werben, Propaganda machen; (POL) den Wahlkampf führen

campbed ['kæmp'bed] (BRIT) *n* Campingbett *nt*

camper ['kæmpə*] *n* Camper(in) *m(f)*; (*vehicle*) Camping-wagen *m*

camping ['kæmpɪŋ] *n*: **to go ~** zelten, Camping machen

campsite ['kæmpsaɪt] *n* Campingplatz *m*

campus ['kæmpəs] *n* Universitätsgelände *nt*, Campus *m*

can[1] [kæn] *n* Büchse *f*, Dose *f*; (*for water*) Kanne *f* ♦ *vt* konservieren, in Büchsen einmachen

---

─── *KEYWORD*

can[2] [kæn] (*negative* **cannot, can't**; *conditional could*) *aux vb* **1** (*be able to, know how to*) können; **I can see you tomorrow, if you like** ich könnte Sie morgen sehen, wenn Sie wollen; **I can swim** ich kann schwimmen; **can you speak German?** sprechen Sie Deutsch?

2 (*may*) können, dürfen; **could I have a word with you?** könnte ich Sie kurz sprechen?

Canada ['kænədə] *n* Kanada *nt*

Canadian [kə'neɪdɪən] *adj* kanadisch ♦ *n* Kanadier(in) *m(f)*

canal [kə'næl] *n* Kanal *m*

canary [kə'neərɪ] *n* Kanarienvogel *m*

cancel ['kænsəl] *vt* absagen; (*delete*) durchstreichen; (*train*) streichen; **~lation** [kænsə'leɪʃən] *n* Absage *f*; Streichung *f*

cancer ['kænsə*] *n* (*also:* ASTROL: C~) Krebs *m*

candid ['kændɪd] *adj* offen, ehrlich

candidate ['kændɪdeɪt] *n* Kandidat(in) *m(f)*

candle ['kændl] *n* Kerze *f*; **~light** *n* Kerzenlicht *nt*; **~stick** *n* (*also:* ~ holder) Ker-

candour ['kændə*] (US **candor**) *n* Offenheit *f*

candy ['kændɪ] *n* Kandis(zucker) *m*; (US) Bonbons *pl*; **~-floss** (BRIT) *n* Zuckerwatte *f*

cane [keɪn] *n* (BOT) Rohr *nt*; (*stick*) Stock *m* ♦ *vt* (BRIT: SCH) schlagen

canine ['kænaɪn] *adj* Hunde-

canister ['kænɪstə*] *n* Blechdose *f*

cannabis ['kænəbɪs] *n* Hanf *m*, Haschisch *nt*

canned [kænd] *adj* Büchsen-, eingemacht

cannibal ['kænɪbəl] *n* Menschenfresser *m*

cannon ['kænən] (*pl* ~ *or* ~**s**) *n* Kanone *f*

cannot ['kænɒt] = **can not**

canny ['kænɪ] *adj* schlau

canoe [kə'nuː] *n* Kanu *nt*

canon ['kænən] *n* (*clergyman*) Domherr *m*; (*standard*) Grundsatz *m*

canonize ['kænənaɪz] *vt* heiligsprechen

can-opener [-'əʊpnə*] *n* Büchsenöffner *m*

canopy ['kænəpɪ] *n* Baldachin *m*

can't [kɑːnt] = **can not**

cantankerous [kæn'tæŋkərəs] *adj* zänkisch, mürrisch

canteen [kæn'tiːn] *n* Kantine *f*; (BRIT: *of cutlery*) Besteckkasten *m*; (*bottle*) Feldflasche *f*

canter ['kæntə*] *n* Kanter *m* ♦ *vi* in kurzem Galopp reiten

canvas ['kænvəs] *n* Segeltuch *nt*; (*sail*) Segel *nt*; (*for painting*) Leinwand *f*; **under ~** (*camping*) in Zelten

canvass ['kænvəs] *vi* um Stimmen werben; **~ing** *n* Wahlwerbung *f*

canyon ['kænjən] *n* Felsenschlucht *f*

cap [kæp] *n* Mütze *f*; (*of pen*) Kappe *f*; (*of bottle*) Deckel *m* ♦ *vt* (*surpass*) übertreffen; (SPORT) aufstellen; (*put limit on*) einen Höchstsatz festlegen für

capability [keɪpə'bɪlɪtɪ] *n* Fähigkeit *f*

capable ['keɪpəbl] *adj* fähig

capacity [kə'pæsɪtɪ] *n* Fassungsvermögen *nt*; (*ability*) Fähigkeit *f*; (*position*) Eigenschaft *f*

cape [keɪp] *n* (*garment*) Cape *nt*, Umhang *m*; (GEOG) Kap *nt*

caper ['keɪpə*] *n* (COOK: *usu:* ~s) Kaper *f*; (*prank*) Kapriole *f*

capital ['kæpɪtl] *n* (~ *city*) Hauptstadt *f*; (FIN) Kapital *nt*; (~ *letter*) Großbuchstabe *m*; **~ gains tax** *n* Kapitalertragssteuer *f*; **~ism** *n* Kapitalismus *m*; **~ist** *adj* kapitalistisch ♦ *n* Kapitalist(in) *m(f)*; **~ize** *vi*: **to ~ize on** Kapital schlagen aus; **~ punishment** *n* Todesstrafe *f*

capitulate [kə'pɪtjʊleɪt] *vi* kapitulieren

capricious [kə'prɪʃəs] *adj* launisch

Capricorn ['kæprɪkɔːn] *n* Steinbock *m*

capsize [kæp'saɪz] *vt, vi* kentern

capsule ['kæpsjuːl] *n* Kapsel *f*

captain ['kæptɪn] n Kapitän m; (MIL) Hauptmann m ♦ vt anführen

caption ['kæpʃən] n (heading) Überschrift f; (to picture) Unterschrift f

captivate ['kæptɪveɪt] vt fesseln

captive ['kæptɪv] n Gefangene(r) mf ♦ adj gefangen(gehalten)

captivity [kæp'tɪvɪtɪ] n Gefangenschaft f

capture ['kæptʃə*] vt gefangennehmen; (place) erobern; (attention) erregen ♦ n Gefangennahme f; (data ~) Erfassung f

car [kɑ:*] n Auto nt, Wagen m; (RAIL) Wagen m

carat ['kærət] n Karat nt

caravan ['kærəvæn] n (BRIT) Wohnwagen m; (in desert) Karawane f; ~ **site** (BRIT) n Campingplatz m für Wohnwagen

carbohydrate [kɑ:bəʊ'haɪdreɪt] n Kohlenhydrat nt

carbon ['kɑ:bən] n Kohlenstoff m; ~ **copy** n Durchschlag m; ~ **paper** n Kohlepapier nt

carburettor ['kɑ:bjʊretə*] (US **carburetor**) n Vergaser m

carcass ['kɑ:kəs] n Kadaver m

card [kɑ:d] n Karte f, ~**board** n Pappe f; ~ **game** n Kartenspiel nt

cardiac ['kɑ:dɪæk] adj Herz-

cardigan ['kɑ:dɪgən] n Strickjacke f

cardinal ['kɑ:dɪnl] adj: ~ **number** Kardinalzahl f ♦ n (REL) Kardinal m

card index n Kartei f; (in library) Katalog m

care [kɛə*] n (of teeth, car etc) Pflege f; (of children) Fürsorge f; (carefulness) Sorgfalt f; (worry) Sorge f ♦ vi: to ~ about sich kümmern um; ~ of bei; in sb's ~ in jds Obhut; I don't ~ das ist mir egal; I couldn't ~ less es ist mir doch völlig egal; to take ~ aufpassen; to take ~ of sorgen für; to take ~ to do sth sich bemühen, etw zu tun; ~ for vt sorgen für; (like) mögen

career [kə'rɪə*] n Karriere f, Laufbahn f ♦ vi (also: ~ along) rasen

carefree ['kɛəfri:] adj sorgenfrei

careful ['kɛəfʊl] adj sorgfältig; (be) ~! paß auf!

careless ['kɛəlɪs] adj nachlässig; ~**ness** n Nachlässigkeit f

carer ['kɛərə*] n (MED) Betreuer(in) m(f)

caress [kə'res] n Liebkosung f ♦ vt liebkosen

caretaker ['kɛəteɪkə*] n Hausmeister m

car-ferry ['kɑ:feri] n Autofähre f

cargo ['kɑ:gəʊ] (pl ~es) n Schiffsladung f

car hire n Autovermietung f

Caribbean [kærɪ'bi:ən] n: the ~ (Sea) die Karibik

caricature ['kærɪkətjʊə*] n Karikatur f

caring ['kɛərɪŋ] adj (society, organization) sozial eingestellt; (person) liebevoll

carnage ['kɑ:nɪdʒ] n Blutbad nt

carnal ['kɑ:nl] adj fleischlich

carnation [kɑ:'neɪʃən] n Nelke f

carnival ['kɑ:nɪvəl] n Karneval m, Fasching m; (US: fun fair) Kirmes f

carnivorous [kɑ:'nɪvərəs] adj fleischfressend

carol ['kærəl] n: (Christmas) ~ (Weihnachts)lied nt

carp [kɑ:p] n (fish) Karpfen m; ~ **at** vt herumnörgeln an +dat

car park (BRIT) n Parkplatz m; (covered) Parkhaus nt

carpenter ['kɑ:pɪntə*] n Zimmermann m

carpentry ['kɑ:pɪntrɪ] n Zimmerei f

carpet ['kɑ:pɪt] n Teppich m ♦ vt mit einem Teppich auslegen; ~ **slippers** npl Pantoffeln pl; ~ **sweeper** n Teppichkehrer m

car phone n (TEL) Autotelefon nt

carriage ['kærɪdʒ] n Kutsche f; (RAIL, of typewriter) Wagen m; (of goods) Beförderung f; (bearing) Haltung f; ~ **return** n (on typewriter) Rücklauftaste f; ~**way** (BRIT) n (part of road) Fahrbahn f

carrier ['kærɪə*] n Träger(in) m(f); (COMM) Spediteur m; ~ **bag** (BRIT) n Tragetasche m

carrot ['kærət] n Möhre f, Karotte f

carry ['kærɪ] vt, vi tragen; **to get carried away** (fig) sich nicht mehr bremsen können; ~ **on** vi (continue) weitermachen; (inf: complain) Theater machen; ~ **out** vt (orders) ausführen; (investigation) durchführen; ~**cot** (BRIT) n Babytragetasche f; ~-**on** (inf) n (fuss) Theater nt

cart [kɑ:t] n Wagen m, Karren m ♦ vt schleppen

cartilage ['kɑ:tɪlɪdʒ] n Knorpel m

carton ['kɑ:tən] n Karton m; (of milk) Tüte f

cartoon [kɑ:'tu:n] n (PRESS) Karikatur f; (comic strip) Comics pl; (CINE) (Zeichen)trickfilm m

cartridge ['kɑ:trɪdʒ] n Patrone f

carve [kɑ:v] vt (wood) schnitzen; (stone) meißeln; (meat) (vor)schneiden; ~ **up** vt aufschneiden

carving ['kɑ:vɪŋ] n Schnitzerei f; ~ **knife** n Tranchiermesser nt

car wash n Autowäsche f

cascade ['kæs'keɪd] n Wasserfall m ♦ vi kaskadenartig herabfallen

case [keɪs] n (box) Kasten m; (BRIT: also: suit~) Koffer m; (JUR, matter) Fall m; in ~ falls, im Falle; in any ~ jedenfalls, auf jeden Fall

cash [kæʃ] n (Bar)geld nt ♦ vt einlösen; ~ **on delivery** per Nachnahme; ~ **book** n Kassenbuch nt; ~ **card** n Scheckkarte f; ~ **desk** (BRIT) n Kasse f; ~ **dispenser** n Geldautomat m

cashew [kæ'ʃu:] n (also: ~ nut) Cashew-

nuß f
cash flow n Cash-flow m
cashier [kæ'ʃɪə*] n Kassierer(in) m(f)
cashmere ['kæʃmɪə*] n Kaschmirwolle f
cash register n Registrierkasse f
casing ['keɪsɪŋ] n Gehäuse nt
casino [kə'siːnəʊ] n Kasino nt
cask [kɑːsk] n Faß nt
casket ['kɑːskɪt] n Kästchen nt; (US: coffin)
Sarg m
casserole ['kæsərəʊl] n Kasserolle f; (food)
Auflauf m
cassette [kæ'set] n Kassette f; ~ **player** n
Kassettengerät nt
cast [kɑːst] (pt, pp **cast**) vt werfen; (horns)
verlieren; (metal) gießen; (THEAT) besetzen;
(vote) abgeben ♦ n (THEAT) Besetzung f;
(also: plaster ~) Gipsverband m; ~ **off** vi
(NAUT) losmachen
castaway ['kɑːstəweɪ] n Schiffbrüchige(r)
mf
caste [kɑːst] n Kaste f
caster sugar ['kɑːstə-] (BRIT) n Raffinade f
casting vote ['kɑːstɪŋ-] (BRIT) n entschei-
dende Stimme f
cast iron n Gußeisen nt
castle ['kɑːsl] n Burg f; Schloß nt; (CHESS)
Turm m
castor ['kɑːstə*] n (wheel) Laufrolle f
castor oil n Rizinusöl nt
castrate [kæs'treɪt] vt kastrieren
casual ['kæʒjʊl] adj (attitude) nachlässig;
(dress) leger; (meeting) zufällig; (work)
Gelegenheits-; ~**ly** adv (dress) zwanglos,
leger; (remark) beiläufig
casualty ['kæʒjʊltɪ] n Verletzte(r) mf;
(dead) Tote(r) mf; (also: ~ department) Un-
fallstation f
cat [kæt] n Katze f
catalogue ['kætəlɒg] (US **catalog**) n Katalog m ♦ vt katalogisieren
catalyst ['kætəlɪst] n Katalysator m
catalytic converter [kætə'lɪtɪk kən'vɜːtə*]
n Katalysator m
catapult ['kætəpʌlt] n Schleuder f
cataract ['kætərækt] n (MED) graue(r) Star
m
catarrh [kə'tɑː*] n Katarrh m
catastrophe [kə'tæstrəfɪ] n Katastrophe f
catch [kætʃ] (pt, pp **caught**) vt fangen; (arrest) fassen; (train) erreichen; (person: by
surprise) ertappen; (also: ~ up) einholen ♦
vi (fire) in Gang kommen; (in branches etc)
hängenbleiben ♦ n (fish etc) Fang m; (trick)
Haken m; (of lock) Sperrhaken m; **to ~ an
illness** sich dat eine Krankheit holen; **to ~
fire** Feuer fangen; ~ **on** vi (understand) begreifen; (grow popular) ankommen; ~ **up**
vi (fig) aufholen
catching ['kætʃɪŋ] adj ansteckend
catchment area ['kætʃmənt-] (BRIT) n
Einzugsgebiet nt

catch phrase n Slogan m
catchy ['kætʃɪ] adj (tune) eingängig
catechism ['kætɪkɪzəm] n Katechismus m
categoric(al) [kætə'gɒrɪk(l)] adj kategorisch
category ['kætɪgərɪ] n Kategorie f
cater ['keɪtə*] vi versorgen; ~ **for** (BRIT) vt
fus (party) ausrichten; (needs) eingestellt
sein auf +acc; ~**er** n Lieferant(in) m(f) von
Speisen und Getränken; ~**ing** n Gastrono-
mie f
caterpillar ['kætəpɪlə*] n Raupe f; ~ **track**
® n Gleiskette f
cathedral [kə'θiːdrəl] n Kathedrale f, Dom
m
catholic ['kæθəlɪk] adj (tastes etc) vielseitig;
C~ adj (REL) katholisch ♦ n Katholik(in)
m(f)
cat's-eye ['kætsaɪ] (BRIT) n (AUT) Kat-
zenauge nt
cattle ['kætl] npl Vieh nt
catty ['kætɪ] adj gehässig
caucus ['kɔːkəs] n (POL) Gremium nt; (US:
meeting) Sitzung f
caught [kɔːt] pt, pp of **catch**
cauliflower ['kɒlɪflaʊə*] n Blumenkohl m
cause [kɔːz] n Ursache f; (purpose) Sache f
♦ vt verursachen
causeway ['kɔːzweɪ] n Damm m
caustic ['kɔːstɪk] adj ätzend; (fig) bissig
caution ['kɔːʃən] n Vorsicht f; (warning)
Verwarnung f ♦ vt verwarnen
cautious ['kɔːʃəs] adj vorsichtig
cavalier [kævə'lɪə*] adj blasiert
cavalry ['kævəlrɪ] n Kavallerie f
cave [keɪv] n Höhle f; ~ **in** vi einstürzen;
~**man** (irreg) n Höhlenmensch m
cavern ['kævən] n Höhle f
caviar(e) ['kævɪɑː*] n Kaviar m
cavity ['kævɪtɪ] n Loch nt
cavort [kə'vɔːt] vi umherspringen
C.B. n abbr (= Citizens' Band (Radio)) CB
C.B.I. n abbr (= Confederation of British Industry) ≈ BDI m
cc n abbr = **carbon copy; cubic centi-
metres**
CD n abbr (= compact disc) CD f; (: player)
CD-Spieler m
CD-ROM n abbr (= compact disc read-only
memory) CD-Rom f
cease [siːs] vi aufhören ♦ vt beenden; ~**fire**
n Feuereinstellung f; ~**less** adj unaufhörlich
cedar ['siːdə*] n Zeder f
cede [siːd] vt abtreten
ceiling ['siːlɪŋ] n Decke f; (fig)
Höchstgrenze f
celebrate ['selɪbreɪt] vt, vi feiern; ~**d** adj
gefeiert
celebration [selɪ'breɪʃən] n Feier f
celebrity [sɪ'lebrɪtɪ] n gefeierte Persönlichkeit f
celery ['selərɪ] n Sellerie m or f

celestial [sɪ'lestɪəl] *adj* himmlisch
celibacy ['selɪbəsɪ] *n* Zölibat *nt or m*
cell [sel] *n* Zelle *f*; (*ELEC*) Element *nt*
cellar ['selə*] *n* Keller *m*
cello ['tʃeləʊ] *n* Cello *nt*
Cellophane ['seləfeɪn] (®) *n* Cellophan *nt* (®)
cellphone *n* Funktelefon *nt*
cellular ['seljʊlə*] *adj* zellular
cellulose ['seljʊləʊs] *n* Zellulose *f*
Celt [kelt, selt] *n* Kelte *m*, Keltin *f*; **~ic** ['keltɪk, 'seltɪk] *adj* keltisch
cement [sɪ'ment] *n* Zement *m ♦ vt* zementieren; ~ **mixer** *n* Betonmischmaschine *f*
cemetery ['semɪtrɪ] *n* Friedhof *m*
cenotaph ['senətɑːf] *n* Ehrenmal *nt*
censor ['sensə*] *n* Zensor *m ♦ vt* zensieren; **~ship** *n* Zensur *f*
censure ['senʃə*] *vt* rügen
census ['sensəs] *n* Volkszählung *f*
cent [sent] *n* (*US: coin*) Cent *m*; *see also* **per cent**
centenary [sen'tiːnərɪ] *n* Jahrhundertfeier *f*
center ['sentə*] (*US*) *n* = **centre**
centigrade ['sentɪgreɪd] *adj* Celsius
centimetre ['sentɪmiːtə*] (*US* **centimeter**) *n* Zentimeter *m*
centipede ['sentɪpiːd] *n* Tausendfüßler *m*
central ['sentrəl] *adj* zentral; **C~ America** *n* Mittelamerika *nt*; ~ **heating** *n* Zentralheizung *f*; **~ize** *vt* zentralisieren; ~ **reservation** (*BRIT*) *n* (*AUT*) Mittelstreifen *m*
centre ['sentə*] (*US* **center**) *n* Zentrum *nt ♦ vt* zentrieren; **~-forward** *n* (*SPORT*) Mittelstürmer *m*; **~-half** *n* (*SPORT*) Stopper *m*
century ['sentjʊrɪ] *n* Jahrhundert *nt*
ceramic [sɪ'ræmɪk] *adj* keramisch; **~s** *npl* Keramiken *pl*
cereal ['sɪərɪəl] *n* (*grain*) Getreide *nt*; (*at breakfast*) Getreideflocken *pl*
cerebral ['serɪbrəl] *adj* zerebral; (*intellectual*) geistig
ceremony ['serɪmənɪ] *n* Zeremonie *f*; **to stand on ~** förmlich sein
certain ['sɜːtən] *adj* sicher; (*particular*) gewiß; **for ~** ganz bestimmt; **~ly** *adv* sicher, bestimmt; **~ty** *n* Gewißheit *f*
certificate [sə'tɪfɪkɪt] *n* Bescheinigung *f*; (*SCH etc*) Zeugnis *nt*
certified mail ['sɜːtɪfaɪd-] (*US*) *n* Einschreiben *nt*
certified public accountant ['sɜːtɪfaɪd-] (*US*) *n* geprüfte(r) Buchhalter *m*
certify ['sɜːtɪfaɪ] *vt* bescheinigen
cervical ['sɜːvɪkl] *adj* (*smear, cancer*) Gebärmutterhals-
cervix ['sɜːvɪks] *n* Gebärmutterhals *m*
cessation [se'seɪʃən] *n* Einstellung *f*, Ende *nt*
cf. *abbr* (= *compare*) vgl.
CFC *n abbr* (= *chlorofluorocarbon*) FCKW *m*
ch. *abbr* (= *chapter*) Kap.

chafe [tʃeɪf] *vt* scheuern
chaffinch ['tʃæfɪntʃ] *n* Buchfink *m*
chagrin ['ʃægrɪn] *n* Verdruß *m*
chain [tʃeɪn] *n* Kette *f ♦ vt* (*also: ~ up*) anketten; ~ **reaction** *n* Kettenreaktion *f*; **~-smoke** *vi* kettenrauchen; ~ **store** *n* Kettenladen *m*
chair [tʃeə*] *n* Stuhl *m*; (*arm~*) Sessel *m*; (*UNIV*) Lehrstuhl *m ♦ vt* (*meeting*) den Vorsitz führen bei; **~lift** *n* Sessellift *m*; **~man** (*irreg*) *n* Vorsitzende(r) *m*
chalet ['ʃæleɪ] *n* Chalet *nt*
chalice ['tʃælɪs] *n* Kelch *m*
chalk ['tʃɔːk] *n* Kreide *f*
challenge ['tʃælɪndʒ] *n* Herausforderung *f ♦ vt* herausfordern; (*contest*) bestreiten
challenging ['tʃælɪndʒɪŋ] *adj* (*tone*) herausfordernd; (*work*) anspruchsvoll
chamber ['tʃeɪmbə*] *n* Kammer *f*; ~ **of commerce** Handelskammer *f*; **~maid** *n* Zimmermädchen *nt*; ~ **music** *n* Kammermusik *f*
chamois ['ʃæmwɑː] *n* Gemse *f*
champagne [ʃæm'peɪn] *n* Champagner *m*, Sekt *m*
champion ['tʃæmpɪən] *n* (*SPORT*) Meister(in) *m(f)*; (*of cause*) Verfechter(in) *m(f)*; **~ship** *n* Meisterschaft *f*
chance [tʃɑːns] *n* (*luck*) Zufall *m*; (*possibility*) Möglichkeit *f*, (*opportunity*) Gelegenheit *f*, Chance *f*; (*risk*) Risiko *nt ♦ adj* zufällig *♦ vt*: **to ~ it** es darauf ankommen lassen; **by ~** zufällig; **to take a ~** ein Risiko eingehen
chancellor ['tʃɑːnsələ*] *n* Kanzler *m*; **C~ of the Exchequer** (*BRIT*) *n* Schatzkanzler *m*
chandelier [ʃændɪ'lɪə*] *n* Kronleuchter *m*
change [tʃeɪndʒ] *vt* ändern; (*replace, COMM: money*) wechseln; (*exchange*) umtauschen; (*transform*) verwandeln *♦ vi* sich ändern; (*~ trains*) umsteigen; (*~ clothes*) sich umziehen *♦ n* Veränderung *f*; (*money returned*) Wechselgeld *nt*; (*coins*) Kleingeld *nt*; **to ~ one's mind** es sich *dat* anders überlegen; **to ~ into sth** (*be transformed*) sich in etw *acc* verwandeln; **for a ~** zur Abwechslung; **~able** *adj* (*weather*) wechselhaft; ~ **machine** *n* Geldwechselautomat *m*; **~over** *n* Umstellung *f*
changing ['tʃeɪndʒɪŋ] *adj* veränderlich; ~ **room** (*BRIT*) *n* Umkleideraum *m*
channel ['tʃænl] *n* (*stream*) Bachbett *nt*; (*NAUT*) Straße *f*; (*TV*) Kanal *m*; (*fig*) Weg *m ♦ vt* (*efforts*) lenken; **the (English) C~** der Ärmelkanal; **C~ Islands** *npl*: **the C~ Islands** die Kanalinseln *pl*
chant [tʃɑːnt] *n* Gesang *m*; (*of football fans etc*) Sprechchor *m ♦ vt* intonieren
chaos ['keɪɒs] *n* Chaos *nt*
chap [tʃæp] (*inf*) *n* Kerl *m*
chapel ['tʃæpəl] *n* Kapelle *f*
chaperon ['ʃæpərəʊn] *n* Anstandsdame *f*

chaplain [ˈtʃæplɪn] *n* Kaplan *m*

chapped [ˈtʃæpt] *adj* (*skin, lips*) spröde

chapter [ˈtʃæptə*] *n* Kapitel *nt*

char [tʃɑː*] *vt* (*burn*) verkohlen ♦ *n* (*BRIT*) = **charlady**

character [ˈkærɪktə*] *n* Charakter *m*, Wesen *nt*; (*in novel, film*) Figur *f*; ~**istic** [kærɪktəˈrɪstɪk] *adj*: ~**istic** (**of sb/sth**) (für jdn/etw) charakteristisch ♦ *n* Kennzeichen *nt*; ~**ize** *vt* charakterisieren, kennzeichnen

charade [ʃəˈrɑːd] *n* Scharade *f*

charcoal [ˈtʃɑːkəʊl] *n* Holzkohle *f*

charge [tʃɑːdʒ] *n* (*cost*) Preis *m*; (*JUR*) Anklage *f*; (*explosive*) Ladung *f*; (*attack*) Angriff *m* ♦ *vt* (*gun, battery*) laden; (*price*) verlangen; (*JUR*) anklagen; (*MIL*) angreifen ♦ *vi* (*rush*) (an)stürmen; **bank ~s** Bankgebühren *pl*; **free of** ~ kostenlos; **to reverse the ~s** (*TEL*) ein R-Gespräch führen; **to be in** ~ **of** verantwortlich sein für; **to take** ~ (die Verantwortung) übernehmen; **to** ~ **sth (up) to sb's account** jdm etw in Rechnung stellen; ~ **card** *n* Kundenkarte *f*

charitable [ˈtʃærɪtəbl] *adj* wohltätig; (*lenient*) nachsichtig

charity [ˈtʃærɪtɪ] *n* (*institution*) Hilfswerk *nt*; (*attitude*) Nächstenliebe *f*

charlady [ˈtʃɑːleɪdɪ] (*BRIT*) *n* Putzfrau *f*

charlatan [ˈʃɑːlətən] *n* Scharlatan *m*

charm [tʃɑːm] *n* Charme *m*; (*spell*) Bann *m*; (*object*) Talisman *m* ♦ *vt* bezaubern; ~**ing** *adj* reizend

chart [tʃɑːt] *n* Tabelle *f*; (*NAUT*) Seekarte *f* ♦ *vt* (*course*) abstecken

charter [ˈtʃɑːtə*] *vt* chartern ♦ *n* Schutzbrief *m*; ~**ed accountant** *n* Wirtschaftsprüfer(in) *m(f)*; ~ **flight** *n* Charterflug *m*

charwoman [ˈtʃɑːwʊmən] *n* = **charlady**

chase [tʃeɪs] *vt* jagen, verfolgen ♦ *n* Jagd *f*

chasm [ˈkæzəm] *n* Kluft *f*

chassis [ˈʃæsɪ] *n* Fahrgestell *nt*

chastity [ˈtʃæstɪtɪ] *n* Keuschheit *f*

chat [tʃæt] *vi* (*also*: **have a ~**) plaudern ♦ *n* Plauderei *f*; ~ **show** (*BRIT*) *n* Talkshow *f*

chatter [ˈtʃætə*] *vi* schwatzen; (*teeth*) klappern ♦ *n* Geschwätz *nt*; ~**box** *n* Quasselstrippe *f*

chatty [ˈtʃætɪ] *adj* geschwätzig

chauffeur [ˈʃəʊfə*] *n* Chauffeur *m*

chauvinist [ˈʃəʊvɪnɪst] *n* (*male* ~) Chauvi *m* (*inf*); (*nationalist*) Chauvinist(in) *m(f)*

cheap [tʃiːp] *adj, adv* billig; ~**ly** *adv* billig

cheat [tʃiːt] *vt, vi* betrügen; (*SCH*) mogeln ♦ *n* Betrüger(in) *m(f)*

check [tʃek] *vt* (*examine*) prüfen; (*make sure*) nachsehen; (*control*) kontrollieren; (*restrain*) zügeln; (*stop*) anhalten ♦ *n* (*examination, restraint*) Kontrolle *f*; (*bill*) Rechnung *f*; (*pattern*) Karo(muster) *nt*; (*US*) = **cheque** ♦ *adj* (*pattern, cloth*) kariert; ~ **in** *vi* (*in hotel, airport*) einchecken ♦ *vt* (*luggage*) abfertigen lassen; ~ **out** *vi* (*of hotel*) abreisen; ~ **up** *vi* nachschauen; ~ **up on** *vt* kontrollieren; ~**ered** (*US*) *adj* = **chequered**; ~**ers** (*US*) *n* (*draughts*) Damespiel *nt*; ~**-in** (**desk**) *n* Abfertigung *f*; ~**ing account** (*US*) *n* (*current account*) Girokonto *nt*; ~**mate** *n* Schachmatt *nt*; ~**out** *n* Kasse *f*; ~**point** *n* Kontrollpunkt *m*; ~ **room** (*US*) *n* (*left-luggage office*) Gepäckaufbewahrung *f*; ~**up** *n* (Nach)prüfung *f*; (*MED*) (ärztliche) Untersuchung *f*

cheek [tʃiːk] *n* Backe *f*; (*fig*) Frechheit *f*; ~**bone** *n* Backenknochen *m*; ~**y** *adj* frech

cheep [tʃiːp] *vi* piepsen

cheer [tʃɪə*] *n* (*usu pl*) Hurra- or Beifallsruf *m* ♦ *vt* zujubeln; (*encourage*) aufmuntern ♦ *vi* jauchzen; ~**s!** Prost!; ~ **up** *vi* bessere Laune bekommen ♦ *vt* aufmuntern; ~ **up!** nun lach doch mal!; ~**ful** *adj* fröhlich

cheerio [ˈtʃɪərɪˈəʊ] (*BRIT*) *excl* tschüs!

cheese [tʃiːz] *n* Käse *m*; ~**board** *n* (gemischte) Käseplatte *f*

cheetah [ˈtʃiːtə] *n* Gepard *m*

chef [ʃef] *n* Küchenchef *m*

chemical [ˈkemɪkəl] *adj* chemisch ♦ *n* Chemikalie *f*

chemist [ˈkemɪst] *n* (*BRIT*: *pharmacist*) Apotheker *m*, Drogist *m*; (*scientist*) Chemiker *m*; ~**ry** *n* Chemie *f*; ~**'s** (**shop**) (*BRIT*) *n* Apotheke *f*, Drogerie *f*

cheque [tʃek] (*BRIT*) *n* Scheck *m*; ~**book** *n* Scheckbuch *nt*; ~ **card** *n* Scheckkarte *f*

chequered [ˈtʃekəd] *adj* (*fig*) bewegt

cherish [ˈtʃerɪʃ] *vt* (*person*) lieben; (*hope*) hegen

cherry [ˈtʃerɪ] *n* Kirsche *f*

chess [tʃes] *n* Schach *nt*; ~**board** *n* Schachbrett *nt*; ~**man** (*irreg*) *n* Schachfigur *f*

chest [tʃest] *n* (*ANAT*) Brust *f*; (*box*) Kiste *f*; ~ **of drawers** *n* Kommode *f*

chestnut [ˈtʃesnʌt] *n* Kastanie *f*; ~ **tree** *n* Kastanienbaum *m*

chew [tʃuː] *vt, vi* kauen; ~**ing gum** *n* Kaugummi *m*

chic [ʃiːk] *adj* schick, elegant

chick [tʃɪk] *n* Küken *nt*; (*US*: *inf*: *girl*) Biene *f*

chicken [ˈtʃɪkɪn] *n* Huhn *nt*; (*food*) Hähnchen *nt*; ~ **out** (*inf*) *vi* kneifen (*inf*)

chickenpox [ˈtʃɪkɪnpɒks] *n* Windpocken *pl*

chicory [ˈtʃɪkərɪ] *n* (*in coffee*) Zichorie *f*; (*plant*) Chicorée *f*

chief [tʃiːf] *n* (*of tribe*) Häuptling *m*; (*COMM*) Chef *m* ♦ *adj* Haupt-; ~ **executive** *n* Geschäftsführer(in) *m(f)*; ~**ly** *adv* hauptsächlich

chiffon [ˈʃɪfɒn] *n* Chiffon *m*

chilblain [ˈtʃɪlbleɪn] *n* Frostbeule *f*

child [tʃaɪld] (*pl* **children**) *n* Kind *nt*; ~**birth** *n* Entbindung *f*; ~**hood** *n* Kindheit *f*; ~**ish** *adj* kindisch; ~**like** *adj* kindlich; ~

minder (*BRIT*) *n* Tagesmutter *f*
children ['tʃɪldrən] *npl of* **child**
Chile ['tʃɪlɪ] *n* Chile *nt*; **~an** *adj* chilenisch
chill [tʃɪl] *n* Kühle *f*; (*MED*) Erkältung *f* ♦ *vt* (*CULIN*) kühlen
chilli ['tʃɪlɪ] *n* Peperoni *pl*; (*meal, spice*) Chili *m*
chilly ['tʃɪlɪ] *adj* kühl, frostig
chime [tʃaɪm] *n* Geläut *nt* ♦ *vi* ertönen
chimney ['tʃɪmnɪ] *n* Schornstein *m*; **~ sweep** *n* Schornsteinfeger(in) *m(f)*
chimpanzee [tʃɪmpæn'ziː] *n* Schimpanse *m*
chin [tʃɪn] *n* Kinn *nt*
China ['tʃaɪnə] *n* China *nt*
china ['tʃaɪnə] *n* Porzellan *nt*
Chinese [tʃaɪ'niːz] *adj* chinesisch ♦ *n* (*inv*) Chinese *m*, Chinesin *f*; (*LING*) Chinesisch *nt*
chink [tʃɪŋk] *n* (*opening*) Ritze *f*; (*noise*) Klirren *nt*
chip [tʃɪp] *n* (*of wood etc*) Splitter *m* (*in poker etc; US: crisp*) Chip *m* ♦ *vt* absplittern; **~s** *npl* (*BRIT: COOK*) Pommes frites *pl*; **~ in** *vi* Zwischenbemerkungen machen
chiropodist [kɪ'rɒpədɪst] (*BRIT*) *n* Fußpfleger(in) *m(f)*
chirp [tʃɜːp] *vi* zwitschern
chisel ['tʃɪzl] *n* Meißel *m*
chit [tʃɪt] *n* Notiz *f*
chitchat ['tʃɪttʃæt] *n* Plauderei *f*
chivalrous ['ʃɪvəlrəs] *adj* ritterlich
chivalry ['ʃɪvəlrɪ] *n* Ritterlichkeit *f*
chives [tʃaɪvz] *npl* Schnittlauch *m*
chlorine ['klɔːriːn] *n* Chlor *nt*
chock [tʃɒk] *n* Bremsklotz *m*; **~-a-block** *adj* vollgepfropft; **~-full** *adj* vollgepfropft
chocolate ['tʃɒklɪt] *n* Schokolade *f*
choice [tʃɔɪs] *n* Wahl *f*; (*of goods*) Auswahl *f* ♦ *adj* Qualitäts-
choir ['kwaɪə*] *n* Chor *m*; **~boy** *n* Chorknabe *m*
choke [tʃəʊk] *vi* ersticken ♦ *vt* erdrosseln; (*block*) (ab)drosseln ♦ *n* (*AUT*) Starterklappe *f*
cholera ['kɒlərə] *n* Cholera *f*
cholesterol [kə'lestərəl] *n* Cholesterin *nt*
choose [tʃuːz] (*pt* **chose**, *pp* **chosen**) *vt* wählen
choosy ['tʃuːzɪ] *adj* wählerisch
chop [tʃɒp] *vt* (*wood*) spalten; (*COOK: also:* **~ up**) (zer)hacken ♦ *n* Hieb *m*; (*COOK*) Kotelett *nt*; **~s** *npl* (*jaws*) Lefzen *pl*
chopper ['tʃɒpə*] *n* (*helicopter*) Hubschrauber *m*
choppy ['tʃɒpɪ] *adj* (*sea*) bewegt
chopsticks ['tʃɒpstɪks] *npl* (Eß)stäbchen *pl*
choral ['kɔːrəl] *adj* Chor-
chord [kɔːd] *n* Akkord *m*
chore [tʃɔː*] *n* Pflicht *f*; **~s** *npl* (*housework*) Hausarbeit *f*
choreographer [kɒrɪ'ɒgrəfə*] *n* Choreograph(in) *m(f)*

chorister ['kɒrɪstə*] *n* Chorsänger(in) *m(f)*
chortle ['tʃɔːtl] *vi* glucksen
chorus ['kɔːrəs] *n* Chor *m*; (*in song*) Refrain *m*
chose [tʃəʊz] *pt of* **choose**
chosen ['tʃəʊzn] *pp of* **choose**
Christ [kraɪst] *n* Christus *m*
christen ['krɪsn] *vt* taufen
Christian ['krɪstɪən] *adj* christlich ♦ *n* Christ(in) *m(f)*; **~ity** [krɪstɪ'ænɪtɪ] *n* Christentum *nt*; **~ name** *n* Vorname *m*
Christmas ['krɪsməs] *n* Weihnachten *pl*; **Happy** *or* **Merry ~!** Frohe *or* fröhliche Weihnachten!; **~ card** *n* Weihnachtskarte *f*; **~ Day** *n* der erste Weihnachtstag; **~ Eve** *n* Heiligabend *m*; **~ tree** *n* Weihnachtsbaum *m*
chrome [krəʊm] *n* Verchromung *f*
chromium ['krəʊmɪəm] *n* Chrom *nt*
chronic ['krɒnɪk] *adj* chronisch
chronicle ['krɒnɪkl] *n* Chronik *f*
chronological [krɒnə'lɒdʒɪkəl] *adj* chronologisch
chubby ['tʃʌbɪ] *adj* rundlich
chuck [tʃʌk] *vt* werfen; (*BRIT: also:* **~ up**) hinwerfen; **~ out** *vt* (*person*) rauswerfen; (*old clothes etc*) wegwerfen
chuckle ['tʃʌkl] *vi* in sich hineinlachen
chug [tʃʌg] *vi* tuckern
chum [tʃʌm] *n* Kumpel *m*
chunk [tʃʌŋk] *n* Klumpen *m*; (*of food*) Brocken *m*
church [tʃɜːtʃ] *n* Kirche *f*, **~yard** *n* Kirchhof *m*
churlish ['tʃɜːlɪʃ] *adj* grob
churn [tʃɜːn] *n* (*for butter*) Butterfaß *nt*; (*for milk*) Milchkanne *f*; **~ out** (*inf*) *vt* produzieren
chute [ʃuːt] *n* Rutsche *f*; (*rubbish ~*) Müllschlucker *m*
CIA (*US*) *n abbr* (= *Central Intelligence Agency*) CIA *m*
CID (*BRIT*) *n abbr* (= *Criminal Investigation Department*) ≈ Kripo *f*
cider ['saɪdə*] *n* Apfelwein *m*
cigar [sɪ'gɑː*] *n* Zigarre *f*
cigarette [sɪgə'ret] *n* Zigarette *f*; **~ case** *n* Zigarettenetui *nt*; **~ end** *n* Zigarettenstummel *m*
Cinderella [sɪndə'relə] *n* Aschenbrödel *nt*
cinders ['sɪndəz] *npl* Asche *f*
cine-camera ['sɪnɪ'kæmərə] (*BRIT*) *n* Filmkamera *f*
cine-film ['sɪnɪfɪlm] (*BRIT*) *n* Schmalfilm *m*
cinema ['sɪnəmə] *n* Kino *nt*
cinnamon ['sɪnəmən] *n* Zimt *m*
cipher ['saɪfə*] *n* (*code*) Chiffre *f*
circle ['sɜːkl] *n* Kreis *m*; (*in cinema etc*) Rang *m* ♦ *vi* kreisen ♦ *vt* (*surround*) umgeben; (*move round*) kreisen um
circuit ['sɜːkɪt] *n* (*track*) Rennbahn *f*; (*lap*) Runde *f*; (*ELEC*) Stromkreis *m*; **~ous**

[sɜː'kjuːɪtəs] *adj* weitschweifig

circular ['sɜːkjʊlə*] *adj* rund ♦ *n* Rundschreiben *nt*

circulate ['sɜːkjʊleɪt] *vi* zirkulieren ♦ *vt* in Umlauf setzen; **circulation** [sɜːkjʊ'leɪʃən] *n* (*of blood*) Kreislauf *m*; (*of newspaper*) Auflage *f*; (*of money*) Umlauf *m*

circumcise ['sɜːkəmsaɪz] *vt* beschneiden

circumference [sə'kʌmfərəns] *n* (Kreis)umfang *m*

circumspect ['sɜːkəmspekt] *adj* umsichtig

circumstances ['sɜːkəmstənsəz] *npl* Umstände *pl*; (*financial condition*) Verhältnisse *pl*

circumvent [sɜːkəm'vent] *vt* umgehen

circus ['sɜːkəs] *n* Zirkus *m*

CIS *n abbr* (= *Commonwealth of Independent States*) GUS *f*

cistern ['sɪstən] *n* Zisterne *f*; (*of W.C.*) Spülkasten *m*

cite [saɪt] *vt* zitieren, anführen

citizen ['sɪtɪzn] *n* Bürger(in) *m(f)*; ~**ship** *n* Staatsbürgerschaft *f*

citrus fruit ['sɪtrəs fruːt] *n* Zitrusfrucht *f*

city ['sɪtɪ] *n* Großstadt *f*; **the C~** die City, das Finanzzentrum Londons

civic ['sɪvɪk] *adj* (*of town*) städtisch; (*of citizen*) Bürger-; ~ **centre** *n* Stadtverwaltung *f*

civil ['sɪvɪl] *adj* bürgerlich; (*not military*) zivil; (*polite*) höflich; ~ **engineer** *n* Bauingenieur *m*; ~**ian** [sɪ'vɪlɪən] *n* Zivilperson *f* ♦ *adj* zivil, Zivil-

civilization [sɪvɪlaɪ'zeɪʃən] *n* Zivilisation *f*

civilized ['sɪvɪlaɪzd] *adj* zivilisiert

civil : ~ **law** *n* Zivilrecht *nt*; ~ **servant** *n* Staatsbeamte(r) *m*; ~ **Service** *n* Staatsdienst *m*; ~ **war** *n* Bürgerkrieg *m*

clad [klæd] *adj*: ~ **in** gehüllt in +*acc*

claim [kleɪm] *vt* beanspruchen; (*have opinion*) behaupten ♦ *vi* (*for insurance*) Ansprüche geltend machen ♦ *n* (*demand*) Forderung *f*; (*right*) Anspruch *m*; (*pretension*) Behauptung *f*; ~**ant** *n* Antragsteller(in) *m(f)*

clairvoyant [klɛə'vɔɪənt] *n* Hellseher(in) *m(f)*

clam [klæm] *n* Venusmuschel *f*

clamber ['klæmbə*] *vi* kraxeln

clammy ['klæmɪ] *adj* klamm

clamour ['klæmə*] *vi*: **to** ~ **for sth** nach etw verlangen

clamp [klæmp] *n* Schraubzwinge *f* ♦ *vt* einspannen; ~ **down on** *vt fus* Maßnahmen ergreifen gegen

clan [klæn] *n* Clan *m*

clandestine [klæn'destɪn] *adj* geheim

clang [klæŋ] *vi* scheppern

clap [klæp] *vi* klatschen ♦ *vt* Beifall klatschen +*dat* ♦ *n* (*of hands*) Klatschen *nt*; (*of thunder*) Donnerschlag *m*; ~**ping** *n* Klatschen *nt*

claret ['klærɪt] *n* rote(r) Bordeaux(wein) *m*

clarify ['klærɪfaɪ] *vt* klären, erklären

clarinet [klærɪ'net] *n* Klarinette *f*

clarity ['klærɪtɪ] *n* Klarheit *f*

clash [klæʃ] *n* (*fig*) Konflikt *m* ♦ *vi* zusammenprallen; (*colours*) sich beißen; (*argue*) sich streiten

clasp [klɑːsp] *n* Griff *m*; (*on jewels, bag*) Verschluß *m* ♦ *vt* umklammern

class [klɑːs] *n* Klasse *f* ♦ *vt* einordnen; ~-**conscious** *adj* klassenbewußt

classic ['klæsɪk] *n* Klassiker *m* ♦ *adj* klassisch; ~**al** *adj* klassisch

classified ['klæsɪfaɪd] *adj* (*information*) Geheim-; ~ **advertisement** *n* Kleinanzeige *f*

classify ['klæsɪfaɪ] *vt* klassifizieren

classmate ['klɑːsmeɪt] *n* Klassenkamerad(in) *m(f)*

classroom ['klɑːsrʊm] *n* Klassenzimmer *nt*

clatter ['klætə*] *vi* klappern; (*feet*) trappeln

clause [klɔːz] *n* (*JUR*) Klausel *f*; (*GRAM*) Satz *m*

claustrophobia [klɔːstrə'fəʊbɪə] *n* Platzangst *f*

claw [klɔː] *n* Kralle *f* ♦ *vt* (zer)kratzen

clay [kleɪ] *n* Lehm *m*; (*for pots*) Ton *m*

clean [kliːn] *adj* sauber ♦ *vt* putzen; (*clothes*) reinigen; ~ **out** *vt* gründlich putzen; ~ **up** *vt* aufräumen; ~-**cut** *adj* (*person*) adrett; (*clear*) klar; ~**er** *n* (*person*) Putzfrau *f*; ~**ing** *n* Putzen *nt*; (*clothes*) Reinigung *f*; ~**liness** ['klenlɪnɪs] *n* Reinlichkeit *f*

cleanse [klenz] *vt* reinigen; ~**r** *n* (*for face*) Reinigungsmilch *f*

clean-shaven ['kliːn'ʃeɪvn] *adj* glattrasiert

cleansing department ['klenzɪŋ-] (*BRIT*) *n* Stadtreinigung *f*

clear ['klɪə*] *adj* klar; (*road*) frei ♦ *vt* (*road etc*) freimachen; (*obstacle*) beseitigen; (*JUR*: *suspect*) freisprechen ♦ *vi* klarwerden; (*fog*) sich lichten ♦ *adv*: ~ **of** von ... entfernt; **to** ~ **the table** den Tisch abräumen; ~ **up** *vt* aufräumen; (*solve*) aufklären; ~**ance** ['klɪərəns] *n* (*removal*) Räumung *f*; (*free space*) Lichtung *f*; (*permission*) Freigabe *f*; ~-**cut** *adj* (*case*) eindeutig; ~**ing** *n* Lichtung *f*; ~**ing bank** (*BRIT*) *n* Clearingbank *f*; ~**ly** *adv* klar; (*obviously*) eindeutig; ~**way** (*BRIT*) *n* (Straße *f* mit) Halteverbot *nt*

cleaver ['kliːvə*] *n* Hackbeil *f*

clef [klef] *n* Notenschlüssel *m*

cleft [kleft] *n* (*in rock*) Spalte *f*

clemency ['klemənsɪ] *n* Milde *f*

clench [klentʃ] *vt* (*teeth*) zusammenbeißen; (*fist*) ballen

clergy ['klɜːdʒɪ] *n* Geistliche(n) *pl*; ~**man** (*irreg*) *n* Geistliche(r) *m*

clerical ['klerɪkəl] *adj* (*office*) Schreib-, Büro-; (*REL*) geistlich

clerk [klɑːk, (*US*) klɜːk] *n* (*in office*) Büroangestellte(r) *mf*; (*US*: *sales person*) Verkäufer(in) *m(f)*

clever ['klevə*] *adj* klug; (*crafty*) schlau
cliché ['kli:ʃeɪ] *n* Klischee *nt*
click [klɪk] *vt* (*heels*) zusammenklappen; (*tongue*) schnalzen mit
client ['klaɪənt] *n* Klient(in) *m(f)*; **~ele** [kli:ɒn'tel] *n* Kundschaft *f*
cliff [klɪf] *n* Klippe *f*
climate ['klaɪmɪt] *n* Klima *nt*
climax ['klaɪmæks] *n* Höhepunkt *m*
climb [klaɪm] *vt* besteigen ♦ *vi* steigen, klettern ♦ *n* Aufstieg *m*; **~-down** *n* Abstieg *m*; **~er** *n* Bergsteiger(in) *m(f)*; **~ing** *n* Bergsteigen *nt*
clinch [klɪntʃ] *vt* (*decide*) entscheiden; (*deal*) festmachen
cling [klɪŋ] (*pt, pp* clung) *vi* (*clothes*) eng anliegen; **to ~ to** sich festklammern an +*dat*
clinic ['klɪnɪk] *n* Klinik *f*; **~al** *adj* klinisch
clink [klɪŋk] *vi* klimpern
clip [klɪp] *n* Spange *f*; (*also: paper ~*) Klammer *f* ♦ *vt* (*papers*) heften; (*hair, hedge*) stutzen; **~pers** *npl* (*for hedge*) Heckenschere *f*; (*for hair*) Haarschneidemaschine *f*; **~ping** *n* Ausschnitt *m*
cloak [kləʊk] *n* Umhang *m* ♦ *vt* hüllen; **~room** *n* (*for coats*) Garderobe *f*; (*BRIT: W.C.*) Toilette *f*
clock [klɒk] *n* Uhr *f*, **~ in** *or* **on** *vi* stempeln; **~ off** *or* **out** *vi* stempeln; **~wise** *adv* im Uhrzeigersinn; **~work** *n* Uhrwerk *nt* ♦ *adj* zum Aufziehen
clog [klɒg] *n* Holzschuh *m* ♦ *vt* verstopfen
cloister ['klɔɪstə*] *n* Kreuzgang *m*
clone [kləʊn] *n* Klon *m*
close¹ [kləʊs] *adj* (*near*) in der Nähe; (*friend, connection, print*) eng; (*relative*) nahe; (*result*) knapp; (*examination*) eingehend; (*weather*) schwül; (*room*) stickig ♦ *adv* nahe, dicht; **~ by** in der Nähe; **~ at hand** in der Nähe; **to have a ~ shave** (*fig*) mit knapper Not davorkommen
close² [kləʊz] *vt* (*shut*) schließen; (*end*) beenden ♦ *vi* (*shop etc*) schließen; (*door etc*) sich schließen ♦ *n* Ende *nt*; **~ down** *vi* schließen; **~d** *adj* (*shop etc*) geschlossen; **~d shop** *n* Gewerkschaftszwang *m*
close-knit [kləʊs'nɪt] *adj* eng zusammengewachsen
closely ['kləʊslɪ] *adv* eng; (*carefully*) genau
closet ['klɒzɪt] *n* Schrank *m*
close-up ['kləʊsʌp] *n* Nahaufnahme *f*
closure ['kləʊʒə*] *n* Schließung *f*
clot [klɒt] *n* (*of blood*) Blutgerinnsel *nt*; (*fool*) Blödmann *m* ♦ *vi* gerinnen
cloth [klɒθ] *n* (*material*) Tuch *nt*; (*rag*) Lappen *m*
clothe [kləʊθ] *vt* kleiden; **~s** *npl* Kleider *pl*; **~s brush** *n* Kleiderbürste *f*; **~s line** *n* Wäscheleine *f*; **~s peg** (*US* **~s pin**) *n* Wäscheklammer *f*
clothing ['kləʊθɪŋ] *n* Kleidung *f*

cloud [klaʊd] *n* Wolke *f*; **~burst** *n* Wolkenbruch *m*; **~y** *adj* bewölkt; (*liquid*) trüb
clout [klaʊt] *vt* hauen
clove [kləʊv] *n* Gewürznelke *f*; **~ of garlic** Knoblauchzehe *f*
clover ['kləʊvə*] *n* Klee *m*
clown [klaʊn] *n* Clown *m* ♦ *vi* (*also: ~ about, ~ around*) kaspern
cloying ['klɔɪɪŋ] *adj* (*taste, smell*) übersüß
club [klʌb] *n* (*weapon*) Knüppel *m*; (*society*) Klub *m*; (*also: golf ~*) Golfschläger *m* ♦ *vt* prügeln ♦ *vi*: **to ~ together** zusammenlegen; **~s** *npl* (*CARDS*) Kreuz *nt*; **~ car** (*US*) *n* (*RAIL*) Speisewagen *m*; **~house** *n* Klubhaus *nt*
cluck [klʌk] *vi* glucken
clue [klu:] *n* Anhaltspunkt *m*; (*in crosswords*) Frage *f*, **I haven't a ~** (ich hab') keine Ahnung
clump [klʌmp] *n* Gruppe *f*
clumsy ['klʌmzɪ] *adj* (*person*) unbeholfen; (*shape*) unförmig
clung [klʌŋ] *pt, pp of* cling
cluster ['klʌstə*] *n* (*of trees etc*) Gruppe *f* ♦ *vi* sich drängen, sich scharen
clutch [klʌtʃ] *n* Griff *m*; (*AUT*) Kupplung *f* ♦ *vt* sich festklammern an +*dat*
clutter ['klʌtə*] *vt* vollpfropfen; (*desk*) übersäen
CND *n abbr* = **Campaign for Nuclear Disarmament**
Co. *abbr* = **county; company**
c/o *abbr* (= *care of*) c/o
coach [kəʊtʃ] *n* (*bus*) Reisebus *m*; (*horsedrawn*) Kutsche *f*, (*RAIL*) (Personen)wagen *m*; (*trainer*) Trainer *m* ♦ *vt* (*SCH*) Nachhilfeunterricht geben +*dat*; (*SPORT*) trainieren; **~ trip** *n* Busfahrt *f*
coagulate [kəʊ'ægjʊleɪt] *vi* gerinnen
coal [kəʊl] *n* Kohle *f*; **~ face** *n* Streb *m*; **~ field** *n* Kohlengebiet *nt*
coalition [kəʊə'lɪʃən] *n* Koalition *f*
coalman ['kəʊlmən] (*irreg*) *n* Kohlenhändler *m*
coal merchant *n* = **coalman**
coal mine *n* Kohlenbergwerk *nt*
coarse [kɔ:s] *adj* grob; (*fig*) ordinär
coast [kəʊst] *n* Küste *f* ♦ *vi* dahinrollen; (*AUT*) im Leerlauf fahren; **~al** *adj* Küsten-; **~guard** *n* Küstenwache *f*; **~line** *n* Küste(nlinie) *f*
coat [kəʊt] *n* Mantel *m*; (*on animals*) Fell *nt*; (*of paint*) Schicht *f* ♦ *vt* überstreichen; **~ of arms** *n* Wappen *nt*; **~hanger** *n* Kleiderbügel *m*; **~ing** *n* Überzug *m*; (*of paint*) Schicht *f*
coax [kəʊks] *vt* beschwatzen
cob [kɒb] *n see* corn
cobbler ['kɒblə*] *n* Schuster *m*
cobbles ['kɒblz] *npl* Pflastersteine *pl*
cobblestones ['kɒblstəʊnz] *npl* Pflastersteine *pl*

cobweb ['kɒbweb] *n* Spinnennetz *nt*
cocaine [kə'keɪn] *n* Kokain *nt*
cock [kɒk] *n* Hahn *m* ♦ *vt* (*gun*) entsichern; **~erel** *n* junge(r) Hahn *m*; **~-eyed** *adj* (*fig*) verrückt
cockle ['kɒkl] *n* Herzmuschel *f*
cockney ['kɒknɪ] *n* echte(r) Londoner *m*
cockpit ['kɒkpɪt] *n* (AVIAT) Pilotenkanzel *f*
cockroach ['kɒkrəʊtʃ] *n* Küchenschabe *f*
cocktail ['kɒkteɪl] *n* Cocktail *m*; **~ cabinet** *n* Hausbar *f*; **~ party** *n* Cocktailparty *f*
cocoa ['kəʊkəʊ] *n* Kakao *m*
coconut ['kəʊkənʌt] *n* Kokosnuß *f*
cocoon [kə'ku:n] *n* Kokon *m*
cod [kɒd] *n* Kabeljau *m*
C.O.D. *abbr* = cash on delivery
code [kəʊd] *n* Kode *m*; (JUR) Kodex *m*
cod-liver oil ['kɒdlɪvər-] *n* Lebertran *m*
coercion [kəʊ'ɜːʃən] *n* Zwang *m*
coffee ['kɒfɪ] *n* Kaffee *m*; **~ bar** (BRIT) *n* Café *nt*; **~ bean** *n* Kaffeebohne *f*; **~ break** *n* Kaffeepause *f*; **~pot** *n* Kaffeekanne *f*; **~ table** *n* Couchtisch *m*
coffin ['kɒfɪn] *n* Sarg *m*
cog [kɒg] *n* (Rad)zahn *m*
cogent ['kəʊdʒənt] *adj* triftig, überzeugend, zwingend
cognac ['kɒnjæk] *n* Kognak *m*
coherent [kəʊ'hɪərənt] *adj* zusammenhängend; (*person*) verständlich
cohesion [kəʊ'hi:ʒən] *n* Zusammenhang *m*
coil [kɔɪl] *n* Rolle *f*; (ELEC) Spule *f*; (*contraceptive*) Spirale *f* ♦ *vt* aufwickeln
coin [kɔɪn] *n* Münze *f* ♦ *vt* prägen; **~age** *n* (*word*) Prägung *f*; **~-box** (BRIT) *n* Münzfernsprecher *m*
coincide [kəʊɪn'saɪd] *vi* (*happen together*) zusammenfallen; (*agree*) übereinstimmen; **~nce** [kəʊ'ɪnsɪdəns] *n* Zufall *m*
Coke [kəʊk] (®) *n* (*drink*) Coca-Cola *f* (®)
coke *n* Koks *m*
colander ['kʌləndə*] *n* Durchschlag *m*
cold [kəʊld] *adj* kalt ♦ *n* Kälte *f*; (MED) Erkältung *f*; **I'm ~** mir ist kalt; **to catch ~** sich erkälten; **in ~ blood** kaltblütig; **to give sb the ~ shoulder** jdm die kalte Schulter zeigen; **~ly** *adv* kalt; **~-shoulder** *vt* die kalte Schulter zeigen +*dat*; **~ sore** *n* Erkältungsbläschen *nt*
coleslaw ['kəʊlslɔ:] *n* Krautsalat *m*
colic ['kɒlɪk] *n* Kolik *f*
collaborate [kə'læbəreɪt] *vi* zusammenarbeiten
collaboration [kəlæbə'reɪʃən] *n* Zusammenarbeit *f*; (POL) Kollaboration *f*
collapse [kə'læps] *vi* (*people*) zusammenbrechen; (*things*) einstürzen ♦ *n* Zusammenbruch *m*; Einsturz *m*
collapsible [kə'læpsəbl] *adj* zusammenklappbar, Klapp-
collar ['kɒlə*] *n* Kragen *m*; **~bone** *n* Schlüsselbein *nt*

collateral [kɒ'lætərəl] *n* (zusätzliche) Sicherheit *f*
colleague ['kɒli:g] *n* Kollege *m*, Kollegin *f*
collect [kə'lekt] *vt* sammeln; (BRIT: *call and pick up*) abholen ♦ *vi* sich sammeln ♦ *adv*: **to call ~** (*US: TEL*) ein R-Gespräch führen; **~ion** [kə'lekʃən] *n* Sammlung *f*; (REL) Kollekte *f*; (*of post*) Leerung *f*
collective [kə'lektɪv] *adj* gemeinsam; (POL) kollektiv
collector [kə'lektə*] *n* Sammler *m*; (*tax ~*) (Steuer)einnehmer *m*
college ['kɒlɪdʒ] *n* (UNIV) College *nt*; (TECH) Fach-, Berufsschule *f*
collide [kə'laɪd] *vi* zusammenstoßen
colliery ['kɒlɪərɪ] (BRIT) *n* Zeche *f*
collision [kə'lɪʒən] *n* Zusammenstoß *m*
colloquial [kə'ləʊkwɪəl] *adj* umgangssprachlich
collusion [kə'lu:ʒən] *n* geheime(s) Einverständnis *nt*
colon ['kəʊlɒn] *n* Doppelpunkt *m*; (MED) Dickdarm *m*
colonel ['kɜ:nl] *n* Oberst *m*
colonial [kə'ləʊnɪəl] *adj* Kolonial-
colonize ['kɒlənaɪz] *vt* kolonisieren
colony ['kɒlənɪ] *n* Kolonie *f*
colour ['kʌlə*] (US **color**) *n* Farbe *f* ♦ *vt* (*also fig*) färben ♦ *vi* sich verfärben; **~s** *npl* (*of club*) Fahne *f*; **~ bar** *n* Rassenschranke *f*; **~-blind** *adj* farbenblind; **~ed** *adj* farbig; **~ film** *n* Farbfilm *m*; **~ful** *adj* bunt; (*personality*) schillernd; **~ing** *n* (*complexion*) Gesichtsfarbe *f*; (*substance*) Farbstoff *m*; **~ scheme** *n* Farbgebung *f*; **~ television** *n* Farbfernsehen *nt*
colt [kəʊlt] *n* Fohlen *nt*
column ['kɒləm] *n* Säule *f*; (MIL) Kolonne *f*; (*of print*) Spalte *f*; **~ist** ['kɒləmnɪst] *n* Kolumnist *m*
coma ['kəʊmə] *n* Koma *nt*
comb [kəʊm] *n* Kamm *m* ♦ *vt* kämmen; (*search*) durchkämmen
combat ['kɒmbæt] *n* Kampf *m* ♦ *vt* bekämpfen
combination [kɒmbɪ'neɪʃən] *n* Kombination *f*
combine [*vb* kəm'baɪn, *n* 'kɒmbaɪn] *vt* verbinden ♦ *vi* sich vereinigen ♦ *n* (COMM) Konzern *m*; **~ (harvester)** *n* Mähdrescher *m*
combustion [kəm'bʌstʃən] *n* Verbrennung *f*
come [kʌm] (*pt* **came**, *pp* **come**) *vi* kommen; **to ~ undone** aufgehen; **~ about** *vi* geschehen; **~ across** *vt fus* (*find*) stoßen auf +*acc*; **~ away** *vi* (*person*) weggehen; (*handle etc*) abgehen; **~ back** *vi* zurückkommen; **~ by** *vt fus* (*find*): **to ~ by sth** zu etw kommen; **~ down** *vi* (*price*) fallen; **~ forward** *vi* (*volunteer*) sich melden; **~ from** *vt fus* (*result*) kommen von;

where do you ~ from? wo kommen Sie her?; **I ~ from London** ich komme aus London; **~ in** *vi* hereinkommen; *(train)* einfahren; **~ in for** *vt fus* abkriegen; **~ into** *vt fus (inherit)* erben; **~ off** *vi (handle)* abgehen; *(succeed)* klappen; **~ on** *vi (progress)* vorankommen; **~ on!** komm!; *(hurry)* beeil dich!; **~ out** *vi* herauskommen; **~ round** *vi (MED)* wieder zu sich kommen; **~ to** *vi (MED)* wieder zu sich kommen ♦ *vt fus (bill)* sich belaufen auf +*acc*; **~ up** *vi* hochkommen; *(sun)* aufgehen; *(problem)* auftauchen; **~ up against** *vt fus (resistance, difficulties)* stoßen auf +*acc*; **~ upon** *vt fus* stoßen auf +*acc*; **~ up with** *vt fus* sich einfallen lassen

comedian [kə'miːdɪən] *n* Komiker *m*
comedienne [kəmiːdɪ'en] *n* Komikerin *f*
comedown ['kʌmdaʊn] *n* Abstieg *m*
comedy ['kɒmədɪ] *n* Komödie *f*
comet ['kɒmɪt] *n* Komet *m*
comeuppance [kʌm'ʌpəns] *n*: **to get one's ~** seine Quittung bekommen
comfort ['kʌmfət] *n* Komfort *m*; *(consolation)* Trost *m* ♦ *vt* trösten; **~able** *adj* bequem; **~ably** *adv (sit etc)* bequem; *(live)* angenehm; **~ station** *(US) n* öffentliche Toilette *f*
comic ['kɒmɪk] *n* Comic(heft) *nt*; *(comedian)* Komiker *m* ♦ *adj (also: ~al)* komisch
coming ['kʌmɪŋ] *n* Kommen *nt*; **~(s) and going(s)** *n(pl)* Kommen und Gehen *nt*
comma ['kɒmə] *n* Komma *nt*
command [kə'mɑːnd] *n* Befehl *m*; *(control)* Führung *f*; *(MIL)* Kommando *nt*; *(mastery)* Beherrschung *f* ♦ *vt* befehlen +*dat*; *(MIL)* kommandieren; *(be able to get)* verfügen über +*acc*; **~eer** [kɒmən'dɪə*] *vt* requirieren; **~er** *n* Kommandant *m*
commandment [kə'mɑːndmənt] *n (REL)* Gebot *nt*
commando [kə'mɑːndəʊ] *n* Kommandotruppe *nt*; *(person)* Mitglied *nt* einer Kommandotruppe
commemorate [kə'meməreɪt] *vt* gedenken +*gen*
commence [kə'mens] *vt, vi* beginnen
commend [kə'mend] *vt (recommend)* empfehlen; *(praise)* loben
commensurate [kə'mensjʊrɪt] *adj*: **~ with** *sth* einer Sache *dat* entsprechend
comment ['kɒment] *n* Bemerkung *f* ♦ *vi*: **to ~ (on)** sich äußern (zu); **~ary** ['kɒməntrɪ] *n* Kommentar *m*; **~ator** ['kɒmənteɪtə*] *n* Kommentator *m*; *(TV)* Reporter(in) *m(f)*
commerce ['kɒmɜːs] *n* Handel *m*
commercial [kə'mɜːʃəl] *adj* kommerziell, geschäftlich; *(training)* kaufmännisch ♦ *n (TV)* Fernsehwerbung *f*; **~ break** *n* Werbespot *m*; **~ize** *vt* kommerzialisieren

commiserate [kə'mɪzəreɪt] *vi*: **to ~ with** Mitleid haben mit
commission [kə'mɪʃən] *n (act)* Auftrag *m*; *(fee)* Provision *f*; *(body)* Kommission *f* ♦ *vt* beauftragen; *(MIL)* zum Offizier ernennen; *(work of art)* in Auftrag geben; **out of ~** außer Betrieb; **~aire** [kəmɪʃə'nɛə*] *(BRIT) n* Portier *m*; **~er** *n (POLICE)* Polizeipräsident *m*
commit [kə'mɪt] *vt (crime)* begehen; *(entrust)* anvertrauen; **to ~ o.s.** sich festlegen; **~ment** *n* Verpflichtung *f*
committee [kə'mɪtɪ] *n* Ausschuß *m*
commodity [kə'mɒdɪtɪ] *n* Ware *f*
common ['kɒmən] *adj (cause)* gemeinsam; *(pej)* gewöhnlich; *(widespread)* üblich, häufig ♦ *n* Gemeindeland *nt*; **C~s** *npl (BRIT)*: **the C~s** das Unterhaus; **~er** *n* Bürgerliche(r) *mf*; **~ law** *n* Gewohnheitsrecht *nt*; **~ly** *adv* gewöhnlich; **C~ Market** *n* Gemeinsame(r) Markt *m*; **~place** *adj* alltäglich; **~room** *n* Gemeinschaftsraum *m*; **~ sense** *n* gesunde(r) Menschenverstand *m*; **C~wealth** *n*: **the C~wealth** das Commonwealth
commotion [kə'məʊʃən] *n* Aufsehen *nt*
communal ['kɒmjuːnl] *adj* Gemeinde-; Gemeinschafts-
commune [*n* 'kɒmjuːn, *vb* kə'mjuːn] *n* Kommune *f* ♦ *vi*: **to ~ with** sich mitteilen +*dat*
communicate [kə'mjuːnɪkeɪt] *vt (transmit)* übertragen ♦ *vi (be in touch)* in Verbindung stehen; *(make self understood)* sich verständigen
communication [kəmjuːnɪ'keɪʃən] *n (message)* Mitteilung *f*; *(making understood)* Kommunikation *f*; **~ cord** *(BRIT) n* Notbremse *f*
communion [kə'mjuːnɪən] *n (also: Holy C~)* Abendmahl *nt*, Kommunion *f*
communism ['kɒmjʊnɪzəm] *n* Kommunismus *m*
communist ['kɒmjʊnɪst] *n* Kommunist(in) *m(f)* ♦ *adj* kommunistisch
community [kə'mjuːnɪtɪ] *n* Gemeinschaft *f*; **~ centre** *n* Gemeinschaftszentrum *nt*; **~ chest** *(US) n* Wohltätigkeitsfonds *m*; **~ home** *(BRIT) n* Erziehungsheim *nt*
commutation ticket [kɒmjʊ'teɪʃən-] *(US) n* Zeitkarte *f*
commute [kə'mjuːt] *vi* pendeln ♦ *vt* umwandeln; **~r** *n* Pendler *m*
compact [*adj* kəm'pækt, *n* 'kɒmpækt] *adj* kompakt ♦ *n (for make-up)* Puderdose *f*; **~ disc** *n* Compact-disc *f*; **~ disc player** *n* CD-Spieler *m*
companion [kəm'pænɪən] *n* Begleiter(in) *m(f)*; **~ship** *n* Gesellschaft *f*
company ['kʌmpənɪ] *n* Gesellschaft *f*; *(COMM)* Firma *f*, Gesellschaft *f*; **to keep sb ~** jdm Gesellschaft leisten; **~ secretary**

(BRIT) n ≈ Prokurist(in) m(f)

comparable ['kɒmpərəbl] adj vergleichbar

comparative [kəm'pærətɪv] adj (relative) relativ; ~ly adv verhältnismäßig

compare [kəm'pɛə*] vt vergleichen ♦ vi sich vergleichen lassen

comparison [kəm'pærɪsn] n Vergleich m; in ~ (with) im Vergleich (mit or zu)

compartment [kəm'pɑːtmənt] n (RAIL) Abteil nt; (in drawer etc) Fach nt

compass ['kʌmpəs] n Kompaß m; ~es npl (MATH etc: also: pair of ~es) Zirkel m

compassion [kəm'pæʃən] n Mitleid nt; ~ate adj mitfühlend

compatible [kəm'pætɪbl] adj vereinbar; (COMPUT) kompatibel

compel [kəm'pel] vt zwingen

compensate ['kɒmpenseɪt] vt entschädigen ♦ vi: to ~ for Ersatz leisten für

compensation [kɒmpen'seɪʃən] n Entschädigung f

compère ['kɒmpɛə*] n Conférencier m

compete [kəm'piːt] vi (take part) teilnehmen; (vie with) konkurrieren

competent ['kɒmpɪtənt] adj kompetent

competition [kɒmpɪ'tɪʃən] n (contest) Wettbewerb m; (COMM, rivalry) Konkurrenz f

competitive [kəm'petɪtɪv] adj Konkurrenz-; (COMM) konkurrenzfähig

competitor [kəm'petɪtə*] n (COMM) Konkurrent(in) m(f); (participant) Teilnehmer(in) m(f)

compile [kəm'paɪl] vt zusammenstellen

complacency [kəm'pleɪsnsɪ] n Selbstzufriedenheit f

complacent [kəm'pleɪsnt] adj selbstzufrieden

complain [kəm'pleɪn] vi sich beklagen; (formally) sich beschweren; ~t n Klage f; (formal ~t) Beschwerde f; (MED) Leiden nt

complement [n 'kɒmplɪmənt, vb 'kɒmplɪment] n Ergänzung f; (ship's crew etc) Bemannung f ♦ vt ergänzen; ~ary [kɒmplɪ'mentərɪ] adj (sich) ergänzend

complete [kəm'pliːt] adj (full) vollkommen, ganz; (finished) fertig ♦ vt vervollständigen; (finish) beenden; (fill in: form) ausfüllen; ~ly adv ganz

completion [kəm'pliːʃən] n Fertigstellung f; (of contract etc) Abschluß m

complex ['kɒmpleks] adj kompliziert

complexion [kəm'plekʃən] n Gesichtsfarbe f; (fig) Aspekt m

complexity [kəm'pleksɪtɪ] n Kompliziertheit f

compliance [kəm'plaɪəns] n Fügsamkeit f, Einwilligung f; in ~ with sth einer Sache dat gemäß

complicate ['kɒmplɪkeɪt] vt komplizieren; ~d adj kompliziert

complication [kɒmplɪ'keɪʃən] n Komplika-

tion f

complicity [kəm'plɪsɪtɪ] n: ~ (in) Mittäterschaft f (bei)

compliment [n 'kɒmplɪmənt, vb 'kɒmplɪment] n Kompliment nt ♦ vt ein Kompliment machen +dat; ~s npl (greetings) Grüße pl; to pay sb a ~ jdm ein Kompliment machen; ~ary [kɒmplɪ'mentərɪ] adj schmeichelhaft; (free) Frei-, Gratis-

comply [kəm'plaɪ] vi: to ~ with erfüllen +acc; entsprechen +dat

component [kəm'pəʊnənt] adj Teil- ♦ n Bestandteil m

compose [kəm'pəʊz] vt (music) komponieren; (poetry) verfassen; to ~ o.s. sich sammeln; ~d adj gefaßt; ~r n Komponist(in) m(f)

composite ['kɒmpəzɪt] adj zusammengesetzt

composition [kɒmpə'zɪʃən] n (MUS) Komposition f; (SCH) Aufsatz m; (structure) Zusammensetzung f, Aufbau m

compost ['kɒmpɒst] n Kompost m

composure [kəm'pəʊʒə*] n Fassung f

compound [kəm'paʊnd] n (CHEM) Verbindung f; (enclosure) Lager nt; (LING) Kompositum nt ♦ adj zusammengesetzt; (fracture) kompliziert; ~ interest n Zinseszins m

comprehend [kɒmprɪ'hend] vt begreifen

comprehension [kɒmprɪ'henʃən] n Verständnis nt

comprehensive [kɒmprɪ'hensɪv] adj umfassend ♦ n = comprehensive school; ~ insurance n Vollkasko nt; ~ school (BRIT) n Gesamtschule f

compress [vb kəm'pres, n 'kɒmpres] vt komprimieren ♦ n (MED) Kompresse f

comprise [kəm'praɪz] vt (also: be ~d of) umfassen, bestehen aus

compromise ['kɒmprəmaɪz] n Kompromiß m ♦ vt kompromittieren ♦ vi einen Kompromiß schließen

compulsion [kəm'pʌlʃən] n Zwang m

compulsive [kəm'pʌlsɪv] adj zwanghaft

compulsory [kəm'pʌlsərɪ] adj obligatorisch

computer [kəm'pjuːtə*] n Computer m, Rechner m; ~ game n Computerspiel nt; ~ize vt (information) computerisieren; (company, accounts) auf Computer umstellen; ~ programmer n Programmierer(in) m(f); ~ programming n Programmieren nt; ~ science n Informatik f

computing n (science) Informatik f; (work) Computerei f

comrade ['kɒmrɪd] n Kamerad m; (POL) Genosse m

con [kɒn] vt hereinlegen ♦ n Schwindel nt

concave [kɒn'keɪv] adj konkav

conceal [kən'siːl] vt (secret) verschweigen; (hide) verbergen

concede [kən'siːd] vt (grant) gewähren;

(point) zugeben ♦ vi (admit defeat) nachgeben

conceit [kən'siːt] n Einbildung f; **~ed** adj eingebildet

conceivable [kən'siːvəbl] adj vorstellbar

conceive [kən'siːv] vt (idea) ausdenken; (imagine) sich vorstellen; (baby) empfangen ♦ vi empfangen

concentrate ['kɒnsəntreɪt] vi sich konzentrieren ♦ vt konzentrieren; **to ~ on sth** sich auf etw acc konzentrieren

concentration [kɒnsən'treɪʃən] n Konzentration f; **~ camp** n Konzentrationslager nt, KZ nt

concept ['kɒnsept] n Begriff m

conception [kən'sepʃən] n (idea) Vorstellung f; (BIOL) Empfängnis f

concern [kən'sɜːn] n (affair) Angelegenheit f; (COMM) Unternehmen nt; (worry) Sorge f ♦ vt (interest) angehen; (be about) handeln von; (have connection with) betreffen; **to be ~ed (about)** sich Sorgen machen (um); **~ing** prep hinsichtlich +gen

concert ['kɒnsət] n Konzert nt

concerted [kən'sɜːtɪd] adj gemeinsam

concert hall n Konzerthalle f

concertina [kɒnsə'tiːnə] n Handharmonika f

concerto [kən'tʃɜːtəʊ] n Konzert nt

concession [kən'seʃən] n (yielding) Zugeständnis nt; **tax ~** Steuer-Konzession f

conciliation [kənsɪlɪ'eɪʃən] n Versöhnung f; (official) Schlichtung f

concise [kən'saɪs] adj präzis

conclude [kən'kluːd] vt (end) beenden; (treaty) (ab)schließen; (decide) schließen, folgern

conclusion [kən'kluːʒən] n (Ab)schluß m; (deduction) Schluß m

conclusive [kən'kluːsɪv] adj schlüssig

concoct [kən'kɒkt] vt zusammenbrauen; **~ion** [kən'kɒkʃən] n Gebräu nt

concourse ['kɒŋkɔːs] n (Bahnhofs)halle f, Vorplatz m

concrete ['kɒŋkriːt] n Beton m ♦ adj konkret

concur [kən'kɜː*] vi übereinstimmen

concurrently [kən'kʌrəntlɪ] adv gleichzeitig

concussion [kɒn'kʌʃən] n (Gehirn)erschütterung f

condemn [kən'dem] vt (JUR) verurteilen; (building) abbruchreif erklären

condensation [kɒnden'seɪʃən] n Kondensation f

condense [kən'dens] vi (CHEM) kondensieren ♦ vt (fig) zusammendrängen; **~d milk** n Kondensmilch f

condescending [kɒndɪ'sendɪŋ] adj herablassend

condition [kən'dɪʃən] n (state) Zustand m; (presupposition) Bedingung f ♦ vt (hair etc) behandeln; (accustom) gewöhnen; **~s** npl

(circumstances) Verhältnisse pl; **on ~ that** ... unter der Bedingung, daß ...; **~al** adj bedingt; (LING) Bedingungs-; **~er** n (for hair) Spülung f; (for fabrics) Weichspüler m

condolences [kən'dəʊlənsɪz] npl Beileid nt

condom ['kɒndəm] n Kondom nt or m

condominium [kɒndə'mɪnɪəm] (US) n Eigentumswohnung f; (block) Eigentumsblock m

condone [kən'dəʊn] vt gutheißen

conducive [kən'djuːsɪv] adj: **~ to** dienlich +dat

conduct [n 'kɒndʌkt, vb kən'dʌkt] n (behaviour) Verhalten nt; (management) Führung f ♦ vt führen; (MUS) dirigieren; **~ed tour** n Führung f; **~or** [kən'dʌktə*] n (of orchestra) Dirigent m; (in bus, US: on train) Schaffner m; (ELEC) Leiter m; **~ress** [kən'dʌktrɪs] n (in bus) Schaffnerin f

cone [kəʊn] n (MATH) Kegel m; (for ice cream) (Waffel)tüte f; (BOT) Tannenzapfen m

confectioner [kən'fekʃənə*] n Konditor m; **~'s (shop)** n Konditorei f; **~y** n Süßigkeiten pl

confederation [kənfedə'reɪʃən] n Bund m

confer [kən'fɜː*] vt (degree) verleihen ♦ vi (discuss) konferieren, verhandeln; **~ence** ['kɒnfərəns] n Konferenz f

confess [kən'fes] vt, vi gestehen; (ECCL) beichten; **~ion** [kən'feʃən] n Geständnis nt; (ECCL) Beichte f; **~ional** [kən'feʃənl] n Beichtstuhl m

confetti [kən'fetɪ] n Konfetti nt

confide [kən'faɪd] vi: **to ~ in** (sich) anvertrauen +dat

confidence ['kɒnfɪdəns] n Vertrauen nt; (assurance) Selbstvertrauen nt; (secret) Geheimnis nt; **in ~** (speak, write) vertraulich; **~ trick** n Schwindel m

confident ['kɒnfɪdənt] adj (sure) überzeugt; (self-assured) selbstsicher

confidential [kɒnfɪ'denʃəl] adj vertraulich

confine [kən'faɪn] vt (limit) beschränken; (lock up) einsperren; **~d** adj (space) eng; **~ment** n (in prison) Haft f; (MED) Wochenbett nt; **~s** ['kɒnfaɪnz] npl Grenzen pl

confirm [kən'fɜːm] vt bestätigen; **~ation** [kɒnfə'meɪʃən] n Bestätigung f; (REL) Konfirmation f; **~ed** adj unverbesserlich; (bachelor) eingefleischt

confiscate ['kɒnfɪskeɪt] vt beschlagnahmen

conflict [n 'kɒnflɪkt, vb kən'flɪkt] n Konflikt m ♦ vi im Widerspruch stehen; **~ing** [kən'flɪktɪŋ] adj widersprüchlich

conform [kən'fɔːm] vi: **to ~ (to)** (things) entsprechen +dat; (people) sich anpassen +dat; (to rules) sich richten (nach)

confound [kən'faʊnd] vt verblüffen; (throw into confusion) durcheinanderbringen

confront [kən'frʌnt] vt (enemy) entgegentreten +dat; (problems) sich stellen +dat; **to**

~ **sb with sth** jdn mit etw konfrontieren;
~**ation** [kɒnfrən'teɪʃən] *n* Konfrontation *f*

confuse [kən'fjuːz] *vt* verwirren; (*sth with sth*) verwechseln; ~**d** *adj* verwirrt; **confusing** *adj* verwirrend; **confusion** [kən'fjuːʒən] *n* (*perplexity*) Verwirrung *f*; (*mixing up*) Verwechslung *f*; (*tumult*) Aufruhr *m*

congeal [kən'dʒiːl] *vi* (*freeze*) gefrieren; (*clot*) gerinnen

congenial [kən'dʒiːnɪəl] *adj* angenehm

congenital [kən'dʒenɪtəl] *adj* angeboren

congested [kən'dʒestɪd] *adj* überfüllt

congestion [kən'dʒestʃən] *n* Stau *m*

conglomerate [kən'glɒmərət] *n* (*COMM, GEOL*) Konglomerat *nt*

conglomeration [kənglɒmə'reɪʃən] *n* Anhäufung *f*

congratulate [kən'grætjʊleɪt] *vt*: **to ~ sb (on sth)** jdn (zu etw) beglückwünschen

congratulations [kəngrætjʊ'leɪʃənz] *npl* Glückwünsche *pl*; ~! gratuliere!, herzlichen Glückwunsch!

congregate [ˈkɒngrɪgeɪt] *vi* sich versammeln

congregation [kɒngrɪ'geɪʃən] *n* Gemeinde *f*

congress [ˈkɒngres] *n* Kongreß *m*; ~**man** (*US: irreg*) *n* Mitglied *nt* des amerikanischen Repräsentantenhauses

conical [ˈkɒnɪkəl] *adj* kegelförmig

conifer [ˈkɒnɪfə*] *n* Nadelbaum *m*

conjecture [kən'dʒektʃə*] *n* Vermutung *f*

conjugal [ˈkɒndʒʊgəl] *adj* ehelich

conjugate [ˈkɒndʒʊgeɪt] *vt* konjugieren

conjunction [kən'dʒʌŋkʃən] *n* Verbindung *f*; (*GRAM*) Konjunktion *f*

conjunctivitis [kəndʒʌŋktɪ'vaɪtɪs] *n* Bindehautentzündung *f*

conjure [ˈkʌndʒə*] *vi* zaubern; ~ **up** *vt* heraufbeschwören; ~**r** *n* Zauberkünstler(in) *m(f)*

conk out [kɒŋk-] (*inf*) *vi* den Geist aufgeben

con man (*irreg*) *n* Schwindler *m*

connect [kə'nekt] *vt* verbinden; (*ELEC*) anschließen; **to be ~ed with** ein Beziehung haben zu; (*be related to*) verwandt sein mit; ~**ion** [kə'nekʃən] *n* Verbindung *f*; (*relation*) Zusammenhang *m*; (*ELEC, TEL, RAIL*) Anschluß *m*

connive [kə'naɪv] *vi*: **to ~ at** stillschweigend dulden

connoisseur [kɒnɪ'sɜː*] *n* Kenner *m*

conquer [ˈkɒŋkə*] *vt* (*feelings*) überwinden; (*enemy*) besiegen; (*country*) erobern; ~**or** *n* Eroberer *m*

conquest [ˈkɒŋkwest] *n* Eroberung *f*

cons [kɒnz] *npl see* **convenience**; **pro**

conscience [ˈkɒnʃəns] *n* Gewissen *nt*

conscientious [kɒnʃɪ'enʃəs] *adj* gewissenhaft

conscious [ˈkɒnʃəs] *adj* bewußt; (*MED*) bei

Bewußtsein; ~**ness** *n* Bewußtsein *nt*

conscript [ˈkɒnskrɪpt] *n* Wehrpflichtige(r) *m*; ~**ion** [kən'skrɪpʃən] *n* Wehrpflicht *f*

consecrate [ˈkɒnsɪkreɪt] *vt* weihen

consecutive [kən'sekjʊtɪv] *adj* aufeinanderfolgend

consensus [kən'sensəs] *n* allgemeine Übereinstimmung *f*

consent [kən'sent] *n* Zustimmung *f* ♦ *vi* zustimmen

consequence [ˈkɒnsɪkwəns] *n* (*importance*) Bedeutung *f*; (*effect*) Folge *f*

consequently [ˈkɒnsɪkwəntlɪ] *adv* folglich

conservation [kɒnsə'veɪʃən] *n* Erhaltung *f*; (*nature ~*) Umweltschutz *m*

conservative [kən'sɜːvətɪv] *adj* konservativ; **C~** (*BRIT*) *adj* konservativ ♦ *n* Konservative(r) *mf*

conservatory [kən'sɜːvətrɪ] *n* (*room*) Wintergarten *m*

conserve [kən'sɜːv] *vt* erhalten

consider [kən'sɪdə*] *vt* überlegen; (*take into account*) in Betracht ziehen; (*regard as*) halten für; **to ~ doing sth** daran denken, etw zu tun

considerable [kən'sɪdərəbl] *adj* beträchtlich

considerably *adv* beträchtlich

considerate [kən'sɪdərɪt] *adj* rücksichtsvoll

consideration [kənsɪdə'reɪʃən] *n* Rücksicht(nahme) *f*; (*thought*) Erwägung *f*; (*reward*) Entgelt *nt*

considering [kən'sɪdərɪŋ] *prep* in Anbetracht +*gen*

consign [kən'saɪn] *vt* übergeben; ~**ment** *n* Sendung *f*

consist [kən'sɪst] *vi*: **to ~ of** bestehen aus

consistency [kən'sɪstənsɪ] *n* (*of material*) Konsistenz *f*; (*of argument, person*) Konsequenz *f*

consistent [kən'sɪstənt] *adj* (*person*) konsequent; (*argument*) folgerichtig

consolation [kɒnsə'leɪʃən] *n* Trost *m*

console[1] [kən'səʊl] *vt* trösten

console[2] [ˈkɒnsəʊl] *n* Kontroll(pult) *m*

consolidate [kən'sɒlɪdeɪt] *vt* festigen

consommé [kən'sɒmeɪ] *n* Fleischbrühe *f*

consortium [kən'sɔːtɪəm] *n* (*COMM*) Konsortium *nt*

conspicuous [kən'spɪkjʊəs] *adj* (*prominent*) auffällig; (*visible*) deutlich sichtbar

conspiracy [kən'spɪrəsɪ] *n* Verschwörung *f*

conspire [kən'spaɪə*] *vi* sich verschwören

constable [ˈkʌnstəbl] (*BRIT*) *n* Polizist(in) *m(f)*; **chief ~** Polizeipräsident *m*

constabulary [kən'stæbjʊlərɪ] *n* Polizei *f*

constant [ˈkɒnstənt] *adj* (*continuous*) ständig; (*unchanging*) konstant; ~**ly** *adv* ständig

constellation [kɒnstə'leɪʃən] *n* Sternbild *nt*

consternation [kɒnstə'neɪʃən] *n* Bestürzung *f*

constipated ['kɒnstɪpeɪtd] *adj* verstopft

constipation [kɒnstɪ'peɪʃən] *n* Verstopfung *f*

constituency [kən'stɪtjuənsɪ] *n* Wahlkreis *m*

constituent [kən'stɪtjuənt] *n* (*person*) Wähler *m*; (*part*) Bestandteil *m*

constitute ['kɒnstɪtjuːt] *vt* (*make up*) bilden; (*amount to*) darstellen

constitution [kɒnstɪ'tjuːʃən] *n* Verfassung *f*; ~al *adj* Verfassungs-

constraint [kən'streɪnt] *n* Zwang *m*; (*shyness*) Befangenheit *f*

construct [kən'strʌkt] *vt* bauen; ~ion [kən'strʌkʃən] *n* Konstruktion *f*; (*building*) Bau *m*; ~ive *adj* konstruktiv

construe [kən'struː] *vt* deuten

consul ['kɒnsl] *n* Konsul *m*; ~ate ['kɒnsjulət] *n* Konsulat *nt*

consult [kən'sʌlt] *vt* um Rat fragen; (*doctor*) konsultieren; (*book*) nachschlagen in +*dat*; ~ant [kən'sʌltənt] *n* (*MED*) Facharzt *m*; (*other specialist*) Gutachter *m*; ~ation [kɒnsəl'teɪʃən] *n* Beratung *f*; (*MED*) Konsultation *f*; ~ing room *n* (*BRIT*) Sprechzimmer *nt*

consume [kən'sjuːm] *vt* verbrauchen; (*food*) konsumieren; ~r *n* Verbraucher *m*; ~r goods *npl* Konsumgüter *pl*; ~rism *n* Konsum *m*; ~r society *n* Konsumgesellschaft *f*

consummate ['kɒnsʌmeɪt] *vt* (*marriage*) vollziehen

consumption [kən'sʌmpʃən] *n* Verbrauch *m*; (*of food*) Konsum *m*

cont. *abbr* (= *continued*) Forts.

contact ['kɒntækt] *n* (*touch*) Berührung *f*; (*connection*) Verbindung *f*; (*person*) Kontakt *m* ♦ *vt* sich in Verbindung setzen mit; ~ lenses *npl* Kontaktlinsen *pl*

contagious [kən'teɪdʒəs] *adj* ansteckend

contain [kən'teɪn] *vt* enthalten; to ~ o.s. sich zügeln; ~er *n* Behälter *m*; (*transport*) Container *m*

contaminate [kən'tæmɪneɪt] *vt* verunreinigen

contamination [kəntæmɪ'neɪʃən] *n* Verunreinigung *f*

cont'd *abbr* (= *continued*) Forts.

contemplate ['kɒntəmpleɪt] *vt* (*look at*) (nachdenklich) betrachten; (*think about*) überdenken; (*plan*) vorhaben

contemporary [kən'tempərərɪ] *adj* zeitgenössisch ♦ *n* Zeitgenosse *m*

contempt [kən'tempt] *n* Verachtung *f*; ~ of court (*JUR*) Mißachtung *f* des Gerichts; ~ible *adj* verachtenswert; ~uous *adj* verächtlich

contend [kən'tend] *vt* (*argue*) behaupten ♦ *vi* kämpfen; ~er *n* (*for post*) Bewerber(in) *m(f)*; (*SPORT*) Wettkämpfer(in) *m(f)*

content [*adj, vb* kən'tent, *n* 'kɒntent] *adj* zufrieden ♦ *vt* befriedigen ♦ *n* (*also:* ~s) Inhalt *m*; ~ed *adj* zufrieden

contention [kən'tenʃən] *n* (*dispute*) Streit *m*; (*argument*) Behauptung *f*

contentment [kən'tentmənt] *n* Zufriedenheit *f*

contest [*n* 'kɒntest, *vb* kən'test] *n* (Wett)kampf *m* ♦ *vt* (*dispute*) bestreiten; (*JUR*) anfechten; (*POL*) kandidieren in +*dat*; ~ant [kən'testənt] *n* Bewerber(in) *m(f)*

context ['kɒntekst] *n* Zusammenhang *m*

continent ['kɒntɪnənt] *n* Kontinent *m*; the C~ (*BRIT*) das europäische Festland; ~al [kɒntɪ'nentl] *adj* kontinental; ~al quilt (*BRIT*) *n* Federbett *nt*

contingency [kən'tɪndʒənsɪ] *n* Möglichkeit *f*

contingent [kən'tɪndʒənt] *n* Kontingent *nt*

continual [kən'tɪnjuəl] *adj* (*endless*) fortwährend; (*repeated*) immer wiederkehrend; ~ly *adv* immer wieder

continuation [kəntɪnju'eɪʃən] *n* Fortsetzung *f*

continue [kən'tɪnjuː] *vi* (*person*) weitermachen; (*thing*) weitergehen ♦ *vt* fortsetzen

continuity [kɒntɪ'njuɪtɪ] *n* Kontinuität *f*

continuous [kən'tɪnjuəs] *adj* ununterbrochen; ~ stationery *n* Endlospapier *nt*

contort [kən'tɔːt] *vt* verdrehen; ~ion [kən'tɔːʃən] *n* Verzerrung *f*

contour ['kɒntuə*] *n* Umriß *m*; (*also:* ~ line) Höhenlinie *f*

contraband ['kɒntrəbænd] *n* Schmuggelware *f*

contraception [kɒntrə'sepʃən] *n* Empfängnisverhütung *f*

contraceptive [kɒntrə'septɪv] *n* empfängnisverhütende(s) Mittel *nt* ♦ *adj* empfängnisverhütend

contract [*n* 'kɒntrækt, *vb* kən'trækt] *n* Vertrag *m* ♦ *vi* (*muscle, metal*) sich zusammenziehen ♦ *vt* zusammenziehen; to ~ to do sth (*COMM*) sich vertraglich verpflichten, etw zu tun; ~ion [kən'trækʃən] *n* (*shortening*) Verkürzung *f*; ~or [kən'træktə*] *n* Unternehmer *m*

contradict [kɒntrə'dɪkt] *vt* widersprechen +*dat*; ~ion [kɒntrə'dɪkʃən] *n* Widerspruch *m*; ~ory *adj* widersprüchlich

contraption [kən'træpʃən] (*inf*) *n* Apparat *m*

contrary[1] ['kɒntrərɪ] *adj* (*opposite*) entgegengesetzt ♦ *n* Gegenteil *nt*; on the ~ im Gegenteil

contrary[2] [kən'treərɪ] *adj* (*obstinate*) widerspenstig

contrast [*n* 'kɒntrɑːst, *vb* kən'trɑːst] *n* Kontrast *m* ♦ *vt* entgegensetzen; ~ing [kən'trɑːstɪŋ] *adj* Kontrast-

contravene [kɒntrə'viːn] *vt* verstoßen gegen

contribute [kən'trɪbjuːt] *vt, vi:* **to** ~ **to** beitragen zu

contribution [kɒntrɪ'bjuːʃən] *n* Beitrag *m*

contributor [kən'trɪbjutə*] *n* Beitragende(r) *mf*

contrive [kən'traɪv] *vt* ersinnen ♦ *vi:* **to** ~ **to do sth** es schaffen, etw zu tun

control [kən'trəʊl] *vt (direct, test)* kontrollieren ♦ *n* Kontrolle *f*; ~**s** *npl (of vehicle)* Steuerung *f*; *(of engine)* Schalttafel *f*; **to be in** ~ **of** *(business, office)* leiten; *(group of children)* beaufsichtigen; **out of** ~ außer Kontrolle; **under** ~ unter Kontrolle; ~ **panel** *n* Schalttafel *f*; ~ **room** *n* Kontrollraum *m*; ~ **tower** *n* (AVIAT) Kontrollturm *m*

controversial [kɒntrə'vɜːʃəl] *adj* umstritten

controversy ['kɒntrəvɜːsɪ] *n* Kontroverse *f*

conurbation [kɒnɜː'beɪʃən] *n* Ballungsgebiet *nt*

convalesce [kɒnvə'les] *vi* genesen; ~**nce** *n* Genesung *f*

convector [kən'vektə*] *n* Heizlüfter *m*

convene [kən'viːn] *vt* zusammenrufen ♦ *vi* sich versammeln

convenience [kən'viːnɪəns] *n* Annehmlichkeit *f*; **all modern** ~**s** mit allem Komfort; **all mod cons** (BRIT) mit allem Komfort; **at your** ~ wann es Ihnen paßt

convenient [kən'viːnɪənt] *adj* günstig

convent ['kɒnvənt] *n* Kloster *nt*

convention [kən'venʃən] *n* Versammlung *f*; *(custom)* Konvention *f*; ~**al** *adj* konventionell

converge [kən'vɜːdʒ] *vi* zusammenlaufen

conversant [kən'vɜːsənt] *adj:* **to be** ~ **with** bewandert sein in +*dat*

conversation [kɒnvə'seɪʃən] *n* Gespräch *nt*; ~**al** *adj* Unterhaltungs-

converse [*n* 'kɒnvɜːs, *vb* kən'vɜːs] *n* Gegenteil *nt* ♦ *vi* sich unterhalten

conversion [kən'vɜːʃən] *n* Umwandlung *f*; *(esp REL)* Bekehrung *f*

convert [*vb* kən'vɜːt, *n* 'kɒnvɜːt] *vt (change)* umwandeln; *(REL)* bekehren ♦ *n* Bekehrte(r) *mf*; Konvertit(in) *m(f)*; ~**ible** *n* (AUT) Kabriolett *nt* ♦ *adj* umwandelbar; *(FIN)* konvertierbar

convex [kɒn'veks] *adj* konvex

convey [kən'veɪ] *vt (carry)* befördern; *(feelings)* vermitteln; ~**or belt** *n* Fließband *nt*

convict [*vb* kən'vɪkt, *n* 'kɒnvɪkt] *vt* verurteilen ♦ *n* Häftling *m*; ~**ion** [kən'vɪkʃən] *n (verdict)* Verurteilung *f*; *(belief)* Überzeugung *f*

convince [kən'vɪns] *vt* überzeugen; ~**d** *adj:* ~**d that** überzeugt davon, daß; **convincing** *adj* überzeugend

convoluted [kɒnvə'luːtɪd] *adj* verwickelt; *(style)* gewunden

convoy ['kɒnvɔɪ] *n (of vehicles)* Kolonne *f*; *(protected)* Konvoi *m*

convulse [kən'vʌls] *vt* zusammenzucken lassen; **to be** ~**d with laughter** sich vor Lachen krümmen

convulsion [kən'vʌlʃən] *n* (*esp* MED) Zuckung *f*, Krampf *m*

coo [kuː] *vi* gurren

cook [kʊk] *vt, vi* kochen ♦ *n* Koch *m*, Köchin *f*; ~ **book** *n* Kochbuch *nt*; ~**er** *n* Herd *m*; ~**ery** *n* Kochkunst *f*; ~**ery book** (BRIT) = **cook book**; ~**ie** (US) *n* Plätzchen *nt*; ~**ing** *n* Kochen *nt*

cool [kuːl] *adj* kühl ♦ *vt, vi* (ab)kühlen; ~ **down** *vt, vi (fig)* (sich) beruhigen; ~**ness** *n* Kühle *f*; *(of temperament)* kühle(r) Kopf *m*

coop [kuːp] *n* Hühnerstall *m* ♦ *vt:* ~ **up** *(fig)* einpferchen

cooperate [kəʊ'ɒpəreɪt] *vi* zusammenarbeiten; **cooperation** [kəʊɒpə'reɪʃən] *n* Zusammenarbeit *f*

cooperative [kəʊ'ɒpərətɪv] *adj* hilfsbereit; *(COMM)* genossenschaftlich ♦ *n (of farmers)* Genossenschaft *f*; *(~ store)* Konsumladen *m*

coordinate [*vb* kəʊ'ɔːdɪneɪt, *n* kəʊ'ɔːdɪnət] *vt* koordinieren ♦ *n* (MATH) Koordinate *f*; ~**s** *npl (clothes)* Kombinationen *pl*

coordination [kəʊɔːdɪ'neɪʃən] *n* Koordination *f*

cop [kɒp] *(inf) n* Polyp *m*, Bulle *m*

cope [kəʊp] *vi:* **to** ~ **with** fertig werden mit

copious ['kəʊpɪəs] *adj* reichhaltig

copper ['kɒpə*] *n (metal)* Kupfer *nt*; *(inf: policeman)* Polyp *m*, Bulle *m*; ~**s** *npl (money)* Kleingeld *nt*

coppice ['kɒpɪs] *n* Unterholz *nt*

copse [kɒps] *n* Unterholz *nt*

copulate ['kɒpjʊleɪt] *vi* sich paaren

copy ['kɒpɪ] *n (imitation)* Kopie *f*; *(of book etc)* Exemplar *nt*; *(of newspaper)* Nummer *f* ♦ *vt* kopieren, abschreiben; ~**right** *n* Copyright *nt*

coral ['kɒrəl] *n* Koralle *f*; ~ **reef** *n* Korallenriff *nt*

cord [kɔːd] *n* Schnur *f*; *(ELEC)* Kabel *nt*

cordial ['kɔːdɪəl] *adj* herzlich ♦ *n* Fruchtsaft *m*

cordon ['kɔːdn] *n* Absperrkette *f*; ~ **off** *vt* abriegeln

corduroy ['kɔːdərɔɪ] *n* Kord(samt) *m*

core [kɔː*] *n* Kern *m* ♦ *vt* entkernen

cork [kɔːk] *n (bark)* Korkrinde *f*; *(stopper)* Korken *m*; ~**screw** *n* Korkenzieher *m*

corn [kɔːn] *n (BRIT: wheat)* Getreide *nt*, Korn *nt*; *(US: maize)* Mais *m*; *(on foot)* Hühnerauge *nt*; ~ **on the cob** Maiskolben *m*

cornea ['kɔːnɪə] *n* Hornhaut *f*

corned beef ['kɔːnd-] *n* Corned Beef *nt*

corner ['kɔːnə*] *n* Ecke *f*; *(on road)* Kurve *f* ♦ *vt* in die Enge treiben; *(market)* monopolisieren ♦ *vi* (AUT) in die Kurve gehen;

~**stone** n Eckstein m
cornet ['kɔːnɪt] n (MUS) Kornett nt; (BRIT: of ice cream) Eistüte f
cornflakes ['kɔːnfleɪks] npl Cornflakes pl (®)
cornflour ['kɔːnflauə*] (BRIT) n Maizena nt (®)
cornstarch ['kɔːnstɑːtʃ] (US) n Maizena nt (®)
Cornwall ['kɔːnwəl] n Cornwall nt
corny ['kɔːnɪ] adj (joke) blöd(e)
corollary [kə'rɒlərɪ] n Folgesatz m
coronary ['kɒrənərɪ] n (also: ~ thrombosis) Herzinfarkt m
coronation [kɒrə'neɪʃən] n Krönung f
coroner ['kɒrənə*] n Untersuchungsrichter m
coronet ['kɒrənɪt] n Adelskrone f
corporal ['kɔːpərəl] n Obergefreite(r) m ♦ adj: ~ **punishment** Prügelstrafe f
corporate ['kɔːpərɪt] adj gemeinschaftlich, korporativ
corporation [kɔːpə'reɪʃən] n (of town) Gemeinde f; (COMM) Körperschaft f, Aktiengesellschaft f
corps [kɔː*, pl kɔːz] (pl **corps**) n (Armee)korps nt
corpse [kɔːps] n Leiche f
corpuscle ['kɔːpʌsl] n Blutkörperchen nt
corral [kə'rɑːl] n Pferch m, Korral m
correct [kə'rekt] adj (accurate) richtig; (proper) korrekt ♦ vt korrigieren; ~**ion** [kə'rekʃən] n Berichtigung f
correlation [kɒrɪ'leɪʃən] n Wechselbeziehung f
correspond [kɒrɪs'pɒnd] vi (agree) übereinstimmen; (exchange letters) korrespondieren; ~**ence** n (similarity) Entsprechung f; (letters) Briefwechsel m, Korrespondenz f; ~**ence course** n Fernkurs m; ~**ent** n (PRESS) Berichterstatter m
corridor ['kɒrɪdɔː*] n Gang m
corroborate [kə'rɒbəreɪt] vt bestätigen
corrode [kə'rəud] vt zerfressen ♦ vi rosten
corrosion [kə'rəuʒən] n Korrosion f
corrugated ['kɒrəgeɪtɪd] adj gewellt; ~ **iron** n Wellblech f
corrupt [kə'rʌpt] adj korrupt ♦ vt verderben; (bribe) bestechen; ~**ion** [kə'rʌpʃən] n (of society) Verdorbenheit f; (bribery) Bestechung f
corset ['kɔːsɪt] n Korsett nt
Corsica ['kɔːsɪkə] n Korsika nt
cortège [kɔː'teɪʒ] n Zug m; (of funeral) Leichenzug m
cosh [kɒʃ] (BRIT) n Totschläger m
cosmetics npl Kosmetika pl
cosmic ['kɒzmɪk] adj kosmisch
cosmonaut ['kɒzmənɔːt] n Kosmonaut(in) m(f)
cosmopolitan [kɒzmə'pɒlɪtən] adj international; (city) Welt-

cosmos ['kɒzmɒs] n Kosmos m
cosset ['kɒsɪt] vt verwöhnen
cost [kɒst] (pt, pp **cost**) n Kosten pl, Preis m ♦ vt, vi kosten; ~**s** npl (JUR) Kosten pl; **how much does it ~?** wieviel kostet das?; **at all ~s** um jeden Preis
co-star ['kəustɑː*] n zweite(r) or weitere(r) Hauptdarsteller(in) m(f)
cost-effective ['kɒstɪ'fektɪv] adj rentabel
costly ['kɒstlɪ] adj kostspielig
cost-of-living ['kɒstəv'lɪvɪŋ] adj (allowance, index) Lebenshaltungskosten-
cost price (BRIT) n Selbstkostenpreis m
costume ['kɒstjuːm] n Kostüm nt; (fancy dress) Maskenkostüm nt; (BRIT: also: swimming ~) Badeanzug m; ~ **jewellery** n Modeschmuck m
cosy ['kəuzɪ] (BRIT) adj behaglich; (atmosphere) gemütlich
cot [kɒt] n (BRIT: child's) Kinderbett(chen) nt; (US: campbed) Feldbett nt
cottage ['kɒtɪdʒ] n kleine(s) Haus nt; ~ **cheese** n Hüttenkäse m; ~ **industry** n Heimindustrie f; ~ **pie** n Auflauf mit Hackfleisch und Kartoffelbrei
cotton ['kɒtn] n Baumwolle f; (thread) Garn nt; ~ **on to** (inf) vt kapieren; ~ **candy** (US) n Zuckerwatte f; ~ **wool** (BRIT) n Watte f
couch [kautʃ] n Couch f
couchette [kuː'ʃet] n (on train, boat) Liegewagenplatz m
cough [kɒf] vi husten ♦ n Husten m; ~ **drop** n Hustenbonbon nt
could [kud] pt of **can**²; ~**n't** = **could not**
council ['kaunsl] n (of town) Stadtrat m; ~ **estate** (BRIT) n Siedlung f des sozialen Wohnungsbaus; ~ **house** (BRIT) n Haus nt des sozialen Wohnungsbaus; ~**lor** ['kaunslə*] n Stadtrat m/-rätin f
counsel ['kaunsl] n (barrister) Anwalt m; (advice) Rat(schlag) m ♦ vt beraten; ~**lor** n Berater m
count [kaunt] vt, vi zählen ♦ n (reckoning) Abrechnung f; (nobleman) Graf m; ~ **on** vt zählen auf +acc; ~**down** n Countdown m
countenance ['kauntɪnəns] n (old) Antlitz nt ♦ vt (tolerate) gutheißen
counter ['kauntə*] n (in shop) Ladentisch m; (in café) Theke f; (in bank, post office) Schalter m ♦ vt entgegnen; ~**act** [kauntə'rækt] vt entgegenwirken +dat; ~**espionage** n Spionageabwehr f
counterfeit ['kauntəfiːt] n Fälschung f ♦ vt fälschen ♦ adj gefälscht
counterfoil ['kauntəfɔɪl] n (Kontroll)abschnitt m
countermand ['kauntəmɑːnd] vt rückgängig machen
counterpart ['kauntəpɑːt] n (object) Gegenstück n; (person) Gegenüber nt
counterproductive ['kauntəprə'dʌktɪv] adj

destruktiv

countersign ['kaʊntəsaɪn] vt gegenzeichnen

countess ['kaʊntɪs] n Gräfin f

countless ['kaʊntlɪs] adj zahllos, unzählig

country ['kʌntrɪ] n Land nt; ~ **dancing** (BRIT) n Volkstanz m; ~ **house** n Landhaus nt; ~**man** (irreg) n (national) Landsmann m; (rural) Bauer m; ~**side** n Landschaft f

county ['kaʊntɪ] n Landkreis m; (BRIT) Grafschaft f

coup [ku:] n (pl ~s) n Coup m; (also: ~ d'état) Staatsstreich m, Putsch m

coupé n (AUT) Coupé nt

couple n Paar nt ♦ vt koppeln; **a ~ of** ein paar

coupon n Gutschein m

coups [ku:z] npl of **coup**

courage ['kʌrɪdʒ] n Mut m; ~**ous** [kə'reɪdʒəs] adj mutig

courgette [kʊə'ʒet] (BRIT) n Zucchini f

courier ['kʊrɪə*] n (for holiday) Reiseleiter m; (messenger) Kurier m

course [kɔ:s] n (race) Bahn f; (of stream) Lauf m; (golf ~) Platz m; (NAUT, SCH) Kurs m; (in meal) Gang m; **of ~** natürlich

court [kɔ:t] n (royal) Hof m; (JUR) Gericht nt ♦ vt (woman) gehen mit; (danger) herausfordern; **to take to ~** vor Gericht bringen

courteous ['kɜ:tɪəs] adj höflich

courtesan [kɔ:tɪ'zæn] n Kurtisane f

courtesy ['kɜ:tɪsɪ] n Höflichkeit f

court-house ['kɔ:thaʊs] (US) n Gerichtsgebäude nt

courtier ['kɔ:tɪə*] n Höfling m

court-martial ['kɔ:t'mɑ:ʃəl] (pl **courts-martial**) n Kriegsgericht nt ♦ vt vor ein Kriegsgericht stellen

courtroom ['kɔ:trʊm] n Gerichtssaal m

courts-martial ['kɔ:ts'mɑ:ʃəl] npl of **court-martial**

courtyard ['kɔ:tjɑ:d] n Hof m

cousin ['kʌzn] n Cousin m, Vetter m; Kusine f

cove [kəʊv] n kleine Bucht f

covenant ['kʌvənənt] n (ECCL) Bund m; (JUR) Verpflichtung f

cover ['kʌvə*] vt (spread over) bedecken; (shield) abschirmen; (include) sich erstrecken über +acc; (protect) decken; (distance) zurücklegen; (report on) berichten über +acc ♦ n (lid) Deckel m; (for bed) Decke f; (MIL) Bedeckung f; (of book) Einband m; (of magazine) Umschlag m; (insurance) Versicherung f; **to take ~** (from rain) sich unterstellen; (MIL) in Deckung gehen; **under ~** (indoors) drinnen; **under ~ of** im Schutze +gen; **under separate ~** (COMM) mit getrennter Post; **to ~ up for sb** jdn decken; ~**age** n (PRESS: reports) Berichterstattung f; (distribution) Verbreitung f; ~ **charge** n Bedienungsgeld nt; ~**ing** n Bedeckung f; ~**ing letter** (US ~ **letter**) n Begleitbrief m; ~ **note** n (INSURANCE) vorläufige(r) Versicherungsschein m

covert ['kʌvət] adj geheim

cover-up ['kʌvərʌp] n Vertuschung f

covet ['kʌvɪt] vt begehren

cow [kaʊ] n Kuh f ♦ vt einschüchtern

coward ['kaʊəd] n Feigling m; ~**ice** ['kaʊədɪs] n Feigheit f; ~**ly** adj feige

cowboy ['kaʊbɔɪ] n Cowboy m

cower ['kaʊə*] vi kauern

coxswain ['kɒksn] n (abbr: **cox**) Steuermann m

coy [kɔɪ] adj schüchtern

coyote [kɔɪ'əʊtɪ] n Präriewolf m

cozy ['kəʊzɪ] (US) adj = **cosy**

CPA (US) n abbr = **certified public accountant**

crab [kræb] n Krebs m; ~ **apple** n Holzapfel m

crack [kræk] n Riß m, Sprung m; (noise) Knall m; (drug) Crack nt ♦ vt (break) springen lassen; (joke) reißen; (nut, safe) knacken; (whip) knallen lassen ♦ vi springen ♦ adj erstklassig; (troops) Elite-; ~ **down** vi: **to ~ down (on)** hart durchgreifen (bei); ~ **up** vi (fig) zusammenbrechen; ~**er** n (firework) Knallkörper m, Kracher m; (biscuit) Keks m; (Christmas ~) Knallbonbon nt

crackle ['krækl] vi knistern; (fire) prasseln

cradle ['kreɪdl] n Wiege f

craft [krɑ:ft] n (skill) (Hand- or Kunst)fertigkeit f; (trade) Handwerk nt; (NAUT) Schiff nt; ~**sman** (irreg) n Handwerker m; ~**smanship** n (quality) handwerkliche Ausführung f; (ability) handwerkliche(s) Können nt; ~**y** adj schlau

crag [kræg] n Klippe f

cram [kræm] vt vollstopfen ♦ vi (learn) pauken; **to ~ sth into sth** etw in etw acc stopfen

cramp [kræmp] n Krampf m ♦ vt (limit) einengen; (hinder) hemmen; ~**ed** adj (position) verkrampft; (space) eng

crampon ['kræmpən] n Steigeisen nt

cranberry ['krænbərɪ] n Preiselbeere f

crane [kreɪn] n (machine) Kran m; (bird) Kranich m

crank [kræŋk] n (lever) Kurbel f; (person) Spinner m; ~**shaft** n Kurbelwelle f

cranny ['krænɪ] n see **nook**

crash [kræʃ] n (noise) Krachen nt; (with cars) Zusammenstoß m; (with plane) Absturz m; (COMM) Zusammenbruch m ♦ vt (plane) abstürzen mit ♦ vi (cars) zusammenstoßen; (plane) abstürzen; (economy) zusammenbrechen; (noise) knallen; ~ **course** n Schnellkurs m; ~ **helmet** n Sturzhelm m; ~ **landing** n Bruchlandung f

crass [kræs] adj kraß

crate [kreɪt] *n (also fig)* Kiste *f*
crater ['kreɪtə*] *n* Krater *m*
cravat(e) [krə'væt] *n* Halstuch *nt*
crave [kreɪv] *vt* verlangen nach
crawl [krɔːl] *vi* kriechen; *(baby)* krabbeln ♦
n Kriechen *nt; (swim)* Kraul *nt*
crayfish ['kreɪfɪʃ] *n inv (freshwater)* Krebs
m; (saltwater) Languste *f*
crayon ['kreɪən] *n* Buntstift *m*
craze [kreɪz] *n* Fimmel *m*
crazy ['kreɪzɪ] *adj* verrückt; **~ paving** *n*
Mosaikpflaster *nt*
creak [kriːk] *vi* knarren
cream [kriːm] *n (from milk)* Rahm *m,* Sahne *f; (polish, cosmetic)* Creme *f; (fig: people)* Elite *f* ♦ *adj* cremfarbig; **~ cake** *n*
Sahnetorte *f;* **~ cheese** *n* Rahmquark *m;*
~y *adj* sahnig
crease [kriːs] *n* Falte *f* ♦ *vt* falten; *(untidy)*
zerknittern ♦ *vi (wrinkle up)* knittern
create [krɪ'eɪt] *vt* erschaffen; *(cause)* verursachen
creation [krɪ'eɪʃən] *n* Schöpfung *f*
creative [krɪ'eɪtɪv] *adj* kreativ
creator [krɪ'eɪtə*] *n* Schöpfer *m*
creature ['kriːtʃə*] *n* Geschöpf *nt*
crèche [kreʃ] *n* Krippe *f*
credence ['kriːdəns] *n*: **to lend** *or* **give ~**
to sth etw *dat* Glauben schenken
credentials [krɪ'denʃəlz] *npl* Beglaubi-
gungsschreiben *nt*
credibility [kredɪ'bɪlɪtɪ] *n* Glaubwürdigkeit
f
credible ['kredɪbl] *adj (person)* glaubwürdig; *(story)* glaubhaft
credit ['kredɪt] *n (also COMM)* Kredit *m* ♦
vt Glauben schenken +*dat; (COMM)*
gutschreiben; **~s** *npl (of film)* Mitwirkenden
pl; **~able** *adj* rühmlich; **~ card** *n* Kreditkarte *f;* **~or** *n* Gläubiger *m*
creed [kriːd] *n* Glaubensbekenntnis *nt*
creek [kriːk] *n (inlet)* kleine Bucht *f; (US:
river)* kleine(r) Wasserlauf *m*
creep [kriːp] *(pt, pp* **crept)** *vi* kriechen; **~er**
n Kletterpflanze *f;* **~y** *adj (frightening)* gruselig
cremate [krɪ'meɪt] *vt* einäschern
cremation [krɪ'meɪʃən] *n* Einäscherung *f*
crêpe [kreɪp] *n* Krepp *m;* **~ bandage**
(BRIT) n Elastikbinde *f*
crept [krept] *pt, pp of* **creep**
crescent ['kresnt] *n (of moon)* Halbmond
m
cress [kres] *n* Kresse *f*
crest [krest] *n (of cock)* Kamm *f; (of wave)*
Wellenkamm *m; (coat of arms)* Wappen *nt;*
~fallen *adj* niedergeschlagen
Crete [kriːt] *n* Kreta *nt*
crevice ['krevɪs] *n* Riß *m*
crew [kruː] *n* Besatzung *f,* Mannschaft *f;*
~-cut *n* Bürstenschnitt *m;* **~-neck** *n* runde-
(r) Ausschnitt *m*

crib [krɪb] *n (bed)* Krippe *f* ♦ *vt (inf)*
spicken
crick [krɪk] *n* Muskelkrampf *m*
cricket ['krɪkɪt] *n (insect)* Grille *f; (game)*
Kricket *m*
crime [kraɪm] *n* Verbrechen *nt*
criminal ['krɪmɪnl] *n* Verbrecher *m* ♦ *adj*
kriminell; *(act)* strafbar
crimson ['krɪmzn] *adj* leuchtend rot
cringe [krɪndʒ] *vi* sich ducken
crinkle ['krɪŋkl] *vt* zerknittern
cripple ['krɪpl] *n* Krüppel *m* ♦ *vt* lahmlegen; *(MED)* verkrüppeln
crises ['kraɪsiːz] *npl of* **crisis**
crisis ['kraɪsɪs] *(pl* **crises)** *n* Krise *f*
crisp [krɪsp] *adj* knusprig; **~s** *(BRIT) npl*
Chips *pl*
crisscross ['krɪskrɒs] *adj* gekreuzt, Kreuz-
criteria [kraɪ'tɪərɪə] *npl of* **criterion**
criterion [kraɪ'tɪərɪən] *(pl* **criteria)** *n* Kriterium *nt*
critic ['krɪtɪk] *n* Kritiker(in) *m(f);* **~al** *adj*
kritisch; **~ally** *adv* kritisch; *(ill)* gefährlich;
~ism ['krɪtɪsɪzəm] *n* Kritik *f;* **~ize**
['krɪtɪsaɪz] *vt* kritisieren
croak [krəʊk] *vi* krächzen; *(frog)* quaken
Croatia [krəʊ'eɪʃə] *n* Kroatien *nt*
crochet ['krəʊʃeɪ] *n* Häkelei *f*
crockery ['krɒkərɪ] *n* Geschirr *nt*
crocodile ['krɒkədaɪl] *n* Krokodil *nt*
crocus ['krəʊkəs] *n* Krokus *m*
croft [krɒft] *(BRIT) n* kleine(s) Pachtgut *nt*
crony ['krəʊnɪ] *(inf) n* Kumpel *m*
crook [krʊk] *n (criminal)* Gauner *m; (stick)*
Hirtenstab *m;* **~ed** ['krʊkɪd] *adj* krumm
crop [krɒp] *n (harvest)* Ernte *f; (riding ~)*
Reitpeitsche *f* ♦ *vt* ernten; **~ up** *vi* passieren
croquet ['krəʊkeɪ] *n* Krocket *nt*
croquette [krə'ket] *n* Krokette *f*
cross [krɒs] *n* Kreuz *nt* ♦ *vt (road)*
überqueren; *(legs)* übereinander legen;
kreuzen ♦ *adj (annoyed)* böse; **~ out** *vt*
streichen; **~ over** *vi* hinübergehen; **~bar**
n Querstange *f;* **~country (race)** *n* Ge-
ländelauf *m;* **~-examine** *vt* ins Kreuzver-
hör nehmen; **~-eyed** *adj:* **to be ~-eyed**
schielen; **~fire** *n* Kreuzfeuer *nt;* **~ing** *n*
(crossroads) (Straßen)kreuzung *f; (of ship)*
Überfahrt *f; (for pedestrians)* Fußgängerüberweg *m;* **~ing guard** *(US) n*
Schülerlotse *m;* **~ purposes** *npl:* **to be at**
~ purposes aneinander vorbeireden; **~-**
reference *n* Querverweis *m;* **~roads** *n*
Straßenkreuzung *f; (fig)* Scheideweg *m;* **~**
section *n* Querschnitt *m;* **~walk** *(US) n*
Fußgängerüberweg *m;* **~wind** *n* Seiten-
wind *m;* **~word (puzzle)** *n* Kreuzwort-
rätsel *nt*
crotch [krɒtʃ] *n* Zwickel *m; (ANAT)* Unterleib *m*
crotchet ['krɒtʃɪt] *n* Viertelnote *f*

crotchety ['krɒtʃɪtɪ] *adj* launenhaft
crouch [krautʃ] *vi* hocken
croupier ['kru:pɪeɪ] *n* Croupier *m*
crow [krəu] *n* (*bird*) Krähe *f*; (*of cock*) Krähen *nt* ♦ *vi* krähen
crowbar ['krəubɑ:*] *n* Stemmeisen *nt*
crowd [kraud] *n* Menge *f* ♦ *vt* (*fill*) überfüllen ♦ *vi* drängen; ~**ed** *adj* überfüllt
crown [kraun] *n* Krone *f*; (*of head, hat*) Kopf *m* ♦ *vt* krönen; ~ **jewels** *npl* Kronjuwelen *pl*; ~ **prince** *n* Kronprinz *m*
crow's-feet ['krəuzfi:t] *npl* Krähenfüße *pl*
crucial ['kru:ʃəl] *adj* entscheidend
crucifix ['kru:sɪfɪks] *n* Kruzifix *nt*; ~**ion** [kru:sɪ'fɪkʃən] *n* Kreuzigung *f*
crude [kru:d] *adj* (*raw*) roh; (*humour, behaviour*) grob; (*basic*) primitiv; ~ (**oil**) *n* Rohöl *nt*
cruel ['kruəl] *adj* grausam; ~**ty** *n* Grausamkeit *f*
cruet ['kru:ɪt] *n* Gewürzständer *m*
cruise [kru:z] *n* Kreuzfahrt *f* ♦ *vi* kreuzen; ~**r** *n* (*MIL*) Kreuzer *m*
crumb [krʌm] *n* Krume *f*
crumble ['krʌmbl] *vt, vi* zerbröckeln
crumbly ['krʌmblɪ] *adj* krümelig
crumpet ['krʌmpɪt] *n* Tee(pfann)kuchen *m*
crumple ['krʌmpl] *vt* zerknittern
crunch [krʌntʃ] *n*: **the** ~ (*fig*) der Knackpunkt ♦ *vt* knirschen; ~**y** *adj* knusprig
crusade [kru:'seɪd] *n* Kreuzzug *m*
crush [krʌʃ] *n* Gedränge *nt* ♦ *vt* zerdrücken; (*rebellion*) unterdrücken
crust [krʌst] *n* Kruste *f*
crutch [krʌtʃ] *n* Krücke *f*
crux [krʌks] *n* springende(r) Punkt *m*
cry [kraɪ] *vi* (*shout*) schreien; (*weep*) weinen ♦ *n* (*call*) Schrei *m*; ~ **off** *vi* (plötzlich) absagen
crypt [krɪpt] *n* Krypta *f*
cryptic ['krɪptɪk] *adj* hintergründig
crystal ['krɪstl] *n* Kristall *m*; (*glass*) Kristallglas *nt*; (*mineral*) Bergkristall *m*; ~-**clear** *adj* kristallklar
crystallize *vt, vi* kristallisieren; (*fig*) klären
cub [kʌb] *n* Junge(s) *nt*; (*also*: C~ *scout*) Wölfling *m*
Cuba ['kju:bə] *n* Kuba *nt*; ~**n** *adj* kubanisch ♦ *n* Kubaner(in) *m(f)*
cubbyhole ['kʌbɪhəul] *n* Eckchen *nt*
cube [kju:b] *n* Würfel *m* ♦ *vt* (*MATH*) hoch drei nehmen; ~ **root** *n* Kubikwurzel *f*
cubic ['kju:bɪk] *adj* würfelförmig; (*centimetre etc*) Kubik-; ~ **capacity** *n* Fassungsvermögen *nt*
cubicle ['kju:bɪkl] *n* Kabine *f*
cuckoo ['kuku:] *n* Kuckuck *m*; ~ **clock** *n* Kuckucksuhr *f*
cucumber ['kju:kʌmbə*] *n* Gurke *f*
cuddle ['kʌdl] *vt, vi* herzen, drücken (*inf*)
cue [kju:] *n* (*THEAT*) Stichwort *nt*; (*snooker* ~) Billardstock *m*

cuff [kʌf] *n* (*BRIT*: *of shirt, coat etc*) Manschette *f*; Aufschlag *m*; (*US*) = **turn-up**; **off the** ~ aus dem Handgelenk; ~**link** *n* Manschettenknopf *m*
cuisine [kwɪ'zi:n] *n* Kochkunst *f*, Küche *f*
cul-de-sac ['kʌldəsæk] *n* Sackgasse *f*
culinary ['kʌlɪnərɪ] *adj* Koch-
cull [kʌl] *vt* (*flowers*) pflücken; (*select*) auswählen
culminate ['kʌlmɪneɪt] *vi* gipfeln
culmination [kʌlmɪ'neɪʃən] *n* Höhepunkt *m*
culottes [kju:'lɒts] *npl* Hosenrock *m*
culpable ['kʌlpəbl] *adj* schuldig
culprit ['kʌlprɪt] *n* Täter *m*
cult [kʌlt] *n* Kult *m*
cultivate ['kʌltɪveɪt] *vt* (*AGR*) bebauen; (*mind*) bilden
cultivation [kʌltɪ'veɪʃən] *n* (*AGR*) Bebauung *f*; (*of person*) Bildung *f*
cultural ['kʌltʃərəl] *adj* kulturell, Kultur-
culture ['kʌltʃə*] *n* Kultur *f*; ~**d** *adj* gebildet
cumbersome ['kʌmbəsəm] *adj* (*object*) sperrig
cumulative ['kju:mjulətɪv] *adj* gehäuft
cunning ['kʌnɪŋ] *n* Verschlagenheit *f* ♦ *adj* schlau
cup [kʌp] *n* Tasse *f*; (*prize*) Pokal *m*
cupboard ['kʌbəd] *n* Schrank *m*
Cupid ['kju:pɪd] *n* Amor *m*
cup tie (*BRIT*) *n* Pokalspiel *nt*
curate ['kjuərɪt] *n* (*Catholic*) Kurat *m*; (*Protestant*) Vikar *m*
curator [kju'reɪtə*] *n* Kustos *m*
curb [kɜ:b] *vt* zügeln ♦ *n* (*on spending etc*) Einschränkung *f*; (*US*) Bordstein *m*
curdle ['kɜ:dl] *vi* gerinnen
cure [kjuə*] *n* Heilmittel *nt*; (*process*) Heilverfahren *nt* ♦ *vt* heilen
curfew ['kɜ:fju:] *n* Ausgangssperre *f*; Sperrstunde *f*
curio ['kjuərɪəu] *n* Kuriosität *f*
curiosity [kjuərɪ'ɒsɪtɪ] *n* Neugier *f*
curious ['kjuərɪəs] *adj* neugierig; (*strange*) seltsam
curl [kɜ:l] *n* Locke *f* ♦ *vt* locken ♦ *vi* sich locken; ~ **up** *vi* sich zusammenrollen; (*person*) sich ankuscheln; ~**er** *n* Lockenwickler *m*; ~**y** ['kɜ:lɪ] *adj* lockig
currant ['kʌrənt] *n* Korinthe *f*
currency ['kʌrənsɪ] *n* Währung *f*; **to gain** ~ an Popularität gewinnen
current ['kʌrənt] *n* Strömung *f* ♦ *adj* (*expression*) gängig, üblich; (*issue*) neueste; ~ **account** (*BRIT*) *n* Girokonto *nt*; ~ **affairs** *npl* Zeitgeschehen *nt*; ~**ly** *adv* zur Zeit
curricula [kə'rɪkjulə] *npl* of **curriculum**
curriculum [kə'rɪkjuləm] (*pl* ~**s** *or* **curricula**) *n* Lehrplan *m*; ~ **vitae** *n* Lebenslauf *m*
curry ['kʌrɪ] *n* Currygericht *nt* ♦ *vt*: **to** ~ **favour with** sich einschmeicheln bei; ~

powder *n* Curry(pulver) *nt*
curse [kɜːs] *vi* (*swear*): **to ~ (at)** fluchen (auf *or* über +*acc*) ♦ *vt* (*insult*) verwünschen ♦ *n* Fluch *m*
cursor ['kɜːsə*] *n* (*COMPUT*) Cursor *m*
cursory ['kɜːsərɪ] *adj* flüchtig
curt [kɜːt] *adj* schroff
curtail [kɜː'teɪl] *vt* abkürzen; (*rights*) einschränken
curtain ['kɜːtn] *n* Vorhang *m*
curts(e)y *n* Knicks *m* ♦ *vi* knicksen
curve [kɜːv] *n* Kurve *f*; (*of body, vase etc*) Rundung *f* ♦ *vi* sich biegen; (*hips, breasts*) sich runden; (*road*) einen Bogen machen
cushion ['kʊʃən] *n* Kissen *nt* ♦ *vt* dämpfen
custard ['kʌstəd] *n* Vanillesoße *f*
custodian [kʌs'təʊdɪən] *n* Kustos *m*, Verwalter(in) *m(f)*
custody ['kʌstədɪ] *n* Aufsicht *f*; (*police ~*) Haft *f*; **to take into ~** verhaften
custom ['kʌstəm] *n* (*tradition*) Brauch *m*; (*COMM*) Kundschaft *f*; **~ary** *adj* üblich
customer ['kʌstəmə*] *n* Kunde *m*, Kundin *f*
customized ['kʌstəmaɪzd] *adj* (*car etc*) mit Spezialausrüstung
custom-made ['kʌstəm'meɪd] *adj* speziell angefertigt
customs ['kʌstəmz] *npl* Zoll *m*; **~ duty** *n* Zollabgabe *f*; **~ officer** *n* Zollbeamte(r) *m*, Zollbeamtin *f*
cut [kʌt] (*pt, pp* **cut**) *vt* schneiden; (*wages*) kürzen; (*prices*) heruntersetzen ♦ *vi* schneiden; (*intersect*) sich schneiden ♦ *n* Schnitt *m*; (*wound*) Schnittwunde *f*; (*in book, income etc*) Kürzung *f*; (*share*) Anteil *m*; **to ~ a tooth** zahnen; **~ down** *vt* (*tree*) fällen; (*reduce*) einschränken; **~ off** *vt* (*also fig*) abschneiden; (*allowance*) sperren; **~ out** *vt* (*shape*) ausschneiden; (*delete*) streichen; **~ up** *vt* (*meat*) aufschneiden; **~back** *n* Kürzung *f*; (*CINE*) Rückblende *f*
cute [kjuːt] *adj* niedlich
cuticle ['kjuːtɪkl] *n* Nagelhaut *f*
cutlery ['kʌtlərɪ] *n* Besteck *nt*
cutlet ['kʌtlɪt] *n* (*pork*) Kotelett *nt*; (*veal*) Schnitzel *nt*
cut: **~out** *n* (*cardboard ~out*) Ausschneidemodell *nt*; **~-price** (*US* **~-rate**) *adj* verbilligt; **~-throat** *n* Verbrechertyp *m* ♦ *adj* mörderisch
cutting ['kʌtɪŋ] *adj* schneidend ♦ *n* (*BRIT: PRESS*) Ausschnitt *m*; (: *RAIL*) Durchstich *m*
CV *n abbr* = **curriculum vitae**
cwt *abbr* = **hundredweight(s)**
cyanide ['saɪənaɪd] *n* Zyankali *nt*
cycle ['saɪkl] *n* Fahrrad *nt*; (*series*) Reihe *f* ♦ *vi* radfahren; **cycling** ['saɪklɪŋ] *n* Radfahren *nt*; **cyclist** ['saɪklɪst] *n* Radfahrer(in) *m(f)*
cyclone ['saɪkləʊn] *n* Zyklon *m*
cygnet ['sɪgnɪt] *n* junge(r) Schwan *m*

cylinder ['sɪlɪndə*] *n* Zylinder *m*; (*TECH*) Walze *f*; **~-head gasket** *n* Zylinderkopfdichtung *f*
cymbals ['sɪmbəlz] *npl* Becken *nt*
cynic ['sɪnɪk] *n* Zyniker(in) *m(f)*; **~al** *adj* zynisch; **~ism** ['sɪnɪsɪzəm] *n* Zynismus *m*
cypress ['saɪprəs] *n* Zypresse *f*
Cyprus ['saɪprəs] *n* Zypern *nt*
cyst [sɪst] *n* Zyste *f*
cystitis [sɪs'taɪtɪs] *n* Blasenentzündung *f*
czar [zɑː*] *n* Zar *m*
Czech [tʃek] *adj* tschechisch ♦ *n* Tscheche *m*, Tschechin *f*
Czechoslovakia [tʃekəslə'vækɪə] *n* die Tschechoslowakei; **~n** *adj* tschechoslowakisch ♦ *n* Tschechoslowake *m*, Tschechoslowakin *f*

D d

D [diː] *n* (*MUS*) D *nt*
dab [dæb] *vt* (*wound, paint*) betupfen ♦ *n* (*little bit*) bißchen *nt*; (*of paint*) Tupfer *m*
dabble ['dæbl] *vi*: **to ~ in sth** in etw *dat* machen
dad [dæd] *n* Papa *m*, Vati *m*; **~dy** ['dædɪ] *n* Papa *m*, Vati *m*; **~dy-long-legs** *n* Weberknecht *m*
daffodil ['dæfədɪl] *n* Osterglocke *f*
daft [dɑːft] (*inf*) *adj* blöd(e), doof
dagger ['dægə*] *n* Dolch *m*
daily ['deɪlɪ] *adj* täglich ♦ *n* (*PRESS*) Tageszeitung *f*; (*BRIT: cleaning woman*) Haushaltshilfe *f* ♦ *adv* täglich
dainty ['deɪntɪ] *adj* zierlich
dairy ['deərɪ] *n* (*shop*) Milchgeschäft *nt*; (*on farm*) Molkerei *f* ♦ *adj* Milch-; **~ farm** *n* Hof *m* mit Milchwirtschaft; **~ produce** *n* Molkereiprodukte *pl*; **~ store** (*US*) *n* Milchgeschäft *nt*
dais ['deɪɪs] *n* Podium *nt*
daisy ['deɪzɪ] *n* Gänseblümchen *nt*; **~ wheel** *n* (*on printer*) Typenrad *nt*
dale [deɪl] *n* Tal *nt*
dam [dæm] *n* (*Stau*)damm *m* ♦ *vt* stauen
damage ['dæmɪdʒ] *n* Schaden *m* ♦ *vt* beschädigen; **~s** *npl* (*JUR*) Schaden(s)ersatz *m*
damn [dæm] *vt* verdammen ♦ *n* (*inf*): **I don't give a ~** das ist mir total egal ♦ *adj* (: *also:* **~ed**) verdammt; **~ it!** verflucht!; **~ing** *adj* vernichtend
damp [dæmp] *adj* feucht ♦ *n* Feuchtigkeit *f*

♦ vt (also: ~en) befeuchten; (discourage) dämpfen

damson ['dæmzən] n Damaszenerpflaume f

dance [dɑːns] n Tanz m ♦ vi tanzen; ~ hall n Tanzlokal nt; ~r n Tänzer m

dancing ['dɑːnsɪŋ] n Tanzen nt

dandelion ['dændɪlaɪən] n Löwenzahn m

dandruff ['dændrəf] n (Kopf)schuppen pl

Dane [deɪn] n Däne m, Dänin f

danger ['deɪndʒə*] n Gefahr f; ~! (sign) Achtung!; **to be in ~ of doing sth** Gefahr laufen, etw zu tun; ~**ous** adj gefährlich

dangle ['dæŋgl] vi baumeln ♦ vt herabhängen lassen

Danish ['deɪnɪʃ] adj dänisch ♦ n Dänisch nt

dapper ['dæpə*] adj elegant

dare [dɛə*] vt herausfordern ♦ vi: **to ~ (to) do sth** es wagen, etw zu tun; **I ~ say** ich würde sagen; ~**-devil** n Draufgänger(in) m(f)

daring ['dɛərɪŋ] adj (audacious) verwegen; (bold) wagemutig; (dress) gewagt ♦ n Mut m

dark [dɑːk] adj dunkel; (fig) düster, trübe; (deep colour) dunkel- ♦ n Dunkelheit f; **to be left in the ~ about** im dunkeln sein über +acc; **after ~** nach Anbruch der Dunkelheit; ~**en** vt, vi verdunkeln; ~ **glasses** npl Sonnenbrille f; ~**ness** n Finsternis nt; ~**room** n Dunkelkammer f

darling ['dɑːlɪŋ] n Liebling m ♦ adj lieb

darn [dɑːn] vt stopfen

dart [dɑːt] n (weapon) Pfeil m; (in sewing) Abnäher m ♦ vi sausen; ~**s** n (game) Pfeilwerfen nt; ~**board** n Zielscheibe f

dash [dæʃ] n Sprung m; (mark) (Gedanken)strich m; (small amount) bißchen m ♦ vt (hopes) zunichte machen ♦ vi stürzen; ~ **away** vi davonstürzen; ~ **off** vi davonstürzen

dashboard ['dæʃbɔːd] n Armaturenbrett nt

dashing ['dæʃɪŋ] adj schneidig

data ['deɪtə] npl Einzelheiten pl, Daten pl; ~ **base** n Datenbank f; ~ **processing** n Datenverarbeitung f

date [deɪt] n Datum nt; (for meeting etc) Termin m; (with person) Verabredung f; (fruit) Dattel f ♦ vt (letter etc) datieren; (person) gehen mit; ~ **of birth** Geburtsdatum nt; **to ~** bis heute; **out of ~** überholt; **up to ~** (clothes) modisch; (report) up-to-date; ~**d** adj altmodisch

daub [dɔːb] vt beschmieren; (paint) schmieren

daughter ['dɔːtə*] n Tochter f; ~**-in-law** n Schwiegertochter f

daunting ['dɔːntɪŋ] adj entmutigend

dawdle ['dɔːdl] vi trödeln

dawn [dɔːn] n Morgendämmerung f ♦ vi dämmern; (fig): **it ~ed on him that** ... es dämmerte ihm, daß ...

day [deɪ] n Tag m; **the ~ before/after** am Tag zuvor/danach; **the ~ after tomorrow** übermorgen; **the ~ before yesterday** vorgestern; **by ~** am Tage; ~**break** n Tagesanbruch m; ~**dream** vi mit offenen Augen träumen; ~**light** n Tageslicht nt; ~ **return** (BRIT) n Tagesrückfahrkarte f; ~**time** n Tageszeit f; ~**-to-~** adj alltäglich

daze [deɪz] vt betäuben ♦ n Betäubung f; **in a ~** benommen

dazzle ['dæzl] vt blenden

DC abbr (= direct current) Gleichstrom m

D-day ['diːdeɪ] n (HIST) Tag der Invasion durch die Alliierten (6.6.44); (fig) der Tag X

deacon ['diːkən] n Diakon m

dead [ded] adj tot; (without feeling) gefühllos ♦ adv ganz; (exactly) genau ♦ npl: **the ~** die Toten pl; **to shoot sb ~** jdn erschießen; ~ **tired** todmüde; **to stop ~** abrupt stehenbleiben; ~**en** vt (pain) abtöten; (sound) ersticken; ~ **end** n Sackgasse f; ~ **heat** n tote(s) Rennen nt; ~**line** n Stichtag m; ~**lock** n Stillstand m; ~ **loss** (inf) n: **to be a ~ loss** ein hoffnungsloser Fall sein; ~**ly** adj tödlich; ~**pan** adj undurchdringlich; **D~ Sea** n: **the D~ Sea** das Tote Meer

deaf [def] adj taub; ~**en** vt taub machen; ~**-mute** n Taubstumme(r) mf; ~**ness** n Taubheit f

deal [diːl] (pt, pp dealt) n Geschäft nt ♦ vt austeilen; (CARDS) geben; **a great ~ of** sehr viel; ~ **in** vt fus handeln mit; ~ **with** vt fus (person) behandeln; (subject) sich befassen mit; (problem) in Angriff nehmen; ~**er** n (COMM) Händler m; (CARDS) Kartengeber m; ~**ings** npl (FIN) Geschäfte pl; (relations) Beziehungen pl; ~**t** [delt] pt, pp of **deal**

dean [diːn] n (Protestant) Superintendent m; (Catholic) Dechant m; (UNIV) Dekan m

dear [dɪə*] adj lieb; (expensive) teuer ♦ n Liebling m ♦ excl: ~ **me!** du liebe Zeit!; **D~ Sir** Sehr geehrter Herr!; **D~ John** Lieber John!; ~**ly** adv (love) herzlich; (pay) teuer

death [deθ] n Tod m; (statistic) Todesfall m; ~ **certificate** n Totenschein m; ~ **duties** (BRIT) npl Erbschaftssteuer f; ~**ly** adj totenähnlich, Toten-; ~ **penalty** n Todesstrafe f; ~ **rate** n Sterblichkeitsziffer f

debar [dɪ'bɑː*] vt ausschließen

debase [dɪ'beɪs] vt entwerten

debatable [dɪ'beɪtəbl] adj anfechtbar

debate [dɪ'beɪt] n Debatte f ♦ vt debattieren, diskutieren; (consider) überlegen

debauchery [dɪ'bɔːtʃərɪ] n Ausschweifungen pl

debilitating [dɪ'bɪlɪteɪtɪŋ] adj schwächend

debit ['debɪt] n Schuldposten m ♦ vt belasten

debris ['debriː] n Trümmer pl

debt [det] *n* Schuld *f*; **to be in ~** verschuldet sein; **~or** *n* Schuldner *m*

debunk [di:'bʌŋk] *vt* entlarven

decade ['dekeɪd] *n* Jahrzehnt *nt*

decadence ['dekədəns] *n* Dekadenz *f*

decaffeinated [di:'kæfɪneɪtɪd] *adj* koffeinfrei

decanter [dɪ'kæntə*] *n* Karaffe *f*

decay [dɪ'keɪ] *n* Verfall *m*; (tooth ~) Karies *m* ♦ *vi* verfallen; (teeth, meat etc) faulen; (leaves etc) verrotten

deceased [dɪ'si:st] *adj* verstorben

deceit [dɪ'si:t] *n* Betrug *m*; **~ful** *adj* falsch

deceive [dɪ'si:v] *vt* täuschen

December [dɪ'sembə*] *n* Dezember *m*

decency ['di:sənsɪ] *n* Anstand *m*

decent ['di:sənt] *adj* (respectable) anständig; (pleasant) annehmbar

deception [dɪ'sepʃən] *n* Betrug *m*

deceptive [dɪ'septɪv] *adj* irreführend

decibel ['desɪbel] *n* Dezibel *nt*

decide [dɪ'saɪd] *vt* entscheiden ♦ *vi* sich entscheiden; **to ~ on sth** etw beschließen; **~d** *adj* entschieden; **~dly** [dɪ'saɪdɪdlɪ] *adv* entschieden

deciduous [dɪ'sɪdjuəs] *adj* Laub-

decimal ['desɪməl] *adj* dezimal ♦ *n* Dezimalzahl *f*; **~ point** *n* Komma *nt*

decimate ['desɪmeɪt] *vt* dezimieren

decipher [dɪ'saɪfə*] *vt* entziffern

decision [dɪ'sɪʒən] *n* Entscheidung *f*, Entschluß *m*

decisive [dɪ'saɪsɪv] *adj* entscheidend; (person) entschlossen

deck [dek] *n* (NAUT) Deck *nt*; (of cards) Pack *m*; **~chair** *n* Liegestuhl *m*

declaration [deklə'reɪʃən] *n* Erklärung *f*

declare [dɪ'kleə*] *vt* erklären; (CUSTOMS) verzollen

decline [dɪ'klaɪn] *n* (decay) Verfall *m*; (lessening) Rückgang *m* ♦ *vt* (invitation) ablehnen ♦ *vi* (of strength) nachlassen; (say no) ablehnen

declutch ['di:'klʌtʃ] *vi* auskuppeln

decode ['di:'kəud] *vt* entschlüsseln

decoder *n* (TV) decoder *m*

decompose [di:kəm'pəuz] *vi* (sich) zersetzen

décor ['deɪkɔ:*] *n* Ausstattung *f*

decorate ['dekəreɪt] *vt* (room: paper) tapezieren; (: paint) streichen; (adorn) (aus)schmücken; (cake) verzieren; (honour) auszeichnen

decoration [dekə'reɪʃən] *n* (of house) (Wand)dekoration *f*; (medal) Orden *m*

decorator ['dekəreɪtə*] *n* Maler *m*, Anstreicher *m*

decorum [dɪ'kɔ:rəm] *n* Anstand *m*

decoy ['di:kɔɪ] *n* Lockvogel *m*

decrease [n 'di:kri:s, vb di:'kri:s] *n* Abnahme *f* ♦ *vt* vermindern ♦ *vi* abnehmen

decree [dɪ'kri:] *n* Erlaß *m*; **~ nisi** *n* vorläufige(s) Scheidungsurteil *nt*

decrepit [dɪ'krepɪt] *adj* hinfällig

dedicate ['dedɪkeɪt] *vt* widmen

dedication [dedɪ'keɪʃən] *n* (devotion) Ergebenheit *f*; (in book) Widmung *f*

deduce [dɪ'dju:s] *vt*: **to ~ sth (from sth)** etw (aus etw) ableiten, etw (aus etw) schließen

deduct [dɪ'dʌkt] *vt* abziehen; **~ion** [dɪ'dʌkʃən] *n* (of money) Abzug *m*; (conclusion) (Schluß)folgerung *f*

deed *n* Tat *f*; (document) Urkunde *f*

deem [di:m] *vt*: **to ~ sb/sth (to be) sth** jdn/etw für etw halten

deep [di:p] *adj* tief ♦ *adv*: **the spectators stood 20 ~** die Zuschauer standen in 20 Reihen hintereinander; **to be 4m ~** 4 Meter tief sein; **~en** *vt* vertiefen ♦ *vi* (darkness) tiefer werden; **~-freeze** *n* Tiefkühlung *f*; **~-fry** *vt* fritieren; **~ly** *adv* tief; **~-sea diving** *n* Tiefseetauchen *nt*; **~-seated** *adj* tiefsitzend

deer [dɪə*] *n* Reh *nt*; **~skin** *n* Hirsch-/Rehleder *nt*

deface [dɪ'feɪs] *vt* entstellen

defamation [defə'meɪʃən] *n* Verleumdung *f*

default [dɪ'fɔ:lt] *n* Versäumnis *nt*; (COMPUT) Standardwert *m* ♦ *vi* versäumen; **by ~** durch Nichterscheinen

defeat [dɪ'fi:t] *n* Niederlage *f* ♦ *vt* schlagen; **~ist** *adj* defätistisch ♦ *n* Defätist *m*

defect [*n* di:fekt, *vb* dɪ'fekt] *n* Fehler *m* ♦ *vi* überlaufen; **~ive** [dɪ'fektɪv] *adj* fehlerhaft

defence [dɪ'fens] *n* Verteidigung *f*; **~less** *adj* wehrlos

defend [dɪ'fend] *vt* verteidigen; **~ant** *n* Angeklagte(r) *m*; **~er** *n* Verteidiger *m*

defense [dɪ'fens] (US) *n* = **defence**

defensive [dɪ'fensɪv] *adj* defensiv ♦ *n*: **on the ~** in der Defensive

defer [dɪ'fɜ:*] *vt* verschieben

deference ['defərəns] *n* Rücksichtnahme *f*

defiance [dɪ'faɪəns] *n* Trotz *m*, Unnachgiebigkeit *f*; **in ~ of sth** einer Sache *dat* zum Trotz

defiant [dɪ'faɪənt] *adj* trotzig, unnachgiebig

deficiency [dɪ'fɪʃənsɪ] *n* (lack) Mangel *m*; (weakness) Schwäche *f*

deficient [dɪ'fɪʃənt] *adj* mangelhaft

deficit ['defɪsɪt] *n* Defizit *nt*

defile [*vb* dɪ'faɪl, *n* 'di:faɪl] *vt* beschmutzen ♦ *n* Hohlweg *m*

define [dɪ'faɪn] *vt* bestimmen; (explain) definieren

definite ['defɪnɪt] *adj* (fixed) definitiv; (clear) eindeutig; **~ly** *adv* bestimmt

definition [defɪ'nɪʃən] *n* Definition *f*; (PHOT) Schärfe *f*

deflate [di:'fleɪt] *vt* die Luft ablassen aus

deflect [dɪ'flekt] *vt* ablenken

deform [dɪ'fɔ:m] *vt* deformieren; **~ity** *n* Mißbildung *f*

defraud [dɪ'frɔːd] vt betrügen
defray [dɪ'freɪ] vt (costs) übernehmen
defrost [diː'frɒst] vt (fridge) abtauen; (food) auftauen; ~**er** (US) n (demister) Gebläse nt
deft [deft] adj geschickt
defunct [dɪ'fʌŋkt] adj verstorben
defuse [diː'fjuːz] vt entschärfen
defy [dɪ'faɪ] vt (disobey) sich widersetzen +dat; (orders, death) trotzen +dat; (challenge) herausfordern
degenerate [vb dɪ'dʒenəreɪt, adj dɪ'dʒenərɪt] vi degenerieren ♦ adj degeneriert
degrading [dɪ'greɪdɪŋ] adj erniedrigend
degree [dɪ'griː] n Grad m; (UNIV) Universitätsabschluß m; **by ~s** allmählich; **to some ~** zu einem gewissen Grad
dehydrated [diːhaɪ'dreɪtɪd] adj (person) ausgetrocknet; (food) Trocken-
de-ice [diː'aɪs] vt enteisen
deign [deɪn] vi sich herablassen
deity ['diːɪtɪ] n Gottheit f
dejected [dɪ'dʒektɪd] adj niedergeschlagen
delay [dɪ'leɪ] vt (hold back) aufschieben ♦ vi (linger) sich aufhalten ♦ n Aufschub m, Verzögerung f; (of train etc) Verspätung f; **to be ~ed** (train) Verspätung haben; **without ~** unverzüglich
delectable [dɪ'lektəbl] adj köstlich; (fig) reizend
delegate [n 'delɪgɪt, vb 'delɪgeɪt] n Delegierte(r) mf ♦ vt delegieren
delete [dɪ'liːt] vt (aus)streichen
deliberate [adj dɪ'lɪbərɪt, vb dɪ'lɪbəreɪt] adj (intentional) absichtlich; (slow) bedächtig ♦ vi (consider) überlegen; (debate) sich beraten; ~**ly** adv absichtlich
delicacy ['delɪkəsɪ] n Zartheit f; (weakness) Anfälligkeit f; (food) Delikatesse f
delicate ['delɪkɪt] adj (fine) fein; (fragile) zart; (situation) heikel; (MED) empfindlich
delicatessen [delɪkə'tesn] n Feinkostgeschäft nt
delicious [dɪ'lɪʃəs] adj lecker
delight [dɪ'laɪt] n Wonne f ♦ vt entzücken; **to take ~ in sth** Freude an etw dat haben; ~**ed** adj: ~**ed (at or with sth)** entzückt (über +acc etw); ~**ed to do sth** etw sehr gern tun; ~**ful** adj entzückend, herrlich
delinquency [dɪ'lɪŋkwənsɪ] n Kriminalität f
delinquent [dɪ'lɪŋkwənt] n Straffällige(r) mf ♦ adj straffällig
delirious [dɪ'lɪrɪəs] adj im Fieberwahn
deliver [dɪ'lɪvə*] vt (goods) (ab)liefern; (letter) zustellen; (speech) halten; ~**y** n (Ab)lieferung f; (of letter) Zustellung f; (of speech) Vortragsweise f; (MED) Entbindung f; **to take ~y of** in Empfang nehmen
delude [dɪ'luːd] vt täuschen
deluge ['deljuːdʒ] n Überschwemmung f, (fig) Flut f ♦ vt überfluten
delusion [dɪ'luːʒən] n (Selbst)täuschung f

de luxe [dɪ'lʌks] adj Luxus-
delve [delv] vi: **to ~ into** sich vertiefen in +acc
demand [dɪ'mɑːnd] vt verlangen ♦ n (request) Verlangen nt; (COMM) Nachfrage f; **in ~** gefragt; **on ~** auf Verlangen; ~**ing** adj anspruchsvoll
demarcation [diːmɑː'keɪʃən] n Abgrenzung f
demean [dɪ'miːn] vt: **to ~ o.s.** sich erniedrigen
demeanour [dɪ'miːnə*] (US **demeanor**) n Benehmen nt
demented [dɪ'mentɪd] adj wahnsinnig
demise [dɪ'maɪz] n Ableben nt
demister [diː'mɪstə*] n (AUT) Gebläse nt
demo ['deməʊ] (inf) n abbr (= demonstration) Demo f
democracy [dɪ'mɒkrəsɪ] n Demokratie f
democrat ['deməkræt] n Demokrat m; ~**ic** [demə'krætɪk] adj demokratisch
demolish [dɪ'mɒlɪʃ] vt abreißen; (fig) vernichten
demolition [demə'lɪʃən] n Abbruch m
demon ['diːmən] n Dämon m
demonstrate ['demənstreɪt] vt, vi demonstrieren
demonstration [demən'streɪʃən] n Demonstration f
demonstrator ['demənstreɪtə*] n (POL) Demonstrant(in) m(f)
demote [dɪ'məʊt] vt degradieren
demure [dɪ'mjʊə*] adj sittsam
den [den] n (of animal) Höhle f; (study) Bude f
denatured alcohol [diː'neɪtʃəd-] (US) n ungenießbar gemachte(r) Alkohol m
denial [dɪ'naɪəl] n Leugnung f; **official ~** Dementi nt
denim ['denɪm] adj Denim-; ~**s** npl Denim-Jeans pl
Denmark ['denmɑːk] n Dänemark nt
denomination [dɪnɒmɪ'neɪʃən] n (ECCL) Bekenntnis nt; (type) Klasse f; (FIN) Wert m
denominator [dɪ'nɒmɪneɪtə*] n Nenner m
denote [dɪ'nəʊt] vt bedeuten
denounce [dɪ'naʊns] vt brandmarken
dense [dens] adj dicht; (stupid) schwer von Begriff; ~**ly** adv dicht
density ['densɪtɪ] n Dichte f; **single-/double-density disk** Diskette f mit einfacher/doppelter Dichte
dent [dent] n Delle f ♦ vt (also: **make a ~ in**) einbeulen
dental ['dentl] adj Zahn-; ~ **surgeon** n = **dentist**
dentist ['dentɪst] n Zahnarzt(ärztin) m(f); ~**ry** n Zahnmedizin f
dentures ['dentʃəz] npl Gebiß nt
deny [dɪ'naɪ] vt leugnen; (officially) dementieren; (help) abschlagen

deodorant [diːˈəʊdərənt] *n* Deodorant *nt*
depart [dɪˈpɑːt] *vi* abfahren; **to ~ from** (*fig*: *differ from*) abweichen von
department [dɪˈpɑːtmənt] *n* (*COMM*) Abteilung *f*, (*UNIV*) Seminar *nt*; (*POL*) Ministerium *nt*; **~ store** *n* Warenhaus *nt*
departure [dɪˈpɑːtʃə*] *n* (*of person*) Abreise *f*; (*of train*) Abfahrt *f*; (*of plane*) Abflug *m*; **new ~** Neuerung *f*; **~ lounge** *n* (*at airport*) Abflughalle *f*
depend [dɪˈpend] *vi*: **to ~ on** abhängen von; (*rely on*) angewiesen sein auf +*acc*; **it ~s** es kommt darauf an; **it ~s on the result ...** abhängend vom Resultat ...; **~able** *adj* zuverlässig; **~ant** *n* Angehörige(r) *mf*; **~ence** *n* Abhängigkeit *f*; **~ent** *adj* abhängig ♦ *n* = **dependant**; **~ent on** abhängig von
depict [dɪˈpɪkt] *vt* schildern
depleted [dɪˈpliːtɪd] *adj* aufgebraucht
deplorable [dɪˈplɔːrəbl] *adj* bedauerlich
deplore [dɪˈplɔː*] *vt* mißbilligen
deploy [dɪˈplɔɪ] *vt* einsetzen
depopulation [ˈdiːpɒpjʊˈleɪʃən] *n* Entvölkerung *f*
deport [dɪˈpɔːt] *vt* deportieren; **~ation** [diːpɔːˈteɪʃən] *n* Abschiebung *f*
deportment [dɪˈpɔːtmənt] *n* Betragen *nt*
depose [dɪˈpəʊz] *vt* absetzen
deposit [dɪˈpɒzɪt] *n* (*in bank*) Guthaben *nt*; (*down payment*) Anzahlung *f*; (*security*) Kaution *f*, (*CHEM*) Niederschlag *m* ♦ *vt* (*in bank*) deponieren; (*put down*) niederlegen; **~ account** *n* Sparkonto *nt*
depot [ˈdepəʊ] *n* Depot *nt*
depraved [dɪˈpreɪvd] *adj* verkommen
depreciate [dɪˈpriːʃeɪt] *vi* im Wert sinken; **depreciation** [dɪpriːʃɪˈeɪʃən] *n* Wertminderung *f*
depress [dɪˈpres] *vt* (*press down*) niederdrücken; (*in mood*) deprimieren; **~ed** *adj* deprimiert; **~ing** *adj* deprimierend; **~ion** [dɪˈpreʃən] *n* (*mood*) Depression *f*; (*in trade*) Wirtschaftskrise *f*; (*hollow*) Vertiefung *f*, (*MET*) Tief(druckgebiet) *nt*
deprivation [deprɪˈveɪʃən] *n* Not *f*
deprive [dɪˈpraɪv] *vt*: **to ~ sb of sth** jdn einer Sache *gen* berauben; **~d** *adj* (*child*) sozial benachteiligt; (*area*) unterentwickelt
depth [depθ] *n* Tiefe *f*; **in the ~s of despair** in tiefster Verzweiflung
deputation [depjʊˈteɪʃən] *n* Abordnung *f*
deputize [ˈdepjʊtaɪz] *vi*: **to ~ (for sb)** (jdn) vertreten
deputy [ˈdepjʊtɪ] *adj* stellvertretend ♦ *n* (Stell)vertreter *m*
derail [dɪˈreɪl] *vt*: **to be ~ed** entgleisen; **~ment** *n* Entgleisung *f*
deranged [dɪˈreɪndʒd] *adj* verrückt
derby [ˈdɜːbɪ] (*US*) *n* (*bowler hat*) Melone *f*
derelict [ˈderɪlɪkt] *adj* verlassen
deride [dɪˈraɪd] *vt* auslachen

derisory [dɪˈraɪsərɪ] *adj* spöttisch
derivative [dɪˈrɪvətɪv] *n* Derivat *nt* ♦ *adj* abgeleitet
derive [dɪˈraɪv] *vt* (*get*) gewinnen; (*deduce*) ableiten ♦ *vi* (*come from*) abstammen
dermatitis [dɜːməˈtaɪtɪs] *n* Hautentzündung *f*
derogatory [dɪˈrɒgətərɪ] *adj* geringschätzig
derrick [ˈderɪk] *n* Drehkran *m*
descend [dɪˈsend] *vt*, *vi* hinuntersteigen; **to ~ from** abstammen von; **~ant** *n* Nachkomme *m*
descent [dɪˈsent] *n* (*coming down*) Abstieg *m*; (*origin*) Abstammung *f*
describe [dɪsˈkraɪb] *vt* beschreiben
description [dɪsˈkrɪpʃən] *n* Beschreibung *f*; (*sort*) Art *f*
descriptive [dɪsˈkrɪptɪv] *adj* beschreibend; (*word*) anschaulich
desecrate [ˈdesɪkreɪt] *vt* schänden
desert [*n* ˈdezət, *vb* dɪˈzɜːt] *n* Wüste *f* ♦ *vt* verlassen; (*temporarily*) im Stich lassen ♦ *vi* (*MIL*) desertieren; **~s** *npl* (*what one deserves*): **to get one's just ~s** seinen gerechten Lohn bekommen; **~er** *n* Deserteur *m*; **~ion** [dɪˈzɜːʃən] *n* (*of wife*) Verlassen *nt*; (*MIL*) Fahnenflucht *f*; **~ island** *n* einsame Insel *f*
deserve [dɪˈzɜːv] *vt* verdienen
deserving [dɪˈzɜːvɪŋ] *adj* verdienstvoll
design [dɪˈzaɪn] *n* (*plan*) Entwurf *m*; (*planning*) Design *nt* ♦ *vt* entwerfen
designate [*vb* ˈdezɪgneɪt, *adj* ˈdezɪgnɪt] *vt* bestimmen ♦ *adj* designiert
designer [dɪˈzaɪnə*] *n* Designer(in) *m(f)*; (*TECH*) Konstrukteur(in) *m(f)*; (*fashion ~*) Modeschöpfer(in) *m(f)*
desirable [dɪˈzaɪərəbl] *adj* wünschenswert
desire [dɪˈzaɪə*] *n* Wunsch *m*, Verlangen *nt* ♦ *vt* (*lust*) begehren; (*ask for*) wollen
desk [desk] *n* Schreibtisch *m*; (*BRIT*: *in shop, restaurant*) Kasse *f*
desolate [ˈdesəlɪt] *adj* öde; (*sad*) trostlos
desolation [desəˈleɪʃən] *n* Trostlosigkeit *f*
despair [dɪsˈpeə*] *n* Verzweiflung *f* ♦ *vi*: **to ~ (of)** verzweifeln (an +*dat*)
despatch [dɪsˈpætʃ] *n*, *vt* = **dispatch**
desperate [ˈdespərɪt] *adj* verzweifelt; **~ly** [ˈdespərɪtlɪ] *adv* verzweifelt
desperation [despəˈreɪʃən] *n* Verzweiflung *f*
despicable [dɪsˈpɪkəbl] *adj* abscheulich
despise [dɪsˈpaɪz] *vt* verachten
despite [dɪsˈpaɪt] *prep* trotz +*gen*
despondent [dɪsˈpɒndənt] *adj* mutlos
dessert [dɪˈzɜːt] *n* Nachtisch *m*; **~spoon** *n* Dessertlöffel *m*
destination [destɪˈneɪʃən] *n* (*of person*) (Reise)ziel *nt*; (*of goods*) Bestimmungsort *m*
destiny [ˈdestɪnɪ] *n* Schicksal *nt*
destitute [ˈdestɪtjuːt] *adj* notleidend
destroy [dɪsˈtrɔɪ] *vt* zerstören; **~er** *n*

(*NAUT*) Zerstörer *m*
destruction [dɪs'trʌkʃən] *n* Zerstörung *f*
destructive [dɪs'trʌktɪv] *adj* zerstörend
detach [dɪ'tætʃ] *vt* loslösen; **~able** *adj* abtrennbar; **~ed** *adj* (*attitude*) distanziert; (*house*) Einzel-; **~ment** *n* (*MIL*) Sonderkommando *nt*; (*fig*) Abstand *m*
detail ['diːteɪl] *n* Einzelheit *f*, Detail *nt* ♦ *vt* (*relate*) ausführlich berichten; (*appoint*) abkommandieren; **in ~** im Detail; **~ed** *adj* detailliert
detain [dɪ'teɪn] *vt* aufhalten; (*imprison*) in Haft halten
detect [dɪ'tekt] *vt* entdecken; **~ion** [dɪ'tekʃən] *n* Aufdeckung *f*; **~ive** *n* Detektiv *m*; **~ive story** *n* Kriminalgeschichte *f*, Krimi *m*; **~or** *n* Detektor *m*
détente ['deɪtɑ̃:nt] *n* Entspannung *f*
detention [dɪ'tenʃən] *n* Haft *f*; (*SCH*) Nachsitzen *nt*
deter [dɪ'tɜː*] *vt* abschrecken
detergent [dɪ'tɜːdʒənt] *n* Waschmittel *nt*
deteriorate [dɪ'tɪərɪəreɪt] *vi* sich verschlechtern; **deterioration** [dɪtɪərɪə'reɪʃən] *n* Verschlechterung *f*
determination [dɪtɜːmɪ'neɪʃən] *n* Entschlossenheit *f*
determine [dɪ'tɜːmɪn] *vt* bestimmen; **~d** *adj* entschlossen
deterrent [dɪ'terənt] *n* Abschreckungsmittel *nt*
detest [dɪ'test] *vt* verabscheuen
detonate ['detəneɪt] *vt* explodieren lassen ♦ *vi* detonieren
detour ['diːtuə*] *n* Umweg *m*; (*US*: *AUT*: *diversion*) Umleitung *f* ♦ *vt* (: *traffic*) umleiten
detract [dɪ'trækt] *vi*: **to ~ from** schmälern
detriment ['detrɪmənt] *n*: **to the ~ of** zum Schaden +*gen*; **~al** [detrɪ'mentl] *adj* schädlich
devaluation [dɪvæljuʊ'eɪʃən] *n* Abwertung *f*
devastate ['devəsteɪt] *vt* verwüsten
devastating ['devəsteɪtɪŋ] *adj* verheerend
develop [dɪ'veləp] *vt* entwickeln; (*resources*) erschließen ♦ *vi* sich entwickeln; **~ing country** *n* Entwicklungsland *nt*; **~ment** *n* Entwicklung *f*
deviate ['diːvɪeɪt] *vi* abweichen; **deviation** [diːvɪ'eɪʃən] *n* Abweichung *f*
device [dɪ'vaɪs] *n* Gerät *nt*
devil ['devl] *n* Teufel *m*; **~ish** *adj* teuflisch
devious ['diːvɪəs] *adj* (*means*) krumm; (*person*) verschlagen
devise [dɪ'vaɪz] *vt* entwickeln
devoid [dɪ'vɔɪd] *adj*: **~ of** ohne
devolution [diːvə'luːʃən] *n* (*POL*) Dezentralisierung *f*
devote [dɪ'vəʊt] *vt*: **to ~ sth (to sth)** etw (einer Sache *dat*) widmen; **~d** *adj* ergeben; **~e** [devəʊ'tiː] *n* Anhänger(in) *m(f)*, Verehrer(in) *m(f)*
devotion [dɪ'vəʊʃən] *n* (*piety*) Andacht *f*;

(*loyalty*) Ergebenheit *f*, Hingabe *f*
devour [dɪ'vaʊə*] *vt* verschlingen
devout [dɪ'vaʊt] *adj* andächtig
dew [djuː] *n* Tau *m*
dexterity [deks'terɪtɪ] *n* Geschicklichkeit *f*
diabetes [daɪə'biːtiːz] *n* Zuckerkrankheit *f*
diabetic [daɪə'betɪk] *adj* zuckerkrank; (*food*) Diabetiker- ♦ *n* Diabetiker *m*
diabolical [daɪə'bɒlɪk] (*inf*) *adj* (*weather*, *behaviour*) saumäßig
diagnose ['daɪəgnəʊz] *vt* diagnostizieren
diagnoses [daɪəg'nəʊsiːz] *npl of* **diagnosis**
diagnosis [daɪəg'nəʊsɪs] *n* Diagnose *f*
diagonal [daɪ'ægənl] *adj* diagonal ♦ *n* Diagonale *f*
diagram ['daɪəgræm] *n* Diagramm *nt*, Schaubild *nt*
dial ['daɪəl] *n* (*TEL*) Wählscheibe *f*; (*of clock*) Zifferblatt *nt* ♦ *vt* wählen; **~ code** (*US*) *n* = **dialling code**
dialect ['daɪəlekt] *n* Dialekt *m*
dialling code ['daɪəlɪŋ-] *n* Vorwahl *f*
dialling tone ['daɪəlɪŋ-] *n* Amtszeichen *nt*
dialogue ['daɪəlɒg] *n* Dialog *m*
dial tone (*US*) *n* = **dialling tone**
diameter [daɪ'æmɪtə*] *n* Durchmesser *m*
diamond ['daɪəmənd] *n* Diamant *m*; **~s** *npl* (*CARDS*) Karo *nt*
diaper ['daɪəpə*] (*US*) *n* Windel *f*
diaphragm ['daɪəfræm] *n* Zwerchfell *nt*
diarrhoea [daɪə'rɪə] (*US* **diarrhea**) *n* Durchfall *m*
diary ['daɪərɪ] *n* Taschenkalender *m*; (*account*) Tagebuch *nt*
dice [daɪs] *n* Würfel *pl* ♦ *vt* in Würfel schneiden
dichotomy [dɪ'kɒtəmɪ] *n* Kluft *f*
dictate [dɪk'teɪt] *vt* diktieren; **~s** ['dɪkteɪts] *npl* Gebote *pl*
dictation [dɪk'teɪʃən] *n* Diktat *nt*
dictator [dɪk'teɪtə*] *n* Diktator *m*; **~ship** [dɪk'teɪtəʃɪp] *n* Diktatur *f*
diction ['dɪkʃən] *n* Ausdrucksweise *f*
dictionary ['dɪkʃənrɪ] *n* Wörterbuch *nt*
did [dɪd] *pt of* **do**
didn't ['dɪdənt] = **did not**
die [daɪ] *vi* sterben; **to be dying for sth** etw unbedingt haben wollen; **to be dying to do sth**, darauf brennen, etw zu tun; **~ away** *vi* schwächer werden; **~ down** *vi* nachlassen; **~ out** *vi* aussterben
diehard ['daɪhɑːd] *n* Dickkopf *m*; (*POL*) Reaktionär *m*
diesel ['diːzəl] *n* (*car*) Diesel *m*; **~ engine** *n* Dieselmotor *m*; **~ oil** *n* Dieselkraftstoff *m*
diet ['daɪət] *n* Nahrung *f*; (*special food*) Diät *f*; (*slimming*) Abmagerungskur *f* ♦ *vi* (*also*: **be on a ~**) eine Abmagerungskur machen
differ ['dɪfə*] *vi* sich unterscheiden; (*disagree*) anderer Meinung sein; **~ence** *n* Unterschied *m*; **~ent** *adj* anders; (*two*

things) verschieden; ~**ential** [dɪfə'renʃəl] *n*
(*in wages*) Lohnstufe *f*; ~**entiate**
[dɪfə'renʃɪeɪt] *vt, vi* unterscheiden; ~**ently**
adv anders; (*from one another*) unterschiedlich

difficult ['dɪfɪkəlt] *adj* schwierig; ~**y**
Schwierigkeit *f*

diffident ['dɪfɪdənt] *adj* schüchtern

diffuse [*adj* dɪ'fjuːs, *vb* dɪ'fjuːz] *adj* langatmig ♦ *vt* verbreiten

dig [dɪg] (*pt, pp* **dug**) *vt* graben ♦ *n* (*prod*)
Stoß *m*; (*remark*) Spitze *f*; (*archaeological*)
Ausgrabung *f*; ~ **in** *vi* (*MIL*) sich eingraben;
~ **into** *vt fus* (*sb's past*) wühlen in +*dat*;
(*savings*) angreifen; ~ **up** *vt* ausgraben;
(*fig*) aufgabeln

digest [*vb* daɪ'dʒest, *n* 'daɪdʒest] *vt* verdauen ♦ *n* Auslese *f*; ~**ion** [dɪ'dʒestʃən] *n*
Verdauung *f*

digit ['dɪdʒɪt] *n* Ziffer *f*; (*ANAT*) Finger *m*;
~**al** *adj* digital, Digital-

dignified ['dɪgnɪfaɪd] *adj* würdevoll

dignity ['dɪgnɪtɪ] *n* Würde *f*

digress [daɪ'gres] *vi* abschweifen

digs [dɪgz] (*BRIT: inf*) *npl* Bude *f*

dilapidated [dɪ'læpɪdeɪtɪd] *adj* baufällig

dilate [daɪ'leɪt] *vt* weiten ♦ *vi* sich weiten

dilemma [daɪ'lemə] *n* Dilemma *nt*

diligent ['dɪlɪdʒənt] *adj* fleißig

dilute [daɪ'luːt] *vt* verdünnen

dim [dɪm] *adj* trübe; (*stupid*) schwer von
Begriff ♦ *vt* verdunkeln; **to ~ one's headlights** (*esp US*) abblenden

dime [daɪm] (*US*) *n* Zehncentstück *nt*

dimension [dɪ'menʃən] *n* Dimension *f*

diminish [dɪ'mɪnɪʃ] *vt, vi* verringern

diminutive [dɪ'mɪnjʊtɪv] *adj* winzig ♦ *n*
Verkleinerungsform *f*

dimmer ['dɪmə*] (*US*) *n* (*AUT*) Abblendschalter *m*; ~**s** *npl* Abblendlicht *nt*; (*sidelights*) Begrenzungsleuchten *pl*

dimple ['dɪmpl] *n* Grübchen *nt*

din [dɪn] *n* Getöse *nt*

dine [daɪn] *vi* speisen; ~**r** *n* Tischgast *m*;
(*RAIL*) Speisewagen *m*

dinghy ['dɪŋgɪ] *n* Dinghy *nt*; **rubber ~**
Schlauchboot *nt*

dingy ['dɪndʒɪ] *adj* armselig

dining car ['daɪnɪŋ-] (*BRIT*) *n* Speisewagen
m

dining room ['daɪnɪŋ-] *n* Eßzimmer *nt*; (*in
hotel*) Speisezimmer *nt*

dinner ['dɪnə*] *n* (*lunch*) Mittagessen *nt*;
(*evening*) Abendessen *nt*; (*public*) Festessen
nt; ~ **jacket** *n* Smoking *m*; ~ **party** *n*
Tischgesellschaft *f*; ~ **time** *n* Tischzeit *f*

dinosaur ['daɪnəsɔ:*] *n* Dinosaurier *m*

dint [dɪnt] *n*: **by ~ of** durch

diocese ['daɪəsɪs] *n* Diözese *f*

dip [dɪp] *n* (*hollow*) Senkung *f*; (*bathe*) kur-
ze(s) Baden *nt* ♦ *vt* eintauchen; (*BRIT: AUT:
lights*) abblenden ♦ *vi* (*slope*) sich senken,

abfallen

diploma [dɪ'pləʊmə] *n* Diplom *nt*

diplomacy [dɪ'pləʊməsɪ] *n* Diplomatie *f*

diplomat ['dɪpləmæt] *n* Diplomat(in) *m(f)*;
~**ic** [dɪplə'mætɪk] *adj* diplomatisch

dip stick *n* Ölmeßstab *m*

dipswitch (*BRIT*) *n* (*AUT*) Abblendschalter
m

dire [daɪə*] *adj* schrecklich

direct [daɪ'rekt] *adj* direkt ♦ *vt* leiten; (*film*)
die Regie führen +*gen*; (*aim*) richten; (*order*) anweisen; **can you ~ me to ...?**
können Sie mir sagen, wo ich zu ... komme?

direction [dɪ'rekʃən] *n* Richtung *f*; (*CINE*)
Regie *f*; Leitung *f*; ~**s** *npl* (*for use*) Ge-
brauchsanleitung *f*; (*orders*) Anweisungen
pl; **sense of ~** Orientierungssinn *m*

directly [dɪ'rektlɪ] *adv* direkt; (*at once*) sofort

director [dɪ'rektə*] *n* Direktor *m*; (*of film*)
Regisseur *m*

directory [dɪ'rektərɪ] *n* (*TEL*) Telefonbuch
nt

dirt [dɜːt] *n* Schmutz *m*, Dreck *m*; ~-
cheap *adj* spottbillig; ~**y** *adj* schmutzig ♦
vt beschmutzen; ~**y trick** *n* gemeine(r)
Trick *m*

disability [dɪsə'bɪlɪtɪ] *n* Körperbehinderung
f

disabled [dɪs'eɪbld] *adj* körperbehindert

disadvantage [dɪsəd'vɑːntɪdʒ] *n* Nachteil
m

disaffection [dɪsə'fekʃən] *n* Entfremdung *f*

disagree [dɪsə'griː] *vi* nicht
übereinstimmen; (*quarrel*) (sich) streiten;
(*food*): **to ~ with sb** jdm nicht bekommen;
~**able** *adj* unangenehm; ~**ment** *n* (*between persons*) Streit *m*; (*between things*)
Widerspruch *m*

disallow [dɪsə'laʊ] *vt* nicht zulassen

disappear [dɪsə'pɪə*] *vi* verschwinden;
~**ance** *n* Verschwinden *nt*

disappoint [dɪsə'pɔɪnt] *vt* enttäuschen;
~**ed** *adj* enttäuscht; ~**ing** *adj* ent-
täuschend; ~**ment** *n* Enttäuschung *f*

disapproval [dɪsə'pruːvəl] *n* Mißbilligung *f*

disapprove [dɪsə'pruːv] *vi*: **to ~ of** mißbilligen

disarm [dɪs'ɑːm] *vt* entwaffnen; (*POL*)
abrüsten; ~**ament** *n* Abrüstung *f*

disarray [dɪsə'reɪ] *n*: **to be in ~** (*army*) in
Auflösung (begriffen) sein; (*clothes*) in
unordentlichen Zustand sein

disaster [dɪ'zɑːstə*] *n* Katastrophe *f*

disastrous [dɪ'zɑːstrəs] *adj* verhängnisvoll

disband [dɪs'bænd] *vt* auflösen ♦ *vi* auseinandergehen

disbelief [dɪsbə'liːf] *n* Ungläubigkeit *f*

disc [dɪsk] *n* Scheibe *f*; (*record*)
(Schall)platte *f*; (*COMPUT*) = **disk**

discard ['dɪskɑːd] *vt* ablegen

discern [dɪ'sɜ:n] *vt* erkennen; ~**ing** *adj* scharfsinnig

discharge [*vb* dɪs'tʃɑ:dʒ, *n* 'dɪstʃɑ:dʒ] *vt* (*ship*) entladen; (*duties*) nachkommen +*dat*; (*dismiss*) entlassen; (*gun*) abschießen; (*JUR*) freisprechen ♦ *n* (*of ship, ELEC*) Entladung *f*; (*dismissal*) Entlassung *f*; (*MED*) Ausfluß *m*

disciple [dɪ'saɪpl] *n* Jünger *m*

discipline ['dɪsɪplɪn] *n* Disziplin *f* ♦ *vt* (*train*) schulen; (*punish*) bestrafen

disc jockey *n* Diskjockey *m*

disclaim [dɪs'kleɪm] *vt* nicht anerkennen

disclose [dɪs'kləʊz] *vt* enthüllen

disclosure [dɪs'kləʊʒə*] *n* Enthüllung *f*

disco ['dɪskəʊ] *n abbr* = **discotheque**

discoloured [dɪs'kʌləd] (*US* **discolored**) *adj* verfärbt

discomfort [dɪs'kʌmfət] *n* Unbehagen *nt*

disconcert [dɪskən'sɜ:t] *vt* aus der Fassung bringen

disconnect ['dɪskə'nekt] *vt* abtrennen

discontent [dɪskən'tent] *n* Unzufriedenheit *f*; ~**ed** *adj* unzufrieden

discontinue ['dɪskən'tɪnju:] *vt* einstellen

discord ['dɪskɔ:d] *n* Zwietracht *f*; (*noise*) Dissonanz *f*; ~**ant** [dɪs'kɔ:dənt] *adj* uneinig

discotheque ['dɪskəʊtek] *n* Diskothek *f*

discount [*n* 'dɪskaʊnt, *vb* dɪs'kaʊnt] *n* Rabatt *m* ♦ *vt* außer acht lassen

discourage [dɪs'kʌrɪdʒ] *vt* entmutigen; (*prevent*) abraten

discouraging [dɪs'kʌrɪdʒɪŋ] *adj* entmutigend

discourteous [dɪs'kɜ:tɪəs] *adj* unhöflich

discover [dɪs'kʌvə*] *vt* entdecken; ~**y** *n* Entdeckung *f*

discredit [dɪs'kredɪt] *vt* in Verruf bringen

discreet [dɪs'kri:t] *adj* diskret

discrepancy [dɪs'krepənsɪ] *n* Diskrepanz *f*

discriminate [dɪs'krɪmɪneɪt] *vi* unterscheiden; **to** ~ **against** diskriminieren

discriminating [dɪs'krɪmɪneɪtɪŋ] *adj* anspruchsvoll

discrimination [dɪskrɪmɪ'neɪʃən] *n* Urteilsvermögen *nt*; (*pej*) Diskriminierung *f*

discuss [dɪs'kʌs] *vt* diskutieren, besprechen; ~**ion** [dɪs'kʌʃən] *n* Diskussion *f*, Besprechung *f*

disdain [dɪs'deɪn] *vt* verachten ♦ *n* Verachtung *f*

disease [dɪ'zi:z] *n* Krankheit *f*

disembark [dɪsɪm'bɑ:k] *vt* aussteigen lassen ♦ *vi* von Bord gehen

disenchanted ['dɪsɪn'tʃɑ:ntɪd] *adj* desillusioniert

disengage [dɪsɪn'geɪdʒ] *vt* (*AUT*) auskuppeln

disentangle ['dɪsɪn'tæŋgl] *vt* entwirren

disfigure [dɪs'fɪgə*] *vt* entstellen

disgrace [dɪs'greɪs] *n* Schande *f* ♦ *vt* Schande bringen über +*acc*; ~**ful** *adj* unerhört

disgruntled [dɪs'grʌntld] *adj* verärgert

disguise [dɪs'gaɪz] *vt* verkleiden; (*feelings*) verhehlen ♦ *n* Verkleidung *f*; **in** ~ verkleidet, maskiert

disgust [dɪs'gʌst] *n* Abscheu *f* ♦ *vt* anwidern; ~**ing** *adj* widerlich

dish [dɪʃ] *n* Schüssel *f*; (*food*) Gericht *nt*; **to do** *or* **wash the** ~**es** abwaschen; ~ **up** *vt* auftischen; ~ **cloth** *n* Spüllappen *m*

dishearten [dɪs'hɑ:tn] *vt* entmutigen

dishevelled [dɪ'ʃevəld] *adj* (*hair*) zerzaust; (*clothing*) ungepflegt

dishonest [dɪs'ɒnɪst] *adj* unehrlich; ~**y** *n* Unehrlichkeit *f*

dishonour [dɪs'ɒnə*] (*US* **dishonor**) *n* Unehre *f*; ~**able** *adj* unehrenhaft

dishtowel ['dɪʃtaʊəl] *n* Geschirrtuch *nt*

dishwasher ['dɪʃwɒʃə*] *n* Geschirrspülmaschine *f*

disillusion [dɪsɪ'lu:ʒən] *vt* enttäuschen, desillusionieren

disincentive ['dɪsɪn'sentɪv] *n* Entmutigung *f*

disinfect [dɪsɪn'fekt] *vt* desinfizieren; ~**ant** *n* Desinfektionsmittel *nt*

disintegrate [dɪs'ɪntɪgreɪt] *vi* sich auflösen

disinterested [dɪs'ɪntrɪstɪd] *adj* uneigennützig; (*inf*) uninteressiert

disjointed [dɪs'dʒɔɪntɪd] *adj* unzusammenhängend

disk [dɪsk] *n* (*COMPUT*) Diskette *f*; **single-/ double-sided** ~ einseitige/beidseitige Diskette; ~ **drive** *n* Diskettenlaufwerk *nt*; ~**ette** (*US*) *n* = **disk**

dislike [dɪs'laɪk] *n* Abneigung *f* ♦ *vt* nicht leiden können

dislocate ['dɪsləʊkeɪt] *vt* auskugeln

dislodge [dɪs'lɒdʒ] *vt* verschieben; (*MIL*) aus der Stellung werfen

disloyal ['dɪs'lɔɪəl] *adj* treulos

dismal ['dɪzməl] *adj* trostlos, trübe

dismantle [dɪs'mæntl] *vt* demontieren

dismay [dɪs'meɪ] *n* Bestürzung *f* ♦ *vt* bestürzen

dismiss [dɪs'mɪs] *vt* (*employee*) entlassen; (*idea*) von sich weisen; (*send away*) wegschicken; (*JUR*) abweisen; ~**al** *n* Entlassung *f*

dismount [dɪs'maʊnt] *vi* absteigen

disobedience [dɪsə'bi:dɪəns] *n* Ungehorsam *m*

disobedient [dɪsə'bi:dɪənt] *adj* ungehorsam

disobey ['dɪsə'beɪ] *vt* nicht gehorchen +*dat*

disorder [dɪs'ɔ:də*] *n* (*confusion*) Verwirrung *f*; (*commotion*) Aufruhr *m*; (*MED*) Erkrankung *f*

disorderly [dɪs'ɔ:dəlɪ] *adj* (*untidy*) unordentlich; (*unruly*) ordnungswidrig

disorganized [dɪs'ɔ:gənaɪzd] *adj* unordentlich

disorientated [dɪs'ɔ:rɪenteɪtɪd] *adj* (*person*:

after journey, deep sleep) verwirrt

disown [dɪs'əun] *vt (child)* verstoßen

disparaging [dɪs'pærɪdʒɪŋ] *adj* geringschätzig

disparity [dɪs'pærɪtɪ] *n* Verschiedenheit *f*

dispassionate [dɪs'pæʃnɪt] *adj* objektiv

dispatch [dɪs'pætʃ] *vt (goods)* abschicken, abfertigen ♦ *n* Absendung *f; (esp MIL)* Meldung *f*

dispel [dɪs'pel] *vt* zerstreuen

dispensary [dɪs'pensərɪ] *n* Apotheke *f*

dispense [dɪs'pens] *vt* verteilen, austeilen; ~ **with** *vt fus* verzichten auf *+acc;* ~**r** *n (container)* Spender *m*

dispensing [dɪs'pensɪŋ] *adj:* ~ **chemist** *(BRIT)* Apotheker *m*

dispersal [dɪs'pɜːsəl] *n* Zerstreuung *f*

disperse [dɪs'pɜːs] *vt* zerstreuen ♦ *vi* sich verteilen

dispirited [dɪs'pɪrɪtɪd] *adj* niedergeschlagen

displace [dɪs'pleɪs] *vt* verschieben; ~**d person** *n* Verschleppte(r) *mf*

display [dɪs'pleɪ] *n (of goods)* Auslage *f; (of feeling)* Zurschaustellung *f* ♦ *vt* zeigen; *(ostentatiously)* vorführen; *(goods)* ausstellen

displease [dɪs'pliːz] *vt* mißfallen *+dat*

displeasure [dɪs'pleʒə*] *n* Mißfallen *nt*

disposable [dɪs'pəuzəbl] *adj* Wegwerf-; ~ **nappy** *n* Papierwindel *f*

disposal [dɪs'pəuzəl] *n (of property)* Verkauf *m; (throwing away)* Beseitigung *f;* **to be at one's** ~ einem zur Verfügung stehen

dispose [dɪs'pəuz] *vi:* **to** ~ **of** loswerden

disposed [dɪs'pəuzd] *adj* geneigt

disposition [dɪspə'zɪʃən] *n* Wesen *nt*

disproportionate [dɪsprə'pɔːʃnɪt] *adj* unverhältnismäßig

disprove [dɪs'pruːv] *vt* widerlegen

dispute [dɪs'pjuːt] *n* Streit *m; (also: industrial* ~) Arbeitskampf *m* ♦ *vt* bestreiten

disqualify [dɪs'kwɒlɪfaɪ] *vt* disqualifizieren

disquiet [dɪs'kwaɪət] *n* Unruhe *f*

disregard [dɪsrɪ'gɑːd] *vt* nicht (be)achten

disrepair ['dɪsrɪ'pɛə*] *n:* **to fall into** ~ verfallen

disreputable [dɪs'repjutəbl] *adj* verrufen

disrespectful [dɪsrɪs'pektful] *adj* respektlos

disrupt [dɪs'rʌpt] *vt* stören; *(service)* unterbrechen; ~**ion** [dɪs'rʌpʃən] *n* Störung *f;* Unterbrechung *f*

dissatisfaction ['dɪssætɪs'fækʃən] *n* Unzufriedenheit *f*

dissatisfied ['dɪs'sætɪsfaɪd] *adj* unzufrieden

dissect [dɪ'sekt] *vt* zerlegen, sezieren

disseminate [dɪ'semɪneɪt] *vt* verbreiten

dissent [dɪ'sent] *n* abweichende Meinung *f*

dissertation [dɪsə'teɪʃən] *n* wissenschaftliche Arbeit *f; (Ph.D.)* Doktorarbeit *f*

disservice [dɪs'sɜːvɪs] *n:* **to do sb a** ~ jdm einen schlechten Dienst erweisen

dissident ['dɪsɪdənt] *adj* andersdenkend ♦ *n*

Dissident *m*

dissimilar ['dɪ'sɪmɪlə*] *adj:* ~ **(to sb/sth)** (jdm/etw) unähnlich

dissipate ['dɪsɪpeɪt] *vt (waste)* verschwenden; *(scatter)* zerstreuen

dissociate [dɪ'səuʃɪeɪt] *vt* trennen

dissolute ['dɪsəluːt] *adj* liederlich

dissolution [dɪsə'luːʃən] *n* Auflösung *f*

dissolve [dɪ'zɒlv] *vt* auflösen ♦ *vi* sich auflösen

dissuade [dɪ'sweɪd] *vt:* **to** ~ **sb from doing sth** jdn davon abbringen, etw zu tun

distance ['dɪstəns] *n* Entfernung *f;* **in the** ~ in der Ferne

distant ['dɪstənt] *adj* entfernt, fern; *(with time)* fern; *(formal)* distanziert

distaste ['dɪs'teɪst] *n* Abneigung *f;* ~**ful** *adj* widerlich

distended [dɪs'tendɪd] *adj (stomach)* aufgebläht

distil [dɪs'tɪl] *vt* destillieren; ~**lery** *n* Brennerei *f*

distinct [dɪs'tɪŋkt] *adj (separate)* getrennt; *(clear)* klar, deutlich; **as** ~ **from** im Unterschied zu; ~**ion** [dɪs'tɪŋkʃən] *n* Unterscheidung *f; (eminence)* Auszeichnung *f;* ~**ive** *adj* bezeichnend

distinguish [dɪs'tɪŋgwɪʃ] *vt* unterscheiden; ~**ed** *adj (eminent)* berühmt; ~**ing** *adj* bezeichnend

distort [dɪs'tɔːt] *vt* verdrehen; *(misrepresent)* entstellen; ~**ion** [dɪs'tɔːʃən] *n* Verzerrung *f*

distract [dɪs'trækt] *vt* ablenken; ~**ing** *adj* verwirrend; ~**ion** [dɪs'trækʃən] *n (distress)* Raserei *f; (diversion)* Zerstreuung *f*

distraught [dɪs'trɔːt] *adj* bestürzt

distress [dɪs'tres] *n* Not *f; (suffering)* Qual *f* ♦ *vt* quälen; ~**ing** *adj* erschütternd; ~ **signal** *n* Notsignal *nt*

distribute [dɪs'trɪbjuːt] *vt* verteilen

distribution [dɪstrɪ'bjuːʃən] *n* Verteilung *f*

distributor [dɪs'trɪbjutə*] *n* Verteiler *m*

district ['dɪstrɪkt] *n (of country)* Kreis *m; (of town)* Bezirk *m;* ~ **attorney** *(US)* *n* Oberstaatsanwalt *m;* ~ **nurse** *n* Kreiskrankenschwester *f*

distrust [dɪs'trʌst] *n* Mißtrauen *nt* ♦ *vt* mißtrauen *+dat*

disturb [dɪs'tɜːb] *vt* stören; *(agitate)* erregen; ~**ance** *n* Störung *f;* ~**ed** *adj* beunruhigt; **emotionally** ~**ed** emotional gestört; ~**ing** *adj* beunruhigend

disuse ['dɪs'juːs] *n:* **to fall into** ~ außer Gebrauch kommen

disused ['dɪs'juːzd] *adj* außer Gebrauch; *(mine, railway line)* stillgelegt

ditch [dɪtʃ] *n* Graben *m* ♦ *vt (person)* loswerden; *(plan)* fallenlassen

dither ['dɪðə*] *vi* verdattert sein

ditto ['dɪtəu] *adv* dito, ebenfalls

divan [dɪ'væn] *n* Liegesofa *nt*

dive [daɪv] n (into water) Kopfsprung m; (AVIAT) Sturzflug m ♦ vi tauchen; **~r** n Taucher m

diverge [daɪ'vɜːdʒ] vi auseinandergehen

diverse [daɪ'vɜːs] adj verschieden

diversion [daɪ'vɜːʃən] n Ablenkung f; (BRIT: AUT) Umleitung f

diversity [daɪ'vɜːsɪtɪ] n Vielfalt f

divert [daɪ'vɜːt] vt ablenken; (traffic) umleiten

divide [dɪ'vaɪd] vt teilen ♦ vi sich teilen; **~d highway** (US) n Schnellstraße f

divine [dɪ'vaɪn] adj göttlich

diving ['daɪvɪŋ] n (SPORT) Turmspringen nt; (underwater ~) Tauchen nt; **~ board** n Sprungbrett nt

divinity [dɪ'vɪnɪtɪ] n Gottheit f; (subject) Religion f

division [dɪ'vɪʒən] n Teilung f; (MIL) Division f; (part) Abteilung f; (in opinion) Uneinigkeit f; (BRIT: POL) (Abstimmung f durch) Hammelsprung f

divorce [dɪ'vɔːs] n (Ehe)scheidung f ♦ vt scheiden; **~d** adj geschieden; **~e** [dɪvɔː'siː] n Geschiedene(r) mf

divulge [daɪ'vʌldʒ] vt preisgeben

D.I.Y. (BRIT) n abbr = **do-it-yourself**

dizzy ['dɪzɪ] adj schwindlig

DJ n abbr = **disc jockey**

──────── KEYWORD ────────

do [duː] (pt **did**, pp **done**) n (inf: party etc) Fete f

♦ aux vb **1** (in negative constructions and questions): **I don't understand** ich verstehe nicht; **didn't you know?** wußtest du das nicht?; **what do you think?** was meinen Sie?

2 (for emphasis, in polite expressions): **she does seem rather tired** sie scheint wirklich sehr müde zu sein; **do sit down/help yourself** setzen Sie sich doch hin/greifen Sie doch zu

3 (used to avoid repeating vb): **she swims better than I do** sie schwimmt besser als ich; **she lives in Glasgow — so do I** sie wohnt in Glasgow — ich auch

4 (in question tags): **you like him, don't you?** du magst ihn doch, oder?

♦ vt **1** (carry out, perform etc) tun, machen; **what are you doing tonight?** was machst du heute abend?; **I've got nothing to do** ich habe nichts zu tun; **to do one's hair/nails** sich die Haare/Nägel machen

2 (AUT etc) fahren

♦ vi **1** (act, behave): **do as I do** mach es wie ich

2 (get on, fare): **he's doing well/badly at school** er ist gut/schlecht in der Schule; **how do you do?** guten Tag

3 (be suitable) gehen; (be sufficient) reichen; **to make do (with)** auskommen mit

do away with vt (kill) umbringen; (abolish: law etc) abschaffen

do up vt (laces, dress, buttons) zumachen; (renovate: room, house) renovieren

do with vt (need) brauchen; (be connected) zu tun haben mit

do without vt, vi auskommen ohne

docile ['dəʊsaɪl] adj gefügig

dock [dɒk] n Dock nt; (JUR) Anklagebank f ♦ vi ins Dock gehen; **~er** n Hafenarbeiter m; **~yard** n Werft f

doctor ['dɒktə*] n Arzt m, Ärztin f; (UNIV) Doktor m ♦ vt (fig) fälschen; (drink etc) etw beimischen +dat; **D~ of Philosophy** n Doktor m der Philosophie

document ['dɒkjʊmənt] n Dokument nt; **~ary** [dɒkjʊ'mentərɪ] n Dokumentarbericht m; (film) Dokumentarfilm m ♦ adj dokumentarisch; **~ation** [dɒkjʊmen'teɪʃən] n dokumentarische(r) Nachweis m

dodge [dɒdʒ] n Kniff m ♦ vt ausweichen +dat; **~ms** (BRIT) npl Autoskooter m

doe [dəʊ] n (roe deer) Ricke f; (red deer) Hirschkuh f; (rabbit) Weibchen nt

does [dʌz] vb see **do**; **~n't** = **does not**

dog [dɒg] n Hund m; **~ collar** n Hundehalsband nt; (ECCL) Kragen m des Geistlichen; **~-eared** adj mit Eselsohren

dogged ['dɒgɪd] adj hartnäckig

dogsbody ['dɒgzbɒdɪ] n Mädchen nt für alles

doings ['duːɪŋz] npl (activities) Treiben nt

do-it-yourself ['duːɪtjɔː'self] n Do-it-yourself nt

doldrums ['dɒldrəmz] npl: **to be in the ~** (business) Flaute haben; (person) deprimiert sein

dole [dəʊl] (BRIT) n Stempelgeld nt; **to be on the ~** stempeln gehen; **~ out** vt ausgeben, austeilen

doleful ['dəʊlfʊl] adj traurig

doll [dɒl] n Puppe f ♦ vt: **to ~ o.s. up** sich aufdonnern

dollar ['dɒlə*] n Dollar m

dolphin ['dɒlfɪn] n Delphin m

dome [dəʊm] n Kuppel f

domestic [də'mestɪk] adj häuslich; (within country) Innen-, Binnen-; (animal) Haus-; **~ated** adj (person) häuslich; (animal) zahm

dominant ['dɒmɪnənt] adj vorherrschend

dominate ['dɒmɪneɪt] vt beherrschen

domineering [dɒmɪ'nɪərɪŋ] adj herrisch

dominion [də'mɪnɪən] n (rule) Regierungsgewalt f; (land) Staatsgebiet nt mit Selbstverwaltung

domino ['dɒmɪnəʊ] (pl **dominoes**) n Dominostein m; **~es** n (game) Domino(spiel) nt

don [dɒn] (BRIT) n akademische(r) Lehrer m

donate [dəʊ'neɪt] vt (blood, little money)

spenden; (*lot of money*) stiften

donation [dəʊˈneɪʃən] *n* Spende *f*

done [dʌn] *pp* of **do**

donkey [ˈdɒŋkɪ] *n* Esel *m*

donor [ˈdəʊnə*] *n* Spender *m*

don't [dəʊnt] = **do not**

doodle [ˈduːdl] *vi* kritzeln

doom [duːm] *n* böse(s) Geschick *nt*; (*downfall*) Verderben *nt* ♦ *vt*: **to be ~ed** zum Untergang verurteilt sein; **~sday** *n* der Jüngste Tag

door [dɔː*] *n* Tür *f*; **~bell** *n* Türklingel *f*; **~-handle** *n* Türklinke *f*; **~man** (*irreg*) *n* Türsteher *m*; **~mat** *n* Fußmatte *f*; **~step** *n* Türstufe *f*; **~way** *n* Türöffnung *f*

dope [dəʊp] *n* (*drug*) Aufputschmittel *nt* ♦ *vt* (*horse etc*) dopen

dopey [ˈdəʊpɪ] (*inf*) *adj* bekloppt

dormant [ˈdɔːmənt] *adj* latent

dormitory [ˈdɔːmɪtrɪ] *n* Schlafsaal *m*

dormouse [ˈdɔːmaʊs] (*pl* -**mice**) *n* Haselmaus *f*

DOS [dɒs] *n abbr* (= *disk operating system*) DOS *nt*

dosage [ˈdəʊsɪdʒ] *n* Dosierung *f*

dose [dəʊs] *n* Dosis *f*

doss house [ˈdɒs-] (*BRIT*) *n* Bleibe *f*

dot [dɒt] *n* Punkt *m*; **~ted with** übersät mit; **on the ~** pünktlich

dote [dəʊt] : **to ~ on** *vt fus* vernarrt sein in +*acc*

dot matrix printer *n* Matrixdrucker *m*

dotted line *n* punktierte Linie *f*

double [ˈdʌbl] *adj, adv* doppelt ♦ *n* Doppelgänger *m* ♦ *vt* verdoppeln ♦ *vi* sich verdoppeln; **~s** *npl* (*TENNIS*) Doppel *nt*; **on** *or* **at the ~** im Laufschritt; **~ bass** *n* Kontrabaß *m*; **~ bed** *n* Doppelbett *nt*; **~ bend** (*BRIT*) *n* S-Kurve *f*; **~-breasted** *adj* zweireihig; **~cross** *vt* hintergehen; **~decker** *n* Doppeldecker *m*; **~ glazing** (*BRIT*) *n* Doppelverglasung *f*; **~ room** *n* Doppelzimmer *nt*

doubly [ˈdʌblɪ] *adv* doppelt

doubt [daʊt] *n* Zweifel *m* ♦ *vt* bezweifeln; **~ful** *adj* zweifelhaft; **~less** *adv* ohne Zweifel

dough [dəʊ] *n* Teig *m*; **~nut** *n* Berliner *m*

douse [daʊz] *vt* (*drench*) mit Wasser begießen, durchtränken; (*extinguish*) ausmachen

dove [dʌv] *n* Taube *f*

Dover *n* (*GEO*) Dover *nt*

dovetail [ˈdʌvteɪl] *vi* (*plans*) übereinstimmen

dowdy [ˈdaʊdɪ] *adj* unmodern

down [daʊn] *n* (*fluff*) Flaum *m*; (*hill*) Hügel *m* ♦ *adv* unten; (*motion*) herunter; hinunter ♦ *prep*: **to go ~ the street** die Straße hinuntergehen ♦ *vt* niederschlagen; **~ with X!** nieder mit X!; **~-and-out** *n* Tramp *m*; **~-at-heel** *adj* schäbig; **~cast** *adj* niedergeschlagen; **~fall** *n* Sturz *m*; **~hearted** *adj* niedergeschlagen; **~hill** *adv* bergab; **~**

payment *n* Anzahlung *f*; **~pour** *n* Platzregen *m*; **~right** *adj* ausgesprochen

Down's syndrome [-ˈsɪndrəʊm] *n* (*MED*) Down-Syndrom *nt*

down: ~stairs *adv* unten; (*motion*) nach unten; **~stream** *adv* flußabwärts; **~-to-earth** *adj* praktisch; **~town** *adv* in der Innenstadt; (*motion*) in die Innenstadt; **~ under** (*BRIT: inf*) *adv* in/nach Australien/ Neuseeland; **~ward** *adj* Abwärts-, nach unten ♦ *adv* abwärts, nach unten; **~wards** *adv* abwärts, nach unten

doz. *abbr* (= *dozen*) Dtzd.

doze [dəʊz] *vi* dösen; **~ off** *vi* einnicken

dozen [ˈdʌzn] *n* Dutzend *nt*; **a ~ books** ein Dutzend Bücher; **~s of** Dutzende von

Dr. *abbr* = **doctor**; **drive**

drab [dræb] *adj* düster, eintönig

draft [drɑːft] *n* Entwurf *m*; (*FIN*) Wechsel *m*; (*US: MIL*) Einberufung *f* ♦ *vt* skizzieren; *see also* **draught**

draftsman [ˈdrɑːftsmən] (*US; irreg*) *n* = **draughtsman**

drag [dræg] *vt* schleppen; (*river*) mit einem Schleppnetz absuchen ♦ *vi* sich (dahin)schleppen ♦ *n* (*bore*) etwas Blödes; **in ~** als Tunte; **a man in ~** eine Tunte; **~ on** *vi* sich in die Länge ziehen

dragon [ˈdrægən] *n* Drache *m*; **~fly** [ˈdrægənflaɪ] *n* Libelle *f*

drain [dreɪn] *n* Abfluß *m*; (*fig: burden*) Belastung *f* ♦ *vt* ableiten; (*exhaust*) erschöpfen ♦ *vi* (*of water*) abfließen; **~age** *n* Kanalisation *f*; **~ing board** (*US* **~board**) *n* Ablaufbrett *nt*; **~pipe** *n* Abflußrohr *nt*

dram [dræm] *n* Schluck *m*

drama [ˈdrɑːmə] *n* Drama *nt*; **~tic** [drəˈmætɪk] *adj* dramatisch; **~tist** [ˈdræmətɪst] *n* Dramatiker *m*; **~tize** *vt* (*events*) dramatisieren; (*adapt: for TV, cinema*) bearbeiten

drank [dræŋk] *pt* of **drink**

drape [dreɪp] *vt* drapieren; **~r** (*BRIT*) *n* Tuchhändler *m*; **~s** (*US*) *npl* Vorhänge *pl*

drastic [ˈdræstɪk] *adj* drastisch

draught [drɑːft] (*US* **draft**) *n* (*of air*) Zug *m*; (*NAUT*) Tiefgang *m*; **~s** *n* Damespiel *nt*; **on ~** (*beer*) vom Faß; **~board** (*BRIT*) *n* Zeichenbrett *nt*

draughtsman [ˈdrɑːftsmən] (*irreg*) *n* technische(r) Zeichner *m*

draw [drɔː] (*pt* **drew**, *pp* **drawn**) *vt* ziehen; (*crowd*) anlocken; (*picture*) zeichnen; (*money*) abheben; (*water*) schöpfen ♦ *vi* (*SPORT*) unentschieden spielen ♦ *n* Unentschieden *nt*; (*lottery*) Ziehung *f*; **~ near** *vi* näherrücken; **~ out** *vi* (*train*) ausfahren; (*lengthen*) sich hinziehen; **~ up** *vi* (*stop*) halten ♦ *vt* (*document*) aufsetzen; **~back** *n* Nachteil *m*; **~bridge** *n* Zugbrücke *f*

drawer [drɔː*] *n* Schublade *f*

drawing [ˈdrɔːɪŋ] *n* Zeichnung *f*; Zeichnen

nt; **~ board** *n* Reißbrett *nt*; **~ pin** (*BRIT*) *n* Reißzwecke *f*; **~ room** *n* Salon *m*

drawl [drɔːl] *n* schleppende Sprechweise *f*

drawn [drɔːn] *pp of* draw

dread [dred] *n* Furcht *f* ♦ *vt* fürchten; **~ful** *adj* furchtbar

dream [driːm] (*pt, pp* **dreamed** *or* **dreamt**) *n* Traum *m* ♦ *vt* träumen ♦ *vi*: **to ~ (about)** träumen (von); **~er** *n* Träumer *m*; **dreamt** [dremt] *pt, pp of* dream; **~y** *adj* verträumt

dreary ['drɪərɪ] *adj* trostlos, öde

dredge [dredʒ] *vt* ausbaggern

dregs [dregz] *npl* Bodensatz *m*; (*fig*) Abschaum *m*

drench [drentʃ] *vt* durchnässen

dress [dres] *n* Kleidung *f*, (*garment*) Kleid *nt* ♦ *vt* anziehen; (*MED*) verbinden; **to get ~ed** sich anziehen; **~ up** *vi* sich fein machen; **~ circle** (*BRIT*) *n* erste(r) Rang *m*; **~er** *n* (*furniture*) Anrichte *f*, **~ing** *n* (*MED*) Verband *m*, (*COOK*) Soße *f*, **~ing gown** (*BRIT*) *n* Morgenrock *m*; **~ing room** (*THEAT*) Garderobe *f*, (*SPORT*) Umkleideraum *m*; **~ing table** *n* Toilettentisch *m*; **~maker** *n* Schneiderin *f*, **~ rehearsal** *n* Generalprobe *f*

drew [druː] *pt of* draw

dribble ['drɪbl] *vi* sabbern ♦ *vt* (*ball*) dribbeln

dried [draɪd] *adj* getrocknet; (*fruit*) Dörr-, gedörrte(r, s); **~ milk** *n* Milchpulver *nt*

drier ['draɪə*] *n* = dryer

drift [drɪft] *n* Strömung *f*, (*snow~*) Schneewehe *f*, (*fig*) Richtung *f* ♦ *vi* sich treiben lassen; **~wood** *n* Treibholz *nt*

drill [drɪl] *n* Bohrer *m*; (*MIL*) Drill *m* ♦ *vt* bohren; (*MIL*) ausbilden ♦ *vi*: **to ~ (for)** bohren (nach)

drink [drɪŋk] (*pt* **drank**, *pp* **drunk**) *n* Getränk *nt*, (*spirits*) Drink *m* ♦ *vt, vi* trinken; **to have a ~** etwas trinken; **~er** *n* Trinker *m*; **~ing water** *n* Trinkwasser *nt*

drip [drɪp] *n* Tropfen *m* ♦ *vi* tropfen; **~-dry** *adj* bügelfrei; **~ping** *n* Bratenfett *nt*

drive [draɪv] (*pt* **drove**, *pp* **driven**) *n* Fahrt *f*, (*road*) Einfahrt *f*; (*campaign*) Aktion *f*; (*energy*) Schwung *m*; (*SPORT*) Schlag *m*; (*also: disk ~*) Diskettenlaufwerk *nt* ♦ *vt* (*car*) fahren; (*animals, people, objects*) treiben; (*power*) antreiben ♦ *vi* fahren; **left-/ right-hand ~** Links-/Rechtssteuerung *f*; **to ~ sb mad** jdn verrückt machen

drivel ['drɪvl] *n* Faselei *f*

driven ['drɪvn] *pp of* drive

driver ['draɪvə*] *n* Fahrer *m*; **~'s license** (*US*) *n* Führerschein *m*

driveway ['draɪvweɪ] *n* Auffahrt *f*, (*longer*) Zufahrtsstraße *f*

driving ['draɪvɪŋ] *adj* (*rain*) stürmisch; **~ instructor** *n* Fahrlehrer *m*; **~ lesson** *n* Fahrstunde *f*; **~ licence** (*BRIT*) *n* Führerschein *m*; **~ school** *n* Fahrschule *f*;

~ test *n* Fahrprüfung *f*

drizzle ['drɪzl] *n* Nieselregen *m* ♦ *vi* nieseln

droll [drəʊl] *adj* drollig

drone [drəʊn] *n* (*sound*) Brummen *nt*; (*bee*) Drohne *f*

drool [druːl] *vi* sabbern

droop [druːp] *vi* (*of schlaff*) herabhängen

drop [drɒp] *n* (*of liquid*) Tropfen *m*; (*fall*) Fall *m* ♦ *vt* fallen lassen; (*lower*) senken; (*abandon*) fallenlassen ♦ *vi* (*fall*) herunterfallen; **~s** *npl* (*MED*) Tropfen *pl*; **~ off** *vi* (*sleep*) einschlafen ♦ *vt* (*passenger*) absetzen; **~ out** *vi* (*withdraw*) ausscheiden; **~out** *n* Aussteiger *m*; **~per** *n* Pipette *f*; **~pings** *npl* Kot *m*

drought [draʊt] *n* Dürre *f*

drove [drəʊv] *pt of* drive

drown [draʊn] *vt* ertränken; (*sound*) übertönen ♦ *vi* ertrinken

drowsy ['draʊzɪ] *adj* schläfrig

drudgery ['drʌdʒərɪ] *n* Plackerei *f*

drug [drʌg] *n* (*MED*) Arznei *f*, (*narcotic*) Rauschgift *nt* ♦ *vt* betäuben; **~ addict** *n* Rauschgiftsüchtige(r) *mf*; **~gist** (*US*) *n* Drogist(in) *m(f)*; **~store** (*US*) *n* Drogerie *f*

drum [drʌm] *n* Trommel *f* ♦ *vi* trommeln; **~s** *npl* (*MUS*) Schlagzeug *nt*; **~mer** *n* Trommler *m*

drunk [drʌŋk] *pp of* drink ♦ *adj* betrunken ♦ *n* (*also:* **~ard**) Trinker(in) *m(f)*; **~en** *adj* betrunken

dry [draɪ] *adj* trocken ♦ *vt* (ab)trocknen ♦ *vi* trocknen; **~ up** *vi* austrocknen ♦ *vt* (*dishes*) abtrocknen; **~ cleaning** *n* chemische Reinigung *f*; **~er** *n* Trockner *m*; (*US: spindryer*) (Wäsche)schleuder *f*; **~ goods store** (*US*) *n* Kurzwarengeschäft *nt*; **~ness** *n* Trockenheit *f*; **~ rot** *n* Hausschwamm *m*

DSS *n abbr* (*BRIT*: = Department of Social Security*) ≈ Sozialministerium *nt*

dual ['djʊəl] *adj* doppelt; **~ carriageway** (*BRIT*) *n* zweispurige Fahrbahn *f*; **~ nationality** *n* doppelte Staatsangehörigkeit *f*; **~-purpose** *adj* Mehrzweck-

dubbed [dʌbd] *adj* (*film*) synchronisiert

dubious ['djuːbɪəs] *adj* zweifelhaft

duchess ['dʌtʃɪs] *n* Herzogin *f*

duck [dʌk] *n* Ente *f* ♦ *vi* sich ducken; **~ling** *n* Entchen *nt*

duct [dʌkt] *n* Röhre *f*

dud [dʌd] *n* Niete *f* ♦ *adj* (*cheque*) ungedeckt

due [djuː] *adj* fällig; (*fitting*) angemessen ♦ *n* Gebühr *f*, (*right*) Recht *nt* ♦ *adv* (*south etc*) genau; **~s** *npl* (*for club, union*) Beitrag *m*; (*in harbour*) Gebühren *pl*; **~ to** wegen +*gen*

duel ['djʊəl] *n* Duell *nt*

duet [djuː'et] *n* Duett *nt*

duffel [dʌfl] *adj*: **~ bag** Matchbeutel *m*, Matchsack *m*; **~ coat** *n* Dufflecoat *m*

dug [dʌg] *pt, pp of* dig

duke [djuːk] n Herzog m

dull [dʌl] adj (*colour, weather*) trübe; (*stupid*) schwer von Begriff; (*boring*) langweilig ♦ vt abstumpfen

duly ['djuːlɪ] adv ordnungsgemäß

dumb [dʌm] adj stumm; (*inf: stupid*) doof, blöde; **~founded** [dʌm'faundɪd] adj verblüfft

dummy ['dʌmɪ] n Schneiderpuppe f; (*substitute*) Attrappe f; (*BRIT: for baby*) Schnuller m ♦ adj Schein-

dump [dʌmp] n Abfallhaufen m; (*MIL*) Stapelplatz m; (*inf: place*) Nest nt ♦ vt abladen, auskippen; **~ing** n (*COMM*) Schleuderexport m; (*of rubbish*) Schuttabladen nt

dumpling ['dʌmplɪŋ] n Kloß m, Knödel m

dumpy ['dʌmpɪ] adj pummelig

dunce [dʌns] n Dummkopf m

dune [djuːn] n Düne f

dung [dʌŋ] n Dünger m

dungarees [dʌŋgə'riːz] npl Latzhose f

dungeon ['dʌndʒən] n Kerker m

dupe [djuːp] n Gefoppte(r) m ♦ vt hintergehen, anführen

duplex ['djuːpleks] (*US*) n zweistöckige Wohnung f

duplicate [n 'djuːplɪkɪt, vb 'djuːplɪkeɪt] n Duplikat nt ♦ vt verdoppeln; (*make copies*) kopieren; **in ~** in doppelter Ausführung

duplicity [djuː'plɪsɪtɪ] n Doppelspiel n

durable ['djuərəbl] adj haltbar

duration [djuə'reɪʃən] n Dauer f

duress [djuə'res] n: **under ~** unter Zwang

during ['djuərɪŋ] prep während +gen

dusk [dʌsk] n Abenddämmerung f

dust [dʌst] n Staub m ♦ vt abstauben; (*sprinkle*) bestäuben; **~bin** (*BRIT*) n Mülleimer m; **~er** n Staubtuch nt; **~ jacket** n Schutzumschlag m; **~man** (*BRIT; irreg*) n Müllmann m; **~y** adj staubig

Dutch [dʌtʃ] adj holländisch, niederländisch ♦ n (*LING*) Holländisch nt, Niederländisch nt; **the ~** npl (*people*) die Holländer pl, die Niederländer pl; **to go ~** getrennte Kasse machen; **~man/woman** (*irreg*) n Holländer(in) m(f), Niederländer(in) m(f)

dutiful ['djuːtɪful] adj pflichtbewußt

duty ['djuːtɪ] n Pflicht f; (*job*) Aufgabe f; (*tax*) Einfuhrzoll m; **on ~** im Dienst; **~-free** adj zollfrei

duvet ['duːveɪ] (*BRIT*) n Daunendecke f

dwarf [dwɔːf] (*pl* **dwarves**) n Zwerg m ♦ vt überragen

dwell [dwel] (*pt, pp* **dwelt**) vi wohnen; **~ on** vt fus verweilen bei; **~ing** n Wohnung f

dwelt [dwelt] pt, pp of **dwell**

dwindle ['dwɪndl] vi schwinden

dye [daɪ] n Farbstoff m ♦ vt färben

dying ['daɪɪŋ] adj (*person*) sterbend; (*moments*) letzt

dyke [daɪk] (*BRIT*) n (*channel*) Kanal m; (*barrier*) Deich m, Damm m

dynamic [daɪ'næmɪk] adj dynamisch

dynamite ['daɪnəmaɪt] n Dynamit nt

dynamo ['daɪnəməu] n Dynamo m

dyslexia [dɪs'leksɪə] n Legasthenie f

E e

E [iː] n (*MUS*) E nt

each [iːtʃ] adj jeder/jede/jedes ♦ pron (ein) jeder/(eine) jede/(ein) jedes; **~ other** einander; **they have two books ~** sie haben je 2 Bücher

eager ['iːgə*] adj eifrig

eagle ['iːgl] n Adler m

ear [ɪə*] n Ohr nt; (*of corn*) Ähre f; **~ache** n Ohrenschmerzen pl; **~drum** n Trommelfell nt

earl [ɜːl] n Graf m

early ['ɜːlɪ] adj, adv früh; **~ retirement** n vorzeitige Pensionierung

earmark ['ɪəmɑːk] vt vorsehen

earn [ɜːn] vt verdienen

earnest ['ɜːnɪst] adj ernst; **in ~** im Ernst

earnings ['ɜːnɪŋz] npl Verdienst m

earphones ['ɪəfəunz] npl Kopfhörer pl

earring ['ɪərɪŋ] n Ohrring m

earshot ['ɪəʃɒt] n Hörweite f

earth [ɜːθ] n Erde f; (*BRIT: ELEC*) Erdung f ♦ vt erden; **~enware** n Steingut nt

earthquake ['ɜːθkweɪk] n Erdbeben nt

earthy ['ɜːθɪ] adj roh; (*sensual*) sinnlich

earwig ['ɪəwɪg] n Ohrwurm m

ease [iːz] n (*simplicity*) Leichtigkeit f; (*social*) Ungezwungenheit f ♦ vt (*pain*) lindern; (*burden*) erleichtern; **at ~** ungezwungen; (*MIL*) rührt euch!; **~ off** or **up** vi nachlassen

easel ['iːzl] n Staffelei f

easily ['iːzɪlɪ] adv leicht

east [iːst] n Osten m ♦ adj östlich ♦ adv nach Osten

Easter ['iːstə*] n Ostern nt; **~ egg** n Osterei nt

easterly ['iːstəlɪ] adj östlich, Ost-

eastern ['iːstən] adj östlich

eastward(s) ['iːstwəd(z)] adv ostwärts

easy ['iːzɪ] adj (*task*) einfach; (*life*) bequem; (*manner*) ungezwungen, natürlich ♦ adv leicht; **~ chair** n Sessel m; **~-going** adj gelassen; (*lax*) lässig

eat [iːt] (*pt* **ate**, *pp* **eaten**) vt essen; (*ani-*

mals) fressen; (*destroy*) (zer)fressen ♦ *vi* essen; fressen; ~ **away** *vt* zerfressen; ~ **into** *vt fus* zerfressen

eaten *pp. of* **eat**

eau de Cologne [ˈəʊdəkəˈləʊn] *n* Kölnisch Wasser *nt*

eaves [iːvz] *npl* Dachrand *m*

eavesdrop [ˈiːvzdrɒp] *vi* lauschen; **to ~ on sb** jdn belauschen

ebb [eb] *n* Ebbe *f* ♦ *vi* (*fig: also:* ~ **away**) (ab)ebben

ebony [ˈebənɪ] *n* Ebenholz *nt*

ebullient [ɪˈbʌlɪənt] *adj* sprudelnd, temperamentvoll

EC *n abbr* (= *European Community*) EG *f*

eccentric [ɪkˈsentrɪk] *adj* exzentrisch ♦ *n* Exzentriker(in) *m(f)*

ecclesiastical [ɪkliːzɪˈæstɪkəl] *adj* kirchlich

echo [ˈekəʊ] (*pl* ~**es**) *n* Echo *nt* ♦ *vt* zurückwerfen; (*fig*) nachbeten ♦ *vi* widerhallen

eclipse [ɪˈklɪps] *n* Finsternis *f* ♦ *vt* verfinstern

ecology [ɪˈkɒlədʒɪ] *n* Ökologie *f*

economic [iːkəˈnɒmɪk] *adj* wirtschaftlich; ~**al** *adj* wirtschaftlich; (*person*) sparsam; ~**s** *n* Volkswirtschaft *f*

economist [ɪˈkɒnəmɪst] *n* Volkswirt(schaftler) *m*

economize [ɪˈkɒnəmaɪz] *vi* sparen

economy [ɪˈkɒnəmɪ] *n* (*thrift*) Sparsamkeit *f*; (*of country*) Wirtschaft *f*

ecstasy [ˈekstəsɪ] *n* Ekstase *f*; (*drug*) Ecstasy *nt*

ecstatic [eksˈtætɪk] *adj* hingerissen

ECU [ˈeɪkjuː] *n abbr* (= *European Currency Unit*) ECU *m*

ecumenical [iːkjuˈmenɪkəl] *adj* ökumenisch

eczema [ˈeksɪmə] *n* Ekzem *nt*

edge [edʒ] *n* Rand *m*; (*of knife*) Schneide *f* ♦ *vt* (*SEWING*) einfassen; **on ~** (*fig*) = **edgy; to ~ away from** langsam abrücken von; ~**ways** *adv*: **he couldn't get a word in** ~**ways** er kam überhaupt nicht zu Wort

edgy [ˈedʒɪ] *adj* nervös

edible [ˈedɪbl] *adj* eßbar

edict [ˈiːdɪkt] *n* Erlaß *m*

edifice [ˈedɪfɪs] *n* Gebäude *nt*

Edinburgh [ˈedɪnbərə] *n* (*GEO*) Edinburgh *nt*

edit [ˈedɪt] *vt* redigieren; ~**ion** [ɪˈdɪʃən] *n* Ausgabe *f*; ~**or** *n* (*of newspaper*) Redakteur *m*; (*of book*) Lektor *m*; **editorial** [edɪˈtɔːrɪəl] *adj* Redaktions- ♦ *n* Leitartikel *m*

educate [ˈedjʊkeɪt] *vt* erziehen, (aus)bilden

education [edjuˈkeɪʃən] *n* (*teaching*) Unterricht *m*; (*system*) Schulwesen *nt*; (*schooling*) Erziehung *f*; Bildung *f*; ~**al** *adj* pädagogisch

eel [iːl] *n* Aal *m*

eerie [ˈɪərɪ] *adj* unheimlich

effect [ɪˈfekt] *n* Wirkung *f* ♦ *vt* bewirken; ~**s** *npl* (*sound, visual*) Effekte *pl*; **in ~** in der Tat; **to take** ~ (*law*) in Kraft treten; (*drug*) wirken; ~**ive** *adj* wirksam, effektiv; ~**ively** *adv* wirksam, effektiv

effeminate [ɪˈfemɪnɪt] *adj* weibisch

effervescent [efəˈvesnt] *adj* (*also fig*) sprudelnd

efficacy [ˈefɪkəsɪ] *n* Wirksamkeit *f*

efficiency [ɪˈfɪʃənsɪ] *n* Leistungsfähigkeit *f*

efficient [ɪˈfɪʃənt] *adj* tüchtig; (*TECH*) leistungsfähig; (*method*) wirksam

effigy [ˈefɪdʒɪ] *n* Abbild *nt*

effort [ˈefət] *n* Anstrengung *f*; ~**less** *adj* mühelos

effrontery [ɪˈfrʌntərɪ] *n* Unverfrorenheit *f*

effusive [ɪˈfjuːsɪv] *adj* überschwenglich

e.g. *adv abbr* (= *exempli gratia*) z.B.

egalitarian [ɪɡælɪˈtɛərɪən] *adj* Gleichheits-, egalitär

egg [eɡ] *n* Ei *nt*; ~ **on** *vt* anstacheln; ~**cup** *n* Eierbecher *m*; ~**plant** (*esp US*) *n* Aubergine *f*; ~**shell** *n* Eierschale *f*

ego [ˈiːɡəʊ] *n* Ich *nt*, Selbst *nt*

egotism [ˈeɡəʊtɪzəm] *n* Ichbezogenheit *f*

egotist [ˈeɡəʊtɪst] *n* Egozentriker *m*

Egypt [ˈiːdʒɪpt] *n* Ägypten *nt*; ~**ian** [ɪˈdʒɪpʃən] *adj* ägyptisch ♦ *n* Ägypter(in) *m(f)*

eiderdown [ˈaɪdədaʊn] *n* Daunendecke *f*

eight [eɪt] *num* acht; ~**een** *num* achtzehn; ~**h** [eɪtθ] *adj* achte(r, s) ♦ *n* Achtel *nt*; ~**y** *num* achtzig

Eire [ˈɛərə] *n* Irland *nt*

either [ˈaɪðə*] *conj*: ~ ... **or** entweder ... oder ♦ *pron*: ~ **of the two** eine(r, s) von beiden ♦ *adj*: **on** ~ **side** auf beiden Seiten ♦ *adv*: **I don't** ~ ich auch nicht; **I don't want** ~ ich will keins von beiden

eject [ɪˈdʒekt] *vt* ausstoßen, vertreiben

eke [iːk] *vt*: **to ~ out** strecken

elaborate [*adj* ɪˈlæbərɪt, *vb* ɪˈlæbəreɪt] *adj* sorgfältig ausgearbeitet, ausführlich ♦ *vt* sorgfältig ausarbeiten ♦ *vi* ausführlich darstellen

elapse [ɪˈlæps] *vi* vergehen

elastic [ɪˈlæstɪk] *n* Gummiband *nt* ♦ *adj* elastisch; ~ **band** (*BRIT*) *n* Gummiband *nt*

elated [ɪˈleɪtɪd] *adj* froh

elation [ɪˈleɪʃən] *n* gehobene Stimmung *f*

elbow [ˈelbəʊ] *n* Ellbogen *m*

elder [ˈeldə*] *adj* älter ♦ *n* Ältere(r) *mf*; ~**ly** *adj* ältere(r, s) ♦ *npl*: **the** ~**ly** die Älteren *pl*

eldest [ˈeldɪst] *adj* älteste(r, s) ♦ *n* Älteste(r) *mf*

elect [ɪˈlekt] *vt* wählen ♦ *adj* zukünftig; ~**ion** [ɪˈlekʃən] *n* Wahl *f*; ~**ioneering** [ɪlekʃəˈnɪərɪŋ] *n* Wahlpropaganda *f*; ~**or** *n* Wähler *m*; ~**oral** *adj* Wahl-; ~**orate** *n* Wähler *pl*, Wählerschaft *f*

electric [ɪˈlektrɪk] *adj* elektrisch, Elektro-; ~**al** *adj* elektrisch; ~ **blanket** *n* Heizdecke

f; ~ **chair** *n* elektrische(r) Stuhl *m*; ~ **fire** *n* elektrische(r) Heizofen *m*
electrician [ɪlek'trɪʃən] *n* Elektriker *m*
electricity [ɪlek'trɪsɪtɪ] *n* Elektrizität *f*
electrify [ɪ'lektrɪfaɪ] *vt* elektrifizieren; *(fig)* elektrisieren
electrocute [ɪ'lektrəʊkjuːt] *vt* durch elektrischen Strom töten
electronic [ɪlek'trɒnɪk] *adj* elektronisch, Elektronen-; ~ **mail** *n* elektronische(r) Briefkasten *m*; ~**s** *n* Elektronik *f*
elegance ['elɪgəns] *n* Eleganz *f*
elegant ['elɪgənt] *adj* elegant
element ['elɪmənt] *n* Element *nt*; ~**ary** [elɪ'mentərɪ] *adj* einfach; *(primary)* Grund-
elephant ['elɪfənt] *n* Elefant *m*
elevate ['elɪveɪt] *vt* emporheben
elevation [elɪ'veɪʃən] *n (height)* Erhebung *f*; *(ARCHIT)* (Quer)schnitt *m*
elevator ['elɪveɪtə*] (US) *n* Fahrstuhl *m*, Aufzug *m*
eleven [ɪ'levn] *num* elf; ~**ses** *(BRIT) npl* = zweite(s) Frühstück *nt*; ~**th** *adj* elfte(r, s)
elf [elf] *(pl* **elves**) *n* Elfe *f*
elicit [ɪ'lɪsɪt] *vt* herausbekommen
eligible ['elɪdʒəbl] *adj* wählbar; **to be** ~ **for a pension** pensionsberechtigt sein
eliminate [ɪ'lɪmɪneɪt] *vt* ausschalten
elimination [ɪlɪmɪ'neɪʃən] *n* Ausschaltung *f*
elite [eɪ'liːt] *n* Elite *f*
elm [elm] *n* Ulme *f*
elocution [elə'kjuːʃən] *n* Sprecherziehung *f*
elongated ['iːlɒŋgeɪtɪd] *adj* verlängert
elope [ɪ'ləʊp] *vi* entlaufen
eloquence ['eləkwəns] *n* Beredsamkeit *f*
eloquent ['eləkwənt] *adj* redegewandt
else [els] *adv* sonst; **who** ~? wer sonst?; **somebody** ~ jemand anders; **or** ~ sonst; ~**where** *adv* anderswo, woanders
elucidate [ɪ'luːsɪdeɪt] *vt* erläutern
elude [ɪ'luːd] *vt* entgehen +*dat*
elusive [ɪ'luːsɪv] *adj* schwer faßbar
elves [elvz] *npl of* elf
emaciated [ɪ'meɪsɪeɪtɪd] *adj* abgezehrt
emanate ['eməneɪt] *vi*: **to** ~ **from** ausströmen aus
emancipate [ɪ'mænsɪpeɪt] *vt* emanzipieren; *(slave)* freilassen
emancipation [ɪmænsɪ'peɪʃən] *n* Emanzipation *f*; Freilassung *f*
embankment [ɪm'bæŋkmənt] *n (of river)* Uferböschung *f*, *(of road)* Straßendamm *m*
embargo [ɪm'bɑːgəʊ] *(pl* ~**es**) *n* Embargo *nt*
embark [ɪm'bɑːk] *vi* sich einschiffen; ~ **on** *vt fus* unternehmen; ~**ation** [embɑː'keɪʃən] *n* Einschiffung *f*
embarrass [ɪm'bærəs] *vt* in Verlegenheit bringen; ~**ed** *adj* verlegen; ~**ing** *adj* peinlich; ~**ment** *n* Verlegenheit *f*
embassy ['embəsɪ] *n* Botschaft *f*
embed [ɪm'bed] *vt* einbetten

embellish [ɪm'belɪʃ] *vt* verschönern
embers ['embəz] *npl* Glut(asche) *f*
embezzle [ɪm'bezl] *vt* unterschlagen; ~**ment** *n* Unterschlagung *f*
embitter [ɪm'bɪtə*] *vt* verbittern
embody [ɪm'bɒdɪ] *vt (ideas)* verkörpern; *(new features)* (in sich) vereinigen
embossed [ɪm'bɒst] *adj* geprägt
embrace [ɪm'breɪs] *vt* umarmen; *(include)* einschließen ♦ *vi* sich umarmen ♦ *n* Umarmung *f*
embroider [ɪm'brɔɪdə*] *vt* (be)sticken; *(story)* ausschmücken; ~**y** *n* Stickerei *f*
emerald ['emərəld] *n* Smaragd *m*
emerge [ɪ'mɜːdʒ] *vi* auftauchen; *(truth)* herauskommen
emergence [ɪ'mɜːdʒəns] *n* Erscheinen *nt*
emergency [ɪ'mɜːdʒənsɪ] *n* Notfall *m*; ~ **cord** (US) *n* Notbremse *f*; ~ **exit** *n* Notausgang *m*; ~ **landing** *n* Notlandung *f*; ~ **services** *npl* Notdienste *pl*
emery board ['emərɪ-] *n* Papiernagelfeile *f*
emetic [ɪ'metɪk] *n* Brechmittel *nt*
emigrant ['emɪgrənt] *n* Auswanderer *m*
emigrate ['emɪgreɪt] *vi* auswandern
emigration [emɪ'greɪʃən] *n* Auswanderung *f*
eminence ['emɪnəns] *n* hohe(r) Rang *m*
eminent ['emɪnənt] *adj* bedeutend
emission [ɪ'mɪʃən] *n* Ausströmen *nt*; ~**s** *npl* Emissionen *fpl*
emit [ɪ'mɪt] *vt* von sich *dat* geben
emotion [ɪ'məʊʃən] *n* Emotion *f*, Gefühl *nt*; ~**al** *adj (person)* emotional; *(scene)* ergreifend
emotive [ɪ'məʊtɪv] *adj* gefühlsbetont
emperor ['empərə*] *n* Kaiser *m*
emphases ['emfəsiːz] *npl of* emphasis
emphasis ['emfəsɪs] *n (LING)* Betonung *f*; *(fig)* Nachdruck *m*
emphasize ['emfəsaɪz] *vt* betonen
emphatic [ɪm'fætɪk] *adj* nachdrücklich; ~**ally** [ɪm'fætɪkəlɪ] *adv* nachdrücklich
empire ['empaɪə*] *n* Reich *nt*
empirical [em'pɪrɪkəl] *adj* empirisch
employ [ɪm'plɔɪ] *vt (hire)* anstellen; *(use)* verwenden; ~**ee** [emplɔɪ'iː] *n* Angestellte(r) *mf*; ~**er** *n* Arbeitgeber(in) *m(f)*; ~**ment** *n* Beschäftigung *f*; ~**ment agency** *n* Stellenvermittlung *f*
empower [ɪm'paʊə*] *vt*: **to** ~ **sb to do sth** jdn ermächtigen, etw zu tun
empress ['emprɪs] *n* Kaiserin *f*
emptiness ['emptɪnɪs] *n* Leere *f*
empty ['emptɪ] *adj* leer ♦ *n (bottle)* Leergut *nt* ♦ *vt (contents)* leeren; *(container)* ausleeren ♦ *vi (water)* abfließen; *(river)* münden; *(house)* sich leeren; ~**-handed** *adj* mit leeren Händen
emulate ['emjʊleɪt] *vt* nacheifern +*dat*
emulsion [ɪ'mʌlʃən] *n* Emulsion *f*
enable [ɪ'neɪbl] *vt*: **to** ~ **sb to do sth** es

jdm ermöglichen, etw zu tun

enact [ɪnˈækt] *vt* (*law*) erlassen; (*play*) aufführen; (*role*) spielen

enamel [ɪˈnæməl] *n* Email *nt*; (*of teeth*) (Zahn)schmelz *m*

encased [ɪnˈkeɪst] *adj*: ~ **in** (*enclosed*) eingeschlossen in +*dat*; (*covered*) verkleidet mit

enchant [ɪnˈtʃɑːnt] *vt* bezaubern; ~**ing** *adj* entzückend

encircle [ɪnˈsɜːkl] *vt* umringen

encl. *abbr* (= *enclosed*) Anl.

enclose [ɪnˈkləʊz] *vt* einschließen; **to ~ sth** (**in** *or* **with a letter**) etw (einem Brief) beilegen; ~**d** (*in letter*) beiliegend, anbei

enclosure [ɪnˈkləʊʒə*] *n* Einfriedung *f*; (*in letter*) Anlage *f*

encompass [ɪnˈkʌmpəs] *vt* (*include*) umfassen

encore [ˈɒŋkɔː*] *n* Zugabe *f*

encounter [ɪnˈkaʊntə*] *n* Begegnung *f*; (*MIL*) Zusammenstoß *m* ♦ *vt* treffen; (*resistance*) stoßen auf +*acc*

encourage [ɪnˈkʌrɪdʒ] *vt* ermutigen; ~**ment** *n* Ermutigung *f*, Förderung *f*

encouraging [ɪnˈkʌrɪdʒɪŋ] *adj* ermutigend, vielversprechend

encroach [ɪnˈkrəʊtʃ] *vi*: **to ~ (up)on** eindringen in +*acc*; (*time*) in Anspruch nehmen

encrusted [ɪnˈkrʌstəd] *adj*: ~ **with** besetzt mit

encumber [ɪnˈkʌmbə*] *vt*: **to be ~ed with** (*parcels*) beladen sein mit; (*debts*) belastet sein mit

encyclop(a)edia [ensaɪkləʊˈpiːdɪə] *n* Konversationslexikon *nt*

end [end] *n* Ende *nt*, Schluß *m*; (*purpose*) Zweck *m* ♦ *vt* (*also*: **bring to an ~, put an ~ to**) beenden ♦ *vi* zu Ende gehen; **in the ~** zum Schluß; **on ~** (*object*) hochkant; **to stand on ~** (*hair*) zu Berge stehen; **for hours on ~** stundenlang; ~ **up** *vi* landen

endanger [ɪnˈdeɪndʒə*] *vt* gefährden

endearing [ɪnˈdɪərɪŋ] *adj* gewinnend

endeavour [ɪnˈdevə*] (*US* **endeavor**) *n* Bestrebung *f* ♦ *vi* sich bemühen

ending [ˈendɪŋ] *n* Ende *nt*

endive [ˈendaɪv] *n* Endivie *f*

endless [ˈendlɪs] *adj* endlos

endorse [ɪnˈdɔːs] *vt* unterzeichnen; (*approve*) unterstützen; ~**ment** *n* (*on licence*) Eintrag *m*

endow [ɪnˈdaʊ] *vt*: **to ~ sb with sth** jdm etw verleihen; (*with money*) jdm etw stiften

endurance [ɪnˈdjʊərəns] *n* Ausdauer *f*

endure [ɪnˈdjʊə*] *vt* ertragen ♦ *vi* (*last*) (fort)dauern

enemy [ˈenɪmɪ] *n* Feind *m* ♦ *adj* feindlich

energetic [enəˈdʒetɪk] *adj* tatkräftig

energy [ˈenədʒɪ] *n* Energie *f*

enforce [ɪnˈfɔːs] *vt* durchsetzen

engage [ɪnˈgeɪdʒ] *vt* (*employ*) einstellen; (*in conversation*) verwickeln; (*TECH*) einschalten ♦ *vi* ineinandergreifen; (*clutch*) fassen; **to ~ in** sich beteiligen an +*dat*; ~**d** *adj* verlobt; (*BRIT*: *TEL, toilet*) besetzt; (: *busy*) beschäftigt; **to get ~d** sich verloben; ~**d tone** (*BRIT*) *n* (*TEL*) Besetztzeichen *nt*; ~**ment** *n* (*appointment*) Verabredung *f*; (*to marry*) Verlobung *f*; (*MIL*) Gefecht *nt*; ~**ment ring** *n* Verlobungsring *m*

engaging [ɪnˈgeɪdʒɪŋ] *adj* gewinnend

engender [ɪnˈdʒendə*] *vt* hervorrufen

engine [ˈendʒɪn] *n* (*AUT*) Motor *m*; (*RAIL*) Lokomotive *f*; ~ **driver** *n* Lok(omotiv)führer(in) *m(f)*

engineer [endʒɪˈnɪə*] *n* Ingenieur *m*; (*US*: *RAIL*) Lok(omotiv)führer(in) *m(f)*; ~**ing** [endʒɪˈnɪərɪŋ] *n* Technik *f*

England [ˈɪŋglənd] *n* England *nt*

English [ˈɪŋglɪʃ] *adj* englisch ♦ *n* (*LING*) Englisch *nt*; **the ~** *npl* (*people*) die Engländer *pl*; **the ~ Channel** *n* der Ärmelkanal *m*; ~**man/woman** (*irreg*) *n* Engländer(in) *m(f)*

engraving [ɪnˈgreɪvɪŋ] *n* Stich *m*

engrossed [ɪnˈgrəʊst] *adj* vertieft

engulf [ɪnˈgʌlf] *vt* verschlingen

enhance [ɪnˈhɑːns] *vt* steigern, heben

enigma [ɪˈnɪgmə] *n* Rätsel *nt*; ~**tic** [enɪgˈmætɪk] *adj* rätselhaft

enjoy [ɪnˈdʒɔɪ] *vt* genießen; (*privilege*) besitzen; **to ~ o.s.** sich amüsieren; ~**able** *adj* erfreulich; ~**ment** *n* Genuß *m*, Freude *f*

enlarge [ɪnˈlɑːdʒ] *vt* erweitern; (*PHOT*) vergrößern ♦ *vi*: **to ~ on sth** etw weiter ausführen; ~**ment** *n* Vergrößerung *f*

enlighten [ɪnˈlaɪtn] *vt* aufklären; ~**ment** *n*: **the E~ment** (*HIST*) die Aufklärung

enlist [ɪnˈlɪst] *vt* gewinnen ♦ *vi* (*MIL*) sich melden

enmity [ˈenmɪtɪ] *n* Feindschaft *f*

enormity [ɪˈnɔːmɪtɪ] *n* Ungeheuerlichkeit *f*

enormous [ɪˈnɔːməs] *adj* ungeheuer

enough [ɪˈnʌf] *adj*, *adv* genug; **funnily ~** komischerweise

enquire [ɪnˈkwaɪə*] *vt*, *vi* = **inquire**

enrage [ɪnˈreɪdʒ] *vt* wütend machen

enrich [ɪnˈrɪtʃ] *vt* bereichern

enrol [ɪnˈrəʊl] *vt* einschreiben ♦ *vi* (*register*) sich anmelden; ~**ment** *n* (*for course*) Anmeldung *f*

en route [ɑ̃ːnˈruːt] *adv* unterwegs

ensign [ˈensaɪn, ˈensən] *n* (*NAUT*) Flagge *f*; (*MIL*) Fähnrich *m*

enslave [ɪnˈsleɪv] *vt* versklaven

ensue [ɪnˈsjuː] *vi* folgen, sich ergeben

ensure [ɪnˈʃʊə*] *vt* garantieren

entail [ɪnˈteɪl] *vt* mit sich bringen

entangle [ɪnˈtæŋgl] *vt* verwirren, verstricken; ~**d** *adj*: **to become ~d (in)** (*in net, rope etc*) sich verfangen (in +*dat*)

enter [ˈentə*] *vt* eintreten in +*dat*, betreten;

(*club*) beitreten +*dat*; (*in book*) eintragen ♦
vi hereinkommen, hineingehen; ~ **for** *vt*
fus sich beteiligen an +*dat*; ~ **into** *vt fus*
(*agreement*) eingehen; (*plans*) eine Rolle
spielen bei; ~ (**up)on** *vt fus* beginnen
enterprise ['entǝpraɪz] *n* (*in person*) Initiative *f*; (*COMM*) Unternehmen *nt*
enterprising ['entǝpraɪzɪŋ] *adj* unterneh-
mungslustig
entertain [entǝ'teɪn] *vt* (*guest*) bewirten;
(*amuse*) unterhalten; ~**er** *n* Unterhaltungs-
künstler(in) *m(f)*; ~**ing** *adj* unterhaltsam;
~**ment** *n* Unterhaltung *f*
enthralled [ɪn'θrɔ:ld] *adj* gefesselt
enthusiasm [ɪn'θu:zɪæzǝm] *n* Begeisterung
f
enthusiast [ɪn'θu:zɪæst] *n* Enthusiast *m*;
~**ic** [ɪnθu:zɪ'æstɪk] *adj* begeistert
entice [ɪn'taɪs] *vt* verleiten, locken
entire [ɪn'taɪǝ*] *adj* ganz; ~**ly** *adv* ganz,
völlig; ~**ty** [ɪn'taɪǝrǝtɪ] *n*: **in its** ~**ty** in sei-
ner Gesamtheit
entitle [ɪn'taɪtl] *vt* (*allow*) berechtigen;
(*name*) betiteln; ~**d** *adj* (*book*) mit dem Titel; **to be** ~**d to sth** das Recht auf etw *acc*
haben; **to be** ~**d to do sth** das Recht haben, etw zu tun
entity ['entɪtɪ] *n* Ding *nt*, Wesen *nt*
entourage [ɒntʊ'rɑ:ʒ] *n* Gefolge *nt*
entrails ['entreɪlz] *npl* Eingeweide *pl*
entrance [*n* 'entrǝns, *vb* ɪn'trɑ:ns] *n* Eingang *m*; (*entering*) Eintritt *m* ♦ *vt* hinreißen; ~ **examination** *n* Aufnahmeprüfung
f; ~ **fee** *n* Eintrittsgeld *nt*; ~ **ramp** (*US*)
(*AUT*) Einfahrt *f*
entrant ['entrǝnt] *n* (*for exam*) Kandidat *m*;
(*in race*) Teilnehmer *m*
entreat [ɪn'tri:t] *vt* anflehen
entrenched [ɪn'trentʃt] *adj* (*fig*) verwurzelt
entrepreneur [ɒntrǝprǝ'nɜ:*] *n* Unterneh-
mer(in) *m(f)*
entrust [ɪn'trʌst] *vt*: **to** ~ **sb with sth** or
sth to sb jdm etw anvertrauen
entry ['entrɪ] *n* Eingang *m*; (*THEAT*) Auftritt
m; (*in account*) Eintragung *f*; (*in dictionary*)
Eintrag *m*; **"no** ~**"** „Eintritt verboten"; (*for
cars*) „Einfahrt verboten"; ~ **form** *n* An-
meldeformular *nt*; ~ **phone** *n* Sprechanla-
ge *f*
enumerate [ɪ'nju:mǝreɪt] *vt* aufzählen
enunciate [ɪ'nʌnsɪeɪt] *vt* aussprechen
envelop [ɪn'velǝp] *vt* einhüllen
envelope ['envǝlǝup] *n* Umschlag *m*
enviable ['envɪǝbl] *adj* beneidenswert
envious ['envɪǝs] *adj* neidisch
environment [ɪn'vaɪǝrǝnmǝnt] *n* Umgebung *f*, (*ECOLOGY*) Umwelt *f*; ~**al**
[ɪnvaɪrǝn'mentl] *adj* Umwelt-; ~-**friendly**
adj umweltfreundlich
envisage [ɪn'vɪzɪdʒ] *vt* sich *dat* vorstellen
envoy ['envɔɪ] *n* Gesandte(r) *mf*
envy ['envɪ] *n* Neid *m* ♦ *vt*: **to** ~ **sb sth**

jdn um etw beneiden
enzyme ['enzaɪm] *n* Enzym *nt*
ephemeral [ɪ'femǝrǝl] *adj* flüchtig
epic ['epɪk] *n* Epos *nt* ♦ *adj* episch
epidemic [epɪ'demɪk] *n* Epidemie *f*
epilepsy ['epɪlepsɪ] *n* Epilepsie *f*
epileptic [epɪ'leptɪk] *adj* epileptisch ♦ *n*
Epileptiker(in) *m(f)*
episode ['epɪsǝud] *n* (*incident*) Vorfall *m*;
(*story*) Episode *f*
epitaph ['epɪtɑ:f] *n* Grabinschrift *f*
epithet ['epɪθǝt] *n* Beiname *m*
epitome [ɪ'pɪtǝmɪ] *n* Inbegriff *m*
epitomize [ɪ'pɪtǝmaɪz] *vt* verkörpern
equable ['ekwǝbl] *adj* ausgeglichen
equal ['i:kwl] *adj* gleich ♦ *n* Gleichgestell-
te(r) *mf* ♦ *vt* gleichkommen +*dat*; ~ **to the
task** der Aufgabe gewachsen; ~**ity**
[ɪ'kwɒlɪtɪ] *n* Gleichheit *f*; (~ *rights*) Gleich-
berechtigung *f*; ~**ize** *vt* gleichmachen ♦ *vi*
(*SPORT*) ausgleichen; ~**izer** *n* (*SPORT*)
Ausgleich(streffer) *m*; ~**ly** *adv* gleich
equanimity [ekwǝ'nɪmɪtɪ] *n* Gleichmut *m*
equate [ɪ'kweɪt] *vt* gleichsetzen
equation [ɪ'kweɪʒǝn] *n* Gleichung *f*
equator [ɪ'kweɪtǝ*] *n* Äquator *m*
equestrian [ɪ'kwestrɪǝn] *adj* Reit-
equilibrium [i:kwɪ'lɪbrɪǝm] *n* Gleichgewicht *nt*
equinox ['i:kwɪnɒks] *n* Tagundnachtgleiche
f
equip [ɪ'kwɪp] *vt* ausrüsten; ~**ment** *n* Ausrüstung *f*, (*TECH*) Gerät *nt*
equitable ['ekwɪtǝbl] *adj* gerecht, billig
equities ['ekwɪtɪz] (*BRIT*) *npl* (*FIN*) Stam-
maktien *pl*
equivalent [ɪ'kwɪvǝlǝnt] *adj* gleichwertig,
entsprechend ♦ *n* Äquivalent *nt*; (*in money*)
Gegenwert *m*; ~ **to** gleichwertig +*dat*, entsprechend +*dat*
equivocal [ɪ'kwɪvǝkǝl] *adj* zweideutig
era ['ɪǝrǝ] *n* Epoche *f*, Ära *f*
eradicate [ɪ'rædɪkeɪt] *vt* ausrotten
erase [ɪ'reɪz] *vt* ausradieren; (*tape*) löschen;
~**r** *n* Radiergummi *m*
erect [ɪ'rekt] *adj* aufrecht ♦ *vt* errichten
erection [ɪ'rekʃǝn] *n* Errichtung *f*; (*ANAT*)
Erektion *f*
ergonomics *n* Ergonomie *f*, Ergonomik *f*
ERM *n* *abbr* (= *Exchange Rate Mechanism*)
Wechselkursmechanismus *m*
erode [ɪ'rǝud] *vt* zerfressen; (*land*) auswa-
schen
erotic [ɪ'rɒtɪk] *adj* erotisch; ~**ism**
[ɪ'rɒtɪsɪzǝm] *n* Erotik *f*
err [ɜ:*] *vi* sich irren
errand ['erǝnd] *n* Besorgung *f*
erratic [ɪ'rætɪk] *adj* unberechenbar
erroneous [ɪ'rǝunɪǝs] *adj* irrig
error ['erǝ*] *n* Fehler *m*
erudite ['erudaɪt] *adj* gelehrt
erupt [ɪ'rʌpt] *vi* ausbrechen; ~**ion**

[ɪˈrʌpʃən] *n* Ausbruch *m*

escalate [ˈeskəleɪt] *vi* sich steigern

escalator [ˈeskəleɪtə*] *n* Rolltreppe *f*

escape [ɪsˈkeɪp] *n* Flucht *f*; (*of gas*) Entweichen *nt* ♦ *vi* entkommen; (*prisoners*) fliehen; (*leak*) entweichen ♦ *vt* entkommen +*dat*

escapism [ɪsˈkeɪpɪzəm] *n* Flucht *f* (vor der Wirklichkeit)

escort [*n* ˈeskɔːt, *vb* ɪsˈkɔːt] *n* (*person accompanying*) Begleiter *m*; (*guard*) Eskorte *f* ♦ *vt* (*lady*) begleiten; (*MIL*) eskortieren

especially [ɪsˈpeʃəlɪ] *adv* besonders

espionage [ˈespɪənɑːʒ] *n* Spionage *f*

esplanade [ˈespləneɪd] *n* Promenade *f*

espouse [ɪˈspauz] *vt* Partei ergreifen für

Esquire [ɪsˈkwaɪə*] *n*: J. Brown ~ Herrn J. Brown

essay [ˈeseɪ] *n* Aufsatz *m*; (*LITER*) Essay *m*

essence [ˈesns] *n* (*quality*) Wesen *nt*; (*extract*) Essenz *f*

essential [ɪˈsenʃəl] *adj* (*necessary*) unentbehrlich; (*basic*) wesentlich ♦ *n* Allernötigste(s) *nt*; ~**ly** *adv* eigentlich

establish [ɪsˈtæblɪʃ] *vt* (*set up*) gründen; (*prove*) nachweisen; ~**ed** *adj* anerkannt; (*belief, laws etc*) herrschend; ~**ment** *n* (*setting up*) Einrichtung *f*; **the E~ment** *n* das Establishment

estate [ɪsˈteɪt] *n* Gut *nt*; (*BRIT: housing* ~) Siedlung *f*; (*will*) Nachlaß *m*; ~ **agent** (*BRIT*) *n* Grundstücksmakler *m*; ~ **car** (*BRIT*) *n* Kombiwagen *m*

esteem [ɪsˈtiːm] *n* Wertschätzung *f*

esthetic [ɪsˈθetɪk] (*US*) *adj* = aesthetic

estimate [*n* ˈestɪmət, *vb* ˈestɪmeɪt] *n* Schätzung *f*; (*of price*) (Kosten)voranschlag *m* ♦ *vt* schätzen

estimation [estɪˈmeɪʃən] *n* Einschätzung *f*; (*esteem*) Achtung *f*

estranged [ɪˈstreɪndʒd] *adj* entfremdet

estuary [ˈestjuərɪ] *n* Mündung *f*

etc *abbr* (= *et cetera*) usw

etching [ˈetʃɪŋ] *n* Kupferstich *m*

eternal [ɪˈtɜːnl] *adj* ewig

eternity [ɪˈtɜːnɪtɪ] *n* Ewigkeit *f*

ether [ˈiːθə*] *n* Äther *m*

ethical [ˈeθɪkəl] *adj* ethisch

ethics [ˈeθɪks] *n* Ethik *f* ♦ *npl* Moral *f*

Ethiopia [iːθɪˈəupɪə] *n* Äthiopien *nt*

ethnic [ˈeθnɪk] *adj* Volks-, ethnisch

ethos [ˈiːθɒs] *n* Gesinnung *f*

etiquette [ˈetɪket] *n* Etikette *f*

euphemism [ˈjuːfɪmɪzəm] *n* Euphemismus *m*

Eurocheque [ˈjuərəuˈtʃek] *n* Euroscheck *m*

Europe [ˈjuərəp] *n* Europa *nt*; ~**an** [juərəˈpiːən] *adj* europäisch ♦ *n* Europäer(in) *m(f)*

euro-sceptic *n* Kritiker(in) *m(f)* der Europäischen Gemeinschaft

evacuate [ɪˈvækjueɪt] *vt* (*place*) räumen; (*people*) evakuieren

evacuation [ɪvækjuˈeɪʃən] *n* Räumung *f*; Evakuierung *f*

evade [ɪˈveɪd] *vt* (*escape*) entkommen +*dat*; (*avoid*) meiden; (*duty*) sich entziehen +*dat*

evaluate [ɪˈvæljueɪt] *vt* bewerten; (*information*) auswerten

evaporate [ɪˈvæpəreɪt] *vi* verdampfen ♦ *vt* verdampfen lassen; ~**d milk** *n* Kondensmilch *f*

evasion [ɪˈveɪʒən] *n* Umgehung *f*

evasive [ɪˈveɪzɪv] *adj* ausweichend

eve [iːv] *n*: **on the** ~ **of** am Vorabend +*gen*

even [ˈiːvən] *adj* eben; gleichmäßig; (*score etc*) unentschieden; (*number*) gerade ♦ *adv*: ~ **you** sogar du; **to get** ~ **with sb** jdm heimzahlen; ~ **if** selbst wenn; ~ **so** dennoch; ~ **though** obwohl; ~ **more** sogar noch mehr; ~ **out** *vi* sich ausgleichen

evening [ˈiːvnɪŋ] *n* Abend *m*; **in the** ~ abends, am Abend; ~ **class** *n* Abendschule *f*; ~ **dress** *n* (*man's*) Gesellschaftsanzug *m*; (*woman's*) Abendkleid *nt*

event [ɪˈvent] *n* (*happening*) Ereignis *nt*; (*SPORT*) Disziplin *f*; **in the** ~ **of** im Falle +*gen*; ~**ful** *adj* ereignisreich

eventual [ɪˈventʃuəl] *adj* (*final*) schließlich; ~**ity** [ɪventʃuˈælɪtɪ] *n* Möglichkeit *f*; ~**ly** *adv* (*at last*) am Ende; (*given time*) schließlich

ever [ˈevə*] *adv* (*always*) immer; (*at any time*) je(mals) ♦ *conj* seit; ~ **since** seitdem; **have you** ~ **seen it?** haben Sie es je gesehen?; ~**green** *n* Immergrün *nt*; ~**lasting** *adj* immerwährend

every [ˈevrɪ] *adj* jede(r, s); ~ **other/third day** jeden zweiten/dritten Tag; ~ **one of them** alle; **I have** ~ **confidence in him** ich habe uneingeschränktes Vertrauen in ihn; **we wish you** ~ **success** wir wünschen Ihnen viel Erfolg; **he's** ~ **bit as clever as his brother** er ist genauso klug wie sein Bruder; ~ **now and then** ab und zu; ~**body** *pron* = **everyone**; ~**day** *adj* (*daily*) täglich; (*commonplace*) alltäglich, Alltags-; ~**one** *pron* jeder, alle *pl*; ~**thing** *pron* alles; ~**where** *adv* überall(hin); (*wherever*) wohin; ~**where you go** wohin du auch gehst

evict [ɪˈvɪkt] *vt* ausweisen; ~**ion** *n* Ausweisung *f*

evidence [ˈevɪdəns] *n* (*sign*) Spur *f*; (*proof*) Beweis *m*; (*testimony*) Aussage *f*

evident [ˈevɪdənt] *adj* augenscheinlich; ~**ly** *adv* offensichtlich

evil [ˈiːvl] *adj* böse ♦ *n* Böse *nt*

evocative [ɪˈvɒkətɪv] *adj*: **to be** ~ **of sth** an etw *acc* erinnern

evoke [ɪˈvəuk] *vt* hervorrufen

evolution [iːvəˈluːʃən] *n* Entwicklung *f*; (*of life*) Evolution *f*

evolve [ɪˈvɒlv] *vt* entwickeln ♦ *vi* sich entwickeln

ewe [ju:] n Mutterschaf nt
ex- [eks] prefix Ex-, Alt-, ehemalig
exacerbate [ek'sæsəbeit] vt verschlimmern
exact [ɪg'zækt] adj genau ♦ vt (demand) verlangen; **~ing** adj anspruchsvoll; **~ly** adv genau
exaggerate [ɪg'zædʒəreɪt] vt, vi übertreiben
exaggeration [ɪgzædʒə'reɪʃən] n Übertreibung f
exalted [ɪg'zɔ:ltɪd] adj (position, style) hoch; (person) exaltiert
exam [ɪg'zæm] n abbr (SCH) = **examination**
examination [ɪgzæmɪ'neɪʃən] n Untersuchung f; (SCH) Prüfung f, Examen nt; (customs) Kontrolle f
examine [ɪg'zæmɪn] vt untersuchen; (SCH) prüfen; (consider) erwägen; **~r** n Prüfer m
example [ɪg'zɑ:mpl] n Beispiel nt; **for ~** zum Beispiel
exasperate [ɪg'zɑ:spəreɪt] vt zum Verzweifeln bringen
exasperating [ɪg'zɑ:spəreɪtɪŋ] adj ärgerlich, zum Verzweifeln bringend
exasperation [ɪgzɑ:spə'reɪʃən] n Verzweiflung f
excavate ['ekskəveɪt] vt ausgraben
excavation [ekskə'veɪʃən] n Ausgrabung f
exceed [ɪk'si:d] vt überschreiten; (hopes) übertreffen
exceedingly adv (enormously: stupid, rich, pleasant) äußerst
excel [ɪk'sel] vi sich auszeichnen
excellence ['eksələns] n Vortrefflichkeit f
excellency ['eksələnsɪ] n: **His E~** Seine Exzellenz f
excellent ['eksələnt] adj ausgezeichnet
except [ɪk'sept] prep (also: **~ for, ~ing**) außer +dat ♦ vt ausnehmen; **~ion** [ɪk'sepʃən] n Ausnahme f; **to take ~ion to** Anstoß nehmen an +dat; **~ional** [ɪk'sepʃənl] adj außergewöhnlich
excerpt ['eksə:pt] n Auszug m
excess [ek'ses] n Übermaß nt; **an ~ of** ein Übermaß an +dat; **~ baggage** n Mehrgepäck nt; **~ fare** n Nachlösegebühr f; **~ive** adj übermäßig
exchange [ɪks'tʃeɪndʒ] n Austausch m; (also: telephone **~**) Zentrale f ♦ vt (goods) tauschen; (greetings) austauschen; (money, blows) wechseln; **~ rate** n Wechselkurs m
Exchequer [ɪks'tʃekə*] (BRIT) n: **the ~** das Schatzamt
excise [n 'eksaɪz, vb ek'saɪz] n Verbrauchssteuer f ♦ vt (MED) herausschneiden
excite [ɪk'saɪt] vt erregen; **to get ~d** sich aufregen; **~ment** n Aufregung f
exciting [ɪk'saɪtɪŋ] adj spannend
exclaim [ɪks'kleɪm] vi ausrufen
exclamation [ekskləˈmeɪʃən] n Ausruf m; **~ mark** n Ausrufezeichen nt
exclude [ɪks'klu:d] vt ausschließen
exclusion [ɪks'klu:ʒən] n Ausschluß m

exclusive [ɪks'klu:sɪv] adj (select) exklusiv; (sole) ausschließlich, Allein-; **~ of** exklusive +gen; **~ly** adv nur, ausschließlich
excommunicate [ekskə'mju:nɪkeɪt] vt exkommunizieren
excrement ['ekskrɪmənt] n Kot m
excruciating [ɪks'kru:ʃɪeɪtɪŋ] adj qualvoll
excursion [ɪks'kə:ʃən] n Ausflug m
excusable [ɪks'kju:zəbl] adj entschuldbar
excuse [n ɪks'kju:s, vb ɪks'kju:z] n Entschuldigung f ♦ vt entschuldigen; **~ me!** entschuldigen Sie!
ex-directory ['eksdaɪ'rektərɪ] (BRIT) adj: **to be ~** nicht im Telefonbuch stehen
execute ['eksɪkju:t] vt (carry out) ausführen; (kill) hinrichten
execution [eksɪ'kju:ʃən] n Ausführung f; (killing) Hinrichtung f; **~er** n Scharfrichter. m
executive [ɪg'zekjʊtɪv] n (COMM) Geschäftsführer m; (POL) Exekutive f ♦ adj Exekutiv-, ausführend
executor [ɪg'zekjʊtə*] n Testamentsvollstrecker m
exemplary [ɪg'zemplərɪ] adj musterhaft
exemplify [ɪg'zemplɪfaɪ] vt veranschaulichen
exempt [ɪg'zempt] adj befreit ♦ vt befreien; **~ion** [ɪg'zempʃən] n Befreiung f
exercise ['eksəsaɪz] n Übung f ♦ vt (power) ausüben; (muscle, patience) üben; (dog) ausführen ♦ vi Sport treiben; **~ bike** n Heimtrainer m; **~ book** n (Schul)heft nt
exert [ɪg'zə:t] vt (influence) ausüben; **to ~ o.s.** sich anstrengen; **~ion** [ɪg'zə:ʃən] n Anstrengung f
exhale [eks'heɪl] vt, vi ausatmen
exhaust [ɪg'zɔ:st] n (fumes) Abgase pl; (pipe) Auspuffrohr nt ♦ vt erschöpfen; **~ed** adj erschöpft; **~ion** [ɪg'zɔ:stʃən] n Erschöpfung f; **~ive** adj erschöpfend
exhibit [ɪg'zɪbɪt] n (ART) Ausstellungsstück nt; (JUR) Beweisstück n ♦ vt ausstellen; **~ion** [eksɪ'bɪʃən] n (ART) Ausstellung f; (of temper etc) Zurschaustellung f; **~ionist** [eksɪ'bɪʃənɪst] n Exhibitionist m
exhilarating [ɪg'zɪləreɪtɪŋ] adj erhebend
exhort [ɪg'zɔ:t] vt ermahnen
exile ['eksaɪl] n Exil nt; (person) Verbannte(r) mf ♦ vt verbannen
exist [ɪg'zɪst] vi existieren; **~ence** n Existenz f; **~ing** adj bestehend
exit ['eksɪt] n Ausgang m; (THEAT) Abgang m ♦ vi abtreten; (COMPUT) aus einem Programm herausgehen; **~ ramp** n (US) (AUT) Ausfahrt f
exodus ['eksədəs] n Auszug m
exonerate [ɪg'zɒnəreɪt] vt entlasten
exorbitant [ɪg'zɔ:bɪtənt] adj übermäßig; (price) Phantasie-
exotic [ɪg'zɒtɪk] adj exotisch
expand [ɪks'pænd] vt ausdehnen ♦ vi sich

ausdehnen

expanse [ɪks'pæns] *n* Fläche *f*

expansion [ɪks'pænʃən] *n* Erweiterung *f*

expatriate [eks'pætrɪɪt] *n* Ausländer(in) *m(f)*

expect [ɪks'pekt] *vt* erwarten; (*suppose*) annehmen ♦ *vi*: **to be ~ing** ein Kind erwarten; **~ancy** *n* Erwartung *f*; **~ant mother** *n* werdende Mutter *f*; **~ation** [ekspek'teɪʃən] *n* Hoffnung *f*

expedience [ɪks'piːdɪəns] *n* Zweckdienlichkeit *f*

expediency [ɪks'piːdɪənsɪ] *n* Zweckdienlichkeit *f*

expedient [ɪks'piːdɪənt] *adj* zweckdienlich ♦ *n* (Hilfs)mittel *nt*

expedition [ekspɪ'dɪʃən] *n* Expedition *f*

expel [ɪks'pel] *vt* ausweisen; (*student*) (ver)weisen

expend [ɪks'pend] *vt* (*effort*) aufwenden; **~iture** [ɪk'spendɪtʃə*] *n* Ausgaben *pl*

expense [ɪks'pens] *n* Kosten *pl*; **~s** *npl* (*COMM*) Spesen *pl*; **at the ~ of** auf Kosten von; **~ account** *n* Spesenkonto *nt*

expensive [ɪks'pensɪv] *adj* teuer

experience [ɪks'pɪərɪəns] *n* (*incident*) Erlebnis *nt*; (*practice*) Erfahrung *f* ♦ *vt* erleben; **~d** *adj* erfahren

experiment [*n*   ɪks'perɪmənt,   *vb* ɪks'perɪment] *n* Versuch *m*, Experiment *nt* ♦ *vi* experimentieren; **~al** [ɪksperɪ'mentl] *adj* experimentell

expert ['ekspɜːt] *n* Fachmann *m*; (*official*) Sachverständige(r) *m* ♦ *adj* erfahren; **~ise** [ekspə'tiːz] *n* Sachkenntnis *f*

expire [ɪks'paɪə*] *vi* (*end*) ablaufen; (*ticket*) verfallen; (*die*) sterben

expiry [ɪks'paɪərɪ] *n* Ablauf *m*

explain [ɪks'pleɪn] *vt* erklären

explanation [eksplə'neɪʃən] *n* Erklärung *f*

explanatory [ɪks'plænətərɪ] *adj* erklärend

explicit [ɪks'plɪsɪt] *adj* ausdrücklich

explode [ɪks'pləʊd] *vi* explodieren ♦ *vt* (*bomb*) sprengen; (*theory*) platzen lassen

exploit [*n* 'eksplɔɪt, *vb* ɪks'plɔɪt] *n* (Helden)tat *f* ♦ *vt* ausbeuten; **~ation** [eksplɔɪ'teɪʃən] *n* Ausbeutung *f*

exploration [eksplɔː'reɪʃən] *n* Erforschung *f*

exploratory [eks'plɔrətərɪ] *adj* Probe-

explore [ɪks'plɔː*] *vt* (*travel*) erforschen; (*search*) untersuchen; **~r** *n* Erforscher(in) *m(f)*

explosion [ɪks'pləʊʒən] *n* Explosion *f*; (*fig*) Ausbruch *m*

explosive [ɪks'pləʊzɪv] *adj* explosiv, Spreng- ♦ *n* Sprengstoff *m*

exponent [eks'pəʊnənt] *n* Exponent *m*

export [*vb* eks'pɔːt, *n* 'ekspɔːt] *vt* exportieren ♦ *n* Export *m* ♦ *cpd* (*trade*) Export-; **~er** *n* Exporteur *m*

expose [ɪks'pəʊz] *vt* (*to danger etc*) ausset-

zen; (*impostor*) entlarven; **to ~ sb to sth** jdn einer Sache *dat* aussetzen; **~d** [ɪks'pəʊzd] *adj* (*position*) exponiert

exposure [ɪks'pəʊʒə*] *n* (*MED*) Unterkühlung *f*; (*PHOT*) Belichtung *f*; **~ meter** *n* Belichtungsmesser *m*

expound [ɪks'paʊnd] *vt* entwickeln

express [ɪks'pres] *adj* ausdrücklich; (*speedy*) Expreß-, Eil- ♦ *n* (*RAIL*) Schnellzug *m* ♦ *adv* (*send*) per Expreß ♦ *vt* ausdrücken; **to ~ o.s.** sich ausdrücken; **~ion** [ɪks'preʃən] *n* Ausdruck *m*; **~ive** *adj* ausdrucksvoll; **~ly** *adv* ausdrücklich; **~way** (*US*) *n* (*urban motorway*) Schnellstraße *f*

expulsion [ɪks'pʌlʃən] *n* Ausweisung *f*

expurgate ['ekspɜːgeɪt] *vt* zensieren

exquisite [eks'kwɪzɪt] *adj* erlesen

extend [ɪks'tend] *vt* (*visit etc*) verlängern; (*building*) ausbauen; (*hand*) ausstrecken; (*welcome*) bieten ♦ *vi* (*land*) sich erstrecken

extension [ɪks'tenʃən] *n* Erweiterung *f*; (*of building*) Anbau *m*; (*TEL*) Apparat *m*

extensive [ɪks'tensɪv] *adj* (*knowledge*) umfassend; (*use*) weitgehend

extent [ɪks'tent] *n* Ausdehnung *f*; (*fig*) Ausmaß *nt*; **to a certain ~** bis zu einem gewissen Grade; **to such an ~ that ...** dermaßen, daß ...; **to what ~?** inwieweit?

extenuating [eks'tenjʊeɪtɪŋ] *adj* mildernd

exterior [eks'tɪərɪə*] *adj* äußere(r, s), Außen- ♦ *n* Äußere(s) *nt*

exterminate [eks'tɜːmɪneɪt] *vt* ausrotten

external [eks'tɜːnl] *adj* äußere(r, s), Außen-

extinct [ɪks'tɪŋkt] *adj* ausgestorben; **~ion** [ɪks'tɪŋkʃən] *n* Aussterben *nt*

extinguish [ɪks'tɪŋgwɪʃ] *vt* (aus)löschen; **~er** *n* Löschgerät *nt*

extort [ɪks'tɔːt] *vt* erpressen; **~ion** [ɪks'tɔːʃən] *n* Erpressung *f*; **~ionate** [ɪks'tɔːʃənɪt] *adj* überhöht, erpresserisch

extra ['ekstrə] *adj* zusätzlich ♦ *adv* besonders ♦ *n* (*for car etc*) Extra *nt*; (*charge*) Zuschlag *m*; (*THEAT*) Statist *m* ♦ *prefix* außer...

extract [*vb* ɪks'trækt, *n* 'ekstrækt] *vt* (heraus)ziehen ♦ *n* (*from book etc*) Auszug *m*; (*COOK*) Extrakt *m*

extracurricular ['ekstrəkə'rɪkjʊlə*] *adj* außerhalb des Stundenplans

extradite ['ekstrədaɪt] *vt* ausliefern

extramarital [ekstrə'mærɪtl] *adj* außerehelich

extramural [ekstrə'mjʊərl] *adj* (*course*) Volkshochschul-

extraordinary [ɪks'trɔːdnrɪ] *adj* außerordentlich; (*amazing*) erstaunlich

extravagance [ɪks'trævəgəns] *n* Verschwendung *f*; (*lack of restraint*) Zügellosigkeit *f*; (*an ~*) Extravaganz *f*

extravagant [ɪks'trævəgənt] *adj* extravagant

extreme [ɪks'triːm] *adj* (*edge*) äußerste(r, s), hinterste(r, s); (*cold*) äußerste(r, s); (*be-*

haviour) außergewöhnlich, übertrieben ♦ *n* Extrem *nt*; ~**ly** *adv* äußerst, höchst

extremity [ɪks'tremɪtɪ] *n* (*end*) Spitze *f*, äußerste(s) Ende *nt*; (*hardship*) bitterste Not *f*; (*ANAT*) Hand *f*; Fuß *m*

extricate ['ekstrɪkeɪt] *vt* losmachen, befreien

extrovert ['ekstrəʊvɜːt] *n* extrovertierte(r) Mensch *m*

exuberant [ɪg'zuːbərənt] *adj* ausgelassen

exude [ɪg'zjuːd] *vt* absondern

exult [ɪg'zʌlt] *vi* frohlocken

eye [aɪ] *n* Auge *nt*; (*of needle*) Öhr *nt* ♦ *vt* betrachten; (*up and down*) mustern; **to keep an ~ on** aufpassen auf +*acc*; ~**ball** *n* Augapfel *m*; ~**bath** *n* Augenbad *nt*; ~**brow** *n* Augenbraue *f*; ~**brow pencil** *n* Augenbrauenstift *m*; ~**drops** *npl* Augentropfen *pl*; ~**lash** *n* Augenwimper *f*; ~**lid** *n* Augenlid *nt*; ~**liner** *n* Eyeliner *nt*; ~**opener** *n*: **that was an ~-opener** das hat mir/ihm *etc* die Augen geöffnet; ~**shadow** *n* Lidschatten *m*; ~**sight** *n* Sehkraft *f*; ~**sore** *n* Schandfleck *m*; ~ **witness** *n* Augenzeuge *m*

F f

F [ef] *n* (*MUS*) F *nt*

F. *abbr* (= *Fahrenheit*) F

fable ['feɪbl] *n* Fabel *f*

fabric ['fæbrɪk] *n* Stoff *m*; (*fig*) Gefüge *nt*

fabrication [fæbrɪ'keɪʃən] *n* Erfindung *f*

fabulous ['fæbjʊləs] *adj* sagenhaft

face [feɪs] *n* Gesicht *nt*; (*surface*) Oberfläche *f*; (*of clock*) Zifferblatt *nt* ♦ *vt* (*point towards*) liegen nach; (*situation, difficulty*) sich stellen +*dat*; ~ **down** (*person*) mit dem Gesicht nach unten; (*card*) mit der Vorderseite nach unten; **to make** *or* **pull a** ~ das Gesicht verziehen; **in the** ~ **of** angesichts +*gen*; **on the** ~ **of it** so, wie es aussieht; ~ **to** ~ Auge in Auge; ~ **up to** sth einer Sache *dat* ins Auge sehen; ~ **cloth** *n* (*BRIT*) *n* Waschlappen *m*; ~ **cream** *n* Gesichtscreme *f*; ~ **lift** *n* Face-lifting *nt*; ~ **powder** *n* (Gesichts)puder *m*

facet ['fæsɪt] *n* Aspekt *m*; (*of gem*) Facette *f*

facetious [fə'siːʃəs] *adj* witzig

face value *n* Nennwert *m*; **to take** sth **at** (**its**) ~ (*fig*) etw für bare Münze nehmen

facial ['feɪʃəl] *adj* Gesichts-

facile ['fæsaɪl] *adj* oberflächlich; (*US: easy*) leicht

facilitate [fə'sɪlɪteɪt] *vt* erleichtern

facilities [fə'sɪlɪtɪz] *npl* Einrichtungen *pl*; **credit** ~ Kreditmöglichkeiten *pl*

facing ['feɪsɪŋ] *adj* zugekehrt ♦ *prep* gegenüber

facsimile [fæk'sɪmɪlɪ] *n* Faksimile *nt*; (*machine*) Telekopierer *m*

fact [fækt] *n* Tatsache *f*; **in** ~ in der Tat

faction ['fækʃən] *n* Splittergruppe *f*

factor ['fæktə*] *n* Faktor *m*

factory ['fæktərɪ] *n* Fabrik *f*

factual ['fæktjʊəl] *adj* sachlich

faculty ['fækəltɪ] *n* Fähigkeit *f*; (*UNIV*) Fakultät *f*; (*US: teaching staff*) Lehrpersonal *nt*

fad [fæd] *n* Tick *m*; (*fashion*) Masche *f*

fade [feɪd] *vi* (*lose colour*) verblassen; (*grow dim*) nachlassen; (*sound, memory*) schwächer werden; (*wither*) verwelken

fag [fæg] (*inf*) *n* (*cigarette*) Kippe *f*

fail [feɪl] *vt* (*exam*) nicht bestehen; (*student*) durchfallen lassen; (*courage*) verlassen; (*memory*) im Stich lassen ♦ *vi* (*supplies*) zu Ende gehen; (*student*) durchfallen; (*eyesight*) nachlassen; (*light*) schwächer werden; (*crop*) fehlschlagen; (*remedy*) nicht wirken; **to** ~ **to do** sth (*neglect*) es unterlassen, etw zu tun; (*be unable*) nicht schaffen, etw zu tun; **without** ~ unbedingt; ~**ing** *n* Schwäche *f* ♦ *prep* mangels +*gen*; ~**ure** *n* (*person*) Versager *m*; (*act*) Versagen *nt*; (*TECH*) Defekt *m*

faint [feɪnt] *adj* schwach ♦ *n* Ohnmacht *f* ♦ *vi* ohnmächtig werden

fair [fɛə*] *adj* (*just*) gerecht, fair; (*hair*) blond; (*skin*) hell; (*weather*) schön; (*not very good*) mittelmäßig; (*sizeable*) ansehnlich ♦ *adv* (*play*) fair ♦ *n* (*COMM*) Messe *f*; (*BRIT: fun~*) Jahrmarkt *m*; ~**ly** *adv* (*honestly*) gerecht, fair; (*rather*) ziemlich; ~**ness** *n* Fairneß *f*

fairy ['fɛərɪ] *n* Fee *f*; ~ **tale** *n* Märchen *nt*

faith [feɪθ] *n* Glaube *m*; (*trust*) Vertrauen *nt*; (*sect*) Bekenntnis *nt*; ~**ful** *adj* treu; ~**fully** *adv* treu; **yours** ~**fully** (*BRIT*) hochachtungsvoll

fake [feɪk] *n* (*thing*) Fälschung *f*; (*person*) Schwindler *m* ♦ *adj* vorgetäuscht ♦ *vt* fälschen

falcon ['fɔːlkən] *n* Falke *m*

fall [fɔːl] (*pt* fell, *pp* fallen) *n* Fall *m*, Sturz *m*; (*decrease*) Fallen *nt*; (*of snow*) (Schnee)fall *m*; (*US: autumn*) Herbst *m* ♦ *vi* (*also fig*) fallen; (*night*) hereinbrechen; ~**s** *npl* (*waterfall*) Fälle *pl*; **to** ~ **flat** platt hinfallen; (*joke*) nicht ankommen; ~ **back** *vi* zurückweichen; ~ **back on** *vt fus* zurückgreifen auf +*acc*; ~ **behind** *vi* zurückbleiben; ~ **down** *vi* (*person*) hinfallen; (*building*) einstürzen; ~ **for** *vt fus* (*trick*) hereinfallen auf +*acc*; (*person*) sich verknallen in +*acc*; ~ **in** *vi* (*roof*) einstürzen;

~ **off** vi herunterfallen; (diminish) sich vermindern; ~ **out** vi sich streiten; (MIL) wegtreten; ~ **through** vi (plan) ins Wasser fallen

fallacy ['fæləsɪ] n Trugschluß m

fallen ['fɔːlən] pp of fall

fallible ['fælɪbl] adj fehlbar

fallout ['fɔːlaʊt] n radioaktive(r) Niederschlag m; ~ **shelter** n Atombunker m

fallow ['fæləʊ] adj brach(liegend)

false [fɔːls] adj falsch; (artificial) künstlich; **under** ~ **pretences** unter Vorspiegelung falscher Tatsachen; ~ **alarm** n falscher or blinder Alarm m; ~ **teeth** (BRIT) npl Gebiß nt

falter ['fɔːltə*] vi schwanken, (in speech) stocken

fame [feɪm] n Ruhm m

familiar [fə'mɪlɪə*] adj bekannt; (intimate) familiär; **to be** ~ **with** vertraut sein mit; ~**ize** vt vertraut machen

family ['fæmɪlɪ] n Familie f; (relations) Verwandtschaft f; ~ **business** n Familienunternehmen nt; ~ **doctor** n Hausarzt m

famine ['fæmɪn] n Hungersnot f

famished ['fæmɪʃt] adj ausgehungert

famous ['feɪməs] adj berühmt; ~**ly** adv (get on) prächtig

fan [fæn] n (folding) Fächer m; (ELEC) Ventilator m; (admirer) Fan m ♦ vt fächeln; ~ **out** vi sich (fächerförmig) ausbreiten

fanatic [fə'nætɪk] n Fanatiker(in) m(f)

fan belt n Keilriemen m

fanciful ['fænsɪfʊl] adj (odd) seltsam; (imaginative) phantasievoll

fancy ['fænsɪ] n (liking) Neigung f; (imagination) Einbildung f ♦ adj schick ♦ vt (like) gern haben; wollen; (imagine) sich einbilden; **he fancies her** er mag sie; ~ **dress** n Maskenkostüm nt; ~-**dress ball** n Maskenball m

fang [fæŋ] n Fangzahn m; (of snake) Giftzahn m

fantastic [fæn'tæstɪk] adj phantastisch

fantasy ['fæntəzɪ] n Phantasie f

far [fɑː*] adj weit ♦ adv weit entfernt; (very much) weitaus; **by** ~ bei weitem; **so** ~ soweit; bis jetzt; **go as** ~ **as the farm** gehen Sie bis zum Bauernhof; **as** ~ **as I know** soweit or soviel ich weiß; ~**away** adj weit entfernt

farce [fɑːs] n Farce f

farcical ['fɑːsɪkəl] adj lächerlich

fare [fɛə*] n Fahrpreis m; Fahrgeld nt; (food) Kost f; **half/full** ~ halber/voller Fahrpreis m

Far East n: **the** ~ der Ferne Osten

farewell [fɛə'wel] n Abschied(sgruß) m ♦ excl lebe wohl!

farm [fɑːm] n Bauernhof m, Farm f ♦ vt bewirtschaften; ~**er** n Bauer m, Landwirt m; ~**hand** n Landarbeiter m; ~**house** n

Bauernhaus nt; ~**ing** n Landwirtschaft f; ~**land** n Ackerland nt; ~**yard** n Hof m

far-reaching ['fɑː'riːtʃɪŋ] adj (reform, effect) weitreichend

fart [fɑːt] (inf!) n Furz m ♦ vi furzen

farther ['fɑːðə*] adv weiter

farthest ['fɑːðɪst] adj fernste(r, s) ♦ adv am weitesten

fascinate ['fæsɪneɪt] vt faszinieren

fascination [fæsɪ'neɪʃən] n Faszination f

fascism ['fæʃɪzəm] n Faschismus m

fashion ['fæʃən] n (of clothes) Mode f; (manner) Art f (und Weise f) ♦ vt machen; **in** ~ in Mode; **out of** ~ unmodisch; ~**able** adj (clothes) modisch; (place) elegant; ~ **show** n Mode(n)schau f

fast [fɑːst] adj schnell; (firm) fest ♦ adv schnell; fest ♦ n Fasten nt ♦ vi fasten; **to be** ~ (clock) vorgehen

fasten ['fɑːsn] vt (attach) befestigen; (with rope) zuschnüren; (seat belt) festmachen; (coat) zumachen ♦ vi sich schließen lassen; ~**er** n Verschluß m; ~**ing** n Verschluß m

fast food n Fast food nt

fastidious [fæs'tɪdɪəs] adj wählerisch

fat [fæt] adj dick ♦ n Fett nt

fatal ['feɪtl] adj tödlich; (disastrous) verhängnisvoll; ~**ity** [fə'tælɪtɪ] n (road death etc) Todesopfer nt; ~**ly** adv tödlich

fate [feɪt] n Schicksal nt; ~**ful** adj (prophetic) schicksalsschwer; (important) schicksalhaft

father ['fɑːðə*] n Vater m; (REL) Pater m; ~-**in-law** n Schwiegervater m; ~**ly** adj väterlich

fathom ['fæðəm] n Klafter m ♦ vt ausloten; (fig) ergründen

fatigue [fə'tiːg] n Ermüdung f

fatten ['fætn] vt dick machen; (animals) mästen ♦ vi dick werden

fatty ['fætɪ] adj fettig ♦ n (inf) Dickerchen nt

fatuous ['fætjʊəs] adj albern, affig

faucet ['fɔːsɪt] (US) n Wasserhahn m

fault [fɔːlt] n (defect) Defekt m; (ELEC) Störung f; (blame) Schuld f; (GEOG) Verwerfung f ♦ vt: **it's your** ~ du bist daran schuld; **to find** ~ **with** (sth/sb) etwas auszusetzen haben an (etw/jdm); **at** ~ im Unrecht; ~**less** adj tadellos; ~**y** adj fehlerhaft, defekt

favour ['feɪvə*] (US **favor**) n (approval) Wohlwollen nt; (kindness) Gefallen m ♦ vt (prefer) vorziehen; **in** ~ **of** für; zugunsten +gen; **to find** ~ **with sb** bei jdm Anklang finden; ~**able** adj günstig; ~**ite** ['feɪvərɪt] adj Lieblings- ♦ n (child) Liebling m; (SPORT) Favorit m

fawn [fɔːn] adj rehbraun ♦ n (colour) Rehbraun nt; (animal) (Reh)kitz nt ♦ vi: **to** ~ (up)on (fig) katzbuckeln vor +dat

fax [fæks] n (document) Fax nt; (machine)

Telefax nt ♦ vt: **to ~ sth to sb** jdm etw faxen

FBI ['efbi:'aɪ] (US) n abbr (= Federal Bureau of Investigation) FBI nt

fear [fɪə*] n Furcht f ♦ vt fürchten; **~ful** adj (timid) furchtsam; (terrible) fürchterlich; **~less** adj furchtlos

feasible ['fi:zəbl] adj durchführbar

feast [fi:st] n Festmahl nt; (REL: also: ~ day) Feiertag m ♦ vi: **to ~ (on)** sich gütlich tun (an +dat)

feat [fi:t] n Leistung f

feather ['feðə*] n Feder f

feature ['fi:tʃə*] n (Gesichts)zug m; (important part) Grundzug m; (CINE, PRESS) Feature nt ♦ vt darstellen; (advertising etc) groß herausbringen ♦ vi vorkommen; **featuring X mit X**; **~ film** n Spielfilm m

February ['februəri] n Februar m

fed [fed] pt, pp of **feed**

federal ['fedərəl] adj Bundes-

federation [fedə'reɪʃən] n (society) Verband m; (of states) Staatenbund m

fed up adj: **to be ~ with sth** etw satt haben; **I'm ~** ich habe die Nase voll

fee [fi:] n Gebühr f

feeble ['fi:bl] adj (person) schwach; (excuse) lahm

feed [fi:d] (pt, pp fed) n (for baby) Essen nt; (for animals) Futter nt ♦ vt füttern; (support) ernähren; (data) eingeben; **to ~ on** fressen; **~back** n (information) Feedback nt; **~ing bottle** n (BRIT) Flasche f

feel [fi:l] (pt, pp felt) n: **it has a soft ~** es fühlt sich weich an ♦ vt (sense) fühlen; (touch) anfassen; (think) meinen ♦ vi (person) sich fühlen; (thing) sich anfühlen; **to get the ~ of sth** sich an etw acc gewöhnen; **I ~ cold** mir ist kalt; **I ~ like a cup of tea** ich habe Lust auf eine Tasse Tee; **~ about or around** vi herumsuchen; **~er** n Fühler m; **~ing** n Gefühl nt; (opinion) Meinung f

feet [fi:t] npl of **foot**

feign [feɪn] vt vortäuschen

feline ['fi:laɪn] adj katzenartig

fell [fel] pt of **fall** ♦ vt (tree) fällen

fellow ['feləʊ] n (man) Kerl m; **~ citizen** n Mitbürger(in) m(f); **~ countryman** (irreg) n Landsmann m; **~ men** npl Mitmenschen pl; **~ship** n (group) Körperschaft f; (friendliness) Kameradschaft f; (scholarship) Forschungsstipendium nt; **~ student** n Kommilitone m, Kommilitonin f

felony ['feləni] n schwere(s) Verbrechen nt

felt [felt] pt, pp of **feel** ♦ n Filz m; **~-tip pen** n Filzstift m

female ['fi:meɪl] n (of animals) Weibchen nt ♦ adj weiblich

feminine ['femɪnɪn] adj (LING) weiblich; (qualities) fraulich

feminist ['femɪnɪst] n Feminist(in) m(f)

fence [fens] n Zaun m ♦ vt (also: ~ in) einzäunen ♦ vi fechten

fencing ['fensɪŋ] n Zaun m; (SPORT) Fechten nt

fend [fend] vi: **to ~ for o.s.** sich (allein) durchschlagen; **~ off** vt abwehren

fender ['fendə*] n Kaminvorsetzer m; (US: AUT) Kotflügel m

ferment [vb fə'ment, n 'fɜ:ment] vi (CHEM) gären ♦ n (excitement) Unruhe f

fern [fɜ:n] n Farn m

ferocious [fə'rəʊʃəs] adj wild, grausam

ferret ['ferɪt] n Frettchen nt ♦ vt: **to ~ out** aufspüren

ferry ['feri] n Fähre f ♦ vt übersetzen

fertile ['fɜ:taɪl] adj fruchtbar

fertilize ['fɜ:tɪlaɪz] vt (AGR) düngen; (BIOL) befruchten; **~r** ['fɜ:tɪlaɪzə*] n (Kunst)dünger m

fervent ['fɜ:vənt] adj (admirer) glühend; (hope) innig

fervour ['fɜ:və*] (US fervor) n Leidenschaft f

fester ['festə*] vi eitern

festival ['festɪvəl] n (REL etc) Fest nt; (ART, MUS) Festspiele pl

festive ['festɪv] adj festlich; **the ~ season** (Christmas) die Festzeit

festivities [fes'tɪvɪtɪz] npl Feierlichkeiten pl

festoon [fes'tu:n] vt: **to ~ with** schmücken mit

fetch [fetʃ] vt holen; (in sale) einbringen

fetching ['fetʃɪŋ] adj reizend

fête [feɪt] n Fest nt

fetus ['fi:təs] (US) n = **foetus**

feud [fju:d] n Fehde f

feudal ['fju:dl] adj Feudal-

fever ['fi:və*] n Fieber nt; **~ish** adj (MED) fiebrig; (fig) fieberhaft

few [fju:] adj wenig; **a ~** einige; **~er** adj weniger; **~est** adj wenigste(r,s)

fiancé [fɪ'ã:nseɪ] n Verlobte(r) m; **~e** n Verlobte f

fib [fɪb] n Flunkerei f ♦ vi flunkern

fibre ['faɪbə*] (US fiber) n Faser f; **~-glass** n Glaswolle f

fickle ['fɪkl] adj unbeständig

fiction ['fɪkʃən] n (novels) Romanliteratur f; (story) Erdichtung f; **~al** adj erfunden

fictitious [fɪk'tɪʃəs] adj erfunden, fingiert

fiddle ['fɪdl] n (MUS) Geige f; (trick) Schwindelei f ♦ vt (BRIT: accounts) frisieren; **~ with** vt fus herumfummeln an +dat

fidelity [fɪ'delɪtɪ] n Treue f

fidget ['fɪdʒɪt] vi zappeln

field [fi:ld] n Feld nt; (range) Gebiet nt; **~ marshal** n Feldmarschall m; **~work** n Feldforschung f

fiend [fi:nd] n Teufel m

fierce [fɪəs] adj wild

fiery ['faɪərɪ] adj (hot-tempered) hitzig

fifteen [fɪf'ti:n] num fünfzehn

fifth [fɪfθ] *adj* fünfte(r, s) ♦ *n* Fünftel *nt*

fifty ['fɪftɪ] *num* fünfzig; **~-fifty** *adj, adv* halbe halbe, fifty fifty (*inf*)

fig [fɪg] *n* Feige *f*

fight [faɪt] (*pt, pp* **fought**) *n* Kampf *m*; (*brawl*) Schlägerei *f*; (*argument*) Streit *m* ♦ *vt* kämpfen gegen; sich schlagen mit; (*fig*) bekämpfen ♦ *vi* kämpfen; sich schlagen; streiten; **~er** *n* Kämpfer(in) *m(f)*; (*plane*) Jagdflugzeug *nt*; **~ing** *n* Kämpfen *nt*; (*war*) Kampfhandlungen *pl*

figment ['fɪgmənt] *n*: **~ of the imagination** reine Einbildung *f*

figurative ['fɪgərətɪv] *adj* bildlich

figure ['fɪgə*] *n* (*of person*) Figur *f*; (*person*) Gestalt *f*; (*number*) Ziffer *f* ♦ *vt* (*US: imagine*) glauben ♦ *vi* (*appear*) erscheinen; **~ out** *vt* herausbekommen; **~head** *n* (*NAUT, fig*) Galionsfigur *f*, **~ of speech** *n* Redensart *f*

filament ['fɪləmənt] *n* Faden *m*; (*ELEC*) Glühfaden *m*

filch [fɪltʃ] (*inf*) *vt* filzen

file [faɪl] *n* (*tool*) Feile *f*; (*dossier*) Akte *f*; (*folder*) Aktenordner *m*; (*COMPUT*) Datei *f*; (*row*) Reihe *f* ♦ *vt* (*metal, nails*) feilen; (*papers*) abheften; (*claim*) einreichen ♦ *vi*: **to ~ in/out** hintereinander hereinkommen/hinausgehen; **to ~ past** vorbeimarschieren

filing ['faɪlɪŋ] *n* Ablage *f*; **~ cabinet** *n* Aktenschrank *m*

fill [fɪl] *vt* füllen; (*occupy*) ausfüllen; (*satisfy*) sättigen ♦ *n*: **to eat one's ~** sich richtig satt essen; **~ in** *vt* (*hole*) (auf)füllen; (*form*) ausfüllen; **~ up** *vt* (*container*) auffüllen; (*form*) ausfüllen ♦ *vi* (*AUT*) tanken

fillet ['fɪlɪt] *n* Filet *nt*, **~ steak** *n* Filetsteak *nt*

filling ['fɪlɪŋ] *n* (*COOK*) Füllung *f*; (*for tooth*) (Zahn)plombe *f*; **~ station** *n* Tankstelle *f*

film [fɪlm] *n* Film *m* ♦ *vt* (*scene*) filmen; **~ star** *n* Filmstar *m*; **~strip** *n* Filmstreifen *m*

filter ['fɪltə*] *n* Filter *m* ♦ *vt* filtern; **~ lane** (*BRIT*) *n* Abbiegespur *f*; **~-tipped** *adj* Filter-

filth [fɪlθ] *n* Dreck *m*; **~y** *adj* dreckig; (*weather*) scheußlich

fin [fɪn] *n* Flosse *f*

final ['faɪnl] *adj* letzte(r, s); End-; (*conclusive*) endgültig ♦ *n* (*FOOTBALL etc*) Endspiel *nt*; **~s** *npl* (*UNIV*) Abschlußexamen *nt*; (*SPORT*) Schlußrunde *f*; **~e** [fɪ'nɑːlɪ] *n* (*MUS*) Finale *nt*; **~ist** *n* (*SPORT*) Schlußrundenteilnehmer *m*; **~ize** *vt* endgültige Form geben +*dat*; abschließen; **~ly** *adv* (*lastly*) zuletzt; (*eventually*) endlich; (*irrevocably*) endgültig

finance [faɪ'næns] *n* Finanzwesen *nt* ♦ *vt* finanzieren; **~s** *npl* (*funds*) Finanzen *pl*

financial [faɪ'nænʃəl] *adj* Finanz-; finanziell

find [faɪnd] (*pt, pp* **found**) *vt* finden ♦ *n* Fund *m*; **to ~ sb guilty** jdn für schuldig

erklären; **~ out** *vt* herausfinden; **~ings** *npl* (*JUR*) Ermittlungsergebnis *nt*; (*of report*) Befund *m*

fine [faɪn] *adj* fein; (*good*) gut; (*weather*) schön ♦ *adv* (*well*) gut; (*small*) klein ♦ *n* (*JUR*) Geldstrafe *f* ♦ *vt* mit einer Geldstrafe belegen; **~ arts** *npl* schöne(n) Künste *pl*

finery ['faɪnərɪ] *n* Putz *m*

finger ['fɪŋgə*] *n* Finger *m* ♦ *vt* befühlen; **~nail** *n* Fingernagel *m*; **~print** *n* Fingerabdruck *m*; **~tip** *n* Fingerspitze *f*

finicky ['fɪnɪkɪ] *adj* pingelig

finish ['fɪnɪʃ] *n* Ende *nt*; (*SPORT*) Ziel *nt*; (*of object*) Verarbeitung *f*; (*of paint*) Oberflächenwirkung *f* ♦ *vt* beenden; (*book*) zu Ende lesen ♦ *vi* aufhören; (*SPORT*) ans Ziel kommen; **to be ~ed with sth** fertig sein mit etw; **to ~ doing sth** mit etw fertig werden; **~ off** *vt* (*complete*) fertigmachen; (*kill*) den Gnadenstoß geben +*dat*; (*knock out*) erledigen (*umg*); **~ up** *vt* (*food*) aufessen; (*drink*) austrinken ♦ *vi* (*end up*) enden; **~ing line** *n* Ziellinie *f*; **~ing school** *n* Mädchenpensionat *nt*

finite ['faɪnaɪt] *adj* endlich, begrenzt

Finland ['fɪnlənd] *n* Finnland *nt*

Finn [fɪn] *n* Finne *m*, Finnin *f*, **~ish** *adj* finnisch ♦ *n* (*LING*) Finnisch *nt*

fir [fɜː*] *n* Tanne *f*

fire [faɪə*] *n* Feuer *nt*; (*in house etc*) Brand *m* ♦ *vt* (*gun*) abfeuern; (*imagination*) entzünden; (*dismiss*) hinauswerfen ♦ *vi* (*AUT*) zünden; **to be on ~** brennen; **~ alarm** *n* Feueralarm *m*; **~arm** *n* Schußwaffe *f*; **~ brigade** (*BRIT*) *n* Feuerwehr *f*; **~ department** (*US*) *n* Feuerwehr *f*; **~ engine** *n* Feuerwehrauto *nt*; **~ escape** *n* Feuerleiter *f*; **~ extinguisher** *n* Löschgerät *nt*; **~man** (*irreg*) *n* Feuerwehrmann *m*; **~place** *n* Kamin *m*; **~side** *n* Kamin *m*; **~ station** *n* Feuerwehrwache *f*; **~works** *npl* Feuerwerk *nt*

firing ['faɪərɪŋ] *n* Schießen *nt*; **~ squad** *n* Exekutionskommando *nt*

firm [fɜːm] *adj* fest ♦ *n* Firma *f*

firmly *adv* (*grasp, speak*) fest; (*push, tug*) energisch; (*decide*) endgültig

first [fɜːst] *adj* erste(r, s) ♦ *adv* zuerst; (*arrive*) als erste(r); (*happen*) zum erstenmal ♦ *n* (*person: in race*) Erste(r) *mf*; (*UNIV*) Eins *f*; (*AUT*) erste(r) Gang *m*; **at ~** zuerst; **~ of all** zu allererst; **~ aid** *n* Erste Hilfe *f*; **~-aid kit** *n* Verbandskasten *m*; **~-class** *adj* erstklassig; (*travel*) erster Klasse; **~-hand** *adj* aus erster Hand; **~ lady** (*US*) *n* First Lady *f*; **~ly** *adv* erstens; **~ name** *n* Vorname *m*; **~-rate** *adj* erstklassig

fiscal ['fɪskəl] *adj* Finanz-

fish [fɪʃ] *n inv* Fisch *m* ♦ *vi* fischen; angeln; **to go ~ing** angeln gehen; (*in sea*) fischen gehen; **~erman** (*irreg*) *n* Fischer *m*; **~ farm** *n* Fischzucht *f*; **~ fingers** (*BRIT*) *npl*

Fischstäbchen *pl*; **~ing boat** *n* Fischerboot *nt*; **~ing line** *n* Angelschnur *f*; **~ing rod** *n* Angel(rute) *f*; **~monger's (shop)** *n* Fischhändler *m*; **~ slice** *n* Fischvorleger *m*; **~ sticks** (*US*) *npl* = **fish fingers**; **~y** (*inf*) *adj* (*suspicious*) faul

fission ['fɪʃən] *n* Spaltung *f*

fissure ['fɪʃə*] *n* Riß *m*

fist [fɪst] *n* Faust *f*

fit [fɪt] *adj* (*MED*) gesund; (*SPORT*) in Form, fit; (*suitable*) geeignet ♦ *vt* passen +*dat*; (*insert, attach*) einsetzen ♦ *vi* passen; (*in space, gap*) hineinpassen ♦ *n* (*of clothes*) Sitz *m*; (*MED, of anger*) Anfall *m*; (*of laughter*) Krampf *m*; **by ~s and starts** (*move*) ruckweise; (*work*) unregelmäßig; **~ in** *vi* hineinpassen; (*fig: person*) passen; **~ out** (*also*: **~ up**) ausstatten; **~ful** *adj* (*sleep*) unruhig; **~ment** *n* Einrichtungsgegenstand *m*; **~ness** *n* (*suitability*) Eignung *f*, (*MED*) Gesundheit *f*, (*SPORT*) Fitneß *f*, **~ted carpet** *n* Teppichboden *m*; **~ted kitchen** *n* Einbauküche *f*; **~ter** *n* (*TECH*) Monteur *m*; **~ting** *adj* passend ♦ *n* (*of dress*) Anprobe *f*, (*piece of equipment*) (Ersatz)teil *nt*; **~tings** *npl* (*equipment*) Zubehör *nt*; **~ting room** *n* Anproberaum *m*

five [faɪv] *num* fünf; **~r** (*inf*) *n* (*BRIT*) Fünf-Pfund-Note *f*; (*US*) Fünf-Dollar-Note *f*

fix [fɪks] *vt* befestigen; (*settle*) festsetzen; (*repair*) reparieren ♦ *n*: **in a ~** in der Klemme; **~ up** *vt* (*meeting*) arrangieren; **to ~ sb up with sth** jdm etw *acc* verschaffen; **~ation** [fɪks'eɪʃən] *n* Fixierung *f*, **~ed** [fɪkst] *adj* fest; **~ture** ['fɪkstʃə*] *n* Installationsteil *m*; (*SPORT*) Spiel *nt*

fizzle ['fɪzl] *vi*: **to ~ out** verpuffen

fizzy ['fɪzɪ] *adj* Sprudel-, sprudelnd

flabbergasted ['flæbəgɑːstɪd] (*inf*) *adj* platt

flabby ['flæbɪ] *adj* wabbelig

flag [flæg] *n* Fahne *f* ♦ *vi* (*strength*) nachlassen; (*spirit*) erlahmen; **~ down** *vt* anhalten

flagpole ['flægpəʊl] *n* Fahnenstange *f*

flagrant ['fleɪgrənt] *adj* kraß

flair [flɛə*] *n* Talent *nt*

flak [flæk] *n* Flakfeuer *nt*

flake [fleɪk] *n* (*of snow*) Flocke *f*; (*of rust*) Schuppe *f* ♦ *vi* (*also*: **~ off**) abblättern

flamboyant [flæm'bɔɪənt] *adj* extravagant

flame [fleɪm] *n* Flamme *f*

flamingo [flə'mɪŋgəʊ] *n* Flamingo *m*

flammable ['flæməbl] *adj* brennbar

flan [flæn] (*BRIT*) *n* Obsttorte *f*

flank [flæŋk] *n* Flanke *f* ♦ *vt* flankieren

flannel ['flænl] *n* Flanell *m*; (*BRIT: also*: **face ~**) Waschlappen *m*; (: *inf*) Geschwafel *nt*; **~s** *npl* (*trousers*) Flanellhose *f*

flap [flæp] *n* Klappe *f*, (*inf*: *crisis*) (helle) Aufregung *f* ♦ *vt* (*wings*) schlagen mit ♦ *vi* flattern

flare [flɛə*] *n* (*signal*) Leuchtsignal *nt*; (*in skirt etc*) Weite *f*; **~ up** *vi* aufflammen; (*fig*)

aufbrausen; (*revolt*) (plötzlich) ausbrechen

flash [flæʃ] *n* Blitz *m*; (*also: news* ~) Kurzmeldung *f*; (*PHOT*) Blitzlicht *nt* ♦ *vt* aufleuchten lassen ♦ *vi* aufleuchten; **in a ~** im Nu; **to ~ by** *or* **past** *vi* vorbeirasen; **~back** *n* Rückblende *f*; **~bulb** *n* Blitzlichtbirne *f*; **~ cube** *n* Blitzwürfel *m*; **~light** *n* Blitzlicht *nt*

flashy ['flæʃɪ] (*pej*) *adj* knallig

flask [flɑːsk] *n* (*CHEM*) Kolben *m*; (*also: vacuum* ~) Thermosflasche *f* (®)

flat [flæt] *adj* flach; (*dull*) matt; (*MUS*) erniedrigt; (*beer*) schal; (*tyre*) platt ♦ *n* (*BRIT: rooms*) Wohnung *f*, (*MUS*) b *nt*; (*AUT*) Platte(r) *m*; **to work ~ out** auf Hochtouren arbeiten; **~ly** *adv* glatt; **~ten** *vt* (*also*: **~ten out**) ebnen

flatter ['flætə*] *vt* schmeicheln +*dat*; **~ing** *adj* schmeichelhaft; **~y** *n* Schmeichelei *f*

flatulence ['flætjʊləns] *n* Blähungen *pl*

flaunt [flɔːnt] *vt* prunken mit

flavour ['fleɪvə*] (*US* **flavor**) *n* Geschmack *m* ♦ *vt* würzen; **~ed** *adj*: **strawberry-~ed** mit Erdbeergeschmack; **~ing** *n* Würze *f*

flaw [flɔː] *n* Fehler *m*; **~less** *adj* einwandfrei

flax [flæks] *n* Flachs *m*; **~en** *adj* flachsfarben

flea [fliː] *n* Floh *m*

fleck [flek] *n* (*mark*) Fleck *m*; (*pattern*) Tupfen *m*

fled [fled] *pt, pp of* **flee**

flee (*pt, pp* **fled**) *vi* fliehen ♦ *vt* fliehen vor +*dat*; (*country*) fliehen aus

fleece [fliːs] *n* Vlies *nt* ♦ *vt* (*inf*) schröpfen

fleet [fliːt] *n* Flotte *f*

fleeting ['fliːtɪŋ] *adj* flüchtig

Flemish ['flemɪʃ] *adj* flämisch

flesh [fleʃ] *n* Fleisch *nt*; **~ wound** *n* Fleischwunde *f*

flew [fluː] *pt of* **fly**

flex [fleks] *n* Kabel *nt* ♦ *vt* beugen; **~ibility** [fleksɪ'bɪlɪtɪ] *n* Biegsamkeit *f*; (*fig*) Flexibilität *f*; **~ible** *adj* biegsam; (*plans*) flexibel

flick [flɪk] *n* leichte(r) Schlag *m* ♦ *vt* leicht schlagen; **~ through** *vt fus* durchblättern

flicker ['flɪkə*] *n* Flackern *nt* ♦ *vi* flackern

flier ['flaɪə*] *n* Flieger *m*

flight [flaɪt] *n* Flug *m*; (*fleeing*) Flucht *f*; (*also*: **~ of steps**) Treppe *f*; **to take ~** die Flucht ergreifen; **~ attendant** (*US*) *n* Steward(eß) *m(f)*; **~ deck** *n* Flugdeck *nt*

flimsy ['flɪmzɪ] *adj* (*thin*) hauchdünn; (*excuse*) fadenscheinig

flinch [flɪntʃ] *vi*: **to ~ (away from)** zurückschrecken (vor +*dat*)

fling [flɪŋ] (*pt, pp* **flung**) *vt* schleudern

flint [flɪnt] *n* Feuerstein *m*

flip [flɪp] *vt* werfen

flippant ['flɪpənt] *adj* schnippisch

flipper ['flɪpə*] *n* Flosse *f*

flirt [flɜːt] *vi* flirten ♦ *n*: **he/she is a ~** er/

sie flirtet gern; ~**ation** [flɜː'teɪʃən] n Flirt m

flit [flɪt] vi flitzen

float [fləʊt] n (*FISHING*) Schwimmer m; (*esp in procession*) Plattformwagen m ♦ vi schwimmen; (*in air*) schweben ♦ vt (*COMM*) gründen; (*currency*) floaten

flock [flɒk] n (*of sheep, REL*) Herde f; (*of birds*) Schwarm m; (*of people*) Schar f

flog [flɒg] vt prügeln; (*inf: sell*) verkaufen

flood [flʌd] n Überschwemmung f; (*fig*) Flut f ♦ vt überschwemmen; ~**ing** n Überschwemmung f; ~**light** n Flutlicht nt

floor [flɔː*] n (Fuß)boden m; (*storey*) Stock m ♦ vt (*person*) zu Boden schlagen; **ground** ~ (*BRIT*) Erdgeschoß nt; **first** ~ erste(r) Stock m; (*US*) Erdgeschoß nt; ~**board** n Diele f; ~ **show** n Kabarettvorstellung f

flop [flɒp] n Plumps m; (*failure*) Reinfall m ♦ vi (*fail*) durchfallen

floppy ['flɒpɪ] adj hängend; ~ (**disk**) n (*COMPUT*) Diskette f

flora ['flɔːrə] n Flora f; ~**l** adj Blumen-

florid ['flɒrɪd] adj (*style*) blumig

florist ['flɒrɪst] n Blumenhändler(in) m(f); ~'**s** (**shop**) n Blumengeschäft nt

flotation (*FINANCE*) Auflegung f

flounce [flaʊns] n Volant m

flounder ['flaʊndə*] vi (*fig*) ins Schleudern kommen ♦ n (*ZOOL*) Flunder f

flour ['flaʊə*] n Mehl nt

flourish ['flʌrɪʃ] vi blühen; gedeihen ♦ n (*waving*) Schwingen nt; (*of trumpets*) Tusch m, Fanfare f; ~**ing** adj blühend

flout [flaʊt] vt mißachten

flow [fləʊ] n Fließen nt; (*of sea*) Flut f ♦ vi fließen; ~ **chart** n Flußdiagramm nt

flower ['flaʊə*] n Blume f ♦ vi blühen; ~ **bed** n Blumenbeet nt; ~**pot** n Blumentopf m; ~**y** adj (*style*) blumenreich

flown [fləʊn] pp of **fly**

flu [fluː] n Grippe f

fluctuate ['flʌktjʊeɪt] vi schwanken

fluctuation [flʌktjʊ'eɪʃən] n Schwankung f

fluency ['fluːənsɪ] n Flüssigkeit f

fluent ['fluːənt] adj fließend; ~**ly** adv fließend

fluff [flʌf] n Fussel f; ~**y** adj flaumig

fluid ['fluːɪd] n Flüssigkeit f ♦ adj flüssig; (*fig: plans*) veränderbar

fluke [fluːk] (*inf*) n Dusel m

flung [flʌŋ] pt, pp of **fling**

fluoride ['flʊəraɪd] n Fluorid nt; ~ **toothpaste** n Fluorzahnpasta f

flurry ['flʌrɪ] n (*of snow*) Gestöber nt; (*of activity*) Aufregung f

flush [flʌʃ] n Erröten nt; (*of excitement*) Glühen nt ♦ vt (aus)spülen ♦ vi erröten ♦ adj glatt; ~ **out** vt aufstöbern; ~**ed** adj rot

flustered ['flʌstəd] adj verwirrt

flute [fluːt] n Querflöte f

flutter ['flʌtə*] n Flattern nt ♦ vi flattern

flux [flʌks] n: **in a state of** ~ im Fluß

fly [flaɪ] (*pt* flew, *pp* flown) n (*insect*) Fliege f; (*on trousers: also*: flies) (Hosen)schlitz m ♦ vt fliegen ♦ vi fliegen; (*flee*) fliehen; (*flag*) wehen; ~ **away** *or* **off** vi (*bird, insect*) wegfliegen; ~**ing** n Fliegen nt ♦ adj: with ~**ing colours** mit fliegenden Fahnen; ~**ing start** gute(r) Start m; ~**ing visit** Stippvisite f; ~**ing saucer** n fliegende Untertasse f; ~**over** n (*BRIT*) Überführung f; ~**past** n Luftparade f; ~**sheet** n (*for tent*) Regendach nt

foal [fəʊl] n Fohlen nt

foam [fəʊm] n Schaum m ♦ vi schäumen; ~ **rubber** n Schaumgummi m

fob [fɒb] vt: **to** ~ **sb off with sth** jdm mit etw andrehen; (*with promise*) jdm mit etw abspeisen

focal ['fəʊkəl] adj Brenn-; ~ **point** n (*of room, activity*) Mittelpunkt m

focus ['fəʊkəs] (*pl* ~**es**) n Brennpunkt m ♦ vt (*attention*) konzentrieren; (*camera*) scharf einstellen ♦ vi: **to** ~ (**on**) sich konzentrieren (auf +acc); **in** ~ scharf eingestellt; **out of** ~ unscharf

fodder ['fɒdə*] n Futter nt

foe [fəʊ] n Feind m

foetus ['fiːtəs] (*US* fetus) n Fötus m

fog [fɒg] n Nebel m; ~**gy** adj neblig; ~ **lamp** n (*AUT*) Nebellampe f

foil [fɔɪl] vt vereiteln ♦ n (*metal, also fig*) Folie f; (*FENCING*) Florett nt

fold [fəʊld] n (*bend, crease*) Falte f, (*AGR*) Pferch m ♦ vt falten; ~ **up** vt (*map etc*) zusammenfalten ♦ vi (*business*) eingehen; ~**er** n Schnellhefter m; ~**ing** adj (*chair etc*) Klapp-

foliage ['fəʊlɪɪdʒ] n Laubwerk nt

folk [fəʊk] npl Leute pl ♦ adj Volks-; ~**s** (*family*) Leute pl; ~**lore** ['fəʊklɔː*] n (*study*) Volkskunde f; (*tradition*) Folklore f; ~ **song** n Volkslied nt; (*modern*) Folksong m

follow ['fɒləʊ] vt folgen +dat; (*fashion*) mitmachen ♦ vi folgen; ~ **up** vt verfolgen; ~**er** n Anhänger(in) m(f); ~**ing** adj folgend ♦ n (*people*) Gefolgschaft f

folly ['fɒlɪ] n Torheit f

fond [fɒnd] adj: **to be** ~ **of** gern haben

fondle ['fɒndl] vt streicheln

font [fɒnt] n Taufbecken nt

food [fuːd] n Essen nt; (*for animals*) Futter nt; ~ **mixer** n Küchenmixer m; ~ **poisoning** n Lebensmittelvergiftung f; ~ **processor** n Küchenmaschine f; ~**stuffs** npl Lebensmittel pl

fool [fuːl] n Narr m, Närrin f ♦ vt (*deceive*) hereinlegen ♦ vi (*also*: ~ **around**) (herum)albern; ~**hardy** adj tollkühn; ~**ish** adj albern; ~**proof** adj idiotensicher

foot [fʊt] (*pl* feet) n Fuß m ♦ vt (*bill*) bezahlen; **on** ~ zu Fuß; ~**age** n (*CINE*) Film-

material nt; ~**ball** n Fußball m; (*game*:
BRIT) Fußball m; (: *US*) Football m; ~**ball
player** n (*BRIT*: *also*: ~*baller*) Fußballspie-
ler m, Fußballer m; (*US*) Footballer m;
~**brake** n Fußbremse f; ~**bridge** n Fuß-
gängerbrücke f; ~**hills** npl Ausläufer pl;
~**hold** n Halt m; ~**ing** n Halt m; (*fig*)
Verhältnis nt; ~**lights** npl Rampenlicht nt;
~**man** (*irreg*) n Bedienstete(r) m; ~**note** n
Fußnote f; ~**path** n Fußweg m; ~**print** n
Fußabdruck m; ~**sore** adj fußkrank;
~**step** n Schritt m; ~**wear** n Schuhzeug
nt

─────────── KEYWORD ───────────

for [fɔː*] prep **1** für; **is this for me?** ist das
für mich?; **the train for London** der Zug
nach London; **he went for the paper** er
ging die Zeitung holen; **give it to me -
what for?** gib es mir - warum?

2 (*because of*) wegen; **for this reason** aus
diesem Grunde

3 (*referring to distance*): **there are road-
works for 5 km** die Baustelle ist 5 km
lang; **we walked for miles** wir sind mei-
lenweit gegangen

4 (*referring to time*) seit; (: *with future
sense*) für; **he was away for 2 years** er
war zwei Jahre lang weg

5 (*with infin clauses*): **it is not for me to
decide** das kann ich nicht entscheiden; **for
this to be possible** ... damit dies möglich
wird/wurde ...

6 (*in spite of*) trotz +*gen* or (*inf*) *dat*; **for all
his complaints** obwohl er sich ständig be-
schwert

♦ conj denn

forage ['fɔrɪdʒ] n (*Vieh*)futter nt
foray ['fɔreɪ] n Raubzug m
forbad(e) [fə'bæd] pt of **forbid**
forbid [fə'bɪd] (pt **forbad(e)**, pp **forbidden**)
vt verbieten; ~**den** [fə'bɪdn] pp of **forbid**;
~**ding** adj einschüchternd
force [fɔːs] n Kraft f; (*compulsion*) Zwang
m ♦ vt zwingen; (*lock*) aufbrechen; **the F~s**
npl (*BRIT*) die Streitkräfte; **in ~** (*rule*)
gültig; (*group*) in großer Stärke; ~**d** [fɔːst]
adj (*smile*) gezwungen; (*landing*) Not-; ~**-
feed** vt zwangsernähren; ~**ful** adj (*speech*)
kraftvoll; (*personality*) resolut
forceps ['fɔːseps] npl Zange f
forcibly ['fɔːsəblɪ] adv zwangsweise
ford [fɔːd] n Furt f ♦ vt durchwaten
fore [fɔː*] n: **to the ~** in den Vordergrund
forearm ['fɔːrɑːm] n Unterarm m
foreboding [fɔː'bəʊdɪŋ] n Vorahnung f
forecast ['fɔːkɑːst] (*irreg*: *like* **cast**) n Vor-
hersage f ♦ vt voraussagen
forecourt ['fɔːkɔːt] n (*of garage*) Vorplatz
m
forefathers ['fɔːfɑːðəz] npl Vorfahren pl

forefinger ['fɔːfɪŋɡə*] n Zeigefinger m
forefront ['fɔːfrʌnt] n Spitze f
forego [fɔː'ɡəʊ] (*irreg*: *like* **go**) vt verzichten
auf +*acc*
foregone ['fɔːɡɒn] adj: **it's a ~ conclusion**
es steht von vornherein fest
foreground ['fɔːɡraʊnd] n Vordergrund m
forehead ['fɒrɪd] n Stirn f
foreign ['fɒrɪn] adj Auslands-; (*accent*) ausländisch; (*trade*) Außen-; (*body*) Fremd-;
~**er** n Ausländer(in) m(f); ~ **exchange** n
Devisen pl; **F~ Office** (*BRIT*) n Außenmi-
nisterium nt; **F~ Secretary** (*BRIT*) n
Außenminister m
foreleg ['fɔːleɡ] n Vorderbein nt
foreman ['fɔːmən] (*irreg*) n Vorarbeiter m
foremost ['fɔːməʊst] adj erste(r, s) ♦ adv:
first and ~ vor allem
forensic [fə'rensɪk] adj gerichtsmedizinisch
forerunner ['fɔːrʌnə*] n Vorläufer m
foresee [fɔː'siː] (*irreg*: *like* **see**) vt vorhersehen; ~**able** adj absehbar
foreshadow [fɔː'ʃædəʊ] vt andeuten
foresight ['fɔːsaɪt] n Voraussicht f
forest ['fɒrɪst] n Wald m
forestall [fɔː'stɔːl] vt zuvorkommen +*dat*
forestry ['fɒrɪstrɪ] n Forstwirtschaft f
foretaste ['fɔːteɪst] n Vorgeschmack m
foretell [fɔː'tel] (*irreg*: *like* **tell**) vt vorhersa-
gen
forever [fə'revə*] adv für immer
foreword ['fɔːwɜːd] n Vorwort nt
forfeit ['fɔːfɪt] n Einbuße f ♦ vt verwirken
forgave [fə'ɡeɪv] pt of **forgive**
forge [fɔːdʒ] n Schmiede f ♦ vt fälschen;
(*iron*) schmieden; ~ **ahead** vi Fortschritte
machen; ~**r** n Fälscher m; ~**ry** n
Fälschung f
forget [fə'ɡet] (pt **forgot**, pp **forgotten**) vt,
vi vergessen; ~**ful** adj vergeßlich; ~**-me-
not** n Vergißmeinnicht nt
forgive [fə'ɡɪv] (pt **forgave**, pp **forgiven**)
vt verzeihen; **to ~ sb (for sth)** jdm (etw)
verzeihen; ~**n** pp of **forgive**; ~**ness** n Verzeihung f
forgo [fɔː'ɡəʊ] (*irreg*: *like* **go**) vt verzichten
auf +*acc*
forgot [fə'ɡɒt] pt of **forget**
forgotten [fə'ɡɒtn] pp of **forget**
fork [fɔːk] n Gabel f; (*in road*) Gabelung f ♦
vi (*road*) sich gabeln; ~ **out** (*inf*) vt (*pay*)
blechen; ~**-lift truck** n Gabelstapler m
forlorn [fə'lɔːn] adj (*person*) verlassen;
(*hope*) verglich
form [fɔːm] n Form f; (*type*) Art f; (*figure*)
Gestalt f; (*SCH*) Klasse f; (*bench*)
(Schul)bank f; (*document*) Formular nt ♦ vt
formen; (*be part of*) bilden
formal ['fɔːməl] adj formell; (*occasion*) offiziell; ~**ly** adv (*ceremoniously*) formell; (*officially*) offiziell
format ['fɔːmæt] n Format nt ♦ vt (*COM-*

PUT) formatieren
formation [fɔːˈmeɪʃən] *n* Bildung *f*; (*AVIAT*) Formation *f*
formative [ˈfɔːmətɪv] *adj* (*years*) formend
former [ˈfɔːmə*] *adj* früher; (*opposite of latter*) erstere(r, s); **~ly** *adv* früher
formidable [ˈfɔːmɪdəbl] *adj* furchtbar
formula [ˈfɔːmjʊlə] (*pl* **~e** *or* **~s**) *n* Formel *f*; **formulae** [ˈfɔːmjuliː] *npl of* **formula**; **~te** [ˈfɔːmjʊleɪt] *vt* formulieren
forsake [fəˈseɪk] (*pt* **forsook**, *pp* **forsaken**) *vt* verlassen; **forsaken** *pp of* **forsake**
forsook [fəˈsuk] *pt of* **forsake**
fort [fɔːt] *n* Feste *f*, Fort *nt*
forte [ˈfɔːtɪ] *n* Stärke *f*, starke Seite *f*
forth [fɔːθ] *adv*: **and so ~** und so weiter; **~coming** *adj* kommend; (*character*) entgegenkommend; **~right** *adj* offen; **~with** *adv* umgehend
fortify [ˈfɔːtɪfaɪ] *vt* (ver)stärken; (*protect*) befestigen
fortitude [ˈfɔːtɪtjuːd] *n* Seelenstärke *f*
fortnight [ˈfɔːtnaɪt] (*BRIT*) *n* vierzehn Tage *pl*; **~ly** (*BRIT*) *adj* zweiwöchentlich ♦ *adv* alle vierzehn Tage
fortress [ˈfɔːtrɪs] *n* Festung *f*
fortuitous [fɔːˈtjuːɪtəs] *adj* zufällig
fortunate [ˈfɔːtʃənɪt] *adj* glücklich; **~ly** *adv* glücklicherweise, zum Glück
fortune [ˈfɔːtʃən] *n* Glück *nt*; (*money*) Vermögen *nt*; **~-teller** *n* Wahrsager(in) *m(f)*
forty [ˈfɔːtɪ] *num* vierzig
forum [ˈfɔːrəm] *n* Forum *nt*
forward [ˈfɔːwəd] *adj* vordere(r, s); (*movement*) Vorwärts-; (*person*) vorlaut; (*planning*) Voraus- ♦ *adv* vorwärts ♦ *n* (*SPORT*) Stürmer *m* ♦ *vt* (*send*) schicken; (*help*) fördern; **~s** *adv* vorwärts
forwent [fɔːˈwent] *pt of* **forgo**
fossil [ˈfɒsl] *n* Fossil *nt*, Versteinerung *f*
foster [ˈfɒstə*] *vt* (*talent*) fördern; **~ child** *n* Pflegekind *nt*; **~ mother** *n* Pflegemutter *f*
fought [fɔːt] *pt, pp of* **fight**
foul [faul] *adj* schmutzig; (*language*) gemein; (*weather*) schlecht ♦ *n* (*SPORT*) Foul *nt* ♦ *vt* (*mechanism*) blockieren; (*SPORT*) foulen; **~ play** *n* (*SPORT*) Foulspiel *nt*; (*LAW*) Verbrechen *nt*
found [faund] *pt, pp of* **find** ♦ *vt* gründen; **~ation** [faunˈdeɪʃən] *n* (*act*) Gründung *f*; (*fig*) Fundament *nt*; (*also*: **~ation cream**) Grundierungscreme *f*; **~ations** *npl* (*of house*) Fundament *nt*
founder [ˈfaundə*] *n* Gründer(in) *m(f)* ♦ *vi* sinken
foundry [ˈfaundrɪ] *n* Gießerei *f*
fount [faunt] *n* Quelle *f*; **~ain** [ˈfauntɪn] *n* (Spring)brunnen *m*; **~ain pen** *n* Füllfederhalter *m*
four [fɔː*] *num* vier; **on all ~s** auf allen vieren; **~-poster** *n* Himmelbett *nt*; **~some**

n Quartett *nt*; **~teen** *num* vierzehn; **~teenth** *adj* vierzehnte(r, s); **~th** *adj* vierte(r, s)
fowl [faul] *n* Huhn *nt*; (*food*) Geflügel *nt*
fox [fɒks] *n* Fuchs *m* ♦ *vt* täuschen
foyer [ˈfɔɪeɪ] *n* Foyer *nt*, Vorhalle *f*
fraction [ˈfrækʃən] *n* (*MATH*) Bruch *m*; (*part*) Bruchteil *m*
fracture [ˈfræktʃə*] *n* (*MED*) Bruch *m* ♦ *vt* brechen
fragile [ˈfrædʒaɪl] *adj* zerbrechlich
fragment [ˈfrægmənt] *n* Bruchstück *nt*; (*small part*) Splitter *m*
fragrance [ˈfreɪɡrəns] *n* Duft *m*
fragrant [ˈfreɪɡrənt] *adj* duftend
frail [freɪl] *adj* schwach, gebrechlich
frame [freɪm] *n* Rahmen *m*; (*of spectacles*: *also*: **~s**) Gestell *nt*; (*body*) Gestalt *f* ♦ *vt* einrahmen; **to ~ sb** (*inf*: *incriminate*) jdm etwas anhängen; **~ of mind** Verfassung *f*; **~work** *n* Rahmen *m*; (*of society*) Gefüge *nt*
France [frɑːns] *n* Frankreich *nt*
franchise [ˈfræntʃaɪz] *n* (*POL*) (aktives) Wahlrecht *nt*; (*COMM*) Lizenz *f*
frank [fræŋk] *adj* offen ♦ *vt* (*letter*) frankieren; **~ly** *adv* offen gesagt; **~ness** *n* Offenheit *f*
frantic [ˈfræntɪk] *adj* verzweifelt
fraternal [frəˈtɜːnl] *adj* brüderlich
fraternity [frəˈtɜːnɪtɪ] *n* (*club*) Vereinigung *f*; (*spirit*) Brüderlichkeit *f*; (*US*: *SCH*) Studentenverbindung *f*
fraternize [ˈfrætənaɪz] *vi* fraternisieren
fraud [frɔːd] *n* (*trickery*) Betrug *m*; (*person*) Schwindler(in) *m(f)*
fraudulent [ˈfrɔːdjʊlənt] *adj* betrügerisch
fraught [frɔːt] *adj*: **~ with** voller +*gen*
fray [freɪ] *n* Rauferei *f* ♦ *vi* ausfransen; **tempers were ~ed** die Gemüter waren erhitzt
freak [friːk] *n* Monstrosität *f* ♦ *cpd* (*storm etc*) anormal
freckle [ˈfrekl] *n* Sommersprosse *f*
free [friː] *adj* frei; (*loose*) lose; (*liberal*) freigebig ♦ *vt* (*set free*) befreien; (*unblock*) freimachen; **~ (of charge)** gratis, umsonst; **for ~** gratis, umsonst; **~dom** [ˈfriːdəm] *n* Freiheit *f*, **~-for-all** *n* (*fight*) allgemeine(s) Handgemenge *nt*; **~ gift** *n* Geschenk *nt*; **~hold property** *n* (freie(r)) Grundbesitz *m*; **~ kick** *n* Freistoß *m*; **~lance** *adj* frei; (*artist*) freischaffend; **~ly** *adv* frei; (*admit*) offen; **~mason** *n* Freimaurer *m*; **~post** *n* ≈ Gebühr zahlt Empfänger; **~-range** *adj* (*hen*) Farmhof-; (*eggs*) Land-; **~ trade** *n* Freihandel *m*; **~way** (*US*) *n* Autobahn *f*; **~wheel** *vi* im Freilauf fahren; **~ will** *n*: **of one's own ~** aus freien Stücken
freeze [friːz] (*pt* **froze**, *pp* **frozen**) *vi* gefrieren; (*feel cold*) frieren ♦ *vt* (*also fig*) einfrieren ♦ *n* (*fig*, *FIN*) Stopp *m*; **~r** *n* Tief-

kühltruhe f; (*in fridge*) Gefrierfach nt

freezing ['fri:zɪŋ] adj eisig; (~ *cold*) eiskalt; ~ **point** n Gefrierpunkt m

freight [freɪt] n Fracht f, (~ *train* n Güterzug m

French [frentʃ] adj französisch ♦ n (*LING*) Französisch nt; **the ~** npl (*people*) die Franzosen pl; ~ **bean** n grüne Bohne f; ~ **fried potatoes** (*BRIT*) npl Pommes frites pl; ~ **fries** (*US*) npl Pommes frites pl; ~**man/woman** (*irreg*) n Franzose m/ Französin f; ~ **window** n Verandatür f

frenzy ['frenzɪ] n Raserei f

frequency ['fri:kwənsɪ] n Häufigkeit f, (*PHYS*) Frequenz f

frequent [adj 'fri:kwənt, vb frɪ'kwent] adj häufig ♦ vt (regelmäßig) besuchen; ~**ly** adv (*often*) häufig, oft

fresco ['freskəʊ] n Fresko nt

fresh [freʃ] adj frisch; ~**en** vi (*also:* ~en up) (sich) auffrischen; (*person*) sich frisch machen; ~**er** (*BRIT: inf*) n (*UNIV*) Erstsemester nt; ~**ly** adv gerade; ~**man** (*US; irreg*) n = **fresher**; ~**ness** n Frische f, ~**water** adj (*fish*) Süßwasser-

fret [fret] vi sich dat Sorgen machen

friar ['fraɪə*] n Klosterbruder m

friction ['frɪkʃən] n (*also fig*) Reibung f

Friday ['fraɪdeɪ] n Freitag m

fridge [frɪdʒ] (*BRIT*) n Kühlschrank m

fried [fraɪd] adj gebraten

friend [frend] n Freund(in) m(f); ~**ly** adj freundlich; (*relations*) freundschaftlich; ~**ship** n Freundschaft f

frieze [fri:z] n Fries m

frigate ['frɪgɪt] n Fregatte f

fright [fraɪt] n Schrecken m; **to take ~** es mit der Angst zu tun bekommen; ~**en** vt erschrecken; **to be ~ened** Angst haben; ~**ening** adj schrecklich; ~**ful** (*inf*) adj furchtbar; ~**fully** (*inf*) adv furchtbar

frigid ['frɪdʒɪd] adj (*woman*) frigide

frill [frɪl] n Rüsche f

fringe [frɪndʒ] n Besatz m; (*BRIT: of hair*) Pony m; (*fig*) Peripherie f, ~ **benefits** npl zusätzliche Leistungen pl

frisk [frɪsk] vt durchsuchen

frisky ['frɪskɪ] adj lebendig, ausgelassen

fritter ['frɪtə*] vt: ~ **away** vergeuden

frivolous ['frɪvələs] adj frivol

frizzy ['frɪzɪ] adj kraus

fro [frəʊ] see **to**

frock [frɒk] n Kleid nt

frog [frɒg] n Frosch m; ~**man** (*irreg*) n Froschmann m

frolic ['frɒlɪk] vi ausgelassen sein

— KEYWORD —

from [frɒm] prep **1** (*indicating starting place*) von; (*indicating origin etc*) aus + dat; **a letter/telephone call from my sister** ein Brief/Anruf von meiner Schwester; **where**

do you come from? woher kommen Sie?; **to drink from the bottle** aus der Flasche trinken

2 (*indicating time*) von ... an; (: *past*) seit; **from one o'clock to** or **until** or **till two** von ein Uhr bis zwei; **from January (on)** ab Januar

3 (*indicating distance*) von ... (entfernt)

4 (*indicating price, number etc*) ab + dat; **from £10** ab £10; **there were from 20 to 30 people there** es waren zwischen 20 und 30 Leute da

5 (*indicating difference*): **he can't tell red from green** er kann nicht zwischen rot und grün unterscheiden; **to be different from sb/sth** anders sein als jd/etw

6 (*because of, on the basis of*): **from what he says** aus dem, was er sagt; **weak from hunger** schwach vor Hunger

front [frʌnt] n Vorderseite f, (*of house*) Fassade f, (*promenade: also: sea ~*) Strandpromenade f, (*MIL, POL, MET*) Front f, (*fig: appearances*) Fassade f ♦ adj (*forward*) vordere(r, s), Vorder-; (*first*) vorderste(r, s); **in ~** vorne; **in ~ of** vor; ~**age** n Vorderfront f; ~**al** adj frontal, Vorder-; ~ **door** n Haustür f, ~**ier** ['frʌntɪə*] n Grenze f; ~ **page** n Titelseite f, ~ **room** (*BRIT*) n Wohnzimmer nt; ~-**wheel drive** n Vorderradantrieb m

frost [frɒst] n Frost m; ~**bite** n Erfrierung f, ~**ed** (*glass*) Milch-; ~**y** adj frostig

froth [frɒθ] n Schaum m

frown [fraʊn] n Stirnrunzeln nt ♦ vi die Stirn runzeln

froze [frəʊz] pt of **freeze**

frozen ['frəʊzn] pp of **freeze**

frugal ['fru:gəl] adj sparsam, bescheiden

fruit [fru:t] n inv (*as collective*) Obst nt; (*particular*) Frucht f, ~**erer** n Obsthändler m; ~**ful** adj fruchtbar; ~**ion** [fru:'ɪʃən] n: **to come to ~ion** in Erfüllung gehen; ~ **juice** n Fruchtsaft m; ~ **machine** (*BRIT*) n Spielautomat m; ~ **salad** n Obstsalat m

frustrate [frʌs'treɪt] vt vereiteln; ~**d** adj gehemmt; (*PSYCH*) frustriert

fry [fraɪ] (*pt, pp* **fried**) vt braten ♦ npl: **small ~** kleine Fische pl; ~**ing pan** n Bratpfanne f

ft. abbr = **foot; feet**

fuddy-duddy ['fʌdɪdʌdɪ] n altmodische(r) Kauz m

fudge [fʌdʒ] n Fondant m

fuel [fjʊəl] n Treibstoff m; (*for heating*) Brennstoff m; (*for lighter*) Benzin nt; ~ **oil** n (*diesel fuel*) Heizöl nt; ~ **tank** n Tank m

fugitive ['fju:dʒɪtɪv] n Flüchtling m

fulfil [fʊl'fɪl] vt (*duty*) erfüllen; (*promise*) einhalten; ~**ment** n Erfüllung f

full [fʊl] adj (*box, bottle, price*) voll; (*person: satisfied*) satt; (*member, power, employment,* *moon*) Voll-; (*complete*) vollständig, Voll-; (*speed*) höchste(r, s); (*skirt*) weit ♦ *adv*: ~ **well** sehr wohl; **in** ~ vollständig; **a ~ two hours** volle zwei Stunden; ~**-length** *adj* (*lifesize*) lebensgroß; **a ~-length photograph** eine Ganzaufnahme; ~ **moon** *n* Vollmond *m*; ~**-scale** *adj* (*attack*) General-; (*drawing*) in Originalgröße; ~ **stop** *n* Punkt *m*; ~**-time** *adj* (*job*) Ganztags- ♦ *adv* (*work*) ganztags ♦ *n* (*SPORT*) Spielschluß *nt*; ~**y** *adv* völlig; ~**y-fledged** *adj* (*also fig*) flügge

fulsome ['fulsəm] *adj* übertrieben

fumble ['fʌmbl] *vi*: **to** ~ (**with**) herumfummeln (an +*dat*)

fume [fju:m] *vi* qualmen; (*fig*) kochen (*inf*); ~**s** *npl* (*of fuel, car*) Abgase *pl*

fumigate ['fju:mɪgeɪt] *vt* ausräuchern

fun [fʌn] *n* Spaß *m*; **to make** ~ **of** sich lustig machen über +*acc*

function ['fʌŋkʃən] *n* Funktion *f*; (*occasion*) Veranstaltung *f* ♦ *vi* funktionieren; ~**al** *adj* funktionell

fund [fʌnd] *n* (*money*) Geldmittel *pl*, Fonds *m*; (*store*) Vorrat *m*; ~**s** *npl* (*resources*) Mittel *pl*

fundamental [fʌndə'mentl] *adj* fundamental, grundlegend

funeral ['fju:nərəl] *n* Beerdigung *f*; ~ **parlour** *n* Leichenhalle *f*; ~ **service** *n* Trauergottesdienst *m*

funfair ['fʌnfeə*] (*BRIT*) *n* Jahrmarkt *m*

fungi ['fʌŋgaɪ] *npl of* **fungus**

fungus ['fʌŋgəs] *n* Pilz *m*

funnel ['fʌnl] *n* Trichter *m*; (*NAUT*) Schornstein *m*

funny ['fʌnɪ] *adj* komisch

fur [fɜ:*] *n* Pelz *m*; ~ **coat** *n* Pelzmantel *m*

furious ['fjuərɪəs] *adj* wütend; (*attempt*) heftig

furlong ['fɜ:lɒŋ] *n* = 201.17 m

furlough ['fɜ:ləʊ] *n* Urlaub *m*

furnace ['fɜ:nɪs] *n* (Brenn)ofen *m*

furnish ['fɜ:nɪʃ] *vt* einrichten; (*supply*) versehen; ~**ings** *npl* Einrichtung *f*

furniture ['fɜ:nɪtʃə*] *n* Möbel *pl*; **piece of** ~ Möbelstück *nt*

furrow ['fʌrəʊ] *n* Furche *f*

furry ['fɜ:rɪ] *adj* (*tongue*) pelzig; (*animal*) Pelz-

further ['fɜ:ðə*] *adj* weitere(r, s) ♦ *adv* weiter ♦ *vt* fördern; ~ **education** *n* Weiterbildung *f*, Erwachsenenbildung *f*; ~**more** *adv* ferner

furthest ['fɜ:ðɪst] *superl of* **far**

furtive ['fɜ:tɪv] *adj* verstohlen

fury ['fjuərɪ] *n* Wut *f*, Zorn *m*

fuse [fju:z] *n* (*ELEC*) Sicherung *f*; (*of bomb*) Zünder *m* ♦ *vt* verschmelzen ♦ *vi* (*BRIT*: *ELEC*) durchbrennen; ~ **box** *n* Sicherungskasten *m*

fuselage ['fju:zəla:ʒ] *n* Flugzeugrumpf *m*

fusion ['fju:ʒən] *n* Verschmelzung *f*

fuss [fʌs] *n* Theater *nt*; ~**y** *adj* kleinlich

futile ['fju:taɪl] *adj* zwecklos, sinnlos

futility [fju:'tɪlɪtɪ] *n* Zwecklosigkeit *f*

future ['fju:tʃə*] *adj* zukünftig ♦ *n* Zukunft *f*; **in (the)** ~ in Zukunft

fuze [fju:z] (*US*) = **fuse**

fuzzy ['fʌzɪ] *adj* (*indistinct*) verschwommen; (*hair*) kraus

G g

G [dʒi:] *n* (*MUS*) G *nt*

G7 *n abbr* (= *Group of Seven*) G7 *f*

gabble ['gæbl] *vi* plappern

gable ['geɪbl] *n* Giebel *m*

gadget ['gædʒɪt] *n* Vorrichtung *f*

Gaelic ['geɪlɪk] *adj* gälisch ♦ *n* (*LING*) Gälisch *nt*

gaffe [gæf] *n* Fauxpas *m*

gag [gæg] *n* Knebel *m*; (*THEAT*) Gag *m* ♦ *vt* knebeln

gaiety ['geɪətɪ] *n* Fröhlichkeit *f*

gaily ['geɪlɪ] *adv* lustig, fröhlich

gain [geɪn] *vt* (*obtain*) erhalten; (*win*) gewinnen ♦ *vi* (*clock*) vorgehen ♦ *n* Gewinn *m*; **to** ~ **in sth** an etw *dat* gewinnen; ~ **on** *vt fus* einholen

gait [geɪt] *n* Gang *m*·

gal. *abbr* = **gallon**

gala ['gɑ:lə] *n* Fest *nt*

galaxy ['gæləksɪ] *n* Sternsystem *nt*

gale [geɪl] *n* Stur. *m*

gallant ['gælənt] *adj* tapfer; (*polite*) galant; ~**ry** *n* Tapferkeit *f*, Galanterie *f*

gallbladder ['gɔ:l-] *n* Gallenblase *f*

gallery ['gælərɪ] *n* (*also: art* ~) Galerie *f*

galley ['gælɪ] *n* (*ship's kitchen*) Kombüse *f*; (*ship*) Galeere *f*

gallon ['gælən] *n* Gallone *f*

gallop ['gæləp] *n* Galopp *m* ♦ *vi* galoppieren

gallows ['gæləʊz] *n* Galgen *m*

gallstone ['gɔ:lstəʊn] *n* Gallenstein *m*

galore [gə'lɔ:*] *adv* in Hülle und Fülle

galvanize ['gælvənaɪz] *vt* (*metal*) galvanisieren; (*fig*) elektrisieren

gambit ['gæmbɪt] *n* (*fig*): **opening** ~ (einleitende(r)) Schachzug *m*

gamble ['gæmbl] *vi* (um Geld) spielen ♦ *vt* (*risk*) aufs Spiel setzen ♦ *n* Risiko *nt*; ~**r** *n* Spieler(in) *m(f)*

gambling ['gæmblɪŋ] *n* Glücksspiel *nt*

game [geɪm] n Spiel nt; (hunting) Wild nt ♦ adj: ~ (for) bereit (zu); ~**keeper** n Wildhüter m; ~**s console** n (COMPUT) Gameboy m (®), Konsole f

gammon ['gæmən] n geräucherte(r) Schinken m

gamut ['gæmət] n Tonskala f

gang [gæŋ] n (of criminals, youths) Bande f; (of workmen) Kolonne f ♦ vi: **to ~ up on sb** sich gegen jdn verschwören

gangrene ['gæŋgriːn] n Brand m

gangster ['gæŋstə*] n Gangster m

gangway ['gæŋweɪ] n (NAUT) Laufplanke f; (aisle) Gang m

gaol [dʒeɪl] (BRIT) n, vt = **jail**

gap [gæp] n Lücke f

gape [geɪp] vi glotzen

gaping ['geɪpɪŋ] adj (wound) klaffend; (hole) gähnend

garage ['gærɑːʒ] n Garage f; (for repair) (Auto)reparaturwerkstatt f; (for petrol) Tankstelle f

garbage ['gɑːbɪdʒ] n Abfall m; ~ **can** (US) n Mülltonne f

garbled ['gɑːbld] adj (story) verdreht

garden ['gɑːdn] n Garten m; ~**er** n Gärtner(in) m(f); ~**ing** n Gärtnern nt

gargle ['gɑːgl] vi gurgeln

gargoyle ['gɑːgɔɪl] n Wasserspeier m

garish ['gɛərɪʃ] adj grell

garland ['gɑːlənd] n Girlande f

garlic ['gɑːlɪk] n Knoblauch m

garment ['gɑːmənt] n Kleidungsstück nt

garnish ['gɑːnɪʃ] vt (food) garnieren

garrison ['gærɪsən] n Garnison f

garrulous ['gærʊləs] adj geschwätzig

garter ['gɑːtə*] n Strumpfband nt; (US) Strumpfhalter m

gas [gæs] n Gas nt; (esp US: petrol) Benzin nt ♦ vt vergasen; ~ **cooker** (BRIT) n Gasherd m; ~ **cylinder** n Gasflasche f; ~ **fire** n Gasofen m

gash [gæʃ] n klaffende Wunde f ♦ vt tief verwunden

gasket ['gæskɪt] n Dichtungsring m

gas mask n Gasmaske f

gas meter n Gaszähler m

gasoline ['gæsəliːn] (US) n Benzin nt

gasp [gɑːsp] vi keuchen; (in astonishment) tief Luft holen ♦ n Keuchen nt

gas ring n Gasring m

gas tap n Gashahn m

gastric ['gæstrɪk] adj Magen-

gate [geɪt] n Tor nt; (barrier) Schranke f; ~**crash** (BRIT) vt (party) platzen in +acc; ~**way** n Toreingang m

gather ['gæðə*] vt (people) versammeln; (things) sammeln; (understand) annehmen ♦ vi (assemble) sich versammeln; **to ~ speed** schneller werden; **to ~ (from)** schließen (aus); ~**ing** n Versammlung f

gauche [gəʊʃ] adj linkisch

gaudy ['gɔːdɪ] adj schreiend

gauge [geɪdʒ] n (instrument) Meßgerät nt; (RAIL) Spurweite f; (dial) Anzeiger m; (measure) Maß nt ♦ vt (ab)messen; (fig) abschätzen

gaunt [gɔːnt] adj hager

gauntlet ['gɔːntlɪt] n (knight's) (Fehde)handschuh m

gauze [gɔːz] n Gaze f

gave [geɪv] pt of **give**

gay [geɪ] adj (homosexual) schwul; (lively) lustig

gaze [geɪz] n Blick m ♦ vi starren; **to ~ at sth** etw dat anstarren

gazelle [gə'zel] n Gazelle f

gazetteer [gæzɪ'tɪə*] n geographische(s) Lexikon nt

gazumping [gə'zʌmpɪŋ] (BRIT) n Hausverkauf an Höherbietenden trotz Zusage an anderen

GB n abbr = **Great Britain**

GCE (BRIT) n abbr = **General Certificate of Education**

GCSE (BRIT) n abbr = **General Certificate of Secondary Education**

gear [gɪə*] n Getriebe nt; (equipment) Ausrüstung f; (AUT) Gang m ♦ vt (fig: adapt): **to be ~ed to** ausgerichtet sein auf +acc; **top ~** höchste(r) Gang m; **high ~** (US) höchste(r) Gang m; **low ~** niedrige(r) Gang m; **in ~** eingekuppelt; ~ **box** n Getriebe(gehäuse) nt; ~ **lever** n Schalthebel m; ~ **shift** (US) n Schalthebel m

geese [giːs] npl of **goose**

gel [dʒel] n Gel nt

gelatin(e) ['dʒelətiːn] n Gelatine f

gelignite ['dʒelɪgnaɪt] n Plastiksprengstoff m

gem [dʒem] n Edelstein m; (fig) Juwel nt

Gemini ['dʒemɪniː] n Zwillinge pl

gender ['dʒendə*] n (GRAM) Geschlecht nt

gene [dʒiːn] n Gen nt

general ['dʒenərəl] n General m ♦ adj allgemein; ~ **delivery** (US) n Ausgabe(schalter m) f postlagernder Sendungen; ~ **election** n allgemeine Wahlen pl; ~**ization** [dʒenərəlaɪ'zeɪʃən] n Verallgemeinerung f; ~**ize** vi verallgemeinern; ~**ly** adv allgemein, im allgemeinen; ~ **practitioner** n praktische(r) Arzt m, praktische Ärztin f

generate ['dʒenəreɪt] vt erzeugen

generation [dʒenə'reɪʃən] n Generation f; (act) Erzeugung f

generator ['dʒenəreɪtə*] n Generator m

generosity [dʒenə'rɒsɪtɪ] n Großzügigkeit f

generous ['dʒenərəs] adj großzügig

genetic [dʒɪ'netɪk]: ~ **engineering** n Gentechnik f; ~ **fingerprinting** n genetische Fingerabdrücke pl

genetics [dʒɪ'netɪks] n Genetik f

Geneva [dʒɪ'niːvə] n Genf nt

genial ['dʒiːnɪəl] adj freundlich, jovial

genitals ['dʒenɪtlz] *npl* Genitalien *pl*
genius ['dʒiːnɪəs] *n* Genie *nt*
genocide ['dʒenəʊsaɪd] *n* Völkermord *m*
gent [dʒent] *n abbr* = **gentleman**
genteel [dʒen'tiːl] *adj* (*polite*) wohlanständig; (*affected*) affektiert
gentle ['dʒentl] *adj* sanft, zart
gentleman ['dʒentlmən] (*irreg*) *n* Herr *m*; (*polite*) Gentleman *m*
gentleness ['dʒentlnɪs] *n* Zartheit *f*, Milde *f*
gently ['dʒentlɪ] *adv* zart, sanft
gentry ['dʒentrɪ] *n* Landadel *m*
gents [dʒents] *n*: G~ (*lavatory*) Herren *pl*
genuine ['dʒenjuɪn] *adj* echt
geographic(al) [dʒɪə'græfɪk(əl)] *adj* geographisch
geography [dʒɪ'ɒgrəfɪ] *n* Geographie *f*
geological [dʒɪəʊ'lɒdʒɪkəl] *adj* geologisch
geologist [dʒɪ'ɒlədʒɪst] *n* Geologe *m*, Geologin *f*
geology [dʒɪ'ɒlədʒɪ] *n* Geologie *f*
geometric(al) [dʒɪə'metrɪk(l)] *adj* geometrisch
geometry [dʒɪ'ɒmɪtrɪ] *n* Geometrie *f*
geranium [dʒɪ'reɪnɪəm] *n* Geranie *f*
geriatric [dʒerɪ'ætrɪk] *adj* Alten- ♦ *n* Greis(in) *m(f)*
germ [dʒɜːm] *n* Keim *m*; (*MED*) Bazillus *m*
German ['dʒɜːmən] *adj* deutsch ♦ *n* Deutsche(r) *mf*; (*LING*) Deutsch *nt*; ~ **measles** *n* Röteln *pl*
Germany ['dʒɜːmənɪ] *n* Deutschland *nt*
germination [dʒɜːmɪ'neɪʃən] *n* Keimen *nt*
gesticulate [dʒes'tɪkjʊleɪt] *vi* gestikulieren
gesture ['dʒestʃə*] *n* Geste *f*

       KEYWORD
---

get [get] (*pt, pp* **got**, *pp* **gotten** (*US*)) *vi* **1** (*become, be*) werden; **to get old/tired** alt/müde werden; **to get married** heiraten
2 (*go*) (an)kommen, gehen
3 (*begin*): **to get to know sb** jdn kennenlernen; **let's get going** *or* **started** fangen wir an!
4 (*modal aux vb*): **you've got to do it** du mußt es tun
♦ *vt* **1**: **to get sth done** (*do*) etw machen; (*have done*) etw machen lassen; **to get sth going** *or* **to go** etw in Gang bringen *or* bekommen; **to get sb to do sth** jdn dazu bringen, etw zu tun
2 (*obtain: money, permission, results*) erhalten; (*find: job, flat*) finden; (*fetch: person, doctor, object*) holen; **to get sth for sb** jdm etw besorgen; **get me Mr Jones, please** (*TEL*) verbinden Sie mich bitte mit Mr Jones
3 (*receive: present, letter*) bekommen, kriegen; (*acquire: reputation etc*) erwerben
4 (*catch*) bekommen, kriegen; (*hit: target etc*) treffen, erwischen; **get him!** (*to dog*)

faß!
5 (*take, move*) bringen; **to get sth to sb** jdm etw bringen
6 (*understand*) verstehen; (*hear*) mitbekommen; **I've got it!** ich hab's!
7 (*have, possess*): **to have got sth** etw haben
get about *vi* herumkommen; (*news*) sich verbreiten
get along *vi* (*people*) (gut) zurechtkommen; (*depart*) sich *acc* auf den Weg machen
get at *vt* (*facts*) herausbekommen; **to get at sb** (*nag*) an jdm herumnörgeln
get away *vi* (*leave*) sich *acc* davonmachen; (*escape*): **to get away from** sich von etw *dat* entkommen; **to get away with sth** mit etw davon kommen
get back *vi* (*return*) zurückkommen ♦ *vt* zurückbekommen
get by *vi* (*pass*) vorbeikommen; (*manage*) zurechtkommen
get down *vi* (her)untergehen ♦ *vt* (*depress*) fertigmachen; **to get down to** in Angriff nehmen; (*find time to do*) kommen zu
get in *vi* (*train*) ankommen; (*arrive home*) heimkommen
get into *vt* (*enter*) hinein-/hereinkommen in +*acc*; (: *car, train etc*) einsteigen in +*acc*; (*clothes*) anziehen
get off *vi* (*from train etc*) aussteigen; (*from horse*) absteigen ♦ *vt* aussteigen aus; absteigen von
get on *vi* (*progress*) vorankommen; (*be friends*) auskommen; (*age*) alt werden; (*onto train etc*) einsteigen; (*onto horse*) aufsteigen ♦ *vt* einsteigen in +*acc* **to get on sth** auf etw (*acc*) aufsteigen
get out *vi* (*of house*) herauskommen; (*of vehicle*) aussteigen ♦ *vt* (*take out*) herausholen
get out of *vt* (*duty etc*) herumkommen um
get over *vt* (*illness*) sich *acc* erholen von; (*surprise*) verkraften; (*news*) fassen; (*loss*) sich abfinden mit
get round *vt* herumkommen ♦ (*fig: person*) herumkriegen
get through to *vt* (*TEL*) durchkommen zu
get together *vi* zusammenkommen
get up *vi* aufstehen ♦ *vt* hinaufbringen; (*go up*) hinaufgehen; (*organize*) auf die Beine stellen
get up to *vt* (*reach*) erreichen; (*prank etc*) anstellen

---

getaway ['getəweɪ] *n* Flucht *f*
get-up ['getʌp] (*inf*) *n* Aufzug *m*
geyser ['giːzə*] *n* Geiser *m*; (*heater*) Durchlauferhitzer *m*
ghastly ['gɑːstlɪ] *adj* gräßlich
gherkin ['gɜːkɪn] *n* Gewürzgurke *f*

ghetto ['getəʊ] n G(h)etto nt; ~ **blaster** n (groß(er)) Radiorekorder m

ghost [gəʊst] n Gespenst nt

giant ['dʒaɪənt] n Riese m ♦ adj riesig, Riesen-

gibberish ['dʒɪbərɪʃ] n dumme(s) Geschwätz nt

gibe [dʒaɪb] n spöttische Bemerkung f

giblets ['dʒɪblɪts] npl Geflügelinnereien pl

Gibraltar [dʒɪ'brɔːltə*] n Gibraltar nt

giddiness ['gɪdɪnəs] n Schwindelgefühl nt

giddy ['gɪdɪ] adj schwindlig

gift [gɪft] n Geschenk nt; (ability) Begabung f, ~ed adj begabt; ~ **token,** ~ **voucher** n Geschenkgutschein m

gigantic [dʒaɪ'gæntɪk] adj riesenhaft

giggle ['gɪgl] vi kichern ♦ n Gekicher nt

gild [gɪld] vt vergolden

gill [dʒɪl] n (1/4 pint) Viertelpinte f

gills [gɪlz] npl (of fish) Kiemen pl

gilt [gɪlt] n Vergoldung f ♦ adj vergoldet; ~-**edged** adj mündelsicher

gimmick ['gɪmɪk] n Gag m

ginger ['dʒɪndʒə*] n Ingwer m; ~ **ale** n Ingwerbier nt; ~ **beer** n Ingwerbier nt; ~**bread** n Pfefferkuchen m; ~-**haired** adj rothaarig

gingerly ['dʒɪndʒəlɪ] adv behutsam

gipsy ['dʒɪpsɪ] n Zigeuner(in) m(f)

girder ['gɜːdə*] n Eisenträger m

girdle ['gɜːdl] n Hüftgürtel m

girl [gɜːl] n Mädchen nt; **an English** ~ eine (junge) Engländerin; ~**friend** n Freundin f; ~**ish** adj mädchenhaft

giro ['dʒaɪərəʊ] n (bank ~) Giro nt; (post office ~) Postscheckverkehr m

girth [gɜːθ] n (measure) Umfang m; (strap) Sattelgurt m

gist [dʒɪst] n Wesentliche(s) nt

give [gɪv] (pt **gave,** pp **given**) vt geben ♦ vi (break) nachgeben; ~ **away** vt verschenken; (betray) verraten; ~ **back** vt zurückgeben; ~ **in** vi nachgeben ♦ vt (hand in) abgeben; ~ **off** vt abgeben; ~ **out** vt verteilen; (announce) bekanntgeben; ~ **up** vt, vi aufgeben; **to** ~ **o.s. up** sich stellen; (after siege) sich ergeben; ~ **way** vi (BRIT: traffic) Vorfahrt lassen; (to feelings): **to** ~ **way to** nachgeben +dat; ~**n** pp of **give**

glacier ['glæsɪə*] n Gletscher m

glad [glæd] adj froh

gladly ['glædlɪ] adv gern(e)

glamorous ['glæmərəs] adj reizvoll

glamour ['glæmə*] n Glanz m

glance [glɑːns] n Blick m ♦ vi: **to** ~ **(at)** (hin)blicken (auf +acc); ~ **off** vt fus (fly off) abprallen von

glancing ['glɑːnsɪŋ] adj (blow) Streif

gland [glænd] n Drüse f

glare [gleə*] n (light) grelle(s) Licht nt; (stare) wilde(r) Blick m ♦ vi grell scheinen; (angrily): **to** ~ **at** böse ansehen

glaring ['gleərɪŋ] adj (injustice) schreiend; (mistake) kraß

glass [glɑːs] n Glas nt; (mirror: also: looking ~) Spiegel m; ~**es** npl (spectacles) Brille f; ~**house** n Gewächshaus nt; ~**ware** n Glaswaren pl; ~**y** adj glasig

glaze [gleɪz] vt verglasen; (finish with a ~) glasieren ♦ n Glasur f; ~**d** adj (eye) glasig; (pottery) glasiert

glazier ['gleɪzɪə*] n Glaser m

gleam [gliːm] n Schimmer m ♦ vi schimmern; ~**ing** adj schimmernd

glean [gliːn] vt (fig) ausfindig machen

glen [glen] n Bergtal nt

glib [glɪb] adj oberflächlich

glide [glaɪd] vi gleiten; ~**r** n (AVIAT) Segelflugzeug nt

gliding ['glaɪdɪŋ] n Segelfliegen nt

glimmer ['glɪmə*] n Schimmer m

glimpse [glɪmps] n flüchtige(r) Blick m ♦ vt flüchtig erblicken

glint [glɪnt] n Glitzern nt ♦ vi glitzern

glisten ['glɪsn] vi glänzen

glitter ['glɪtə*] vi funkeln ♦ n Funkeln nt

gloat [gləʊt] vi: **to** ~ **over** sich weiden an +dat

globe [gləʊb] n Erdball m; (sphere) Globus m

gloom [gluːm] n (darkness) Dunkel nt; (depression) düstere Stimmung f; ~**y** adj düster

glorify ['glɔːrɪfaɪ] vt verherrlichen

glorious ['glɔːrɪəs] adj glorreich

glory ['glɔːrɪ] n Ruhm m

gloss [glɒs] n (shine) Glanz m; ~ **over** vt fus übertünchen

glossary ['glɒsərɪ] n Glossar nt

glossy ['glɒsɪ] adj (surface) glänzend

glove [glʌv] n Handschuh m; ~ **compartment** n (AUT) Handschuhfach nt

glow [gləʊ] vi glühen ♦ n Glühen nt

glower ['glaʊə*] vi: **to** ~ **at** finster anblicken

glucose ['gluːkəʊs] n Traubenzucker m

glue [gluː] n Klebstoff m ♦ vt kleben

glum [glʌm] adj bedrückt

glut [glʌt] n Überfluß m

glutton ['glʌtn] n Vielfraß m; **a** ~ **for work** ein Arbeitstier nt; ~**y** n Völlerei f

glycerin(e) ['glɪsəriːn] n Glyzerin nt

gnarled [nɑːld] adj knorrig

gnat [næt] n Stechmücke f

gnaw [nɔː] vt nagen an +dat

gnome [nəʊm] n Gnom m

go [gəʊ] (pt **went,** pp **gone;** pl ~**es**) vi gehen; (travel) reisen, fahren; (depart: train) (ab)fahren; (be sold) verkauft werden; (work) gehen, funktionieren; (fit, suit) passen; (become) werden; (break etc) nachgeben ♦ n (energy) Schwung m; (attempt) Versuch m; **he's** ~**ing to do it** er wird es tun; **to** ~ **for a walk** spazieren gehen; **to** ~

dancing tanzen gehen; **how did it ~?** wie
war's?; **to ~ with** (be suitable) passen zu;
to have a ~ at sth etw versuchen; **to be
on the ~** auf Trab sein; **whose ~ is it?**
wer ist dran?; **~ about** vi (rumour) umgehen ♦ vt fus: **how do I ~ about this?** wie
packe ich das an?; **~ ahead** vi (proceed)
weitergehen; **~ along** vi dahingehen, da-
hinfahren ♦ vt entlanggehen, entlangfahren;
to ~ along with (agree to support) zustimmen +dat; **~ away** vi (depart) weggehen;
~ back vi (return) zurückgehen; **~ back
on** vt fus (promise) nicht halten; **~ by** vi
(years, time) vergehen ♦ vt fus sich richten
nach; **~ down** vi (sun) untergehen ♦ vt fus
hinuntergehen, hinunterfahren; **~ for** vt
fus (fetch) holen gehen; (like) mögen; (attack) sich stürzen auf +acc; **~ in** vi hineingehen; **~ in for** vt fus (competition) teilnehmen an; **~ into** vt fus (enter) hineingehen in +acc; (study) sich befassen mit; **~
off** vi (depart) weggehen; (lights) ausgehen;
(milk etc) sauer werden; (explode) losgehen
♦ vt fus (dislike) nicht mehr mögen; **~ on**
vi (continue) weitergehen; (inf: complain)
meckern; (lights) angehen; **to ~ on with
sth** mit etw weitermachen; **~ out** vi (fire,
light) ausgehen; (of house) hinausgehen; **~
over** vi (ship) kentern ♦ vt fus (examine,
check) durchgehen; **~ through** vt fus
(town etc) durchgehen, durchfahren; **~ up**
vi (price) steigen; **~ without** vt fus sich
behelfen ohne; (food) entbehren

goad [gəʊd] vt anstacheln

go-ahead ['gəʊəhɛd] adj zielstrebig; (progressive) fortschrittlich ♦ n grüne(s) Licht
nt

goal [gəʊl] n Ziel nt; (SPORT) Tor nt;
~keeper n Torwart m; **~-post** n Torpfo-
sten m

goat [gəʊt] n Ziege f

gobble ['gɒbl] vt (also: ~ down, ~ up) hin-
unterschlingen

go-between ['gəʊbɪtwiːn] n Mittelsmann
m

goblet ['gɒblɪt] n Kelch(glas nt) m

god [gɒd] n Gott m; **G~** n Gott m; **~child**
n Patenkind nt; **~daughter** n Patentochter
f; **~dess** n Göttin f; **~father** n Pate m;
~forsaken adj gottverlassen; **~mother** n
Patin f; **~send** n Geschenk nt des Him-
mels; **~son** n Patensohn m

goggles ['gɒglz] npl Schutzbrille f

going ['gəʊɪŋ] n (HORSE-RACING) Bahn f ♦
adj (rate) gängig; (concern) gutgehend; **it's
hard ~** es ist schwierig

gold [gəʊld] n Gold nt ♦ adj golden; **~en**
adj golden, Gold-; **~fish** n Goldfisch m; **~
mine** n Goldgrube f; **~-plated** adj vergoldet; **~smith** n Goldschmied(in) m(f)

golf [gɒlf] n Golf nt; **~ball** n Golfball m;
(on typewriter) Kugelkopf m; **~ club** n (society) Golfklub m; (stick) Golfschläger m;
~ course n Golfplatz m; **~er** n Golfspie-
ler(in) m(f)

gondola ['gɒndələ] n Gondel f

gone [gɒn] pp of **go**

gong [gɒŋ] n Gong m

good [gʊd] n (benefit) Wohl nt; (moral excellence) Güte f ♦ adj gut; **~s** npl (merchandise etc) Waren pl, Güter pl; **a ~ deal (of)**
ziemlich viel; **a ~ many** ziemlich viele; **~
morning!** guten Morgen!; **~ afternoon!** guten Tag!; **~ evening!** guten Abend!; **~
night!** gute Nacht!; **would you be ~
enough to ...?** könnten Sie bitte ...?; **~bye**
excl auf Wiedersehen!; **G~ Friday** n Karfreitag m; **~-looking** adj gutaussehend; **~-
natured** adj gutmütig; (joke) harmlos;
~ness n Güte f; (virtue) Tugend f; **~
train** (BRIT) n Güterzug m; **~will** n (favour) Wohlwollen nt; (COMM) Firmenanse-
hen nt

goose [guːs] (pl geese) n Gans f

gooseberry ['gʊzbərɪ] n Stachelbeere f

gooseflesh ['guːsflɛʃ] n Gänsehaut f

goose pimples npl Gänsehaut f

gore [gɔː*] vt aufspießen ♦ n Blut nt

gorge [gɔːdʒ] n Schlucht f ♦ vt: **to ~ o.s.**
(sich voll)fressen

gorgeous ['gɔːdʒəs] adj prächtig

gorilla [gə'rɪlə] n Gorilla m

gorse [gɔːs] n Stechginster m

gory ['gɔːrɪ] adj blutig

go-slow ['gəʊ'sləʊ] (BRIT) n Bummelstreik
m

gospel ['gɒspəl] n Evangelium nt

gossip ['gɒsɪp] n Klatsch m; (person)
Klatschbase f ♦ vi klatschen

got [gɒt] pt, pp of **get**

gotten ['gɒtən] (US) pp of **get**

gout [gaʊt] n Gicht f

govern ['gʌvən] vt regieren; verwalten

governess ['gʌvənɪs] n Gouvernante f

government ['gʌvnmənt] n Regierung f

governor ['gʌvənə*] n Gouverneur m

gown [gaʊn] n Gewand nt; (UNIV) Robe f

G.P. n abbr = **general practitioner**

grab [græb] vt packen

grace [greɪs] n Anmut f; (blessing) Gnade f;
(prayer) Tischgebet nt ♦ vt (adorn) zieren;
(honour) auszeichnen; **5 days' ~** 5 Tage
Aufschub; **~ful** adj anmutig

gracious ['greɪʃəs] adj gnädig; (kind)
freundlich

grade [greɪd] n Grad m; (slope) Gefälle nt
♦ vt (classify) einstufen; **~ crossing** (US) n
Bahnübergang m; **~ school** (US) n Grundschule f

gradient ['greɪdɪənt] n Steigung f, Gefälle
nt

gradual ['grædjʊəl] adj allmählich; **~ly** adv
allmählich

graduate [n 'grædjʊɪt, vb 'grædjʊeɪt] n: **to**

be a ~ das Staatsexamen haben ♦ *vi* das Staatsexamen machen

graduation [grædju'eɪʃən] *n* Abschlußfeier *f*

graffiti [grə'fiːtɪ] *npl* Graffiti *pl*

graft [grɑːft] *n* (*hard work*) Schufterei *f*; (*MED*) Verpflanzung *f* ♦ *vt* propfen; (*fig*) aufpropfen; (*MED*) verpflanzen

grain [greɪn] *n* Korn *nt*; (*in wood*) Maserung *f*

gram [græm] *n* Gramm *nt*

grammar ['græmə*] *n* Grammatik *f*; ~ **school** (*BRIT*) *n* Gymnasium *nt*

grammatical [grə'mætɪkl] *adj* grammat(ikal)isch

gramme [græm] *n* = gram

granary ['grænərɪ] *n* Kornspeicher *m*

grand [grænd] *adj* großartig; ~**child** (*pl* **grandchildren**) *n* Enkelkind *nt*, Enkel(in) *m(f)*; ~**dad** *n* Opa *m*; ~**daughter** *n* Enkelin *f*; ~**eur** ['grændjə*] *n* Erhabenheit *f*; ~**father** *n* Großvater *m*; ~**iose** ['grændɪəʊs] *adj* (*imposing*) großartig; (*pompous*) schwülstig; ~**ma** *n* Oma *f*; ~**mother** *n* Großmutter *f*; ~**pa** *n* = **granddad**; ~**parents** *npl* Großeltern *pl*; ~**piano** *n* Flügel *m*; ~**son** *n* Enkel *m*; ~**stand** *n* Haupttribüne *f*

granite ['grænɪt] *n* Granit *m*

granny ['grænɪ] *n* Oma *f*

grant [grɑːnt] *vt* gewähren ♦ *n* Unterstützung *f*; (*UNIV*) Stipendium *nt*; **to take sth for** ~**ed** etw als selbstverständlich (an)nehmen

granulated sugar ['grænjʊleɪtɪd-] *n* Zuckerraffinade *f*

granule ['grænjuːl] *n* Körnchen *nt*

grape [greɪp] *n* (Wein)traube *f*

grapefruit ['greɪpfruːt] *n* Pampelmuse *f*, Grapefruit *f*

graph [grɑːf] *n* Schaubild *nt*; ~**ic** ['græfɪk] *adj* (*descriptive*) anschaulich; (*drawing*) graphisch; ~**ics** *npl* Grafik *f*

grapple ['græpl] *vi*: **to** ~ **with** kämpfen mit

grasp [grɑːsp] *vt* ergreifen; (*understand*) begreifen ♦ *n* Griff *m*; (*of subject*) Beherrschung *f*; ~**ing** *adj* habgierig

grass [grɑːs] *n* Gras *nt*; ~**hopper** *n* Heuschrecke *f*; ~**land** *n* Weideland *nt*; ~**roots** *adj* an der Basis; ~ **snake** *n* Ringelnatter *f*

grate [greɪt] *n* Kamin *m* ♦ *vi* (*sound*) knirschen ♦ *vt* (*cheese etc*) reiben; **to** ~ **on the nerves** auf die Nerven gehen

grateful ['greɪtful] *adj* dankbar

grater ['greɪtə*] *n* Reibe *f*

gratify ['grætɪfaɪ] *vt* befriedigen; ~**ing** ['grætɪfaɪɪŋ] *adj* erfreulich

grating ['greɪtɪŋ] *n* (*iron bars*) Gitter *nt* ♦ *adj* (*noise*) knirschend

gratitude ['grætɪtjuːd] *n* Dankbarkeit *f*

gratuity [grə'tjuːɪtɪ] *n* Gratifikation *f*

grave [greɪv] *n* Grab *nt* ♦ *adj* (*serious*) ernst

gravel ['grævəl] *n* Kies *m*

gravestone ['greɪvstəʊn] *n* Grabstein *m*

graveyard ['greɪvjɑːd] *n* Friedhof *m*

gravity ['grævɪtɪ] *n* Schwerkraft *f*; (*seriousness*) Schwere *f*

gravy ['greɪvɪ] *n* (Braten)soße *f*

gray [greɪ] *adj* = **grey**

graze [greɪz] *vi* grasen ♦ *vt* (*touch*) streifen; (*MED*) abschürfen ♦ *n* Abschürfung *f*

grease [griːs] *n* (*fat*) Fett *nt*; (*lubricant*) Schmiere *f* ♦ *vt* (ab)schmieren; ~**proof** (*BRIT*) *adj* (*paper*) Butterbrot-

greasy ['griːsɪ] *adj* fettig

great [greɪt] *adj* groß; (*inf: good*) prima; **G~ Britain** *n* Großbritannien *nt*; ~**grandfather** *n* Urgroßvater *m*; ~**grandmother** *n* Urgroßmutter *f*; ~**ly** *adv* sehr; ~**ness** *n* Größe *f*

Greece [griːs] *n* Griechenland *nt*

greed [griːd] *n* (*also*: ~*iness*) Gier *f*; (*meanness*) Geiz *m*; ~(**iness**) **for** Gier nach; ~**y** *adj* gierig

Greek [griːk] *adj* griechisch ♦ *n* Grieche *m*, Griechin *f*; (*LING*) Griechisch *nt*

green [griːn] *adj* grün ♦ *n* (*village* ~) Dorfwiese *f*; ~ **belt** *n* Grüngürtel *m*; ~ **card** *n* (*AUT*) grüne Versicherungskarte *f*; ~**ery** *n* Grün *nt*; grüne(s) Laub *nt*; ~**gage** *n* Reineclaude *f*; ~**grocer** (*BRIT*) *n* Obst- und Gemüsehändler *m*; ~**house** *n* Gewächshaus *nt*; ~**house effect** *n* Treibhauseffekt *m*; ~**house gas** *n* Treibhausgas *nt*; ~**ish** *adj* grünlich

Greenland ['griːnlənd] *n* Grönland *nt*

greet [griːt] *vt* grüßen; ~**ing** *n* Gruß *m*; ~**ing(s) card** *n* Glückwunschkarte *f*

gregarious [grɪ'gɛərɪəs] *adj* gesellig

grenade [grɪ'neɪd] *n* Granate *f*

grew [gruː] *pt of* **grow**

grey [greɪ] *adj* grau; ~**-haired** *adj* grauhaarig; ~**hound** *n* Windhund *m*; ~**ish** *adj* gräulich

grid [grɪd] *n* Gitter *nt*; (*ELEC*) Leitungsnetz *nt*; (*on map*) Gitternetz *nt*

grief [griːf] *n* Gram *m*, Kummer *m*

grievance ['griːvəns] *n* Beschwerde *f*

grieve [griːv] *vi* sich grämen ♦ *vt* betrüben

grievous ['griːvəs] *adj*: ~ **bodily harm** (*JUR*) schwere Körperverletzung *f*

grill [grɪl] *n* Grill *m* ♦ *vt* (*BRIT*) grillen; (*question*) in die Mangel nehmen

grille [grɪl] *n* (*on car etc*) (Kühler)gitter *nt*

grim [grɪm] *adj* grimmig; (*situation*) düster

grimace [grɪ'meɪs] *n* Grimasse *f* ♦ *vi* Grimassen schneiden

grime [graɪm] *n* Schmutz *m*

grimy ['graɪmɪ] *adj* schmutzig

grin [grɪn] *n* Grinsen *nt* ♦ *vi* grinsen

grind [graɪnd] (*pt, pp* **ground**) *vt* mahlen; (*US: meat*) durch den Fleischwolf drehen; (*sharpen*) schleifen; (*teeth*) knirschen mit ♦

n (bore) Plackerei *f*

grip [grɪp] *n* Griff *m*; *(suitcase)* Handkoffer *m* ♦ *vt* packen; ~**ping** *adj (exciting)* spannend

grisly ['grɪzlɪ] *adj* gräßlich

gristle ['grɪsl] *n* Knorpel *m*

grit [grɪt] *n* Splitt *m*; *(courage)* Mut *m* ♦ *vt (teeth)* zusammenbeißen; *(road)* (mit Splitt be)streuen

groan [grəʊn] *n* Stöhnen *nt* ♦ *vi* stöhnen

grocer ['grəʊsə*] *n* Lebensmittelhändler *m*; ~**ies** *npl* Lebensmittel *pl*; ~'**s (shop)** *n* Lebensmittelgeschäft *nt*

groggy ['grɒgɪ] *adj* benommen

groin [grɔɪn] *n* Leistengegend *f*

groom [gruːm] *n (also:* bride~) Bräutigam *m*; *(for horses)* Pferdeknecht *m* ♦ *vt (horse)* striegeln; **(well-)groomed** gepflegt

groove [gruːv] *n* Rille *f*, Furche *f*

grope [grəʊp] *vi* tasten; ~ **for** *vt fus* suchen nach

gross [grəʊs] *adj (coarse)* dick, plump; *(bad)* grob, schwer; *(COMM)* brutto; ~**ly** *adv* höchst

grotesque [grəʊˈtesk] *adj* grotesk

grotto ['grɒtəʊ] *n* Grotte *f*

ground [graʊnd] *pt, pp of* grind ♦ *n* Boden *m*; *(land)* Grundbesitz *m*; *(reason)* Grund *m*; *(US: also:* ~ wire) Endleitung *f* ♦ *vi (run ashore)* stranden, auflaufen; ~**s** *npl (dregs)* Bodensatz *m*; *(around house)* (Garten)anlagen *pl*; **on the** ~ am Boden; **to the** ~ zu Boden; **to gain/lose** ~ Boden gewinnen/verlieren; ~ **cloth** *(US) n* = **ground sheet**; ~**ing** *n (instruction)* Anfangsunterricht *m*; ~**less** *adj* grundlos; ~**sheet** *(BRIT) n* Zeltboden *m*; ~ **staff** *n* Bodenpersonal *nt*; ~ **swell** *n (of sea)* Dünung *f*; *(fig)* Zufnahme *f*; ~**work** *n* Grundlage *f*

group [gruːp] *n* Gruppe *f* ♦ *vt (also:* ~ together) gruppieren ♦ *vi* sich gruppieren

grouse [graʊs] *n inv (bird)* schottische(s) Moorhuhn *nt* ♦ *vi (complain)* meckern

grove [grəʊv] *n* Gehölz *nt*, Hain *m*

grovel ['grɒvl] *vi (fig)* kriechen

grow [grəʊ] *(pt* grew, *pp* grown) *vi* wachsen; *(become)* werden ♦ *vt (raise)* anbauen; ~ **up** *vi* aufwachsen; ~**er** *n* Züchter *m*; ~**ing** *adj* zunehmend

growl [graʊl] *vi* knurren

grown [grəʊn] *pp of* grow; ~-**up** *n* Erwachsene(r) *mf*

growth [grəʊθ] *n* Wachstum *nt*; *(increase)* Zunahme *f*; *(of beard etc)* Wuchs *m*

grub [grʌb] *n* Made *f*, Larve *f*; *(inf: food)* Futter *nt*; ~**by** ['grʌbɪ] *adj* schmutzig

grudge [grʌdʒ] *n* Groll *m* ♦ *vt:* **to** ~ **sb sth** jdm etw mißgönnen; **to bear sb a** ~ einen Groll gegen ihn hegen

gruelling ['grʊəlɪŋ] *adj (climb, race)* mörderisch

gruesome ['gruːsəm] *adj* grauenhaft

gruff [grʌf] *adj* barsch

grumble ['grʌmbl] *vi* murren

grumpy ['grʌmpɪ] *adj* verdrießlich

grunt [grʌnt] *vi* grunzen ♦ *n* Grunzen *nt*

G-string ['dʒiː-] *n* Minislip *m*

guarantee [gærənˈtiː] *n* Garantie *f* ♦ *vt* garantieren

guard [gɑːd] *n (sentry)* Wache *f*; *(BRIT: RAIL)* Zugbegleiter *m* ♦ *vt* bewachen; ~**ed** *adj* vorsichtig; ~**ian** *n* Vormund *m*; *(keeper)* Hüter *m*; ~'**s van** *(BRIT) n (RAIL)* Dienstwagen *m*

guerrilla [gəˈrɪlə] *n* Guerilla(kämpfer) *m*; ~ **warfare** *n* Guerillakrieg *m*

guess [ges] *vt, vi* (er)raten, schätzen ♦ *n* Vermutung *f*; ~**work** *n* Raterei *f*

guest [gest] *n* Gast *m*; ~-**house** *n* Pension *f*; ~ **room** *n* Gastzimmer *nt*

guffaw [gʌˈfɔː] *vi* schallend lachen

guidance ['gaɪdəns] *n (control)* Leitung *f*; *(advice)* Beratung *f*

guide [gaɪd] *n* Führer *m*; *(also:* girl ~) Pfadfinderin *f* ♦ *vt* führen; ~**book** *n* Reiseführer *m*; ~ **dog** *n* Blindenhund *m*; ~**lines** *npl* Richtlinien *pl*

guild [gɪld] *n (HIST)* Gilde *f*; ~**hall** *(BRIT) n* Stadthalle *f*

guile [gaɪl] *n* Arglist *f*

guillotine [gɪləˈtiːn] *n* Guillotine *f*

guilt [gɪlt] *n* Schuld *f*; ~**y** *adj* schuldig

guinea pig ['gɪnɪ-] *n* Meerschweinchen *nt*; *(fig)* Versuchskaninchen *nt*

guise [gaɪz] *n*: **in the** ~ **of** in der Form +*gen*

guitar [gɪˈtɑː*] *n* Gitarre *f*

gulf [gʌlf] *n* Golf *m*; *(fig)* Abgrund *m*

gull [gʌl] *n* Möwe *f*

gullet ['gʌlɪt] *n* Schlund *m*

gullible ['gʌlɪbl] *adj* leichtgläubig

gully ['gʌlɪ] *n (Wasser)*rinne *f*

gulp [gʌlp] *vt (also:* ~ down) hinunterschlucken ♦ *vi (gasp)* schlucken

gum [gʌm] *n (around teeth)* Zahnfleisch *nt*; *(glue)* Klebstoff *m*; *(also:* chewing-~) Kaugummi *m* ♦ *vt* gummieren; ~**boots** *(BRIT) npl* Gummistiefel *pl*

gumption ['gʌmpʃən] *(inf) n* Mumm *m*

gun [gʌn] *n* Schußwaffe *f*; ~**boat** *n* Kanonenboot *nt*; ~**fire** *n* Geschützfeuer *nt*; ~**man** *(irreg) n* bewaffnete(r) Verbrecher *m*; ~**point** *n*: **at** ~**point** mit Waffengewalt; ~**powder** *n* Schießpulver *nt*; ~**shot** *n* Schuß *m*

gurgle ['gɜːgl] *vi* gluckern

guru ['gʊruː] *n* Guru *m*

gush [gʌʃ] *vi (rush out)* hervorströmen; *(fig)* schwärmen

gust [gʌst] *n* Windstoß *m*, Bö *f*

gusto ['gʌstəʊ] *n* Genuß *m*, Lust *f*

gut [gʌt] *n (ANAT)* Gedärme *pl*; *(string)* Darm *m*; ~**s** *npl (fig)* Schneid *m*

gutter ['gʌtə*] n Dachrinne f; (in street) Gosse f

guttural ['gʌtərəl] adj guttural, Kehl-

guy [gaɪ] n (also: ~rope) Halteseil nt; (man) Typ m, Kerl m

guzzle ['gʌzl] vt, vi (drink) saufen; (eat) fressen

gym [dʒɪm] n (also: gymnasium) Turnhalle f; (: gymnastics) Turnen nt; ~**nast** ['dʒɪmnæst] n Turner(in) m(f); ~**nastics** [dʒɪm'næstɪks] n Turnen nt, Gymnastik f; ~ **shoes** npl Turnschuhe pl; ~ **slip** (BRIT) n Schulträgerrock m

gynaecologist [gaɪnɪ'kɒlədʒɪst] (US gyne-cologist) n Frauenarzt(ärztin) m(f)

gypsy ['dʒɪpsɪ] n = gipsy

gyrate [dʒaɪ'reɪt] vi kreisen

H h

haberdashery [hæbə'dæʃərɪ] (BRIT) n Kurzwaren pl

habit ['hæbɪt] n (An)gewohnheit f; (monk's) Habit nt or m

habitable ['hæbɪtəbl] adj bewohnbar

habitat ['hæbɪtæt] n Lebensraum m

habitual [hə'bɪtjʊəl] adj gewohnheitsmäßig; ~**ly** adv gewöhnlich

hack [hæk] vt hacken ♦ n Hieb m; (writer) Schreiberling m

hacker ['hækə*] n (COMPUT) Hacker m

hackneyed ['hæknɪd] adj abgedroschen

had [hæd] pt, pp of **have**

haddock ['hædək] (pl ~ or ~s) n Schellfisch m

hadn't ['hædnt] = **had not**

haemorrhage ['hemərɪdʒ] (US **hemor-rhage**) n Blutung f

haemorrhoids ['hemərɔɪdz] (US **hemor-rhoids**) npl Hämorrhoiden pl

haggard ['hægəd] adj abgekämpft

haggle ['hægl] vi feilschen

Hague [heɪg] n: **The** ~ Den Haag nt

hail [heɪl] n Hagel m ♦ vt umjubeln ♦ vi ha-geln; ~**stone** n Hagelkorn nt

hair [heə*] n Haar nt, Haare pl; (one ~) Haar nt; ~**brush** n Haarbürste f; ~**cut** n Haarschnitt m; **to get a** ~**cut** sich dat die Haare schneiden lassen; ~**do** n Frisur f; ~**dresser** n Friseur m, Friseuse f; ~**dresser's** n Friseursalon m; ~ **dryer** n Trockenhaube f; (hand-held) Fön m ®; ~**grip** n Klemme f; ~**net** n Haarnetz nt;

~**pin** n Haarnadel f; ~**pin bend** (US ~**pin curve**) n Haarnadelkurve f; ~**-raising** adj haarsträubend; ~ **removing cream** n Ent-haarungscreme nt; ~ **spray** n Haarspray nt; ~**style** n Frisur f; ~**y** adj haarig

hake [heɪk] n Seehecht m

half [hɑːf] (pl **halves**) n Hälfte f ♦ adj halb ♦ adv halb, zur Hälfte; ~**-an-hour** eine hal-be Stunde; **two and a** ~ zweieinhalb; **to cut sth in** ~ etw halbieren; ~ **a dozen** ein halbes Dutzend, sechs; ~**-back** n Läufer m; ~ **board** n Halbpension f; ~**-caste** n Mischling m; ~**-hearted** adj lustlos; ~**-hour** n halbe Stunde f; ~**penny** ['heɪpnɪ] (BRIT) n halbe(r) Penny m; ~**-price** n: **(at)** ~**-price** zum halben Preis; ~ **term** (BRIT) n (SCH) Ferien pl in der Mitte des Trime-sters; ~**-time** n Halbzeit f; ~**way** adv halbwegs, auf halbem Wege

halibut ['hælɪbət] n inv Heilbutt m

hall [hɔːl] n Saal m; (entrance ~) Hausflur m; (building) Halle f; ~ **of residence** (BRIT) n Studentenwohnheim nt

hallmark ['hɔːlmɑːk] n Stempel m

hallo [hʌ'ləʊ] excl = **hello**

Hallowe'en ['hæləʊ'iːn] n Tag m vor Aller-heiligen

hallucination [həluːsɪ'neɪʃən] n Halluzina-tion f

hallway ['hɔːlweɪ] n Korridor m

halo ['heɪləʊ] n Heiligenschein m

halt [hɔːlt] n Halt m ♦ vt, vi anhalten

halve [hɑːv] vt halbieren

halves [hɑːvz] pl of **half**

ham [hæm] n Schinken m

hamburger ['hæmbɜːgə*] n Hamburger m

hamlet ['hæmlɪt] n Weiler m

hammer ['hæmə*] n Hammer m ♦ vt, vi hämmern

hammock ['hæmək] n Hängematte f

hamper ['hæmpə*] vt (be)hindern ♦ n Pick-nickkorb m

hand [hænd] n Hand f; (of clock) (Uhr)zeiger m; (worker) Arbeiter m ♦ vt (pass) geben; **to give sb a** ~ jdm helfen; **at** ~ nahe; **to** ~ zur Hand; **in** ~ (under con-trol) unter Kontrolle; (being done) im Gan-ge; (extra) übrig; **on** ~ zur Verfügung; **on the one** ~ ..., **on the other** ~ ... einerseits ..., andererseits ...; ~ **in** vt abgeben; (forms) einreichen; ~ **out** vt austeilen; ~ **over** vt (deliver) übergeben; (surrender) abgeben; (: prisoner) ausliefern; ~**bag** n Handtasche f; ~**book** n Handbuch nt; ~**brake** n Hand-bremse f; ~**cuffs** npl Handschellen pl; ~**ful** n Handvoll f; (inf: person) Plage f

handicap ['hændɪkæp] n Handikap nt ♦ vt benachteiligen; **mentally/physically** ~**ped** geistig/körperlich behindert

handicraft ['hændɪkrɑːft] n Kunsthandwerk nt

handiwork ['hændɪwɜːk] n Arbeit f; (fig)

Werk *nt*
handkerchief ['hæŋkətʃɪf] *n* Taschentuch *nt*
handle ['hændl] *n* (*of door etc*) Klinke *f*; (*of cup etc*) Henkel *m*; (*for winding*) Kurbel *f* ♦ *vt* (*touch*) anfassen; (*deal with: things*) sich befassen mit; (: *people*) umgehen mit; ~**bar(s)** *n(pl)* Lenkstange *f*
hand: ~ **luggage** *n* Handgepäck *nt*; ~**made** *adj* handgefertigt; ~**out** *n* (*distribution*) Verteilung *f*; (*charity*) Geldzuwendung *f*; (*leaflet*) Flugblatt *nt*; ~**rail** *n* Geländer *nt*; (*on ship*) Reling *f*; ~**shake** *n* Händedruck *m*
handsome ['hænsəm] *adj* gutaussehend
handwriting ['hændraɪtɪŋ] *n* Handschrift *f*
handy ['hændɪ] *adj* praktisch; (*shops*) leicht erreichbar; ~**man** ['hændɪmən] (*irreg*) *n* Bastler *m*
hang [hæŋ] (*pt, pp hung*) *vt* aufhängen; (*criminal: pt, pp hanged*) hängen ♦ *vi* hängen ♦ *n*: **to get the ~ of sth** (*inf*) den richtigen Dreh bei etw herauskriegen; ~ **about** *vi* sich herumtreiben; ~ **on** *vi* (*wait*) warten; ~ **up** *vi* (*TEL*) auflegen
hangar ['hæŋə*] *n* Hangar *m*
hanger ['hæŋə*] *n* Kleiderbügel *m*
hanger-on ['hæŋər'ɒn] *n* Anhänger(in) *m(f)*
hang-gliding ['hæŋglaɪdɪŋ] *n* Drachenfliegen *nt*
hangover ['hæŋəʊvə*] *n* Kater *m*
hang-up ['hæŋʌp] *n* Komplex *m*
hanker ['hæŋkə*] *vi*: **to ~ for** *or* **after** sich sehnen nach
hankie ['hæŋkɪ] *n abbr* = **handkerchief**
hanky ['hæŋkɪ] *n abbr* = **handkerchief**
haphazard ['hæp'hæzəd] *adj* zufällig
happen ['hæpən] *vi* sich ereignen, passieren; **as it ~s I'm going there today** zufällig(erweise) gehe ich heute (dort)hin; ~**ing** *n* Ereignis *nt*
happily ['hæpɪlɪ] *adv* glücklich; (*fortunately*) glücklicherweise
happiness ['hæpɪnɪs] *n* Glück *nt*
happy ['hæpɪ] *adj* glücklich; ~ **birthday!** alles Gute zum Geburtstag!; ~**-go-lucky** *adj* sorglos
harass ['hærəs] *vt* plagen; ~**ment** *n* Belästigung *f*
harbour ['hɑːbə*] (*US* **harbor**) *n* Hafen *m* ♦ *vt* (*hopes etc*) hegen; (*criminal etc*) Unterschlupf gewähren
hard [hɑːd] *adj* (*firm*) hart; (*difficult*) schwer; (*harsh*) hart(herzig) ♦ *adv* (*work*) hart; (*try*) sehr; (*push, hit*) fest; **no ~ feelings!** ich nehme es dir nicht übel; ~ **of hearing** schwerhörig; **to be ~ done by** übel dran sein: ~**back** *n* kartonierte Ausgabe *f*; ~ **cash** *n* Bargeld *nt*; ~ **disk** *n* (*COMPUT*) Festplatte *f*; ~**en** *vt* erhärten; (*fig*) verhärten ♦ *vi* hart werden; (*fig*) sich verhärten; ~**-headed** *adj* nüchtern; ~ **la-**

bour *n* Zwangsarbeit *f*
hardly ['hɑːdlɪ] *adv* kaum
hard: ~**ness** *n* Härte *f*; (*difficulty*) Schwierigkeit *f*; ~**ship** *n* Not *f*; ~**-up** *adj* knapp bei Kasse; ~**ware** *n* Eisenwaren *pl*; (*COMPUT*) Hardware *f*; ~**ware shop** *n* Eisenwarenhandlung *f*; ~**wearing** *adj* strapazierfähig; ~**working** *adj* fleißig
hardy ['hɑːdɪ] *adj* widerstandsfähig
hare [hɛə*] *n* Hase *m*; ~**-brained** *adj* schwachsinnig
harm [hɑːm] *n* Schaden *m* ♦ *vt* schaden +*dat*; **out of ~'s way** in Sicherheit; ~**ful** *adj* schädlich; ~**less** *adj* harmlos
harmonica [hɑː'mɒnɪkə] *n* Mundharmonika *f*
harmonious [hɑː'məʊnɪəs] *adj* harmonisch
harmonize ['hɑːmənaɪz] *vt* abstimmen ♦ *vi* harmonieren
harmony ['hɑːmənɪ] *n* Harmonie *f*
harness ['hɑːnɪs] *n* Geschirr *nt* ♦ *vt* (*horse*) anschirren; (*fig*) nutzbar machen
harp [hɑːp] *n* Harfe *f* ♦ *vi*: **to ~ on about sth** auf etw *dat* herumreiten
harpoon [hɑː'puːn] *n* Harpune *f*
harrowing ['hærəʊɪŋ] *adj* nervenaufreibend
harsh [hɑːʃ] *adj* (*rough*) rauh; (*severe*) streng; ~**ness** *n* Härte *f*
harvest ['hɑːvɪst] *n* Ernte *f* ♦ *vt, vi* ernten; ~**er** ['hɑːvɪstə*] *n* Mähbinder *m*
has [hæz] *vb see* **have**
hash [hæʃ] *vt* kleinhacken ♦ *n* (*mess*) Kuddelmuddel *m*; (*meat*) Haschee *nt*
hashish ['hæʃɪʃ] *n* Haschisch *nt*
hasn't ['hæznt] = **has not**
hassle ['hæsl] (*inf*) *n* Theater *nt*
haste [heɪst] *n* Eile *f*; ~**n** ['heɪsn] *vt* beschleunigen ♦ *vi* eilen
hasty ['heɪstɪ] *adj* hastig; (*rash*) vorschnell
hat [hæt] *n* Hut *m*
hatch [hætʃ] *n* (*NAUT: also*: ~**way**) Luke *f*; (*in house*) Durchreiche *f* ♦ *vi* (*young*) ausschlüpfen ♦ *vt* (*brood*) ausbrüten; (*plot*) aushecken
hatchback ['hætʃbæk] *n* (*AUT*) (Auto *nt* mit) Heckklappe *f*
hatchet ['hætʃɪt] *n* Beil *nt*
hate [heɪt] *vt* hassen ♦ *n* Haß *m*; ~**ful** *adj* verhaßt
hatred ['heɪtrɪd] *n* Haß *m*
haughty ['hɔːtɪ] *adj* hochnäsig, überheblich
haul [hɔːl] *vt* ziehen ♦ *n* (*catch*) Fang *m*; ~**age** *n* Spedition *f*; ~**ier** (*US* ~**er**) *n* Spediteur *m*
haunch [hɔːntʃ] *n* Lende *f*
haunt [hɔːnt] *vt* (*ghost*) spuken in +*dat*; (*memory*) verfolgen; (*pub*) häufig besuchen ♦ *n* Lieblingsplatz *m*; **the castle is ~ed** in dem Schloß spukt es

──────── **KEYWORD**

have [hæv] (*pt, pp had*) *aux vb* **1** haben;

(esp with vbs of motion) sein; **to have arrived/slept** angekommen sein/geschlafen haben; **to have been** gewesen sein; **having eaten** *or* **when he had eaten, he left** nachdem er gegessen hatte, ging er

2 *(in tag questions)*: **you've done it, haven't you?** du hast es doch gemacht, oder nicht?

3 *(in short answers and questions)*: **you've made a mistake - so I have/no I haven't** du hast einen Fehler gemacht - ja, stimmt/ nein; **we haven't paid - yes we have!** wir haben nicht bezahlt - doch; **I've been there before, have you?** ich war schon einmal da, du auch?

♦ *modal aux vb* (*be obliged*): **to have (got) to do sth** etw tun müssen; **you haven't to tell her** du darfst es ihr nicht erzählen

♦ *vt* **1** *(possess)* haben; **he has (got) blue eyes** er hat blaue Augen; **I have (got) an idea** ich habe eine Idee

2 *(referring to meals etc)*: **to have breakfast/a cigarette** frühstücken/eine Zigarette rauchen

3 *(receive, obtain etc)* haben; **may I have your address?** kann ich Ihre Adresse haben?; **to have a baby** ein Kind bekommen

4 *(maintain, allow)*: **he will have it that he is right** er besteht darauf, daß er recht hat; **I won't have it** das lasse ich mir nicht bieten

5: **to have sth done** etw machen lassen; **to have sb do sth** jdn etw machen lassen; **he soon had them all laughing** er brachte sie alle zum Lachen

6 *(experience, suffer)*: **she had her bag stolen** man hat ihr die Tasche gestohlen; **he had his arm broken** er hat sich den Arm gebrochen

7 (*+noun: take, hold etc*): **to have a walk/ rest** spazierengehen/sich ausruhen; **to have a meeting/party** eine Besprechung/ Party haben

have out *vt*: **to have it out with sb** *(settle a problem etc)* etw mit jdm bereden

haven ['heɪvn] *n* Zufluchtsort *m*
haven't ['hævnt] = **have not**
haversack ['hævəsæk] *n* Rucksack *m*
havoc ['hævək] *n* Verwüstung *f*
Hawaii [hə'waɪi:] *n* Hawaii *nt*
hawk [hɔːk] *n* Habicht *m*
hay [heɪ] *n* Heu *nt*; **~ fever** *n* Heuschnupfen *m*; **~stack** *n* Heuschober *m*
haywire ['heɪwaɪə*] *(inf) adj* durcheinander
hazard ['hæzəd] *n* Risiko *nt* ♦ *vt* aufs Spiel setzen; **~ous** *adj* gefährlich; **~ (warning) lights** *npl* (*AUT*) Warnblinklicht *nt*
haze [heɪz] *n* Dunst *m*
hazelnut ['heɪzlnʌt] *n* Haselnuß *f*
hazy ['heɪzɪ] *adj* (*misty*) dunstig; (*vague*) verschwommen

he [hiː] *pron* er
head [hed] *n* Kopf *m*; (*leader*) Leiter *m* ♦ *vt* (an)führen, leiten; (*ball*) köpfen; **~s** *(or* **tails)** Kopf (oder Zahl); ~ **first** mit dem Kopf nach unten; ~ **over heels** kopfüber; ~ **for** *vt fus* zugehen auf *+acc*; **~ache** *n* Kopfschmerzen *pl*; **~dress** *n* Kopfschmuck *m*; **~ing** *n* Überschrift *f*; **~lamp** (*BRIT*) *n* Scheinwerfer *m*; **~land** *n* Landspitze *f*; **~light** *n* Scheinwerfer *m*; **~line** *n* Schlagzeile *f*; **~long** *adv* kopfüber; **~master** *n* (*of primary school*) Rektor *m*; (*of secondary school*) Direktor *m*; **~mistress** *n* Rektorin *f*, Direktorin *f*; ~ **office** *n* Zentrale *f*; **~-on** *adj* Frontal-; **~phones** *npl* Kopfhörer *pl*; **~quarters** *npl* Zentrale *f*; (*MIL*) Hauptquartier *nt*; **~rest** *n* Kopfstütze *f*; **~room** *n* (*of bridges etc*) lichte Höhe *f*; **~scarf** *n* Kopftuch *nt*; **~strong** *adj* eigenwillig; **~waiter** *n* Oberkellner *m*; **~way** *n* Fortschritte *pl*; **~wind** *n* Gegenwind *m*; **~y** *adj* berauschend
heal [hiːl] *vt* heilen ♦ *vi* verheilen
health [helθ] *n* Gesundheit *f*; ~ **food** *n* Reformkost *f*; **the H~ Service** (*BRIT*) *n* das Gesundheitswesen; **~y** *adj* gesund
heap [hiːp] *n* Haufen *m* ♦ *vt* häufen
hear [hɪə*] (*pt, pp* **heard**) *vt* hören; (*listen to*) anhören ♦ *vi* hören; **~d** [hɜːd] *pt, pp of* **hear**; **~ing** *n* Gehör *nt*; (*JUR*) Verhandlung *f*; **~ing aid** *n* Hörapparat *m*; **~say** *n* Hörensagen *nt*
hearse [hɜːs] *n* Leichenwagen *m*
heart [hɑːt] *n* Herz *nt*; **~s** *npl* (*CARDS*) Herz *nt*; **by ~** auswendig; ~ **attack** *n* Herzanfall *m*; **~beat** *n* Herzschlag *m*; **~breaking** *adj* herzzerbrechend; **~broken** *adj* untröstlich; **~burn** *n* Sodbrennen *nt*; ~ **failure** *n* Herzschlag *m*; **~felt** *adj* aufrichtig
hearth [hɑːθ] *n* Herd *m*
heartily ['hɑːtɪlɪ] *adv* herzlich; (*eat*) herzhaft
heartless ['hɑːtlɪs] *adj* herzlos
hearty ['hɑːtɪ] *adj* kräftig; (*friendly*) freundlich
heat [hiːt] *n* Hitze *f*; (*of food, water etc*) Wärme *f*; (*SPORT: also: qualifying* ~) Ausscheidungsrunde *f* ♦ *vt* (*house*) heizen; (*substance*) heiß machen, erhitzen; ~ **up** *vi* warm werden ♦ *vt* aufwärmen; **~ed** *adj* erhitzt; (*fig*) hitzig; **~er** *n* (Heiz)ofen *m*
heath [hiːθ] (*BRIT*) *n* Heide *f*
heathen ['hiːðən] *n* Heide *m*/Heidin *f* ♦ *adj* heidnisch, Heiden-
heather ['heðə*] *n* Heidekraut *nt*
heating ['hiːtɪŋ] *n* Heizung *f*
heatstroke ['hiːtstrəʊk] *n* Hitzschlag *m*
heat wave *n* Hitzewelle *f*
heave [hiːv] *vt* hochheben; (*sigh*) ausstoßen ♦ *vi* wogen; (*breast*) sich heben ♦ *n* Heben *nt*

heaven ['hevn] n Himmel m; **~ly** adj himmlisch

heavily ['hevɪlɪ] adv schwer

heavy ['hevɪ] adj schwer; **~ goods vehicle** n Lastkraftwagen m; **~weight** n (SPORT) Schwergewicht nt

Hebrew ['hiːbruː] adj hebräisch ♦ n (LING) Hebräisch nt

Hebrides ['hebrɪdiːz] npl Hebriden pl

heckle ['hekl] vt unterbrechen

hectic ['hektɪk] adj hektisch

he'd [hiːd] = he had; he would

hedge [hedʒ] n Hecke f ♦ vt einzäunen ♦ vi (fig) ausweichen; **to ~ one's bets** sich absichern

hedgehog ['hedʒhɒg] n Igel m

heed [hiːd] vt (also: take ~ of) beachten ♦ n Beachtung f; **~less** adj achtlos

heel [hiːl] n Ferse f; (of shoe) Absatz m ♦ vt (shoes) mit Absätzen versehen

hefty ['heftɪ] adj (person) stämmig; (portion) reichlich

heifer ['hefə*] n Färse f

height [haɪt] n (of person) Größe f; (of object) Höhe f; **~en** vt erhöhen

heir [ɛə*] n Erbe m; **~ess** ['ɛərɪs] n Erbin f; **~loom** n Erbstück nt

held [held] pt, pp of hold

helicopter ['helɪkɒptə*] n Hubschrauber m

heliport ['helɪpɔːt] n Hubschrauberlandeplatz m

hell [hel] n Hölle f ♦ excl verdammt!

he'll [hiːl] = he will; he shall

hellish ['helɪʃ] adj höllisch, verteufelt

hello [hʌ'ləʊ] excl hallo

helm [helm] n Ruder nt, Steuer nt

helmet ['helmɪt] n Helm m

help [help] n Hilfe f ♦ vt helfen +dat; **I can't ~ it** ich kann nichts dafür; **~ yourself** bedienen Sie sich; **~er** n Helfer m; **~ful** adj hilfreich; **~ing** n Portion f; **~less** adj hilflos

hem [hem] n Saum m ♦ vt säumen; **~ in** vt einengen

hemorrhage ['hemərɪdʒ] (US) n = haemorrhage

hemorrhoids ['hemərɔɪdz] (US) npl = haemorrhoids

hen [hen] n Henne f

hence [hens] adv von jetzt an; (therefore) daher; **~forth** adv von nun an; (from then on) von da an

henchman ['hentʃmən] (irreg) n Gefolgsmann m

her [hɜː*] pron (acc) sie; (dat) ihr ♦ adj ihr; see also me; my

herald ['herəld] n (Vor)bote m ♦ vt verkünden

heraldry ['herəldrɪ] n Wappenkunde f

herb [hɜːb] n Kraut nt

herd [hɜːd] n Herde f

here [hɪə*] adv hier; (to this place) hierher;

~after adv hernach, künftig ♦ n Jenseits nt; **~by** adv hiermit

hereditary [hɪ'redɪtərɪ] adj erblich

heredity [hɪ'redɪtɪ] n Vererbung f

heresy ['herəsɪ] n Ketzerei f

heretic ['herətɪk] n Ketzer m

heritage ['herɪtɪdʒ] n Erbe nt

hermetically [hɜː'metɪkəlɪ] adv: **~ sealed** hermetisch verschlossen

hermit ['hɜːmɪt] n Einsiedler m

hernia ['hɜːnɪə] n Bruch m

hero ['hɪərəʊ] (pl ~es) n Held m; **~ic** [hɪ'rəʊɪk] adj heroisch

heroin ['herəʊɪn] n Heroin nt

heroine ['herəʊɪn] n Heldin f

heroism ['herəʊɪzəm] n Heldentum nt

heron ['herən] n Reiher m

herring ['herɪŋ] n Hering m

hers [hɜːz] pron ihre(r, s); see also mine[2]

herself [hɜː'self] pron sich (selbst); (emphatic) selbst; see also oneself

he's [hiːz] = he is; he has

hesitant ['hezɪtənt] adj zögernd

hesitate ['hezɪteɪt] vi zögern

hesitation [hezɪ'teɪʃən] n Zögern nt

hew [hjuː] (pt hewed, pp hewn) vt hauen, hacken

hexagon ['heksəgən] n Sechseck nt; **~al** [hek'sægənəl] adj sechseckig

heyday ['heɪdeɪ] n Blüte f, Höhepunkt m

HGV n abbr = heavy goods vehicle

hi [haɪ] excl he, hallo

hiatus [haɪ'eɪtəs] n (gap) Lücke f

hibernate ['haɪbəneɪt] vi Winterschlaf m halten

hibernation [haɪbə'neɪʃən] n Winterschlaf m

hiccough ['hɪkʌp] vi den Schluckauf haben; **~s** npl Schluckauf m

hiccup ['hɪkʌp] = hiccough

hid [hɪd] pt of hide; **~den** ['hɪdn] pp of hide

hide [haɪd] (pt hid, pp hidden) n (skin) Haut f, Fell nt ♦ vt verstecken ♦ vi sich verstecken; **~-and-seek** n Versteckspiel nt; **~away** n Versteck nt

hideous ['hɪdɪəs] adj abscheulich

hiding ['haɪdɪŋ] n (beating) Tracht f Prügel; **to be in ~** (concealed) sich versteckt halten; **~ place** n Versteck nt

hi-fi ['haɪfaɪ] n Hi-Fi nt ♦ adj Hi-Fi-

high [haɪ] adj hoch; (wind) stark ♦ adv hoch; **it is 20m ~** es ist 20 Meter hoch; **~brow** adj (betont) intellektuell; **~chair** n Hochstuhl m; **~er education** n Hochschulbildung f, **~handed** adj eigenmächtig; **~heeled** adj hochhackig; **~ jump** n (SPORT) Hochsprung m; **the H~lands** npl das schottische Hochland; **~light** n (fig) Höhepunkt m ♦ vt hervorheben; **~ly** adv höchst; **~ly strung** adj überempfindlich; **~ness** n Höhe f; **Her**

H~ness Ihre Hoheit f; **~-pitched** adj hoch; **~-rise block** n Hochhaus nt; **~ school** (US) n Oberschule f; **~ season** (BRIT) n Hochsaison f; **~ street** (BRIT) n Hauptstraße f

highway ['haɪweɪ] n Landstraße f; **H~ Code** (BRIT) n Straßenverkehrsordnung f

hijack ['haɪdʒæk] vt entführen; **~er** n Entführer(in) m(f)

hike [haɪk] vi wandern ♦ n Wanderung f; **~r** n Wanderer m

hilarious [hɪ'lɛərɪəs] adj lustig

hill [hɪl] n Berg m; **~side** n (Berg)hang m; **~y** adj hügelig

hilt [hɪlt] n Heft nt; **(up) to the ~** ganz und gar

him [hɪm] pron (acc) ihn; (dat) ihm; see also **me**

himself [hɪm'self] pron sich (selbst); (emphatic) selbst; see also **oneself**

hind [haɪnd] adj hinter, Hinter-

hinder ['hɪndə*] vt (stop) hindern; (delay) behindern

hindrance ['hɪndrəns] n (delay) Behinderung f; (obstacle) Hindernis nt

hindsight ['haɪndsaɪt] n: **with ~** im nachhinein

Hindu ['hɪnduː] n Hindu m

hinge [hɪndʒ] n Scharnier nt; (on door) Türangel f ♦ vi (fig): **to ~ on** abhängen von

hint [hɪnt] n Tip m; (trace) Anflug m ♦ vt: **to ~ that** andeuten, daß ♦ vi: **to ~ at** andeuten

hip [hɪp] n Hüfte f

hippopotami [hɪpə'pɒtəmaɪ] npl of **hippopotamus**

hippopotamus [hɪpə'pɒtəməs] (pl **~es** or **hippopotami**) n Nilpferd nt

hire ['haɪə*] vt (worker) anstellen; (BRIT: car) mieten ♦ n Miete f; **for ~** (taxi) frei; **~ purchase** (BRIT) n Teilzahlungskauf m

his [hɪz] adj sein ♦ pron seine(r, s); see also **my; mine²**

hiss [hɪs] vi zischen ♦ n Zischen nt

historian [hɪs'tɔːrɪən] n Historiker m

historic [hɪs'tɒrɪk] adj historisch

historical [hɪs'tɒrɪkəl] adj historisch, geschichtlich

history ['hɪstərɪ] n Geschichte f

hit [hɪt] (pt, pp hit) vt schlagen; (injure) treffen ♦ n (blow) Schlag m; (success) Erfolg m; (MUS) Hit m; **to ~ it off with sb** prima mit jdm auskommen; **~-and-run driver** n jemand, der Fahrerflucht begeht

hitch [hɪtʃ] vt festbinden; (also: **~ up**) hochziehen ♦ n (difficulty) Haken m; **to ~ a lift** trampen

hitchhike ['hɪtʃhaɪk] vi trampen; **~r** n Tramper m

hi-tech ['haɪtek] adj Hi-tech- ♦ n Spitzentechnologie f

hitherto ['hɪðə'tuː] adv bislang

HIV n abbr: **~-negative/-positive** HIV-negativ/-positiv

hive [haɪv] n Bienenkorb m; **~ off** vt ausgliedern

HMS abbr = His (Her) Majesty's Ship

hoard [hɔːd] n Schatz m ♦ vt horten, hamstern

hoarding ['hɔːdɪŋ] n Bretterzaun m; (BRIT: for advertising) Reklamewand f

hoarse [hɔːs] adj heiser, rauh

hoax [həʊks] n Streich m

hob [hɒb] n Kochmulde f

hobble ['hɒbl] vi humpeln

hobby ['hɒbɪ] n Hobby nt; **~-horse** n (fig) Steckenpferd nt

hobo ['həʊbəʊ] (US) n Tippelbruder m

hock [hɒk] n (wine) weiße(r) Rheinwein m

hockey ['hɒkɪ] n Hockey nt

hoe [həʊ] n Hacke f ♦ vt hacken

hog [hɒg] n Schlachtschwein m; **to go the whole ~** aufs Ganze gehen

hoist [hɔɪst] n Winde f ♦ vt hochziehen

hold [həʊld] (pt, pp held) vt halten; (contain) enthalten; (be able to contain) fassen; (breath) anhalten; (meeting) abhalten ♦ vi (withstand pressure) aushalten ♦ n (grasp) Halt m; (NAUT) Schiffsraum m; **~ the line!** (TEL) bleiben Sie am Apparat!; **to ~ one's own** sich behaupten; **~ back** vt zurückhalten; **~ down** vt niederhalten; (job) behalten; **~ off** vt (enemy) abwehren; **~ on** vi sich festhalten; (resist) durchhalten; (wait) warten; **~ on to** vt fus festhalten an +dat; (keep) behalten; **~ out** vt hinhalten ♦ vi aushalten; **~ up** vt (delay) aufhalten; (rob) überfallen; **~all** (BRIT) n Reisetasche f; **~er** n Behälter m; **~ing** n (share) (Aktien)anteil m; **~up** n (BRIT: in traffic) Stockung f; (robbery) Überfall m; (delay) Verzögerung f

hole [həʊl] n Loch nt ♦ vt durchlöchern

holiday ['hɒlɪdɪ] n (day) Feiertag m; freie(r) Tag m; (vacation) Urlaub m; (SCH) Ferien pl; **~ camp** n Ferienlager nt; **~-maker** (BRIT) n Urlauber(in) m(f); **~ resort** n Ferienort m

holiness ['həʊlɪnɪs] n Heiligkeit f

Holland ['hɒlənd] n Holland nt

hollow ['hɒləʊ] adj hohl; (fig) leer ♦ n Vertiefung f; **~ out** vt aushöhlen

holly ['hɒlɪ] n Stechpalme f

holocaust ['hɒləkɔːst] n Inferno nt

holster ['həʊlstə*] n Pistolenhalfter m

holy ['həʊlɪ] adj heilig; **the H~ Ghost** or **Spirit** n der Heilige Geist

homage ['hɒmɪdʒ] n Huldigung f; **to pay ~ to** huldigen +dat

home [həʊm] n Zuhause nt; (institution) Heim nt, Anstalt f ♦ adj einheimisch; (POL) inner ♦ adv heim, nach Hause; **at ~** zu

Hause; ~ **address** *n* Heimatadresse *f*; ~**coming** *n* Heimkehr *f*; ~**land** *n* Heimat(land *nt*) *f*; ~**less** *adj* obdachlos; ~**ly** *adj* häuslich; (*US: ugly*) unscheinbar; ~-**made** *adj* selbstgemacht; H~ **Office** (*BRIT*) *n* Innenministerium *nt*; ~ **rule** *n* Selbstverwaltung *f*; H~ **Secretary** (*BRIT*) *n* Innenminister(in) *m(f)*; ~**sick** *adj:* to be ~**sick** Heimweh haben; ~ **town** *n* Heimatstadt *f*; ~**ward** *adj* (*journey*) Heim-; ~**work** *n* Hausaufgaben *pl*

homicide ['hɒmɪsaɪd] (*US*) *n* Totschlag *m*

homoeopathy [həʊmɪ'ɒpəθɪ] *n* Homöopathie *f*

homogeneous [hɒmə'dʒiːnɪəs] *adj* homogen

homosexual [hɒməʊ'sɛksjʊəl] *adj* homosexuell ♦ *n* Homosexuelle(r) *mf*

honest ['ɒnɪst] *adj* ehrlich; ~**ly** *adv* ehrlich; ~**y** *n* Ehrlichkeit *f*

honey ['hʌnɪ] *n* Honig *m*; ~**comb** *n* Honigwabe *f*; ~**moon** *n* Flitterwochen *pl*, Hochzeitsreise *f*; ~**suckle** *n* Geißblatt *nt*

honk [hɒŋk] *vi* hupen

honor ['ɒnə*] (*US*) *vt*, *n* = honour

honorary ['ɒnərərɪ] *adj* Ehren-

honour ['ɒnə*] (*US* **honor**) *vt* ehren; (*cheque*) einlösen ♦ *n* Ehre *f*; ~**able** *adj* ehrenwert; (*intention*) ehrenhaft; ~**s degree** *n* (*UNIV*) akademischer Grad mit Prüfung im Spezialfach

hood [hʊd] *n* Kapuze *f*; (*BRIT: AUT*) Verdeck *nt*; (*US*) Kühlerhaube *f*

hoodlum ['huːdləm] *n* Rowdy *m*; (*member of gang*) Gangster *m*

hoodwink ['hʊdwɪŋk] *vt* reinlegen

hoof [huːf] (*pl* **hooves**) *n* Huf *m*

hook [hʊk] *n* Haken *m* ♦ *vt* einhaken

hooligan ['huːlɪgən] *n* Rowdy *m*

hoop [huːp] *n* Reifen *m*

hoot [huːt] *vi* (*AUT*) hupen; ~**er** *n* (*NAUT*) Dampfpfeife *f*; (*BRIT: AUT*) (Auto)hupe *f*

Hoover ['huːvə*] (®; *BRIT*) *n* Staubsauger *m* ♦ *vt*: h~ staubsaugen

hooves [huːvz] *pl* of **hoof**

hop [hɒp] *n* hüpfen, hopsen ♦ *n* (*jump*) Hopser *m*

hope [həʊp] *vt*, *vi* hoffen ♦ *n* Hoffnung *f*; I ~ so/not hoffentlich/hoffentlich nicht; ~**ful** *adj* hoffnungsvoll; (*promising*) vielversprechend; ~**fully** *adv* hoffentlich; ~**less** *adj* hoffnungslos

hops [hɒps] *npl* Hopfen *m*

horizon [hə'raɪzn] *n* Horizont *m*; ~**tal** [hɒrɪ'zɒntl] *adj* horizontal

hormone ['hɔːməʊn] *n* Hormon *nt*

horn [hɔːn] *n* Horn *nt*; (*AUT*) Hupe *f*

hornet ['hɔːnɪt] *n* Hornisse *f*

horny ['hɔːnɪ] *adj* schwielig; (*US: inf*) scharf

horoscope ['hɒrəskəʊp] *n* Horoskop *nt*

horrendous [hə'rɛndəs] *adj* (*crime*) abscheulich; (*error*) schrecklich

horrible ['hɒrɪbl] *adj* fürchterlich

horrid ['hɒrɪd] *adj* scheußlich

horrify ['hɒrɪfaɪ] *vt* entsetzen

horror ['hɒrə*] *n* Schrecken *m*; ~ **film** *n* Horrorfilm *m*

hors d'oeuvre [ɔː'dɜːvr] *n* Vorspeise *f*

horse [hɔːs] *n* Pferd *nt*, ~**back** *n*: on ~**back** beritten; ~ **chestnut** *n* Roßkastanie *f*; ~**man/woman** (*irreg*) *n* Reiter(in) *m(f)*; ~**power** *n* Pferdestärke *f*; ~-**racing** *n* Pferderennen *nt*; ~**radish** *n* Meerrettich *m*; ~**shoe** *n* Hufeisen *nt*

horticulture ['hɔːtɪkʌltʃə*] *n* Gartenbau *m*

hose [həʊz] *n* (*also:* ~*pipe*) Schlauch *m*

hosiery ['həʊzɪərɪ] *n* Strumpfwaren *pl*

hospitable [hɒs'pɪtəbl] *adj* gastfreundlich

hospital ['hɒspɪtl] *n* Krankenhaus *nt*

hospitality [hɒspɪ'tælɪtɪ] *n* Gastfreundschaft *f*

host [həʊst] *n* Gastgeber *m*; (*innkeeper*) (Gast)wirt *m*; (*large number*) Heerschar *f*; (*ECCL*) Hostie *f*

hostage ['hɒstɪdʒ] *n* Geisel *f*

hostel ['hɒstəl] *n* Herberge *f*; (*also: youth* ~) Jugendherberge *f*

hostess ['həʊstes] *n* Gastgeberin *f*

hostile ['hɒstaɪl] *adj* feindlich

hostility [hɒs'tɪlɪtɪ] *n* Feindschaft *f*; **hostilities** *npl* (*fighting*) Feindseligkeiten *pl*

hot [hɒt] *adj* heiß; (*drink, food, water*) warm; (*spiced*) scharf; I'm ~ mir ist heiß; ~**bed** *n* (*fig*) Nährboden *m*; ~ **dog** *n* heiße(s) Würstchen *nt*

hotel [həʊ'tel] *n* Hotel *nt*; ~**ier** *n* Hotelier *m*

hot: ~**headed** *adj* hitzig; ~**house** *n* Treibhaus *nt*; ~ **line** *n* (*POL*) heiße(r) Draht *m*; ~**ly** *adv* (*argue*) hitzig; ~**plate** *n* Kochplatte *f*; ~-**water bottle** *n* Wärmflasche *f*

hound [haʊnd] *n* Jagdhund *m* ♦ *vt* hetzen

hour ['aʊə*] *n* Stunde *f*; (*time of day*) (Tages)zeit *f*; ~**ly** *adj*, *adv* stündlich

house [*n* haʊs, *pl* 'haʊzɪz, *vb* haʊz] *n* Haus *nt* ♦ *vt* unterbringen; **on the** ~ auf Kosten des Hauses; ~ **arrest** *n* (*POL, MIL*) Hausarrest *m*; ~**boat** *n* Hausboot *nt*; ~**breaking** *n* Einbruch *m*; ~-**coat** *n* Morgenmantel *m*; ~**hold** *n* Haushalt *m*; ~**keeper** *n* Haushälterin *f*; ~**keeping** *n* Haushaltung *f*; ~-**warming party** *n* Einweihungsparty *f*; ~**wife** (*irreg*) *n* Hausfrau *f*; ~**work** *n* Hausarbeit *f*

housing ['haʊzɪŋ] *n* (*act*) Unterbringung *f*; (*houses*) Wohnungen *pl*; (*POL*) Wohnungsbau *m*; (*covering*) Gehäuse *nt*; ~ **estate** (*US* ~ **development**) *n* (Wohn)siedlung *f*

hovel ['hɒvəl] *n* elende Hütte *f*

hover ['hɒvə*] *vi* (*bird*) schweben; (*person*) herumstehen; ~**craft** *n* Luftkissenfahrzeug *nt*

how [haʊ] *adv* wie; ~ **are you?**: wie geht es

Ihnen?; ~ **much milk?** wieviel Milch?; ~ **many people?** wie viele Leute?

however [hau'evə*] *adv* (*but*) (je)doch, aber; ~ **you phrase it** wie Sie es auch ausdrücken

howl [haul] *n* Heulen *nt* ♦ *vi* heulen

H.P. *abbr* = **hire purchase**

h.p. *abbr* = **horsepower**

H.Q. *abbr* = **headquarters**

hub [hʌb] *n* Radnabe *f*

hubbub ['hʌbʌb] *n* Tumult *m*

hubcap ['hʌbkæp] *n* Radkappe *f*

huddle ['hʌdl] *vi:* **to ~ together** sich zusammendrängen

hue [hju:] *n* Färbung *f*; ~ **and cry** *n* Zetergeschrei *nt*

huff [hʌf] *n:* **to go into a ~** einschnappen

hug [hʌg] *vt* umarmen ♦ *n* Umarmung *f*

huge [hju:dʒ] *adj* groß, riesig

hulk [hʌlk] *n* (*ship*) abgetakelte(s) Schiff *nt*; (*person*) Koloß *m*

hull [hʌl] *n* Schiffsrumpf *m*

hullo [hʌ'ləu] *excl* = **hello**

hum [hʌm] *vt, vi* summen

human ['hju:mən] *adj* menschlich ♦ *n* (*also:* ~ **being**) Mensch *m*

humane [hju:'mein] *adj* human

humanitarian [hju:mæni'tɛəriən] *adj* humanitär

humanity [hju:'mæniti] *n* Menschheit *f*; (*kindliness*) Menschlichkeit *f*

humble ['hʌmbl] *adj* demütig; (*modest*) bescheiden ♦ *vt* demütigen

humbug ['hʌmbʌg] *n* Humbug *m*; (*BRIT: sweet*) Pfefferminzbonbon *nt*

humdrum ['hʌmdrʌm] *adj* stumpfsinnig

humid ['hju:mid] *adj* feucht; **~ity** *n* Feuchtigkeit *f*

humiliate [hju:'milieit] *vt* demütigen

humiliation [hju:mili'eiʃən] *n* Demütigung *f*

humility [hju:'militi] *n* Demut *f*

humor ['hju:mə*] (*US*) *n, vt* = **humour**

humorous ['hju:mərəs] *adj* humorvoll

humour ['hju:mə*] (*US* **humor**) *n* (*fun*) Humor *m*; (*mood*) Stimmung *f* ♦ *vt* bei Stimmung halten

hump [hʌmp] *n* Buckel *m*

hunch [hʌntʃ] *n* Buckel *m*; (*premonition*) (Vor)ahnung *f*; **~back** *n* Bucklige(r) *mf*; **~ed** *adj* gekrümmt

hundred ['hʌndrid] *num* hundert; **~weight** *n* Zentner *m* (*BRIT* = 50.8kg; *US* = 45.3kg)

hung [hʌŋ] *pt, pp of* **hang**

Hungarian [hʌŋ'gɛəriən] *adj* ungarisch ♦ *n* Ungar(in) *m(f)*; (*LING*) Ungarisch *nt*

Hungary ['hʌŋgəri] *n* Ungarn *nt*

hunger ['hʌŋgə*] *n* Hunger *m* ♦ *vi* hungern

hungry ['hʌŋgri] *adj* hungrig; **to be ~** Hunger haben

hunk [hʌŋk] *n* (*of bread*) Stück *nt*

hunt [hʌnt] *vt, vi* jagen ♦ *n* Jagd *f*; **to ~ for** suchen; **~er** *n* Jäger *m*; **~ing** *n* Jagd *f*

hurdle ['hɜ:dl] *n* (*also fig*) Hürde *f*

hurl [hɜ:l] *vt* schleudern

hurrah [hu'rɑ:] *n* Hurra *nt*

hurray [hu'rei] *n* Hurra *nt*

hurricane ['hʌrikən] *n* Orkan *m*

hurried ['hʌrid] *adj* eilig; (*hasty*) übereilt; **~ly** *adv* übereilt, hastig

hurry ['hʌri] *n* Eile *f* ♦ *vi* sich beeilen ♦ *vt* (an)treiben; (*job*) übereilen; **to be in a ~** es eilig haben; ~ **up** *vi* sich beeilen ♦ *vt* (*person*) zur Eile antreiben; (*work*) vorantreiben

hurt [hɜ:t] (*pt, pp* **hurt**) *vt* weh tun +*dat*; (*injure, fig*) verletzen ♦ *vi* weh tun; **~ful** *adj* schädlich; (*remark*) verletzend

hurtle ['hɜ:tl] *vi* sausen

husband ['hʌzbənd] *n* (Ehe)mann *m*

hush [hʌʃ] *n* Stille *f* ♦ *vt* zur Ruhe bringen ♦ *excl* pst, still

husk [hʌsk] *n* Spelze *f*

husky ['hʌski] *adj* (*voice*) rauh ♦ *n* Eskimohund *m*

hustle ['hʌsl] *vt* (*push*) stoßen; (*hurry*) antreiben ♦ *n:* ~ **and bustle** Geschäftigkeit *f*

hut [hʌt] *n* Hütte *f*

hutch [hʌtʃ] *n* (Kaninchen)stall *m*

hyacinth ['haiəsinθ] *n* Hyazinthe *f*

hybrid ['haibrid] *n* Kreuzung *f* ♦ *adj* Misch-

hydrant ['haidrənt] *n* (*also: fire* ~) Hydrant *m*

hydraulic [hai'drɔlik] *adj* hydraulisch

hydroelectric [haidrəu'lektrik] *adj* (*energy*) durch Wasserkraft erzeugt; ~ **power station** *n* Wasserkraftwerk *nt*

hydrofoil ['haidrəufɔil] *n* Tragflügelboot *nt*

hydrogen ['haidridʒən] *n* Wasserstoff *m*

hyena [hai'i:nə] *n* Hyäne *f*

hygiene ['haidʒi:n] *n* Hygiene *f*

hygienic [hai'dʒi:nik] *adj* hygienisch

hymn [him] *n* Kirchenlied *nt*

hype [haip] (*inf*) *n* Publicity *f*

hypermarket ['haipə'mɑ:kit] (*BRIT*) *n* Hypermarket *m*

hyphen ['haifən] *n* Bindestrich *m*

hypnosis [hip'nəusis] *n* Hypnose *f*

hypnotic [hip'nɔtik] *adj* hypnotisierend

hypnotize ['hipnətaiz] *vt* hypnotisieren

hypocrisy [hi'pɔkrisi] *n* Heuchelei *f*

hypocrite ['hipəkrit] *n* Heuchler *m*

hypocritical [hipə'kritikəl] *adj* scheinheilig, heuchlerisch

hypothermia ['haipəu'θɜ:miə] *n* Unterkühlung *f*

hypotheses [hai'pɔθisi:z] *npl of* **hypothesis**

hypothesis [hai'pɔθisis] (*pl* **hypotheses**) *n* Hypothese *f*

hypothetic(al) [haipəu'θetik(əl)] *adj* hypothetisch

hysterical [his'terikəl] *adj* hysterisch

hysterics [his'teriks] *npl* hysterische(r) Anfall *m*

I i

I [aɪ] *pron* ich
ice [aɪs] *n* Eis *nt* ♦ *vt* (COOK) mit Zuckerguß überziehen ♦ *vi* (*also:* ~ *up*) vereisen;
~ **axe** *n* Eispickel *m*; ~**berg** *n* Eisberg *m*;
~**box** (US) *n* Kühlschrank *m*; ~ **cream** *n*
Eis *nt*; ~ **cube** *n* Eiswürfel *m*; ~ **hockey**
n Eishockey *nt*
Iceland ['aɪslənd] *n* Island *nt*
ice: ~ **lolly** (BRIT) *n* Eis *nt* am Stiel; ~
rink *n* (Kunst)eisbahn *f*; ~ **skating** *n*
Schlittschuhlaufen *nt*
icicle ['aɪsɪkl] *n* Eiszapfen *m*
icing ['aɪsɪŋ] *n* (*on cake*) Zuckerguß *m*; (*on
window*) Vereisung *f*; ~ **sugar** (BRIT) *n*
Puderzucker *m*
icon ['aɪkɒn] *n* Ikone *f*
icy ['aɪsɪ] *adj* (*slippery*) vereist; (*cold*) eisig
I'd [aɪd] = I would; I had
idea [aɪ'dɪə] *n* Idee *f*
ideal [aɪ'dɪəl] *n* Ideal *nt* ♦ *adj* ideal; ~**ist**
n Idealist *m*
identical [aɪ'dentɪkəl] *adj* identisch; (*twins*)
eineiig
identification [aɪdentɪfɪ'keɪʃən] *n* Identifi-
zierung *f*; **means of ~** Ausweispapiere *pl*
identify [aɪ'dentɪfaɪ] *vt* identifizieren; (*regard as the same*) gleichsetzen
Identikit picture [aɪ'dentɪkɪt-] *n* Phantom-
bild *nt*
identity [aɪ'dentɪtɪ] *n* Identität *f*; ~ **card** *n*
Personalausweis *m*
ideology [aɪdɪ'ɒlədʒɪ] *n* Ideologie *f*
idiom ['ɪdɪəm] *n* (*expression*) Redewendung
f; (*dialect*) Idiom *nt*; ~**atic** [ɪdɪə'mætɪk] *adj*
idiomatisch
idiosyncrasy [ɪdɪə'sɪŋkrəsɪ] *n* Eigenart *f*
idiot ['ɪdɪət] *n* Idiot(in) *m(f)*; ~**ic** [ɪdɪ'ɒtɪk]
adj idiotisch
idle ['aɪdl] *adj* (*doing nothing*) untätig; (*lazy*)
faul; (*useless*) nutzlos; (*machine*)
still(stehend); (*threat, talk*) leer ♦ *vi* (*machine*) leerlaufen ♦ *vt*: **to ~ away the time**
die Zeit vertrödeln; ~**ness** *n* Müßiggang
m; Faulheit *f*
idol ['aɪdl] *n* Idol *nt*; ~**ize** *vt* vergöttern
i.e. *abbr* (= *id est*) d.h.

─────── **KEYWORD**

if [ɪf] *conj* **1** wenn; (*in case also*) falls; **if I**

were you wenn ich Sie wäre
2 (*although*): **(even) if** (selbst *or* auch)
wenn
3 (*whether*) ob
4: **if so/not** wenn ja/nicht; **if only ...** wenn
... doch nur ...; **if only I could** wenn ich
doch nur könnte; *see also* **as**

ignite [ɪg'naɪt] *vt* (an)zünden ♦ *vi* sich entzünden
ignition [ɪg'nɪʃən] *n* Zündung *f*; **to switch
on/off the ~** den Motor anlassen/
abstellen; ~ **key** *n* (AUT) Zündschlüssel *m*
ignorance ['ɪgnərəns] *n* Unwissenheit *f*
ignorant ['ɪgnərənt] *adj* unwissend; **to be
~ of** nicht wissen
ignore [ɪg'nɔ:*] *vt* ignorieren
I'll [aɪl] = I will; I shall
ill [ɪl] *adj* krank ♦ *n* Übel *nt* ♦ *adv* schlecht;
~**-advised** *adj* unklug; ~**-at-ease** *adj* unbehaglich
illegal [ɪ'li:gəl] *adj* illegal
illegible [ɪ'ledʒəbl] *adj* unleserlich
illegitimate [ɪlɪ'dʒɪtɪmət] *adj* unehelich
ill-fated [ɪl'feɪtɪd] *adj* unselig
ill feeling *n* Verstimmung *f*
illicit [ɪ'lɪsɪt] *adj* verboten
illiterate [ɪ'lɪtərət] *adj* ungebildet
ill-mannered ['ɪl'mænəd] *adj* ungehobelt
illness ['ɪlnəs] *n* Krankheit *f*
illogical [ɪ'lɒdʒɪkəl] *adj* unlogisch
ill-treat ['ɪl'tri:t] *vt* mißhandeln
illuminate [ɪ'lu:mɪneɪt] *vt* beleuchten
illumination [ɪlu:mɪ'neɪʃən] *n* Beleuchtung
f; ~**s** *pl* (*decorative lights*) festliche Beleuchtung *f*
illusion [ɪ'lu:ʒən] *n* Illusion *f*; **to be under
the ~ that ...** sich *dat* einbilden, daß ...
illusory [ɪ'lu:sərɪ] *adj* trügerisch
illustrate ['ɪləstreɪt] *vt* (*book*) illustrieren;
(*explain*) veranschaulichen
illustration [ɪləs'treɪʃən] *n* Illustration *f*;
(*explanation*) Veranschaulichung *f*
illustrious [ɪ'lʌstrɪəs] *adj* berühmt
ill will *n* Groll *m*
I'm [aɪm] = I am
image ['ɪmɪdʒ] *n* Bild *nt*; (*public ~*) Image
nt; ~**ry** *n* Symbolik *f*
imaginary [ɪ'mædʒɪnərɪ] *adj* eingebildet;
(*world*) Phantasie-
imagination [ɪmædʒɪ'neɪʃən] *n* Einbildung
f; (*creative*) Phantasie *f*
imaginative [ɪ'mædʒɪnətɪv] *adj* phantasie-
reich, einfallsreich
imagine [ɪ'mædʒɪn] *vt* sich vorstellen;
(*wrongly*) sich einbilden
imbalance [ɪm'bæləns] *n* Unausgeglichen-
heit *f*
imbecile ['ɪmbəsi:l] *n* Schwachsinnige(r) *mf*
imbue [ɪm'bju:] *vt*: **to ~ sth with** etw erfüllen mit
imitate ['ɪmɪteɪt] *vt* imitieren

imitation [ɪmɪ'teɪʃən] *n* Imitation *f*
immaculate [ɪ'mækjʊlɪt] *adj* makellos; (*dress*) tadellos; (*ECCL*) unbefleckt
immaterial [ɪmə'tɪərɪəl] *adj* unwesentlich; **it is ~ whether ...** es ist unwichtig, ob ...
immature [ɪmə'tjʊə*] *adj* unreif
immediate [ɪ'miːdɪət] *adj* (*instant*) sofortig; (*near*) unmittelbar; (*relatives*) nächste(r, s); (*needs*) dringlich; **~ly** *adv* sofort; **~ly next to** direkt neben
immense [ɪ'mens] *adj* unermeßlich
immerse [ɪ'mɜːs] *vt* eintauchen; **to be ~d in** (*fig*) vertieft sein in *+acc*
immersion heater [ɪ'mɜːʃən-] (*BRIT*) *n* Boiler *m*
immigrant ['ɪmɪgrənt] *n* Einwanderer *m*
immigrate ['ɪmɪgreɪt] *vi* einwandern
immigration [ɪmɪ'greɪʃən] *n* Einwanderung *f*
imminent ['ɪmɪnənt] *adj* bevorstehend
immobile [ɪ'məʊbaɪl] *adj* unbeweglich
immobilize [ɪ'məʊbɪlaɪz] *vt* lähmen
immoral [ɪ'mɒrəl] *adj* unmoralisch; **~ity** [ɪmə'rælɪtɪ] *n* Unsittlichkeit *f*
immortal [ɪ'mɔːtl] *adj* unsterblich
immune [ɪ'mjuːn] *adj* (*secure*) sicher; (*MED*) immun; **~ from** sicher vor *+dat*
immunity [ɪ'mjuːnɪtɪ] *n* (*MED, JUR*) Immunität *f*; (*fig*) Freiheit *f*
immunize ['ɪmjʊnaɪz] *vt* immunisieren
imp [ɪmp] *n* Kobold *m*
impact ['ɪmpækt] *n* Aufprall *m*; (*fig*) Wirkung *f*
impair [ɪm'peə*] *vt* beeinträchtigen
impale [ɪm'peɪl] *vt* aufspießen
impart [ɪm'pɑːt] *vt* mitteilen; (*knowledge*) vermitteln; (*exude*) abgeben
impartial [ɪm'pɑːʃəl] *adj* unparteiisch
impassable [ɪm'pɑːsəbl] *adj* unpassierbar
impasse [æm'pɑːs] *n* Sackgasse *f*
impassive [ɪm'pæsɪv] *adj* gelassen
impatience [ɪm'peɪʃəns] *n* Ungeduld *f*
impatient [ɪm'peɪʃənt] *adj* ungeduldig
impeccable [ɪm'pekəbl] *adj* tadellos
impede [ɪm'piːd] *vt* (be)hindern
impediment [ɪm'pedɪmənt] *n* Hindernis *nt*; (*in speech*) Sprachfehler *m*
impending [ɪm'pendɪŋ] *adj* bevorstehend
impenetrable [ɪm'penɪtrəbl] *adj* (*also fig*) undurchdringlich
imperative [ɪm'perətɪv] *adj* (*necessary*) unbedingt erforderlich ♦ *n* (*GRAM*) Imperativ *m*, Befehlsform *f*
imperceptible [ɪmpə'septəbl] *adj* nicht wahrnehmbar
imperfect [ɪm'pɜːfɪkt] *adj* (*faulty*) fehlerhaft; **~ion** [ɪmpə'fekʃən] *n* Unvollkommenheit *f*; (*fault*) Fehler *m*
imperial [ɪm'pɪərɪəl] *adj* kaiserlich; **~ism** *n* Imperialismus *m*
impersonal [ɪm'pɜːsnl] *adj* unpersönlich
impersonate [ɪm'pɜːsəneɪt] *vt* sich ausge-

ben als; (*for amusement*) imitieren
impertinent [ɪm'pɜːtɪnənt] *adj* unverschämt, frech
impervious [ɪm'pɜːvɪəs] *adj* (*fig*): **~ (to)** unempfänglich (für)
impetuous [ɪm'petjʊəs] *adj* ungestüm
impetus ['ɪmpɪtəs] *n* Triebkraft *f*; (*fig*) Auftrieb *m*
impinge [ɪm'pɪndʒ] : **~ on** *vt* beeinträchtigen
implacable [ɪm'plækəbl] *adj* unerbittlich
implement [*n* 'ɪmplɪmənt, *vb* 'ɪmplɪment] *n* Werkzeug *nt* ♦ *vt* ausführen
implicate ['ɪmplɪkeɪt] *vt* verwickeln
implication [ɪmplɪ'keɪʃən] *n* (*effect*) Auswirkung *f*; (*in crime*) Verwicklung *f*
implicit [ɪm'plɪsɪt] *adj* (*suggested*) unausgesprochen; (*utter*) vorbehaltlos
implore [ɪm'plɔː*] *vt* anflehen
imply [ɪm'plaɪ] *vt* (*hint*) andeuten; (*be evidence for*) schließen lassen auf *+acc*
impolite [ɪmpə'laɪt] *adj* unhöflich
import [*vb* ɪm'pɔːt, *n* 'ɪmpɔːt] *vt* einführen ♦ *n* Einfuhr *f*; (*meaning*) Bedeutung *f*
importance [ɪm'pɔːtəns] *n* Bedeutung *f*
important [ɪm'pɔːtənt] *adj* wichtig; **it's not ~** es ist unwichtig
importer [ɪm'pɔːtə*] *n* Importeur *m*
impose [ɪm'pəʊz] *vt, vi*: **to ~ (on)** auferlegen (*+dat*); (*penalty, sanctions*) verhängen (gegen); **to ~ (o.s.) on sb** sich jdm aufdrängen
imposing [ɪm'pəʊzɪŋ] *adj* eindrucksvoll
imposition [ɪmpə'zɪʃən] *n* (*of burden, fine*) Auferlegung *f*; (*SCH*) Strafarbeit *f*; **to be an ~** (*on person*) eine Zumutung sein
impossible [ɪm'pɒsəbl] *adj* unmöglich
impostor [ɪm'pɒstə*] *n* Hochstapler *m*
impotent ['ɪmpətənt] *adj* machtlos; (*sexually*) impotent
impound [ɪm'paʊnd] *vt* beschlagnahmen
impoverished [ɪm'pɒvərɪʃt] *adj* verarmt
impracticable [ɪm'præktɪkəbl] *adj* undurchführbar
impractical [ɪm'præktɪkəl] *adj* unpraktisch
imprecise [ɪmprə'saɪs] *adj* ungenau
impregnable [ɪm'pregnəbl] *adj* (*castle*) uneinnehmbar
impregnate ['ɪmpregneɪt] *vt* (*saturate*) sättigen; (*fertilize*) befruchten
impress [ɪm'pres] *vt* (*influence*) beeindrucken; (*imprint*) (auf)drücken; **to ~ sth on sb** jdm etw einschärfen
impression [ɪm'preʃən] *n* Eindruck *m*; (*on wax, footprint*) Abdruck *m*; (*of book*) Auflage *f*; (*take-off*) Nachahmung *f*; **I was under the ~** ich hatte den Eindruck; **~able** *adj* leicht zu beeindrucken; **~ist** *n* Impressionist *m*
impressive [ɪm'presɪv] *adj* eindrucksvoll
imprint ['ɪmprɪnt] *n* Abdruck *m*
imprison [ɪm'prɪzn] *vt* ins Gefängnis

schicken; ~**ment** *n* Inhaftierung *f*

improbable [ɪm'prɒbəbl] *adj* unwahrscheinlich

impromptu [ɪm'prɒmptjuː] *adj, adv* aus dem Stegreif, improvisiert

improper [ɪm'prɒpə*] *adj* (*indecent*) unanständig; (*unsuitable*) unpassend

improve [ɪm'pruːv] *vt* verbessern ♦ *vi* besser werden; ~**ment** *n* (Ver)besserung *f*

improvise ['ɪmprəvaɪz] *vt, vi* improvisieren

imprudent [ɪm'pruːdənt] *adj* unklug

impudent ['ɪmpjudənt] *adj* unverschämt

impulse ['ɪmpʌls] *n* Impuls *m*; **to act on** ~ spontan handeln

impunity [ɪm'pjuːnɪtɪ] *n* Straflosigkeit *f*

impure [ɪm'pjʊə*] *adj* (*dirty*) verunreinigt; (*bad*) unsauber

impurity [ɪm'pjʊərɪtɪ] *n* Unreinheit *f*; (*TECH*) Verunreinigung *f*

――――― KEYWORD

in [ɪn] *prep* **1** (*indicating place, position*) in +*dat*; (*with motion*) in +*acc*; **in here/there** hier/dort; **in the USA** in den Vereinigten Staaten

2 (*indicating time: during*) in +*dat*; **in summer** im Sommer; **in 1988** (im Jahre) 1988; **in the afternoon** nachmittags, am Nachmittag

3 (*indicating time: in the space of*) innerhalb von; **I'll see you in 2 weeks** *or* **in 2 weeks' time** ich sehe Sie in zwei Wochen

4 (*indicating manner, circumstances, state etc*) in +*dat*; **in the sun/rain** in der Sonne/im Regen; **in English/French** auf Englisch/Französisch; **in a loud/soft voice** mit lauter/leiser Stimme

5 (*with ratios, numbers*): **1 in 10** jeder zehnte; **20 pence in the pound** 20 Pence pro Pfund; **they lined up in twos** sie stellten sich in Zweierreihe auf

6 (*referring to people, works*): **the disease is common in children** die Krankheit ist bei Kindern häufig; **in Dickens** bei Dickens; **we have a loyal friend in him** er ist uns ein treuer Freund

7 (*indicating profession etc*): **to be in teaching/the army** Lehrer(in)/beim Militär sein; **to be in publishing** im Verlagswesen arbeiten

8 (*with present participle*): **in saying this, I ...** wenn ich das sage, ... ich; **in accepting this view, he ...** weil er diese Meinung akzeptierte, ... er

♦ *adv*: **to be in** (*person: at home, work*) dasein; (*train, ship, plane*) angekommen sein; (*in fashion*) in sein; **to ask sb in** jdn hereinbitten; **to run/limp** *etc* **in** hereingerannt/gehumpelt *etc* kommen

♦ *n*: **the ins and outs** (*of proposal, situation etc*) die Feinheiten

in. *abbr* = **inch**

inability [ɪnə'bɪlɪtɪ] *n* Unfähigkeit *f*

inaccessible [ɪnæk'sesəbl] *adj* unzugänglich

inaccurate [ɪn'ækjʊrɪt] *adj* ungenau; (*wrong*) unrichtig

inactivity [ɪnæk'tɪvɪtɪ] *n* Untätigkeit *f*

inadequate [ɪn'ædɪkwət] *adj* unzulänglich

inadvertently [ɪnəd'vɜːtəntlɪ] *adv* unabsichtlich

inadvisable [ɪnəd'vaɪzəbl] *adj* nicht ratsam

inane [ɪ'neɪn] *adj* dumm, albern

inanimate [ɪn'ænɪmət] *adj* leblos

inappropriate [ɪnə'prəʊprɪət] *adj* (*clothing*) ungeeignet; (*remark*) unangebracht

inarticulate [ɪnɑː'tɪkjʊlət] *adj* unklar

inasmuch as [ɪnəz'mʌtʃəz] *adv* da; (*in so far as*) soweit

inaudible [ɪn'ɔːdəbl] *adj* unhörbar

inaugural [ɪ'nɔːgjʊrəl] *adj* Eröffnungs-

inaugurate [ɪ'nɔːgjʊreɪt] *vt* (*open*) einweihen; (*admit to office*) (feierlich) einführen

inauguration [ɪnɔːgjʊ'reɪʃən] *n* Eröffnung *f*; (*feierliche*) Amtseinführung *f*

inborn ['ɪn'bɔːn] *adj* angeboren

inbred ['ɪn'bred] *adj* angeboren

Inc. *abbr* = **incorporated**

incalculable [ɪn'kælkjʊləbl] *adj* (*consequences*) unabsehbar

incapable [ɪn'keɪpəbl] *adj*: ~ **(of doing sth)** unfähig(, etw zu tun)

incapacitate [ɪnkə'pæsɪteɪt] *vt* untauglich machen

incapacity [ɪnkə'pæsɪtɪ] *n* Unfähigkeit *f*

incarcerate [ɪn'kɑːsəreɪt] *vt* einkerkern

incarnation [ɪnkɑː'neɪʃən] *n* (*ECCL*) Menschwerdung *f*; (*fig*) Inbegriff *m*

incendiary [ɪn'sendɪərɪ] *adj* Brand-

incense [*n* 'ɪnsens, *vb* ɪn'sens] *n* Weihrauch *m* ♦ *vt* erzürnen

incentive [ɪn'sentɪv] *n* Anreiz *m*

incessant [ɪn'sesnt] *adj* unaufhörlich; ~**ly** *adv* unaufhörlich

incest ['ɪnsest] *n* Inzest *m*

inch [ɪntʃ] *n* Zoll *m* ♦ *vi*: **to** ~ **forward** sich Stückchen für Stückchen vorwärts bewegen; **to be within an** ~ **of** kurz davor sein; **he didn't give an** ~ er gab keinen Zentimeter nach

incidence ['ɪnsɪdəns] *n* Auftreten *nt*; (*of crime*) Quote *f*

incident ['ɪnsɪdənt] *n* Vorfall *m*; (*disturbance*) Zwischenfall *m*

incidental [ɪnsɪ'dentl] *adj* (*music*) Begleit-; (*unimportant*) nebensächlich; (*remark*) beiläufig; ~**ly** *adv* übrigens

incinerator [ɪn'sɪnəreɪtə*] *n* Verbrennungsofen *m*

incipient [ɪn'sɪpɪənt] *adj* beginnend

incision [ɪn'sɪʒən] *n* Einschnitt *m*

incisive [ɪn'saɪsɪv] *adj* (*style*) treffend; (*person*) scharfsinnig

incite [ɪnˈsaɪt] *vt* anstacheln
inclination [ɪnklɪˈneɪʃən] *n* Neigung *f*
incline [*n* ˈɪnklaɪn, *vb* ɪnˈklaɪn] *n* Abhang *m*
♦ *vt* neigen; (*fig*) veranlassen ♦ *vi* sich neigen; **to be ~d to do sth** dazu neigen, etw zu tun
include [ɪnˈkluːd] *vt* einschließen; (*on list, in group*) aufnehmen
including [ɪnˈkluːdɪŋ] *prep*: ~ X X inbegriffen
inclusion [ɪnˈkluːʒən] *n* Aufnahme *f*
inclusive [ɪnˈkluːsɪv] *adj* einschließlich; (*COMM*) inklusive; ~ **of** einschließlich +*gen*
incoherent [ɪnkəʊˈhɪərənt] *adj* zusammenhanglos
income [ˈɪnkʌm] *n* Einkommen *nt*; (*from business*) Einkünfte *pl*; ~ **tax** *n* Lohnsteuer *f*; (*of self-employed*) Einkommensteuer *f*
incoming [ˈɪnkʌmɪŋ] *adj*: ~ **flight** eintreffende Maschine *f*
incomparable [ɪnˈkɒmpərəbl] *adj* unvergleichlich
incompatible [ɪnkəmˈpætəbl] *adj* unvereinbar; (*people*) unverträglich
incompetence [ɪnˈkɒmpɪtəns] *n* Unfähigkeit *f*
incompetent [ɪnˈkɒmpɪtənt] *adj* unfähig
incomplete [ɪnkəmˈpliːt] *adj* unvollständig
incomprehensible [ɪnkɒmprɪˈhensəbl] *adj* unverständlich
inconceivable [ɪnkənˈsiːvəbl] *adj* unvorstellbar
incongruous [ɪnˈkɒŋgruəs] *adj* seltsam; (*remark*) unangebracht
inconsiderate [ɪnkənˈsɪdərət] *adj* rücksichtslos
inconsistency [ɪnkənˈsɪstənsɪ] *n* Widersprüchlichkeit *f*; (*state*) Unbeständigkeit *f*
inconsistent [ɪnkənˈsɪstənt] *adj* (*action, speech*) widersprüchlich; (*person, work*) unbeständig; ~ **with** nicht übereinstimmend mit
inconspicuous [ɪnkənˈspɪkjuəs] *adj* unauffällig
incontinent [ɪnˈkɒntɪnənt] *adj* (*MED*) nicht fähig, Stuhl und Harn zurückzuhalten
inconvenience [ɪnkənˈviːnɪəns] *n* Unbequemlichkeit *f*; (*trouble to others*) Unannehmlichkeiten *pl*
inconvenient [ɪnkənˈviːnɪənt] *adj* ungelegen; (*journey*) unbequem
incorporate [ɪnˈkɔːrpəreɪt] *vt* (*include*) aufnehmen; (*contain*) enthalten
incorporated [ɪnˈkɔːpəreɪtɪd] *adj*: ~ **company** (*US*) eingetragene Aktiengesellschaft *f*
incorrect [ɪnkəˈrekt] *adj* unrichtig
incorrigible [ɪnˈkɒrɪdʒəbl] *adj* unverbesserlich
incorruptible [ɪnkəˈrʌptəbl] *adj* unzerstörbar; (*person*) unbestechlich

increase [*n* ˈɪnkriːs, *vb* ɪnˈkriːs] *n* Zunahme *f*; (*pay* ~) Gehaltserhöhung *f*; (*in size*) Vergrößerung *f* ♦ *vt* erhöhen; (*wealth, rage*) vermehren; (*business*) erweitern ♦ *vi* zunehmen; (*prices*) steigen; (*in size*) größer werden; (*in number*) sich vermehren
increasing [ɪnˈkriːsɪŋ] *adj* (*number*) steigend
increasingly [ɪnˈkriːsɪŋlɪ] *adv* zunehmend
incredible [ɪnˈkredəbl] *adj* unglaublich
incredulous [ɪnˈkredjuləs] *adj* ungläubig
increment [ˈɪnkrɪmənt] *n* Zulage *f*
incriminate [ɪnˈkrɪmɪneɪt] *vt* belasten
incubation [ɪnkjuˈbeɪʃən] *n* Ausbrüten *nt*
incubator [ˈɪnkjubeɪtə*] *n* Brutkasten *m*
incumbent [ɪnˈkʌmbənt] *n* Amtsinhaber(in) *m(f)* ♦ *adj*: **it is** ~ **on him to** ... es obliegt ihm, ...
incur [ɪnˈkɜː*] *vt* sich zuziehen; (*debts*) machen
incurable [ɪnˈkjʊərəbl] *adj* unheilbar; (*fig*) unverbesserlich
incursion [ɪnˈkɜːʃən] *n* Einfall *m*
indebted [ɪnˈdetɪd] *adj* (*obliged*): ~ **(to sb)** (jdm) verpflichtet
indecent [ɪnˈdiːsnt] *adj* unanständig; ~ **assault** (*BRIT*) *n* Notzucht *f*; ~ **exposure** *n* Exhibitionismus *m*
indecisive [ɪndɪˈsaɪsɪv] *adj* (*battle*) nicht entscheidend; (*person*) unentschlossen
indeed [ɪnˈdiːd] *adv* tatsächlich, in der Tat; **yes** ~! Allerdings!
indefinitely [ɪnˈdefɪnɪtlɪ] *adv* auf unbestimmte Zeit; (*wait*) unbegrenzt lange
indelible [ɪnˈdeləbl] *adj* unauslöschlich
independence [ɪndɪˈpendəns] *n* Unabhängigkeit *f*; **independent** *adj* unabhängig
indestructible [ˌɪndɪsˈtrʌktəbl] *adj* unzerstörbar
indeterminate [ˌɪndɪˈtɜːmɪnɪt] *adj* unbestimmt
index [ˈɪndeks] (*pl* ~**es** *or* **indices**) *n* Index *m*; ~ **card** *n* Karteikarte *f*; ~ **finger** *n* Zeigefinger *m*; ~-**linked** (*US* ~**ed**) *adj* (*salaries*) der Inflationsrate *dat* angeglichen; (*pensions*) dynamisch
India [ˈɪndɪə] *n* Indien *nt*; ~**n** *adj* indisch ♦ *n* Inder(in) *m(f)*; **Red** ~**n** Indianer(in) *m(f)*; **the** ~**n Ocean** *n* der Indische Ozean
indicate [ˈɪndɪkeɪt] *vt* anzeigen; (*hint*) andeuten
indication [ɪndɪˈkeɪʃən] *n* Anzeichen *nt*; (*information*) Angabe *f*
indicative [ɪnˈdɪkətɪv] *adj*: ~ **of** bezeichnend für ♦ *n* (*GRAM*) Indikativ *m*
indicator [ˈɪndɪkeɪtə*] *n* (*sign*) (An)zeichen *nt*; (*AUT*) Richtungsanzeiger *m*
indices [ˈɪndɪsiːz] *npl of* **index**
indictment [ɪnˈdaɪtmənt] *n* Anklage *f*
indifference [ɪnˈdɪfrəns] *n* Gleichgültigkeit *f*; Unwichtigkeit *f*
indifferent [ɪnˈdɪfrənt] *adj* gleichgültig;

(*mediocre*) mäßig

indigenous [ɪn'dɪdʒɪnəs] *adj* einheimisch

indigestion [ɪndɪ'dʒestʃən] *n* Verdauungsstörung *f*

indignant [ɪn'dɪgnənt] *adj*: **to be ~ about** sth über etw *acc* empört sein

indignation [ɪndɪg'neɪʃən] *n* Entrüstung *f*

indignity [ɪn'dɪgnɪtɪ] *n* Demütigung *f*

indirect [ɪndɪ'rekt] *adj* indirekt; **~ly** *adv* indirekt

indiscreet [ɪndɪs'kriːt] *adj* (*insensitive*) taktlos;˙(*telling secrets*) indiskret; **indiscretion** *n* Taktlosigkeit *f*; Indiskretion *f*

indiscriminate [ɪndɪs'krɪmɪnət] *adj* wahllos; kritiklos

indispensable [ɪndɪs'pensəbl] *adj* unentbehrlich

indisposed [ɪndɪs'pəʊzd] *adj* unpäßlich

indisputable [ɪndɪs'pjuːtəbl] *adj* unbestreitbar; ˙(*evidence*) unanfechtbar

indistinct [ɪndɪs'tɪŋkt] *adj* undeutlich

individual [ɪndɪ'vɪdjʊəl] *n* Individuum *nt* ♦ *adj* individuell; (*case*) Einzel-; (*of, for one person*) eigen, individuell; (*characteristic*) eigentümlich; **~ly** *adv* einzeln, individuell

indivisible [ɪndɪ'vɪzəbl] *adj* unteilbar

indoctrinate [ɪn'dɒktrɪneɪt] *vt* indoktrinieren

indolent ['ɪndələnt] *adj* träge

Indonesia [ɪndəʊ'niːzɪə] *n* Indonesien *nt*

indoor ['ɪndɔː*] *adj* Haus-; Zimmer-; Innen-; (*SPORT*) Hallen-; **~s** [ɪn'dɔːz] *adv* drinnen, im Haus

induce [ɪn'djuːs] *vt* dazu bewegen; (*reaction*) herbeiführen; **~ment** *n* Veranlassung *f*; (*incentive*) Anreiz *m*

induction course (*BRIT*) *n* Einführungskurs *m*

indulge [ɪn'dʌldʒ] *vt* (*give way*) nachgeben +*dat*; (*gratify*) frönen +*dat* ♦ *vi*: **to ~ (in)** frönen (+*dat*); **~nce** *n* Nachsicht *f*; (*enjoyment*) Genuß *m*; **~nt** *adj* nachsichtig; (*pej*) nachgiebig

industrial [ɪn'dʌstrɪəl] *adj* Industrie-, industriell; (*dispute, injury*) Arbeits-; **~ action** *n* Arbeitskampfmaßnahmen *pl*; **~ estate** (*BRIT*) *n* Industriegebiet *nt*; **~ist** *n* Industrielle(r) *mf*; **~ize** *vt* industrialisieren; **~ park** (*US*) *n* Industriegebiet *nt*

industrious [ɪn'dʌstrɪəs] *adj* fleißig

industry ['ɪndəstrɪ] *n* Industrie *f*; (*diligence*) Fleiß *m*

inebriated [ɪ'niːbrɪeɪtɪd] *adj* betrunken

inedible [ɪn'edɪbl] *adj* ungenießbar

ineffective [ɪnɪ'fektɪv] *adj* unwirksam; (*person*) untauglich

ineffectual [ɪnɪ'fektjʊəl] *adj* = **ineffective**

inefficiency [ɪnɪ'fɪʃənsɪ] *n* Ineffizienz *f*

inefficient [ɪnɪ'fɪʃənt] *adj* ineffizient; (*ineffective*) unwirksam

inept [ɪ'nept] *adj* (*remark*) unpassend; (*person*) ungeeignet

inequality [ɪnɪ'kwɒlɪtɪ] *n* Ungleichheit *f*

inert [ɪ'nɜːt] *adj* träge; (*CHEM*) inaktiv; (*motionless*) unbeweglich

inertia [ɪ'nɜːʃə] *n* Trägheit *f*

inescapable [ɪnɪs'keɪpəbl] *adj* unvermeidbar

inevitable [ɪn'evɪtəbl] *adj* unvermeidlich

inevitably [ɪn'evɪtəblɪ] *adv* zwangsläufig

inexcusable [ɪnɪks'kjuːzəbl] *adj* unverzeihlich

inexhaustible [ɪnɪg'zɔːstəbl] *adj* unerschöpflich

inexorable [ɪn'eksərəbl] *adj* unerbittlich

inexpensive [ɪnɪks'pensɪv] *adj* preiswert

inexperience [ɪnɪks'pɪərɪəns] *n* Unerfahrenheit *f*; **~d** [ɪnɪks'pɪərɪənst] *adj* unerfahren

inexplicable [ɪnɪks'plɪkəbl] *adj* unerklärlich

inextricably [ɪnɪks'trɪkəblɪ] *adv* untrennbar

infallible [ɪn'fæləbl] *adj* unfehlbar

infamous ['ɪnfəməs] *adj* (*place*) verrufen; (*deed*) schändlich; (*person*) niederträchtig

infamy ['ɪnfəmɪ] *n* Verrufenheit *f*; Niedertracht *f*; (*disgrace*) Schande *f*

infancy ['ɪnfənsɪ] *n* frühe Kindheit *f*; (*fig*) Anfangsstadium *nt*

infant ['ɪnfənt] *n* kleine(s) Kind *nt*, Säugling *m*; **~ile** *adj* kindisch, infantil; **~ school** (*BRIT*) *n* Vorschule *f*

infatuated [ɪn'fætjʊeɪtɪd] *adj* vernarrt; **to become ~ with** sich vernarren in +*acc*

infatuation [ɪnfætjʊ'eɪʃən] *n*: **~ (with)** Vernarrtheit *f* (in +*acc*)

infect [ɪn'fekt] *vt* anstecken (*also fig*); **~ed with** (*illness*) infiziert mit; **~ion** [ɪn'fekʃən] *n* Infektion *f*; **~ious** [ɪn'fekʃəs] *adj* ansteckend

infer [ɪn'fɜː*] *vt* schließen; **~ence** ['ɪnfərəns] *n* Schlußfolgerung *f*

inferior [ɪn'fɪərɪə*] *adj* (*rank*) untergeordnet; (*quality*) minderwertig ♦ *n* Untergebene(r) *mf*; **~ity** [ɪnfɪərɪ'ɒrɪtɪ] *n* Minderwertigkeit *f*; (*in rank*) untergeordnete Stellung *f*; **~ity complex** *n* Minderwertigkeitskomplex *m*

infernal [ɪn'fɜːnl] *adj* höllisch

infertile [ɪn'fɜːtaɪl] *adj* unfruchtbar

infertility [ɪnfɜː'tɪlɪtɪ] *n* Unfruchtbarkeit *f*

infested [ɪn'festɪd] *adj*: **to be ~ with** wimmeln von

infidelity [ɪnfɪ'delɪtɪ] *n* Untreue *f*

infighting ['ɪnfaɪtɪŋ] *n* Nahkampf *m*

infiltrate ['ɪnfɪltreɪt] *vt* infiltrieren; (*spies*) einschleusen ♦ *vi* (*MIL, liquid*) einsickern; (*POL*): **to ~ (into)** unterwandern (+*acc*)

infinite ['ɪnfɪnɪt] *adj* unendlich

infinitive [ɪn'fɪnɪtɪv] *n* Infinitiv *m*

infinity [ɪn'fɪnɪtɪ] *n* Unendlichkeit *f*

infirm [ɪn'fɜːm] *adj* gebrechlich

infirmary [ɪn'fɜːmərɪ] *n* Krankenhaus *nt*

infirmity [ɪn'fɜːmɪtɪ] *n* Schwäche *f*, Gebrechlichkeit *f*

inflamed [ɪn'fleɪmd] *adj* entzündet

inflammable [ɪnˈflæməbl] (BRIT) adj feuergefährlich
inflammation [ɪnfləˈmeɪʃən] n Entzündung f
inflatable [ɪnˈfleɪtəbl] adj aufblasbar
inflate [ɪnˈfleɪt] vt aufblasen; (tyre) aufpumpen; (prices) hochtreiben
inflation [ɪnˈfleɪʃən] n Inflation f; ~ary [ɪnˈfleɪʃnərɪ] adj (increase) inflationistisch; (situation) inflationär
inflexible [ɪnˈfleksəbl] adj (person) nicht flexibel; (opinion) starr; (thing) unbiegsam
inflict [ɪnˈflɪkt] vt: to ~ sth on sb jdm etw zufügen; (wound) jdm etw beibringen
influence [ˈɪnfluəns] n Einfluß m ♦ vt beeinflussen
influential [ɪnfluˈenʃəl] adj einflußreich
influenza [ɪnfluˈenzə] n Grippe f
influx [ˈɪnflʌks] n (of people) Zustrom m; (of ideas) Eindringen nt
inform [ɪnˈfɔːm] vt informieren ♦ vi: to ~ on sb jdn denunzieren; to keep sb ~ed jdn auf dem laufenden halten
informal [ɪnˈfɔːməl] adj zwanglos; ~ity [ɪnfɔːˈmælɪtɪ] n Ungezwungenheit f
informant [ɪnˈfɔːmənt] n Informant(in) m(f)
information [ɪnfəˈmeɪʃən] n Auskunft f, Information f; a piece of ~ eine Auskunft, eine Information; ~ office n Informationsbüro nt
informative [ɪnˈfɔːmətɪv] adj informativ; (person) mitteilsam
informer [ɪnˈfɔːmə*] n Denunziant(in) m(f)
infra-red [ɪnfrəˈred] adj infrarot
infrequent [ɪnˈfriːkwənt] adj selten
infringe [ɪnˈfrɪndʒ] vt (law) verstoßen gegen; ~ upon vt verletzen; ~ment n Verstoß m, Verletzung f
infuriating [ɪnˈfjʊərɪeɪtɪŋ] adj ärgerlich
infusion [ɪnˈfjuːʒən] n (tea etc) Aufguß m
ingenious [ɪnˈdʒiːnɪəs] adj genial
ingenuity [ɪndʒɪˈnjuːɪtɪ] n Genialität f
ingenuous [ɪnˈdʒenjuəs] adj aufrichtig; (naive) naiv
ingot [ˈɪŋgət] n Barren m
ingrained [ɪnˈgreɪnd] adj tiefsitzend
ingratiate [ɪnˈgreɪʃɪeɪt] vt: to ~ o.s. with sb sich bei jdm einschmeicheln
ingratitude [ɪnˈgrætɪtjuːd] n Undankbarkeit f
ingredient [ɪnˈgriːdɪənt] n Bestandteil m; (COOK) Zutat f
inhabit [ɪnˈhæbɪt] vt bewohnen; ~ant [ɪnˈhæbɪtənt] n Bewohner(in) m(f); (of island, town) Einwohner(in) m(f)
inhale [ɪnˈheɪl] vt einatmen; (MED, cigarettes) inhalieren
inherent [ɪnˈhɪərənt] adj: ~ (in) innewohnend (+dat)
inherit [ɪnˈherɪt] vt erben; ~ance n Erbe nt, Erbschaft f
inhibit [ɪnˈhɪbɪt] vt hemmen; to ~ sb from

doing sth jdn daran hindern, etw zu tun; ~ion [ɪnhɪˈbɪʃən] n Hemmung f
inhospitable [ɪnhɒsˈpɪtəbl] adj (person) ungastlich; (country) unwirtlich
inhuman [ɪnˈhjuːmən] adj unmenschlich
inimitable [ɪˈnɪmɪtəbl] adj unnachahmlich
iniquity [ɪˈnɪkwɪtɪ] n Ungerechtigkeit f
initial [ɪˈnɪʃəl] adj anfänglich, Anfangs- ♦ n Initiale f ♦ vt abzeichnen; (POL) paraphieren; ~ly adv anfangs
initiate [ɪˈnɪʃɪeɪt] vt einführen; (negotiations) einleiten; to ~ sb into a secret jdn in ein Geheimnis einweihen; to ~ proceedings against sb (JUR) gerichtliche Schritte gegen jdn einleiten
initiation [ɪnɪʃɪˈeɪʃən] n Einführung f, Einleitung f
initiative [ɪˈnɪʃətɪv] n Initiative f
inject [ɪnˈdʒekt] vt einspritzen; (fig) einflößen; ~ion [ɪnˈdʒekʃən] n Spritze f
injunction [ɪnˈdʒʌŋkʃən] n Verfügung f
injure [ˈɪndʒə*] vt verletzen; ~d adj (person, arm) verletzt
injury [ˈɪndʒərɪ] n Verletzung f; to play ~ time (SPORT) nachspielen
injustice [ɪnˈdʒʌstɪs] n Ungerechtigkeit f
ink [ɪŋk] n Tinte f
inkling [ˈɪŋklɪŋ] n (dunkle) Ahnung f
inlaid [ˈɪnleɪd] adj eingelegt, Einlege-
inland [adj ˈɪnlənd, adv ɪnˈlænd] adj Binnen-; (domestic) Inlands- ♦ adv landeinwärts; ~ revenue (BRIT) n Fiskus m
in-laws [ˈɪnlɔːz] npl (parents-in-law) Schwiegereltern pl; (others) angeheiratete Verwandte pl
inlet [ˈɪnlet] n Einlaß m; (bay) kleine Bucht f
inmate [ˈɪnmeɪt] n Insasse m
inn [ɪn] n Gasthaus nt, Wirtshaus nt
innate [ɪˈneɪt] adj angeboren
inner [ˈɪnə*] adj inner, Innen-; (fig) verborgen; ~ city n Innenstadt f; ~ tube n (of tyre) Schlauch m
innings [ˈɪnɪŋz] n (CRICKET) Innenrunde f
innocence [ˈɪnəsns] n Unschuld f; (ignorance) Unkenntnis f
innocent [ˈɪnəsnt] adj unschuldig
innocuous [ɪˈnɒkjuəs] adj harmlos
innovation [ɪnəʊˈveɪʃən] n Neuerung f
innuendo [ɪnjuˈendəʊ] n (versteckte) Anspielung f
innumerable [ɪˈnjuːmərəbl] adj unzählig
inoculation [ɪnɒkjʊˈleɪʃən] n Impfung f
inopportune [ɪnˈɒpətjuːn] adj (remark) unangebracht; (visit) ungelegen
inordinately [ɪˈnɔːdɪnɪtlɪ] adv unmäßig
inpatient [ˈɪnpeɪʃənt] n stationäre(r) Patient m/stationäre Patientin f
input [ˈɪnpʊt] n (COMPUT) Eingabe f; (power) Energiezufuhr f; (of energy, work) Aufwand m
inquest [ˈɪnkwest] n gerichtliche Unter-

suchung f

inquire [ɪn'kwaɪə*] vi sich erkundigen ♦ vt (price) sich erkundigen nach; ~ **into** vt untersuchen

inquiry [ɪn'kwaɪərɪ] n (question) Erkundigung f; (investigation) Untersuchung f; ~ **office** (BRIT) n Auskunft(sbüro nt) f

inquisitive [ɪn'kwɪzɪtɪv] adj neugierig

inroad ['ɪnrəʊd] n (MIL) Einfall m; (fig) Eingriff m

ins. abbr = **inches**

insane [ɪn'seɪn] adj wahnsinnig; (MED) geisteskrank

insanity [ɪn'sænɪtɪ] n Wahnsinn m

insatiable [ɪn'seɪʃəbl] adj unersättlich

inscribe [ɪn'skraɪb] vt eingravieren

inscription [ɪn'skrɪpʃən] n (on stone) Inschrift f; (in book) Widmung f

inscrutable [ɪn'skruːtəbl] adj unergründlich

insect ['ɪnsekt] n Insekt nt; ~**icide** [ɪn'sektɪsaɪd] n Insektenvertilgungsmittel nt

insecure [ɪnsɪ'kjʊə*] adj (person) unsicher; (thing) nicht fest or sicher

insecurity [ɪnsɪ'kjʊərɪtɪ] n Unsicherheit f

insemination [ɪnsemɪ'neɪʃən] n: **artificial** ~ künstliche Befruchtung f

insensible [ɪn'sensɪbl] adj (unconscious) bewußtlos

insensitive [ɪn'sensɪtɪv] adj (to pain) unempfindlich; (without feelings) gefühllos

inseparable [ɪn'sepərəbl] adj (people) unzertrennlich; (word) untrennbar

insert [vb ɪn'sɜːt, n 'ɪnsɜːt] vt einfügen; (coin) einwerfen; (stick into) hineinstecken; (advertisement) aufgeben ♦ n (in book) Einlage f; (in magazine) Beilage f; ~**ion** [ɪn'sɜːʃən] n Einfügung f; (PRESS) Inserat nt

in-service ['ɪn'sɜːvɪs] adj (training) berufsbegleitend

inshore ['ɪn'ʃɔː*] adj Küsten- ♦ adv an der Küste

inside ['ɪn'saɪd] n Innenseite f, Innere(s) nt ♦ adj innere(r, s), Innen- ♦ adv (place) innen; (direction) nach innen, hinein ♦ prep (place) in +dat; (direction) in +acc ... hinein; (time) innerhalb +gen; ~**s** npl (inf) Eingeweide nt; ~ **10 minutes** unter 10 Minuten; ~ **lane** n (AUT: in Britain) linke Spur; ~ **out** adv linksherum; (know) in- und auswendig

insider dealing n (STOCK EXCHANGE) Insiderhandel m

insider trading n (STOCK EXCHANGE) Insiderhandel m

insidious [ɪn'sɪdɪəs] adj heimtückisch

insight ['ɪnsaɪt] n Einsicht f, ~ **into** Einblick m in +acc

insignificant [ɪnsɪg'nɪfɪkənt] adj unbedeutend

insincere [ɪnsɪn'sɪə*] adj unaufrichtig

insinuate [ɪn'sɪnjʊeɪt] vt (hint) andeuten

insipid [ɪn'sɪpɪd] adj fad(e)

insist [ɪn'sɪst] vi: **to** ~ **(on)** bestehen (auf +acc); ~**ence** n Bestehen nt; ~**ent** adj hartnäckig; (urgent) dringend

insole ['ɪnsəʊl] n Einlegesohle f

insolence ['ɪnsələns] n Frechheit f

insolent ['ɪnsələnt] adj frech

insoluble [ɪn'sɒljʊbl] adj unlösbar; (CHEM) unlöslich

insolvent [ɪn'sɒlvənt] adj zahlungsunfähig

insomnia [ɪn'sɒmnɪə] n Schlaflosigkeit f

inspect [ɪn'spekt] vt prüfen; (officially) inspizieren; ~**ion** [ɪn'spekʃən] n Inspektion f; ~**or** n (official) Inspektor m; (police) Polizeikommissar m; (BRIT: on buses, trains) Kontrolleur m

inspiration [ɪnspɪ'reɪʃən] n Inspiration f

inspire [ɪn'spaɪə*] vt (person) inspirieren; **to** ~ **sth in sb** (respect) jdm etw einflößen; (hope) etw in jdm wecken

instability [ɪnstə'bɪlɪtɪ] n Unbeständigkeit f, Labilität f

install [ɪn'stɔːl] vt (put in) installieren; (telephone) anschließen; (establish) einsetzen; ~**ation** [ɪnstə'leɪʃən] n (of person) (Amts)einsetzung f; (of machinery) Installierung f; (machines etc) Anlage f

installment [ɪn'stɔːlmənt] (US **installment**) n Rate f; (of story) Fortsetzung f; **to pay in** ~**s** auf Raten zahlen

instance ['ɪnstəns] n Fall m; (example) Beispiel nt; **for** ~ zum Beispiel; **in the first** ~ zunächst

instant ['ɪnstənt] n Augenblick m ♦ adj augenblicklich, sofortig

instantaneous [ɪnstən'teɪnɪəs] adj unmittelbar

instant coffee n Instantkaffee m

instantly ['ɪnstəntlɪ] adv sofort

instead [ɪn'sted] adv statt dessen; ~ **of** prep anstatt +gen

instep ['ɪnstep] n Spann m; (of shoe) Blatt nt

instil [ɪn'stɪl] vt (fig): **to** ~ **sth in sb** jdm etw beibringen

instinct ['ɪnstɪŋkt] n Instinkt m; ~**ive** [ɪn'stɪŋktɪv] adj instinktiv

institute ['ɪnstɪtjuːt] n Institut nt ♦ vt einführen; (search) einleiten

institution [ɪnstɪ'tjuːʃən] n Institution f; (home) Anstalt f

instruct [ɪn'strʌkt] vt anweisen; (officially) instruieren; ~**ion** [ɪn'strʌkʃən] n Unterricht m; ~**ions** npl (orders) Anweisungen pl; (for use) Gebrauchsanweisung f; ~**ive** adj lehrreich; ~**or** n Lehrer m; (MIL) Ausbilder m

instrument ['ɪnstrʊmənt] n Instrument nt; ~**al** [ɪnstrʊ'mentl] adj (MUS) Instrumental-; (helpful): ~**al (in)** behilflich (bei); ~ **panel** n Armaturenbrett nt

insubordinate [ɪnsə'bɔːdənət] adj aufsässig, widersetzlich

insubordination ['ɪnsəbɔːdɪ'neɪʃən] n Gehorsamsverweigerung f

insufferable [ɪnˈsʌfərəbl] adj unerträglich

insufficient [ɪnsəˈfɪʃənt] adj ungenügend

insular [ˈɪnsjələ*] adj (fig) engstirnig

insulate [ˈɪnsjuleɪt] vt (ELEC) isolieren; (fig):
to ~ (from) abschirmen (vor +dat)

insulating tape n Isolierband nt

insulation [ɪnsjuˈleɪʃən] n Isolierung f

insulin [ˈɪnsjʊlɪn] n Insulin nt

insult [n ˈɪnsʌlt, vb ɪnˈsʌlt] n Beleidigung f
♦ vt beleidigen; ~ing [ɪnˈsʌltɪŋ] adj beleidigend

insuperable [ɪnˈsuːpərəbl] adj unüberwind-
lich

insurance [ɪnˈʃʊərəns] n Versicherung f;
fire/life ~ Feuer-/Lebensversicherung; ~
agent n Versicherungsvertreter m; ~
policy n Versicherungspolice f

insure [ɪnˈʃʊə*] vt versichern

insurrection [ɪnsəˈrekʃən] n Aufstand m

intact [ɪnˈtækt] adj unversehrt

intake [ˈɪnteɪk] n (place) Einlaßöffnung f;
(act) Aufnahme f; (BRIT: SCH): an ~ of 200
a year ein Neuzugang von 200 im Jahr

intangible [ɪnˈtændʒɪbl] adj nicht greifbar

integral [ˈɪntɪɡrəl] adj (essential) wesentlich; (complete) vollständig; (MATH)
Integral-

integrate [ˈɪntɪɡreɪt] vt integrieren ♦ vi sich
integrieren

integrity [ɪnˈtegrɪtɪ] n (honesty) Redlichkeit
f, Integrität f

intellect [ˈɪntɪlekt] n Intellekt m; ~ual
[ɪntɪˈlektjʊəl] adj geistig, intellektuell ♦ n In-
tellektuelle(r) mf

intelligence [ɪnˈtelɪdʒəns] n (understanding)
Intelligenz f; (news) Information f; (MIL)
Geheimdienst m

intelligent [ɪnˈtelɪdʒənt] adj intelligent; ~ly
adv klug; (write, speak) verständlich

intelligentsia [ɪntelɪˈdʒentsɪə] n Intelligenz
f

intelligible [ɪnˈtelɪdʒəbl] adj verständlich

intend [ɪnˈtend] vt beabsichtigen; that was
~ed for you das war für dich gedacht

intense [ɪnˈtens] adj stark, intensiv; (person) ernsthaft; ~ly adv äußerst; (study) intensiv

intensify [ɪnˈtensɪfaɪ] vt verstärken, intensi-
vieren

intensity [ɪnˈtensɪtɪ] n Intensität f

intensive [ɪnˈtensɪv] adj intensiv; ~ care
unit n Intensivstation f

intent [ɪnˈtent] n Absicht f ♦ adj: to be ~
on doing sth fest entschlossen sein, etw zu
tun; to all ~s and purposes praktisch

intention [ɪnˈtenʃən] n Absicht f

intentional adj absichtlich; ~ly adv absichtlich

intently [ɪnˈtentlɪ] adv konzentriert

interact [ɪntərˈækt] vi aufeinander einwirken; ~ion n Wechselwirkung f

interactive adj (COMPUT) interaktiv

intercede [ɪntəˈsiːd] vi sich verwenden

intercept [ɪntəˈsept] vt abfangen

interchange [n ˈɪntətʃeɪndʒ, vb
ɪntəˈtʃeɪndʒ] n (exchange) Austausch m; (on
roads) Verkehrskreuz nt ♦ vt austauschen;
~able [ɪntəˈtʃeɪndʒəbl] adj austauschbar

intercom [ˈɪntəkɒm] n (Gegen)sprechanlage
f

intercourse [ˈɪntəkɔːs] n (exchange) Beziehungen pl; (sexual) Geschlechtsverkehr
m

interest [ˈɪntrest] n Interesse nt; (FIN) Zin-
sen pl; (COMM: share) Anteil m; (group) In-
teressengruppe f ♦ vt interessieren; ~ed adj
(having claims) beteiligt; (attentive) interes-
siert; to be ~ed in sich interessieren für;
~ing adj interessant; ~ rate n Zinssatz m

interface [ˈɪntəfeɪs] n (COMPUT) Schnitt-
stelle f, Interface nt

interfere [ɪntəˈfɪə*] vi: to ~ (with) (meddle) sich einmischen (in +acc); (disrupt)
stören +acc

interference [ɪntəˈfɪərəns] n Einmischung
f; (TV) Störung f

interim [ˈɪntərɪm] n: in the ~ inzwischen

interior [ɪnˈtɪərɪə*] n Innere(s) nt ♦ adj in-
nere(r, s), Innen-; ~ designer n Innenar-
chitekt(in) m(f)

interjection [ɪntəˈdʒekʃən] n Ausruf m

interlock [ɪntəˈlɒk] vi ineinandergreifen

interlude [ˈɪntəluːd] n Pause f

intermarry [ɪntəˈmærɪ] vi untereinander
heiraten

intermediary [ɪntəˈmiːdɪərɪ] n Vermittler m

intermediate [ɪntəˈmiːdɪət] adj Zwischen-,
Mittel-

interminable [ɪnˈtɜːmɪnəbl] adj endlos

intermission [ɪntəˈmɪʃən] n Pause f

intermittent [ɪntəˈmɪtənt] adj periodisch,
stoßweise

intern [vb ɪnˈtɜːn, n ˈɪntɜːn] vt internieren ♦
n (US) Assistenzarzt m/-ärztin f

internal [ɪnˈtɜːnl] adj (inside) innere(r, s);
(domestic) Inlands-; ~ly adv innen; (MED)
innerlich; "not to be taken ~ly" „nur zur
äußerlichen Anwendung"; I~ Revenue
Service (US) n Finanzamt nt

international [ɪntəˈnæʃnəl] adj international ♦ n (SPORT) Nationalspieler(in) m(f); (:
match) internationale(s) Spiel nt

interplay [ˈɪntəpleɪ] n Wechselspiel nt

interpret [ɪnˈtɜːprɪt] vt (explain) auslegen,
interpretieren; (translate) dolmetschen;
~ation [ɪntɜːprɪˈteɪʃən] n Interpretation f;
~er n Dolmetscher(in) m(f)

interrelated [ɪntərɪˈleɪtɪd] adj untereinander zusammenhängend

interrogate [ɪnˈterəɡeɪt] vt verhören

interrogation [ɪntərəˈɡeɪʃən] n Verhör nt

interrogative [ɪntəˈrɒɡətɪv] adj Frage-

interrupt [ɪntəˈrʌpt] vt unterbrechen; ~ion

[ɪntə'rʌpʃən] *n* Unterbrechung *f*

intersect [ɪntə'sekt] *vt* (durch)schneiden ♦ *vi* sich schneiden; ~**ion** [ɪntə'sekʃən] *n* (*of roads*) Kreuzung *f*; (*of lines*) Schnittpunkt *m*

intersperse [ɪntə'spɜːs] *vt*: to ~ sth with sth etw mit etw durchsetzen

intertwine [ɪntə'twaɪn] *vt* verflechten ♦ *vi* sich verflechten

interval ['ɪntəvəl] *n* Abstand *m*; (*BRIT: SCH, THEAT, SPORT*) Pause *f*; at ~s in Abständen

intervene [ɪntə'viːn] *vi* dazwischenliegen; (*act*): to ~ (in) einschreiten (gegen)

intervention [ɪntə'venʃən] *n* Eingreifen *nt*, Intervention *f*

interview ['ɪntəvjuː] *n* (*PRESS etc*) Interview *nt*; (*for job*) Vorstellungsgespräch *nt* ♦ *vt* interviewen; ~**er** *n* Interviewer *m*

intestine [ɪn'testɪn] *n*: large/small ~ Dick-/Dünndarm *m*

intimacy ['ɪntɪməsɪ] *n* Intimität *f*

intimate [*adj* 'ɪntɪmət, *vb* 'ɪntɪmeɪt] *adj* (*inmost*) innerste(r, s); (*knowledge*) eingehend; (*familiar*) vertraut; (*friends*) eng ♦ *vt* andeuten

intimidate [ɪn'tɪmɪdeɪt] *vt* einschüchtern

intimidation [ɪntɪmɪ'deɪʃən] *n* Einschüchterung *f*

into ['ɪntu] *prep* (*motion*) in +*acc* ... hinein; 5 ~ 25 25 durch 5

intolerable [ɪn'tɒlərəbl] *adj* unerträglich

intolerance [ɪn'tɒlərns] *n* Unduldsamkeit *f*

intolerant [ɪn'tɒlərənt] *adj*: ~ of unduldsam gegen(über)

intoxicate [ɪn'tɒksɪkeɪt] *vt* berauschen; ~**d** *adj* betrunken

intoxication [ɪntɒksɪ'keɪʃən] *n* Rausch *m*

intractable [ɪn'træktəbl] *adj* schwer zu handhaben; (*problem*) schwer lösbar

intransigent [ɪn'trænsɪdʒənt] *adj* unnachgiebig

intransitive [ɪn'trænsɪtɪv] *adj* intransitiv

intravenous [ɪntrə'viːnəs] *adj* intravenös

in-tray ['ɪntreɪ] *n* Eingangskorb *m*

intrepid [ɪn'trepɪd] *adj* unerschrocken

intricate ['ɪntrɪkət] *adj* kompliziert

intrigue [ɪn'triːg] *n* Intrige *f* ♦ *vt* faszinieren ♦ *vi* intrigieren

intriguing [ɪn'triːgɪŋ] *adj* faszinierend

intrinsic [ɪn'trɪnsɪk] *adj* innere(r, s); (*difference*) wesentlich

introduce [ɪntrə'djuːs] *vt* (*person*) vorstellen; (*sth new*) einführen; (*subject*) anschneiden; to ~ sb to sb jdm jdn vorstellen; to ~ sb to sth jdn in etw *acc* einführen

introduction [ɪntrə'dʌkʃən] *n* Einführung *f*; (*to book*) Einleitung *f*

introductory [ɪntrə'dʌktərɪ] *adj* Einführungs-, Vor-

introspective [ɪntrəu'spektɪv] *adj* nach innen gekehrt

introvert ['ɪntrəuvɜːt] *n* Introvertierte(r) *mf* ♦ *adj* introvertiert

intrude [ɪn'truːd] *vi*: to ~ (on sb/sth) (jdn/etw) stören; ~**r** *n* Eindringling *m*

intrusion [ɪn'truːʒən] *n* Störung *f*

intrusive [ɪn'truːsɪv] *adj* aufdringlich

intuition [ɪntjuː'ɪʃən] *n* Intuition *f*

inundate ['ɪnʌndeɪt] *vt* (*also fig*) überschwemmen

invade [ɪn'veɪd] *vt* einfallen in +*acc*; ~**r** *n* Eindringling *m*

invalid [*n* 'ɪnvəlɪd, *adj* ɪn'vælɪd] *n* (*disabled*) Invalide *m* ♦ *adj* (*ill*) krank; (*disabled*) invalide; (*not valid*) ungültig

invaluable [ɪn'væljuəbl] *adj* unschätzbar

invariable [ɪn'vɛərɪəbl] *adj* unveränderlich

invariably [ɪn'vɛərɪəblɪ] *adv* ausnahmslos

invasion [ɪn'veɪʒən] *n* Invasion *f*

invent [ɪn'vent] *vt* erfinden; ~**ion** [ɪn'venʃən] *n* Erfindung *f*; ~**ive** *adj* erfinderisch; ~**or** *n* Erfinder *m*

inventory ['ɪnvəntrɪ] *n* Inventar *nt*

inverse ['ɪn'vɜːs] *n* Umkehrung *f* ♦ *adj* umgekehrt

invert [ɪn'vɜːt] *vt* umdrehen; ~**ed commas** (*BRIT*) *npl* Anführungsstriche *pl*

invest [ɪn'vest] *vt* investieren

investigate [ɪn'vestɪgeɪt] *vt* untersuchen

investigation [ɪnvestɪ'geɪʃən] *n* Untersuchung *f*

investigator [ɪn'vestɪgeɪtə*] *n* Untersuchungsbeamte(r) *m*

investiture [ɪn'vestɪtʃə*] *n* Amtseinsetzung *f*

investment [ɪn'vestmənt] *n* Investition *f*

investor [ɪn'vestə*] *n* (Geld)anleger *m*

inveterate [ɪn'vetərət] *adj* unverbesserlich

invidious [ɪn'vɪdɪəs] *adj* unangenehm; (*distinctions, remark*) ungerecht

invigilate [ɪn'vɪdʒɪleɪt] *vi* (*in exam*) Aufsicht führen ♦ *vt* Aufsicht führen bei

invigorating [ɪn'vɪgəreɪtɪŋ] *adj* stärkend

invincible [ɪn'vɪnsəbl] *adj* unbesiegbar

invisible [ɪn'vɪzəbl] *adj* unsichtbar

invitation [ɪnvɪ'teɪʃən] *n* Einladung *f*

invite [ɪn'vaɪt] *vt* einladen

inviting [ɪn'vaɪtɪŋ] *adj* einladend

invoice ['ɪnvɔɪs] *n* Rechnung *f* ♦ *vt*: to ~ sb for sth jdm etw *acc* in Rechnung stellen

invoke [ɪn'vəuk] *vt* anrufen

involuntary [ɪn'vɒləntərɪ] *adj* unabsichtlich

involve [ɪn'vɒlv] *vt* (*entangle*) verwickeln; (*entail*) mit sich bringen; ~**d** *adj* verwickelt; ~**ment** *n* Verwicklung *f*

inward ['ɪnwəd] *adj* innere(r, s); (*curve*) Innen- ♦ *adv* nach innen; ~**ly** *adv* im Innern; ~**s** *adv* nach innen

I/O *abbr* (*COMPUT*: = *input/output*) I/O

iodine ['aɪədiːn] *n* Jod *nt*

iota [aɪ'əutə] *n* (*fig*) bißchen *nt*

IOU *n abbr* (= *I owe you*) Schuldschein *m*

IQ n abbr (= intelligence quotient) IQ m
IRA n abbr (= Irish Republican Army) IRA f
Iran [ɪ'rɑːn] n Iran m; **~ian** adj iranisch ♦ n
Iraner(in) m(f); (LING) Iranisch nt
Iraq [ɪ'rɑːk] n Irak m; **~i** adj irakisch ♦ n
Iraker(in) m(f); (LING) Irakisch nt
irascible [ɪ'ræsɪbl] adj reizbar
irate [aɪ'reɪt] adj zornig
Ireland ['aɪələnd] n Irland nt
iris ['aɪrɪs] (pl ~es) n Iris f
Irish ['aɪrɪʃ] adj irisch ♦ npl: **the** ~ die Iren
pl, die Irländer pl; **~man** (irreg) n Ire m,
Irländer m; ~ **Sea** n (GEO): **the** ~ **Sea** die
Irische See f; **~woman** (irreg) n Irin f, Ir-
länderin f
irksome ['ɜːksəm] adj lästig
iron ['aɪən] n Eisen nt; (for ironing)
Bügeleisen nt ♦ adj eisern ♦ vt bügeln; ~
out vt (also fig) ausbügeln; **I~ Curtain** n
Eiserne(r) Vorhang m
ironic(al) [aɪ'rɒnɪk(əl)] adj ironisch; (coincidence etc) witzig
ironing ['aɪənɪŋ] n Bügeln nt; (laundry)
Bügelwäsche f; ~ **board** n Bügelbrett nt
irony ['aɪərənɪ] n Ironie f
irrational [ɪ'ræʃənl] adj irrational
irreconcilable [ɪrekən'saɪləbl] adj unvereinbar
irrefutable [ɪrɪ'fjuːtəbl] adj unwiderlegbar
irregular [ɪ'regjʊlə*] adj unregelmäßig;
(shape) ungleich(mäßig); (fig) unüblich; (:
behaviour) ungehörig; **~ity** [ɪregjʊ'lærɪtɪ] n
Unregelmäßigkeit f; Ungleichmäßigkeit f;
(fig) Vergehen nt
irrelevant [ɪ'reləvənt] adj belanglos, irrelevant
irreparable [ɪ'repərəbl] adj nicht wieder-
gutzumachen
irreplaceable [ɪrɪ'pleɪsəbl] adj unersetzlich
irresistible [ɪrɪ'zɪstəbl] adj unwiderstehlich
irrespective [ɪrɪ'spektɪv]: ~ **of** prep ungeachtet +gen
irresponsible [ɪrɪ'spɒnsəbl] adj verantwor-
tungslos
irreverent [ɪ'revərənt] adj respektlos
irrevocable [ɪ'revəkəbl] adj unwiderrufbar
irrigate ['ɪrɪgeɪt] vt bewässern
irrigation [ɪrɪ'geɪʃən] n Bewässerung f
irritable ['ɪrɪtəbl] adj reizbar
irritate ['ɪrɪteɪt] vt irritieren, reizen (also
MED)
irritation [ɪrɪ'teɪʃən] n (anger) Ärger m;
(MED) Reizung f
IRS n abbr = **Internal Revenue Service**
is [ɪz] vb see **be**
Islam ['ɪzlɑːm] n Islam m
island ['aɪlənd] n Insel f; **~er** n Inselbe-
wohner(in) m(f)
isle [aɪl] n (kleine) Insel f
isn't ['ɪznt] = **is not**
isolate ['aɪsəʊleɪt] vt isolieren; **~d** adj iso-
liert; (case) Einzel-

isolation [aɪsəʊ'leɪʃən] n Isolierung f
Israel ['ɪzreɪəl] n Israel nt; **~i** [ɪz'reɪlɪ] adj
israelisch ♦ n Israeli m
issue ['ɪʃuː] n (matter) Frage f; (outcome)
Ausgang m; (of newspaper, shares) Ausgabe
f; (offspring) Nachkommenschaft f ♦ vt ausgeben; (warrant) erlassen; (documents) ausstellen; (orders) erteilen; (books) herausgeben; (verdict) aussprechen; **to be at** ~ zur
Debatte stehen; **to take** ~ **with sb over**
sth jdm in etw dat widersprechen
isthmus ['ɪsməs] n Landenge f

───────────────── KEYWORD ─────────────────

it [ɪt] pron **1** (specific: subject) er/sie/es; (:
direct object) ihn/sie/es; (: indirect object)
ihm/ihr/ihm; **about/from/in/of it** darüber/
davon/darin/davon
2 (impers) es; **it's raining** es regnet; **it's Friday tomorrow** morgen ist Freitag; **who is
it? – it's me** wer ist da? – ich (bin's)

Italian [ɪ'tæljən] adj italienisch ♦ n Italie-
ner(in) m(f); (LING) Italienisch nt
italic [ɪ'tælɪk] adj kursiv; **~s** npl Kursiv-
schrift f
Italy ['ɪtəlɪ] n Italien nt
itch [ɪtʃ] n Juckreiz m; (fig) Lust f ♦ vi
jucken; **to be ~ing to do sth** darauf brennen, etw zu tun; **~y** adj juckend
it'd ['ɪtd] = **it would**; **it had**
item ['aɪtəm] n Gegenstand m; (on list) Posten m; (in programme) Nummer f; (in
agenda) (Programm)punkt m; (in newspaper) (Zeitungs)notiz f; **~ize** vt verzeich-
nen
itinerant [ɪ'tɪnərənt] adj (person) umherrei-
send
itinerary [aɪ'tɪnərərɪ] n Reiseroute f
it'll ['ɪtl] = **it will**; **it shall**
its [ɪts] adj (masculine, neuter) sein; (feminine) ihr
it's [ɪts] = **it is**; **it has**
itself [ɪt'self] pron sich (selbst); (emphatic)
selbst
ITV (BRIT) n abbr = **Independent Television**
I.U.D. n abbr (= intra-uterine device) Pessar
nt
I've [aɪv] = **I have**
ivory ['aɪvərɪ] n Elfenbein nt
ivy ['aɪvɪ] n Efeu nt

J j

jab [dʒæb] vt (hinein)stechen ♦ n Stich m, Stoß m; (inf) Spritze f
jabber ['dʒæbə*] vi plappern
jack [dʒæk] n (AUT) (Wagen)heber m; (CARDS) Bube m; ~ **up** vt aufbocken
jackal ['dʒækɔːl] n (ZOOL) Schakal m
jackdaw ['dʒækdɔː] n Dohle f
jacket ['dʒækɪt] n Jacke f; (of book) Schutzumschlag m; (TECH) Ummantelung f
jackknife ['dʒæknaɪf] vi (truck) sich zusammenschieben
jack plug n (ELEC) Buchsenstecker m
jackpot ['dʒækpɒt] n Haupttreffer m
jaded ['dʒeɪdɪd] adj ermattet
jagged ['dʒægɪd] adj zackig
jail [dʒeɪl] n Gefängnis nt ♦ vt einsperren; ~**er** n Gefängniswärter m
jam [dʒæm] n Marmelade f; (also: traffic ~) (Verkehrs)stau m; (inf: trouble) Klemme f ♦ vt (wedge) einklemmen; (cram) hineinzwängen; (obstruct) blockieren ♦ vi sich verklemmen; **to ~ sth into sth** etw in etw acc hineinstopfen
Jamaica [dʒə'meɪkə] n Jamaika nt
jangle ['dʒæŋgl] vt, vi klimpern
janitor ['dʒænɪtə*] n Hausmeister m
January ['dʒænjuərɪ] n Januar m
Japan [dʒə'pæn] n Japan nt; ~**ese** [dʒæpə'niːz] adj japanisch ♦ n inv Japaner(in) m(f); (LING) Japanisch nt
jar [dʒɑː*] n Glas nt ♦ vi kreischen; (colours etc) nicht harmonieren
jargon ['dʒɑːgən] n Fachsprache f, Jargon m
jaundice ['dʒɔːndɪs] n Gelbsucht f; ~**d** adj (fig) mißgünstig
jaunt [dʒɔːnt] n Spritztour f; ~**y** adj (lively) munter; (brisk) flott
javelin ['dʒævlɪn] n Speer m
jaw [dʒɔː] n Kiefer m
jay [dʒeɪ] n (ZOOL) Eichelhäher m
jaywalker ['dʒeɪwɔːkə*] n unvorsichtige(r) Fußgänger m
jazz [dʒæz] n Jazz m; ~ **up** vt (MUS) verjazzen; (enliven) aufpolieren; ~**y** adj (colour) schreiend, auffallend
jealous ['dʒeləs] adj (envious) mißgünstig; (husband) eifersüchtig; ~**y** n Mißgunst f; Eifersucht f
jeans [dʒiːnz] npl Jeans pl

Jeep [dʒiːp] ® n Jeep m ®
jeer [dʒɪə*] vi: **to ~ (at sb)** (über jdn) höhnisch lachen, (jdn) verspotten
jelly ['dʒelɪ] n Gelee nt; (dessert) Grütze f; ~**fish** n Qualle f
jeopardize ['dʒepədaɪz] vt gefährden
jeopardy ['dʒepədɪ] n: **to be in ~** in Gefahr sein
jerk [dʒɜːk] n Ruck m; (inf: idiot) Trottel m ♦ vt ruckartig bewegen ♦ vi sich ruckartig bewegen
jerkin ['dʒɜːkɪn] n Wams nt
jerky ['dʒɜːkɪ] adj (movement) ruckartig; (ride) rüttelnd
jersey ['dʒɜːzɪ] n Pullover m
jest [dʒest] n Scherz m ♦ vi spaßen; **in ~** im Spaß
Jesus ['dʒiːzəs] n Jesus m
jet [dʒet] n (stream: of water etc) Strahl m; (spout) Düse f; (AVIAT) Düsenflugzeug nt; ~-**black** adj rabenschwarz; ~ **engine** n Düsenmotor m; ~-**lag** n Jet-lag m
jettison ['dʒetɪsn] vt über Bord werfen
jetty ['dʒetɪ] n Landesteg m, Mole f
Jew [dʒuː] n Jude m
jewel ['dʒuːəl] n (also fig) Juwel nt; ~**ler** (US **jeweler**) n Juwelier m; ~**ler's (shop)** n Juwelier m; ~**lery** (US **jewelry**) n Schmuck m
Jewess ['dʒuːɪs] n Jüdin f
Jewish ['dʒuːɪʃ] adj jüdisch
jib [dʒɪb] n (NAUT) Klüver m
jibe [dʒaɪb] n spöttische Bemerkung f
jiffy ['dʒɪfɪ] (inf) n: **in a ~** sofort
jigsaw ['dʒɪgsɔː] n (also: ~ **puzzle**) Puzzle(spiel) nt
jilt [dʒɪlt] vt den Laufpaß geben +dat
jingle ['dʒɪŋgl] n (advertisement) Werbesong m ♦ vi klimpern; (bells) bimmeln ♦ vt klimpern mit; bimmeln lassen
jinx [dʒɪŋks] n: **there's a ~ on it** es ist verhext
jitters ['dʒɪtəz] (inf) npl: **to get the ~** einen Bammel kriegen
job [dʒɒb] n (piece of work) Arbeit f; (position) Stellung f; (duty) Aufgabe f; (difficulty) Mühe f; **it's a good ~ he ...** es ist ein Glück, daß er ...; **just the ~** genau das Richtige; **J~centre** (BRIT) n Arbeitsamt nt; ~**less** adj arbeitslos
jockey ['dʒɒkɪ] n Jockei m ♦ vi: **to ~ for position** sich in eine gute Position drängen
jocular ['dʒɒkjulə*] adj scherzhaft
jog [dʒɒg] vt (an)stoßen ♦ vi (run) joggen; **to ~ along** vor sich acc hinwursteln; (work) seinen Gang gehen; ~**ging** n Jogging nt
join [dʒɔɪn] vt (club) beitreten +dat; (person) sich anschließen +dat; (put together) **to ~ (sth to sth)** (etw mit etw) verbinden ♦ vi (unite) sich vereinigen ♦ n Verbin-

dungsstelle f, Naht f; ~ **in** vt, vi: **to ~ in** (sth) (bei etw) mitmachen; ~ **up** vi (MIL) zur Armee gehen

joiner ['dʒɔɪnə*] n Schreiner m; ~**y** n Schreinerei f

joint [dʒɔɪnt] n (TECH) Fuge f; (of bones) Gelenk nt; (of meat) Braten m; (inf: place) Lokal nt ♦ adj gemeinsam; ~ **account** n (with bank etc) gemeinsame(s) Konto nt; ~**ly** adv gemeinsam

joke [dʒəuk] n Witz m ♦ vi Witze machen; **to play a ~ on sb** jdm einen Streich spielen; ~**r** n Witzbold m; (CARDS) Joker m

jolly ['dʒɒlɪ] adj lustig ♦ adv (inf) ganz schön

jolt [dʒəult] n (shock) Schock m; (jerk) Stoß m ♦ vt (push) stoßen; (shake) durchschütteln; (fig) aufrütteln ♦ vi holpern

Jordan ['dʒɔːdən] n Jordanien nt; (river) Jordan m

jostle ['dʒɒsl] vt anrempeln

jot [dʒɒt] n: **not one ~** kein Jota nt; ~ **down** vt notieren; ~**ter** (BRIT) n Notizblock m

journal ['dʒɜːnl] n (diary) Tagebuch nt; (magazine) Zeitschrift f; ~**ism** n Journalismus m; ~**ist** n Journalist(in) m(f)

journey ['dʒɜːnɪ] n Reise f

jovial ['dʒəuviəl] adj jovial

joy [dʒɔɪ] n Freude f; ~**ful** adj freudig; ~**ous** adj freudig; ~ **ride** n Schwarzfahrt f; ~**rider** n Autodieb m, der den Wagen nur für eine Spritztour stiehlt; ~**stick** n Steuerknüppel m; (COMPUT) Joystick m

J.P. n abbr = **Justice of the Peace**

Jr abbr = **junior**

jubilant ['dʒuːbɪlənt] adj triumphierend

jubilee ['dʒuːbɪliː] n Jubiläum nt

judge [dʒʌdʒ] n Richter m; (fig) Kenner m ♦ vt (JUR: person) die Verhandlung führen über +acc; (case) verhandeln; (assess) beurteilen; (estimate) einschätzen; ~**ment** n (JUR) Urteil nt; (ECCL) Gericht nt; (ability) Urteilsvermögen nt

judicial [dʒuː'dɪʃəl] adj gerichtlich, Justiz-

judiciary [dʒuː'dɪʃɪərɪ] n Gerichtsbehörden pl; (judges) Richterstand m

judicious [dʒuː'dɪʃəs] adj weise

judo ['dʒuːdəu] n Judo nt

jug [dʒʌg] n Krug m

juggernaut ['dʒʌgənɔːt] (BRIT) n (huge truck) Schwertransporter m

juggle ['dʒʌgl] vt, vi jonglieren; ~**r** n Jongleur m

Jugoslav etc = **Yugoslav** etc

juice [dʒuːs] n Saft m

juicy ['dʒuːsɪ] adj (also fig) saftig

jukebox ['dʒuːkbɒks] n Musikautomat m

July [dʒuː'laɪ] n Juli m

jumble ['dʒʌmbl] n Durcheinander nt ♦ vt (also: ~ up) durcheinanderwerfen; (facts) durcheinanderbringen; ~ **sale** (BRIT) n Basar m, Flohmarkt m

jumbo (jet) ['dʒʌmbəu-] n Jumbo(-Jet) m

jump [dʒʌmp] vi springen; (nervously) zusammenzucken ♦ vt überspringen ♦ n Sprung m; **to ~ the queue** (BRIT) sich vordrängeln

jumper ['dʒʌmpə*] n (BRIT: pullover) Pullover m; (US: dress) Trägerkleid nt; ~ **cables** (US) npl = **jump leads**

jump leads (BRIT) npl Starthilfekabel nt

jumpy ['dʒʌmpɪ] adj nervös

Jun. abbr = **junior**

junction ['dʒʌŋkʃən] n (BRIT: of roads) (Straßen)kreuzung f; (RAIL) Knotenpunkt m

juncture ['dʒʌŋktʃə*] n: **at this ~** in diesem Augenblick

June [dʒuːn] n Juni m

jungle ['dʒʌŋgl] n Dschungel m

junior ['dʒuːnɪə*] adj (younger) jünger; (after name) junior; (SPORT) Junioren-; (lower position) untergeordnet; (for young people) Junioren- ♦ n Jüngere(r) mf; ~ **school** (BRIT) n Grundschule f

junk [dʒʌŋk] n (rubbish) Plunder m; (ship) Dschunke f; ~ **food** n Plastikessen nt; ~ **mail** n Reklame f die unangefordert in den Briefkasten gesteckt ist; ~**shop** n Ramschladen m

Junr abbr = **junior**

jurisdiction [dʒuərɪs'dɪkʃən] n Gerichtsbarkeit f; (range of authority) Zuständigkeit(sbereich m) f

juror ['dʒuərə*] n Geschworene(r) mf; (in competition) Preisrichter m

jury ['dʒuərɪ] n (court) Geschworene pl; (in competition) Jury f

just [dʒʌst] adj gerecht ♦ adv (recently, now) gerade, eben; (barely) gerade noch; (exactly) genau, gerade; (only) nur, bloß; (a small distance) gleich; (absolutely) einfach; ~ **as I arrived** gerade als ich ankam; ~ **as nice** genauso nett; ~ **as well** um so besser; ~ **now** soeben, gerade; ~ **try** versuch es mal; **she's ~ left** sie ist gerade or (so)eben gegangen; **he's ~ done it** er hat es gerade or (so)eben getan; ~ **before** gerade or kurz bevor; ~ **enough** gerade genug; **he ~ missed** er hat fast or beinahe getroffen

justice ['dʒʌstɪs] n (fairness) Gerechtigkeit f; ~ **of the peace** n Friedensrichter m

justifiable [dʒʌstɪfaɪəbl] adj berechtigt

justification [dʒʌstɪfɪ'keɪʃən] n Rechtfertigung f

justify ['dʒʌstɪfaɪ] vt rechtfertigen; (text) justieren

justly ['dʒʌstlɪ] adv (say) mit Recht; (condemn) gerecht

jut [dʒʌt] vi (also: ~ out) herausragen, vorstehen

juvenile ['dʒuːvənaɪl] adj (young) jugendlich; (for the young) Jugend- ♦ n Jugendliche(r) mf

juxtapose ['dʒʌkstəpəʊz] vt nebeneinanderstellen

K k

K abbr (= one thousand) Tsd.; (= Kilobyte) K

kangaroo [kæŋgə'ruː] n Känguruh nt

karate [kə'rɑːtɪ] n Karate nt

kebab [kə'bæb] n Kebab m

keel [kiːl] n Kiel m; **on an even** ~ (fig) im Lot

keen [kiːn] adj begeistert; (intelligence, wind, blade) scharf; (sight, hearing) gut; **to be** ~ **to do** or **on doing sth** etw unbedingt tun wollen; **to be** ~ **on sth/sb** scharf auf etw/jdn sein

keep [kiːp] (pt, pp **kept**) vt (retain) behalten; (have) haben; (animals, one's word) halten; (support) versorgen; (maintain in state) halten; (preserve) aufbewahren; (restrain) abhalten ♦ vi (continue in direction) sich halten; (food) sich halten; (remain: quiet etc) bleiben ♦ n Unterhalt m; (tower) Burgfried m; (inf): **for** ~s für immer; **to** ~ **sth to o.s.** etw für sich behalten; **it** ~s **happening** es passiert immer wieder; ~ **back** vt fernhalten; (secret) verschweigen; ~ **on** vi: ~ **on doing sth** etw immer weiter tun; ~ **out** vt nicht hereinlassen; "~ **out**" „Eintritt verboten!"; ~ **up** vi Schritt halten ♦ vt aufrechterhalten; (continue) weitermachen; **to** ~ **up with** Schritt halten mit; ~**er** n Wärter(in) m(f); (goalkeeper) Torhüter(in) m(f); ~-**fit** n Keep-fit nt; ~**ing** n (care) Obhut f; **in** ~**ing with** in Übereinstimmung mit; ~**sake** n Andenken nt

keg [keg] n Faß nt

kennel ['kenl] n Hundehütte f; ~s npl (for boarding): **to put a dog in** ~s einen Hund in Pflege geben

Kenya ['kenjə] n Kenia nt; ~**n** adj kenianisch ♦ n Kenianer(in) m(f)

kept [kept] pt, pp of **keep**

kerb [kɜːb] (BRIT) n Bordstein m

kernel ['kɜːnl] n Kern m

kerosene ['kerəsiːn] n Kerosin nt

ketchup ['ketʃəp] n Ketchup nt or m

kettle ['ketl] n Kessel m; ~**drum** n Pauke f

key [kiː] n Schlüssel m; (of piano, typewriter) Taste f; (MUS) Tonart f ♦ vt (also: ~ **in**) eingeben; ~**board** n Tastatur f; ~**ed up** adj (person) überdreht; ~**hole** n

Schlüsselloch nt; ~**note** n Grundton m; ~ **ring** n Schlüsselring m

khaki ['kɑːkɪ] n K(h)aki nt ♦ adj k(h)aki(farben)

kick [kɪk] vt einen Fußtritt geben +dat, treten ♦ vi treten; (baby) strampeln; (horse) ausschlagen ♦ n (Fuß)tritt m; (thrill) Spaß m; **he does it for** ~s er macht das aus Jux; ~ **off** vi (SPORT) anstoßen; ~-**off** n (SPORT) Anstoß m

kid [kɪd] n (inf: child) Kind nt; (goat) Zicklein nt; (leather) Glacéleder nt ♦ vi (inf) Witze machen

kidnap ['kɪdnæp] vt entführen; ~**per** n Entführer m; ~**ping** n Entführung f

kidney ['kɪdnɪ] n Niere f

kill [kɪl] vt töten, umbringen ♦ vi töten ♦ n Tötung f; (hunting) (Jagd)beute f; ~**er** n Mörder(in) m(f); ~**ing** n Mord m; ~**joy** n Spaßverderber(in) m(f)

kiln [kɪln] n Brennofen m

kilo ['kiːləʊ] n Kilo nt; ~**byte** n (COMPUT) Kilobyte nt; ~**gram(me)** ['kɪləʊgræm] n Kilogramm nt; ~**metre** ['kɪləmiːtə*] (US ~**meter**) n Kilometer m; ~**watt** n Kilowatt nt

kilt [kɪlt] n Schottenrock m

kind [kaɪnd] adj freundlich ♦ n Art f; **a** ~ **of** eine Art von; (two) **of a** ~ (zwei) von der gleichen Art; **in** ~ auf dieselbe Art; (in goods) in Naturalien

kindergarten ['kɪndəgɑːtn] n Kindergarten m

kind-hearted ['kaɪnd'hɑːtɪd] adj gutherzig

kindle ['kɪndl] vt (set on fire) anzünden; (rouse) reizen, (er)wecken

kindly ['kaɪndlɪ] adj freundlich ♦ adv liebenswürdig(erweise); **would you** ~ ...? wären Sie so freundlich und ...?

kindness ['kaɪndnəs] n Freundlichkeit f

kindred ['kɪndrɪd] adj: ~ **spirit** Gleichgesinnte(r) mf

king [kɪŋ] n König m; ~**dom** n Königreich nt; ~**fisher** n Eisvogel m; ~-**size** adj (cigarette) Kingsize

kinky ['kɪŋkɪ] (inf) adj (person, ideas) verrückt; (sexual) abartig

kiosk ['kiːɒsk] (BRIT) n (TEL) Telefonhäuschen n

kipper ['kɪpə*] n Räucherhering m

kiss [kɪs] n Kuß m ♦ vt küssen ♦ vi: **they** ~**ed** sie küßten sich

kit [kɪt] n Ausrüstung f; (tools) Werkzeug nt

kitchen ['kɪtʃɪn] n Küche f; ~ **sink** n Spülbecken nt

kite [kaɪt] n Drachen m

kith [kɪθ] n: ~ **and kin** Blutsverwandte pl

kitten ['kɪtn] n Kätzchen nt

kitty ['kɪtɪ] n (money) Kasse f

km abbr (= kilometre) km

knack [næk] n Dreh m, Trick m

knapsack ['næpsæk] n Rucksack m; (MIL)

Tornister *m*

knead [ni:d] *vt* kneten

knee [ni:] *n* Knie *nt*; ~**cap** *n* Kniescheibe *f*

kneel [ni:l] (*pt, pp* **knelt**) *vi* (*also:* ~ *down*) knien

knell [nel] *n* Grabgeläute *nt*

knelt [nelt] *pt, pp of* **kneel**

knew [nju:] *pt of* **know**

knickers ['nɪkəz] (*BRIT*) *npl* Schlüpfer *m*

knife [naɪf] (*pl* **knives**) *n* Messer *nt* ♦ *vt* erstechen

knight [naɪt] *n* Ritter *m*; (*chess*) Springer *m*; ~**hood** *n* (*title*): **to get a ~hood** zum Ritter geschlagen werden

knit [nɪt] *vt* stricken ♦ *vi* stricken; (*bones*) zusammenwachsen; ~**ting** *n* (*occupation*) Stricken *nt*; (*work*) Strickzeug *nt*; ~**ting needle** *n* Stricknadel *f*; ~**wear** *n* Strickwaren *pl*

knives [naɪvz] *pl of* **knife**

knob [nɒb] *n* Knauf *m*; (*on instrument*) Knopf *m*; (*BRIT: of butter etc*) kleine(s) Stück *nt*

knock [nɒk] *vt* schlagen; (*criticize*) heruntermachen ♦ *vi*: **to ~ at** *or* **on the door** an die Tür klopfen ♦ *n* Schlag *m*; (*on door*) Klopfen *nt*; ~ **down** *vt* umwerfen; (*with car*) anfahren; ~ **off** *vt* (*do quickly*) hinhauen; (*inf: steal*) klauen ♦ *vi* (*finish*) Feierabend machen; ~ **out** *vt* ausschlagen; (*BOXING*) k.o. schlagen; ~ **over** *vt* (*person, object*) umwerfen; (*with car*) anfahren; ~**er** *n* (*on door*) Türklopfer *m*; ~**-kneed** *adj* x-beinig; ~**out** *n* K.o.-Schlag *m*; (*fig*) Sensation *f*

knot [nɒt] *n* Knoten *m* ♦ *vt* (ver)knoten

knotty ['nɒti] *adj* (*fig*) kompliziert

know [nəʊ] (*pt* **knew**, *pp* **known**) *vt, vi* wissen; (*be able to*) können; (*be acquainted with*) kennen; (*recognize*) erkennen; **to ~ how to do sth** wissen, wie man etw macht, etw tun können; **to ~ about** *or* **of sth/sb** etw/jdn kennen; ~**-all** *n* Alleswisser *m*; ~**-how** *n* Kenntnis *f*, Know-how *nt*; ~**ing** *adj* (*look, smile*) wissend; ~**ingly** *adv* wissend; (*intentionally*) wissentlich

knowledge ['nɒlɪdʒ] *n* Wissen *nt*, Kenntnis *f*; ~**able** *adj* informiert

known [nəʊn] *pp of* **know**

knuckle ['nʌkl] *n* Fingerknöchel *m*

K.O. *n abbr* = **knockout**

Koran [kɔː'rɑːn] *n* Koran *m*

Korea [kə'rɪə] *n* Korea *nt*

kosher ['kəʊʃə*] *adj* koscher

—————— *L l*

l. *abbr* = **litre**

lab [læb] (*inf*) *n* Labor *nt*

label ['leɪbl] *n* Etikett *nt* ♦ *vt* etikettieren

labor *etc* (*US*) = **labour** *etc*

laboratory [lə'bɒrətəri] *n* Laboratorium *nt*

laborious [lə'bɔːrɪəs] *adj* mühsam

labour ['leɪbə*] (*US* **labor**) *n* Arbeit *f*; (*workmen*) Arbeitskräfte *pl*; (*MED*) Wehen *pl* ♦ *vi*: **to ~** (**at**) sich abmühen (mit) ♦ *vt* breittreten (*inf*); **in ~** (*MED*) in den Wehen; **L~** (*BRIT: also the Labour party*) die Labour Party; ~**ed** *adj* (*movement*) gequält; (*style*) schwerfällig; ~**er** *n* Arbeiter *m*; **farm ~er** (Land)arbeiter *m*

lace [leɪs] *n* (*fabric*) Spitze *f*; (*of shoe*) Schnürsenkel *m*; (*braid*) Litze *f* ♦ *vt* (*also:* ~ *up*) (zu)schnüren

lack [læk] *n* Mangel *m* ♦ *vt* nicht haben; **sb ~s sth** jdm fehlt etw *nom*; **to be ~ing** fehlen; **sb is ~ing in sth** es fehlt jdm an etw *dat*; **through** *or* **for ~ of** aus Mangel an +*dat*

lacquer ['lækə*] *n* Lack *m*

lad [læd] *n* Junge *m*

ladder ['lædə*] *n* Leiter *f*; (*BRIT: in tights*) Laufmasche *f* ♦ *vt* (: *tights*) Laufmaschen bekommen in +*dat*

laden ['leɪdn] *adj* beladen, voll

ladle ['leɪdl] *n* Schöpfkelle *f*

lady ['leɪdi] *n* Dame *f*; (*title*) Lady *f*; **young ~** junge Dame; **the ladies' (room)** die Damentoilette; ~**bird** (*US* ~**bug**) *n* Marienkäfer *m*; ~**like** *adj* damenhaft, vornehm; ~**ship** *n*: **your ~ship** Ihre Ladyschaft

lag [læg] *vi* (*also:* ~ *behind*) zurückbleiben ♦ *vt* (*pipes*) verkleiden

lager ['lɑːgə*] *n* helle(s) Bier *nt*

lagging ['lægɪŋ] *n* Isolierung *f*

lagoon [lə'guːn] *n* Lagune *f*

laid [leɪd] *pt, pp of* **lay**; ~ **back** (*inf*) *adj* cool

lain [leɪn] *pp of* **lie**

lair [lɛə*] *n* Lager *nt*

laity ['leɪɪti] *n* Laien *pl*

lake [leɪk] *n* See *m*

lamb [læm] *n* Lamm *nt*; (*meat*) Lammfleisch *nt*; ~ **chop** *n* Lammkotelett *nt*; ~**swool** *n* Lammwolle *f*

lame [leɪm] *adj* lahm; (*excuse*) faul

lament [lə'ment] *n* Klage *f* ♦ *vt* beklagen

laminated ['læmɪneɪtɪd] *adj* beschichtet

lamp [læmp] *n* Lampe *f*; (*in street*) Straßenlaterne *f*

lamppost ['læmppəʊst] *n* Laternenpfahl *m*

lampshade ['læmpʃeɪd] *n* Lampenschirm *m*

lance [lɑːns] *n* Lanze *f* ♦ *vt* (*MED*) aufschneiden; ~ **corporal** (*BRIT*) *n* Obergefreite(r) *f*

land [lænd] *n* Land *nt* ♦ *vi* (*from ship*) an Land gehen; (*AVIAT, end up*) landen ♦ *vt* (*obtain*) kriegen; (*passengers*) absetzen; (*goods*) abladen; (*troops, space probe*) landen; ~**fill site** ['lændfɪl] *n* Mülldeponie *f*; ~**ing** *n* Landung *f*; (*on stairs*) (Treppen)absatz *m*; ~**ing gear** *n* Fahrgestell *nt*; ~**ing stage** (*BRIT*) *n* Landesteg *m*; ~**ing strip** *n* Landebahn *f*; ~**lady** *n* (Haus)wirtin *f*; ~**locked** *adj* landumschlossen, Binnen-; ~**lord** *n* (*of house*) Hauswirt *m*, Besitzer *m*; (*of pub*) Gastwirt *m*; (*of land*) Grundbesitzer *m*; ~**mark** *n* Wahrzeichen *nt*; (*fig*) Meilenstein *m*; ~**owner** *n* Grundbesitzer *m*

landscape ['lændskeɪp] *n* Landschaft *f*

landslide ['lændslaɪd] *n* (*GEOG*) Erdrutsch *m*; (*POL*) überwältigende(r) Sieg *m*

lane [leɪn] *n* (*in town*) Gasse *f*; (*in country*) Weg *m*; (*of motorway*) Fahrbahn *f*, Spur *f*; (*SPORT*) Bahn *f*

language ['læŋgwɪdʒ] *n* Sprache *f*; **bad ~** unanständige Ausdrücke *pl*; ~ **laboratory** *n* Sprachlabor *nt*

languid ['læŋgwɪd] *adj* schlaff, matt

languish ['læŋgwɪʃ] *vi* schmachten

lank [læŋk] *adj* dürr

lanky ['læŋkɪ] *adj* schlaksig

lantern ['læntən] *n* Laterne *f*

lap [læp] *n* Schoß *m*; (*SPORT*) Runde *f* ♦ *vt* (*also*: ~ *up*) auflecken ♦ *vi* (*water*) plätschern

lapel [lə'pel] *n* Revers *nt or m*

Lapland ['læplænd] *n* Lappland *nt*

lapse [læps] *n* (*moral*) Fehltritt *m* ♦ *vi* (*decline*) nachlassen; (*expire*) ablaufen; (*claims*) erlöschen; **to ~ into bad habits** sich schlechte Gewohnheiten angewöhnen

laptop (computer) ['læptɒp] *n* Laptop(-Computer) *m*

larceny ['lɑːsənɪ] *n* Diebstahl *m*

lard [lɑːd] *n* Schweineschmalz *m*

larder ['lɑːdə*] *n* Speisekammer *f*

large [lɑːdʒ] *adj* groß; **at ~** auf freiem Fuß; ~**ly** *adv* zum größten Teil; ~-**scale** *adj* groß angelegt, Groß-

largesse [lɑː'ʒes] *n* Freigebigkeit *f*

lark [lɑːk] *n* (*bird*) Lerche *f*; (*joke*) Jux *m*; ~ **about** (*inf*) *vi* herumalbern

laryngitis [lærɪn'dʒaɪtɪs] *n* Kehlkopfentzündung *f*

larynx ['lærɪŋks] *n* Kehlkopf *m*

laser ['leɪzə*] *n* Laser *m*; ~ **printer** *n* La-

serdrucker *m*

lash [læʃ] *n* Peitschenhieb *m*; (*eye~*) Wimper *f* ♦ *vt* (*rain*) schlagen gegen; (*whip*) peitschen; (*bind*) festbinden; ~ **out** *vi* (*with fists*) um sich schlagen; (*spend money*) sich in Unkosten stürzen ♦ *vt* (*money etc*) springen lassen

lass [læs] *n* Mädchen *nt*

lasso [læ'suː] *n* Lasso *nt*

last [lɑːst] *adj* letzte(r, s) ♦ *adv* zuletzt; (*last time*) das letztemal ♦ *vi* (*continue*) dauern; (*remain good*) sich halten; (*money*) ausreichen; **at ~** endlich; ~ **night** gestern abend; ~ **week** letzte Woche; ~ **but one** vorletzte(r, s); ~-**ditch** *adj* (*attempt*) in letzter Minute; ~**ing** *adj* dauerhaft; (*shame etc*) andauernd; ~**ly** *adv* schließlich; ~-**minute** *adj* in letzter Minute

latch [lætʃ] *n* Riegel *m*

late [leɪt] *adj* spät; (*dead*) verstorben ♦ *adv* spät; (*after proper time*) zu spät; **to be ~** zu spät kommen; **of ~** in letzter Zeit; **in ~ May** Ende Mai; ~**comer** *n* Nachzügler(in) *m(f)*; ~**ly** *adv* in letzter Zeit

later ['leɪtə*] *adj* (*date etc*) später; (*version etc*) neuer ♦ *adv* später

lateral ['lætərəl] *adj* seitlich

latest ['leɪtɪst] *adj* (*fashion*) neueste(r, s) ♦ *n* (*news*) Neu(e)ste(s) *nt*; **at the ~** spätestens

lathe [leɪð] *n* Drehbank *f*

lather ['lɑːðə*] *n* (*Seifen*)schaum *m* ♦ *vt* einschäumen ♦ *vi* schäumen

Latin ['lætɪn] *n* Latein *nt* ♦ *adj* lateinisch; (*Roman*) römisch; ~ **America** *n* Lateinamerika *nt*; ~-**American** *adj* lateinamerikanisch

latitude ['lætɪtjuːd] *n* (*GEOG*) Breite *f*; (*freedom*) Spielraum *m*

latter ['lætə*] *adj* (*second of two*) letztere; (*coming at end*) letzte(r, s), später ♦ *n*: **the ~** der/die/das letztere, die letzteren; ~**ly** *adv* in letzter Zeit

lattice ['lætɪs] *n* Gitter *nt*

laudable ['lɔːdəbl] *adj* löblich

laugh [lɑːf] *n* Lachen *nt* ♦ *vi* lachen; ~ **at** *vt* lachen über +*acc*; ~ **off** *vt* lachend abtun; ~**able** *adj* lachhaft; ~**ing stock** *n* Zielscheibe *f* des Spottes; ~**ter** *n* Gelächter *nt*

launch [lɔːntʃ] *n* (*of ship*) Stapellauf *m*; (*of rocket*) Abschuß *m*; (*boat*) Barkasse *f*; (*of product*) Einführung *f* ♦ *vt* (*set afloat*) vom Stapel lassen; (*rocket*) (ab)schießen; (*product*) auf den Markt bringen; ~(**ing**) **pad** *n* Abschußrampe *f*

launder ['lɔːndə*] *vt* waschen

Launderette [lɔːn'dret] (®: *BRIT*) *n* Waschsalon *m*

Laundromat ['lɔːndrəmæt] (®: *US*) *n* Waschsalon *m*

laundry ['lɔːndrɪ] *n* (*place*) Wäscherei *f*; (*clothes*) Wäsche *f*; **to do the ~** waschen

laureate ['lɔːrɪət] adj see **poet**
laurel ['lɒrəl] n Lorbeer m
lava ['lɑːvə] n Lava f
lavatory ['lævətrɪ] n Toilette f
lavender ['lævɪndə*] n Lavendel m
lavish ['lævɪʃ] n (extravagant) verschwenderisch; (generous) großzügig ♦ vt (money): to ~ **sth on sth** etw auf etw acc verschwenden; (attention, gifts): **to ~ sth on sb** jdn mit etw überschütten
law [lɔː] n Gesetz nt; (system) Recht nt; (as studies) Jura no art; ~**-abiding** adj gesetzestreu; ~ **and order** n Recht nt und Ordnung f; ~ **court** n Gerichtshof m; ~**ful** adj gesetzlich; ~**less** adj gesetzlos
lawn [lɔːn] n Rasen m; ~**mower** n Rasenmäher m; ~ **tennis** n Rasentennis m
law school n Rechtsakademie f
lawsuit ['lɔːsuːt] n Prozeß m
lawyer ['lɔːjə*] n Rechtsanwalt m, Rechtsanwältin f
lax [læks] adj (behaviour) nachlässig; (standards) lax
laxative ['læksətɪv] n Abführmittel nt
lay [leɪ] (pt, pp **laid**) pt of **lie** ♦ adj Laien- ♦ vt (place) legen; (table) decken; (egg) legen; (trap) stellen; (money) wetten; ~ **aside** vt zurücklegen; ~ **by** vt (set aside) beiseite legen; ~ **down** vt hinlegen; (rules) vorschreiben; (arms) strecken; **to ~ down the law** Vorschriften machen; ~ **off** vt (workers) (vorübergehend) entlassen; ~ **on** vt (water, gas) anschließen; (concert etc) veranstalten; ~ **out** vt (her)auslegen; (money) ausgeben; (corpse) aufbahren; ~ **up** vt (subj: illness) ans Bett fesseln; (supplies) anlegen; ~**about** n Faulenzer m; ~**-by** n (BRIT) Parkbucht f; (bigger) Rastplatz m
layer ['leɪə*] n Schicht f
layette [leɪ'et] n Babyausstattung f
layman ['leɪmən] n Laie m
layout ['leɪaʊt] n Anlage f; (ART) Layout nt
laze [leɪz] vi faulenzen
laziness ['leɪzɪnəs] n Faulheit f
lazy ['leɪzɪ] adj faul; (slow-moving) träge
lb. abbr = **pound** (weight)
lead[1] [led] n (chemical) Blei nt; (of pencil) (Bleistift)mine f ♦ adj bleiern, Blei-
lead[2] [liːd] (pt, pp **led**) n (front position) Führung f; (distance, time ahead) Vorsprung f; (example) Vorbild nt; (clue) Tip m; (of police) Spur f; (THEAT) Hauptrolle f; (dog's) Leine f ♦ vt (guide) führen; (group etc) leiten ♦ vi (be first) führen; **in the** ~ (SPORT, fig) in Führung; ~ **astray** vt irreführen; ~ **away** vt wegführen; (prisoner) abführen; ~ **back** vt zurückführen; ~ **on** vt anführen; ~ **on to** vt (induce) dazu bringen; ~ **to** vt (street) (hin)führen nach; (result in) führen zu; ~ **up to** vt (drive) führen zu; (speaker etc) hinführen auf +acc
leaden ['ledn] adj (sky, sea) bleiern; (heavy:

footsteps) bleischwer
leader ['liːdə*] n Führer m, Leiter m; (of party) Vorsitzende(r) m; (PRESS) Leitartikel m; ~**ship** n (office) Leitung f; (quality) Führerschaft f
lead-free ['ledfriː] adj (petrol) bleifrei
leading ['liːdɪŋ] adj führend; ~ **lady** n (THEAT) Hauptdarstellerin f; ~ **light** n (person) führende(r) Geist m
leaf [liːf] (pl **leaves**) n Blatt nt ♦ vi: **to ~ through** durchblättern; **to turn over a new** ~ einen neuen Anfang machen
leaflet ['liːflɪt] n (advertisement) Prospekt m; (pamphlet) Flugblatt nt; (for information) Merkblatt nt
league [liːg] n (union) Bund m; (SPORT) Liga f; **to be in ~ with** unter einer Decke stecken mit
leak [liːk] n undichte Stelle f; (in ship) Leck nt ♦ vt (liquid etc) durchlassen ♦ vi (pipe etc) undicht sein; (liquid etc) auslaufen; **the information was ~ed to the enemy** die Information wurde dem Feind zugespielt; ~ **out** vi (liquid etc) auslaufen; (information) durchsickern
leaky ['liːkɪ] adj undicht
lean [liːn] (pt, pp **leaned** or **leant**) adj mager ♦ vi sich neigen ♦ vt (an)lehnen; **to ~ against sth** an etw dat angelehnt sein; sich an etw acc anlehnen; ~ **back** vi sich zurücklehnen; ~ **forward** vi sich vorbeugen; ~ **on** vt fus sich stützen auf +acc; ~ **out** vi sich hinauslehnen; ~ **over** vi sich hinüberbeugen; ~**ing** n Neigung f ♦ adj schief; **leant** [lent] pt, pp of **lean**; ~**-to** n Anbau m
leap [liːp] (pt, pp **leaped** or **leapt**) n Sprung m ♦ vi springen; ~**frog** n Bockspringen nt; **leapt** [lept] pt, pp of **leap**; ~ **year** n Schaltjahr nt
learn [lɜːn] (pt, pp **learned** or **learnt**) vt, vi lernen; (find out) erfahren; **to ~ how to do sth** etw (er)lernen; ~**ed** ['lɜːnɪd] adj gelehrt; ~**er** n Anfänger(in) m(f); (AUT: BRIT: also ~ **er driver**) Fahrschüler(in) m(f); ~**ing** n Gelehrsamkeit f; ~**t** [lɜːnt] pt, pp of **learn**
lease [liːs] n (of property) Mietvertrag m ♦ vt pachten
leash [liːʃ] n Leine f
least [liːst] adj geringste(r, s) ♦ adv am wenigsten ♦ n Mindeste(s) nt; **the ~ possible effort** möglichst geringer Aufwand; **at ~** zumindest; **not in the ~!** durchaus nicht!
leather ['leðə*] n Leder nt
leave [liːv] (pt, pp **left**) vt verlassen; (~ behind) zurücklassen; (forget) vergessen; (allow to remain) lassen; (after death) hinterlassen; (entrust): **to ~ sth to sb** jdm etw überlassen ♦ vi weggehen, wegfahren; (for journey) abreisen; (bus, train) abfahren ♦ n Erlaubnis f; (MIL) Urlaub m; **to be left** (remain) übrigbleiben; **there's some milk left**

over es ist noch etwas Milch übrig; **on ~** auf Urlaub; **~ behind** vt (person, object) dalassen; (: forget) liegenlassen, stehenlassen; **~ out** vt auslassen; **~ of absence** n Urlaub m

leaves [liːvz] pl of **leaf**

Lebanon ['lebənən] n Libanon m

lecherous ['letʃərəs] adj lüstern

lecture ['lektʃə*] n Vortrag m; (UNIV) Vorlesung f ♦ vi einen Vortrag halten; (UNIV) lesen ♦ vt (scold) abkanzeln; **to give a ~ on sth** einen Vortrag über etwas halten; **~r** ['lektʃərə*] n Vortragende(r) mf; (BRIT: UNIV) Dozent(in) m(f)

led [led] pt, pp of **lead²**

ledge [ledʒ] n Leiste f, (window ~) Sims m or nt; (of mountain) (Fels)vorsprung m

ledger ['ledʒə*] n Hauptbuch nt

leech [liːtʃ] n Blutegel m

leek [liːk] n Lauch m

leer [lɪə*] vi: **to ~ (at sb)** (nach jdm) schielen

leeway ['liːweɪ] n (fig): **to have some ~** etwas Spielraum haben

left [left] pt, pp of **leave** ♦ adj linke(r, s) ♦ n (side) linke Seite f ♦ adv links; **on the ~** links; **to the ~** nach links; **the L~** (POL) die Linke f; **~-handed** adj linkshändig; **~-hand side** n linke Seite f; **~-luggage (office)** (BRIT) n Gepäckaufbewahrung f; **~-overs** npl Reste pl; **~-wing** adj linke(r, s)

leg [leg] n Bein nt; (of meat) Keule f; (stage) Etappe f; **1st/2nd ~** (SPORT) 1./2. Etappe

legacy ['legəsɪ] n Erbe nt, Erbschaft f

legal ['liːgəl] adj gesetzlich; (allowed) legal; **~ holiday** (US) n gesetzliche(r) Feiertag m; **~ize** vt legalisieren; **~ly** adv gesetzlich; legal; **~ tender** n gesetzliche(s) Zahlungsmittel nt

legend ['ledʒənd] n Legende f, **~ary** adj legendär

legible ['ledʒəbl] adj leserlich

legislation [ledʒɪs'leɪʃən] n Gesetzgebung f

legislative ['ledʒɪslətɪv] adj gesetzgebend

legislature ['ledʒɪslətʃə*] n Legislative f

legitimate [lɪ'dʒɪtɪmət] adj rechtmäßig, legitim; (child) ehelich

legroom ['legrum] n Platz m für die Beine

leisure ['leʒə*] n Freizeit f; **to be at ~** Zeit haben; **~ centre** n Freizeitzentrum nt; **~ly** adj gemächlich

lemon ['lemən] n Zitrone f; (colour) Zitronengelb nt; **~ade** [lemə'neɪd] n Limonade f; **~ tea** n Zitronentee m

lend [lend] (pt, pp lent) vt leihen; **to ~ sb sth** jdm etw leihen; **~ing library** n Leihbibliothek f

length [leŋθ] n Länge f; (section of road, pipe etc) Strecke f; (of material) Stück nt; **at ~** (lengthily) ausführlich; (at last) schließ-

lich; **~en** vt verlängern ♦ vi länger werden; **~ways** adv längs; **~y** adj sehr lang, langatmig

lenient ['liːnɪənt] adj nachsichtig

lens [lenz] n Linse f; (PHOT) Objektiv nt

Lent [lent] n Fastenzeit f

lent pt, pp of **lend**

lentil ['lentl] n Linse f

Leo ['liːəʊ] n Löwe m

leotard ['liːətɑːd] n Trikot nt, Gymnastikanzug m

leper ['lepə*] n Leprakranke(r) f(m)

leprosy ['leprəsɪ] n Lepra f

lesbian ['lezbɪən] adj lesbisch ♦ n Lesbierin f

less [les] adj, adv weniger ♦ n weniger ♦ pron weniger; **~ than half** weniger als die Hälfte; **~ than ever** weniger denn je; **~ and ~** immer weniger; **the ~ he works** je weniger er arbeitet

lessen ['lesn] vi abnehmen ♦ vt verringern, verkleinern

lesser ['lesə*] adj kleiner, geringer; **to a ~ extent** in geringerem Maße

lesson ['lesn] n (SCH) Stunde f; (unit of study) Lektion f; (fig) Lehre f; (ECCL) Lesung f; **a maths ~** eine Mathestunde

lest [lest] conj: **~ it happen** damit es nicht passiert

let [let] (pt, pp let) vt lassen; (BRIT: lease) vermieten; **to ~ sb do sth** jdn etw tun lassen; **to ~ sb know sth** jdn etw wissen lassen; **~'s go!** gehen wir!; **~ him come** soll er doch kommen; **~ down** vt hinunterlassen; (disappoint) enttäuschen; **~ go** vi loslassen ♦ vt (things) loslassen; (person) gehen lassen; **~ in** vt hereinlassen; (water) durchlassen; **~ off** vt (gun) abfeuern; (steam) ablassen; (forgive) laufen lassen; **~ on** vi durchblicken lassen; (pretend) vorgeben; **~ out** vt herauslassen; (scream) fahren lassen; **~ up** vi nachlassen; (stop) aufhören

lethal ['liːθəl] adj tödlich

lethargic [le'θɑːdʒɪk] adj lethargisch

letter ['letə*] n (of alphabet) Buchstabe m; (message) Brief m; **~ bomb** n Briefbombe f, **~box** (BRIT) n Briefkasten m; **~ing** n Beschriftung f; **~ of credit** n Akkreditiv nt

lettuce ['letɪs] n (Kopf)salat m

let-up ['letʌp] (inf) n Nachlassen nt

leukaemia [luː'kiːmɪə] (US **leukemia**) n Leukämie f

level ['levl] adj (ground) eben; (at same height) auf gleicher Höhe; (equal) gleich gut; (head) kühl ♦ adv auf gleicher Höhe ♦ n (instrument) Wasserwaage f; (altitude) Höhe f; (flat place) ebene Fläche f; (position on scale) Niveau nt; (amount, degree) Grad m ♦ vt (ground) einebnen; **to draw ~ with** gleichziehen mit; **to be ~ with** auf einer Höhe sein mit; **A ~s** (BRIT) ≈ Abitur nt; **O**

~s ≈ mittlere Reife f; on the ~ (fig: honest) ehrlich; to ~ sth at sb (blow) jdm etw versetzen; (remark) etw gegen jdn richten; ~ off or out vi flach or eben werden; (fig) sich ausgleichen; (plane) horizontal fliegen ♦ vt (ground) planieren; (differences) ausgleichen; ~ crossing (BRIT) n Bahnübergang m; ~-headed adj vernünftig

lever ['liːvə*] n Hebel m; (fig) Druckmittel nt ♦ vt (hoch)stemmen; ~age n Hebelkraft f; (fig) Einfluß m

levity ['levɪtɪ] n Leichtfertigkeit f

levy ['levɪ] n (of taxes) Erhebung f; (tax) Abgaben pl; (MIL) Aushebung f ♦ vt erheben; (MIL) ausheben

lewd [luːd] adj unzüchtig, unanständig

liability [laɪə'bɪlɪtɪ] n (burden) Belastung f; (duty) Pflicht f; (debt) Verpflichtung f; (proneness) Anfälligkeit f; (responsibility) Haftung f

liable ['laɪəbl] adj (responsible) haftbar; (prone) anfällig; to be ~ for sth etw dat unterliegen; it's ~ to happen es kann leicht vorkommen

liaise [liː'eɪz] vi: to ~ (with sb) (mit jdm) zusammenarbeiten

liaison [liː'eɪzon] n Verbindung f

liar ['laɪə*] n Lügner m

libel ['laɪbəl] n Verleumdung f ♦ vt verleumden

liberal ['lɪbərəl] adj (generous) großzügig; (open-minded) aufgeschlossen; (POL) liberal

liberate ['lɪbəreɪt] vt befreien

liberation [lɪbə'reɪʃən] n Befreiung f

liberty ['lɪbətɪ] n Freiheit f; (permission) Erlaubnis f; to be at ~ to do sth etw tun dürfen; to take the ~ of doing sth sich dat erlauben, etw zu tun

Libra ['liːbrə] n Waage f

librarian [laɪ'brɛərɪən] n Bibliothekar(in) m(f)

library ['laɪbrərɪ] n Bibliothek f; (lending ~) Bücherei f

Libya ['lɪbɪə] n Libyen nt; ~n adj libysch ♦ n Libyer(in) m(f)

lice [laɪs] npl of louse

licence ['laɪsəns] (US license) n (permit) Erlaubnis f; (also: driving ~, US driver's ~) Führerschein m; (excess) Zügellosigkeit f

license ['laɪsəns] n (US) = licence ♦ vt genehmigen, konzessionieren; ~d adj (for alcohol) konzessioniert (für den Alkoholausschank)

license plate (US) n (AUT) Nummernschild nt

licentious [laɪ'senʃəs] adj ausschweifend

lichen ['laɪkən] n Flechte f

lick [lɪk] vt lecken ♦ n Lecken nt; a ~ of paint ein bißchen Farbe

licorice ['lɪkərɪs] (US) n = liquorice

lid [lɪd] n Deckel m; (eye~) Lid nt

lie [laɪ] (pt lay, pp lain) vi (rest, be situated) liegen; (put o.s. in position) sich legen; (pt, pp lied: tell lies) lügen ♦ n Lüge f; to ~ low (fig) untertauchen; ~ about vi (things) herumliegen; (people) faulenzen; ~-down (BRIT) n: to have a ~-down ein Nickerchen machen; ~-in (BRIT) n: to have a ~-in sich ausschlafen

lieu [luː] n: in ~ of anstatt +gen

lieutenant [lef'tenənt, (US) luː'tenənt] n Leutnant m

life [laɪf] (pl lives) n Leben nt; ~ assurance (BRIT) n = life insurance; ~belt (BRIT) n Rettungsring m; ~boat n Rettungsboot nt; ~guard n Rettungsschwimmer m; ~ insurance n Lebensversicherung f; ~ jacket n Schwimmweste f; ~less adj (dead) leblos; (dull) langweilig; ~like adj lebenswahr, naturgetreu; ~line n Rettungsleine f; (fig) Rettungsanker m; ~long adj lebenslang; ~ preserver (US) n = lifebelt; ~-saver n Lebensretter(in) m(f); ~ sentence n lebenslängliche Freiheitsstrafe f; ~-sized adj in Lebensgröße; ~ span n Lebensspanne f; ~style n Lebensstil m; ~ support system n (MED) Lebenserhaltungssystem nt; ~time n: in his ~time während er lebte; once in a ~time einmal im Leben

lift [lɪft] vt hochheben ♦ vi sich heben ♦ n (BRIT: elevator) Aufzug m, Lift m; to give sb a ~ jdn mitnehmen; ~-off n Abheben nt (vom Boden)

ligament ['lɪgəmənt] n Band nt

light [laɪt] (pt, pp lighted or lit) n Licht nt; (for cigarette etc): have you got a ~? haben Sie Feuer? ♦ vt beleuchten (lamp); anmachen; (fire, cigarette) anzünden ♦ adj (bright) hell; (pale) hell-; (not heavy, easy) leicht; (punishment) milde; (touch) leicht; ~s npl (AUT) Beleuchtung f; ~ up vi (lamp) angehen; (face) aufleuchten ♦ vt (illuminate) beleuchten; (lights) anmachen; ~ bulb n Glühbirne f; ~en vi (brighten) hell werden; (lightning) blitzen ♦ vt (give light to) erhellen; (hair) aufhellen; (gloom) aufheitern; (make less heavy) leichter machen; (fig) erleichtern; ~er n Feuerzeug nt; ~-headed adj (thoughtless) leichtsinnig; (giddy) schwindlig; ~-hearted adj leichtherzig, fröhlich; ~house n Leuchtturm m; ~ing n Beleuchtung f; ~ly adv leicht; (irresponsibly) leichtfertig; to get off ~ly mit einem blauen Auge davonkommen; ~ness n (of weight) Leichtigkeit f; (of colour) Helle f

lightning ['laɪtnɪŋ] n Blitz m; ~ conductor (US ~ rod) n Blitzableiter m

light: ~ pen n Lichtstift m; ~weight adj (suit) leicht; ~weight boxer n Leichtgewichtler m; ~ year n Lichtjahr nt

like [laɪk] vt mögen, gernhaben ♦ prep wie ♦ adj (similar) ähnlich; (equal) gleich ♦ n: the ~ dergleichen; I would or I'd ~ ich möchte gern; **would you ~ a coffee?** möchten Sie einen Kaffee?; **to be** or **look ~ sb/sth** jdm/etw ähneln; **that's just ~ him** das ist typisch für ihn; **do it ~ this** mach es so; **it is nothing ~ ...** es ist nicht zu vergleichen mit ...; **what does it look ~?** wie sieht es aus?; **what does it sound ~?** wie hört es sich an?; **what does it taste ~?** wie schmeckt es?; **his ~s and dislikes** was er mag und was er nicht mag; **~able** *adj* sympathisch

likelihood ['laɪklɪhʊd] *n* Wahrscheinlichkeit *f*

likely ['laɪklɪ] *adj* wahrscheinlich; **he's ~ to leave** er geht möglicherweise; **not ~!** wohl kaum!

likeness ['laɪknɪs] *n* Ähnlichkeit *f*; *(portrait)* Bild *nt*

likewise ['laɪkwaɪz] *adv* ebenso

liking ['laɪkɪŋ] *n* Zuneigung *f*; *(taste)* Vorliebe *f*

lilac ['laɪlək] *n* Flieder *m* ♦ *adj (colour)* fliederfarben

lily ['lɪlɪ] *n* Lilie *f*; **~ of the valley** *n* Maiglöckchen *nt*

limb [lɪm] *n* Glied *nt*

limber ['lɪmbə*] : **~ up** *vi* sich auflockern; *(fig)* sich vorbereiten

limbo ['lɪmbəʊ] *n*: **to be in ~** *(fig)* in der Schwebe sein

lime [laɪm] *n (tree)* Linde *f*; *(fruit)* Limone *f*; *(substance)* Kalk *m*

limelight ['laɪmlaɪt] *n*: **to be in the ~** *(fig)* im Rampenlicht stehen

limestone ['laɪmstəʊn] *n* Kalkstein *m*

limit ['lɪmɪt] *n* Grenze *f*; *(inf)* Höhe *f* ♦ *vt* begrenzen, einschränken; **~ation** *n* Einschränkung *f*; **~ed** *adj* beschränkt; **to be ~ed to** sich beschränken auf +*acc*; **~ed (liability) company** *(BRIT)* n Gesellschaft *f* mit beschränkter Haftung

limp [lɪmp] *n* Hinken *nt* ♦ *vi* hinken ♦ *adj* schlaff

limpet ['lɪmpɪt] *n (fig)* Klette *f*

line [laɪn] *n* Linie *f*, Linie *f*, *(rope)* Leine *f*, *(on face)* Falte *f*; *(row)* Reihe *f*; *(of hills)* Kette *f*; *(US: queue)* Schlange *f*; *(company)* Linie *f*, Gesellschaft *f*; *(RAIL)* Strecke *f*, *(TEL)* Leitung *f*; *(written)* Zeile *f*; *(direction)* Richtung *f*; *(fig: business)* Branche *f*; *(range of items)* Kollektion *f* ♦ *vt (coat)* füttern; *(border)* säumen; **~s** *npl (RAIL)* Gleise *pl*; **in ~ with** in Übereinstimmung mit; **~ up** *vi* sich aufstellen ♦ *vt* aufstellen; *(prepare)* sorgen für; *(support)* mobilisieren; *(surprise)* planen

linear ['lɪnɪə*] *adj* gerade; *(measure)* Längen-

lined [laɪnd] *adj (face)* faltig; *(paper)* liniert

linen ['lɪnɪn] *n* Leinen *nt*; *(sheets etc)* Wäsche *f*

liner ['laɪnə*] *n* Überseedampfer *m*

linesman ['laɪnzmən] *(irreg)* *n (SPORT)* Li-

nienrichter *m*

line-up ['laɪnʌp] *n* Aufstellung *f*

linger ['lɪŋgə*] *vi (remain long)* verweilen; *(taste)* (zurück)bleiben; *(delay)* zögern, verharren

lingerie ['læŋʒəriː] *n* Damenunterwäsche *f*

lingering ['lɪŋgərɪŋ] *adj (doubt)* zurückbleibend; *(disease)* langwierig; *(taste)* nachhaltend; *(look)* lang

lingo ['lɪŋgəʊ] *(pl* **~es**; *inf)* *n* Sprache *f*

linguist ['lɪŋgwɪst] *n* Sprachkundige(r) *mf*; *(UNIV)* Sprachwissenschaftler(in) *m(f)*

linguistic [lɪŋ'gwɪstɪk] *adj* sprachlich; sprachwissenschaftlich; **~s** [lɪŋ'gwɪstɪks] *n* Sprachwissenschaft *f*, Linguistik *f*

lining ['laɪnɪŋ] *n* Futter *nt*

link [lɪŋk] *n* Glied *nt*; *(connection)* Verbindung *f* ♦ *vt* verbinden; **~s** *npl (GOLF)* Golfplatz *m*; **~ up** *vt* verbinden ♦ *vi* zusammenkommen; *(companies)* sich zusammenschließen; *(TEL)* Verbindung *f*; *(of spaceships)* Kopplung *f*

lino ['laɪnəʊ] *n* = **linoleum**

linoleum [lɪ'nəʊlɪəm] *n* Linoleum *nt*

linseed oil ['lɪnsiːd-] *n* Leinöl *nt*

lion ['laɪən] *n* Löwe *m*; **~ess** *n* Löwin *f*

lip [lɪp] *n* Lippe *f*; *(of jug)* Schnabel *m*; **to pay ~ service (to)** ein Lippenbekenntnis ablegen (zu); **~read** *(irreg)* *vi* von den Lippen ablesen; **~ salve** *n* Lippenbalsam *m*; **~stick** *n* Lippenstift *m*

liqueur [lɪ'kjʊə*] *n* Likör *m*

liquid ['lɪkwɪd] *n* Flüssigkeit *f* ♦ *adj* flüssig

liquidate ['lɪkwɪdeɪt] *vt* liquidieren

liquidation [lɪkwɪ'deɪʃən] *n* Liquidation *f*

liquidize ['lɪkwɪdaɪz] *vt (CULIN)* (im Mixer) pürieren; **~r** ['lɪkwɪdaɪzə*] *n* Mixgerät *nt*

liquor ['lɪkə*] *n* Alkohol *m*

liquorice ['lɪkərɪs] *(BRIT)* *n* Lakritze *f*

liquor store *(US)* *n* Spirituosengeschäft *nt*

Lisbon ['lɪzbən] *n* Lissabon *nt*

lisp [lɪsp] *n* Lispeln *nt* ♦ *vt*, *vi* lispeln

list [lɪst] *n* Liste *f*, Verzeichnis *nt*; *(of ship)* Schlagseite *f* ♦ *vt (write down)* eine Liste machen von; *(verbally)* aufzählen ♦ *vi (ship)* Schlagseite haben

listen ['lɪsn] *vi* hören; **~ to** *vt* zuhören +*dat*; **~er** *n* (Zu)hörer(in) *m(f)*

listless ['lɪstlɪs] *adj* lustlos

lit [lɪt] *pt*, *pp* of **light**

liter ['liːtə*] *(US)* *n* = **litre**

literacy ['lɪtərəsɪ] *n* Fähigkeit *f* zu lesen und zu schreiben

literal ['lɪtərəl] *adj* buchstäblich; *(translation)* wortwörtlich; **~ly** *adv* wörtlich; buchstäblich

literary ['lɪtərərɪ] *adj* literarisch

literate ['lɪtərət] *adj* des Lesens und Schreibens kundig

literature ['lɪtrətʃə*] *n* Literatur *f*

lithe [laɪð] *adj* geschmeidig

litigation [lɪtɪ'geɪʃən] *n* Prozeß *m*

litre ['li:tə*] *n* Liter *m*

litter ['lıtə*] *n* (*rubbish*) Abfall *m*; (*of animals*) Wurf *m* ♦ *vt* in Unordnung bringen; **to be ~ed with** übersät sein mit; **~ bin** (*BRIT*) *n* Abfalleimer *m*

little ['lıtl] *adj* klein ♦ *adv, n* wenig; **a ~** ein bißchen; **~ by ~** nach und nach

live¹ [laıv] *adj* lebendig; (*MIL*) scharf; (*ELEC*) geladen; (*broadcast*) live

live² [lıv] *vi* leben; (*dwell*) wohnen ♦ *vt* (*life*) führen; **~ down** *vt*: **I'll never ~ it down** das wird man mir nie vergessen; **~ on** *vi* weiterleben ♦ *vt fus*: **to ~ on sth** von etw leben; **~ together** *vi* zusammenleben; (*share a flat*) zusammenwohnen; **~ up to** *vt* (*standards*) gerecht werden +*dat*; (*principles*) anstreben; (*hopes*) entsprechen +*dat*

livelihood ['laıvlıhod] *n* Lebensunterhalt *m*

lively ['laıvlı] *adj* lebhaft, lebendig

liven up ['laıvn-] *vt* beleben

liver ['lıvə*] *n* (*ANAT*) Leber *f*

lives [laıvz] *pl of* **life**

livestock ['laıvstɒk] *n* Vieh *nt*

livid ['lıvıd] *adj* bläulich; (*furious*) fuchsteufelswild

living ['lıvıŋ] *n* (Lebens)unterhalt *m* ♦ *adj* lebendig; (*language etc*) lebend; **to earn** *or* **make a ~** sich *dat* seinen Lebensunterhalt verdienen; **~ conditions** *npl* Wohnverhältnisse *pl*; **~ room** *n* Wohnzimmer *nt*; **~ standards** *npl* Lebensstandard *m*; **~ wage** *n* ausreichender Lohn *m*

lizard ['lızəd] *n* Eidechse *f*

load [ləod] *n* (*burden*) Last *f*; (*amount*) Ladung *f* ♦ *vt* (*also*: **~ up**) (be)laden; (*COMPUT*) laden; (*camera*) Film einlegen in +*acc*; (*gun*) laden; **a ~ of**, **~s of** (*fig*) jede Menge; **~ed** *adj* beladen; (*dice*) präpariert; (*question*) Fang-; (*inf: rich*) steinreich; **~ing bay** *n* Ladeplatz *m*

loaf [ləof] (*pl* **loaves**) *n* Brot *nt* ♦ *vi* (*also*: **~ about**, **~ around**) herumlungern, faulenzen

loan [ləon] *n* Leihgabe *f*; (*FIN*) Darlehen *n* ♦ *vt* leihen; **on ~** geliehen

loath [ləoθ] *adj*: **to be ~ to do sth** etw ungern tun

loathe [ləoð] *vt* verabscheuen

loathing ['ləoðıŋ] *n* Abscheu *f*

loaves [ləovz] *pl of* **loaf**

lobby ['lɒbı] *n* Vorhalle *f*; (*POL*) Lobby *f* ♦ *vt* politisch beeinflussen (wollen)

lobe [ləob] *n* Ohrläppchen *nt*

lobster ['lɒbstə*] *n* Hummer *m*

local ['ləokəl] *adj* ortsansässig, Orts- ♦ *n* (*pub*) Stammwirtschaft *f*; **the ~s** *npl* (*people*) die Ortsansässigen *pl*; **~ anaesthetic** *n* (*MED*) örtliche Betäubung *f*; **~ authority** *n* städtische Behörden *pl*; **~ call** *n* (*TEL*) Ortsgespräch *nt*; **~ government** *n* Gemeinde-/Kreisverwaltung *f*; **~ity** [ləo'kælıtı] *n* Ort *m*; **~ly** *adv* örtlich, am

Ort

locate [ləo'keıt] *vt* ausfindig machen; (*establish*) errichten

location [ləo'keıʃən] *n* Platz *m*, Lage *f*; **on ~** (*CINE*) auf Außenaufnahme

loch [lɒx] (*SCOTTISH*) *n* See *m*

lock [lɒk] *n* Schloß *nt*; (*NAUT*) Schleuse *f*; (*of hair*) Locke *f* ♦ *vt* (*fasten*) (ver)schließen ♦ *vi* (*door etc*) sich schließen (lassen); (*wheels*) blockieren; **~ up** *vt* (*criminal, mental patient*) einsperren; (*house*) abschließen

locker ['lɒkə*] *n* Spind *m*

locket ['lɒkıt] *n* Medaillon *nt*

lock-out ['lɒkaot] *n* Aussperrung *f*

locksmith ['lɒksmıθ] *n* Schlosser(in) *m(f)*

lockup ['lɒkʌp] *n* (*jail*) Gefängnis *nt*; (*garage*) Garage *f*

locomotive [ləokə'məotıv] *n* Lokomotive *f*

locum ['ləokəm] *n* (*MED*) Vertreter(in) *m(f)*

locust ['ləokəst] *n* Heuschrecke *f*

lodge [lɒdʒ] *n* (*gatehouse*) Pförtnerhaus *nt*; (*freemasons'*) Loge *f* ♦ *vi* (*get stuck*) stecken(bleiben); (*in Untermiete*): **to ~ (with)** wohnen (bei) ♦ *vt* (*protest*) einreichen; **~r** *n* (Unter)mieter *m*

lodgings ['lɒdʒıŋz] *n* (Miet)wohnung *f*

loft [lɒft] *n* (Dach)boden *m*

lofty ['lɒftı] *adj* hoch(ragend); (*proud*) hochmütig

log [lɒg] *n* Klotz *m*; (*book*) = **logbook**

logbook ['lɒgbok] *n* Bordbuch *nt*; (*for lorry*) Fahrtenschreiber *m*; (*AUT*) Kraftfahrzeugbrief *m*

loggerheads ['lɒgəhedz] *npl*: **to be at ~** sich in den Haaren liegen

logic ['lɒdʒık] *n* Logik *f*; **~al** *adj* logisch

logistics [lɒ'dʒıstıks] *npl* Logistik *f*

logo ['ləogəo] *n* Firmenzeichen *nt*

loin [lɔın] *n* Lende *f*

loiter ['lɔıtə*] *vi* herumstehen

loll [lɒl] *vi* (*also*: **~ about**) sich rekeln

lollipop ['lɒlıpɒp] *n* (Dauer)lutscher *m*; **~ man/lady** (*BRIT*) *n* ≈ Schülerlotse *m*

London ['lʌndən] *n* London *nt*; **~er** *n* Londoner(in) *m(f)*

lone [ləon] *adj* einsam

loneliness ['ləonlınəs] *n* Einsamkeit *f*

lonely ['ləonlı] *adj* einsam

loner ['ləonə*] *n* Einzelgänger(in) *m(f)*

long [lɒŋ] *adj* lang; (*distance*) weit ♦ *adv* lange ♦ *vi*: **to ~ for** sich sehnen nach; **before ~** bald; **as ~ as** solange; **in the ~ run** auf die Dauer; **don't be ~!** beeil dich!; **how ~ is the street?** wie lang ist die Straße?; **how ~ is the lesson?** wie lange dauert die Stunde?; **6 metres ~** 6 Meter lang; **6 months ~** 6 Monate lang; **all night ~** die ganze Nacht; **he no ~er comes** er kommt nicht mehr; **~ ago** vor langer Zeit; **~ before** lange vorher; **at ~ last** endlich; **~-distance** *adj* Fern-

longevity [lɒn'dʒevɪtɪ] n Langlebigkeit f
long: ~**-haired** adj langhaarig; ~**hand** n
Langschrift f; ~**ing** n Sehnsucht f ♦ adj
sehnsüchtig
longitude ['lɒŋgɪtjuːd] n Längengrad m
long: ~ **jump** n Weitsprung m; ~**-lost** adj
längst verloren geglaubt; ~**-playing**
record n Langspielplatte f; ~**-range** adj
Langstrecken-, Fern-; ~**sighted** adj weit-
sichtig; ~**-standing** adj alt, seit langer Zeit
bestehend; ~**-suffering** adj schwer geprüft;
~**-term** adj langfristig; ~ **wave** n Lang-
welle f; ~**-winded** adj langatmig
loo [luː] n (BRIT: inf) n Klo nt
look [lʊk] vi schauen; (seem) aussehen;
(building etc): **to** ~ **on to the sea** aufs
Meer gehen ♦ n Blick m; ~**s** npl (appearance) Aussehen nt; ~ **after** vt (care for)
sorgen für; (watch) aufpassen auf +acc; ~
at vt ansehen; (consider) sich überlegen; ~
back vi sich umsehen; (fig) zurückblicken;
~ **down on** vt (fig) herabsehen auf +acc;
~ **for** vt (seek) suchen; ~ **forward to** vt
sich freuen auf +acc; (in letters): **we** ~ **forward to hearing from you** wir hoffen, bald
von Ihnen zu hören; ~ **into** vt untersuchen; ~ **on** vi zusehen; ~ **out** vi hinausse-
hen; (take care) aufpassen; ~ **out for** vt
Ausschau halten nach; (be careful) achtgeben auf +acc; ~ **round** vi sich umsehen;
~ **to** vt (take care of) achtgeben auf +acc;
(rely on) sich verlassen auf +acc; ~ **up** vi
aufblicken; (improve) sich bessern ♦ vt
(word) nachschlagen; (person) besuchen; ~
up to vt aufsehen zu; ~**-out** n (watch)
Ausschau f; (person) Wachposten m;
(place) Ausguck m; (prospect) Aussichten
pl; **to be on the ~-out for sth** nach etw
Ausschau halten
loom [luːm] n Webstuhl m ♦ vi sich abzeichnen
loony ['luːnɪ] (inf) n Verrückte(r) mf
loop [luːp] n Schlaufe f; ~**hole** n (fig) Hin-
tertürchen nt
loose [luːs] adj lose, locker; (free) frei; (in-
exact) unpräzise ♦ vt lösen, losbinden; ~
change n Kleingeld nt; ~ **chippings** npl
(on road) Rollsplit m; ~ **end** n: **to be at a**
~ **end** (BRIT) or **at** ~**-ends** (US) nicht wissen, was man tun soll; ~**ly** adv locker,
lose; ~**n** vt lockern, losmachen
loot [luːt] n Beute f ♦ vt plündern
lop off vt abhacken
lopsided ['lɒp'saɪdɪd] adj schief
lord [lɔːd] n (ruler) Herr m; (BRIT: title)
Lord m; **the L~** (Gott) der Herr; **the**
(House of) L~s das Oberhaus; ~**ship** n:
your L~ship Eure Lordschaft
lore [lɔː*] n Überlieferung f
lorry ['lɒrɪ] (BRIT) n Lastwagen m; ~
driver (BRIT) n Lastwagenfahrer(in) m(f)
lose [luːz] (pt, pp lost) vt verlieren; (chance)

verpassen ♦ vi verlieren; **to** ~ (**time**) (clock)
nachgehen; ~**r** n Verlierer m
loss [lɒs] n Verlust m; **a** ~ (COMM) mit
Verlust; (unable) außerstande
lost [lɒst] pt, pp of **lose** ♦ adj verloren; ~
property (US ~ **and found**) n Fundsachen
pl
lot [lɒt] n (quantity) Menge f; (fate, at auction) Los nt; (inf: people, things) Haufen m;
the ~ alles; (people) alle; **a** ~ **of** (with sg)
viel; (with pl) viele; ~**s of** massenhaft,
viel(e); **I read a** ~ ich lese viel; **to draw**
~**s for sth** etw verlosen
lotion ['ləʊʃən] n Lotion f
lottery ['lɒtərɪ] n Lotterie f
loud [laʊd] adj laut; (showy) schreiend ♦
adv laut; ~**hailer** (BRIT) n Megaphon nt;
~**ly** adv laut; ~**speaker** n Lautsprecher m
lounge [laʊndʒ] n (in hotel) Gesellschafts-
raum m; (in house) Wohnzimmer nt ♦ vi
sich herumlümmeln; ~ **suit** (BRIT) n Stra-
ßenanzug m
louse [laʊs] (pl lice) n Laus f
lousy ['laʊzɪ] adj (fig) miserabel
lout [laʊt] n Lümmel m
louvre ['luːvə*] (US **louver**) adj (door, window) Jalousie-
lovable ['lʌvəbl] adj liebenswert
love [lʌv] n Liebe f; (person) Liebling m;
(SPORT) null ♦ vt (person) lieben; (activity)
gerne mögen; **to be in** ~ **with sb** in jdn
verliebt sein; **to make** ~ sich lieben; **for**
the ~ **of** aus Liebe zu; "**15** ~" (TENNIS)
„15 null"; **to** ~ **to do sth** etw (sehr) gerne
tun; ~ **affair** n (Liebes)verhältnis nt; ~
letter n Liebesbrief m; ~ **life** n Liebesle-
ben nt
lovely ['lʌvlɪ] adj schön
lover ['lʌvə*] n Liebhaber(in) m(f)
loving ['lʌvɪŋ] adj liebend, liebevoll
low [ləʊ] adj niedrig; (rank) niedere(r, s);
(level, note, neckline) tief; (intelligence, density) gering; (vulgar) ordinär; (not loud) leise; (depressed) gedrückt ♦ adv (not high)
niedrig; (not loudly) leise ♦ n (low point)
Tiefstand m; (MET) Tief nt; **to feel** ~ sich
mies fühlen; **to turn (down)** ~ leiser stellen; ~**-cut** adj (dress) tiefausgeschnitten
lower ['ləʊə*] vt herunterlassen; (eyes, gun)
senken; (reduce) herabsetzen, senken ♦ vr:
to ~ **o.s. to** (fig) sich herablassen zu
low: ~**-fat** adj fettarm, Mager-; ~**lands** npl
(GEOG) Flachland nt; ~**ly** adj bescheiden;
~**-lying** adj tiefgelegen
loyal ['lɔɪəl] adj treu; ~**ty** n Treue f
lozenge ['lɒzɪndʒ] n Pastille f
L.P. n abbr = **long-playing record**
L-plates ['elpleɪts] (BRIT) npl L-Schild nt
(für Fahrschüler)
Ltd abbr (= limited company) GmbH.
lubricant ['luːbrɪkənt] n Schmiermittel nt
lubricate ['luːbrɪkeɪt] vt schmieren

lucid ['lu:sɪd] *adj* klar; (*sane*) bei klarem Verstand; (*moment*) licht

luck [lʌk] *n* Glück *nt*; **bad** *or* **hard** *or* **tough** ~! (so ein) Pech!; **good** ~! viel Glück!; ~**ily** *adv* glücklicherweise, zum Glück; ~**y** *adj* Glücks-; **to be** ~**y** Glück haben

lucrative ['lu:krətɪv] *adj* einträglich

ludicrous ['lu:dɪkrəs] *adj* grotesk

lug [lʌg] *vt* schleppen

luggage ['lʌgɪdʒ] *n* Gepäck *nt*; ~ **rack** *n* Gepäcknetz *nt*

lukewarm ['lu:kwɔ:m] *adj* lauwarm; (*indifferent*) lau

lull [lʌl] *n* Flaute *f* ♦ *vt* einlullen; (*calm*) beruhigen

lullaby ['lʌləbaɪ] *n* Schlaflied *nt*

lumbago [lʌm'beɪgəʊ] *n* Hexenschuß *m*

lumber ['lʌmbə*] *n* Plunder *m*; (*wood*) Holz *nt*; ~**jack** *n* Holzfäller *m*

luminous ['lu:mɪnəs] *adj* Leucht-

lump [lʌmp] *n* Klumpen *m*; (*MED*) Schwellung *f*; (*in breast*) Knoten *m*; (*of sugar*) Stück *nt* ♦ *vt* (*also:* ~ *together*) zusammentun; (*judge together*) in einen Topf werfen; ~ **sum** *n* Pauschalsumme *f*; ~**y** *adj* klumpig

lunacy ['lu:nəsɪ] *n* Irrsinn *m*

lunar ['lu:nə*] *adj* Mond-

lunatic ['lu:nətɪk] *n* Wahnsinnige(r) *mf* ♦ *adj* wahnsinnig, irr

lunch [lʌntʃ] *n* Mittagessen *nt*

luncheon ['lʌntʃən] *n* Mittagessen *nt*; ~ **meat** *n* Frühstücksfleisch *nt*; ~ **voucher** (*BRIT*) *n* Essensmarke *f*

lunchtime *n* Mittagszeit *f*

lung [lʌŋ] *n* Lunge *f*

lunge [lʌndʒ] *vi* (*also:* ~ *forward*) (los)stürzen; **to** ~ **at** sich stürzen auf +*acc*

lurch [lɜ:tʃ] *vi* taumeln; (*NAUT*) schlingern ♦ *n* Ruck *m*; (*NAUT*) Schlingern *nt*; **to leave sb in the** ~ jdn im Stich lassen

lure [ljʊə*] *n* Köder *m*; (*fig*) Lockung *f* ♦ *vt* (ver)locken

lurid ['ljʊərɪd] *adj* (*shocking*) grausig, widerlich; (*colour*) grell

lurk [lɜ:k] *vi* lauern

luscious ['lʌʃəs] *adj* köstlich

lush [lʌʃ] *adj* satt; (*vegetation*) üppig

lust [lʌst] *n* (*sensation*) Wollust *f*; (*greed*) Gier *f* ♦ *vi*: **to** ~ **after** gieren nach

lustre ['lʌstə*] (*US* **luster**) *n* Glanz *m*

lusty ['lʌstɪ] *adj* gesund und munter

Luxembourg ['lʌksəmbɜ:g] *n* Luxemburg *nt*

luxuriant [lʌg'zjʊərɪənt] *adj* üppig

luxurious [lʌg'zjʊərɪəs] *adj* luxuriös, Luxus-

luxury ['lʌkʃərɪ] *n* Luxus *m* ♦ *cpd* Luxus-

lying ['laɪɪŋ] *n* Lügen *nt* ♦ *adj* verlogen

lynx [lɪŋks] *n* Luchs *m*

lyric ['lɪrɪk] *n* Lyrik *f* ♦ *adj* lyrisch; ~**s** *pl* (*words for song*) (Lied)text *m*; ~**al** *adj* lyrisch, gefühlvoll

————— *M m*

m *abbr* = **metre; mile; million**

M.A. *n abbr* = **Master of Arts**

mac [mæk] (*BRIT: inf*) *n* Regenmantel *m*

macaroni [mækə'rəʊnɪ] *n* Makkaroni *pl*

machine [mə'ʃi:n] *n* Maschine *f* ♦ *vt* (*dress etc*) mit der Maschine nähen; ~ **gun** *n* Maschinengewehr *nt*; ~ **language** *n* (*COMPUT*) Maschinensprache *f*; ~**ry** [mə'ʃi:nərɪ] *n* Maschinerie *f*

macho ['mætʃəʊ] *adj* macho

mackerel ['mækrəl] *n* Makrele *f*

mackintosh ['mækɪntɒʃ] (*BRIT*) *n* Regenmantel *m*

mad [mæd] *adj* verrückt; (*dog*) tollwütig; (*angry*) wütend; ~ **about** (*fond of*) verrückt nach, versessen auf +*acc*

madam ['mædəm] *n* gnädige Frau *f*

madden ['mædn] *vt* verrückt machen; (*make angry*) ärgern

made [meɪd] *pt, pp of* **make**

Madeira [mə'dɪərə] *n* (*GEOG*) Madeira *nt*; (*wine*) Madeira *m*

made-to-measure ['meɪdtə'meʒə*] (*BRIT*) *adj* Maß-

madly ['mædlɪ] *adv* wahnsinnig

madman ['mædmən] (*irreg*) *n* Verrückte(r) *m*, Irre(r) *m*

madness ['mædnəs] *n* Wahnsinn *m*

Madrid [mə'drɪd] *n* Madrid *nt*

magazine [mægə'zi:n] *n* Zeitschrift *f*; (*in gun*) Magazin *nt*

maggot ['mægət] *n* Made *f*

magic ['mædʒɪk] *n* Zauberei *f*, Magie *f*; (*fig*) Zauber *m* ♦ *adj* magisch, Zauber-; ~**al** *adj* magisch; ~**ian** [mə'dʒɪʃən] *n* Zauberer *m*

magistrate ['mædʒɪstreɪt] *n* (Friedens)richter *m*

magnanimous [mæg'nænɪməs] *adj* großmütig

magnesium [mæg'ni:zɪəm] *n* Magnesium *nt*

magnet ['mægnɪt] *n* Magnet *m*; ~**ic** [mæg'netɪk] *adj* magnetisch; ~**ic tape** *n* Magnetband *nt*; ~**ism** *n* Magnetismus *m*; (*fig*) Ausstrahlungskraft *f*

magnificent [mæg'nɪfɪsənt] *adj* großartig

magnify ['mægnɪfaɪ] *vt* vergrößern; ~**ing glass** *n* Lupe *f*

magnitude ['mægnɪtju:d] *n* (*size*) Größe *f*; (*importance*) Ausmaß *nt*

magpie ['mægpaɪ] n Elster f
mahogany [mə'hɒgənɪ] n Mahagoni nt ♦ cpd Mahagoni-
maid [meɪd] n Dienstmädchen nt; **old ~** alte Jungfer f
maiden ['meɪdn] n Maid f ♦ adj (flight, speech) Jungfern-
mail [meɪl] n Post f ♦ vt aufgeben; **~ box** (US) n Briefkasten m; **~ing list** n Anschreibeliste f; **~ order** n Bestellung f durch die Post; **~ order firm** n Versandhaus nt
maim [meɪm] vt verstümmeln
main [meɪn] adj hauptsächlich, Haupt- ♦ n (pipe) Hauptleitung f; **~s** npl (ELEC) das Stromnetz; **in the ~** im großen und ganzen; **~frame** n (COMPUT) Großrechner m; **~land** n Festland nt; **~ly** adv hauptsächlich; **~ road** n Hauptstraße f; **~stay** n (fig) Hauptstütze f; **~stream** n Hauptrichtung f
maintain [meɪn'teɪn] vt (machine, roads) instand halten; (support) unterhalten; (keep up) aufrechterhalten; (claim) behaupten; (innocence) beteuern
maintenance ['meɪntənəns] n (TECH) Wartung f; (of family) Unterhalt m
maize [meɪz] n Mais m
majestic [mə'dʒestɪk] adj majestätisch
majesty ['mædʒɪstɪ] n Majestät f
major ['meɪdʒə*] n Major m ♦ adj (MUS) Dur; (more important) Haupt-; (bigger) größer
Majorca [mə'jɔːkə] n Mallorca nt
majority [mə'dʒɒrɪtɪ] n Mehrheit f; (JUR) Volljährigkeit f
make [meɪk] (pt, pp **made**) vt machen; (appoint) ernennen (zu); (cause to do sth) veranlassen; (reach) erreichen; (in time) schaffen; (earn) verdienen ♦ n Marke f; **to ~ sth happen** etw geschehen lassen; **to ~ it es** schaffen; **what time do you ~ it?** wie spät hast du es?; **to ~ do with** auskommen mit; **~ for** vi gehen/fahren nach; **~ out** vt (write out) ausstellen; (understand) verstehen; (write: cheque) ausstellen; **~ up** vt machen; (face) schminken; (quarrel) beilegen; (story etc) erfinden ♦ vi sich versöhnen; **~ up for** vt wiedergutmachen; (COMM) vergüten; **~-believe** n Phantasie f; **~r** n (COMM) Hersteller m; **~shift** adj behelfsmäßig, Not-; **~-up** n Schminke f, Make-up nt; **~-up remover** n Make-up-Entferner m
making ['meɪkɪŋ] n: **in the ~** im Entstehen; **to have the ~s of** das Zeug haben zu
malaise [mæ'leɪz] n Unbehagen nt
malaria [mə'lɛərɪə] n Malaria f
Malaysia [mə'leɪzɪə] n Malaysia nt
male [meɪl] n Mann m; (animal) Männchen nt ♦ adj männlich
malevolent [mə'levələnt] adj übelwollend

malfunction [mæl'fʌŋkʃən] n (MED) Funktionsstörung f; (of machine) Defekt m
malice ['mælɪs] n Bosheit f
malicious [mə'lɪʃəs] adj böswillig, gehässig
malign [mə'laɪn] vt verleumden ♦ adj böse
malignant [mə'lɪgnənt] adj bösartig
mall [mɔːl] n (also: **shopping ~**) Einkaufszentrum nt
malleable ['mælɪəbl] adj formbar
mallet ['mælɪt] n Holzhammer m
malnutrition ['mælnju'trɪʃən] n Unterernährung f
malpractice ['mæl'præktɪs] n Amtsvergehen nt
malt [mɔːlt] n Malz nt
Malta ['mɔːltə] n Malta nt; **Maltese** ['mɔːl'tiːz] adj inv maltesisch ♦ n inv Malteser(in) m(f)
maltreat [mæl'triːt] vt mißhandeln
mammal ['mæməl] n Säugetier nt
mammoth ['mæməθ] n Mammut nt ♦ adj Mammut-
man [mæn] (pl **men**) n Mann m; (human race) der Mensch, die Menschen pl ♦ vt bemannen; **an old ~** ein alter Mann, ein Greis m; **~ and wife** Mann und Frau
manage ['mænɪdʒ] vi zurechtkommen ♦ vt (control) führen, leiten; (cope with) fertigwerden mit; **~able** adj (person, animal) fügsam; (object) handlich; **~ment** n (control) Führung f, Leitung f; (directors) Management nt; **~r** n Geschäftsführer m; **~ress** ['mænɪdʒə'res] n Geschäftsführerin f; **~rial** [mænə'dʒɪərɪəl] adj (post) leitend; (problem etc) Management-
managing ['mænɪdʒɪŋ] adj: **~ director** Betriebsleiter m
mandarin ['mændərɪn] n (fruit) Mandarine f
mandatory ['mændətərɪ] adj obligatorisch
mane [meɪn] n Mähne f
maneuver [mə'nuːvə*] (US) = **manoeuvre**
manfully ['mænfʊlɪ] adv mannhaft
mangle ['mæŋgl] vt verstümmeln ♦ n Mangel f
mango ['mæŋgəʊ] (pl **~es**) n Mango(pflaume) f
mangy ['meɪndʒɪ] adj (dog) räudig
manhandle ['mænhændl] vt grob behandeln
manhole ['mænhəʊl] n (Straßen)schacht m
manhood ['mænhʊd] n Mannesalter nt; (manliness) Männlichkeit f
man-hour ['mæn'aʊə*] n Arbeitsstunde f
manhunt ['mænhʌnt] n Fahndung f
mania ['meɪnɪə] n Manie f; **~c** ['meɪnɪæk] n Wahnsinnige(r) mf
manic ['mænɪk] adj (behaviour, activity) hektisch
manicure ['mænɪkjʊə*] n Maniküre f; **~ set** n Necessaire nt
manifest ['mænɪfest] vt offenbaren ♦ adj offenkundig; **~ation** n (sign) Anzeichen nt

manifesto [mænɪ'festəʊ] n Manifest nt
manipulate [mə'nɪpjʊleɪt] vt handhaben; (fig) manipulieren
mankind [mæn'kaɪnd] n Menschheit f
manly ['mænlɪ] adj männlich; mannhaft
man-made ['mæn'meɪd] adj (fibre) künstlich
manner ['mænə*] n Art f, Weise f; ~s npl (behaviour) Manieren pl; **in a ~ of speaking** sozusagen; ~**ism** n (of person) Angewohnheit f; (of style) Maniertheit f
manoeuvre [mə'nu:və*] (US maneuver) vt, vi manövrieren ♦ n (MIL) Feldzug m; (general) Manöver nt, Schachzug m
manor ['mænə*] n Landgut nt; ~ **house** n Herrenhaus nt
manpower ['mænpaʊə*] n Arbeitskräfte pl
mansion ['mænʃən] n Villa f
manslaughter ['mænslɔːtə*] n Totschlag m
mantelpiece ['mæntlpiːs] n Kaminsims m
manual ['mænjʊəl] adj manuell, Hand- ♦ n Handbuch nt
manufacture [mænjʊ'fæktʃə*] vt herstellen ♦ n Herstellung f; ~**r** n Hersteller m
manure [mə'njʊə*] n Dünger m
manuscript ['mænjʊskrɪpt] n Manuskript nt
Manx [mæŋks] adj der Insel Man
many ['menɪ] adj, pron viele; **a great ~** sehr viele; ~ **a time** oft
map [mæp] n (Land)karte f; (of town) Stadtplan m ♦ vt eine Karte machen von; ~ **out** vt (fig) ausarbeiten
maple ['meɪpl] n Ahorn m
mar [mɑː*] vt verderben
marathon ['mærəθən] n (SPORT) Marathonlauf m; (fig) Marathon m
marauder [mə'rɔːdə*] n Plünderer m
marble ['mɑːbl] n Marmor m; (for game) Murmel f
March [mɑːtʃ] n März m
march [mɑːtʃ] vi marschieren ♦ n Marsch m
mare [meə*] n Stute f
margarine [mɑːdʒə'riːn] n Margarine f
margin ['mɑːdʒɪn] n Rand m; (extra amount) Spielraum m; (COMM) Spanne f; ~**al** adj (note) Rand-; (difference etc) geringfügig; ~**al (seat)** n (POL) Wahlkreis, der nur mit knapper Mehrheit gehalten wird
marigold ['mærɪgəʊld] n Ringelblume f
marijuana [mærɪ'wɑːnə] n Marihuana nt
marina [mə'riːnə] n Yachthafen m
marinate ['mærɪneɪt] vt marinieren
marine [mə'riːn] adj Meeres-, See- ♦ n (MIL) Marineinfanterist m
marital ['mærɪtl] adj ehelich, Ehe-; ~ **status** n Familienstand m
maritime ['mærɪtaɪm] adj See-
mark [mɑːk] n (coin) Mark f; (spot) Fleck m; (scar) Kratzer m; (sign) Zeichen nt; (target) Ziel nt; (SCH) Note f ♦ vt (make ~ on) Flecken/Kratzer machen auf +acc; (indi-

cate) markieren; (exam) korrigieren; **to ~ time** (also fig) auf der Stelle treten; ~ **out** vt bestimmen; (area) abstecken; ~**ed** adj deutlich; ~**er** n (in book) (Lese)zeichen nt; (on road) Schild nt
market ['mɑːkɪt] n Markt m; (stock ~) Börse f ♦ vt (COMM: new product) auf den Markt bringen; (sell) vertreiben; ~ **garden** (BRIT) n Handelsgärtnerei f; ~**ing** n Marketing nt; ~ **research** n Marktforschung f; ~ **value** n Marktwert m
marksman ['mɑːksmən] (irreg) n Scharfschütze m
marmalade ['mɑːməleɪd] n Orangenmarmelade f
maroon [mə'ruːn] vt aussetzen ♦ adj (colour) dunkelrot
marquee [mɑː'kiː] n große(s) Zelt nt
marriage ['mærɪdʒ] n Ehe f; (wedding) Heirat f; ~ **bureau** n Heiratsinstitut nt; ~ **certificate** n Heiratsurkunde f
married ['mærɪd] adj (person) verheiratet; (couple, life) Ehe-
marrow ['mærəʊ] n (Knochen)mark nt; (vegetable) Kürbis m
marry ['mærɪ] vt (join) trauen; (take as husband, wife) heiraten ♦ vi (also: get married) heiraten
Mars [mɑːz] n (planet) Mars m
marsh [mɑːʃ] n Sumpf m
marshal ['mɑːʃəl] n (US) Bezirkspolizeichef m ♦ vt (an)ordnen, arrangieren
marshy ['mɑːʃɪ] adj sumpfig
martial ['mɑːʃəl] adj kriegerisch; ~ **law** n Kriegsrecht nt
martyr ['mɑːtə*] n (also fig) Märtyrer(in) m(f) ♦ vt zum Märtyrer machen; ~**dom** n Martyrium nt
marvel ['mɑːvəl] n Wunder nt ♦ vi: **to ~ (at)** sich wundern (über +acc); ~**lous** (US ~**ous**) adj wunderbar
Marxist ['mɑːksɪst] n Marxist(in) m(f)
marzipan [mɑːzɪ'pæn] n Marzipan nt
mascara [mæs'kɑːrə] n Wimperntusche f
mascot ['mæskət] n Maskottchen nt
masculine ['mæskjʊlɪn] adj männlich
mash [mæʃ] n Brei m; ~**ed potatoes** npl Kartoffelbrei m or -püree nt
mask [mɑːsk] n (also fig) Maske f ♦ vt maskieren, verdecken
mason ['meɪsn] n (stone~) Steinmetz m; (free~) Freimaurer m; ~**ic** [mə'sɒnɪk] adj Freimaurer-; ~**ry** n Mauerwerk nt
masquerade [mæskə'reɪd] n Maskerade f ♦ vi: **to ~ as** sich ausgeben als
mass [mæs] n Masse f; (greater part) Mehrheit f; (REL) Messe f ♦ vi sich sammeln; **the ~es** npl (people) die Masse(n) f(pl)
massacre ['mæsəkə*] n Blutbad nt ♦ vt niedermetzeln, massakrieren
massage ['mæsɑːʒ] n Massage f ♦ vt massieren

massive ['mæsɪv] *adj* gewaltig, massiv
mass media *npl* Massenmedien *pl*
mass production *n* Massenproduktion *f*
mast [mɑːst] *n* Mast *m*
master ['mɑːstə*] *n* Herr *m*; (*NAUT*) Kapitän *m*; (*teacher*) Lehrer *m*; (*artist*) Meister *m* ♦ *vt* meistern; (*language etc*) beherrschen; **~ly** *adj* meisterhaft; **~mind** *n* Kapazität *f* ♦ *vt* geschickt lenken; **M~ of Arts** *n* Magister *m* der philosophischen; **M~ of Science** *n* Magister *m* der naturwissenschaftlichen; **~piece** *n* Meisterwerk *nt*; **~ plan** *n* kluge(r) Plan *m*; **~y** *n* Können *nt*
masturbate ['mæstəbeɪt] *vi* masturbieren, onanieren
mat [mæt] *n* Matte *f*; (*for table*) Untersetzer *m* ♦ *adj* = **mat(t)**
match [mætʃ] *n* Streichholz *nt*; (*sth corresponding*) Pendant *nt*; (*SPORT*) Wettkampf *m*; (*ball games*) Spiel *nt* ♦ *vt* (*be like, suit*) passen zu; (*equal*) gleichkommen +*dat* ♦ *vi* zusammenpassen; **it's a good ~ (for)** es paßt gut (zu); **~box** *n* Streichholzschachtel *f*; **~ing** *adj* passend
mate [meɪt] *n* (*companion*) Kamerad *m*; (*spouse*) Lebensgefährte *m*; (*of animal*) Weibchen *nt*/Männchen *nt*; (*NAUT*) Schiffsoffizier *m* ♦ *vi* (*animals*) sich paaren ♦ *vt* paaren
material [mə'tɪərɪəl] *n* Material *nt*; (*for book, cloth*) Stoff *m* ♦ *adj* (*important*) wesentlich; (*damage*) Sach-; (*comforts etc*) materiell; **~s** *npl* (*for building etc*) Materialien *pl*; **~istic** *adj* materialistisch; **~ize** *vi* sich verwirklichen, zustande kommen
maternal [mə'tɜːnl] *adj* mütterlich, Mutter-
maternity [mə'tɜːnɪtɪ] *adj* (*dress*) Umstands-; (*benefit*) Wochen-; **~ hospital** *n* Entbindungsheim *nt*
math [mæθ] (*US*) *n* = **maths**
mathematical [mæθə'mætɪkl] *adj* mathematisch
mathematics [mæθə'mætɪks] *n* Mathematik *f*
maths [mæθs] (*US* **math**) *n* Mathe *f*
matinée ['mætɪneɪ] *n* Matinee *f*
mating call ['meɪtɪŋ-] *n* Lockruf *m*
matrices ['meɪtrɪsiːz] *npl of* **matrix**
matriculation [mətrɪkju'leɪʃən] *n* Immatrikulation *f*
matrimonial [mætrɪ'məʊnɪəl] *adj* ehelich, Ehe-
matrimony ['mætrɪmənɪ] *n* Ehestand *m*
matrix ['meɪtrɪks] (*pl* **matrices**) *n* Matrize *f*; (*GEOL etc*) Matrix *f*
matron ['meɪtrən] *n* (*MED*) Oberin *f*; (*SCH*) Hausmutter *f*; **~ly** *adj* matronenhaft
mat(t) [mæt] *adj* (*paint*) matt
matted ['mætɪd] *adj* verfilzt
matter ['mætə*] *n* (*substance*) Materie *f*; (*affair*) Angelegenheit *f* ♦ *vi* darauf ankom-

men; **no ~ how/what** egal wie/was; **what is the ~?** was ist los?; **as a ~ of course** selbstverständlich; **as a ~ of fact** eigentlich; **it doesn't ~** es macht nichts; **~-of-fact** *adj* sachlich, nüchtern
mattress ['mætrəs] *n* Matratze *f*
mature [mə'tjʊə*] *adj* reif ♦ *vi* reif werden
maturity [mə'tjʊərɪtɪ] *n* Reife *f*
maudlin ['mɔːdlɪn] *adj* gefühlsduselig
maul [mɔːl] *vt* übel zurichten
maxima ['mæksɪmə] *npl of* **maximum**
maximum ['mæksɪməm] (*pl* **maxima**) *adj* Höchst-, Maximal- ♦ *n* Maximum *nt*
May [meɪ] *n* Mai *m*
may [meɪ] (*conditional* **might**) *vi* (*be possible*) können; (*have permission*) dürfen; **he ~ come** er kommt vielleicht
maybe ['meɪbiː] *adv* vielleicht
May Day *n* der 1. Mai
mayhem ['meɪhem] *n* Chaos *nt*; (*US*) Körperverletzung *f*
mayonnaise [meɪə'neɪz] *n* Mayonnaise *f*
mayor [meə*] *n* Bürgermeister *m*; **~ess** *n* (*wife*) (die) Frau *f* Bürgermeister; (*lady ~*) Bürgermeisterin *f*
maypole ['meɪpəʊl] *n* Maibaum *m*
maze [meɪz] *n* Irrgarten *m*; (*fig*) Wirrwarr *nt*
M.D. *abbr* = **Doctor of Medicine**

─────────── *KEYWORD* ───────────

me [miː] *pron* **1** (*direct*) mich; **it's me** ich bin's

2 (*indirect*) mir; **give them to me** gib sie mir

3 (*after prep*: +*acc*) mich; (: +*dat*) mir; **with/without me** mit mir/ohne mich

─────────────────────────────

meadow ['medəʊ] *n* Wiese *f*
meagre ['miːgə*] (*US* **meager**) *adj* dürftig, spärlich
meal [miːl] *n* Essen *nt*, Mahlzeit *f*; (*grain*) Schrotmehl *nt*; **to have a ~** essen (gehen); **~time** *n* Essenszeit *f*
mean [miːn] (*pt*, *pp* **meant**) *adj* (*stingy*) geizig; (*spiteful*) gemein; (*average*) durchschnittlich, Durchschnitts- ♦ *vt* (*signify*) bedeuten; (*intend*) vorhaben, beabsichtigen ♦ *n* (*average*) Durchschnitt *m*; **~s** *npl* (*wherewithal*) Mittel *pl*; (*wealth*) Vermögen *nt*; **do you ~ me?** meinst du mich?; **do you ~ it?** meinst du das ernst?; **what do you ~?** was willst du damit sagen?; **to be ~t for sb/sth** für jdn/etw bestimmt sein; **by ~s of** durch; **by all ~s** selbstverständlich; **by no ~s** keineswegs
meander [mɪ'ændə*] *vi* sich schlängeln
meaning ['miːnɪŋ] *n* Bedeutung *f*; (*of life*) Sinn *m*; **~ful** *adj* bedeutungsvoll; (*life*) sinnvoll; **~less** *adj* sinnlos
meanness ['miːnnəs] *n* (*stinginess*) Geiz *m*; (*spitefulness*) Gemeinheit *f*

meant [ment] *pt, pp of* **mean**

meantime ['mi:n'taɪm] *adv* inzwischen

meanwhile ['mi:n'waɪl] *adv* inzwischen

measles ['mi:zlz] *n* Masern *pl*

measly ['mi:zlɪ] (*inf*) *adj* poplig

measure ['meʒə*] *vt, vi* messen ♦ *n* Maß *nt*; (*step*) Maßnahme *f*; **~d** *adj* (*slow*) gemessen; **~ments** *npl* Maße *pl*

meat [mi:t] *n* Fleisch *nt*; **cold ~** Aufschnitt *m*; **~ ball** *n* Fleischkloß *m*; **~ pie** *n* Fleischpastete *f*; **~y** *adj* fleischig; (*fig*) gehaltvoll

Mecca ['mekə] *n* Mekka *nt* (*also fig*)

mechanic [mɪ'kænɪk] *n* Mechaniker *m*; **~al** *adj* mechanisch; **~s** *n* Mechanik *f* ♦ *npl* Technik *f*

mechanism ['mekənɪzəm] *n* Mechanismus *m*

mechanize ['mekənaɪz] *vt* mechanisieren

medal ['medl] *n* Medaille *f*; (*decoration*) Orden *m*; **~list** (*US* **~ist**) *n* Medaillengewinner(in) *m(f)*

meddle ['medl] *vi*: **to ~ (in)** sich einmischen (in +*acc*); **to ~ with sth** sich an etw *dat* zu schaffen machen

media ['mi:dɪə] *npl* Medien *pl*

mediaeval [medɪ'i:vəl] *adj* = **medieval**

median ['mi:dɪən] (*US*) *n* (*also:* **~ strip**) Mittelstreifen *m*

mediate ['mi:dɪeɪt] *vi* vermitteln

mediator ['mi:dɪeɪtə*] *n* Vermittler *m*

Medicaid ['medɪkeɪd] (®: *US*) *n medizinisches Versorgungsprogramm für Sozialschwache*

medical ['medɪkəl] *adj* medizinisch; Medizin-; ärztlich ♦ *n* (ärztliche) Untersuchung *f*

Medicare ['medɪkɛə*] (*US*) *n staatliche Krankenversicherung besonders für Ältere*

medicated ['medɪkeɪtɪd] *adj* medizinisch

medication [medɪ'keɪʃən] *n* (*drugs etc*) Medikamente *pl*

medicinal [me'dɪsɪnl] *adj* medizinisch, Heil-

medicine ['medsɪn] *n* Medizin *f*; (*drugs*) Arznei *f*

medieval [medɪ'i:vəl] *adj* mittelalterlich

mediocre [mi:dɪ'əʊkə*] *adj* mittelmäßig

mediocrity [mi:dɪ'ɒkrɪtɪ] *n* Mittelmäßigkeit *f*

meditate ['medɪteɪt] *vi* meditieren; **to ~ (on sth)** (über etw *acc*) nachdenken

meditation [medɪ'teɪʃən] *n* Nachsinnen *nt;* Meditation *f*

Mediterranean [medɪtə'reɪnɪən] *adj* Mittelmeer-; (*person*) südländisch; **the ~ (Sea)** das Mittelmeer

medium ['mi:dɪəm] *adj* mittlere(r, s) Mittel-, mittel- ♦ *n* Mitte *f*; (*means*) Mittel *nt*; (*person*) Medium *nt*; **happy ~** goldener Mittelweg; **~ wave** *n* Mittelwelle *f*

medley ['medlɪ] *n* Gemisch *nt*

meek [mi:k] *adj* sanft(mütig); (*pej*) duckmäuserisch

meet [mi:t] (*pt, pp* **met**) *vt* (*encounter*) treffen, begegnen +*dat*; (*by arrangement*) sich treffen mit; (*difficulties*) stoßen auf +*acc*; (*become acquainted with*) kennenlernen; (*fetch*) abholen; (*join*) zusammentreffen mit; (*satisfy*) entsprechen +*dat* ♦ *vi* sich treffen; (*become acquainted*) sich kennenlernen; **~ with** *vt* (*problems*) stoßen auf +*acc*; (*US: people*) zusammentreffen mit; **~ing** *n* Treffen *nt*; (*business meeting*) Besprechung *f*; (*of committee*) Sitzung *f*; (*assembly*) Versammlung *f*

megabyte ['megəbaɪt] *n* (*COMPUT*) Megabyte *nt*

megaphone ['megəfəʊn] *n* Megaphon *nt*

melancholy ['melənkəlɪ] *adj* (*person*) melancholisch; (*sight, event*) traurig

mellow ['meləʊ] *adj* mild, weich; (*fruit*) reif; (*fig*) gesetzt ♦ *vi* reif werden

melodious [mɪ'ləʊdɪəs] *adj* wohlklingend

melody ['melədɪ] *n* Melodie *f*

melon ['melən] *n* Melone *f*

melt [melt] *vi* schmelzen; (*anger*) verfliegen ♦ *vt* schmelzen; **~ away** *vi* dahinschmelzen; **~ down** *vt* einschmelzen; **~down** *n* (*in nuclear reactor*) Kernschmelze *f*; **~ing point** *n* Schmelzpunkt *m*; **~ing pot** *n* (*fig*) Schmelztiegel *m*

member ['membə*] *n* Mitglied *nt*; (*of tribe, species*) Angehörige(r) *m*; (*ANAT*) Glied *nt*; **M~ of Parliament** (*BRIT*) *n* Parlamentsmitglied *nt*; **M~ of the European Parliament** (*BRIT*) *n* Mitglied *nt* des Europäischen Parlaments; **~ship** *n* Mitgliedschaft *f*; **to seek ~ship of** einen Antrag auf Mitgliedschaft stellen; **~ship card** *n* Mitgliedskarte *f*

memento [mə'mentəʊ] *n* Andenken *nt*

memo ['meməʊ] *n* Mitteilung *f*

memoirs ['memwɔ:z] *npl* Memoiren *pl*

memorable ['memərəbl] *adj* denkwürdig

memoranda [memə'rændə] *npl of* **memorandum**

memorandum [memə'rændəm] (*pl* **memoranda**) *n* Mitteilung *f*

memorial [mɪ'mɔ:rɪəl] *n* Denkmal *nt* ♦ *adj* Gedenk-

memorize ['meməraɪz] *vt* sich einprägen

memory ['memərɪ] *n* Gedächtnis *nt*; (*of computer*) Speicher *m*; (*sth recalled*) Erinnerung *f*

men [men] *pl of* **man** ♦ *n* (*human race*) die Menschen *pl*

menace ['menɪs] *n* Drohung *f*; Gefahr *f* ♦ *vt* bedrohen

menacing ['menɪsɪŋ] *adj* drohend

menagerie [mɪ'nædʒərɪ] *n* Tierschau *f*

mend [mend] *vt* reparieren, flicken ♦ *vi* (ver)heilen ♦ *n* ausgebesserte Stelle *f*; **on the ~** auf dem Wege der Besserung; **~ing**

n (articles) Flickarbeit f
menial ['miːnɪəl] *adj* niedrig
meningitis [menɪn'dʒaɪtɪs] *n* Hirnhautentzündung f, Meningitis f
menopause ['menəʊpɔːz] *n* Wechseljahre *pl*, Menopause f
menstruation [menstrʊ'eɪʃən] *n* Menstruation f
mental ['mentl] *adj* geistig, Geistes-; *(arithmetic)* Kopf-; *(hospital)* Nerven-; *(cruelty)* seelisch; *(inf: abnormal)* verrückt; **~ity** [men'tælɪtɪ] *n* Mentalität f
menthol ['menθɒl] *n* Menthol nt
mention ['menʃən] *n* Erwähnung f ♦ *vt* erwähnen; **don't ~ it!** bitte (sehr), gern geschehen
mentor ['mentɔː*] *n* Mentor m
menu ['menjuː] *n* Speisekarte f
MEP *n abbr* = **Member of the European Parliament**
mercenary ['mɜːsɪnərɪ] *adj (person)* geldgierig; *(MIL)* Söldner- ♦ *n* Söldner m
merchandise ['mɜːtʃəndaɪz] *n* (Handels)ware f
merchant ['mɜːtʃənt] *n* Kaufmann m; **~ navy** *(US ~ marine)* *n* Handelsmarine f
merciful ['mɜːsɪfʊl] *adj* gnädig
merciless ['mɜːsɪləs] *adj* erbarmungslos
mercury ['mɜːkjʊrɪ] *n* Quecksilber nt
mercy ['mɜːsɪ] *n* Erbarmen nt; Gnade f; **at the ~ of** ausgeliefert +dat
mere [mɪə*] *adj* bloß
merely *adv* bloß
merge [mɜːdʒ] *vt* verbinden; *(COMM)* fusionieren ♦ *vi* verschmelzen; *(roads)* zusammenlaufen; *(COMM)* fusionieren; **~r** *n (COMM)* Fusion f
meringue [mə'ræŋ] *n* Baiser nt
merit ['merɪt] *n* Verdienst nt; *(advantage)* Vorzug m ♦ *vt* verdienen
mermaid ['mɜːmeɪd] *n* Wassernixe f
merry ['merɪ] *adj* fröhlich; **~-go-round** *n* Karussell nt
mesh [meʃ] *n* Masche f ♦ *vi (gears)* ineinandergreifen
mesmerize ['mezməraɪz] *vt* hypnotisieren; *(fig)* faszinieren
mess [mes] *n* Unordnung f; *(dirt)* Schmutz m; *(trouble)* Schwierigkeiten pl; *(MIL)* Messe f; **~ about** or **around** *vi (play the fool)* herumalbern; *(do nothing in particular)* herumgammeln; **~ about** or **around with** *vt fus (tinker with)* herummurksen an +dat; **~ up** *vt* verpfuschen; *(make untidy)* in Unordnung bringen
message ['mesɪdʒ] *n* Mitteilung f; **to get the ~** kapieren
messenger ['mesɪndʒə*] *n* Bote m
Messrs ['mesəz] *abbr (on letters)* die Herren
messy ['mesɪ] *adj* schmutzig; *(untidy)* unordentlich

met [met] *pt, pp* of **meet**
metabolism [me'tæbəlɪzəm] *n* Stoffwechsel m
metal ['metl] *n* Metall nt
metaphor ['metəfɔː*] *n* Metapher f
mete [miːt]: **to ~ out** *vt* austeilen
meteorology [miːtɪə'rɒlədʒɪ] *n* Meteorologie f
meter ['miːtə*] *n* Zähler m; *(US)* = **metre**
method ['meθəd] *n* Methode f; **~ical** [mɪ'θɒdɪkəl] *adj* methodisch; **M~ist** ['meθədɪst] *adj* methodistisch ♦ *n* Methodist(in) m(f); **~ology** [meθə'dɒlədʒɪ] *n* Methodik f
meths [meθs] *(BRIT)* *n* = **methylated spirit(s)**
methylated spirit(s) ['meθɪleɪtɪd 'spɪrɪt(s)] *(BRIT)* *n* (Brenn)spiritus m
meticulous [mɪ'tɪkjʊləs] *adj* (über)genau
metre ['miːtə*] *(US* **meter***)* *n* Meter m or nt
metric ['metrɪk] *adj (also: ~al)* metrisch
metropolitan [metrə'pɒlɪtən] *adj* der Großstadt; **the M~ Police** *(BRIT)* *n* die Londoner Polizei
mettle ['metl] *n* Mut m
mew [mjuː] *vi (cat)* miauen
mews [mjuːz] *n*: **~ cottage** *(BRIT)* ehemaliges Kutscherhäuschen
Mexican ['meksɪkən] *adj* mexikanisch ♦ *n* Mexikaner(in) m(f)
Mexico ['meksɪkəʊ] *n* Mexiko nt; **~ City** *n* Mexiko City f
miaow [miː'aʊ] *vi* miauen
mice [maɪs] *pl* of **mouse**
micro ['maɪkrəʊ] *n (also: ~computer)* Mikrocomputer m
microchip ['maɪkrəʊtʃɪp] *n* Mikrochip m
microcosm ['maɪkrəʊkɒzəm] *n* Mikrokosmos m
microfilm ['maɪkrəʊfɪlm] *n* Mikrofilm m ♦ *vt* auf Mikrofilm aufnehmen
microphone ['maɪkrəfəʊn] *n* Mikrophon n
microprocessor ['maɪkrəʊ'prəʊsesə*] *n* Mikroprozessor m
microscope ['maɪkrəskəʊp] *n* Mikroskop nt
microwave ['maɪkrəʊweɪv] *n (also: ~ oven)* Mikrowelle(nherd nt) f
mid [mɪd] *adj*: **in ~ afternoon** am Nachmittag; **in ~ air** in der Luft; **in ~ May** Mitte Mai
midday ['mɪd'deɪ] *n* Mittag m
middle ['mɪdl] *n* Mitte f; *(waist)* Taille f ♦ *adj* mittlere(r, s), Mittel-; **in the ~ of** mitten in +dat; **~-aged** *adj* mittleren Alters; **the M~ Ages** *npl* das Mittelalter; **~-class** *adj* Mittelstands-; **the M~ East** *n* der Nahe Osten; **~man** *(irreg)* *n (COMM)* Zwischenhändler m; **~ name** *n* zweiter Vorname m; **~ weight** *n (BOXING)* Mittelgewicht nt
middling ['mɪdlɪŋ] *adj* mittelmäßig

midge [mɪdʒ] n Mücke f
midget ['mɪdʒɪt] n Liliputaner(in) m(f)
Midlands ['mɪdləndz] npl Midlands pl
midnight ['mɪdnaɪt] n Mitternacht f
midriff ['mɪdrɪf] n Taille f
midst [mɪdst] n: **in the ~ of** (persons) mitten unter +dat; (things) mitten in +dat
midsummer ['mɪd'sʌmə*] n Hochsommer m
midway ['mɪd'weɪ] adv auf halbem Wege ♦ adj Mittel-
midweek ['mɪd'wiːk] adv in der Mitte der Woche
midwife ['mɪdwaɪf] (irreg) n Hebamme f; **~ry** ['mɪdwɪfərɪ] n Geburtshilfe f
midwinter ['mɪd'wɪntə*] n tiefste(r) Winter m
might [maɪt] vi see **may** ♦ n Macht f, Kraft f; **I ~ come** ich komme vielleicht; **~y** adj, adv mächtig
migraine ['miːgreɪn] n Migräne f
migrant ['maɪgrənt] adj Wander-; (bird) Zug-
migrate [maɪ'greɪt] vi (ab)wandern; (birds) (fort)ziehen
migration [maɪ'greɪʃən] n Wanderung f, Zug m
mike [maɪk] n = **microphone**
Milan [mɪ'læn] n Mailand nt
mild [maɪld] adj mild; (medicine, interest) leicht; (person) sanft
mildew ['mɪldjuː] n (on plants) Mehltau m; (on food) Schimmel m
mildly ['maɪldlɪ] adv leicht; **to put it ~** gelinde gesagt
mile [maɪl] n Meile f; **~age** n Meilenzahl f
mileometer n = **milometer**
milestone n (also fig) Meilenstein m
military ['mɪlɪtərɪ] adj militärisch, Militär-, Wehr-
militate ['mɪlɪteɪt] vi: **to ~ against** entgegenwirken +dat
militia [mɪ'lɪʃə] n Miliz f
milk [mɪlk] n Milch f ♦ vt (also fig) melken; **~ chocolate** n Milchschokolade f; **~man** (irreg) n Milchmann m; **~ shake** n Milchmixgetränk nt; **~y** adj milchig; **M~y Way** n Milchstraße f
mill [mɪl] n Mühle f; (factory) Fabrik f ♦ vt mahlen ♦ vi (move around) umherlaufen
millennia [mɪ'lenɪə] npl of **millennium**
millennium [mɪ'lenɪəm] (pl **~s** or **millennia**) n Jahrtausend nt
miller ['mɪlə*] n Müller m
millet ['mɪlɪt] n Hirse f
milligram(me) ['mɪlɪgræm] n Milligramm nt
millimetre ['mɪlɪmiːtə*] (US **millimeter**) n Millimeter m
million ['mɪljən] n Million f; **a ~ times** tausendmal; **~aire** [mɪljə'neə*] n Millionär(in) m(f)

millstone ['mɪlstəʊn] n Mühlstein m
milometer [maɪ'lɒmɪtə*] n ≈ Kilometerzähler m
mime [maɪm] n Pantomime f ♦ vt, vi mimen
mimic ['mɪmɪk] n Mimiker m ♦ vt, vi nachahmen; **~ry** ['mɪmɪkrɪ] n Nachahmung f; (BIOL) Mimikry f
min. abbr = **minutes; minimum**
minaret [mɪnə'ret] n Minarett nt
mince [mɪns] vt (zer)hacken ♦ vi (walk) trippeln ♦ n (meat) Hackfleisch nt; **~meat** n süße Pastetenfüllung f; **~ pie** n gefüllte (süße) Pastete f; **~r** n Fleischwolf m
mind [maɪnd] n Verstand m, Geist m; (opinion) Meinung f ♦ vt aufpassen auf +acc; (object to) etwas haben gegen; **on my ~** auf dem Herzen; **to my ~** meiner Meinung nach; **to be out of one's ~** wahnsinnig sein; **to bear** or **keep in ~** bedenken; **to change one's ~** es sich dat anders überlegen; **to make up one's ~** sich entschließen; **I don't ~** das macht mir nichts aus; **~ you, ... allerdings ...**; **never ~!** macht nichts!; **"~ the step"** "Vorsicht Stufe"; **~ your own business** kümmern Sie sich um Ihre eigenen Angelegenheiten; **~er** n Aufpasser(in) m(f); **~ful** adj: **~ful of** achtsam auf +acc; **~less** adj sinnlos
mine¹ [maɪn] n (coal~) Bergwerk nt; (MIL) Mine f ♦ vt abbauen; (MIL) verminen
mine² [maɪn] pron meine(r, s); **that book is ~** das Buch gehört mir; **a friend of ~** ein Freund von mir
minefield ['maɪnfiːld] n Minenfeld nt
miner ['maɪnə*] n Bergarbeiter m
mineral ['mɪnərəl] adj mineralisch, Mineral- ♦ n Mineral nt; **~s** npl (BRIT: soft drinks) alkoholfreie Getränke pl; **~ water** n Mineralwasser nt
minesweeper ['maɪnswiːpə*] n Minensuchboot nt
mingle ['mɪŋgl] vi: **to ~ (with)** sich mischen (unter +acc)
miniature ['mɪnɪtʃə*] adj Miniatur- ♦ n Miniatur f
minibus ['mɪnɪbʌs] n Kleinbus m
minim ['mɪnɪm] n halbe Note f
minimal ['mɪnɪməl] adj minimal
minimize ['mɪnɪmaɪz] vt auf das Mindestmaß beschränken
minimum ['mɪnɪməm] (pl **minima**) n Minimum nt ♦ adj Mindest-
mining ['maɪnɪŋ] n Bergbau m ♦ adj Bergbau-, Berg-
miniskirt ['mɪnɪskɜːt] n Minirock m
minister ['mɪnɪstə*] n (BRIT: POL) Minister m; (ECCL) Pfarrer m ♦ vi: **to ~ to sb/sb's needs** sich um jdn kümmern; **~ial** [mɪnɪs'tɪərɪəl] adj ministeriell, Minister-
ministry ['mɪnɪstrɪ] n (BRIT: POL) Ministerium nt; (ECCL: office) geistliche(s) Amt nt

mink [mɪŋk] *n* Nerz *m*

minnow ['mɪnəʊ] *n* Elritze *f*

minor ['maɪnə*] *adj* kleiner; *(operation)* leicht; *(problem, poet)* unbedeutend; *(MUS)* Moll ♦ *n (BRIT: under 18)* Minderjährige(r) *mf*

minority [maɪ'nɒrɪtɪ] *n* Minderheit *f*

mint [mɪnt] *n* Minze *f*, *(sweet)* Pfefferminzbonbon *nt* ♦ *vt (coins)* prägen; **the (Royal** *(BRIT)* **or US** *(US)*) **M~** die Münzanstalt; **in ~ condition** in tadellosem Zustand

minus ['maɪnəs] *n* Minuszeichen *nt*; *(amount)* Minusbetrag *m* ♦ *prep* minus, weniger

minuscule ['mɪnəskjuːl] *adj* winzig

minute¹ [maɪ'njuːt] *adj* winzig; *(detailed)* minuziös

minute² ['mɪnɪt] *n* Minute *f*; *(moment)* Augenblick *m*; **~s** *npl (of meeting etc)* Protokoll *nt*

miracle ['mɪrəkl] *n* Wunder *nt*

miraculous [mɪ'rækjʊləs] *adj* wunderbar

mirage ['mɪrɑːʒ] *n* Fata Morgana *f*

mire ['maɪə*] *n* Morast *m*

mirror ['mɪrə*] *n* Spiegel *m* ♦ *vt* (wider)spiegeln

mirth [mɜːθ] *n* Heiterkeit *f*

misadventure [mɪsəd'ventʃə*] *n* Mißgeschick *nt*, Unfall *m*

misanthropist [mɪ'zænθrəpɪst] *n* Menschenfeind *m*

misapprehension ['mɪsæprɪ'henʃən] *n* Mißverständnis *nt*

misbehave ['mɪsbɪ'heɪv] *vi* sich schlecht benehmen

miscalculate ['mɪs'kælkjʊleɪt] *vt* falsch berechnen

miscarriage ['mɪskærɪdʒ] *n (MED)* Fehlgeburt *f*; **~ of justice** Fehlurteil *nt*

miscellaneous [mɪsɪ'leɪnɪəs] *adj* verschieden

mischance [mɪs'tʃɑːns] *n* Mißgeschick *nt*

mischief ['mɪstʃɪf] *n* Unfug *m*

mischievous ['mɪstʃɪvəs] *adj (person)* durchtrieben; *(glance)* verschmitzt; *(rumour)* bösartig

misconception ['mɪskən'sepʃən] *n* fälschliche Annahme *f*

misconduct [mɪs'kɒndʌkt] *n* Vergehen *nt*; **professional ~** Berufsvergehen *nt*

misconstrue ['mɪskən'struː] *vt* mißverstehen

misdeed [mɪs'diːd] *n* Untat *f*

misdemeanour [mɪsdɪ'miːnə*] *(US* **misdemeanor)** *n* Vergehen *nt*

miser ['maɪzə*] *n* Geizhals *m*

miserable ['mɪzərəbl] *adj (unhappy)* unglücklich; *(headache, weather)* fürchterlich; *(poor)* elend; *(contemptible)* erbärmlich

miserly ['maɪzəlɪ] *adj* geizig

misery ['mɪzərɪ] *n* Elend *nt*, Qual *f*

misfire ['mɪs'faɪə*] *vi (gun)* versagen; *(en-*

gine) fehlzünden; *(plan)* fehlgehen

misfit ['mɪsfɪt] *n* Außenseiter *m*

misfortune [mɪs'fɔːtʃən] *n* Unglück *nt*

misgiving(s) [mɪs'gɪvɪŋ(z)] *n(pl)* Bedenken *pl*

misguided ['mɪs'gaɪdɪd] *adj* fehlgeleitet; *(opinions)* irrig

mishandle ['mɪs'hændl] *vt* falsch handhaben

mishap ['mɪshæp] *n* Mißgeschick *nt*

misinform ['mɪsɪn'fɔːm] *vt* falsch unterrichten

misinterpret ['mɪsɪn'tɜːprɪt] *vt* falsch auffassen

misjudge ['mɪs'dʒʌdʒ] *vt* falsch beurteilen

mislay [mɪs'leɪ] *(irreg: like* **lay)** *vt* verlegen

mislead [mɪs'liːd] *(irreg: like* **lead)** *vt (deceive)* irreführen; **~ing** *adj* irreführend

mismanage ['mɪs'mænɪdʒ] *vt* schlecht verwalten

misnomer ['mɪs'nəʊmə*] *n* falsche Bezeichnung *f*

misogynist [mɪ'sɒdʒɪnɪst] *n* Weiberfeind *m*

misplace ['mɪs'pleɪs] *vt* verlegen

misprint ['mɪsprɪnt] *n* Druckfehler *m*

Miss [mɪs] *n* Fräulein *nt*

miss [mɪs] *vt (fail to hit, catch)* verfehlen; *(not notice)* verpassen; *(be too late)* versäumen, verpassen; *(omit)* auslassen; *(regret the absence of)* vermissen ♦ *vi* fehlen ♦ *n (shot)* Fehlschuß *m*; *(failure)* Fehlschlag *m*; **I ~ you** du fehlst mir; **~ out** *vt* auslassen

missal ['mɪsəl] *n* Meßbuch *nt*

misshapen ['mɪs'ʃeɪpən] *adj* mißgestaltet

missile ['mɪsaɪl] *n* Rakete *f*

missing ['mɪsɪŋ] *adj (person)* vermißt; *(thing)* fehlend; **to be ~** fehlen

mission ['mɪʃən] *n (work)* Auftrag *m*; *(people)* Delegation *f*; *(REL)* Mission *f*; **~ary** *n* Missionar(in) *m(f)*

misspell ['mɪs'spel] *(irreg: like* **spell)** *vt* falsch schreiben

misspent ['mɪs'spent] *adj (youth)* vergeudet

mist [mɪst] *n* Dunst *m*, Nebel *m* ♦ *vi (also: ~ over, ~ up)* sich trüben; *(BRIT: windows)* sich beschlagen

mistake [mɪs'teɪk] *(irreg: like* **take)** *n* Fehler *m* ♦ *vt (misunderstand)* mißverstehen; *(mix up)*: **to ~ (sth for sth)** (etw mit etw) verwechseln; **to make a ~** einen Fehler machen; **by ~** aus Versehen; **to ~ A for B** A mit B verwechseln; **mistaken** *pp of* **mistake** ♦ *adj (idea)* falsch; **to be ~n** sich irren

mister ['mɪstə*] *n (inf)* Herr *m*; *see* **Mr**

mistletoe ['mɪsltəʊ] *n* Mistel *f*

mistook [mɪs'tʊk] *pt of* **mistake**

mistress ['mɪstrɪs] *n (teacher)* Lehrerin *f*; *(in house)* Herrin *f*; *(lover)* Geliebte *f*; *see* **Mrs**

mistrust ['mɪs'trʌst] *vt* mißtrauen +*dat*

misty ['mɪstɪ] *adj* neblig

misunderstand ['mɪsʌndə'stænd] (*irreg: like* **understand**) *vt, vi* mißverstehen, falsch verstehen; ~**ing** *n* Mißverständnis *nt*; (*disagreement*) Meinungsverschiedenheit *f*

misuse [*n* 'mɪs'juːs, *vb* 'mɪs'juːz] *n* falsche(r) Gebrauch *m* ♦ *vt* falsch gebrauchen

mitigate ['mɪtɪgeɪt] *vt* mildern

mitt(en) ['mɪt(n)] *n* Fausthandschuh *m*

mix [mɪks] *vt* (*blend*) (ver)mischen ♦ *vi* (*liquids*) sich (ver)mischen lassen; (*people: get on*) sich vertragen; (: *associate*) Kontakt haben ♦ *n* (*mixture*) Mischung *f*; ~ **up** *vt* zusammenmischen; (*confuse*) verwechseln; ~**ed** *adj* gemischt; ~**ed-up** *adj* durcheinander; ~**er** *n* (*for food*) Mixer *m*; ~**ture** *n* Mischung *f*; ~**-up** *n* Durcheinander *nt*

mm *abbr* (= *millimetre(s)*) mm

moan [məʊn] *n* Stöhnen *nt*; (*complaint*) Klage *f* ♦ *vi* stöhnen; (*complain*) maulen

moat [məʊt] *n* (Burg)graben *m*

mob [mɒb] *n* Mob *m*; (*the masses*) Pöbel *m* ♦ *vt* (*star*) herfallen über +*acc*

mobile ['məʊbaɪl] *adj* beweglich; (*library etc*) fahrbar ♦ *n* (*decoration*) Mobile *nt*; ~ **home** *n* Wohnwagen *m*; ~ **phone** *n* (*TEL*) Mobiltelefon *nt*

mobility [məʊ'bɪlɪtɪ] *n* Beweglichkeit *f*

mobilize ['məʊbɪlaɪz] *vt* mobilisieren

moccasin ['mɒkəsɪn] *n* Mokassin *m*

mock [mɒk] *vt* .verspotten; (*defy*) trotzen +*dat* ♦ *adj* Schein-; ~**ery** *n* Spott *m*; (*person*) Gespött *nt*

mod [mɒd] *adj see* **convenience**

mode [məʊd] *n* (Art *f* und) Weise *f*

model ['mɒdl] *n* Modell *nt*; (*example*) Vorbild *nt*; (*in fashion*) Mannequin *nt* ♦ *adj* (*railway*) Modell-; (*perfect*) Muster-; vorbildlich ♦ *vt* (*make*) bilden; (*clothes*) vorführen ♦ *vi* als Mannequin arbeiten

modem ['məʊdem] *n* (*COMPUT*) Modem *nt*

moderate [*adj, n* 'mɒdərət, *vb* 'mɒdəreɪt] *adj* gemäßigt ♦ *n* (*POL*) Gemäßigte(r) *mf* ♦ *vi* sich mäßigen ♦ *vt* mäßigen

moderation [mɒdə'reɪʃən] *n* Mäßigung *f*; **in** ~ mit Maßen

modern ['mɒdən] *adj* modern; (*history, languages*) neuere(r, s); (*Greek etc*) Neu-; ~**ize** *vt* modernisieren

modest ['mɒdɪst] *adj* bescheiden; ~**y** *n* Bescheidenheit *f*

modicum ['mɒdɪkəm] *n* bißchen *nt*

modification [mɒdɪfɪ'keɪʃən] *n* (Ab)änderung *f*

modify ['mɒdɪfaɪ] *vt* abändern

module ['mɒdjuːl] *n* (*component*) (Bau)element *nt*; (*SPACE*) (Raum)kapsel *f*

mogul ['məʊgəl] *n* (*fig*) Mogul *m*

mohair ['məʊheə*] *n* Mohair *m*

moist [mɔɪst] *adj* feucht; ~**en** ['mɔɪsn] *vt* befeuchten; ~**ure** ['mɔɪstʃə*] *n* Feuchtigkeit *f*; ~**urizer** ['mɔɪstʃəraɪzə*] *n* Feuchtigkeitscreme *f*

molar ['məʊlə*] *n* Backenzahn *m*

molasses [mə'læsɪz] *n* Melasse *f*

mold [məʊld] (*US*) = **mould**

mole [məʊl] *n* (*spot*) Leberfleck *m*; (*animal*) Maulwurf *m*; (*pier*) Mole *f*

molest [məʊ'lest] *vt* belästigen

mollycoddle ['mɒlɪkɒdl] *vt* verhätscheln

molt [məʊlt] (*US*) *vi* = **moult**

molten ['məʊltən] *adj* geschmolzen

mom [mɒm] (*US*) *n* = **mum**

moment ['məʊmənt] *n* Moment *m*, Augenblick *m*; (*importance*) Tragweite *f*; **at the** ~ im Augenblick; ~**ary** *adj* kurz; ~**ous** [məʊ'mentəs] *adj* folgenschwer

momentum [məʊ'mentəm] *n* Schwung *m*; **to gather** ~ in Fahrt kommen

mommy ['mɒmɪ] (*US*) *n* = **mummy**

Monaco ['mɒnəkəʊ] *n* Monaco *nt*

monarch ['mɒnək] *n* Herrscher(in) *m(f)*; ~**y** *n* Monarchie *f*

monastery ['mɒnəstrɪ] *n* Kloster *nt*

monastic [mə'næstɪk] *adj* klösterlich, Kloster-

Monday ['mʌndeɪ] *n* Montag *m*

monetary ['mʌnɪtərɪ] *adj* Geld-; (*of currency*) Währungs-

money ['mʌnɪ] *n* Geld *nt*; **to make** ~ Geld verdienen; ~**lender** *n* Geldverleiher *m*; ~ **order** *n* Postanweisung *f*; ~**-spinner** (*inf*) *n* Verkaufsschlager *m* (*inf*)

mongol ['mɒngəl] *n* (*MED*) mongoloide Kind *nt* ♦ *adj* mongolisch; (*MED*) mongoloid

mongrel ['mʌngrəl] *n* Promenadenmischung *f*

monitor ['mɒnɪtə*] *n* (*SCH*) Klassenordner *m*; (*television* ~) Monitor *m* ♦ *vt* (*broadcasts*) abhören; (*control*) überwachen

monk [mʌŋk] *n* Mönch *m*

monkey ['mʌŋkɪ] *n* Affe *m*; ~ **nut** (*BRIT*) *n* Erdnuß *f*; ~ **wrench** *n* (*TECH*) Engländer *m*, Franzose *m*

monochrome ['mɒnəkrəʊm] *adj* schwarzweiß

monopolize [mə'nɒpəlaɪz] *vt* beherrschen

monopoly [mə'nɒpəlɪ] *n* Monopol *nt*

monosyllable ['mɒnəsɪləbl] *n* einsilbige(s) Wort *nt*

monotone ['mɒnətəʊn] *n* gleichbleibende(r) Ton(fall) *m*; **to speak in a** ~ monoton sprechen

monotonous [mə'nɒtənəs] *adj* eintönig

monotony [mə'nɒtənɪ] *n* Eintönigkeit *f*, Monotonie *f*

monsoon [mɒn'suːn] *n* Monsun *m*

monster ['mɒnstə*] *n* Ungeheuer *nt*; (*person*) Scheusal *nt*

monstrosity [mɒns'trɒsɪtɪ] *n* Ungeheuerlichkeit *f*, (*thing*) Monstrosität *f*

monstrous ['mɒnstrəs] *adj* (*shocking*) gräßlich, ungeheuerlich; (*huge*) riesig

month [mʌnθ] *n* Monat *m*; ~**ly** *adj* monat-

lich, Monats- ♦ *adv* einmal im Monat ♦ *n*
(*magazine*) Monatsschrift *f*
monument ['mɒnjʊmənt] *n* Denkmal *nt*;
~al [mɒnjʊ'mentl] *adj* (*huge*) gewaltig;
(*ignorance*) ungeheuer
moo [muː] *vi* muhen
mood [muːd] *n* Stimmung *f*, Laune *f*; **to be
in a good/bad ~** gute/schlechte Laune haben; **~y** *adj* launisch
moon [muːn] *n* Mond *m*; **~light** *n* Mond-
licht *nt*; **~lighting** *n* Schwarzarbeit *f*; **~lit**
adj mondhell
moor [mʊə*] *n* Heide *f*, Hochmoor *nt* ♦ *vt*
(*ship*) festmachen, verankern ♦ *vi* anlegen;
~ings *npl* Liegeplatz *m*
moorland ['mʊələnd] *n* Heidemoor *nt*
moose [muːs] *n* Elch *m*
mop [mɒp] *n* Mop *m* ♦ *vt* (auf)wischen; **~
up** *vt* aufwischen
mope [məʊp] *vi* Trübsal blasen
moped ['məʊped] *n* Moped *nt*
moral ['mɒrəl] *adj* moralisch; (*values*) sitt-
lich; (*virtuous*) tugendhaft ♦ *n* Moral *f*; **~s**
npl (*ethics*) Moral *f*; **~e** [mɒ'rɑːl] *n* Moral *f*;
~ity [mə'ræltɪ] *n* Sittlichkeit *f*
morass [mə'ræs] *n* Sumpf *m*
morbid ['mɔːbɪd] *adj* krankhaft; (*jokes*) makaber

─────── *KEYWORD* ───────

more [mɔː*] *adj* (*greater in number etc*)
mehr; (*additional*) noch mehr; **do you want
(some) more tea?** möchten Sie noch etwas
Tee?; **I have no** or **I don't have any more
money** ich habe kein Geld mehr
♦ *pron* (*greater amount*) mehr; (*further or
additional amount*) noch mehr; **is there any
more?** gibt es noch mehr?; (*left over*) ist
noch etwas da?; **there's no more** es ist
nichts mehr da
♦ *adv* mehr; **more dangerous/easily** *etc*
(than) gefährlicher/einfacher *etc* (als);
more and more immer mehr; **more and
more excited** immer aufgeregter; **more or
less** mehr oder weniger; **more than ever**
mehr denn je; **more beautiful than ever**
schöner denn je

moreover [mɔː'rəʊvə*] *adv* überdies
morgue [mɔːg] *n* Leichenschauhaus *nt*
moribund ['mɒrɪbʌnd] *adj* aussterbend
Mormon ['mɔːmən] *n* Mormone *m*, Mor-
monin *f*
morning ['mɔːnɪŋ] *n* Morgen *m*; **in the ~**
am Morgen; **7 o'clock in the ~** 7 Uhr morgens
Morocco [mə'rɒkəʊ] *n* Marokko *nt*
moron ['mɔːrɒn] *n* Schwachsinnige(r) *mf*
morose [mə'rəʊs] *adj* mürrisch
morphine ['mɔːfiːn] *n* Morphium *nt*
Morse [mɔːs] *n* (*also:* **~ code**) Morsealphabet *nt*

morsel ['mɔːsl] *n* Bissen *m*
mortal ['mɔːtl] *adj* sterblich; (*deadly*)
tödlich; (*very great*) Todes- ♦ *n* (*human
being*) Sterbliche(r) *mf*; **~ity** [mɔː'tælɪtɪ] *n*
Sterblichkeit *f*; (*death rate*) Sterblichkeitsziffer *f*
mortar ['mɔːtə*] *n* (*for building*) Mörtel *m*;
(*bowl*) Mörser *m*; (MIL) Granatwerfer *m*
mortgage ['mɔːgɪdʒ] *n* Hypothek *f* ♦ *vt* hy-
pothekarisch belasten; **~ company** *n* ≈
Bausparkasse *f*
mortify ['mɔːtɪfaɪ] *vt* beschämen
mortuary ['mɔːtjʊərɪ] *n* Leichenhalle *f*
mosaic [məʊ'zeɪɪk] *n* Mosaik *nt*
Moscow ['mɒskəʊ] *n* Moskau *nt*
Moslem ['mɒzləm] = **Muslim**
mosque [mɒsk] *n* Moschee *f*
mosquito [mɒs'kiːtəʊ] (*pl* **~es**) *n* Moskito
m
moss [mɒs] *n* Moos *nt*
most [məʊst] *adj* meiste(r, s) ♦ *adv* am meisten; (*very*) höchst ♦ *n* das meiste, der
größte Teil; (*people*) die meisten; **~ men**
die meisten Männer; **at the (very) ~** aller-
höchstens; **to make the ~ of** das Beste
machen aus; **a ~ interesting book** ein
höchst interessantes Buch; **~ly** *adv*
größtenteils
MOT (BRIT) *n abbr* (= *Ministry of Transport*): **the ~ (test)** ≈ der TÜV
motel [məʊ'tel] *n* Motel *nt*
moth [mɒθ] *n* Nachtfalter *m*; (*wool-eating*)
Motte *f*; **~ball** *n* Mottenkugel *f*
mother ['mʌðə*] *n* Mutter *f* ♦ *vt* bemut-
tern; **~hood** *n* Mutterschaft *f*; **~-in-law** *n*
Schwiegermutter *f*; **~ly** *adj* mütterlich; **~-
to-be** *n* werdende Mutter *f*; **~ tongue** *n*
Muttersprache *f*
motif [məʊ'tiːf] *n* Motiv *nt*
motion ['məʊʃən] *n* Bewegung *f*; (*in
meeting*) Antrag *m* ♦ *vt, vi*: **to ~ (to) sb**
jdm winken, jdm zu verstehen geben;
~less *adj* regungslos; **~ picture** *n* Film *m*
motivated ['məʊtɪveɪtɪd] *adj* motiviert
motivation [məʊtɪ'veɪʃən] *n* Motivierung *f*
motive ['məʊtɪv] *n* Motiv *nt*, Beweggrund
m ♦ *adj* treibend
motley ['mɒtlɪ] *adj* bunt
motor ['məʊtə*] *n* Motor *m*; (BRIT: *inf: vehicle*) Auto *nt* ♦ *adj* Motor-; **~bike** *n* Motorrad *nt*; **~boat** *n* Motorboot *nt*; **~car**
(BRIT) *n* Auto *nt*; **~cycle** *n* Motorrad *nt*;
~cyclist *n* Motorradfahrer(in) *m(f)*; **~ing**
(BRIT) *n* Autofahren *nt* ♦ *adj* Auto-; **~ist**
['məʊtərɪst] *n* Autofahrer(in) *m(f)*; **~ racing**
(BRIT) *n* Autorennen *nt*; **~ vehicle** *n* Kraft-
fahrzeug *nt*; **~way** (BRIT) *n* Autobahn *f*
mottled ['mɒtld] *adj* gesprenkelt
motto ['mɒtəʊ] (*pl* **~es**) *n* Motto *nt*
mould [məʊld] (US **mold**) *n* Form *f*; (*mildew*) Schimmel *m* ♦ *vt* (*also fig*) formen;
~er *vi* (*decay*) vermodern; **~y** *adj* schim-

melig

moult [məʊlt] (*US* **molt**) *vi* sich mausern

mound [maʊnd] *n* (Erd)hügel *m*

mount [maʊnt] *n* (*liter: hill*) Berg *m*; (*horse*) Pferd *nt*; (*for jewel etc*) Fassung *f* ♦ *vt* (*horse*) steigen auf +*acc*; (*put in setting*) fassen; (*exhibition*) veranstalten; (*attack*) unternehmen ♦ *vi* (*also:* ~ **up**) sich häufen; (*on horse*) aufsitzen

mountain ['maʊntɪn] *n* Berg *m* ♦ *cpd* Berg-; ~ **bike** *n* Mountain-Bike *nt*; ~**eer** [maʊntɪ'nɪə*] *n* Bergsteiger(in) *m(f)*; ~**eering** *n* Bergsteigen *nt*; ~**ous** *adj* bergig; ~**rescue team** *n* Bergwacht *f*, ~**side** *n* Berg(ab)hang *m*

mourn [mɔːn] *vt* betrauen, beklagen ♦ *vi*: **to ~ (for sb)** (um jdn) trauern; ~**er** *n* Trauernde(r) *mf*; ~**ful** *adj* traurig; ~**ing** *n* (*grief*) Trauer *f* ♦ *cpd* (*dress*) Trauer-; **in** ~**ing** (*period one*) in Trauer; (*dress*) in Trauerkleidung *f*

mouse [maʊs] (*pl* **mice**) *n* Maus *f*; ~**trap** *n* Mausefalle *f*

mousse [muːs] *n* (*CULIN*) Creme *f*; (*cosmetic*) Schaumfestiger *m*

moustache [məs'tɑːʃ] *n* Schnurrbart *m*

mousy ['maʊsɪ] *adj* (*colour*) mausgrau; (*person*) schüchtern

mouth [maʊθ, *pl* maʊðz] *n* Mund *m*; (*opening*) Öffnung *f*; (*of river*) Mündung *f*; ~**ful** *n* Mundvoll *m*; ~ **organ** *n* Mundharmonika *f*; ~**piece** *n* Mundstück *nt*; (*fig*) Sprachrohr *nt*; ~**wash** *n* Mundwasser *nt*; ~**watering** *adj* lecker, appetitlich

movable ['muːvəbl] *adj* beweglich

move [muːv] *n* (*movement*) Bewegung *f*; (*in game*) Zug *m*; (*step*) Schritt *m*; (*of house*) Umzug *m* ♦ *vt* bewegen; (*people*) transportieren; (*in job*) versetzen; (*emotionally*) bewegen ♦ *vi* sich bewegen; (*vehicle, ship*) fahren; (*go to another house*) umziehen; **to get a ~ on** sich beeilen; **to ~ sb to do sth** jdn veranlassen, etw zu tun; ~ **about** *or* **around** *vi* sich hin- und herbewegen; (*travel*) unterwegs sein; ~ **along** *vi* weitergehen; (*cars*) weiterfahren; ~ **away** *vi* weggehen; ~ **back** *vi* zurückgehen; (*to the rear*) zurückweichen; ~ **forward** *vi* vorwärtsgehen, sich vorwärtsbewegen ♦ *vt* vorschieben; (*time*) vorverlegen; ~ **in** *vi* (*to house*) einziehen; (*troops*) einrücken; ~ **on** *vi* weitergehen ♦ *vt* weitergehen lassen; ~ **out** *vi* (*of house*) ausziehen; (*troops*) abziehen; ~ **over** *vi* zur Seite rücken; ~ **up** *vi* aufsteigen; (*in job*) befördert werden ♦ *vt* nach oben bewegen; (*in job*) befördern

movement ['muːvmənt] *n* Bewegung *f*

movie ['muːvɪ] *n* Film *m*; **to go to the ~s** ins Kino gehen; ~ **camera** *n* Filmkamera *f*

moving ['muːvɪŋ] *adj* beweglich; (*touching*) ergreifend

mow [məʊ] (*pt* **mowed**, *pp* **mowed** *or*

mown) *vt* mähen; ~ **down** *vt* (*fig*) niedermähen; ~**er** *n* (*machine*) Mähmaschine *f*; (*lawn~*) Rasenmäher *m*

mown [məʊn] *pp of* **mow**

MP *n abbr* = **Member of Parliament**

m.p.h. *abbr* = **miles per hour**

Mr ['mɪstə*] (*US* **Mr.**) *n* Herr *m*

Mrs ['mɪsɪz] (*US* **Mrs.**) *n* Frau *f*

Ms [mɪz] (*US* **Ms.**) *n* (= *Miss or Mrs*) Frau *f*

M.Sc. *n abbr* = **Master of Science**

much [mʌtʃ] *adj* viel ♦ *adv* sehr; viel ♦ *n* viel, eine Menge; **how ~ is it?** wieviel kostet das?; **too ~** zuviel; **it's not ~** es ist nicht viel; **as ~ as** sosehr, soviel; **however ~ he tries** sosehr er es auch versucht

muck [mʌk] *n* Mist *m*; (*fig*) Schmutz *m*; ~ **about** *or* **around** (*inf*) *vi*: **to ~ about** *or* **around (with sth)** (an etw *dat*) herumalbern; ~ **up** *vt* (*inf: ruin*) vermasseln; (*dirty*) dreckig machen; ~**y** *adj* (*dirty*) dreckig

mucus ['mjuːkəs] *n* Schleim *m*

mud [mʌd] *n* Schlamm *m*

muddle ['mʌdl] *n* Durcheinander *nt* ♦ *vt* (*also:* ~ **up**) durcheinanderbringen; ~ **through** *vi* sich durchwursteln

muddy ['mʌdɪ] *adj* schlammig

mudguard ['mʌdgɑːd] *n* Schutzblech *nt*

mud-slinging ['mʌdslɪŋɪŋ] (*inf*) *n* Verleumdung *f*

muff [mʌf] *n* Muff *m* ♦ *vt* (*chance*) verpassen; (*lines*) verpatzen (*inf*)

muffin ['mʌfɪn] *n* süße(s) Teilchen *nt*

muffle ['mʌfl] *vt* (*sound*) dämpfen; (*wrap up*) einhüllen; ~**d** *adj* gedämpft

muffler ['mʌflə*] (*US*) *n* (*AUT*) Schalldämpfer *m*

mug [mʌg] *n* (*cup*) Becher *m*; (*inf: face*) Visage *f*; (*: fool*) Trottel *m* ♦ *vt* überfallen und ausrauben; ~**ging** *n* Überfall *m*

muggy ['mʌgɪ] *adj* (*weather*) schwül

mule [mjuːl] *n* Maulesel *m*

mull [mʌl] : ~ **over** *vt* nachdenken über +*acc*

mulled [mʌld] *adj* (*wine*) Glüh-

multi- ['mʌltɪ] *prefix* Multi-, multi-

multicoloured ['mʌltɪ'kʌləd] (*US* **multicolored**) *adj* mehrfarbig

multi-level ['mʌltɪlevl] (*US*) *adj* = **multistorey**

multiple ['mʌltɪpl] *n* Vielfache(s) *nt* ♦ *adj* mehrfach; (*many*) mehrere; ~ **sclerosis** *n* multiple Sklerose *f*

multiply ['mʌltɪplaɪ] *vt*: **to ~ (by)** multiplizieren (mit) ♦ *vi* (*BIOL*) sich vermehren

multistorey ['mʌltɪ'stɔːrɪ] (*BRIT*) *adj* (*building, car park*) mehrstöckig

multitude ['mʌltɪtjuːd] *n* Menge *f*

mum [mʌm] *n* (*BRIT: inf*) Mutti *f* ♦ *adj*: **to keep ~ (about)** den Mund halten (über +*acc*)

mumble ['mʌmbl] *vt, vi* murmeln ♦ *n* Gemurmel *nt*

mummy ['mʌmɪ] *n* (*dead body*) Mumie *f*; (*BRIT: inf*) Mami *f*

mumps [mʌmps] *n* Mumps *m*

munch [mʌntʃ] *vt, vi* mampfen

mundane ['mʌn'deɪn] *adj* banal

municipal [mju:'nɪsɪpəl] *adj* städtisch, Stadt-; **~ity** [mju:nɪsɪ'pælɪtɪ] *n* Stadt *f* mit Selbstverwaltung

mural ['mjʊərəl] *n* Wandgemälde *nt*

murder ['mɜːdə*] *n* Mord *m* ♦ *vt* ermorden; **~er** *n* Mörder *m*; **~ous** *adj* Mord-; (*fig*) mörderisch

murky ['mɜːkɪ] *adj* finster

murmur ['mɜːmə*] *n* Murmeln *nt*; (*of water, wind*) Rauschen *nt* ♦ *vt, vi* murmeln

muscle ['mʌsl] *n* Muskel *m*; **~ in** *vi* mitmischen

muscular ['mʌskjʊlə*] *adj* Muskel-; (*strong*) muskulös

muse [mju:z] *vi* (nach)sinnen

museum [mju:'zɪəm] *n* Museum *nt*

mushroom ['mʌʃruːm] *n* Champignon *m*; Pilz *m* ♦ *vi* (*fig*) emporschießen

music ['mju:zɪk] *n* Musik *f*; (*printed*) Noten *pl*; **~al** *adj* (*sound*) melodisch; (*person*) musikalisch ♦ *n* (*show*) Musical *nt*; **~al instrument** *n* Musikinstrument *nt*; **~ hall** (*BRIT*) *n* Varieté *nt*; **~ian** [mju:'zɪʃən] *n* Musiker(in) *m(f)*

musk [mʌsk] *n* Moschus *m*

Muslim ['mʌzlɪm] *adj* moslemisch ♦ *n* Moslem *m*

muslin ['mʌzlɪn] *n* Musselin *m*

mussel ['mʌsl] *n* Miesmuschel *f*

must [mʌst] *vb aux* müssen; (*in negation*) dürfen ♦ *n* Muß *nt*; **the film is a ~** den Film muß man einfach gesehen haben

mustard ['mʌstəd] *n* Senf *m*

muster ['mʌstə*] *vt* (*MIL*) antreten lassen; (*courage*) zusammenfassen

mustn't ['mʌsnt] = **must not**

musty ['mʌstɪ] *adj* muffig

mute [mju:t] *adj* stumm ♦ *n* (*person*) Stumme(r) *mf*; (*MUS*) Dämpfer *m*

muted ['mju:tɪd] *adj* gedämpft

mutilate ['mju:tɪleɪt] *vt* verstümmeln

mutiny ['mju:tɪnɪ] *n* Meuterei *f* ♦ *vi* meutern

mutter ['mʌtə*] *vt, vi* murmeln

mutton ['mʌtn] *n* Hammelfleisch *nt*

mutual ['mju:tjʊəl] *adj* gegenseitig; beiderseitig; **~ly** *adv* gegenseitig; für beide Seiten

muzzle ['mʌzl] *n* (*of animal*) Schnauze *f*; (*for animal*) Maulkorb *m*; (*of gun*) Mündung *f* ♦ *vt* einen Maulkorb anlegen +*dat*

my [maɪ] *adj* mein; **this is ~ car** das ist mein Auto; **I've washed ~ hair** ich habe mir die Haare gewaschen

myopic [maɪ'ɒpɪk] *adj* kurzsichtig

myriad ['mɪrɪəd] *n*: **a ~ of** (*people, things*) unzählige

myself [maɪ'self] *pron* mich *acc*; mir *dat*; (*emphatic*) selbst; *see also* **oneself**

mysterious [mɪs'tɪərɪəs] *adj* geheimnisvoll

mystery ['mɪstərɪ] *n* (*secret*) Geheimnis *nt*; (*sth difficult*) Rätsel *nt*

mystify ['mɪstɪfaɪ] *vt* ein Rätsel sein +*dat*; verblüffen

mystique [mɪs'ti:k] *n* geheimnisvolle Natur *f*

myth [mɪθ] *n* Mythos *m*; (*fig*) Erfindung *f*; **~ology** [mɪ'θɒlədʒɪ] *n* Mythologie *f*

N n

n/a *abbr* (= *not applicable*) nicht zutreffend

nab [næb] (*inf*) *vt* schnappen

nag [næg] *n* (*horse*) Gaul *m*; (*person*) Nörgler(in) *m(f)* ♦ *vt, vi*: **to ~ (at) sb** an jdm herumnörgeln; **~ging** *adj* (*doubt*) nagend ♦ *n* Nörgelei *f*

nail [neɪl] *n* Nagel *m* ♦ *vt* nageln; **to ~ sb down to doing sth** jdn darauf festnageln, etw zu tun; **~brush** *n* Nagelbürste *f*; **~file** *n* Nagelfeile *f*; **~ polish** *n* Nagellack *m*; **~ polish remover** *n* Nagellackentferner *m*; **~ scissors** *npl* Nagelschere *f*; **~ varnish** (*BRIT*) *n* = **nail polish**

naïve [naɪ'iːv] *adj* naiv

naked ['neɪkɪd] *adj* nackt

name [neɪm] *n* Name *m*; (*reputation*) Ruf *m* ♦ *vt* nennen; (*sth new*) benennen; (*appoint*) ernennen; **by ~** mit Namen; **I know him only by ~** ich kenne ihn nur dem Namen nach; **what's your ~?** wie heißen Sie?; **in the ~ of** im Namen +*gen*; (*for the sake of*) um +*gen* ...willen; **~less** *adj* namenlos; **~ly** *adv* nämlich; **~sake** *n* Namensvetter *m*

nanny ['nænɪ] *n* Kindermädchen *nt*

nap [næp] *n* (*sleep*) Nickerchen *nt*; (*on cloth*) Strich *m* ♦ *vi*: **to be caught ~ping** (*fig*) überrumpelt werden

nape [neɪp] *n* Nacken *m*

napkin ['næpkɪn] *n* (*at table*) Serviette *f*; (*BRIT: for baby*) Windel *f*

nappy ['næpɪ] (*BRIT*) *n* (*for baby*) Windel *f*; **~ liner** *n* Windeleinlage *f*; **~ rash** *n* wunde Stellen *pl*

narcissi [nɑː'sɪsaɪ] *npl of* **narcissus**

narcissus [nɑː'sɪsəs] *n* (*BOT*) Narzisse *f*

narcotic [nɑː'kɒtɪk] *adj* betäubend ♦ *n* Betäubungsmittel *nt*

narrative ['nærətɪv] *n* Erzählung *f* ♦ *adj* er-

zählend
narrator [nə'reɪtə*] n Erzähler(in) m(f)
narrow ['nærəʊ] adj eng, schmal; (limited) beschränkt ♦ vi sich verengen; **to have a ~ escape** mit knapper Not davonkommen; **to ~ sth down to sth** etw auf etw acc einschränken; **~ly** adv (miss) knapp; (escape) mit knapper Not; **~-minded** adj engstirnig
nasty ['nɑːstɪ] adj ekelhaft, fies; (business, wound) schlimm
nation ['neɪʃən] n Nation f, Volk nt; **~al** ['næʃənl] adj national, National-, Landes- ♦ n Staatsangehörige(r) mf; **~al dress** n Tracht f; **N~al Health Service** (BRIT) n Staatliche(r) Gesundheitsdienst m; **N~al Insurance** (BRIT) n Sozialversicherung f; **~alism** ['næʃnəlɪzəm] n Nationalismus m; **~alist** ['næʃnəlɪst] n Nationalist(in) m(f) ♦ adj nationalistisch; **~ality** [næʃə'nælɪtɪ] n Staatsangehörigkeit f; **~alize** ['næʃnəlaɪz] vt verstaatlichen; **~ally** ['næʃnəlɪ] adv national, auf Staatsebene; **~-wide** ['neɪʃənwaɪd] adj, adv allgemein, landesweit
native ['neɪtɪv] n (born in) Einheimische(r) mf, (original inhabitant) Eingeborene(r) mf ♦ adj (coming from a certain place) einheimisch; (of the original inhabitants) Eingeborenen-; (belonging by birth) heimatlich, Heimat-; (inborn) angeboren, natürlich; **a ~ of Germany** ein gebürtiger Deutscher; **a ~ speaker of French** ein französischer Muttersprachler; **~ American** n Indianer(in) m(f), Ureinwohner Americas; **~ language** n Muttersprache f
Nativity [nə'tɪvɪtɪ] n: **the ~** Christi Geburt no art
NATO ['neɪtəʊ] n abbr (= North Atlantic Treaty Organization) NATO f
natter ['nætə*] (BRIT: inf) vi quatschen ♦ n Gequatsche nt
natural ['nætʃrəl] adj natürlich; Natur-; (inborn) (an)geboren; **~ gas** n Erdgas nt; **~ist** n Naturkundler(in) m(f); **~ize** vt (foreigner) einbürgern; (plant etc) einführen; **~ly** adv natürlich
nature ['neɪtʃə*] n Natur f; **by ~** von Natur (aus)
naught [nɔːt] n = nought
naughty ['nɔːtɪ] adj (child) unartig, ungezogen; (action) ungehörig
nausea ['nɔːsɪə] n (sickness) Übelkeit f; (disgust) Ekel m; **~te** ['nɔːsɪeɪt] vt anekeln
nautical ['nɔːtɪkəl] adj nautisch, See-; (expression) seemännisch
naval ['neɪvəl] adj Marine-, Flotten-; **~ officer** n Marineoffizier m
nave [neɪv] n Kirchen(haupt)schiff nt
navel ['neɪvəl] n Nabel m
navigate ['nævɪgeɪt] vi navigieren
navigation [nævɪ'geɪʃən] n Navigation f
navigator ['nævɪgeɪtə*] n Steuermann m; (AVIAT) Navigator m; (AUT) Beifahrer(in)

m(f)
navvy ['nævɪ] (BRIT) n Straßenarbeiter m
navy ['neɪvɪ] n (Kriegs)marine f ♦ adj marineblau
Nazi ['nɑːtsɪ] n Nazi m
NB abbr (= nota bene) NB
near [nɪə*] adj nah ♦ adv in der Nähe ♦ prep (also: **~ to**: space) in der Nähe +gen; (: time) um +acc ... herum ♦ vt sich nähern +dat; **a ~ miss** knapp daneben; **~by** adj nahe (gelegen) ♦ adv in der Nähe; **~ly** adv fast; **I ~ly fell** ich wäre fast gefallen; **~side** n (AUT) Beifahrerseite f ♦ adj auf der Beifahrerseite
near-sighted adj kurzsichtig
neat [niːt] adj (tidy) ordentlich; (solution) sauber; (pure) pur; **~ly** adv (tidily) ordentlich
nebulous ['nebjʊləs] adj nebulös
necessarily ['nesɪsərɪlɪ] adv unbedingt
necessary ['nesɪsərɪ] adj notwendig, nötig; **he did all that was ~** er erledigte alles, was nötig war; **it is ~ to/that ...** man muß ...
necessitate [nɪ'sesɪteɪt] vt erforderlich machen
necessity [nɪ'sesɪtɪ] n (need) Not f; (compulsion) Notwendigkeit f; **necessities** npl (things needed) das Notwendigste
neck [nek] n Hals m ♦ vi (inf) knutschen; **~ and ~** Kopf an Kopf
necklace ['neklɪs] n Halskette f
neckline ['neklaɪn] n Ausschnitt m
necktie ['nektaɪ] (US) n Krawatte f
née [neɪ] adj geborene
need [niːd] n Bedürfnis nt; (lack) Mangel m; (necessity) Notwendigkeit f; (poverty) Not f ♦ vt brauchen; **I ~ to do it** ich muß es tun; **you don't ~ to go** du brauchst nicht zu gehen
needle ['niːdl] n Nadel f ♦ vt (fig: inf) ärgern
needless ['niːdlɪs] adj unnötig; **~ to say** natürlich
needlework ['niːdlwɜːk] n Handarbeit f
needn't ['niːdnt] = need not
needy ['niːdɪ] adj bedürftig
negation [nɪ'geɪʃən] n Verneinung f
negative ['negətɪv] n (PHOT) Negativ nt ♦ adj negativ; (answer) abschlägig
neglect [nɪ'glekt] vt vernachlässigen ♦ n Vernachlässigung f
negligee ['neglɪʒeɪ] n Negligé m
negligence ['neglɪdʒəns] n Nachlässigkeit f
negligible ['neglɪdʒəbl] adj unbedeutend, geringfügig
negotiable [nɪ'gəʊʃɪəbl] adj (cheque) übertragbar, einlösbar
negotiate [nɪ'gəʊʃɪeɪt] vi verhandeln ♦ vt (treaty) abschließen; (difficulty) überwinden; (corner) nehmen; **negotiation** [nɪgəʊʃɪ'eɪʃən] n Verhandlung f, **negotiator** n

Unterhändler *m*

Negress ['ni:gres] *n* Negerin *f*

Negro ['ni:grəʊ] *n* Neger *m* ♦ *adj* Neger-

neigh [neɪ] *vi* wiehern

neighbour ['neɪbə*] (*US* **neighbor**) *n* Nachbar(in) *m(f)*; ~**hood** *n* Nachbarschaft *f*; Umgebung *f*; ~**ing** *adj* benachbart, angrenzend; ~**ly** *adj* (*person, attitude*) nachbarlich

neither ['naɪðə*] *adj, pron* keine(r, s) (von beiden) ♦ *conj*: **he can't do it, and ~ can I** er kann es nicht und ich auch nicht ♦ *adv*: ~ **good nor bad** weder gut noch schlecht; ~ **story is true** keine der beiden Geschichten stimmt

neon ['ni:ɔn] *n* Neon *nt*

nephew ['nefju:] *n* Neffe *m*

nerve [nɜ:v] *n* Nerv *m*; (*courage*) Mut *m*; (*impudence*) Frechheit *f*; **to have a fit of ~s** in Panik geraten; ~**racking** *adj* nervenaufreibend

nervous ['nɜ:vəs] *adj* (*of the nerves*) Nerven-; (*timid*) nervös, ängstlich; ~ **breakdown** *n* Nervenzusammenbruch *m*; ~**ness** *n* Nervosität *f*

nest [nest] *n* Nest *nt* ♦ *vi* nisten; ~ **egg** *n* (*fig*) Notgroschen *m*

nestle ['nesl] *vi* sich kuscheln

net [net] *n* Netz *nt* ♦ *adj* netto, Netto- ♦ *vt* netto einnehmen; ~**ball** *n* Netzball *m*; ~ **curtain** *n* Store *m*

Netherlands ['neðələndz] *npl*: **the ~** die Niederlande *pl*

nett [net] *adj* = **net**

netting ['netɪŋ] *n* Netz(werk) *nt*

nettle ['netl] *n* Nessel *f*

network ['netwɜ:k] *n* Netz *nt*

neurotic [njʊə'rɒtɪk] *adj* neurotisch ♦ *n* Neurotiker(in) *m(f)*

neuter ['nju:tə*] *adj* (*BIOL*) geschlechtslos; (*GRAM*) sächlich ♦ *vt* kastrieren

neutral ['nju:trəl] *adj* neutral ♦ *n* (*AUT*) Leerlauf *m*; ~**ity** *n* Neutralität *f*, ~**ize** *vt* (*fig*) ausgleichen

never ['nevə*] *adv* nie(mals); **I ~ went** ich bin gar nicht gegangen; ~ **in my life** nie im Leben; ~**-ending** *adj* endlos; ~**theless** [nevəðə'les] *adv* trotzdem, dennoch

new [nju:] *adj* neu; **N~ Age** *adj* New-Age-; ~**born** *adj* neugeboren; ~**comer** ['nju:kʌmə*] *n* Neuankömmling *m*; ~**fangled** (*pej*) *adj* neumodisch; ~**found** *adj* neuentdeckt; ~**ly** *adv* frisch, neu; ~**lyweds** *npl* Frischvermählte *pl*; ~ **moon** *n* Neumond *m*

news [nju:z] *n* Nachricht *f*, (*RAD, TV*) Nachrichten *pl*; **a piece of ~** eine Nachricht; ~ **agency** *n* Nachrichtenagentur *f*; ~**agent** (*BRIT*) *n* Zeitungshändler *m*; ~**caster** *n* Nachrichtensprecher(in) *m(f)*; ~ **dealer** (*US*) *n* = **newsagent**; ~ **flash** *n* Kurzmeldung *f*; ~**letter** *n* Rundschreiben

nt; ~**paper** *n* Zeitung *f*; ~**print** *n* Zeitungspapier *nt*; ~**reader** *n* = **newscaster**; ~**reel** *n* Wochenschau *f*; ~ **stand** *n* Zeitungsstand *m*

newt [nju:t] *n* Wassermolch *m*

New Year *n* Neujahr *nt*; ~'**s Day** *n* Neujahrstag *m*; ~'**s Eve** *n* Silvester(abend *m*) *nt*

New York [-'jɔ:k] *n* New York *nt*

New Zealand [-'zi:lənd] *n* Neuseeland *nt*; ~**er** *n* Neuseeländer(in) *m(f)*

next [nekst] *adj* nächste(r, s) ♦ *adv* (*after*) dann, darauf; (~ *time*) das nächstemal; **the ~ day** am nächsten or folgenden Tag; ~ **time** das nächste Mal; ~ **year** nächstes Jahr; ~ **door** *adv* nebenan ♦ *adj* (*neighbour, flat*) von nebenan; ~ **of kin** *n* nächste(r) Verwandte(r) *mf*; ~ **to** *prep* neben; ~ **to nothing** so gut wie nichts

NHS *n abbr* = **National Health Service**

nib [nɪb] *n* Spitze *f*

nibble ['nɪbl] *vt* knabbern an +*dat*

nice [naɪs] *adj* (*person*) nett; (*thing*) schön; (*subtle*) fein; ~**-looking** *adj* gutaussehend; ~**ly** *adv* gut, nett; ~**ties** ['naɪsɪtɪz] *npl* Feinheiten *pl*

nick [nɪk] *n* Einkerbung *f* ♦ *vt* (*inf: steal*) klauen; **in the ~ of time** gerade rechtzeitig

nickel ['nɪkl] *n* Nickel *nt*; (*US*) Nickel *m* (5 *cents*)

nickname ['nɪkneɪm] *n* Spitzname *m* ♦ *vt* taufen

niece [ni:s] *n* Nichte *f*

Nigeria [naɪ'dʒɪərɪə] *n* Nigeria *nt*

niggling ['nɪglɪŋ] *adj* pedantisch; (*doubt, worry*) quälend; (*detail*) kleinlich

night [naɪt] *n* Nacht *f*; (*evening*) Abend *m*; **the ~ before last** vorletzte Nacht; **at** or **by ~** (*after midnight*) nachts; (*before midnight*) abends; ~**cap** *n* (*drink*) Schlummertrunk *m*; ~**club** *n* Nachtlokal *nt*; ~**dress** *n* Nachthemd *nt*; ~**fall** *n* Einbruch *m* der Nacht; ~ **gown** *n* = **nightdress**; ~**ie** ['naɪtɪ] (*inf*) *n* Nachthemd *nt*

nightingale ['naɪtɪŋgeɪl] *n* Nachtigall *f*

nightlife ['naɪtlaɪf] *n* Nachtleben *nt*

nightly ['naɪtlɪ] *adj, adv* jeden Abend; jede Nacht

nightmare ['naɪtmeə*] *n* Alptraum *m*

night : ~ **porter** *n* Nachtportier *m*; ~ **school** *n* Abendschule *f*; ~ **shift** *n* Nachtschicht *f*, ~**time** *n* Nacht *f*

nil [nɪl] *n* Null *f*

Nile [naɪl] *n*: **the ~** der Nil

nimble ['nɪmbl] *adj* beweglich

nine [naɪn] *num* neun; ~**teen** *num* neunzehn; ~**ty** *num* neunzig

ninth [naɪnθ] *adj* neunte(r, s)

nip [nɪp] *vt* kneifen *n* Kneifen *nt*

nipple ['nɪpl] *n* Brustwarze *f*

nippy ['nɪpɪ] (*inf*) *adj* (*person*) flink; (*BRIT: car*) flott; (: *cold*) frisch

nitrogen ['naɪtrədʒən] *n* Stickstoff *m*

———— **KEYWORD**

no [nəʊ] (*pl* ~es) *adv* (*opposite of yes*) nein; **to answer no** (*to question*) mit Nein antworten; (*to request*) nein sagen; **no thank you** nein, danke
♦ *adj* (*not any*) kein(e); **I have no money/ time** ich habe kein Geld/keine Zeit; **no smoking** Rauchen verboten
♦ *n* Nein *nt*; (*no vote*) Neinstimme *f*

nobility [nəʊ'bɪlɪtɪ] *n* Adel *m*
noble ['nəʊbl] *adj* (*rank*) adlig; (*splendid*) nobel, edel
nobody ['nəʊbədɪ] *pron* niemand, keiner
nocturnal [nɒk'tɜ:nl] *adj* (*tour, visit*) nächtlich; (*animal*) Nacht-
nod [nɒd] *vi* nicken ♦ *vt* nicken mit ♦ *n* Nicken *nt*; ~ **off** *vi* einnicken
noise [nɔɪz] *n* (*sound*) Geräusch *nt*; (*unpleasant, loud*) Lärm *m*
noisy ['nɔɪzɪ] *adj* laut; (*crowd*) lärmend
nominal ['nɒmɪnl] *adj* nominell
nominate ['nɒmɪneɪt] *vt* (*suggest*) vorschlagen; (*in election*) aufstellen; (*appoint*) ernennen
nomination [nɒmɪ'neɪʃən] *n* (*election*) Nominierung *f*; (*appointment*) Ernennung *f*
nominee [nɒmɪ'niː] *n* Kandidat(in) *m(f)*
non- [nɒn] *prefix* Nicht-, un-; ~**alcoholic** *adj* alkoholfrei; ~**aligned** *adj* bündnisfrei
nonchalant ['nɒnʃələnt] *adj* lässig
non-committal ['nɒnkə'mɪtl] *adj* (*reserved*) zurückhaltend; (*uncommitted*) unverbindlich
nondescript ['nɒndɪskrɪpt] *adj* mittelmäßig
none [nʌn] *adj, pron* kein(e, er, es) ♦ *adv*: **he's ~ the worse for it** es hat ihm nicht geschadet; ~ **of you** keiner von euch; **I've ~ left** ich habe keinen mehr
nonentity [nɒ'nentɪtɪ] *n* Null *f* (*inf*)
nonetheless ['nʌnðə'les] *adv* nichtsdestoweniger
non-existent [nɒnɪg'zɪstənt] *adj* nicht vorhanden
non-fiction ['nɒn'fɪkʃən] *n* Sachbücher *pl*
nonplussed ['nɒn'plʌst] *adj* verdutzt
nonsense ['nɒnsəns] *n* Unsinn *m*
non -: ~**smoker** *n* Nichtraucher(in) *m(f)*; ~**stick** *adj* (*pan, surface*) Teflon- (®); ~**stop** *adj* Nonstop-
noodles ['nuːdlz] *npl* Nudeln *pl*
nook [nʊk] *n* Winkel *m*; ~**s and crannies** Ecken und Winkel
noon [nuːn] *n* (12 Uhr) Mittag *m*
no one ['nəʊwʌn] *pron* = **nobody**
noose [nuːs] *n* Schlinge *f*
nor [nɔː*] *conj* = **neither** ♦ *adv see* **neither**
norm [nɔːm] *n* (*convention*) Norm *f*; (*rule, requirement*) Vorschrift *f*
normal ['nɔːməl] *adj* normal; ~**ly** *adv* normal; (*usually*) normalerweise

north [nɔːθ] *n* Norden *m* ♦ *adj* nördlich, Nord- ♦ *adv* nördlich, nach or im Norden; **N~ Africa** *n* Nordafrika *nt*; ~**east** *n* Nordosten *m*; ~**erly** ['nɔːðəlɪ] *adj* nördlich; ~**ern** ['nɔːðən] *adj* nördlich, Nord-; **N~ern Ireland** *n* Nordirland *nt*; **N~ Pole** *n* Nordpol *m*; **N~ Sea** *n* Nordsee *f*; ~**ward(s)** ['nɔːθwəd(z)] *adv* nach Norden; ~**west** *n* Nordwesten *m*
Norway ['nɔːweɪ] *n* Norwegen *nt*
Norwegian [nɔː'wiːdʒən] *adj* norwegisch ♦ *n* Norweger(in) *m(f)*; (*LING*) Norwegisch *nt*
nose [nəʊz] *n* Nase *f* ♦ *vi*: **to ~ about** herumschnüffeln; ~**bleed** *n* Nasenbluten *nt*; ~**dive** *n* Sturzflug *m*; ~**y** *adj* = **nosy**
nostalgia [nɒs'tældʒɪə] *n* Nostalgie *f*; **nostalgic** *adj* nostalgisch
nostril ['nɒstrɪl] *n* Nasenloch *nt*
nosy ['nəʊzɪ] (*inf*) *adj* neugierig
not [nɒt] *adv* nicht; **he is ~** or **isn't here** er ist nicht hier; **it's too late, isn't it?** es ist zu spät, oder or nicht wahr?; ~ **yet/now** noch nicht/nicht jetzt; *see also* **all**; **only**
notably ['nəʊtəblɪ] *adv* (*especially*) besonders; (*noticeably*) bemerkenswert
notary ['nəʊtərɪ] *n* Notar(in) *m(f)*
notch [nɒtʃ] *n* Kerbe *f*, Einschnitt *m*
note [nəʊt] *n* (*MUS*) Note *f*, Ton *m*; (*short letter*) Nachricht *f*; (*POL*) Note *f*; (*comment, attention*) Notiz *f*; (*of lecture etc*) Aufzeichnung *f*; (*bank~*) Schein *m*; (*fame*) Ruf *m* ♦ *vt* (*observe*) bemerken; (*write down*) notieren; ~**book** *n* Notizbuch *nt*; ~**d** ['nəʊtɪd] *adj* bekannt; ~**pad** *n* Notizblock *m*; ~**paper** *n* Briefpapier *nt*
nothing ['nʌθɪŋ] *n* nichts; ~ **new/much** nichts Neues/nicht viel; **for ~** umsonst
notice ['nəʊtɪs] *n* (*announcement*) Bekanntmachung *f*; (*warning*) Ankündigung *f*; (*dismissal*) Kündigung *f* ♦ *vt* bemerken; **to take ~ of** beachten; **at short ~** kurzfristig; **until further ~** bis auf weiteres; **to hand in one's ~** kündigen; ~**able** *adj* merklich; ~**board** *n* Anschlagtafel *f*
notify ['nəʊtɪfaɪ] *vt* benachrichtigen
notion ['nəʊʃən] *n* Idee *f*
notorious [nəʊ'tɔːrɪəs] *adj* berüchtigt
notwithstanding [nɒtwɪθ'stændɪŋ] *adv* trotzdem; ~ **this** ungeachtet dessen
nought [nɔːt] *n* Null *f*
noun [naʊn] *n* Substantiv *nt*
nourish ['nʌrɪʃ] *vt* nähren; ~**ing** *adj* nahrhaft; ~**ment** *n* Nahrung *f*
novel ['nɒvəl] *n* Roman *m* ♦ *adj* neu(artig); ~**ist** *n* Schriftsteller(in) *m(f)*; ~**ty** *n* Neuheit *f*
November [nəʊ'vembə*] *n* November *m*
novice ['nɒvɪs] *n* Neuling *m*; (*ECCL*) Novize *m*
now [naʊ] *adv* jetzt; **right ~** jetzt, gerade; **by ~** inzwischen; **just ~** gerade; ~ **and**

then, ~ **and again** ab und zu, manchmal; **from** ~ **on** von jetzt an; ~**adays** ['naʊədeɪz] *adv* heutzutage

nowhere ['nəʊwɛə*] *adv* nirgends

nozzle ['nɒzl] *n* Düse *f*

nubile ['njuːbaɪl] *adj* (*woman*) gut entwickelt

nuclear ['njuːklɪə*] *adj* (*energy etc*) Atom-, Kern-

nuclei ['njuːklɪaɪ] *npl of* **nucleus**

nucleus ['njuːklɪəs] *n* Kern *m*

nude [njuːd] *adj* nackt ♦ *n* (*ART*) Akt *m*; **in the** ~ nackt

nudge [nʌdʒ] *vt* leicht anstoßen

nudist ['njuːdɪst] *n* Nudist(in) *m(f)*

nudity ['njuːdɪtɪ] *n* Nacktheit *f*

nuisance ['njuːsns] *n* Ärgernis *nt*; **what a** ~! wie ärgerlich!

nuke [njuːk] (*inf*) *n* Kernkraftwerk *nt* ♦ *vt* atomar vernichten

null [nʌl] *adj*: ~ **and void** null und nichtig

numb [nʌm] *adj* taub, gefühllos ♦ *vt* betäuben

number ['nʌmbə*] *n* Nummer *f*; (*numeral also*) Zahl *f*; (*quantity*) (An)zahl *f* ♦ *vt* (*give a* ~ *to*) numerieren; (*amount to*) sein; **to be** ~**ed among** gezählt werden zu; **a** ~ **of** (*several*) einige; **they were ten in** ~ sie waren zehn an der Zahl; ~ **plate** (*BRIT*) (*AUT*) Nummernschild *nt*

numeral ['njuːmərəl] *n* Ziffer *f*

numerate ['njuːmərɪt] *adj* rechenkundig

numerical [njuːˈmerɪkəl] *adj* (*order*) zahlenmäßig

numerous ['njuːmərəs] *adj* zahlreich

nun [nʌn] *n* Nonne *f*

nurse [nɜːs] *n* Krankenschwester *f*; (*for children*) Kindermädchen *nt* ♦ *vt* (*patient*) pflegen; (*doubt etc*) hegen

nursery ['nɜːsərɪ] *n* (*for children*) Kinderzimmer *nt*; (*for plants*) Gärtnerei *f*; (*for trees*) Baumschule *f*; ~ **rhyme** *n* Kinderreim *m*; ~ **school** *n* Kindergarten *m*; ~ **slope** (*BRIT*) *n* (*SKI*) Idiotenhügel *m* (*inf*), Anfängerhügel *m*

nursing ['nɜːsɪŋ] *n* (*profession*) Krankenpflege *f*; ~ **home** *n* Privatklinik *f*

nurture ['nɜːtʃə*] *vt* aufziehen

nut [nʌt] *n* Nuß *f*; (*screw*) Schraubenmutter *f*; (*inf*) Verrückte(r) *mf*; **he's** ~**s** er ist verrückt

nutcrackers ['nʌtkrækəz] *npl* Nußknacker *m*

nutmeg ['nʌtmeg] *n* Muskat(nuß *f*) *m*

nutrient ['njuːtrɪənt] *n* Nährstoff *m*

nutrition [njuːˈtrɪʃən] *n* Nahrung *f*

nutritious [njuːˈtrɪʃəs] *adj* nahrhaft

nylon ['naɪlɒn] *n* Nylon *nt* ♦ *adj* Nylon-

O o

oak [əʊk] *n* Eiche *f* ♦ *adj* Eichen(holz)-

O.A.P. *abbr* = **old-age pensioner**

oar [ɔː*] *n* Ruder *nt*

oases [əʊˈeɪsiːz] *npl of* **oasis**

oasis [əʊˈeɪsɪs] *n* Oase *f*

oath [əʊθ] *n* (*statement*) Eid *m*, Schwur *m*; (*swearword*) Fluch *m*

oatmeal ['əʊtmiːl] *n* Haferschrot *m*

oats [əʊts] *npl* Hafer *m*

obedience [əˈbiːdɪəns] *n* Gehorsam *m*

obedient [əˈbiːdɪənt] *adj* gehorsam

obesity [əʊˈbiːsɪtɪ] *n* Fettleibigkeit *f*

obey [əˈbeɪ] *vt, vi*: **to** ~ **(sb)** (jdm) gehorchen

obituary [əˈbɪtjʊərɪ] *n* Nachruf *m*

object [*n* 'ɒbdʒɪkt, *vb* əb'dʒekt] *n* (*thing*) Gegenstand *m*, Objekt *nt*; (*purpose*) Ziel *nt* ♦ *vi* dagegen sein; **expense is no** ~ Ausgaben spielen keine Rolle; **I** ~! ich protestiere!; **to** ~ **to sth** Einwände gegen etw haben; (*morally*) Anstoß an etw *acc* nehmen; **to** ~ **that** einwenden, daß; ~**ion** [əbˈdʒekʃən] *n* (*reason against*) Einwand *m*, Einspruch *m*; (*dislike*) Abneigung *f*; **I have no** ~**ion to ...** ich habe nichts gegen ... einzuwenden; ~**ionable** [əbˈdʒekʃnəbl] *adj* nicht einwandfrei; (*language*) anstößig; ~**ive** [əbˈdʒektɪv] *n* Ziel *nt* ♦ *adj* objektiv

obligation [ɒblɪˈgeɪʃən] *n* Verpflichtung *f*; **without** ~ unverbindlich

obligatory [ɒˈblɪgətərɪ] *adj* obligatorisch

oblige [əˈblaɪdʒ] *vt* (*compel*) zwingen; (*do a favour*) einen Gefallen tun ♦ *dat*; **to be** ~**d to sb for sth** jdm für etw verbunden sein

obliging [əˈblaɪdʒɪŋ] *adj* entgegenkommend

oblique [əˈbliːk] *adj* schräg, schief ♦ *n* Schrägstrich *m*

obliterate [əˈblɪtəreɪt] *vt* auslöschen

oblivion [əˈblɪvɪən] *n* Vergessenheit *f*

oblivious [əˈblɪvɪəs] *adj* nicht bewußt

oblong ['ɒblɒŋ] *n* Rechteck *nt* ♦ *adj* länglich

obnoxious [əbˈnɒkʃəs] *adj* widerlich

obscene [əbˈsiːn] *adj* obszön

obscenity [əbˈsenɪtɪ] *n* Obszönität *f*; **obscenities** *npl* (*swearwords*) Zoten *pl*

obscure [əbˈskjʊə*] *adj* unklar; (*indistinct*) undeutlich; (*unknown*) unbekannt, obskur; (*dark*) düster ♦ *vt* verdunkeln; (*view*) verbergen; (*confuse*) verwirren

obscurity [əb'skjuərɪtɪ] n Unklarheit f; (*darkness*) Dunkelheit f

obsequious [əb'siːkwɪəs] adj servil

observance [əb'zɜːvəns] n Befolgung f

observant [əb'zɜːvənt] adj aufmerksam

observation [ɒbzə'veɪʃən] n (*noticing*) Beobachtung f; (*surveillance*) Überwachung f; (*remark*) Bemerkung f

observatory [əb'zɜːvətrɪ] n Sternwarte f, Observatorium nt

observe [əb'zɜːv] vt (*notice*) bemerken; (*watch*) beobachten; (*customs*) einhalten; **~r** n Beobachter(in) m(f)

obsess [əb'ses] vt verfolgen, quälen; **~ion** [əb'seʃən] n Besessenheit f, Wahn m; **~ive** adj krankhaft

obsolescence [ɒbsə'lesns] n Veralten nt

obsolete ['ɒbsəliːt] adj überholt, veraltet

obstacle ['ɒbstəkl] n Hindernis nt; **~ race** n Hindernisrennen nt

obstetrics [ɒb'stetrɪks] n Geburtshilfe f

obstinate ['ɒbstɪnət] adj hartnäckig, stur

obstruct [əb'strʌkt] vt versperren; (*pipe*) verstopfen; (*hinder*) hemmen; **~ion** [əb'strʌkʃən] n Versperrung f; Verstopfung f; (*obstacle*) Hindernis nt

obtain [əb'teɪn] vt erhalten, bekommen; (*result*) erzielen

obtrusive [əb'truːsɪv] adj aufdringlich

obvious ['ɒbvɪəs] adj offenbar, offensichtlich; **~ly** adv offensichtlich

occasion [ə'keɪʒən] n Gelegenheit f; (*special event*) Ereignis nt; (*reason*) Anlaß m ♦ vt veranlassen; **~al** adj gelegentlich; **~ally** adv gelegentlich

occupant ['ɒkjupənt] n Inhaber(in) m(f); (*of house etc*) Bewohner(in) m(f)

occupation [ɒkju'peɪʃən] n (*employment*) Tätigkeit f, Beruf m; (*pastime*) Beschäftigung f; (*of country*) Besetzung f, Okkupation f; **~al hazard** n Berufsrisiko nt

occupier ['ɒkjupaɪə*] n Bewohner(in) m(f)

occupy ['ɒkjupaɪ] vt (*take possession of*) besetzen; (*seat*) belegen; (*live in*) bewohnen; (*position, office*) bekleiden; (*position in sb's life*) einnehmen; (*time*) beanspruchen; **to ~ o.s. with** sth sich mit etw beschäftigen; **to ~ o.s. by doing sth** sich damit beschäftigen, etw zu tun

occur [ə'kɜː*] vi vorkommen; **to ~ to sb** jdm einfallen; **~rence** n (*event*) Ereignis nt; (*appearing*) Auftreten nt

ocean ['əuʃən] n Ozean m, Meer nt; **~going** adj Hochsee-

o'clock [ə'klɒk] adv: **it is 5 ~** es ist 5 Uhr

OCR n abbr = optical character reader

octagonal [ɒk'tægənl] adj achteckig

October [ɒk'təubə*] n Oktober m

octopus ['ɒktəpəs] n Krake f, (*small*) Tintenfisch m

odd [ɒd] adj (*strange*) sonderbar; (*not even*) ungerade; (*the other part missing*) einzeln;

(*surplus*) übrig; **60~** so um die 60; **at ~ times** ab und zu; **to be the ~ one out** (*person*) das fünfte Rad am Wagen sein; (*thing*) nicht dazugehören; **~ity** n (*strangeness*) Merkwürdigkeit f; (*queer person*) seltsame(r) Kauz m; (*thing*) Kuriosität f; **~job man** (*irreg*) n Mädchen nt für alles; **~jobs** npl gelegentlich anfallende Arbeiten; **~ly** adv seltsam; **~ments** npl Reste pl; **~s** npl Chancen pl; (*betting*) Gewinnchancen pl; **it makes no ~s** es spielt keine Rolle; **at ~s** uneinig; **~s and ends** npl Krimskrams m

odious ['əudɪəs] adj verhaßt; (*action*) abscheulich

odometer [əu'dɒmɪtə*] (*esp US*) n Tacho(meter) m

odour ['əudə*] (*US* odor) n Geruch m

KEYWORD
---

of [ɒv, əv] prep **1** von +dat, use of gen; **the history of Germany** die Geschichte Deutschlands; **a friend of ours** ein Freund von uns; **a boy of 10** ein 10-jähriger Junge; **that was kind of you** das war sehr freundlich von Ihnen

2 (*expressing quantity, amount, dates etc*): **a kilo of flour** ein Kilo Mehl; **how much of this do you need?** wieviel brauchen Sie (davon)?; **there were 3 of them** (*people*) sie waren zu dritt; (*objects*) es gab 3 (davon); **a cup of tea/vase of flowers** eine Tasse Tee/Vase mit Blumen; **the 5th of July** der 5 Juli

3 (*from, out of*) aus; **a bridge made of wood** eine Holzbrücke, eine Brücke aus Holz

---

off [ɒf] adj, adv (*absent*) weg, fort; (*switch*) aus(geschaltet), ab(geschaltet); (*BRIT: food: bad*) schlecht; (*cancelled*) abgesagt ♦ prep von +dat; **to be ~** (*to leave*) gehen; **to be ~ sick** krank sein; **a day ~** ein freier Tag; **to have an ~ day** einen schlechten Tag haben; **he had his coat ~** er hatte seinen Mantel aus; **10% ~** (*COMM*) 10% Rabatt; **5 km ~ (the road)** 5 km (von der Straße) entfernt; **~ the coast** vor der Küste; **I'm ~ meat** (*no longer eat it*) ich esse kein Fleisch mehr; (*no longer like it*) ich mag kein Fleisch mehr; **on the ~ chance** auf gut Glück

offal ['ɒfəl] n Innereien pl

offbeat ['ɒfbiːt] adj unkonventionell

off-colour ['ɒf'kʌlə*] adj nicht wohl

offence [ə'fens] (*US* offense) n (*crime*) Vergehen nt, Straftat f; (*insult*) Beleidigung f; **to take ~ at** gekränkt sein wegen

offend [ə'fend] vt beleidigen; **~er** n Gesetzesübertreter m

offense [ə'fens] (*US*) n = offence

offensive [ə'fensɪv] adj (*unpleasant*) übel,

abstoßend; (*weapon*) Kampf-; (*remark*) verletzend ♦ *n* Angriff *m*

offer ['ɒfə*] *n* Angebot *f* ♦ *vt* anbieten; (*opinion*) äußern; (*resistance*) leisten; **on** ~ zum Verkauf angeboten; **~ing** *n* Gabe *f*

offhand ['ɒf'hænd] *adj* lässig ♦ *adv* ohne weiteres

office ['ɒfɪs] *n* Büro *nt*; (*position*) Amt *nt*; **doctor's** ~ (*US*) Praxis *f*; **to take** ~ sein Amt antreten; (*POL*) die Regierung übernehmen; ~ **automation** *n* Büroautomatisierung *f*; ~ **block** (*US* ~ **building**) *n* Büro(hoch)haus *nt*; ~ **hours** *npl* Dienstzeit *f*; (*US: MED*) Sprechstunde *f*

officer ['ɒfɪsə*] *n* (*MIL*) Offizier *m*; (*public* ~) Beamte(r) *m*

official [ə'fɪʃəl] *adj* offiziell, amtlich ♦ *n* Beamte(r) *m*; **~dom** *n* Beamtentum *nt*

officiate [ə'fɪʃɪeɪt] *vi* amtieren

officious [ə'fɪʃəs] *adj* aufdringlich

offing ['ɒfɪŋ] *n*: **in the** ~ in (Aus)sicht

off: **~-licence** (*BRIT*) *n* (*shop*) Wein- und Spirituosenhandlung *f*; **~-line** *adj* (*COMPUT*) Off-line-; ♦ *adv* (*COMPUT*) off line; **~-peak** *adj* (*charges*) verbilligt; **~-putting** (*BRIT*) *adj* (*person, remark etc*) abstoßend; **~-season** *adj* außer Saison

offset ['ɒfset] (*irreg: like* set) *vt* ausgleichen ♦ *n* (*also*: ~ *printing*) Offset(druck) *m*

offshoot ['ɒfʃuːt] *n* (*fig: of organization*) Zweig *m*; (: *of discussion etc*) Randergebnis *nt*

offshore ['ɒf'ʃɔː*] *adv* in einiger Entfernung von der Küste ♦ *adj* küstennah, Küsten-

offside ['ɒf'saɪd] *adj* (*SPORT*) im Abseits ♦ *adv* abseits ♦ *n* (*AUT*) Fahrerseite *f*

offspring ['ɒfsprɪŋ] *n* Nachkommenschaft *f*; (*one*) Sprößling *m*

off: **~stage** *adv* hinter den Kulissen; **~-the-cuff** *adj* unvorbereitet, aus dem Stegreif; **~-the-peg** (*US* **~-the-rack**) *adv* von der Stange; **~-white** *adj* naturweiß

often ['ɒfən] *adv* oft

ogle ['əʊgl] *vt* liebäugeln mit

oh [əʊ] *excl* oh, ach

oil [ɔɪl] *n* Öl *nt* ♦ *vt* ölen; **~can** *n* Ölkännchen *nt*; **~field** *n* Ölfeld *nt*; **~ filter** *n* (*AUT*) Ölfilter *m*; **~-fired** *adj* Öl-; **~ painting** *n* Ölgemälde *nt*; **~rig** *n* Ölplattform *f*; **~skins** *npl* Ölzeug *nt*; **~ tanker** *n* (Öl)tanker *m*; **~ well** *n* Ölquelle *f*; **~y** *adj* ölig; (*dirty*) ölbeschmiert

ointment ['ɔɪntmənt] *n* Salbe *f*

O.K. ['əʊ'keɪ] *excl* in Ordnung, O.K. ♦ *adj* in Ordnung ♦ *vt* genehmigen

okay ['əʊ'keɪ] = **O.K.**

old [əʊld] *adj* alt; **how** ~ **are you?** wie alt bist du?; **he's 10 years** ~ er ist 10 Jahre alt; **~er brother** ältere(r) Bruder *m*; ~ **age** *n* Alter *nt*; **~-age pensioner** (*BRIT*) *n* Rentner(in) *m(f)*; **~-fashioned** *adj* altmo-

disch

olive ['ɒlɪv] *n* (*fruit*) Olive *f*, (*colour*) Olive *nt* ♦ *adj* Oliven-; (*coloured*) olivenfarbig; ~ **oil** *n* Olivenöl *nt*

Olympic [əʊ'lɪmpɪk] *adj* olympisch; **the** ~ **Games, the ~s** die Olympischen Spiele

omelet(te) ['ɒmlət] *n* Omelett *nt*

omen ['əʊmən] *n* Omen *nt*

ominous ['ɒmɪnəs] *adj* bedrohlich

omission [əʊ'mɪʃən] *n* Auslassung *f*, (*neglect*) Versäumnis *nt*

omit [əʊ'mɪt] *vt* auslassen; (*fail to do*) versäumen

on [ɒn] *prep* **1** (*indicating position*) auf +*dat*; (*with vb of motion*) auf +*acc*; (*on vertical surface, part of body*) an +*dat/acc*; **it's on the table** es ist auf dem Tisch; **she put the book on the table** sie legte das Buch auf den Tisch; **on the left** links

2 (*indicating means, method, condition etc*): **on foot** (*go, be*) zu Fuß; **on the train/ plane** (*go*) mit dem Zug/Flugzeug; (*be*) im Zug/Flugzeug; **on the telephone/television** am Telefon/im Fernsehen; **to be on drugs** Drogen nehmen; **to be on holiday/ business** im Urlaub/auf Geschäftsreise sein

3 (*referring to time*): **on Friday** (am) Freitag; **on Fridays** freitags; **on June 20th** am 20. Juni; **a week on Friday** Freitag in einer Woche; **on arrival he ...** als er ankam, ... er ...

4 (*about, concerning*) über +*acc*

♦ *adv* **1** (*referring to dress*) an; **she put her boots/hat on** sie zog ihre Stiefel an/setzte ihren Hut auf

2 (*further, continuously*) weiter; **to walk on** weitergehen

♦ *adj* **1** (*functioning, in operation: machine, TV, light*) an; (: *tap*) aufgedreht; (: *brakes*) angezogen; **is the meeting still on?** findet die Versammlung noch statt?; **there's a good film on** es läuft ein guter Film

2: **that's not on!** (*inf: of behaviour*) das liegt nicht drin!

once [wʌns] *adv* einmal ♦ *conj* wenn ... einmal; ~ **he had left/it was done** nachdem er gegangen war/es fertig war; **at** ~ sofort; (*at the same time*) gleichzeitig; **a week** einmal in der Woche; ~ **more** noch einmal; ~ **and for all** ein für allemal; ~ **upon a time** es war einmal

oncoming ['ɒnkʌmɪŋ] *adj* (*traffic*) Gegen-, entgegenkommend

one [wʌn] *num* eins; (*with noun, referring back to noun*) ein/eine/ein; **it is one (o'clock)** es ist eins, es ist ein Uhr; **one hundred and fifty** einhundertfünfzig

◆ adj **1** (sole) einzige(r, s); **the one book which** das einzige Buch, welches **2** (same) derselbe/dieselbe/dasselbe; **they came in the one car** sie kamen alle in dem einen Auto **3** (indef): **one day I discovered ...** eines Tages bemerkte ich ... ◆ pron **1** eine(r, s); **do you have a red one?** haben Sie einen roten/eine rote/ein rotes?; **this one** diese(r, s); **that one** der/die/das; **which one?** welche(r, s)?; **one by one** einzeln **2**: **one another** einander; **do you two ever see one another?** seht ihr beide euch manchmal? **3** (impers): man; **one never knows** man kann nie wissen; **to cut one's finger** sich in den Finger schneiden

one: ~**-armed bandit** n einarmiger Bandit m; ~**-day excursion** (US) n (day return) Tagesrückfahrkarte f; ~**-man** adj Einmann-; ~**-man band** n Einmannkapelle f; (fig) Einmannbetrieb m; ~**-off** (BRIT: inf) n Einzelfall m

oneself [wʌn'self] pron (reflexive: after prep) sich; (~ personally) sich selbst or selber; (emphatic) (sich) selbst; **to hurt** ~ sich verletzen

one: ~**-sided** adj (argument) einseitig; ~**to-one** adj (relationship) eins-zu-eins; ~**upmanship** n die Kunst, anderen um eine Nasenlänge voraus zu sein; ~**-way** adj (street) Einbahn-

ongoing ['ɒŋgəʊɪŋ] adj momentan; (progressing) sich entwickelnd

onion ['ʌnjən] n Zwiebel f

on-line ['ɒn'laɪn] adj (COMPUT) On-line-

onlooker ['ɒnlʊkə*] n Zuschauer(in) m(f)

only ['əʊnlɪ] adv nur, bloß ◆ adj einzige(r, s) ◆ conj nur, bloß; **an** ~ **child** ein Einzelkind; **not** ~ ... **but also** ... nicht nur ... sondern auch ...

onset ['ɒnset] n (beginning) Beginn m

onshore ['ɒnʃɔː*] adj (wind) See-

onslaught ['ɒnslɔːt] n Angriff m

onto ['ɒntʊ] prep = **on to**

onus ['əʊnəs] n Last f, Pflicht f

onward(s) ['ɒnwəd(z)] adv (place) voran, vorwärts; **from that day onwards** von dem Tag an; **from today onwards** ab heute

ooze [uːz] vi sickern

opaque [əʊ'peɪk] adj undurchsichtig

OPEC ['əʊpek] n abbr (= Organization of Petroleum-Exporting Countries) OPEC f

open ['əʊpən] adj offen; (public) öffentlich; (mind) aufgeschlossen ◆ vt öffnen, aufmachen; (trial, motorway, account) eröffnen ◆ vi (begin) anfangen; (shop) aufmachen; (door, flower) aufgehen; (play) Premiere haben; **in the** ~ (air) im Freien; ~ **on to** vt fus sich öffnen auf +acc; ~ **up** vt (route)

erschließen; (shop, prospects) eröffnen ◆ vi öffnen; ~**ing** n (hole) Öffnung f; (beginning) Anfang m; (good chance) Gelegenheit f; ~**ly** adv offen; (publicly) öffentlich; ~**minded** adj aufgeschlossen; ~**-necked** adj offen; ~**-plan** adj (office) Großraum-; (flat etc) offen angelegt

opera ['ɒpərə] n Oper f; ~ **house** n Opernhaus m

operate ['ɒpəreɪt] vt (machine) bedienen; (brakes, light) betätigen ◆ vi (machine) laufen, in Betrieb sein; (person) arbeiten; (MED): **to** ~ **on** operieren

operatic [ɒpə'rætɪk] adj Opern-

operating ['ɒpəreɪtɪŋ] adj: ~ **table/theatre** Operationstisch m/-saal m

operation [ɒpə'reɪʃən] n (working) Betrieb m; (MED) Operation f; (undertaking) Unternehmen nt; (MIL) Einsatz m; **to be in** ~ (JUR) in Kraft sein; (machine) in Betrieb sein; **to have an** ~ (MED) operiert werden; ~**al** adj einsatzbereit

operative ['ɒpərətɪv] adj wirksam; (MED) operativ

operator ['ɒpəreɪtə*] n (of machine) Arbeiter m; (TEL) Telefonist(in) m(f)

ophthalmic [ɒf'θælmɪk] adj Augen-

opinion [ə'pɪnjən] n Meinung f; **in my** ~ meiner Meinung nach; ~**ated** adj starrsinnig; ~ **poll** n Meinungsumfrage f

opponent [ə'pəʊnənt] n Gegner m

opportunity [ɒpə'tjuːnɪtɪ] n Gelegenheit f, Möglichkeit f; **to take the** ~ **of doing sth** die Gelegenheit ergreifen, etw zu tun

oppose [ə'pəʊz] vt entgegentreten +dat; (argument, idea) ablehnen; (plan) bekämpfen; **to be** ~**d to sth** gegen etw sein; **as** ~**d to** im Gegensatz zu

opposing [ə'pəʊzɪŋ] adj gegnerisch; (points of view) entgegengesetzt

opposite ['ɒpəzɪt] adj (house) gegenüberliegend; (direction) entgegengesetzt ◆ adv gegenüber ◆ prep gegenüber ◆ n Gegenteil nt

opposition [ɒpə'zɪʃən] n (resistance) Widerstand m; (POL) Opposition f; (contrast) Gegensatz m

oppress [ə'pres] vt unterdrücken; (heat etc) bedrücken; ~**ion** [ə'preʃən] n Unterdrückung f; ~**ive** adj (authority, law) repressiv; (burden, thought) bedrückend; (heat) drückend

opt [ɒpt] vi: **to** ~ **for** sich entscheiden für; **to** ~ **to do sth** sich entscheiden, etw zu tun; **to** ~ **out of** sich drücken vor +dat; (of society) ausflippen aus

optical ['ɒptɪkəl] adj optisch; ~ **character reader** n optische(s) Lesegerät nt

optician [ɒp'tɪʃən] n Optiker m

optimist ['ɒptɪmɪst] n Optimist m; ~**ic** ['ɒptɪ'mɪstɪk] adj optimistisch

optimum ['ɒptɪməm] adj optimal

option ['ɒpʃən] n Wahl f; (COMM) Option f; **to keep one's ~s open** sich alle Möglichkeiten offenhalten; **~al** adj freiwillig; (subject) wahlfrei; **~al extras** npl Extras auf Wunsch

opulent ['ɒpjʊlənt] adj sehr reich

or [ɔː*] conj oder; **he could not read ~ write** er konnte weder lesen noch schreiben; **~ else** sonst

oral ['ɔːrəl] adj mündlich ♦ n (exam) mündliche Prüfung f

orange ['ɒrɪndʒ] n (fruit) Apfelsine f, Orange f; (colour) Orange nt ♦ adj orange

orator ['ɒrətə*] n Redner(in) m(f)

orbit ['ɔːbɪt] n Umlaufbahn f

orchard ['ɔːtʃəd] n Obstgarten m

orchestra ['ɔːkɪstrə] n Orchester nt; (US: seating) Parkett nt; **~l** [ɔːˈkestrəl] adj Orchester-, orchestral

orchid ['ɔːkɪd] n Orchidee f

ordain [ɔːˈdeɪn] vt (ECCL) weihen; (decide) verfügen

ordeal [ɔːˈdiːl] n Qual f

order ['ɔːdə*] n (sequence) Reihenfolge f; (good arrangement) Ordnung f; (command) Befehl m; (JUR) Anordnung f; (peace) Ordnung f; (condition) Zustand m; (rank) Klasse f; (COMM) Bestellung f; (ECCL, honour) Orden m ♦ vt (also: put in ~) ordnen; (command) befehlen; (COMM) bestellen; **in ~** in der Reihenfolge; **in (working) ~** in gutem Zustand; **in ~ to do sth** um etw zu tun; **on ~** (COMM) auf Bestellung; **to ~ sb to do sth** jdm befehlen, etw zu tun; **to ~ sth** (command) etw acc befehlen; **~ form** n Bestellschein m; **~ly** n (MIL) Sanitäter m; (MED) Pfleger m ♦ adj (tidy) ordentlich; (well-behaved) ruhig

ordinary ['ɔːdnrɪ] adj gewöhnlich; **out of the ~** außergewöhnlich

ordnance ['ɔːdnəns] n Artillerie f, **O~ Survey** (BRIT) n amtliche(r) Kartographiedienst m

ore [ɔː*] n Erz nt

organ ['ɔːgən] n (MUS) Orgel f; (BIOL, fig) Organ nt

organic [ɔːˈgænɪk] adj (food, farming etc) biodynamisch

organization [ɔːgənaɪˈzeɪʃən] n Organisation f; (make-up) Struktur f

organize ['ɔːgənaɪz] vt organisieren; **~r** n Organisator m, Veranstalter m

orgasm ['ɔːgæzəm] n Orgasmus m

orgy ['ɔːdʒɪ] n Orgie f

Orient ['ɔːrɪənt] n Orient m

oriental [ɔːrɪˈentəl] adj orientalisch

origin ['ɒrɪdʒɪn] n Ursprung m; (of the world) Anfang m, Entstehung f

original [əˈrɪdʒɪnl] adj (first) ursprünglich; (painting) original; (idea) originell ♦ n Original nt; (idea) originell; **~ly** adv ursprünglich; originell

originate [əˈrɪdʒɪneɪt] vi entstehen ♦ vt ins

Leben rufen; **to ~ from** stammen aus

Orkneys ['ɔːknɪz] npl (also: the Orkney Islands) die Orkneyinseln pl

ornament ['ɔːnəmənt] n Schmuck m; (on mantelpiece) Nippesfigur f; **~al** [ɔːnəˈmentl] adj Zier-

ornate [ɔːˈneɪt] adj reich verziert

orphan ['ɔːfən] n Waise f, Waisenkind nt ♦ vt: **to be ~ed** Waise werden; **~age** n Waisenhaus nt

orthodox ['ɔːθədɒks] adj orthodox; **~y** n Orthodoxie f; (fig) Konventionalität f

orthopaedic [ɔːθəʊˈpiːdɪk] (US **orthopedic**) adj orthopädisch

ostensibly [ɒsˈtensəblɪ] adv vorgeblich, angeblich

ostentatious [ɒstenˈteɪʃəs] adj großtuerisch, protzig

ostracize ['ɒstrəsaɪz] vt ausstoßen

ostrich ['ɒstrɪtʃ] n Strauß m

other ['ʌðə*] adj andere(r, s) ♦ pron andere(r, s) ♦ adv: **~ than** anders als; **the ~ (one)** der/die/das andere; **the ~ day** neulich; **~s** (~ people) andere; **~wise** adv (in a different way) anders; (or else) sonst

ouch [aʊtʃ] excl aua

ought [ɔːt] vb aux sollen; **I ~ to do it** ich sollte es tun; **this ~ to have been corrected** das hätte korrigiert werden sollen

ounce [aʊns] n Unze f

our [aʊə*] adj unser; see also **my**; **~s** pron unsere(r, s); see also **mine²**; **~selves** pron uns (selbst); (emphatic) (wir) selbst; see also **oneself**

oust [aʊst] vt verdrängen

out [aʊt] adv hinaus/heraus; (not indoors) draußen; (not alight) aus; (unconscious) bewußtlos; (results) bekanntgegeben; **to eat/go ~** auswärts essen/ausgehen; **~ there** da draußen; **he is ~** (absent) er ist nicht da; **he was ~ in his calculations** seine Berechnungen waren nicht richtig; **~ loud** laut; **~ of** aus; (away from) außerhalb +gen; **to be ~ of milk etc** keine Milch etc mehr haben; **~ of order** außer Betrieb; **~-and-out** adj (liar, thief etc) ausgemacht

outback ['aʊtbæk] n Hinterland nt

outboard (motor) ['aʊtbɔːd-] n Außenbordmotor m

outbreak ['aʊtbreɪk] n Ausbruch m

outburst ['aʊtbɜːst] n Ausbruch m

outcast ['aʊtkɑːst] n Ausgestoßene(r) mf

outcome ['aʊtkʌm] n Ergebnis nt

outcrop ['aʊtkrɒp] n (of rock) Felsnase f

outcry ['aʊtkraɪ] n Protest m

outdated [aʊtˈdeɪtɪd] adj überholt

outdo [aʊtˈduː] (irreg: like **do**) vt übertrumpfen

outdoor ['aʊtdɔː*] adj Außen-; (SPORT) im Freien; **~s** adv im Freien

outer ['aʊtə*] adj äußere(r, s); **~ space** n Weltraum m

outfit ['aʊtfɪt] n Kleidung f; **~ters** (BRIT) n (for men's clothes) Herrenausstatter m

outgoing ['aʊtgəʊɪŋ] adj (character) aufgeschlossen; **~s** (BRIT) npl Ausgaben pl

outgrow [aʊt'grəʊ] (irreg: like grow) vt (clothes) herauswachsen aus; (habit) ablegen

outhouse ['aʊthaʊs] n Nebengebäude nt

outing ['aʊtɪŋ] n Ausflug m

outlandish [aʊt'lændɪʃ] adj eigenartig

outlaw ['aʊtlɔː] n Geächtete(r) m ♦ vt ächten; (thing) verbieten

outlay ['aʊtleɪ] n Auslage f

outlet ['aʊtlet] n Auslaß m, Abfluß m; (also: retail ~) Absatzmarkt m; (US: ELEC) Steckdose f; (for emotions) Ventil nt

outline ['aʊtlaɪn] n Umriß m

outlive [aʊt'lɪv] vt überleben

outlook ['aʊtlʊk] n (also fig) Aussicht f; (attitude) Einstellung f

outlying ['aʊtlaɪɪŋ] adj entlegen; (district) Außen-

outmoded [aʊt'məʊdɪd] adj veraltet

outnumber [aʊt'nʌmbə*] vt zahlenmäßig überlegen sein +dat

out-of-date [aʊtəv'deɪt] adj (passport) abgelaufen; (clothes etc) altmodisch; (ideas etc) überholt

out-of-the-way [aʊtəvðə'weɪ] adj abgelegen

outpatient ['aʊtpeɪʃənt] n ambulante(r) Patient m/ambulante Patientin f

outpost ['aʊtpəʊst] n (MIL, fig) Vorposten m

output ['aʊtpʊt] n Leistung f, Produktion f; (COMPUT) Ausgabe f

outrage ['aʊtreɪdʒ] n (cruel deed) Ausschreitung f; (indecency) Skandal m ♦ vt (morals) verstoßen gegen; (person) empören; **~ous** [aʊt'reɪdʒəs] adj unerhört

outright [adv aʊt'raɪt, adj 'aʊtraɪt] adv (at once) sofort; (openly) ohne Umschweife ♦ adj (denial) völlig; (sale) Total-; (winner) unbestritten

outset ['aʊtset] n Beginn m

outside ['aʊt'saɪd] n Außenseite f ♦ adj äußere(r, s), Außen-; (chance) gering ♦ adv außen ♦ prep außerhalb +gen; **at the ~** (fig) maximal; (time) spätestens; **to go ~** nach draußen gehen; **~ lane** n (AUT) äußere Spur f; **~ line** n (TEL) Amtsanschluß m; **~r** n Außenseiter(in) m(f)

outsize ['aʊtsaɪz] adj übergroß

outskirts ['aʊtskɜːts] npl Stadtrand m

outspoken [aʊt'spəʊkən] adj freimütig

outstanding [aʊt'stændɪŋ] adj hervorragend; (debts etc) ausstehend

outstay [aʊt'steɪ] vt: **to ~ one's welcome** länger bleiben als erwünscht

outstretched ['aʊtstretʃt] adj ausgestreckt

outstrip [aʊt'strɪp] vt übertreffen

out-tray ['aʊttreɪ] n Ausgangskorb m

outward ['aʊtwəd] adj äußere(r, s); (journey) Hin-; (freight) ausgehend ♦ adv nach außen; **~ly** adv äußerlich

outweigh [aʊt'weɪ] vt (fig) überwiegen

outwit [aʊt'wɪt] vt überlisten

oval ['əʊvəl] adj oval ♦ n Oval nt

ovary ['əʊvəri] n Eierstock m

ovation [əʊ'veɪʃən] n Beifallssturm m

oven ['ʌvn] n Backofen m; **~proof** adj feuerfest

over ['əʊvə*] adv (across) hinüber/herüber; (finished) vorbei; (left) übrig; (again) wieder, noch einmal ♦ prep über ♦ prefix (excessively) übermäßig; **~ here** hier(hin); **~ there** dort(hin); **all ~** (everywhere) überall; (finished) vorbei; **~ and** = immer wieder; **~ and above** darüber hinaus; **to ask sb ~** jdn einladen; **to bend ~** sich bücken

overall [adj. n 'əʊvərɔːl, adv əʊvər'ɔːl] adj (situation) allgemein; (length) Gesamt- ♦ n (BRIT) Kittel m ♦ adv insgesamt; **~s** npl (for man) Overall m

overawe [əʊvər'ɔː] vt (frighten) einschüchtern; (make impression) überwältigen

overbalance [əʊvə'bæləns] vi Übergewicht bekommen

overbearing [əʊvə'bɛərɪŋ] adj aufdringlich

overboard ['əʊvəbɔːd] adv über Bord

overbook [əʊvə'bʊk] vi überbuchen

overcast ['əʊvəkɑːst] adj bedeckt

overcharge ['əʊvə'tʃɑːdʒ] vt: **to ~ sb** von jdm zuviel verlangen

overcoat ['əʊvəkəʊt] n Mantel m

overcome [əʊvə'kʌm] (irreg: like come) vt überwinden

overcrowded [əʊvə'kraʊdɪd] adj überfüllt

overcrowding [əʊvə'kraʊdɪŋ] n Überfüllung f

overdo [əʊvə'duː] (irreg: like do) vt (cook too much) verkochen; (exaggerate) übertreiben

overdose ['əʊvədəʊs] n Überdosis f

overdraft ['əʊvədrɑːft] n (Konto)-überziehung f

overdrawn ['əʊvə'drɔːn] adj (account) überzogen

overdue ['əʊvə'djuː] adj überfällig

overestimate ['əʊvər'estɪmeɪt] vt überschätzen

overexcited ['əʊvərɪk'saɪtɪd] adj überreizt; (children) aufgeregt

overflow [vb əʊvə'fləʊ, n 'əʊvəfləʊ] vi überfließen ♦ n (excess) Überschuß m; (also: ~ pipe) Überlaufrohr nt

overgrown ['əʊvə'grəʊn] adj (garden) verwildert

overhaul [vb əʊvə'hɔːl, n 'əʊvəhɔːl] vt (car) überholen; (plans) überprüfen ♦ n Überholung f

overhead [adv əʊvə'hed, adj, n 'əʊvəhed] adv oben ♦ adj Hoch-; (wire) oberirdisch; (lighting) Decken- ♦ n (US) = **~s**; **~s** npl

(*costs*) allgemeine Unkosten *pl*
overhear [əuvə'hɪə*] (*irreg: like* hear) *vt* (mit an)hören
overheat [əuvə'hiːt] *vi* (engine) heiß laufen
overjoyed [əuvə'dʒɔɪd] *adj* überglücklich
overkill ['əuvəkɪl] *n* (*fig*) Rundumschlag *m*
overland [*adj* 'əuvəlænd, *adv* əuvə'lænd] *adj* Überland- ♦ *adv* (travel) über Land
overlap [*vb* əuvə'læp, *n* 'əuvəlæp] *vi* sich überschneiden; (objects) sich teilweise decken ♦ *n* Überschneidung *f*
overleaf [əuvə'liːf] *adv* umseitig
overload ['əuvə'ləud] *vt* überladen
overlook [əuvə'luk] *vt* (view from above) überblicken; (not notice) übersehen; (pardon) hinwegsehen über +acc
overnight [*adv* 'əuvə'naɪt, *adj* 'əuvənaɪt] *adv* über Nacht ♦ *adj* (journey) Nacht-; ~ **stay** Übernachtung *f*; **to stay** ~ übernachten
overpass ['əuvəpɑːs] *n* Überführung *f*
overpower [əuvə'pauə*] *vt* überwältigen; ~**ing** *adj* überwältigend
overrate ['əuvə'reɪt] *vt* überschätzen
override [əuvə'raɪd] (*irreg: like* ride) *vt* (order, decision) aufheben; (objection) übergehen
overriding [əuvə'raɪdɪŋ] *adj* vorherrschend
overrule [əuvə'ruːl] *vt* verwerfen
overrun [əuvə'rʌn] (*irreg: like* run) *vt* (country) einfallen in; (time limit) überziehen
overseas ['əuvə'siːz] *adv* nach/in Übersee ♦ *adj* überseeisch, Übersee-
overseer ['əuvəsɪə*] *n* Aufseher *m*
overshadow [əuvə'ʃædəu] *vt* überschatten
overshoot ['əuvə'ʃuːt] (*irreg: like* shoot) *vt* (runway) hinausschießen über +acc
oversight ['əuvəsaɪt] *n* (mistake) Versehen *nt*
oversleep ['əuvə'sliːp] (*irreg: like* sleep) *vi* verschlafen
overspill ['əuvəspɪl] *n* (Bevölkerungs)überschuß *m*
overstate ['əuvə'steɪt] *vt* übertreiben
overstep [əuvə'step] *vt*: **to** ~ **the mark** zu weit gehen
overt [əu'vɜːt] *adj* offen(kundig)
overtake [əuvə'teɪk] (*irreg: like* take) *vt, vi* überholen
overthrow [əuvə'θrəu] (*irreg: like* throw) *vt* (POL) stürzen
overtime ['əuvətaɪm] *n* Überstunden *pl*
overtone ['əuvətəun] *n* (*fig*) Note *f*
overture ['əuvətʃuə*] *n* Ouvertüre *f*
overturn [əuvə'tɜːn] *vt, vi* umkippen
overweight ['əuvə'weɪt] *adj* zu dick
overwhelm [əuvə'welm] *vt* überwältigen; ~**ing** *adj* überwältigend
overwork ['əuvə'wɜːk] *n* Überarbeitung *f* ♦ *vt* überlasten ♦ *vi* sich überarbeiten
overwrought ['əuvə'rɔːt] *adj* überreizt
owe [əu] *vt* schulden; **to** ~ **sth to sb**

(*money*) jdm etw schulden; (favour etc) jdm etw verdanken
owing to ['əuɪŋ-] *prep* wegen +gen
owl [aul] *n* Eule *f*
own [əun] *vt* besitzen ♦ *adj* eigen; **a room of my** ~ mein eigenes Zimmer; **to get one's** ~ **back** sich rächen; **on one's** ~ allein; ~ **up** *vi*: **to** ~ **up (to sth)** (etw) zugeben; ~**er** *n* Besitzer(in) *m(f)*; ~**ership** *n* Besitz *m*
ox [ɒks] (*pl* oxen) *n* Ochse *m*
oxen ['ɒksn] *npl of* ox
oxtail ['ɒksteɪl] *n*: ~ **soup** Ochsenschwanzsuppe *f*
oxygen ['ɒksɪdʒən] *n* Sauerstoff *m*; ~ **mask** *n* Sauerstoffmaske *f*; ~ **tent** *n* Sauerstoffzelt *nt*
oyster ['ɔɪstə*] *n* Auster *f*
oz. *abbr* = ounce(s)
ozone ['əuzəun] *n* Ozon *nt*; ~**-friendly** *adj* (aerosol) ohne Treibgas; (fridge) FCKW-frei; ~ **hole** *n* Ozonloch *nt*; ~ **layer** *n* Ozonschicht *f*

P p

p [piː] *abbr* = penny; pence
pa [pɑː] (*inf*) *n* Papa *m*
P.A. *n abbr* = personal assistant; public address system
p.a. *abbr* = per annum
pace [peɪs] *n* Schritt *m*; (speed) Tempo *nt* ♦ *vi* schreiten; **to keep** ~ **with** Schritt halten mit; ~**-maker** *n* Schrittmacher *m*
pacific [pə'sɪfɪk] *adj* pazifisch ♦ *n*: **the P**~ **(Ocean)** der Pazifik
pacifist ['pæsɪfɪst] *n* Pazifist *m*
pacify ['pæsɪfaɪ] *vt* befrieden; (calm) beruhigen
pack [pæk] *n* (of goods) Packung *f*; (of hounds) Meute *f*; (of cards) Spiel *nt*; (gang) Bande *f* ♦ *vt* (case) packen; (clothes) einpacken ♦ *vi* packen; **to** ~ **sb off to ...** jdn nach ... schicken; ~ **it in!** laß es gut sein!
package ['pækɪdʒ] *n* Paket *nt*; ~ **tour** *n* Pauschalreise *f*
packed lunch ['pækt-] *n* Lunchpaket *nt*
packet ['pækɪt] *n* Päckchen *nt*
packing ['pækɪŋ] *n* (action) Packen *nt*; (material) Verpackung *f*; ~ **case** *n* (Pack)kiste *f*
pact [pækt] *n* Pakt *m*, Vertrag *m*
pad [pæd] *n* (of paper) (Schreib)block *m*;

(stuffing) Polster *nt* ♦ *vt* polstern; ~**ding** *n* Polsterung *f*

paddle ['pædl] *n* Paddel *nt*; *(US: for table tennis)* Schläger *m* ♦ *vt (boat)* paddeln ♦ *vi (in sea)* planschen; ~ **steamer** *n* Raddampfer *m*

paddling pool ['pædlɪŋ-] *(BRIT) n* Planschbecken *nt*

paddock ['pædək] *n* Koppel *f*

paddy field ['pædɪ-] *n* Reisfeld *nt*

padlock ['pædlɒk] *n* Vorhängeschloß *nt* ♦ *vt* verschließen

paediatrics [pi:dɪ'ætrɪks] *(US* **pediatrics)** *n* Kinderheilkunde *f*

pagan ['peɪgən] *adj* heidnisch ♦ *n* Heide *m*, Heidin *f*

page [peɪdʒ] *n* Seite *f*; *(person)* Page *m* ♦ *vt (in hotel etc)* ausrufen lassen

pageant ['pædʒənt] *n* Festzug *m*; ~**ry** *n* Gepränge *nt*

pager ['peɪdʒə*] *n (TEL)* Funkrufempfänger *m*, Piepser *m (inf)*

paging device ['peɪdʒɪŋ-] *(TEL)* = **pager**

paid [peɪd] *pt, pp of* **pay** ♦ *adj* bezahlt; **to put** ~ **to** *(BRIT)* zunichte machen

pail [peɪl] *n* Eimer *m*

pain [peɪn] *n* Schmerz *m*; **to be in** ~ Schmerzen haben; **on** ~ **of death** bei Todesstrafe; **to take** ~**s to do sth** sich *dat* Mühe geben, etw zu tun; ~**ed** *adj (expression)* gequält; ~**ful** *adj (physically)* schmerzhaft; *(embarrassing)* peinlich; *(difficult)* mühsam; ~**fully** *adv (fig: very)* schrecklich; ~**killer** *n* Schmerzmittel *nt*; ~**less** *adj* schmerzlos; ~**staking** ['peɪnzteɪkɪŋ] *adj* gewissenhaft

paint [peɪnt] *n* Farbe *f* ♦ *vt* anstreichen; *(picture)* malen; **to** ~ **the door blue** die Tür blau streichen; ~**brush** *n* Pinsel *m*; ~**er** *n* Maler *m*; ~**ing** *n* Malerei *f*; *(picture)* Gemälde *nt*; ~**work** *n* Anstrich *m*; *(of car)* Lack *m*

pair [peə*] *n* Paar *nt*; ~ **of scissors** Schere *f*; ~ **of trousers** Hose *f*

pajamas [pə'dʒɑ:məz] *(US) npl* Schlafanzug *m*

Pakistan [pɑ:kɪ'stɑ:n] *n* Pakistan *nt*; ~**i** *adj* pakistanisch ♦ *n* Pakistani *mf*

pal [pæl] *(inf) n* Kumpel *m*

palace ['pæləs] *n* Palast *m*, Schloß *nt*

palatable ['pælətəbl] *adj* schmackhaft

palate ['pælɪt] *n* Gaumen *m*

palatial [pə'leɪʃəl] *adj* palastartig

pale [peɪl] *adj* blaß, bleich ♦ *n*: **to be beyond the** ~ die Grenzen überschreiten

Palestine ['pælɪstaɪn] *n* Palästina *nt*

Palestinian [pælɪs'tɪnɪən] *adj* palästinensisch ♦ *n* Palästinenser(in) *m(f)*

palette ['pælɪt] *n* Palette *f*

paling ['peɪlɪŋ] *n (stake)* Zaunpfahl *m*; *(fence)* Lattenzaun *m*

pall [pɔ:l] *n (of smoke)* (Rauch)wolke *f* ♦ *vi*

jeden Reiz verlieren, verblassen

pallet ['pælɪt] *n (for goods)* Palette *f*

pallid ['pælɪd] *adj* blaß, bleich

pallor ['pælə*] *n* Blässe *f*

palm [pɑ:m] *n (of hand)* Handfläche *f*; *(also:* ~ **tree)** Palme *f* ♦ *vt*: **to** ~ **sth off on sb** jdm etw andrehen; **P~ Sunday** *n* Palmsonntag *m*

palpable ['pælpəbl] *adj (also fig)* greifbar

palpitation [pælpɪ'teɪʃən] *n* Herzklopfen *nt*

paltry ['pɔ:ltrɪ] *adj* armselig

pamper ['pæmpə*] *vt* verhätscheln

pamphlet ['pæmflət] *n* Broschüre *f*

pan [pæn] *n* Pfanne *f* ♦ *vi (CINE)* schwenken

panacea [pænə'sɪə] *n (fig)* Allheilmittel *nt*

panache [pə'næʃ] *n* Schwung *m*

pancake ['pænkeɪk] *n* Pfannkuchen *m*

pancreas ['pæŋkrɪəs] *n* Bauchspeicheldrüse *f*

panda ['pændə] *n* Panda *m*; ~ **car** *(BRIT) n* (Funk)streifenwagen *m*

pandemonium [pændɪ'məʊnɪəm] *n* Hölle *f*; *(noise)* Höllenlärm *m*

pander ['pændə*] *vi*: **to** ~ **to** sich richten nach

pane [peɪn] *n* (Fenster)scheibe *f*

panel ['pænl] *n (of wood)* Tafel *f*; *(TV)* Diskussionsrunde *f*, ~**ling** *(US* ~**ing)** *n* Täfelung *f*

pang [pæŋ] *n*: ~**s of hunger** quälende(r) Hunger *m*; ~**s of conscience** Gewissensbisse *pl*

panic ['pænɪk] *n* Panik *f* ♦ *vi* in Panik geraten; **don't** ~ (nur) keine Panik; ~**ky** *adj (person)* überängstlich; ~**stricken** *adj* von panischem Schrecken erfaßt; *(look)* panisch

pansy ['pænzɪ] *n (flower)* Stiefmütterchen *nt*; *(inf)* Schwule(r) *m*

pant [pænt] *vi* keuchen; *(dog)* hecheln

panther ['pænθə*] *n* Panther *m*

panties ['pæntɪz] *npl* (Damen)slip *m*

pantihose ['pæntɪhəʊz] *(US) n* Strumpfhose *f*

pantomime ['pæntəmaɪm] *(BRIT) n* Märchenkomödie *f* um Weihnachten

pantry ['pæntrɪ] *n* Vorratskammer *f*

pants [pænts] *npl (BRIT: woman's)* Schlüpfer *m*; *(: man's)* Unterhose *f*; *(US: trousers)* Hose *f*

papal ['peɪpl] *adj* päpstlich

paper ['peɪpə*] *n* Papier *nt*; *(news~)* Zeitung *f*; *(essay)* Referat *nt* ♦ *adj* Papier-, aus Papier ♦ *vt (wall)* tapezieren; ~**s** *npl (identity* ~**s)** Ausweis(papiere *pl*) *m*; ~**back** *n* Taschenbuch *nt*; ~ **bag** *n* Tüte *f*; ~ **clip** *n* Büroklammer *f*; ~ **hankie** *n* Tempotaschentuch *nt* ®; ~**weight** *n* Briefbeschwerer *m*; ~**work** *n* Schreibarbeit *f*

par [pɑ:*] *n (COMM)* Nennwert *m*; *(GOLF)* Par *nt*; **on a** ~ **with** ebenbürtig +*dat*

parable ['pærəbl] *n (REL)* Gleichnis *nt*

parachute ['pærəʃuːt] n Fallschirm m ♦ vi (mit dem Fallschirm) abspringen

parade [pə'reɪd] n Parade f ♦ vt aufmarschieren lassen; (fig) zur Schau stellen ♦ vi paradieren, vorbeimarschieren

paradise ['pærədaɪs] n Paradies nt

paradox ['pærədɒks] n Paradox nt; ~ically [pærə'dɒksɪkəlɪ] adv paradoxerweise

paraffin ['pærəfɪn] (BRIT) n Paraffin nt

paragon ['pærəgən] n Muster nt

paragraph ['pærəgrɑːf] n Absatz m

parallel ['pærəlel] adj parallel ♦ n Parallele f

paralyse ['pærəlaɪz] (BRIT) vt (MED) lähmen, paralysieren; (fig: organization, production etc) lahmlegen

paralysis [pə'ræləsɪs] n Lähmung f

paralyze ['pærəlaɪz] vt = **paralyse**

parameter [pə'ræmɪtə*] n Parameter m; ~s npl (framework, limits) Rahmen m

paramount ['pærəmaunt] adj höchste(r, s), oberste(r, s)

paranoid ['pærənɔɪd] adj (person) paranoid, an Verfolgungswahn leidend; (feeling) krankhaft

parapet ['pærəpɪt] n Brüstung f

paraphernalia ['pærəfə'neɪlɪə] n Zubehör nt, Utensilien pl

paraphrase ['pærəfreɪz] vt umschreiben

paraplegic [pærə'pliːdʒɪk] n Querschnittsgelähmte(r) mf

parasite ['pærəsaɪt] n (also fig) Schmarotzer m, Parasit m

parasol ['pærəsɒl] n Sonnenschirm m

paratrooper ['pærətruːpə*] n Fallschirmjäger m

parcel ['pɑːsl] n Paket nt ♦ vt (also: ~ up) einpacken

parch [pɑːtʃ] vt (aus)dörren; ~ed adj ausgetrocknet; (person) am Verdursten

parchment ['pɑːtʃmənt] n Pergament nt

pardon ['pɑːdn] n Verzeihung f ♦ vt (JUR) begnadigen; ~ me!, I beg your ~! verzeihen Sie bitte!; ~ me? (US) wie bitte?; (I beg your) ~? wie bitte?

parent ['pɛərənt] n Elternteil m; ~s npl (mother and father) Eltern pl; ~al [pə'rentl] adj elterlich, Eltern-

parentheses [pə'renθɪsiːz] npl of **parenthesis**

parenthesis [pə'renθɪsɪs] n Klammer f; (sentence) Parenthese f

Paris ['pærɪs] n Paris nt

parish ['pærɪʃ] n Gemeinde f

parity ['pærɪtɪ] n (FIN) Umrechnungskurs m, Parität f

park [pɑːk] n Park m ♦ vt, vi parken

parking ['pɑːkɪŋ] n Parken nt; "no ~" „Parken verboten"; ~ lot (US) n Parkplatz m; ~ meter n Parkuhr f; ~ ticket n Strafzettel m

parlance ['pɑːləns] n Sprachgebrauch m

parliament ['pɑːləmənt] n Parlament nt; ~ary [pɑːlə'mentərɪ] adj parlamentarisch, Parlaments-

parlour ['pɑːlə*] (US **parlor**) n Salon m

parochial [pə'rəukɪəl] adj Gemeinde-; (narrow-minded) eng(stirnig)

parole [pə'rəul] n: on ~ (prisoner) auf Bewährung

paroxysm ['pærəksɪzəm] n Anfall m

parrot ['pærət] n Papagei m

parry ['pærɪ] vt parieren, abwehren

parsimonious [pɑːsɪ'məunɪəs] adj knauserig

parsley ['pɑːslɪ] n Petersilie m

parsnip ['pɑːsnɪp] n Pastinake f

parson ['pɑːsn] n Pfarrer m

part [pɑːt] n (piece) Teil m; (THEAT) Rolle f; (of machine) Teil nt ♦ adv = **partly** ♦ vt trennen; (hair) scheiteln ♦ vi (people) sich trennen; to take ~ in teilnehmen an +dat; to take sth in good ~ etw nicht übelnehmen; to take sb's ~ sich auf jds Seite acc stellen; for my ~ ich für meinen Teil; for the most ~ meistens, größtenteils; in ~ exchange (BRIT) in Zahlung; ~ with vt fus hergeben; (renounce) aufgeben; ~ial ['pɑːʃəl] adj (incomplete) teilweise; (biased) parteiisch; to be ~ial to eine (besondere) Vorliebe haben für

participant [pɑː'tɪsɪpənt] n Teilnehmer(in) m(f)

participate [pɑː'tɪsɪpeɪt] vi: to ~ (in) teilnehmen (an +dat)

participation [pɑːtɪsɪ'peɪʃən] n Teilnahme f; (sharing) Beteiligung f

participle ['pɑːtɪsɪpl] n Partizip nt

particle ['pɑːtɪkl] n Teilchen nt; (GRAM) Partikel m

particular [pə'tɪkjulə*] adj bestimmt; (exact) genau; (fussy) eigen; in ~ besonders; ~ly adv besonders; ~s npl (details) Einzelheiten pl; (of person) Personalien pl

parting ['pɑːtɪŋ] n (separation) Abschied m; (BRIT: of hair) Scheitel m ♦ adj Abschieds-

partition [pɑː'tɪʃən] n (wall) Trennwand f; (division) Teilung f ♦ vt aufteilen

partly ['pɑːtlɪ] adv zum Teil, teilweise

partner ['pɑːtnə*] n Partner m ♦ vt der Partner sein von; ~ship n Partnerschaft f; (COMM) Teilhaberschaft f

partridge ['pɑːtrɪdʒ] n Rebhuhn nt

part-time ['pɑːt'taɪm] adj Teilzeit- ♦ adv stundenweise

party ['pɑːtɪ] n (POL, JUR) Partei f; (group) Gesellschaft f; (celebration) Party f ♦ adj (dress) Party-; (politics) Partei-; ~ line n (TEL) Gemeinschaftsanschluß m

pass [pɑːs] vt (on foot) vorbeigehen an +dat; (driving) vorbeifahren an +dat; (surpass) übersteigen; (hand on) weitergeben; (approve) genehmigen; (time) verbringen; (exam) bestehen ♦ vi (go by) vorbeigehen;

vorbeifahren; (years) vergehen; (be successful) bestehen ♦ n (in mountains, SPORT)
Paß m; (permission) Passierschein m; (in
exam): **to get a ~** bestehen; **to ~ sth
through sth** etw durch etw führen; **to
make a ~ at sb** (inf) bei jdm An-
näherungsversuche machen; **~ away** vi
(euph) verscheiden; **~ by** vi vorbeigehen;
vorbeifahren; (years) vergehen; **~ for** vt fus
gehalten werden für; **~ on** vt weitergeben;
~ out vi (faint) ohnmächtig werden; **~ up**
vt vorbeigehen lassen; **~able** adj (road)
passierbar; (fairly good) passabel

passage ['pæsɪdʒ] n (corridor) Gang m; (in
book) (Text)stelle f; (voyage) Überfahrt f;
~way n Durchgang m

passbook ['pɑːsbʊk] n Sparbuch nt

passenger ['pæsɪndʒə*] n Passagier m; (on
bus) Fahrgast m

passer-by ['pɑːsə'baɪ] n Passant(in) m(f)

passing ['pɑːsɪŋ] adj (car) vorbeifahrend;
(thought, affair) momentan ♦ n: **in ~** en
passant; **~ place** n (AUT) Ausweichstelle f

passion ['pæʃən] n Leidenschaft f; **~ate**
adj leidenschaftlich

passive ['pæsɪv] adj passiv; (LING) passi-
visch; **~ smoking** n Passivrauchen nt

Passover ['pɑːsəʊvə*] n Passahfest nt

passport ['pɑːspɔːt] n (Reise)paß m; **~
control** n Paßkontrolle f

password ['pɑːswɜːd] n Parole f, Kennwort
nt, Losung f

past [pɑːst] prep (motion) an +dat ... vorbei;
(position) hinter +dat; (later than) nach ♦
adj (years) vergangen; (president etc) ehemalig ♦ n Vergangenheit f; **he's ~ forty** er
ist über vierzig; **for the ~ few/3 days** in
den letzten paar/3 Tagen; **to run ~** vorbei-
laufen; **ten/quarter ~ eight** zehn/viertel
nach acht

pasta ['pæstə] n Teigwaren pl

paste [peɪst] n (fish ~ etc) Paste f; (glue)
Kleister m ♦ vt kleben; (put ~ on) mit Kleister bestreichen

pasteurized ['pæstəraɪzd] adj pasteurisiert

pastime ['pɑːstaɪm] n Zeitvertreib m

pastor ['pɑːstə*] n Pfarrer m

pastry ['peɪstrɪ] n Blätterteig m; **pastries**
npl (tarts etc) Stückchen pl

pasture ['pɑːstʃə*] n Weide f

pasty [n 'pæstɪ, adj 'peɪstɪ] n
(Fleisch)pastete f ♦ adj bläßlich, käsig

pat [pæt] n leichte(r) Schlag m, Klaps m ♦
vt tätscheln

patch [pætʃ] n Fleck m ♦ vt flicken; **(to go
through) a bad ~** eine Pechsträhne (haben); **~ up** vt flicken; (quarrel) beilegen;
~y adj (irregular) ungleichmäßig

pâté ['pæteɪ] n Pastete f

patent ['peɪtənt] n Patent nt ♦ vt patentieren lassen; (by authorities) patentieren ♦ adj
offenkundig; **~ leather** n Lackleder nt

paternal [pə'tɜːnl] adj väterlich

paternity [pə'tɜːnɪtɪ] n Vaterschaft f

path [pɑːθ] n Pfad m; Weg m; (of the sun)
Bahn f

pathetic [pə'θetɪk] adj (very bad) kläglich

pathological [pæθə'lɒdʒɪkl] adj pathologisch

pathology [pə'θɒlədʒɪ] n Pathologie f

pathos ['peɪθɒs] n Rührseligkeit f

pathway ['pɑːθweɪ] n Weg m

patience ['peɪʃəns] n Geduld f; (BRIT:
CARDS) Patience f

patient ['peɪʃənt] n Patient(in) m(f), Kran-
ke(r) mf ♦ adj geduldig

patio ['pætɪəʊ] n Terrasse f

patriotic [pætrɪ'ɒtɪk] adj patriotisch

patrol [pə'trəʊl] n Patrouille f; (police)
Streife f ♦ vt patrouillieren in +dat ♦ vi
(police) die Runde machen; (MIL) patrouillieren; **~ car** n Streifenwagen m; **~man**
(US; irreg) n (Streifen)polizist m

patron ['peɪtrən] n (in shop) (Stamm)kunde
m; (in hotel) (Stamm)gast m; (supporter)
Förderer m; **~ of the arts** Mäzen m; **~age**
['pætrənɪdʒ] n Schirmherrschaft f, **~ize**
['pætrənaɪz] vt (support) unterstützen; (shop)
besuchen; (treat condescendingly) von oben
herab behandeln; **~ saint** n Schutzpa-
tron(in) m(f)

patter ['pætə*] n (sound: of feet) Trappeln
nt; (: of rain) Prasseln nt; (sales talk) Gerede
nt ♦ vi (feet) trappeln; (rain) prasseln

pattern ['pætən] n Muster nt; (SEWING)
Schnittmuster nt; (KNITTING) Strickanlei-
tung f

paunch [pɔːntʃ] n Wanst m

pauper ['pɔːpə*] n Arme(r) mf

pause [pɔːz] n Pause f ♦ vi innehalten

pave [peɪv] vt pflastern; **to ~ the way for**
den Weg bahnen für

pavement ['peɪvmənt] n (BRIT) Bürgersteig
m

pavilion [pə'vɪlɪən] n Pavillon m; (SPORT)
Klubhaus n

paving ['peɪvɪŋ] n Straßenpflaster nt; **~
stone** n Pflasterstein m

paw [pɔː] n Pfote f; (of big cats) Tatze f,
Pranke f ♦ vt (scrape) scharren; (handle)
betatschen

pawn [pɔːn] n Pfand nt; (chess) Bauer m ♦
vt verpfänden; **~broker** n Pfandleiher m;
~shop n Pfandhaus n

pay [peɪ] (pt, pp **paid**) n Bezahlung f, Lohn
m ♦ vt bezahlen ♦ vi zahlen; (be profitable)
sich bezahlt machen; **to ~ attention (to)**
achtgeben (auf +acc); **to ~ sb a visit** jdn
besuchen; **to ~ back** vt zurückzahlen; **~ for**
vt fus bezahlen; **~ in** vt einzahlen; **~ off**
vt abzahlen ♦ vi (scheme, decision) sich bezahlt machen; **~ up** vi bezahlen; **~able**
adj zahlbar, fällig; **~ee** [peɪ'iː] n Zahlungs-
empfänger m; **~ envelope** (US) n Lohn-

tüte f; ~ment n Bezahlung f; advance
~ment Vorauszahlung f; monthly ~ment
monatliche Rate f; ~ packet (BRIT) n
Lohntüte f; ~ phone n Münzfernsprecher
m; ~roll n Lohnliste f; ~ slip n Lohn-/
Gehaltsstreifen m; ~ television n
Münzfernsehen nt

PC n abbr = **personal computer**

p.c. abbr = **per cent**

pea [piː] n Erbse f

peace [piːs] n Friede(n) m; ~**able** adj friedlich; ~**ful** adj friedlich, ruhig; ~**-keeping**
adj Friedens-

peach [piːtʃ] n Pfirsich m

peacock ['piːkɔk] n Pfau m

peak [piːk] n Spitze f; (of mountain) Gipfel
m; (fig) Höhepunkt m; ~ **hours** npl
(traffic) Hauptverkehrszeit f; (telephone,
electricity) Hauptbelastungszeit f; ~ **period**
n Stoßzeit f, Hauptzeit f

peal [piːl] n (Glocken)läuten nt; ~**s of
laughter** schallende(s) Gelächter nt

peanut ['piːnʌt] n Erdnuß f; ~ **butter** n
Erdnußbutter f

pear [pɛə*] n Birne f

pearl [pɜːl] n Perle f

peasant ['pɛzənt] n Bauer m

peat [piːt] n Torf m

pebble ['pɛbl] n Kiesel m

peck [pɛk] vt, vi picken ♦ n (with beak)
Schnabelhieb m; (kiss) flüchtige(r) Kuß m;
~**ing order** n Hackordnung f; ~**ish** (BRIT:
inf) adj ein bißchen hungrig

peculiar [pɪˈkjuːlɪə*] adj (odd) seltsam; ~
to charakteristisch für; ~**ity** [pɪkjuːlɪˈærɪtɪ]
n (singular quality) Besonderheit f; (strangeness) Eigenartigkeit f

pedal ['pɛdl] n Pedal nt ♦ vt, vi (cycle) fahren, radfahren

pedantic [pɪˈdæntɪk] adj pedantisch

peddler ['pɛdlə*] n Hausierer(in) m(f); (of
drugs) Drogenhändler(in) m(f)

pedestal ['pɛdɪstl] n Sockel m

pedestrian [pɪˈdɛstrɪən] n Fußgänger m ♦
adj Fußgänger-; (humdrum) langweilig; ~
crossing (BRIT) n Fußgängerüberweg m

pediatrics [piːdɪˈætrɪks] (US) n = **paediatrics**

pedigree ['pɛdɪgriː] n Stammbaum m ♦ cpd
(animal) reinrassig, Zucht-

pedlar ['pɛdlə*] n = **peddler**

pee [piː] (inf) vi pissen, pinkeln

peek [piːk] vi gucken

peel [piːl] n Schale f ♦ vt schälen ♦ vi (paint
etc) abblättern; (skin) sich schälen

peep [piːp] n (BRIT: look) kurze(r) Blick m;
(sound) Piepsen nt ♦ vi (BRIT: look) gucken;
~ **out** vi herausgucken; ~**hole** n Guck-
loch nt

peer [pɪə*] vi starren; (peep) gucken ♦ n
(nobleman) Peer m; (equal) Ebenbürtige(r)
m; ~**age** n Peerswürde f

peeved [piːvd] adj ärgerlich; (person) sauer

peevish ['piːvɪʃ] adj verdrießlich

peg [pɛg] n (stake) Pflock m; (BRIT: also:
clothes ~) Wäscheklammer f

Peking [piːˈkɪŋ] n Peking nt

pelican ['pɛlɪkən] n Pelikan m; ~ **crossing**
(BRIT) (AUT) Ampelüberweg m

pellet ['pɛlɪt] n Kügelchen nt

pelmet ['pɛlmɪt] n Blende f

pelt [pɛlt] vt bewerfen ♦ vi (rain) schütten ♦
n Pelz m, Fell m

pelvis ['pɛlvɪs] n Becken nt

pen [pɛn] n (fountain ~) Federhalter m;
(ball-point ~) Kuli m; (for sheep) Pferch m

penal ['piːnl] adj Straf-; ~**ize** vt (punish)
bestrafen; (disadvantage) benachteiligen;
~**ty** ['pɛnəltɪ] n Strafe f; (FOOTBALL) Elfmeter m; ~**ty (kick)** n Elfmeter m

penance ['pɛnəns] n Buße f

pence [pɛns] (BRIT) npl of **penny**

pencil ['pɛnsl] n Bleistift m; ~ **case** n Fe-
dermäppchen nt; ~ **sharpener** n Bleistift-
spitzer m

pendant ['pɛndənt] n Anhänger m

pending ['pɛndɪŋ] prep bis (zu) ♦ adj
unentschieden, noch offen

pendulum ['pɛndjʊləm] n Pendel nt

penetrate ['pɛnɪtreɪt] vt durchdringen;
(enter into) eindringen in +acc

penetration [pɛnɪˈtreɪʃən] n Durchdringen
nt; Eindringen nt

penfriend ['pɛnfrɛnd] (BRIT) n Brief-
freund(in) m(f)

penguin ['pɛŋgwɪn] n Pinguin m

penicillin [pɛnɪˈsɪlɪn] n Penizillin n

peninsula [pɪˈnɪnsjʊlə] n Halbinsel f

penis ['piːnɪs] n Penis m

penitence ['pɛnɪtəns] n Reue f

penitent ['pɛnɪtənt] adj reuig

penitentiary [pɛnɪˈtɛnʃərɪ] (US) n Zuchthaus nt

penknife ['pɛnnaɪf] n Federmesser nt

pen name n Pseudonym nt

penniless ['pɛnɪləs] adj mittellos

penny ['pɛnɪ] (pl **pennies** or BRIT **pence**) n
Penny m; (US) Centstück nt

penpal ['pɛnpæl] n Brieffreund(in) m(f)

pension ['pɛnʃən] n Rente f; ~**er** (BRIT) n
Rentner(in) m(f); ~ **fund** n Rentenfonds m

pensive ['pɛnsɪv] adj nachdenklich

Pentecost ['pɛntɪkɔst] n Pfingsten pl or nt

penthouse ['pɛnthaʊs] n Dachterrassen-
wohnung f

pent-up ['pɛntʌp] adj (feelings) angestaut

penultimate [pɪˈnʌltɪmət] adj vorletzte(r, s)

people ['piːpl] n (nation) Volk nt ♦ npl
(persons) Leute pl; (inhabitants) Bevölkerung f ♦ vt besiedeln; **several ~ came**
mehrere Leute kamen; ~ **say that ...** man
sagt, daß ...

pep [pɛp] (inf) n Schwung m, Schmiß m; ~
up vt aufmöbeln

pepper ['pepə*] n Pfeffer m; (vegetable) Paprika m ♦ vt (pelt) bombardieren; ~**mint** n (plant) Pfefferminze f; (sweet) Pfefferminz nt

peptalk ['peptɔːk] (inf) n Anstachelung f

per [pɜː*] prep pro; ~ **day/person** pro Tag/Person; ~ **annum** adv pro Jahr; ~ **capita** adj (income) Pro-Kopf- ♦ adv pro Kopf

perceive [pə'siːv] vt (realize) wahrnehmen; (understand) verstehen

per cent [pə'sent] n Prozent nt

percentage [pə'sentɪdʒ] n Prozentsatz m

perception [pə'sepʃən] n Wahrnehmung f; (insight) Einsicht f

perceptive [pə'septɪv] adj (person) aufmerksam; (analysis) tiefgehend

perch [pɜːtʃ] n Stange f; (fish) Flußbarsch m ♦ vi sitzen, hocken

percolator ['pɜːkəleɪtə*] n Kaffeemaschine f

percussion [pə'kʌʃən] n (MUS) Schlagzeug nt

peremptory [pə'remptərɪ] adj schroff

perennial [pə'renɪəl] adj wiederkehrend; (everlasting) unvergänglich

perfect [adj, n 'pɜːfɪkt, vb pə'fekt] adj vollkommen; (crime, solution) perfekt ♦ n (GRAM) Perfekt nt ♦ vt vervollkommnen; ~**ion** [pə'fekʃən] n Vollkommenheit f; ~**ionist** [pə'fekʃənɪst] n Perfektionist m; ~**ly** adv vollkommen, perfekt; (quite) ganz, einfach

perforate ['pɜːfəreɪt] vt durchlöchern

perforation [pɜːfə'reɪʃən] n Perforieren nt; (line of holes) Perforation f

perform [pə'fɔːm] vt (carry out) durch- or ausführen; (task) verrichten; (THEAT) spielen, geben ♦ vi auftreten; ~**ance** n Durchführung f; (efficiency) Leistung f; (show) Vorstellung f; ~**er** n Künstler(in) m(f); ~**ing** adj (animal) dressiert

perfume ['pɜːfjuːm] n Duft m; (lady's) Parfüm nt

perfunctory [pə'fʌŋktərɪ] adj oberflächlich, mechanisch

perhaps [pə'hæps] adv vielleicht

peril ['perɪl] n Gefahr f

perimeter [pə'rɪmɪtə*] n Peripherie f; (of circle etc) Umfang m

period ['pɪərɪəd] n Periode f; (GRAM) Punkt m; (MED) Periode f ♦ adj (costume) historisch; ~**ic** [pɪərɪ'ɒdɪk] adj periodisch; ~**ical** [pɪərɪ'ɒdɪkl] n Zeitschrift f; ~**ically** [pɪərɪ'ɒdɪkəlɪ] adv periodisch

peripheral [pə'rɪfərəl] adj Rand-, peripher ♦ n (COMPUT) Peripheriegerät nt

perish ['perɪʃ] vi umkommen; (fruit) verderben; ~**able** adj leicht verderblich

perjury ['pɜːdʒərɪ] n Meineid m

perk [pɜːk] (inf) n (fringe benefit) Vergünstigung f; ~ **up** vi munter werden; ~**y** adj (cheerful) keck

perm [pɜːm] n Dauerwelle f

permanent ['pɜːmənənt] adj dauernd, ständig

permeate ['pɜːmɪeɪt] vt, vi durchdringen

permissible [pə'mɪsəbl] adj zulässig

permission [pə'mɪʃən] n Erlaubnis f

permissive [pə'mɪsɪv] adj nachgiebig; **the** ~ **society** die permissive Gesellschaft

permit [n 'pɜːmɪt, vb pə'mɪt] n Zulassung f ♦ vt erlauben, zulassen

pernicious [pə'nɪʃəs] adj schädlich

perpendicular [pɜːpən'dɪkjulə*] adj senkrecht

perpetrate ['pɜːpɪtreɪt] vt begehen

perpetual [pə'petjuəl] adj dauernd, ständig

perpetuate [pə'petjueɪt] vt verewigen, bewahren

perplex [pə'pleks] vt verblüffen

persecute ['pɜːsɪkjuːt] vt verfolgen

persecution [pɜːsɪ'kjuːʃən] n Verfolgung f

perseverance [pɜːsɪ'vɪərəns] n Ausdauer f

persevere [pɜːsɪ'vɪə*] vi durchhalten

Persian ['pɜːʃən] adj persisch ♦ n Perser(in) m(f); **the** (~) **Gulf** der Persische Golf

persist [pə'sɪst] vi (in belief etc) bleiben; (rain, smell) andauern; (continue) nicht aufhören; **to** ~ **in** bleiben bei; ~**ence** n Beharrlichkeit f; ~**ent** adj beharrlich; (unending) ständig

person ['pɜːsn] n Person f; **in** ~ persönlich; ~**able** adj gut aussehend; ~**al** adj persönlich; (private) privat; (of body) körperlich, Körper-; ~**al assistant** n Assistent(in) m(f); ~**al computer** n Personalcomputer m; ~**ality** [pɜːsə'nælɪtɪ] n Persönlichkeit f; ~**ally** adv persönlich; ~**al organiser** n Terminplaner m, Zeitplaner m; (electronic) elektronisches Notizbuch nt; ~**al stereo** n Walkman m ®; ~**ify** [pɜː'sɒnɪfaɪ] vt verkörpern

personnel [pɜːsə'nel] n Personal nt

perspective [pə'spektɪv] n Perspektive f

Perspex ['pɜːspeks] ® n Acrylglas nt

perspiration [pɜːspə'reɪʃən] n Transpiration f

perspire [pəs'paɪə*] vi transpirieren

persuade [pə'sweɪd] vt überreden; (convince) überzeugen

persuasion [pə'sweɪʒən] n Überredung f; Überzeugung f

persuasive [pə'sweɪsɪv] adj überzeugend

pert [pɜːt] adj keck

pertaining [pɜː'teɪnɪŋ]: ~ **to** prep betreffend +acc

pertinent ['pɜːtɪnənt] adj relevant

perturb [pə'tɜːb] vt beunruhigen

peruse [pə'ruːz] vt lesen

pervade [pɜː'veɪd] vt erfüllen

perverse [pə'vɜːs] adj pervers; (obstinate) eigensinnig

pervert [n 'pɜːvɜːt, vb pə'vɜːt] n perverse(r)

Mensch *m* ♦ *vt* verdrehen; (*morally*) verderben

pessimist ['pesimist] *n* Pessimist *m*; **~ic** [pesi'mistik] *adj* pessimistisch

pest [pest] *n* (*insect*) Schädling *m*; (*fig: person*) Nervensäge *f*; (*: thing*) Plage *f*

pester ['pestə*] *vt* plagen

pesticide ['pestisaid] *n* Insektenvertilgungsmittel *nt*

pet [pet] *n* (*animal*) Haustier *n* ♦ *vt* liebkosen, streicheln ♦ *vi* (*inf*) Petting machen

petal ['petl] *n* Blütenblatt *nt*

peter out ['pi:tə-] *vi* allmählich zu Ende gehen

petite [pə'ti:t] *adj* zierlich

petition [pə'tɪʃən] *n* Bittschrift *f*

petrified ['petrifaid] *adj* versteinert; (*person*) starr (vor Schreck)

petrify ['petrifai] *vt* versteinern; (*person*) erstarren lassen

petrol ['petrəl] (*BRIT*) *n* Benzin *nt*, Kraftstoff *m*; **two-/four-star** ~ ≈ Normal-/Superbenzin *nt*; ~ **can** *n* Benzinkanister *m*

petroleum [pi'trəuliəm] *n* Petroleum *nt*

petrol: ~ **pump** (*BRIT*) *n* (*in car*) Benzinpumpe *f*; (*at garage*) Zapfsäule *f*; ~ **station** (*BRIT*) *n* Tankstelle *f*; ~ **tank** (*BRIT*) *n* Benzintank *m*

petticoat ['petikəut] *n* Unterrock *m*

petty ['peti] *adj* (*unimportant*) unbedeutend; (*mean*) kleinlich; ~ **cash** *n* Portokasse *f*; ~ **officer** *n* Maat *m*

petulant ['petjulənt] *adj* leicht reizbar

pew [pju:] *n* Kirchenbank *f*

pewter ['pju:tə*] *n* Zinn *nt*

pharmacist ['fɑ:məsist] *n* Pharmazeut *m*; (*druggist*) Apotheker *m*

pharmacy ['fɑ:məsi] *n* Pharmazie *f*; (*shop*) Apotheke *f*

phase [feiz] *n* Phase *f* ♦ *vt*: **to ~ sth in** etw allmählich einführen; **to ~ sth out** etw auslaufen lassen

Ph.D. *n abbr* = **Doctor of Philosophy**

pheasant ['feznt] *n* Fasan *m*

phenomena [fi'nɒminə] *npl of* **phenomenon**

phenomenon [fi'nɒminən] *n* Phänomen *nt*

philanthropist [fi'lænθrəpist] *n* Philanthrop *m*, Menschenfreund *m*

Philippines ['filipi:nz] *npl*: **the ~** die Philippinen *pl*

philosopher [fi'lɒsəfə*] *n* Philosoph *m*

philosophical [filə'sɒfikl] *adj* philosophisch

philosophy [fi'lɒsəfi] *n* Philosophie *f*

phlegm [flem] *n* (*MED*) Schleim *m*; (*calmness*) Gelassenheit *f*; **~atic** [fleg'mætik] *adj* gelassen

phobia ['fəubjə] *n* (*irrational fear: of insects, flying, water etc*) Phobie *f*

phone [fəun] *n* Telefon *nt* ♦ *vt, vi* telefonieren, anrufen; **to be on the ~** telephonie-

ren; ~ **back** *vt, vi* zurückrufen; ~ **up** *vt, vi* anrufen; ~ **book** *n* Telefonbuch *nt*; ~ **booth** *n* Telefonzelle *f*; ~ **box** *n* Telefonzelle *f*; ~ **call** *n* Telefonanruf *m*; ~ **card** *n* (*TEL*) Telefonkarte *f*; **~-in** *n* (*RADIO, TV*) Phone-in *nt*

phonetics [fə'netiks] *n* Phonetik *f*

phoney ['fəuni] (*inf*) *adj* unecht ♦ *n* (*person*) Schwindler *m*; (*thing*) Fälschung *f*; (*banknote*) Blüte *f*

phony ['fəuni] *adj, n* = **phoney**

photo ['fəutəu] *n* Foto *nt*

photocopier ['fəutəu'kɒpiə*] *n* Kopiergerät *nt*

photocopy ['fəutəukɒpi] *n* Fotokopie *f* ♦ *vt* fotokopieren

photogenic [fəutəu'dʒenik] *adj* fotogen

photograph ['fəutəgrɑ:f] *n* Fotografie *f*, Aufnahme *f* ♦ *vt* fotografieren; ~**er** [fə'tɒgrəfə*] *n* Fotograf *m*; ~**ic** ['fəutə'græfik] *adj* fotografisch; ~**y** [fə'tɒgrəfi] *n* Fotografie *f*

phrase [freiz] *n* Satz *m*; (*expression*) Ausdruck *m* ♦ *vt* ausdrücken, formulieren; ~ **book** *n* Sprachführer *m*

physical ['fizikəl] *adj* physikalisch; (*bodily*) körperlich, physisch; ~ **education** *n* Turnen *nt*; ~**ly** *adv* physikalisch

physician [fi'ziʃən] *n* Arzt *m*

physicist ['fizisist] *n* Physiker(in) *m(f)*

physics ['fiziks] *n* Physik *f*

physiotherapy [fiziə'θerəpi] *n* Heilgymnastik *f*, Physiotherapie *f*

physique [fi'zi:k] *n* Körperbau *m*

pianist ['piənist] *n* Pianist(in) *m(f)*

piano [pi'ænəu] *n* Klavier *nt*

pick [pik] *n* (*tool*) Pickel *m*; (*choice*) Auswahl *f* ♦ *vt* (*fruit*) pflücken; (*choose*) aussuchen; **take your ~** such dir etwas aus; **to ~ sb's pocket** jdn bestehlen; ~ **off** *vt* (*kill*) abschießen; ~ **on** *vt fus* (*person*) herumhacken auf +*dat*; ~ **out** *vt* auswählen; ~ **up** *vi* (*improve*) sich erholen ♦ *vt* (*lift up*) aufheben; (*learn*) (schnell) mitbekommen; (*collect*) abholen; (*girl*) (sich *dat*) anlachen; (*AUT: passenger*) mitnehmen; (*speed*) gewinnen an +*dat*; **to ~ o.s. up** aufstehen

picket ['pikit] *n* (*striker*) Streikposten *m* ♦ *vt* (*factory*) (Streik)posten aufstellen vor +*dat* ♦ *vi* (Streik)posten stehen

pickle ['pikl] *n* (*salty mixture*) Pökel *m*; (*inf*) Klemme *f* ♦ *vt* (*in a jar etc*) einlegen; einpökeln

pickpocket ['pikpɒkit] *n* Taschendieb *m*

pick-up ['pikʌp] *n* (*BRIT: on record player*) Tonabnehmer *m*; (*small truck*) Lieferwagen *m*

picnic ['piknik] *n* Picknick *nt* ♦ *vi* picknicken

pictorial [pik'tɔ:riəl] *adj* in Bildern

picture ['piktʃə*] *n* Bild *nt* ♦ *vt* (*visualize*) sich *dat* vorstellen; **the ~s** *npl* (*BRIT*) das

Kino; ~ **book** *n* Bilderbuch *nt*
picturesque [pɪktʃə'resk] *adj* malerisch
pie [paɪ] *n* (*meat*) Pastete *f*; (*fruit*) Torte *f*
piece [piːs] *n* Stück *nt* ♦ *vt*: **to ~ together** zusammenstückeln; (*fig*) sich *dat* zusammenreimen; **to take to ~s** in Einzelteile zerlegen; ~**meal** *adv* stückweise, Stück für Stück; ~**work** *n* Akkordarbeit *f*
pie chart *n* Kreisdiagramm *nt*
pier [pɪə*] *n* Pier *m*, Mole *f*
pierce [pɪəs] *vt* durchstechen, durchbohren (*also look*); **piercing** ['pɪəsɪŋ] *adj* (*cry*) durchdringend
piety ['paɪətɪ] *n* Frömmigkeit *f*
pig [pɪg] *n* Schwein *nt*
pigeon ['pɪdʒən] *n* Taube *f*; ~**hole** *n* (*compartment*) Ablegefach *nt*
piggy bank ['pɪgɪ-] *n* Sparschwein *nt*
pigheaded ['pɪg'hedɪd] *adj* dickköpfig
piglet ['pɪglət] *n* Ferkel *nt*
pigskin ['pɪgskɪn] *n* Schweinsleder *nt*
pigsty ['pɪgstaɪ] *n* (*also fig*) Schweinestall *m*
pigtail ['pɪgteɪl] *n* Zopf *m*
pike [paɪk] *n* Pike *f*; (*fish*) Hecht *m*
pilchard ['pɪltʃəd] *n* Sardine *f*
pile [paɪl] *n* Haufen *m*; (*of books, wood*) Stapel *m*; (*in ground*) Pfahl *m*; (*on carpet*) Flausch *m* ♦ *vt* (*also: ~ up*) anhäufen ♦ *vi* (*also: ~ up*) sich anhäufen
piles [paɪlz] *npl* Hämorrhoiden *pl*
pile-up ['paɪlʌp] *n* (*AUT*) Massenzusammenstoß *m*
pilfering ['pɪlfərɪŋ] *n* Diebstahl *m*
pilgrim ['pɪlgrɪm] *n* Pilger(in) *m(f)*; ~**age** *n* Wallfahrt *f*
pill [pɪl] *n* Tablette *f*, Pille *f*; **the** ~ die (Antibaby)pille
pillage ['pɪlɪdʒ] *vt* plündern
pillar ['pɪlə*] *n* Pfeiler *m*, Säule *f* (*also fig*); ~ **box** (*BRIT*) *n* Briefkasten *m*
pillion ['pɪljən] *n* Soziussitz *m*
pillory ['pɪlərɪ] *vt* (*fig*) anprangern
pillow ['pɪləʊ] *n* Kissen *nt*; ~**case** *n* Kissenbezug *m*
pilot ['paɪlət] *n* Pilot *m*; (*NAUT*) Lotse *m* ♦ *adj* (*scheme etc*) Versuchs- ♦ *vt* führen; (*ship*) lotsen; ~ **light** *n* Zündflamme *f*
pimp [pɪmp] *n* Zuhälter *m*
pimple ['pɪmpl] *n* Pickel *m*
pimply ['pɪmplɪ] *adj* pick(e)lig
pin [pɪn] *n* Nadel *f*; (*for sewing*) Stecknadel *f*; (*TECH*) Stift *m*, Bolzen *m* ♦ *vt* stecken; (*keep in one position*) pressen, drücken; **to ~ sth to sth** etw an etw *acc* heften; **to ~ sth on sb** (*fig*) jdm etw anhängen; ~**s and needles** Kribbeln *nt*; ~ **down** *vt* (*fig: person*): **to ~ sb down (to sth)** jdn (auf etw *acc*) festnageln
pinafore ['pɪnəfɔː*] *n* Schürze *f*; ~ **dress** *n* Kleiderrock *m*
pinball ['pɪnbɔːl] *n* Flipper *m*
pincers ['pɪnsəz] *npl* Kneif- or Beißzange *f*;

(*MED*) Pinzette *f*
pinch [pɪntʃ] *n* Zwicken *nt*, Kneifen *nt*; (*of salt*) Prise *f* ♦ *vt* zwicken, kneifen; (*inf: steal*) klauen; (: *arrest*) schnappen ♦ *vi* (*shoe*) drücken; **at a** ~ notfalls, zur Not
pincushion ['pɪnkuʃən] *n* Nadelkissen *nt*
pine [paɪn] *n* (*also: ~ tree*) Kiefer *f* ♦ *vi*: **to ~ for** sich sehnen nach; ~ **away** *vi* sich zu Tode sehnen
pineapple ['paɪnæpl] *n* Ananas *f*
ping [pɪŋ] *n* Klingeln *nt*; ~**-pong** (®) *n* Pingpong *nt*
pink [pɪŋk] *adj* rosa *inv* ♦ *n* Rosa *nt*; (*BOT*) Nelke *f*
pinnacle ['pɪnəkl] *n* Spitze *f*
PIN (number) *n* Geheimnummer *f*
pinpoint ['pɪnpɔɪnt] *vt* festlegen
pinstripe ['pɪnstraɪp] *n* Nadelstreifen *m*
pint [paɪnt] *n* Pint *nt*; (*BRIT: inf: of beer*) große(s) Bier *nt*
pioneer [paɪə'nɪə*] *n* Pionier *m*; (*fig also*) Bahnbrecher *m*
pious ['paɪəs] *adj* fromm
pip [pɪp] *n* Kern *m*; **the ~s** *npl* (*BRIT: time signal on radio*) das Zeitzeichen
pipe [paɪp] *n* (*smoking*) Pfeife *f*; (*tube*) Rohr *nt*; (*in house*) (Rohr)leitung *f* ♦ *vt* (*durch Rohre*) leiten; (*MUS*) blasen; ~**s** *npl* (*also: bagpipes*) Dudelsack *m*; ~ **down** *vi* (*be quiet*) die Luft anhalten; ~ **cleaner** *n* Pfeifenreiniger *m*; ~**-dream** *n* Luftschloß *nt*; ~**line** *n* (*for oil*) Pipeline *f*; ~ **r** *n* Pfeifer *m*; (*bagpipes*) Dudelsackbläser *m*
piping ['paɪpɪŋ] *adv*: ~ **hot** siedend heiß
pique [piːk] *n* gekränkte(r) Stolz *m*
pirate ['paɪərɪt] *n* Pirat *m*, Seeräuber *m*; ~ **radio** (*BRIT*) *n* Piratensender *m*
Pisces ['paɪsiːz] *n* Fische *pl*
piss [pɪs] (*inf*) *vi* pissen; ~**ed** (*inf*) *adj* (*drunk*) voll
pistol ['pɪstl] *n* Pistole *f*
piston ['pɪstən] *n* Kolben *m*
pit [pɪt] *n* Grube *f*; (*THEAT*) Parterre *nt*; (*orchestra ~*) Orchestergraben *m* ♦ *vt* (*mark with scars*) zerfressen; (*compare*): **to ~ sb against sb** jdn an jdm messen; **the ~s** *npl* (*MOTOR RACING*) die Boxen
pitch [pɪtʃ] *n* Wurf *m*; (*of trader*) Stand *m*; (*SPORT*) (Spiel)feld *nt*; (*MUS*) Tonlage *f*; (*substance*) Pech *m* ♦ *vt* werfen; (*set up*) aufschlagen ♦ *vi* (*NAUT*) rollen; **to ~ a tent** ein Zelt aufbauen; ~**-black** *adj* pechschwarz; ~**ed battle** *n* offene Schlacht *f*
pitcher ['pɪtʃə*] *n* Krug *m*
piteous ['pɪtɪəs] *adj* kläglich, erbärmlich
pitfall ['pɪtfɔːl] *n* (*fig*) Falle *f*
pith [pɪθ] *n* Mark *nt*
pithy ['pɪθɪ] *adj* prägnant
pitiful ['pɪtɪful] *adj* (*deserving pity*) bedauernswert; (*contemptible*) jämmerlich
pitiless ['pɪtɪləs] *adj* erbarmungslos
pittance ['pɪtəns] *n* Hungerlohn *m*

pity ['pɪtɪ] n (*sympathy*) Mitleid nt ♦ vt Mitleid haben mit; **what a ~!** wie schade!

pivot ['pɪvət] n Drehpunkt m ♦ vi: **to ~ (on)** sich drehen (um)

pixie ['pɪksɪ] n Elf m, Elfe f

pizza ['piːtsə] n Pizza f

placard ['plækɑːd] n Plakat nt, Anschlag m

placate [plə'keɪt] vt beschwichtigen

place [pleɪs] n. Platz m; (*spot*) Stelle f; (*town etc*) Ort m ♦ vt setzen, stellen, legen; (*order*) aufgeben; (*SPORT*) plazieren; (*identify*) unterbringen; **to take ~** stattfinden; **out of ~** nicht am rechten Platz; (*fig: remark*) unangebracht; **in the first ~** erstens; **to change ~s with sb** mit jdm den Platz tauschen; **to be ~d third** (*in race, exam*) auf dem dritten Platz liegen

placid ['plæsɪd] adj gelassen, ruhig

plagiarism ['pleɪdʒɪərɪzəm] n Plagiat nt

plague [pleɪg] n Pest f; (*fig*) Plage f ♦ vt plagen

plaice [pleɪs] n Scholle f

plain [pleɪn] adj (*clear*) klar, deutlich; (*simple*) einfach, schlicht; (*not beautiful*) alltäglich ♦ n Ebene f; **in ~ clothes** (*police*) in Zivil(kleidung); **~ chocolate** n Bitterschokolade f

plaintiff ['pleɪntɪf] n Kläger m

plaintive ['pleɪntɪv] adj wehleidig

plait [plæt] n Zopf m ♦ vt flechten

plan [plæn] n Plan m ♦ vt, vi planen; **according to ~** planmäßig; **to ~ to do sth** vorhaben, etw zu tun

plane [pleɪn] n Ebene f; (*AVIAT*) Flugzeug nt; (*tool*) Hobel m; (*tree*) Platane f

planet ['plænɪt] n Planet m

plank [plæŋk] n Brett nt

planning ['plænɪŋ] n Planung f; **family ~** Familienplanung f; **~ permission** n Baugenehmigung f

plant [plɑːnt] n Pflanze f; (*TECH*) (Maschinen)anlage f; (*factory*) Fabrik f, Werk nt ♦ vt pflanzen; (*set firmly*) stellen

plantation [plæn'teɪʃən] n Plantage f

plaque [plæk] n Gedenktafel f; (*on teeth*) (Zahn)belag m

plaster ['plɑːstə*] n Gips m; (*in house*) Verputz m; (*BRIT: also: sticking ~*) Pflaster m; (*for fracture: also: ~ of Paris*) Gipsverband m ♦ vt gipsen; (*hole*) zugipsen; (*ceiling*) verputzen; (*fig: with pictures etc*) bekleben, verkleben; **~ed** (*inf*) adj besoffen; **~er** n Gipser m

plastic ['plæstɪk] n Plastik nt or f ♦ adj (*made of ~*) Plastik-; (*ART*) plastisch, bildend; **~ bag** n Plastiktüte f

plasticine ['plæstɪsiːn] (®) n Plastilin nt

plastic surgery n plastische Chirurgie f

plate [pleɪt] n Teller m; (*gold/silver ~*) vergoldete(s)/versilberte(s) Tafelgeschirr nt; (*flat sheet*) Platte f; (*in book*) (Bild)tafel f

plateau ['plætəʊ] (*pl* **~s** or **~x**) n (*GEO*) Plateau nt, Hochebene f

plateaux ['plætəʊz] npl of **plateau**

plate glass n Tafelglas nt

platform ['plætfɔːm] n (*at meeting*) Plattform f, Podium nt; (*RAIL*) Bahnsteig m; (*POL*) Parteiprogramm nt; **~ ticket** n Bahnsteigkarte f

platinum ['plætɪnəm] n Platin nt

platoon [plə'tuːn] n (*MIL*) Zug m

platter ['plætə*] n Platte f

plausible ['plɔːzɪbl] adj (*theory, excuse, statement*) plausibel; (*person*) überzeugend

play [pleɪ] n (*also TECH*) Spiel nt; (*THEAT*) (Theater)stück nt ♦ vt spielen; (*another team*) spielen gegen ♦ vi spielen; **to ~ safe** auf Nummer sicher gehen; **~ down** vt herunterspielen; **~ up** vi (*cause trouble*) frech werden; (*bad leg etc*) weh tun ♦ vt (*person*) plagen; **to ~ up to sb** jdm flattieren; **~-acting** n Schauspielerei f; **~boy** n Playboy m; **~er** n Spieler(in) m(f); **~ful** adj spielerisch; **~ground** n Spielplatz m; **~group** n Kindergarten m; **~ing card** n Spielkarte f; **~ing field** n Sportplatz m; **~mate** n Spielkamerad m; **~-off** n (*SPORT*) Entscheidungsspiel nt; **~pen** n Laufstall m; **~school** n = playgroup; **~thing** n Spielzeug nt; **~wright** n Theaterschriftsteller m

plc abbr (= *public limited company*) AG

plea [pliː] n Bitte f; (*general appeal*) Appell m; (*JUR*) Plädoyer nt

plead [pliːd] vt (*poverty*) zur Entschuldigung anführen; (*JUR: sb's case*) vertreten ♦ vi (*beg*) dringend bitten; (*JUR*) plädieren; **to ~ with sb** jdn dringend bitten

pleasant ['plɛznt] adj angenehm; **~ness** n Angenehme(s) nt; (*of person*) Freundlichkeit f; **~ries** npl (*polite remarks*) Nettigkeiten pl

please [pliːz] vt, vi (*be agreeable to*) gefallen +*dat*; **~!** bitte!; **~ yourself!** wie du willst!; **~d** adj zufrieden; (*glad*): **~d (about sth)** erfreut (über etw *acc*); **~d to meet you** angenehm

pleasing ['pliːzɪŋ] adj erfreulich

pleasure ['plɛʒə*] n Freude f; (*old: will*) Wünsche pl ♦ cpd Vergnügungs-; **"it's a ~"** „gern geschehen"

pleat [pliːt] n Falte f

plectrum ['plɛktrəm] n Plektron nt

pledge [plɛdʒ] n Pfand nt; (*promise*) Versprechen nt ♦ vt verpfänden; (*promise*) geloben, versprechen

plentiful ['plɛntɪfʊl] adj reichlich

plenty ['plɛntɪ] n Fülle f, Überfluß m; **~ of** eine Menge, viel

pleurisy ['plʊərɪsɪ] n Rippenfellentzündung f

pliable ['plaɪəbl] adj biegsam; (*person*) beeinflußbar

pliers ['plaɪəz] npl (Kneif)zange f

plight [plaɪt] n (Not)lage f

plimsolls ['plɪmsəlz] (*BRIT*) npl Turnschuhe *pl*

plinth [plɪnθ] *n* Sockel *m*

plod [plɒd] *vi* (*work*) sich abplagen; (*walk*) trotten; **~der** *n* Arbeitstier *nt*

plonk [plɒŋk] *n* (BRIT: inf: wine) billige(r) Wein *m* ♦ *vt*: **to ~ sth down** etw hinknallen

plot [plɒt] *n* Komplott *nt*; (*story*) Handlung *f*; (*of land*) Grundstück *nt* ♦ *vt* markieren; (*curve*) zeichnen; (*movements*) nachzeichnen ♦ *vi* (*plan secretly*) sich verschwören; **~ter** *n* (*instrument*) Plotter *m*

plough [plaʊ] (US **plow**) *n* Pflug *m* ♦ *vt* pflügen; **~ back** *vt* (COMM) wieder in das Geschäft stecken; **~ through** *vt fus* (*water*) durchpflügen; (*book*) sich kämpfen durch

plow (US) = **plough**

ploy [plɔɪ] *n* Masche *f*

pluck [plʌk] *vt* (*fruit*) pflücken; (*guitar*) zupfen; (*goose etc*) rupfen ♦ *n* Mut *m*; **to ~ up courage** all seinen Mut zusammennehmen; **~y** *adj* beherzt

plug [plʌg] *n* Stöpsel *m*; (ELEC) Stecker *m*; (inf: publicity) Schleichwerbung *f*; (AUT) Zündkerze *f* ♦ *vt* (zu)stopfen; (inf: advertise) Reklame machen für; **~ in** *vt* (ELEC) anschließen

plum [plʌm] *n* Pflaume *f*, Zwetsch(g)e *f* ♦ *adj* (job etc) Bomben-

plumage ['pluːmɪdʒ] *n* Gefieder *nt*

plumb [plʌm] *adj* senkrecht ♦ *n* Lot *nt* ♦ *adv* (exactly) genau ♦ *vt* ausloten; (fig) sondieren

plumber ['plʌmə*] *n* Klempner *m*, Installateur *m*

plumbing ['plʌmɪŋ] *n* (craft) Installieren *nt*; (fittings) Leitungen *pl*

plume [pluːm] *n* Feder *f*; (of smoke etc) Fahne *f*

plummet ['plʌmɪt] *vi* (ab)stürzen

plump [plʌmp] *adj* rundlich, füllig ♦ *vt* plumpsen lassen; **to ~ for** (inf: choose) sich entscheiden für

plunder ['plʌndə*] *n* Plünderung *f*; (loot) Beute *f* ♦ *vt* plündern

plunge [plʌndʒ] *n* Sturz *m* ♦ *vt* stoßen ♦ *vi* (sich) stürzen; **to take the ~** den Sprung wagen

plunging ['plʌndʒɪŋ] *adj* (neckline) offenherzig

pluperfect ['pluː'pɜːfɪkt] *n* Plusquamperfekt *nt*

plural ['plʊərəl] *n* Plural *m*, Mehrzahl *f*

plus [plʌs] *n* (also: ~ **sign**) Plus(zeichen) *nt* ♦ *prep* plus, und; **ten/twenty ~** mehr als zehn/zwanzig

plush [plʌʃ] *adj* (also **~y**: inf: luxurious) feudal

ply [plaɪ] *vt* (trade) (be)treiben; (with questions) zusetzen +dat; (ship, taxi) befahren ♦ *vi* verkehren ♦ *n*: **three-~** (wool) Dreifach-; **to ~ sb with drink** jdn zum

Trinken animieren; **~wood** *n* Sperrholz *nt*

P.M. *n abbr* = **Prime Minister**

p.m. *adv abbr* (= *post meridiem*) nachmittags

pneumatic [njuː'mætɪk] *adj* pneumatisch; (TECH) Luft-; **~ drill** *n* Preßlufthammer *m*

pneumonia [njuː'məʊnɪə] *n* Lungenentzündung *f*

poach [pəʊtʃ] *vt* (COOK) pochieren; (game) stehlen ♦ *vi* (steal) wildern; **~ed** *adj* (egg) verloren; **~er** *n* Wilddieb *m*

P.O. Box *n abbr* = **Post Office Box**

pocket ['pɒkɪt] *n* Tasche *f*; (of resistance) (Widerstands)nest *nt* ♦ *vt* einstecken; **to be out of ~** (BRIT) draufzahlen; **~book** *n* Taschenbuch *nt*; **~ knife** *n* Taschenmesser *nt*; **~ money** *n* Taschengeld *nt*

pod [pɒd] *n* Hülse *f*; (of peas also) Schote *f*

podgy ['pɒdʒɪ] *adj* pummelig

podiatrist [pɒ'diːətrɪst] (US) *n* Fußpfleger(in) *m(f)*

poem ['pəʊɪm] *n* Gedicht *nt*

poet ['pəʊɪt] *n* Dichter *m*, Poet *m*; **~ic** [pəʊ'etɪk] *adj* poetisch, dichterisch; **~ laureate** *n* Hofdichter *m*; **~ry** *n* Poesie *f*; (poems) Gedichte *pl*

poignant ['pɔɪnjənt] *adj* (touching) ergreifend

point [pɔɪnt] *n* (also in discussion, scoring) Punkt *m*; (spot) Punkt *m*, Stelle *f*; (sharpened tip) Spitze *f*; (moment) (Zeit)punkt *m*; (purpose) Zweck *m*; (idea) Argument *nt*; (decimal) Dezimalstelle *f*; (personal characteristic) Seite *f* ♦ *vt* zeigen mit; (gun) richten ♦ *vi* zeigen; **~s** *npl* (RAIL) Weichen *pl*; **to be on the ~ of doing sth** drauf und dran sein, etw zu tun; **to make a ~ of** Wert darauf legen; **to get the ~** verstehen, worum es geht; **to come to the ~** zur Sache kommen; **there's no ~ (in doing sth)** es hat keinen Sinn(, etw zu tun); **~ out** *vt* hinweisen auf +acc; **~ to** *vt fus* zeigen auf +acc; **~-blank** *adv* (at close range) aus nächster Entfernung; (bluntly) unverblümt; **~ed** *adj* (also fig) spitz, scharf; **~edly** *adv* (fig) spitz; **~er** *n* Zeigestock *m*; (on dial) Zeiger *m*; **~less** *adj* sinnlos; **~ of view** *n* Stand- or Gesichtspunkt *m*

poise [pɔɪz] *n* Haltung *f*; (fig) Gelassenheit *f*

poison ['pɔɪzn] *n* (also fig) Gift *nt* ♦ *vt* vergiften; **~ing** *n* Vergiftung *f*; **~ous** *adj* giftig, Gift-

poke [pəʊk] *vt* stoßen; (put) stecken; (fire) schüren; (hole) bohren; **~ about** *vi* herumstochern; (nose around) herumwühlen

poker ['pəʊkə*] *n* Schürhaken *m*; (CARDS) Poker *nt*; **~-faced** *adj* undurchdringlich

poky ['pəʊkɪ] *adj* eng

Poland ['pəʊlənd] *n* Polen *nt*

polar ['pəʊlə*] *adj* Polar-, polar; **~ bear** *n* Eisbär *m*; **~ize** *vt* polarisieren

Pole [pəʊl] n Pole m, Polin f
pole [pəʊl] n Stange f, Pfosten m; (flag~, telegraph ~) Stange f, Mast m; (ELEC, GEOG) Pol m; (SPORT: vaulting ~) Stab m; (ski ~) Stock m; ~ **bean** n (US) n (runner bean) Stangenbohne f; ~ **vault** n Stabhochsprung m
police [pə'liːs] n Polizei f ♦ vt kontrollieren; ~ **car** n Polizeiwagen m; ~**man** (irreg) n Polizist m; ~ **state** n Polizeistaat m; ~ **station** n (Polizei)revier nt, Wache f; ~**woman** (irreg) n Polizistin f
policy ['pɒlɪsɪ] n Politik f; (insurance) (Versicherungs)police f
polio ['pəʊlɪəʊ] n (spinale) Kinderlähmung f, Polio f
Polish ['pəʊlɪʃ] adj polnisch ♦ n (LING) Polnisch nt
polish ['pɒlɪʃ] n Politur f; (for floor) Wachs nt; (for shoes) Creme f; (for nails) Lack m; (shine) Glanz m; (of furniture) Politur f; (fig) Schliff m ♦ vt polieren; (shoes) putzen; (fig) den letzten Schliff geben +dat; ~ **off** vt (inf: work) erledigen; (: food) wegputzen; (: drink) hinunterschütten; ~**ed** adj (also fig) glänzend; (manners) verfeinert
polite [pə'laɪt] adj höflich; ~**ness** n Höflichkeit f
politic ['pɒlɪtɪk] adj (prudent) diplomatisch; ~**al** [pə'lɪtɪkəl] adj politisch; ~**ally** adv politisch; ~**ian** [pɒlɪ'tɪʃən] n Politiker m; ~**s** npl Politik f
polka dot n Tupfen m
poll [pəʊl] n Abstimmung f; (in election) Wahl f; (votes cast) Wahlbeteiligung f; (opinion ~) Umfrage f ♦ vt (votes) erhalten
pollen ['pɒlən] n (BOT) Blütenstaub m, Pollen m
pollination [pɒlɪ'neɪʃən] n Befruchtung f
polling ['pəʊlɪŋ] (BRIT) n: ~ **booth** (BRIT) n Wahlkabine f; ~ **day** (BRIT) n Wahltag m; ~ **station** (BRIT) n Wahllokal nt
pollute [pə'luːt] vt verschmutzen, verunreinigen; **pollution** [pə'luːʃən] n Verschmutzung f
polo ['pəʊləʊ] n Polo nt; ~**neck** n Rollkragen m; Rollkragenpullover m; ~ **shirt** n Polohemd nt
polystyrene [pɒlɪ'staɪriːn] n Styropor nt
polytechnic [pɒlɪ'teknɪk] n technische Hochschule f
polythene ['pɒlɪθiːn] n Plastik nt
pomegranate ['pɒməɡrænɪt] n Granatapfel m
pommel ['pʌml] vt mit den Fäusten bearbeiten ♦ n Sattelknopf m
pompom ['pɒmpɒm] n Troddel f, Pompon m
pompous ['pɒmpəs] adj aufgeblasen; (language) geschwollen
pond [pɒnd] n Teich m, Weiher m
ponder ['pɒndə*] vt nachdenken über

+acc; ~**ous** adj schwerfällig
pong [pɒŋ] n (BRIT: inf) n Mief m
pontiff ['pɒntɪf] n Pontifex m
pontificate [pɒn'tɪfɪkeɪt] vi (fig) geschwollen reden
pontoon [pɒn'tuːn] n Ponton m; (CARDS) 17-und-4 nt
pony ['pəʊnɪ] n Pony nt; ~**tail** n Pferdeschwanz m; ~ **trekking** (BRIT) n Ponyreiten nt
poodle ['puːdl] n Pudel m
pool [puːl] n (swimming ~) Schwimmbad nt; (: private) Swimmingpool m; (of spilt liquid, blood) Lache f; (fund) (gemeinsame) Kasse f; (billiards) Poolspiel nt ♦ vt (money etc) zusammenlegen; **typing** ~ Schreibzentrale f; (football) ~**s** Toto nt
poor [pʊə*] adj arm; (not good) schlecht ♦ npl: **the** ~ die Armen pl; ~ **in** (resources etc) arm an +dat; ~**ly** adv schlecht; (dressed) ärmlich ♦ adj schlecht
pop [pɒp] n Knall m; (music) Popmusik f; (drink) Limo(nade) f; (US: inf) Pa m ♦ vt (put) stecken; (balloon) platzen lassen ♦ vi knallen; ~ **in** vi kurz vorbeigehen or vorbeikommen; ~ **out** vi (person) kurz rausgehen; (thing) herausspringen; ~ **up** vi auftauchen; ~**corn** n Puffmais m
pope [pəʊp] n Papst m
poplar ['pɒplə*] n Pappel f
poppy ['pɒpɪ] n Mohn m
Popsicle ['pɒpsɪkl] (®; US) n (ice lolly) Eis nt am Stiel
populace ['pɒpjʊlɪs] n Volk nt
popular ['pɒpjʊlə*] adj beliebt, populär; (of the people) volkstümlich; (widespread) allgemein; ~**ity** [pɒpjʊ'lærɪtɪ] n Beliebtheit f, Popularität f; ~**ize** [pɒpjʊlərɪz] vt popularisieren; ~**ly** adv allgemein, überall
population [pɒpjʊ'leɪʃən] n Bevölkerung f; (of town) Einwohner pl
populous ['pɒpjʊləs] adj dicht besiedelt
porcelain ['pɔːslɪn] n Porzellan nt
porch [pɔːtʃ] n Vorbau m, Veranda f
porcupine ['pɔːkjʊpaɪn] n Stachelschwein nt
pore [pɔː*] n Pore f ♦ vi: **to** ~ **over** brüten über +dat
pork [pɔːk] n Schweinefleisch nt
pornography [pɔː'nɒɡrəfɪ] n Pornographie f
porous ['pɔːrəs] adj porös; (skin) porig
porpoise ['pɔːpəs] n Tümmler m
porridge ['pɒrɪdʒ] n Haferbrei m
port [pɔːt] n Hafen m; (town) Hafenstadt f; (NAUT: left side) Backbord nt; (wine) Portwein m; ~ **of call** Anlaufhafen m
portable ['pɔːtəbl] adj tragbar
portent ['pɔːtent] n schlimme(s) Vorzeichen nt
porter ['pɔːtə*] n Pförtner(in) m(f); (for luggage) (Gepäck)träger m

portfolio [pɔːt'fəuliəu] n (case) Mappe f; (POL) Geschäftsbereich m; (FIN) Portefeuille f; (of artist) Kollektion f

porthole ['pɔːthəul] n Bullauge nt

portion ['pɔːʃən] n Teil m, Stück nt; (of food) Portion f

portly ['pɔːtlɪ] adj korpulent, beleibt

portrait ['pɔːtrɪt] n Porträt nt

portray [pɔː'treɪ] vt darstellen; ~al n Darstellung f

Portugal ['pɔːtjugəl] n Portugal nt

Portuguese [pɔːtju'giːz] adj portugiesisch ♦ n inv Portugiese m, Portugiesin f; (LING) Portugiesisch nt

pose [pəuz] n Stellung f, Pose f; (affectation) Pose f ♦ vi posieren ♦ vt stellen

posh [pɒʃ] (inf) adj (piek)fein

position [pə'zɪʃən] n Stellung f; (place) Lage f; (job) Stelle f; (attitude) Standpunkt m ♦ vt aufstellen

positive ['pɒzɪtɪv] adj positiv; (convinced) sicher; (definite) eindeutig

posse ['pɒsɪ] n (US) Aufgebot nt

possess [pə'zes] vt besitzen; ~ion [pə'zeʃən] n Besitz m; ~ive adj besitzergreifend, eigensüchtig

possibility [pɒsə'bɪlɪtɪ] n Möglichkeit f

possible ['pɒsəbl] adj möglich; as big as ~ so groß wie möglich, möglichst groß

possibly ['pɒsəblɪ] adv möglicherweise, vielleicht; I cannot ~ come ich kann unmöglich kommen

post [pəust] n (BRIT: letters, delivery) Post f; (pole) Pfosten m, Pfahl m; (place of duty) Posten m; (job) Stelle f ♦ vt (notice) anschlagen; (BRIT: letters) aufgeben; (: appoint) versetzen; (soldiers) aufstellen; ~age n Postgebühr f, Porto nt; ~al adj Post-; ~al order n Postanweisung f; ~box (BRIT) n Briefkasten m; ~card n Postkarte f; ~code (BRIT) n Postleitzahl f

postdate [pəust'deɪt] vt (cheque) nachdatieren

poster ['pəustə*] n Plakat nt, Poster nt

poste restante [pəust'restɑːnt] n Aufbewahrungsstelle f für postlagernde Sendungen

posterior [pɒs'tɪərɪə*] (inf) n Hintern m

posterity [pɒs'terɪtɪ] n Nachwelt f

postgraduate ['pəust'grædjuːt] n Weiterstudierende(r) mf

posthumous ['pɒstjuməs] adj post(h)um

postman ['pəustmən] (irreg) n Briefträger m

postmark ['pəustmɑːk] n Poststempel m

post-mortem ['pəust'mɔːtəm] n Autopsie f

post office n Postamt nt, Post f; (organization) Post f; P~ O~ Box n Postfach nt

postpone [pə'spəun] vt verschieben

postscript ['pəustskrɪpt] n Postskript nt; (to affair) Nachspiel nt

postulate ['pɒstjuleɪt] vt voraussetzen;

(maintain) behaupten

posture ['pɒstʃə*] n Haltung f ♦ vi posieren

postwar ['pəust'wɔː*] adj Nachkriegs-

posy ['pəuzɪ] n Blumenstrauß m

pot [pɒt] n Topf m; (tea-) Kanne f; (inf: marijuana) Hasch m ♦ vt (plant) eintopfen; to go to ~ (inf: work, performance) auf den Hund kommen

potato [pə'teɪtəu] (pl ~es) n Kartoffel f; ~ peeler n Kartoffelschäler m

potent ['pəutənt] adj stark; (argument) zwingend

potential [pə'tenʃəl] adj potentiell ♦ n Potential nt; ~ly adv potentiell

pothole ['pɒthəul] n (in road) Schlagloch nt; (BRIT: underground) Höhle f

potholing ['pɒthəulɪŋ] (BRIT) n: to go ~ Höhlen erforschen

potion ['pəuʃən] n Trank m

potluck ['pɒt'lʌk] n: to take ~ with sth etw auf gut Glück nehmen

potshot ['pɒtʃɒt] n: to take a ~ at sth auf etw acc ballern

potted ['pɒtɪd] adj (food) eingelegt, eingemacht; (plant) Topf-; (fig: book, version) konzentriert

potter ['pɒtə*] n Töpfer m ♦ vi herumhantieren; ~y n Töpferwaren pl; (place) Töpferei f

potty ['pɒtɪ] adj (inf: mad) verrückt ♦ n Töpfchen nt

pouch [pautʃ] n Beutel m

pouf(fe) [puːf] n Sitzkissen nt

poultry ['pəultrɪ] n Geflügel nt

pounce [pauns] vi sich stürzen ♦ n Sprung m, Satz m; to ~ on sich stürzen auf +acc

pound [paund] n (FIN, weight) Pfund nt; (for cars, animals) Auslösestelle f ♦ vt (zer)stampfen ♦ vi klopfen, hämmern; ~ sterling n Pfund Sterling nt

pour [pɔː*] vt gießen, schütten ♦ vi gießen; (crowds etc) strömen; ~ away vt abgießen; ~ in vi (people) hereinströmen; ~ off vt abgießen; ~ out vi (people) herausströmen ♦ vt (drink) einschenken; ~ing adj: ~ing rain strömende(r) Regen m

pout [paut] vi schmollen

poverty ['pɒvətɪ] n Armut f; ~-stricken adj verarmt, sehr arm

powder ['paudə*] n Pulver nt; (cosmetic) Puder m ♦ vt pulverisieren; to ~ one's nose sich dat die Nase pudern; ~ compact n Puderdose f; ~ed milk n Milchpulver nt; ~ room n Damentoilette f; ~y adj pulverig

power ['pauə*] n (also POL) Macht f; (ability) Fähigkeit f; (strength) Stärke f; (MATH) Potenz f; (ELEC) Strom m ♦ vt betreiben, antreiben; to be in ~ (POL etc) an der Macht sein; ~ cut n Stromausfall m; ~ed adj: ~ed by betrieben mit; ~ failure (US) *n* Stromausfall *m*; ~**ful** *adj* (*person*) mächtig; (*engine, government*) stark; ~**less** *adj* machtlos; ~ **point** (*BRIT*) *n* elektrische(r) Anschluß *m*; ~ **station** *n* Elektrizitätswerk *nt*

p.p. *abbr* (= *per procurationem*): ~ **J. Smith** i.A. J. Smith

PR *n abbr* = **public relations**

practicable ['præktɪkəbl] *adj* durchführbar

practical ['præktɪkl] *adj* praktisch; ~**ity** [præktɪ'kælɪtɪ] *n* (*of person*) praktische Veranlagung *f*; (*of situation etc*) Durchführbarkeit *f*; ~ **joke** *n* Streich *m*; ~**ly** *adv* praktisch

practice ['præktɪs] *n* Übung *f*, (*reality, also of doctor, lawyer*) Praxis *f*; (*custom*) Brauch *m*; (*in business*) Usus *m* ♦ *vt, vi* (*US*) = **practise**; **in** ~ (*in reality*) in der Praxis; **out of** ~ außer Übung

practicing (*US*) *adj* = **practising**

practise ['præktɪs] (*US* **practice**) *vt* üben; (*profession*) ausüben ♦ *vi* (sich) üben; (*doctor, lawyer*) praktizieren

practising ['præktɪsɪŋ] (*US* **practicing**) *adj* praktizierend; (*Christian etc*) aktiv

practitioner [præk'tɪʃənə*] *n* praktische(r) Arzt *m*

pragmatic [præg'mætɪk] *adj* pragmatisch

prairie ['prɛərɪ] *n* Prärie *f*, Steppe *f*

praise [preɪz] *n* Lob *nt* ♦ *vt* loben; ~**worthy** *adj* lobenswert

pram [præm] (*BRIT*) *n* Kinderwagen *m*

prance [prɑːns] *vi* (*horse*) tänzeln; (*person*) stolzieren; (: *gaily*) herumhüpfen

prank [præŋk] *n* Streich *m*

prattle ['prætl] *vi* schwatzen, plappern

prawn [prɔːn] *n* Garnele *f*; Krabbe *f*

pray [preɪ] *vi* beten; ~**er** [prɛə*] *n* Gebet *nt*

preach [priːtʃ] *vi* predigen; ~**er** *n* Prediger *m*

preamble [priː'æmbl] *n* Einleitung *f*

precarious [prɪ'kɛərɪəs] *adj* prekär, unsicher

precaution [prɪ'kɔːʃən] *n* (Vorsichts)maßnahme *f*

precede [prɪ'siːd] *vi* vorausgehen ♦ *vt* vorausgehen +*dat*; ~**nce** ['presɪdəns] *n* Vorrang *m*; ~**nt** ['presɪdənt] *n* Präzedenzfall *m*

preceding [prɪ'siːdɪŋ] *adj* vorhergehend

precept ['priːsept] *n* Gebot *nt*, Regel *f*

precinct ['priːsɪŋkt] *n* (*US: district*) Bezirk *m*; ~**s** *npl* (*round building*) Gelände *nt*; (*area, environs*) Umgebung *f*; **pedestrian** ~ Fußgängerzone *f*; **shopping** ~ Geschäftsviertel *nt*

precious ['preʃəs] *adj* kostbar, wertvoll; (*affected*) preziös, geziert

precipice ['presɪpɪs] *n* Abgrund *m*

precipitate [*adj* prɪ'sɪpɪtɪt, *vb* prɪ'sɪpɪteɪt] *adj* überstürzt, übereilt ♦ *vt* hinunterstürzen; (*events*) heraufbeschwören

precise [prɪ'saɪs] *adj* genau, präzis; ~**ly** *adv*

genau, präzis

precision [prɪ'sɪʒən] *n* Präzision *f*

preclude [prɪ'kluːd] *vt* ausschließen

precocious [prɪ'kəʊʃəs] *adj* frühreif

preconceived ['priːkən'siːvd] *adj* (*idea*) vorgefaßt

precondition ['priːkən'dɪʃən] *n* Vorbedingung *f*, Voraussetzung *f*

precursor [prɪ'kɜːsə*] *n* Vorläufer *m*

predator ['predətə*] *n* Raubtier *nt*

predecessor ['priːdɪsesə*] *n* Vorgänger *m*

predestination [priːdestɪ'neɪʃən] *n* Vorherbestimmung *f*

predicament [prɪ'dɪkəmənt] *n* mißliche Lage *f*

predict [prɪ'dɪkt] *vt* voraussagen; ~**able** *adj* vorhersagbar; ~**ion** [prɪ'dɪkʃən] *n* Voraussage *f*

predominantly [prɪ'dɒmɪnəntlɪ] *adv* überwiegend, hauptsächlich

predominate [prɪ'dɒmɪneɪt] *vi* vorherrschen; (*fig*) vorherrschen, überwiegen

pre-eminent [priː'emɪnənt] *adj* hervorragend, herausragend

pre-empt [priː'empt] *vt* (*action, decision*) vorwegnehmen

preen [priːn] *vt* putzen; **to** ~ **o.s.** (*person*) sich brüsten

prefab ['priːfæb] *n* Fertighaus *nt*

prefabricated ['priːfæbrɪkeɪtɪd] *adj* vorgefertigt, Fertig-

preface ['prefɪs] *n* Vorwort *nt*

prefect ['priːfekt] *n* Präfekt *m*; (*SCH*) Aufsichtsschüler(in) *m(f)*

prefer [prɪ'fɜː*] *vt* vorziehen, lieber mögen; **to** ~ **to do sth** etw lieber tun; ~**ably** *adv* vorzugsweise, am liebsten; ~**ence** *n* Präferenz *f*, Vorzug *m*; ~**ential** [prefə'renʃəl] *adj* bevorzugt, Vorzugs-

prefix ['priːfɪks] *n* Vorsilbe *f*, Präfix *nt*

pregnancy ['pregnənsɪ] *n* Schwangerschaft *f*

pregnant ['pregnənt] *adj* schwanger

prehistoric ['priːhɪs'tɒrɪk] *adj* prähistorisch, vorgeschichtlich

prejudice ['predʒʊdɪs] *n* (*opinion*) Vorurteil *nt*; (*bias*) Voreingenommenheit *f*; (*harm*) Schaden *m* ♦ *vt* beeinträchtigen; ~**d** *adj* (*person*) voreingenommen

preliminary [prɪ'lɪmɪnərɪ] *adj* einleitend, Vor-

prelude ['preljuːd] *n* Vorspiel *nt*; (*fig*) Auftakt *m*

premarital ['priː'mærɪtl] *adj* vorehelich

premature ['premətʃʊə*] *adj* vorzeitig, verfrüht; (*birth*) Früh-

premeditated [priː'medɪteɪtɪd] *adj* geplant; (*murder*) vorsätzlich

premier ['premɪə*] *adj* erste(r, s) ♦ *n* Premier *m*

première [premɪ'ɛə*] *n* Premiere *f*; Uraufführung *f*

premise ['premɪs] n Voraussetzung f, Prämisse f; **~s** npl (shop) Räumlichkeiten pl; (grounds) Gelände nt; **on the ~s** im Hause

premium ['priːmɪəm] n Prämie f; **to be at a ~** über pari stehen; **~ bond** (BRIT) n Prämienanleihe f

premonition [premə'nɪʃən] n Vorahnung f

preoccupation [priːɔkju'peɪʃən] n Sorge f

preoccupied [priː'ɔkjupaɪd] adj (look) geistesabwesend

prep [prep] n (SCH: study) Hausaufgabe f

prepaid ['priːpeɪd] adj vorausbezahlt; (letter) frankiert

preparation ['prepə'reɪʃən] n Vorbereitung f

preparatory [prɪ'pærətərɪ] adj Vor(bereitungs)-; **~ school** (BRIT) private Vorbereitungsschule für die Public School; (US) private Vorbereitungsschule für die Hochschule

prepare [prɪ'peə*] vt vorbereiten ♦ vi sich vorbereiten; **to ~ for/~ sth for** sich/etw vorbereiten auf +acc; **to be ~d to ...** bereit sein zu ...

preponderance [prɪ'pɔndərəns] n Übergewicht nt

preposition [prepə'zɪʃən] n Präposition f, Verhältniswort nt

preposterous [prɪ'pɔstərəs] adj absurd

prep school n = preparatory school

prerequisite ['priː'rekwɪzɪt] n (unerläßliche) Voraussetzung f

prerogative [prɪ'rɔgətɪv] n Vorrecht nt

Presbyterian [prezbɪ'tɪərɪən] adj presbyterianisch ♦ n Presbyterier(in) m(f)

preschool ['priː'skuːl] adj Vorschul-

prescribe [prɪs'kraɪb] vt vorschreiben; (MED) verschreiben

prescription [prɪs'krɪpʃən] n (MED) Rezept nt

presence ['prezns] n Gegenwart f; **~ of mind** Geistesgegenwart f

present [adj, n 'preznt, vb prɪ'zent] adj (here) anwesend; (current) gegenwärtig ♦ n Gegenwart f; (gift) Geschenk nt ♦ vt vorlegen; (introduce) vorstellen; (show) zeigen; (give): **to ~ sb with sth** jdm etw überreichen; **at ~** im Augenblick; **to give sb a ~** jdm ein Geschenk machen; **~able** [prɪ'zentəbl] adj präsentabel; **~ation** [prezən'teɪʃən] n Überreichung f; **~-day** adj heutig; **~er** [prɪ'zentə*] n (RADIO, TV) Moderator(in) m(f); **~ly** adv bald; (at present) im Augenblick

preservation [prezə'veɪʃən] n Erhaltung f

preservative [prɪ'zɜːvətɪv] n Konservierungsmittel nt

preserve [prɪ'zɜːv] vt erhalten; (food) einmachen ♦ n (jam) Eingemachte(s) nt; (hunting) Schutzgebiet nt

preside [prɪ'zaɪd] vi den Vorsitz haben

presidency ['prezɪdənsɪ] n (POL) Präsidentschaft f

president ['prezɪdənt] n Präsident m; **~ial** [prezɪ'denʃəl] adj Präsidenten-; (election) Präsidentschafts-; (system) Präsidial-

press [pres] n Presse f; (printing house) Druckerei f ♦ vt drücken; (iron) bügeln; (urge) (be)drängen ♦ vi (push) drücken; **to be ~ed for time** unter Zeitdruck stehen; **to ~ for sth** drängen auf etw acc; **~ on** vi vorwärtsdrängen; **~ agency** n Presseagentur f; **~ conference** n Pressekonferenz f; **~ing** adj dringend; **~-stud** (BRIT) n Druckknopf m; **~-up** (BRIT) n Liegestütz m

pressure ['preʃə*] n Druck m; **~ cooker** n Schnellkochtopf m; **~ gauge** n Druckmesser m

pressurized ['preʃəraɪzd] adj Druck-

prestige [pres'tiːʒ] n Prestige nt

prestigious [pres'tɪdʒəs] adj Prestige-

presumably [prɪ'zjuːməblɪ] adv vermutlich

presume [prɪ'zjuːm] vt, vi annehmen; **to ~ to do sth** sich erlauben, etw zu tun

presumption [prɪ'zʌmpʃən] n Annahme f

presumptuous [prɪ'zʌmptjuəs] adj anmaßend

presuppose [priːsə'pəuz] vt voraussetzen

pretence [prɪ'tens] (US pretense) n Vorgabe f, Vortäuschung f; (false claim) Vorwand m

pretend [prɪ'tend] vt vorgeben, so tun als ob ... ♦ vi so tun; **to ~ to sth** Anspruch erheben auf etw acc

pretense [prɪ'tens] (US) n = pretence

pretension [prɪ'tenʃən] n Anspruch m; (impudent claim) Anmaßung f

pretentious [prɪ'tenʃəs] adj angeberisch

pretext ['priːtekst] n Vorwand m

pretty ['prɪtɪ] adj hübsch ♦ adv (inf) ganz schön

prevail [prɪ'veɪl] vi siegen; (custom) vorherrschen; **to ~ against** or **over** siegen über +acc; **to ~ (up)on sb to do sth** jdn dazu bewegen, etw zu tun; **~ing** adj vorherrschend

prevalent ['prevələnt] adj vorherrschend

prevent [prɪ'vent] vt (stop) verhindern, verhüten; **to ~ sb from doing sth** jdn (daran) hindern, etw zu tun; **~ative** n Vorbeugungsmittel nt; **~ion** [prɪ'venʃən] n Verhütung f; **~ive** adj vorbeugend, Schutz-

preview ['priːvjuː] n private Voraufführung f; (trailer) Vorschau f

previous ['priːvɪəs] adj früher, vorherig; **~ly** adv früher

prewar ['priː'wɔː*] adj Vorkriegs-

prey [preɪ] n Beute f; **~ on** vt fus Jagd machen auf +acc; **it was ~ing on his mind** es quälte sein Gewissen

price [praɪs] n Preis m; (value) Wert m ♦ vt (label) auszeichnen; **~less** adj (also fig) un-

bezahlbar; ~ **list** *n* Preisliste *f*
prick [prɪk] *n* Stich *m* ♦ *vt, vi* stechen; **to ~ up one's ears** die Ohren spitzen
prickle ['prɪkl] *n* Stachel *m*, Dorn *m*
prickly ['prɪklɪ] *adj* stachelig; (*fig: person*) reizbar; ~ **heat** *n* Hitzebläschen *pl*
pride [praɪd] *n* Stolz *m*; (*arrogance*) Hochmut *m* ♦ *vt*: **to ~ o.s. on sth** auf etw *acc* stolz sein
priest [priːst] *n* Priester *m*; ~**ess** *n* Priesterin *f*; ~**hood** *n* Priesteramt *nt*
prig [prɪg] *n* Selbstgefällige(r) *mf*
prim [prɪm] *adj* prüde
primarily ['praɪmərɪlɪ] *adv* vorwiegend
primary ['praɪmərɪ] *adj* (*main*) Haupt-; (*SCH*) Grund-; ~ **school** (*BRIT*) *n* Grundschule *f*
prime [praɪm] *adj* erste(r, s); (*excellent*) erstklassig ♦ *vt* vorbereiten; (*gun*) laden; **in the ~ of life** in der Blüte des Jahre; **P~ Minister** *n* Premierminister *m*, Ministerpräsident *m*; ~**r** ['praɪmə*] *n* Fibel *f*
primeval [praɪˈmiːvəl] *adj* vorzeitlich; (*forests*) Ur-
primitive ['prɪmɪtɪv] *adj* primitiv
primrose ['prɪmrəʊz] *n* (gelbe) Primel *f*
primus (stove) ['praɪməs-] (®; *BRIT*) *n* Primuskocher *m*
prince [prɪns] *n* Prinz *m*; (*ruler*) Fürst *m*; ~**ss** [prɪnˈses] *n* Prinzessin *f*; Fürstin *f*
principal ['prɪnsɪpəl] *adj* Haupt- ♦ *n* (*SCH*) (Schul)direktor *m*, Rektor *m*; (*money*) (Grund)kapital *nt*
principle ['prɪnsɪpl] *n* Grundsatz *m*, Prinzip *nt*; **in ~** im Prinzip; **on ~** aus Prinzip, prinzipiell
print [prɪnt] *n* Druck *m*; (*made by feet, fingers*) Abdruck *m*; (*PHOT*) Abzug *m* ♦ *vt* drucken; (*name*) in Druckbuchstaben schreiben; (*PHOT*) abziehen; **out of ~** vergriffen; ~**ed matter** *n* Drucksache *f*; ~**er** *n* Drucker *m*; ~**ing** *n* Drucken *nt*; (*of photos*) Abziehen *nt*; ~**out** *n* (*COMPUT*) Ausdruck *m*
prior ['praɪə*] *adj* früher ♦ *n* Prior *m*; ~ **to sth** vor etw *dat*; ~ **to going abroad, she had ...** bevor sie ins Ausland ging, hatte sie ...
priority [praɪˈɒrɪtɪ] *n* Vorrang *m*; Priorität *f*
prise [praɪz] *vt*: **to ~ open** aufbrechen
prison ['prɪzn] *n* Gefängnis *nt* ♦ *adj* Gefängnis-; (*system etc*) Strafvollzugs-; ~**er** *n* Gefangene(r) *mf*
pristine ['prɪstiːn] *adj* makellos
privacy ['prɪvəsɪ] *n* Ungestörtheit *f*, Ruhe *f*; Privatleben *nt*
private ['praɪvɪt] *adj* privat, Privat-; (*secret*) vertraulich, geheim ♦ *n* einfache(r) Soldat *m*; "~" (*on envelope*) „persönlich"; **in ~** privat, unter vier Augen; ~ **enterprise** *n* Privatunternehmen *nt*; ~ **eye** *n* Privatdetektiv *m*; ~**ly** *adv* privat; vertraulich,

geheim; ~ **property** *n* Privatbesitz *m*; ~ **school** *n* Privatschule *f*; **privatize** *vt* privatisieren
privet ['prɪvɪt] *n* Liguster *m*
privilege ['prɪvɪlɪdʒ] *n* Privileg *nt*; ~**d** *adj* bevorzugt, privilegiert
privy ['prɪvɪ] *adj* geheim, privat; **P~ Council** *n* Geheime(r) Staatsrat *m*
prize [praɪz] *n* Preis *m* ♦ *adj* erstklassig; (*idiot*) Voll- ♦ *vt* (hoch)schätzen; ~-**giving** *n* Preisverteilung *f*; ~**winner** *n* Preisträger(in) *m(f)*
pro [prəʊ] *n* (*professional*) Profi *m*; **the ~s and cons** (*for and against*) das Für und Wider
probability [prɒbəˈbɪlɪtɪ] *n* Wahrscheinlichkeit *f*
probable ['prɒbəbl] *adj* wahrscheinlich
probably *adv* wahrscheinlich
probation [prəˈbeɪʃən] *n* Probe(zeit) *f*; (*JUR*) Bewährung *f*; **on ~** auf Probe; auf Bewährung
probe [prəʊb] *n* Sonde *f*; (*enquiry*) Untersuchung *f* ♦ *vt, vi* erforschen
problem ['prɒbləm] *n* Problem *nt*; ~**atic** [prɒblɪˈmætɪk] *adj* problematisch
procedure [prəˈsiːdʒə*] *n* Verfahren *nt*
proceed [prəˈsiːd] *vi* (*advance*) vorrücken; (*start*) anfangen; (*carry on*) fortfahren; (*set about*) vorgehen; ~**ings** *npl* Verfahren *nt*; ~**s** ['prəʊsiːdz] *npl* Erlös *m*
process ['prəʊses] *n* Prozeß *m*; (*method*) Verfahren *nt* ♦ *vt* bearbeiten; (*food*) verarbeiten; (*film*) entwickeln; ~**ing** *n* (*PHOT*) Entwickeln *nt*
procession [prəˈseʃən] *n* Prozession *f*, Umzug *m*; **funeral ~** Trauerprozession *f*
proclaim [prəˈkleɪm] *vt* verkünden
proclamation [prɒkləˈmeɪʃən] *n* Verkündung *f*
procrastinate [prəʊˈkræstɪneɪt] *vi* zaudern
procreation [prəʊkrɪˈeɪʃən] *n* (Er)zeugung *f*
procure [prəˈkjʊə*] *vt* beschaffen
prod [prɒd] *vt* stoßen ♦ *n* Stoß *m*
prodigal ['prɒdɪgəl] *adj*: ~ (**with** *or* **of**) verschwenderisch (mit)
prodigious [prəˈdɪdʒəs] *adj* gewaltig; (*wonderful*) wunderbar
prodigy ['prɒdɪdʒɪ] *n* Wunder *nt*
produce [*n* 'prɒdjuːs, *vb* prəˈdjuːs] *n* (*AGR*) (Boden)produkte *pl*, (Natur)erzeugnis *nt* ♦ *vt* herstellen, produzieren; (*cause*) hervorrufen; (*farmer*) erzeugen; (*yield*) liefern, bringen; (*play*) inszenieren; ~**r** *n* Hersteller *m*, Produzent *m* (*also CINE*); Erzeuger *m*
product ['prɒdʌkt] *n* Produkt *nt*, Erzeugnis *nt*
production [prəˈdʌkʃən] *n* Produktion *f*, Herstellung *f*; (*thing*) Erzeugnis *nt*, Produkt *nt*; (*THEAT*) Inszenierung *f*; ~ **line** *n* Fließband *nt*
productive [prəˈdʌktɪv] *adj* produktiv; (*fer-*

tile) ertragreich, fruchtbar

productivity [prɒdʌkˈtɪvɪtɪ] *n* Produktivität *f*

profane [prəˈfeɪn] *adj* (*secular, lay*) weltlich, profan; (*language etc*) gotteslästerlich

profess [prəˈfes] *vt* bekennen; (*show*) zeigen; (*claim to be*) vorgeben

profession [prəˈfeʃən] *n* Beruf *m*; (*declaration*) Bekenntnis *nt*; ~**al** *n* Fachmann *m*; (*SPORT*) Berufsspieler(in) *m(f)* ♦ *adj* Berufs-; (*expert*) fachlich; (*player*) professionell

professor [prəˈfesə*] *n* Professor *m*

proficiency [prəˈfɪʃənsɪ] *n* Können *nt*

proficient [prəˈfɪʃənt] *adj* fähig

profile [ˈprəʊfaɪl] *n* Profil *nt*; (*fig: report*) Kurzbiographie *f*

profit [ˈprɒfɪt] *n* Gewinn *m* ♦ *vi*: **to** ~ (**by** or **from**) profitieren (von); ~**ability** [prɒfɪtəˈbɪlɪtɪ] *n* Rentabilität *f*; ~**able** *adj* einträglich, rentabel

profiteering [prɒfɪˈtɪərɪŋ] *n* Profitmacherei *f*

profound [prəˈfaʊnd] *adj* tief

profuse [prəˈfjuːs] *adj* überreich; ~**ly** [prəˈfjuːslɪ] *adv* überschwenglich; (*sweat*) reichlich

profusion [prəˈfjuːʒən] *n*: ~ (**of**) Überfülle *f* (von), Überfluß *m* (an +*dat*)

progeny [ˈprɒdʒɪnɪ] *n* Nachkommenschaft *f*

programme [ˈprəʊɡræm] (*US* **program**) *n* Programm *nt* ♦ *vt* planen; (*computer*) programmieren

programmer (*US* **programer**) *n* Programmierer(in) *m(f)*

programming [ˈprəʊɡræmɪŋ] (*US* **programing**) *n* Programmieren *nt*

progress [*n* ˈprəʊɡres, *vb* prəˈɡres] *n* Fortschritt *m* ♦ *vi* fortschreiten, weitergehen; **in** ~ im Gang; ~**ion** [prəˈɡreʃən] *n* Folge *f*; ~**ive** [prəˈɡresɪv] *adj* fortschrittlich, progressiv

prohibit [prəˈhɪbɪt] *vt* verbieten; **to** ~ **sb from doing sth** jdm untersagen, etw zu tun; ~**ion** [prəʊɪˈbɪʃən] *n* Verbot *nt*; (*US*) Alkoholverbot *nt*, Prohibition *f*; ~**ive** *adj* (*price etc*) unerschwinglich

project [*n* ˈprɒdʒekt, *vb* prəˈdʒekt] *n* Projekt *nt* ♦ *vt* vorausplanen; (*film etc*) projizieren; (*personality, voice*) zum Tragen bringen ♦ *vi* (*stick out*) hervorragen, (her)vorstehen

projectile [prəˈdʒektaɪl] *n* Geschoß *nt*

projection [prəˈdʒekʃən] *n* Projektion *f*; (*sth prominent*) Vorsprung *m*

projector [prəˈdʒektə*] *n* Projektor *m*

proletariat [prəʊlɪˈtɛərɪət] *n* Proletariat *nt*

proliferate [prəˈlɪfəreɪt] *vi* sich vermehren

prolific [prəˈlɪfɪk] *adj* fruchtbar; (*author etc*) produktiv

prologue [ˈprəʊlɒɡ] *n* Prolog *m*; (*event*) Vorspiel *nt*

prolong [prəˈlɒŋ] *vt* verlängern

prom [prɒm] *n abbr* = **promenade; promenade concert** ♦ *n* (*US: college ball*) Studentenball *m*

promenade [prɒmɪˈnɑːd] *n* Promenade *f*; ~ **concert** *n* Promenadenkonzert *nt*

prominence [ˈprɒmɪnəns] *n* (große) Bedeutung *f*

prominent [ˈprɒmɪnənt] *adj* bedeutend; (*politician*) prominent; (*easily seen*) herausragend, auffallend

promiscuous [prəˈmɪskjʊəs] *adj* lose

promise [ˈprɒmɪs] *n* Versprechen *nt*; (*hope*): **promise of sth** Aussicht *f* auf etw *acc* ♦ *vt, vi* versprechen

promising [ˈprɒmɪsɪŋ] *adj* vielversprechend

promontory [ˈprɒməntrɪ] *n* Vorsprung *m*

promote [prəˈməʊt] *vt* befördern; (*help on*) fördern, unterstützen; ~**r** *n* (*in sport, entertainment*) Veranstalter *m*; (*for charity etc*) Organisator *m*

promotion [prəˈməʊʃən] *n* (*in rank*) Beförderung *f*; (*furtherance*) Förderung *f*; (*COMM*): ~ (**of**) Werbung *f* (für)

prompt [prɒmpt] *adj* prompt, schnell ♦ *adv* (*punctually*) genau ♦ *n* (*COMPUT*) Meldung *f* ♦ *vt* veranlassen; (*THEAT*) soufflieren +*dat*; **to** ~ **sb to do sth** jdn dazu veranlassen, etw zu tun; ~**ly** *adv* sofort

prone [prəʊn] *adj* hingestreckt; **to be** ~ **to sth** zu etw neigen

prong [prɒŋ] *n* Zinke *f*

pronoun [ˈprəʊnaʊn] *n* Fürwort *nt*

pronounce [prəˈnaʊns] *vt* aussprechen; (*JUR*) verkünden ♦ *vi* (*give an opinion*): **to** ~ (**on**) sich äußern (zu); ~**d** *adj* ausgesprochen; ~**ment** *n* Erklärung *f*

pronunciation [prənʌnsɪˈeɪʃən] *n* Aussprache *f*

proof [pruːf] *n* Beweis *m*; (*PRINT*) Korrekturfahne *f*; (*of alcohol*) Alkoholgehalt *m* ♦ *adj* sicher

prop [prɒp] *n* (*also fig*) Stütze *f*; (*THEAT*) Requisit *nt* ♦ *vt* (*also*: ~ **up**) (ab)stützen

propaganda [prɒpəˈɡændə] *n* Propaganda *f*

propagate [ˈprɒpəɡeɪt] *vt* fortpflanzen; (*news*) propagieren, verbreiten

propel [prəˈpel] *vt* (an)treiben; ~**ler** *n* Propeller *m*; ~**ling pencil** (*BRIT*) *n* Drehbleistift *m*

propensity [prəˈpensɪtɪ] *n* Tendenz *f*

proper [ˈprɒpə*] *adj* richtig; (*seemly*) schicklich; ~**ly** *adv* richtig; ~ **noun** *n* Eigenname *m*

property [ˈprɒpətɪ] *n* Eigentum *nt*; (*quality*) Eigenschaft *f*; (*land*) Grundbesitz *m*; ~ **owner** *n* Grundbesitzer *m*

prophecy [ˈprɒfɪsɪ] *n* Prophezeiung *f*

prophesy [ˈprɒfɪsaɪ] *vt* prophezeien

prophet [ˈprɒfɪt] *n* Prophet *m*

proportion [prəˈpɔːʃən] *n* Verhältnis *nt*; (*share*) Teil *m* ♦ *vt*: **to** ~ (**to**) abstimmen (auf +*acc*); ~**al** *adj* proportional; ~**ate** *adj* verhältnismäßig

proposal [prə'pəʊzl] *n* Vorschlag *m*; (*of marriage*) Heiratsantrag *m*

propose [prə'pəʊz] *vt* vorschlagen; (*toast*) ausbringen ♦ *vi* (*offer marriage*) einen Heiratsantrag machen; **to ~ to do sth** beabsichtigen, etw zu tun

proposition [prɒpə'zɪʃən] *n* Angebot *nt*; (*statement*) Satz *m*

proprietor [prə'praɪətə*] *n* Besitzer *m*, Eigentümer *m*

propriety [prə'praɪətɪ] *n* Anstand *m*

pro rata [prəʊ'rɑːtə] *adv* anteilmäßig

prose [prəʊz] *n* Prosa *f*

prosecute ['prɒsɪkjuːt] *vt* (strafrechtlich) verfolgen

prosecution [prɒsɪ'kjuːʃən] *n* (*JUR*) strafrechtliche Verfolgung *f*; (*party*) Anklage *f*

prosecutor ['prɒsɪkjuːtə*] *n* Vertreter *m* der Anklage; **Public P~** Staatsanwalt *m*

prospect [*n* 'prɒspekt, *vb* prə'spekt] *n* Aussicht *f* ♦ *vi*: **to ~ (for)** suchen (nach); ~**ing** [prə'spektɪŋ] *n* (*for minerals*) Suche *f*; ~**or** [prə'spektə*] *n* (*Gold*)sucher *m*; ~**us** *n* (Werbe)prospekt *m*

prosper ['prɒspə*] *vi* blühen, gedeihen; (*person*) erfolgreich sein; ~**ity** [prɒ'sperɪtɪ] *n* Wohlstand *m*; ~**ous** *adj* wohlhabend, reich

prostitute ['prɒstɪtjuːt] *n* Prostituierte *f*

prostrate ['prɒstreɪt] *adj* ausgestreckt (liegend); ~ **with grief/exhaustion** von Schmerz/Erschöpfung übermannt

protagonist [prəʊ'tægənɪst] *n* Hauptperson *f*, Held *m*

protect [prə'tekt] *vt* (be)schützen; ~**ion** *n* Schutz *m*; ~**ive** *adj* Schutz-, (be)schützend

protégé ['prɒteʒeɪ] *n* Schützling *m*

protein ['prəʊtiːn] *n* Protein *nt*, Eiweiß *nt*

protest [*n* 'prəʊtest, *vb* prə'test] *n* Protest *m* ♦ *vi* protestieren ♦ *vt* (*affirm*) beteuern

Protestant ['prɒtɪstənt] *adj* protestantisch ♦ *n* Protestant(in) *m(f)*

protester [prə'testə*] *n* (*demonstrator*) Demonstrant(in) *m(f)*

protracted [prə'træktɪd] *adj* sich hinziehend

protrude [prə'truːd] *vi* (her)vorstehen

proud [praʊd] *adj*: ~ (**of**) stolz (auf +*acc*)

prove [pruːv] *vt* beweisen ♦ *vi*: **to ~ (to be) correct** sich als richtig erweisen; **to ~ o.s.** sich bewähren

proverb ['prɒvɜːb] *n* Sprichwort *nt*; ~**ial** [prə'vɜːbɪəl] *adj* sprichwörtlich

provide [prə'vaɪd] *vt* versehen mit; (*supply*) besorgen; **to ~ sb with sth** jdn mit etw versorgen; ~ **for** *vt fus* sorgen für; (*emergency*) Vorkehrungen treffen für; ~**d (that)** *conj* vorausgesetzt(, daß); **P~nce** ['prɒvɪdəns] *n* die Vorsehung

providing [prə'vaɪdɪŋ] *conj* vorausgesetzt(, daß)

province ['prɒvɪns] *n* Provinz *f*; (*division of work*) Bereich *m*

provincial [prə'vɪnʃəl] *adj* provinziell, Provinz-

provision [prə'vɪʒən] *n* Vorkehrung *f*; (*condition*) Bestimmung *f*; ~**s** *npl* (*food*) Vorräte *pl*, Proviant *m*; ~**al** *adj* provisorisch

proviso [prə'vaɪzəʊ] *n* Bedingung *f*

provocative [prə'vɒkətɪv] *adj* provozierend

provoke [prə'vəʊk] *vt* provozieren; (*cause*) hervorrufen

prow [praʊ] *n* Bug *m*

prowess ['praʊes] *n* überragende(s) Können *nt*

prowl [praʊl] *vi* herumstreichen; (*animal*) schleichen ♦ *n*: **on the ~** umherstreifend; ~**er** *n* Herumtreiber(in) *m(f)*

proximity [prɒk'sɪmɪtɪ] *n* Nähe *f*

proxy ['prɒksɪ] *n* (Stell)vertreter *m*; (*authority, document*) Vollmacht *f*; **by ~** durch einen Stellvertreter

prudence ['pruːdəns] *n* Umsicht *f*

prudent ['pruːdənt] *adj* klug, umsichtig

prudish ['pruːdɪʃ] *adj* prüde

prune [pruːn] *n* Backpflaume *f* ♦ *vt* ausputzen; (*fig*) zurechtstutzen

pry [praɪ] *vi*: **to ~ (into)** seine Nase stecken (in +*acc*)

PS *n abbr* (= *postscript*) PS

pseudo- ['sjuːdəʊ] *prefix* Pseudo-; ~**nym** *n* Pseudonym *nt*, Deckname *m*

psychiatric [saɪkɪ'ætrɪk] *adj* psychiatrisch

psychiatrist [saɪ'kaɪətrɪst] *n* Psychiater *m*

psychic ['saɪkɪk] *adj* (*also*: ~**al**) übersinnlich; (*person*) paranormal begabt

psychoanalyse [saɪkəʊ'ænəlaɪz] (*US* **psychoanalyze**) *vt* psychoanalytisch behandeln

psychoanalyst [saɪkəʊ'ænəlɪst] *n* Psychoanalytiker(in) *m(f)*

psychological [saɪkə'lɒdʒɪkəl] *adj* psychologisch

psychologist [saɪ'kɒlədʒɪst] *n* Psychologe *m*, Psychologin *f*

psychology [saɪ'kɒlədʒɪ] *n* Psychologie *f*

PTO *abbr* = **please turn over**

pub [pʌb] *n abbr* (= *public house*) Kneipe *f*

pubic ['pjuːbɪk] *adj* Scham-

public ['pʌblɪk] *adj* öffentlich ♦ *n* (*also*: *general* ~) Öffentlichkeit *f*; **in ~** in der Öffentlichkeit; ~ **address system** *n* Lautsprecheranlage *f*

publican ['pʌblɪkən] *n* Wirt *m*

publication [pʌblɪ'keɪʃən] *n* Veröffentlichung *f*

public: ~ **company** *n* Aktiengesellschaft *f*; ~ **convenience** (*BRIT*) *n* öffentliche Toiletten *pl*; ~ **holiday** *n* gesetzliche(r) Feiertag *m*; ~ **house** (*BRIT*) *n* Lokal *nt*, Kneipe *f*

publicity [pʌb'lɪsɪtɪ] n Publicity f, Werbung f

publicize ['pʌblɪsaɪz] vt bekannt machen; (advertise) Publicity machen für

publicly ['pʌblɪklɪ] adv öffentlich

public : ~ **opinion** n öffentliche Meinung f; ~ **relations** npl Public Relations pl; ~ **school** n (BRIT) Privatschule f; (US) staatliche Schule f; **~-spirited** adj mit Gemeinschaftssinn; ~ **transport** n öffentliche Verkehrsmittel pl

publish ['pʌblɪʃ] vt veröffentlichen; (event) bekanntgeben; **~er** n Verleger m; **~ing** n (business) Verlagswesen nt

pucker ['pʌkə*] vt (face) verziehen; (lips) kräuseln

pudding ['pʊdɪŋ] n (BRIT: course) Nachtisch m; Pudding m; **black ~** ≈ Blutwurst f

puddle ['pʌdl] n Pfütze f

puff [pʌf] n (of wind etc) Stoß m; (cosmetic) Puderquaste f ♦ vt blasen, pusten; (pipe) paffen ♦ vi keuchen, schnaufen; (smoke) paffen; **to ~ out smoke** Rauch ausstoßen; **~ed** (inf) adj (out of breath) außer Puste; **~ pastry** (US **~ paste**) n Blätterteig m; **~y** adj aufgedunsen

pull [pʊl] n Ruck m; (influence) Beziehung f ♦ vt ziehen; (trigger) abdrücken ♦ vi ziehen; **to ~ sb's leg** jdn auf den Arm nehmen; **to ~ to pieces** in Stücke reißen; (fig) verreißen; **to ~ one's punches** sich zurückhalten; **to ~ one's weight** sich in die Riemen legen; **to ~ o.s. together** sich zusammenreißen; **~ apart** vt (break) zerreißen; (dismantle) auseinandernehmen; (fighters) trennen; **~ down** vt (house) abreißen; **~ in** vi hineinfahren; (stop) anhalten; (RAIL) einfahren; **~ off** vt (deal etc) abschließen; **~ out** vi (car) herausfahren; (fig: partner) aussteigen ♦ vt herausziehen; **~ over** vi (AUT) an die Seite fahren; **~ round** vi durchkommen; **~ through** vi durchkommen; **~ up** vi anhalten ♦ vt (uproot) herausreißen; (stop) anhalten

pulley ['pʊlɪ] n Rolle f, Flaschenzug m

pullover ['pʊləʊvə*] n Pullover m

pulp [pʌlp] n Brei m; (of fruit) Fruchtfleisch nt

pulpit ['pʊlpɪt] n Kanzel f

pulsate [pʌl'seɪt] vi pulsieren

pulse [pʌls] n Puls m

pummel ['pʌml] vt mit den Fäusten bearbeiten

pump [pʌmp] n Pumpe f; (shoe) leichter (Tanz)schuh m ♦ vt pumpen; **~ up** vt (tyre) aufpumpen

pumpkin ['pʌmpkɪn] n Kürbis m

pun [pʌn] n Wortspiel nt

punch [pʌntʃ] n (tool) Locher m; (blow) (Faust)schlag m; (drink) Punsch m, Bowle f ♦ vt lochen; (strike) schlagen, boxen; **~line** n Pointe f; **~-up** n (BRIT: inf) n Keilerei f

punctual ['pʌŋktjʊəl] adj pünktlich

punctuate ['pʌŋktjʊeɪt] vt mit Satzzeichen versehen; (fig) unterbrechen

punctuation [pʌŋktjʊ'eɪʃən] n Zeichensetzung f, Interpunktion f

puncture ['pʌŋktʃə*] n Loch nt; (AUT) Reifenpanne f ♦ vt durchbohren

pundit ['pʌndɪt] n Gelehrte(r) m

pungent ['pʌndʒənt] adj scharf

punish ['pʌnɪʃ] vt bestrafen; (in boxing etc) übel zurichten; **~ment** n Strafe f; (action) Bestrafung f

punk [pʌŋk] n (also: ~ **rocker**) Punker(in) m(f); (: ~ **rock**) Punk m; (US: inf: hoodlum) Ganove m

punt [pʌnt] n Stechkahn m

punter ['pʌntə*] (BRIT) n (better) Wetter m

puny ['pjuːnɪ] adj kümmerlich

pup [pʌp] n = **puppy**

pupil ['pjuːpl] n Schüler(in) m(f); (in eye) Pupille f

puppet ['pʌpɪt] n Puppe f; Marionette f

puppy ['pʌpɪ] n junge(r) Hund m

purchase ['pɜːtʃɪs] n Kauf m; (grip) Halt m ♦ vt kaufen, erwerben; **~r** n Käufer(in) m(f)

pure [pjʊə*] adj (also fig) rein; **~ly** ['pjʊəlɪ] adv rein

purgatory ['pɜːgətərɪ] n Fegefeuer nt

purge [pɜːdʒ] n (also POL) Säuberung f; (medicine) Abführmittel nt ♦ vt reinigen; (body) entschlacken

purify ['pjʊərɪfaɪ] vt reinigen

purity ['pjʊərɪtɪ] n Reinheit f

purl [pɜːl] n linke Masche f

purple ['pɜːpl] adj violett; (face) dunkelrot

purport [pɜː'pɔːt] vi vorgeben

purpose ['pɜːpəs] n Zweck m, Ziel nt; (of person) Absicht f; **on ~** absichtlich; **~ful** adj zielbewußt, entschlossen

purr [pɜː*] n Schnurren nt ♦ vi schnurren

purse [pɜːs] n Portemonnaie nt, Geldbeutel m ♦ vt (lips) zusammenpressen, schürzen

purser ['pɜːsə*] n Zahlmeister m

pursue [pə'sjuː] vt verfolgen; (study) nachgehen +dat; **~r** n Verfolger m

pursuit [pə'sjuːt] n Verfolgung f; (occupation) Beschäftigung f

purveyor [pɜː'veɪə*] n Lieferant m

pus [pʌs] n Eiter m

push [pʊʃ] n Stoß m, Schub m; (MIL) Vorstoß m ♦ vt stoßen, schieben; (button) drücken; (idea) durchsetzen ♦ vi stoßen, schieben; **~ aside** vt beiseiteschieben; **~ off** (inf) vi abschieben; **~ on** vi weitermachen; **~ through** vt durchdrücken; (policy) durchsetzen; **~ up** vt (total) erhöhen; (prices) hochtreiben; **~chair** (BRIT) n (Kinder)sportwagen m; **~-over** (inf) n Kinderspiel nt; **~-up** (US) n (press-up) Liegestütz m; **~y** (inf) adj aufdringlich

puss [pʊs] n Mieze(katze) f; **~y(-cat)** ['pʊsɪ(kæt)] n Mieze(katze) f

put [pʊt] (*pt, pp* **put**) *vt* setzen, stellen, legen; (*express*) ausdrücken, sagen; (*write*) schreiben; ~ **about** *vi* (*turn back*) wenden ♦ *vt* (*spread*) verbreiten; ~ **across** *vt* (*explain*) erklären; ~ **away** *vt* weglegen; (*store*) beiseite legen; ~ **back** *vt* zurückstellen *or* -legen; ~ **by** *vt* zurücklegen, sparen; ~ **down** *vt* hinstellen *or* -legen; (*rebellion*) niederschlagen; (*animal*) einschläfern; (*in writing*) niederschreiben; ~ **forward** *vt* (*idea*) vorbringen; (*clock*) vorstellen; ~ **in** *vt* (*application, complaint*) einreichen; ~ **off** *vt* verschieben; (*price*) erhöhen; (*discourage*): to ~ **sb off sth** jdn von etw abbringen; ~ **on** *vt* (*clothes etc*) anziehen; (*light etc*) anschalten, anmachen; (*play etc*) aufführen; (*brake*) anziehen; ~ **out** *vt* (*hand etc*) (her)ausstrecken; (*news, rumour*) verbreiten; (*light etc*) ausschalten, ausmachen; ~ **through** *vt* (*TEL: person*) verbinden; (*: call*) durchstellen; ~ **up** *vt* (*tent*) aufstellen; (*building*) errichten; (*price*) erhöhen; (*person*) unterbringen; ~ **up with** *vt fus* sich abfinden mit

putrid ['pjuːtrɪd] *adj* faul

putt [pʌt] *vt* (*golf*) putten ♦ *n* Putten *nt*; **~ing green** *n* kleine(r) Golfplatz *m* nur zum Putten

putty ['pʌtɪ] *n* Kitt *m*; (*fig*) Wachs *nt*

put-up ['pʊtʌp] *adj*: ~ **job** abgekartete(s) Spiel *nt*

puzzle ['pʌzl] *n* Rätsel *nt*; (*toy*) Geduldspiel *nt* ♦ *vt* verwirren ♦ *vi* sich den Kopf zerbrechen

puzzling ['pʌzlɪŋ] *adj* rätselhaft, verwirrend

pyjamas [pɪ'dʒɑːməz] (*BRIT*) *npl* Schlafanzug *m*, Pyjama *m*

pylon ['paɪlən] *n* Mast *m*

pyramid ['pɪrəmɪd] *n* Pyramide *f*

— Q q

quack [kwæk] *n* Quaken *nt*; (*doctor*) Quacksalber *m* ♦ *vi* quaken

quad [kwɒd] *n abbr* = **quadrangle; quadruplet**

quadrangle ['kwɒdræŋgl] *n* (*court*) Hof *m*; (*MATH*) Viereck *nt*

quadruple [kwɒ'druːpl] *adj* vierfach ♦ *vi* sich vervierfachen ♦ *vt* vervierfachen

quadruplets [kwɒ'druːpləts] *npl* Vierlinge *pl*

quagmire ['kwægmaɪə*] *n* Morast *m*

quail [kweɪl] *n* (*bird*) Wachtel *f* ♦ *vi* (*vor Angst*) zittern

quaint [kweɪnt] *adj* kurios; malerisch

quake [kweɪk] *vi* beben, zittern ♦ *n abbr* = **earthquake**

qualification [kwɒlɪfɪ'keɪʃən] *n* Qualifikation *f*; (*sth which limits*) Einschränkung *f*

qualified ['kwɒlɪfaɪd] *adj* (*competent*) qualifiziert; (*limited*) bedingt

qualify ['kwɒlɪfaɪ] *vt* (*prepare*) befähigen; (*limit*) einschränken ♦ *vi* sich qualifizieren; **to ~ as a lawyer/doctor** sein juristisches/medizinisches Staatsexamen machen

quality ['kwɒlɪtɪ] *n* Qualität *f*; (*characteristic*) Eigenschaft *f*

qualm [kwɑːm] *n* (*fig*) Bedenken *nt*

quandary ['kwɒndərɪ] *n*: **to be in a ~ in** Verlegenheit sein

quantity ['kwɒntɪtɪ] *n* Menge *f*; ~ **surveyor** *n* Baukostenkalkulator *m*

quarantine ['kwɒrəntiːn] *n* Quarantäne *f*

quarrel ['kwɒrəl] *n* Streit *m* ♦ *vi* sich streiten; **~some** *adj* streitsüchtig

quarry ['kwɒrɪ] *n* Steinbruch *m*; (*animal*) Wild *nt*; (*fig*) Opfer *nt*

quart [kwɔːt] *n* Quart *nt*

quarter ['kwɔːtə*] *n* Viertel *nt*; (*of year*) Quartal *nt* ♦ *vt* (*divide*) vierteln; (*MIL*) einquartieren; **~s** *npl* (*esp MIL*) Quartier *nt*; ~ **of an hour** Viertelstunde *f*; ~ **final** *n* Viertelfinale *nt*; **~ly** *adj* vierteljährlich

quartet(te) [kwɔː'tet] *n* Quartett *nt*

quartz [kwɔːts] *n* Quarz *m*

quash [kwɒʃ] *vt* (*verdict*) aufheben

quasi- ['kwɑːzɪ] *prefix* Quasi-

quaver ['kweɪvə*] *n* (*BRIT: MUS*) Achtelnote *f* ♦ *vi* (*tremble*) zittern

quay [kiː] *n* Kai *m*

queasy ['kwiːzɪ] *adj* übel

queen [kwiːn] *n* Königin *f*; ~ **mother** *n* Königinmutter *f*

queer [kwɪə*] *adj* seltsam ♦ *n* (*inf: homosexual*) Schwule(r) *m*

quell [kwel] *vt* unterdrücken

quench [kwentʃ] *vt* (*thirst*) löschen

querulous ['kwerʊləs] *adj* nörglerisch

query ['kwɪərɪ] *n* (*question*) (An)frage *f*; (*question mark*) Fragezeichen *nt* ♦ *vt* in Zweifel ziehen, in Frage stellen

quest [kwest] *n* Suche *f*

question ['kwestʃən] *n* Frage *f* ♦ *vt* (*ask*) (be)fragen; (*suspect*) verhören; (*doubt*) in Frage stellen, bezweifeln; **beyond** ~ ohne Frage; **out of the** ~ ausgeschlossen; **~able** *adj* zweifelhaft; ~ **mark** *n* Fragezeichen *nt*

questionnaire [kwestʃə'neə*] *n* Fragebogen *m*

queue [kjuː] (*BRIT*) *n* Schlange *f* ♦ *vi* (*also*: ~ **up**) Schlange stehen

quibble ['kwɪbl] *vi* kleinlich sein

quick [kwɪk] *adj* schnell ♦ *n* (*of nail*) Nagelhaut *f*; **be ~!** mach schnell!; **cut to the ~**

(fig) tief getroffen; ~en vt (hasten) beschleunigen ♦ vi sich beschleunigen; ~ly adj schnell; ~sand n Treibsand m; ~witted adj schlagfertig

quid [kwɪd] (BRIT: inf) n (£1) Pfund nt

quiet ['kwaɪət] adj (without noise) leise; (peaceful, calm) still, ruhig ♦ n Stille f, Ruhe f ♦ vt, vi (US) = **quieten**; **keep** ~! sei still!; ~**en** vi (also: ~**en down**) ruhig werden ♦ vt beruhigen; ~**ly** adv leise, ruhig; ~**ness** n Ruhe f, Stille f

quilt [kwɪlt] n (continental ~) Steppdecke f

quin [kwɪn] n abbr = **quintuplet**

quinine [kwɪ'niːn] n Chinin nt

quintuplets [kwɪn'tjuːplɪts] npl Fünflinge pl

quip [kwɪp] n witzige Bemerkung f

quirk [kwɜːk] n (oddity) Eigenart f

quit [kwɪt] (pt, pp quit or quitted) vt verlassen ♦ vi aufhören

quite [kwaɪt] adv (completely) ganz, völlig; (fairly) ziemlich; ~ **a few of them** ziemlich viele von ihnen; ~ **(so)!** richtig!

quits [kwɪts] adj quitt; **let's call it** ~ lassen wir's gut sein

quiver ['kwɪvə*] vi zittern ♦ n (for arrows) Köcher m

quiz [kwɪz] n (competition) Quiz nt ♦ vt prüfen; ~**zical** adj fragend

quorum ['kwɔːrəm] n beschlußfähige Anzahl f

quota ['kwəʊtə] n Anteil m; (COMM) Quote f

quotation [kwəʊ'teɪʃən] n Zitat nt; (price) Kostenvoranschlag m; ~ **marks** npl Anführungszeichen pl

quote [kwəʊt] n = **quotation** ♦ vi (from book) zitieren ♦ vt zitieren; (price) angeben

---

R r

rabbi ['ræbaɪ] n Rabbiner m; (title) Rabbi m

rabbit ['ræbɪt] n Kaninchen nt; ~ **hole** n Kaninchenbau m; ~ **hutch** n Kaninchenstall m

rabble ['ræbl] n Pöbel m

rabies ['reɪbiːz] n Tollwut f

RAC (BRIT) n abbr = **Royal Automobile Club**

raccoon [rə'kuːn] n Waschbär m

race [reɪs] n (species) Rasse f; (competition) Rennen nt; (on foot) Rennen nt, Wettlauf m; (rush) Hetze f ♦ vt um die Wette laufen

mit; (horses) laufen lassen ♦ vi (run) rennen; (in contest) am Rennen teilnehmen; ~ **car** (US) n = **racing car**; ~ **car driver** (US) n = **racing driver**; ~**course** n (for horses) Rennbahn f, ~**horse** n Rennpferd nt; ~**track** n (for cars etc) Rennstrecke f

racial ['reɪʃəl] adj Rassen-; ~**ist** adj rassistisch ♦ n Rassist m

racing ['reɪsɪŋ] n Rennen nt; ~ **car** (BRIT) n Rennwagen m; ~ **driver** (BRIT) n Rennfahrer m

racism ['reɪsɪzəm] n Rassismus m

racist ['reɪsɪst] n Rassist m ♦ adj rassistisch

rack [ræk] n Ständer m, Gestell nt ♦ vt plagen; **to go to** ~ **and ruin** verfallen; **to** ~ **one's brains** sich dat den Kopf zerbrechen

racket ['rækɪt] n (din) Krach m; (scheme) (Schwindel)geschäft nt; (TENNIS: also racquet) (Tennis)schläger m

racoon [rə'kuːn] n = **raccoon**

racquet ['rækɪt] n (Tennis)schläger m

racy ['reɪsɪ] adj gewagt; (style) spritzig

radar ['reɪdɑː*] n Radar nt or m

radial ['reɪdɪəl] adj (also: US: ~-ply) radial

radiance ['reɪdɪəns] n strahlende(r) Glanz m

radiant ['reɪdɪənt] adj strahlend; (giving out rays) Strahlungs-

radiate ['reɪdɪeɪt] vi ausstrahlen; (roads, lines) strahlenförmig wegführen ♦ vt ausstrahlen

radiation [reɪdɪ'eɪʃən] n (Aus)strahlung f

radiator ['reɪdɪeɪtə*] n (for heating) Heizkörper m; (AUT) Kühler m

radical ['rædɪkəl] adj radikal

radii ['reɪdɪaɪ] npl of **radius**

radio ['reɪdɪəʊ] n Rundfunk m, Radio nt; (set) Radio nt, Radioapparat m; **on the** ~ im Radio; ~**active** [reɪdɪəʊ'æktɪv] adj radioaktiv; ~**logy** [reɪdɪ'ɒlədʒɪ] n Strahlenkunde f; ~ **station** n Rundfunkstation f; ~**therapy** ['reɪdɪəʊ'θerəpɪ] n Röntgentherapie f

radish ['rædɪʃ] n (big) Rettich m; (small) Radieschen nt

radius ['reɪdɪəs] n (pl **radii**) n Radius m; (area) Umkreis m

RAF n abbr = **Royal Air Force**

raffle ['ræfl] n Verlosung f, Tombola f ♦ vt verlosen

raft [rɑːft] n Floß nt

rafter ['rɑːftə*] n Dachsparren m

rag [ræg] n (cloth) Lumpen m, Lappen m; (inf. newspaper) Käseblatt nt; (UNIV: for charity) studentische Sammelaktion f ♦ vt (BRIT) auf den Arm nehmen; ~**s** npl (cloth) Lumpen pl; ~**-and-bone man** (irreg; BRIT) n = **ragman**; ~ **doll** n Flickenpuppe f

rage [reɪdʒ] n Wut f; (fashion) große Mode f ♦ vi wüten, toben

ragged ['rægɪd] adj (edge) gezackt; (clothes)

zerlumpt

ragman ['rægmæn] (*irreg*) *n* Lumpensammler *m*

raid [reɪd] *n* Überfall *m*; (*MIL*) Angriff *m*; (*by police*) Razzia *f* ♦ *vt* überfallen

rail [reɪl] *n* (*also* RAIL) Schiene *f*; (*on stair*) Geländer *nt*; (*of ship*) Reling *f*; **~s** *npl* (*RAIL*) Geleise *pl*; **by ~** per Bahn; **~ing(s)** *n(pl)* Geländer *nt*; **~road** (*US*) *n* Eisenbahn *f*; **~way** (*BRIT*) *n* Eisenbahn *f*; **~way line** (*BRIT*) *n* (Eisen)bahnlinie *f*; (*track*) Gleis *nt*; **~wayman** (*irreg*; *BRIT*) *n* Eisenbahner *m*; **~way station** (*BRIT*) *n* Bahnhof *m*

rain [reɪn] *n* Regen *m* ♦ *vt*, *vi* regnen; **in the ~** im Regen; **it's ~ing** es regnet; **~bow** *n* Regenbogen *m*; **~coat** *n* Regenmantel *m*; **~drop** *n* Regentropfen *m*; **~fall** *n* Niederschlag *m*; **~forest** *n* Regenwald *m*; **~y** *adj* (*region, season*) Regen-; (*day*) regnerisch, verregnet

raise [reɪz] *n* (*esp US: increase*) (Gehalts)erhöhung *f* ♦ *vt* (*lift*) (hoch)heben; (*increase*) erhöhen; (*question*) aufwerfen; (*doubts*) äußern; (*funds*) beschaffen; (*family*) großziehen; (*livestock*) züchten; **to ~ one's voice** die Stimme erheben

raisin ['reɪzn] *n* Rosine *f*

rake [reɪk] *n* Rechen *m*, Harke *f*; (*person*) Wüstling *m* ♦ *vt* rechen, harken; (*with gun*) (mit Feuer) bestreichen; (*search*) (durch)suchen

rakish ['reɪkɪʃ] *adj* verwegen

rally ['rælɪ] *n* (*POL etc*) Kundgebung *f*; (*AUT*) Rallye *f* ♦ *vt* (*MIL*) sammeln ♦ *vi* Kräfte sammeln; **~ round** *vt fus* (sich) scharen um; (*help*) zu Hilfe kommen +*dat* ♦ *vi* zu Hilfe kommen

RAM [ræm] *n abbr* (= *random access memory*) RAM *m*

ram [ræm] *n* Widder *m*; (*instrument*) Ramme *f* ♦ *vt* (*strike*) rammen; (*stuff*) (hinein)stopfen

ramble ['ræmbl] *n* Wanderung *f* ♦ *vi* (*talk*) schwafeln; **~r** *n* Wanderer *m*

rambling ['ræmblɪŋ] *adj* (*speech*) weitschweifig; (*town*) ausgedehnt

ramp [ræmp] *n* Rampe *f*; **on/off ~** (*US: AUT*) Ein-/Ausfahrt *f*

rampage [ræm'peɪdʒ] *n*: **to be on the ~** randalieren ♦ *vi* randalieren

rampant ['ræmpənt] *adj* wild wuchernd

rampart ['ræmpɑːt] *n* (Schutz)wall *m*

ramshackle ['ræmʃækl] *adj* baufällig

ran [ræn] *pt of* run

ranch [rɑːntʃ] *n* Ranch *f*

rancid ['rænsɪd] *adj* ranzig

rancour ['ræŋkə*] (*US* rancor) *n* Verbitterung *f*, Groll *m*

random ['rændəm] *adj* ziellos, wahllos ♦ *n*: **at ~** aufs Geratewohl; **~ access** *n* (*COMPUT*) wahlfreie(r) Zugriff *m*

randy ['rændɪ] (*BRIT: inf*) *adj* geil, scharf

rang [ræŋ] *pt of* ring

range [reɪndʒ] *n* Reihe *f*; (*of mountains*) Kette *f*; (*COMM*) Sortiment *nt*; (*reach*) (Reich)weite *f*; (*of gun*) Schußweite *f*; (*for shooting practice*) Schießplatz *m*; (*stove*) (großer) Herd *m* ♦ *vt* (*set in row*) anordnen, aufstellen; (*roam*) durchstreifen ♦ *vi*: **to ~ over** (*wander*) umherstreifen in +*dat*; (*extend*) sich erstrecken auf +*acc*; **a ~ of** (*selection*) eine (große) Auswahl an +*dat*; **prices ranging from £5 to £10** Preise, die sich zwischen £5 und £10 bewegen; **~r** ['reɪndʒə*] *n* Förster *m*

rank [ræŋk] *n* (*row*) Reihe *f*; (*BRIT: also: taxi ~*) (Taxi)stand *m*; (*MIL*) Rang *m*; (*social position*) Stand *m* ♦ *vi* (*have ~*): **to ~ among** gehören zu ♦ *adj* (*strong-smelling*) stinkend; (*extreme*) krass; **the ~ and file** (*fig*) die breite Masse

rankle ['ræŋkl] *vi* nagen

ransack ['rænsæk] *vt* (*plunder*) plündern; (*search*) durchwühlen

ransom ['rænsəm] *n* Lösegeld *nt*; **to hold sb to ~** jdn Lösegeld festhalten

rant [rænt] *vi* hochtrabend reden

rap [ræp] *n* Schlag *m*; (*music*) Rap *m* ♦ *vt* klopfen

rape [reɪp] *n* Vergewaltigung *f*; (*BOT*) Raps *m* ♦ *vt* vergewaltigen; **~(seed) oil** *n* Rapsöl *nt*

rapid ['ræpɪd] *adj* rasch, schnell; **~ity** [rə'pɪdɪtɪ] *n* Schnelligkeit *f*; **~ly** *adv* schnell; **~s** *npl* Stromschnellen *pl*

rapist ['reɪpɪst] *n* Vergewaltiger *m*

rapport [ræ'pɔː*] *n* gute(s) Verhältnis *nt*

rapture ['ræptʃə*] *n* Entzücken *nt*

rapturous ['ræptʃərəs] *adj* (*applause*) stürmisch; (*expression*) verzückt

rare [rɛə*] *adj* selten, rar; (*underdone*) nicht durchgebraten

rarely ['rɛəlɪ] *adv* selten

raring ['rɛərɪŋ] *adj*: **to be ~ to go** (*inf*) es kaum erwarten können, bis es losgeht

rarity ['rɛərɪtɪ] *n* Seltenheit *f*

rascal ['rɑːskəl] *n* Schuft *m*

rash [ræʃ] *adj* übereilt; (*reckless*) unbesonnen ♦ *n* (Haut)ausschlag *m*

rasher ['ræʃə*] *n* Speckscheibe *f*

raspberry ['rɑːzbərɪ] *n* Himbeere *f*

rasping ['rɑːspɪŋ] *adj* (*noise*) kratzend; (*voice*) krächzend

rat [ræt] *n* (*animal*) Ratte *f*; (*person*) Halunke *m*

rate [reɪt] *n* (*proportion*) Rate *f*; (*price*) Tarif *m*; (*speed*) Tempo *nt* ♦ *vt* (ein)schätzen; **~s** *npl* (*BRIT: tax*) Grundsteuer *f*; **to ~ as** für etw halten; **~able value** (*BRIT*) *n* Einheitswert *m* (*als Bemessungsgrundlage*); **~payer** (*BRIT*) *n* Steuerzahler(in) *m(f)*

rather ['rɑːðə*] *adv* (*in preference*) lieber, eher; (*to some extent*) ziemlich; **I would** *or* **I'd ~ go** ich würde lieber gehen; **it's ~ ex-**

pensive (*quite*) es ist ziemlich teuer; (*too*) es ist etwas zu teuer; **there's ~ a lot** es ist ziemlich viel

ratify ['rætɪfaɪ] *vt* bestätigen; (*POL*) ratifizieren

rating ['reɪtɪŋ] *n* Klasse *f*; (*BRIT: sailor*) Matrose *m*

ratio ['reɪʃɪəʊ] *n* Verhältnis *nt*; **in the ~ of 100 to 1** im Verhältnis 100 zu 1

ration ['ræʃən] *n* (*usu pl*) Ration *f* ♦ *vt* rationieren

rational ['ræʃənl] *adj* rational; **~e** [ræʃə'nɑːl] *n* Grundprinzip *nt*; **~ize** ['ræʃnəlaɪz] *vt* rationalisieren; **~ly** *adv* rational

rat race *n* Konkurrenzkampf *m*

rattle ['rætl] *n* (*sound*) Rasseln *nt*; (*toy*) Rassel *f* ♦ *vi* ratteln, klappern ♦ *vt* rasseln mit; **~snake** *n* Klapperschlange *f*

raucous ['rɔːkəs] *adj* heiser, rauh

ravage ['rævɪdʒ] *vt* verheeren; **~s** *npl* verheerende Wirkungen *pl*

rave [reɪv] *vi* (*talk wildly*) phantasieren; (*rage*) toben

raven ['reɪvn] *n* Rabe *m*

ravenous ['rævənəs] *adj* heißhungrig

ravine [rə'viːn] *n* Schlucht *f*

raving ['reɪvɪŋ] *adj*: **~ lunatic** völlig Wahnsinnige(r) *mf*

ravishing ['rævɪʃɪŋ] *adj* atemberaubend

raw [rɔː] *adj* roh; (*tender*) wund(gerieben); (*inexperienced*) unerfahren; **to get a ~ deal** (*inf*) schlecht wegkommen; **~ material** *n* Rohmaterial *nt*

ray [reɪ] *n* (*of light*) Strahl *m*; **~ of hope** Hoffnungsschimmer *m*

raze [reɪz] *vt* (*also: raze to the ground*) dem Erdboden gleichmachen

razor ['reɪzə*] *n* Rasierapparat *m*; **~ blade** *n* Rasierklinge *f*

Rd *abbr* = **road**

re [riː] *prep* (*COMM*) betreffs +*gen*

reach [riːtʃ] *n* Reichweite *f*; (*of river*) Strecke *f* ♦ *vt* (*arrive at*) erreichen; (*give*) reichen ♦ *vi* (*stretch*) sich erstrecken; **within ~** (*shops etc*) in erreichbarer Weite *or* Entfernung; **out of ~** außer Reichweite; **to ~ for** (*try to get*) langen nach; **~ out** *vi* die Hand ausstrecken; **to ~ out for sth** nach etw greifen

react [riː'ækt] *vi* reagieren; **~ion** [riː'ækʃən] *n* Reaktion *f*

reactor [riː'æktə*] *n* Reaktor *m*

read¹ [red] *pt, pp of* **read²**

read² [riːd] (*pt, pp* **read**) *vt, vi* lesen; (*aloud*) vorlesen; **~ out** *vt* vorlesen; **~able** *adj* leserlich; (*worth reading*) lesenswert; **~er** *n* (*person*) Leser(in) *m(f)*; (*book*) Lesebuch *nt*; **~ership** *n* Leserschaft *f*

readily ['redɪlɪ] *adv* (*willingly*) bereitwillig; (*easily*) prompt

readiness ['redɪnəs] *n* (*willingness*) Bereit-

willigkeit *f*; (*being ready*) Bereitschaft *f*; **in ~** (*prepared*) bereit

reading ['riːdɪŋ] *n* Lesen *nt*

readjust ['riːə'dʒʌst] *vt* neu einstellen ♦ *vi* (*person*): **to ~ to** sich wieder anpassen an +*acc*

ready ['redɪ] *adj* (*prepared, willing*) bereit ♦ *adv*: **~-cooked** vorgekocht ♦ *n*: **at the ~** bereit; **~-made** *adj* gebrauchsfertig, Fertig-; (*clothes*) Konfektions-; **~ money** *n* Bargeld *nt*; **~ reckoner** *n* Rechentabelle *f*; **~-to-wear** *adj* Konfektions-

real [rɪəl] *adj* wirklich; (*actual*) eigentlich; (*not fake*) echt; **in ~ terms** effektiv; **~ estate** *n* Grundbesitz *m*; **~istic** [rɪə'lɪstɪk] *adj* realistisch

reality [riː'ælɪtɪ] *n* Wirklichkeit *f*, Realität *f*; **in ~** in Wirklichkeit

realization [rɪəlaɪ'zeɪʃən] *n* (*understanding*) Erkenntnis *f*; (*fulfilment*) Verwirklichung *f*

realize ['rɪəlaɪz] *vt* (*understand*) begreifen; (*make real*) verwirklichen; (*money*) einbringen; **I didn't ~** ... ich wußte nicht, ...

really ['rɪəlɪ] *adv* wirklich; **~?** (*indicating interest*) tatsächlich?; (*expressing surprise*) wirklich?

realm [relm] *n* Reich *nt*

realtor ['rɪəltɔː*] (®; *US*) *n* Grundstücksmakler(in) *m(f)*

reap [riːp] *vt* ernten

reappear ['riːə'pɪə*] *vi* wieder erscheinen

rear [rɪə*] *adj* hintere(r, s), Rück- ♦ *n* Rückseite *f*; (*last part*) Schluß *m* ♦ *vt* (*bring up*) aufziehen ♦ *vi* (*horse*) sich aufbäumen; **~guard** *n* Nachhut *f*

rearmament ['riː'ɑːməmənt] *n* Wiederaufrüstung *f*

rearrange ['riːə'reɪndʒ] *vt* umordnen

rear-view mirror ['rɪəvjuː-] *n* Rückspiegel *m*

reason ['riːzn] *n* (*cause*) Grund *m*; (*ability to think*) Verstand *m*; (*sensible thoughts*) Vernunft *f* ♦ *vi* (*think*) denken; (*use arguments*) argumentieren; **it stands to ~ that** es ist logisch, daß; **to ~ with sb** mit jdm diskutieren; **~able** *adj* vernünftig; **~ably** *adv* vernünftig; (*fairly*) ziemlich; **~ed** *adj* (*argument*) durchdacht; **~ing** *n* Urteilen *nt*; (*argumentation*) Beweisführung *f*

reassurance ['riːə'ʃʊərəns] *n* Beruhigung *f*; (*confirmation*) Bestätigung *f*

reassure ['riːə'ʃʊə*] *vt* beruhigen; **to ~ sb of sth** jdm etw versichern

reassuring ['riːə'ʃʊərɪŋ] *adj* beruhigend

rebate ['riːbeɪt] *n* Rückzahlung *f*

rebel [*n* 'rebl, *vb* rɪ'bel] *n* Rebell *m* ♦ *vi* rebellieren; **~lion** [rɪ'beliən] *n* Rebellion *f*, Aufstand *m*; **~lious** *adj* (*subject, child, behaviour*) rebellisch

rebirth ['riː'bɜːθ] *n* Wiedergeburt *f*

rebound [*vb* rɪ'baʊnd, *n* 'riːbaʊnd] *vi* zurückprallen ♦ *n* Rückprall *m*

rebuff [rɪ'bʌf] n Abfuhr f ♦ vt abblitzen lassen

rebuild ['riː'bɪld] (irreg) vt wiederaufbauen; (fig) wiederherstellen

rebuke [rɪ'bjuːk] n Tadel m ♦ vt tadeln, rügen

rebut [rɪ'bʌt] vt widerlegen

recalcitrant [rɪ'kælsɪtrənt] adj widerspenstig

recall [rɪ'kɔːl] vt (call back) zurückrufen; (remember) sich erinnern an +acc ♦ n Rückruf m

recant [rɪ'kænt] vi widerrufen

recap ['riːkæp] vt, vi wiederholen

rec'd abbr (= received) Eing.

recede [rɪ'siːd] vi zurückweichen

receding [rɪː'siːdɪŋ] adj: ~ **hairline** Stirnglatze f

receipt [rɪ'siːt] n (document) Quittung f; (receiving) Empfang m; ~s npl (ECON) Einnahmen pl

receive [rɪ'siːv] vt erhalten; (visitors etc) empfangen; ~r [rɪ'siːvə*] n (TEL) Hörer m

recent [ɪ'riːsnt] adj vor kurzem (geschehen), neuerlich; (modern) neu; ~ly adv kürzlich, neulich

receptacle [rɪ'septəkl] n Behälter m

reception [rɪ'sepʃən] n Empfang m; ~ **desk** n Empfang m; (in hotel) Rezeption f; ~**ist** n (in hotel) Empfangschef m, Empfangsdame f; (MED) Sprechstundenhilfe f

receptive [rɪ'septɪv] adj aufnahmebereit

recess [rɪ'ses] n (break) Ferien pl; (hollow) Nische f; ~**ion** [rɪ'seʃən] n Rezession f

recharge ['riː'tʃɑːdʒ] vt (battery) aufladen

recipe ['resɪpɪ] n Rezept nt

recipient [rɪ'sɪpɪənt] n Empfänger m

reciprocal [rɪ'sɪprəkəl] adj gegenseitig; (mutual) wechselseitig

recital [rɪ'saɪtl] n Vortrag m

recite [rɪ'saɪt] vt vortragen, aufsagen

reckless ['reklɪs] adj leichtsinnig; (driving) fahrlässig

reckon ['rekən] vt (count) rechnen, berechnen, errechnen; (estimate) schätzen; (think): **I ~ that ...** ich nehme an, daß ...; ~ **on** vt fus rechnen mit; ~**ing** n (calculation) Rechnen nt

reclaim [rɪ'kleɪm] vt (expenses) zurückverlangen; (land): **to ~ (from sth)** (etw dat) gewinnen

reclamation [reklə'meɪʃən] n (of land) Gewinnung f

recline [rɪ'klaɪn] vi sich zurücklehnen

reclining [rɪ'klaɪnɪŋ] adj Liege-

recluse [rɪ'kluːs] n Einsiedler m

recognition [rekəg'nɪʃən] n (recognizing) Erkennen nt; (acknowledgement) Anerkennung f; **transformed beyond ~** völlig verändert

recognizable ['rekəgnaɪzəbl] adj erkennbar

recognize ['rekəgnaɪz] vt erkennen; (POL, approve) anerkennen; **to ~ as** anerkennen als; **to ~ by** erkennen an +dat

recoil [rɪ'kɔɪl] vi (in horror) zurückschrecken; (rebound) zurückprallen; (person): **to ~ from doing sth** davor zurückschrecken, etw zu tun

recollect [rekə'lekt] vt sich erinnern an +acc; ~**ion** [rekə'lekʃən] n Erinnerung f

recommend [rekə'mend] vt empfehlen; ~**ation** n Empfehlung f

recompense ['rekəmpens] n (compensation) Entschädigung f; (reward) Belohnung f ♦ vt entschädigen; belohnen

reconcile ['rekənsaɪl] vt (facts) vereinbaren; (people) versöhnen; **to ~ o.s. to sth** sich mit etw abfinden

reconciliation [rekənsɪlɪ'eɪʃən] n Versöhnung f

recondition ['riːkən'dɪʃən] vt (machine) generalüberholen

reconnaissance [rɪ'kɒnɪsəns] n Aufklärung f

reconnoitre [rekə'nɔɪtə*] (US **reconnoiter**) vt erkunden ♦ vi aufklären

reconsider ['riːkən'sɪdə*] vt von neuem erwägen, noch einmal überdenken ♦ vi es noch einmal überdenken

reconstruct ['riːkən'strʌkt] vt wiederaufbauen; (crime) rekonstruieren; ~**ion** ['riːkən'strʌkʃən] n Rekonstruktion f

record [n 'rekɔːd, vb rɪ'kɔːd] n Aufzeichnung f; (MUS) Schallplatte f; (best performance) Rekord m ♦ vt aufzeichnen; (music etc) aufnehmen; **off the ~** vertraulich ♦ adv im Vertrauen; **in ~ time** in Rekordzeit; ~ **card** n (in file) Karteikarte f; ~**ed delivery** (BRIT) n (POST) Einschreiben nt; ~**er** n (TECH) Registriergerät nt; (MUS) Blockflöte f; ~ **holder** n (SPORT) Rekordinhaber m; ~**ing** n (MUS) Aufnahme f; ~ **player** n Plattenspieler m

recount [rɪ'kaunt] vt (tell) berichten

re-count ['riːkaunt] n Nachzählung f ♦ vt nachzählen

recoup [rɪ'kuːp] vt: **to ~ one's losses** seinen Verlust wiedergutmachen

recourse [rɪ'kɔːs] n: **to have ~ to** Zuflucht nehmen zu or bei

recover [rɪ'kʌvə*] vt (get back) zurückerhalten ♦ vi sich erholen

re-cover [riː'kʌvə*] vt (quilt etc) neu überziehen

recovery [rɪ'kʌvərɪ] n Wiedererlangung f; (of health) Erholung f

recreate ['riːkrɪ'eɪt] vt wiederherstellen

recreation [rekrɪ'eɪʃən] n Erholung f; ~**al** adj Erholungs-

recrimination [rɪkrɪmɪ'neɪʃən] n Gegenbeschuldigung f

recruit [rɪ'kruːt] n Rekrut m ♦ vt rekrutieren; ~**ment** n Rekrutierung f

rectangle ['rektæŋgl] n Rechteck nt
rectangular [rek'tæŋgjʊlə*] adj rechteckig, rechtwinklig
rectify ['rektɪfaɪ] vt berichtigen
rector ['rektə*] n (REL) Pfarrer m; (SCH) Direktor(in) m(f); ~y ['rektərɪ] n Pfarrhaus nt
recuperate [rɪ'ku:pəreɪt] vi sich erholen
recur [rɪ'kɜ:*] vi sich wiederholen; ~rence n Wiederholung f; ~rent adj wiederkehrend
recycle vt wiederverwerten, wiederaufbereiten
red [red] n Rot nt; (POL) Rote(r) m ♦ adj rot; **in the ~** in den roten Zahlen; ~ **carpet treatment** n Sonderbehandlung f, große(r) Bahnhof m; **R~ Cross** n Rote(s) Kreuz nt; ~**currant** n rote Johannisbeere f; ~**den** vi sich röten; (blush) erröten ♦ vt röten; ~**dish** adj rötlich
redeem [rɪ'di:m] vt (COMM) einlösen; (save) retten
redeeming [rɪ'di:mɪŋ] adj: ~ **feature** versöhnende(s) Moment nt
redeploy ['ri:dɪ'plɔɪ] vt (resources) umverteilen
red-haired ['red'hɛəd] adj rothaarig
red-handed ['red'hændɪd] adv: **to be caught ~** auf frischer Tat ertappt werden
redhead ['redhed] n Rothaarige(r) mf
red herring n Ablenkungsmanöver nt
red-hot ['red'hɒt] adj rotglühend
redirect ['ri:daɪ'rekt] vt umleiten
red light n: **to go through a ~** (AUT) bei Rot über die Ampel fahren; **red-light district** n Strichviertel nt
redo ['ri:'du:] (irreg: like do) vt nochmals machen
redolent ['redəʊlənt] adj: ~ **of** riechend nach; (fig) erinnernd an +acc
redouble [ri:'dʌbl] vt: **to ~ one's efforts** seine Anstrengungen verdoppeln
redress [rɪ'dres] n Entschädigung f ♦ vt wiedergutmachen
Red Sea n: **the ~** das Rote Meer
redskin ['redskɪn] n Rothaut f
red tape n Bürokratismus m
reduce [rɪ'dju:s] vt (speed, temperature) vermindern; (photo) verkleinern; "~ **speed now**" (AUT) ≈ „langsam"; **to ~ the price (to)** den Preis herabsetzen (auf +acc); **at a ~d price** zum ermäßigten Preis
reduction [rɪ'dʌkʃən] n Verminderung f; Verkleinerung f; Herabsetzung f; (amount of money) Nachlaß m
redundancy [rɪ'dʌndənsɪ] n Überflüssigkeit f; (of workers) Entlassung f
redundant [rɪ'dʌndənt] adj überflüssig; (workers) ohne Arbeitsplatz; **to be made ~** arbeitslos werden
reed [ri:d] n Schilf nt; (MUS) Rohrblatt nt
reef [ri:f] n Riff nt

reek [ri:k] vi: **to ~ (of)** stinken (nach)
reel [ri:l] n Spule f, Rolle f ♦ vt (also: ~ in) wickeln, spulen ♦ vi (stagger) taumeln
ref [ref] (inf) n abbr (= referee) Schiri m
refectory [rɪ'fektərɪ] n (UNIV) Mensa f; (SCH) Speisesaal m; (ECCL) Refektorium nt
refer [rɪ'fɜ:*] vt: **to ~ sb to sb/sth** jdn an jdn/etw verweisen ♦ vi: **to ~ to** (to book) nachschlagen in +dat; (mention) sich beziehen auf +acc
referee [refə'ri:] n Schiedsrichter m; (BRIT: for job) Referenz f ♦ vt schiedsrichtern
reference ['refrəns] n (for job) Referenz f; (in book) Verweis m; (number, code) Aktenzeichen nt; (allusion): ~ **(to)** Anspielung (auf +acc); **with ~ to** in bezug auf +acc; ~ **book** n Nachschlagewerk nt; ~ **number** n Aktenzeichen nt
referenda [refə'rendə] npl of **referendum**
referendum [refə'rendəm] (pl **-da**) n Volksabstimmung f
refill [vb ri:'fɪl, n 'ri:fɪl] vt nachfüllen ♦ n (for pen) Ersatzmine f
refine [rɪ'faɪn] vt (purify) raffinieren; ~**d** adj kultiviert; ~**ment** n Kultiviertheit f
reflect [rɪ'flekt] vt (light) reflektieren; (fig) (wider)spiegeln ♦ vi (meditate): **to ~ (on)** nachdenken (über +acc); **it ~s badly/well on him** das stellt ihn in ein schlechtes/gutes Licht; ~**ion** [rɪ'flekʃən] n Reflexion f; (image) Spiegelbild nt; (thought) Überlegung f; **on ~ion** wenn man sich dat das recht überlegt
reflex ['ri:fleks] adj Reflex- ♦ n Reflex m; ~**ive** [rɪ'fleksɪv] adj reflexiv
reform [rɪ'fɔ:m] n Reform f ♦ vt (person) bessern; **the R~ation** n die Reformation; ~**atory** (US) n Besserungsanstalt f
refrain [rɪ'freɪn] vi: **to ~ from** unterlassen ♦ n Refrain m
refresh [rɪ'freʃ] vt erfrischen; ~**er course** (BRIT) n Wiederholungskurs m; ~**ing** adj erfrischend; ~**ments** npl Erfrischungen pl
refrigeration [rɪfrɪdʒə'reɪʃən] n Kühlung f
refrigerator [rɪ'frɪdʒəreɪtə*] n Kühlschrank m
refuel ['ri:'fjʊəl] vt, vi auftanken
refuge ['refju:dʒ] n Zuflucht f; **to take ~ in** sich flüchten in +acc
refugee [refjʊ'dʒi:] n Flüchtling m
refund [n 'ri:fʌnd, vb rɪ'fʌnd] n Rückvergütung f ♦ vt zurückerstatten
refurbish ['ri:'fɜ:bɪʃ] vt aufpolieren
refusal [rɪ'fju:zəl] n (Ver)weigerung f; **first ~** Vorkaufsrecht nt
refuse¹ [rɪ'fju:z] vt abschlagen ♦ vi sich weigern
refuse² ['refju:s] n Abfall m, Müll m; ~ **collection** n Müllabfuhr f
refute [rɪ'fju:t] vt widerlegen
regain [rɪ'geɪn] vt wiedergewinnen; (consciousness) wiedererlangen

regal ['ri:gəl] *adj* königlich
regalia [rɪ'geɪlɪə] *npl* Insignien *pl*
regard [rɪ'gɑ:d] *n* Achtung *f* ♦ *vt* ansehen; **to send one's ~s to sb** jdn grüßen lassen; **"with kindest ~s"** „mit freundlichen Grüßen"; **~ing** *or* **as ~s** *or* **with ~ to** bezüglich +*gen*, in bezug auf +*acc*; **~less** *adj*: **~less of** ohne Rücksicht auf +*acc* ♦ *adv* trotzdem
regenerate [rɪ'dʒenəreɪt] *vt* erneuern
régime [reɪ'ʒi:m] *n* Regime *nt*
regiment [*n* 'redʒɪmənt, *vb* 'redʒɪment] *n* Regiment *nt* ♦ *vt* (*fig*) reglementieren; **~al** [redʒɪ'mentl] *adj* Regiments-
region ['ri:dʒən] *n* Region *f*; **in the ~ of** (*fig*) so um; **~al** *adj* örtlich, regional
register ['redʒɪstə*] *n* Register *nt* ♦ *vt* (*list*) registrieren; (*emotion*) zeigen; (*write down*) eintragen ♦ *vi* (*at hotel*) sich eintragen; (*with police*) sich melden; (*make impression*) wirken, ankommen; **to ~ with the police** sich bei der Polizei melden, sich polizeilich melden; **~ed** (*BRIT*) *adj* (*letter*) Einschreibe-, eingeschrieben; **~ed trademark** *n* eingetragene(s) Warenzeichen *nt*
registrar [redʒɪs'trɑ:*] *n* Standesbeamte(r) *m*
registration [redʒɪs'treɪʃən] *n* (*act*) Registrierung *f*; (*AUT: also*: ~ number) polizeiliche(s) Kennzeichen *nt*
registry ['redʒɪstrɪ] *n* Sekretariat *nt*; **~ office** (*BRIT*) *n* Standesamt *nt*; **to get married in a ~ office** standesamtlich heiraten
regret [rɪ'gret] *n* Bedauern *nt* ♦ *vt* bedauern; **~fully** *adv* mit Bedauern, ungern; **~table** *adj* bedauerlich
regroup ['ri:gru:p] *vt* umgruppieren ♦ *vi* sich umgruppieren
regular ['regjʊlə*] *adj* regelmäßig; (*usual*) üblich; (*inf*) regelrecht ♦ *n* (*client etc*) Stammkunde *m*; **~ity** [regjʊ'lærɪtɪ] *n* Regelmäßigkeit *f*; **~ly** *adv* regelmäßig
regulate ['regjʊleɪt] *vt* regeln, regulieren
regulation [regjʊ'leɪʃən] *n* (*rule*) Vorschrift *f*; (*control*) Regulierung *f*
rehabilitation ['ri:həbɪlɪ'teɪʃən] *n* (*of criminal*) Resozialisierung *f*
rehearsal [rɪ'hɜ:səl] *n* Probe *f*
rehearse [rɪ'hɜ:s] *vt* proben
reign [reɪn] *n* Herrschaft *f* ♦ *vi* herrschen
reimburse [ri:ɪm'bɜ:s] *vt*: **to ~ sb for sth** jdn für etw entschädigen, jdm etw zurückzahlen
rein [reɪn] *n* Zügel *m*
reincarnation ['ri:ɪnkɑ:'neɪʃən] *n* Wiedergeburt *f*
reindeer ['reɪndɪə*] *n* Ren *nt*
reinforce [ri:ɪn'fɔ:s] *vt* verstärken; **~d concrete** *n* Stahlbeton *m*; **~ment** *n* Verstärkung *f*; **~ments** *npl* (*MIL*) Verstärkungstruppen *pl*
reinstate [ri:ɪn'steɪt] *vt* wiedereinsetzen

reissue ['ri:'ɪʃu:] *vt* neu herausgeben
reiterate [ri:'ɪtəreɪt] *vt* wiederholen
reject [*n* 'ri:dʒekt, *vb* rɪ'dʒekt] *n* (*COMM*) Ausschuß(artikel) *m* ♦ *vt* ablehnen; **~ion** [rɪ'dʒekʃən] *n* Zurückweisung *f*
rejoice [rɪ'dʒɔɪs] *vi*: **to ~ at** *or* **over** sich freuen über +*acc*
rejuvenate [rɪ'dʒu:vɪneɪt] *vt* verjüngen
rekindle ['ri:'kɪndl] *vt* wieder anfachen
relapse [rɪ'læps] *n* Rückfall *m*
relate [rɪ'leɪt] *vt* (*tell*) erzählen; (*connect*) verbinden ♦ *vi*: **to ~ to** zusammenhängen mit; (*form relationship*) eine Beziehung aufbauen zu; **~d** *adj*: **~d (to)** verwandt (mit); **relating** *prep*: **relating to** bezüglich +*gen*
relation [rɪ'leɪʃən] *n* Verwandte(r) *mf*; (*connection*) Beziehung *f*; **~ship** *n* Verhältnis *nt*, Beziehung *f*
relative ['relətɪv] *n* Verwandte(r) *mf* ♦ *adj* relativ; **~ly** *adv* verhältnismäßig
relax [rɪ'læks] *vi* (*slacken*) sich lockern; (*muscles, person*) sich entspannen ♦ *vt* (*ease*) lockern, entspannen; **~ation** [ri:læk'seɪʃən] *n* Entspannung *f*; **~ed** *adj* entspannt, locker; **~ing** *adj* entspannend
relay ['ri:leɪ] *n* (*SPORT*) Staffel *f* ♦ *vt* (*message*) weiterleiten; (*RADIO, TV*) übertragen
release [rɪ'li:s] *n* (*freedom*) Entlassung *f*; (*TECH*) Auslöser *m* ♦ *vt* befreien; (*prisoner*) entlassen; (*report, news*) verlautbaren, bekanntgeben
relegate ['reləgeɪt] *vt* (*SPORT*): **to be ~d** absteigen
relent [rɪ'lent] *vi* nachgeben; **~less** *adj* unnachgiebig; **~lessly** *adv* unnachgiebig
relevant ['reləvənt] *adj* wichtig, relevant; **~ to** relevant für
reliability [rɪlaɪə'bɪlɪtɪ] *n* Zuverlässigkeit *f*
reliable [rɪ'laɪəbl] *adj* zuverlässig; **reliably** *adv* zuverlässig; **to be reliably informed that ...** aus zuverlässiger Quelle wissen, daß ...
reliance [rɪ'laɪəns] *n*: **~ (on)** Abhängigkeit *f* (von)
relic ['relɪk] *n* (*from past*) Überbleibsel *nt*; (*REL*) Reliquie *f*
relief [rɪ'li:f] *n* Erleichterung *f*, (*help*) Hilfe *f*; (*person*) Ablösung *f*
relieve [rɪ'li:v] *vt* (*ease*) erleichtern; (*bring help*) entlasten; (*person*) ablösen; **to ~ sb of sth** jdm etw abnehmen; **to ~ o.s.** (*euph*) sich erleichtern (*euph*)
religion [rɪ'lɪdʒən] *n* Religion *f*
religious [rɪ'lɪdʒəs] *adj* religiös
relinquish [rɪ'lɪŋkwɪʃ] *vt* aufgeben
relish ['relɪʃ] *n* Würze *f* ♦ *vt* genießen; **to ~ doing** gern tun
relocate ['ri:ləʊ'keɪt] *vt* verlegen ♦ *vi* umziehen
reluctance [rɪ'lʌktəns] *n* Widerstreben *nt*, Abneigung *f*
reluctant [rɪ'lʌktənt] *adj* widerwillig; **~ly**

adv ungern

rely [rɪ'laɪ] : **to ~ on** *vt fus* sich verlassen auf +*acc*

remain [rɪ'meɪn] *vi* (*be left*) übrigbleiben; (*stay*) bleiben; **~der** *n* Rest *m*; **~ing** *adj* übrig(geblieben); **~s** *npl* Überreste *pl*

remand [rɪ'mɑːnd] *n*: **on ~** in Untersuchungshaft ♦ *vt*: **to ~ in custody** in Untersuchungshaft schicken; **~ home** (*BRIT*) *n* Untersuchungsgefängnis *nt* für Jugendliche

remark [rɪ'mɑːk] *n* Bemerkung *f* ♦ *vt* bemerken; **~able** *adj* bemerkenswert

remarry ['riː'mærɪ] *vi* sich wieder verheiraten

remedial [rɪ'miːdɪəl] *adj* Heil-; (*teaching*) Hilfsschul-

remedy ['remədɪ] *n* Mittel *nt* ♦ *vt* (*pain*) abhelfen +*dat*; (*trouble*) in Ordnung bringen

remember [rɪ'membə*] *vt* sich erinnern an +*acc*

remembrance [rɪ'membrəns] *n* Erinnerung *f*; (*official*) Gedenken *nt*

remind [rɪ'maɪnd] *vt*: **to ~ sb to do sth** jdn daran erinnern, etw zu tun; **to ~ sb of sth** jdn an etw *acc* erinnern; **she ~s me of her mother** sie erinnert mich an ihre Mutter; **~er** *n* Mahnung *f*

reminisce [remɪ'nɪs] *vi* in Erinnerungen schwelgen

reminiscent [remɪ'nɪsnt] *adj*: **to be ~ of sth** an etw *acc* erinnern

remiss [rɪ'mɪs] *adj* nachlässig

remission [rɪ'mɪʃən] *n* Nachlaß *m*; (*of debt, sentence*) Erlaß *m*

remit [rɪ'mɪt] *vt* (*money*): **to ~ (to)** überweisen (an +*acc*); **~tance** *n* Geldanweisung *f*

remnant ['remnənt] *n* Rest *m*; **~s** *npl* (*COMM*) Einzelstücke *pl*

remorse [rɪ'mɔːs] *n* Gewissensbisse *pl*; **~ful** *adj* reumütig; **~less** *adj* unbarmherzig; **~lessly** *adv* unbarmherzig

remote [rɪ'məʊt] *adj* abgelegen; (*slight*) gering; **~ control** *n* Fernsteuerung *f*; **~ly** *adv* entfernt

remould ['riː'məʊld] (*BRIT*) *n* runderneuerte(r) Reifen *m*

removable [rɪ'muːvəbl] *adj* entfernbar

removal [rɪ'muːvəl] *n* Beseitigung *f*; (*of furniture*) Umzug *m*; (*from office*) Entlassung *f*; **~ van** (*BRIT*) *n* Möbelwagen *m*

remove [rɪ'muːv] *vt* beseitigen, entfernen; **~rs** *npl* Möbelspedition *f*

remuneration [rɪmjuːnə'reɪʃən] *n* Vergütung *f*, Honorar *nt*

render ['rendə*] *vt* machen; (*translate*) übersetzen; **~ing** *n* (*MUS*) Wiedergabe *f*

rendezvous ['rɒndɪvuː] *n* (*meeting*) Rendezvous *nt*; (*place*) Treffpunkt *m* ♦ *vi* sich treffen

renew [rɪ'njuː] *vt* erneuern; (*contract, licence*) verlängern; (*replace*) ersetzen;

~able *adj* regenerierbar; **~al** *n* Erneuerung *f*; Verlängerung *f*

renounce [rɪ'naʊns] *vt* (*give up*) verzichten auf +*acc*; (*disown*) verstoßen

renovate ['renəʊveɪt] *vt* renovieren; (*building*) restaurieren

renown [rɪ'naʊn] *n* Ruf *m*; **~ed** *adj* namhaft

rent [rent] *n* Miete *f*; (*for land*) Pacht *f* ♦ *vt* (*hold as tenant*) mieten; pachten; (*let*) vermieten; verpachten; (*car etc*) mieten; (*firm*) vermieten; **~al** *n* Miete *f*

renunciation [rɪnʌnsɪ'eɪʃən] *n*: **~ (of)** Verzicht *m* (auf +*acc*)

reorganize ['riː'ɔːgənaɪz] *vt* umgestalten, reorganisieren

rep [rep] *n abbr* (*COMM*) = **representative**; (*THEAT*) = **repertory**

repair [rɪ'pɛə*] *n* Reparatur *f* ♦ *vt* reparieren; (*damage*) wiedergutmachen; **in good/bad ~** in gutem/schlechtem Zustand; **~ kit** *n* Werkzeugkasten *m*

repartee [repɑː'tiː] *n* Witzeleien *pl*

repatriate [riː'pætrɪeɪt] *vt* in die Heimat zurückschicken

repay [riː'peɪ] (*irreg*) *vt* zurückzahlen; (*reward*) vergelten; **~ment** *n* Rückzahlung *f*; (*fig*) Vergeltung *f*

repeal [rɪ'piːl] *n* Aufhebung *f* ♦ *vt* aufheben

repeat [rɪ'piːt] *n* (*RADIO, TV*) Wiederholung(ssendung) *f* ♦ *vt* wiederholen; **~edly** *adv* wiederholt

repel [rɪ'pel] *vt* (*drive back*) zurückschlagen; (*disgust*) abstoßen; **~lent** *adj* abstoßend ♦ *n*: **insect ~lent** Insektenmittel *nt*

repent [rɪ'pent] *vt, vi*: **to ~ (of)** bereuen; **~ance** *n* Reue *f*

repercussion [riːpə'kʌʃən] *n* Auswirkung *f*; **to have ~s** ein Nachspiel haben

repertory ['repətərɪ] *n* Repertoire *nt*

repetition [repə'tɪʃən] *n* Wiederholung *f*

repetitive [rɪ'petɪtɪv] *adj* sich wiederholend

replace [rɪ'pleɪs] *vt* ersetzen; (*put back*) zurückstellen; **~ment** *n* Ersatz *m*

replay ['riːpleɪ] *n* (*of match*) Wiederholungsspiel *nt*; (*of tape, film*) Wiederholung *f*

replenish [rɪ'plenɪʃ] *vt* ergänzen

replete [rɪ'pliːt] *adj* (zum Platzen) voll

replica ['replɪkə] *n* Kopie *f*

reply [rɪ'plaɪ] *n* Antwort *f* ♦ *vi* antworten; **~ coupon** *n* Antwortschein *m*

report [rɪ'pɔːt] *n* Bericht *m*; (*BRIT: SCH*) Zeugnis *nt* ♦ *vt* (*tell*) berichten; (*give information against*) melden; (*to police*) anzeigen ♦ *vi* (*make report*) Bericht erstatten; (*present o.s.*): **to ~ (to sb)** sich (bei jdm) melden; **~ card** (*US, SCOTTISH*) *n* Zeugnis *nt*; **~edly** *adv* wie verlautet; **~er** *n* Reporter *m*

repose [rɪ'pəʊz] *n*: **in ~** (*face, body*) entspannt; (*mind*) gelassen

reprehensible [reprɪ'hensɪbl] *adj* tadelns-

represent → respite

ENGLISH–GERMAN 370

wert

represent [reprɪ'zent] vt darstellen; (speak for) vertreten; **~ation** [reprɪzen'teɪʃən] n Darstellung f; (being represented) Vertretung f; **~ations** npl (protest) Vorhaltungen pl; **~ative** n (person) Vertreter m; (US: POL) Abgeordnete(r) mf ♦ adj repräsentativ

repress [rɪ'pres] vt unterdrücken; **~ion** [rɪ'preʃən] n Unterdrückung f

reprieve [rɪ'priːv] n (JUR) Begnadigung f; (fig) Gnadenfrist f ♦ vt (JUR) begnadigen

reprimand ['reprɪmɑːnd] n Verweis m ♦ vt einen Verweis erteilen +dat

reprint [n 'riːprɪnt, vb 'riː'prɪnt] n Neudruck m ♦ vt wieder abdrucken

reprisal [rɪ'praɪzəl] n Vergeltung f

reproach [rɪ'prəʊtʃ] n Vorwurf m ♦ vt Vorwürfe machen +dat; to ~ sb with sth jdm etw vorwerfen; **~ful** adj vorwurfsvoll

reproduce [riːprə'djuːs] vt reproduzieren ♦ vi (have offspring) sich vermehren

reproduction [riːprə'dʌkʃən] n (ART, PHOT) Reproduktion f; (breeding) Fortpflanzung f

reproductive [riːprə'dʌktɪv] adj reproduktiv; (breeding) Fortpflanzungs-

reproof [rɪ'pruːf] n Tadel m

reprove [rɪ'pruːv] vt tadeln

reptile ['reptaɪl] n Reptil nt

republic [rɪ'pʌblɪk] n Republik f

repudiate [rɪ'pjuːdɪeɪt] vt zurückweisen

repugnant [rɪ'pʌgnənt] adj widerlich

repulse [rɪ'pʌls] vt (drive back) zurückschlagen; (reject) abweisen

repulsive [rɪ'pʌlsɪv] adj abstoßend

reputable ['repjʊtəbl] adj angesehen

reputation [repjʊ'teɪʃən] n Ruf m

repute [rɪ'pjuːt] n hohe(s) Ansehen nt; **~d** adj angeblich; **~dly** adv angeblich

request [rɪ'kwest] n Bitte f ♦ vt (thing) erbitten; to ~ sth of or from sb jdn um etw bitten; (formally) jdn um etw ersuchen; ~ stop (BRIT) n Bedarfshaltestelle f

require [rɪ'kwaɪə*] vt (need) brauchen; (demand) erfordern; **~ment** n (condition) Anforderung f, (need) Bedarf m

requisite ['rekwɪzɪt] n Erfordernis nt ♦ adj erforderlich

requisition [rekwɪ'zɪʃən] n Anforderung f ♦ vt beschlagnahmen

resale ['riːseɪl] n Weiterverkauf m

rescind [rɪ'sɪnd] vt aufheben

rescue ['reskjuː] n Rettung f ♦ vt retten; ~ party n Rettungsmannschaft f; **~r** n Retter m

research [rɪ'sɜːtʃ] n Forschung f ♦ vi forschen ♦ vt erforschen; **~er** n Forscher m

resemblance [rɪ'zembləns] n Ähnlichkeit f

resemble [rɪ'zembl] vt ähneln +dat

resent [rɪ'zent] vt übelnehmen; **~ful** adj nachtragend, empfindlich; **~ment** n Verstimmung f, Unwille m

reservation [rezə'veɪʃən] n (booking) Reservierung f; (THEAT) Vorbestellung f; (doubt) Vorbehalt m; (land) Reservat nt

reserve [rɪ'zɜːv] n (store) Vorrat m, Reserve f; (manner) Zurückhaltung f; (game ~) Naturschutzgebiet nt; (SPORT) Ersatzspieler(in) m(f) ♦ vt reservieren; (judgement) sich dat vorbehalten; **~s** npl (MIL) Reserve f; in ~ in Reserve; **~d** adj reserviert

reshape ['riː'ʃeɪp] vt umformen

reshuffle ['riː'ʃʌfl] n (POL): cabinet ~ Kabinettsumbildung f ♦ vt (POL) umbilden

reside [rɪ'zaɪd] vi wohnen, ansässig sein

residence ['rezɪdəns] n (house) Wohnsitz m; (living) Aufenthalt m

resident ['rezɪdənt] n (in house) Bewohner m; (in area) Einwohner m ♦ adj wohnhaft, ansässig; **~ial** [rezɪ'denʃəl] adj Wohn-

residue ['rezɪdjuː] n Rest m; (CHEM) Rückstand m; (fig) Bodensatz m

resign [rɪ'zaɪn] vt (office) aufgeben, zurücktreten von ♦ vi (from office) zurücktreten; (employee) kündigen; to be **~ed to sth**, to ~ o.s. to sth sich mit etw abfinden; **~ation** [rezɪg'neɪʃən] n (from job) Kündigung f, (POL) Rücktritt m; (submission) Resignation f; **~ed** adj resigniert

resilience [rɪ'zɪlɪəns] n Spannkraft f; (of person) Unverwüstlichkeit f

resilient [rɪ'zɪlɪənt] adj unverwüstlich

resin ['rezɪn] n Harz nt

resist [rɪ'zɪst] vt widerstehen +dat; **~ance** n Widerstand m

resolute ['rezəluːt] adj entschlossen, resolut

resolution [rezə'luːʃən] n (firmness) Entschlossenheit f; (intention) Vorsatz m; (decision) Beschluß m

resolve [rɪ'zɒlv] n Entschlossenheit f ♦ vt (decide) beschließen ♦ vi sich lösen; **~d** adj (fest) entschlossen

resonant ['rezənənt] adj voll

resort [rɪ'zɔːt] n (holiday place) Erholungsort m; (help) Zuflucht f ♦ vi: to ~ to Zuflucht nehmen zu; **as a last** ~ als letzter Ausweg

resound [rɪ'zaʊnd] vi: to ~ (with) widerhallen (von); **~ing** [rɪ'zaʊndɪŋ] adj nachhallend; (success) groß

resource [rɪ'sɔːs] n Findigkeit f, **~s** npl (financial) Geldmittel pl; (natural) Bodenschätze pl; **~ful** adj findig

respect [rɪs'pekt] n Respekt m ♦ vt achten, respektieren; **~s** npl (regards) Grüße pl; **with ~ to** in bezug auf +acc, hinsichtlich +gen; **in this** ~ in dieser Hinsicht; **~ability** [rɪspektə'bɪlɪtɪ] n Anständigkeit f; **~able** adj (decent) anständig; (fairly good) leidlich; **~ful** adj höflich

respective [rɪs'pektɪv] adj jeweilig; **~ly** adv beziehungsweise

respiration [respɪ'reɪʃən] n Atmung f

respite ['respaɪt] n Ruhepause f

resplendent [rɪs'plendənt] *adj* strahlend
respond [rɪs'pɒnd] *vi* antworten; (*react*): **to ~ (to)** reagieren (auf +*acc*)
response [rɪs'pɒns] *n* Antwort *f*; Reaktion *f*; (*to advertisement etc*) Resonanz *f*
responsibility [rɪspɒnsə'bɪlɪtɪ] *n* Verantwortung *f*
responsible [rɪs'pɒnsəbl] *adj* verantwortlich; (*reliable*) verantwortungsvoll
responsive [rɪs'pɒnsɪv] *adj* empfänglich
rest [rest] *n* Ruhe *f*; (*break*) Pause *f*; (*remainder*) Rest *m* ♦ *vi* sich ausruhen; (*be supported*) (auf)liegen ♦ *vt* (*lean*): **to ~ sth on/against sth** etw gegen etw *acc* lehnen; **the ~ of them** die übrigen; **it ~s with him to ...** es liegt bei ihm, zu ...
restaurant ['restərɒŋ] *n* Restaurant *nt*; **~ car** (*BRIT*) *n* Speisewagen *m*
restful ['restful] *adj* erholsam, ruhig
rest home *n* Erholungsheim *nt*
restive ['restɪv] *adj* unruhig
restless ['restləs] *adj* unruhig
restoration [restə'reɪʃən] *n* Rückgabe *f*; (*of building etc*) Rückerstattung *f*
restore [rɪ'stɔː*] *vt* (*order*) wiederherstellen; (*customs*) wieder einführen; (*person to position*) wiedereinsetzen; (*give back*) zurückgeben; (*paintings, buildings*) restaurieren
restrain [rɪs'treɪn] *vt* zurückhalten; (*curiosity etc*) beherrschen; (*person*): **to ~ sb from doing sth** jdn davon abhalten, etw zu tun; **~ed** *adj* (*style etc*) gedämpft, verhalten; **~t** *n* (*self-control*) Zurückhaltung *f*
restrict [rɪs'trɪkt] *vt* einschränken; **~ion** [rɪs'trɪkʃən] *n* Einschränkung *f*, **~ive** *adj* einschränkend
rest room (*US*) *n* Toilette *f*
restructure ['riː'strʌktʃə*] *vt* umstrukturieren
result [rɪ'zʌlt] *n* Resultat *nt*, Folge *f*; (*of exam, game*) Ergebnis *nt* ♦ *vi*: **to ~ in sth** etw zur Folge haben; **as a ~ of** als Folge +*gen*
resume [rɪ'zjuːm] *vt* fortsetzen; (*occupy again*) wieder einnehmen ♦ *vi* (*work etc*) wieder beginnen
résumé ['reɪzjuːmeɪ] *n* Zusammenfassung *f*
resumption [rɪ'zʌmpʃən] *n* Wiederaufnahme *f*
resurgence [rɪ'sɜːdʒəns] *n* Wiedererwachen *nt*
resurrection [rezə'rekʃən] *n* Auferstehung *f*
resuscitate [rɪ'sʌsɪteɪt] *vt* wiederbeleben
resuscitation [rɪsʌsɪ'teɪʃən] *n* Wiederbelebung *f*
retail [*n, adj* 'riːteɪl, *vb* 'riː'teɪl] *n* Einzelhandel *m* ♦ *adj* Einzelhandels- ♦ *vt* im kleinen verkaufen ♦ *vi* im Einzelhandel kosten; **~er** ['riːteɪlə*] *n* Einzelhändler *m*, Kleinhändler *m*; **~ price** *n* Ladenpreis *m*
retain [rɪ'teɪn] *vt* (*keep*) (zurück)behalten;

~er *n* (*servant*) Gefolgsmann *m*; (*fee*) (Honorar)vorschuß *m*
retaliate [rɪ'tælɪeɪt] *vi* zum Vergeltungsschlag ausholen
retaliation [rɪtælɪ'eɪʃən] *n* Vergeltung *f*
retarded [rɪ'tɑːdɪd] *adj* zurückgeblieben
retch [retʃ] *vi* würgen
retentive [rɪ'tentɪv] *adj* (*memory*) gut
reticent ['retɪsənt] *adj* schweigsam
retina ['retɪnə] *n* Netzhaut *f*
retinue ['retɪnjuː] *n* Gefolge *nt*
retire [rɪ'taɪə*] *vi* (*from work*) in den Ruhestand treten; (*withdraw*) sich zurückziehen; (*go to bed*) schlafen gehen; **~d** *adj* (*person*) pensioniert, im Ruhestand; **~ment** *n* Ruhestand *m*
retiring [rɪ'taɪərɪŋ] *adj* zurückhaltend
retort [rɪ'tɔːt] *n* (*reply*) Erwiderung *f*; (*SCI*) Retorte *f* ♦ *vi* (*scharf*) erwidern
retrace [rɪ'treɪs] *vt* zurückverfolgen; **to ~ one's steps** denselben Weg zurückgehen
retract [rɪ'trækt] *vt* (*statement*) zurücknehmen; (*claws*) einziehen ♦ *vi* einen Rückzieher machen; **~able** *adj* (*aerial*) ausziehbar
retrain ['riː'treɪn] *vt* umschulen; **~ing** *n* Umschulung *f*
retread ['riː'tred] *n* (*tyre*) Reifen *m* mit erneuerter Lauffläche
retreat [rɪ'triːt] *n* Rückzug *m*; (*place*) Zufluchtsort *m* ♦ *vi* sich zurückziehen
retribution [retrɪ'bjuːʃən] *n* Strafe *f*
retrieval [rɪ'triːvəl] *n* Wiedergewinnung *f*
retrieve [rɪ'triːv] *vt* wiederbekommen; (*rescue*) retten; **~r** *n* Apportierhund *m*
retrograde ['retrəʊgreɪd] *adj* (*step*) Rück-; (*policy*) rückschrittlich
retrospect ['retrəʊspekt] *n*: **in ~** im Rückblick, rückblickend; **~ive** [retrəʊ'spektɪv] *adj* (*action*) rückwirkend; (*look*) rückblickend
return [rɪ'tɜːn] *n* Rückkehr *f*; (*profits*) Ertrag *m*; (*BRIT: rail ticket etc*) Rückfahrkarte *f*; (*: plane ticket*) Rückflugkarte *f* ♦ *adj* (*journey, match*) Rück- ♦ *vi* zurückkehren, zurückkommen ♦ *vt* zurückgeben, zurücksenden; (*pay back*) zurückzahlen; (*elect*) wählen; (*verdict*) aussprechen; **~s** *npl* (*COMM*) Gewinn *m*; (*receipts*) Einkünfte *pl*; **in ~** dafür; **by ~ of post** postwendend; **many happy ~s (of the day)!** herzlichen Glückwunsch zum Geburtstag!
reunion [riː'juːnjən] *n* Wiedervereinigung *f*; (*SCH etc*) Treffen *nt*
reunite ['riːjuː'naɪt] *vt* wiedervereinigen
rev [rev] *n abbr* (*AUT*: = *revolution*) Drehzahl *f* ♦ *vt* (*also*: **~ up: engine**) auf Touren bringen ♦ *vi* (*also*: **~ up**) den Motor auf Touren bringen
revamp ['riː'væmp] *vt* aufpolieren
reveal [rɪ'viːl] *vt* enthüllen; **~ing** *adj* aufschlußreich

reveille [rɪˈvælɪ] n Wecken nt
revel [ˈrevl] vi: to ~ in sth/in doing sth seine Freude an etw dat haben/daran haben, etw zu tun
revelation [revəˈleɪʃən] n Offenbarung f
revelry [ˈrevlrɪ] n Rummel m
revenge [rɪˈvendʒ] n Rache f; to take ~ on sich rächen an +dat
revenue [ˈrevənjuː] n Einnahmen pl
reverberate [rɪˈvɜːbəreɪt] vi widerhallen
revere [rɪˈvɪə*] vt (ver)ehren; ~nce [ˈrevərəns] n Ehrfurcht f
Reverend [ˈrevərənd] adj: the ~ Robert Martin ≈ Pfarrer Robert Martin
reverent [ˈrevərənt] adj ehrfurchtsvoll
reversal [rɪˈvɜːsəl] n Umkehrung f
reverse [rɪˈvɜːs] n Rückseite f, (AUT: gear) Rückwärtsgang m ♦ adj (order, direction) entgegengesetzt ♦ vt umkehren ♦ vi (BRIT: AUT) rückwärts fahren; ~-charge call (BRIT) n R-Gespräch nt; reversing lights npl (AUT) Rückfahrscheinwerfer pl
revert [rɪˈvɜːt] vi: to ~ to zurückkehren zu; (to bad state) zurückfallen in +acc
review [rɪˈvjuː] n (MIL) Truppenschau f, (of book) Rezension f, (magazine) Zeitschrift f ♦ vt Rückschau halten auf +acc; (MIL) mustern; (book) rezensieren; (reexamine) von neuem untersuchen; ~er n (critic) Rezensent m
revile [rɪˈvaɪl] vt verunglimpfen
revise [rɪˈvaɪz] vt (book) überarbeiten; (reconsider) ändern, revidieren
revision [rɪˈvɪʒən] n Prüfung f, (COMM) Revision f, (SCH) Wiederholung f
revitalize [ˈriːˈvaɪtəlaɪz] vt neu beleben
revival [rɪˈvaɪvəl] n Wiederbelebung f, (REL) Erweckung f, (THEAT) Wiederaufnahme f
revive [rɪˈvaɪv] vt neu beleben; (fig) wieder auffrischen ♦ vi wiedererwachen; (fig) wieder aufleben
revoke [rɪˈvəuk] vt aufheben
revolt [rɪˈvəult] n Aufstand m, Revolte f ♦ vi sich auflehnen ♦ vt entsetzen; ~ing adj widerlich
revolution [revəˈluːʃən] n (turn) Umdrehung f, (POL) Revolution f, ~ary adj revolutionär ♦ n Revolutionär m; ~ize vt revolutionieren
revolve [rɪˈvɒlv] vi kreisen; (on own axis) sich drehen
revolver [rɪˈvɒlvə*] n Revolver m
revolving door [rɪˈvɒlvɪŋ-] n Drehtür f
revulsion [rɪˈvʌlʃən] n Ekel m
reward [rɪˈwɔːd] n Belohnung f ♦ vt belohnen; ~ing adj lohnend
rewire [ˈriːˈwaɪə*] vt (house) neu verkabeln
reword [ˈriːˈwɜːd] vt anders formulieren
rewrite [ˈriːˈraɪt] (irreg: like write) vt umarbeiten, neu schreiben
rheumatism [ˈruːmətɪzəm] n Rheumatismus m, Rheuma nt

Rhine [raɪn] n: the ~ der Rhein
rhinoceros [raɪˈnɒsərəs] n Nashorn nt
Rhone [rəun] n: the ~ die Rhone
rhubarb [ˈruːbɑːb] n Rhabarber m
rhyme [raɪm] n Reim m
rhythm [ˈrɪðəm] n Rhythmus m
rib [rɪb] n Rippe f ♦ vt (mock) hänseln, aufziehen
ribald [ˈrɪbəld] adj saftig
ribbon [ˈrɪbən] n Band nt; in ~s (torn) in Fetzen
rice [raɪs] n Reis m; ~ pudding n Milchreis m
rich [rɪtʃ] adj reich; (food) reichhaltig ♦ npl: the ~ die Reichen pl; ~es npl Reichtum m; ~ly adv reich; (deserve) völlig
rickets [ˈrɪkɪts] n Rachitis f
rickety [ˈrɪkɪtɪ] adj wack(e)lig
rickshaw [ˈrɪkʃɔː] n Rickscha f
ricochet [ˈrɪkəʃeɪ] n Abprallen nt; (shot) Querschläger m ♦ vi abprallen
rid [rɪd] (pt, pp rid) vt befreien; to get ~ of loswerden
riddle [ˈrɪdl] n Rätsel nt ♦ vt: to be ~d with völlig durchlöchert sein von
ride [raɪd] (pt rode, pp ridden) n (in vehicle) Fahrt f; (on horse) Ritt m ♦ vt (horse) reiten; (bicycle) fahren ♦ vi fahren, reiten; to take sb for a ~ mit jdm eine Fahrt etc machen; (fig) jdn aufs Glatteis führen; ~r n Reiter m; (addition) Zusatz m
ridge [rɪdʒ] n Kamm m; (of roof) First m
ridicule [ˈrɪdɪkjuːl] n Spott m ♦ vt lächerlich machen
ridiculous [rɪˈdɪkjuləs] adj lächerlich; ~ly adv lächerlich
riding [ˈraɪdɪŋ] n Reiten nt; ~ school n Reitschule f
rife [raɪf] adj weit verbreitet; to be ~ grassieren; to be ~ with voll sein von
riffraff [ˈrɪfræf] n Pöbel m
rifle [ˈraɪfl] n Gewehr nt ♦ vt berauben; ~ range n Schießstand m
rift [rɪft] n Spalte f, (fig) Bruch m
rig [rɪg] n (outfit) Takelung f, (fig) Aufmachung f, (oil ~) Bohrinsel f ♦ vt (election etc) manipulieren; ~ out (BRIT) vt ausstatten; ~ up vt zusammenbasteln; ~ging n Takelage f
right [raɪt] adj (correct, just) richtig, recht; (~ side) rechte(r, s) ♦ n Recht nt; (not left, POL) Rechte f ♦ adv (on the ~) rechts; (to the ~) nach rechts; (look, work) richtig, recht; (directly) gerade; (exactly) genau ♦ vt in Ordnung bringen, korrigieren ♦ excl gut; on the ~ rechts; to be in the ~ im Recht sein; by ~s von Rechts wegen; to be ~ recht haben; ~ away sofort; ~ now in diesem Augenblick, eben; ~ in the middle genau in der Mitte; ~ angle n rechte(r) Winkel m; ~eous [ˈraɪtʃəs] adj rechtschaffen; ~ful adj rechtmäßig; ~-handed adj rechts-

händig; ~**-hand man** (*irreg*) *n* rechte Hand *f*; ~**-hand side** *n* rechte Seite *f*; ~**ly** *adv* mit Recht; ~ **of way** *n* Vorfahrt *f*; ~**wing** *adj* rechtsorientiert

rigid ['rɪdʒɪd] *adj* (*stiff*) starr, steif; (*strict*) streng; ~**ity** [rɪ'dʒɪdɪtɪ] *n* Starrheit *f*; Strenge *f*

rigmarole ['rɪgmərəʊl] *n* Gewäsch *nt*

rigor (*US*) *n* = **rigour**

rigorous ['rɪgərəs] *adj* streng

rigour ['rɪgə*] (*US* **rigor**) *n* Strenge *f*, Härte *f*

rile [raɪl] *vt* ärgern

rim [rɪm] *n* (*edge*) Rand *m*; (*of wheel*) Felge *f*

rind [raɪnd] *n* Rinde *f*

ring [rɪŋ] (*pt* **rang**, *pp* **rung**) *n* Ring *m*; (*of people*) Kreis *m*; (*arena*) Manege *f*; (*of telephone*) Klingeln *nt* ♦ *vt, vi* (*bell*) läuten; (*BRIT*) anrufen; ~ **back** (*BRIT*) *vt, vi* zurückrufen; ~ **off** (*BRIT*) *vi* aufhängen; ~ **up** (*BRIT*) *vi* anrufen; ~**ing** *n* Klingeln *nt*; (*of large bell*) Läuten *nt*; (*in ears*) Klingen *nt*; ~**ing tone** *n* (*TEL*) Rufzeichen *nt*

ringleader ['rɪŋliːdə*] *n* Anführer *m*, Rädelsführer *m*

ringlets ['rɪŋlɪts] *npl* Ringellocken *pl*

ring road (*BRIT*) *n* Umgehungsstraße *f*

rink [rɪŋk] *n* (*ice* ~) Eisbahn *f*

rinse [rɪns] *n* Spülen *nt* ♦ *vt* spülen

riot ['raɪət] *n* Aufruhr *m* ♦ *vi* randalieren; **to run** ~ (*people*) randalieren; (*vegetation*) wuchern; ~**er** *n* Aufrührer *m*; ~**ous** *adj* aufrührerisch; (*noisy*) lärmend; ~**ously** *adv* aufrührerisch

rip [rɪp] *n* Schlitz *m*, Riß *m* ♦ *vt, vi* (zer)reißen; ~**cord** ['rɪpkɔːd] *n* Reißleine *f*

ripe [raɪp] *adj* reif; ~**n** *vi* reifen ♦ *vt* reifen lassen

rip-off ['rɪpɒf] (*inf*) *n*: **it's a ~!** das ist Wucher!

ripple ['rɪpl] *n* kleine Welle *f* ♦ *vt* kräuseln ♦ *vi* sich kräuseln

rise [raɪz] (*pt* **rose**, *pp* **risen**) *n* (*slope*) Steigung *f*; (*esp in wages: BRIT*) Erhöhung *f*; (*growth*) Aufstieg *m* ♦ *vi* (*sun*) aufgehen; (*smoke*) aufsteigen; (*mountain*) sich erheben; (*ground*) ansteigen; (*prices*) steigen; (*in revolt*) sich erheben; **to give** ~ **to** Anlaß geben zu; **to** ~ **to the occasion** sich der Lage gewachsen zeigen; **risen** ['rɪzn] *pp* of **rise**

rising ['raɪzɪŋ] *adj* (*increasing: tide, numbers, prices*) steigend; (*sun, moon*) aufgehend ♦ *n* (*uprising*) Aufstand *m*

risk [rɪsk] *n* Gefahr *f*, Risiko *nt* ♦ *vt* (*venture*) wagen; (*chance loss of*) riskieren, aufs Spiel setzen; **to take** *or* **run the** ~ **of doing** das Risiko eingehen, zu tun; **at** ~ in Gefahr; **at one's own** ~ auf eigene Gefahr; ~**y** *adj* riskant

risqué ['riːskeɪ] *adj* gewagt

rissole ['rɪsəʊl] *n* Fleischklößchen *nt*

rite [raɪt] *n* Ritus *m*; **last** ~**s** Letzte Ölung *f*

ritual ['rɪtjʊəl] *n* Ritual *nt* ♦ *adj* ritual, Ritual-; (*fig*) rituell

rival ['raɪvəl] *n* Rivale *m*, Konkurrent *m* ♦ *adj* rivalisierend ♦ *vt* rivalisieren mit; (*COMM*) konkurrieren mit; ~**ry** *n* Rivalität *f*, Konkurrenz *f*

river ['rɪvə*] *n* Fluß *m*, Strom *m* ♦ *cpd* (*port, traffic*) Fluß-; **up/down** ~ flußaufwärts/-abwärts; ~**bank** *n* Flußufer *nt*; ~**bed** *n* Flußbett *nt*

rivet ['rɪvɪt] *n* Niete *f* ♦ *vt* (*fasten*) (ver)nieten

Riviera [rɪvɪ'ɛərə] *n*: **the** ~ die Riviera

road [rəʊd] *n* Straße *f* ♦ *cpd* Straßen-; **major/minor** ~ Haupt-/Nebenstraße *f*; ~**block** *n* Straßensperre *f*; ~**hog** *n* Verkehrsrowdy *m*; ~**map** *n* Straßenkarte *f*; ~ **safety** *n* Verkehrssicherheit *f*; ~**side** *n* Straßenrand *m* ♦ *adj* an der Landstraße (gelegen); ~ **sign** *n* Straßenschild *nt*; ~ **user** *n* Verkehrsteilnehmer *m*; ~**way** *n* Fahrbahn *f*; ~**works** *npl* Straßenbauarbeiten *pl*; ~**worthy** *adj* verkehrssicher

roam [rəʊm] *vi* (umher)streifen ♦ *vt* durchstreifen

roar [rɔː*] *n* Brüllen *nt*, Gebrüll *nt* ♦ *vi* brüllen; **to** ~ **with laughter** vor Lachen brüllen; **to do a** ~**ing trade** ein Riesengeschäft machen

roast [rəʊst] *n* Braten *m* ♦ *vt* braten, schmoren; ~ **beef** *n* Roastbeef *nt*

rob [rɒb] *vt* bestehlen, berauben; (*bank*) ausrauben; **to** ~ **sb of sth** jdm etw rauben; ~**ber** *n* Räuber *m*; ~**bery** *n* Raub *m*

robe [rəʊb] *n* (*dress*) Gewand *nt*; (*US*) Hauskleid *nt*; (*judge's*) Robe *f*

robin ['rɒbɪn] *n* Rotkehlchen *nt*

robot ['rəʊbɒt] *n* Roboter *m*

robust [rəʊ'bʌst] *adj* (*person*) robust; (*appetite, economy*) gesund

rock [rɒk] *n* Felsen *m*; (*BRIT: sweet*) Zuckerstange *f* ♦ *vt* wiegen, schaukeln ♦ *vi* schaukeln; **on the** ~**s** (*drink*) mit Eis(würfeln); (*marriage*) gescheitert; (*ship*) aufgelaufen; ~ **and roll** *n* Rock and Roll *m*; ~**-bottom** *n* (*fig*) Tiefpunkt *m*; ~**ery** *n* Steingarten *m*

rocket ['rɒkɪt] *n* Rakete *f*

rocking chair ['rɒkɪŋ-] *n* Schaukelstuhl *m*

rocking horse ['rɒkɪŋ-] *n* Schaukelpferd *nt*

rocky ['rɒkɪ] *adj* felsig

rod [rɒd] *n* (*bar*) Stange *f*; (*stick*) Rute *f*

rode [rəʊd] *pt* of **ride**

rodent ['rəʊdənt] *n* Nagetier *nt*

roe [rəʊ] *n* (*deer*) Reh *nt*; (*of fish: also: hard* ~) Rogen *m*; **soft** ~ Milch *f*

rogue [rəʊg] *n* Schurke *m*

role [rəʊl] *n* Rolle *f*

roll [rəʊl] *n* Rolle *f*; (*bread*) Brötchen *nt*; (*list*) (Namens)liste *f*; (*of drum*) Wirbel *m* ♦

vt (*turn*) rollen, (herum)wälzen; (*grass etc*) walzen ♦ *vi* (*swing*) schlingern; (*sound*) rollen, grollen; ~ **about** *or* **around** *vi* herumkugeln; (*ship*) schlingern; (*dog etc*) sich wälzen; ~ **by** *vi* (*time*) verfließen; ~ **in** *vi* (*mail*) hereinkommen; ~ **over** *vi* sich (herum)drehen; ~ **up** *vi* (*arrive*) kommen, auftauchen ♦ *vt* (*carpet*) aufrollen; ~ **call** *n* Namensaufruf *m*; ~**er** *n* Rolle *f*, Walze *f*; (*road roller*) Straßenwalze *f*; ~**er coaster** *n* Achterbahn *f*; ~**er skates** *npl* Rollschuhe *pl*

rolling ['rəʊlɪŋ] *adj* (*landscape*) wellig; ~ **pin** *n* Nudel- *or* Wellholz *nt*; ~ **stock** *n* Wagenmaterial *nt*

ROM [rɒm] *n abbr* (= *read only memory*) ROM *m*

Roman ['rəʊmən] *adj* römisch ♦ *n* Römer(in) *m(f)*; ~ **Catholic** *adj* römisch-katholisch ♦ *n* Katholik(in) *m(f)*

romance [rəʊ'mæns] *n* Romanze *f*; (*story*) (Liebes)roman *m*

Romania [rəʊ'meɪnɪə] *n* = **Rumania**

Roman numeral *n* römische Ziffer

romantic [rəʊ'mæntɪk] *adj* romantisch; ~**ism** [rəʊ'mæntɪsɪzəm] *n* Romantik *f*

Rome [rəʊm] *n* Rom *nt*

romp [rɒmp] *n* Tollen *nt* ♦ *vi* (*also*: ~ *about*) herumtollen

rompers ['rɒmpəz] *npl* Spielanzug *m*

roof [ruːf] (*pl* **roofs**) *n* Dach *nt*; (*of mouth*) Gaumen *m* ♦ *vt* überdachen, überdecken; ~**ing** *n* Deckmaterial *nt*; ~ **rack** *n* (AUT) Dachgepäckträger *m*

rook [rʊk] *n* (*bird*) Saatkrähe *f*; (*chess*) Turm *m*

room [rʊm] *n* Zimmer *nt*, Raum *m*; (*space*) Platz *m*; (*fig*) Spielraum *m*; ~**s** *npl* (*accommodation*) Wohnung *f*; "~**s to let** (BRIT) *or* **for rent** (US)" „Zimmer zu vermieten"; **single/double** ~ Einzel-/Doppelzimmer *nt*; ~**ing house** (US) *n* Mietshaus *nt* (*mit möblierten Wohnungen*); ~**-mate** *n* Mitbewohner(in) *m(f)*; ~ **service** *n* Zimmerbedienung *f*; ~**y** *adj* geräumig

roost [ruːst] *n* Hühnerstange *f* ♦ *vi* auf der Stange hocken

rooster ['ruːstə*] *n* Hahn *m*

root [ruːt] *n* (*also fig*) Wurzel *f* ♦ *vi* wurzeln; ~ **about** *vi* (*fig*) herumwühlen; ~ **for** *vt fus* Stimmung machen für; ~ **out** *vt* ausjäten; (*fig*) ausrotten

rope [rəʊp] *n* Seil *nt* ♦ *vt* (*tie*) festschnüren; **to know the** ~**s** sich auskennen; **to** ~ **sb in** jdn gewinnen; ~ **off** *vt* absperren; ~ **ladder** *n* Strickleiter *f*

rosary ['rəʊzərɪ] *n* Rosenkranz *m*

rose [rəʊz] *pt of* **rise** ♦ *n* Rose *f* ♦ *adj* Rosen-, rosenrot

rosé ['rəʊzeɪ] *n* Rosé *m*

rosebud ['rəʊzbʌd] *n* Rosenknospe *f*

rosebush ['rəʊzbʊʃ] *n* Rosenstock *m*

rosemary ['rəʊzmərɪ] *n* Rosmarin *m*

rosette [rəʊ'zet] *n* Rosette *f*

roster ['rɒstə*] *n* Dienstplan *m*

rostrum ['rɒstrəm] *n* Rednerbühne *f*

rosy ['rəʊzɪ] *adj* rosig

rot [rɒt] *n* Päulnis *f*; (*nonsense*) Quatsch *m* ♦ *vi* verfaulen ♦ *vt* verfaulen lassen

rota ['rəʊtə] *n* Dienstliste *f*

rotary ['rəʊtərɪ] *adj* rotierend

rotate [rəʊ'teɪt] *vt* rotieren lassen; (*two or more things in order*) turnusmäßig wechseln ♦ *vi* rotieren

rotating [rəʊ'teɪtɪŋ] *adj* rotierend

rotation [rəʊ'teɪʃən] *n* Umdrehung *f*

rote [rəʊt] *n*: **by** ~ auswendig

rotten ['rɒtn] *adj* faul; (*fig*) schlecht, gemein; **to feel** ~ (*ill*) sich elend fühlen

rotund [rəʊ'tʌnd] *adj* rundlich

rouble ['ruːbl] (US **ruble**) *n* Rubel *m*

rough [rʌf] *adj* (*not smooth*) rauh; (*path*) uneben; (*violent*) roh, grob; (*crossing*) stürmisch; (*without comforts*) hart, unbequem; (*unfinished, makeshift*) grob; (*approximate*) ungefähr ♦ *n* (BRIT: *person*) Rowdy *m*, Rohling *m*; (GOLF): **in the** ~ im Rauh ♦ *vt*: **to** ~ **it** primitiv leben; **to sleep** ~ im Freien schlafen; ~**age** *n* Ballaststoffe *pl*; ~**-and-ready** *adj* provisorisch; (*work*) zusammengehauen; ~ **copy** *n* Entwurf *m*; ~ **draft** *n* Entwurf *m*; ~**en** *vt* aufrauhen; ~**ly** *adv* grob; (*about*) ungefähr; ~**ness** *n* Rauheit *f*; (*of manner*) Ungeschliffenheit *f*

roulette [ruː'let] *n* Roulett(e) *nt*

Roumania [ruː'meɪnɪə] *n* = **Rumania**

round [raʊnd] *adj* rund; (*figures*) aufgerundet ♦ *adv* (*in a circle*) rundherum ♦ *prep* um ... herum ♦ *n* Runde *f*; (*of ammunition*) Magazin *nt* ♦ *vt* (*corner*) biegen um; **all** ~ überall; **the long way** ~ der Umweg; **all the year** ~ das ganze Jahr über; **it's just** ~ **the corner** (*fig*) es ist gerade um die Ecke; ~ **the clock** rund um die Uhr; **to go** ~ **to sb's (house)** jdn besuchen; **to go** ~ **the back** hinterherum gehen; **to go** ~ **a house** um ein Haus herumgehen; **enough to go** ~ genug für alle; **to go the** ~**s** (*story*) die Runde machen; **a** ~ **of applause** ein Beifall *m*; **a** ~ **of drinks** eine Runde Drinks; **a** ~ **of sandwiches** ein Sandwich *nt or m*, ein belegtes Brot; ~ **off** *vt* abrunden; ~ **up** *vt* (*end*) abschließen; (*figures*) aufrunden; (*criminals*) hochnehmen; ~**about** *n* (BRIT: *traffic*) Kreisverkehr *m*; (: *merry-go-round*) Karussell *nt* ♦ *adj* auf Umwegen; ~**ers** *npl* (*game*) ≈ Schlagball *m*; ~**ly** *adv* (*fig*) gründlich; ~**-shouldered** *adj* mit abfallenden Schultern; ~ **trip** *n* Rundreise *f*; ~**up** *n* Zusammentreiben *nt*, Sammeln *nt*

rouse [raʊz] *vt* (*waken*) (auf)wecken; (*stir up*) erregen

rousing ['raʊzɪŋ] *adj* (*welcome*) stürmisch; (*speech*) zündend

route [ruːt] n Weg m, Route f; ~ **map** (BRIT) n (for journey) Streckenkarte f

routine [ruːˈtiːn] n Routine f ♦ adj Routine-

row¹ [rəʊ] n (noise) Lärm m; (dispute) Streit m ♦ vi sich streiten

row² [rəʊ] n (line) Reihe f ♦ vt, vi (boat) rudern; in a ~ (fig) hintereinander

rowboat ['rəʊbəʊt] (US) n Ruderboot nt

rowdy ['raʊdɪ] adj rüpelhaft ♦ n (person) Rowdy m

rowing ['rəʊɪŋ] n Rudern nt; (SPORT) Rudersport m; ~ **boat** (BRIT) n Ruderboot nt

royal ['rɔɪəl] adj königlich, Königs-; R~ **Air Force** n Königliche Luftwaffe f

royalty ['rɔɪəltɪ] n (family) königliche Familie f; (for book) Tantieme f

rpm abbr (= revs per minute) U/min

R.S.V.P. abbr (= répondez s'il vous plaît) u.A.w.g.

Rt. Hon. (BRIT) abbr (= Right Honourable) Abgeordnete(r) mf

rub [rʌb] n (with cloth) Polieren nt; (on person) Reiben nt ♦ vt reiben; to ~ sb up (BRIT) or to ~ sb (US) the wrong way jdn aufreizen; ~ **off** vi (also fig): to ~ off (on) abfärben (auf +acc); ~ **out** vt herausreiben; (with eraser) ausradieren

rubber ['rʌbə*] n Gummi m, (BRIT) Radiergummi m; ~ **band** n Gummiband nt; ~ **plant** n Gummibaum m; ~y adj gummiartig

rubbish ['rʌbɪʃ] n (waste) Abfall m; (nonsense) Blödsinn m, Quatsch m; ~ **bin** (BRIT) n Mülleimer m; ~ **dump** n Müllablageplatz m

rubble ['rʌbl] n (Stein)schutt m

ruby ['ruːbɪ] n Rubin m ♦ adj rubinrot

rucksack ['rʌksæk] n Rucksack m

ructions ['rʌkʃənz] npl Krach m

rudder ['rʌdə*] n Steuerruder nt

ruddy ['rʌdɪ] adj (colour) rötlich; (inf: bloody) verdammt

rude [ruːd] adj unverschämt; (shock) hart; (awakening) unsanft; (unrefined, rough) grob; ~**ness** n Unverschämtheit f, Grobheit f

rudiment ['ruːdɪmənt] n Grundlage f

rueful ['ruːful] adj reuevoll; (situation) beklagenswert

ruffian ['rʌfɪən] n Rohling m

ruffle ['rʌfl] vt kräuseln

rug [rʌg] n Brücke f; (in bedroom) Bettvorleger m; (BRIT: for knees) (Reise)decke f

rugby ['rʌgbɪ] n (also: ~ football) Rugby nt

rugged ['rʌgɪd] adj (coastline) zerklüftet; (features) markig

rugger ['rʌgə*] (BRIT: inf) n Rugby nt

ruin ['ruːɪn] n Ruine f; (downfall) Ruin m ♦ vt ruinieren; ~s npl (fig) Trümmer pl; ~**ous** adj ruinierend

rule [ruːl] n Regel f; (government) Regierung f; (for measuring) Lineal n ♦ vt (govern)

herrschen über +acc, regieren; (decide) anordnen, entscheiden; (make lines on) linieren ♦ vi herrschen, regieren; entscheiden; as a ~ in der Regel; ~ **out** vt ausschließen; ~d adj (paper) liniert; ~r n Lineal nt; Herrscher m

ruling ['ruːlɪŋ] adj (party) Regierungs-; (class) herrschend ♦ n (JUR) Entscheid m

rum [rʌm] n Rum m

Rumania [ruːˈmeɪnɪə] n Rumänien nt; ~n adj rumänisch ♦ n Rumäne m, Rumänin f; (LING) Rumänisch nt

rumble ['rʌmbl] n Rumpeln nt; (of thunder) Grollen nt ♦ vi rumpeln; grollen

rummage ['rʌmɪdʒ] vi durchstöbern

rumour ['ruːmə*] (US rumor) n Gerücht n ♦ vt: it is ~ed that man sagt or man munkelt, daß

rump [rʌmp] n Hinterteil nt; ~ **steak** n Rumpsteak nt

rumpus ['rʌmpəs] n Spektakel m

run [rʌn] (pt ran, pp run) n Lauf m; (in car) (Spazier)fahrt f; (series) Serie f, Reihe f; (ski ~) (Ski)abfahrt f; (in stocking) Laufmasche f ♦ vt (cause to ~) laufen lassen; (car, train, bus) fahren; (race, distance) laufen, rennen; (manage) leiten; (COMPUT) laufen lassen; (pass: hand, eye) gleiten lassen ♦ vi laufen; (move quickly) laufen, rennen; (bus, train) fahren; (flow) fließen, laufen; (colours) (ab)färben; there was a ~ on (meat, tickets) es gab einen Ansturm auf +acc; on the ~ auf der Flucht; in the long ~ auf die Dauer; I'll ~ you to the station ich fahre dich zum Bahnhof; to ~ a risk ein Risiko eingehen; ~ **about** or **around** vi (children) umherspringen; ~ **across** vt fus (find) stoßen auf +acc; ~ **away** vi weglaufen; ~ **down** vi (clock) ablaufen ♦ vt (production, factory) allmählich auflösen; (with car) überfahren; (talk against) heruntermachen; to be ~ **down** erschöpft or abgespannt sein; ~ **in** (BRIT) vt (car) einfahren; ~ **into** vt fus (meet: person) zufällig treffen; (: trouble) bekommen; (collide with) rennen gegen; fahren gegen; ~ **off** vi fortlaufen; ~ **out** vi (person) hinausrennen; (liquid) auslaufen; (lease) ablaufen; (money) ausgehen; he ran out of money/petrol ihm ging das Geld/Benzin aus; ~ **over** vt (in accident) überfahren; ~ **through** vt (in-structions) durchgehen; ~ **up** vt (debt, bill) machen; ~ **up against** vt fus (difficulties) stoßen auf +acc; ~**away** adj (horse) ausgebrochen; (person) flüchtig

rung [rʌŋ] pp of ring ♦ n Sprosse f

runner ['rʌnə*] n Läufer(in) m(f); (for sleigh) Kufe f; ~ **bean** (BRIT) n Stangenbohne f; ~-**up** n Zweite(r) mf

running ['rʌnɪŋ] n (of business) Leitung f; (of machine) Betrieb m ♦ adj (water) fließend; (commentary) laufend; to be in/out of the ~ for sth im/aus dem Rennen für etw sein; **3 days ~** 3 Tage lang *or* hintereinander

runny ['rʌnɪ] *adj* dünn; *(nose)* laufend

run-of-the-mill ['rʌnəvðə'mɪl] *adj* gewöhnlich, alltäglich

runt ['rʌnt] *n (animal)* Kümmerer *m*; *(pej: person)* Wicht *m*

run-up ['rʌnʌp] *n*: **the ~ to** *(election etc)* die Endphase vor +*dat*

runway ['rʌnweɪ] *n* Startbahn *f*

rupee [ruː'piː] *n* Rupie *f*

rupture ['rʌptʃə*] *n (MED)* Bruch *m*

rural ['ruərəl] *adj* ländlich, Land-

ruse [ruːz] *n* Kniff *m*, List *f*

rush [rʌʃ] *n* Eile *f*, Hetze *f*; *(FIN)* starke Nachfrage *f* ♦ *vt (carry along)* auf dem schnellsten Wege schaffen *or* transportieren; *(attack)* losstürmen auf +*acc* ♦ *vi (hurry)* eilen, stürzen; **don't ~ me** dräng mich nicht; **~ hour** *n* Hauptverkehrszeit *f*

rusk [rʌsk] *n* Zwieback *m*

Russia ['rʌʃə] *n* Rußland *nt*; **~n** *adj* russisch ♦ *n* Russe *m*, Russin *f*; *(LING)* Russisch *nt*

rust [rʌst] *n* Rost *m* ♦ *vi* rosten

rustic ['rʌstɪk] *adj* bäuerlich, ländlich

rustle ['rʌsl] *vi* rauschen, rascheln ♦ *vt* rascheln lassen; *(cattle)* stehlen

rustproof ['rʌstpruːf] *adj* rostfrei

rusty ['rʌstɪ] *adj* rostig

rut [rʌt] *n (in track)* Radspur *f*; **to be in a ~** im Trott stecken

ruthless ['ruːθləs] *adj* rücksichtslos

rye [raɪ] *n* Roggen *m*; **~ bread** *n* Roggenbrot *nt*

S s

sabbath ['sæbəθ] *n* Sabbat *m*

sabotage ['sæbətɑːʒ] *n* Sabotage *f* ♦ *vt* sabotieren

saccharin ['sækərɪn] *n* Saccharin *nt*

sachet ['sæʃeɪ] *n (of shampoo etc)* Briefchen *nt*, Kissen *nt*

sack [sæk] *n* Sack *m* ♦ *vt (inf)* hinauswerfen; *(pillage)* plündern; **to get the ~** rausfliegen; **~ing** *n (material)* Sackleinen *nt*; *(inf)* Rausschmiß *m*

sacrament ['sækrəmənt] *n* Sakrament *nt*

sacred ['seɪkrɪd] *adj* heilig

sacrifice ['sækrɪfaɪs] *n* Opfer *nt* ♦ *vt (also fig)* opfern

sacrilege ['sækrɪlɪdʒ] *n* Schändung *f*

sad [sæd] *adj* traurig; **~den** *vt* traurig machen

saddle ['sædl] *n* Sattel *m* ♦ *vt (burden)*: **to ~ sb with sth** jdm etw aufhalsen; **~bag** *n* Satteltasche *f*

sadistic [sə'dɪstɪk] *adj* sadistisch

sadly ['sædlɪ] *adv* traurig; *(unfortunately)* leider

sadness ['sædnəs] *n* Traurigkeit *f*

sae *abbr (= stamped addressed envelope)* adressierte(r) Rückumschlag *m*

safe [seɪf] *adj (free from danger)* sicher; *(careful)* vorsichtig ♦ *n* Safe *m*; **~ and sound** gesund und wohl; **(just) to be on the ~ side** um ganz sicher zu gehen; **~ from** *(attack)* sicher vor +*dat*; **~-conduct** *n* freie(s) Geleit *nt*; **~-deposit** *n (vault)* Tresorraum *m*; *(box)* Banksafe *m*; **~guard** *n* Sicherung *f* ♦ *vt* sichern, schützen; **~keeping** *n* 'sichere Verwahrung *f*; **~ly** *adv* sicher; *(arrive)* wohlbehalten; **~ sex** *n (MED)* geschützter Sex *m*

safety ['seɪftɪ] *n* Sicherheit *f*; **~ belt** *n* Sicherheitsgurt *m*; **~ pin** *n* Sicherheitsnadel *f*; **~ valve** *n* Sicherheitsventil *nt*

sag [sæg] *vi* (durch)sacken

sage [seɪdʒ] *n (herb)* Salbei *m*; *(person)* Weise(r) *mf*

Sagittarius [sædʒɪ'tɛərɪəs] *n* Schütze *m*

Sahara [sə'hɑːrə] *n*: **the ~ (Desert)** die (Wüste) Sahara

said [sed] *pt, pp of* **say**

sail [seɪl] *n* Segel *nt*; *(trip)* Fahrt *f* ♦ *vt* segeln ♦ *vi* segeln; *(begin voyage: person)* abfahren; *(: ship)* auslaufen; *(fig: cloud etc)* dahinsegeln; **to go for a ~** segeln gehen; **they ~ed into Copenhagen** sie liefen in Kopenhagen ein; **~ through** *vt fus, vi (fig)* (es) spielend schaffen; **~boat** *(US) n* Segelboot *nt*; **~ing** *n* Segeln *nt*; **~ing ship** *n* Segelschiff *nt*; **~or** *n* Matrose *m*, Seemann *m*

saint [seɪnt] *n* Heilige(r) *mf*; **~ly** *adj* heilig, fromm

sake [seɪk] *n*: **for the ~ of** um +*gen* willen

salad ['sæləd] *n* Salat *m*; **~ bowl** *n* Salatschüssel *f*; **~ cream** *(BRIT) n* gewürzte Mayonnaise *f*; **~ dressing** *n* Salatsoße *f*

salami [sə'lɑːmɪ] *n* Salami *f*

salary ['sælərɪ] *n* Gehalt *nt*

sale [seɪl] *n* Verkauf *m*; *(reduced prices)* Schlußverkauf *m*; **"for ~"** „zu verkaufen"; **on ~** zu verkaufen; **~room** *n* Verkaufsraum *m*; **~s assistant** *n* Verkäufer(in) *m(f)*; **~s clerk** *(US) n* Verkäufer(in) *m(f)*; **~sman** *(irreg) n* Verkäufer *m*; *(representative)* Vertreter *m*; **~swoman** *(irreg) n* Verkäuferin *f*

salient ['seɪlɪənt] *adj* bemerkenswert

saliva [sə'laɪvə] *n* Speichel *m*

sallow ['sæləʊ] *adj* fahl; *(face)* bleich

salmon ['sæmən] n Lachs m
saloon [sə'luːn] n (BRIT: AUT) Limousine f; (ship's lounge) Salon m
salt [sɔːlt] n Salz m ♦ vt (cure) einsalzen; (flavour) salzen; ~ **away** (inf) vt (money) auf die hohe Kante legen; ~**cellar** n Salzfaß nt; ~**-water** adj Salzwasser-; ~**y** adj salzig
salutary ['sæljutəri] adj nützlich
salute [sə'luːt] n (MIL) Gruß m; (with guns) Salutschüsse pl ♦ vt (MIL) salutieren
salvage ['sælvidʒ] n (from ship) Bergung f; (property) Rettung f ♦ vt bergen; retten
salvation [sæl'veiʃən] n Rettung f, S~ **Army** n Heilsarmee f
same [seim] adj, pron (similar) gleiche(r, s); (identical) derselbe/dieselbe/dasselbe; the ~ **book** as die gleiche Buch wie; **at the** ~ **time** zur gleichen Zeit, gleichzeitig; (however) zugleich, andererseits; **all** or just the ~ trotzdem; **the** ~ **to you!** gleichfalls!; **to do the** ~ **(as sb)** das gleiche tun (wie jd)
sample ['sɑːmpl] n Probe f ♦ vt probieren
sanctify ['sæŋktifai] vt weihen
sanctimonious [sæŋkti'məuniəs] adj scheinheilig
sanction ['sæŋkʃən] n Sanktion f
sanctity ['sæŋktiti] n Heiligkeit f; (fig) Unverletzlichkeit f
sanctuary ['sæŋktjuəri] n (for fugitive) Asyl nt; (refuge) Zufluchtsort m; (for animals) Schutzgebiet nt
sand [sænd] n Sand m ♦ vt (furniture) schmirgeln
sandal ['sændl] n Sandale f
sand: ~**box** (US) n = **sandpit**; ~**castle** n Sandburg f; ~ **dune** n (Sand)düne f; ~**paper** n Sandpapier nt; ~**pit** n Sandkasten m; ~**stone** n Sandstein m
sandwich ['sænwidʒ] n Sandwich m or nt ♦ vt (also: ~ in) einklemmen; **cheese/ham** ~ Käse-/Schinkenbrot; ~**ed between** eingeklemmt zwischen; ~ **board** n Reklametafel f; ~ **course** (BRIT) n theorie- und praxisabwechselnde(r) Ausbildungsgang
sandy ['sændi] adj sandig; (hair) rotblond
sane [sein] adj geistig gesund or normal; (sensible) vernünftig, gescheit
sang [sæŋ] pt of **sing**
sanitary ['sænitəri] adj hygienisch; ~ **napkin** (US) n (Monats)binde f; ~ **towel** n (Monats)binde f
sanitation [sæni'teiʃən] n sanitäre Einrichtungen pl; ~ **department** (US) n Stadtreinigung f
sanity ['sæniti] n geistige Gesundheit f, (good sense) Vernunft f
sank [sæŋk] pt of **sink**
Santa Claus [sæntə'klɔːz] n Nikolaus m, Weihnachtsmann m
sap [sæp] n (of plants) Saft m ♦ vt (strength) schwächen

sapling ['sæpliŋ] n junge(r) Baum m
sapphire ['sæfaiə*] n Saphir m
sarcasm ['sɑːkæzəm] n Sarkasmus m
sarcastic [sɑː'kæstik] adj sarkastisch
sardine [sɑː'diːn] n Sardine f
Sardinia [sɑː'diniə] n Sardinien nt
sardonic [sɑː'dɔnik] adj zynisch
sash [sæʃ] n Schärpe f
sat [sæt] pt, pp of **sit**
Satan ['seitn] n Satan m
satchel ['sætʃəl] n (for school) Schulmappe f
sated ['seitid] adj (appetite, person) gesättigt
satellite dish n (TECH) Parabolantenne f
satellite television n Satellitenfernsehen nt
satisfaction [sætis'fækʃən] n Befriedigung f, Genugtuung f
satisfactory [sætis'fæktəri] adj zufriedenstellend, befriedigend
satisfy ['sætisfai] vt befriedigen, zufriedenstellen; (convince) überzeugen; (conditions) erfüllen; ~**ing** adj befriedigend; (meal) sättigend
saturate ['sætʃəreit] vt (durch)tränken
saturation [sætʃə'reiʃən] n Durchtränkung f; (CHEM, fig) Sättigung f
Saturday ['sætədei] n Samstag m, Sonnabend m
sauce [sɔːs] n Soße f, Sauce f; ~**pan** n Kasserolle f
saucer ['sɔːsə*] n Untertasse f
saucy ['sɔːsi] adj frech, keck
Saudi ['saudi] : ~ **Arabia** n Saudi-Arabien nt; ~ **(Arabian)** adj saudiarabisch ♦ n Saudiaraber(in) m(f)
sauna ['sɔːnə] n Sauna f
saunter ['sɔːntə*] vi schlendern
sausage ['sɔsidʒ] n Wurst f; ~ **roll** n Wurst f im Schlafrock, Wurstpastete f
sauté ['səutei] adj Röst-
savage ['sævidʒ] adj wild ♦ n Wilde(r) mf ♦ vt (animals) zerfleischen; ~**ry** n Roheit f, Grausamkeit f
save [seiv] vt retten; (money, electricity etc) sparen; (strength etc) aufsparen; (COMPUT) speichern ♦ vi (also: ~ up) sparen ♦ n (SPORT) (Ball)abwehr f ♦ prep, conj außer, ausgenommen
saving ['seiviŋ] adj: **the** ~ **grace of** das Versöhnende an +dat ♦ n Sparen nt, Ersparnis f; ~**s** npl (money) Ersparnisse pl; ~**s account** n Sparkonto nt; ~**s bank** n Sparkasse f
saviour ['seivjə*] (US **savior**) n (REL) Erlöser m
savour ['seivə*] (US **savor**) vt (taste) schmecken; (fig) genießen; ~**y** adj pikant, würzig
saw [sɔː] (pt **sawed**, pp **sawed** or **sawn**) pt of **see** ♦ n (tool) Säge f ♦ vt, vi sägen; ~**dust** n Sägemehl nt; ~**mill** n Sägewerk n

nt; **sawn** [sɔːn] *pp of* saw; **~n-off shotgun** *n* Gewehr *nt* mit abgesägtem Lauf

say [seɪ] *(pt, pp* said) *n:* **to have a/no ~ in sth** Mitspracherecht/kein Mitspracherecht bei etw haben ♦ *vt, vi* sagen; **let him have his ~** laß ihn doch reden; **to ~ yes/no** ja/nein sagen; **that goes without ~ing** das versteht sich von selbst; **that is to ~** das heißt; **~ing** *n* Sprichwort *nt*

scab [skæb] *n* Schorf *m;* (pej) Streikbrecher *m*

scaffold ['skæfəʊld] *n (for execution)* Schafott *nt;* **~ing** *n* (Bau)gerüst *nt*

scald [skɔːld] *n* Verbrühung *f* ♦ *vt (burn)* verbrühen; *(clean)* (ab)brühen

scale [skeɪl] *n (of fish)* Schuppe *f;* (MUS) Tonleiter *f;* (on map, size) Maßstab *m;* (gradation) Skala *f* ♦ *vt (climb)* erklimmen; **~s** *npl (balance)* Waage *f;* **on a large ~** *(fig)* im großen, in großem Umfang; **~ of charges** Gebührenordnung *f;* **~ down** *vt* verkleinern; **~ model** *n* maßstabgetreue(s) Modell *nt*

scallop ['skɒləp] *n* Kammuschel *f*

scalp [skælp] *n* Kopfhaut *f*

scamper ['skæmpə*] *vi:* **to ~ away** *or* **off** sich davonmachen

scampi ['skæmpɪ] *npl* Scampi *pl*

scan [skæn] *vt (examine)* genau prüfen; *(quickly)* überfliegen; *(horizon)* absuchen; *(poetry)* skandieren

scandal ['skændl] *n* Skandal *m;* (piece of gossip) Skandalgeschichte *f*

Scandinavia [skændɪ'neɪvɪə] *n* Skandinavien *nt;* **~n** *adj* skandinavisch ♦ *n* Skandinavier(in) *m(f)*

scant [skænt] *adj* knapp; **~ily** *adv* knapp, dürftig; **~y** *adj* knapp, unzureichend

scapegoat ['skeɪpgəʊt] *n* Sündenbock *m*

scar [skɑː*] *n* Narbe *f* ♦ *vt* durch Narben entstellen

scarce ['skɛəs] *adj* selten, rar; *(goods)* knapp; **~ly** *adv* kaum

scarcity ['skɛəsɪtɪ] *n* Mangel *m*

scare ['skɛə*] *n* Schrecken *m* ♦ *vt* erschrecken; **bomb ~** Bombendrohung *f;* **to ~ sb stiff** jdn zu Tode erschrecken; **to be ~d** Angst haben; **~crow** *n* Vogelscheuche *f*

scarf [skɑːf] *(pl* scarves) *n* Schal *m;* (head-) Kopftuch *nt*

scarlet ['skɑːlət] *adj* scharlachrot ♦ *n* Scharlachrot *nt;* **~ fever** *n* Scharlach *m*

scarves [skɑːvz] *npl of* scarf

scary ['skɛərɪ] *(inf) adj* schaurig

scathing ['skeɪðɪŋ] *adj* scharf, vernichtend

scatter ['skætə*] *vt (sprinkle)* (ver)streuen; *(disperse)* zerstreuen ♦ *vi* sich zerstreuen; **~brained** *adj* flatterhaft, schusselig

scavenger ['skævɪndʒə*] *n (animal)* Aasfresser *m*

scenario [sɪ'nɑːrɪəʊ] *n* (THEAT, CINE) Szenario *nt;* (fig) Szenario *nt*

scene [siːn] *n (of happening)* Ort *m;* (of play, incident) Szene *f;* (view) Anblick *m;* (argument) Szene *f,* Auftritt *m;* **~ry** ['siːnərɪ] *n* (THEAT) Bühnenbild *nt;* (landscape) Landschaft *f*

scenic ['siːnɪk] *adj* landschaftlich

scent [sɛnt] *n* Parfüm *nt;* (smell) Duft *m* ♦ *vt* parfümieren

sceptical ['skɛptɪkəl] *(US* **skeptical**) *adj* skeptisch

schedule ['ʃɛdjuːl, *(US)* 'skɛdjuːl] *n (list)* Liste *f;* (plan) Programm *nt;* (of work) Zeitplan *m* ♦ *vt* planen; **on ~** pünktlich; **to be ahead of/behind ~** dem Zeitplan voraus/ im Rückstand sein; **~d flight** *n (not charter)* Linienflug *m*

scheme [skiːm] *n* Schema *nt;* (dishonest) Intrige *f;* (plan of action) Plan *m* ♦ *vi* intrigieren ♦ *vt* planen

scheming ['skiːmɪŋ] *adj* intrigierend

scholar ['skɒlə*] *n* Gelehrte(r) *m;* (holding ~ship) Stipendiat *m;* **~ly** *adj* gelehrt; **~ship** *n* Gelehrsamkeit *f;* (grant) Stipendium *nt*

school [skuːl] *n* Schule *f;* (UNIV) Fakultät *f* ♦ *vt* schulen; *(dog)* trainieren; **~ age** *n* schulpflichtige(s) Alter *nt;* **~book** *n* Schulbuch *nt;* **~boy** *n* Schüler *m;* **~children** *npl* Schüler *pl,* Schulkinder *pl;* **~days** *npl* (alte) Schulzeit *f;* **~girl** *n* Schülerin *f;* **~ing** *n* Schulung *f,* Ausbildung *f;* **~master** *n* Lehrer *m;* **~mistress** *n* Lehrerin *f;* **~teacher** *n* Lehrer(in) *m(f)*

sciatica [saɪ'ætɪkə] *n* Ischias *m or nt*

science ['saɪəns] *n* Wissenschaft *f;* (natural ~) Naturwissenschaft *f*

scientific [saɪən'tɪfɪk] *adj* wissenschaftlich; *(natural sciences)* naturwissenschaftlich

scientist ['saɪəntɪst] *n* Wissenschaftler(in) *m(f)*

scintillating ['sɪntɪleɪtɪŋ] *adj* sprühend

scissors ['sɪzəz] *npl* Schere *f;* **a pair of ~** eine Schere

scoff [skɒf] *vt (BRIT: inf: eat)* fressen ♦ *vi (mock):* **to ~ (at)** spotten (über +acc)

scold [skəʊld] *vt* schimpfen

scone [skɒn] *n* weiche(s) Teegebäck *nt*

scoop [skuːp] *n* Schaufel *f;* (news) sensationelle Erstmeldung *f;* **~ out** *vt* herausschaufeln; *(liquid)* herausschöpfen; **~ up** *vt* aufschaufeln; *(liquid)* aufschöpfen

scooter ['skuːtə*] *n* Motorroller *m;* (child's) Roller *m*

scope [skəʊp] *n* Ausmaß *nt;* (opportunity) (Spiel)raum *m*

scorch [skɔːtʃ] *n* Brandstelle *f* ♦ *vt* versengen; **~ing** *adj* brennend

score [skɔː*] *n (in game)* Punktzahl *f;* (final ~) (Spiel)ergebnis *nt;* (MUS) Partitur *f;* (line) Kratzer *m;* (twenty) zwanzig, zwanzig Stück ♦ *vt (goal)* schießen; *(points)* ma-

chen; (*mark*) einritzen ♦ vi (*keep record*)
Punkte zählen; **on that** ~ in dieser Hinsicht; **what's the** ~? wie steht's?; **to** ~ **6 out of 10** 6 von 10 Punkten erzielen; ~ **out** vt ausstreichen; ~**board** n Anschreibetafel f; ~**r** n Torschütze m; (*recorder*) (Auf)schreiber m

scorn ['skɔːn] n Verachtung f ♦ vt verhöhnen; ~**ful** adj verächtlich

Scorpio ['skɔːpɪəʊ] n Skorpion m

Scot [skɒt] n Schotte m, Schottin f

Scotch [skɒtʃ] n Scotch m

scotch vt (*end*) unterbinden

scot-free ['skɒt'friː] adv: **to get off** ~ (*unpunished*) ungeschoren davonkommen

Scotland ['skɒtlənd] n Schottland nt

Scots [skɒts] adj schottisch; ~**man/woman** (*irreg*) n Schotte m/Schottin f

Scottish ['skɒtɪʃ] adj schottisch

scoundrel ['skaʊndrəl] n Schuft m

scour ['skaʊə*] vt (*search*) absuchen; (*clean*) schrubben

scourge [skɜːdʒ] n (*whip*) Geißel f; (*plague*) Qual f

scout [skaʊt] n (*MIL*) Späher m; (*also: boy* ~) Pfadfinder m; ~ **around** vi: **to** ~ **around (for)** sich umsehen (nach)

scowl [skaʊl] n finstere(r) Blick m ♦ vi finster blicken

scrabble ['skræbl] (*also:* ~ *around: search*) (herum)tasten ♦ vi; (*claw*): **to** ~ (**at**) kratzen (an +*dat*) ♦ n: S~ (®) Scrabble nt (®)

scraggy ['skrægɪ] adj dürr, hager

scram [skræm] (*inf*) vi abhauen

scramble ['skræmbl] n (*climb*) Kletterei f; (*struggle*) Kampf m ♦ vi klettern; (*fight*) sich schlagen; **to** ~ **out/through** krabbeln aus/durch; **to** ~ **for** sich um etw raufen; ~**d eggs** npl Rührei nt

scrap [skræp] n (*bit*) Stückchen nt; (*fight*) Keilerei f; (*also:* ~ *iron*) Schrott m ♦ vt verwerfen ♦ vi (*fight*) streiten, sich prügeln; ~**s** npl (*leftovers*) Reste pl; (*waste*) Abfall m; ~**book** n Einklebealbum nt; ~ **dealer** n Schrotthändler(in) m(f)

scrape [skreɪp] n Kratzen nt; (*trouble*) Klemme f ♦ vt kratzen; (*car*) zerkratzen; (*clean*) abkratzen ♦ vi (*make harsh noise*) kratzen; **to** ~ **through** gerade noch durchkommen; ~**r** n Kratzer m

scrap: ~ **heap** n Schrotthaufen m; **on the** ~ **heap** (*fig*) beim alten Eisen; ~ **iron** n Schrott m; ~ **merchant** (*BRIT*) n Altwarenhändler(in) m(f)

scrappy ['skræpɪ] adj zusammengestoppelt

scratch [skrætʃ] n (*wound*) Kratzer m, Schramme f ♦ adj: ~ **team** zusammengewürfelte Mannschaft ♦ vt kratzen; (*car*) zerkratzen ♦ vi (*scratch*) sich kratzen; **to start from** ~ ganz von vorne anfangen; **to be up to** ~ den Anforderungen entsprechen

scrawl [skrɔːl] n Gekritzel nt ♦ vt, vi kritzeln

scrawny ['skrɔːnɪ] adj (*person, neck*) dürr

scream [skriːm] n Schrei m ♦ vi schreien

scree [skriː] n Geröll(halde f) nt

screech [skriːtʃ] n Schrei m ♦ vi kreischen

screen [skriːn] n (*protective*) Schutzschirm m; (*CINE*) Leinwand f; (*TV*) Bildschirm m ♦ vt (*shelter*) (be)schirmen; (*film*) zeigen, vorführen; (*MED*) Untersuchung f; ~**ing** n (*MED*) Untersuchung f; ~**play** n Drehbuch nt

screw [skruː] n Schraube f ♦ vt (*fasten*) schrauben; (*vulgar*) bumsen; ~ **up** vt (*paper etc*) zerknüllen; (*inf: ruin*) vermasseln (*inf*); ~**driver** n Schraubenzieher m

scribble ['skrɪbl] n Gekritzel nt ♦ vt kritzeln

script [skrɪpt] n (*handwriting*) Handschrift f; (*for film*) Drehbuch nt; (*THEAT*) Manuskript nt, Text m

Scripture ['skrɪptʃə*] n Heilige Schrift f

scroll [skrəʊl] n Schriftrolle f

scrounge [skraʊndʒ] (*inf*) vt: **to** ~ **sth off** **or from sb** etw bei jdm abstauben ♦ n: **on the** ~ beim Schnorren

scrub [skrʌb] n (*clean*) Schrubben nt; (*in countryside*) Gestrüpp nt ♦ vt (*clean*) schrubben; (*reject*) fallenlassen

scruff [skrʌf] n: **by the** ~ **of the neck** am Genick

scruffy ['skrʌfɪ] adj unordentlich, vergammelt

scrum(mage) ['skrʌm(ɪdʒ)] n Getümmel nt

scruple ['skruːpl] n Skrupel m, Bedenken nt

scrupulous ['skruːpjʊləs] adj peinlich genau, gewissenhaft

scrutinize ['skruːtɪnaɪz] vt genau prüfen

scrutiny ['skruːtɪnɪ] n genaue Untersuchung f

scuff [skʌf] vt (*shoes*) abstoßen

scuffle ['skʌfl] n Handgemenge nt

scullery ['skʌlərɪ] n Spülküche f

sculptor ['skʌlptə*] n Bildhauer(in) m(f)

sculpture ['skʌlptʃə*] n (*ART*) Bildhauerei f; (*statue*) Skulptur f

scum [skʌm] n (*also fig*) Abschaum m

scupper ['skʌpə*] vt (*NAUT*) versenken; (*fig*) zerstören

scurrilous ['skʌrɪləs] adj unflätig

scurry ['skʌrɪ] vi huschen

scuttle ['skʌtl] n (*also: coal* ~) Kohleneimer m ♦ vt (*ship*) versenken ♦ vi (*scamper*): **to** ~ **away or off** sich davonmachen

scythe [saɪð] n Sense f

SDP (*BRIT*) n abbr = **Social Democratic Party**

sea [siː] n Meer nt, See f; (*fig*) Meer nt ♦ adj Meeres-, See-; **by** ~ (*travel*) auf dem Seeweg; **on the** ~ (*boat*) auf dem Meer; (*town*) am Meer; **out to** ~ aufs Meer hinaus; **out at** ~ aufs Meer; **to be all at** ~ (*fig*) nicht durchblicken; ~**board** n Küste

f; ~**food** n Meeresfrüchte pl; ~ **front** n Strandpromenade f; ~**going** adj seetüchtig, Hochsee-; ~**gull** n Möwe f
seal [siːl] n (animal) Robbe f, Seehund m; (stamp, impression) Siegel nt ♦ vt versiegeln
sea level n Meeresspiegel m
sea lion n Seelöwe m
seam [siːm] n Saum m; (edges joining) Naht f; (of coal) Flöz nt
seaman ['siːmən] (irreg) n Seemann m
seamy ['siːmɪ] adj (people, café) zwielichtig; (life) anrüchig
seaplane ['siːpleɪn] n Wasserflugzeug nt
seaport ['siːpɔːt] n Seehafen m
search [sɜːtʃ] n (for person, thing) Suche f; (of drawer, pockets, house) Durchsuchung f ♦ vi suchen ♦ vt durchsuchen; **in** ~ of auf der Suche nach; **to** ~ **for** suchen nach; ~ **through** vt durchsuchen; ~**ing** adj (look) forschend; ~**light** n Scheinwerfer m; ~ **party** n Suchmannschaft f, ~ **warrant** n Durchsuchungsbefehl m
seashore ['siːʃɔː*] n Meeresküste f
seasick ['siːsɪk] adj seekrank; ~**ness** n Seekrankheit f
seaside ['siːsaɪd] n Küste f; ~ **resort** n Badeort m
season ['siːzn] n Jahreszeit f; (Christmas etc) Zeit f, Saison f ♦ vt (flavour) würzen; ~**al** adj Saison-; ~**ed** adj (fig) erfahren; ~**ing** n Gewürz nt, Würze f; ~ **ticket** n (RAIL) Zeitkarte f; (THEAT) Abonnement nt
seat [siːt] n Sitz m, Platz m; (in Parliament) Sitz m; (part of body) Gesäß nt; (of trousers) Hosenboden m ♦ vt (place) setzen; (have space for) Sitzplätze bieten für; **to be** ~**ed** sitzen; ~ **belt** n Sicherheitsgurt m
sea water n Meerwasser nt
seaweed ['siːwiːd] n (See)tang m
seaworthy ['siːwɜːðɪ] adj seetüchtig
sec. abbr (= second(s)) Sek.
secluded [sɪ'kluːdɪd] adj abgelegen
seclusion [sɪ'kluːʒən] n Zurückgezogenheit f
second ['sekənd] adj zweite(r,s) ♦ adv (in ~ position) an zweiter Stelle ♦ n Sekunde f; (person) Zweite(r) mf; (COMM: imperfect) zweite Wahl f; (SPORT) Sekundant m; (AUT: also: ~ gear) zweite(r) Gang m; (BRIT: UNIV: degree) mittlere Note bei Abschlußprüfungen ♦ vt (support) unterstützen; ~**ary** adj zweitrangig; ~**ary school** n höhere Schule f, Mittelschule f; ~~**class** adj zweiter Klasse; ~**hand** adj aus zweiter Hand; (car etc) gebraucht; ~ **hand** n (on clock) Sekundenzeiger m; ~**ly** adv zweitens; ~**ment** [sɪ'kɒndmənt] (BRIT) n Abordnung f; ~~**rate** adj mittelmäßig; ~ **thoughts** npl: **to have** ~ **thoughts** es sich dat anders überlegen; **on** ~ **thoughts** (BRIT) or **thought** (US) oder lieber (nicht)
secrecy ['siːkrəsɪ] n Geheimhaltung f

secret ['siːkrət] n Geheimnis nt ♦ adj geheim, Geheim-; **in** ~ geheim
secretarial [sekrə'teərɪəl] adj Sekretärinnen-
secretary ['sekrətrɪ] n Sekretär(in) m(f)
Secretary of State (BRIT) n (POL): ~ (**for**) Minister(in) m(f) (für)
secretion [sɪ'kriːʃən] n Absonderung f
secretive ['siːkrətɪv] adj geheimtuerisch
secretly adv geheim
sectarian [sek'teərɪən] adj (riots etc) Konfessions-, zwischen den Konfessionen
section ['sekʃən] n Teil m; (department) Abteilung f; (of document) Abschnitt m
sector ['sektə*] n Sektor m
secular ['sekjʊlə*] adj weltlich, profan
secure [sɪ'kjʊə*] adj (safe) sicher; (firmly fixed) fest ♦ vt (make firm) befestigen, sichern; (obtain) sichern
security [sɪ'kjʊərɪtɪ] n Sicherheit f; (pledge) Pfand nt; (document) Wertpapier nt; (national ~) Staatssicherheit f
sedan [sɪ'dæn] (US) n (AUT) Limousine f
sedate [sɪ'deɪt] adj gesetzt ♦ vt (MED) ein Beruhigungsmittel geben +dat
sedation [sɪ'deɪʃən] n (MED) Einfluß m von Beruhigungsmitteln
sedative ['sedətɪv] n Beruhigungsmittel nt ♦ adj beruhigend, einschläfernd
sedentary ['sedntrɪ] adj (job) sitzend
sediment ['sedɪmənt] n (Boden)satz m
sedition [sə'dɪʃən] n Aufwiegelung f
seduce [sɪ'djuːs] vt verführen
seduction [sɪ'dʌkʃən] n Verführung f
seductive [sɪ'dʌktɪv] adj verführerisch
see [siː] (pt **saw**, pp **seen**) vt sehen; (understand) (ein)sehen, erkennen; (visit) besuchen ♦ vi (be aware) sehen; (find out) nachsehen ♦ n (ECCL: R.C.) Bistum nt; (: Protestant) Kirchenkreis m; **to** ~ **sb to the door** jdn hinausbegleiten; **to** ~ **that** (ensure) dafür sorgen, daß; ~ **you soon!** bis bald!; ~ **about** vt fus sich kümmern um; ~ **off** vt: **to** ~ **sb off** jdn zum Zug etc begleiten; ~ **through** vt: **to** ~ **sth through** etw durchfechten; **to** ~ **through sb/sth** jdn/etw durchschauen; ~ **to** vt fus: **to** ~ **to it** dafür sorgen
seed [siːd] n Samen m ♦ vt (TENNIS) plazieren; **to go to** ~ (plant) schießen; (fig) herunterkommen; ~**ling** n Setzling m; ~**y** adj (café) übel; (person) zweifelhaft
seeing ['siːɪŋ] conj: ~ (**that**) da
seek [siːk] (pt, pp **sought**) vt suchen
seem [siːm] vi scheinen; **it** ~s **that ...** es scheint, daß ...; ~**ingly** adv anscheinend
seen [siːn] pp of see
seep [siːp] vi sickern
seesaw ['siːsɔː] n Wippe f
seethe [siːð] vi: **to** ~ **with anger** vor Wut kochen
see-through ['siːθruː] adj (dress etc)

durchsichtig

segment ['segmənt] n Teil m; (of circle) Ausschnitt m

segregate ['segrıgeıt] vt trennen

seize [si:z] vt (grasp) (er)greifen, packen; (power) ergreifen; (take legally) beschlagnahmen; ~ (up)on vt fus sich stürzen auf +acc; ~ up vi (TECH) sich festfressen

seizure ['si:ʒə*] n (illness) Anfall m

seldom ['seldəm] adv selten

select [sı'lekt] adj ausgewählt ♦ vt auswählen; ~ion [sı'lekʃən] n Auswahl f; ~ive adj (person) wählerisch

self [self] (pl selves) pron selbst ♦ n Selbst nt, Ich nt; the ~ das Ich; ~-assured adj selbstbewußt; ~-catering (BRIT) adj für Selbstversorger; ~-centred (US ~-centered) adj egozentrisch; ~-coloured (US ~-colored) adj (of one colour) einfarbig, uni; ~-confidence n Selbstvertrauen nt, Selbstbewußtsein nt; ~-conscious adj gehemmt, befangen; ~-contained adj (complete) (in sich) geschlossen; (person) verschlossen; (BRIT: flat) separat; ~-control n Selbstbeherrschung f; ~-defence (US ~-defense) n Selbstverteidigung f; (JUR) Notwehr f; ~-discipline n Selbstdisziplin f; ~-employed adj frei(schaffend); ~-evident adj offensichtlich; ~-governing adj selbstverwaltet; ~-indulgent adj zügellos; ~-interest n Eigennutz m; ~ish adj egoistisch, selbstsüchtig; ~ishness n Egoismus m, Selbstsucht f; ~lessly adv selbstlos; ~-made adj: ~-made man Selfmademan m; ~-pity n Selbstmitleid nt; ~-portrait n Selbstbildnis nt; ~-possessed adj selbstbeherrscht; ~-preservation n Selbsterhaltung f; ~-reliant adj unabhängig; ~-respect n Selbstachtung f; ~-righteous adj selbstgerecht; ~-sacrifice n Selbstaufopferung f; ~-satisfied adj selbstzufrieden; ~-service adj Selbstbedienungs-; ~-sufficient adj selbstgenügsam; ~-taught adj selbsterlernt; ~-taught person Autodidakt m

sell [sel] (pt, pp sold) vt verkaufen ♦ vi verkaufen; (goods) sich verk.ufen; to ~ at or for £10 für £10 verkaufen; ~ off vt verkaufen; ~ out vi alles verkaufen; ~-by date n Verfalldatum nt; ~er n Verkäufer m; ~ing price n Verkaufspreis m

Sellotape ['seləuteıp] (®; BRIT) n Tesafilm m (®)

sellout ['selaut] n (of tickets): it was a ~ es war ausverkauft

selves [selvz] npl of **self**

semaphore ['seməfɔ:*] n Winkzeichen pl

semblance ['sembləns] n Anschein m

semen ['si:mən] n Sperma nt

semester [sı'mestə*] (US) n Semester nt

semi ['semı] n = **semidetached house**; ~circle n Halbkreis m; ~colon n Semiko-

lon nt; ~conductor n Halbleiter m; ~detached house (BRIT) n halbe(s) Doppelhaus nt; ~final n Halbfinale nt

seminary ['semınərı] n (REL) Priesterseminar nt

semiskilled ['semı'skıld] adj angelernt

senate ['senıt] n Senat m; **senator** n Senator m

send [send] (pt, pp sent) vt senden, schicken; (inf: inspire) hinreißen; ~ away vt wegschicken; ~ away for vt fus anfordern; ~ back vt zurückschicken; ~ for vt fus holen lassen; ~ off vt (goods) abschicken; (BRIT: SPORT: player) vom Feld schicken; ~ out vt (invitation) aussenden; ~ up vt hinaufsenden; (BRIT: parody) verulken; ~er n Absender m; ~-off n: to give sb a good ~-off jdn (ganz) groß verabschieden

senior ['si:nıə*] adj (older) älter; (higher rank) Ober- ♦ n (older person) Ältere(r) mf; (higher ranking) Rangälteste(r) mf; ~ citizen n ältere(r) Mitbürger(in) m(f); ~ity [si:nı'ɒrıtı] n (of age) höhere(s) Alter nt; (in rank) höhere(r) Dienstgrad m

sensation [sen'seıʃən] n Gefühl nt; (excitement) Sensation f, Aufsehen nt

sense [sens] n Sinn m; (understanding) Verstand m, Vernunft f; (feeling) Gefühl nt ♦ vt wahren, spüren; ~ of humour Humor m; to make ~ Sinn ergeben; ~less adj sinnlos; (unconscious) besinnungslos

sensibility [sensı'bılıtı] n Empfindsamkeit f; (feeling hurt) Empfindlichkeit f; **sensibilities** npl (feelings) Zartgefühl nt

sensible ['sensəbl] adj vernünftig

sensitive ['sensıtıv] adj: ~ (to) empfindlich (gegen)

sensitivity [sensı'tıvıtı] n Empfindlichkeit f; (artistic) Feingefühl nt; (tact) Feinfühligkeit f

sensual ['sensjuəl] adj sinnlich

sensuous ['sensjuəs] adj sinnlich

sent [sent] pt, pp of **send**

sentence ['sentəns] n Satz m; (JUR) Strafe f, Urteil n ♦ vt: to ~ sb to death/to 5 years jdn zum Tode/zu 5 Jahren verurteilen

sentiment ['sentımənt] n Gefühl nt; (thought) Gedanke m; ~al [sentı'mentl] adj sentimental; (of feelings rather than reason) gefühlsmäßig

sentry ['sentrı] n (Schild)wache f

separate [adj 'seprət, vb 'sepəreıt] adj getrennt, separat ♦ vt trennen ♦ vi sich trennen; ~ly adv getrennt; ~s npl (clothes) Röcke, Pullover etc

separation [sepə'reıʃən] n Trennung f

September [sep'tembə*] n September m

septic ['septık] adj vereitert, septisch; ~ tank n Klärbehälter m

sequel ['si:kwəl] n Folge f

sequence ['si:kwəns] n (Reihen)folge f

sequin ['siːkwɪn] n Paillette f
Serbia ['sɜːbɪə] n Serbien nt
serene [sə'riːn] adj heiter
serenity [sɪ'renɪtɪ] n Heiterkeit f
sergeant ['sɑːdʒənt] n Feldwebel m; (PO-LICE) (Polizei)wachtmeister m
serial ['sɪərɪəl] n Fortsetzungsroman m; (TV) Fernsehserie f ♦ adj (number) (fort)laufend; ~ize vt in Fortsetzungen veröffentlichen; in Fortsetzungen senden
series ['sɪərɪz] n inv Serie f, Reihe f
serious ['sɪərɪəs] adj ernst; (injury) schwer; ~ly adv ernst(haft); (hurt) schwer; ~ness n Ernst m, Ernsthaftigkeit f
sermon ['sɜːmən] n Predigt f
serrated [se'reɪtɪd] adj gezackt
servant ['sɜːvənt] n Diener(in) m(f)
serve [sɜːv] vt dienen +dat; (guest, customer) bedienen; (food) servieren ♦ vi dienen, nützen; (at table) servieren; (TENNIS) geben, aufschlagen; it ~s him right das geschieht ihm recht; that'll ~ as a table das geht als Tisch; to ~ a summons (on sb) (jdn) vor Gericht laden; ~ out or up vt (food) auftragen, servieren
service ['sɜːvɪs] n (help) Dienst m; (trains etc) Verbindung f; (hotel) Service m, Bedienung f; (set of dishes) Service nt; (REL) Gottesdienst m; (car) Inspektion f; (for TVs etc) Kundendienst m; (TENNIS) Aufschlag m ♦ vt (AUT, TECH) warten, überholen; the S~s npl (armed forces) die Streitkräfte pl; to be of ~ to sb jdm einen großen Dienst erweisen; ~able adj brauchbar; ~ area n (on motorway) Raststätte f; ~ charge (BRIT) n Bedienung f; ~man (irreg) n (soldier etc) Soldat m; ~ station n (Groß)tankstelle f
serviette [sɜːvɪ'et] n Serviette f
servile ['sɜːvaɪl] adj unterwürfig
session ['seʃən] n Sitzung f; (POL) Sitzungsperiode f; to be in ~ tagen
set [set] (pt, pp set) n (collection of things) Satz m, Set nt; (RADIO, TV) Apparat m; (TENNIS) Satz m; (group of people) Kreis m; (CINE) Szene f; (THEAT) Bühnenbild nt ♦ adj festgelegt; (ready) bereit ♦ vt (place) setzen, stellen, legen; (arrange) (an)ordnen; (table) decken; (time, price) festsetzen; (alarm, watch, task) stellen; (jewels) (ein)fassen; (exam) ausarbeiten ♦ vi (sun) untergehen; (become hard) fest werden; (bone) zusammenwachsen; to be ~ on doing sth etw unbedingt tun wollen; to ~ to music vertonen; to ~ on fire anstecken; to ~ free freilassen; to ~ sth going etw in Gang bringen; to ~ sail losfahren; ~ about vt fus (task) anpacken; ~ aside vt beiseitelegen; ~ back vt: to ~ back (by) zurückwerfen (um); ~ off vi aufbrechen ♦ vt (explode) sprengen; (alarm) losgehen lassen; (show up well) hervorheben; ~ out vi:

to ~ out to do sth vorhaben, etw zu tun (arrange) anlegen, arrangieren; (state) darlegen; ~ up vt (organization) aufziehen; (record) aufstellen; (monument) erstellen; ~back n Rückschlag m; ~ menu n Tageskarte f
settee [se'tiː] n Sofa nt
setting ['setɪŋ] n Hintergrund m
settle ['setl] vt beruhigen; (pay) begleichen, bezahlen; (agree) regeln ♦ vi sich einleben; (come to rest) sich niederlassen; (sink) sich setzen; (calm down) sich beruhigen; to ~ for sth sich mit etw zufriedengeben; to ~ on sth sich für etw entscheiden; to ~ up with sb mit jdm abrechnen; ~ down vi (feel at home) sich einleben; (calm down) sich beruhigen; ~ in vi sich eingewöhnen; ~ment n Regelung f; (payment) Begleichung f; (colony) Siedlung f; ~r n Siedler m
setup ['setʌp] n (situation) Lage f
seven ['sevn] num sieben; ~teen num siebzehn; ~th adj siebte(r, s) ♦ n Siebtel nt; ~ty num siebzig
sever ['sevə*] vt abtrennen
several ['sevrəl] adj mehrere, verschiedene ♦ pron mehrere; ~ of us einige von uns
severance ['sevərəns] n: ~ pay Abfindung f
severe [sɪ'vɪə*] adj (strict) streng; (serious) schwer; (climate) rauh
severity [sɪ'verɪtɪ] n Strenge f; Schwere f; Rauheit f
sew [səʊ] (pt sewed, pp sewn) vt, vi nähen; ~ up vt zunähen
sewage ['sjuːɪdʒ] n Abwässer pl
sewer ['sjuːə*] n (Abwasser)kanal m
sewing ['səʊɪŋ] n Näharbeit f; ~ machine n Nähmaschine f
sewn [səʊn] pp of sew
sex [seks] n Sex m; (gender) Geschlecht nt; to have ~ with sb mit jdm Geschlechtsverkehr haben; ~ist adj sexistisch ♦ n Sexist(in) m(f)
sexual ['seksjʊəl] adj sexuell, geschlechtlich, Geschlechts-
sexy ['seksɪ] adj sexy
shabby ['ʃæbɪ] adj (also fig) schäbig
shack [ʃæk] n Hütte f
shackles ['ʃæklz] npl (also fig) Fesseln pl, Ketten pl
shade [ʃeɪd] n Schatten m; (for lamp) Lampenschirm m; (colour) Farbton m ♦ vt abschirmen; in the ~ im Schatten; a ~ smaller ein bißchen kleiner
shadow ['ʃædəʊ] n Schatten m ♦ vt (follow) beschatten ♦ adj: ~ cabinet (BRIT, POL) Schattenkabinett nt; ~y adj schattig
shady ['ʃeɪdɪ] adj schattig; (fig) zwielichtig
shaft [ʃɑːft] n (of spear etc) Schaft m; (in mine) Schacht m; (TECH) Welle f; (of light) Strahl m
shaggy ['ʃægɪ] adj struppig

shake [ʃeɪk] (pt **shook**, pp **shaken**) vt schütteln, rütteln; (shock) erschüttern ♦ vi (move) schwanken; (tremble) zittern, beben ♦ n (jerk) Schütteln nt, Rütteln nt; **to ~ hands with** die Hand geben +dat; **to ~ one's head** den Kopf schütteln; **~ off** vt abschütteln; **~ up** vt aufschütteln; (fig) aufrütteln; **shaken** ['ʃeɪkn] pp of shake

shaky ['ʃeɪkɪ] adj zittrig; (weak) unsicher

shall [ʃæl] vb aux: **I ~ go** ich werde gehen; **~ I open the door?** soll ich die Tür öffnen?; **I'll buy some cake, ~ I?** soll ich Kuchen kaufen?, ich kaufe Kuchen, oder?

shallow ['ʃæləʊ] adj seicht

sham [ʃæm] n Schein m ♦ adj unecht, falsch

shambles ['ʃæmblz] n Durcheinander nt

shame [ʃeɪm] n Scham f; (disgrace, pity) Schande f ♦ vt beschämen; **it is a ~ that** es ist schade, daß; **it is a ~ to do ...** es ist eine Schande, ... zu tun; **what a ~!** wie schade!; **~-faced** adj beschämt; **~ful** adj schändlich; **~less** adj schamlos

shampoo [ʃæm'pu:] n Shampoo(n) nt ♦ vt (hair) waschen; **~ and set** n Waschen nt und Legen

shamrock ['ʃæmrok] n Kleeblatt nt

shandy ['ʃændɪ] n Bier nt mit Limonade

shan't [ʃɑːnt] = shall not

shanty town ['ʃæntɪ-] n Bidonville f

shape [ʃeɪp] n Form f ♦ vt formen, gestalten ♦ vi (also: **~ up**) sich entwickeln; **to take ~** Gestalt annehmen; **-shaped** suffix: **heart~d** herzförmig; **~less** adj formlos; **~ly** adj wohlproportioniert

share [ʃeə*] n (An)teil m; (FIN) Aktie f ♦ vt teilen; **to ~ out (among/between)** verteilen (unter/zwischen); **~holder** n Aktionär(in) m(f)

shark [ʃɑːk] n Hai(fisch) m; (swindler) Gauner m

sharp [ʃɑːp] adj scharf; (pin) spitz; (person) clever; (MUS) erhöht ♦ n Kreuz nt ♦ adv zu hoch; **nine o'clock ~** Punkt neun; **~en** vt schärfen; (pencil) spitzen; **~ener** n (also: pencil **~ener**) Anspitzer m; **~-eyed** adj scharfsichtig; **~ly** adv (turn, stop) plötzlich; (stand out, contrast) deutlich; (criticize, retort) scharf

shatter ['ʃætə*] vt zerschmettern; (fig) zerstören ♦ vi zerspringen

shave [ʃeɪv] n Rasur f ♦ vt rasieren ♦ vi sich rasieren; **to have a ~** sich rasieren (lassen); **~r** n (also: electric **~r**) Rasierapparat m

shaving ['ʃeɪvɪŋ] n (action) Rasieren nt; **~s** npl (of wood etc) Späne pl; **~ brush** n Rasierpinsel m; **~ cream** n Rasierkrem f; **~ foam** n Rasierschaum m

shawl [ʃɔːl] n Schal m, Umhang m

she [ʃiː] pron sie ♦ adj weiblich; **~-bear** Bärenweibchen nt

sheaf [ʃiːf] (pl **sheaves**) n Garbe f

shear [ʃɪə*] (pt **~ed**, pp **~ed** or **shorn**) vt scheren; **~ off** vi abbrechen; **~s** npl Heckenschere f

sheath [ʃiːθ] n Scheide f; (condom) Kondom m or nt

sheaves [ʃiːvz] npl of sheaf

shed [ʃed] (pt, pp **shed**) n Schuppen m; (for animals) Stall m ♦ vt (leaves etc) verlieren; (tears) vergießen

she'd [ʃiːd] = she had; she would

sheen [ʃiːn] n Glanz m

sheep [ʃiːp] n inv Schaf nt; **~-dog** n Schäferhund m; **~ish** adj verlegen; **~skin** n Schaffell nt

sheer [ʃɪə*] adj bloß, rein; (steep) steil; (transparent) (hauch)dünn ♦ adv (directly) direkt

sheet [ʃiːt] n Bettuch nt, Bettlaken nt; (of paper) Blatt nt; (of metal etc) Platte f; (of ice) Fläche f

sheik(h) [ʃeɪk] n Scheich m

shelf [ʃelf] (pl **shelves**) n Bord nt, Regal nt

shell [ʃel] n Schale f; (sea~) Muschel f; (explosive) Granate f ♦ vt (peas) schälen; (fire on) beschießen

she'll [ʃiːl] = she will; she shall

shellfish ['ʃelfɪʃ] n Schalentier nt; (as food) Meeresfrüchte pl

shell suit n Ballonseidenanzug m

shelter ['ʃeltə*] n Schutz m; (air-raid **~**) Bunker m ♦ vt schützen, bedecken; (refugees) aufnehmen ♦ vi sich unterstellen; **~ed** adj (life) behütet; (spot) geschützt

shelve [ʃelv] vt aufschieben ♦ vi abfallen

shelves [ʃelvz] npl of shelf

shepherd ['ʃepəd] n Schäfer m ♦ vt treiben, führen; **~'s pie** n Auflauf m aus Hackfleisch und Kartoffelbrei

sheriff ['ʃerɪf] n Sheriff m; (SCOTTISH) Friedensrichter m

sherry ['ʃerɪ] n Sherry m

she's [ʃiːz] = she is; she has

Shetland ['ʃetlənd] n (also: the **~s**, the **~ Isles**) die Shetlandinseln pl

shield [ʃiːld] n Schild m; (fig) Schirm m ♦ vt beschirmen; (TECH) abschirmen

shift [ʃɪft] n Verschiebung f; (work) Schicht f ♦ vt (ver)rücken, verschieben; (arm) wegnehmen ♦ vi sich verschieben; **~less** adj (person) träge; **~ work** n Schichtarbeit f; **~y** adj verschlagen

shilly-shally ['ʃɪlɪʃælɪ] vi zögern

shin [ʃɪn] n Schienbein nt

shine [ʃaɪn] (pt, pp **shone**) n Glanz m, Schein m ♦ vt polieren ♦ vi scheinen; (fig) glänzen; **to ~ a torch on sb** jdn (mit einer Lampe) anleuchten

shingle ['ʃɪŋgl] n Strandkies m; **~s** npl (MED) Gürtelrose f

shiny ['ʃaɪnɪ] adj glänzend

ship [ʃɪp] n Schiff nt ♦ vt verschiffen; **~-**

building *n* Schiffbau *m*; **~ment** *n* Schiffsladung *f*; **~per** *n* Verschiffer *m*; **~ping** (*act*) Verschiffung *f*, (*ships*) Schiffahrt *f*, **~wreck** *n* Schiffsbruch *m*; (*destroyed ship*) Wrack *nt* ♦ *vt*: **to be ~wrecked** Schiffbruch erleiden; **~yard** *n* Werft *f*

shire ['ʃaɪə*] (*BRIT*) *n* Grafschaft *f*

shirk [ʃɜːk] *vt* ausweichen +*dat*

shirt [ʃɜːt] *n* (Ober)hemd *nt*; **in ~ sleeves** in Hemdsärmeln; **~y** (*inf*) *adj* mürrisch

shit [ʃɪt] (*inf*) *excl* Scheiße (*!*)

shiver ['ʃɪvə*] *n* Schauer *m* ♦ *vi* frösteln, zittern

shoal [ʃəʊl] *n* (Fisch)schwarm *m*

shock [ʃɒk] *n* Erschütterung *f*; (*mental*) Schock *m*; (*ELEC*) Schlag *m* ♦ *vt* erschüttern; (*offend*) schockieren; **~ absorber** *n* Stoßdämpfer *m*; **~ing** *adj* unerhört

shod [ʃɒd] *pt*, *pp of* **shoe** ♦ *adj* beschuht

shoddy ['ʃɒdɪ] *adj* schäbig

shoe [ʃuː] (*pt*, *pp* **shod**) *n* Schuh *m*; (*of horse*) Hufeisen *nt* ♦ *vt* (*horse*) beschlagen; **~brush** *n* Schuhbürste *f*; **~horn** *n* Schuhlöffel *m*; **~lace** *n* Schnürsenkel *m*; **~polish** *n* Schuhcreme *f*; **~ shop** *n* Schuhgeschäft *nt*; **~string** *n* (*fig*): **on a ~string** mit sehr wenig Geld

shone [ʃɒn] *pt*, *pp of* **shine**

shoo [ʃuː] *excl* sch; (*to dog etc*) pfui

shook [ʃʊk] *pt of* **shake**

shoot [ʃuːt] (*pt*, *pp* **shot**) *n* (*branch*) Schößling *m* ♦ *vt* (*gun*) abfeuern; (*goal, arrow*) schießen; (*person*) anschießen; (*kill*) erschießen; (*film*) drehen ♦ *vi* (*gun, move quickly*) schießen; **to ~ (at)** schießen (auf +*acc*); **~ down** *vt* abschießen; **~ in** *vi* hineinschießen; **~ out** *vi* hinausschießen; **~ up** *vi* (*fig*) aus dem Boden schießen; **~ing** *n* Schießerei *f*, **~ing star** *n* Sternschnuppe *f*

shop [ʃɒp] *n* (*esp BRIT*) Geschäft *nt*, Laden *m*; (*work~*) Werkstatt *f* ♦ *vi* (*also: go ~ping*) einkaufen gehen; **~ assistant** (*BRIT*) *n* Verkäufer(in) *m(f)*; **~ floor** (*BRIT*) *n* Werkstatt *f*; **~keeper** *n* Geschäftsinhaber *m*; **~lifting** *n* Ladendiebstahl *m*; **~per** *n* Käufer(in) *m(f)*; **~ping** *n* Einkaufen *nt*, Einkauf *m*; **~ping bag** *n* Einkaufstasche *f*; **~ping centre** (*US* **~ping center**) *n* Einkaufszentrum *nt*; **~-soiled** *adj* angeschmutzt; **~ steward** (*BRIT*) *n* (*INDUSTRY*) Betriebsrat *m*; **~ window** *n* Schaufenster *nt*

shore [ʃɔː*] *n* Ufer *nt*; (*of sea*) Strand *m* ♦ *vt*: **to ~ up** abstützen

shorn [ʃɔːn] *pp of* **shear**

short [ʃɔːt] *adj* kurz; (*person*) klein; (*curt*) kurz angebunden; (*measure*) zu knapp ♦ *adv* (*also: ~ film*) Kurzfilm *m* ♦ *adj* (*suddenly*) plötzlich ♦ *vi* (*ELEC*) einen Kurzschluß haben; **~s** *npl* (*clothes*) Shorts *pl*; **to be ~ of**

sth nicht genug von etw haben; **in ~** kurz gesagt; **~ of doing sth** ohne so weit zu gehen, etw zu tun; **everything ~ of ...** alles außer ...; **it is ~ for** das ist die Kurzform von; **to cut ~** abkürzen; **to fall ~ of** etw nicht erreichen; **to stop ~** plötzlich anhalten; **to stop ~ of** haltmachen vor; **~age** *n* Knappheit *f*, Mangel *m*; **~bread** *n* Mürbegebäck *nt*; **~-change** *vt*: **to ~-change sb** jdm zuwenig herausgeben; **~circuit** *n* Kurzschluß *m* ♦ *vi* einen Kurzschluß haben ♦ *vt* kurzschließen; **~coming** *n* Mangel *m*; **~(crust) pastry** (*BRIT*) *n* Mürbeteig *m*; **~ cut** *n* Abkürzung *f*; **~en** *vt* (ab)kürzen; (*clothes*) kürzer machen; **~fall** *n* Defizit *nt*; **~hand** (*BRIT*) *n* Stenographie *f*, **~hand typist** (*BRIT*) *n* Stenotypistin *f*; **~list** (*BRIT*) *n* (*for job*) engere Wahl *f*; **~-lived** *adj* kurzlebig; **~ly** *adv* bald; **~-sighted** (*BRIT*) *adj* (*also fig*) kurzsichtig; **~-staffed** *adj*: **to be ~-staffed** zu wenig Personal haben; **~ story** *n* Kurzgeschichte *f*; **~-tempered** *adj* leicht aufbrausend; **~-term** *adj* (*effect*) kurzfristig; **~ wave** *n* (*RADIO*) Kurzwelle *f*

shot [ʃɒt] *pt*, *pp of* **shoot** ♦ *n* (*from gun*) Schuß *m*; (*person*) Schütze *m*; (*try*) Versuch *m*; (*injection*) Spritze *f*; (*PHOT*) Aufnahme *f*; **like a ~** wie der Blitz; **~gun** *n* Schrotflinte *f*

should [ʃʊd] *vb aux*: **I ~ go now** ich sollte jetzt gehen; **he ~ be there now** er sollte eigentlich schon da sein; **I ~ go if I were you** ich würde gehen, wenn ich du wäre; **I ~ like to** ich möchte gerne

shoulder ['ʃəʊldə*] *n* Schulter *f*, (*BRIT: of road*): **hard ~** Seitenstreifen *m* ♦ *vt* (*rifle*) schultern; (*fig*) auf sich nehmen; **~ bag** *n* Umhängetasche *f*; **~ blade** *n* Schulterblatt *nt*; **~ strap** *n* (*MIL*) Schulterklappe *f*; (*of dress etc*) Träger *m*

shouldn't ['ʃʊdnt] = **should not**

shout [ʃaʊt] *n* Schrei *m*; (*call*) Ruf *m* ♦ *vt* rufen ♦ *vi* schreien; **~ down** *vt* niederbrüllen; **~ing** *n* Geschrei *nt*

shove [ʃʌv] *n* Schubs *m*, Stoß *m* ♦ *vt* schieben, stoßen, schubsen; (*inf: put*): **to ~ sth in(to) sth** etw in etw *acc* hineinschieben; **~ off** *vi* (*NAUT*) abstoßen; (*fig: inf*) abhauen

shovel ['ʃʌvl] *n* Schaufel *f* ♦ *vt* schaufeln

show [ʃəʊ] (*pt* **showed**, *pp* **shown**) *n* (*display*) Schau *f*, (*exhibition*) Ausstellung *f*, (*CINE, THEAT*) Vorstellung *f*, Show *f* ♦ *vt* zeigen; (*kindness*) erweisen ♦ *vi* zu sehen sein; **to be on ~** (*exhibits etc*) ausgestellt sein; **to ~ sb in** jdn hereinführen; **to ~ sb out** jdn hinausbegleiten; **~ off** *vi* (*pej*) angeben ♦ *vt* (*display*) ausstellen; **~ up** *vi* (*stand out*) sich abheben; (*arrive*) erscheinen ♦ *vt* aufzeigen; (*unmask*) bloßstellen; **~ business** *n* Showbusineß *nt*; **~down**

Kraftprobe f

shower ['ʃaʊə*] n Schauer m; (of stones)
(Stein)hagel m; (~ bath) Dusche f ♦ vi duschen ♦ vt: to ~ sb with sth jdn mit etw
überschütten; ~**proof** adj wasserabstoßend

showing ['ʃəʊɪŋ] n Vorführung f

show jumping n Turnierreiten nt

shown [ʃəʊn] pp of **show**

show: ~-**off** ['ʃəʊf] n Angeber(in) m(f);
~**piece** ['ʃəʊpiːs] n Paradestück nt; ~**room**
['ʃəʊrʊm] n Ausstellungsraum m

shrank [ʃræŋk] pt of **shrink**

shred [ʃred] n Fetzen m ♦ vt zerfetzen;
(COOK) raspeln; ~**der** n (for vegetables)
Gemüseschneider m; (for documents) Reiß-
wolf m

shrewd [ʃruːd] adj clever

shriek [ʃriːk] n Schrei m ♦ vt, vi kreischen,
schreien

shrimp [ʃrɪmp] n Krabbe f, Garnele f

shrink [ʃrɪŋk] (pt shrank, pp shrunk) vi
schrumpfen, eingehen ♦ vt einschrumpfen
lassen; to ~ from doing sth davor zurückschrecken, etw zu tun; ~**age** n
Schrumpfung f; ~**wrap** vt einschweißen

shrivel ['ʃrɪvl] vt, vi (also: ~ up) schrumpfen, schrumpeln

shroud [ʃraʊd] n Leichentuch nt ♦ vt: ~**ed
in mystery** mit einem Geheimnis umgeben

Shrove Tuesday ['ʃrəʊv-] n Fastnachts-
dienstag m

shrub [ʃrʌb] n Busch m, Strauch m; ~**bery**
n Gebüsch n

shrug [ʃrʌg] n Achselzucken nt ♦ vt, vi: to
~ (one's shoulders) die Achseln zucken;
~ **off** vt auf die leichte Schulter nehmen

shrunk [ʃrʌŋk] pp of **shrink**

shudder ['ʃʌdə*] n Schauder m ♦ vi schau-
dern

shuffle ['ʃʌfl] n (CARDS) (Karten)mischen
nt ♦ vt (cards) mischen; to ~ (one's feet)
schlurfen

shun [ʃʌn] vt scheuen, (ver)meiden

shunt [ʃʌnt] vt rangieren

shut [ʃʌt] (pt, pp shut) vt schließen, zumachen ♦ vi sich schließen (lassen); ~ **down**
vt, vi schließen; ~ **off** vt (supply) abdrehen;
~ **up** vi (keep quiet) den Mund halten ♦ vt
(close) zuschließen; ~**ter** n Fensterladen
m; (PHOT) Verschluß m

shuttle ['ʃʌtl] n (plane, train etc) Pendel-
flugzeug nt/-zug m etc; (space ~) Raum-
transporter m; (also: ~ service) Pendelverkehr m

shuttlecock ['ʃʌtlkɒk] n Federball m

shy [ʃaɪ] adj schüchtern; ~**ness** n
Schüchternheit f

Siamese [saɪə'miːz] adj: ~ **cat** Siamkatze f

Siberia [saɪ'bɪərɪə] n Sibirien nt

sibling ['sɪblɪŋ] n Geschwister nt

Sicily ['sɪsɪlɪ] n Sizilien nt

sick [sɪk] adj krank; (joke) makaber; **I feel**

~ mir ist schlecht; **I was** ~ ich habe gebrochen; **to be** ~ **of sb/sth** jdn/etw satt
haben; ~ **bay** n (Schiffs)lazarett nt; ~**en**
vt (disgust) krankmachen ♦ vi krank werden; ~**ening** adj (sight) widerlich; (annoying) zum Weinen

sickle ['sɪkl] n Sichel f

sick: ~ **leave** n: **to be on** ~ **leave** krank
geschrieben sein; ~**ly** adj kränklich, blaß;
(causing nausea) widerlich; ~**ness** n
Krankheit f; (vomiting) Übelkeit f, Erbrechen nt; ~ **pay** n Krankengeld nt

side [saɪd] n Seite f ♦ adj (door, entrance)
Seiten-, Neben- ♦ vi: to ~ **with sb** jds Partei ergreifen; **by the** ~ **of** neben; ~ **by** ~
nebeneinander; **on all** ~**s** von allen Seiten;
to take ~**s (with)** Partei nehmen (für);
from all ~**s** von allen Seiten; ~**boards**
(BRIT) npl Koteletten pl; ~**burns** npl Koteletten pl; ~**car** n Beiwagen m; ~ **drum** n
(MUS) kleine Trommel; ~**effect** n Neben-
wirkung f; ~**light** n (AUT) Parkleuchte f;
~**line** n (SPORT) Seitenlinie f; (fig: hobby)
Nebenbeschäftigung f; ~**long** adj Seiten-;
~**saddle** adv im Damensattel; ~ **show** n
Nebenausstellung f; ~**step** vt (fig) ausweichen; ~ **street** n Seitenstraße f; ~**track** n
(fig) ablenken; ~**walk** n (US) n Bürgersteig
m; ~**ways** adv seitwärts

siding ['saɪdɪŋ] n Nebengleis nt

sidle ['saɪdl] vi: to ~ **up (to)** sich heranma-
chen (an +acc)

siege [siːdʒ] n Belagerung f

sieve [sɪv] n Sieb nt ♦ vt sieben

sift [sɪft] vt sieben; (fig) sichten

sigh [saɪ] n Seufzer m ♦ vi seufzen

sight [saɪt] n (power of seeing) Sehvermögen nt; (look) Blick m; (fact of seeing)
Anblick m; (of gun) Visier nt ♦ vt sichten;
in ~ in Sicht; **out of** ~ außer Sicht; ~**seeing** n Besuch m von Sehenswürdigkeiten;
to go ~**seeing** Sehenswürdigkeiten besichtigen

sign [saɪn] n Zeichen nt; (notice, road ~ etc)
Schild nt ♦ vt unterschreiben; **to** ~ **sth
over to sb** jdm etw überschreiben; ~ **on** vi
(MIL) sich verpflichten; (as unemployed)
sich (arbeitslos) melden ♦ vt (MIL) verpflichten; (employee) anstellen; ~ **up** vi
(MIL) sich verpflichten ♦ vt verpflichten

signal ['sɪgnl] n Signal nt ♦ vt ein Zeichen
geben +dat; ~**man** (irreg) n (RAIL) Stell-
werkswärter m

signature ['sɪgnətʃə*] n Unterschrift f, ~
tune n Erkennungsmelodie f

signet ring ['sɪgnət-] n Siegelring m

significance [sɪg'nɪfɪkəns] n Bedeutung f

significant [sɪg'nɪfɪkənt] adj (meaning sth)
bedeutsam; (important) bedeutend

signify ['sɪgnɪfaɪ] vt bedeuten; (show) andeuten, zu verstehen geben

sign language n Zeichensprache f, Fingersprache f

signpost ['saɪnpəʊst] n Wegweiser m

silence ['saɪləns] n Stille f, (of person) Schweigen nt ♦ vt zum Schweigen bringen; **~r** n (on gun) Schalldämpfer m; (BRIT: AUT) Auspufftopf m

silent ['saɪlənt] adj still; (person) schweigsam; **to remain ~** schweigen; **~ partner** n (COMM) stille(r) Teilhaber m

silicon chip ['sɪlɪkən-] n Siliciumchip nt

silk [sɪlk] n Seide f ♦ adj seiden, Seiden-; **~y** adj seidig

silly ['sɪlɪ] adj dumm, albern

silt [sɪlt] n Schlamm m, Schlick m

silver ['sɪlvə*] n Silber nt ♦ adj silbern, Silber-; **~ paper** (BRIT) n Silberpapier nt; **~-plated** adj versilbert; **~smith** n Silberschmied m; **~ware** n Silber nt; **~y** adj silbern

similar ['sɪmɪlə*] adj: **~ (to)** ähnlich (+dat); **~ity** [sɪmɪ'lærɪtɪ] n Ähnlichkeit f; **~ly** adv in ähnlicher Weise

simile ['sɪmɪlɪ] n Vergleich m

simmer ['sɪmə*] vi sieden ♦ vt sieden lassen

simpering ['sɪmpərɪŋ] adj albern

simple ['sɪmpl] adj einfach; **~ (-minded)** adj einfältig; **~ton** n Einfaltspinsel m

simplicity [sɪm'plɪsɪtɪ] n Einfachheit f, (of person) Einfältigkeit f

simplify ['sɪmplɪfaɪ] vt vereinfachen

simply ['sɪmplɪ] adv einfach

simulate ['sɪmjʊleɪt] vt simulieren

simultaneous [sɪməl'teɪnɪəs] adj gleichzeitig

sin [sɪn] n Sünde f ♦ vi sündigen

since [sɪns] adv seither ♦ prep seit, seitdem ♦ conj (time) seit; (because) da, weil; **~ then** seitdem

sincere [sɪn'sɪə*] adj aufrichtig; **~ly** adv: **yours ~ly** mit freundlichen Grüßen

sincerity [sɪn'serɪtɪ] n Aufrichtigkeit f

sinew ['sɪnjuː] n Sehne f

sinful ['sɪnfʊl] adj sündig, sündhaft

sing [sɪŋ] (pt sang, pp sung) vt, vi singen

Singapore [sɪŋgə'pɔː*] n Singapur nt

singe [sɪndʒ] vt versengen

singer ['sɪŋə*] n Sänger(in) m(f)

single ['sɪŋgl] adj (one only) einzig; (bed, room) Einzel-, einzeln; (unmarried) ledig; (BRIT: ticket) einfach; (having one part only) einzeln ♦ n (BRIT: also: ~ ticket) einfache Fahrkarte f; **in ~ file** hintereinander; **~ out** vt aussuchen, auswählen; **~ bed** n Einzelbett nt; **~-breasted** adj einreihig; **~-handed** adj allein; **~-minded** adj zielstrebig; **~ room** n Einzelzimmer nt; **~s** n (TENNIS) Einzel nt

singlet ['sɪŋglət] n Unterhemd nt

singly ['sɪŋglɪ] adv einzeln, allein

singular ['sɪŋgjʊlə*] adj (GRAM) Singular-; (odd) merkwürdig, seltsam ♦ n (GRAM) Einzahl f, Singular m

sinister ['sɪnɪstə*] adj (evil) böse; (ghostly) unheimlich

sink [sɪŋk] (pt sank, pp sunk) n Spülbecken nt ♦ vt (ship) versenken ♦ vi sinken; **to ~ sth into** (teeth, claws) etw schlagen in +acc; **~ in** vi (news etc) eingehen

sinner ['sɪnə*] n Sünder(in) m(f)

sinus ['saɪnəs] n (ANAT) Sinus m

sip [sɪp] n Schlückchen nt ♦ vt nippen an +dat

siphon ['saɪfən] n Siphon(flasche f) m; **~ off** vt absaugen; (fig) abschöpfen

sir [sɜː*] n (respect) Herr m; (knight) Sir m; **S~ John Smith** Sir John Smith; **yes ~** ja(wohl, mein Herr)

siren ['saɪərən] n Sirene f

sirloin ['sɜːlɔɪn] n Lendenstück nt

sissy ['sɪsɪ] (inf) n Waschlappen m

sister ['sɪstə*] n Schwester f, (BRIT: nurse) Oberschwester f, (nun) Ordensschwester f; **~-in-law** n Schwägerin f

sit [sɪt] (pt, pp sat) vi sitzen; (hold session) tagen ♦ vt (exam) machen; **~ down** vi sich hinsetzen; **~ in on** vt fus dabeisein bei; **~ up** vi (after lying) sich aufsetzen; (straight) sich gerade setzen; (at night) aufbleiben

sitcom ['sɪtkɒm] n abbr (= situation comedy) Situationskomödie f

site [saɪt] n Platz m; (also: building ~) Baustelle f ♦ vt legen

sitting ['sɪtɪŋ] n (meeting) Sitzung f; **~ room** n Wohnzimmer nt

situated ['sɪtjʊeɪtɪd] adj: **to be ~** liegen

situation [sɪtjʊ'eɪʃən] n Situation f, Lage f, (place) Lage f, (employment) Stelle f; **"~s vacant"** (BRIT) "Stellenangebote" pl

six [sɪks] num sechs; **~teen** num sechzehn; **~th** adj sechste(r, s) ♦ n Sechstel nt; **~ty** num sechzig

size [saɪz] n Größe f, (of project) Umfang m; **~ up** vt (assess) abschätzen, einschätzen; **~able** adj ziemlich groß, ansehnlich

sizzle ['sɪzl] vi zischen; (COOK) brutzeln

skate [skeɪt] n Schlittschuh m; (fish: pl inv) Rochen m ♦ vi Schlittschuh laufen; **~r** n Schlittschuhläufer(in) m(f)

skating ['skeɪtɪŋ] n Eislauf m; **to go ~** Eislaufen gehen; **~ rink** n Eisbahn f

skeleton ['skelɪtn] n Skelett nt; (fig) Gerüst nt; **~ key** n Dietrich m; **~ staff** n Notbesetzung f

skeptical ['skeptɪkl] (US) adj = **sceptical**

sketch [sketʃ] n Skizze f, (THEAT) Sketch m ♦ vt skizzieren; **~book** n Skizzenbuch nt; **~y** adj skizzenhaft

skewer ['skjuːə*] n Fleischspieß m

ski [skiː] n Ski m, Schi m ♦ vi Ski or Schi laufen; **~ boot** n Skistiefel m

skid [skɪd] n (AUT) Schleudern nt ♦ vi rutschen; (AUT) schleudern

skier ['ski:ə*] *n* Skiläufer(in) *m(f)*
skiing ['ski:ɪŋ] *n*: **to go ~** Skilaufen gehen
ski-jump *n* Sprungschanze *f* ♦ *vi* Ski springen
skilful ['skɪlful] *adj* geschickt
ski-lift *n* Skilift *m*
skill [skɪl] *n* Können *nt*; **~ed** *adj* geschickt; (*worker*) Fach-, gelernt
skim [skɪm] *vt* (*liquid*) abschöpfen; (*glide over*) gleiten über *+acc* ♦ *vi*: **~ through** (*book*) überfliegen; **~med milk** *n* Magermilch *f*
skimp [skɪmp] *vt* (*do carelessly*) oberflächlich tun; **~y** *adj* (*work*) schlecht gemacht; (*dress*) knapp
skin [skɪn] *n* Haut *f*; (*peel*) Schale *f* ♦ *vt* abhäuten; schälen; **~ cancer** *n* Hautkrebs *m*; **~-deep** *adj* oberflächlich; **~ diving** *n* Schwimmtauchen *nt*; **~ny** *adj* dünn; **~tight** *adj* (*dress etc*) hauteng
skip [skɪp] *n* Sprung *m* ♦ *vi* hüpfen; (*with rope*) Seil springen ♦ *vt* (*pass over*) übergehen
ski pants *npl* Skihosen *pl*
ski pole *n* Skistock *m*
skipper ['skɪpə*] *n* Kapitän *m* ♦ *vt* führen
skipping rope ['skɪpɪŋ-] (*BRIT*) *n* Hüpfseil *nt*
skirmish ['skɜːmɪʃ] *n* Scharmützel *nt*
skirt [skɜːt] *n* Rock *m* ♦ *vt* herumgehen um; (*fig*) umgehen; **~ing board** (*BRIT*) *n* Fußleiste *f*
ski suit *n* Skianzug *m*
skit [skɪt] *n* Parodie *f*
skittle ['skɪtl] *n* Kegel *m*; **~s** *n* (*game*) Kegeln *nt*
skive [skaɪv] (*BRIT*: *inf*) *vi* schwänzen
skulk [skʌlk] *vi* sich herumdrücken
skull [skʌl] *n* Schädel *m*
skunk [skʌŋk] *n* Stinktier *nt*
sky [skaɪ] *n* Himmel *m*; **~light** *n* Oberlicht *nt*; **~scraper** *n* Wolkenkratzer *m*
slab [slæb] *n* (*of stone*) Platte *f*
slack [slæk] *adj* (*loose*) locker; (*business*) flau; (*careless*) nachlässig, lasch ♦ *vi* nachlässig sein ♦ *n*: **to take up the ~** straffziehen; **~s** *npl* (*trousers*) Hose(n *pl*) *f*; **~en** *vi* (*also*: **~en off**) locker werden; (*become slower*) nachlassen, stocken ♦ *vt*(: *loosen*) lockern
slag [slæg] *n* Schlacke *f*; **~ heap** *n* Halde *f*
slain [sleɪn] *pp of* **slay**
slam [slæm] *n* Knall *m* ♦ *vt* (*door*) zuschlagen; (*throw down*) knallen ♦ *vi* zuschlagen
slander ['slɑ:ndə*] *n* Verleumdung *f* ♦ *vt* verleumden
slant [slɑ:nt] *n* Schräge *f*; (*fig*) Tendenz *f* ♦ *vt* schräg legen ♦ *vi* schräg liegen; **~ed** *adj* schräg; **~ing** *adj* schräg
slap [slæp] *n* Klaps *m* ♦ *vt* einen Klaps geben *+dat* ♦ *adv* (*directly*) geradewegs; **~dash** *adj* salopp; **~stick** *n* (*comedy*) Kla-

mauk *m*; **~-up** (*BRIT*) *adj* (*meal*) erstklassig, prima
slash [slæʃ] *n* Schnittwunde *f* ♦ *vt* (auf)schlitzen; (*expenditure*) radikal kürzen
slat [slæt] *n* (*of wood, plastic*) Leiste *f*
slate [sleɪt] *n* (*stone*) Schiefer *m*; (*roofing*) Dachziegel *m* ♦ *vt* (*criticize*) verreißen
slaughter ['slɔ:tə*] *n* (*of animals*) Schlachten *nt*; (*of people*) Gemetzel *nt* ♦ *vt* schlachten; (*people*) niedermetzeln; **~house** *n* Schlachthof *m*
Slav [slɑ:v] *adj* slawisch
slave [sleɪv] *n* Sklave *m*, Sklavin *f* ♦ *vi* schuften, sich schinden; **~ry** *n* Sklaverei *f*, (*work*) Schinderei *f*
slay [sleɪ] (*pt* **slew**, *pp* **slain**) *vt* ermorden
sleazy ['sli:zɪ] *adj* (*place*) schmierig
sledge [sledʒ] *n* Schlitten *m*; **~hammer** *n* Schmiedehammer *m*
sleek [sli:k] *adj* glatt; (*shape*) rassig
sleep [sli:p] (*pt, pp* **slept**) *n* Schlaf *m* ♦ *vi* schlafen; **to go to ~** einschlafen; **~ in** *vi* ausschlafen; (*oversleep*) verschlafen; **~er** *n* (*person*) Schläfer *m*; (*BRIT*: *RAIL*) Schlafwagen *m*; (: *beam*) Schwelle *f*; **~ing bag** *n* Schlafsack *m*; **~ing car** *n* Schlafwagen *m*; **~ing pill** *n* Schlaftablette *f*; **~less** *adj* (*night*) schlaflos; **~walker** *n* Schlafwandler(in) *m(f)*; **~y** *adj* schläfrig
sleet [sli:t] *n* Schneeregen *m*
sleeve [sli:v] *n* Ärmel *m*; (*of record*) Umschlag *m*; **~less** *adj* ärmellos
sleigh [sleɪ] *n* Pferdeschlitten *m*
sleight [slaɪt] *n*: **~ of hand** Fingerfertigkeit *f*
slender ['slendə*] *adj* schlank; (*fig*) gering
slept [slept] *pt, pp of* **sleep**
slew [slu:] *vi* (*veer*) (herum)schwenken ♦ *pt of* **slay**
slice [slaɪs] *n* Scheibe *f* ♦ *vt* in Scheiben schneiden
slick [slɪk] *adj* (*clever*) raffiniert, aalglatt ♦ *n* Ölteppich *m*
slid [slɪd] *pt, pp of* **slide**
slide [slaɪd] (*pt, pp* **slid**) *n* Rutschbahn *f*; (*PHOT*) Dia(positiv) *nt*; (*BRIT*: *for hair*) (Haar)spange *f* ♦ *vt* schieben ♦ *vi* (*slip*) gleiten, rutschen
sliding ['slaɪdɪŋ] *adj* (*door*) Schiebe-; **~ scale** *n* gleitende Skala *f*
slight [slaɪt] *adj* zierlich; (*trivial*) geringfügig; (*small*) gering ♦ *n* Kränkung *f* ♦ *vt* (*offend*) kränken; **not in the ~est** nicht im geringsten; **~ly** *adv* etwas, ein bißchen
slim [slɪm] *adj* schlank; (*book*) dünn; (*chance*) gering ♦ *vi* eine Schlankheitskur machen
slime [slaɪm] *n* Schleim *m*
slimming ['slɪmɪŋ] *n* Schlankheitskur *f*
slimy ['slaɪmɪ] *adj* glitschig; (*dirty*) schlammig; (*person*) schmierig
sling [slɪŋ] (*pt, pp* **slung**) *n* Schlinge *f*;

(weapon) Schleuder f ♦ vt schleudern

slip [slɪp] n *(mistake)* Flüchtigkeitsfehler m; *(petticoat)* Unterrock m; *(of paper)* Zettel m ♦ vt *(put)* stecken, schieben ♦ vi *(lose balance)* ausrutschen; *(move)* gleiten, rutschen; *(decline)* nachlassen; *(move smoothly)*: **to ~ in/out** *(person)* hinein-/hinausschlüpfen; **to give sb the ~** jdm entwischen; **~ of the tongue** Versprecher m; **it ~ped my mind** das ist mir entfallen; **to ~ sth on/off** etw über-/abstreifen; **~ away** vi sich wegstehlen; **~ by** vi *(time)* verstreichen; **~ in** vt hineingleiten lassen ♦ vi *(errors)* sich einschleichen; **~ped disc** n Bandscheibenschaden m

slipper ['slɪpə*] n Hausschuh m

slippery ['slɪpərɪ] adj glatt

slip: **~-road** n *(BRIT)* Auffahrt f/Ausfahrt f; **~shod** ['slɪpʃɒd] adj schlampig; **~-up** ['slɪpʌp] n Panne f; **~way** ['slɪpweɪ] n Auslaufbahn f

slit [slɪt] *(pt, pp slit)* n Schlitz m ♦ vt aufschlitzen

slither ['slɪðə*] vi schlittern; *(snake)* sich schlängeln

sliver ['slɪvə*] n *(of glass, wood)* Splitter m; *(of cheese etc)* Scheibchen nt

slob [slɒb] *(inf)* n Klotz m

slog [slɒg] n *(work hard)* schuften ♦ n: **it was a ~** es war eine Plackerei

slogan ['sləugən] n Schlagwort nt; *(COMM)* Werbespruch m

slop [slɒp] vi *(also: ~ over)* überschwappen ♦ vt verschütten

slope [sləup] n Neigung f; *(of mountains)* (Ab)hang m ♦ vi: **to ~ down** sich senken; **to ~ up** ansteigen

sloping ['sləupɪŋ] adj schräg

sloppy ['slɒpɪ] adj schlampig

slot [slɒt] n Schlitz m ♦ vt: **to ~ sth in** etw einlegen

sloth [sləuθ] n *(laziness)* Faulheit f

slot machine n *(BRIT: vending machine)* Automat m; *(for gambling)* Spielautomat m

slouch [slautʃ] vi: **to ~ about** *(laze)* herumhängen *(inf)*

slovenly ['slʌvnlɪ] adj schlampig; *(speech)* salopp

slow [sləu] adj langsam ♦ adv langsam; **to be ~** *(clock)* nachgehen; *(stupid)* begriffsstutzig sein; **"~"** *(road sign)* „Langsam"; **in ~ motion** in Zeitlupe; **~ down** vi langsamer werden ♦ vt verlangsamen; **~ up** vi sich verlangsamen, sich verzögern ♦ vt aufhalten, langsamer machen; **~ly** adv langsam

sludge [slʌdʒ] n Schlamm m

slug [slʌg] n Nacktschnecke f; *(inf: bullet)* Kugel f; **~gish** adj träge; *(COMM)* schleppend

sluice [sluːs] n Schleuse f

slum [slʌm] n *(house)* Elendsquartier nt

slumber ['slʌmbə*] n Schlummer m

slump [slʌmp] n Rückgang m ♦ vi fallen, stürzen

slung [slʌŋ] pt, pp of **sling**

slur [slɜː*] n Undeutlichkeit f; *(insult)* Verleumdung f; **~red** [slɜːd] adj *(pronunciation)* undeutlich

slush [slʌʃ] n *(snow)* Schneematsch m; **~ fund** n Schmiergeldfonds m

slut [slʌt] n Schlampe f

sly [slaɪ] adj schlau

smack [smæk] n Klaps m ♦ vt einen Klaps geben +dat ♦ vi: **to ~ of** riechen nach; **to ~ one's lips** schmatzen, sich dat die Lippen lecken

small [smɔːl] adj klein; **in the ~ hours** in den frühen Morgenstunden; **~ ads** *(BRIT)* npl Kleinanzeigen pl; **~ change** n Kleingeld nt; **~ holder** n *(BRIT)* Kleinbauer m; **~pox** n Pocken pl; **~ talk** n Geplauder nt

smart [smɑːt] adj *(fashionable)* elegant, schick; *(neat)* adrett; *(clever)* clever; *(quick)* scharf ♦ vi brennen, schmerzen; **~en up** vi sich in Schale werfen ♦ vt herausputzen

smash [smæʃ] n Zusammenstoß m; *(TENNIS)* Schmetterball m ♦ vt *(break)* zerschmettern; *(destroy)* vernichten ♦ vi *(break)* zersplittern, zerspringen; **~ing** *(inf)* adj toll

smattering ['smætərɪŋ] n oberflächliche Kenntnis f

smear [smɪə*] n Fleck m ♦ vt beschmieren

smell [smel] *(pt, pp smelt or smelled)* n Geruch m; *(sense)* Geruchssinn m ♦ vt riechen ♦ vi: **to ~ (of)** riechen (nach); *(fragrantly)* duften (nach); **~y** adj übelriechend

smile [smaɪl] n Lächeln nt ♦ vi lächeln

smiling ['smaɪlɪŋ] adj lächelnd

smirk [smɜːk] n blöde(s) Grinsen nt

smith [smɪθ] n Schmied m; **~y** ['smɪðɪ] n Schmiede f

smock [smɒk] n Kittel m

smoke [sməuk] n Rauch m ♦ vt rauchen; *(food)* räuchern ♦ vi rauchen; **~d** adj *(bacon)* geräuchert; *(glass)* Rauch-; **~r** n Raucher(in) m(f); *(RAIL)* Raucherabteil nt; **~ screen** n Rauchwand f

smoking ['sməukɪŋ] n: **"no ~"** „Rauchen verboten"

smoky ['sməukɪ] adj rauchig; *(room)* verraucht; *(taste)* geräuchert

smolder ['sməuldə*] *(US)* vi = **smoulder**

smooth [smuːð] adj glatt ♦ vt *(also: ~ out)* glätten, glattstreichen

smother ['smʌðə*] vt ersticken

smoulder ['sməuldə*] *(US* **smolder**) vi schwelen

smudge [smʌdʒ] n Schmutzfleck m ♦ vt beschmieren

smug [smʌg] adj selbstgefällig

smuggle ['smʌgl] vt schmuggeln; **~r** n Schmuggler m

smuggling ['smʌglɪŋ] n Schmuggel m
smutty ['smʌtɪ] adj schmutzig
snack [snæk] n Imbiß m; ~ bar n Imbiß-stube f
snag [snæg] n Haken m
snail [sneɪl] n Schnecke f
snake [sneɪk] n Schlange f
snap [snæp] n Schnappen nt; (photograph) Schnappschuß m ♦ adj (decision) schnell ♦ vt (break) zerbrechen; (PHOT) knipsen ♦ vi (break) brechen; (speak) anfauchen; to ~ shut zuschnappen; ~ at vt fus schnappen nach; ~ off vt (break) abbrechen; ~ up vt aufschnappen; ~py adj flott; ~shot n Schnappschuß m
snare [snɛə*] n Schlinge f ♦ vt mit einer Schlinge fangen
snarl [snɑːl] n Zähnefletschen nt ♦ vi (dog) knurren
snatch [snætʃ] n (small amount) Bruchteil m ♦ vt schnappen, packen
sneak [sniːk] vi schleichen ♦ n (inf) Petze(r) mf
sneakers ['sniːkəz] (US) npl Freizeitschuhe pl
sneaky ['sniːkɪ] adj raffiniert
sneer [snɪə*] n Hohnlächeln nt ♦ vi spötteln
sneeze [sniːz] n Niesen nt ♦ vi niesen
sniff [snɪf] n Schnüffeln nt ♦ vi schnieben; (smell) schnüffeln ♦ vt schnuppern
snigger ['snɪgə*] n Kichern nt ♦ vi hämisch kichern
snip [snɪp] n Schnippel m, Schnipsel m ♦ vt schnippeln
sniper ['snaɪpə*] n Heckenschütze m
snippet ['snɪpɪt] n Schnipsel m; (of conversation) Fetzen pl
snivelling ['snɪvlɪŋ] adj weinerlich
snooker ['snuːkə*] n Snooker nt
snoop [snuːp] vi: to ~ about herum-schnüffeln
snooty ['snuːtɪ] (inf) adj hochnäsig
snooze [snuːz] n Nickerchen nt ♦ vi ein Nickerchen machen, dösen
snore [snɔː*] vi schnarchen ♦ n Schnarchen nt
snorkel ['snɔːkl] n Schnorchel m
snort [snɔːt] n Schnauben nt ♦ vi schnauben
snout [snaʊt] n Schnauze f
snow [snəʊ] n Schnee m ♦ vi schneien; ~ball n Schneeball m ♦ vi eskalieren; ~bound adj eingeschneit; ~drift n Schneewehe f; ~drop n Schneeglöckchen nt; ~fall n Schneefall m; ~flake n Schneeflocke f; ~man (irreg) n Schneemann m; ~plough (US ~plow) n Schneepflug m; ~shoe n Schneeschuh m; ~storm n Schneesturm m
snub [snʌb] vt schroff abfertigen ♦ n Verweis m; ~-nosed adj stupsnasig

snuff [snʌf] n Schnupftabak m
snug [snʌg] adj gemütlich, behaglich
snuggle ['snʌgl] vi: to ~ up to sb sich an jdn kuscheln

--------- KEYWORD

so [səʊ] adv 1 (thus) so; (likewise) auch; so saying he walked away indem er das sagte, ging er; if so wenn ja; I didn't do it - you did so! ich hab das nicht gemacht - hast du wohl!; so do I, so am I etc ich auch; so it is! tatsächlich!; I hope/think so hoffentlich/ich glaube schon; so far bis jetzt
2 (in comparisons etc: to such a degree) so; so quickly/big (that) so schnell/groß, daß; I'm so glad to see you ich freue mich so, dich zu sehen
3: so many so viele; so much work so viel Arbeit; I love you so much ich liebe dich so sehr
4 (phrases): 10 or so etwa 10; so long! (inf: goodbye) tschüs!
♦ conj 1 (expressing purpose): so as to um ... zu; so (that) damit
2 (expressing result) also; so I was right after all ich hatte also doch recht; so you see ... wie du siehst ...

soak [səʊk] vt durchnässen; (leave in liquid) einweichen ♦ vi (ein)weichen; ~ in vi einsickern; ~ up vt aufsaugen
so-and-so ['səʊənsəʊ] n (somebody) Soundso m
soap [səʊp] n Seife f; ~flakes npl Seifenflocken pl; ~ opera n Familienserie f (im Fernsehen, Radio); ~ powder n Waschpulver nt; ~y adj seifig, Seifen-
soar [sɔː*] vi aufsteigen; (prices) in die Höhe schnellen
sob [sɒb] n Schluchzen nt ♦ vi schluchzen
sober ['səʊbə*] adj (also fig) nüchtern; ~ up vi nüchtern werden
so-called ['səʊ'kɔːld] adj sogenannt
soccer ['sɒkə*] n Fußball m
sociable ['səʊʃəbl] adj gesellig
social ['səʊʃəl] adj sozial; (friendly, living with others) gesellige(r) Abend m; ~ club n Verein m (für Freizeitgestaltung); ~ism n Sozialismus m; ~ist n Sozialist(in) m(f) ♦ adj sozialistisch; ~ize vi: to ~ize (with) gesellschaftlich verkehren (mit); ~ly adv gesellschaftlich, privat; ~ security n Sozialversicherung f; ~ work n Sozialarbeit f; ~ worker n Sozialarbeiter(in) m(f)
society [sə'saɪətɪ] n Gesellschaft f; (fashionable world) die große Welt
sociology [səʊsɪ'ɒlədʒɪ] n Soziologie f
sock [sɒk] n Socke f
socket ['sɒkɪt] n (ELEC) Steckdose f; (of eye) Augenhöhle f; (TECH) Rohransatz m

sod [sɒd] *n* Rasenstück *nt*; (*inf!*) Saukerl *m* (*!*)

soda ['səʊdə] *n* Soda *f*; (*also*: ~ *water*) Soda(wasser) *nt*; (*US*: *also*: ~ *pop*) Limonade *f*

sodden ['sɒdn] *adj* durchweicht

sodium ['səʊdɪəm] *n* Natrium *nt*

sofa ['səʊfə] *n* Sofa *nt*

soft [sɒft] *adj* weich; (*not loud*) leise; (*weak*) nachgiebig; ~ **drink** *n* alkoholfreie(s) Getränk *nt*; **~en** ['sɒfn] *vt* weich machen; (*blow*) abschwächen, mildern ♦ *vi* weich werden; **~ly** *adv* sanft; leise; **~ness** *n* Weichheit *f*; (*fig*) Sanftheit *f*

software ['sɒftweə*] *n* (*COMPUT*) Software *f*

soggy ['sɒgɪ] *adj* (*ground*) sumpfig; (*bread*) aufgeweicht

soil [sɔɪl] *n* Erde *f* ♦ *vt* beschmutzen; **~ed** *adj* beschmutzt

solace ['sɒləs] *n* Trost *m*

solar ['səʊlə*] *adj* Sonnen-; ~ **cell** *n* Solarzelle *f*; ~ **energy** *n* Sonnenenergie *f*; ~ **panel** *n* Sonnenkollektor *m*; ~ **power** *n* Sonnenenergie *f*

sold [səʊld] *pt, pp of* **sell**; ~ **out** (*COMM*) ausverkauft

solder ['səʊldə*] *vt* löten ♦ *n* Lötmetall *nt*

soldier ['səʊldʒə*] *n* Soldat *m*

sole [səʊl] *n* Sohle *f*; (*fish*) Seezunge *f* ♦ *adj* alleinig, Allein-; **~ly** *adv* ausschließlich

solemn ['sɒləm] *adj* feierlich

sole trader *n* (*COMM*) Einzelunternehmen *nt*

solicit [sə'lɪsɪt] *vt* (*request*) bitten um ♦ *vi* (*prostitute*) Kunden anwerben

solicitor [sə'lɪsɪtə*] *n* Rechtsanwalt *m*/-anwältin *f*

solid ['sɒlɪd] *adj* (*hard*) fest; (*of same material, not hollow*) massiv; (*without break*) voll, ganz; (*reliable, sensible*) solide ♦ *n* Festkörper *m*

solidarity [sɒlɪ'dærɪtɪ] *n* Solidarität *f*

solidify [sə'lɪdɪfaɪ] *vi* fest werden

solitary ['sɒlɪtərɪ] *adj* einsam, einzeln; ~ **confinement** *n* Einzelhaft *f*

solitude ['sɒlɪtjuːd] *n* Einsamkeit *f*

solo ['səʊləʊ] *n* Solo *nt*

soloist ['səʊləʊɪst] *n* Solist(in) *m(f)*

soluble ['sɒljʊbl] *adj* (*substance*) löslich; (*problem*) (auf)lösbar

solution [sə'luːʃən] *n* (*also fig*) Lösung *f*; (*of mystery*) Erklärung *f*

solve [sɒlv] *vt* (auf)lösen

solvent ['sɒlvənt] *adj* (*FIN*) zahlungsfähig ♦ *n* (*CHEM*) Lösungsmittel *nt*

sombre ['sɒmbə*] (*US* **somber**) *adj* düster

KEYWORD

some [sʌm] *adj* **1** (*a certain amount or number of*) einige; (*a few*) ein paar; (*with singular nouns*) etwas; **some tea/biscuits** etwas

Tee/ein paar Plätzchen; **I've got some money, but not much** ich habe ein bißchen Geld, aber nicht viel

2 (*certain: in contrasts*) manche(r, s); **some people say that ...** manche Leute sagen, daß ...

3 (*unspecified*) irgendein(e); **some woman was asking for you** da hat eine Frau nach Ihnen gefragt; **some day** eines Tages; **some day next week** irgendwann nächste Woche

♦ *pron* **1** (*a certain number*) einige; **have you got some?** haben Sie welche?

2 (*a certain amount*) etwas; **I've read some of the book** ich habe das Buch teilweise gelesen

♦ *adv*: **some 10 people** etwa 10 Leute

---

somebody ['sʌmbədɪ] *pron* = **someone**

somehow ['sʌmhaʊ] *adv* (*in some way, for some reason*) irgendwie

someone ['sʌmwʌn] *pron* jemand; (*direct obj*) jemand(en); (*indirect obj*) jemandem

someplace ['sʌmpleɪs] (*US*) *adv* = **somewhere**

somersault ['sʌməsɔːlt] *n* Salto *m* ♦ *vi* einen Salto machen

something ['sʌmθɪŋ] *pron* etwas

sometime ['sʌmtaɪm] *adv* (*irgend*)einmal

sometimes ['sʌmtaɪmz] *adv* manchmal

somewhat ['sʌmwɒt] *adv* etwas

somewhere ['sʌmweə*] *adv* irgendwo; (*to a place*) irgendwohin; ~ **else** irgendwo anders

son [sʌn] *n* Sohn *m*

sonar ['səʊnɑː*] *n* Echolot *nt*

song [sɒŋ] *n* Lied *nt*

sonic boom *n* Überschallknall *m*

son-in-law ['sʌnɪnlɔː] *n* Schwiegersohn *m*

sonny ['sʌnɪ] (*inf*) *n* Kleine(r) *m*

soon [suːn] *adv* bald; ~ **afterwards** kurz danach; **~er** *adv* (*time*) früher; (*for preference*) lieber; **~er or later** früher oder später

soot [sʊt] *n* Ruß *m*

soothe [suːð] *vt* (*person*) beruhigen; (*pain*) lindern

sophisticated [sə'fɪstɪkeɪtɪd] *adj* (*person*) kultiviert; (*machinery*) hochentwickelt

sophomore ['sɒfəmɔː*] (*US*) *n* College-Student *m* im 2. Jahr

soporific [sɒpə'rɪfɪk] *adj* einschläfernd

sopping ['sɒpɪŋ] *adj* patschnaß

soppy ['sɒpɪ] (*inf*) *adj* schmalzig

soprano [sə'prɑːnəʊ] *n* Sopran *m*

sorcerer ['sɔːsərə*] *n* Hexenmeister *m*

sordid ['sɔːdɪd] *adj* erbärmlich

sore [sɔː*] *adj* schmerzend; (*point*) wund ♦ *n* Wunde *f*; **~ly** *adv* (*tempted*) stark, sehr

sorrow ['sɒrəʊ] *n* Kummer *m*, Leid *nt*; **~ful** *adj* sorgenvoll

sorry ['sɒrɪ] *adj* traurig, erbärmlich; ~! Entschuldigung!; **to feel ~ for sb** jdn bemitleiden; **I feel ~ for him** er tut mir leid; **~?** (*pardon*) wie bitte?

sort [sɔːt] *n* Art *f*, Sorte *f* ♦ *vt* (*also:* ~ *out:* *papers*) sortieren; (: *problems*) sichten, in Ordnung bringen; **~ing office** *n* Sortierstelle *f*

SOS *n* SOS *nt*

so-so ['səu'səu] *adv* so(-so) la-la

sought [sɔːt] *pt, pp of* **seek**

soul [səul] *n* Seele *f*; (*music*) Soul *m*; **~-destroying** *adj* trostlos; **~ful** *adj* seelenvoll

sound [saund] *adj* (*healthy*) gesund; (*safe*) sicher; (*sensible*) vernünftig; (*theory*) stichhaltig; (*thorough*) tüchtig, gehörig ♦ *adv:* **to be ~ asleep** fest schlafen ♦ *n* (*noise*) Geräusch *nt*, Laut *m*; (*GEOG*) Sund *m* ♦ *vt* erschallen lassen; (*alarm*) (Alarm) schlagen; (*MED*) abhorchen ♦ *vi* (*make a* ~) schallen, tönen; (*seem*) klingen; **to ~ like** sich anhören wie; **~ out** *vt* (*opinion*) erforschen; (*person*) auf den Zahn fühlen +*dat*; **~ barrier** *n* Schallmauer *f*; **~ effects** *npl* Toneffekte *pl*; **~ing** *n* (*NAUT etc*) Lotung *f*; **~ly** *adv* (*sleep*) fest; (*beat*) tüchtig; **~proof** *adj* (*room*) schalldicht; **~-track** *n* Tonstreifen *m*; (*music*) Filmmusik *f*

soup [suːp] *n* Suppe *f*; **in the ~** (*inf*) in der Tinte; **~ plate** *n* Suppenteller *m*; **~spoon** *n* Suppenlöffel *m*

sour ['sauə*] *adj* (*also fig*) sauer; **it's ~ grapes** (*fig*) die Trauben hängen zu hoch

source [sɔːs] *n* (*also fig*) Quelle *f*

south [sauθ] *n* Süden *m* ♦ *adj* Süd-, südlich ♦ *adv* nach Süden, südwärts; **S~ Africa** *n* Südafrika *nt*; **S~ African** *adj* südafrikanisch ♦ *n* Südafrikaner(in) *m(f)*; **S~ America** *n* Südamerika *nt*; **S~ American** *adj* südamerikanisch ♦ *n* Südamerikaner(in) *m(f)*; **~-east** *n* Südosten *m*; **~erly** ['sʌðəlɪ] *adj* südlich; **~ern** ['sʌðən] *adj* südlich, Süd-; **S~ Pole** *n* Südpol *m*; **~ward(s)** *adv* südwärts, nach Süden; **~west** *n* Südwesten *m*

souvenir [suːvə'nɪə*] *n* Souvenir *nt*

sovereign ['sɒvrɪn] *n* (*ruler*) Herrscher(in) *m(f)* ♦ *adj* (*independent*) souverän

soviet ['səuvɪət] *adj* sowjetisch; **the S~ Union** die Sowjetunion

sow[1] [sau] *n* Sau *f*

sow[2] [səu] (*pt* **sowed**, *pp* **sown**) *vt* (*also fig*) säen

soya ['sɔɪə] (*US* **soy**) *n:* **~ bean** Sojabohne *f*, **~ sauce** Sojasauce *f*

spa [spɑː] *n* (*place*) Kurort *m*

space [speɪs] *n* Platz *m*, Raum *m*; (*universe*) Weltraum *m*, All *nt*; (*length of time*) Abstand *m* ♦ *vt* (*also:* ~ *out*) verteilen; **~craft** *n* Raumschiff *nt*; **~man** (*irreg*) *n* Raumfahrer *m*; **~ ship** *n* Raumschiff *nt*

spacing *n* Abstand *m*; (*also:* ~ *out*) Verteilung *f*

spacious ['speɪʃəs] *adj* geräumig, weit

spade [speɪd] *n* Spaten *m*; **~s** *npl* (*CARDS*) Pik *nt*

Spain [speɪn] *n* Spanien *nt*

span [spæn] *n* Spanne *f*; (*of bridge etc*) Spannweite *f* ♦ *vt* überspannen

Spaniard ['spænjəd] *n* Spanier(in) *m(f)*

Spanish ['spænɪʃ] *adj* spanisch ♦ *n* (*LING*) Spanisch *nt*; **the ~** *npl* (*people*) die Spanier *pl*

spank [spæŋk] *vt* verhauen, versohlen

spanner ['spænə*] (*BRIT*) *n* Schraubenschlüssel *m*

spar [spɑː*] *n* (*NAUT*) Sparren *m* ♦ *vi* (*BOXING*) einen Sparring machen

spare [spɛə*] *adj* Ersatz- ♦ *n* = **spare part** ♦ *vt* (*lives, feelings*) verschonen; (*trouble*) ersparen; **to ~** (*surplus*) übrig; **~ part** *n* Ersatzteil *nt*; **~ time** *n* Freizeit *f*; **~ wheel** *n* (*AUT*) Reservereifen *m*

sparing ['spɛərɪŋ] *adj:* **to be ~ with** geizen mit; **~ly** *adv* sparsam; (*eat, spend etc*) in Maßen

spark [spɑːk] *n* Funken *m*; **~(ing) plug** *n* Zündkerze *f*

sparkle ['spɑːkl] *n* Funkeln *nt*; (*gaiety*) Schwung *m* ♦ *vi* funkeln

sparkling ['spɑːklɪŋ] *adj* funkelnd; (*wine*) Schaum-; (*mineral water*) mit Kohlensäure; (*conversation*) spritzig, geistreich

sparrow ['spærəu] *n* Spatz *m*

sparse [spɑːs] *adj* spärlich

spasm ['spæzəm] *n* (*MED*) Krampf *m*; (*fig*) Anfall *m*; **~odic** [spæz'mɒdɪk] *adj* (*fig*) sprunghaft

spat [spæt] *pt, pp of* **spit**

spate [speɪt] *n* (*fig*) Flut *f*, Schwall *m*; **in ~** (*river*) angeschwollen

spatter ['spætə*] *vt* bespritzen, verspritzen

spatula ['spætjulə] *n* Spatel *m*

spawn [spɔːn] *vi* laichen ♦ *n* Laich *m*

speak [spiːk] (*pt* **spoke**, *pp* **spoken**) *vt* sprechen, reden; (*truth*) sagen; (*language*) sprechen ♦ *vi:* sprechen (*mit or* zu); **to ~ to sb** *of or* **about sth** mit jdm über etw *acc* sprechen; **~ up!** sprich lauter!; **~er** *n* Sprecher(in), Redner(in) *m(f)*; (*loudspeaker*) Lautsprecher *m*; (*POL*): **the S~er** der Vorsitzende des Parlaments (*BRIT*) *or* des Kongresses (*US*)

spear [spɪə*] *n* Speer *m* ♦ *vt* aufspießen; **~head** *vt* (*attack etc*) anführen

spec [spek] (*inf*) *n:* **on ~** auf gut Glück

special ['speʃəl] *adj* besondere(r, s); **~ist** *n* (*TECH*) Fachmann *m*; (*MED*) Facharzt *m/* Fachärztin *f*; **~ity** [speʃɪ'ælɪtɪ] *n* Spezialität *f*; (*study*) Spezialgebiet *nt*; **~ize** *vi:* **to ~ize (in)** sich spezialisieren (auf +*acc*); **~ly** *adv* besonders; (*explicitly*) extra

species ['spiːʃiːz] *n* Art *f*

specific [spə'sɪfɪk] *adj* spezifisch; **~ally** *adv*

spezifisch

specification [spesɪfɪ'keɪʃən] n Angabe f; *(stipulation)* Bedingung f; ~s npl *(TECH)* technische Daten pl

specify ['spesɪfaɪ] vt genau angeben

specimen ['spesɪmɪn] n Probe f

speck [spek] n Fleckchen nt

speckled ['spekld] adj gesprenkelt

specs [speks] (inf) npl Brille f

spectacle ['spektəkl] n Schauspiel nt; ~s npl *(glasses)* Brille f

spectacular [spek'tækjʊlə*] adj sensationell; *(success etc)* spektakulär

spectator [spek'teɪtə*] n Zuschauer(in) m(f)

spectre ['spektə*] (US **specter**) n Geist m, Gespenst nt

speculate ['spekjʊleɪt] vi spekulieren

speech [spiːtʃ] n Sprache f; *(address)* Rede f; *(manner of speaking)* Sprechweise f; ~**less** adj sprachlos

speed [spiːd] n Geschwindigkeit f; *(gear)* Gang m ♦ vi *(JUR)* (zu) schnell fahren; **at full** or **top** ~ mit Höchstgeschwindigkeit; ~ **up** vt beschleunigen ♦ vi schneller werden; schneller fahren; ~**boat** n Schnellboot nt; ~**ily** adv schleunigst; ~**ing** n Geschwindigkeitsüberschreitung f; ~ **limit** n Geschwindigkeitsbegrenzung f; ~**ometer** [spɪ'dɒmɪtə*] n Tachometer m; ~**way** n *(bike racing)* Motorradrennstrecke f; ~**y** adj schnell

spell [spel] (pt, pp **spelt** (BRIT) or ~**ed**) n *(magic)* Bann m; *(period of time)* Zeitlang f ♦ vt buchstabieren; *(imply)* bedeuten; **to cast a** ~ **on sb** jdn verzau ern; ~**bound** adj (wie) gebannt; ~**ing** n Rechtschreibung f

spelt [spelt] (BRIT) pt, pp of **spell**

spend [spend] (pt, pp **spent**) vt *(money)* ausgeben; *(time)* verbringen; ~**thrift** n Verschwender(in) m(f)

spent [spent] pt, pp of **spend**

sperm [spɜːm] n *(BIOL)* Samenflüssigkeit f

spew [spjuː] vt (er)brechen

sphere [sfɪə*] n *(globe)* Kugel f; *(fig)* Sphäre f, Gebiet nt

spherical ['sferɪkəl] adj kugelförmig

spice [spaɪs] n Gewürz nt ♦ vt würzen

spick-and-span ['spɪkən'spæn] adj blitzblank

spicy ['spaɪsɪ] adj *(food)* stark gewürzt; *(fig)* pikant

spider ['spaɪdə*] n Spinne f

spike [spaɪk] n Dorn m, Spitze f

spill [spɪl] (pt, pp **spilt** or ~**ed**) vt verschütten ♦ vi sich ergießen; ~ **over** vi überlaufen; *(fig)* sich ausbreiten

spilt [spɪlt] pt, pp of **spill**

spin [spɪn] (pt, pp **spun**) n *(trip in car)* Spazierfahrt f; *(AVIAT)* (Ab)trudeln nt; *(on ball)* Drall m ♦ vt *(thread)* spinnen; *(like top)*

*(herum)*wirbeln ♦ vi sich drehen; ~ **out** vt in die Länge ziehen

spinach ['spɪnɪtʃ] n Spinat m

spinal ['spaɪnl] adj Rückgrat-; ~ **cord** n Rückenmark nt

spindly ['spɪndlɪ] adj spindeldürr

spin-dryer ['spɪn'draɪə*] (BRIT) n Wäscheschleuder f

spine [spaɪn] n Rückgrat nt; *(thorn)* Stachel m; ~**less** adj *(also fig)* rückgratlos

spinning ['spɪnɪŋ] n Spinnen nt; ~ **top** n Kreisel m; ~ **wheel** n Spinnrad nt

spin-off ['spɪnɒf] n Nebenprodukt nt

spinster ['spɪnstə*] n unverheiratete Frau f; *(pej)* alte Jungfer f

spiral ['spaɪərl] n Spirale f ♦ adj spiralförmig; *(movement etc)* in Spiralen ♦ vi sich (hoch)winden; ~ **staircase** n Wendeltreppe f

spire ['spaɪə*] n Turm m

spirit ['spɪrɪt] n Geist m; *(humour, mood)* Stimmung f; *(courage)* Mut m; *(verve)* Elan m; *(alcohol)* Alkohol m; ~**s** npl *(drink)* Spirituosen pl; **in good** ~**s** gut aufgelegt; ~**ed** adj beherzt; ~ **level** n Wasserwaage f

spiritual ['spɪrɪtjʊəl] adj geistig, seelisch; *(REL)* geistlich ♦ n Spiritual nt

spit [spɪt] (pt, pp **spat**) n *(for roasting)* (Brat)spieß m; *(saliva)* Spucke f ♦ vi spucken; *(rain)* sprühen; *(make a sound)* zischen; *(cat)* fauchen

spite [spaɪt] n Gehässigkeit f ♦ vt kränken; **in** ~ **of** trotz; ~**ful** adj gehässig

spittle ['spɪtl] n Speichel m, Spucke f

splash [splæʃ] n Spritzer m; *(of colour)* (Farb)fleck m ♦ vt bespritzen ♦ vi spritzen

spleen [spliːn] n *(ANAT)* Milz f

splendid ['splendɪd] adj glänzend

splendour ['splendə*] (US **splendor**) n Pracht f

splint [splɪnt] n Schiene f

splinter ['splɪntə*] n Splitter m ♦ vi (zer)splittern

split [splɪt] (pt, pp **split**) n Spalte f; *(fig)* Spaltung f, *(division)* Trennung f ♦ vt spalten ♦ vi *(divide)* reißen; ~ **up** vi sich trennen

splutter ['splʌtə*] vi stottern

spoil [spɔɪl] (pt, pp **spoilt** or ~**ed**) vt *(ruin)* verderben; *(child)* verwöhnen; ~**s** npl Beute f; ~**sport** n Spielverderber m; **spoilt** [spɔɪlt] pt, pp of **spoil**

spoke [spəʊk] pt of **speak** ♦ n Speiche f

spoken ['spəʊkn] pp of **speak**

spokesman ['spəʊksmən] (irreg) n Sprecher m

spokeswoman ['spəʊkswʊmən] (irreg) n Sprecherin f

sponge [spʌndʒ] n Schwamm m ♦ vt abwaschen ♦ vi: **to** ~ **on** auf Kosten leben +gen; ~ **bag** (BRIT) n Kulturbeutel m; ~ **cake** n Rührkuchen m

sponsor ['spɒnsə*] n Sponsor m ♦ vt fördern; ~**ship** n Finanzierung f; (*public*) Schirmherrschaft f

spontaneous [spɒn'teɪnɪəs] adj spontan

spooky ['spuːkɪ] (*inf*) adj gespenstisch

spool [spuːl] n Spule f, Rolle f

spoon [spuːn] n Löffel m; ~-**feed** (*irreg*) vt mit dem Löffel füttern; (*fig*) hochpäppeln; ~**ful** n Löffel(voll) m

sport [spɔːt] n Sport m; (*person*) feine(r) Kerl m; ~**ing** adj (*fair*) sportlich, fair; **to give sb a ~ing chance** jdm eine faire Chance geben; ~ **jacket** (*US*) n = **sports jacket**; ~**s car** n Sportwagen m; ~**s jacket** n Sportjackett nt; ~**sman** (*irreg*) n Sportler m; ~**smanship** n Sportlichkeit f; ~**swear** n Sportkleidung f; ~**swoman** (*irreg*) n Sportlerin f; ~**y** adj sportlich

spot [spɒt] n Punkt m; (*dirty*) Fleck(en) m; (*place*) Stelle f; (*MED*) Pickel m ♦ vt erspähen; (*mistake*) bemerken; **on the ~** an Ort und Stelle; (*at once*) auf der Stelle; ~ **check** n Stichprobe f; ~**less** adj fleckenlos; ~**light** n Scheinwerferlicht nt; (*lamp*) Scheinwerfer m; ~**ted** adj gefleckt; ~**ty** adj (*face*) pickelig

spouse [spauz] n Gatte m/Gattin f

spout [spaut] n (*of pot*) Tülle f; (*jet*) Wasserstrahl m ♦ vi speien

sprain [spreɪn] n Verrenkung f ♦ vt verrenken

sprang [spræŋ] pt of **spring**

sprawl [sprɔːl] vi sich strecken

spray [spreɪ] n Spray nt; (*off sea*) Gischt f; (*of flowers*) Zweig m ♦ vt besprühen, sprayen

spread [spred] (*pt, pp* **spread**) n (*extent*) Verbreitung f; (*inf: meal*) Schmaus m; (*for bread*) Aufstrich m ♦ vt ausbreiten; (*scatter*) verbreiten; (*butter*) streichen ♦ vi sich ausbreiten; ~-**eagled** ['spredi:gld] adj: **to be ~-eagled** alle viere von sich strecken

spree [spriː] n (*shopping*) Einkaufsbummel m; **to go on a ~** einen draufmachen

sprightly ['spraɪtlɪ] adj munter, lebhaft

spring [sprɪŋ] (*pt* **sprang**, *pp* **sprung**) n (*leap*) Sprung m; (*metal*) Feder f; (*season*) Frühling m; (*water*) Quelle f ♦ vi (*leap*) springen; ~ **up** vi (*problem*) auftauchen; ~**board** n Sprungbrett nt; ~**clean** n (*also*: ~-**cleaning*) Frühjahrsputz m; ~**time** n Frühling m; ~**y** adj federnd, elastisch

sprinkle ['sprɪŋkl] vt (*salt*) streuen; (*liquid*) sprenkeln; **to ~ water on, to ~ with water** mit Wasser besprengen

sprinkler ['sprɪŋklə*] n (*for lawn*) Sprenger m; (*for fire fighting*) Sprinkler m

sprint [sprɪnt] n (*race*) Sprint m ♦ vi (*gen: run fast*) rennen; (*SPORT*) sprinten

sprite [spraɪt] n Elfe f; Kobold m

sprout [spraut] vi sprießen; ~**s** npl (*also*: *Brussels* ~**s**) Rosenkohl m

spruce [spruːs] n Fichte f ♦ adj schmuck, adrett

sprung [sprʌŋ] pp of **spring**

spry [spraɪ] adj flink, rege

spun [spʌn] pt, pp of **spin**

spur [spɜː*] n Sporn m; (*fig*) Ansporn m ♦ vt (*also*: ~ **on**: *fig*) anspornen; **on the ~ of the moment** spontan

spurious ['spjuərɪəs] adj falsch

spurn [spɜːn] vt verschmähen

spurt [spɜːt] n (*jet*) Strahl m; (*acceleration*) Spurt m ♦ vi (*liquid*) schießen

spy [spaɪ] n Spion(in) m(f) ♦ vi spionieren ♦ vt erspähen; ~**ing** n Spionage f

sq. abbr = **square**

squabble ['skwɒbl] n Zank m ♦ vi sich zanken

squad [skwɒd] n (*MIL*) Abteilung f; (*POLICE*) Kommando nt

squadron ['skwɒdrən] n (*cavalry*) Schwadron f; (*NAUT*) Geschwader nt; (*air force*) Staffel f

squalid ['skwɒlɪd] adj verkommen

squall [skwɔːl] n Bö f, Windstoß m

squalor ['skwɒlə*] n Verwahrlosung f

squander ['skwɒndə*] vt verschwenden

square [skwɛə*] n Quadrat nt; (*open space*) Platz m; (*instrument*) Winkel m; (*inf: person*) Spießer m ♦ adj viereckig; (*inf: ideas, tastes*) spießig ♦ vt (*arrange*) ausmachen; (*MATH*) ins Quadrat erheben ♦ vi (*agree*) übereinstimmen; **all ~** quitt; **a ~ meal** eine ordentliche Mahlzeit; **2 metres ~** 2 Meter im Quadrat; **1 ~ metre** 1 Quadratmeter; ~**ly** adv fest, gerade

squash [skwɒʃ] n (*BRIT: drink*) Saft m; (*game*) Squash nt ♦ vt zerquetschen

squat [skwɒt] adj untersetzt ♦ vi hocken; ~**ter** n Hausbesetzer m

squawk [skwɔːk] vi kreischen

squeak [skwiːk] vi quiek(s)en; (*spring, door etc*) quietschen

squeal [skwiːl] vi schrill schreien

squeamish ['skwiːmɪʃ] adj empfindlich

squeeze [skwiːz] n (*POL*) Geldknappheit f ♦ vt pressen, drücken; (*orange*) auspressen; ~ **out** vt ausquetschen

squelch [skweltʃ] vi platschen

squib [skwɪb] n Knallfrosch m

squid [skwɪd] n Tintenfisch m

squiggle ['skwɪgl] n Schnörkel m

squint [skwɪnt] vi schielen ♦ n: **to have a ~** schielen; **to ~ at sb/sth** nach jdm/etw schielen

squire ['skwaɪə*] (*BRIT*) n Gutsherr m

squirm [skwɜːm] vi sich winden

squirrel ['skwɪrəl] n Eichhörnchen nt

squirt [skwɜːt] vt, vi spritzen

Sr abbr (= *senior*) sen.

St abbr (= *saint*) hl., St.; (= *street*) Str.

stab [stæb] n (*blow*) Stich m; (*inf: try*) Versuch m ♦ vt erstechen

stabilize ['steɪbəlaɪz] vt stabilisieren ♦ vi sich stabilisieren

stable ['steɪbl] adj stabil ♦ n Stall m

stack [stæk] n Stapel m ♦ vt stapeln

stadium ['steɪdɪəm] n Stadion nt

staff [stɑːf] n (stick, MIL) Stab m; (personnel) Personal nt; (BRIT: SCH) Lehrkräfte pl ♦ vt (with people) besetzen

stag [stæg] n Hirsch m

stage [steɪdʒ] n Bühne f; (of journey) Etappe f; (degree) Stufe f; (point) Stadium nt ♦ vt (put on) aufführen; (simulate) inszenieren; (demonstration) veranstalten; **in ~s** etappenweise; **~coach** n Postkutsche f; **~ door** n Bühneneingang m; **~ manager** n Intendant m

stagger ['stægə*] vi wanken, taumeln ♦ vt (amaze) verblüffen; (hours) staffeln; **~ing** adj unglaublich

stagnant ['stægnənt] adj stagnierend; (water) stehend

stagnate [stæg'neɪt] vi stagnieren

stag party n Männerabend m (vom Bräutigam vor der Hochzeit gegeben)

staid [steɪd] adj gesetzt

stain [steɪn] n Fleck m ♦ vt beflecken; **~ed glass window** buntes Glasfenster nt; **~less** adj (steel) rostfrei; **~ remover** n Fleckentferner m

stair [steə*] n (Treppen)stufe f; **~s** npl (flight of steps) Treppe f; **~case** n Treppenhaus nt, Treppe f; **~way** n Treppenaufgang m

stake [steɪk] n (post) Pfahl m; (money) Einsatz m ♦ vt (bet: money) setzen; **to be at ~** auf dem Spiel stehen

stale [steɪl] adj alt; (bread) altbacken

stalemate ['steɪlmeɪt] n (CHESS) Patt nt; (fig) Stillstand m

stalk [stɔːk] n Stengel m, Stiel m ♦ vt (game) jagen; **~ off** vi abstolzieren

stall [stɔːl] n (in stable) Stand m, Box f; (in market) (Verkaufs)stand m ♦ vt (AUT) abwürgen ♦ vi stehenbleiben; (fig) Ausflüchte machen; **~s** npl (BRIT: THEAT) Parkett nt

stallion ['stælɪən] n Zuchthengst m

stalwart ['stɔːlwət] n treue(r) Anhänger m

stamina ['stæmɪnə] n Durchhaltevermögen nt, Zähigkeit f

stammer ['stæmə*] n Stottern nt ♦ vt, vi stottern, stammeln

stamp [stæmp] n Briefmarke f; (for document) Stempel m ♦ vi stampfen ♦ vt (mark) stempeln; (mail) frankieren; (foot) stampfen mit; **~ album** n Briefmarkenalbum nt; **~ collecting** n Briefmarkensammeln nt

stampede [stæm'piːd] n panische Flucht f

stance [stæns] n Haltung f

stand [stænd] (pt, pp stood) n (for objects) Gestell nt; (seats) Tribüne f ♦ vi stehen; (rise) aufstehen; (decision) feststehen ♦ vt setzen, stellen; (endure) aushalten; (person)

ausstehen; (nonsense) dulden; **to make a ~** Widerstand leisten; **to ~ for parliament** (BRIT) für das Parlament kandidieren; **~ by** vi (be ready) bereitstehen ♦ vt fus (opinion) treu bleiben +dat; **~ down** vi (withdraw) zurücktreten; **~ for** vt fus (signify) stehen für; (permit, tolerate) hinnehmen; **~ in for** vt fus einspringen für; **~ out** vi (be prominent) hervorstechen; **~ up** vi (rise) aufstehen; **~ up for** vt fus sich einsetzen für; **~ up to** vt fus: **to ~ up to sth** einer Sache dat gewachsen sein; **to ~ up to sb** sich jdm gegenüber behaupten

standard ['stændəd] n (measure) Norm f; (flag) Fahne f ♦ adj (size etc) Normal-; **~s** npl (morals) Maßstäbe pl; **~ize** vt vereinheitlichen; **~ lamp** n (BRIT) Stehlampe f; **~ of living** n Lebensstandard m

stand-by ['stændbaɪ] n Reserve f; **to be on ~** in Bereitschaft sein; **~ ticket** n (AVIAT) Standby-Ticket m

stand-in ['stændɪn] n Ersatz m

standing ['stændɪŋ] adj (erect) stehend; (permanent) ständig; (invitation) offen ♦ n (duration) Dauer f; (reputation) Ansehen nt; **of many years'** ~ langjährig; **~ order** n (BRIT) n (at bank) Dauerauftrag m; **~ orders** npl (MIL) Vorschrift f; **~ room** n Stehplatz m

stand-offish ['stænd'ɒfɪʃ] adj zurückhaltend, sehr reserviert

standpoint ['stændpɔɪnt] n Standpunkt m

standstill ['stændstɪl] n: **to be at a ~** stillstehen; **to come to a ~** zum Stillstand kommen

stank [stæŋk] pt of stink

staple ['steɪpl] n (in paper) Heftklammer f; (article) Haupterzeugnis nt ♦ adj Grund-, Haupt- ♦ vt (fest)klammern; **~r** n Heftmaschine f

star [stɑː*] n Stern m; (person) Star m ♦ vi die Hauptrolle spielen ♦ vt: **~ring ... in** der Hauptrolle/den Hauptrollen ...

starboard ['stɑːbəd] n Steuerbord nt

starch [stɑːtʃ] n Stärke f

stardom ['stɑːdəm] n Berühmtheit f

stare [steə*] n starre(r) Blick m ♦ vi: **to ~ at** starren auf +acc, anstarren

starfish ['stɑːfɪʃ] n Seestern m

stark [stɑːk] adj öde ♦ adv: **~ naked** splitternackt

starling ['stɑːlɪŋ] n Star m

starry ['stɑːrɪ] adj Sternen-; **~-eyed** adj (innocent) blauäugig

start [stɑːt] n Anfang m; (SPORT) Start m; (lead) Vorsprung m ♦ vt in Gang setzen; (car) anlassen ♦ vi anfangen; (car) anspringen; (on journey) aufbrechen; (SPORT) starten; (with fright) zusammenfahren; **to ~ doing** or **to do sth** anfangen, etw zu tun; **~ off** vi anfangen; (begin moving) losgehen; losfahren; **~ up** vi anfangen; (startled)

auffahren ♦ *vt* beginnen; (*car*) anlassen; (*engine*) starten; **~er** *n* (*AUT*) Anlasser *m*; (*for race*) Starter *m*; (*BRIT*: *COOK*) Vorspeise *f*; **~ing point** *n* Ausgangspunkt *m*

startle ['stɑːtl] *vt* erschrecken

startling ['stɑːtlɪŋ] *adj* erschreckend

starvation [stɑːˈveɪʃən] *n* Verhungern *nt*

starve [stɑːv] *vi* verhungern ♦ *vt* verhungern lassen; **I'm starving** ich sterbe vor Hunger

state [steɪt] *n* (*condition*) Zustand *m*; (*POL*) Staat *m* ♦ *vt* erklären; (*facts*) angeben; **the S~s** (*USA*) die Staaten; **to be in a ~** durchdrehen; **~ly** *adj* würdevoll; **~ment** *n* Aussage *f*; (*POL*) Erklärung *f*; **~sman** (*irreg*) *n* Staatsmann *m*

static ['stætɪk] *n* (*also*: **~ electricity**) Reibungselektrizität *f*

station ['steɪʃən] *n* (*RAIL etc*) Bahnhof *m*; (*police etc*) Wache *f*, (*in society*) Stand *m* ♦ *vt* stationieren

stationary ['steɪʃənərɪ] *adj* stillstehend; (*car*) parkend

stationer ['steɪʃənə*] *n* Schreibwarenhändler *m*; **~'s** *n* (*shop*) Schreibwarengeschäft *nt*; **~y** *n* Schreibwaren *pl*

station master *n* Bahnhofsvorsteher *m*

station wagon *n* Kombiwagen *m*

statistics [stəˈtɪstɪks] *n* Statistik *f*

statue ['stætjuː] *n* Statue *f*

stature ['stætʃə*] *n* Größe *f*

status ['steɪtəs] *n* Status *m*

statute ['stætjuːt] *n* Gesetz *nt*

statutory ['stætjutərɪ] *adj* gesetzlich

staunch [stɔːntʃ] *adj* standhaft

stave [steɪv] *n* (*MUS*) Notenlinien *pl* ♦ *vt*: **to ~ off** (*threat*) abwenden; (*attack*) abwehren

stay [steɪ] *n* Aufenthalt *m* ♦ *vi* bleiben; (*reside*) wohnen; **to ~ put** an Ort und Stelle bleiben; **to ~ the night** übernachten; **~ behind** *vi* zurückbleiben; **~ in** *vi* (*at home*) zu Hause bleiben; **~ on** *vi* (*continue*) länger bleiben; **~ out** *vi* (*of house*) wegbleiben; **~ up** *vi* (*at night*) aufbleiben; **~ing power** *n* Durchhaltevermögen *nt*

stead [sted] *n*: **in sb's ~** an jds Stelle *dat*; **to stand sb in good ~** jdm zugute kommen

steadfast ['stedfəst] *adj* standhaft, treu

steadily ['stedɪlɪ] *adv* stetig, regelmäßig

steady ['stedɪ] *adj* (*firm*) fest, stabil; (*regular*) gleichmäßig; (*reliable*) beständig; (*hand*) ruhig; (*job, boyfriend*) fest ♦ *vt* festigen; **to ~ o.s. on/against sth** sich stützen auf/gegen etw *acc*

steak [steɪk] *n* Steak *nt*; (*fish*) Filet *nt*

steal [stiːl] (*pt* **stole,** *pp* **stolen**) *vt* stehlen ♦ *vi* stehlen; (*go stealthily*) sich stehlen

stealth [stelθ] *n* Heimlichkeit *f*; **~y** ['stelθɪ] *adj* verstohlen, heimlich

steam [stiːm] *n* Dampf *m* ♦ *vt* (*COOK*) im

Dampfbad erhitzen ♦ *vi* dampfen; **~ engine** *n* Dampfmaschine *f*; **~er** *n* Dampfer *m*; **~roller** *n* Dampfwalze *f*; **~ship** *n* = **steamer**; **~y** *adj* dampfig

steel [stiːl] *n* Stahl *m* ♦ *adj* Stahl-; (*fig*) stählern; **~works** *n* Stahlwerke *pl*

steep [stiːp] *adj* steil; (*price*) gepfeffert ♦ *vt* einweichen

steeple ['stiːpl] *n* Kirchturm *m*; **~chase** *n* Hindernisrennen *nt*

steer [stɪə*] *vt*, *vi* steuern; (*car etc*) lenken; **~ing** *n* (*AUT*) Steuerung *f*; **~ing wheel** *n* Steuer- *or* Lenkrad *nt*

stellar ['stelə*] *adj* Stern(en)-

stem [stem] *n* Stiel *m* ♦ *vt* aufhalten; **~ from** *vt fus* abstammen von

stench [stentʃ] *n* Gestank *m*

stencil ['stensl] *n* Schablone *f* ♦ *vt* (auf)drucken

stenographer [steˈnɒɡrəfə*] (*US*) *n* Stenograph(in) *m(f)*

step [step] *n* Schritt *m*; (*stair*) Stufe *f* ♦ *vi* treten, schreiten; **~s** *npl* (*BRIT*) = **stepladder**; **to take ~s** Schritte unternehmen; **in/out of ~ (with)** im/nicht im Gleichklang (mit); **~ down** *vi* (*fig*) abtreten; **~ off** *vt fus* aussteigen aus; **~ up** *vt* steigern; **~brother** *n* Stiefbruder *m*; **~daughter** *n* Stieftochter *f*; **~father** *n* Stiefvater *m*; **~ladder** *n* Trittleiter *f*; **~mother** *n* Stiefmutter *f*; **~ping stone** *n* Stein *m*; (*fig*) Sprungbrett *nt*; **~sister** *n* Stiefschwester *f*; **~son** *n* Stiefsohn *m*

stereo ['sterɪəʊ] *n* Stereoanlage *f* ♦ *adj* (*also*: **~phonic**) stereophonisch

stereotype ['stɪərɪətaɪp] *n* Prototyp *m*; (*fig*) Klischee *nt* ♦ *vt* stereotypieren; (*fig*) stereotyp machen

sterile ['steraɪl] *adj* steril; (*person*) unfruchtbar

sterling ['stɜːlɪŋ] *adj* (*FIN*) Sterling-; (*character*) gediegen ♦ *n* (*ECON*) das Pfund Sterling; **a pound ~** ein Pfund Sterling

stern [stɜːn] *adj* streng ♦ *n* Heck *nt*, Achterschiff *nt*

stew [stjuː] *n* Eintopf *m* ♦ *vt*, *vi* schmoren

steward ['stjuːəd] *n* Steward *m*; **~ess** *n* Stewardess *f*

stick [stɪk] (*pt*, *pp* **stuck**) *n* Stock *m*; (*of chalk etc*) Stück *nt* ♦ *vt* (*stab*) stechen; (*fix*) stecken; (*put*) stellen; (*gum*) (an)kleben; (*inf: tolerate*) vertragen ♦ *vi* (*stop*) steckenbleiben; (*get stuck*) klemmen; (*hold fast*) kleben, haften; **~ out** *vi* (*project*) hervorstehen; **~ up** *vi* (*project*) in die Höhe stehen; **~ up for** *vt fus* (*defend*) eintreten für; **~er** *n* Aufkleber *m*; **~ing plaster** *n* Heftpflaster *nt*

stickler ['stɪklə*] *n*: **~ (for)** Pedant *m* (in +*acc*)

stick-up ['stɪkʌp] (*inf*) *n* (Raub)überfall *m*

sticky ['stɪkɪ] *adj* klebrig; (*atmosphere*)

stickig

stiff [stɪf] *adj* steif; (*difficult*) hart; (*paste*) dick; (*drink*) stark; **~en** *vt* versteifen, (ver)stärken ♦ *vi* sich versteifen

stifle ['staɪfl] *vt* unterdrücken

stifling ['staɪflɪŋ] *adj* drückend

stigma ['stɪgmə] (*pl* BOT, MED, REL **~ta**; *fig* **~s**) *n* Stigma *nt*

stigmata ['stɪgmətə] *npl of* **stigma**

stile [staɪl] *n* Steige *f*

stiletto [stɪ'letəʊ] (BRIT) *n* (*also*: ~ *heel*) Pfennigabsatz *m*

still [stɪl] *adj* still ♦ *adv* (*immer*) noch; (*anyhow*) immerhin; **~born** *adj* totgeboren; ~ *life* *n* Stilleben *nt*

stilt [stɪlt] *n* Stelze *f*

stilted ['stɪltɪd] *adj* gestelzt

stimulate ['stɪmjʊleɪt] *vt* anregen, stimulieren

stimuli ['stɪmjʊlaɪ] *npl of* **stimulus**

stimulus ['stɪmjʊləs] (*pl* **-li**) *n* Anregung *f*, Reiz *m*

sting [stɪŋ] (*pt, pp* **stung**) *n* Stich *m*; (*organ*) Stachel *m* ♦ *vi* stechen; (*on skin*) brennen ♦ *vt* stechen

stingy ['stɪndʒɪ] *adj* geizig, knauserig

stink [stɪŋk] (*pt* **stank**, *pp* **stunk**) *n* Gestank *m* ♦ *vi* stinken; **~ing** *adj* (*fig*) widerlich

stint [stɪnt] *n* Pensum *nt*; (*period*) Betätigung *f* ♦ *vi* knausern; **to do one's** ~ seine Arbeit tun; (*share*) seinen Teil beitragen

stipulate ['stɪpjʊleɪt] *vt* festsetzen

stir [stɜː*] *n* Bewegung *f*, (COOK) Rühren *nt*; (*sensation*) Aufsehen *nt* ♦ *vt* (um)rühren ♦ *vi* sich rühren; ~ **up** *vt* (*mob*) aufhetzen; (*mixture*) umrühren; (*dust*) aufwirbeln

stirrup ['stɪrəp] *n* Steigbügel *m*

stitch [stɪtʃ] *n* (*with needle*) Stich *m*; (MED) Faden *m*; (*of knitting*) Masche *f*; (*pain*) Stich *m* ♦ *vt* nähen

stoat [stəʊt] *n* Wiesel *nt*

stock [stɒk] *n* Vorrat *m*; (COMM) (Waren)lager *nt*; (*live~*) Vieh *nt*; (COOK) Brühe *f*, (FIN) Grundkapital *nt* ♦ *adj* stets vorrätig; (*standard*) Normal- ♦ *vt* (*in shop*) führen; **~s** *npl* (FIN) Aktien *pl*; **in/out of** ~ vorrätig/nicht vorrätig; **to take** ~ **of** Inventur machen von; (*fig*) Bilanz ziehen aus; **~s and shares** Effekten *pl*; ~ **up** *vi*: **to** ~ **up (with)** Reserven anlegen (von)

stockbroker ['stɒkbrəʊkə*] *n* Börsenmakler *m*

stock cube *n* Brühwürfel *m*

stock exchange *n* Börse *f*

stocking ['stɒkɪŋ] *n* Strumpf *m*

stockist ['stɒkɪst] *n* Händler *m*

stock: ~ **market** *n* Börse *f*; ~ **phrase** *n* Standardsatz *m*; **~pile** *n* Vorrat *m* ♦ *vt* aufstapeln; **~taking** (BRIT) *n* (COMM) Inventur *f*, Bestandsaufnahme *f*

stocky ['stɒkɪ] *adj* untersetzt

stodgy ['stɒdʒɪ] *adj* pampig; (*fig*) trocken

stoke [stəʊk] *vt* schüren

stole [stəʊl] *pt of* **steal** ♦ *n* Stola *f*

stolen ['stəʊlən] *pp of* **steal**

stolid ['stɒlɪd] *adj* stur

stomach ['stʌmək] *n* Bauch *m*, Magen *m* ♦ *vt* vertragen; **~ache** *n* Magen- or Bauchschmerzen *pl*

stone [stəʊn] *n* Stein *m*; (BRIT: *weight*) Gewichtseinheit = 6.35 kg ♦ *vt* (*olive*) entkernen; (*kill*) steinigen; **~-cold** *adj* eiskalt; **~-deaf** *adj* stocktaub; **~work** *n* Mauerwerk *nt*

stony ['stəʊnɪ] *adj* steinig

stood [stʊd] *pt, pp of* **stand**

stool [stuːl] *n* Hocker *m*

stoop [stuːp] *vi* sich bücken

stop [stɒp] *n* Halt *m*; (*bus* ~) Haltestelle *f*; (*punctuation*) Punkt *m* ♦ *vt* anhalten; (*bring to an end*) aufhören (mit) (*bring to end*), sein lassen ♦ *vi* aufhören; (*clock*) stehenbleiben; (*remain*) bleiben; **to** ~ **doing sth** aufhören, etw zu tun; **to** ~ **dead** innehalten; ~ **off** *vi* kurz haltmachen; ~ **up** *vt* (*hole*) zustopfen, verstopfen; **~gap** *n* Notlösung *f*, **~lights** *npl* (AUT) Bremslichter *pl*; **~over** *n* (*on journey*) Zwischenaufenthalt *m*

stoppage ['stɒpɪdʒ] *n* (An)halten *nt*; (*traffic*) Verkehrsstockung *f*; (*strike*) Arbeitseinstellung *f*

stopper ['stɒpə*] *n* Propfen *m*, Stöpsel *m*

stop press *n* letzte Meldung *f*

stopwatch ['stɒpwɒtʃ] *n* Stoppuhr *f*

storage ['stɔːrɪdʒ] *n* Lagerung *f*; ~ **heater** *n* (Nachtstrom)speicherofen *m*

store [stɔː*] *n* Vorrat *m*; (*place*) Lager *nt*, Warenhaus *nt*; (BRIT: *large shop*) Kaufhaus *nt*; (US) Laden *m* ♦ *vt* lagern; **~s** *npl* (*supplies*) Vorräte *pl*; ~ **up** *vt* sich eindecken mit; **~room** *n* Lagerraum *m*, Vorratsraum *m*

storey ['stɔːrɪ] (US **story**) *n* Stock *m*

stork [stɔːk] *n* Storch *m*

storm [stɔːm] *n* (*also fig*) Sturm *m* ♦ *vt, vi* stürmen; **~y** *adj* stürmisch

story ['stɔːrɪ] *n* Geschichte *f*, (*lie*) Märchen *nt*; (US) = **storey**; **~book** *n* Geschichtenbuch *nt*; **~teller** *n* Geschichtenerzähler *m*

stout [staʊt] *adj* (*bold*) tapfer; (*fat*) beleibt ♦ *n* Starkbier *nt*; (*also*: *sweet* ~) ≈ Malzbier *nt*

stove [stəʊv] *n* (Koch)herd *m*; (*for heating*) Ofen *m*

stow [stəʊ] *vt* verstauen; **~away** *n* blinde(r) Passagier *m*

straddle ['strædl] *vt* (*horse, fence*) rittlings sitzen auf +*dat*; (*fig*) überbrücken

straggle ['strægl] *vi* (*branches etc*) wuchern; (*people*) nachhinken; **~r** *n* Nachzügler *m*; **straggly** *adj* (*hair*) zottig

straight [streɪt] *adj* gerade; (*honest*) offen, ehrlich; (*drink*) pur ♦ *adv* (*direct*) direkt, geradewegs; **to put** or **get sth ~** etw in Ordnung bringen; **~away** sofort; **~ off** sofort; **~en** vt (also: **~en out**) gerade machen; (fig) klarstellen; **~-faced** adv ohne die Miene zu verziehen ♦ adj: **to be ~-faced** keine Miene verziehen; **~forward** adj einfach, unkompliziert

strain [streɪn] n Belastung f; (streak, trace) Zug m; (of music) Fetzen m ♦ vt überanstrengen; (stretch) anspannen; (muscle) zerren; (filter) (durch)seihen ♦ vi sich anstrengen; (fig) (laugh) gezwungen; (relations) gespannt; **~er** n Sieb nt

strait [streɪt] n Straße f, Meerenge f; **~jacket** n Zwangsjacke f; **~-laced** adj engherzig, streng

strand [strænd] n (of hair) Strähne f; (also fig) Faden m; **~ed** adj (also fig) gestrandet

strange [streɪndʒ] adj fremd; (unusual) seltsam; **~r** n Fremde(r) mf

strangle ['stræŋgl] vt erwürgen; **~hold** n (fig) Umklammerung f

strap [stræp] n Riemen m; (on clothes) Träger m ♦ vt (fasten) festschnallen

strapping ['stræpɪŋ] adj stramm

strata ['strɑːtə] npl of **stratum**

stratagem ['strætədʒəm] n (Kriegs)list f

strategic [strə'tiːdʒɪk] adj strategisch

strategy ['strætədʒɪ] n (fig) Strategie f

stratum ['strɑːtəm] (pl **-ta**) n Schicht f

straw [strɔː] n Stroh nt; (single stalk, drinking ~) Strohhalm m; **that's the last ~!** das ist der Gipfel!

strawberry ['strɔːbərɪ] n Erdbeere f

stray [streɪ] adj (animal) verirrt; (thought) zufällig ♦ vi herumstreuen

streak ['striːk] n Streifen m; (in character) Einschlag m; (in hair) Strähne f ♦ vt streifen ♦ vi zucken; (move quickly) flitzen; **~ of bad luck** Pechsträhne f; **~y** adj gestreift; (bacon) durchwachsen

stream [striːm] n (brook) Bach m; (fig) Strom m ♦ vt (SCH) in (Leistungs)gruppen einteilen ♦ vi strömen; **to ~ in/out** (people) hinein-/hinausströmen

streamer ['striːmə*] n (flag) Wimpel m; (of paper) Luftschlange f

streamlined ['striːmlaɪnd] adj stromlinienförmig; (effective) rationell

street [striːt] n Straße f ♦ adj Straßen-; **~car** (US) n Straßenbahn f; **~ lamp** n Straßenlaterne f; **~ plan** n Stadtplan m; **~wise** (inf) adj: **to be ~wise** wissen, wo es lang geht

strength [streŋθ] n (also fig) Stärke f, Kraft f; **~en** vt (ver)stärken

strenuous ['strenjʊəs] adj anstrengend

stress [stres] n Druck m; (mental) Streß m; (GRAM) Betonung f ♦ vt betonen

stretch [stretʃ] n Strecke f ♦ vt ausdehnen, strecken ♦ vi sich erstrecken; (person) sich strecken; **~ out** vi sich ausstrecken ♦ vt

ausstrecken

stretcher ['stretʃə*] n Tragbahre f

strewn [struːn] adj: **~ with** übersät mit

stricken ['strɪkən] adj (person) ergriffen; (city, country) heimgesucht; **~ with** (arthritis, disease) leidend unter +dat

strict [strɪkt] adj (exact) genau; (severe) streng; **~ly** adv streng, genau

stridden ['strɪdn] pp of **stride**

stride [straɪd] (pt **strode**, pp **stridden**) n lange(r) Schritt m ♦ vi schreiten

strident ['straɪdənt] adj schneidend, durchdringend

strife [straɪf] n Streit m

strike [straɪk] (pt, pp **struck**) n Streik m; (attack) Schlag m ♦ vt (hit) schlagen; (collide) stoßen gegen; (come to mind) einfallen +dat; (stand our) auffallen +dat; (find) finden ♦ vi (stop work) streiken; (attack) zuschlagen; (clock) schlagen; **on ~** (workers) im Streik; **to ~ a match** ein Streichholz anzünden; **~ down** vt (lay low) niederschlagen; **~ out** vt (cross out) ausstreichen; **~ up** vt (music) anstimmen; (friendship) schließen; **~r** n Streikende(r) mf

striking ['straɪkɪŋ] adj auffallend

string [strɪŋ] (pt, pp **strung**) n Schnur f; (row) Reihe f; (MUS) Saite f ♦ vt: **to ~ together** aneinanderreihen ♦ vi: **to ~ out** (sich) verteilen; **the ~s** npl (MUS) die Streichinstrumente pl; **to pull ~s** (fig) Fäden ziehen; **~ bean** n grüne Bohne f; **~(ed) instrument** n (MUS) Saiteninstrument nt

stringent ['strɪndʒənt] adj streng

strip [strɪp] n Streifen m ♦ vt (uncover) abstreifen, abziehen; (clothes) ausziehen; (TECH) auseinandernehmen ♦ vi (undress) sich ausziehen; **~ cartoon** n Bildserie f

stripe [straɪp] n Streifen m; **~d** adj gestreift

strip lighting n Neonlicht nt

stripper ['strɪpə*] n Stripteasetänzerin f

strive [straɪv] (pt **strove**, pp **striven**) vi: **~ (for)** streben (nach)

strode [strəʊd] pt of **stride**

stroke [strəʊk] n Schlag m; (SWIMMING, ROWING) Stoß m; (TECH) Hub m; (MED) Schlaganfall m; (caress) Streicheln nt ♦ vt streicheln; **at a ~** mit einem Schlag

stroll [strəʊl] n Spaziergang m ♦ vi schlendern; **~er** (US) n (pushchair) Sportwagen m

strong [strɒŋ] adj stark; (firm) fest; **they are 50 ~** sie sind 50 Mann stark; **~box** n Kassette f; **~hold** n Hochburg f; **~ly** adv stark; **~room** n Tresor m

strove [strəʊv] pt of **strive** *

struck [strʌk] pt, pp of **strike**

structure ['strʌktʃə*] n Struktur f, Aufbau m; (building) Bau m

struggle ['strʌgl] n Kampf m ♦ vi (fight) kämpfen

strum [strʌm] *vt* (*guitar*) klimpern auf +*dat*

strung [strʌŋ] *pt, pp of* **string**

strut [strʌt] *n* Strebe *f*, Stütze *f* ♦ *vi* stolzieren

stub [stʌb] *n* Stummel *m*; (*of cigarette*) Kippe *f* ♦ *vt:* **to ~ one's toe** sich *dat* den Zeh anstoßen; **~ out** *vt* ausdrücken

stubble ['stʌbl] *n* Stoppel *f*

stubborn ['stʌbən] *adj* hartnäckig

stucco ['stʌkəu] *n* Stuck *nt*

stuck [stʌk] *pt, pp of* **stick** ♦ *adj* (*jammed*) klemmend; **~-up** *adj* hochnäsig

stud [stʌd] *n* (*button*) Kragenknopf *m*; (*place*) Gestüt *nt* ♦ *vt* (*fig*): **~ded with** übersät mit

student ['stju:dənt] *n* Student(in) *m(f)*; (*US*) Student(in) *m(f)*, Schüler(in) *m(f)* ♦ *adj* Studenten-; **~ driver** (*US*) *n* Fahrschüler(in) *m(f)*

studio ['stju:dɪəu] *n* Studio *nt*; (*for artist*) Atelier *nt*; **~ apartment** (*US*) *n* Appartement *nt*; **~ flat** *n* Appartement *nt*

studious ['stju:dɪəs] *adj* lernbegierig

study ['stʌdɪ] *n* Studium *nt*; (*investigation*) Studium *nt*, Untersuchung *f*; (*room*) Arbeitszimmer *nt*; (*essay etc*) Studie *f* ♦ *vt* studieren; (*face*) erforschen; (*evidence*) prüfen ♦ *vi* studieren

stuff [stʌf] *n* Stoff *m*; (*inf*) Zeug *nt* ♦ *vt* stopfen, füllen; (*animal*) ausstopfen; **~ing** *n* Füllung *f*; **~y** *adj* (*room*) schwül; (*person*) spießig

stumble ['stʌmbl] *vi* stolpern; **to ~ across** (*fig*) zufällig stoßen auf +*acc*

stumbling block ['stʌmblɪŋ-] *n* Hindernis *nt*

stump [stʌmp] *n* Stumpf *m* ♦ *vt* umwerfen

stun [stʌn] *vt* betäuben; (*shock*) niederschmettern

stung [stʌŋ] *pt, pp of* **sting**

stunk [stʌŋk] *pp of* **stink**

stunning ['stʌnɪŋ] *adj* betäubend; (*news*) überwältigend, umwerfend

stunt [stʌnt] *n* Kunststück *nt*, Trick *m*

stunted *adj* verkümmert

stuntman (*irreg*) *n* Stuntman *m*

stupefy ['stju:pɪfaɪ] *vt* betäuben; (*by news*) bestürzen

stupendous [stju'pendəs] *adj* erstaunlich, enorm

stupid ['stju:pɪd] *adj* dumm; **~ity** [stju:'pɪdɪtɪ] *n* Dummheit *f*

stupor ['stju:pə*] *n* Betäubung *f*

sturdy ['stɜ:dɪ] *adj* kräftig, robust

stutter ['stʌtə*] *n* Stottern *nt* ♦ *vi* stottern

sty [staɪ] *n* Schweinestall *m*

stye [staɪ] *n* Gerstenkorn *nt*

style [staɪl] *n* Stil *m*; (*fashion*) Mode *f*

stylish ['staɪlɪʃ] *adj* modisch

stylist ['staɪlɪst] *n* (*hair ~*) Friseur *m*, Friseuse *f*

stylus ['staɪləs] *n* (Grammophon)nadel *f*

suave [swɑ:v] *adj* zuvorkommend

sub... *prefix* Unter...; **~conscious** *adj* unterbewußt ♦ *n:* **the ~conscious** das Unterbewußte; **~contract** *vt* (*vertraglich*) untervermitteln; **~divide** *vt* unterteilen

subdue [səb'dju:] *vt* unterwerfen; **~d** *adj* (*lighting*) gedämpft; (*person*) still

subject [*n* 'sʌbdʒɪkt, *vb* səb'dʒekt] *n* (*of kingdom*) Untertan *m*; (*citizen*) Staatsangehörige(r) *mf*; (*topic*) Thema *nt*; (*SCH*) Fach *nt*; (*GRAM*) Subjekt *nt* ♦ *adj:* **to be ~ to** unterworfen sein +*dat*; (*exposed*) ausgesetzt sein +*dat* ♦ *vt* (*subdue*) unterwerfen; (*expose*) aussetzen; **~ive** [səb'dʒektɪv] *adj* subjektiv; **~ matter** *n* Thema *nt*

subjugate ['sʌbdʒugeɪt] *vt* unterjochen

subjunctive [səb'dʒʌŋktɪv] *adj* Konjunktiv- ♦ *n* Konjunktiv *m*

sublet ['sʌb'let] (*irreg: like* **let**) *vt* untervermieten

sublime [sə'blaɪm] *adj* erhaben

submachine gun ['sʌbmə'ʃi:n-] *n* Maschinenpistole *f*

submarine [sʌbmə'ri:n] *n* Unterseeboot *nt*, U-Boot *nt*

submerge [səb'mɜ:dʒ] *vt* untertauchen; (*flood*) überschwemmen ♦ *vi* untertauchen

submission [səb'mɪʃən] *n* (*obedience*) Gehorsam *m*; (*claim*) Behauptung *f*; (*of plan*) Unterbreitung *f*

submissive [səb'mɪsɪv] *adj* demütig, unterwürfig (*pej*)

submit [səb'mɪt] *vt* behaupten; (*plan*) unterbreiten ♦ *vi* (*give in*) sich ergeben

subnormal ['sʌb'nɔ:məl] *adj* minderbegabt

subordinate [sə'bɔ:dɪnət] *adj* untergeordnet ♦ *n* Untergebene(r) *mf*

subpoena [sə'pi:nə] *n* Vorladung *f* ♦ *vt* vorladen

subscribe [səb'skraɪb] *vi:* **to ~ to** (*view etc*) unterstützen; (*newspaper*) abonnieren; **~r** *n* (*to periodical*) Abonnent *m*; (*TEL*) Telefonteilnehmer *m*

subscription [səb'skrɪpʃən] *n* Abonnement *nt*; (*money subscribed*) (Mitglieds)beitrag *m*

subsequent ['sʌbsɪkwənt] *adj* folgend, später; **~ly** *adv* später

subside [səb'saɪd] *vi* sich senken; **~nce** [sʌb'saɪdəns] *n* Senkung *f*

subsidiary [səb'sɪdɪərɪ] *adj* Neben- ♦ *n* (*company*) Tochtergesellschaft *f*

subsidize ['sʌbsɪdaɪz] *vt* subventionieren

subsidy ['sʌbsɪdɪ] *n* Subvention *f*

subsistence [səb'sɪstəns] *n* Unterhalt *m*

substance ['sʌbstəns] *n* Substanz *f*

substantial [səb'stænʃəl] *adj* (*strong*) fest, kräftig; (*important*) wesentlich; **~ly** *adv* erheblich

substantiate [səb'stænʃɪeɪt] *vt* begründen, belegen

substitute ['sʌbstɪtju:t] *n* Ersatz *m* ♦ *vt* ersetzen

substitution [sʌbstɪ'tjuːʃən] n Ersetzung f
subterfuge ['sʌbtəfjuːdʒ] n Vorwand m;
(trick) Trick m
subterranean [sʌbtə'reɪnɪən] adj unterirdisch
subtitle ['sʌbtaɪtl] n Untertitel m
subtle ['sʌtl] adj fein; ~ty n Feinheit f
subtotal [sʌb'təʊtl] n Zwischensumme f
subtract [səb'trækt] vt abziehen; ~ion
[səb'trækʃən] n Abziehen nt, Subtraktion f
suburb ['sʌbɜːb] n Vorort m; **the** ~s die
Außenbezirke pl; ~an [sə'bɜːbən] adj
Vorort(s)-, Stadtrand-; ~ia [sə'bɜːbɪə] n
Vorstadt f
subversive [səb'vɜːsɪv] adj subversiv
subway ['sʌbweɪ] n (US) U-Bahn f, (BRIT)
Unterführung f
succeed [sək'siːd] vi (person) erfolgreich
sein, Erfolg haben; (plan etc also) gelingen
♦ vt (nach)folgen +dat; **he** ~ed **in doing it**
es gelang ihm, es zu tun; ~ing adj
(nach)folgend
success [sək'ses] n Erfolg m; **to be** ~ful (in
doing sth) Erfolg haben (bei etw); ~ful adj
erfolgreich; ~fully adv erfolgreich
succession [sək'seʃən] n (Aufeinander)folge f, (to throne) Nachfolge f
successive [sək'sesɪv] adj aufeinanderfolgend
successor [sək'sesə*] n Nachfolger(in) m(f)
succinct [sək'sɪŋkt] adj knapp
succulent ['sʌkjʊlənt] adj saftig
succumb [sə'kʌm] vi: **to** ~ **(to)** erliegen
(+dat); (yield) nachgeben (+dat)
such [sʌtʃ] adj solche(r, s); ~ **a book** so
ein Buch; ~ **books** solche Bücher; ~ **courage** so ein Mut; ~ **a long trip** so eine
lange Reise; ~ **a lot of** so viel(e); ~ **as**
wie; **a noise** ~ **as** to in derartiger Lärm,
daß; **as** ~ an sich; ~-**and**-~ **a time/town**
die und die Zeit/Stadt
suck [sʌk] vt saugen; (ice cream etc) lutschen; ~er (inf) n Idiot m
suction ['sʌkʃən] n Saugkraft f
sudden ['sʌdn] adj plötzlich; **all of a** ~ auf
einmal; ~ly adv plötzlich
suds [sʌdz] npl Seifenlauge f, (lather) Seifenschaum m
sue [suː] vt verklagen
suede [sweɪd] n Wildleder nt
suet [suɪt] n Nierenfett nt
Suez ['suːɪz] n: **the** ~ **Canal** der Suezkanal
suffer ['sʌfə*] vt (er)leiden ♦ vi leiden; ~er
n Leidende(r) m/f, ~ing n Leiden nt
suffice [sə'faɪs] vi genügen
sufficient [sə'fɪʃənt] adj ausreichend; ~ly
adv ausreichend
suffix ['sʌfɪks] n Nachsilbe f
suffocate ['sʌfəkeɪt] vt, vi ersticken
suffrage ['sʌfrɪdʒ] n Wahlrecht nt
suffused [sə'fjuːzd] adj: **to be** ~ **with sth**
von etw erfüllt sein

sugar ['ʃʊgə*] n Zucker m ♦ vt zuckern; ~
beet n Zuckerrübe f, ~ **cane** n Zuckerrohr nt; ~y adj süß
suggest [sə'dʒest] vt vorschlagen; (show)
schließen lassen auf +acc; ~ion
[sə'dʒestʃən] n Vorschlag m; ~ive adj anregend; (indecent) zweideutig
suicide ['suːɪsaɪd] n Selbstmord m; **to commit** ~ Selbstmord begehen
suit [suːt] n Anzug m; (CARDS) Farbe f ♦ vt
passen +dat; (clothes) stehen +dat; **well**
~ed (well matched: couple) gut zusammenpassend; ~able adj geeignet, passend;
~ably adv passend, angemessen
suitcase ['suːtkeɪs] n (Hand)koffer m
suite [swiːt] n (of rooms) Zimmerflucht f,
(of furniture) Einrichtung f, (MUS) Suite f
suitor ['suːtə*] n (JUR) Kläger(in) m(f)
sulfur ['sʌlfə*] (US) n = **sulphur**
sulk [sʌlk] vi schmollen; ~y adj schmollend
sullen ['sʌlən] adj mürrisch
sulphur ['sʌlfə*] (US **sulfur**) n Schwefel m
sultana [sʌl'tɑːnə] n (fruit) Sultanine f
sultry ['sʌltrɪ] adj schwül
sum [sʌm] n Summe f, (money) Betrag m,
Summe f, (arithmetic) Rechenaufgabe f, ~
up vt, vi zusammenfassen
summarize ['sʌməraɪz] vt kurz zusammenfassen
summary ['sʌmərɪ] n Zusammenfassung f
♦ adj (justice) kurzerhand erteilt
summer ['sʌmə*] n Sommer m ♦ adj
Sommer-; ~house n (in garden) Gartenhaus nt; ~time n Sommerzeit f
summit ['sʌmɪt] n Gipfel m; ~ (**conference**) n Gipfelkonferenz f
summon ['sʌmən] vt herbeirufen; (JUR)
vorladen; (gather up) aufbringen; ~s (JUR)
n Vorladung f ♦ vt vorladen
sump [sʌmp] (BRIT) n (AUT) Ölwanne f
sumptuous ['sʌmptjʊəs] adj prächtig
sun [sʌn] n Sonne f, ~bathe vi sich sonnen; ~burn n Sonnenbrand m
Sunday ['sʌndeɪ] n Sonntag m; ~ **school**
n Sonntagsschule f
sundial ['sʌndaɪəl] n Sonnenuhr f
sundown ['sʌndaʊn] n Sonnenuntergang m
sundry ['sʌndrɪ] adj verschieden; **all and** ~
alle; **sundries** npl (miscellaneous items)
Verschiedene(s) nt
sunflower ['sʌnflaʊə*] n Sonnenblume f
sung [sʌŋ] pp of **sing**
sunglasses ['sʌnglɑːsɪz] npl Sonnenbrille f
sunk [sʌŋk] pp of **sink**
sun: ~light n Sonnenlicht nt; ~lit
['sʌnlɪt] adj sonnenbeschienen; ~ny ['sʌnɪ]
adj sonnig; ~rise ['sʌnraɪz] n Sonnenaufgang m; ~set ['sʌnset] n Sonnenuntergang
m; ~shade ['sʌnʃeɪd] n Sonnenschirm m;
~shine ['sʌnʃaɪn] n Sonnenschein m;
~stroke ['sʌnstrəʊk] n Hitzschlag m; ~tan
['sʌntæn] n (Sonnen)bräune f, ~tan oil n

Sonnenöl *nt*

super ['su:pə*] (*inf*) *adj* prima, klasse

superannuation ['su:pərænju'eɪʃən] *n* Pension *f*

superb [su:'pɜːb] *adj* ausgezeichnet, hervorragend

supercilious [su:pə'sɪlɪəs] *adj* herablassend

superficial [su:pə'fɪʃəl] *adj* oberflächlich

superfluous [sʊ'pɜːflʊəs] *adj* überflüssig

superhuman [su:pə'hju:mən] *adj* (*effort*) übermenschlich

superimpose ['su:pərɪm'pəʊz] *vt* übereinanderlegen

superintendent [su:pərɪn'tendənt] *n* Polizeichef *m*

superior [sʊ'pɪərɪə*] *adj* überlegen; (*better*) besser ♦ *n* Vorgesetzte(r) *mf*; ~ity [sʊpɪərɪ'ɒrɪtɪ] *n* Überlegenheit *f*

superlative [su:'pɜːlətɪv] *adj* überragend

superman ['su:pəmæn] (*irreg*) *n* Übermensch *m*

supermarket ['su:pəmɑːkɪt] *n* Supermarkt *m*

supernatural [su:pə'nætʃərəl] *adj* übernatürlich

superpower ['su:pəpaʊə*] *n* Weltmacht *f*

supersede [su:pə'si:d] *vt* ersetzen

supersonic ['su:pə'sɒnɪk] *adj* Überschall-

superstition [su:pə'stɪʃən] *n* Aberglaube *m*

superstitious [su:pə'stɪʃəs] *adj* abergläubisch

supervise ['su:pəvaɪz] *vt* beaufsichtigen, kontrollieren

supervision [su:pə'vɪʒən] *n* Aufsicht *f*

supervisor ['su:pəvaɪzə*] *n* Aufsichtsperson *f*; ~y *adj* Aufsichts-

supine ['su:paɪn] *adj* auf dem Rücken liegend

supper ['sʌpə*] *n* Abendessen *nt*

supplant [sə'plɑːnt] *vt* (*person, thing*) ersetzen

supple [sʌpl] *adj* geschmeidig

supplement [*n* 'sʌplɪmənt, *vb* sʌplɪ'ment] *n* Ergänzung *f*; (*in book*) Nachtrag *m* ♦ *vt* ergänzen; ~ary [sʌplɪ'mentərɪ] *adj* ergänzend

supplier [sə'plaɪə*] *n* Lieferant *m*

supplies [sə'plaɪz] *npl* (*food*) Vorräte *pl*; (*MIL*) Nachschub *m*

supply [sə'plaɪ] *vt* liefern ♦ *n* Vorrat *m*; (*supplying*) Lieferung *f* ♦ *adj* (*teacher etc*) Aushilfs-; *see also* **supplies**

support [sə'pɔːt] *n* Unterstützung *f*; (*TECH*) Stütze *f* ♦ *vt* (*hold up*) stützen, tragen; (*provide for*) ernähren; (*be in favour of*) unterstützen; ~er *n* Anhänger(in) *m(f)*

suppose [sə'pəʊz] *vt, vi* annehmen; **to be** ~**d to do sth** etw tun sollen; ~**dly** [sə'pəʊzɪdlɪ] *adv* angeblich

supposing [sə'pəʊzɪŋ] *conj* angenommen

supposition [sʌpə'zɪʃən] *n* Voraussetzung *f*

suppress [sə'pres] *vt* unterdrücken; ~**ion** [sə'preʃən] *n* Unterdrückung *f*

supremacy [sʊ'preməsɪ] *n* Vorherrschaft *f*, Oberhoheit *f*

supreme [sʊ'pri:m] *adj* oberste(r, s), höchste(r, s)

surcharge ['sɜːtʃɑːdʒ] *n* Zuschlag *m*

sure [ʃʊə*] *adj* sicher, gewiß; ~! (*of course*) klar!; **to make** ~ **of sth/that** sich einer Sache *gen* vergewissern/vergewissern, daß; ~ **enough** (*with past*) tatsächlich; (*with future*) ganz bestimmt; ~**-footed** *adj* sicher (auf den Füßen); ~**ly** *adv* (*certainly*) sicherlich, gewiß; ~**ly it's wrong** das ist doch wohl falsch

surety ['ʃʊərətɪ] *n* Sicherheit *f*; (*person*) Bürge *m*

surf [sɜːf] *n* Brandung *f*

surface ['sɜːfɪs] *n* Oberfläche *f* ♦ *vt* (*roadway*) teeren ♦ *vi* auftauchen; ~ **mail** *n* gewöhnliche Post *f*

surfboard ['sɜːfbɔːd] *n* Wellenreiterbrett *nt*

surfeit ['sɜːfɪt] *n* Übermaß *nt*

surfing ['sɜːfɪŋ] *n* Wellenreiten *nt*

surge [sɜːdʒ] *n* Woge *f* ♦ *vi* wogen

surgeon ['sɜːdʒən] *n* Chirurg(in) *m(f)*

surgery ['sɜːdʒərɪ] *n* (*BRIT: place*) Praxis *f*; (: *time*) Sprechstunde *f*; (*treatment*) Operation *f*; **to undergo** ~ operiert werden; ~ **hours** *npl* (*BRIT*) Sprechstunden *pl*

surgical ['sɜːdʒɪkəl] *adj* chirurgisch; ~ **spirit** (*BRIT*) *n* Wundbenzin *nt*

surly ['sɜːlɪ] *adj* verdrießlich, grob

surmount [sɜː'maʊnt] *vt* überwinden

surname ['sɜːneɪm] *n* Zuname *m*

surpass [sɜː'pɑːs] *vt* übertreffen

surplus ['sɜːpləs] *n* Überschuß *m* ♦ *adj* überschüssig, Über(schuß)-

surprise [sə'praɪz] *n* Überraschung *f* ♦ *vt* überraschen

surprising [sə'praɪzɪŋ] *adj* überraschend; ~**ly** *adv* überraschend(erweise)

surrender [sə'rendə*] *n* Kapitulation *f* ♦ *vi* sich ergeben

surreptitious [sʌrəp'tɪʃəs] *adj* heimlich; (*look also*) verstohlen

surrogate ['sʌrəgɪt] *n* Ersatz *m*; ~ **mother** *n* Leihmutter *f*

surround [sə'raʊnd] *vt* umgeben; ~**ing** *adj* (*countryside*) umliegend; ~**ings** *npl* Umgebung *f*; (*environment*) Umwelt *f*

surveillance [sɜː'veɪləns] *n* Überwachung *f*

survey [*n* 'sɜːveɪ, *vb* sɜː'veɪ] *n* Übersicht *f* ♦ *vt* überblicken; (*land*) vermessen; ~**or** [sə'veɪə*] *n* Land(ver)messer(in) *m(f)*

survival [sə'vaɪvəl] *n* Überleben *nt*

survive [sə'vaɪv] *vt, vi* überleben

survivor [sə'vaɪvə*] *n* Überlebende(r) *mf*

susceptible [sə'septəbl] *adj*: ~ (**to**) empfindlich (gegen); (*charms etc*) empfänglich (für)

suspect [*n, adj* 'sʌspekt, *vb* səs'pekt] *n* Verdächtige(r) *mf* ♦ *adj* verdächtig ♦ *vt* verdächtigen; (*think*) vermuten

suspend [səs'pend] vt verschieben; (from work) suspendieren; (hang up) aufhängen; (SPORT) sperren; ~**ed sentence** n (JUR) zur Bewährung ausgesetzte Strafe; ~**er belt** n Strumpf(halter)gürtel m; ~**ers** npl (BRIT) Strumpfhalter m; (: men's) Sockenhalter m; (US) Hosenträger m

suspense [səs'pens] n Spannung f

suspension [səs'penʃən] n (from work) Suspendierung f; (SPORT) Sperrung f; (AUT) Federung f; ~ **bridge** n Hängebrücke f

suspicion [səs'pɪʃən] n Mißtrauen nt; Verdacht m

suspicious [səs'pɪʃəs] adj mißtrauisch; (causing suspicion) verdächtig

sustain [səs'teɪn] vt (maintain) aufrechterhalten; (confirm) bestätigen; (JUR) anerkennen; (injury) davontragen; ~**able** adj (development, growth etc) aufrechtzuerhalten; ~**ed** adj (effort) anhaltend

sustenance ['sʌstɪnəns] n Nahrung f

swab [swɒb] n (MED) Tupfer m

swagger ['swægə*] vi stolzieren

swallow ['swɒləʊ] n (bird) Schwalbe f; (of food etc) Schluck m ♦ vt (ver)schlucken; ~ **up** vt verschlingen

swam [swæm] pt of swim

swamp [swɒmp] n Sumpf m ♦ vt überschwemmen

swan [swɒn] n Schwan m

swap [swɒp] n Tausch m ♦ vt: to ~ sth (for sth) etw (gegen etw) tauschen or eintauschen

swarm [swɔːm] n Schwarm m ♦ vi: to ~ or be ~ing with wimmeln von

swarthy ['swɔːðɪ] adj dunkel, braun

swastika ['swɒstɪkə] n Hakenkreuz nt

swat [swɒt] vt totschlagen

sway [sweɪ] vi schwanken; (branches) schaukeln, sich wiegen ♦ vt schwenken; (influence) beeinflussen

swear [swɛə*] (pt swore, pp sworn) vi (promise) schwören; (curse) fluchen; to ~ to sth schwören auf etw acc; ~**word** n Fluch m

sweat [swet] n Schweiß m ♦ vi schwitzen

sweater ['swetə*] n Pullover m

sweatshirt ['swetʃɜːt] n Sweatshirt nt

sweaty ['swetɪ] adj verschwitzt

Swede [swiːd] n Schwede m, Schwedin f

swede [swiːd] (BRIT) n Steckrübe f

Sweden ['swiːdn] n Schweden nt

Swedish ['swiːdɪʃ] adj schwedisch ♦ n (LING) Schwedisch nt

sweep [swiːp] (pt, pp swept) n (chimney ~) Schornsteinfeger m ♦ vt fegen, kehren ♦ vi (go quickly) rauschen; ~ **away** vt wegfegen; ~ **past** vi vorbeisausen; ~ **up** vi zusammenkehren; ~**ing** adj (gesture) schwungvoll; (statement) verallgemeinernd

sweet [swiːt] n (course) Nachtisch m; (candy) Bonbon nt ♦ adj süß; ~**corn** n Zuckermais m; ~**en** vt süßen; (fig) versüßen; ~**heart** n Liebste(r) mf; ~**ness** n Süße f; ~ **pea** n Gartenwicke f

swell [swel] (pt ~**ed**, pp swollen or ~**ed**) n Seegang m ♦ adj (inf) todschick ♦ vt (numbers) vermehren ♦ vi (also: ~ up) (an)schwellen; ~**ing** n Schwellung f

sweltering ['sweltərɪŋ] adj drückend

swept [swept] pt, pp of sweep

swerve [swɜːv] vt, vi ausscheren

swift [swɪft] n Mauersegler m ♦ adj geschwind, schnell, rasch; ~**ly** adv geschwind, schnell, rasch

swig [swɪg] n Zug m

swill [swɪl] n (for pigs) Schweinefutter nt ♦ vt spülen

swim [swɪm] (pt swam, pp swum) n: to go for a ~ schwimmen gehen ♦ vi schwimmen ♦ vt (cross) (durch)schwimmen; ~**mer** n Schwimmer(in) m(f); ~**ming** n Schwimmen nt; ~**ming cap** n Badehaube f, Badekappe f; ~**ming costume** (BRIT) n Badeanzug m; ~**ming pool** n Schwimmbecken nt; (private) Swimmingpool m; ~**suit** n Badeanzug m

swindle ['swɪndl] n Schwindel m, Betrug m ♦ vt betrügen

swine [swaɪn] n (also fig) Schwein nt

swing [swɪŋ] (pt, pp swung) n (child's) Schaukel f; (movement) Schwung m; (MUS) Swing m ♦ vt schwingen ♦ vi schwingen, schaukeln; (turn quickly) schwenken; in full ~ in vollem Gange; ~ **bridge** n Drehbrücke f; ~ **door** (BRIT) n Schwingtür f

swingeing ['swɪndʒɪŋ] (BRIT) adj hart; (taxation, cuts) extrem

swinging door (US) n Schwingtür f

swipe [swaɪp] n Hieb m ♦ vt (inf: hit) hart schlagen; (: steal) klauen

swirl [swɜːl] vi wirbeln

swish [swɪʃ] adj (inf: smart) schick ♦ vi zischen; (grass, skirts) rascheln

Swiss [swɪs] adj Schweizer, schweizerisch ♦ n Schweizer(in) m(f); the ~ npl (people) die Schweizer pl

switch [swɪtʃ] n (ELEC) Schalter m; (change) Wechsel m ♦ vt (ELEC) schalten; (change) wechseln ♦ vi wechseln; ~ **off** vt ab- or ausschalten; ~ **on** vt an- or einschalten; ~**board** n Zentrale f; (board) Schaltbrett nt

Switzerland ['swɪtsələnd] n die Schweiz

swivel ['swɪvl] vt (also: ~ round) drehen ♦ vi sich drehen

swollen ['swəʊlən] pp of swell

swoon [swuːn] vi (old) in Ohnmacht fallen

swoop [swuːp] n Sturzflug m; (esp by police) Razzia f ♦ vi (also: ~ down) stürzen

swop [swɒp] = swap

sword [sɔːd] n Schwert nt; ~**fish** n Schwertfisch m

swore [swɔː*] pt of swear

sworn [swɔːn] *pp of* **swear**

swot [swɒt] *vt, vi* pauken

swum [swʌm] *pp of* **swim**

swung [swʌŋ] *pt, pp of* **swing**

sycamore ['sɪkəmɔː*] *n* (US) Platane *f*, (BRIT) Bergahorn *m*

syllable ['sɪləbl] *n* Silbe *f*

syllabus ['sɪləbəs] *n* Lehrplan *m*

symbol ['sɪmbəl] *n* Symbol *nt*; ~**ic(al)** [sɪm'bɒlɪk(əl)] *adj* symbolisch

symmetry ['sɪmɪtrɪ] *n* Symmetrie *f*

sympathetic [sɪmpə'θetɪk] *adj* mitfühlend

sympathize ['sɪmpəθaɪz] *vi* mitfühlen; ~**r** *n* Mitfühlende(r) *mf*, (POL) Sympathisant(in) *m(f)*

sympathy ['sɪmpəθɪ] *n* Mitleid *nt*, Mitgefühl *nt*; (condolence) Beileid *nt*; **with our deepest** ~ mit tiefempfundenem Beileid

symphony ['sɪmfənɪ] *n* Sinfonie *f*

symposium [sɪm'pəʊzɪəm] *n* Tagung *f*

symptom ['sɪmptəm] *n* Symptom *nt*; ~**atic** [sɪmptə'mætɪk] *adj* (fig): ~**atic of** bezeichnend für

synagogue ['sɪnəgɒg] *n* Synagoge *f*

synchronize ['sɪŋkrənaɪz] *vt* synchronisieren ♦ *vi* gleichzeitig sein *or* ablaufen

syncopated ['sɪŋkəpeɪtɪd] *adj* synkopiert

syndicate ['sɪndɪkət] *n* Konsortium *nt*

synonym ['sɪnənɪm] *n* Synonym *nt*

synonymous [sɪ'nɒnɪməs] *adj* gleichbedeutend

synopsis [sɪ'nɒpsɪs] *n* Zusammenfassung *f*

syphon ['saɪfən] = **siphon**

Syria ['sɪrɪə] *n* Syrien *nt*

syringe [sɪ'rɪndʒ] *n* Spritze *f*

syrup ['sɪrəp] *n* Sirup *m*; (of sugar) Melasse *f*

system ['sɪstəm] *n* System *nt*; ~**atic** [sɪstə'mætɪk] *adj* systematisch; ~ **disk** *n* (COMPUT) Systemdiskette *f*; ~**s analyst** *n* Systemanalytiker(in) *m(f)*

T t

ta [tɑː] (BRIT: inf) *excl* danke

tab [tæb] *n* Aufhänger *m*; (name ~) Schild *nt*; **to keep ~s on** (fig) genau im Auge behalten

tabby ['tæbɪ] *n* (also: ~ **cat**) getigerte Katze *f*

table ['teɪbl] *n* Tisch *m*; (list) Tabelle *f* ♦ *vt* (PARL: propose) vorlegen, einbringen; **to lay** *or* **set the** ~ den Tisch decken; ~**cloth** ['teɪblklɒθ] *n* Tischtuch *nt*; ~ **of contents**

n Inhaltsverzeichnis *nt*; ~ **d'hôte** *n* Tagesmenü *nt*; ~ **lamp** *n* Tischlampe *f*, ~**mat** *n* Untersatz *m*; ~**spoon** *n* Eßlöffel *m*; ~**spoonful** *n* Eßlöffel(voll) *m*

tablet ['tæblət] *n* (MED) Tablette *f*, (for writing) Täfelchen *nt*

table tennis ['teɪbltenɪs] *n* Tischtennis *nt*

table wine ['teɪblwaɪn] *n* Tafelwein *m*

tabloid ['tæblɔɪd] *n* Zeitung *f* in kleinem Format; (pej) Boulevardzeitung

tabulate ['tæbjʊleɪt] *vt* tabellarisch ordnen

tacit ['tæsɪt] *adj* stillschweigend

taciturn ['tæsɪtɜːn] *adj* wortkarg

tack [tæk] *n* (small nail) Stift *m*; (US: thumb~) Reißzwecke *f*; (stitch) Heftstich *m*, (NAUT) Lavieren *nt*; (course) Kurs *m* ♦ *vt* (nail) nageln; (stitch) heften ♦ *vi* aufkreuzen

tackle ['tækl] *n* (for lifting) Flaschenzug *m*; (NAUT) Takelage *f*, (SPORT) Tackling *nt* ♦ *vt* (deal with) anpacken, in Angriff nehmen; (person) festhalten; (player) angehen

tacky ['tækɪ] *adj* klebrig

tact [tækt] *n* Takt *m*; ~**ful** *adj* taktvoll

tactical ['tæktɪkəl] *adj* taktisch

tactics ['tæktɪks] *npl* Taktik *f*

tactless ['tæktləs] *adj* taktlos

tadpole ['tædpəʊl] *n* Kaulquappe *f*

taffy ['tæfɪ] (US) *n* Sahnebonbon *nt*

tag [tæg] *n* (label) Schild *nt*, Anhänger *m*; (maker's name) Etikett *nt*; (phrase) Floskel *f*; ~ **along** *vi* mitkommen

tail [teɪl] *n* Schwanz *m*; (of list) Schluß *m* ♦ *vt* folgen +dat; ~ **away** *or* **off** *vi* abfallen, schwinden; ~**back** (BRIT) *n* (AUT) (Rück)stau *m*; ~ **coat** *n* Frack *m*; ~ **end** *n* Schluß *m*, Ende *nt*; ~**gate** *n* (AUT) Heckklappe *f*

tailor ['teɪlə*] *n* Schneider *m*; ~**ing** *n* Schneidern *nt*; ~**-made** *adj* maßgeschneidert; (fig): ~**-made for sb** jdm wie auf den Leib geschnitten

tailwind ['teɪlwɪnd] *n* Rückenwind *m*

tainted ['teɪntɪd] *adj* verdorben

take [teɪk] (pt **took**, pp **taken**) *vt* nehmen; (trip, exam, PHOT) machen; (capture: person) fassen; (: town; also COMM, FIN) einnehmen; (carry to a place) bringen; (get for o.s.) sich dat nehmen; (gain, obtain) bekommen; (put up with) hinnehmen; (respond to) aufnehmen; (interpret) auffassen; (assume) annehmen; (contain) Platz haben für; (GRAM) stehen mit; **to ~ sth from sb** jdm etw wegnehmen; **to ~ sth from sth** (MATH: subtract) etw von etw abziehen; (extract, quotation) etw einer Sache dat entnehmen; ~ **after** *vt fus* ähnlich sein +dat; ~ **apart** *vt* auseinandernehmen; ~ **away** *vt* (remove) wegnehmen; (carry off) wegbringen; ~ **back** *vt* (return) zurückbringen; (retract) zurücknehmen; ~ **down** *vt* (pull down) abreißen; (write down) aufschreiben; ~ **in** *vt* (deceive) hereinlegen; (understand)

begreifen; *(include)* einschließen; ~ **off** *vi*
(plane) starten ♦ *vt (remove)* wegnehmen;
(clothing) ausziehen; *(imitate)* nachmachen;
~ **on** *vt (undertake)* übernehmen; *(engage)*
einstellen; *(opponent)* antreten gegen; ~
out *vt (girl, dog)* ausführen; *(extract)* herausnehmen; *(insurance)* abschließen; *(licence)* sich *dat* geben lassen; *(book)* auslei-
hen; *(remove)* entfernen; **to ~ sth out of
sth** *(drawer, pocket etc)* etw aus etw herausnehmen; ~ **over** *vt* übernehmen ♦ *vi:*
to ~ over from sb jdn ablösen; ~ **to** *vt
fus (like)* mögen; *(adopt as practice)* sich *dat*
angewöhnen; ~ **up** *vt (raise)* aufnehmen;
(dress etc) kürzer machen; *(occupy)* in Anspruch nehmen; *(engage in)* sich befassen
mit; ~**away** *adj* zum Mitnehmen; ~**-home
pay** *n* Nettolohn *m*; **taken** ['teɪkn] *pp of*
take; ~**off** *n (AVIAT)* Start *m*; *(imitation)*
Nachahmung *f*; ~**out** *(US) adj =* **take-
away**; ~**over** *n (COMM)* Übernahme *f*

takings ['teɪkɪŋz] *npl (COMM)* Einnahmen
pl

talc [tælk] *n (also: talcum powder)* Talkum-
puder *m*

tale [teɪl] *n* Geschichte *f*, Erzählung *f*; **to
tell ~s** *(fig: lie)* Geschichten erfinden

talent ['tælənt] *n* Talent *nt*; ~**ed** *adj* begabt

talk [tɔːk] *n (conversation)* Gespräch *nt*; *(rumour)* Gerede *nt*; *(speech)* Vortrag *m* ♦ *vi*
sprechen, reden; ~**s** *pl (POL etc)* Gespräche
pl; **to ~ about** sprechen von +*dat* or über
+*acc*; **to ~ sb into doing sth** jdn
überreden, etw zu tun; **to ~ sb out of
doing sth** jdm ausreden, etw zu tun; **to ~
shop** fachsimpeln; ~ **over** *vt* besprechen;
~**ative** *adj* gesprächig

tall [tɔːl] *adj* groß; *(building)* hoch; **to be 1
m 80** ~ 1,80 m groß sein; ~**boy** *(BRIT) n*
Kommode *f*; ~ **story** *n* übertriebene Geschichte *f*

tally ['tælɪ] *n* Abrechnung *f* ♦ *vi* übereinstimmen

talon ['tælən] *n* Kralle *f*

tame [teɪm] *adj* zahm; *(fig)* fade

tamper ['tæmpə*] *vi:* **to ~ with** herumpfuschen an +*dat*

tampon ['tæmpɔn] *n* Tampon *m*

tan [tæn] *n (on skin)* (Sonnen)bräune *f*;
(colour) Gelbbraun *nt* ♦ *adj* (gelb)braun ♦
vt bräunen; *(skins)* gerben ♦ *vi* braun werden

tang [tæŋ] *n* Schärfe *f*

tangent ['tændʒənt] *n* Tangente *f*; **to go off
at a ~** *(fig)* vom Thema abkommen

tangerine [tændʒə'riːn] *n* Mandarine *f*

tangible ['tændʒəbl] *adj* greifbar

tangle ['tæŋgl] *n* Durcheinander *nt*; *(trouble)* Schwierigkeiten *pl*; **to get in(to) a ~**
sich verheddern

tank [tæŋk] *n (container)* Tank *m*, Behälter
m; *(MIL)* Panzer *m*

tanker ['tæŋkə*] *n (ship)* Tanker *m*; *(vehicle)* Tankwagen *m*

tanned [tænd] *adj (skin)* gebräunt

tantalizing ['tæntəlaɪzɪŋ] *adj* verlockend;
(annoying) quälend

tantamount ['tæntəmaʊnt] *adj:* ~ **to**
gleichbedeutend mit

tantrum ['tæntrəm] *n* Wutanfall *m*

tap [tæp] *n* Hahn *m*; *(gentle blow)* Klopfen
nt ♦ *vt (strike)* klopfen; *(supply)* anzapfen;
(telephone) abhören; **on ~** *(fig: resources)*
zur Hand; ~**-dancing** ['tæpdɑːnsɪŋ] *n* Step-
pen *nt*

tape [teɪp] *n* Band *nt*; *(magnetic)* (Ton)band
nt; *(adhesive)* Klebstreifen *m* ♦ *vt (record)*
aufnehmen; ~ **measure** *n* Maßband *nt*

taper ['teɪpə*] *n* (dünne) Wachskerze *f* ♦ *vi*
spitz zulaufen

tape recorder *n* Tonbandgerät *nt*

tapestry ['tæpɪstrɪ] *n* Wandteppich *m*

tar [tɑː*] *n* Teer *m*

target ['tɑːgɪt] *n* Ziel *nt*; *(board)* Zielscheibe *f*

tariff ['tærɪf] *n (duty paid)* Zoll *m*; *(list)* Tarif *m*

tarmac ['tɑːmæk] *n (AVIAT)* Rollfeld *nt*

tarnish ['tɑːnɪʃ] *vt* matt machen; *(fig)* beflecken

tarpaulin [tɑː'pɔːlɪn] *n* Plane *f*

tarragon ['tærəgən] *n* Estragon *m*

tart [tɑːt] *n* (Obst)torte *f*, *(inf)* Nutte *f* ♦ *adj*
scharf; ~ **up** *(inf) vt* aufmachen *(inf)*; *(person)* auftakeln *(inf)*

tartan ['tɑːtən] *n* Schottenkaro *nt* ♦ *adj* mit
Schottenkaro

tartar ['tɑːtə*] *n* Zahnstein *m*; ~**(e) sauce**
n Remouladensoße *f*

task [tɑːsk] *n* Aufgabe *f*; **to take sb to ~**
sich *dat* jdn vornehmen; ~ **force** *n* Son-
dertrupp *m*

tassel ['tæsəl] *n* Quaste *f*

taste [teɪst] *n* Geschmack *m*; *(sense)*
Geschmackssinn *m*; *(small quantity)* Kostprobe *f*; *(liking)* Vorliebe *f* ♦ *vt* schmecken;
(try) probieren ♦ *vi* schmecken; **can I have
a ~ of this wine?** kann ich diesen Wein
probieren?; **to have a ~ for sth** etw
mögen; **in good/bad ~** geschmackvoll/
geschmacklos; **you can ~ the garlic (in it)**
man kann den Knoblauch heraus-
schmecken; **to ~ of sth** nach einer Sache
schmecken; ~**ful** *adj* geschmackvoll; ~**less**
adj (insipid) fade; *(in bad ~)* geschmacklos

tasty ['teɪstɪ] *adj* schmackhaft

tattered ['tætəd] *adj =* **in tatters**

tatters ['tætəz] *npl:* **in ~** in Fetzen

tattoo [tə'tuː] *n (MIL)* Zapfenstreich *m*; *(on
skin)* Tätowierung *f* ♦ *vt* tätowieren

tatty ['tætɪ] *(BRIT: inf) adj* schäbig

taught [tɔːt] *pt, pp of* **teach**

taunt [tɔːnt] *n* höhnische Bemerkung *f* ♦ *vt*
verhöhnen

Taurus ['tɔːrəs] *n* Stier *m*
taut [tɔːt] *adj* straff
tawdry ['tɔːdrɪ] *adj* (bunt und) billig
tawny ['tɔːnɪ] *adj* gelbbraun
tax [tæks] *n* Steuer *f* ♦ *vt* besteuern; (*strain*) strapazieren; (*strength*) angreifen; **~able** *adj* (*income*) steuerpflichtig; **~ation** [tæk'seɪʃən] *n* Besteuerung *f*; **~ avoidance** *n* Steuerumgehung *f*; **~ disc** (*BRIT*) *n* (*AUT*) Kraftfahrzeugsteuerplakette *f*; **~ evasion** *n* Steuerhinterziehung *f*; **~-free** *adj* steuerfrei
taxi ['tæksɪ] *n* Taxi *nt* ♦ *vi* (*plane*) rollen; **~ driver** *n* Taxifahrer *m*; **~ rank** (*BRIT*) *n* Taxistand *m*; **~ stand** *n* Taxistand *m*
tax: **~payer** ['tækspeɪə*] *n* Steuerzahler *m*; **~ relief** *n* Steuerermäßigung *f*; **~ return** *n* Steuererklärung *f*
TB *n abbr* (= *tuberculosis*) Tb *f*, Tbc *f*
tea [tiː] *n* Tee *m*; (*meal*) (frühes) Abendessen *nt*; **high ~** (*BRIT*) Abendessen *nt*; **~ bag** *n* Teebeutel *m*; **~ break** (*BRIT*) *n* Teepause *f*
teach [tiːtʃ] (*pt, pp* **taught**) *vt* lehren; (*SCH*) lehren, unterrichten; (*show*): **to ~ sb sth** jdm etw beibringen ♦ *vi* lehren, unterrichten; **~er** *n* Lehrer(in) *m(f)*; **~ing** *n* (*~er's work*) Unterricht *m*; (*doctrine*) Lehre *f*
tea: **~ cosy** *n* Teewärmer *m*; **~cup** *n* Teetasse *f*; **~ leaves** *npl* Teeblätter *pl*
team [tiːm] *n* (*workers*) Team *nt*; (*SPORT*) Mannschaft *f*; (*animals*) Gespann *nt*
teamwork *n* Gemeinschaftsarbeit *f*, Teamarbeit *f*
teapot ['tiːpɔt] *n* Teekanne *f*
tear[1] [tɛə*] (*pt* **tore**, *pp* **torn**) *n* Riß *m* ♦ *vt* zerreißen; (*muscle*) zerren ♦ *vi* (zer)reißen; (*rush*) rasen; **~ along** *vi* (*rush*) entlangrasen; **~ up** *vt* (*sheet of paper etc*) zerreißen
tear[2] [tɪə*] *n* Träne *f*
tearful ['tɪəful] *adj* weinend; (*voice*) weinerlich
tear gas ['tɪəgæs] *n* Tränengas *nt*
tearoom ['tiːrum] *n* Teestube *f*
tease [tiːz] *n* Hänsler *m* ♦ *vt* necken
tea set *n* Teeservice *nt*
teaspoon ['tiːspuːn] *n* Teelöffel *m*
teat [tiːt] *n* (*of woman*) Brustwarze *f*; (*of animal*) Zitze *f*; (*of bottle*) Sauger *m*
tea time *n* (*in the afternoon*) Teestunde *f*; (*mealtime*) Abendessen *nt*
tea towel *n* Geschirrtuch *nt*
technical ['teknɪkəl] *adj* technisch; (*knowledge, terms*) Fach-; **~ity** [teknɪ'kælɪtɪ] *n* technische Einzelheit *f*; (*JUR*) Formsache *f*; **~ly** *adv* technisch; (*speak*) spezialisiert; (*fig*) genau genommen
technician [tek'nɪʃən] *n* Techniker *m*
technique [tek'niːk] *n* Technik *f*
technological [teknə'lɔdʒɪkəl] *adj* technologisch
technology [tek'nɔlədʒɪ] *n* Technologie *f*

teddy (bear) ['tedɪ(bɛə*)] *n* Teddybär *m*
tedious ['tiːdɪəs] *adj* langweilig, ermüdend
tee [tiː] *n* (*GOLF*) Abschlagstelle *f*, (*object*) Tee *nt*
teem [tiːm] *vi* (*swarm*): **to ~ (with)** wimmeln (von); **it is ~ing (with rain)** es gießt in Strömen
teenage ['tiːneɪdʒ] *adj* (*fashions etc*) Teenager-, jugendlich; **~r** *n* Teenager *m*, Jugendliche(r) *mf*
teens [tiːnz] *npl* Teenageralter *nt*
tee-shirt ['tiːʃɜːt] *n* T-Shirt *nt*
teeter ['tiːtə*] *vi* schwanken
teeth [tiːθ] *npl of* **tooth**
teethe [tiːð] *vi* zahnen
teething ring ['tiːðɪŋ-] *n* Beißring *m*
teething troubles ['tiːðɪŋ-] *npl* (*fig*) Kinderkrankheiten *pl*
teetotal ['tiː'təutl] *adj* abstinent
telecommunications ['telɪkəmjuːnɪ'keɪʃənz] *npl* Fernmeldewesen *nt*
telegram ['telɪgræm] *n* Telegramm *nt*
telegraph ['telɪgrɑːf] *n* Telegraph *m*
telephone ['telɪfəun] *n* Telefon *nt*, Fernsprecher *m* ♦ *vt* anrufen; (*message*) telefonisch mitteilen; **to be on the ~** (*talking*) telefonieren; (*possessing phone*) Telefon haben; **~ booth** *n* Telefonzelle *f*; **~ box** (*BRIT*) *n* Telefonzelle *f*; **~ call** *n* Telefongespräch *nt*, Anruf *m*; **~ directory** *n* Telefonbuch *nt*; **~ number** *n* Telefonnummer *f*
telephonist [tə'lefənɪst] (*BRIT*) *n* Telefonist(in) *m(f)*
telephoto lens ['telɪfəutəu'lenz] *n* Teleobjektiv *nt*
telescope ['telɪskəup] *n* Teleskop *nt*, Fernrohr *nt* ♦ *vt* ineinanderschieben
televise ['telɪvaɪz] *vt* durch das Fernsehen übertragen
television ['telɪvɪʒən] *n* Fernsehen *nt*; **on ~** im Fernsehen; **~ (set)** *n* Fernsehapparat *m*, Fernseher *m*
telex ['teleks] *n* Telex *nt* ♦ *vt* per Telex schicken
tell [tel] (*pt, pp* **told**) *vt* (*story*) erzählen; (*secret*) ausplaudern; (*say, make known*) sagen; (*distinguish*) erkennen; (*be sure*) wissen ♦ *vi* (*talk*) sprechen; (*be sure*) wissen; (*divulge*) es verraten; (*have effect*) sich auswirken; **to ~ sb to do sth** jdm sagen, daß er etw tun soll; **to ~ sb sth** *or* **sth to sb** jdm etw sagen; **to ~ sb by sth** jdn an etw *dat* erkennen; **to ~ sth from** etw unterscheiden von; **to ~ of** von etw sprechen; **~ off** *vt*: **to ~ sb off** jdn ausschimpfen; **~er** *n* Kassenbeamte(r) *mf*; **~ing** *adj* verräterisch; (*blow*) hart; **~tale** *adj* verräterisch
telly ['telɪ] (*BRIT: inf*) *n abbr* (= *television*) TV *nt*
temerity [tɪ'merɪtɪ] *n* (Toll)kühnheit *f*
temp [temp] *n abbr* (= *temporary*) Aushilfs-

sekretärin f ♦ vi als Aushilfskraft arbeiten
temper ['tempə*] n (disposition) Temperament nt; (anger) Zorn m ♦ vt (tone down) mildern; (metal) härten; **to be in a (bad) ~** wütend sein; **to lose one's ~** die Beherrschung verlieren
temperament ['temprəmənt] n Temperament nt; **~al** [temprə'mentl] adj (moody) launisch
temperance ['tempərəns] n Mäßigung f; (abstinence) Enthaltsamkeit f
temperate ['tempərət] adj gemäßigt
temperature ['temprɪtʃə*] n Temperatur f; (MED: high ~) Fieber nt; **to have** or **run a ~** Fieber haben
template ['templət] n Schablone f
temple ['templ] n Tempel m; (ANAT) Schläfe f
temporal ['tempərəl] adj (of time) zeitlich; (worldly) irdisch, weltlich
temporarily ['tempərərɪlɪ] adv zeitweilig, vorübergehend
temporary ['tempərərɪ] adj vorläufig; (road, building) provisorisch
tempt [tempt] vt (persuade) verleiten; (attract) reizen, (ver)locken; **to ~ sb into doing sth** jdn dazu verleiten, etw zu tun; **~ation** [temp'teɪʃən] n Versuchung f; **~ing** adj (person) verführerisch; (object, situation) verlockend
ten [ten] num zehn
tenable ['tenəbl] adj haltbar
tenacious [tə'neɪʃəs] adj zäh, hartnäckig
tenacity [tə'næsɪtɪ] n Zähigkeit f, Hartnäckigkeit f
tenancy ['tenənsɪ] n Mietverhältnis nt
tenant ['tenənt] n Mieter m; (of larger property) Pächter m
tend [tend] vt (look after) sich kümmern um ♦ vi: **to ~ to do sth** etw gewöhnlich tun
tendency ['tendənsɪ] n Tendenz f; (of person) Tendenz f, Neigung f
tender ['tendə*] adj zart; (loving) zärtlich ♦ n (COMM: offer) Kostenanschlag m ♦ vt (an)bieten; (resignation) einreichen; **~ness** n Zartheit f; (being loving) Zärtlichkeit f
tendon ['tendən] n Sehne f
tenement ['tenəmənt] n Mietshaus nt
tenet ['tenət] n Lehre f
tennis ['tenɪs] n Tennis nt; **~ ball** n Tennisball m; **~ court** n Tennisplatz m; **~ player** n Tennisspieler(in) m(f); **~ racket** n Tennisschläger m; **~ shoes** npl Tennisschuhe pl
tenor ['tenə*] n Tenor m
tenpin bowling ['tempɪn-] n Bowling nt
tense [tens] adj angespannt ♦ n Zeitform f
tension ['tenʃən] n Spannung f
tent [tent] n Zelt nt
tentacle ['tentəkl] n Fühler m; (of sea animals) Fangarm m
tentative ['tentətɪv] adj (movement) unsi-

cher; (offer) Probe-; (arrangement) vorläufig; (suggestion) unverbindlich; **~ly** adv versuchsweise; (try, move) vorsichtig
tenterhooks ['tentəhʊks] npl: **to be on ~** auf die Folter gespannt sein
tenth [tenθ] adj zehnte(r, s)
tent peg n Hering m
tent pole n Zeltstange f
tenuous ['tenjʊəs] adj schwach
tenure ['tenjʊə*] n (of land) Besitz m; (of office) Amtszeit f
tepid ['tepɪd] adj lauwarm
term [tɜːm] n (period of time) Zeit(raum m) f; (limit) Frist f; (SCH) Quartal nt; (UNIV) Trimester nt; (expression) Ausdruck m ♦ vt (be)nennen; **~s** npl (conditions) Bedingungen pl; **in the short/long ~** auf kurze/lange Sicht; **to be on good ~s with sb** gut mit jdm auskommen; **to come to ~s with** (person) sich einigen mit; (problem) sich abfinden mit
terminal ['tɜːmɪnl] n (BRIT: also: coach ~) Endstation f; (AVIAT) Terminal m; (COMPUT) Terminal nt or m ♦ adj Schluß-; (MED) unheilbar
terminate ['tɜːmɪneɪt] vt beenden ♦ vi enden, aufhören
terminus ['tɜːmɪnəs] (pl termini) n Endstation f
terrace ['terəs] n (BRIT: row of houses) Häuserreihe f; (in garden etc) Terrasse f; **the ~s** npl (BRIT: SPORT) die Ränge; **~d** adj (garden) terrassenförmig angelegt; (house) Reihen-
terrain [te'reɪn] n Terrain nt, Gelände nt
terrible ['terəbl] adj schrecklich, entsetzlich, fürchterlich
terribly ['terəblɪ] adv fürchterlich
terrific [tə'rɪfɪk] adj unwahrscheinlich; **~!** klasse!
terrify ['terɪfaɪ] vt erschrecken
territorial [terɪ'tɔːrɪəl] adj Gebiets-, territorial
territory ['terɪtərɪ] n Gebiet nt
terror ['terə*] n Schrecken m; (POL) Terror m; **~ist** n Terrorist(in) m(f); **~ize** vt terrorisieren
terse [tɜːs] adj knapp, kurz, bündig
test [test] n Probe f; (examination) Prüfung f, (PSYCH, TECH) Test m ♦ vt prüfen; (PSYCH) testen
testicle ['testɪkl] n (ANAT) Hoden m
testify ['testɪfaɪ] vi aussagen; **to ~ to sth** etw bezeugen
testimony ['testɪmənɪ] n (JUR) Zeugenaussage f; (fig) Zeugnis nt
test match n (SPORT) Länderkampf m
test tube n Reagenzglas nt
testy ['testɪ] adj gereizt; reizbar
tetanus ['tetənəs] n Wundstarrkrampf m, Tetanus m
tetchy ['tetʃɪ] adj empfindlich

tether ['teðə*] vt anbinden ♦ n: **at the end of one's ~** völlig am Ende

text [tekst] n Text m; (of document) Wortlaut m; **~book** n Lehrbuch nt

textiles ['tekstaɪlz] npl Textilien pl

texture ['tekstʃə*] n Beschaffenheit f

Thai [taɪ] adj thailändisch ♦ n Thailänder(in) m(f); (LING) Thailändisch nt; **~land** n Thailand nt

Thames [temz] n: **the ~** die Themse

than [ðæn, ðən] prep (in comparisons) als

thank [θæŋk] vt danken ♦ vt: **you've him to ~ for your success** Sie haben Ihren Erfolg ihm zu verdanken; **~ you (very much)** danke (vielmals), danke schön; **~ful** adj dankbar; **~less** adj undankbar; **~s** npl Dank m ♦ excl danke!; **~s to** dank +gen; **T~sgiving (Day)** (US) n Thanksgiving Day m

─────── KEYWORD ───────

that [ðæt] adj (demonstrative: pl those) der/die/das; jene(r, s); **that one** das da
♦ pron 1 (demonstrative: pl those) das; **who's/what's that?** wer ist da/was ist das?; **is that you?** bist du das?; **that's what he said** genau das hat er gesagt; **what happened after that?** was passierte danach?; **that is** das heißt
2 (relative: subj) der/die/das, die; (: direct obj) den/die/das, die; (: indirect obj) dem/der/dem, denen; **all (that) I have** alles, was ich habe
3 (relative: of time): **the day (that)** an dem Tag, als; **the winter (that) he came** in dem Winter, in dem er kam
♦ conj daß; **he thought that I was ill** er dachte, ich sei krank; er dachte, ich sei krank
♦ adv (demonstrative) so; **I can't work that much** ich kann nicht soviel arbeiten

thatched [θætʃt] adj strohgedeckt; (cottage) mit Strohdach

thaw [θɔː] n Tauwetter nt ♦ vi tauen; (frozen foods, fig: people) auftauen ♦ vt (auf)tauen lassen

─────── KEYWORD ───────

the [ðiː, ðə] def art 1 der/die/das; **to play the piano/violin** Klavier/Geige spielen; **I'm going to the butcher's/the cinema** ich gehe zum Fleischer/ins Kino; **Elizabeth the First** Elisabeth die Erste
2 (+adj to form noun) das, die; **the rich and the poor** die Reichen und die Armen
3 (in comparisons): **the more she works the more he earns** je mehr er arbeitet, desto mehr verdient er

theatre ['θɪətə*] (US theater) n Theater nt; (for lectures etc) Saal m; (MED) Operations-

saal m; **~goer** n Theaterbesucher(in) m(f)

theatrical [θɪˈætrɪkəl] adj Theater-; (career) Schauspieler-; (showy) theatralisch

theft [θeft] n Diebstahl m

their [ðeə*] adj ihr; see also my; **~s** pron ihre(r, s); see also mine[2]

them [ðem, ðəm] pron (acc) sie; (dat) ihnen; see also me

theme [θiːm] n Thema nt; (MUS) Motiv nt; **~ park** n (thematisch gestalteter) Freizeitpark m; **~ song** n Titelmusik f

themselves [ðəm'selvz] pl pron (reflexive) sich (selbst); (emphatic) selbst; see also oneself

then [ðen] adv (at that time) damals; (next) dann ♦ conj also, folglich; (furthermore) ferner ♦ adj damalig; **from ~ on** von da an; **by ~** bis dahin; **the ~ president** der damalige Präsident

theology [θɪ'ɒlədʒɪ] n Theologie f

theoretical [θɪə'retɪkəl] adj theoretisch; **~ly** adv theoretisch

theory ['θɪərɪ] n Theorie f

therapist ['θerəpɪst] adj Therapeut(in) m(f)

therapy ['θerəpɪ] n Therapie f

─────── KEYWORD ───────

there [ðeə*] adv 1: **there is, there are** es or da ist/sind; (there exists/exist also) es gibt; **there are 3 of them** (people, things) es gibt 3 davon; **there has been an accident** da war ein Unfall
2 (referring to place) da, dort; (with vb of movement) dahin, dorthin; **put it in/on there** leg es dahinein/dorthinauf
3: **there, there** (esp to child) na, na

thereabouts [ðeərə'bauts] adv (place) dort in der Nähe, dort irgendwo; (amount): **20 or ~** ungefähr 20

thereafter [ðeər'ɑːftə*] adv danach

thereby [ðeə'baɪ] adv dadurch, damit

therefore ['ðeəfɔː*] adv deshalb, daher

there's ['ðeəz] = there is; there has

thermometer [θə'mɒmɪtə*] n Thermometer nt

Thermos ['θɜːməs] ® n Thermosflasche f

thesaurus [θɪ'sɔːrəs] n Synonymwörterbuch nt

these [ðiːz] pron, adj (pl) diese

theses ['θiːsiːz] npl of thesis

thesis ['θiːsɪs] (pl theses) n (for discussion) These f; (UNIV) Dissertation f, Doktorarbeit f

they [ðeɪ] pl pron sie; (people in general) man; **~ say that ...** (it is said that) es wird gesagt, daß ...; **they'd** = they had; they would; **they'll** = they shall; they will; **they're** = they are; **they've** = they have

thick [θɪk] adj dick; (forest) dicht; (liquid) dickflüssig; (slow, stupid) dumm, schwer von Begriff ♦ n: **in the ~ of** mitten in

+*dat*; **it's 20 cm ~** es ist 20 cm dick *or* stark; **~en** *vi (fog)* dichter werden ♦ *vt (sauce etc)* verdicken; **~ness** *n* Dicke *f*; Dichte *f*; Dickflüssigkeit *f*; **~set** *adj* untersetzt; **~skinned** *adj* dickhäutig

thief [θi:f] (*pl* **thieves**) *n* Dieb(in) *m(f)*

thieving ['θi:vɪŋ] *n* Stehlen *nt* ♦ *adj* diebisch

thigh [θaɪ] *n* Oberschenkel *m*

thimble ['θɪmbl] *n* Fingerhut *m*

thin [θɪn] *adj* dünn; *(person)* dünn, mager; *(excuse)* schwach ♦ *vt*: **to ~ (down)** *(sauce, paint)* verdünnen

thing [θɪŋ] *n* Ding *nt*; *(affair)* Sache *f*; **my ~s** meine Sachen *pl*; **the best ~ would be to ...** das beste wäre, ...; **how are ~s?** wie geht's?

think [θɪŋk] (*pt, pp* **thought**) *vt, vi* denken; **what did you ~ of them?** was halten Sie von ihnen?; **to ~ about sth/sb** nachdenken über etw/jdn; **I'll ~ about it** ich überlege es mir; **to ~ of doing sth** vorhaben *or* beabsichtigen, etw zu tun; **I ~ so/ not** ich glaube (schon)/glaube nicht; **to ~ well of sb** viel von jdm halten; **~ over** *vt* überdenken; **~ up** *vt* sich *dat* ausdenken; **~ tank** *n* Expertengruppe *f*

thinly ['θɪnlɪ] *adv* dünn; *(disguised)* kaum

third [θɜ:d] *adj* dritte(r, s) ♦ *n (person)* Dritte(r) *mf*; *(part)* Drittel *nt*; **~ly** *adv* drittens; **~ party insurance** *(BRIT)* *n* Haftpflichtversicherung *f*; **~-rate** *adj* minderwertig; **the T~ World** *n* die Dritte Welt *f*

thirst [θɜ:st] *n (also fig)* Durst *m*; **~y** *adj (person)* durstig; *(work)* durstig machend; **to be ~y** Durst haben

thirteen ['θɜ:'ti:n] *num* dreizehn

thirty ['θɜ:tɪ] *num* dreißig

─────────── **KEYWORD** ───────────

this [ðɪs] *adj (demonstrative: pl* **these**) diese(r, s); **this evening** heute abend; **this one** diese(r, s) (da)

♦ *pron (demonstrative: pl* **these**) dies, das; **who/what is this?** wer/was ist das?; **this is where I live** hier wohne ich; **this is what he said** das hat er gesagt; **this is Mr Brown** *(in introductions/photo)* das ist Mr Brown; *(on telephone)* hier ist Mr Brown

♦ *adv (demonstrative)*: **this high/long** *etc* so groß/lang *etc*

thistle ['θɪsl] *n* Distel *f*

thorn [θɔ:n] *n* Dorn *m*; **~y** *adj* dornig; *(problem)* schwierig

thorough ['θʌrə] *adj* gründlich; **~bred** *n* Vollblut *nt* ♦ *adj* reinrassig, Vollblut-; **~fare** *n* Straße *f*; **"no ~fare"** „Durchfahrt verboten"; **~ly** *adv* gründlich; *(extremely)* äußerst

those [ðəʊz] *pl pron* die (da), jene ♦ *adj* die, jene

though [ðəʊ] *conj* obwohl ♦ *adv* trotzdem

thought [θɔ:t] *pt, pp of* **think** ♦ *n (idea)* Gedanke *m*; *(thinking)* Denken *nt*, Denkvermögen *nt*; **~ful** *adj (thinking)* gedankenvoll, nachdenklich; *(kind)* rücksichtsvoll, aufmerksam; **~less** *adj* gedankenlos, unbesonnen; *(unkind)* rücksichtslos

thousand ['θaʊzənd] *num* tausend; **two ~** zweitausend; **~s of** Tausende (von); **~th** *adj* tausendste(r, s)

thrash [θræʃ] *vt* verdreschen; *(fig)* (vernichtend) schlagen; **~ about** *vi* um sich schlagen; **~ out** *vt* ausdiskutieren

thread [θred] *n* Faden *m*, Garn *nt*; *(on screw)* Gewinde *nt*; *(in story)* Faden *m* ♦ *vt (needle)* einfädeln; **~bare** *adj (also fig)* fadenscheinig

threat [θret] *n* Drohung *f*; *(danger)* Gefahr *f*; **~en** *vt* bedrohen ♦ *vi* drohen; **to ~en sb with sth** jdm etw androhen

three [θri:] *num* drei; **~-dimensional** *adj* dreidimensional; **~-piece suit** *n* dreiteilige(r) Anzug *m*; **~-piece suite** *n* dreiteilige Polstergarnitur *f*; **~-wheeler** *n* Dreiradwagen *m*

thresh [θreʃ] *vt, vi* dreschen

threshold ['θreʃhəʊld] *n* Schwelle *f*

threw [θru:] *pt of* **throw**

thrift [θrɪft] *n* Sparsamkeit *f*; **~y** *adj* sparsam

thrill [θrɪl] *n* Reiz *m*, Erregung *f* ♦ *vt* begeistern, packen; **to be ~ed with** *(gift etc)* sich unheimlich freuen über +*acc*; **~er** *n* Krimi *m*; **~ing** *adj* spannend; *(news)* aufregend

thrive [θraɪv] (*pt* **~d**, **throve**, *pp* **~d**, **thriven**) *vi*: **to ~ (on)** gedeihen (bei); **thriven** ['θrɪvn] *pp of* **thrive**

thriving ['θraɪvɪŋ] *adj* blühend

throat [θrəʊt] *n* Hals *m*, Kehle *f*; **to have a sore ~** Halsschmerzen haben

throb [θrɒb] *n* Pochen *nt* ♦ *vi* klopfen, pochen

throes [θrəʊz] *npl*: **in the ~ of** mitten in +*dat*

throng [θrɒŋ] *n (Menschen)schar *f* ♦ *vt* sich drängen in +*dat*

throttle ['θrɒtl] *n* Gashebel *m* ♦ *vt* erdrosseln

through [θru:] *prep* durch; *(time)* während +*gen*; *(because of)* aus, durch ♦ *adv* durch ♦ *adj (ticket, train)* durchgehend; *(finished)* fertig; **to put sb ~ (to)** jdn verbinden (mit); **to be ~** *(TEL)* eine Verbindung haben; *(have finished)* fertig sein; **no ~ way** *(BRIT)* Sackgasse *f*; **~out** [θru:'aʊt] *prep (place)* überall in +*dat*; *(time)* während +*gen* ♦ *adv* überall; **die ganze Zeit**

throve [θrəʊv] *pt of* **thrive**

throw [θrəʊ] (*pt* **threw**, *pp* **thrown**) *n* Wurf *m* ♦ *vt* werfen; **to ~ a party** eine Party geben; **~ away** *vt* wegwerfen; *(waste)* verschenken; (*money*) verschwenden; ~ **off** *vt* abwerfen; (*pursuer*) abschütteln; ~ **out** *vt* hinauswerfen; (*rubbish*) wegwerfen; (*plan*) verwerfen; ~ **up** *vt, vi* (*vomit*) speien; ~**away** *adj* Wegwerf-; ~**-in** *n* Einwurf *m*; **thrown** [θrəʊn] *pp of* **throw**

thru [θruː] (*US*) = **through**

thrush [θrʌʃ] *n* Drossel *f*

thrust [θrʌst] (*pt, pp* **thrust**) *n* (*TECH*) Schubkraft *f* ♦ *vt, vi* (*push*) stoßen

thud [θʌd] *n* dumpfe(r) (Auf)schlag *m*

thug [θʌg] *n* Schlägertyp *m*

thumb [θʌm] *n* Daumen *m* ♦ *vt* (*book*) durchblättern; **to ~ a lift** per Anhalter fahren (wollen); ~**tack** (*US*) *n* Reißzwecke *f*

thump [θʌmp] *n* (*blow*) Schlag *m*; (*noise*) Bums *m* ♦ *vi* hämmern, pochen ♦ *vt* schlagen auf +*acc*

thunder ['θʌndə*] *n* Donner *m* ♦ *vi* donnern; (*train etc*) **to ~ past** vorbeidonnern ♦ *vi* brüllen; ~ **bolt** *n* Blitz *m*; ~**clap** *n* Donnerschlag *m*; ~**storm** *n* Gewitter *nt*, Unwetter *nt*; ~**y** *adj* gewitterschwül

Thursday ['θɜːzdeɪ] *n* Donnerstag *m*

thus [ðʌs] *adv* (*in this way*) so; (*therefore*) somit, also, folglich

thwart [θwɔːt] *vt* vereiteln, durchkreuzen; (*person*) hindern

thyme [taɪm] *n* Thymian *m*

thyroid ['θaɪrɔɪd] *n* Schilddrüse *f*

tiara [tɪ'ɑːrə] *n* Diadem *nt*; (*of pope*) Tiara *nt*

tic [tɪk] *n* Tick *m*

tick [tɪk] *n* (*sound*) Ticken *nt*; (*mark*) Häkchen *nt* ♦ *vi* ticken ♦ *vt* abhaken; **in a ~** (*BRIT: inf*) sofort; ~ **off** *vt* abhaken; (*person*) ausschimpfen; ~ **over** *vi* (*engine*) im Leerlauf laufen; (*fig*) auf Sparflamme laufen

ticket ['tɪkɪt] *n* (*for travel*) Fahrkarte *f*; (*for entrance*) (Eintritts)karte *f*; (*price ~*) Preisschild *nt*; (*luggage ~*) (Gepäck)schein *m*; (*raffle ~*) Los *nt*; (*parking ~*) Strafzettel *m*; (*in car park*) Parkschein *m*; ~ **collector** *n* Fahrkartenkontrolleur *m*; ~ **office** *n* (*RAIL etc*) Fahrkartenschalter *m*; (*THEAT etc*) Kasse *f*

tickle ['tɪkl] *n* Kitzeln *nt* ♦ *vt* kitzeln; (*amuse*) amüsieren

ticklish ['tɪklɪʃ] *adj* (*also fig*) kitzlig

tidal ['taɪdl] *adj* Flut-, Tide-; ~ **wave** *n* Flutwelle *f*

tidbit ['tɪdbɪt] (*US*) *n* Leckerbissen *m*

tiddlywinks ['tɪdlɪwɪŋks] *n* Floh(hüpf)spiel *nt*

tide [taɪd] *n* Gezeiten *pl*; **high/low ~** Flut *f*/Ebbe *f*

tidy ['taɪdɪ] *adj* ordentlich ♦ *vt* aufräumen, in Ordnung bringen

tie [taɪ] *n* (*BRIT: neck*) Krawatte *f*, Schlips *m*; (*sth connecting*) Band *nt*; (*SPORT*) Unentschieden *nt* ♦ *vt* (*fasten, restrict*) binden ♦ *vi*

(*SPORT*) unentschieden spielen; (*in competition*) punktgleich sein; **to ~ in a bow** zur Schleife binden; **to ~ a knot in sth** einen Knoten in etw *acc* machen; ~ **down** *vt* festbinden; **to ~ sb down to** jdn binden an +*acc*; ~ **up** *vt* (*dog*) anbinden; (*parcel*) verschnüren; (*boat*) festmachen; (*person*) fesseln; **to be ~d up** (*busy*) beschäftigt sein

tier [tɪə*] *n* Rang *m*; (*of cake*) Etage *f*

tiff [tɪf] *n* Krach *m*

tiger ['taɪgə*] *n* Tiger *m*

tight [taɪt] *adj* (*close*) eng, knapp; (*schedule*) gedrängt; (*firm*) fest; (*control*) streng; (*stretched*) stramm, (an)gespannt; (*inf: drunk*) blau, stramm ♦ *adv* (*squeeze*) fest; ~**en** *vt* anziehen, anspannen; (*restrictions*) verschärfen ♦ *vi* sich spannen; ~**-fisted** *adj* knauserig; ~**ly** *adv* eng, fest; (*stretched*) straff; ~**rope** *n* Seil *nt*; ~**s** *npl* (*esp BRIT*) Strumpfhose *f*

tile [taɪl] *n* (*on roof*) Dachziegel *m*; (*on wall or floor*) Fliese *f*; ~**d** *adj* (*roof*) gedeckt, Ziegel-; (*floor, wall*) mit Fliesen belegt

till [tɪl] *n* Kasse *f* ♦ *vt* bestellen ♦ *prep, conj* = **until**

tiller ['tɪlə*] *n* Ruderpinne *f*

tilt [tɪlt] *vt* kippen, neigen ♦ *vi* sich neigen

timber ['tɪmbə*] *n* Holz *nt*; (*trees*) Baumbestand *m*

time [taɪm] *n* Zeit *f*; (*occasion*) Mal *nt*; (*rhythm*) Takt *m* ♦ *vt* zur rechten Zeit tun, zeitlich einrichten; (*SPORT*) stoppen; **in 2 weeks' ~** in 2 Wochen; **a long ~** lange; **for the ~ being** vorläufig; **4 at a ~** zu jeweils 4; **from ~ to ~** gelegentlich; **to have a good ~** sich amüsieren; **in ~** (*soon enough*) rechtzeitig; (*after some ~*) mit der Zeit; (*MUS*) im Takt; **in no ~** im Handumdrehen; **any ~** jederzeit; **on ~** pünktlich, rechtzeitig; **five ~s 5** fünfmal 5; **what ~ is it?** wieviel Uhr ist es?, wie spät ist es?; **at ~s** manchmal; ~ **bomb** *n* Zeitbombe *f*; ~**less** *adj* (*beauty*) zeitlos; ~ **limit** *n* Frist *f*; ~**ly** *adj* rechtzeitig; günstig; ~ **off** *n* freie Zeit *f*; ~**r** *n* (*~r switch: in kitchen*) Schaltuhr *f*; ~ **scale** *n* Zeitspanne *f*; ~**-share** *adj* Time-sharing-; ~ **switch** (*BRIT*) *n* Zeitschalter *m*; ~**table** *n* Fahrplan *m*; (*SCH*) Stundenplan *m*; ~ **zone** *n* Zeitzone *f*

timid ['tɪmɪd] *adj* ängstlich, schüchtern

timing ['taɪmɪŋ] *n* Wahl *f* des richtigen Zeitpunkts, Timing *nt*; (*AUT*) Einstellung *f*

timpani ['tɪmpənɪ] *npl* Kesselpauken *pl*

tin [tɪn] *n* (*metal*) Blech *nt*; (*BRIT: can*) Büchse *f*, Dose *f*; ~**foil** *n* Staniolpapier *nt*

tinge [tɪndʒ] *n* (*colour*) Färbung *f*, (*fig*) Anflug *m* ♦ *vt* färben; ~**d with** mit einer Spur von

tingle ['tɪŋgl] *n* Prickeln *nt* ♦ *vi* prickeln

tinker ['tɪŋkə*] *n* Kesselflicker *m*; ~ **with** *vt fus* herumpfuschen an +*dat*

tinkle ['tɪŋkl] vi klingeln

tinned [tɪnd] (BRIT) adj (food) Dosen-, Büchsen-

tin opener ['-əʊpnə*] (BRIT) n Dosen- or Büchsenöffner m

tinsel ['tɪnsəl] n Rauschgold nt

tint [tɪnt] n Farbton m; (slight colour) Anflug m; (hair) Tönung f; ~ed adj getönt

tiny ['taɪnɪ] adj winzig

tip [tɪp] n (pointed end) Spitze f, (money) Trinkgeld nt; (hint) Wink m, Tip m ♦ vt (slant) kippen; (hat) antippen; (~ over) umkippen; (waiter) ein Trinkgeld geben +dat; ~-off n Hinweis m, Tip m; ~ped (BRIT) adj (cigarette) Filter-

tipsy ['tɪpsɪ] adj beschwipst

tiptoe ['tɪptəʊ] n: on ~ auf Zehenspitzen

tiptop ['tɪp'tɒp] adj: in ~ condition tipptopp, erstklassig

tire ['taɪə*] n (US) = tyre ♦ vt, vi ermüden, müde machen/werden; ~d adj müde; to be ~d of sth etw satt haben; ~less adj unermüdlich; ~lessly adv unermüdlich; ~some adj lästig

tiring ['taɪərɪŋ] adj ermüdend

tissue ['tɪʃu:] n Gewebe nt; (paper handkerchief) Papiertaschentuch nt; ~ paper n Seidenpapier nt

tit [tɪt] n (bird) Meise f; ~ for tat wie du mir, so ich dir

titbit ['tɪtbɪt] (US tidbit) n Leckerbissen m

titillate ['tɪtɪleɪt] vt kitzeln

titivate ['tɪtɪveɪt] vt schniegeln

title ['taɪtl] n Titel m; ~ deed n Eigentumsurkunde f, ~ role n Hauptrolle f

titter ['tɪtə*] vi kichern

titular ['tɪtjʊlə*] adj (in name only) nominell

TM abbr (= trademark) Wz

--- KEYWORD ---

to [tu:, tə] prep **1** (direction) zu, nach; **I go to France/school** ich gehe nach Frankreich/zur Schule; **to the left** nach links

2 (as far as) bis

3 (with expressions of time) vor; **a quarter to 5** Viertel vor 5

4 (for, of) für; **secretary to the director** Sekretärin des Direktors

5 (expressing indirect object): **to give sth to sb** jdm etw geben; **to talk to sb** mit jdm sprechen; **I sold it to a friend** ich habe es einem Freund verkauft

6 (in relation to) zu; **30 miles to the gallon** 30 Meilen pro Gallone

7 (purpose, result) zu; **to my surprise** zu meiner Überraschung

♦ with vb **1** (infin): **to go/eat** gehen/essen; **to want to do sth** etw tun wollen; **to try/start to do sth** versuchen/anfangen, etw zu tun; **he has a lot to lose** er hat viel zu verlieren

2 (with vb omitted): **I don't want to** ich will (es) nicht

3 (purpose, result) um; **I did it to help you** ich tat es, um dir zu helfen

4 (after adj etc): **ready to use** gebrauchsfertig; **too old/young to ...** zu alt/jung, um ... zu ...

♦ adv: **push/pull the door to** die Tür zuschieben/zuziehen

toad [təʊd] n Kröte f; ~stool n Giftpilz m

toast [təʊst] n (bread) Toast m; (drinking) Trinkspruch m ♦ vt trinken auf +acc; (bread) toasten; (warm) wärmen; ~er n Toaster m

tobacco [tə'bækəʊ] n Tabak m; ~nist [tə'bækənɪst] n Tabakhändler m; ~nist's (shop) n Tabakladen m

toboggan [tə'bɒgən] n (Rodel)schlitten m

today [tə'deɪ] adv heute; (at the present time) heutzutage

toddler ['tɒdlə*] n Kleinkind nt

toddy ['tɒdɪ] n (Whisky)grog m

to-do [tə'du:] n Theater nt

toe [təʊ] n Zehe f; (of sock, shoe) Spitze f ♦ vt: **to ~ the line** (fig) sich einfügen; ~nail n Zehennagel m

toffee ['tɒfɪ] n Sahnebonbon nt; ~ apple (BRIT) n kandierte(r) Apfel m

together [tə'geðə*] adv zusammen; (at the same time) gleichzeitig; ~ with zusammen mit; gleichzeitig mit; ~ness n (company) Beisammensein nt

toil [tɔɪl] n harte Arbeit f, Plackerei f ♦ vi sich abmühen, sich plagen

toilet ['tɔɪlət] n Toilette f ♦ cpd Toiletten-; ~ bag n Waschbeutel m; ~ paper n Toilettenpapier nt; ~ries ['tɔɪlətrɪz] npl Toilettenartikel pl; ~ roll n Rolle f Toilettenpapier; ~ water n Toilettenwasser nt

token ['təʊkən] n Zeichen nt; (gift ~) Gutschein m; **book/record** ~ (BRIT) Bücher-/Plattengutschein m

Tokyo ['təʊkjəʊ] n Tokio nt

told [təʊld] pt, pp of tell

tolerable ['tɒlərəbl] adj (bearable) erträglich; (fairly good) leidlich

tolerant ['tɒlərnt] adj: **be ~ (of)** vertragen +acc

tolerate ['tɒləreɪt] vt dulden; (noise) ertragen

toll [təʊl] n Gebühr f ♦ vi (bell) läuten

tomato [tə'mɑ:təʊ] (pl ~es) n Tomate f

tomb [tu:m] n Grab(mal) nt

tomboy ['tɒmbɔɪ] n Wildfang m

tombstone ['tu:mstəʊn] n Grabstein m

tomcat ['tɒmkæt] n Kater m

tomorrow [tə'mɒrəʊ] n Morgen nt ♦ adv morgen; **the day after ~** übermorgen; ~ **morning** morgen früh; **a week ~** morgen in einer Woche

ton [tʌn] n Tonne f (BRIT = 1016kg; US =

907kg); (NAUT: also: register ~) Registerton-
ne f; ~s of (inf) eine Unmenge von
tone [təʊn] n Ton m; ~ **down** vt (criticism,
demands) mäßigen; (colours) abtonen; ~
up vt in Form bringen; ~**-deaf** adj ohne
musikalisches Gehör
tongs [tɒŋz] npl Zange f; (curling ~)
Lockenstab m
tongue [tʌŋ] n Zunge f; (language) Sprache
f; with ~ in cheek scherzhaft; ~**-tied** adj
stumm, sprachlos; ~**-twister** n Zungenbre-
cher m
tonic ['tɒnɪk] n (MED) Stärkungsmittel nt;
(drink) Tonic nt
tonight [tə'naɪt] adv heute abend
tonsil ['tɒnsl] n Mandel f; ~**litis**
[tɒnsɪ'laɪtɪs] n Mandelentzündung f
too [tuː] adv zu; (also) auch; ~ **bad!** Pech!;
~ **many** zu viele
took [tʊk] pt of **take**
tool [tuːl] n (also fig) Werkzeug nt; ~**box** n
Werkzeugkasten m
toot [tuːt] n Hupen nt ♦ vi tuten; (AUT) hupen
tooth [tuːθ] (pl teeth) n Zahn m; ~**ache** n
Zahnschmerzen pl, Zahnweh nt; ~**brush** n
Zahnbürste f; ~**paste** n Zahnpasta f,
~**pick** n Zahnstocher m
top [tɒp] n Spitze f, (of mountain) Gipfel m;
(of tree) Wipfel m; (toy) Kreisel m; (~ gear)
vierte(r)/fünfte(r) Gang m ♦ adj oberste(r,
s) ♦ vt (list) an erster Stelle stehen auf
+dat; on ~ of oben auf +dat; from ~ to
bottom von oben bis unten; ~ **off** (US) vt
auffüllen; ~ **up** vt auffüllen; ~ **floor** n
oberste(s) Stockwerk nt; ~ **hat** n Zylinder
m; ~**-heavy** adj kopflastig
topic ['tɒpɪk] n Thema nt, Ge-
sprächsgegenstand m; ~**al** adj aktuell
topless ['tɒpləs] adj (bather etc) oben ohne
top-level ['tɒp'levl] adj auf höchster Ebene
topmost ['tɒpməʊst] adj oberste(r, s)
topple ['tɒpl] vt, vi stürzen, kippen
top-secret ['tɒp'siːkrət] adj streng geheim
topsy-turvy ['tɒpsɪ'tɜːvɪ] adv durcheinander ♦ adj auf den Kopf gestellt
torch [tɔːtʃ] n (BRIT: ELEC) Taschenlampe f,
(with flame) Fackel f
tore [tɔː*] pt of **tear**[1]
torment [n 'tɔːment, vb tɔː'ment] n Qual f
♦ vt (distress) quälen
torn [tɔːn] pp of **tear**[1] ♦ adj hin- und her-
gerissen
torrent ['tɒrənt] n Sturzbach m; ~**ial**
[tə'renʃəl] adj wolkenbruchartig
torrid ['tɒrɪd] adj heiß
tortoise ['tɔːtəs] n Schildkröte f; ~**shell**
['tɔːtəʃel] n Schildpatt m
tortuous ['tɔːtjʊəs] adj gewunden
torture ['tɔːtʃə*] n Folter f ♦ vt foltern
Tory ['tɔːrɪ] (BRIT) n (POL) Tory m ♦ adj
Tory-, konservativ

toss [tɒs] vt schleudern; to ~ **a coin** or to
~ **up** for sth etw mit einer Münze entscheiden; to ~ **and turn** (in bed) sich hin
und her werfen
tot [tɒt] n (small quantity) bißchen nt; (small
child) Knirps m
total ['təʊtl] n Gesamtheit f, (money) End-
summe f ♦ adj Gesamt-, total ♦ vt (add up)
zusammenzählen; (amount to) sich belaufen
auf
totalitarian [təʊtælɪ'tɛərɪən] adj totalitär
totally ['təʊtəlɪ] adv total
totter ['tɒtə*] vi wanken, schwanken
touch [tʌtʃ] n Berührung f, (sense of feeling) Tastsinn m ♦ vt (feel) berühren; (come
against) leicht anstoßen; (emotionally)
rühren; **a** ~ **of** (fig) eine Spur von; to get
in ~ **with** sb sich mit jdm in Verbindung
setzen; to lose ~ (friends) Kontakt verlieren; ~ **on** vt fus (topic) berühren, erwähnen; ~ **up** vt (paint) auffrischen; ~**-
and-go** adj riskant, knapp; ~**down** n Landen nt, Niedergehen nt; ~**ed** adj (moved)
gerührt; ~**ing** adj rührend; ~**line** n Seitenlinie f; ~**-sensitive screen** n (COMPUT)
berührungsempfindlicher Bildschirm m; ~**y**
adj empfindlich, reizbar
tough [tʌf] adj zäh; (difficult) schwierig ♦ n
Schläger(typ) m; ~**en** vt zäh machen;
(make strong) abhärten
toupee ['tuːpeɪ] n Toupet nt
tour ['tʊə*] n Tour f ♦ vi umherreisen;
(THEAT) auf Tour sein; auf Tour gehen;
~**ing** n Umherreisen nt; (THEAT) Tournee f
tourism ['tʊərɪzm] n Fremdenverkehr m,
Tourismus m
tourist ['tʊərɪst] n Tourist(in) m(f) ♦ cpd
(class) Touristen-; ~ **office** n Verkehrsamt
nt
tournament ['tʊənəmənt] n Turnier nt
tousled ['taʊzld] adj zerzaust
tout [taʊt] vi: to ~ **for** auf Kundenfang gehen für ♦ n: **ticket** ~ Kundenschlepper(in)
m(f)
tow [təʊ] vt (ab)schleppen; **on** (BRIT) or **in**
(US) ~ (AUT) im Schlepp
toward(s) [tə'wɔːd(z)] prep (with time)
gegen; (in direction of) nach
towel ['taʊəl] n Handtuch nt; ~**ling** n
(fabric) Frottee nt or m; ~ **rack** (US) n
Handtuchstange f, ~ **rail** n Handtuchstange f
tower ['taʊə*] n Turm m; ~ **block** (BRIT)
n Hochhaus nt; ~**ing** adj hochragend
town [taʊn] n Stadt f, to go to ~ (fig) sich
ins Zeug legen; ~ **centre** n Stadtzentrum
nt; ~ **clerk** n Stadtdirektor m; ~ **council**
n Stadtrat m; ~ **hall** n Rathaus nt; ~ **plan**
n Stadtplan m; ~ **planning** n Stadtpla-
nung f
towrope ['təʊrəʊp] n Abschlepptau nt
tow truck (US) n (breakdown lorry) Ab-

schleppwagen m

toxic ['tɒksɪk] *adj* giftig, Gift-

toy [tɔɪ] *n* Spielzeug *nt*; ~ **with** *vt fus* spielen mit; ~**shop** *n* Spielwarengeschäft *nt*

trace [treɪs] *n* Spur *f* ♦ *vt* (*follow a course*) nachspüren +*dat*; (*find out*) aufspüren; (*copy*) durchpausen; **tracing paper** *n* Pauspapier *nt*

track [træk] *n* (*mark*) Spur *f*; (*path*) Weg *m*; (*race~*) Rennbahn *f*; (*RAIL*) Gleis *nt* ♦ *vt* verfolgen; **to keep ~ of sb** jdn im Auge behalten; ~ **down** *vt* aufspüren; ~**suit** *n* Trainingsanzug *m*

tract [trækt] *n* (*of land*) Gebiet *nt*; (*booklet*) Traktat *m*

traction ['trækʃən] *n* (*power*) Zugkraft *f*; (*AUT: grip*) Bodenhaftung *f*; (*MED*): **in ~** im Streckverband

trade [treɪd] *n* (*commerce*) Handel *m*; (*business*) Geschäft *nt*, Gewerbe *nt*; (*people*) Geschäftsleute *pl*; (*skilled manual work*) Handwerk *nt* ♦ *vi*: **to ~ (in)** handeln (mit) ♦ *vt* tauschen; ~ **in** *vt* in Zahlung geben; ~ **fair** *n* Messe *f*; ~**-in price** *n* Preis *m*, zu dem etw in Zahlung genommen wird; ~**mark** *n* Warenzeichen *nt*; ~ **name** *n* Handelsbezeichnung *f*; ~**r** *n* Händler *m*; ~**sman** (*irreg*) *n* (*shopkeeper*) Geschäftsmann *m*; (*workman*) Handwerker *m*; (*delivery man*) Lieferant *m*; ~ **union** *n* Gewerkschaft *f*; ~ **unionist** *n* Gewerkschaftler(in) *m(f)*

trading ['treɪdɪŋ] *n* Handel *m*; ~ **estate** (*BRIT*) *n* Industriegelände *nt*

tradition [trə'dɪʃən] *n* Tradition *f*; ~**al** *adj* traditionell, herkömmlich

traffic ['træfɪk] *n* Verkehr *m*; (*esp in drugs*): ~ **(in)** Handel *m* (mit) ♦ *vi*: **to ~ in** (*esp drugs*) handeln mit; ~ **circle** (*US*) *n* Kreisverkehr *m*; ~ **jam** *n* Verkehrsstauung *f*; ~ **lights** *npl* Verkehrsampel *f*; ~ **warden** *n* ≈ Verkehrspolizist *m* (*ohne amtliche Befugnisse*), Politesse *f* (*ohne amtliche Befugnisse*)

tragedy ['trædʒədɪ] *n* Tragödie *f*

tragic ['trædʒɪk] *adj* tragisch

trail [treɪl] *n* (*track*) Spur *f*; (*of smoke*) Rauchfahne *f*; (*of dust*) Staubwolke *f*; (*road*) Pfad *m*, Weg *m* ♦ *vt* (*animal*) verfolgen; (*person*) folgen +*dat*; (*drag*) schleppen ♦ *vi* (*hang loosely*) schleifen; (*plants*) sich ranken; (*be behind*) hinterherhinken; (*SPORT*) weit zurückliegen; (*walk*) zuckeln; ~ **behind** *vi* zurückbleiben; ~**er** *n* Anhänger *m*; (*US: caravan*) Wohnwagen *m*; (*for film*) Vorschau *f*; ~ **truck** (*US*) *n* Sattelschlepper *m*

train [treɪn] *n* Zug *m*; (*of dress*) Schleppe *f*; (*series*) Folge *f* ♦ *vt* (*teach: person*) ausbilden; (*: animal*) abrichten; (*: mind*) schulen; (*SPORT*) trainieren; (*aim*) richten ♦ *vi* (*exercise*) trainieren; (*study*) ausgebildet werden;

~ **of thought** Gedankengang *m*; **to ~ sth on** (*aim*) etw richten auf +*acc*; ~**ed** *adj* (*eye*) geschult; (*person, voice*) ausgebildet; ~**ee** [treɪ'niː] *n* Lehrling *m*; Praktikant(in) *m(f)*; ~**er** *n* (*SPORT*) Trainer *m*; Ausbilder *m*; ~**ing** *n* (*for occupation*) Ausbildung *f*; (*SPORT*) Training *nt*; **in ~ing** im Training; ~**ing college** *n* Pädagogische Hochschule *f*, Lehrerseminar *nt*; ~**ing shoes** *npl* Turnschuhe *pl*

traipse [treɪps] *vi* latschen

trait [treɪt] *n* Zug *m*, Merkmal *nt*

traitor ['treɪtə*] *n* Verräter *m*

trajectory [trə'dʒektərɪ] *n* Flugbahn *f*

tram ['træm] (*BRIT*) *n* (*also*: ~*car*) Straßenbahn *f*

tramp [træmp] *n* Landstreicher *m* ♦ *vi* (*walk heavily*) stampfen, stapfen; (*travel on foot*) wandern

trample ['træmpl] *vt* (nieder)trampeln ♦ *vi* (herum)trampeln; **to ~ (underfoot)** herumtrampeln auf +*dat*

tranquil ['træŋkwɪl] *adj* ruhig, friedlich; ~**lity** (*US* ~**ity**) *n* Ruhe *f*; ~**lizer** (*US* ~**izer**) *n* Beruhigungsmittel *nt*

transact [træn'zækt] *vt* abwickeln; ~**ion** [træn'zækʃən] *n* Abwicklung *f*; (*piece of business*) Geschäft *nt*, Transaktion *f*

transcend [træn'send] *vt* übersteigen

transcript ['trænskrɪpt] *n* Abschrift *f*, Kopie *f*; (*JUR*) Protokoll *nt*; ~**ion** [træn'skrɪpʃən] *n* Transkription *f*; (*product*) Abschrift *f*

transfer [*n* 'trænsfə*, *vt* træns'fɜː*] *n* (~*ring*) Übertragung *f*; (*of business*) Umzug *m*; (*being ~red*) Versetzung *f*; (*design*) Abziehbild *nt*; (*SPORT*) Transfer *m* ♦ *vt* (*business*) verlegen; (*person*) versetzen; (*prisoner*) überführen; (*drawing*) übertragen; (*money*) überweisen; **to ~ the charges** (*BRIT: TEL*) ein R-Gespräch führen

transform [træns'fɔːm] *vt* umwandeln; ~**ation** [trænsfə'meɪʃən] *n* Umwandlung *f*, Verwandlung *f*; ~**er** *n* (*ELEC*) Transformator *m*

transfusion [træns'fjuːʒən] *n* Blutübertragung *f*, Transfusion *f*

transient ['trænzɪənt] *adj* kurz(lebig)

transistor [træn'zɪstə*] *n* (*ELEC*) Transistor *m*; (*radio*) Transistorradio *nt*

transit ['trænzɪt] *n*: **in ~** unterwegs

transition [træn'zɪʃən] *n* Übergang *m*; ~**al** *adj* Übergangs-

transit lounge *n* (*at airport etc*) Warteraum *m*

transitory ['trænzɪtərɪ] *adj* vorübergehend

translate [trænz'leɪt] *vt* übersetzen

translation [trænz'leɪʃən] *n* Übersetzung *f*

translator [trænz'leɪtə*] *n* Übersetzer(in) *m(f)*

transmission [trænz'mɪʃən] *n* (*of information*) Übermittlung *f*; (*ELEC, MED, TV*) Übertragung *f*; (*AUT*) Getriebe *nt*

transmit [trænz'mɪt] *vt* (*message*) übermitteln; (*ELEC, MED, TV*) übertragen; **~ter** *n* Sender *m*

transparency [træns'pɛərənsɪ] *n* Durchsichtigkeit *f*; (*BRIT: PHOT*) Dia(positiv) *nt*

transparent [træns'pærənt] *adj* durchsichtig; (*fig*) offenkundig

transpire [træns'paɪə*] *vi* (*turn out*) sich herausstellen; (*happen*) passieren

transplant [*vb* træns'plɑ:nt, *n* 'trænsplɑ:nt] *vt* umpflanzen; (*MED, also fig: person*) verpflanzen ♦ *n* (*MED*) Transplantation *f*; (*organ*) Transplantat *nt*

transport [*n* 'trænspɔ:t, *vb* træns'pɔ:t] *n* Transport *m*, Beförderung *f* ♦ *vt* transportieren; **means of ~** Transportmittel *nt*; **~ation** [trænspɔ:'teɪʃən] *n* Transport *m*, Beförderung *f*; (*means*) Beförderungsmittel *nt*; (*cost*) Transportkosten *pl*; **~ café** (*BRIT*) *n* Fernfahrerlokal *nt*

transverse ['trænzvɜ:s] *adj* Quer-; (*position*) horizontal; (*engine*) querliegend

trap [træp] *n* Falle *f*; (*carriage*) zweirädrige(r) Einspänner *m*; (*inf: mouth*) Klappe *f* ♦ *vt* fangen; (*person*) in eine Falle locken; **~door** *n* Falltür *f*

trappings ['træpɪŋz] *npl* Aufmachung *f*

trash [træʃ] *n* (*rubbish*) Plunder *m*; (*nonsense*) Mist *m*; **~ can** (*US*) *n* Mülleimer *m*

traumatic [trɔ:'mætɪk] *adj* traumatisch

travel ['trævl] *n* Reisen *nt* ♦ *vi* reisen ♦ *vt* (*distance*) zurücklegen; (*country*) bereisen; **~s** *npl* (*journeys*) Reisen *pl*; **~ agency** *n* Reisebüro *nt*; **~ agent** *n* Reisebürokaufmann(frau) *m(f)*; **~ler** (*US* **~er**) *n* Reisende(r) *mf*; (*salesman*) Handlungsreisende(r) *m*; **~ler's cheque** (*US* **~er's check**) *n* Reisescheck *m*; **~ling** (*US* **~ing**) *n* Reisen *nt*; **~ sickness** *n* Reisekrankheit *f*

trawler *n* (*NAUT, FISHING*) Fischdampfer *m*, Trawler *m*

tray [treɪ] *n* (*tea ~*) Tablett *nt*; (*receptacle*) Schale *f*; (*for mail*) Ablage *f*

treacherous ['tretʃərəs] *adj* verräterisch; (*road*) tückisch

treachery ['tretʃərɪ] *n* Verrat *m*

treacle ['tri:kl] *n* Sirup *m*, Melasse *f*

tread [tred] *n* (*pt* **trod**, *pp* **trodden**) *n* Schritt *m*, Tritt *m*; (*of stair*) Stufe *f*; (*on tyre*) Profil *nt* ♦ *vi* treten; **~ on** *fus* treten auf +*acc*

treason ['tri:zn] *n* Verrat *m*

treasure ['treʒə*] *n* Schatz *m* ♦ *vt* schätzen

treasurer ['treʒərə*] *n* Kassenverwalter *m*, Schatzmeister *m*

treasury ['treʒərɪ] *n* (*POL*) Finanzministerium *nt*

treat [tri:t] *n* besondere Freude *f* ♦ *vt* (*deal with*) behandeln; **to ~ sb to sth** jdm etw spendieren

treatise ['tri:tɪz] *n* Abhandlung *f*

treatment ['tri:tmənt] *n* Behandlung *f*

treaty ['tri:tɪ] *n* Vertrag *m*

treble ['trebl] *adj* dreifach ♦ *vt* verdreifachen; **~ clef** *n* Violinschlüssel *m*

tree [tri:] *n* Baum *m*; **~ trunk** *n* Baumstamm *m*

trek [trek] *n* Treck *m*, Zug *m*; (*inf*) anstrengende(r) Weg *m* ♦ *vi* trecken

trellis ['trelɪs] *n* Gitter *nt*; (*for gardening*) Spalier *nt*

tremble ['trembl] *vi* zittern; (*ground*) beben

trembling ['tremblɪŋ] *n* Zittern *nt* ♦ *adj* zitternd

tremendous [trə'mendəs] *adj* gewaltig, kolossal; (*inf: very good*) prima

tremor ['tremə*] *n* Zittern *nt*; (*of earth*) Beben *nt*

trench [trentʃ] *n* Graben *m*; (*MIL*) Schützengraben *m*

trend [trend] *n* Tendenz *f*; **~y** (*inf*) *adj* modisch

trepidation [trepɪ'deɪʃən] *n* Beklommenheit *f*

trespass ['trespəs] *vi*: **to ~ on** widerrechtlich betreten; **"no ~ing"** „Betreten verboten"

tress [tres] *n* Locke *f*

trestle ['tresl] *n* Bock *m*; **~ table** *n* Klapptisch *m*

trial ['traɪəl] *n* (*JUR*) Prozeß *m*; (*test*) Versuch *m*, Probe *f*; (*hardship*) Prüfung *f*, **by ~ and error** durch Ausprobieren

triangle ['traɪæŋgl] *n* Dreieck *nt*; (*MUS*) Triangel *f*

triangular [traɪ'æŋgjʊlə*] *adj* dreieckig

tribal ['traɪbəl] *adj* Stammes-

tribe [traɪb] *n* Stamm *m*; **~sman** (*irreg*) *n* Stammesangehörige(r) *m*

tribulation [trɪbjʊ'leɪʃən] *n* Not *f*, Mühsal *f*

tribunal [traɪ'bju:nl] *n* Gericht *nt*; (*inquiry*) Untersuchungsausschuß *m*

tributary ['trɪbjʊtərɪ] *n* Nebenfluß *m*

tribute ['trɪbju:t] *n* (*admiration*) Zeichen *nt* der Hochachtung; **to pay ~ to sb/sth** jdm/einer Sache Tribut zollen

trick [trɪk] *n* List *f*; (*CARDS*) Stich *m* ♦ *vt* überlisten, beschwindeln; **to play a ~ on sb** jdm einen Streich spielen; **that should do the ~** daß müßte eigentlich klappen; **~ery** *n* Tricks *pl*

trickle ['trɪkl] *n* Tröpfeln *nt*; (*small river*) Rinnsal *nt* ♦ *vi* tröpfeln; (*seep*) sickern

tricky ['trɪkɪ] *adj* (*problem*) schwierig; (*situation*) kitzlig

tricycle ['traɪsɪkl] *n* Dreirad *nt*

trifle ['traɪfl] *n* Kleinigkeit *f*; (*COOK*) Trifle *m* ♦ *adv*: **a ~ ...** ein bißchen ...

trifling ['traɪflɪŋ] *adj* geringfügig

trigger ['trɪgə*] *n* Drücker *m*; **~ off** *vt* auslösen

trim [trɪm] *adj* gepflegt; (*figure*) schlank ♦ *n* (*gute*) Verfassung *f*; (*embellishment, on car*) Verzierung *f* ♦ *vt* (*clip*) schneiden; (*trees*) stutzen; (*decorate*) besetzen; (*sails*) trimmen; ~**mings** npl (decorations) Verzierung f, Verzierungen pl; (extras) Zubehör nt

Trinity ['trɪnɪtɪ] n: **the** ~ die Dreieinigkeit f

trinket ['trɪŋkɪt] n kleine(s) Schmuckstück nt

trip [trɪp] n (kurze) Reise f; (outing) Ausflug m; (stumble) Stolpern nt ♦ vi (walk quickly) trippeln; (stumble) stolpern; **on a** ~ auf Reisen; ~ **up** vi stolpern; (fig) stolpern, einen Fehler machen ♦ vt zu Fall bringen; (fig) hereinlegen

tripe [traɪp] n (food) Kutteln pl; (rubbish) Mist m

triple ['trɪpl] adj dreifach

triplets ['trɪplɪts] npl Drillinge pl

triplicate ['trɪplɪkət] n: **in** ~ in dreifacher Ausfertigung

tripod ['traɪpɒd] n (PHOT) Stativ nt

trite [traɪt] adj banal

triumph ['traɪʌmf] n Triumph m ♦ vi: **to** ~ (over) triumphieren (über +acc); ~**ant** [traɪ'ʌmfənt] adj triumphierend

trivia ['trɪvɪə] npl Trivialitäten pl

trivial ['trɪvɪəl] adj gering(fügig), trivial

trod [trɒd] pt of tread; ~**den** ['trɒdn] pp of tread

trolley ['trɒlɪ] n Handwagen m; (in shop) Einkaufswagen m; (for luggage) Kofferkuli m; (table) Teewagen m; ~ **bus** n Oberleitungsbus m, Obus m

trombone [trɒm'bəʊn] n Posaune f

troop [truːp] n Schar f, (MIL) Trupp m; ~s npl Truppen pl; ~ **in/out** vi hinein-/hinausströmen; ~**ing the colour** n (ceremony) Fahnenparade f

trophy ['trəʊfɪ] n Trophäe f

tropic ['trɒpɪk] n Wendekreis m; ~**al** adj tropisch

trot [trɒt] n Trott m ♦ vi trotten; **on the** ~ (BRIT: fig: inf) in einer Tour

trouble ['trʌbl] n (problems) Ärger m; (worry) Sorge f; (in country, industry) Unruhen pl; (effort) Mühe f, (MED): **stomach** ~ Magenbeschwerden pl ♦ vt (disturb) stören; ~**s** npl (POL etc) Unruhen pl; **to** ~ **to do sth** sich bemühen, etw zu tun; **to be in** ~ Probleme or Ärger haben; **to go to the** ~ **of doing sth** sich die Mühe machen, etw zu tun; **what's the** ~? was ist los?; (to sick person) wo fehlt's?; ~**d** adj (person) beunruhigt; (country) geplagt; ~**-free** adj sorglos; ~**maker** n Unruhestifter m; ~**shooter** n Vermittler m; ~**some** adj lästig, unangenehm; (child) schwierig

trough [trɒf] n (vessel) Trog m; (channel) Rinne f, Kanal m; (MET) Tief nt

trounce [traʊns] vt (esp SPORT) vernichtend schlagen

trousers ['traʊzəz] npl Hose f

trout [traʊt] n Forelle f

trowel ['traʊəl] n Kelle f

truant ['truːənt] n: **to play** ~ (BRIT) (die Schule) schwänzen

truce [truːs] n Waffenstillstand m

truck [trʌk] n Lastwagen m; (RAIL) offene(r) Güterwagen m; ~ **driver** n Lastwagenfahrer m; ~ **farm** (US) n Gemüsegärtnerei f

truculent ['trʌkjʊlənt] adj trotzig

trudge [trʌdʒ] vi sich (mühselig) dahinschleppen

true [truː] adj (exact) wahr; (genuine) echt; (friend) treu

truffle ['trʌfl] n Trüffel f or m

truly ['truːlɪ] adv wirklich; **yours** ~ Ihr sehr ergebener

trump [trʌmp] n (CARDS) Trumpf m; ~**ed-up** adj erfunden

trumpet ['trʌmpɪt] n Trompete f

truncheon ['trʌntʃən] n Gummiknüppel m

trundle ['trʌndl] vt schieben ♦ vi: **to** ~ **along** entlangrollen

trunk [trʌŋk] n (of tree) (Baum)stamm m; (ANAT) Rumpf m; (box) Truhe f, Überseekoffer m; (of elephant) Rüssel m; (US: AUT) Kofferraum m; ~**s** npl (also: swimming ~s) Badehose f

truss [trʌs] n (MED) Bruchband nt ♦ vt (also: ~ up) fesseln

trust [trʌst] n (confidence) Vertrauen nt; (for property etc) Treuhandvermögen nt ♦ vt (rely on) vertrauen +dat, sich verlassen auf +acc; (hope) hoffen; (entrust): **to** ~ **sth to sb** jdm etw anvertrauen; ~**ed** adj treu; ~**ee** [trʌs'tiː] n Vermögensverwalter m; ~**ful** adj vertrauensvoll; ~**ing** adj vertrauensvoll; ~**worthy** adj vertrauenswürdig; (account) glaubwürdig

truth [truːθ, pl truːðz] n Wahrheit f; ~**ful** adj ehrlich

try [traɪ] n Versuch m ♦ vt (attempt) versuchen; (test) (aus)probieren; (JUR: person) unter Anklage stellen; (: case) verhandeln; (courage, patience) auf die Probe stellen ♦ vi (make effort) versuchen, sich bemühen; **to have a** ~ es versuchen; **to** ~ **to do sth** versuchen, etw zu tun; ~ **on** vt (dress) anprobieren; (hat) aufprobieren; ~ **out** vt ausprobieren; ~**ing** adj schwierig

T-shirt ['tiːʃɜːt] n T-shirt nt

T-square ['tiːskwɛə*] n Reißschiene f

tub [tʌb] n Wanne f, Kübel m; (for margarine etc) Becher m

tubby ['tʌbɪ] adj rundlich

tube [tjuːb] n (pipe) Röhre f, Rohr nt; (for toothpaste etc) Tube f; (in London) U-Bahn f; (AUT: for tyre) Schlauch m; ~ **station** n (in London) U-Bahnstation f

tubing ['tjuːbɪŋ] n Schlauch m

tubular ['tjuːbjʊlə*] adj röhrenförmig

TUC (BRIT) n abbr = **Trades Union Congress**

tuck [tʌk] n (fold) Falte f, Einschlag m ♦ vt (put) stecken; (gather) fälteln, einschlagen; ~ **away** vt wegstecken; ~ **in** vt hineinstecken; (*blanket etc*) feststecken; (*person*) zudecken ♦ vi (*eat*) hineinhauen, zulangen; ~ **up** vt (*child*) warm zudecken; ~ **shop** n Süßwarenladen m

Tuesday ['tju:zdeɪ] n Dienstag m

tuft [tʌft] n Büschel m

tug [tʌg] n (*jerk*) Zerren nt, Ruck m; (*NAUT*) Schleppdampfer m ♦ vt, vi zerren, ziehen; (*boat*) schleppen; ~**-of-war** n Tauziehen nt

tuition [tju:'ɪʃən] n (*BRIT*) Unterricht m; (: *private* ~) Privatunterricht m; (*US: school fees*) Schulgeld nt

tulip ['tju:lɪp] n Tulpe f

tumble ['tʌmbl] n (*fall*) Sturz m ♦ vi fallen, stürzen; ~ **to** vt fus kapieren; ~**down** adj baufällig; ~ **dryer** (*BRIT*) n Trockner m; ~**r** ['tʌmblə*] n (*glass*) Trinkglas nt

tummy ['tʌmɪ] (*inf*) n Bauch m

tumour ['tju:mə*] (*US* **tumor**) n Geschwulst f, Tumor m

tumultuous [tju:'mʌltjuəs] adj (*welcome, applause etc*) stürmisch

tuna ['tju:nə] n Thunfisch m

tune [tju:n] n Melodie f ♦ vt (*MUS*) stimmen; (*AUT*) richtig einstellen; **to sing in** ~/**out of** ~ richtig/falsch singen; **to be out of** ~ **with** nicht harmonieren mit; ~ **in** vi einschalten; ~ **up** vi (*MUS*) stimmen; ~**ful** adj melodisch; ~**r** n (*person*) (Instrumenten)stimmer m; (*part of radio*) Tuner m; **piano** ~**r** Klavierstimmer(in) m(f)

tunic ['tju:nɪk] n Waffenrock m; (*loose garment*) lange Bluse f

tuning ['tju:nɪŋ] n (*RAD, AUT*) Einstellen nt; (*MUS*) Stimmen nt; ~ **fork** n Stimmgabel f

Tunisia [tju:'nɪzɪə] n Tunesien nt

tunnel ['tʌnl] n Tunnel m, Unterführung f ♦ vi einen Tunnel anlegen

turbulent ['tɜ:bjʊlənt] adj stürmisch

tureen [tjʊ'ri:n] n Terrine f

turf [tɜ:f] n Rasen m; (*piece*) Sode f ♦ vt mit Grassoden belegen; ~ **out** (*inf*) vt rauswerfen

turgid ['tɜ:dʒɪd] adj geschwollen

Turk [tɜ:k] n Türke m, Türkin f

Turkey [tɜ:kɪ] n Türkei f

turkey ['tɜ:kɪ] n Puter m, Truthahn m

Turkish ['tɜ:kɪʃ] adj türkisch ♦ n (*LING*) Türkisch nt

turmoil ['tɜ:mɔɪl] n Aufruhr m, Tumult m

turn [tɜ:n] n (*rotation*) (Um)drehung f; (*performance*) (Programm)nummer f; (*MED*) Schock m ♦ vt (*rotate*) drehen; (*change position of*) umdrehen, wenden; (*page*) umblättern; (*transform*): **to** ~ **sth into sth** etw in etw acc verwandeln; (*direct*) zuwenden ♦ vi (*rotate*) sich drehen; (*change direction: in car*) abbiegen; (: *wind*) drehen; (~ *round*) umdrehen, wenden; (*become*) werden; (*leaves*) sich verfärben; (*milk*) sauer werden; (*weather*) umschlagen; **to do sb a**

good ~ jdm etwas Gutes tun; **it's your** ~ du bist dran or an der Reihe; **in** ~, **by** ~**s** abwechselnd; **to take** ~**s** sich abwechseln; **it gave me quite a** ~ das hat mich schön erschreckt; **"no left** ~**"** (*AUT*) „Linksabbiegen verboten"; ~ **away** vi sich abwenden; ~ **back** vt umdrehen; (*person*) zurückschicken; (*clock*) zurückstellen ♦ vi umkehren; ~ **down** vt (*refuse*) ablehnen; (*fold down*) umschlagen; ~ **in** vi (*go to bed*) ins Bett gehen ♦ vt (*fold inwards*) einwärts biegen; ~ **off** vi abbiegen ♦ vt ausschalten; (*tap*) zudrehen; (*machine, electricity*) abstellen; ~ **on** vt (*light*) anschalten, einschalten; (*tap*) aufdrehen; (*machine*) anstellen; ~ **out** vi (*prove to be*) sich erweisen; (*people*) sich entwickeln ♦ vt (*light*) ausschalten; (*gas*) abstellen; (*produce*) produzieren; **how did the cake** ~ **out?** wie ist der Kuchen geworden?; ~ **round** vi (*person, vehicle*) sich herumdrehen; (*rotate*) sich drehen; ~ **up** vi auftauchen; (*happen*) passieren, sich ereignen ♦ vt (*collar*) hochklappen, hochstellen; (*nose*) rümpfen; (*increase: radio*) lauter stellen; (: *heat*) höher drehen; ~**ing** n (*in road*) Abzweigung f; ~**ing point** n Wendepunkt m

turnip ['tɜ:nɪp] n Steckrübe f

turnout ['tɜ:naʊt] n (Besucher)zahl f; (*COMM*) Produktion f

turnover ['tɜ:nəʊvə*] n Umsatz m; (*of staff*) Wechsel m

turnpike ['tɜ:npaɪk] (*US*) n gebührenpflichtige Straße f

turnstile ['tɜ:nstaɪl] n Drehkreuz nt

turntable ['tɜ:nteɪbl] n (*of record player*) Plattenteller m; (*RAIL*) Drehscheibe f

turn-up ['tɜ:nʌp] (*BRIT*) n (*on trousers*) Aufschlag m

turpentine ['tɜ:pəntaɪn] n Terpentin nt

turquoise ['tɜ:kwɔɪz] n (*gem*) Türkis m; (*colour*) Türkis nt ♦ adj türkisfarben

turret ['tʌrɪt] n Turm m

turtle ['tɜ:tl] n Schildkröte f; ~ **neck (sweater)** n Pullover m mit Schildkrötkragen

tusk [tʌsk] n Stoßzahn m

tussle ['tʌsl] n Balgerei f

tutor ['tju:tə*] n (*teacher*) Privatlehrer m; (*college instructor*) Tutor m; ~**ial** [tju:'tɔ:rɪəl] n (*UNIV*) Kolloquium nt, Seminarübung f

tuxedo [tʌk'si:dəʊ] (*US*) n Smoking m

TV ['ti:'vi:] n abbr (= *television*) TV nt

twang [twæŋ] n scharfe(r) Ton m; (*of voice*) Näseln nt

tweezers ['twi:zəz] npl Pinzette f

twelfth [twelfθ] adj zwölfte(r, s)

twelve [twelv] num zwölf; **at** ~ **o'clock** (*midday*) um 12 Uhr; (*midnight*) um Null Uhr

twentieth ['twentɪɪθ] adj zwanzigste(r, s)

twenty ['twentɪ] *num* zwanzig
twice [twaɪs] *adv* zweimal; ~ **as much** doppelt soviel
twiddle ['twɪdl] *vt, vi*: to ~ (with) sth an etw *dat* herumdrehen; to ~ **one's thumbs** (*fig*) Däumchen drehen
twig [twɪg] *n* dünne(r) Zweig *m* ♦ *vt* (*inf*) kapieren, merken
twilight ['twaɪlaɪt] *n* Zwielicht *nt*
twin [twɪn] *n* Zwilling *m* ♦ *adj* Zwillings-; (*very similar*) Doppel- ♦ *vt* (*towns*) zu Partnerstädten machen; ~-**bedded room** *n* Zimmer *nt* mit zwei Einzelbetten
twine [twaɪn] *n* Bindfaden *m* ♦ *vi* (*plants*) sich ranken
twinge [twɪndʒ] *n* stechende(r) Schmerz *m*, Stechen *nt*
twinkle ['twɪŋkl] *n* Funkeln *nt*, Blitzen *nt* ♦ *vi* funkeln
twirl [twɜːl] *n* Wirbel *m* ♦ *vt* (*her-um*)wirbeln ♦ *vi* wirbeln
twist [twɪst] *n* (~*ing*) Drehung *f*; (*bend*) Kurve *f* ♦ *vt* (*turn*) drehen; (*make crooked*) verbiegen; (*distort*) verdrehen ♦ *vi* (*wind*) sich drehen; (*curve*) sich winden
twit [twɪt] *n* (*inf*) Idiot *m*
twitch [twɪtʃ] *n* Zucken *nt* ♦ *vi* zucken
two [tuː] *num* zwei; to put ~ and ~ together eine Schlüsse ziehen; ~-**door** *adj* zweitürig; ~-**faced** *adj* falsch; ~**fold** *adj*, *adv* zweifach, doppelt; to increase ~fold verdoppeln; ~-**piece** *adj* zweiteilig; ~-**piece** (suit) *n* Zweiteiler *m*; ~-**piece** (swimsuit) *n* zweiteilige(r) Badeanzug *m*; ~-**seater** *n* (*plane, car*) Zweisitzer *m*; ~**some** *n* Paar *nt*; ~-**way** (*traffic*) Gegen-
tycoon [taɪ'kuːn] *n*: (business) ~ (Industrie)magnat *m*
type [taɪp] *n* Typ *m*, Art *f*; (*PRINT*) Type *f* ♦ *vt, vi* maschineschreiben, tippen; ~-**cast** *adj* (*THEAT, TV*) auf eine Rolle festgelegt; ~**face** *n* Schrift *f*; ~**script** *n* maschinegeschriebene(r) Text *m*; ~**writer** *n* Schreibmaschine *f*; ~**written** *adj* maschinegeschrieben
typhoid ['taɪfɔɪd] *n* Typhus *m*
typical ['tɪpɪkəl] *adj*: ~ (of) typisch (für)
typify ['tɪpɪfaɪ] *vt* typisch sein für
typing ['taɪpɪŋ] *n* Maschineschreiben *nt*
typist ['taɪpɪst] *n* Maschinenschreiber(in) *m(f)*, Tippse *f* (*inf*)
tyrant ['taɪərnt] *n* Tyrann *m*
tyre [taɪə*] (*US* tire) *n* Reifen *m*; ~ **pressure** *n* Reifendruck *m*

U u

U-bend ['juː'bend] *n* (*in pipe*) U-Bogen *m*
ubiquitous [juː'bɪkwɪtəs] *adj* überall zu findend; allgegenwärtig
udder ['ʌdə*] *n* Euter *nt*
UFO ['juːfəu] *n abbr* (= *unidentified flying object*) UFO *nt*
ugh [ɜːh] *excl* hu
ugliness ['ʌglɪnəs] *n* Häßlichkeit *f*
ugly ['ʌglɪ] *adj* häßlich; (*bad*) böse, schlimm
UK *n abbr* = **United Kingdom**
ulcer ['ʌlsə*] *n* Geschwür *nt*
Ulster ['ʌlstə*] *n* Ulster *nt*
ulterior [ʌl'tɪərɪə*] *adj*: ~ **motive** Hintergedanke *m*
ultimate ['ʌltɪmət] *adj* äußerste(r, s), allerletzte(r, s); ~**ly** *adv* schließlich, letzten Endes
ultrasound ['ʌltrə'saund] *n* (*MED*) Ultraschall *m*
umbilical cord [ʌm'bɪlɪkl-] *n* Nabelschnur *f*
umbrella [ʌm'brelə] *n* Schirm *m*
umpire ['ʌmpaɪə*] *n* Schiedsrichter *m* ♦ *vt, vi* schiedsrichtern
umpteenth [ʌmp'tiːnθ] (*inf*) *num* zig; for the ~ time zum X-ten Mal
UN *n abbr* = **United Nations**
unable ['ʌn'eɪbl] *adj*: to be ~ to do sth etw nicht tun können
unaccompanied ['ʌnə'kʌmpənɪd] *adj* ohne Begleitung
unaccountably ['ʌnə'kauntəblɪ] *adv* unerklärlich
unaccustomed ['ʌnə'kʌstəmd] *adj* nicht gewöhnt; (*unusual*) ungewohnt; ~ to nicht gewöhnt an +*acc*
unanimous [juː'nænɪməs] *adj* einmütig; (*vote*) einstimmig; ~**ly** *adv* einmütig; einstimmig
unarmed [ʌn'ɑːmd] *adj* unbewaffnet
unashamed ['ʌnə'ʃeɪmd] *adj* schamlos
unassuming ['ʌnə'sjuːmɪŋ] *adj* bescheiden
unattached ['ʌnə'tætʃt] *adj* ungebunden
unattended ['ʌnə'tendɪd] *adj* (*person*) unbeaufsichtigt; (*thing*) unbewacht
unauthorized ['ʌn'ɔːθəraɪzd] *adj* unbefugt
unavoidable [ʌnə'vɔɪdəbl] *adj* unvermeidlich
unaware ['ʌnə'weə*] *adj*: to be ~ of sth sich *dat* einer Sache *gen* nicht bewußt sein;

~s adv unversehens

unbalanced ['ʌn'bælənst] adj unausgeglichen; (mentally) gestört

unbearable [ʌn'bɛərəbl] adj unerträglich

unbeatable ['ʌn'biːtəbl] adj unschlagbar

unbeknown(st) ['ʌnbɪ'nəun(st)] adv: ~ to me ohne mein Wissen

unbelievable [ʌnbɪ'liːvəbl] adj unglaublich

unbend ['ʌn'bend] (irreg: like bend) vt geradebiegen ♦ vi aus sich herausgehen

unbias(s)ed ['ʌn'baɪəst] adj unparteiisch

unbreakable ['ʌn'breɪkəbl] adj unzerbrechlich

unbridled [ʌn'braɪdld] adj ungezügelt

unbroken ['ʌn'brəukən] adj (period) ununterbrochen; (spirit) ungebrochen; (record) unübertroffen

unburden [ʌn'bɜːdn] vt: to ~ o.s. (jdm) sein Herz ausschütten

unbutton ['ʌn'bʌtn] vt aufknöpfen

uncalled-for [ʌn'kɔːldfɔː*] adj unnötig

uncanny [ʌn'kænɪ] adj unheimlich

unceasing [ʌn'siːsɪŋ] adj unaufhörlich

unceremonious ['ʌnserɪ'məunɪəs] adj (abrupt, rude) brüsk; (exit, departure) überstürzt

uncertain [ʌn'sɜːtn] adj unsicher; (doubtful) ungewiß; (unreliable) unbeständig; (vague) undeutlich, vag(e); ~ty n Ungewißheit f

unchanged ['ʌn'tʃeɪndʒd] adj unverändert

unchecked ['ʌn'tʃekt] adj ungeprüft; (not stopped: advance) ungehindert

uncivilized ['ʌn'sɪvɪlaɪzd] adj unzivilisiert

uncle ['ʌŋkl] n Onkel m

uncomfortable [ʌn'kʌmfətəbl] adj unbequem, ungemütlich

uncommon [ʌn'kɒmən] adj ungewöhnlich; (outstanding) außergewöhnlich

uncompromising [ʌn'kɒmprəmaɪzɪŋ] adj kompromißlos, unnachgiebig

unconcerned [ʌnkən'sɜːnd] adj unbekümmert; (indifferent) gleichgültig

unconditional ['ʌnkən'dɪʃənl] adj bedingungslos

uncongenial ['ʌnkən'dʒiːnɪəl] adj unangenehm

unconscious [ʌn'kɒnʃəs] adj (MED) bewußtlos; (not meant) unbeabsichtigt ♦ n: the ~ das Unbewußte; ~ly adv unbewußt

uncontrollable ['ʌnkən'trəuləbl] adj unkontrollierbar, unbändig

unconventional ['ʌnkən'venʃənl] adj unkonventionell

uncouth [ʌn'kuːθ] adj grob

uncover [ʌn'kʌvə*] vt aufdecken

undecided ['ʌndɪ'saɪdɪd] adj unschlüssig

undeniable [ʌndɪ'naɪəbl] adj unleugbar

under ['ʌndə*] prep unter ♦ adv darunter; ~ there da drunter; ~ repair in Reparatur; ~age [ʌndər'eɪdʒ] adj minderjährig

undercarriage ['ʌndəkærɪdʒ] (BRIT) n (AVIAT) Fahrgestell nt

undercharge [ʌndə'tʃɑːdʒ] vt: to ~ sb jdm zu wenig berechnen

underclothes ['ʌndəkləuðz] npl Unterwäsche f

undercoat ['ʌndəkəut] n (paint) Grundierung f

undercover ['ʌndəkʌvə*] adj Geheim-

undercurrent ['ʌndəkʌrənt] n Unterströmung f

undercut ['ʌndəkʌt] (irreg: like cut) vt unterbieten

underdeveloped ['ʌndədɪ'veləpt] adj Entwicklungs-, unterentwickelt

underdog ['ʌndədɒg] n Unterlegene(r) mf

underdone ['ʌndə'dʌn] adj (COOK) nicht gar, nicht durchgebraten

underestimate ['ʌndər'estɪmeɪt] vt unterschätzen

underexposed ['ʌndərɪks'pəuzd] adj unterbelichtet

underfed ['ʌndə'fed] adj unterernährt

underfoot ['ʌndə'fut] adv am Boden

undergo ['ʌndə'gəu] (irreg: like go) vt (experience) durchmachen; (operation, test) sich unterziehen +dat

undergraduate ['ʌndə'grædjuət] n Student(in) m(f)

underground ['ʌndəgraund] n U-Bahn f ♦ adj Untergrund-

undergrowth ['ʌndəgrəuθ] n Gestrüpp nt, Unterholz nt

underhand(ed) ['ʌndə'hænd(ɪd)] adj hinterhältig

underlie [ʌndə'laɪ] (irreg: like lie) vt (form the basis of) zugrundeliegen +dat

underline [ʌndə'laɪn] vt unterstreichen; (emphasize) betonen

underling ['ʌndəlɪŋ] n Handlanger m

undermine [ʌndə'maɪn] vt untergraben

underneath ['ʌndə'niːθ] adv darunter ♦ prep unter

underpaid ['ʌndə'peɪd] adj unterbezahlt

underpants ['ʌndəpænts] npl Unterhose f

underpass ['ʌndəpɑːs] (BRIT) n Unterführung f

underprivileged ['ʌndə'prɪvɪlɪdʒd] adj benachteiligt, unterprivilegiert

underrate [ʌndə'reɪt] vt unterschätzen

undershirt ['ʌndəʃɜːt] (US) n Unterhemd nt

undershorts ['ʌndəʃɔːts] (US) npl Unterhose f

underside ['ʌndəsaɪd] n Unterseite f

underskirt ['ʌndəskɜːt] (BRIT) n Unterrock m

understand [ʌndə'stænd] (irreg: like stand) vt, vi verstehen; I ~ that ... ich habe gehört, daß ...; am I to ~ that ...? soll das (etwa) heißen, daß ...?; what do you ~ by that? was verstehen Sie darunter?; it is understood that ... es wurde vereinbart, daß ...; to make o.s. understood sich verständlich machen; **is that understood?** ist das klar?; ~**able** adj verständlich; ~**ing** n Verständnis nt ♦ adj verständnisvoll

understatement ['ʌndəsteɪtmənt] n (quality) Untertreibung f; **that's an ~!** das ist untertrieben!

understood [ʌndə'stʊd] pt, pp of **understand** ♦ adj klar; (implied) angenommen

understudy ['ʌndəstʌdɪ] n Ersatz(schau)spieler(in) m(f)

undertake [ʌndə'teɪk] (irreg: like take) vt unternehmen ♦ vi: **to ~ to do sth** sich verpflichten, etw zu tun

undertaker ['ʌndəteɪkə*] n Leichenbestatter m

undertaking [ʌndə'teɪkɪŋ] n (enterprise) Unternehmen nt; (promise) Verpflichtung f

undertone ['ʌndətəʊn] n: **in an ~** mit gedämpfter Stimme

underwater ['ʌndə'wɔ:tə*] adv unter Wasser ♦ adj Unterwasser-

underwear ['ʌndəweə*] n Unterwäsche f

underworld ['ʌndəwɜ:ld] n (of crime) Unterwelt f

underwriter ['ʌndəraɪtə*] n Assekurant m

undesirable [ʌndɪ'zaɪərəbl] adj unerwünscht

undies ['ʌndɪz] (inf) npl (Damen)unterwäsche f

undisputed ['ʌndɪs'pju:tɪd] adj unbestritten

undo ['ʌn'du:] (irreg: like do) vt (unfasten) öffnen, aufmachen; (work) zunichte machen; ~**ing** n Verderben nt

undoubted [ʌn'daʊtɪd] adj unbezweifelt; ~**ly** adv zweifellos, ohne Zweifel

undress ['ʌn'dres] vt ausziehen ♦ vi sich ausziehen

undue ['ʌndju:] adj übermäßig

undulating ['ʌndjʊleɪtɪŋ] adj wellenförmig; (country) wellig

unduly ['ʌn'dju:lɪ] adv übermäßig

unearth ['ʌn'ɜ:θ] vt (dig up) ausgraben; (discover) ans Licht bringen

unearthly [ʌn'ɜ:θlɪ] adj (hour) nachtschlafen

uneasy [ʌn'i:zɪ] adj (worried) unruhig; (feeling) ungut

uneconomic(al) ['ʌni:kə'nɒmɪk(əl)] adj unwirtschaftlich

uneducated [ʌn'edjʊkeɪtɪd] adj ungebildet

unemployed ['ʌnɪm'plɔɪd] adj arbeitslos ♦ npl: **the ~** die Arbeitslosen pl

unemployment ['ʌnɪm'plɔɪmənt] n Arbeitslosigkeit f

unending [ʌn'endɪŋ] adj endlos

unerring [ʌn'ɜ:rɪŋ] adj unfehlbar

uneven ['ʌn'i:vən] adj (surface) uneben; (quality) ungleichmäßig

unexpected [ʌnɪk'spektɪd] adj unerwartet; ~**ly** adv unerwartet

unfailing [ʌn'feɪlɪŋ] adj nie versagend

unfair ['ʌn'fɛə*'] adj ungerecht, unfair

unfaithful ['ʌn'feɪθfʊl] adj untreu

unfamiliar [ʌnfə'mɪlɪə*] adj ungewohnt; (person, subject) unbekannt; **to be ~ with** nicht kennen +acc, nicht vertraut sein mit

unfashionable [ʌn'fæʃnəbl] adj unmodern; (area, hotel etc) nicht in Mode

unfasten ['ʌn'fɑ:sn] vt öffnen, aufmachen

unfavourable ['ʌn'feɪvərəbl] (US **unfavorable**) adj ungünstig

unfeeling [ʌn'fi:lɪŋ] adj gefühllos, kalt

unfinished ['ʌn'fɪnɪʃt] adj unvollendet

unfit ['ʌn'fɪt] adj ungeeignet; (in bad health) nicht fit; ~ **for sth** zu or für etw ungeeignet

unfold [ʌn'fəʊld] vt entfalten, auseinanderfalten ♦ vi (develop) sich entfalten

unforeseen ['ʌnfɔ:'si:n] adj unvorhergesehen

unforgettable [ʌnfə'getəbl] adj unvergeßlich

unforgivable [ʌnfə'gɪvəbl] adj unverzeihlich

unfortunate [ʌn'fɔ:tʃnət] adj unglücklich, bedauerlich; ~**ly** adv leider

unfounded ['ʌn'faʊndɪd] adj unbegründet

unfriendly ['ʌn'frendlɪ] adj unfreundlich

ungainly [ʌn'geɪnlɪ] adj linkisch

ungodly [ʌn'gɒdlɪ] adj (hour) nachtschlafend; (row) heillos

ungrateful [ʌn'greɪtfʊl] adj undankbar

unhappiness [ʌn'hæpɪnəs] n Unglück nt, Unglückseligkeit f

unhappy [ʌn'hæpɪ] adj unglücklich; ~ **with** (arrangements etc) unzufrieden mit

unharmed ['ʌn'hɑ:md] adj wohlbehalten, unversehrt

unhealthy [ʌn'helθɪ] adj ungesund

unheard-of [ʌn'hɜ:dɒv] adj unerhört

unhurt ['ʌn'hɜ:t] adj unverletzt

unidentified ['ʌnaɪ'dentɪfaɪd] adj unbekannt, nicht identifiziert

uniform ['ju:nɪfɔ:m] n Uniform f ♦ adj einheitlich; ~**ity** [ju:nɪ'fɔ:mɪtɪ] n Einheitlichkeit f

unify ['ju:nɪfaɪ] vt vereinigen

unilateral ['ju:nɪ'lætərəl] adj einseitig

uninhabited [ʌnɪn'hæbɪtɪd] adj unbewohnt

unintentional ['ʌnɪn'tenʃənl] adj unabsichtlich

union ['ju:njən] n (uniting) Vereinigung f; (alliance) Bund m, Union f; (trade ~) Gewerkschaft f; **U~ Jack** n Union Jack m

unique [ju:'ni:k] adj einzig(artig)

unison ['ju:nɪzn] n Einstimmigkeit f; **in ~** einstimmig

unit ['ju:nɪt] n Einheit f; **kitchen ~** Küchenelement nt

unite [ju:'naɪt] vt vereinigen ♦ vi sich vereinigen; ~**d** adj vereinigt; (together) vereint; **U~d Kingdom** n Vereinigte(s) Königreich nt; **U~d Nations (Organization)** n Vereinte Nationen pl; **U~d States (of**

America) *n* Vereinigte Staaten *pl* (von Amerika)

unit trust (*BRIT*) *n* Treuhandgesellschaft *f*

unity ['juːnɪtɪ] *n* Einheit *f*; (*agreement*) Einigkeit *f*

universal [juːnɪ'vɜːsəl] *adj* allgemein

universe ['juːnɪvɜːs] *n* (Welt)all *nt*

university [juːnɪ'vɜːsɪtɪ] *n* Universität *f*

unjust ['ʌn'dʒʌst] *adj* ungerecht

unkempt ['ʌn'kempt] *adj* ungepflegt

unkind [ʌn'kaɪnd] *adj* unfreundlich

unknown [ʌn'nəʊn] *adj*: ~ (**to sb**) (jdm) unbekannt

unlawful [ʌn'lɔːfʊl] *adj* illegal

unleaded *adj* (*petrol*) bleifrei, unverbleit; **I use** ~ ich fahre bleifrei

unleash ['ʌn'liːʃ] *vt* entfesseln

unless [ən'les] *conj* wenn nicht, es sei denn; ~ **he comes** es sei denn, er kommt; ~ **otherwise stated** sofern nicht anders angegeben

unlike ['ʌn'laɪk] *adj* unähnlich ♦ *prep* im Gegensatz zu

unlikely [ʌn'laɪklɪ] *adj* (*not likely*) unwahrscheinlich; (*unexpected: combination etc*) merkwürdig

unlimited [ʌn'lɪmɪtɪd] *adj* unbegrenzt

unlisted [ʌn'lɪstɪd] (*US*) *adj* nicht im Telefonbuch stehend

unload ['ʌn'ləʊd] *vt* entladen

unlock ['ʌn'lɒk] *vt* aufschließen

unlucky [ʌn'lʌkɪ] *adj* unglücklich; (*person*) unglückselig; **to be** ~ Pech haben

unmarried ['ʌn'mærɪd] *adj* unverheiratet, ledig

unmask ['ʌn'mɑːsk] *vt* entlarven

unmistakable ['ʌnmɪs'teɪkəbl] *adj* unverkennbar

unmitigated [ʌn'mɪtɪgeɪtɪd] *adj* ungemildert, ganz

unnatural [ʌn'nætʃrəl] *adj* unnatürlich

unnecessary ['ʌn'nesəsərɪ] *adj* unnötig

unnoticed [ʌn'nəʊtɪst] *adj*: **to go** ~ unbemerkt bleiben

UNO ['juːnəʊ] *n abbr* = **United Nations Organization**

unobtainable ['ʌnəb'teɪnəbl] *adj*: **this number is** ~ kein Anschluß unter dieser Nummer

unobtrusive [ʌnəb'truːsɪv] *adj* unauffällig

unofficial [ʌnə'fɪʃl] *adj* inoffiziell

unpack ['ʌn'pæk] *vt, vi* auspacken

unpalatable [ʌn'pælətəbl] *adj* (*truth*) bitter

unparalleled [ʌn'pærəleld] *adj* beispiellos

unpleasant [ʌn'pleznt] *adj* unangenehm

unplug ['ʌn'plʌg] *vt* den Stecker herausziehen von

unpopular [ʌn'pɒpjʊlə*] *adj* (*person*) unbeliebt; (*decision etc*) unpopulär

unprecedented [ʌn'presɪdəntɪd] *adj* beispiellos

unpredictable [ʌnprɪ'dɪktəbl] *adj* unvor-

hersehbar; (*weather, person*) unberechenbar

unprofessional [ʌnprə'feʃənl] *adj* unprofessionell

unqualified ['ʌn'kwɒlɪfaɪd] *adj* (*success*) uneingeschränkt, voll; (*person*) unqualifiziert

unquestionably [ʌn'kwestʃənəblɪ] *adv* fraglos

unravel [ʌn'rævəl] *vt* (*disentangle*) ausfasern, entwirren; (*solve*) lösen

unreal ['ʌn'rɪəl] *adj* unwirklich

unrealistic [ʌnrɪə'lɪstɪk] *adj* unrealistisch

unreasonable [ʌn'riːznəbl] *adj* unvernünftig; (*demand*) übertrieben

unrelated [ʌnrɪ'leɪtɪd] *adj* ohne Beziehung; (*family*) nicht verwandt

unrelenting ['ʌnrɪ'lentɪŋ] *adj* unerbittlich

unreliable [ʌnrɪ'laɪəbl] *adj* unzuverlässig

unremitting [ʌnrɪ'mɪtɪŋ] *adj* (*efforts, attempts*) unermüdlich

unreservedly [ʌnrɪ'zɜːvɪdlɪ] *adv* offen; (*believe, trust*) uneingeschränkt; (*cry*) rückhaltlos

unrest [ʌn'rest] *n* (*discontent*) Unruhe *f*; (*fighting*) Unruhen *pl*

unroll [ʌn'rəʊl] *vt* aufrollen

unruly [ʌn'ruːlɪ] *adj* (*child*) undiszipliniert; schwer lenkbar

unsafe [ʌn'seɪf] *adj* nicht sicher

unsaid [ʌn'sed] *adj*: **to leave sth** ~ etw ungesagt lassen

unsatisfactory [ʌnsætɪs'fæktərɪ] *adj* unbefriedigend; unzulänglich

unsavoury ['ʌn'seɪvərɪ] (*US* **unsavory**) *adj* (*fig*) widerwärtig

unscathed [ʌn'skeɪðd] *adj* unversehrt

unscrew ['ʌn'skruː] *vt* aufschrauben

unscrupulous [ʌn'skruːpjʊləs] *adj* skrupellos

unsettled ['ʌn'setld] *adj* (*person*) rastlos; (*weather*) wechselhaft

unshaven ['ʌn'ʃeɪvn] *adj* unrasiert

unsightly [ʌn'saɪtlɪ] *adj* unansehnlich

unskilled ['ʌn'skɪld] *adj* ungelernt

unspeakable [ʌn'spiːkəbl] *adj* (*joy*) unsagbar; (*crime*) scheußlich

unstable [ʌn'steɪbl] *adj* instabil; (*mentally*) labil

unsteady [ʌn'stedɪ] *adj* unsicher; (*growth*) unregelmäßig

unstuck ['ʌn'stʌk] *adj*: **to come** ~ sich lösen; (*fig*) ins Wasser fallen

unsuccessful ['ʌnsək'sesfʊl] *adj* erfolglos

unsuitable ['ʌn'suːtəbl] *adj* unpassend

unsure [ʌn'ʃʊə*] *adj* (*uncertain*) unsicher; **to be** ~ **of o.s.** unsicher sein

unsuspecting ['ʌnsəs'pektɪŋ] *adj* nichtsahnend

unsympathetic ['ʌnsɪmpə'θetɪk] *adj* gefühllos; (*response*) abweisend; (*unlikeable*) unsympathisch

untapped ['ʌn'tæpt] *adj* (*resources*) ungenützt

unthinkable [ʌn'θɪŋkəbl] *adj* unvorstellbar

untidy [ʌn'taɪdɪ] *adj* unordentlich

untie [ʌn'taɪ] *vt* aufschnüren

until [ən'tɪl] *prep, conj* bis; ~ **he comes** bis er kommt; ~ **then** bis dann; ~ **now** bis jetzt

untimely [ʌn'taɪmlɪ] *adj* (*death*) vorzeitig

untold [ʌn'təʊld] *adj* unermeßlich

untoward [ʌntə'wɔːd] *adj* widrig

untranslatable [ʌntrænz'leɪtəbl] *adj* unübersetzbar

unused [ʌn'juːzd] *adj* unbenutzt

unusual [ʌn'juːʒʊəl] *adj* ungewöhnlich

unveil [ʌn'veɪl] *vt* enthüllen

unwavering [ʌn'weɪvərɪŋ] *adj* standhaft, unerschütterlich

unwelcome [ʌn'welkəm] *adj* (*at a bad time*) unwillkommen; (*unpleasant*) unerfreulich

unwell [ʌn'wel] *adj*: **to feel** *or* **be** ~ sich nicht wohl fühlen

unwieldy [ʌn'wiːldɪ] *adj* sperrig

unwilling [ʌn'wɪlɪŋ] *adj*: **to be** ~ **to do sth** nicht bereit sein, etw zu tun; **~ly** *adv* widerwillig

unwind [ʌn'waɪnd] (*irreg: like* **wind²**) *vt* abwickeln ♦ *vi* (*relax*) sich entspannen

unwise [ʌn'waɪz] *adj* unklug

unwitting [ʌn'wɪtɪŋ] *adj* unwissentlich

unworkable [ʌn'wɜːkəbl] *adj* (*plan*) undurchführbar

unworthy [ʌn'wɜːðə] *adj* (*person*): ~ (**of sth**) (einer Sache *gen*) nicht wert

unwrap [ʌn'ræp] *vt* auspacken

unwritten [ʌn'rɪtn] *adj* ungeschrieben

─── *KEYWORD* ───

up [ʌp] *prep*: **to be up sth** oben auf etw *dat* sein; **to go up sth** (auf) etw *acc* hinauf gehen; **go up that road** gehen Sie die Straße hinauf

♦ *adv* **1** (*upwards, higher*) oben; **put it up a bit higher** stell es etwas weiter nach oben; **up there** da oben, dort oben; **up above** hoch oben

2: **to be up** (*out of bed*) auf sein; (*prices, level*) gestiegen sein; (*building, tent*) stehen

3: **up to** (*as far as*) bis; **up to now** bis jetzt

4: **to be up to** (*depending on*): **it's up to you** das hängt von dir ab; (*equal to*): **he's not up to it** (*job, task etc*) er ist dem nicht gewachsen; (*inf: be doing*): **showing disapproval, suspicion*): **what is he up to?** was führt er im Schilde?; **it's not up to me to decide** die Entscheidung liegt nicht bei mir; **his work is not up to the required standard** seine Arbeit entspricht nicht dem geforderten Niveau

♦ *n*: **ups and downs** (*in life, career*) Höhen und Tiefen *pl*

up-and-coming [ʌpənd'kʌmɪŋ] *adj* aufstrebend

upbringing ['ʌpbrɪŋɪŋ] *n* Erziehung *f*

update [ʌp'deɪt] *vt* auf den neuesten Stand bringen

upgrade [ʌp'greɪd] *vt* höher einstufen

upheaval [ʌp'hiːvəl] *n* Umbruch *m*

uphill ['ʌp'hɪl] *adj* ansteigend; (*fig*) mühsam ♦ *adv*: **to go** ~ bergauf gehen/fahren

uphold [ʌp'həʊld] (*irreg: like* **hold**) *vt* unterstützen

upholstery [ʌp'həʊlstərɪ] *n* Polster *nt*; Polsterung *f*

upkeep ['ʌpkiːp] *n* Instandhaltung *f*

upon [ə'pɒn] *prep* auf

upper ['ʌpə*] *n* (*on shoe*) Oberleder *nt* ♦ *adj* obere(r, s), höhere(r, s); **to have the** ~ **hand** die Oberhand haben; **~-class** *adj* vornehm; **~most** *adj* oberste(r, s), höchste(r, s); **what was ~most in my mind** was mich in erster Linie beschäftigte

upright ['ʌpraɪt] *adj* aufrecht

uprising ['ʌpraɪzɪŋ] *n* Aufstand *m*

uproar ['ʌprɔː*] *n* Aufruhr *m*

uproot [ʌp'ruːt] *vt* ausreißen

upset [*n* 'ʌpset, *vb, adj* ʌp'set] (*irreg: like* **set**) *n* Aufregung *f* ♦ *vt* (*overturn*) umwerfen; (*disturb*) aufregen, bestürzen; (*plans*) durcheinanderbringen ♦ *adj* (*person*) aufgeregt; (*stomach*) verdorben

upshot ['ʌpʃɒt] *n* (End)ergebnis *nt*

upside-down ['ʌpsaɪd'daʊn] *adv* verkehrt herum; (*fig*) drunter und drüber

upstairs ['ʌp'stɛəz] *adv* oben; (*go*) nach oben ♦ *adj* (*room*) obere(r, s), Ober- ♦ *n* obere(s) Stockwerk *nt*

upstart ['ʌpstɑːt] *n* Emporkömmling *m*

upstream ['ʌp'striːm] *adv* stromaufwärts

uptake ['ʌpteɪk] *n*: **to be quick on the** ~ schnell begreifen; **to be slow on the** ~ schwer von Begriff sein

uptight ['ʌp'taɪt] (*inf*) *adj* (*nervous*) nervös; (*inhibited*) verklemmt

up-to-date ['ʌptə'deɪt] *adj* (*clothes*) modisch, modern; (*information*) neueste(r, s)

upturn ['ʌptɜːn] *n* Aufschwung *m*

upward ['ʌpwəd] *adj* nach oben gerichtet; **~(s)** *adv* aufwärts

uranium [jʊə'reɪnɪəm] *n* Uran *nt*

urban ['ɜːbən] *adj* städtisch, Stadt-

urbane [ɜː'beɪn] *adj* höflich

urchin ['ɜːtʃɪn] *n* (*boy*) Schlingel *m*; (*sea* ~) Seeigel *m*

urge [ɜːdʒ] *n* Drang *m* ♦ *vt*: **to** ~ **sb to do sth** jdn (dazu) drängen, etw zu tun

urgency ['ɜːdʒənsɪ] *n* Dringlichkeit *f*

urgent ['ɜːdʒənt] *adj* dringend

urinal ['jʊərɪnl] *n* (*MED*) Urinflasche *f*; (*public*) Pissoir *nt*

urinate ['jʊərɪneɪt] *vi* urinieren

urine ['jʊərɪn] *n* Urin *m*, Harn *m*

urn [ɜːn] *n* Urne *f*; (*tea* ~) Teemaschine *f*

us [ʌs] *pron* uns; *see also* **me**
US *n abbr* = **United States**
USA *n abbr* = **United States of America**
usage ['juːzɪdʒ] *n* Gebrauch *m*; (*esp LING*) Sprachgebrauch *m*
use [*n* juːs, *vb* juːz] *n* (*employment*) Gebrauch *m*; (*point*) Zweck *m* ♦ *vt* gebrauchen; **in ~** in Gebrauch; **out of ~** außer Gebrauch; **to be of ~** nützlich sein; **it's no ~** es hat keinen Zweck; **what's the ~?** was soll's?; **~d to** (*accustomed to*) gewöhnt an +*acc*; **she ~d to live here** (*formerly*) sie hat früher mal hier gewohnt; **~ up** *vt* aufbrauchen, verbrauchen; **~d** *adj* (*car*) Gebraucht-; **~ful** *adj* nützlich; **~fulness** *n* Nützlichkeit *f*; **~less** *adj* nutzlos, unnütz; **~r** *n* Benutzer *m*; **~r-friendly** *adj* (*computer*) benutzerfreundlich
usher ['ʌʃə*] *n* Platzanweiser *m*
usherette [ʌʃə'ret] *n* Platzanweiserin *f*
usual ['juːʒʊəl] *adj* gewöhnlich, üblich; **as ~** wie üblich; **~ly** *adv* gewöhnlich
usurp [juː'zɜːp] *vt* an sich reißen
utensil [juː'tensl] *n* Gerät *nt*; **kitchen ~s** Küchengeräte *pl*
uterus ['juːtərəs] *n* Gebärmutter *f*
utilitarian [juːtɪlɪ'teəriən] *adj* Nützlichkeits-
utility [juː'tɪlɪtɪ] *n* (*usefulness*) Nützlichkeit *f*; (*also: public ~*) öffentliche(r) Versorgungsbetrieb *m*; **~ room** *n* Hauswirtschaftsraum *m*
utilize ['juːtɪlaɪz] *vt* benützen
utmost ['ʌtməust] *adj* äußerste(r, s) ♦ *n*: **to do one's ~** sein möglichstes tun
utter ['ʌtə*] *adj* äußerste(r, s), höchste(r, s), völlig ♦ *vt* äußern, aussprechen; **~ance** *n* Äußerung *f*; **~ly** *adv* äußerst, absolut, völlig
U-turn ['juː'tɜːn] *n* (*AUT*) Kehrtwendung *f*

V v

v. *abbr* = **verse**; **versus**; **volt**; (= *vide*) siehe
vacancy ['veɪkənsɪ] *n* (*BRIT*: *job*) offene Stelle *f*; (*room*) freie(s) Zimmer *nt*
vacant ['veɪkənt] *adj* leer; (*unoccupied*) frei; (*house*) leerstehend, unbewohnt; (*stupid*) (gedanken)leer; **~ lot** (*US*) *n* unbebaute(s) Grundstück *nt*
vacate [və'keɪt] *vt* (*seat*) frei machen; (*room*) räumen
vacation [və'keɪʃən] *n* Ferien *pl*, Urlaub *m*;

~ist (*US*) *n* Ferienreisende(r) *mf*
vaccinate ['væksɪneɪt] *vt* impfen
vaccine ['væksiːn] *n* Impfstoff *m*
vacuum ['vækjʊm] *n* Vakuum *nt*; **~ bottle** (*US*) *n* Thermosflasche *f*; **~ cleaner** *n* Staubsauger *m*; **~ flask** (*BRIT*) *n* Thermosflasche *f*; **~-packed** *adj* vakuumversiegelt
vagina [və'dʒaɪnə] *n* Scheide *f*
vagrant ['veɪgrənt] *n* Landstreicher *m*
vague [veɪg] *adj* vag(e); (*absent-minded*) geistesabwesend; **~ly** *adv* unbestimmt, vag(e)
vain [veɪn] *adj* eitel; (*attempt*) vergeblich; **in ~** vergebens, umsonst
valentine ['væləntaɪn] *n* (*also*: **~ card**) Valentinsgruß *m*
valet ['væleɪ] *n* Kammerdiener *m*
valiant ['væliənt] *adj* tapfer
valid ['vælɪd] *adj* gültig; (*argument*) stichhaltig; (*objection*) berechtigt; **~ity** [və'lɪdɪtɪ] *n* Gültigkeit *f*
valley ['vælɪ] *n* Tal *nt*
valour ['vælə*] (*US* **valor**) *n* Tapferkeit *f*
valuable ['væljʊəbl] *adj* wertvoll; (*time*) kostbar; **~s** *npl* Wertsachen *pl*
valuation [vælju'eɪʃən] *n* (*FIN*) Schätzung *f*; Beurteilung *f*
value ['væljuː] *n* Wert *m*; (*usefulness*) Nutzen *m* ♦ *vt* (*prize*) (hoch)schätzen, werthalten; (*estimate*) schätzen; **~ added tax** (*BRIT*) *n* Mehrwertsteuer *f*; **~d** *adj* (hoch)geschätzt
valve [vælv] *n* Ventil *nt*; (*BIOL*) Klappe *f*; (*RAD*) Röhre *f*
van [væn] *n* Lieferwagen *m*; (*BRIT*: *RAIL*) Waggon *m*
vandal ['vændl] *n* Rowdy *m*
vandalism [vændəlɪzəm] *n* mutwillige Beschädigung *f*
vandalize ['vændəlaɪz] *vt* mutwillig beschädigen
vanguard ['vængɑːd] *n* (*fig*) Spitze *f*
vanilla [və'nɪlə] *n* Vanille *f*; **~ ice cream** *n* Vanilleeis *nt*
vanish ['vænɪʃ] *vi* verschwinden
vanity ['vænɪtɪ] *n* Eitelkeit *f*; **~ case** *n* Schminkkoffer *m*
vantage ['vɑːntɪdʒ] *n*: **~ point** gute(r) Aussichtspunkt *m*
vapour ['veɪpə*] (*US* **vapor**) *n* (*mist*) Dunst *m*; (*gas*) Dampf *m*
variable ['veəriəbl] *adj* wechselhaft, veränderlich; (*speed, height*) regulierbar
variance ['veəriəns] *n*: **to be at ~ (with)** nicht übereinstimmen (mit)
variation [veərɪ'eɪʃən] *n* Variation *f*; (*of temperature, prices*) Schwankung *f*
varicose ['værɪkəus] *adj*: **~ veins** Krampfadern *pl*
varied ['veərɪd] *adj* unterschiedlich; (*life*) abwechslungsreich
variety [və'raɪətɪ] *n* (*difference*) Abwechs-

lung f; (varied collection) Vielfalt f; (COMM) Auswahl f; (sort) Sorte f, Art f; ~ show n Varieté nt

various ['vɛərɪəs] adj verschieden; (several) mehrere

varnish ['vɑ:nɪʃ] n Lack m; (on pottery) Glasur f ♦ vt lackieren

vary ['vɛərɪ] vt (alter) verändern; (give variety to) abwechslungsreicher gestalten ♦ vi sich (ver)ändern; (prices) schwanken; (weather) unterschiedlich sein

vase [vɑ:z] n Vase f

Vaseline ['væsɪli:n] ® n Vaseline f

vast [vɑ:st] adj weit, groß, riesig

VAT [væt] n abbr (= value added tax) MwSt f

vat [væt] n große(s) Faß nt

vault [vɔ:lt] n (of roof) Gewölbe nt; (tomb) Gruft f; (in bank) Tresorraum m; (leap) Sprung m ♦ vt (also: ~ over) überspringen

vaunted ['vɔ:ntɪd] adj: much-~ vielgerühmt

VCR n abbr = **video cassette recorder**

VD n abbr = **venereal disease**

VDU n abbr = **visual display unit**

veal [vi:l] n Kalbfleisch nt

veer [vɪə*] vi sich drehen; (of car) ausscheren

vegetable ['vedʒətəbl] n Gemüse nt ♦ adj Gemüse-; ~s npl (CULIN) Gemüse nt

vegetarian [vedʒɪ'tɛərɪən] n Vegetarier(in) m(f) ♦ adj vegetarisch

vegetate ['vedʒɪteɪt] vi (dahin)vegetieren

vehemence ['vi:ɪməns] n Heftigkeit f

vehement ['vi:ɪmənt] adj heftig

vehicle ['vi:ɪkl] n Fahrzeug nt; (fig) Mittel nt

veil [veɪl] n (also fig) Schleier m ♦ vt verschleiern

vein [veɪn] n Ader f; (mood) Stimmung f

velocity [vɪ'lɒsɪtɪ] n Geschwindigkeit f

velvet ['velvɪt] n Samt m ♦ adj Samt-

vendetta [ven'detə] n Fehde f; (in family) Blutrache f

vending machine ['vendɪŋ-] n Automat m

vendor ['vendɔ:*] n Verkäufer m

veneer [və'nɪə*] n Furnier(holz) nt; (fig) äußere(r) Anstrich m

venereal disease [vɪ'nɪərɪəl-] n Geschlechtskrankheit f

Venetian blind [vɪ'ni:ʃən-] n Jalousie f

vengeance ['vendʒəns] n Rache f; with a ~ gewaltig

venison ['venɪsn] n Reh(fleisch) nt

venom ['venəm] n Gift nt

vent [vent] n Öffnung f; (in coat) Schlitz m; (fig) Ventil nt ♦ vt (emotion) abreagieren

ventilate ['ventɪleɪt] vt belüften

ventilator ['ventɪleɪtə*] n Ventilator m

ventriloquist [ven'trɪləkwɪst] n Bauchredner m

venture ['ventʃə*] n Unternehmung f, Projekt nt ♦ vt wagen; (life) aufs Spiel setzen ♦ vi sich wagen

venue ['venju:] n Schauplatz m

verb [vɜ:b] n Zeitwort nt, Verb nt; ~al adj (spoken) mündlich; (translation) wörtlich; ~ally adv mündlich

verbatim [vɜ:'beɪtɪm] adv Wort für Wort ♦ adj wortwörtlich

verbose [vɜ:'bəus] adj wortreich

verdict ['vɜ:dɪkt] n Urteil nt

verge [vɜ:dʒ] n (BRIT) Rand m ♦ vi: to ~ on grenzen an +acc; "soft "~s" (BRIT: AUT) „Seitenstreifen nicht befahrbar"; on the ~ of doing sth im Begriff, etw zu tun

verify ['verɪfaɪ] vt (über)prüfen; (confirm) bestätigen; (theory) beweisen

veritable ['verɪtəbl] adj wirklich, echt

vermin ['vɜ:mɪn] npl Ungeziefer nt

vermouth ['vɜ:məθ] n Wermut m

vernacular [və'nækjulə*] n Landessprache f

versatile ['vɜ:sətaɪl] adj vielseitig

versatility [vɜ:sə'tɪlɪtɪ] n Vielseitigkeit f

verse [vɜ:s] n (poetry) Poesie f; (stanza) Strophe f; (of Bible) Vers m; in ~ in Versform

versed [vɜ:st] adj: (well-)~ in bewandert in +dat, beschlagen in +dat

version ['vɜ:ʃən] n Version f; (of car) Modell nt

versus ['vɜ:səs] prep gegen

vertebrate ['vɜ:tɪbrət] adj (animal) Wirbel-

vertical ['vɜ:tɪkəl] adj senkrecht

vertigo ['vɜ:tɪgəu] n Schwindel m

verve [vɜ:v] n Schwung m

very ['verɪ] adv sehr ♦ adj (extreme) äußerste(r, s); the ~ book which genau das Buch, welches; the ~ last der/die/das allerletzte; at the ~ least allerwenigstens; ~ much sehr

vessel ['vesl] n (ship) Schiff nt; (container) Gefäß nt

vest [vest] n (BRIT) Unterhemd nt; (US: waistcoat) Weste f; ~ed interests npl finanzielle Beteiligung f; (people) finanziell Beteiligte pl; (fig) persönliche(s) Interesse nt

vestige ['vestɪdʒ] n Spur f

vestry ['vestrɪ] n Sakristei f

vet [vet] n abbr (= veterinary surgeon) Tierarzt m/-ärztin f ♦ vt genau prüfen

veteran ['vetərn] n Veteran(in) m(f)

veterinarian [vetrɪ'nɛərɪən] (US) n Tierarzt m/-ärztin f

veterinary ['vetrɪnərɪ] adj Veterinär-; ~ surgeon (BRIT) n Tierarzt m/-ärztin f

veto ['vi:təu] (pl ~es) n Veto nt ♦ vt sein Veto einlegen gegen

vex [veks] vt ärgern; ~ed adj verärgert; ~ed question n umstrittene Frage f

VHF abbr (= very high frequency) UKW f

via ['vaɪə] prep über +acc

viable ['vaɪəbl] adj (plan) durchführbar;

(*company*) rentabel

vibrant ['vaɪbrənt] *adj* (*lively*) lebhaft; (*bright*) leuchtend; (*full of emotion: voice*) bebend

vibrate [vaɪ'breɪt] *vi* zittern, beben; (*machine, string*) vibrieren

vibration [vaɪ'breɪʃən] *n* Schwingung *f*; (*of machine*) Vibrieren *nt*

vicar ['vɪkə*] *n* Pfarrer *m*; ~**age** *n* Pfarrhaus *nt*

vicarious [vɪ'kɛərɪəs] *adj* nachempfunden

vice [vaɪs] *n* (*evil*) Laster *nt*; (*TECH*) Schraubstock *m*

vice-chairman *n* stellvertretende(r) Vorsitzende(r) *m*

vice-president *n* Vizepräsident *m*

vice squad *n* ≈ Sittenpolizei *f*

vice versa ['vaɪsɪ'vɜːsə] *adv* umgekehrt

vicinity [vɪ'sɪnɪtɪ] *n* Umgebung *f*; (*closeness*) Nähe *f*

vicious ['vɪʃəs] *adj* gemein, böse; ~ **circle** *n* Teufelskreis *m*

victim ['vɪktɪm] *n* Opfer *nt*; ~**ize** *vt* benachteiligen

victor ['vɪktə*] *n* Sieger *m*

Victorian [vɪk'tɔːrɪən] *adj* viktorianisch; (*fig*) (sitten)streng

victorious [vɪk'tɔːrɪəs] *adj* siegreich

victory ['vɪktərɪ] *n* Sieg *m*

video ['vɪdɪəʊ] *adj* Fernseh-, Bild- ♦ *n* (*~ film*) Video *nt*; (*also:* ~ **cassette**) Videokassette *f*; (: ~ **cassette recorder**) Videorekorder *m*; ~ **tape** *n* Videoband *nt*

vie [vaɪ] *vi* wetteifern

Vienna [vɪ'enə] *n* Wien *nt*

view [vjuː] *n* (*sight*) Sicht *f*, Blick *m*; (*scene*) Aussicht *f*; (*opinion*) Ansicht *f*; (*intention*) Absicht *f* ♦ *vt* (*situation*) betrachten; (*house*) besichtigen; **to have sth in** ~ etw beabsichtigen; **on** ~ ausgestellt; **in** ~ **of** wegen +*gen*, angesichts +*gen*; ~**er** *n* (*~finder*) Sucher *m*; (*PHOT: small projector*) Gucki *m*; (*TV*) Fernsehzuschauer(in) *m(f)*; ~**finder** *n* Sucher *m*; ~**point** *n* Standpunkt *m*

vigil ['vɪdʒɪl] *n* (Nacht)wache *f*, ~**ance** *n* Wachsamkeit *f*, ~**ant** *adj* wachsam

vigorous ['vɪgərəs] *adj* kräftig, (*protest*) energisch, heftig; ~**ly** *adv* kräftig, energisch, heftig

vile [vaɪl] *adj* (*mean*) gemein; (*foul*) abscheulich

vilify ['vɪlɪfaɪ] *vt* verleumden

villa ['vɪlə] *n* Villa *f*

village ['vɪlɪdʒ] *n* Dorf *nt*; ~**r** *n* Dorfbewohner(in) *m(f)*

villain ['vɪlən] *n* Schurke *m*

vindicate ['vɪndɪkeɪt] *vt* rechtfertigen

vindictive [vɪn'dɪktɪv] *adj* nachtragend, rachsüchtig

vine [vaɪn] *n* Rebstock *m*, Rebe *f*

vinegar ['vɪnɪgə*] *n* Essig *m*

vineyard ['vɪnjəd] *n* Weinberg *m*

vintage ['vɪntɪdʒ] *n* (*of wine*) Jahrgang *m*; ~ **wine** *n* edle(r) Wein *m*

viola [vɪ'əʊlə] *n* Bratsche *f*

violate ['vaɪəleɪt] *vt* (*law*) übertreten; (*rights, rule, neutrality*) verletzen; (*sanctity, woman*) schänden

violation [vaɪə'leɪʃən] *n* Verletzung *f*; Übertretung *f*

violence ['vaɪələns] *n* (*force*) Heftigkeit *f*; (*brutality*) Gewalttätigkeit *f*

violent ['vaɪələnt] *adj* (*strong*) heftig; (*brutal*) gewalttätig, brutal; (*contrast*) kraß; (*death*) gewaltsam

violet ['vaɪələt] *n* Veilchen *nt* ♦ *adj* veilchenblau, violett

violin [vaɪə'lɪn] *n* Geige *f*, Violine *f*; ~**ist** *n* Geiger(in) *m(f)*

VIP *n abbr* (= *very important person*) VIP *m*

virgin ['vɜːdʒɪn] *n* Jungfrau *f* ♦ *adj* jungfräulich, unberührt; ~**ity** [vɜː'dʒɪnɪtɪ] *n* Unschuld *f*

Virgo ['vɜːgəʊ] *n* Jungfrau *f*

virile ['vɪraɪl] *adj* männlich

virility [vɪ'rɪlɪtɪ] *n* Männlichkeit *f*

virtually ['vɜːtjʊəlɪ] *adv* praktisch, fast

virtual reality *n* (*COMPUT*) virtuelle Realität *f*

virtue ['vɜːtjuː] *n* (*moral goodness*) Tugend *f*; (*good quality*) Vorteil *m*, Vorzug *m*; **by** ~ **of** aufgrund +*gen*

virtuous ['vɜːtjʊəs] *adj* tugendhaft

virulent ['vɪrjʊlənt] *adj* (*poisonous*) bösartig; (*bitter*) scharf, geharnischt

virus ['vaɪərəs] *n* (*also: COMPUT*) Virus *m*

visa ['viːzə] *n* Visum *nt*

vis-à-vis ['viːzəviː] *prep* gegenüber

viscous ['vɪskəs] *adj* zähflüssig

visibility [vɪzɪ'bɪlɪtɪ] *n* (*MET*) Sicht(weite) *f*

visible ['vɪzəbl] *adj* sichtbar

visibly ['vɪzəblɪ] *adv* sichtlich

vision ['vɪʒən] *n* (*ability*) Sehvermögen *nt*; (*foresight*) Weitblick *m*; (*in dream, image*) Vision *f*

visit ['vɪzɪt] *n* Besuch *m* ♦ *vt* besuchen; (*town, country*) fahren nach; ~**ing** *adj* (*professor*) Gast-; ~**ing hours** *npl* (*in hospital etc*) Besuchszeiten *pl*; ~**or** *n* (*in house*) Besucher(in) *m(f)*; (*in hotel*) Gast *m*

visor ['vaɪzə*] *n* Visier *nt*; (*on cap*) Schirm *m*; (*AUT*) Blende *f*

vista ['vɪstə] *n* Aussicht *f*

visual ['vɪzjʊəl] *adj* Seh-, visuell; ~ **aid** *n* Anschauungsmaterial *nt*; ~ **display unit** *n* Bildschirm(gerät *nt*) *m*; ~**ize** ['vɪzjʊəlaɪz] *vt* sich +*dat* vorstellen

vital ['vaɪtl] *adj* (*important*) unerläßlich; (*necessary for life*) Lebens-, lebenswichtig; (*lively*) vital; ~**ity** [vaɪ'tælɪtɪ] *n* Vitalität *f*; ~**ly** *adv*: ~**ly important** äußerst wichtig; ~ **statistics** *npl* (*fig*) Maße *pl*

vitamin ['vɪtəmɪn] *n* Vitamin *nt*

vivacious [vɪ'veɪʃəs] *adj* lebhaft

vivid ['vɪvɪd] *adj (graphic)* lebendig; *(memory)* lebhaft; *(bright)* leuchtend; **~ly** *adv* lebendig; lebhaft; leuchtend

V-neck ['viː'nek] *n* V-Ausschnitt *m*

vocabulary [vəu'kæbjulərɪ] *n* Wortschatz *m*, Vokabular *nt*

vocal ['vəukəl] *adj* Vokal-, Gesang-; *(fig)* lautstark; **~ cords** *npl* Stimmbänder *pl*

vocation [vəu'keɪʃən] *n (calling)* Berufung *f*; **~al** *adj* Berufs-

vociferous [vəu'sɪfərəs] *adj* lautstark

vodka ['vɒdkə] *n* Wodka *m*

vogue [vəug] *n* Mode *f*

voice [vɔɪs] *n* Stimme *f*; *(fig)* Mitspracherecht *nt* ♦ *vt* äußern

void [vɔɪd] *n* Leere *f* ♦ *adj (invalid)* nichtig, ungültig; *(empty)*: **~ of** ohne, bar +*gen*; *see* **null**

volatile ['vɒlətaɪl] *adj (gas)* flüchtig; *(person)* impulsiv; *(situation)* brisant

volcano [vɒl'keɪnəu] *n* Vulkan *m*

volition [və'lɪʃən] *n* Wille *m*; **of one's own ~** aus freiem Willen

volley ['vɒlɪ] *n (of guns)* Salve *f*; *(of stones)* Hagel *m*; *(of words)* Schwall *m*; *(tennis)* Flugball *m*; **~ball** *n* Volleyball *m*

volt [vəult] *n* Volt *nt*; **~age** *n* (Volt)spannung *f*

voluble ['vɒljubl] *adj* redselig

volume ['vɒljuːm] *n (book)* Band *m*; *(size)* Umfang *m*; *(space)* Rauminhalt *m*; *(of sound)* Lautstärke *f*

voluminous [və'luːmɪnəs] *adj* üppig; *(clothes)* wallend; *(correspondence, notes)* umfangreich

voluntarily ['vɒləntrəlɪ] *adv* freiwillig

voluntary ['vɒləntərɪ] *adj* freiwillig

volunteer [vɒlən'tɪə*] *n* Freiwillige(r) *mf* ♦ *vi* sich freiwillig melden; **to ~ to do sth** sich anbieten, etw zu tun

voluptuous [və'lʌptjuəs] *adj* sinnlich

vomit ['vɒmɪt] *n* Erbrochene(s) *nt* ♦ *vt* spucken ♦ *vi* sich übergeben

vote [vəut] *n* Stimme *f*; *(ballot)* Abstimmung *f*; *(result)* Abstimmungsergebnis *nt*; *(franchise)* Wahlrecht *nt* ♦ *vt, vi* wählen; **~ of thanks** *n* Dankesworte *pl*; **~r** *n* Wähler(in) *m(f)*

voting ['vəutɪŋ] *n* Wahl *f*

voucher ['vautʃə*] *n* Gutschein *m*

vouch for [vautʃ-] *vt* bürgen für

vow [vau] *n* Versprechen *nt*; *(REL)* Gelübde *nt* ♦ *vt* geloben

vowel ['vauəl] *n* Vokal *m*

voyage ['vɔɪdʒ] *n* Reise *f*

vulgar ['vʌlgə*] *adj (rude)* vulgär; *(of common people)* allgemein, Volks-; **~ity** [vʌl'gærɪtɪ] *n* Vulgarität *f*

vulnerable ['vʌlnərəbl] *adj (easily injured)* verwundbar; *(sensitive)* verletzlich

vulture ['vʌltʃə*] *n* Geier *m*

W w

wad [wɒd] *n (bundle)* Bündel *nt*; *(of paper)* Stoß *m*; *(of money)* Packen *m*

waddle ['wɒdl] *vi* watscheln

wade [weɪd] *vi*: **to ~ through** waten durch

wafer ['weɪfə*] *n* Waffel *f*; *(REL)* Hostie *f*; *(COMPUT)* Wafer *f*

waffle ['wɒfl] *n* Waffel *f*; *(inf: empty talk)* Geschwafel *nt* ♦ *vi* schwafeln

waft [wɑːft] *vt, vi* wehen

wag [wæg] *vt (tail)* wedeln mit ♦ *vi* wedeln

wage [weɪdʒ] *n (also: ~s)* (Arbeits)lohn *m* ♦ *vt*: **to ~ war** Krieg führen; **~ earner** *n* Lohnempfänger(in) *m(f)*; **~ packet** *n* Lohntüte *f*

wager ['weɪdʒə*] *n* Wette *f* ♦ *vt, vi* wetten

waggle ['wægl] *vt (tail)* wedeln mit ♦ *vi* wedeln

wag(g)on ['wægən] *n (horse-drawn)* Fuhrwerk *nt*; *(US: AUT)* Wagen *m*; *(BRIT: RAIL)* Waggon *m*

wail [weɪl] *n* Wehgeschrei *nt* ♦ *vi* wehklagen, jammern

waist [weɪst] *n* Taille *f*; **~coat** *n* *(BRIT)* Weste *f*; **~line** *n* Taille *f*

wait [weɪt] *n* Wartezeit *f* ♦ *vi* warten; **to lie in ~ for sb** jdm auflauern; **I can't ~ to see him** ich kann's kaum erwarten, ihn zu sehen; **"no ~ing"** *(BRIT: AUT)* „Halteverbot"; **~ behind** *vi* zurückbleiben; **~ for** *vt fus* warten auf +*acc*; **~ on** *vt fus* bedienen; **~er** *n* Kellner *m*; **~ing list** *n* Warteliste *f*; **~ing room** *n* *(MED)* Wartezimmer *nt*; *(RAIL)* Wartesaal *m*; **~ress** *n* Kellnerin *f*

waive [weɪv] *vt* verzichten auf +*acc*

wake [weɪk] *(pt woke, ~d, pp woken)* *vt* wecken ♦ *vi (also: ~ up)* aufwachen ♦ *n* *(NAUT)* Kielwasser *nt*; *(for dead)* Totenwache *f*; **to ~ up to** *(fig)* sich bewußt werden +*gen*

waken ['weɪkən] *vt* aufwecken

Wales [weɪlz] *n* Wales *nt*

walk [wɔːk] *n* Spaziergang *m*; *(gait)* Gang *m*; *(route)* Weg *m* ♦ *vi* gehen; *(stroll)* spazierengehen; *(longer)* wandern; **~s of life** Sphären *pl*; **a 10-minute ~** 10 Minuten zu Fuß; **to ~ out on sb** *(inf)* jdn sitzenlassen; **~er** *n* Spaziergänger *m*; *(hiker)* Wanderer *m*; **~ie-talkie** ['wɔːkɪ'tɔːkɪ] *n* tragbare(s) Sprechfunkgerät *nt*; **~ing** *n* Gehen *nt*; *(hiking)* Wandern *nt* ♦ *adj* Wander-; **~-**

ing shoes npl Wanderschuhe pl; **~ing
stick** n Spazierstock m; **~out** n Streik m;
~over (inf) n leichte(r) Sieg m; **~way** n
Fußweg m

wall [wɔːl] n (inside) Wand f; (outside)
Mauer f; **~ed** adj von Mauern umgeben

wallet ['wɒlɪt] n Brieftasche f

wallflower ['wɔːlflauə*] n Goldlack m; **to
be a ~** (fig) ein Mauerblümchen sein

wallop ['wɒləp] (inf) vt schlagen, verprügeln

wallow ['wɒləu] vi sich wälzen

wallpaper ['wɔːlpeɪpə*] n Tapete f

wally ['wɒlɪ] (inf) n Idiot m

walnut ['wɔːlnʌt] n Walnuß f

walrus ['wɔːlrəs] n Walroß nt

waltz [wɔːlts] n Walzer m ♦ vi Walzer tanzen

wan [wɒn] adj bleich

wand [wɒnd] n (also: magic ~) Zauberstab
m

wander ['wɒndə*] vi (roam) (herum)wandern; (fig) abschweifen

wane [weɪn] vi abnehmen; (fig) schwinden

wangle ['wæŋgl] (BRIT: inf) vt: **to ~ sth**
etw richtig hindrehen

want [wɒnt] n (lack) Mangel m ♦ vt (need)
brauchen; (desire) wollen; (lack) nicht haben; **~s** npl (needs) Bedürfnisse pl; **for ~
of** aus Mangel an +dat; mangels +gen; **to
~ to do sth** etw tun wollen; **to ~ sb to
do sth** wollen, daß jd etw tut; **~ed** adj
(criminal etc) gesucht; **"cook ~ed"** (in ad-
vertisements) „Koch/Köchin gesucht";
~ing adj: **to be found ~ing** sich als unzulänglich erweisen

wanton ['wɒntən] adj mutwillig, zügellos

war [wɔː*] n Krieg m; **to make ~** Krieg
führen

ward [wɔːd] n (in hospital) Station f; (of
city) Bezirk m; (child) Mündel nt; **~ off** vt
abwenden, abwehren

warden ['wɔːdən] n (guard) Wächter m,
Aufseher m; (BRIT: in youth hostel) Herbergsvater m; (UNIV) Heimleiter m; (BRIT:
also: traffic ~) ≈ Verkehrspolizist m, ≈ Politesse f

warder ['wɔːdə*] (BRIT) n Gefängniswärter
m

wardrobe ['wɔːdrəub] n Kleiderschrank m;
(clothes) Garderobe f

warehouse ['wɛəhaus] n Lagerhaus nt

wares [wɛəz] npl Ware f

warfare ['wɔːfɛə*] n Krieg m; Kriegs-
führung f

warhead ['wɔːhed] n Sprengkopf m

warily ['wɛərɪlɪ] adv vorsichtig

warlike ['wɔːlaɪk] adj kriegerisch

warm [wɔːm] adj warm; (welcome) herzlich
♦ vt, vi wärmen; **I'm ~** mir ist warm; **it's ~**
es ist warm; **~ up** vt aufwärmen ♦ vi warm
werden; **~-hearted** adj warmherzig; **~ly**

adv warm; herzlich; **~th** n Wärme f; Herz-
lichkeit f

warn [wɔːn] vt: **to ~ (of or against)** warnen (vor +dat); **~ing** n Warnung f; **without ~ing** unerwartet; **~ing light** n
Warnlicht nt; **~ing triangle** n (AUT)
Warndreieck nt

warp [wɔːp] vt verziehen; **~ed** adj wellig;
(fig) pervers

warrant ['wɒrənt] n (for arrest) Haftbefehl
m

warranty ['wɒrəntɪ] n Garantie f

warren ['wɒrən] n Labyrinth nt

warrior ['wɒrɪə*] n Krieger m

Warsaw ['wɔːsɔː] n Warschau nt

warship ['wɔːʃɪp] n Kriegsschiff nt

wart [wɔːt] n Warze f

wartime ['wɔːtaɪm] n Krieg m

wary ['wɛərɪ] adj mißtrauisch

was [wɒz, wəz] pt of **be**

wash [wɒʃ] n Wäsche f ♦ vt waschen;
(dishes) abwaschen ♦ vi sich waschen; (do
~ing) waschen; **to have a ~** sich waschen;
~ away vt abwaschen, wegspülen; **~ off**
vt abwaschen; **~ up** vi (BRIT) spülen; (US)
sich waschen; **~able** adj waschbar; **~-
basin** n Waschbecken nt; **~ bowl** (US) n
Waschbecken nt; **~ cloth** (US) n (face
cloth) Waschlappen m; **~er** n (TECH) Dichtungsring m; (machine) Waschmaschine f;
~ing n Wäsche f; **~ing machine** n
Waschmaschine f; **~ing powder** (BRIT) n
Waschpulver nt

Washington n Washington nt

wash-: **~ing-up** n Abwasch m; **~ing-up
liquid** n Spülmittel nt; **~-out** (inf) n
(event) Reinfall m; (person) Niete f;
~room n Waschraum m

wasn't ['wɒznt] = **was not**

wasp [wɒsp] n Wespe f

wastage ['weɪstɪdʒ] n Verlust m; **natural ~**
Verschleiß m

waste [weɪst] n (wasting) Verschwendung f;
(what is wasted) Abfall m ♦ adj (useless)
überschüssig, Abfall- ♦ vt (object) verschwenden; (time, life) vergeuden ♦ vi: **to
~ away** verfallen; **~s** npl (land) Einöde f;
~ disposal unit (BRIT) n Müllschlucker
m; **~ful** adj verschwenderisch; (process)
aufwendig; **~ ground** (BRIT) n unbebau-
te(s) Grundstück nt; **~land** n Ödland nt;
~paper basket n Papierkorb m; **~ pipe**
n Abflußrohr nt

watch [wɒtʃ] n Wache f; (for time) Uhr f ♦
vt ansehen; (observe) beobachten; (be careful of) aufpassen auf +acc; (guard) bewachen ♦ vi zusehen; **to be on the ~** (for
sth) (auf etw acc) aufpassen; **to ~ TV** fernsehen; **to ~ sb doing sth** jdm bei etw zuschauen; **~ out** vi Ausschau halten; (be
careful) aufpassen; **~ out!** paß auf!; **~dog**
n Wachthund m; (fig) Wächter m; **~ful** adj

wachsam; ~**maker** n Uhrmacher m;
~**man** (irreg) n (also: night ~man)
(Nacht)wächter m; ~ **strap** n Uhrarmband
nt

water ['wɔːtə*] n Wasser m ♦ vt (be)gießen;
(river) bewässern; (horses) tränken ♦ vi
(eye) tränen; ~**s** npl (of sea, river etc) Gewässer nt; ~ **down** vt verwässern; ~ **closet** (BRIT) n (Wasser)klosett nt; ~**colour**
(US ~**color**) n (painting) Aquarell nt; (paint)
Wasserfarbe f; ~**cress** n (Brunnen)kresse f;
~**fall** n Wasserfall m; ~ **heater** n Heiß-
wassergerät nt; ~**ing can** n Gießkanne f;
~ **level** n Wasserstand m; ~**lily** n Seerose
f; ~**line** n Wasserlinie f; ~**logged** adj
(ground) voll Wasser; (wood) mit Wasser
vollgesogen; ~ **main** n Haupt(wasser)-
leitung f; ~**mark** n Wasserzeichen nt; (on
wall) Wasserstandsmarke f; ~**melon** n
Wassermelone f; ~ **polo** n Wasser-
ball(spiel) nt; ~**proof** adj wasserdicht;
~**shed** n Wasserscheide f; ~**skiing** n
Wasserschilaufen nt; ~ **tank** n Wassertank
m; ~**tight** adj wasserdicht; ~**way** n Was-
serweg m; ~**works** npl Wasserwerk nt; ~**y**
adj wäss(e)rig

watt [wɒt] n Watt nt

wave [weɪv] n Welle f; (with hand) Winken
nt ♦ vt (move to and fro) schwenken; (hand,
flag) winken mit; (hair) wellen ♦ vi (also fig)
winken; (flag) wehen; ~**length** n (also fig)
Wellenlänge f

waver ['weɪvə*] vi schwanken

wavy ['weɪvɪ] adj wellig

wax [wæks] n Wachs nt; (sealing ~) Siegel-
lack m; (in ear) Ohrenschmalz nt ♦ vt
(floor) (ein)wachsen ♦ vi (moon) zunehmen;
~**works** npl Wachsfigurenkabinett nt

way [weɪ] n Weg m; (method) Art und Weise f; (direction) Richtung f; (habit) Gewohnheit f; (distance) Entfernung f; (condition)
Zustand m; **which** ~? - **this** ~ welche
Richtung? - hier entlang; **on the** ~ (en
route) unterwegs; **to be in the** ~ im Weg
sein; **to go out of one's** ~ **to do sth** sich
besonders anstrengen, um etw zu tun; **to
lose one's** ~ sich verirren; **"give** ~**"** (BRIT:
AUT) "Vorfahrt achten!"; **in a** ~ in gewisser Weise; **by the** ~ übrigens; **in some** ~**s**
in gewisser Hinsicht; **"** ~ **in"** (BRIT) „Eingang"; **"** ~ **out"** „Ausgang"

waylay [weɪ'leɪ] (irreg: like lay) vt auflauern
+dat

wayward ['weɪwəd] adj eigensinnig

W.C. (BRIT) n WC nt

we [wiː] pl pron wir

weak [wiːk] adj schwach; ~**en** vt
schwächen ♦ vi schwächer werden; ~**ling**
n Schwächling m; ~**ness** n Schwäche f

wealth [welθ] n Reichtum m; (abundance)
Fülle f; ~**y** adj reich

wean [wiːn] vt entwöhnen

weapon ['wepən] n Waffe f

wear [wɛə*] (pt **wore**, pp **worn**) n
(clothing): **sports/baby** ~ Sport-/Babyklei-
dung f; (use) Verschleiß m ♦ vt (have on)
tragen; (smile etc) haben; (use) abnutzen ♦
vi (last) halten; (become old) (sich) verschleißen; **evening** ~ Abendkleidung f; ~
and tear Verschleiß m; ~ **away** vt verbrauchen ♦ vi schwinden; ~ **down** vt
(people) zermürben; ~ **off** vi sich verlieren;
~ **out** vt verschleißen; (person) erschöpfen

weary ['wɪərɪ] adj müde ♦ vt ermüden ♦ vi
überdrüssig werden

weasel ['wiːzl] n Wiesel nt

weather ['weðə*] n Wetter nt ♦ vt verwittern lassen; (resist) überstehen; **under the**
~ (fig: ill) angeschlagen (inf); ~**-beaten** adj
verwittert; ~**cock** n Wetterhahn m; ~
forecast n Wettervorhersage f; ~ **vane** n
Wetterfahne f

weave [wiːv] (pt **wove**, pp **woven**) vt weben; ~**r** n Weber(in) m(f); **weaving** n
(craft) Webkunst f

web [web] n Netz nt; (membrane)
Schwimmhaut f

wed [wed] (pt, pp **wedded**) vt heiraten ♦ n:
the newly-weds npl die Frischvermählten
pl

we'd [wiːd] = we had; we would

wedding ['wedɪŋ] n Hochzeit f; **silver/
golden** ~ **anniversary** Silberhochzeit f/
Goldene Hochzeit f; ~ **day** n Hochzeitstag
m; ~ **dress** n Hochzeitskleid nt; ~
present n Hochzeitsgeschenk nt; ~ **ring** n
Trauring m, Ehering m

wedge [wedʒ] n Keil m; (of cheese etc)
Stück nt ♦ vt (fasten) festklemmen; (pack
tightly) einkeilen

wedlock ['wedlɒk] n Ehe f

Wednesday ['wenzdeɪ] n Mittwoch m

wee [wiː] (SCOTTISH) adj klein, winzig

weed [wiːd] n Unkraut nt ♦ vt jäten; ~-
killer n Unkrautvertilgungsmittel nt; ~**y** adj
(person) schmächtig

week [wiːk] n Woche f; **a** ~ **today/on Friday** heute/Freitag in einer Woche; ~**day** n
Wochentag m; ~**end** n Wochenende nt;
~**ly** adj wöchentlich; (wages, magazine)
Wochen- ♦ adv wöchentlich

weep [wiːp] (pt, pp **wept**) vi weinen; ~**ing
willow** n Trauerweide f

weigh [weɪ] vt, vi wiegen; **to** ~ **anchor** den
Anker lichten; ~ **down** vt niederdrücken;
~ **up** vt abschätzen

weight [weɪt] n Gewicht nt; **to lose/put on**
~ abnehmen/zunehmen; ~**ing** n (allowance) Zulage f; ~**-lifter** n Gewichtheber m;
~**y** adj (heavy) gewichtig; (important)
schwerwiegend

weir [wɪə*] n (Stau)wehr nt

weird [wɪəd] adj seltsam

welcome ['welkəm] n Willkommen nt,

Empfang m ♦ vt begrüßen; **thank you - you're** ~! danke - nichts zu danken

welder ['weldə*] n (person) Schweißer(in) m(f)

welding ['weldɪŋ] n Schweißen nt

welfare ['welfɛə*] n Wohl nt; (social) Fürsorge f; ~ **state** n Wohlfahrtsstaat m; ~ **work** n Fürsorge f

well [wel] n Brunnen m; (oil ~) Quelle f ♦ adj (in good health) gesund ♦ adv gut ♦ excl nun!, na schön!; **I'm** ~ es geht mir gut; **get** ~ **soon!** gute Besserung!; **as** ~ auch; **as** ~ **as** sowohl als auch; ~ **done!** gut gemacht!; **to do** ~ (person) gut zurechtkommen; (business) gut gehen; ~ **up** vi emporsteigen; (fig) aufsteigen

we'll [wiːl] = **we will; we shall**

well: ~**-behaved** ['welbɪ'heɪvd] adj wohlerzogen; ~**-being** ['welbiːɪŋ] n Wohl nt; ~**-built** ['wel'bɪlt] adj kräftig gebaut; ~**-deserved** ['weldɪ'zɜːvd] adj wohlverdient; ~**-dressed** ['wel'drest] adj gut gekleidet; ~**-heeled** ['wel'hiːld] (inf) adj (wealthy) gut gepolstert

wellingtons ['welɪŋtənz] npl (also: **wellington boots**) Gummistiefel pl

well: ~**-known** ['wel'nəʊn] adj bekannt; ~**-mannered** ['wel'mænəd] adj wohlerzogen; ~**-meaning** ['wel'miːnɪŋ] adj (person) wohlmeinend; (action) gutgemeint; ~**-off** ['wel'ɒf] adj gut situiert; ~**-read** ['wel'red] adj (sehr) belesen; ~**-to-do** ['weltə'duː] adj wohlhabend; ~**-wisher** ['welwɪʃə*] n Gönner m

Welsh [welʃ] adj walisisch ♦ n (LING) Walisisch nt; **the** ~ npl (people) die Waliser pl; ~**man/woman** (irreg) n Waliser(in) m(f); ~ **rarebit** n überbackene Käseschnitte pl

went [went] pt of **go**

wept [wept] pt, pp of **weep**

were [wɜː*] pt pl of **be**

we're [wɪə*] = **we are**

weren't [wɜːnt] = **were not**

west [west] n Westen m ♦ adj West-, westlich ♦ adv westwärts, nach Westen; **the W~** der Westen; **the W~ Country** (BRIT) n der Südwesten Englands; ~**erly** adj westlich; ~**ern** adj westlich, West- ♦ n (CINE) Western m; **W~ Indian** adj westindisch ♦ n Westindier(in) m(f); **W~ Indies** npl Westindische Inseln pl; ~**ward(s)** adv westwärts

wet [wet] adj naß; **to get** ~ naß werden; "~ **paint**" „frisch gestrichen"; ~ **blanket** n (fig) Triefel m; ~ **suit** n Taucheranzug m

we've [wiːv] = **we have**

whack [wæk] n Schlag m ♦ vt schlagen

whale [weɪl] n Wal m

wharf [wɔːf] n Kai m

wharves [wɔːvz] npl of **wharf**

---

what [wɒt] adj **1** (in direct/indirect questions) welche(r, s), was für ein(e); **what size is it?** welche Größe ist das?

2 (in exclamations) was für ein(e); **what a mess!** was für ein Durcheinander!

♦ pron (interrogative/relative) was; **what are you doing?** was machst du gerade?; **what are you talking about?** wovon reden Sie?; **what is it called?** wie. heißt das?; **what about ...?** wie wär's mit ...?; **I saw what you did** ich habe gesehen, was du gemacht hast

♦ excl (disbelieving) wie, was; **what, no coffee!** wie, kein Kaffee?; **I've crashed the car - what!** ich hatte einen Autounfall - was!

---

whatever [wɒt'evə*] adj: ~ **book** welches Buch auch immer ♦ pron: **do** ~ **is necessary** tu, was (immer auch) nötig ist; ~ **happens** egal, was passiert; **nothing** ~ überhaupt or absolut gar nichts; **do** ~ **you want** tu, was (immer) du (auch) möchtest; **no reason** ~ or **whatsoever** überhaupt or absolut kein Grund

whatsoever ['wɒtsəʊevə*] adj = **whatever**

wheat [wiːt] n Weizen m; ~ **germ** n Weizenkeim m

wheedle ['wiːdl] vt: **to** ~ **sb into doing sth** jdn dazu überreden, etw zu tun; **to** ~ **sth out of sb** jdm etw abluchsen

wheel [wiːl] n Rad nt; (steering ~) Lenkrad nt; (disc) Scheibe f ♦ vt schieben; ~**barrow** n Schubkarren m; ~**chair** n Rollstuhl m; ~ **clamp** (AUT) Parkkralle f

wheeze [wiːz] vi keuchen

---

when [wen] adv wann

♦ conj **1** (at, during, after the time that) wenn; (with past reference) als; **she was reading when I came in** sie las, als ich hereinkam; **be careful when you cross the road** seien Sie vorsichtig, wenn Sie über die Straße gehen

2 (on, at which) als; **on the day when I met him** an dem Tag, an dem ich ihn traf

3 (whereas) wo ... doch

---

whenever [wen'evə*] adv wann (auch) immer ♦ conj (any time) wenn ♦ adv (every time that) jedesmal wenn

where [wɛə*] adv (place) wo; (direction) wohin; ~ **from** woher; **this is** ~ ... hier ...; ~**abouts** ['wɛərə'baʊts] adv wo ♦ n Aufenthaltsort m; **nobody knows his** ~**abouts** niemand weiß, wo er ist; ~**as** [wɛər'æz] conj während, wo ... doch; ~**by** pron woran, wodurch, womit, wovon; ~**upon** conj worauf, wonach; (at beginning of sentence) daraufhin

wherever [wɛər'evə*] *adv* wo (immer)

wherewithal ['wɛəwɪðɔːl] *n* nötige (Geld)mittel *pl*

whet [wet] *vt* (*appetite*) anregen

whether ['weðə*] *conj* ob; **I don't know ~ to accept or not** ich weiß nicht, ob ich es annehmen soll oder nicht; **~ you go or not** ob du gehst oder nicht; **it's doubtful/unclear ~** ... est ist zweifelhaft/nicht klar ob ...

― *KEYWORD* ―

which [wɪtʃ] *adj* **1** (*interrogative: direct, indirect*) welche(r, s); **which one?** welche(r, s)? **2: in which case** in diesem Fall; **by which time** zu dieser Zeit
♦ *pron* **1** (*interrogative*) welche(r, s); (*of people also*) wer
2 (*relative*) der/die/das; (*referring to people*) was; **the apple which you ate/which is on the table** der Apfel, den du gegessen hast/der auf dem Tisch liegt; **he said he saw her, which is true** er sagte, er habe sie gesehen, was auch stimmt

whichever [wɪtʃ'evə*] *adj* welche(r, s) auch immer; (*no matter which*) ganz gleich welche(r, s); **~ book you take** welches Buch du auch nimmst; **~ car you prefer** egal, welches Auto du vorziehst

whiff [wɪf] *n* Hauch *m*

while [waɪl] *n* Weile *f* ♦ *conj* während; **for a ~** eine Zeitlang; **~ away** *vt* (*time*) sich *dat* vertreiben

whim [wɪm] *n* Laune *f*

whimper ['wɪmpə*] *n* Wimmern *nt* ♦ *vi* wimmern

whimsical ['wɪmzɪkəl] *adj* launisch

whine [waɪn] *n* Gewinsel *nt*, Gejammer *nt* ♦ *vi* heulen, winseln

whip [wɪp] *n* Peitsche *f*; (*POL*) Fraktionsführer *m* ♦ *vt* (*beat*) peitschen; (*snatch*) reißen; **~ped cream** *n* Schlagsahne *f*, **~round** (*BRIT: inf*) *n* Geldsammlung *f*

whirl [wɜːl] *n* Wirbel *m* ♦ *vt, vi* (her-um)wirbeln; **~pool** *n* Wirbel *m*; **~wind** *n* Wirbelwind *m*

whirr [wɜː*] *vi* schwirren, surren

whisk [wɪsk] *n* Schneebesen *m* ♦ *vt* (*cream etc*) schlagen; **to ~ sb away** *or* **off** mit jdm davon sausen

whisker ['wɪskə*] *n*: **~s** (*of animal*) Barthaare *pl*; (*of man*) Backenbart *m*

whisky ['wɪskɪ] (*US, IRISH* **whiskey**) *n* Whisky *m*

whisper ['wɪspə*] *n* Flüstern *nt* ♦ *vt, vi* flüstern

whistle ['wɪsl] *n* Pfiff *m*; (*instrument*) Pfeife *f* ♦ *vt, vi* pfeifen

white [waɪt] *n* Weiß *nt*; (*of egg*) Eiweiß *nt* ♦ *adj* weiß; **~ coffee** (*BRIT*) *n* Kaffee *m*

mit Milch; **~collar worker** *n* Angestellte(r) *m*; **~ elephant** *n* (*fig*) Fehlinvestition *f*; **~ lie** *n* Notlüge *f*; **~ paper** *n* (*POL*) Weißbuch *nt*; **~wash** *n* (*paint*) Tünche *f*; (*fig*) Ehrenrettung *f* ♦ *vt* weißen, tünchen; (*fig*) reinwaschen

whiting ['waɪtɪŋ] *n* Weißfisch *m*

Whitsun ['wɪtsn] *n* Pfingsten *nt*

whittle ['wɪtl] *vt*: **to ~ away** *or* **down** stutzen, verringern

whizz [wɪz] *vi*: **to ~ past** *or* **by** vorbeizischen, vorbeischwirren; **~ kid** (*inf*) *n* Kanone *f*

― *KEYWORD* ―

who [huː] *pron* **1** (*interrogative*) wer; (*acc*) wen; (*dat*) wem; **who is it?, who's there?** wer ist da?
2 (*relative*) der/die/das; **the man/woman who spoke to me** der Mann/die Frau, der/die mit mir sprach

whodu(n)nit [huː'dʌnɪt] (*inf*) *n* Krimi *m*

whoever [huː'evə*] *pron* wer/wen/wem auch immer; (*no matter who*) ganz gleich wer/wen/wem

whole [həʊl] *adj* ganz ♦ *n* Ganze(s) *nt*; **the ~ of the town** die ganze Stadt; **on the ~** im großen und ganzen; **as a ~** im großen und ganzen; **~hearted** *adj* rückhaltlos; **~heartedly** *adv* von ganzem Herzen; **~meal** *adj* (*bread, flour*) Vollkorn-; **~sale** *n* Großhandel *m* ♦ *adj* (*trade*) Großhandels-; (*destruction*) Massen-; **~saler** *n* Großhändler *m*; **~some** *adj* bekömmlich, gesund; **~wheat** *adj* = **wholemeal**

wholly ['həʊlɪ] *adv* ganz, völlig

― *KEYWORD* ―

whom [huːm] *pron* **1** (*interrogative: acc*) wen; (*: dat*) wem; **whom did you see?** wen haben Sie gesehen?; **to whom did you give it?** wem haben Sie es gegeben?
2 (*relative: acc*) den/die/das; (*: dat*) dem/der/dem; **the man whom I saw/to whom I spoke** der Mann, den ich sah/mit dem ich sprach

whooping cough ['huːpɪŋ-] *n* Keuchhusten *m*

whore ['hɔː*] *n* Hure *f*

whose [huːz] *adj* (*possessive: interrogative*) wessen; (*: relative*) dessen; (*after f and pl*) deren ♦ *pron* wessen; **~ book is this?**, **~ is this book?** wessen Buch ist dies?; **~ is this?** wem gehört das?

― *KEYWORD* ―

why [waɪ] *adv* warum, weshalb
♦ *conj* warum, weshalb; **that's not why I'm here** ich bin nicht deswegen hier; **that's**

the reason why deshalb
♦ *excl* (*expressing surprise, shock, annoyance*) na so was; (*explaining*) also dann; **why, it's you!** na so was, du bist es!

wick [wɪk] *n* Docht *m*

wicked ['wɪkɪd] *adj* böse

wicker ['wɪkə*] *n* (*also:* ~**work**) Korbgeflecht *nt*

wicket ['wɪkɪt] *n* Tor *nt*, Dreistab *m*

wide [waɪd] *adj* breit; (*plain*) weit; (*in firing*) daneben ♦ *adv:* **to open** ~ weit öffnen; **to shoot** ~ daneben schießen; ~**angle lens** *n* Weitwinkelobjektiv *nt*; ~**awake** *adj* hellwach; ~**ly** *adv* weit; (*known*) allgemein; ~**n** *vt* erweitern; ~ **open** *adj* weit geöffnet; ~**spread** *adj* weitverbreitet

widow ['wɪdəu] *n* Witwe *f*; ~**ed** *adj* verwitwet; ~**er** *n* Witwer *m*

width [wɪdθ] *n* Breite *f*, Weite *f*

wield [wiːld] *vt* schwingen, handhaben

wife [waɪf] (*pl* **wives**) *n* (Ehe)frau *f*, Gattin *f*

wig [wɪg] *n* Perücke *f*

wiggle ['wɪgl] *n* Wackeln *nt* ♦ *vt* wackeln mit ♦ *vi* wackeln

wild [waɪld] *adj* wild; (*violent*) heftig; (*plan, idea*) verrückt; ~**erness** ['wɪldənəs] *n* Wildnis *f*, Wüste *f*; ~**goose chase** *n* (*fig*) fruchtlose(s) Unternehmen *nt*; ~**life** *n* Tierwelt *f*; ~**ly** *adv* wild, ungestüm; (*exaggerated*) irrsinnig; ~**s** *npl*: **the** ~**s** die Wildnis *f*

wilful ['wɪlful] (*US* **willful**) *adj* (*intended*) vorsätzlich; (*obstinate*) eigensinnig

───────── *KEYWORD*

will [wɪl] *aux vb* **1** (*forming future tense*) werden; **I will finish it tomorrow** ich mache es morgen zu Ende

2 (*in conjectures, predictions*): **he will** *or* **he'll be there by now** er dürfte jetzt da sein; **that will be the postman** das wird der Postbote sein

3 (*in commands, requests, offers*): **will you be quiet!** sei endlich still!; **will you help me?** hilfst du mir?; **will you have a cup of tea?** trinken Sie eine Tasse Tee?; **I won't put up with it!** das lasse ich mir nicht gefallen!

♦ *vt* wollen
♦ *n* Wille *m*; (*JUR*) Testament *nt*

willing ['wɪlɪŋ] *adj* gewillt, bereit; ~**ly** *adv* bereitwillig, gern; ~**ness** *n* (Bereit)willigkeit *f*

willow ['wɪləu] *n* Weide *f*

willpower ['wɪlpauə*] *n* Willenskraft *f*

willy-nilly ['wɪlɪ'nɪlɪ] *adv* einfach so

wilt [wɪlt] *vi* (ver)welken

wily ['waɪlɪ] *adj* gerissen

win [wɪn] (*pt, pp* **won**) *n* Sieg *m* ♦ *vt, vi* gewinnen; **to** ~ **sb over** *or* **round** jdn gewin-

nen, jdn dazu bringen

wince [wɪns] *n* Zusammenzucken *nt* ♦ *vi* zusammenzucken

winch [wɪntʃ] *n* Winde *f*

wind¹ [wɪnd] *n* Wind *m*; (*MED*) Blähungen *pl*

wind² [waɪnd] (*pt, pp* **wound**) *vt* (*rope*) winden; (*bandage*) wickeln ♦ *vi* (*turn*) sich winden; ~ **up** *vt* (*clock*) aufziehen; (*debate*) (ab)schließen

windfall ['wɪndfɔːl] *n* unverhoffte(r) Glücksfall *m*

winding ['waɪndɪŋ] *adj* (*road*) gewunden

wind instrument ['wɪndɪnstrumənt] *n* Blasinstrument *nt*

windmill ['wɪndmɪl] *n* Windmühle *f*

window ['wɪndəu] *n* Fenster *nt*; ~ **box** *n* Blumenkasten *m*; ~ **cleaner** *n* Fensterputzer *m*; ~ **envelope** *n* Fensterbriefumschlag *m*; ~ **ledge** *n* Fenstersims *m*; ~ **pane** *n* Fensterscheibe *f*; ~**sill** *n* Fensterbank *f*

windpipe ['wɪndpaɪp] *n* Luftröhre *f*

wind power *n* Windenergie *f*

windscreen ['wɪndskriːn] (*BRIT*) *n* Windschutzscheibe *f*; ~ **washer** *n* Scheibenwaschanlage *f*; ~ **wiper** *n* Scheibenwischer *m*

windshield ['wɪndʃiːld] (*US*) *n* = **windscreen**

windswept ['wɪndswept] *adj* vom Wind gepeitscht; (*person*) zerzaust

windy ['wɪndɪ] *adj* windig

wine [waɪn] *n* Wein *m*; ~ **cellar** *n* Weinkeller *m*; ~**glass** *n* Weinglas *nt*; ~ **list** *n* Weinkarte *f*; ~ **merchant** *n* Weinhändler *m*; ~ **tasting** *n* Weinprobe *f*; ~ **waiter** *n* Weinkellner *m*

wing [wɪŋ] *n* Flügel *m*; (*MIL*) Gruppe *f*; ~**s** *npl* (*THEAT*) Seitenkulisse *f*; ~**er** *n* (*SPORT*) Flügelstürmer *m*

wink [wɪŋk] *n* Zwinkern *nt* ♦ *vi* zwinkern, blinzeln

winner ['wɪnə*] *n* Gewinner *m*; (*SPORT*) Sieger *m*

winning ['wɪnɪŋ] *adj* (*team*) siegreich, Sieger-; (*goal*) entscheidend; ~ **post** *n* Ziel *nt*; ~**s** *npl* Gewinn *m*

winter ['wɪntə*] *n* Winter *m* ♦ *adj* (*clothes*) Winter- ♦ *vi* überwintern; ~ **sports** *npl* Wintersport *m*

wintry ['wɪntrɪ] *adj* Winter-, winterlich

wipe [waɪp] *n*: **to give sth a** ~ etw (ab)wischen ♦ *vt* wischen; ~ **off** *vt* abwischen; ~ **out** *vt* (*debt*) löschen; (*destroy*) auslöschen; ~ **up** *vt* aufwischen

wire ['waɪə*] *n* Draht *m*; (*telegram*) Telegramm *nt* ♦ *vt* telegrafieren; **to** ~ **sb** jdm telegrafieren

wireless ['waɪəlɪs] (*BRIT*) *n* Radio(apparat *m*) *nt*

wiring ['waɪərɪŋ] *n* elektrische Leitungen *pl*

wiry ['waɪərɪ] *adj* drahtig

wisdom ['wizdəm] n Weisheit f; (of decision) Klugheit f; ~ **tooth** n Weisheitszahn m

wise [waiz] adj klug, weise ♦ suffix: **time-wise** zeitlich gesehen

wisecrack n Witzelei f

wish [wiʃ] n Wunsch m ♦ vt wünschen; **best ~es** (on birthday etc) alles Gute; **with best ~es** herzliche Grüße; **to ~ sb goodbye** jdn verabschieden; **he ~ed me well** er wünschte mir Glück; **to ~ to do sth** etw tun wollen; **~ for** vt fus sich dat wünschen; **~ful thinking** n Wunschdenken nt

wishy-washy ['wiʃi'woʃi] (inf) adj (colour) verwaschen; (ideas, argument) verschwommen

wisp [wisp] n (Haar)strähne f; (of smoke) Wölkchen nt

wistful ['wistful] adj sehnsüchtig

wit [wit] n (also: ~s) Verstand m no pl; (amusing ideas) Witz m; (person) Witzbold m

witch [witʃ] n Hexe f; ~**craft** n Hexerei f

KEYWORD

with [wiδ, wiθ] prep **1** (accompanying, in the company of) mit; **we stayed with friends** wir übernachteten bei Freunden; **I'll be with you in a minute** einen Augenblick, ich bin sofort da; **I'm not with you** (I don't understand) das verstehe ich nicht; **to be with it** (inf: up-to-date) auf dem laufenden sein; (: alert) (voll) da sein (inf)

2 (descriptive, indicating manner etc) mit; **the man with the grey hat** der Mann mit dem grauen Hut; **red with anger** rot vor Wut

---

withdraw [wiθ'drɔ:] (irreg: like draw) vt zurückziehen; (money) abheben; (remark) zurücknehmen ♦ vi sich zurückziehen; ~**al** n Zurückziehung f, Abheben nt; Zurücknahme f; ~**n** adj (person) verschlossen

wither ['wiδə*] vi (ver)welken

withhold [wiθ'həuld] (irreg: like hold) vt: **to ~ sth (from sb)** jdm etw vorenthalten

within [wiδ'in] prep innerhalb +gen ♦ adv innen; ~ **sight of** in Sichtweite von; ~ **the week** innerhalb dieser Woche; ~ **a mile of** weniger als eine Meile von

without [wiδ'aut] prep ohne; ~ **speaking/ sleeping** etc ohne zu sprechen/schlafen etc

withstand [wiθ'stænd] (irreg: like stand) vt widerstehen +dat

witness ['witnəs] n Zeuge m, Zeugin f ♦ vt (see) sehen, miterleben; (document) beglaubigen; ~ **box** n Zeugenstand m; ~ **stand** (US) n Zeugenstand m

witticism ['witisizəm] n witzige Bemerkung f

witty ['witi] adj witzig, geistreich

wives [waivz] pl of **wife**

wizard ['wizəd] n Zauberer m

wk abbr = **week**

wobble ['wobl] vi wackeln

woe [wəu] n Kummer m

woke [wəuk] pt of **wake**

woken ['wəukən] pp of **wake**

woman ['wumən] (pl **women**) n Frau f; ~ **doctor** n Ärztin f; ~**ly** adj weiblich

womb [wu:m] n Gebärmutter f

women ['wimin] pl of **woman**; ~'**s lib** (inf) n Frauenrechtsbewegung f

won [wʌn] pt, pp of **win**

wonder ['wʌndə*] n (marvel) Wunder nt; (surprise) Staunen nt, Verwunderung f ♦ vi sich wundern ♦ vt: **I ~ whether ...** ich frage mich, ob ...; **it's no ~ that** es ist kein Wunder, daß; **to ~ at** sich wundern über +acc; **to ~ about** sich Gedanken machen über +acc; ~**ful** adj wunderbar, herrlich; ~**fully** adv wunderbar

won't [wəunt] = **will not**

woo [wu:] vt (woman) den Hof machen +dat, umwerben; (audience etc) umwerben

wood [wud] n Holz nt; (forest) Wald m; ~ **carving** n Holzschnitzerei f; ~**ed** adj bewaldet; ~**en** adj (also fig) hölzern; ~**pecker** n Specht m; ~**wind** n Blasinstrumente pl; ~**work** n Holzwerk nt; (craft) Holzarbeiten pl; ~**worm** n Holzwurm m

wool [wul] n Wolle f; **to pull the ~ over sb's eyes** (fig) jdm Sand in die Augen streuen; ~**len** (US ~**en**) adj Woll-; ~**lens** npl Wollsachen pl; ~**ly** (US ~**y**) adj wollig; (fig) schwammig

word [wə:d] n Wort nt; (news) Bescheid m ♦ vt formulieren; **in other ~s** anders gesagt; **to break/keep one's ~** sein Wort brechen/halten; ~**ing** n Wortlaut m; ~ **processing** n Textverarbeitung f; ~ **processor** n Textverarbeitungsgerät nt

wore [wɔ:*] pt of **wear**

work [wə:k] n Arbeit f; (ART, LITER) Werk nt ♦ vi arbeiten; (machine) funktionieren; (medicine) wirken; (succeed) klappen; ~**s** n sg (BRIT: factory) Fabrik f, Werk nt ♦ npl (of watch) Werk nt; **to be out of ~** arbeitslos sein; **in ~ing order** in betriebsfähigem Zustand; ~ **loose** vi sich lockern; ~ **on** vi weiterarbeiten ♦ vt fus (be engaged in) arbeiten an +dat; (influence) bearbeiten; ~ **out** vi (sum) aufgehen; (plan) klappen ♦ vt (problem) lösen; (plan) ausarbeiten; **it ~s out at £100** das gibt or macht £100; ~ **up** vt: **to get ~ed up** sich aufregen; ~**able** adj (soil) bearbeitbar; (plan) ausführbar; ~**aholic** [wə:kə'holik] n Arbeitssüchtige(r) mf; ~**er** n Arbeiter(in) m(f); ~**force** n Arbeiterschaft f; ~**ing class** n Arbeiterklasse f; ~**ing-class** adj Arbeiter-; ~**man** (irreg) n Arbeiter m; ~**manship** n Arbeit f, Aus-

führung f; **~sheet** n Arbeitsblatt nt;
~shop n Werkstatt f; **~ station** n Arbeitsplatz m; **~-to-rule** (BRIT) n Dienst m nach
Vorschrift

world [wɜːld] n Welt f; **to think the ~ of
sb** große Stücke auf jdn halten; **~ly** adj
weltlich, irdisch; **~-wide** adj weltweit

worm [wɜːm] n Wurm m

worn [wɔːn] pp of **wear** ♦ adj (clothes) abgetragen; **~-out** adj (object) abgenutzt;
(person) völlig erschöpft

worried ['wʌrɪd] adj besorgt, beunruhigt

worry ['wʌrɪ] n Sorge f ♦ vt beunruhigen ♦
vi (feel uneasy) sich sorgen, sich dat Gedanken machen; **~ing** adj beunruhigend

worse [wɜːs] adj schlechter, schlimmer ♦
adv schlimmer, ärger ♦ n Schlimmere(s) nt,
Schlechtere(s) nt; **a change for the ~** eine
Verschlechterung; **~n** vt verschlimmern ♦
vi sich verschlechtern; **~ off** adj (fig)
schlechter dran

worship ['wɜːʃɪp] n Verehrung f ♦ vt anbeten; **Your W~** (BRIT: to mayor) Herr/Frau
Bürgermeister (: to judge) Euer Ehren

worst [wɜːst] adj schlimmste(r, s), schlechteste(r, s) ♦ adv am schlimmsten, am
ärgsten ♦ n Schlimmste(s) nt, Ärgste(s) nt;
at ~ schlimmstenfalls

worsted ['wustɪd] n Kammgarn nt

worth [wɜːθ] n Wert m ♦ adj wert; **it's ~ it**
es lohnt sich; **to be ~ one's while (to do
sth)** die Mühe wert sein (, etw zu tun);
~less adj wertlos; (person) nichtsnutzig;
~while adj lohnend, der Mühe wert

worthy ['wɜːðɪ] adj wert, würdig

KEYWORD

would [wud] aux vb **1** (conditional tense): **if
you asked him he would do it** wenn du
ihn fragtest, würde er es tun; **if you had
asked him he would have done it** wenn
du ihn gefragt hättest, hätte er es getan
2 (in offers, invitations, requests): **would
you like a biscuit?** möchten Sie ein
Plätzchen?; **would you ask him to come
in?** würden Sie ihn bitte hineinbitten?
3 (in indirect speech): **I said I would do it**
ich sagte, ich würde es tun
4 (emphatic): **it WOULD have to snow today!** es mußte ja ausgerechnet heute
schneien!
5 (insistence): **she wouldn't behave** sie
wollte sich partout nicht anständig benehmen
6 (conjecture): **it would have been midnight** es mag ungefähr Mitternacht gewesen sein; **it would seem so** es sieht wohl
so aus
7 (indicating habit): **he would go there on
Mondays** er ging jeden Montag dorthin

would-be ['wudbiː] (pej) adj Möchtegern-

wouldn't ['wudnt] = **would not**

wound¹ [wuːnd] n (also fig) Wunde f ♦ vt
verwunden, verletzen (also fig)

wound² [waund] pt, pp of **wind²**

wove [wəuv] pt of **weave**; **~n** ['wəuvən] pp
of **weave**

wrangle ['ræŋgl] n Streit m ♦ vi sich zanken

wrap [ræp] n (stole) Schal m ♦ vt einwickeln; **~ up** vt einwickeln; (deal) abschließen; **~per** n Umschlag m, Schutzhülle f; **~ping paper** n Einwickelpapier nt

wrath [rɒθ] n Zorn m

wreak [riːk] vt (havoc) anrichten; (vengeance) üben

wreath [riːθ, pl riːðz] n Kranz m

wreck [rek] n (ship) Wrack nt; (sth ruined)
Ruine f ♦ vt zerstören; **~age** n Trümmer pl

wren [ren] n Zaunkönig m

wrench [rentʃ] n (spanner) Schraubenschlüssel m; (twist) Ruck m ♦ vt reißen,
zerren; **to ~ sth from sb** jdm etw entrei
ßen or entwinden

wrestle ['resl] vi: **to ~ (with sb)** (mit jdm)
ringen; **~r** n Ringer(in) m(f); **wrestling** n
Ringen nt

wretched ['retʃɪd] adj (hovel) elend; (inf)
verflixt; **I feel ~** mir ist elend

wriggle ['rɪgl] n Schlängeln nt ♦ vi sich
winden

wring [rɪŋ] (pt, pp wrung) vt wringen

wrinkle ['rɪŋkl] n Falte f, Runzel f ♦ vt runzeln ♦ vi sich runzeln; (material) knittern

wrist [rɪst] n Handgelenk nt; **~watch** n
Armbanduhr f

writ [rɪt] n gerichtliche(r) Befehl m

write [raɪt] (pt wrote, pp written) vt, vi
schreiben; **~ down** vt aufschreiben; **~ off**
vt (dismiss) abschreiben; **~ out** vt (essay)
abschreiben; (cheque) ausstellen; **~ up** vt
schreiben; **~-off** n: **it is a ~-off** das kann
man abschreiben; **~r** n Schriftsteller m

writhe [raɪð] vi sich winden

writing ['raɪtɪŋ] n (act) Schreiben nt;
(hand~) (Hand)schrift f; **in ~** schriftlich; **~
paper** n Schreibpapier nt

written ['rɪtn] pp of **write**

wrong [rɒŋ] adj (incorrect) falsch; (morally)
unrecht ♦ n Unrecht nt ♦ vt Unrecht tun
+dat; **he was ~ in doing that** es war nicht
recht von ihm, das zu tun; **you are ~
about that, you've got it ~** da hast du
unrecht; **to be in the ~** im Unrecht sein;
what's ~ with your leg? was ist mit deinem Bein los?; **to go ~** (plan) schiefgehen;
(person) einen Fehler machen; **~ful** adj unrechtmäßig; **~ly** adv falsch; (accuse) zu
Unrecht

wrote [rəut] pt of **write**

wrought [rɔːt] adj: **~ iron** Schmiedeeisen
nt

wrung [rʌŋ] pt, pp of **wring**

wry [raɪ] *adj* ironisch
wt. *abbr* = **weight**

X x

Xmas ['eksməs] *n abbr* = **Christmas**
X-ray ['eksreɪ] *n* Röntgenaufnahme *f* ♦ *vt* röntgen; **~s** *npl* Röntgenstrahlen *pl*
xylophone ['zaɪləfəʊn] *n* Xylophon *nt*

Y y

yacht [jɒt] *n* Jacht *f*; **~ing** *n* (Sport)segeln *nt*; **~sman** *n* Sportsegler *m*
Yank [jæŋk] (*inf*) *n* Ami *m*
yap [jæp] *vi* (*dog*) kläffen
yard [jɑːd] *n* Hof *m*; (*measure*) (englische) Elle *f*, Yard *nt* (0,91 m); **~stick** *n* (*fig*) Maßstab *m*
yarn [jɑːn] *n* (*thread*) Garn *nt*; (*story*) (Seemanns)garn *nt*
yawn [jɔːn] *n* Gähnen *nt* ♦ *vi* gähnen; **~ing** *adj* (*gap*) gähnend
yd. *abbr* = **yard(s)**
yeah [jeə] (*inf*) *adv* ja
year [jɪə*] *n* Jahr *nt*; **to be 8 ~s old** acht Jahre alt sein; **an eight-~-old child** ein achtjähriges Kind; **~ly** *adj*, *adv* jährlich
yearn [jɜːn] *vi*: **to ~ (for)** sich sehnen (nach); **~ing** *n* Verlangen *nt*, Sehnsucht *f*
yeast [jiːst] *n* Hefe *f*
yell [jel] *n* gellende(r) Schrei *m* ♦ *vi* laut schreien
yellow ['jeləʊ] *adj* gelb ♦ *n* Gelb *nt*
yelp [jelp] *n* Gekläff *nt* ♦ *vi* kläffen
yeoman ['jəʊmən] (*irreg*) *n*: **Y~ of the Guard** Leibgardist *m*
yes [jes] *adv* ja ♦ *n* Ja *nt*, Jawort *nt*; **to say ~** ja sagen; **to answer ~** mit Ja antworten
yesterday ['jestədeɪ] *adv* gestern ♦ *n* Gestern *nt*; **~ morning/evening** gestern morgen/abend; **all day ~** gestern den ganzen Tag; **the day before ~** vorgestern
yet [jet] *adv* noch; (*in question*) schon; (*up*

to now) bis jetzt ♦ *conj* doch, dennoch; **it is not finished ~** es ist noch nicht fertig; **the best ~** das bisher beste; **as ~** bis jetzt; (*in past*) bis dahin
yew [juː] *n* Eibe *f*
yield [jiːld] *n* Ertrag *m* ♦ *vt* (*result, crop*) hervorbringen; (*interest, profit*) abwerfen; (*concede*) abtreten ♦ *vi* nachgeben; (*MIL*) sich ergeben; **"~"** (*US: AUT*) „Vorfahrt gewähren"
YMCA *n abbr* (= *Young Men's Christian Association*) CVJM *m*
yoga ['jəʊgə] *n* Joga *m*
yoghourt ['jɒgət] *n* Joghurt *m*
yog(h)urt ['jɒgət] *n* = **yoghourt**
yoke [jəʊk] *n* (*also fig*) Joch *nt*
yolk [jəʊk] *n* Eidotter *m*, Eigelb *nt*
yonder ['jɒndə*] *adv* dort drüben, da drüben ♦ *adj* jene(r, s) dort

┌─────────────────────── **KEYWORD**

you [juː] *pron* **1** (*subj, in comparisons: German familiar form: sg*) du; (: *pl*) ihr; (*in letters also*) Du, Ihr; (: *German polite form*) Sie; **you Germans** ihr Deutschen; **she's younger than you** sie ist jünger als du/Sie
2 (*direct object, after prep +acc: German familiar form: sg*) dich; (: *pl*) euch; (*in letters also*) Dich, Euch; (: *German polite form*) Sie; **I know you** ich kenne dich/euch/Sie
3 (*indirect object, after prep +dat: German familiar form: sg*) dir; (: *pl*) euch; (*in letters also*) Dir, Euch; (: *German polite form*) Ihnen; **I gave it to you** ich gab es dir/euch/Ihnen
4 (*impers: one: subj*) man; (: *direct object*) einen; (: *indirect object*) einem; **fresh air does you good** frische Luft tut gut

└───────────────────────────

you'd [juːd] = **you had; you would**
you'll [juːl] = **you will; you shall**
young [jʌŋ] *adj* jung ♦ *npl*: **the ~** die Jungen *pl*; **~ish** *adj* ziemlich jung; **~ster** *n* Junge *m*, junge(r) Bursche *m*, junge(s) Mädchen *nt*
your ['jɔː*] *adj* (*familiar: sg*) dein; (: *pl*) euer, eure *pl*; (*polite*) Ihr; *see also* **my**
you're ['jʊə*] = **you are**
yours [jɔːz] *pron* (*familiar: sg*) deine(r, s); (: *pl*) eure(r, s); (*polite*) Ihre(r, s); *see also* **mine²**
yourself [jɔː'self] *pron* (*emphatic*) selbst; (*familiar: sg: acc*) dich (selbst); (: *dat*) dir (selbst); (: *pl*) euch (selbst); (*polite*) sich (selbst); *see also* **oneself**
youth [juːθ, *pl* juːðz] *n* Jugend *f*; (*young man*) junge(r) Mann *m*; **~s** *npl* (*young people*) Jugendliche *pl*; **~ club** *n* Jugendzentrum *nt*; **~ful** *adj* jugendlich; **~ hostel** *n* Jugendherberge *f*
you've [juːv] = **you have**
YTS (*BRIT*) *n abbr* (= *Youth Training*

Scheme) staatliches Förderprogramm für arbeitslose Jugendliche

Yugoslav ['juːgəʊ'slɑːv] *adj* jugoslawisch ♦ *n* Jugoslawe *m*, Jugoslawin *f*

Yugoslavia ['juːgəʊ'slɑːvɪə] *n* Jugoslawien *nt*

yuppie ['jʌpɪ] (*inf*) *n* Yuppie *m* ♦ *adj* yuppiehaft, Yuppie-

YWCA *n abbr* (= *Young Women's Christian Association*) CVJF *m*

—————— *Z z*

zany ['zeɪnɪ] *adj* (*ideas, sense of humour*) verrückt

zap [zæp] *vt* (*COMPUT*) löschen

zeal [ziːl] *n* Eifer *m*; **~ous** ['zeləs] *adj* eifrig

zebra ['ziːbrə] *n* Zebra *nt*; **~ crossing** (*BRIT*) *n* Zebrastreifen *m*

zero ['zɪərəʊ] *n* Null *f*; (*on scale*) Nullpunkt *m*

zest [zest] *n* Begeisterung *f*

zigzag ['zɪgzæg] *n* Zickzack *m*

zip [zɪp] *n* Reißverschluß *m* ♦ *vt* (*also*: **~ up**) den Reißverschluß zumachen +*gen*; **~ code** (*US*) *n* Postleitzahl *f*; **~ fastener** *n* Reißverschluß *m*; **~per** (*esp US*) *n* Reißverschluß *m*

zodiac ['zəʊdɪæk] *n* Tierkreis *m*

zombie ['zɒmbɪ] *n*: **like a ~** (*fig*) wie im Tran

zoo [zuː] *n* Zoo *m*

zoology [zəʊ'ɒlədʒɪ] *n* Zoologie *f*

zoom [zuːm] *vi*: **to ~ past** vorbeisausen; **~ lens** *n* Zoomobjektiv *nt*

zucchini [zuː'kiːnɪ] (*US*) *npl* Zucchini *pl*